A Categoria da Punibilidade
na Teoria do Crime

A Categoria da Punibilidade na Teoria do Crime

Tomo II

2013

Frederico Augusto Gaio de Lacerda da Costa Pinto

A CATEGORIA DA PUNIBILIDADE NA TEORIA DO CRIME

AUTOR
Frederico Augusto Gaio de Lacerda da Costa Pinto

EDITOR
EDIÇÕES ALMEDINA, S.A.
Rua Fernandes Tomás, nos 76 a 80
3000-167 Coimbra
Tel.: 239 851 904 · Fax: 239 851 901
www.almedina.net · editora@almedina.net

DESIGN DE CAPA
FBA.

PRÉ-IMPRESSÃO
EDIÇÕES ALMEDINA, S.A.

IMPRESSÃO | ACABAMENTO
PAPELMUNDE, SMG, LDA.

Outubro, 2013
DEPÓSITO LEGAL
365393/13

Os dados e opiniões inseridos na presente publicação são da exclusiva responsabilidade do(s) seu(s) autor(es).
Toda a reprodução desta obra, por fotocópia ou outro qualquer processo, sem prévia autorização escrita do Editor, é ilícita e passível de procedimento judicial contra o infrator.

Biblioteca Nacional de Portugal – Catalogação na Publicação

PINTO, Frederico de Lacerda da Costa, 1961-

A categoria da punibilidade na teoria do
crime. Vol. II - (Teses de doutoramento)
ISBN 978-972-40-5379-0

CDU 343

Capítulo V
Ensaio de delimitação sistemática dos pressupostos autónomos da punibilidade

§ 23. Razão de ordem

1. A teoria do crime é simultaneamente um método de análise da realidade que deve ser tida em conta no debate sobre a responsabilidade penal, um sistema de imputação do acontecimento desvalioso ao agente e um método de aplicação da lei penal. O primeiro aspecto corresponde à sua função de eliminação de problemas e selecção do essencial, no âmbito do processo, através duma filtragem normativa; o segundo constitui uma manifestação do princípio da responsabilidade pessoal em Direito Penal; o terceiro corresponde a diversas funções da teoria do crime, como o controlo e racionalização da produção legislativa, o controlo do processo de formação das decisões judiciais e, mais genericamente, a sua função de garantia do contraditório, quer em matéria de facto, quer em matéria de Direito.

Neste sentido, qualquer tentativa de autonomizar uma categoria dogmática que reúna os pressupostos autónomos da punibilidade, estranhos à ilicitude típica e à culpabilidade, deve ter em consideração as figuras legais que podem através desta categoria ser enquadradas no âmbito dos pressupostos materiais da pena. Só desta forma a categoria da punibilidade estará a cumprir a sua função racionalizadora da actividade legislativa e do processo de formação das decisões judiciais.

Uma categoria dogmática autónoma a integrar na teoria do crime deve estar em harmonia os demais momentos ou níveis de análise e, por isso, os juízos de valor que podem atribuir consistência e autonomia axiológica à categoria em causa devem estar apoiados em aspectos da realidade a valorar. Essa realidade pode corresponder a algumas circunstâncias descritas em cláusulas legais não assimiladas pelas categorias básicas do sistema tripartido. O conhecimento e organização dessas diversas cláusulas que podem apoiar juízos de valor que vão para além da análise do tipo, da ilicitude e da culpabilidade constitui uma questão prévia relativamente a qualquer ensaio de autonomização da categoria dogmática da punibilidade. Noutros termos, importa identificar as cláusulas legais que descrevem circunstâncias ou aspectos do acontecimento criminalmente relevante susceptíveis de vir a constituir um possível o objecto dos juízos de valor da categoria da punibilidade.

Não significa isto que a autonomização da punibilidade dependa em absoluto das particularidades da lei vigente. Como se refere noutras partes deste trabalho, uma vez identificada a estrutura axiológica, o objecto material e as funções dogmáticas da categoria da punibilidade será legítimo questionar se essas valorações dependem ou não da configuração legal das normas penais (cfr. § 3, 4, 5 e 36). O valor prático da teoria do crime justifica no entanto que se tenha em conta a lei penal na identificação do suporte material da categoria da punibilidade, exactamente aquela que os tribunais irão aplicar e que reúne ou reflecte o essencial dos critérios que irão fundamentar uma possível condenação ou absolvição. Esta análise é também condição essencial para um debate consequente sobre o problema da autonomização da categoria da punibilidade, pois só sabendo quais as figuras que estão em causa quando se debate a autonomia ou diluição sistemática da categoria da pubilidade é que se pode avaliar criticamente as propostas doutrinárias sobre a matéria (sobre tudo isto *infra* o Capítulo VI deste estudo).

Entre as diversas figuras que têm sido historicamente autonomizadas em relação ao tipo de ilícito e ao tipo de culpa destacam-se as condições objectivas de punibilidade e as causas de não punibilidade (causas de exclusão e anulação da pena). Pontualmente, alguns sectores procuram incluir outros elementos num momento distinto da ilicitude e da culpabilidade, mas o núcleo de matérias que revela mais potencialidades para apoiar a autonomia do tipo de punibilidade é historicamente constituído pelas condições objectivas de punibilidade e pelas causas de não punibilidade. Em rigor, o conteúdo material da categoria não está fechado sobre si mesmo. Enquanto momento específico de análise integrado num sistema aberto a categoria da punibilidade é compatível com a identificação de novas cláusulas e critérios que possam ser reconduzidas à unidade axiológica que lhe confere autonomia.

2. O presente capítulo é dedicado à clarificação conceitual e à delimitação sistemática das condições objectivas de punibilidade e das causas de não punibilidade.

No § 24 procura-se delimitar e individualizar as condições objectivas de punibilidade através da análise dos critérios e das funções a que a doutrina recorre para caracterizar essas figuras. Um percurso equivalente será feito, no §25, a propósito das causas de não punibilidade. Reunidos estes elementos será então possível realizar, nos §§ 26 a 28, uma análise dogmática mais consequente de algumas cláusulas legais que têm sido apontadas pela doutrina nacional ou estrangeira como exemplos dessas figuras.

O processo de identificação material das circunstâncias que podem integrar a categoria da punibilidade revela-se essencial na economia deste estudo: a categoria da punibilidade ganha uma especial legitimação no plano metodológico se, tal como os demais níveis sistemáticos da teoria do crime, possuir um *objecto* e uma *estrutura axiológica* distinta daquela que enforma o ilícito culposo; ou seja, se (tal como a ilicitude e a culpabilidade) permitir a construção de uma síntese metodologicamente orientada de *elementos materiais* e de *juízos de valor* sobre aspectos do facto (típico) imputável ao agente. Para esse efeito, torna-se necessário identificar as figuras que podem constituir pelo menos o núcleo essencial da categoria sistemática.

Importa clarificar os limites desta análise. Para efeito da presente investigação, bem como das opções metodológicas que a orientam, está fora de questão avaliar todos os aspectos dos diversos elementos que são normalmente reconduzidos à categoria da punibilidade ou dos tipos incriminadoresem causa. O seu estudo será limitado basicamente a dois aspectos, aqueles que se afiguram decisivos para o tema desta investigação: a caracterização desses elementos (no plano do seu conteúdo material e axiológico) e a sua eventual relação (ou ausência dela) com o facto ilícito e culposo no âmbito das categorias dogmáticas de análise do crime.

Opção metodológica que facilmente se compreende. As condições objectivas de punibilidade e as causas de não punibilidade (em sentido amplo) correspondem a cláusulas legais sujeitas a uma necessária delimitação negativa. Nessa medida, só poderão integrar uma categoria dogmática específica se não forem (formal e materialmente) absorvidas pelo tipo de ilícito ou pelo tipo de culpa. Justifica-se, por isso, uma primeira análise selectiva de figuras que, na hipótese de não integrarem o ilícito culposo, podem ser um possível objecto da categoria da punibilidade. Mas, por outro lado, essa análise tem de ser enquadrada no âmbito da teoria do crime e não considerada autonomamente, ao contrário daquilo que tem sido feito pela doutrina que se pronuncia sobre o tema. Só dessa forma será possível ultrapassar o significado limitado de certas cláusulas legais no contexto dos tipos em especial e se conseguirá traçar as linhas de uma categoria sistematicamente articulada com os demais momentos de análise e valoração do crime.

3. O estudo das diversas figuras em especial centra-se sobre o Direito português em vigor, tendo essencialmente como objecto as soluções contidas no texto do Código Penal de 1982 e em alguma legislação penal avulsa. Esta delimitação adquire relevância em dois aspectos:

Não será objecto de análise um conjunto de circunstâncias, contidas em Código Penais estrangeiros do século XIX, que mereceram a atenção da doutrina penal europeia desse período, mas que têm hoje apenas um significado histórico muito limitado, como acontece com circunstâncias dirimentes características de algumas incriminações que foram em regra abandonadas com as reformas penais no século XX (*v.g.* cláusulas de interrupção do duelo, o casamento subsequente no rapto ou o divórcio na burla matrimonial)[1].

O próprio Direito Penal português tem sofrido vicissitudes importantes nesta matéria quanto às soluções contidas quer no Código Penal, quer na legislação avulsa. A reforma de 1995 introduziu neste domínio modificações no texto do Código Penal, em três aspectos significativos: por um lado, acentuou na linguagem legislativa a cisão entre o juízo de ilicitude típica e o juízo de punibilidade; por outro, reformulou o estatuto dogmático das cláusulas de isenção da pena (suprimindo o uso legislativo desta designação) em articulação com a figura da dispensa de pena (que adquiriu uma maior projecção na economia do código depois de 1995); e, finalmente, reformulou algumas incriminações em especial alterando pontualmente o estatuto dogmático de cláusulas que existiam no texto legal desde 1982 (como aconteceu com a reformulação dos tipos incriminadores da corrupção e as diversas cláusulas de exclusão ou diminuição da responsabilidade que lhe estão associada)[2].

A análise que se fará neste Capítulo V terá como objecto algumas cláusulas legais que pressupõem, por um lado, a cisão entre o ilícito culposo e o juízo de punibilidade do facto praticado e que podem, por outro, documentar a insuficiência sistemática do tipo de ilícito e do tipo de culpa enquanto estruturas teóricas de análise, compreensão e aplicação do Direito vigente. A um tempo ficará documentada a eventual necessidade de a teoria do crime comportar um momento específico de análise e valoração em que tais cláusulas serão integradas, adquirindo desse modo um significado sistemático em vez de surgirem apenas como elementos da lei penal que, apesar de serem usados para aferir a responsabilidade de alguém, acabam por estar subtraídos aos quadros de racionalização da teoria do crime e ficar permanentemente exilados numa «terra de ninguém».

---

[1] Uma exposição completa, com as diversas posições que a doutrina alemã assumiu (entre o final do século XIX e os anos 30 do século XX) sobre as várias cláusulas legais que (eventualmente) podem ser qualificadas como condições autónomas de punibilidade, encontra-se em KANTOROWICZ, *Tat und Schuld*, 1933, 278-279 (quadro inserido entre páginas). Com interesse ainda, LAND, *System der äusseren strafbarkeitsbedingungen*, 1927, 47-65; BEMMANN, *Zur Frage der objektiven Bedingungen der Strafbarkeit*, 1957, 28-51; HEINZ-JOSEF PAUL, *Persönliche Strafausschliessungsgründe und innerer Tatbestand*, 1963, 20 e ss; HASS, *Wie entstehen Rechtsbegriff? Dargesetellt am Beispiel der objektiven Strafbarkeitsbedingung*, 1973, 63-75.

[2] Sobre o tema, FREDERICO DA COSTA PINTO, *Jornadas* (1998), 53 e ss, *maxime* 65 e ss e 72 e ss.

O estudo das diversas cláusulas que podem estar associadas ao momento da punibilidade implicará o recurso aos critérios de identificação dos elementos das normas penais debatidos nos § 24 e 25 deste estudo. O que permitirá um diagnóstico mais seguro sobre o seu significado e limites na compreensão do Direito legislado. A organização material e funcional das diversas cláusulas legais que serão estudadas assenta numa base estrutural, isto é, parte do princípio, documentado nas páginas que se seguem, de que a categoria da punibilidade para ver afirmada a sua autonomia exige não só um corpo de valorações específico, como também um objecto material que suporte essas valorações. Essa realidade material tem de ser necessariamente autónoma em relação ao ilícito culposo, mas, para ser integrada no âmbito dos pressupostos materiais da pena estatal, terá igualmente de organizar elementos que possuam ainda uma conexão normativamente significativa com o facto imputado ao agente.

Para o efeito, as diversas cláusulas legais foram organizadas em quatro grupos distintos: o primeiro (§ 26) integra diversos elementos das normas que surgem classificados na doutrina como condições objectivas de punibilidade, articuladas com tipos-de-ilícito diversos; um segundo grupo (§ 27) compreenderá algumas normas contidas na Parte Geral e na Parte Especial do Direito Penal que prevêem condutas de desistência e comportamentos reparadores que podem afectar a punibilidade do facto praticado; num terceiro momento (§ 28, I e II) far-se--á um percurso por várias cláusulas (*v.g.* imunidades de direito público, relações familiares, provocação estatal ao crime ou interrupção voluntária da gravidez) que, apelando de forma expressa ou implícita a uma ponderação de interesses, conduzem à exclusão da responsabilidade do agente sem que da lei resulte claramente uma opção quanto à inserção sistemática de tais soluções; finalmente, num último grupo (§ 28, III) completa-se esta incursão pelo quadro legal com uma breve referência a elementos que, de acordo com a doutrina dominante, são sistematicamente estranhos aos pressupostos materiais da pena estatal, embora se articulem com eles (as chamadas causas de extinção da responsabilidade penal e os pressupostos processuais).

A análise de todo este material permitirá comprovar ou negar a possível autonomia (estrutural) de algumas cláusulas legais em relação ao tipo de ilícito e ao tipo de culpa e, simultaneamente, clarificar o conteúdo dos critérios que permitirão a sua identificação e eventual inserção no sistema de análise do crime. Tarefa que, na realidade, apenas será concluída no Capítulo VII (cfr. § 38) após a clarificação dogmática da estrutura e conteúdo do tipo de ilícito e do tipo de culpa.

4. Em muitos casos, a classificação das cláusulas legais analisadas é discutível e nada pacífica entre a doutrina, não pretendendo este estudo encerrar em definitivo esse debate. Mas da análise dessas cláusulas podem resultar elementos

importantes para a compreensão do possível âmbito da categoria da punibilidade na teoria do crime.O percurso não pretende ser exaustivo mas antes ilustrativo, como acontece em qualquer sistema aberto, pois as técnicas de análise da lei penal podem ser aplicadas a qualquer figura legal equivalente criada por legislação penal codificada ou extravagante. Nestes exercícios está no fundo em causa a função de racionalização e apoio duma Parte Geral do Direito Penal que, a bem do próprio conceito de Estado de Direito, importa preservar e desenvolver nos quadros da teoria do crime.

§ 24. Conceito e função das condições objectivas de punibilidade

I. Origem e modalidades de condições objectivas de punibilidade

1. Apesar de as condições objectivas de punibilidade estarem doutrinariamente identificadas desde a segunda metade do século XIX, pela doutrina alemã[3], a legislação penal raramente lhes faz referência expressa. Entre a legislação europeia, apenas o Código Penal italiano de 1930 (*Codice Rocco*) lhes dedica uma norma com vocação geral[4], sendo habitual a identificação da figura surgir a propósito da análise da configuração de alguns crimes em especial. A par deste relativo silên-

---

[3] A figura surge referenciada pela primeira vez com intencionalidade sistemática em FRANCKE, «Das Deutsche Strafgesetzbuch und die Strafsachen aus Handlugen der Zeit vor dessen Gesetzeskraf», *GA*, 20 (1872), 14 e ss, a propósito relação entre a acção e o objecto do dolo e da negligência, e em BINDING, *Normen I* (1ª ed. 1872), 103 e ss e 130-131, e depois na 4ª edição (1922), 124-126, 194-201, 232-236, com uma teorização mais profunda (que marcará a evolução do tema) a propósito da estrutura e regime da lei penal e, consequentemente, do regime de imputação subjectiva. Para um confronto entre estes Autores e a doutrina que os antecede, HASS, *Wie entstehen Rechtsbegriffe? Dargestellt am Beispiel der objektiven Strafbarkeitsbedingungen*, 1973, 29 e ss.

[4] O artigo 44. do *Codice Rocco* (1930), sob a epígrafe *Condizione obiettiva di punibilità*, dispõe o seguinte: «Quando, per la punibilità del reato, la legge richiede il verificarsi di una condizione, il coplpevole risponde del reato, anche se l'evento, da cui dipende il verificarsi della condizione, non è da lui voluto». Uma nova referência às condições objectivas de punibilidade surge ainda no artigo 158. do mesmo diploma, que determina o início da contagem da prescrição a partir do momento da verificação da condição nos crimes em que a lei a exija. O regime acolhido no artigo 44. do Código Penal italiano foi visto como um sinal de «reconhecimento oficial» da existência das condições objectivas de punibilidade (neste sentido, VANNINI, «Le condizione estrinseche di punibilità nella struttura del reato», *Studi Senesi* XLIII (1929), 48). O *Progetto preliminare di riforma del Codice Penale (Projetto Grosso*, texto de 11.06.2001, in www.giustizia.it) manteve a consagração legal da figura, embora em termos mais lacónicos. Dispõe o artigo 35. do projecto, sob a epígrafe «Condizioni oggetive di punibilità», o seguinte: «1. Condizzioni oggettive di punibilità possono essere previste com disposizione espressa di

cio do legislador, o lastro doutrinário do debate em torno das condições objectivas de punibilidade reúne uma bibliografia e um mapa de problemas quase inabarcável, que se estende da segunda metade do século XIX até à actualidade[5].

legge, che utilizzi tale definizione. 2. Al verificarsi di una condizione oggetiva di punibilità non possono essere collegati aumenti di pena».

[5] Para uma visão sobre o significado e regime das condições objectivas de punibilidade veja-se, para além das obras de FRANKE e BINDING referidas na nota 3: de finais do século XIX até à Segunda Guerra, von LISZT, *Deutsche Reichstrafrecht* (1ª edição, 1881), 122-124 (§ 30) e, com mais desenvolvimento, *Lehrbuch* (2ª edição, 1884), 168-172 (§ 42); FINGER, «Thatbestandsmerkmale und Bedingungen der Strafbarkeit», *GA* 50 (1903), 32 e ss; BLUME, *Tatbestandskomplemente*, 1906; BELING, *Lehre vom Verbrechen*, 1906, 51 e ss; MANDEL, *Die sogenannten äußeren Bedingungen der Strafbarkeit im geltenden Recht und nach dem Vorentwurf*, 1912; LAND, *System der äußeren Strafbarkeitsbedingungen*, 1927; ZIMMERL, *Lehre vom Tatbestand*, 1928, 24-29; e RITTLER, «Strafbarkeitsbedingugen», *FG-Frank*, 1930, 1 e ss. Após a Segunda Guerra, são importantes os estudos de BEMMANN, *Zur Frage der objektiven Bedingungen der Strafbarkeit*, 1957, e HASS, *Wie entstehen Rechtsbegriffe?*, 1973, numa perspectiva crítica que conduz à negação da figura; em sentido diferente, apontam as investigações de SCHMIDHÄUSER, «Objektive Strafbarkeitsbedingungen» *ZStW*, 71 (1959), 545-564, STRATENWERTH, «Objektive Strafbarkeitsbedingungen im Entwurf eines Strafgesetzbuchs 1959», *ZStW*, 71 (1959), 565-578, STREE, «Objektive Bedingungen der Strafbarkeit», *JuS* (1965), 465-474, TIEDEMANN, «Objektive Strafbarkeitsbedingungen und die Reform des deutschen Konkursstrafrecht», *ZRP*, 1975, 129 e ss, e KRAUSE, «Die Objektiven Bedingungen der Strafbarkeit», *Jura* (1980), 449 e ss. Com maior ou menor importância, a figura das condições objectivas de punibilidade surge igualmente nos diversos manuais e tratados de Direito Penal: SCHMIDHÄUSER, *Strafrecht AT*, 1975, 67-68, 258-260; MAURACH/ ZIPF, *Strafrecht AT I*, 297-299 (§ 21, n.º 16 e ss); JESCHECK/WEIGEND, *Lehrbuch*, AT, 554-560 (§ 53); ROXIN, *Strafrecht*, AT I (4.ª edição, 2006), § 23, n.º 21 e ss; STRATENWERTH/ KÜHLEN, *Strafrecht, AT* (6.ª edição, 2011), § 7, n.º 29 e ss. Nos últimos anos surgiram na Alemanha duas monografias com especial interesse sobre o tema, relacionando-o com o princípio da culpa: FRISTER, *Schuldprinzip, Verbot der Verdachtsstrafe und Unschuldsvermutung als materielle Grundprinzipien des Strafrechts*, 1988, e, com importantes desenvolvimentos para a legitimação dogmática da figura, GEISLER, *Zur Vereinbarkeit objektiver Bedingungen der Strabarkeit mit dem Schuldprinzip*, 1998, 130 e ss, e 562 e ss. Na Áustria, para além do estudo de Rittler atrás citado, veja-se TRIFTTERER, *Österreichisches Strafrecht, AT*, 1985, 191-197. Em Itália a figura foi objecto de uma especial e constante atenção da doutrina e a literatura é quase inabarcável: veja-se, VANNINI, «La cosidette «condizioni obiettive di punibilità»», *Rivista Penale*, LXXXVI (1917), 210 e ss e, do mesmo Autor, *Studi Senesi*, XLIII (1929), 32 e ss; DELITALA, *Il «fatto»* (1930), 73 e ss; MUSOTTO, *Le Condizioni Obiettive di Punibilità*, 1936, 12 e ss, 19 e ss e 116 e ss; ALIMENA, *Le condizioni di punibilità*, 1938; BRICOLA, *Novíssimo Digesto*, Vol. XIV, 590 e ss; RAMACCI, *Le condizioni obiettive di punibilità*, 1971, 10 e ss, 33 e ss, 63 e ss e 106 e ss; DONINI, *Teoria del reato*, 402 e ss; depois, com novas perspectivas sobre o tema, ANGIONI, «Condizioni di punibilità e principio di colpovolezza», *Ridpp* (1989), 1440 e ss, VENEZIANI, *Spunti per una teoria del reato condizionato*, 1992, e ZANOTTI, «Punibilità (Condizioni Obiettive di)», *Digesto* X, 1995, 534 e ss. O tratamento do tema em Espanha e Portugal é largamente inspirado nos contributos da doutrina alemã e italiana. Citando apenas as análises mais específicas, em Espanha, MARTINEZ

Ao silêncio do legislador sobre a matéria não é seguramente estranha a origem e a polémica doutrinária que envolve a figura (sobre a sua autonomia e, inclusivamente, sobre a sua admissibilidade), o que é evidenciado pelo facto de a questão ser recorrente (mas também relativamente inconclusiva) nos trabalhos preparatórios das principais reformas penais durante o século XX[6]. Apesar destas polémicas doutrinárias é de sublinhar, com STRATENWERTH, o facto de o legislador

PEREZ, *Las condiciones objetivas de punibilidad*, 1989 e, numa perspectiva mais vasta, GARCÍA PÉREZ, *La Punibilidad en el Derecho Penal*, 1997, 33 e ss. Em Portugal, para além das diversas referências que adiante se apresentarão, na literatura antiga o estudo mais completo e com vocação geral sobre estas figuras encontra-se em CAVALEIRO DE FERRREIRA, *Lições* (1940), 424 e ss, mais tarde acolhido com pequenas alterações no *Direito Penal Português II* (1982), 297 e ss. Uma referência de conjunto, embora funcionalizada à análise do artigo 135.º do Código Penal, pode ver-se em MANUELA SILVEIRA, *Sobre o crime de incitamento ou ajuda ao suicídio*, 2.ª edição 1997 (1.ª edição 1990), 109-116. Na doutrina mais recente, um ensaio de tratamento conjunto e inserção sistemática na teoria do crime, encontra-se FIGUEIREDO DIAS, *Direito Penal PG I* (2.ª edição, 2007), 668 e ss e, depois, em PAULO PINTO DE ALBUQUERQUE, *Comentário do Código Penal*, 2.ª edição, 2010, 124-125, nota prévia ao artigo 19.º (n.º 4 a 9); centrado numa análise de tipos incriminadores em especial, mas referindo vários aspectos gerais, AUGUSTO SILVA DIAS, *Crimes contra a vida e a integridade física*, 2007, 70-73, e 125-126; agora, a pretexto da delimitação em relação aos eventos agravantes, HELENA MONIZ, *Agravação pelo resultado?*, 2009, 453 e ss, com muita informação sobre o tema. Na jurisprudência nacional o tratamento mais completo das condições objectivas de punibilidade surge a propósito das infracções tributárias: cfr. Acórdão do STJ, n.º 6/2008, de 9 de Abril, *DR, I série* n.º 94, de 15 de Maio de 2008, 2672 e ss.
[6] O problema surgiu com maiores desenvolvimentos em Itália, nos trabalhos preparatórios do *Codice Rocco* (com pormenor, RAMACCI, *Condizione*, 10-28), mas é também objecto de expressa referência na Alemanha, sempre envolto numa áurea de complexidade onde o dado mais evidente é a ausência de consenso doutrinário sobre o tema (cfr. *Niederschriften über die Sitzungen der Großen Strafrechtskommission*, 5. Band, Allgemeine Fragen zum Besonderen Teil, 1958, 83, 84, 91, 96, 104, 237). Em Portugal, na Comissão Revisora de 1963, onde se apreciou o Anteprojecto Eduardo Correia para a Parte Geral, a relevância da figura foi expressamente considerada ao ser debatido o regime relativo à prescrição do procedimento criminal (cfr. Acta da 32ª sessão, de 28 de Abril de 1964); no Anteprojecto para a Parte Especial, de 1966, surgiram referências expressas a propósito da configuração de vários tipos incriminadores, como na participação em rixa (artigo 164.º do Anteprojecto, Acta da 5ª sessão, de 26 de Março de 1966) e nos crimes contra Estados estrangeiros (artigo 411.º do Anteprojecto, Acta da 22ª sessão, de 22 de Junho de 1966). Nas Actas da Comissão de Revisão do Anteprojecto de 1993, não surgem referências com uma vocação geral sobre as condições objectivas de punibilidade (embora se encontrem observações pontuais sobre as «condições de punibilidade» de efeito negativo), mas sente-se na leitura dos textos que o problema está latente (ou foi mesmo considerado expressamente) em alguns tipos incriminadores (v.g. na participação em rixa, na embriaguez e intoxicação ou nos crimes contra a honra). Cfr. *Actas e Projecto da Comissão de Revisão*, 1993, 225, 229 e ss, 271 e ss, 368 e ss, e 501.

perante tantas divergências continuar a recorrer às condições objectivas de punibilidade para delimitar diversos tipos em especial[7].

Em Portugal a figura das condições objectivas de punibilidade surge na doutrina penal da década de 30 (do século XX)[8], sendo então usada para organizar algumas normas do Código Penal de 1852/1886 (a partir de então sujeitas aos quadros de racionalidade dogmática do sistema do facto punível, em detrimento da mera arrumação didáctica das matérias realizada nos quadros da teoria da infracção penal de matriz francesa) e para delimitar o âmbito da imputação subjectiva. No texto do Código Penal português de 1982 a figura das condições objectivas de punibilidade é expressamente referida apenas na Parte Especial, no artigo 324º, em cujo n.º 2 se condiciona a aplicação dos crimes contra Estados estrangeiros à existência de relações diplomáticas com Portugal e à reciprocidade de tratamento. Duas cláusulas habitualmente referenciadas no elenco de condições objectivas de punibilidade[9], embora tal classificação seja duvidosa. Mas, como se verá nos §§ 26 e 38 deste estudo, outras normas da Parte Geral e da Parte Especial dizem-lhes respeito, apesar de não se lhes referirem expressamente.

2. A definição do que sejam condições objectivas de punibilidade é controvertida. A própria lei italiana (artigo 44. do *Codice Rocco*) não as define limitando-se a estabelecer o regime jurídico que se lhes aplica[10], pressupondo desse modo

---

[7] STRATENWERTH, *ZStW* 71 (1959), 565. A observação ganha especial importância se tivermos em conta que durante a década de cinquenta surgiram dois estudos (de Armin Kaufmann e de Bemmann) onde se defendeu a abolição da figura e, apesar disso, no *Entwurf* de 1959 o legislador recorreu à figura das condições objectivas de punibilidade.

[8] A figura das condições objectivas de punibilidade surge em Portugal, com intencionalidade e consistência sistemática, nos estudos da década de 30 publicados por BELEZA DOS SANTOS e CAVALEIRO DE FERREIRA. Antes disso, nota-se em LUIS OSÓRIO a influência do manual de von Liszt (pois cita as edições alemã e francesa do *Lehrbuch*) surgindo uma curiosa referência à figura a propósito do conceito de voluntariedade enquanto elemento do conceito legal de crime: «as condições objectivas de criminalidade são independentes da voluntariedade» (LUIS OSÓRIO, *Notas ao Código Penal*, vol. I (2ª edição, 1923), p. 29). A referência é lacónica e não tem ainda um enquadramento sistemático completo que só adquirirá a partir da tese de doutoramento de CAVALEIRO DE FERREIRA, *Da participação criminosa*, 1934, 163 e ss (e, em relação com a participação, p. 214 e ss) e da publicação de parte dos estudos de BELEZA DOS SANTOS sobre a moeda falsa dedicados à teoria do crime (cfr. «Crimes Moeda Falsa», *RLJ*, 67º, nº 2515 (1934), 98-100). Em pormenor, *supra* § 18 e 19 do Capítulo IV.

[9] Veja-se, BEMMANN, *Bedingungen der Strafbarkeit*, 28-32; depois, JESCHECK/WEIGEND, *Lehrbuch*, 556, nota 7, e 558 (§ 53, I e II) e GEISLER, *Bedingungen der Strafbarkeit*, 535 e ss.

[10] Assim, VANNINI, *Studi Senesi*, XLIII (1929), 52-53, e, recentemente, ANGIONI, *Ridpp* (1989), 1442. Sobre a evolução histórica e o significado do preceito, BRICOLA, *Novíssimo Digesto*, Vol. XIV, 590 e ss, RAMACCI, *Condizioni*, 10-33, ZANOTTI, *Digesto*, Vol. X, 535 e ss. O artigo 35. do

a existência de uma figura cujo conteúdo e autonomia dogmática resultará dos contributos da doutrina e da configuração dos tipos incriminadores em especial. O silêncio legislativo que envolve as condições objectivas de punibilidade e as divergências dogmáticas em torno da sua delimitação perduram até aos dias de hoje, constituindo matéria onde, praticamente, todas as posições doutrinárias se podem encontrar: desde a sua apresentação como elementos arcaicos sem qualquer razão de ser actualmente e, por isso, condenados a um progressivo abandono da parte do legislador[11], até à negação da sua autonomia sistemática por sucessiva recondução à tipicidade, ao tipo de ilícito, aos pressupostos processuais ou à teoria da pena[12], passando pela defesa da sua singularidade no âmbito dos pressupostos materiais da pena e consequente autonomia em relação ao ilícito culposo[13].

A origem da figura e a sua intencionalidade dogmática básica estão, contudo, razoavelmente determinadas[14]. As condições objectivas de punibilidade têm origem no esforço levado a cabo pela doutrina alemã da segunda metade do século XIX para delimitar com rigor o objecto da imputação subjectiva e, a um tempo, racionalizar os elementos das normas penais sujeitos aos crivos de análise da dogmática. É com estes contornos que a figura surge, em 1872, nos estudos de FRANKE e BINDING, com uma dupla matriz que vai condicionar toda a sua evolução: associada ao problema da delimitação do objecto da acção culposa (FRANKE) e como uma consequência decorrente da teoria das normas cuja incidência se fará sentir, por seu turno, na organização sistemática dos elementos e na delimitação do tipo subjectivo (BINDING).

Projetto Preliminare (2001) também não definia condições objectivas de punibilidade, nem tão pouco estabeleceu o seu regime (ao contrário do artigo 44. do *Codice Rocco*): limitou-se a admitir o recurso à figura (n.º 1) e a estabelecer uma proibição de associar as condições objectivas de punibilidade a aumentos de pena (n.º 2), o que constitui uma relevante negação legislativa das antigas «condições de maior punibilidade».

[11] Neste sentido, MAURACH/ZIPF, *Strafrecht AT I*, § 21, n.º 18, que sublinham o facto de a reforma de 1975 na Alemanha ter implicado a eliminação de muitas destas figuras. Mas pelo elenco descrito percebe-se que se trata de tipos incriminadores que foram abandonados ou profundamente reformulados. Apesar disso, os Autores afirmam que é de manter o objectivo político-criminal de eliminar completamente tais elementos. Paradoxalmente, admitem ao mesmo tempo que se tem de reconhecer que «a substituição das condições objectivas de punibilidade por outras construções não está ainda devidamente resolvida do ponto de vista dogmático, como se pode comprovar pelo complexo regime do erro no § 113, IV...» (preceito que prevê uma regulação especial do erro no crime de resistência a um funcionário). É dificilmente compreensível que se proponha a eliminação das condições objectivas de punibilidade quando simultaneamente se reconhece que as mesmas cumprem funções para as quais não existe alternativa dogmática consistente.

[12] Em pormenor *infra* § 31.
[13] Em pormenor *infra* § 26 e § 33.
[14] BEMMANN, *Bedingungen der Strafbarkeit*, 3 e ss, e HASS, *Wie entestehen Rechtsbegriffe?*, 29 e ss.

Ao analisar os elementos contidos em diversas normas penais, FRANKE chegou à conclusão que a pretensão penal do Estado dependia da verificação de circunstâncias diversas, não sendo possível afirmar que todas elas fizessem parte da acção culposa do agente. Na maior parte das incriminações contidas no *StGB* de 1871 surgiam circunstâncias de que se revelavam estranhas à acção e à culpa do autor, mas que eram necessárias para a existência de uma acção punível. O elenco apresentado por FRANKE era extenso e heterogéneo, incluindo por exemplo a exigência de acções de terceiros em algumas incriminações (na instigação, na cumplicidade, no duelo), a reciprocidade de tratamento nos crimes contra Estados estrangeiros, a exigência de morte ou lesões em várias incriminações, a dissolução do casamento em crimes contra a família (*v.g.* no adultério e na burla matrimonial) ou a suspensão de pagamentos nos crimes falenciais[15].

Este elenco de circunstâncias corresponde a uma primeira sistematização do mapa legal das cláusulas que serão (em parte) consideradas pela doutrina posterior como condições objectivas de punibilidade. O impulso teórico decisivo para o seu tratamento dogmático foi no entanto dado por BINDING.

Na mesma data (1872), BINDING chegou a uma conclusão semelhante a partir da teoria das normas, concretamente com base na cisão entre a infracção ao dever executada pelo autor (delito) e a aplicação das segundas condições da ameaça penal pelo tribunal (crime). As proposições normativas afectas a cada um destes grupos de elementos tinham, na sua construção, destinatários diferentes: no primeiro caso o cidadão, no segundo o aplicador do Direito. Entre elas incluíam-se a dissolução do casamento no adultério e na burla matrimonial (§§ 172 e 170), a reciprocidade nos crimes contra Estados estrangeiros (§§ 102 e 103), a realização do duelo no crime de incitamento a este facto (§ 210) e a consequência grave na rixa (§ 227, todos do *StGB* de 1871). Por isso, o seu regime era igualmente distinto: enquanto os elementos da infracção à norma («elementos do delito») careciam de ser objecto do dolo do agente, os «elementos do crime» (ou as «segundas condições da ameaça penal») podiam ter uma natureza exclusivamente objectiva. As consequências dogmáticas da autonomização das «segundas condições da ameaça penal» transcendiam o regime do dolo, alargando-se à irrelevância da participação antes da verificação da circunstância e à incidência material da sua ausência que implicaria, no processo respectivo, uma absolvição material[16]. Com isso se confirmava a relevância material das figuras.

---

[15] FRANCKE, *GA* 20 (1872), 32 e ss, *maxime* 34-35.
[16] BINDING, *Normen I* (1ª edição, 1872), 103 e ss e 130-131, e, depois, com mais pormenor, na 4ª edição, (1922), 124-126, 194-201, 232-236, e *Normen III* (1918), 184-190, sobre a imunidade ao regime do erro.

A partir da publicação do manual de von LISZT (1881) a figura das condições objectivas de punibilidade adquire uma decisiva projecção dogmática (em especial após a 2ª edição do *Lehrbuch*, em 1884), pois, como sublinha HAß[17], von LISZT dedica-lhe nas várias edições do *Lehrbuch* um capítulo inteiro e, para além disso, retira da sua inserção sistemática importantes (e exaustivas) consequências práticas.

O elenco de condições objectivas de punibilidade apresentado por LISZT (recortado sobre o texto do *StGB* de 1871) integrava um vasto elenco de cláusulas legais onde se previam circunstâncias distintas da acção do agente e das suas características jurídicas: a cláusula de reciprocidade nos crimes contra Estado estrangeiros, a execução do crime na omissão de denúncia, a execução do duelo no crime de incitamento a este facto, a consequência grave na rixa, a suspensão de pagamentos no crime de bancarrota e a dissolução do casamento nos crimes de adultério e de burla matrimonial. LISZT antecipa ainda o regime de tais circunstâncias com um considerável pormenor: não aplicabilidade das regras sobre culpa subjectiva, não punibilidade do facto tentado na ausência da condição, impossibilidade de ser exercida a pretensão punitiva do Estado na ausência da circunstância (isto é, impossibilidade de iniciar e promover o processo penal), impunidade da cumplicidade e do favorecimento na ausência da condição, irrelevância da sua ausência para o crime de denúncia caluniosa, inaplicabilidade de medidas cautelares e de coacção, irrelevância para a determinação do tempo e local do crime, início da contagem da prescrição mesmo antes da condição se verificar, aplicabilidade do regime do favorecimento se o acto de apoio fosse praticado depois da acção do autor e antes da verificação da circunstância, exigência de maioria de 2/3 para o tribunal reconhecer a existência de uma condição objectiva de punibililidade e (ao contrário da falta de um pressuposto processual) opção por uma absolvição material em caso de comprovação judicial da ausência de tal circunstância[18].

Com uma projecção sistemática desta natureza e consequências práticas tão relevantes, a doutrina não podia olvidar a importância das condições objectivas de punibilidade no sistema do facto punível[19]. Mas a evolução da figura foi

---

[17] HAß, *Wie entstehen Rechtsbegriffe?*, 34, e também «Zu Wesen und Funktion der objektiven Strafbarkeitsbedingung. Bemerkungen zur Entstehungsgeschichte des Begriffs», *Rechtstheorie*, 1972, 24.
[18] LISZT, *Das Deutsche Reichstrafrecht* (1ª edição, 1881), 122-124 (§ 30, de forma ainda sintética) e, em especial, *Lehrbuch* (2ª edição, 1884), 169-172 (§ 42, II, já com o desenvolvimento apresentado no texto). Esta caracterização e regime foram mantidos até à última edição do manual, feita em vida do Autor (*Lehrbuch*, 21ª e 22ª edição, 1919, 183-185, § 44, III e IV).
[19] Por isso, numa das principais obras sobre a teoria do crime do início do século XX, o estudo de BELING, *Lehre vom Verbrechen*, 1906, as condições objectivas de punibilidade voltam a merecer um tratamento autónomo (§ 8, pp. 51 e ss).

mais acidentada do que aquilo que a sua importância nos finais do século XIX permitia antever. Essa evolução esteve profundamente condicionada pela afirmação e delimitação da tipicidade[20], enquanto momento autónomo na teoria do crime, concretamente pela normativização dos elementos do facto típico (que, por seu turno, seriam objecto da vontade do agente, por exigência do § 59 do *StGB* de 1871). As vicissitudes que daí resultaram fazem-se ainda sentir na construção actual do sistema de análise do crime.

Num primeiro momento, com LISZT, FINGER, BLUME, BELING, BAUMGARTEN e KÖHLER as condições objectivas de punibilidade são destacadas do facto típico e, em função da sua autonomia em relação à acção do agente e consequente imunidade ou indiferença em relação ao tipo subjectivo, são consideradas elementos autónomos no conceito de crime[21].

Num segundo momento, a partir sensivelmente de 1915, por influência dos neo-kantianos, a normativização do conceito de tipicidade e a sua relação com o conceito material de ilicitude conduzem, com maior ou menor rigor dogmático, a uma substancial diluição das condições objectivas de punibilidade no tipo e à sua perda de autonomia no âmbito dos pressupostos materiais da pena. Em HEGLER (1915), percursor da concepção teleológica do crime, a figura ainda é mantida com um notável esforço de construção em função dos diversos interesses que poderiam explicar a sua autonomização: as condições objectivas de punibilidade corresponderiam a um «momento» axiológico heterogéneo na teoria do crime (mas não a um «atributo da acção», equivalente à ilicitude ou à culpabilidade), onde se procurava garantir a preservação de interesses distintos daqueles que o comportamento socialmente danoso do autor do facto típico punha em causa[22]. Contudo, a restante doutrina de matriz neo-kantiana traça um caminho distinto, que passa pela diluição das condições objectivas de punibilidade no tipo e nos

---

[20] Como reconheceu, entre nós, CAVALEIRO DE FERREIRA, *A tipicidade* (1935), 45, nota 2.
[21] Cfr. FINGER, *GA* 50 (1903), 42 e ss; BLUME, *Tatbestandskomplemente*, 6 e ss; BELING, *Lehre vom Verbrechen*, 51 e ss e, de forma especialmente clara, nas sucessivas edições dos seus *Gründzuge* (10ª edição, 1928), 55-57; BAUMGARTEN, *Aufbau der Verbrechenslehre* (1913), 71 e ss, 191 e ss e 267 e ss; KÖHLER, *Deutsches Strafrecht*, AT (1917), 418 e ss; LISZT, *Lehrbuch* (21ª e 22ª edição, 1919), 183-185 (§ 44, III e IV). Em Itália, por expressa influência germânica, VANNINI, *Rivista Penale*, LXXXVI (1917), 210 e ss, assume a lacuna da doutrina italiana no tratamento da matéria e traça com grande pormenor, na esteira de Liszt, os contornos e regime das condições objectivas de punibilidade, afirmando em conclusão que a figura é «condizione d'existenza del reato» (p. 217).
[22] HEGLER, «Die Merkmale des Verbrechens», *ZStW* 36 (1915), 224-229. Sobre esta construção de Hegler veja-se ainda o que se escreve nas páginas que se seguem sobre a identificação das condições objectivas de punibilidade a partir de critérios axiológicos.

pressupostos processuais, como aconteceu com MAX-ERNST MAYER, SAUER e, o discípulo deste, ERICH LAND (em obra especificamente dedicada ao tema)[23].

Nos anos 30 (vésperas da afirmação do nacional-socialismo na Alemanha e de abandono progressivo do sistema do facto punível) a situação destas figuras é crítica: uma parte da doutrina mantém as condições objectivas de punibilidade com autonomia (mas nem sempre com a mesma importância sistemática) no âmbito do conceito de crime[24] enquanto a sua supressão era sustentada pelos principais autores neo-kantianos[25].

As posições intermédias, como a de ZIMMERL ou MEZGER, pouco ou nada contribuíam para a clarificação do estatuto dogmático das figuras. ZIMMERL sujeita o elenco de supostas condições objectivas de punibilidade a um confronto com o conteúdo material do tipo de ilícito e a relação culpa/perigosidade, autonomizando dessa forma um grupo residual de «meras condições objectivas de punibilidade», as únicas verdadeiramente estranhas ao tipo de ilícito e ao tipo de culpa[26].

---

[23] MAX ERNST MAYER, *Allgemeiner Teil* (1915), 13-14, nota 29, 99-101; SAUER, *Grundlagen* (1921), 209-210, 214-215 e, em especial, 350 a 366; LAND, *Strafbarkeitsbedingungen* (1927), 23, 26, 74, 79, designadamente.

[24] Para além de LISZT, *Lehrbuch* (21ª e 22ª edição, 1919), 183-185 (§ 44, III e IV), e BELING, *Lehre vom Verbrechen*, 51 e ss, e, ainda, nos *Gründzuge* (10ª edição, 1928), 55-57, com um enquadramento diferente, pela negativa («limitações legais à punibilidade»), na última edição dos *Gründzuge* (11ª edição, 1930), 31 e ss, em consequência da revisão da teoria do crime que fez no estudo *Die Lehre vom Tatbestand*, de 1930 (*supra* § 12 e 13), veja-se: GRAF ZU DOHNA, *Zur Systematik der Lehre vom Verbrechen* (1907), 329; BAUMGARTEN, *Der Aufbau der Verbrechenslehre* (1913), 71 e ss, 191 e ss e 267 e ss; WACHENFELD, *Lehrbuch* (1914), 69-70; KÖHLER, *Deutsches Strafrecht* (1917), 418 e ss; RADBRUCH, *FG-Frank*, I (1930), 170 ss (com uma revisão crítica da figura); von HIPPEL, *Deutsches Strafrecht II* (1930), 87 e 377 e ss; van CALKER, *Strafrecht* (4ª edição, 1933), 23 e ss e 56 e ss; ALLFELD, *Lehrbuch* (9ª edição, 1934), 93 e ss e 302 e ss.

[25] M. E. MAYER, *Der Allgemeine Teil* (2ª edição, 1923), 13-14; SAUER, *Grundlagen* (1921), 207-217, 350-366; LAND, *Strafbarkeitsbedingungen*, 1927, 23 e 26; KANTOROWICZ, *Tat und Schuld*, 242 e ss (afirmando que se tratava de *Tatbestandsmerkmale*, estranhos, contudo, à culpa).

[26] ZIMMERL, *Zur Lehre vom Tatbestand*, 1928, 24-29, distingue três grandes grupos de figuras: (1) as condições de punibilidade que se relacionam com a ilicitude por co-fundamentarem ou indiciarem a gravidade objectiva do facto expressa no tipo de ilícito (*v.g.* certas lesões mais graves em ofensas à integridade física, resultados estranhos à acção do agente ou circunstâncias concomitantes à acção que não têm de ser objecto do dolo, como a actuação legal da autoridade no crime de resistência à autoridade); (2) as condições de punibilidade relativas à culpabilidade ou perigosidade do agente (isto é, circunstâncias de funcionamento objectivo que, por se relacionarem com o lado subjectivo do facto, pertencem não ao tipo mas à culpabilidade, como sintoma de uma especial culpa do agente – *v.g.* a cláusula «durante ou logo após o nascimento», no crime de infanticídio); (3) as «meras condições de punibilidade» (*bloßen Strafbarkeitsbedingungen*), um terceiro grupo de figuras que não apresenta qualquer relação com a ilicitude do facto ou com a culpabilidade do agente. Enquanto o primeiro e o segundo

Por seu turno, MEZGER apresentava-as como «elementos anexos ao tipo», sem autonomia sistemática dada a sua proximidade com o tipo, mas com um regime especial em alguns aspectos (imputação subjectiva, determinação do tempo e lugar do crime, participação e início da contagem do prazo de prescrição)[27].

É com este lastro dogmático sedimentado na década de 30 na Alemanha que a figura das condições objectivas de punibilidade entra de forma definitiva nos quadros dogmáticos da doutrina de outros países europeus, nomeadamente em Itália, Espanha e Portugal. Com uma diferença essencial: enquanto em Espanha e Portugal a figura se manteve essencialmente na esfera doutrinária, em Itália ela foi acolhida e trabalhada pela doutrina (desde 1917) e usada de forma consequente na reforma penal que dará origem ao *Codice Rocco*, de 1930[28].

3. A figura das condições objectivas de punibilidade é habitualmente apresentada a partir de duas características básicas: trata-se, por um lado, de circunstâncias estranhas ao facto típico e à culpa do agente (concretamente, ao título de imputação subjectiva), de cuja verificação, por outro lado, depende em absoluto a aplicação da sanção penal (e, portanto, a existência plena do crime)[29]. A primeira afirmação implica do ponto de vista sistemático que as condições objectivas de punibilidade sejam consideradas circunstâncias autónomas em relação à tipicidade, à ilicitude e à culpabilidade. A segunda sublinha a fractura

grupo se inserem sistematicamente no tipo de ilícito e na culpabilidade, respectivamente, é erróneo, na opinião de ZIMMERL, pretender reconduzir as figuras do terceiro grupo à tipicidade pelo que tais elementos susbsistem como «meras condições objectivas de punibilidade» justificadas por razões de natureza política e oportunidade (*Zur Lehre vom Tatbestand*, 29).

[27] MEZGER, *Strafrecht I* (1ª edição, 1931), 177-179, mantida na 2ª edição, (1933), 177-179.

[28] Precursor da análise da figura em Itália foi VANNINI, *Rivista Penale*, LXXXVI (1917), 210 e ss. Sobre a situação da figura das condições objectivas de punibilidade nas vésperas da entrada em vigor do *Codice Rocco*, VANNINI, *Studi Senesi*, XLIII (1929), 32 e ss e, já com o *Codice Rocco* em vigor, DELITALA, *Il «fatto»* (1930), 73 e ss. Para uma análise pormenorizada dos vários contributos da doutrina italiana na matéria, MUSOTTO, *Le Condizioni Obiettive di Punibilità*, 1936, 12 e ss, 19 e ss e 116 e ss. Depois, BRICOLA, *Novíssimo Digesto*, Vol. XIV, 590 e ss, e, já na década de 70, RAMACCI, *Condizioni*, 10 e ss, 33 e ss, 63 e ss e 106 e ss. Para uma visão de conjunto, MORMANDO, «L'evoluzione storico-dommatica dele condizioni obiettive di punibilità, *Ridpp* (1996), 610 e ss.

[29] JESCHECK/WEIGEND, *Lehrbuch*, 555-560; KRAUSE, *Jura* (1980), 449 e ss; SCHMIDHÄUSER, *ZStW* 71 (1959), 547 e ss; STRATENWERTH, *ZStW* 71 (1959), 567 e ss; STREE, *JuS* (1965), 465. Entre nós, CAVALEIRO DE FERREIRA, *Lições* (1940), 424-426, e *Direito Penal Português II* (1982), 205-206; EDUARDO CORREIA, *Direito Criminal I*, 370; SOUSA E BRITO, *Direito Criminal II* (1963), 165-166, *Crime omissivo* (1965), 37-38, nota 30, e 62, com desenvolvimentos e actualizações posteriores em *Sentido e Valor*, 126 e ss, e *LH-Roxin*, 109; TERESA BELEZA, *Direito Penal*, 2º vol., 367-368; por fim, HELENA MONIZ, *Agravação pelo resultado*, 460 e ss.

dogmática entre a verificação do ilícito culposo e a possibilidade de lhe associar a consequência jurídico-penal. Neste exacto sentido, as condições objectivas de punibilidade funcionariam como uma exigência adicional para a punibilidade de um comportamento, com autonomia em relação aos demais pressupostos da pena estatal, e poderiam ter, inclusivamente, um efeito limitador do âmbito da intervenção penal[30].

No plano da delimitação conceitual não se verificou nesta matéria uma grande evolução desde os finais do século XIX. Basta para o efeito confrontar as definições então ensaiadas com as que surgem na doutrina actual. A título ilustrativo, von Liszt apresentava a figura como «circunstâncias exteriores, independentes da acção criminosa que a ela se acrescentam» e às quais o legislador subordina a sanção ou, noutra formulação, «circunstâncias exteriores que nada têm a ver com a acção criminosa em si mesma ou com as suas partes constitutivas, antes pelo contrário devem ser considerados completamente distintas destas»[31]; Beling seguia uma via semelhante ao frisar que se tratava de «circunstâncias localizadas fora da tipicidade que não condicionam a ilicitude nem são portadoras de características da culpa»[32]. Com mais pormenor, considera actualmente Jescheck que as condições objectivas de punibilidade «são circunstâncias que se encontram em relação directa com o facto, mas que não pertencem nem ao tipo de ilícito, nem ao tipo de culpa»[33], e, de forma mais sintética, Roxin descreve-as como «circunstâncias que devem adicionar-se à acção ilícita e responsável para que se desencadeie a punibilidade»[34].

Numa primeira aproximação ao conceito de condição objectiva de punibilidade podemos bastar-nos com as características apontadas – conexão com o facto, autonomia em relação à acção tipicamente ilícita e efeito condicionador da punibilidade – embora, como se verá nas páginas que se seguem, este enquadramento tenha de ser questionado e aprofundado no seu rigor dogmático e nas suas consequências jurídicas.

---

[30] Para uma visão geral sobre esta vocação restritiva da intervenção penal, Krause, *Jura* (1980), 451-452 e, com mais pormenor, Jescheck/Weigend, *Lehrbuch*, 556 e ss. Entre nós, claramente, Faria Costa, *Responsabilidade Objectiva*, 18, nota 14.

[31] Liszt, *Lehrbuch* (2ª edição, 1884), 168 e 169, e *Lehrbuch* (21ª e 22ª edição, 1919), 183, onde refere a independência das condições objectivas de punibilidade não só em relação à acção criminosa (*verbrecherischen Handlung*) como também em relação à acção típica (*tatbestandsmäßigen Handlungen*).

[32] Beling, *Grundzüge* (10ª edição, 1928), 55. A delimitação das condições objectivas de punibilidade em relação à acção típica, ilícita e culposa é traçada com pormenor no seu estudo *Die Lehre vom Verbrechen* (1906), 51-53 e 58-60 e notas respectivas.

[33] Jescheck/Weigend, *Lehrbuch*, 556 (§ 53, I, 1).

[34] Jescheck/Weigend, *Lehrbuch*, 556 (§ 53, I, 1).

4. O regime jurídico destas figuras e, inclusivamente, a sua legitimidade dogmática podem depender não só das características básicas apontadas como também da modalidade de condição objectiva de punibilidade que esteja em causa. As classificações mais importantes e consequentes dividem as condições objectivas de punibilidade em *positivas e negativas, intrínsecas* e *extrínsecas,* em *relevantes* ou *irrelevantes para a ilicitude* do facto e em *próprias* e *impróprias*[35]. Estas classificações têm diferentes origens e significados dogmáticos. O seu valor é essencialmente doutrinário e nessa exacta medida devem ser compreendidas.

A classificação das condições objectivas de punibilidade em *positivas* e *negativas* remonta à origem germânica da figura e tem uma natureza formal, mas dela podem resultar importantes consequências jurídicas no plano processual. BELING destacou estas duas formas de aparecimento das condições defendendo o tratamento conjunto das condições objectivas de punibilidade e das causas de exclusão da pena por afinidade funcional: a verificação de uma causa de exclusão da pena seria equivalente à falta de uma condição objectiva de punibilidade[36]. As consequências da contraposição entre as duas figuras eram essencialmente processuais: não tanto no ónus da prova (sublinhava ainda BELING) mas antes no facto de as condições com uma formulação positiva (condições objectivas de puniblidade) exigirem menção expressa nos actos processuais e um dever de pronúncia

---

[35] Não se inclui nesta descrição classificatória a referência às «condições de maior punibilidade», conceito usado pela doutrina de finais do século XIX e inícios do século XX (veja-se FINGER, *GA* 50 (1903), 43 e ss), que acabou por ser abandonado já que no essencial correspondia às cláusulas de agravação pelo resultado que tinham sido apresentadas por von LISZT sob a capa das condições de punibilidade (cfr. *Lehrbuch* (2.ª edição, 1884), 169, § 42), mas que, por força do princípio da culpa, tinham de ser objecto da imputação subjectiva, o que inutilizava a sua natureza objectiva. Outra classificação que perdeu igualmente importância repartia as condições objectivas de punibilidade em absolutas e relativas. Para BELING, *Lehre vom Verbrechen,* 53-54, as condições absolutas eram «apêndices a qualquer ameaça penal» (por exemplo, o estado de necessidade) enquanto as condições relativas apenas seriam relevantes para grupos específicos de incriminações (por exemplo, a morte na rixa ou a declaração de falência na bancarrota). Esta classificação assentava numa vocação mais genérica ou mais específica das condições objectivas de punibilidade e apenas se compreende em função das dificuldades de arrumação sistemática do estado de necessidade (mais tarde designado como «desculpante») criadas pelo conceito psicológico de culpa.

[36] As causas de exclusão da pena são «circunstâncias contrárias à punição que devem existir no momento do facto» (*v.g.* a imunidade parlamentar), ao contrário das causas de anulação da pena que são «não se verificam senão depois de ter sido realizada uma acção punível e eliminam retroactivamente a punibilidade já existente» (*v.g.* a desistência da tentativa) (por todos, JESCHECK/WEIGEND, *Lehrbuch,* 552-553 (§ 52, II). Só as primeiras são apresentadas por Beling como o reverso das condições objectivas de punibilidade.

do tribunal sobre as mesmas[37]. De acordo com esta classificação, seriam exemplos de condições positivas a existência de relações diplomáticas e de reciprocidade de tratamento em crimes contra Estados estrangeiros (artigo 324.º, n.º 2 do Código Penal) e exemplo de condições negativas a prova da verdade nos crimes contra a honra (classificação pouco viável entre nós perante a causa de justificação compósita do novo artigo 180.º, n.º 2, do Código Penal).

A separação das condições objectivas de punibilidade em *intrínsecas* e *extrínsecas* é originária da doutrina italiana e assenta em referentes axiológicos. O critério que que lhe está subjacente relaciona a circunstância condicional com o interesse tutelado pela norma penal: condições intrínsecas são todas as que se relacionam com o interesse protegido na medida em que expressam, qualificam ou actualizam uma lesão (eventualmente mais intensa) desse interesse realizada pela conduta do agente; diversamente, as condições extrínsecas são circunstâncias estranhas ao círculo de tutela dos interesses penais agredidos pelo facto ilícito que, por isso mesmo, não lhe acrescentam qualquer danosidade; ou, na formulação de BRICOLA, as condições extrínsecas «constituiscono l'espressione di un interesse esterno al profilo offensivo, la cui tutela è perseguita dalla norma penale» e, nesse sentido, mais não seriam do que elementos a que o legislador recorreria por razões de «oportunidade» ou «conveniência» em iniciar um processo penal, sem que a circunstância em causa tenha relação com a lesão dos interesses tutelados. São exemplos de condições intrínsecas, o reconhecimento ou a declaração judiciais de insolvência ou falência nos crimes desta natureza (artigo 227.º, n.º 1 e 2) ou a execução do suicídio no crime de incitamento a este facto (artigo 135.º, n.º 1) e será uma condição extrínseca (mais discutível) a exigência de presença do agente em território do Estado para que o crime praticado no estrangeiro possa ser punido (artigo 5.º, n.º 1, al. c), I) do Código Penal)[38].

---

[37] BELING, *Lehre vom Verbrechen*, 55-56. Os exemplos que oferece são pouco consensuais, mas têm de ser entendidos no contexto da doutrina do início do século XX: como condição objectiva de punibilidade aponta a abertura do concurso nos crimes de bancarrota e como causa de exclusão da pena invoca o estado de necessidade. Sobre a classificação das condições de punibilidade em Beling, veja-se CAVALEIRO DE FERREIRA, *A tipicidade*, 43-44 e notas.

[38] BRICOLA explica a *ratio* e o efeito das condições extrínsecas da seguinte forma: «in azzenza di una condizione estrinseca, non tanto non si fa il processo perchè non si vuole punire, quanto non se punisce perchè non si retiene oportuno fare il processo» (*Novíssimo Digesto*, Vol. XIV, 595). Sobre a classificação das condições em intrínsecas e extrínsecas, ainda NUVOLONE, *Il Diritto penale del falimento*, 1955, 14 e ss; RAMACCI, *Condizioni*, 161 e ss; PAGLIARO, *Principi di Diritto Penale*, Parte generale, 4.ª edizione, 1993, 381-384; FIANDACA/MUSCO, *Diritto penale*, Terza edizione, 1995, 729-730; FIORE, *Diritto Penale*, 384 e ss; F. MANTOVANI, *Diritto Penale*, 388-389. Criticamente, ANGIONI, *Ridpp* (1989), 1455 e ss.

Desta classificação decorrem algumas consequências importantes para a elaboração doutrinária das condições objectivas de punibilidade. Assim, a exigência de compatibilização das condições intrínsecas com o princípio da culpa[39] implicaria a sua integração plena na tipicidade[40] ou, pelo menos, a sujeição a um crivo mínimo de imputação subjectiva (conhecimento da sua provável verificação)[41]. As condições extrínsecas, por seu turno, não suscitariam problemas de compatibilidade com o princípio da culpa mas estariam numa zona de fácil confusão com os pressupostos processuais, podendo para alguns autores ser reconduzidas a esta categoria e desvinculadas dos pressupostos materiais da pena[42].

A classificação das diversas circunstâncias em condições relevantes ou irrelevantes para a ilicitude do facto (*unrechtsrelevant* ou *unrechtsneutral*) corresponde em parte à classificação italiana das condições objectivas de punibilidade em intrínsecas e extrínsecas, mas adquire contornos mais específicos, tendo relevância dogmática não só na Alemanha mas também na Áustria, em Itália, Espanha e Portugal. O critério de classificação relaciona as circunstâncias com o âmbito material do tipo de ilícito, sendo *unrechtsrelevant* aquelas circunstâncias cuja verificação constitui «expressão da valoração do ilícito» e *unrechtsneutral* as que não têm relação com o ilícito penal[43].

A origem desta distinção remonta à afirmação do conceito material de ilicitude e, portanto, à influência neo-kantiana sobre a formulação normativa nas

---

[39] BRICOLA, *Novíssimo Digesto*, Vol. XIV, 592-593 e 606-607, RAMACCI, *Condizioni*, 174 e ss; F. MANTOVANI, *Diritto Penale*, 389-390; FIANDACA/MUSCO, *Diritto penale*, 730-731, e, por último, ANGIONI, *Ridpp* (1989), 1476 e ss.

[40] Por exemplo, ROMANO, *LH-Roxin*, 146.

[41] BRICOLA, *Novíssimo Digesto*, Vol. XIV, 607 e nota 3, frisando que, em sua opinião, tal se aplica apenas à única verdadeira condição intrínseca de punibilidade que é a declaração judicial de falência nos crimes falenciais. Agora, de forma mais genérica, ANGIONI, *Ridpp* (1989), 1476-1500, considerando que as condições objectivas de punibilidade são elementos não apenas formais da tipicidade mas também elementos materiais e, por isso, contribuem ainda que marginalmente para o seu devalor complexo, devendo ser sujeitos a todas as consequências em sede de culpabilidade. Coincidente, MAPELLI CAFFARENA, *Estudios juridico-dogmatico sobre las llamadas condiciones objetivas de punibilidad*, 1990, 22 e ss e 132.

[42] Sobre o problema, RAMACCI, *Condizioni*, 164; ANGIONI, *Ridpp* (1989), 1473. Defendem a conversão das condições extrínsecas em pressupostos processuais, BRICOLA, *Novíssmo Digesto*, Vol. XIV, 607, ANGIONI, *Ridpp* (1989), 1473-1476, e ROMANO, «"Merecimiento de pena», «necessidad de pena» y teoria del delito», *LH-Roxin*, 1995, 146. Uma tese mais radical sugere a revisão classificatória de todas as condições de punibilidade enquadrando-as como simples condições de procedibilidade, sujeitando-as ao respectivo regime jurídico: GIULIANI, *Il problema giuridico delle condizioni di punibilità*, 1966, 119 e ss, *maxime* 131 e ss. Para uma exposição e avaliação crítica destas posições *infra* § 31, IV (Capítulo VI).

[43] Por todos, STREE, *JuS*, 1965, 466, e depois GEISLER, *Bedingugen der Strafbarkeit*, 130-131.

categorias do sistema do facto punível. Para o positivismo naturalista as condições objectivas de punibilidade eram encaradas como uma etapa analítica na progressão classificatória que evoluía, numa relação de implicação ordenada, de género para espécie. Nesse sentido, tais figuras seriam circunstâncias objectivas que se distinguiriam da acção típica, ilícita e culposa a partir do critério básico que delimitava o objecto da culpa psicológica[44]. Sendo os conceitos de tipo e de ilicitude meramente formais e o conceito de culpa psicológica moldado sobre os antecedentes, a característica essencial das circunstâncias que poderiam ser consideradas estranhas aos «elementos do facto» teria de se aferir em relação ao conceito base de todo o sistema: o conceito de acção ou, mais genericamente, o conceito de facto. Só este possuía suficiente materialidade para servir de contraponto a outras circunstâncias de natureza objectiva. Por isso os penalistas que desenvolveram sistemas de análise no quadro do positivismo naturalista usaram critérios de natureza *causalista* (o elo comum entre os elementos do facto) para distinguir as condições objectivas de punibilidade dos «elementos constitutivos do facto»[45].

A leitura normativa a que os neo-kantianos sujeitaram todos os níveis do sistema do facto punível[46] teve consequências importantes sobre este enquadramento: com a desvalorização do conceito de acção desaparecia o referente estrutural usado para afirmar a distinção das condições objectivas de punibilidade. Por outro lado, a importância atribuída à realização do tipo e ao conceito material de ilicitude, como referentes para a delimitação do objecto da culpa psicológica, conduziram à eleição de critérios de idêntica natureza (axiológica) para delimitar as condições objectivas de punibilidade, em detrimento de critérios causalistas. Neste contexto, as condições objectivas de punibilidade deixam de ser autonomizadas a partir de uma matriz causalista em relação aos «elementos constitutivos do facto» e passam ser caracterizadas como circunstâncias estranhas ao círculo de interesses tutelados pela proibição do comportamento socialmente danoso[47] ou, de forma mais simples, como circunstâncias estranhas ao ilícito.

---

[44] Sobre os fundamentos e a estrutura metodológica do sistema do facto punível no positivismo naturalista, veja-se *supra* § 12 deste estudo.

[45] Em rigor, a utilização de critérios causalistas foi um desenvolvimento de alguns sectores da doutrina alemã (nomeadamente, de Finger e Blume) posterior aos contributos iniciais de Liszt, Radbruch e Beling, mas deles dependentes já que usavam como referência essencial o conceito de *facto* como acção causal. Sobre estes critérios e sua utilização para caracterizar as condições objectivas de punibilidade veja-se o que adiante se escreve (§ 24, II).

[46] Para uma análise destas correntes e sua relação com as condições objectivas de punibilidade, Hass, *Rechtstheorie* (1972), 30 e ss, e depois, *Wie entestehen Rechtsbegriffe?*, 52 e ss.

[47] Hegler, *ZStW* 36 (1915), 223 e ss. Mais desenvolvimentos sobre a evolução dogmática dos critérios de identificação das condições objectivas de punibilidade *infra* § 24, II.

É, em suma, por influência do pensamento neo-kantiano na teoria do crime que tem origem a distinção entre condições que são «relevantes para o ilícito» ou «neutras para o ilícito». À luz desta classificação, seria uma condição relevante para o ilícito (no plano puramente axiológico) a morte ou a ofensa grave no crime de participação em rixa (artigo 151.º, n.º 1) ou a execução do suicídio no crime do artigo 135.º, n.º 1; seria, por seu turno, uma condição neutra para a ilicitude a existência de relações diplomáticas ou a cláusula de reciprocidade exigida em crimes cometidos contra Estados estrangeiros (artigo 324.º, n.º 2, todos do Código Penal). A classificação é ainda hoje fundamental, pois dela depende o problema da compatibilidade destas figuras com o princípio da culpa, a sua concepção como cláusulas de limitação da intervenção penal e, em algumas perspectivas, a própria admissibilidade das condições objectivas de punibilidade na teoria do crime[48]. É igualmente nesta classificação que alguns sectores da doutrina apoiam as suas propostas de redução das condições objectivas de punibilidade a um grupo limitado, dele excluindo as «aparentes condições objectivas de punibilidade» – exactamente aquelas que não se revelam «neutras para ilícito»[49] – ou, em sentido diverso, se afirma que subsistindo apenas como legítimas as condições que são *unrechtsneutral* elas não fundamentarão a pena mas, também por isso, não se distinguirão dos pressupostos processuais[50]. Finalmente, é esta classificação que está em grande medida subjacente à dificuldade em distinguir o resultado que integra o ilícito das condições objectivas de punibilidade[51].

A classificação das condições em *próprias* e *impróprias* tem origem na doutrina alemã e acabou por adquirir projecção noutros países (*v.g.* Áustria, Itália, Espanha e Portugal), sendo organizada a partir de critérios funcionais e axiológicos. As condições próprias têm como função restringir o âmbito da intervenção penal, enquanto as condições impróprias não passam de cláusulas encobertas de fundamentação ou agravação do ilícito penal[52]. Em certo sentido, esta é uma clas-

---

[48] Por todos, GEISLER, *Bedingungen der Strafbarkeit*, 130 e ss.
[49] ROXIN, *Strafrecht*, AT I (4.ª edição, 2006), § 23, n.º 7.
[50] ARTHUR KAUFMANN, *Das Schuldprinzip*, 2.ª edição, 1976, 249.
[51] Sobre o tema, HELENA MONIZ, *Agravação pelo resultado*, 62 e ss e 458 e ss. Para uma leitura crítica destes critérios puramente axiológicos e a necessidade de ser usado em alternativa um critério estrutural-normativo, veja-se *infra* § 24, II e § 38, III.
[52] JESCHECK/WEIGEND, *Lehrbuch*, 556 (§ 53, I, 2 a); TIEDMANN, *ZRP*, 1975, 132; TRIFTTERER, *Strafrecht*, AT, 194; KRAUSE, *Jura*, 1980, 451-452, WESSELS/BEULKE, *Strafrecht*, AT (41.ª edição, 2011), § 5, n.º marg. 149; GEISLER, *Bedingungen der Strafbarkeit*, 133-134. A classificação é usada entre nós por MARIA FERNANDA PALMA, *RFDUL* (1995), 406, que descreve o reconhecimento judicial da falência como condição própria, e por RUI PEREIRA, «O consumo e o tráfico de droga na lei penal portuguesa», *RMP* 65 (1996), 63-64, nota 14, que considera ser a execução do facto ilícito no crime de embriaguez uma condição imprópria «porque, embora exterior

sificação que pressupõe a anterior: as condições próprias são necessariamente *unrechtsneutral* (pois só assim se pode afirmar que não fundamentam a ilicitude e a pena aplicável) e as condições impróprias são por definição *unrechtsrelevant*. Neste contexto, afirma-se, as condições próprias são perfeitamente compatíveis com o princípio da culpa, que sofre derrogações (toleráveis ou inaceitáveis, consoante as perspectivas) quando confrontado com as condições impróprias[53]. Serão exemplos de condições próprias a exigência de relações diplomáticas ou a cláusula de reciprocidade exigida em crimes cometidos contra Estados estrangeiros (artigo 324.º, n.º 2) e condições impróprias a realização do facto tipicamente ilícito no crime de embriaguez e intoxicação (artigo 295.º, n.º 1, ambos do Código Penal).

II. Elementos do facto e condições objectivas de punibilidade

1. Existe um relativo consenso entre a doutrina quando afirma, em tese geral, que as condições objectivas de punibilidade são circunstâncias estranhas à acção do agente ou, de forma mais geral, ao facto típico do agente[54]. Desta forma seria

ao ilícito típico, documenta indirectamente a sua gravidade», formulando um juízo idêntico em relação à cláusula de morte ou ofensa grave na participação em rixa (cfr. *Dolo de perigo*, 27, nota 29, e 151-152, nota 29). Também na jurisprudência a classificação encontrou acolhimento, a propósito dos crimes tributários: cfr. acórdão do STJ n.º 6/2008, de 9 de Abril, in *DR I série*, n.º 94, de 15 de Maio de 2008, 2676. Há quem entenda, como Frisch, *Strafrechtssystem*, 205, que as condições impróprias são exactamente aquelas que devem ser tratadas no sistema do facto punível e não excluídas do seu âmbito, por se relacionarem com o merecimento e a necessidade de pena (exemplifica com a consequência grave na rixa e o ilícito subsequente no crime de embriaguez).

[53] Stree, *JuS*, 1965, 466; Tiedmann, *ZRP*, 1975, 132; Donini, *Teoria del reato*, 406 e ss.

[54] É este o enquadramento das condições objectivas de punibilidade na doutrina do final do século XIX início do século XX, antes da influência normativista dos neo-kantianos na teoria do crime. Assim, Liszt, *Lehrbuch* (2ª edição, 1884), 169, apresentava as condições objectivas de punibilidade como «circunstâncias externas» que nada tinham a ver com a «acção criminosa», enquadramento que manteve até à última edição do *Lehrbuch* publicada antes da sua morte (21ª e 22ª edição, 1919, 183, sublinhando a autonomia da figura em relação à acção criminosa e seus componentes). Em termos equivalentes, Baumgarten, *Aufbau der Verbrechenslehre*, 72-74, e Mandel, *Bedingungen der Strafbarkeit*, 58 e ss. Por seu turno, Beling, *Lehre vom Verbrechen*, 51-52 e 58, sublinhava a autonomia das condições de punibilidade em relação ao tipo e aos demais elementos do conceito de crime, o que implicava a autonomia da figura em relação ao comportamento do autor, já que este era na sua construção o aspecto central do tipo (p. 60). A normativização do conceito de tipo e a desvalorização da acção, enquanto momento autónomo na análise do crime, teve profundas consequências nesta forma de colocar o problema das condições objectivas de punibilidade. Para os penalistas neokantianos (como Hegler, Sauer, M. E. Mayer, Zimmerl, Mezger) a questão já não se poderia colocar no plano estrutural (autonomia em relação ao facto ontológico) mas sim no plano axiológico. Isto é, traduzia-se em

possível compreender a não aplicação das regras gerais de imputação às condições objectivas de punibilidade, em especial a sua imunidade ao tipo subjectivo: por serem estranhas ao facto do agente (o objecto central dos juízos de imputação) as circunstâncias em causa não seriam abarcadas nem pelo dolo, nem pela negligência.

É este o entendimento que, com distintas formulações, se revela igualmente na doutrina nacional, onde as condições objectivas de punibilidade são apresentadas a partir de uma característica negativa e uma característica positiva: a não pertença de tais circunstâncias ao facto tipicamente ilícito e culposo e o efeito condicionador sobre a punibilidade. Assim, em breve apontamento, CAVALEIRO DE FERREIRA sublinha a autonomia das condições objectivas de punibilidade no conceito de crime por estarem fora da «estrutura do facto criminoso» do autor[55]. Por seu turno, EDUARDO CORREIA apresenta as figuras em função da sua independência em relação à conduta ilícita e culposa, integrando-a no conceito de crime como «elementos adicionais requeridos para a punibilidade da conduta» (manifestando dessa forma uma subtil influência do pensamento de Schmidhäuser)[56]. Ao desenvolver entre nós uma construção da teoria do crime baseada num conceito de ilícito pessoal desvinculado da teoria da acção final, SOUSA E BRITO identificou as figuras em causa como circunstâncias «indiferentes à ilicitude e à culpa» que integram o objecto da lei penal *stricto sensu* e não

---

saber se as condições objectivas de punibilidade integravam circunstâncias relacionadas com a lesão do bem jurídico tutelado, devendo ser reconduzidas ao tipo de ilícito caso a resposta fosse afirmativa (assim, M. E. MAYER, SAUER, LAND). Sobre a relação entre o pensamento normativista neo-kantiano e as condições objectivas de punibilidade, veja-se *supra* § 13, II, e *infra* § 31, I. A autonomia em relação ao facto típico (ao tipo de ilícito ou, mais genericamente, à tipicidade) foi depois sublinhada, entre outros, por WELZEL, *Das deutsche Strafrecht* (1947), 35 e, na última edição (11ª edição, 1969), 59; STREE, *JuS*, 1965, 466; STRATENWERTH, *ZStW* 71 (1959), 569; SCHMIDHÄUSER, *ZStW* 71 (1959), 547-548, e *Strafrecht, AT*, 259; KRAUSE, *Jura* (1980), 449; JESCHECK/WEIGEND, *Lehrbuch*, 555; ROXIN, *Strafrecht, AT I*, § 23, n.º 2 (só para as condições objectivas de punibilidade *unrechtsneutral*); BAUMANN/WEBER/MITSCH, *Strafrecht*, AT, 530; LENCKNER, *in* SCHÖNKE/ SCHRÖDER, *StGB, vor* § 13, nº 124 a). Por último, GEISLER, *Bedingungen der Strafbarkeit*, 20, STRATENWERTH/KÜHLEN, *Strafrecht*, AT (6.ª edição, 2011), § 7, n.º 29-30, LACKNER/KÜHL, *StGB* (27.ª edição, 2011), *vor* § 13, n.º 30, VOGEL, *LK-StGB* (2007), § 15, n.º 315; FRISTER, *Strafrecht AT*, 5.ª edição, 2011, 260. Ainda, na doutrina italiana, VANINNI, *Studi Senesi*, XLIII (1929), 42 e ss; DELITALA, *Il «fatto»*, 97; BRICOLA, *Novíssimo Digesto*, Vol. XIV, 593; RAMACCI, *Condizioni*, 142 e *passim;* DONINI, *L'Indice Penale* 3 (2001), 4, afirmando que se trata de circunstâncias «esterne al «fatto» in senso sistemático».

[55] CAVALEIRO DE FERREIRA, *Da participação criminosa* (1934), 45-47, 155, 163-164. Com flutuações terminológicas foi a posição mantida até aos últimos textos publicados (*Lições* (1940), 424 ss; *Lições* (1945), 442 e ss; *Direito Penal Português II* (1982), 207 e ss; *Lições II* (1989), 7 e ss.
[56] EDUARDO CORREIA, *Direito Criminal I* (1963), 370-371, nota 1.

o objecto das normas de ilicitude (uma contraposição influenciada pela teoria das normas de Binding)[57]. Noutro contexto, FIGUEIREDO DIAS começou por se referir às condições objectivas de punibilidade a propósito da delimitação do tipo de ilícito e do tipo de erro, sublinhando ainda os eventuais reflexos deste problema sobre a formação da consciência da ilicitude em incriminações de fraca dignidade punitiva onde surjam condições objectivas de punibilidade, defendendo actualmente a autonomia de tais figuras em relação ao ilícito culposo como parte duma categoria dogmática autónoma do sistema de análise do crime[58], posição seguida no essencial por ANABELA MIRANDA RODRIGUES e, agora, por HELENA MONIZ[59]. TAMBÉM GERMANO MARQUES DA SILVA sublinha a «exterioridade» das condições objectivas de punibilidade em relação à conduta típica, ilícita e culposa, classificando-as como «elementos suplementares do tipo» exteriores a este[60]. De forma clara, TERESA PIZARRO BELEZA defende a autonomia das condições objectivas de punibilidade em relação ao tipo de ilícito, donde resultaria a não aplicabilidade das regras de imputação subjectiva, propondo a sua sujeição ao «tipo de garantia» (designadamente para efeitos de interpretação e aplicação da lei penal no tempo e no espaço)[61]. Em termos parcialmente coincidentes, que merecem concordância, FARIA COSTA sugere a integração de tais elementos num conceito amplo de tipicidade, mas sublinha a sua autonomia em relação ao tipo de ilícito e a não sujeição ao regime da imputação subjectiva[62].

A contraposição entre o *facto tipicamente ilícito* e as *condições objectivas de punibilidade* é igualmente invocada pela doutrina nacional a propósito da análise de diversos tipos incriminadores em especial. Nesse sentido se afirma, por exemplo, que a *morte ou ofensa grave* no crime de participação em rixa (artigo 151.º, n.º 1 do Código Penal) são elementos «não fazem efectivamente parte da descrição típica» (FREDERICO ISASCA)[63] ou, talvez de forma mais rigorosa, que tal cláusula «pertencendo embora ao tipo legal, (...) não integra o conteúdo do ilícito da par-

---

[57] SOUSA E BRITO, *Direito Criminal II* (1963), 166.
[58] FIGUEIREDO DIAS, *Consciência da Ilicitude*, 93-94, nota 96, 473-474, nota 81, 481-482, nota 105, e, posteriormente, *RPCC* 2 (1992), 31.
[59] ANABELA MIRANDA RODRIGUES, *Medida da pena*, 638-644 e notas respectivas, com muita informação sobre o tema. Em HELENA MONIZ, *Agravação pelo resultado*, 453-469, o facto (incluindo o resultado ilícito base e o resultado agravante) fundamento o desvalor unitário da conduta, enquanto a condição objectiva de punibilidade é estranha a esse fundamento, apenas se relaciona com a pena, limitando-a em relação ao ilícito.
[60] GERMANO MARQUES DA SILVA, *Direito Penal Português II* (1998), 38-39 e III (1999), 15-17.
[61] TERESA PIZARRO BELEZA, *Direito Penal*, 2.ª vol., 367, 372.
[62] FARIA COSTA, *O Perigo*, 439-440, nota 168 e, já anteriormente, *Responsabilidade Objectiva*, 16-18, nota 14. Agora, LOBO MOUTINHO, *Unidade e pluralidade de crimes*, 2005, 382.
[63] ISASCA, *Da participação em rixa*, 115 (em ligação com o que escreve a p. 113 e ss).

ticipação em rixa» (TAIPA DE CARVALHO)[64]. Ou se escreve, a propósito da *execução do suicídio* no crime do artigo 135.º, nº 1, do Código Penal, que tal acto «está fora da estrutura do ilícito típico, não pertence à conduta típica do agente» (AUGUSTO SILVA DIAS)[65] ou que se «trata de uma circunstância imediatamente relacionada com o facto que, no entanto, se não integra no tipo de ilícito nem no de culpa» (MARIA FERNANDA PALMA)[66]. Uma linha de entendimento que permite sustentar que o âmbito da incriminação surge correctamente delimitado em função de considerações sobre a necessidade da pena: «quando, apesar do incitamento ou auxílio ao suicídio, o bem jurídico acabou por ser preservado, entende a ordem jurídica – bem, em minha opinião – que do facto efectivamente cometido se não desprendem exigências preventivas a que se torne necessário acorrer com a punição» (FIGUEIREDO DIAS)[67]/[68]. Um enquadramento equivalente acaba também por se tornar relevante na análise da exigência legal, contida no artigo 295.º do Código Penal, de que seja praticado um *facto ilícito típico* na situação de embriaguez ou intoxicação: ao desvalor da perigosidade da conduta de auto-colocação do agente no estado de embriaguez ou intoxicação contrapõe-se a verificação da condição objectiva de punibilidade (a prática do ilícito típico) que, pela sua natureza, não é subjectivamente imputado ao agente (TAIPA DE CARVALHO)[69]. Finalmente, a contraposição entre o tipo de ilícito e as condições objectivas de punibilidade é também assumida na leitura dos crimes de insolvência (artigo 227.º e ss, do Código Penal), afirmando a doutrina que se pode entender o *reconhecimento judicial da insolvência* como uma circunstância limitadora da punibilidade adicionada à exigência de factos causadores da situação de inviabilidade jurídico-económica da empresa (MARIA FERNANDA PALMA)[70], circunstância

---

[64] TAIPA DE CARVALHO, *Comentário Conimbricense I*, artigo 151.º, § 23.
[65] AUGUSTO SILVA DIAS, *Crimes contra a vida*, 71.
[66] MARIA FERNANDA PALMA, *Direito Penal, Parte Especial, Crimes contra as pessoas* (fascículos), 1983, 95, nota 1.
[67] FIGUEIREDO DIAS, *RPCC* 2 (1992), 38. Já AUGUSTO SILVA DIAS, *Crimes contra a vida*, 71-72, considera que na ausência da condição o ilícito culposo não tem dignidade penal.
[68] Contra o entendimento desta cláusula como condição objectiva de punibilidade, MANUELA SILVEIRA, *Sobre o crime de incitamento ou ajuda ao suicídio*, 115-116, e COSTA ANDRADE, *Comentário Conimbricense I*, artigo 135.º, § 32. Sobre o problema da classificação dogmática desta cláusula, *infra* § 26, II deste Capítulo V.
[69] TAIPA DE CARVALHO, *Comentário Conimbricense II*, artigo 295.º, § 16. Contra a qualificação deste elemento como uma condição objectiva de punibilidade, por razões axiológicas e não tanto estruturais, TERESA QUINTELA, *Crime praticado em estado de inimputabilidade auto--provocada, por via do consumo de álcool ou drogas*, 1991, 110-118.
[70] MARIA FERNANDA PALMA, *RFDUL*, 1998, 405-406, com uma interessante problematização (p. 407 e ss) das diversas hipóteses de interpretação dos tipos e de relação entre os seus elementos.

que nessa perspectiva «não contende com o desvalor do facto mas tão-só com a sua dignidade penal» (PEDRO CAEIRO)[71].

A jurisprudência recente enquadra a figura sublinhando a sua autonomia ao tipo de ilícito e ao tipo de culpa, a sua função restitriva da intervenção penal e a inserção no sistema de garantias do Estado de Direito. Assim, por exemplo, o Supremo Tribunal de Justiça considera que «as condições objectivas de punibilidade são aqueles elementos da norma, situados fora do tipo de ilícito e do tipo de culpa, cuja presença constitui um pressuposto para que a acção antijurídica tenha consequências penais. Apesar de integrarem uma componente global do acontecer e da situação em que a acção incide, não são, não obstante, parte dessa acção»[72].

Um entendimento desta natureza, que contraponha a condição objectiva de punibilidade ao *facto* do agente, revela-se um bom ponto de partida no plano estrutural, mas acaba por ser pouco consequente por si só, já que deixa por resolver o problema essencial: quando é que uma circunstância descrita na lei (como possível condição de punibilidade) se pode considerar estranha ao facto do agente?

O problema foi equacionado por BELING que sublinhou a necessidade de a circunstância em causa não ser considerada isoladamente, mas sim no âmbito do tipo incriminador que em surgia. Estaríamos, por essa razão, perante uma questão de interpretação da lei e a afectação da circunstância ao tipo ou a sua autonomia sistemática era encarada como uma «particularidade do Direito positivo»[73]. Num exemplo do próprio BELING, a morte de uma pessoa tanto pode surgir num tipo como elemento do facto ilícito (no homicídio) ou como uma condição estranha ao tipo (na violação agravada)[74]. Para identificar as condições objectivas de punibilidade descritas na lei, BELING sugeria o recurso a alguns critérios, sintetizados da seguinte forma: «as circunstâncias que têm uma relação fraca com o compor-

---

[71] PEDRO CAEIRO, *Sobre a natureza dos crimes falenciais*, 1996, 302, em ligação com o que escreve a p. 297 e ss. Depois, perante a nova redacção do artigo 227.º do Código Penal, do mesmo Autor, *Comentário Conimbricense II*, artigo 227.º, § 45. Neste mesmo sentido, já FIGUEIREDO DIAS, *RPCC* 2 (1992), 38-39.

[72] Acórdão do STJ n.º 6/2008, de 9 de Abril, *DR I série*, n.º 94, 15 de Maio de 2008, 2676-2677.

[73] BELING, *Lehre vom Verbrechen*, 59-60.

[74] BELING, *Lehre vom Verbrechen*, 60-61. O exemplo seria mais feliz se, em vez da violação agravada, fosse usada a cláusula de morte no crime de participação em rixa, já que o primeiro caso poderá corresponder a uma situação de preterintencionalidade. O exemplo tem, no entanto, de ser entendido no contexto dogmático do início do século XX, em que a figura das condições objectivas de punibilidade era por vezes usada (impropriamente) para explicar cláusulas de agravação pelo resultado («condições de maior punibilidade») que supunham a verificação duma circunstância estranha ao facto base doloso imputado ao agente.

tamento do autor, que não existem antes da acção e que constituem em si mesmas acontecimentos estranhos ao âmbito jurídico penal – como, por exemplo, a suspensão de pagamentos ou a abertura do concurso (de credores, nos crimes falenciais) – são estranhas ao tipo»[75]. BELING reconhecia os limites deste tipo de critérios e, por isso, afirmava que não se propunha traçar verdadeiramente «fronteiras nítidas» entre os elementos do tipo e as condições da ameaça penal, mas antes identificar meros «pontos de apoio» para a resolução do problema[76].

A construção literal dos tipos incriminadores pode fornecer indícios relevantes sobre a estrutura e inserção sistemática dos diversos elementos usados pelo legislador. Mas a literalidade das normas e a sua formulação condicional não podem ser decisivas na resolução do problema enunciado, quer por ser também habitual o uso dessa construção para descrever elementos do tipo de ilícito[77], quer, em especial, por implicar uma argumentação em círculo vicioso: o intér-

---

[75] BELING, Lehre vom Verbrechen, 59.
[76] BELING, Lehre vom Verbrechen, 60. Este «prudente» enquadramento permitiu mais tarde a HASS, Rechtstheorie, 1972, 27, afirmar que Beling não apresentou critérios materiais para proceder à distinção entre elementos da tipicidade e condições da ameaça penal.
[77] Na verdade, os tipos penais usam indiferenciadamente proposições condicionais nos crimes dolosos de resultado, nos crimes negligente e nos crimes preterintencionais, sem que da letra dos preceitos resultem elementos esclarecedores sobre a natureza dogmática das circunstâncias assim descritas. Sobre o uso de critérios de interpretação literal e os seus limites na identificação das condições objectivas de punibilidade, veja-se, criticamente, BRICOLA, Novissimo Digesto, XIV, 593, nota 10, e 596; FIANDACA/MUSCO, Diritto Penale, 728-729, WALTER, LK-StGB (2007), vor § 13, n.º 185. Valorizando os elementos literais de forma a identificar a intencionalidade normativa dos tipos, MARTINEZ PEREZ, Condiciones objetivas de punibilidad, 71 e ss. No Direito italiano o problema tem algumas especificidades, pois a doutrina aceita que do artigo 44. e do artigo 158. do Codice Rocco decorrem algumas características (legais) da figura das condições objectivas de punibilidade por simples ponderação dos elementos literais destas normas. Neste sentido, ANGIONI, Ridpp (1989), 1453, retira dos preceitos citados sete indicações para caracterizar as condições objectivas de punibilidade: autonomia em relação ao resultado integrante do tipo de ilícito; formulação condicional da circunstância em causa; culpabilidade do facto ao qual é adicionada a condição; condicionamento da punibilidade e não a medida da pena; a circunstância deve condicionar a punibilidade e não servir para delimitar o tipo em relação a outros tipos incriminadores; indiferença da circunstância em relação à imputação subjectiva; a circunstância deve ser concomitante ou sucessiva em relação ao facto mas anterior à consumação (exigência que decorre da formulação ao artigo 158º do Codice Rocco em relação à prescrição e que não faz sentido num ordenamento jurídico como o nosso, onde o artigo 119º do Código Penal distingue, nos nºs 1 e 4, a consumação do crime da verificação do resultado não compreendido no tipo, cláusula esta que abrange a figura das condições objectivas de punibilidade). Assim, ANGIONI, Ridpp (1989), 1464-1465, acaba por atribuir relevância, pelo menos residualmente (isto é, uma vez que outros critérios se relevem insuficientes), à formulação literal das normas penais.

prete partiria da formulação literal do tipo para identificar a sua estrutura dogmática e usaria essa mesma estrutura dogmática para interpretar o tipo. Mesmo que se admita a existência de uma dinâmica repríproca entre a compreensão do tipo e os seus elementos, a sugestão é relativamente circular.

Apesar dos limites dum enquadramento desta natureza, da construção do «tipo legal» podem resultar indícios sobre a afectação sistemática da circunstância em causa, pois será em função da concreta relação entre a conduta do agente e as demais circunstâncias descritas na lei que se poderá determinar os limites do facto típico[78]. O que valida a afirmação mais genérica de HASSEMER segundo a qual os elementos constroem o tipo mas o tipo também constrói os elementos[79]; e que, na síntese de COSTA ANDRADE, significa reconhecer que «tipo e elementos do tipo revelam-se como realidades marcadas pela porosidade e plasticidade, que reciprocamente se moldam, conformam e estabilizam, pela mediação da espiral hermenêutica»[80]. Para concretizar a delimitação entre tipo, elementos do tipo e condições objectivas de punibilidade a doutrina tem procurado encontrar critérios dogmáticos mais precisos.

2. A forma mais comum de responder à questão de saber quando é que um elemento de uma norma penal é estranho ao facto típico do agente – e de, simultaneamente, identificar as possíveis condições objectivas de punibilidade – consiste em delimitar a figura em função da sua imunidade à imputação subjectiva: seriam, nesta perspectiva, circunstâncias que, surgindo descritas na lei penal, não seriam objecto nem do dolo, nem da negligência e, por isso também, não se lhes aplicaria o regime do erro, ao contrário do que aconteceria com os elementos do tipo[81].

---

[78] Neste sentido, já CAVALEIRO DE FERREIRA, Lições (1940), 427, 428: «só a lei nos pode dizer, ante o complexo causal, quais os elementos que fazem parte integrante e quais os que não fazem parte integrante da noção de facto ilícito». O Autor não acolhia puros critérios de literalidade dos tipos, recorria a elementos normativos e critérios teleológicos para proceder a tal delimitação, como se verá. Posteriormente, no mesmo sentido, Direito Penal Português, II (1982), 207 e ss. Em termos semelhantes, BRICOLA, Novíssimo Digesto, vol. XIV, 597.

[79] HASSEMER, Tatbestand und Typus, 1968, 13-14.

[80] COSTA ANDRADE, Consentimento e acordo, 245, concluindo: «resumidamente, e segundo esta orientação, há uma relação de implicação, co-criação e co-determinação de sentidos entre o tipo e os elementos que o integram» (p. 246).

[81] Por exemplo, VON BAR, Gesetz und Schuld III, 17; BAUMGARTEN, Aufbau der Verbrechenslehre, 191-192; ZIMMERL, Zur Lehre vom Tatbestand, 29. Mais tarde, ARTHUR KAUFMANN, Das Schuldprinzip, 1961, 247; em parte, STREE, JuS (1965), 465. Agora VOGEL, LK-StGB (2007), § 15, n.º 313, 315. Trata-se de uma concepção muito significativa em Espanha: assim, ANTÓN ONECA, Derecho Penal, 1986, 262; MARTINEZ PEREZ, Condiciones objetivas de punibilidad, 74-75; no mesmo

Uma perspectiva desta natureza, que tenha como ponto de partida a imunidade destas circunstâncias em relação ao tipo subjectivo, acaba, no entanto, por confundir o critério de individualização das condições objectivas de punibilidade com as consequências dogmáticas da figura[82] ou, pelo menos, com uma das suas funções[83]. A imunidade de certa circunstância em relação à imputação subjectiva decorre da sua qualificação como condição objectiva de punibilidade e, por isso, esse aspecto não pode ser simultaneamente critério e efeito da qualificação dogmática. Certas circunstâncias são condições objectivas de punibilidade e é em função dessa natureza e da sua independência em relação ao facto típico que são imunes às regras de imputação subjectiva. A necessidade de respeitar este percurso de análise que parte do facto (objectivo) para a imputação subjectiva é, entre nós, legalmente vinculado pelas regras do dolo e da negligência, que são construídas em função do facto típico (cfr. arts 14º e 15º do Código Penal e, reflexamente, o regime do erro intelectual do artigo 16º, n.º 1). Ou seja, a identificação do facto ilícito típico é necessariamente anterior à aplicação das regras de imputação subjectiva[84].

Ademais, procurar delimitar a figura das condições objectivas de punibilidade a partir da imunidade ao tipo subjectivo não revela grande rigor dogmático, quer porque se trata de uma mera delimitação negativa (que nos diz o que as figuras não são, mas pouco nos esclarece sobre aquilo que são), quer ainda porque existem outros pressupostos da responsabilidade que também não são objecto da imputação subjectiva, como acontece com os pressupostos da culpa (*v.g.* a idade do agente) e com os pressupostos processuais (*v.g.* exigência de queixa do ofendido nos crimes semi-públicos). Noutro plano de argumentação, só partindo

sentido, mas com uma formulação distinta, QUINTERO OLIVARES/MORALES PRATS/PRATS CANUT, *Curso*, 448, consideram que se trata de um acontecimento «alheio à vontade do autor e que, por isso mesmo, não o pode controlar causalmente nem é preciso que o queira ou preveja»; também COBO DEL ROSAL/VIVES ANTON, *Derecho Penal*, *PG*, 1981, 330, começam por usar um critério misto (autonomia em relação à causalidade e culpabilidade) mas acabam por tornar decisivo o aspecto subjectivo, ao descreverem as condições objectivas de punibilidade como «factos futuros e incertos (condições), independentes da vontade do autor (objectivas), que determinam a punição ou a maior ou menor punição da conduta (...)».
[82] HEGLER, *ZStW* 36 (1915), 224, nota 123; DELITALA, *Il fatto*, 78; CAVALEIRO DE FERREIRA, *Lições* (1940), 427, e *Direito Penal Português II* (1982), 208.
[83] RITTLER, *ÖJZ* (1918-1920), 325 e, depois, *FG-Frank*, 2.
[84] Neste sentido, já CAVALEIRO DE FERREIRA, *Lições* (1940), 427, afirmava, exactamente a propósito do recurso a critérios de culpa subjectiva para delimitar as condições objectivas de punibilidade, que «o conteúdo do dolo e da culpa, como dissemos já, é-nos dado pelo próprio facto ilícito». Coincidente, SCHMIDHÄUSER, *ZStW* 71 (1959), 547-548, ao sublinhar que as condições objectivas de punibilidade se caracterizam não só pela sua autonomia em relação à culpa, mas também em relação à ilicitude (e aos pressupostos processuais).

da identificação estrutural da figura para os seus efeitos é possível manter um rigoroso distanciamento crítico em relação à configuração legislativa dos tipos legais e à própria admissibilidade da figura das condições objectivas de punibilidade.

A isto acresce que algumas cláusulas legais são consideradas condições objectivas de punibilidade, mas do tipo aplicável retira-se que ainda estão de algum modo relacionadas com a vontade do agente, como acontece com a execução do suicídio no crime de incitamento ao suicídio (artigo 135.º, n.º 1, do Código Penal). A ser mantida nestes casos a classificação desse elementos como condição objectiva de punibilidade seria mais rigoroso falar de *indiferença* ao tipo subjectivo do que em *excepção* às regras de imputação subjectiva[85]. Em suma, o percurso lógico--analítico deve partir da qualificação das circunstâncias (no contexto do tipo em que surgem) para os efeitos dogmáticos, pois o contrário corresponde a uma inaceitável inversão metodológica[86].

Um critério mais elaborado de identificação das condições objectivas de punibilidade a partir da relação destas circunstâncias com o tipo subjectivo foi desenvolvido na doutrina italiana da primeira metade do século XX por VANNINI[87]. A identificação de uma condição objectiva de punibilidade passaria, em sua opinião, por saber se a circunstância em causa era uma mera condição de aplicação da sanção ou, diversamente, um elemento constitutivo do facto criminoso. Para proceder à distinção, propunha a sujeição hipotética da condição à vontade do agente: se a consequência fosse a aplicação de uma norma penal diversa daquela onde a condição surgia inicialmente isso demonstraria que, em relação à primeira norma penal, a circunstância funcionaria não como um elemento constitutivo do facto criminoso mas apenas como uma condição de punibilidade do mesmo, sendo por seu turno elemento constitutivo do facto relativamente à norma aplicável nestes termos[88].

A argumentação de VANNINI incidia especificamente (mas não só) sobre o evento no crime de homicídio negligente, que seria uma condição extrínseca

---

[85] Neste sentido, já MUSOTTO, *Le Condizioni Obiettive di Punibilità*, 64, sublinhava que «gli eventi condizionali, infatti, possono essere anche voluti senza che perciò cessino di esser tali» (exemplificando com o incitamento ao suicídio).

[86] HEGLER, *ZStW* 36 (1915), 224; RITTLER, *FG-Frank*, 2; LAND, *Strafbarkeitsbedingungen*, 30 e ss, DELITALA, *Il «fatto»*, 78-79.

[87] VANNINI, *Studi Senesi*, XLIII (1929), 55-57.

[88] VANNINI, *Studi Senesi*, XLIII (1929), 55: «Se la circonstanza o l'evento sono tali che ricondotti alla volontà dell'agente (cioè considerati come conosciuti o volonti dll'agente) determinerebbero la violazione di una norma diversa da quella che li contiene e quindi la realizzazione di un diverso reato, evidentemente trattasi di condizioni obietive di punibilità, cioè di condizione della sanzione».

de punibilidade e não um resultado constitutivo do crime. A razão deste enquadramento era sintetizada da seguinte forma: essa circunstância «pensada como efeito conhecido, querido pelo agente, conduz ao crime doloso correspondente e exclui o crime negligente»[89]. Noutro exemplo, invocava a cláusula de morte na participação em rixa, pois se tal facto fosse querido pelo agente determinaria a realização de um crime de homicídio doloso[90].

Apesar de sugestivo no contexto em que surge, o critério de VANNINI não se conseguiu impor na doutrina italiana que o considerou limitado e unilateral, isto é, tratava-se de um critério que procurava resolver o problema da separação entre os elementos constitutivos do facto e as condições extrínsecas de punibilidade exclusivamente em função da voluntariedade. Essa perspectiva seria insuficiente: por um lado, descurava o facto de em alguns crimes ser irrelevante para a qualificação dogmática da circunstância que as mesmas fossem objecto da vontade do agente (MUSOTTO)[91] e, por outro, não tinha em linha de conta o facto de a imputação subjectiva se fazer não apenas a partir da vontade mas também do conhecimento ou da possibilidade de conhecimento de verificação de uma circunstância (DELITALA), ou seja, noutra terminologia, da relação entre o risco assumido pelo agente e a previsibilidade (real ou potencial) da ocorrência de tal evento[92].

A proposta de VANNINI – sujeição hipotética da circunstância em causa à vontade do agente – permite identificar a singularidade de alguns tipos incriminadores e a necessidade de algumas circunstâncias terem de ser consideradas, por razões de coerência e de harmonização legislativa, condições objectivas de punibilidade e não elementos do tipo (sujeitos às regras gerais de imputação subjectiva). Nesse sentido, a construção descrita possui um valor indiciário para a interpretação dos tipos incriminadores e identificação das condições objectivas de punibilidade[93].

Enquanto critério de distinção destas figuras em relação aos elementos do tipo a proposta é insuficiente. VANNINI procura delimitar a figura das condições objectivas de punibilidade com um critério que lhes é por definição estranho:

---

[89] VANNINI, *Studi Senesi*, XLIII (1929), 55.
[90] VANNINI, *Studi Senesi*, XLIII (1929), 55.
[91] MUSOTTO, *Le Condizioni Obiettive di Punibilità*, 64.
[92] DELITALA, *Il «fatto»*, 87-96.
[93] Neste sentido, BRICOLA, *Novíssimo Digesto*, Vol. XIV, 597, afirmando que estaremos perante uma «indicação implícita» de que se trata de uma condição objectiva de punibilidade sempre que a imputação subjectiva da circunstância implique a perda de autonomia do tipo incriminador em que a mesma surge expressamente. Entre nós, FREDERICO ISASCA, *Da participação em rixa*, 115-116, usa um argumento desta natureza para justificar a qualificação da morte ou ofensa grave na rixa como condição objectiva de punibilidade.

a sujeição de tais circunstâncias à vontade do agente constitui um dado novo no contexto da circunstância analisada e a qualificação dogmática acaba por ser determinada pela aplicabilidade de outro tipo legal, sem que a relação entre as duas normas e o efeito em causa sejam explicados. Um efeito dessa natureza nem sequer se pode considerar característico dos tipos incriminadores que contêm condições objectivas de punibilidade, pois a consequência descrita será a mesma em todos os crimes materiais negligentes e preterintencionais: uma vez sujeito o resultado lesivo à vontade do agente seria aplicável o crime doloso correspondente e preterida, por força das relações de concurso, a aplicabilidade do tipo incriminador com uma pena menos grave. Por outro lado, o procedimento tem na realidade um alcance limitado porque só é aplicável a circunstâncias com o mesmo conteúdo que possam surgir simultaneamente em diversos tipos incriminadores com diferentes significados: a morte da vítima, no exemplo de Vannini, surge na participação em rixa, no tipo de homicídio por negligência e no tipo de homicídio doloso. Esta coincidência não se verifica relativamente a todas as circunstâncias cuja natureza como condição objectiva de punibilidade se discute. Pense-se, por exemplo, na declaração judicial de insolvência (artigo 227.º, n.º 2, do Código Penal): num caso como este seria inaplicável a construção de Vannini, pois não existe sequer outro tipo incriminador em que a declaração judicial de insolvência surja como objecto do dolo do agente para realizar a contraposição sugerida na sua proposta metodológica.

Em suma, o efeito de aplicação de outra norma penal por sujeição hipotética da circunstância à vontade do agente parece ser uma consequência das relações de concurso aparente entre os tipos incriminadores onde surgem circunstâncias com o mesmo conteúdo objectivo e não algo específico relativo à natureza da circunstância em causa. As debilidades da construção de Vannini sugerem, como pista de análise dogmática, que se deve partir da estrutura típica objectiva do facto criminoso para o regime de imputação subjectiva e nunca o inverso. Nesse sentido, a sujeição hipotética da circunstância em causa à vontade do agente pode funcionar apenas como um indício de que, para ser mantida a autonomia do tipo incriminador, ela deverá ser considerada um elemento estranho ao tipo de ilícito, eventualmente classificável como condição objectiva de punibilidade.

3. A percepção dos limites do enquadramento anterior conduziu alguns sectores da doutrina a tentar identificar as condições objectivas de punibilidade a partir de critérios normativos. Assim, seriam circunstâncias estranhas ao facto porque não se relacionariam com a conduta do agente através das conexões normativas que permitem considerar a conduta e as suas consequências como uma unidade jurídica. A conexão entre uma acção e uma circunstância residiria na causalidade objectiva e na causalidade subjectiva ou, numa terminologia

habitual na primeira metade do século XX, na causalidade (material) e na culpa. Faltando um destes elementos (a relação causal entre a acção do agente e a circunstância ou a relação entre a vontade do agente e essa mesma circunstância) estaríamos perante elementos estranhos ao facto que poderiam ser classificados como condições objectivas de punibilidade. Caso contrário, as circunstâncias em apreço formariam uma unidade com a conduta do agente e seriam, por isso, elementos do facto típico[94].

A forma como o critério tem sido dogmaticamente concretizado depende da matriz causalista ou voluntarista acolhida pela doutrina.

Numa formulação possível, considera-se que estaremos perante uma condição objectiva de punibilidade sempre que não se identifique um nexo de causalidade necessária entre o facto e a circunstância cuja natureza que pretende apurar. Na construção de FINGER e BLUME, precursores do critério causalista, as condições objectivas de punibilidade seriam circunstâncias cuja realização pelo autor do facto estava excluída, nesta perspectiva causalista, ao contrário do que acontecia com os elementos do tipo: estes podiam ser causados pela acção do agente, enquanto as condições objectivas de punibilidade não[95]. Assim, enquanto os elementos do tipo se encontrariam numa relação causal com a acção do agente, as circunstâncias a que corresponderiam as condições objectivas de punibilidade teriam com essa acção uma relação puramente lógica (estabelecida pelo legislador): se não se verificarem não haverá lugar à aplicação duma pena[96]. A designação mais adequada para seria por isso, na terminologia de FINGER, a de «condições exteriores de punibilidade» (*äussere Bedingungen der Strafbarkeit*)[97].

Contra esta forma de ver o problema, objecta-se que dificilmente um elemento que surja numa lei penal como circunstância cronologicamente posterior em relação à conduta do agente pode ser visto como uma realidade estranha a esse

---

[94] BEMMANN, *Bedingungen der Strafbarkeit*, 5-6.
[95] FINGER, *GA* 50 (1903), 45; BLUME, *Tatbestandskomplemmente* (1906), 16. Acolheu este enquadramento, FRANK, *Strafgesetzbuch* (8ª-10ª edição, 1911), 113 (critério que mais tarde abandonou, em função da crítica de Rittler – cfr. *Strafgesetzbuch*, 17ª edição, 1926, 140-141).
[96] FINGER, *GA*, 50 (1903), 45 e 51-52.
[97] FINGER, *GA*, 50 (1903), 42-43, 45, 53. Acolhem o critério causalista, LANDECHO VELASCO/ MOLINA BLÁZQUEZ, *Derecho Penal Español*, *PG*, 1995, 252, descrevendo as condições objectivas de punibilidade como «elementos unidos à acção tipificada na lei, mas que não dependem causalmente do sujeito activo»; RODRIGUEZ DEVESA/SERRANO GOMEZ, *Derecho Penal Español*, *PG*, 419, afirmam que se trata de elementos que pertencem ao tipo de ilícito mas que não têm uma relação de causalidade com a acção porque são o resultado de uma acção de outra pessoa (entendimento que, em si mesmo, implica uma contradição insanável, pois se têm estas características – serem alheias à causalidade e resultados da acção de outrem – não podem integrar o tipo de ilícito realizado pessoalmente pelo autor). Em Itália, ZANOTTI, *Digesto* X (1995), 538-539 e 541.

facto no puro plano causal[98]. O que na prática equivaleria a negar a existência da generalidade das condições objectivas de punibilidade, em oposição à intenção do legislador[99], limitando-as a um círculo de realidades absolutamente estranhas ao facto típico, mas que, exactamente por isso, dificilmente poderiam ser ainda classificadas como pressupostos materiais da pena[100]. É, de qualquer modo, insuficiente delimitar o facto típico em função da causalidade (naturalista) entre a acção do agente e certas circunstâncias: alguns elementos típicos têm inequivocamente de ser abarcados pela vontade do agente e, contudo, não são causados pelo seu facto, como acontece com os pressupostos da acção que condicionam a existência do facto típico[101] ou com o próprio objecto da acção típica (a pessoa no homicídio ou a coisa móvel alheia no furto)[102]. Mas pode sublinhar-se, com CAVALEIRO DE FERREIRA, que «também não basta a existência de um nexo de causalidade para, sem mais, considerar um evento como incluso na noção de facto»[103].

A tentativa de delimitar a figura das condições objectivas de punibilidade a partir de critérios de causalidade necessária é em grande medida uma consequência acrítica do conceito mecanicista de acção adoptado pelo positivismo naturalista, em que a extensão do facto abrangia todos os efeitos exteriores causalmente conexos com a acção do agente e, por exclusão de partes, o que não se encontrasse nessa relação de causalidade seria estranho ao facto[104]. É duvidoso, pelo que se disse, que o critério tenha potencialidades para delimitar a figura

---

[98] Críticos do uso da causalidade (naturalista) como critério delimitador dos elementos do tipo e das condições objectivas de punibilidade, LAND, *Strafbarkeitsbedingungen*, 33 e ss; RITTLER, *FG-Frank II*, 5; FRANK, *Strafgesetzbuch* (17º edição, 1926), 140-141. Em Itália, DELITALA, *Il «fatto»*, 96-98; BRICOLA, *Novíssimo Digesto*, vol. XIV, 591 e 593; RAMACCI, *Condizioni*, 46 e ss; DONINI, *Teoria del reato*, 407-408. Em Espanha, MARTINEZ PEREZ, *Condiziones objetivas de punibilidad*, 78; OCTAVIO DE TOLEDO e HUERTA TOCIDO, *Derecho Penal, PG*, 1986, 388. Em Portugal, apenas CAVALEIRO DE FERREIRA se pronuncia expressamente sobre o assunto, também de forma crítica (cfr. *A tipicidade* (1935), 45, nota 1, afirmando que a exigência de que a circunstância não esteja ligada ao agente por um nexo de causalidade «é, contudo, supérflua»; ainda, *Lições* (1940), 427, e *Direito Penal Português II* (1982), 208-209.

[99] FINGER, *GA* 50 (1903), 45 e ss, 48-49 e 53, acaba na realidade por reduzir o elenco das condições objectivas de punibilidade excluindo deste conceito os factos causados pelo agente (como o duelo, no crime de incitamento a este facto) que, em sua opinião, devem ser classificados como «symptomatischen Tatbestandsmerkmale» ou como «objektive Bedingung erhörter Strafbarkeit». Sobre esta concepção, HASS, *Wie entsthen Rechtsbegriffe?*, 38-39.

[100] ANGIONI, *Ridpp* (1989), 1458.

[101] DELITALA, *Il «fatto»*, 96-97.

[102] RITTLER, *ÖJZ* (1918-1920), 325-326 e, depois, no mesmo sentido, *FG-Frank*, 4-5.

[103] CAVALEIRO DE FERREIRA, *Lições* (1940), 427.

[104] Por todos, LISZT, *Lehrbuch* (23.ª edição, 1921), 121-126.

das condições objectivas de punibilidade em relação aos elementos do tipo posteriores à acção do agente.

Numa formulação mais exigente da tese causalista, estaremos perante condições objectivas de punibilidade sempre que a realização das circunstâncias em causa seja estranha à causalidade *ou* à vontade do agente. Caso contrário, estaremos provavelmente perante um elemento do facto típico[105]. Um critério assim formulado acaba por tornar decisivo o nexo de causalidade objectiva, pois reconhece-se, simultaneamente, que existe uma precedência deste em relação à delimitação do objecto da vontade do agente: só o que é causado pelo facto do agente pode ser objecto do juízo de imputação subjectiva[106]. Mas a construção mista (exigência de causalidade *e* vontade na delimitação dos elementos do tipo) acaba por ser mais rigorosa perante o Direito legislado do que o critério puramente causalista, pois admite qualificar como condições objectivas de punibilidade circunstâncias causadas pelo agente em relação às quais é absolutamente indiferente a sua vontade (como seja a presença involuntária do autor de um facto ilícito cometido no estrangeiro no território dum Estado)[107], o que está em aparente sintonia com a intencionalidade normativa deste tipo de figuras.

A debilidade fundamental da tese causalista reside na sua pretensão de funcionar como critério geral para a delimitação entre elementos do tipo e condições objectivas de punibilidade. O que não significa, noutra perspectiva, que da análise da relação causal entre a acção proibida e a circunstância condicionante no âmbito de concretos tipos incriminadores não se possam identificar indícios juridicamente significativos da autonomia dessa circunstância em relação ao facto do agente ou, pelo contrário, a sua inserção na factualidade típica. De forma mais específica: quando a circunstância condicionante for estranha ao encadeamento causal da acção do agente ou quando a sua verificação depender de causas não controláveis pelo autor temos indiciada a autonomia dessa circunstância em relação ao facto típico do agente. É o que acontece relativamente a circunstâncias como a execução do suicídio relativamente ao autor do incitamento ou auxílio (artigo 135.º, n.º 1 do Código Penal) ou quando a circunstância depende da decisão autónoma duma autoridade pública que, pela sua natureza, não pode ser causada pelo comportamento voluntário do autor do facto (*v.g.* a declaração judicial

---

[105] Recorrem a um critério de causalidade mista, von HIPPEL, *Deutsche Strafrecht II* (1930), 379 (no mesmo sentido, depois, no *Lehrbuch*, 1932, 148); DELITALA, *Il «fatto»*, 73 e ss, BETTIOL, *Direito Penal II*, 57; SÁINZ CANTERO, *Lecciones*, PG, 753.

[106] Este acaba por ser o resultado a que chega DELITALA, *Il fatto*, 78-79, 221, embora insista na necessidade de delimitar o conceito de facto com a causalidade objectiva e com a vontade do agente (cfr, p. 96). Ainda, neste sentido, BRICOLA, *Novíssimo Digesto*, Vol. XIV, 593.

[107] CAVALEIRO DE FERREIRA, *Lições* (1940), 429-430; EDUARDO CORREIA, *Direito Criminal I* (1963), 175.

de falência, no crime do artigo 227.º do Código Penal), porque entre a conduta deste e a verificação da circunstância se interpõe uma vontade autónoma de um terceiro que controla a verificação da circunstância condicionante[108].

Neste sentido, o critério causalista pode assumir um *valor indiciário positivo* na análise da relação entre o facto típico do autor e a verificação da circunstância que condiciona a punibilidade do facto[109]. Pode igualmente assumir um *valor indiciário negativo* quando a conduta do agente e a circunstância estiverem expressamente associados por um nexo legal de causalidade que exija a imputação da situação, pois nesses casos dificilmente tal circunstância poderá ser considerada uma condição objectiva de punibilidade[110].

4. Outros sectores da doutrina procuraram resolver o problema a partir de matrizes que não se limitam à pura causalidade naturalista, invocando para o efeito critérios mínimos de imputação ou, na terminologia de ERICH LAND, a identificação das «relações internas» que se podem identificar (no âmbito do tipo de ilícito) entre a acção e a circunstância condicional. Essas relações internas seriam estabelecidas não a partir duma relação de pura causalidade necessária (naturalista) ou da verificação dum juízo de culpa (voluntariedade), mas antes com base em duas conexões normativas: no conteúdo material do juízo de adequação e na natureza do objecto da acção. Uma circunstância que fosse uma consequência previsível do facto do agente e este conhecesse ou pudesse conhecer seria, não uma condição objectiva de punibilidade, mas sim um elemento da ilicitude típica; o mesmo acontecendo quando existisse coincidência entre o objecto da acção e a circunstância condicional (por exemplo, o duelo no crime

---

[108] O que é implicitamente reconhecido na análise que MARIA FERNANDA PALMA faz da relação entre a conduta típica e o reconhecimento judicial da falência no âmbito do artigo 227.º do Código Penal, ao notar, por um lado, que a situação de insolvência económica não implica necessariamente a declaração judicial da falência e, por outro, que esta será em consequência uma «condição objectiva de punibilidade própria (limitativa da punibilidade), extrínseca ao poder causal do agente» (Cfr. «Aspectos penais da insolvência e da falência: reformulação dos tipos incriminadores e reforma penal», *RFDUL*, 1995, 406). Para uma análise do tipo incriminador e do significado da condição objectiva de punibilidade (reconhecimento judicial da insolvência), PEDRO CAEIRO, *Comentário Conimbricense II*, artigo 227.º, § 45-46.

[109] Por exemplo, BRICOLA, *Novíssimo Digesto*, vol. XIV, 596 e notas respectivas, relaciona a característica da incerteza quanto à verificação da circunstância condicionante com a irrelevância de nexos de causalidade entre essa circunstância e a conduta do agente.

[110] Neste sentido, quando ao valor indiciário negativo de um nexo de causalidade explícito, BRICOLA, *Novíssimo Digesto*, Vol. XIV, 593. Depois, em sentido equivalente, FIANDACA/ MUSCO, *Diritto Penal, PG*, 728-729. Com reservas, DONINI, *Teoria del reato*, 407-408, colocando antes o problema no plano das estruturas de imputação, o que não deixa de ser substancialmente correcto. Nesta linha de análise, veja-se *infra* § 38, III.

de incitamento ao duelo ou, num exemplo mais actual, não referido por LAND, no incitamento ao suicídio, do artigo 135.º, n.º 1, do nosso Código Penal). Deste modo, não seria necessária a comprovação dum encadeamento causal efectivo, nem a extensão da vontade do agente à realização da circunstância: bastaria a *previsibilidade objectiva e subjectiva* da verificação de tal circunstância ou a *identidade entre o objecto da acção e a circunstância condicional* para a circunstância integrar normativamente o tipo de ilícito[111].

De acordo com esta concepção, várias circunstâncias, até então consideradas autónomas em relação à acção típica, passam a ser qualificadas como elementos do tipo (isto é, de acordo com a concepção de SAUER, da ilicitude típica), como a realização do duelo no crime de incitamento ao duelo, a ofensa grave e a morte na rixa, a suspensão de pagamentos e abertura de concurso na bancarrota[112]. LAND organiza essas circunstâncias em três grupos – em função da intensidade da relação que mantêm com a acção típica –, em que essa relação é identificada em sentido crescente: (1) nas «condições exteriores de punibilidade de primeira ordem» integra as circunstâncias que não têm com a acção do agente nem uma relação de causalidade adequada, nem são idênticas ao objecto da acção, como a cláusula de reciprocidade nos crimes contra Estados estrangeiros; (2) nas «condições exteriores de punibilidade de segunda ordem» inclui as circunstâncias que se encontram numa relação de causalidade adequada com a acção do agente, como seja a morte ou ofensa grave no crime de participação em rixa ou a suspensão de pagamentos e abertura do concurso no crime de bancarrota; finalmente, (3) surgem as «condições exteriores de punibilidade de terceira ordem» onde se incluem as circunstâncias que estão numa relação de causalidade adequada e são simultaneamente idênticas ao objecto da acção, como acontece com a realização do duelo no crime de incitamento a este facto[113].

A construção de LAND apresenta a vantagem de introduzir critérios normativos adequados à vigência da norma de comportamento (previsibilidade das consequências) na análise da relação entre a conduta típica e a circunstância condicionante, o que permite uma compreensão mais exacta do âmbito do facto típico. Mas, simultaneamente, funda-se num dogma de validade duvidosa, que se traduz em integrar no conceito de facto tipicamente ilícito tudo o que for previsto ou previsível para o agente. Um entendimento desta natureza implica uma con-

---

[111] LAND, *Strafbarkeitsbedingungen*, 45 e ss, em ligação como que escreve anteriormente (*maxime*, p. 30 e ss). A tese de Land foi acolhida por DELITALA, *Il fatto*, 78-80, 92-98, numa versão simplificada (onde não é evidente o abandono do conceito naturalista de causalidade) assente numa exigência mista (causalidade e voluntariedade) delimitada não a partir do conhecimento efectivo da circunstância, mas da possibilidade de conhecimento da mesma.
[112] LAND, *Strafbarkeitsbedingungen*, 23, 26, 74, 79.
[113] LAND, *Strafbarkeitsbedingungen*, 45, 46, 47 e ss, e 77 (por referência ao *Entwurf* de 1925).

cepção excessivamente ampla de facto tipicamente ilícito e não pode ser aceite. Nem tudo o que é previsto ou previsível pode ser realizado (individualmente) pelo destinatário do tipo penal e, portanto, dificilmente pode ser considerado parte integrante *do seu facto* (típico). Em especial quando se trate de acontecimentos cuja ocorrência depende da vontade autónoma de outras pessoas (caso da execução dum suicídio, para efeito do artigo 135.º, n.º 1, ou a declaração judicial de insolvência, no artigo 227.º, ambos do Código Penal)[114]. Num Direito Penal do facto em que a responsabilidade siga critérios de estrita pessoalidade, só o que é realizado ou concretamente evitável pelo destinatário da norma o pode responsabilizar. O que for abstractamente previsível mas não concretamente realizável ou evitável através de uma manifestação pessoal de vontade do destinatário da norma não pode fundar a responsabilidade penal. Nem mesmo nos casos em que exista coincidência entre o objecto da acção e a circunstância, pois pode-se querer algo que depende da vontade de outrem mas a verificar-se esse facto será sempre alheio e não um facto próprio (*v.g.* a declaração judicial de insolvência ou a execução dum suicídio)[115]. Um entendimento diferente contraria o princípio da responsabilidade pessoal em Direito Penal, as exigências de materialidade do Direito Penal do facto e o princípio da culpa.

5. As dúvidas associadas às construções apresentadas têm conduzido alguns sectores da doutrina a abandonar os critérios estruturais e normativos em benefício de critérios axiológicos, o que foi facilitado pela superação do conceito puramente formal de tipicidade e pela afirmação do conceito material de ilicitude. Nesta perspectiva, na análise e classificação dos elementos de um tipo de crime existirá uma precedência da relevância axiológica de certos elementos em relação à sua compreensão estrutural. Uma circunstância só poderá ser classificada como um elemento do facto ou como um elemento estranho ao facto depois de se determinar a relação entre essa circunstância e a ofensa ao bem jurídico tutelado (âmbito material do ilícito típico). Da análise desta relação dependerá a compreensão estrutural da figura em causa e a sua sujeição ou imunidade aos critérios gerais de imputação[116].

A delimitação das condições objectivas de punibilidade a partir de critérios axiológicos começou por ser avançada por HEGLER, em 1915[117]. Para HEGLER o

---

[114] MARTINEZ PEREZ, *Condiciones objetivas de punibilidad*, 70, refere este aspecto para relativizar a importância atribuída à imunidade da circunstância em relação ao tipo subjectivo.
[115] Em sentido idêntico, DONINI, *Teoria del reato*, 408, 412-413, 417, afirmando que as condições objectivas de punibilidade não podem ser atribuídas ao agente como *opera sua* (p. 417).
[116] Colocando a questão neste plano metodológico, RAMACCI, *Condizioni*, 46 e ss e 50-51.
[117] HEGLER, *ZStW* 36 (1915), 224-229 e notas respectivas.

espaço dogmático das condições objectivas de punibilidade passava pela sua delimitação em relação ao facto típico e, necessariamente, pela sua autonomia axiológica em relação ao círculo de interesses tutelados pela proibição do comportamento socialmente danoso. Para o efeito, organizou as diversas condições objectivas de punibilidade a partir dessa delimitação (axiológica) negativa em «três agrupamentos teleologicamente orientados»: num primeiro grupo incluiu as diversas circunstâncias que surgiam na lei como «um sinal expressivo do significado real da agressão aos interesses tutelados» (caso da realização do duelo no crime de incitamento a este facto, da consequência grave na rixa ou da declaração judicial de falência na bancarrota); num segundo grupo, reuniu circunstâncias relacionadas com a lesão de interesses estrangeiros (a qualidade de nacional em relação a factos cometidos no estrangeiro ou a garantia de reciprocidade em crimes contra Estados estrangeiros); num último grupo, integrou situações em que a punição cedia perante interesses conflituantes de natureza diversa (por exemplo, associados ao casamento) dos interesses tutelados pela norma incriminadora.

Nesta perspectiva (que obteve a adesão da doutrina em diferentes países e momentos históricos) as condições de punibilidade nada têm a ver com a imagem de desvalor do facto típico, ilícito e culposo: seriam circunstâncias «isentas de significado para a valoração do facto» (RITTLER)[118], o que, em construções mais recentes, se traduz em afirmar que são circunstâncias que «não pertencem à imagem do facto» (*Tatbild*) (TRIFFTERER)[119], sem relação com a lesão do bem jurídico (RAMACCI)[120] ou, pelo menos, sem relação com a lesão primária do bem jurídico tutelado (BRICOLA, ANGIONI)[121]. Noutra linha, a doutrina recorre a formulações de natureza axiológica que transcendem a referência singular ao bem jurídico tutelado. Nesse sentido se afirma que as condições objectivas de punibilidade são exteriores à matéria do ilícito delitual (STREE)[122] ou estranhas ao merecimento penal do comportamento do autor, dizendo apenas respeito à necessidade de punição (STRATENWERTH)[123].

---

[118] RITTLER, *FG-Frank*, 15, 18.
[119] TRIFFTERER, *Strafrecht*, AT, 191.
[120] RAMACCI, *Condizioni*, 47 e ss.
[121] BRICOLA, *Novíssimo Digesto*, Vol. XIV, 594; ANGIONI, *Ridpp* (1989), 1461, apesar das reservas que formula em relação a este critério (pp. 1456 e 1457).
[122] STREE, *JuS*, 1965, 466.
[123] STRATENWERTH, *ZStW* 71 (1959), 567 e ss, enquadramento mantido em *Strafrecht AT* (6.ª edição, 2011), § 7, n.º 30. Já RADBRUCH, «Tat und Schuld. Zu einem Buche von Hermann Kantorowicz», *ZchwZStr* 51 (1937), 254-255, invocava a autonomia das condições objectivas de punibilidade em relação ao «merecimento penal» do facto. Depois, TIEDMANN, *ZRP*, 1975, 131 e ss; RUDOLPHI, *SK-StGB, vor* § 19, n.º marg. 12, e também em «Der Zweck staatlichen Stra-

Apesar do esforço de racionalização dogmática que está na sua origem, estas construções dificilmente podem ser aceites para delimitar as condições objectivas de punibilidade do ilícito culposo. Os próprios autores que recorrem a estes critérios acabam por admitir que os mesmos têm um custo significativo em termos de clareza conceitual[124], o que é exacto pois dependem da interpretação de elementos não escritos do tipo incriminador como a identificação dos bens jurídicos tutelados, directa e indirectamente, e da relação da circunstância com essa finalidade material das normas penais.

Mas em três outros aspectos essenciais os critérios axiológicos revelam debilidades não negligenciáveis: por um lado, na sua formulação pura (isto é, orientada apenas pelo círculo de bens jurídicos tutelados) o critério axiológico desconsidera a estrutura e organização dos elementos materiais que integram a descrição legal do facto típico, sendo certo que os tipos penais não prevêem lesões aos bens jurídicos em abstracto mas sim e apenas certas formas específicas (tipicamente descritas) de agressão; por outro lado, a sua formulação é ainda essencialmente negativa e, nessa medida, acaba por remeter para a figura das condições objectivas de punibilidade um conjunto de circunstâncias muito heterogéneas cuja única afinidade será fundamentalmente a de não dizerem respeito à lesão do bem jurídico imediatamente tutelado pela proibição; finalmente, um critério desta natureza cria necessariamente zonas dogmaticamente indefinidas, pois também os pressupostos processuais e as meras condições de aplicação da lei penal são realidades autónomas em relação ao bem jurídico tutelado pelo tipo incriminador.

O panorama não se altera quando em vez do conceito de bem jurídico se usam as categorias do merecimento penal e da necessidade de pena para, por si só, delimitar o ilícito culposo das condições objectivas de punibilidade. Todas as condições de merecimento penal do facto (designadamente aquelas que dizem respeito ao desvalor do mesmo) são também condições da necessidade de pena, o que, em sim mesmo, já esbate a precisão do critério. Mesmo que se admita, como parece correcto, que ao juízo genérico sobre o merecimento penal do facto se adicione um juízo específico (de natureza utilitária) sobre a adequação político-criminal da sanção para prosseguir a tutela preventiva dos bens jurídicos ameaçados é difícil, através da simples invocação destas categorias, proceder no âmbito de cada tipo à classificação rigorosa dos elementos que constituem o facto ou que são meras condições de punibilidade do mesmo.

---

frechts und die strafrechtlichen Zurechnungsformen» in Schünemann (org.), *Grundfragen des modernen Strafrechtssystem*, 1984, 83-84; ainda, BAUMANN/WEBER/MITSCH, *Strafrecht AT*, 530.
[124] ANGIONI, *Ridpp* (1989), 1456, 1461 e ss, 1464-1465, acaba por reconhecer que o critério axiológico é formulado sobre uma «diferença elástica e flutuante» (p. 1457).

As reservas formuladas incidem sobre um aspecto fundamental da delimitação entre os elementos do facto tipicamente ilícito e as condições objectivas de punibilidade: em algumas incriminações de perigo (*v.g.* no incitamento ao suicídio, previsto no artigo 135.º do Código Penal, ou na participação em rixa, prevista no artigo 151.º do mesmo diploma) e na construção dos tipos de participação criminosa (na instigação e na cumplicidade, previstas nos artigo 26.º *in fine* e 27.º do Código Penal) o legislador procura efectivar a tutela preventiva de bens jurídicos através da articulação de vários elementos materiais que, no seu conjunto, delimitam a esfera de intervenção penal. Todos esses elementos são peças essenciais da técnica de tutela usada pelo legislador e visam, em última instância, proteger um bem jurídico ou, inclusivamente, reforçar as condições de merecimento penal do facto. Isso não significa que tais elementos integrem necessariamente o tipo de ilícito. Só uma perspectiva reducionista das técnicas de tutela penal afirmaria acriticamente tal ideia. Assim, a execução do suicídio, a morte ou ofensa grave na rixa ou a execução do facto na instigação e na cumplicidade são elementos materiais funcionalmente orientados pelas necessidades preventivas de tutela de certos bens; a sua verificação expressa inclusivamente, como havia notado HEGLER, uma agressão realmente significativa aos interesses tutelados, mas isso não basta para os considerar elementos de um tipo de ilícito. Desde logo porque tal afirmação teria de contornar a objecção de estarmos perante circunstâncias que, na sua efectiva realização, dependem da vontade autónoma de uma pessoa que não o autor do facto. O que, a ser considerado um elemento do tipo de ilícito, implicaria uma severa suspeita de violação do princípio da responsabilidade pessoal em Direito Penal: a ilicitude do facto do autor seria condicionada pela verificação objectiva de um acontecimento controlado por uma vontade distinta da sua, mas que não obstante integraria a estrutura do facto pessoalmente imputável ao agente.

À luz das objecções apresentadas, a validade dogmática dos critérios axiológicos na delimitação das condições objectivas de punibilidade depende essencialmente dos elementos usados para os concretizar, isto é, da forma de identificar quando é que uma circunstância descrita numa norma penal se pode considerar estranha à valoração material subjacente ao facto típico. A simples invocação do âmbito material do ilícito (bem jurídico) ou de conceitos mais genéricos como o merecimento penal do facto constitui um ponto de apoio argumentativo, mas nunca um critério de diagnóstico das condições objectivas de punibilidade com consistência dogmática e classificatória.

6. Na resolução deste problema podemos partir do contributo da doutrina portuguesa para a caracterização das condições objectivas de punibilidade. Os primeiros (e raros) ensaios de delimitação sistemática das condições objectivas

de punibilidade em relação aos elementos do tipo partem exactamente de critérios axiológicos (EDUARDO CORREIA) e de critérios axiológicos combinados com elementos estruturais e normativos (CAVALEIRO DE FERREIRA).

Para EDUARDO CORREIA a distinção entre elementos do tipo e condições objectivas de punibilidade seria traçada da seguinte forma: «no primeiro caso estaremos perante elementos essenciais à valoração que o tipo legal traduz; no segundo perante *elementos adicionais requeridos para a punibilidade da conduta,* que não prejudicam –, por absolutamente independentes – a qualidade ilícita e culposa de tal conduta»[125]. O cerne da distinção resulta portanto da independência axiológica de tais circunstâncias em relação ao ilícito culposo. A concretização deste critério foi substancialmente aprofundada por CAVALEIRO DE FERREIRA[126]. A classificação de uma circunstância como condição objectiva de punibilidade depende em sua opinião da função que tais elementos possuem na configuração do tipo legal. As condições objectivas de punibilidade têm a função de subordinar a aplicabilidade da sanção penal a critérios de oportunidade que não se confundem com o desvalor do facto criminoso. Diversamente, os elementos do crime têm a função de fundamentar a ilicitude do facto ou a censurabilidade do agente e, por isso, fundamentam a pena que em função deles se comina para o crime. A partir deste enquadramento, desenvolve uma análise pormenorizada em que articula critérios axiológicos com critérios estruturais e normativos.

O aspecto essencial da construção de CAVALEIRO DE FERREIRA reside na relação entre «a esfera de actividade do agente» que consubstancia o crime e a circunstância cuja natureza se discute. Na sua exposição, identifica três hipóteses de relação entre essa circunstância e a actividade criminosa do agente: (1) factos absolutamente estranhos à actividade criminosa do agente; (2) factos que não sendo estranhos à actividade do agente são uma actividade diferente da que é proibida pelo tipo incriminador; (3) e, os casos mais complexos, factos que são causados pela actividade criminosa do agente[127].

No primeiro caso, os factos são considerados absolutamente estranhos à actividade do agente quando não têm qualquer nexo causal ou psicológico com a «esfera de actividade do sujeito activo do facto». A circunstância é «absolutamente estranha» à actividade do agente e por isso não lhe pode ser imputada. A sua função

---

[125] EDUARDO CORREIA, *Direito Criminal I* (1963), 370-371, nota 1 (itálicos no original). O critério foi acolhido no Parecer da PGR n.º 67/96, in *Pareceres VI*, 119 e ss, *maxime* 152-153.

[126] CAVALEIRO DE FERREIRA, *Lições* (1940), 424 e ss, *maxime* 428-433. A mesma doutrina é, no essencial, acolhida, mais tarde, em *Direito Penal Português II* (1982), 207-210 e, em termos muito sintéticos, nas *Lições II* (1989), 7-8.

[127] CAVALEIRO DE FERREIRA, *Lições* (1940), 429-433; na obra *Direito Penal Português II* (1982), 209-210, apresenta apenas as duas primeiras situações, não equacionando a última (exactamente a mais complexa).

não é fundamentar a ilicitude do facto, «que já é um ilícito penal independentemente dessa condição, mas subordinar a sua punição, torná-la dependente da sua verificação»[128]. Como exemplo, invoca a declaração judicial de falência nos crimes de falência fraudulenta ou culposa[129].

No segundo caso, aponta os «factos que pertencem à esfera de actividade do agente» mas que constituem «uma actividade diferente daquela em que consistiu o crime[130], sem qualquer relação com o facto criminoso[131]. Será o que acontece com a cláusula de territorialidade relativamente a crimes cometidos por nacionais em território estrangeiro, que só são punidos pela ordem jurídica portuguesa caso o agente seja encontrado em território nacional (artigos 53º, nº 5 do Código Penal de 1886, e 5.º, nº 1 al. c), do Código Penal de 1982)[132]. No plano axiológico, «o interesse do Estado na protecção dos bens tutelados está em que o crime não seja cometido. Não se encontra o mesmo interesse do Estado em que o agente não venha ao território português»[133].

No terceiro caso CAVALEIRO DE FERREIRA inclui as situações que considera mais complexas, isto é, em que a condição se traduz num evento, «num resultado da própria actividade do agente»[134]. Nesta hipótese sugere o uso de dois critérios, um a título principal e o outro residualmente.

O primeiro critério consiste na ponderação da necessidade de tal evento ser objecto do nexo psicológico: «se o evento tem de ser abrangido pela culpa, é desnecessário levar mais longe a investigação: nunca se tratará de uma condição de punibilidade»[135]. O conteúdo deste critério é concretizado a propósito do evento nos crimes negligentes (relembre-se que VANNINI havia defendido, pouco tempo antes, que se tratava de uma mera condição de punibilidade): «a negligência ou culpa (...) refere-se ao evento, que deve ser ou previsto ou previsível, consoante se trata de culpa consciente ou de culpa inconsciente»[136]. Por isso, o evento nos crimes negligentes é para CAVALEIRO FERREIRA um verdadeiro elemento do facto

---

[128] CAVALEIRO DE FERREIRA, *Lições* (1940), 429; *Direito Penal Português II* (1982), 209.
[129] CAVALEIRO DE FERREIRA, *Lições* (1940), 429. O mesmo exemplo surge em *Direito Penal Português II* (1982), 209, mas acompanhado da hipótese de tal cláusula ser antes uma condição de procedibilidade (a dúvida não é contudo resolvida).
[130] CAVALEIRO DE FERREIRA, *Lições* (1940), 430.
[131] CAVALEIRO DE FERREIRA, *Lições* (1940), 430; *Direito Penal Português II* (1982), 209.
[132] CAVALEIRO DE FERREIRA, *Lições* (1940), 430; no *Direito Penal Português II* (1982), 209 invoca o mesmo exemplo mas sugere que não será sequer uma verdadeira condição objectiva de punibilidade mas sim uma «condição de aplicabilidade da lei penal portuguesa».
[133] CAVALEIRO DE FERREIRA, *Lições* (1940), 430.
[134] CAVALEIRO DE FERREIRA, *Lições* (1940), 430.
[135] CAVALEIRO DE FERREIRA, *Lições* (1940), 430-431.
[136] CAVALEIRO DE FERREIARA, *Lições* (1940), 431.

criminoso e não uma mera condição objectiva de punibilidade. Conclusão reforçada pelo critério axiológico pois o evento nos crimes negligentes «é precisamente aquele dano que com o preceito legal se pretende evitar, é a própria razão de ser da punição e não mero fundamento de oportunidade da aplicação da sanção»[137].

Quando a aplicação deste critério for insuficiente, sugere CAVALEIRO FERREIRA a avaliação da «objectividade jurídica do facto» após a eliminação mental da circunstância duvidosa, o que se pode fazer nos seguintes termos: «suprimir mentalmente a circunstância ou facto a considerar; se, em face dessa supressão, se puder considerar inalterada a conformidade do facto com a objectividade jurídica que caracteriza o crime, estaremos perante uma condição de punibilidade»[138]. Nenhum exemplo é invocado para ilustrar este procedimento, mas o mesmo é completado com o significado da eliminação mental da circunstância em causa: «com base na determinação do interesse jurídico tutelado pode chegar a determinar-se quais os eventos que interessam à protecção daquele, e quais os que são, no pensamento da lei, estranhos a essa protecção. No primeiro caso, tratar-se--á dum elemento do crime, no segundo duma condição de punibilidade»[139]. Ou seja, o método de eliminação mental da circunstância é, nesta construção, uma forma de identificar quais os elementos da descrição legal que se relacionam com o bem jurídico tutelado e aqueles que lhe são estranhos.

A proposta de CAVALEIRO DE FERREIRA mantém-se em grande medida actual e, apesar de algumas imprecisões (inevitáveis na delimitação conceitual de matérias complexas), aponta o caminho correcto para delimitar as condições objectivas de punibilidade em relação aos elementos do facto típico: sendo insuficientes os critérios baseados exclusivamente nos nexos de causalidade e de culpabilidade psicológica e imprecisos os critérios puramente axiológicos, será necessário ponderar, em primeira linha, a forma como a lei articulou normativamente o facto do agente e as circunstâncias em causa e, depois, relacionar esses elementos com o círculo de interesses que a proibição penal visa tutelar.

Mas a construção apresentada deve ser igualmente objecto de algumas reservas. Em primeiro lugar, trata-se ainda de uma solução largamente tributária do pensamento causalista: a absoluta independência da circunstância em relação ao facto é aferida em função da causalidade material e da causalidade psicológica. Em segundo lugar, relativamente às condições que surgem como consequência da conduta do autor do facto CAVALEIRO DE FERREIRA integra-as no tipo se em relação a elas existir um nexo psicológico, aferido a partir de um critério de previsibilidade (se for uma consequência prevista ou previsível). Nesta

---

[137] CAVALEIRO DE FERREIRA, Lições (1940), 431.
[138] CAVALEIRO DE FERREIRA, *Lições* (1940), 431.
[139] CAVALEIRO DE FERREIRA, *Lições* (1940), 432-433.

medida, CAVALEIRO DE FERREIRA aproxima-se da tese defendida por ERICH LAND (em 1927) que usa o conteúdo da causalidade adequada para delimitar os elementos do tipo. A construção deve, por isso, ser objecto das mesmas críticas que se dirigiram a LAND: num Direito Penal do facto os limites da imputação (o que vale por dizer, os limites do tipo de ilícito) decorrem não do que for previsto ou previsível pelo agente, mas sim do que for realizável ou evitável por vontade do autor do facto. Circunstâncias fora deste âmbito não podem fundamentar a ilicitude do facto, apenas podem limitar o âmbito da intervenção penal. O que, no plano sistemático, significa que tais circunstâncias não podem fazer parte do tipo de ilícito. Finalmente, o critério residual que CAVALEIRO DE FERREIRA sugere – a valoração do facto depois de eliminada mentalmente a circunstância de natureza duvidosa – não é um verdadeiro critério de decisão, mas apenas um procedimento técnico de mero diagnóstico: através dele chega-se à identificação de um facto que, uma vez desligado da condição respectiva, tem de ser valorado. Mas a questão essencial subsiste: como é que se sabe se o facto assim considerado mantém a «objectividade jurídica que caracteriza o crime»? Nesta matéria devemos ter em linha de conta outros contributos doutrinários que procuraram responder à pergunta formulada.

7. O último dos critérios avançados por CAVALEIRO DE FERREIRA corresponde a uma técnica usada pela doutrina para identificar as circunstâncias que podem ser consideradas estranhas ao ilícito (*unrechtsneutral*).

A qualificação da circunstância em causa como *unrechtsneutral* ou *unrechtsrelevant* condiciona substancialmente o juízo sobre a legitimidade de o legislador recorrer a condições objectivas de punibilidade na construção dos tipos penais: sendo o objecto da imputação dolosa e negligente determinado pelo âmbito do facto ilícito, a autonomia e neutralidade de certas circunstâncias em relação a esse facto ilícito permitem afirmar que o recurso a tais elementos é legítimo e não derroga o princípio da culpa[140]. Um enquadramento desta natureza apenas foi possível a partir do momento em que passou a ser utilizado um conceito material de ilicitude, que permitiu estabelecer uma relação entre as circunstâncias descritas na lei e os interesses protegidos ou, diversamente, comprovar a ausência de uma relação nesse plano.

A forma de identificar a autonomia das condições objectivas de punibilidade em relação ao facto ilícito tem variado substancialmente. Na formulação mais elementar, as condições objectivas de punibilidade são apresentadas como autónomas em relação ao facto ilícito por serem circunstâncias estranhas ao cír-

---

[140] Já neste sentido, WELZEL, *Deutsche Strafrecht* (2.ª edição, 1949), 35. Depois, STREE, *JuS* (1965), 466, e TIEDMANN, *ZRP* (1975), 132. Agora, GEISLER, *Bedingungen der Strafbarkeit*, 211.

culo de interesses tutelados, sem relação portanto com a lesão do bem jurídico. É este o enquadramento que está em regra subjacente à designação das condições objectivas de punibilidade como circunstâncias exteriores ao facto típico, como elementos extrínsecos do conceito de crime ou inclusivamente como condições próprias[141].

Numa formulação mais complexa, a demonstração da autonomia das condições objectivas de punibilidade em relação ao facto ilícito é realizada com recurso a um argumento contra-fáctico que se traduz em eliminar hipoteticamente a condição de punibilidade e avaliar então o facto subsistente. Os critérios dessa avaliação do facto após a eliminação hipotética da circunstância não são uniformes. Invocam-se, por exemplo, como parâmetros de avaliação a *manutenção da razão de ser da incriminação* ou *a subsistência dum preceito penal coerente*, isto é, *adequado aos objectivos que presidiram à sua criação*, uma vez eliminada mentalmente a circunstância condicional[142]. Em sentido materialmente equivalente, mas formalmente distinto, afere-se a preservação da objectividade jurídica do facto após a eliminação hipotética da circunstância duvidosa, ou seja, procura-se saber se o crime pode subsistir como «facto contrário ao interesse protegido pela norma sem que seja necessário pensá-lo subordinado à verificação da circunstância requerida»[143].

Em construções mais recentes afirma-se que a circunstância será ou não estranha ao ilícito em função da relação que se estabeleça no contexto da norma ou da inserção típica do elemento em causa[144]. A determinação dessa relação entre a circunstância e o âmbito do ilícito é também feita através do critério da eliminação hipotética da circunstância condicional (*Abzugsthese*), que conhece na doutrina alemã uma fórmula fraca e outra forte[145]. Na *fórmula fraca* a condição será estranha ao ilícito quando, uma vez eliminada hipoteticamente, *subsistir um facto por si só merecedor de pena*, em relação ao qual a circunstância apenas serviria para documentar *a necessidade da punição*[146]. Numa valoração mais exigente (*fórmula*

---

[141] Veja-se o que se escreveu *supra* § 24, I, deste estudo.
[142] VANNINI, *Rivista Penal* LXXXVI (1917), 215-216.
[143] Nestes termos, VANNINI, *Studi Senesi*, XLIII (1929), 55-57. Depois, no mesmo sentido mas mais lacónico quanto ao conteúdo do critério, CAVALEIRO DE FERREIRA, *Lições* (1940), 432.
[144] GEISLER, *Bedingungen der Strafbarkeit*, 131, 231.
[145] Para a contraposição entre a «fórmula fraca» e a «fórmula forte» do critério da eliminação hipotética (*Abzugsthese*), GEISLER, *Bedingungen der Strafbarkeit*, 131-132 e ss, 211 e ss, 231, 585-586, que apenas aceita como legítima a «fórmula forte». Depois, no mesmo sentido, GEISLER, «Objektive Strafbarkeitsbedingungen und «Abzugsthese»», *GA* (2000), 166 e ss.
[146] STRATENWERTH, *ZStW* 71 (1959), 567 e ss e, ainda, *Strafrecht, AT* (6.ª edição, 2011), § 7, n.º 30; SCHMIDHÄUSER, *ZStW* 71 (1959), 550; RUDOLPHI, *SK-AT vor* § 19, n.º 12, e *Grundfragen*, 83-84; TIEDMANN, *ZRP*, 1975, 131 e ss; BAUMANN/WEBER/MITSCH *Strafrecht AT*, 530; LENCKNER, *in* SCHÖNKE/ SCHRÖDER, *StGB, vor* § 13, n.º marg. 124.

forte), considera-se que a circunstância será estranha à ilicitude se for possível punir o agente *só pela violação da norma*[147] (tendo o facto subsistente de respeitar, por si só, os critérios de merecimento e necessidade de pena) ou, noutra formulação adoptada entre nós, apela-se à hipótese de subsistência de um facto que poderia constituir um ilícito típico *sem violação do princípio da necessidade* das penas e medidas de segurança[148].

Uma apreciação desta natureza é fundamental para valorar criticamente as circunstâncias usadas pelo legislador nos tipos penais. O seu alcance é contudo limitado a essa função, já que a eliminação hipotética da condição não responde verdadeiramente à questão de saber quando é que uma certa circunstância pode ser qualificada como condição objectiva de punibilidade, mas apenas e só à questão de saber se é estranha à ilicitude do facto. Trata-se de um critério de valoração e não de um critério de identificação das circunstâncias. Este terá de ser outro que não o da eliminação hipotética da circunstância. Dito de outra forma: a classificação de uma condição como *unrechtsrelevant* ou *unrechtsneutral* permite apenas apontar a qualidade de uma figura que já foi previamente identificada como condição objectiva de punibilidade. Por isso, o critério de identificação das condições objectivas de punibilidade não se pode limitar a critérios puramente axiológicos.

8. É possível identificar uma intencionalidade normativa na figura das condições objectivas de punibilidade que determina a sua autonomia sistemática: sendo, na sua configuração básica e de acordo com a sua genealogia dogmática, circunstâncias de natureza «objectiva» não devem ser abarcadas pelo tipo subjectivo, o que implica a sua autonomia em relação à culpabilidade (subjectiva); por outro lado, não existindo elementos do facto ilícito imunes à imputação subjectiva (por força do princípio da culpa) é também possível afirmar que, em termos sistemáticos, tais figuras para serem legítimas terão igualmente de ser estranhas ao ilícito[149]. Ou seja, exteriores ao facto ilícito embora fazendo ainda parte do facto punível.

A afirmação da autonomia de uma certa circunstância em relação à ilicitude é, como se referiu, um juízo de valor e não um critério de identificação das condições objectivas de punibilidade. Quando se exige a congruência entre o âmbito

---

[147] GEISLER, *Bedingungen der Strafbarkeit*, 131-133, 231, 586.
[148] RUI PEREIRA, *RMP*, n.º 65 (1996), 63-64, nota 14.
[149] SCHMIDHÄUSER, *ZStW* 71 (1959), 547-548, afirmando categoricamente que, por força deste enquadramento, «no âmbito do tipo de ilícito não existe qualquer espaço para condições objectivas de punibilidade». Coincidente, agora entre nós, o ac. do STJ n.º 6/2008, de 9 de Abril, *in DR I série*, n.º 94, de 15 de Maio de 2008, 2676.

do facto ilícito e a culpabilidade do agente para que o princípio da culpa seja respeitado[150], o que verdadeiramente delimita quer o ilícito, quer a culpa psicológica é o conceito de *facto*. O objecto do dolo e da negligência identifica-se por referência ao facto tipicamente ilícito e não em função dum ilícito em abstracto.

Para o problema que nos ocupa, isso significa que o critério de identificação das condições objectivas de punibilidade terá sempre de ser, em primeira linha, um critério *estrutural* ou, pelo menos, *estrutural-normativo*. A autonomia das condições objectivas de punibilidade terá de ser traçada em relação *ao facto (tipicamente ilícito,* já que só esse é imputável ao agente) pois esta é a realidade material que se encontra numa relação de exclusão recíproca com essa figura: os elementos do facto não podem ser considerados meras condições objectivas de punibilidade e as condições objectivas de punibilidade não podem ser confundidas com os elementos constitutivos do facto. Dizer-se, para além disto, que a autonomia das condições objectivas de punibilidade se traça em relação ao tipo ou em relação ao ilícito é uma relativa imprecisão conceitual. É o facto enquanto *matéria do tipo* que pode ser objecto da imputação subjectiva e eventualmente ilícito. É portanto em relação ao facto (*matéria do tipo*) e não em relação à mera *forma* (o tipo) ou a juízos de *valor* (como a ilicitude) que o conceito de condição objectiva de punibilidade tem de ser delimitado.

Num sistema penal em que vigore o princípio da legalidade, a relação entre o facto e as circunstâncias com ele conexas é determinada pelo legislador no âmbito dum tipo legal. Por isso, na ausência de normas gerais sobre a matéria, o exacto alcance e significado do facto do agente e das circunstâncias que sendo dele distintas podem condicionar a punibilidade, devem ser considerados no contexto de cada tipo legal em concreto. A partir daí poderão ser valoradas de forma consequente as propostas doutrinárias apresentadas e generalizados critérios que permitem compreender, no contexto da função de apoio duma teoria do crime, se certas cláusulas legais são elementos constitutivos do facto (tipicamente ilícito) ou, diversamente, condições objectivas de punibilidade desse facto, por definição exteriores ao mesmo. É esse o objecto da análise que adiante se fará, no § 26 deste estudo, e que por aplicação sucessiva dos critérios enunciados permitirá proceder à delimitação sistemática das condições objectivas de punibilidade em relação aos «elementos constitutivos do facto» (tipicamente ilícito), em especial ao resultado ilícito (veja-se *infra* § 38, III). Antes disso importa ainda clarificar as funções que a doutrina e a jurisprudência atribuem à utilização das condições objectivas de punibilidade pelo legislador penal.

---

[150] STREE, *JuS* (1965), 466.

III. Função das condições objectivas de punibilidade

1. Às condições objectivas de punibidade tem a doutrina reconhecido ou atribuído funções diversas, de natureza dogmática e político-criminal. O contexto em que o faz nem sempre é o mesmo: por vezes as funções identificadas surgem enunciadas com uma conotação crítica, enquanto noutros casos são assumidas como características específicas, perfeitamente legítimas, destas figuras.

A função dogmática mais antiga que se reconhece às condições objectivas de punibilidade, e que está na sua génese, consiste na delimitação negativa do âmbito material da imputação subjectiva (*função de delimitação do tipo subjectivo*). Sendo estranhas ao facto e, portanto, à exigência de congruência entre o ilícito e a culpa psicológica, as condições objectivas de punibilidade não fariam parte do objecto do dolo ou da negligência, nem estariam sujeitas à relevância do erro sobre elementos do facto típico[151]. A delimitação do âmbito do tipo subjectivo seria assim negativa e reflexa, já que o dolo e a negligência se reportam ao facto, razão pela qual ao identificar circunstâncias que não integrariam o facto se estaria implicitamente a subtraí-las à incidência dos elementos subjectivos. De forma crítica, afirma-se que esta função mais não seria do que um ensaio de derrogação do princípio da culpa através da desvinculação de certas circunstâncias previstas na lei penal em relação ao âmbito da imputação subjectiva (*função de derrogação do princípio da culpa*)[152].

Ainda no plano dogmático, atribui-se por vezes às condições objectivas de punibilidade a função de documentar ou comprovar a perigosidade dum comportamento proibido, através da adição de circunstâncias que surgem num tipo incriminador como consequências objectivamente danosas de certo facto ilícito

---

[151] Na literatura mais antiga, FRANCKE, *GA* (1872), 34-35; BINDING, *Die Normen I* (4.ª edição, 1922), 194 e ss (195, nota 1), *II* (1918), 184 e ss; LISZT, *Lehrbuch* (2.ª edição, 1884), 169 (§ 42, II, 1); BELING, *Lehre vom Verbrechen*, 53; BAUMGARTEN, *Aufbau der Verbrechenslehre*, 1913, 191. Depois, criticamente, HASS, *Rechtstheorie* (1972), 32 e ss e, ainda, *Wie entstehen Rechtsbegriffe*, 76 e ss. Para uma visão de conjunto, BAUMANN/WEBER/MITSCH, *Strafrecht AT*, 526, 530, 531, JESCHECK/WEIGEND, *Lehrbuch*, 555 (§ 53, I); GEISLER, *Bedingungen der Strafbarkeit*, 130 e ss.

[152] ARTHUR KAUFMANN, *Schuldprinzip*, 250 e ss. Depois, BEMMANN, *Objecktiven Bedingungen der Strafbarkeit*, 21-22, 54-56. Igualmente muito crítico, em função de vários elementos histórico-dogmáticos, HASS, *Rechtstheorie*, 1972, 32 e ss e, ainda, *Wie entstehen Rechtsbegriffe*, 57-62, sublinhando o facto de, em sua opinião, a origem e a subsistência da figura no sistema dogmático de análise do crime visar eliminar o problema do erro sobre o tipo em relação a certas circunstâncias. Recentemente, com outro enquadramento teórico quanto à legitimidade da pena e à imputação dos seus pressupostos na culpa, FRISTER, *Schuldprinzip*, 47 e ss, 52 e ss, e *Strafrecht AT*, 260-263. Coincidente, em boa parte, ANGIONI, *Ridpp* (1989), 1484-1489, e LUÍS GRECO, *Feuerbachs Straftheorie*, 292-293.

(*função de demonstração da perigosidade do ilícito*)[153]. Alguns sectores da doutrina levam esta ideia mais longe e sustentam que a articulação entre o facto proibido e as condições objectivas de punibilidade no âmbito dum tipo incriminador seria uma forma específica e autónoma de imputação do risco em Direito Penal, distinta da mera imputação do perigo abstracto ou do dano (*função de imputação alternativa do risco*)[154].

A desvinculação de certas circunstâncias em relação ao tipo subjectivo (em especial, excluindo-as do campo de aplicação das regras legais do erro) seria ainda uma forma de assegurar a efectividade processual de algumas normas penais em casos que, assim não sendo, a sujeição de certas circunstâncias às regras de imputação subjectiva tornaria processualmente inviável a imputação do facto típico ao agente (*função de garantia da eficácia processual das normas penais*)[155]. Próxima desta função, reconhece-se também que a articulação entre um facto ilícito e uma condição objectiva de punibilidade no âmbito de um tipo incriminador permite

---

[153] Em sentido semelhante, afirmava LAND, *Strafbarkeitsbedingungen*, 23-24, que a função das «condições exteriores de punibilidade» (na sua terminologia) seria a de representar sintomaticamente a particular eficácia lesiva da acção praticada, de tal forma que sem elas o facto não chegaria a adquirir relevância penal e com elas passaria dum mero ilícito adminstrativo ou de polícia para a esfera do Direito Penal (mas, assim sendo, seriam na verdade elementos do tipo, como Land acaba por notar a pag. 23). De forma mais exacta, RAMACCI, *Condizioni*, 204, vê estes elementos como juízos normativamente antecipados pelo legislador, em vez de serem apenas deixados para o momento de aplicação judicial subsequente no âmbito do processo. Depois, de forma semelhante, JAKOBS, *Strafrecht*, 337 (10/3). Desenvolvimentos em GEISLER, *Bedingungen der Strafbarkeit*, 570 e ss, e 590 e ss, KINDHÄUSER, *NK-StGB* (2005), vor § 283, n.º 102, e FREUND, *MK-StGB*, vor § 13, n.º 353. Entre nós, RUI PEREIRA, *Dolo de perigo*, 27 e nota 28, e 151, e, agora, HELENA MONIZ, *Agravação pelo resultado*, 457 e ss.

[154] Percursor desta ideia, SCHWEIKERT, *Die Wandlungen der Tatbestandslehre seit Beling*, 1957, 86 e ss e 148 e ss, retomada depois em «Strafrechtliche Haftung für riskantes Verhalten», *ZStW* 70 (1958), 394 e ss. Em termos equivalentes, JESCHECK/WEIGEND, *Lehrbuch*, 558 e 559 (§ 53, II), invocando a assunção pelo autor de um risco reconhecível pela generalidade das pessoas de que se poderia verificar a circunstância condicional como forma de afastar as possíveis objecções fundadas no princípio da culpa. Ainda, JAKOBS, *Strafrecht*, 337 (10/2), para quem o autor, ao praticar a conduta, fica onerado com o risco da ilicitude superveniente do facto. Recentemente, PUPPE *NK-StGB* (2005), § 15, n.º 10, apontando esta via como uma das hipóteses de compatibilizar algumas condições objectivas de punibilidade (incluídas nos crimes de participação em rixa e embriaguez) com o princípio da culpa. Entre nós, TAIPA DE CARVALHO, *Comentário Conimbricense II*, artigo 295.º, § 16 a 21, recorre ao conceito de perigosidade articulado com a condição objectiva de punibilidade para fundamentar o tipo do artigo 295.º do Código Penal e o legitimar face ao princípio da culpa. A aplicação concreta destas ideias encontra-se *infra* § 26, na análise das diversas figuras em especial.

[155] Assim, SAX, ««Tatbestand» und Rechtsgutsverletzung», *JZ* (1976), 14. Também, JESCHECK/WEIGEND, *Lehrbuch*, 559 (§ 53, III).

simplificar alguns problemas de prova, ou, pelo menos, evitar a intervenção penal em situações que, por serem muito heterogéneas e de danosidade diferenciada, poderiam tornar-se processualmente equívocas caso não fossem acompanhadas da verificação da condição objectiva de punibilidade. Neste exacto sentido, as condições objectivas de punibilidade desempenham (como refere ZANOTTI) funções complementares à tipicidade, pois acabam por ser «descodificadores da equivocidade externa do facto», facilitando a sua compreensão judicial[156].

Como consequência das funções referidas, alguns sectores reconhecem às condições objectivas de punibilidade uma função restritiva da intervenção penal, através da exigência dum conjunto de pressupostos adicionais ao facto merecedor de pena que, em si mesmo, reforçariam a necessidade abstracta da punição (*função limitadora da intervenção penal*)[157]. Simultaneamente, afirma-se que deste modo se consegue também controlar a margem de natural discricionariedade do Ministério Público na promoção da acção penal: a abertura de inquérito não dependeria de uma discutível apreciação quanto à realização indiciária do tipo, antes teria de se verificar a existência de uma circunstância objectiva que, não estando sujeita às regras de imputação, permitiria uma decisão mais linear e clara

---

[156] ZANOTTI, «Riflessioni in margine alla concezione processuale delle condizioni di punibilità» *Arch.pen.* (1984) 151 e, depois, *Digesto X* (1995), 547. A ideia tem sido acolhida pela doutrina italiana mais recente: cfr. ANGIONI, *Ridpp* (1989), 1474. Veja-se a ilustração desta função na análise que adiante se fará (§ 26, II e IV) sobre a estrutura dos crimes de participação em rixa, de incitamento ou auxílio ao suicídio e de embriaguez ou intoxicação.

[157] A função restritiva da intervenção penal associada às condições objectivas de punibilidade encontra-se sublinhada em duas grandes correntes: por um lado, aqueles que atribuem essa função a todas as condições, sem qualquer distinção particular, como acontece com BAUMANN/WEBER/MITSCH, *Strafrecht AT*, 530; LENCKNER, in SCHÖNKE/SCHRÖDER, *StGB*, vor § 13, nº marg. 124 a; STRATENWERTH, *ZStW* 71 (1959), 567-568; SCHMIDHÄUSER, *ZStW* 71 (1959), 560, e *Strafrecht AT*, 259; KRAUSE, *Jura* (1980), 451-452; OTTO, *Grundkurs, AT*, § 7, n.º 79; RAMACCI, *Condizioni*, 204; ZANOTTI, *Arch.pen.* (1984) 161, e D'ASCOLA, «Punti fermi e aspetti problematici delle condizioni obiettive di punibilità», *Ridpp* (1993), 663-664. Entre nós, de forma incisiva, FARIA COSTA, *Responsabilidade objectiva*, 18, nota 14. Por outro lado, aqueles que limitam a função restritiva a certas modalidades de condições objectivas de punibilidade, nomeadamente às condições próprias ou às condições que sejam *unrechtsneutral*: assim, STREE, *JuS* (1965), 467; TIEDEMANN, *ZRP*, 1975, 131-132; JESCHECK/WEIGEND, *Lehrbuch*, AT, 556, TRIFFTERER, *Strafrecht, AT*, 193-194; OCTAVIO DE TOLEDO/HUERTA TOCILDO, *Derecho Penal, PG*, 391 e ss; MIR PUIG, *Derecho Penal*, PG, 145. Entre nós, RUI PEREIRA, *RMP*, 65 (1996), 63-64, nota 14; MARIA FERNANDA PALMA, *RFDUL* (1995), 406 e ss, e agora o Ac. do STJ, n.º 6/2008, de 9 de Abril, in *DR I série*, n.º 94, de 15 de Maio de 2008, 2676 e 2677. Contra, HASS, «Abschied von der objektiven Strafbarkeitsbedingung», *ZRP* (1970), 196-197, e *Rechtstheorie* 3 (1972), 32 e ss, sustentando a ideia de que o significado da figura é, na sua origem, o de ampliar a punibilidade por derrogação do princípio da culpa.

quanto à promoção da acção penal (*função de controlo da promoção do processo*)[158]. E, independentemente desta concreta função, sempre se poderá reconhecer às condições objectivas de punibilidade uma função racionalizadora da utilidade, oportunidade e necessidade da perseguição criminal relativamente a certos factos, uma vez que na ausência da condição o facto subsistente dificilmente justificaria à luz daqueles critérios a promoção dum processo penal (*função de economia processual*)[159].

As funções descritas não são todas alternativas ou incompatíveis entre si. Apenas se pode identificar uma clara incompatibilidade entre a aceitação simultânea da função de derrogação do princípio da culpa e a função de simplificação probatória, por um lado, e as demais funções apresentadas, por outro, na exacta medida em que as primeiras podem implicar uma derrogação ilegítima das regras de imputação, que a ser comprovada acabaria por pôr em causa a figura das condições objectivas de punibilidade e, por arrastamento, todas as demais funções a elas associadas. Uma avaliação consistente deste problema pressupõe a análise das figuras em especial (cfr. § 26 e ss) e que se questione expressamente a legitimidade das condições objectivas de punibilidade face ao princípio da culpa (cfr. § 38, III).

§ 25. Modalidades e fundamento das causas de não punibilidade

I. Matrizes históricas e modalidades de causas de não punibilidade

1. A par da figura das condições objectivas de punibilidade, tem a doutrina dedicado igualmente atenção a circunstâncias relevantes para a atribuição da responsabilidade penal que, sendo dogmaticamente distintas das que integram o ilícito culposo, têm efeito negativo directo sobre a possibilidade de associar ao facto praticado a pena estatal legalmente prevista. Independentemente das

---

[158] ALIMENA, *Condizioni di punibilità*, 28 e ss. Depois, UBALDO GIULIANI, *Condizioni di punibilità*, 131-142, concluindo, por sobrevalorização desta função, pela natureza processual da figura. Afastando-se dos fundamentos e conclusões desta tese, mas destacando os efeitos processuais da ausência duma condição objectiva de punibilidade, ZANOTTI, *Arch. pen.* (1984), 88 e ss. Ainda, BRICOLA, *Novíssimo Digesto* XIV, 601.

[159] Assim, SCHAAD, *Die objektiven Strafbarkeitsbedingungen im schweizerischen Strafrecht*, 1964, 14, 15, 31; SCHMIDHÄUSER, *ZStW* 71 (1959), 561; STREE, *JuS* (1965), 466. Na doutrina italiana, esta função surge associada à ideia da falta oportunidade da punição em caso de ausência da condição: NEPPI MODONA, «Concezione realistica del reato e condizioni obiettive di punibilità», *Ridpp* (1971), 193; MARINUCCI/DOLCINI, *Manuale* (3.ª edição, 2009), 353; ROMANO, «Cause di giustificazione, cause scusanti, cause di non punibilità», *Ridpp* (1990), 64-65. Em Espanha, SÁINZ CANTERO, *Lecciones*, 746 e 757.

flutuações terminológicas, trata-se de um conjunto de cláusulas legais habitualmente designadas como «causas de não punibilidade».

A sua contraposição às condições objectivas de punibilidade pode, num primeiro momento, realizar-se num plano estrutural e funcional com alguma clareza: as condições objectivas de punibilidade integram circunstâncias conexas com o facto, mas autónomas em relação ao ilícito culposo, de cuja existência (positiva) depende a efectiva punibilidade do facto. Diversamente, as causas de não punibilidade, sendo igualmente elementos ou circunstâncias autónomas, têm uma função negativa sobre a punibilidade do facto desencadeada pela realização do ilícito culposo. Sem as primeiras o facto do agente não é punível, acontecendo o oposto com as segundas: a ausência de uma causa de não punibilidade significa apenas que o facto praticado se mantém punível e a sua verificação poderá excluir a punibilidade indiciada pela realização do ilícito culposo[160]. Deste modo, o significado axiológico das condições objectivas de punibilidade e das causas de não punibilidade é em regra oposto – as primeiras identificam razões adicionais para punir e as segundas razões adicionais para não punir – e, por isso, estas não podem apenas ser vistas como a imagem negativa daquelas[161]. Finalmente, as condições objectivas de punibilidade têm pela sua natureza e função um alcance objectivo, enquanto uma parte significativa das causas de não punibilidade dizem respeito a comportamentos e elementos que limitam pessoalmente o alcance dos seus efeitos[162].

As circunstâncias referidas têm designações diversas, a que correspondem por vezes modalidades distintas de figuras, como «causas de não punibilidade» (conceito com uma vocação genérica) ou, de forma mais específica, «causas de exclusão», «de anulação» ou «de isenção» da pena, sendo igualmente habitual a expressão francesa «excuses absolutoires» (ou o galicismo equivalente – muito usado ainda hoje em Espanha e, no início do século XIX em Portugal – «excusas absolutórias»)[163].

---

[160] Sobre esta contraposição, JESCHECK/WEIGEND, *Lehrbuch*, 556 (§ 53, I); LENCKNER, *in* SCHÖNKE/SCHRÖDER, *StGB, vor* § 32, n.º 127; HIRSCH, *LK-StGB* (1994), *vor* § 32, n.º 225; ROXIN, *Strafrecht*, AT I (4.ª edição, 2006), § 23, n.º 1 a 5.

[161] PROSDOCIMI, *Profili penali del postfatto*, 1982, 319 e ss. Depois, VENEZIANI, *Spunti*, 107 e ss.

[162] PATRICIA FARALDO CABANA, *Las causas de lavantamiento de la pena*, 2000, 74-78, designadamente todas as condutas reparadoras que a lei exige que sejam voluntárias.

[163] Para uma perspectiva, no plano comparado, sobre as diversas designações usadas pela doutrina penal europeia para descrever estas cláusulas, VASSALLI, «Cause di non punibilità», *Enciclopedia del Diritto*, vol. VI, 1960, 609-615. Sobre o tema na Alemanha, com amplas referências bibliográficas, RENÉ BLOY, *Die dogmatische Bedeutung der Strafausschliessungs- und Strafaufhebungsgründe*, 1976 e, depois, em confronto com as casas de justificação e desculpa, ROXIN, «Rechtsfertigungs- und Entschuldigungsgründe in Abgrenzung von sonstigen

Entre nós, a ideia de, excepcionalmente, não punir um delito efectivamente praticado pode identificar-se na análise que a doutrina faz de algumas circunstâncias dirimentes contidas no Código Penal de 1852/86, sendo tais elementos teorizados no início do século XIX nos quadros da dogmática francesa como uma «excusa absolutória» e, depois disso, como uma «causa de isenção de pena» ou «causa exclusão da punibilidade», denotando uma progressiva influência do modelo germânico de análise do crime[164].

Strafausschliessungsgründe», *JuS* (1988), 425 e ss, *maxime* 431 e ss; com interesse, ainda, a análise de HIRSCH, *LK-StGB* (1994), *vor* § 32, n.º 225 e ss; e ANDREAS-M. BLUM, *Strafbefreiungsgründe und ihre kriminalpolitischen Begründungen*, 1996, com elementos quer de Direito substantivo, quer de Direito Processual. Em Espanha, HUIGUERA GUIMERA, *Las excusas absolutorias*, 1993, 13 e ss e 29 e ss, e, depois, GARCÍA PÉREZ, *Punibilidad*, 103 e ss, e PATRÍCIA FARALDO CABANA, *Las causas de levantamiento de la pena*, 23 e ss e 43 e ss. Em Itália, para além das referências contidas em obras gerais adiante citadas, a literatura específica sobre o tema é bastante vasta, podendo destacar-se, para além do trabalho de Vassalli acima referido: CHIAROTTI, *Le cause speciali di non punibilità*, 1946; PISAPIA, «Fondamento e limiti delle cause di esclusione della pena», *Ridpp* (1952), 3 e ss; ZICCONE, *Le cause «sopravvenute» di non punibilità*, 1975; PROSDOCIMI, *Profili penali del postfatto*, 291 e ss; PIOLETTI, «Punibilità (cause di esclusione della)», *Digesto,* X (1995), 524 e ss; DONINI, *L'Indice penale* 3 (2001), 1042 e ss. No direito francês (e sistemas de influência francesa), por todos, BEKAERT, *Théorie Génerale de L'excuse en Droit Pénal*, 1957. Para uma análise crítica destas figuras, que conduz à negação da sua autonomia, JAKOBS, *Strafrecht*, 341 e ss (10/10 e ss.).

[164] Entre a doutrina portuguesa, o artigo 431.º do Código Penal de 1852 (subtracção entre cônjuges, parentes e afins) foi um dos temas (a par de idêntica excepção à punibilidade no crime de acolhimento a malfeitor – artigo 197.º, § 3 do CP 1852 – ou a isenção de pena por denúncia do crime de moeda falsa, acolhida no artigo 213.º do mesmo diploma) em que se ensaiou a fractura entre *o delito* e a sua *punibilidade*. Assim, LEVY MARIA JORDÃO, *Commentário*, IV, 273-274, sublinhava, sem particular enquadramento dogmático, que em tais casos «ha verdadeiro delicto, que o Legislador por algum motivo julgou prudente não punir». Comentando o mesmo preceito, LUÍS OSÓRIO, *Notas*, IV, 107 e ss, designava as cláusulas legais ora como uma «circunstância dirimente de natureza pessoal» (IV, 111), ora como «isenção» (IV, 112), enquanto CAEIRO DA MATTA, *Do furto*, 1906, 193, nota 1, se limitava a considerá-las como «excepções», fundamentando-as, por referência à doutrina francesa e italiana, em *razões políticas*, de *oportunidade social* ou *ausência de dano social ou político* que, por uma ou outra dessas razões, legitimavam a não punição do facto. A figura surge depois em NAVARRO DE PAIVA, *Estudos de Direito Penal*, 1915, 227-228, já com a designação de origem francesa de «excusa absolutória», contraposta aos «factos justificativos» e às causas de desculpa. Nos primeiros textos académicos em que se começa a fazer sentir de forma mais nítida a influência da organização sistemática germânica da teoria do facto punível, surgem referências em BELEZA DOS SANTOS, *Lições* (1919/1920), 306, a «isenções de pena» (para descrever a relevância de modalidades especiais de arrependimento activo) ou, com mais consistência, nos *Elementos* (1926), 101 e ss e 124 e ss, ao debater a natureza, respectivamente, do estado de necessidade e da defesa excessiva como possíveis «causas de isenção da pena». Depois, já com notória intencionalidade sistemática,

O tratamento residual a que estas figuras têm estado sujeitas ao longo dos tempos decorre, em parte, da sua heterogeneidade e da dificuldade em conseguir traçar delimitações rigorosas e identificar fundamentos comuns[165].

A situação tem um lastro histórico que a permite compreender, pelo menos em parte. Do período do Direito comum, os sistemas penais iluministas e pós-iluministas herdaram um conjunto diversificado e complexo de circunstâncias dirimentes, designadamente as que tinham por função permitir ao juiz excluir a responsabilidade penal ou, pelo menos, não aplicar a pena ordinária que ao caso caberia (cfr. *supra* § 7-8). As primeiras codificações penais procuraram racionalizar o elenco destas circunstâncias, quer incluindo na Parte Geral as diversas cláusulas de exclusão da responsabilidade penal (em especial aquelas associadas a vicissitudes do processo de imputação na vontade), quer adicionando aos tipos incriminadores em especial circunstâncias com um efeito diriemente da responsabilidade, mas com um alcance limitado aos factos ali descritos. Recolhendo os resultados da racionalização codificadora, a doutrina francesa que trabalhou sobre o texto do Código Penal francês de 1810 já distinguia claramente as circunstâncias eximentes que incidiam sobre a contrariedade ao Direito (*faits justificatifs*) e sobre a culpabilidade do agente (*causes de non-culpabilité*) daquelas outras que, diversamente, apenas conduziam à exclusão da pena por motivos excepcionais (*excuses absolutoires*). As dificuldades de tratamento jurídico destas últimas cláusulas eram compensadas com a exigência de consagração legal expressa: em regra, o tribunal só poderia invocar uma *excuse absolutoire* se a mesma estivesse prevista na lei (cfr. *supra* § 9, II).

---

a figura surge em CAVALEIRO DE FERREIRA, *Da participação criminosa* (1934), 136, 143-144, como critério de classificação sistemática de várias cláusulas legais, com reflexos práticos na determinação da responsabilidade dos diversos comparticipantes. Posteriormente, o tema foi objecto de referências pontuais em obras com vocação geral ou em monografias específicas sobre outros assuntos. Uma análise da relevância atribuída às causas de não punibilidade na doutrina portuguesa contemporânea, *supra* no Capítulo IV, § 21, IV. Para um enquadramento mais recente destas figuras na teoria do crime, TERESA BELEZA, *Direito Penal II*, 369-371, e FIGUEIREDO DIAS, *RPCC* 2 (1992), 30 e ss e, agora, em *Direito Penal, PG I* (2.ª edição, 2007), 673 e ss. Ainda, PAULO PINTO DE ALBUQUERQUE, *Comentário do Código Penal*, anotação 4 e ss, prévia ao artigo 19.º. TAIPA DE CARVALHO, *Direito Penal*, PG (2.ª edição, 2008), 262 e ss.
[165] Coincidente no diagnóstico, BLOY, *Strafaufhebungsgründe*, 16 e ss, insistindo na ausência de unidade das figuras, com uma síntese das posições da doutrina germânica sobre o tema (pp. 17-19). Também MAURACH/ZIPF, *Strafrecht AT I*, § 35, n.º 32, sublinham a natureza absolutamente heterogénea das causas de não punibilidade, não sendo possível, em sua opinião, encontrar entre estas figuras um denominador comum. Em termos equivalentes, LENCKNER *in* SCHÖNKE/SCHRÖDER, *StGB, vor* § 32, n.º 128. Ainda, PATRÍCIA FARALDO CABANA, *As causas de levantamiento de la pena*, 41, e PIOLETTI, *Digesto* X, 528.

O sistema do facto punível desenvolvido, em primeira linha, por BINDING e, depois, por LISZT, RADBRUCH e BELING absorveu de forma consequente este tipo de circunstâncias repartindo-as, contudo, de forma distinta pelas diversas categorias dogmáticas: em BINDING as causas de isenção da pena (como, por exemplo, a reparação do dano causado nos crimes patrimoniais) correspondiam a «elementos da punibilidade» que, uma vez adicionados ao «delito» (a acção lesiva da norma, praticada pelo agente), decidiam da existência de «um crime»[166]. Em termos equivalentes, BELING e RADBRUCH integravam as causas de anulação da pena no último elemento do conceito de crime (nas «condições da ameaça penal» e na «punibilidade», respectivamente)[167], enquanto LISZT, após uma relativa indefinição, autonomizava as causas de anulação da pena em relação ao *facto* (e às condições de punibilidade e causas de exclusão da pena que, na sua concepção, seriam ainda elementos do facto punível) remetendo-as para a teoria da pena[168]/[169].

A afirmação da matriz neo-kantiana na análise do crime, a par do seu programa de redução metodológica do plural ao essencial, acentuou a diluição das causas de exclusão e anulação da pena, ora reportando-as ao tipo de ilícito, ora absorvendo-as na culpabilidade, através da normativização da categoria, acabando dessa forma por, num primeiro momento, esvaziar materialmente o momento da punibilidade e, num segundo momento, por tornar desnecessária a sua autonomização categorial na teoria do crime[170].

2. A contraposição entre o sistema fechado de conceitos do positivismo naturalista e a repercussão do normativismo neo-kantiano sobre a autonomia das causas de não punibilidade documenta, de forma expressiva, a influência da natureza e dos fundamentos do sistema de análise do crime sobre a autonomia e a própria existência destas figuras.

---

[166] BINDING, *Die Normen I* (1.ª edição, 1872), 104-105 e 107. Sobre o significado destes conceitos no sistema de Binding, *supra* § 9, IV.

[167] BELING, *Lehre vom Verbrechen*, 6-8, 52 e ss (e *supra* § 12); RADBRUCH, *FG-Frank*, 161-163.

[168] LISZT, *Lehrbuch* (21.ª e 22.ª edição, 1919), 181-185 (§ 44) e 271-273 (§ 74), incluindo no conceito de causas de anulação da pena o arrependimento activo e diversas cláusulas de reparação do mal do crime pelo agente.

[169] Para uma visão de conjunto sobre estas figuras, na doutrina do início do século XX, antes da afirmação do sistema neo-kantiano, LAZARUS, *Die sog. Schuld,-Strafausschliessungs- und Strafaufhebungsgründe im Strafprozess*, 1911, 40-52 e 109 e ss.

[170] Ilustrativos os casos de MAX ERNST MAYER, *Algemeiner Teil* (1915), 273; SAUER, *Grundlagen* (1921), 209-210 e 215; ZIMMERL, *Aufbau des Strafrechtssystem* (1930), 291; KANTOROWICZ, *Tat und Schuld* (1933), 252 e ss; MEZGER, *Strafrecht* (2.ª edição, 1933), 496.

No primeiro caso, a autonomia das causas de não punibilidade no plano dos pressupostos materiais da pena dependia da impermeabilidade dos conceitos básicos do sistema (facto, ilicitude e culpa) a certas circunstâncias usadas pelo legislador penal. O espírito racionalizador do positivismo naturalista não as podia deixar de fora da organização dos pressupostos da pena, desenvolvendo para tal uma categoria dogmática específica. Diversamente, no segundo caso, a força atractiva das categorias da ilicitude e da culpa nos sistemas neo-kantianos, determinada pelo abandono de puros conceitos formais e pela progressiva normativização das mesmas (à luz de valores e de fins), acabou por hipotecar a autonomia das causas de não punibilidade, ora pela redução do seu número, ora por não as reconhecer como elementos essenciais do sistema do facto punível, susceptíveis de legitimar uma categoria dogmática com efectiva generalidade no plano dos pressupostos da pena estatal (cfr. *infra* § 31, I).

Do confronto entre estas duas grandes matrizes históricas de construção do sistema de análise do crime é possível extrair alguns referentes importantes para a exacta compreensão das causas de não punibilidade.

Em primeira linha, como destaca BLOY, é possível identificar na doutrina que sobre o tema se tem pronunciado uma clara delimitação negativa das causas de não punibilidade, traduzida na sua caracterização como «pressupostos da punibilidade fora do ilícito e da culpa»[171]. Uma caracterização desta natureza pode revelar-se aparentemente limitada, mas é absolutamente necessária no plano metodológico, sob pena de se perpetuar a indefinição sistemática e a imprecisão de regimes. Por outro lado, a delimitação negativa revela-se materialmente importante e profundamente consequente já que da sua análise dependerá da autonomia sistemática das causas de não punibilidade em relação às causas de justificação e às causas de desculpa: só as circunstâncias que não se possam integrar no âmbito material do tipo de ilícito ou do tipo de culpa podem, eventualmente, ser consideradas como elementos autónomos da punibilidade[172]. Em rigor,

---

[171] BLOY, *Strafaufhebungsgründe*, 17, apontando como exemplo a caracterização seguida por JESCHECK/WEIGEND, *Lehrbuch*, 551 e ss, mas que se encontra igualmente em SCHMIDHÄUSER, *Studienbuch*, AT, 2.ª edição, 1984, 67 e ss («aspectos da dignidade penal fora do tipo de ilícito e do tipo de culpa»), LENCKNER, in SCHÖNKE/SCHRÖDER, *StGB*, vor § 32, n.º 127 e ss, RUDOLPHI, *StGB-SK*, vor § 19, n.º 12, HIRSCH, *LK-StGB* (1994), vor § 32, n.º 225, BAUMANN/WEBER/MITSCH, *Strafrecht* AT, 524. Entre nós, um enquadramento desta natureza pode ver-se em SOUSA E BRITO, *Direito Criminal* (1963) II, 165-166 e, ainda, em *Estudos para a dogmática do crime omissivo* (1965), 34 e ss, e respectivas notas; FIGUEIREDO DIAS, *RPCC* 2 (1992), 30 e ss e, recentemente, *Direito Penal*, PG (2.ª edição, 2007), 668 e ss (Cap. 26); ainda, TERESA BELEZA, *Direito Penal II*, 367 e ss.

[172] Neste sentido, de forma incisiva, FIGUEIREDO DIAS, *RPCC* 2 (1992), 32, depois, *Direito Penal*, PG (2.ª edição, 2007), 669 e ss (Cap. 26, § 3 e ss). Em Itália, em termos igualmente

é ainda necessário ter em linha de conta a relação dessas circunstâncias com o facto punível, abrindo dessa forma uma segunda linha de demarcação negativa: tais circunstâncias só poderão ser incluídas no âmbito dos pressupostos materiais da pena na exacta medida em que digam ainda respeito ao facto e, não sejam, por conseguinte, meros pressupostos processuais sem conexão com aquele. Este segundo crivo de análise passa, portanto, pela clarificação da inserção sistemática das figuras no âmbito do binómio pressupostos materiais/pressupostos processuais da responsabilidade penal[173]. Finalmente, é de questionar a possibilidade de agregar as diversas causas de não punibilidade a partir de critérios axiológicos, uniformes ou heterogéneos, consoantes os resultados obtidos[174]. Resultados que dependem em grande medida, por seu turno, da delimitação das circunstâncias materiais que podem dar corpo a um conjunto específico de figuras com alguma unidade axiológica e funcional.

Se, para além dos aspectos referidos, tivermos em linha de conta o enriquecimento dogmático que se tem verificado na teoria das consequências jurídicas do crime durante as últimas décadas (designamente a importância que têm assumido as diversas alternativas às penas detentivas e, em última análise, a própria possibilidade de ser declarada judicialmente uma culpa desacompanhada de pena (dispensa de pena)) torna-se então evidente, como nota Figueiredo Dias, que o espaço dogmático onde poderiam adquirir relevância os elementos afectos a uma possível categoria da punibilidade é actualmente limitado (ou dogmaticamente comprimido) não só pela força atractiva das categorias da ilicitude e da culpa, como também pela teoria dos pressupostos processuais e pela teoria das consequências jurídicas do crime[175]. Como adiante se verá, todas estas linhas de análise se repercutem de forma consequente na compreensão da lei portuguesa (cfr. § 25, II e, ainda, § 26-28) e, de forma mais genérica, sobre os modelos dogmáticos de organização da teoria do crime (cfr. *infra* o Capítulo VI do presente estudo).

---

categóricos, Vassalli, *Enciclopedia VI* (1960), 618 e ss. Um primeiro ensaio que procura concretizar de forma genérica a clivagem entre o ilícito culposo e a punibilidade, à luz da reforma penal de 1995, encontra-se em Costa Pinto, *Jornadas* (1998), 65 e ss.

[173] Bloy, *Strafaufhebungsgründe,* 17. Entre nós, Figueiredo Dias, *RPCC* 2 (1992), 32-33, e agora *Direito Penal, PG* (2.ª edição, 2007), 670 ss (Cap. 26, § 3)

[174] Bloy, *Strafaufhebungsgründe,* 17-19.

[175] Figueiredo Dias, *RPCC* 2 (1992), 33, 37 e 40-43, e, depois, *Direito Penal, PG* (2.ª edição, 2007), 669-670 (Cap. 26, § 3). Coincidente, Baumann/Weber/Mitsch, *Strafrecht AT,* 525-526. Elementos para uma distinção entre *não punibilidade* do facto e facto punível a que é aplicável uma *dispensa de pena,* encontram-se em Costa Pinto, *Jornadas* (1998), 72-81. Sobre a figura da dispensa de pena, por todos, Figueiredo Dias, *As consequências,* 314 e ss. A articulação entre a não punibilidade e a dispensa de pena é analisa *infra* no Capítulo VII, § 38, IV.

3. Um percurso pelas diversas modalidades de causas de não punibilidade referenciadas pela doutrina permite uma delimitação mais exacta destas figuras e uma consciência mais precisa do seu significado dogmático.

De um ponto de vista estrutural, é relevante a distinção entre *causas de exclusão da pena* e *causas de anulação da pena*, habitual na doutrina alemã[176], a que corresponde no essencial a distinção, usada na doutrina italiana, entre causas de não punibilidade *originárias* e *supervenientes*[177]. Trata-se, em ambas as classificações, de circunstâncias que, sendo diferentes dos elementos do tipo de ilícito e do tipo de culpa, afastam a punibilidade do facto (isto é, a possibilidade normativa de lhe associar efectivamente uma pena), mas de forma distinta: nas causas de exclusão da pena o facto, sendo ilícito e culposo, é desde o início não punível em função da verificação dessa circunstância; diversamente, nas causas de anulação da pena (ou causas supervenientes de não punibilidade) o facto praticado é ilícito, culposo e punível, mas a verificação posterior (a esse facto) duma circunstância autónoma anula, neutraliza ou exclui uma punibilidade já indiciada.

O critério de distinção que lhe está subjacente é, em primeira linha, cronológico, usando como referência o momento do facto praticado: as causas de exclusão da pena existem no momento da prática do facto, enquanto nas causas de anulação da pena a circunstância é posterior ao facto e anula retroactivamente a punibilidade do mesmo[178]. Mas, para além disso, o critério é também estrutural e normativo – o que é normalmente ignorado pela doutrina – porque exige

---

[176] Roxin, *JuS* (1986), 431-432; Jescheck/Weigend, *Lehrbuch*, 552-553; Schmidhäuser, *Studienbuch*, 262-263; Lenckner *in* Schönke/ Schröder, *StGB, vor* § 32, n.º 127 e ss; Baumann/ Weber/Mitsch, *Strafrecht AT*, 524-525; Wessels/Beulke, *Strafrecht AT* (41.ª edição, 2011), § 12, n.º 494-495; Haft, *Strafrecht AT*, 9.ª edição, 2004, 271; Stratenwerth/Kühlen, *Strafrecht AT* (6.ª edição, 2011), § 7, n.º 30. Ampla informação sobre a relação das causas de exclusão e anulação da pena com a a figura da desistência, encontra-se, na Alemanha, em Ulsenheimer, *Grundfragen des Rücktritts vom Versuch in Theorie und Praxis*, 1976, 119 e ss, e, na doutrina espanhola, em Muñoz Conde, *El desistimiento voluntario de consumar el delito*, 1972, 60 e ss. Agora, mas em sentido diferente, Zaczyk,*NK-StGB* (2005), § 24, n.º 6.

[177] Vassalli, *Enciclopedia VI*, 612-615, 629 e ss; Pioletti, *Digesto X*, 1995, 528 e ss; Ziccone, *Le cause «sopravvenute» di non punibilità*, 9 e ss, e 115 e ss; Prosdocimi, *Postfatto*, 291 e ss; Donini, *Teoria del reato*, 409 e, com mais desenvolvimentos, em *L'Indice penale* 3 (2001), 1038 e ss e notas; F. Mantovani, *Diritto Penale*, 817 e ss e 824 e ss; Padovani, *Diritto Penale* (6.ª edição, 2002), 352-354; Marinucci/Dolcini, *Manuale* (3.ª edição, 2009) 353-356; Ramacci, *Corso di diritto penale*, 2.ª edição, 2001, 644.

[178] Na doutrina antiga, Finger, *GA* 50 (1903), 39-41; Lazarus, *Strafaufhebungsgründe*, 40 e ss. Actualmente, Jescheck/Weigend, *Lehrbuch*, 552-553, Lenckner, *in* Schönke/Schröder, *StGB, vor* § 32, n.º 133, Baumann/Weber/Mitsch, *Strafrecht AT*, 524-525, Wessels/ Beulke, *Strafrecht AT*, 155-156 (n.º marg. 494-495). Na doutrina italiana veja-se, por todos, Ziccone, *Le cause «sopravvenute» di non punibilità*, 115 e ss.

que se identifique o que seja *o facto* com o qual a circunstância se relaciona e se estabeleça a sua autonomia em relação àquele. Essa operação não é meramente descritiva, mas sim e necessariamente a delimitação normativa de um acontecimento realizada por referência ao conteúdo dum tipo. Por outro lado, um puro critério cronológico tornaria impossível distinguir as causas de não punibilidade relativamente às causas de extinção da responsabilidade penal e às condições de procedibilidade, por definição igualmente posteriores ao facto[179]. Por isso a referência cronológica pode ser apenas um indício e nunca um verdadeiro critério de delimitação das figuras[180], sendo sempre necessário identificar o conteúdo material da circunstância e indagar as conexões estruturais e normativas que se podem estabelecer entre a conduta, o facto tipicamente descrito e a circunstância em causa.

Exemplos de possíveis *causas de exclusão da pena* seriam certas qualidades ou relações pessoais do agente do facto, como as que correspondem a imunidades ou prerrogativas jurídico-políticas de parlamentares (por exemplo, o disposto no artigo 157.º, n.º 1 e 2, da Constituição) ou o grau de parentesco que funciona como dirimente da responsabilidade penal em algumas incriminações (actualmente surge apenas no artigo 367.º, n.º 5, al. b), do Código Penal). Possíveis *causas de anulação da pena* (ou causas supervenientes de não punibilidade) seriam a desistência da tentativa (arts. 24.º ou 25.º do Código Penal) ou a retractação nos crimes contra a realização da justiça (artigo 362.º do Código Penal).

Alguns sectores da doutrina autonomizam ainda uma categoria específica de causas de anulação da pena, que denominam de *comportamento positivo pós-facto*, e que engloba não só as modalidades clássicas de desistência da tentativa como inclui comportamentos posteriores ao facto com um significado de tutela *in extremis* dos bens jurídicos agredidos ou uma dimensão reparadora dos danos causados, previstos quer na Parte Especial dos códigos penais, quer em legislação penal avulsa[181]. Sirvam de ilustração entre nós o amplo regime da restituição

---

[179] Veja-se, por exemplo, ZICCONE, *Le cause «sopravvenute» di non punibilità*, 115 e ss e 143. Crítico da distinção, por isso mesmo, HIRSCH, *LK-StGB* (1994), *vor* § 32, n.º 225.

[180] Neste sentido, sublinha ZICCONE, *Le cause «sopravvenute» di non punibilità*, 118, que a não verificação simultânea da conduta e da circunstância dirimente permite apenas excluir a hipótese de se tratar de uma causa de justificação, «qualificação reservada a factos que constituam modalidades da conduta e que, por isso, não podem ser posteriores».

[181] É este no essencial o conteúdo que MAURACH/ZIPF, *Strafrecht AT I*, § 35, n.º 31-33, atribuem ao conceito de causas de anulação da pena, nele incluindo as situações em que se identifica uma «conduta louvável do autor posterior ao facto que, não afastando o juízo de censura próprio da culpa, elimina a necessidade da pena» (condutas de desistência, esforço sério e outros comportamentos reparadores previstos na Parte Especial). Para uma visão de conjunto sobre o *Nachtatverhalten*, articulado com as normas de desistência, BOTTKE, *Methodik und Systematik*,

e reparação em crimes patrimoniais (artigo 206.º do Código Penal), a regularização da quantia a descoberto no crime de emissão de cheque sem provisão (artigo 11.º, n.º 5, do Regime Jurídico do Cheque sem provisão), a retirada de produtos ilícitos do mercado (artigo 26.º do Decreto-Lei n.º 28/84, de 20 de Janeiro), a entrega posterior em prazo específico de prestações tributárias declaradas e não entregues no momento devido (artigo 105.º, n.º 4, e 107.º do Regime Geral de Infracções Tributárias) ou os regimes especiais de regularização tributária aprovados pontualmente pelo legislador (*v.g.* artigo 5.º da Lei n.º 39-A/2005, de 29 de Julho).

Apesar de se tratar de uma classificação doutrinária, a dicotomia apresentada está longe de corresponder a uma mera descrição, isenta de consequências práticas, da relação entre o *facto* e a *circunstância* que o pode tornar não punível. Em si mesma, ela permite questionar a efectiva autonomia de tais figuras no contexto da teoria do crime, já que se pode razoavelmente perguntar se as *causas de exclusão da pena* não serão elementos do tipo de ilícito e se as *causas de anulação da pena*, por se verificarem após o facto ilícito e culposo, não serão pela sua própria natureza, elementos *estranhos ao facto* e, portanto, apenas enquadráveis fora da teoria do crime, eventualmente na teoria da pena[182]. Caso não se ponha em crise a autonomia da figura com esta classificação, a relação da circunstância com o facto ou a ausência dessa relação pode ainda ter repercussões, por exemplo, em sede do regime do erro, da aplicação de medidas de segurança ou do regime de garantias aplicável[183].

---

614 e ss. Importantes desenvolvimentos, no Direito italiano, encontram-se em PROSDOCIMI, *Postfatto, maxime* 9 e ss, 131 e ss e 291 e ss, e, depois, em DONINI, *L'Indice penale* 3 (2001), 1042 e ss; no Direito espanhol, em JAVIER DE VICENTE REMESAL, *El comportamiento postdelictivo*, 1985, 47 e ss e *passim*, GARCÍA PEREZ, *Punibilidad*, 127 e ss, e PATRÍCIA FARALDO CABANA, *Las causas de levantamiento de la pena*, 26 e ss. Entre nós, FARIA COSTA, *Direito Penal Especial*, 2004, 99 e ss e 121 e ss, e TAIPA DE CARVALHO, *Direito Penal PG* (2.ª edição, 2008), 263 e ss. Com razão, autonomiza PADOVANI, *Diritto Penale* (6.ª edição, 2002), 333, os *comportamentos reparadores posteriores ao facto* (como o elenco mais significativo de causas supervenientes de não punibilidade) mas, simultaneamente, sublinha a necessidade de os distinguir dos mecanismos premiais de *colaboração processual* (arrependidos, dissidentes, denunciantes co-envolvidos no crime, etc.): enquanto os *comportamentos reparadores* são, em sua opinião, modalidades especiais de desistência activa orientados ainda pela lógica de maximização da tutela dos bens jurídicos em perigo, os mecanismos de *colaboração processual* são expedientes político-legislativos de emergência (de legitimidade discutível) para o combate a formas específicas de criminalidade. Sobre os limites dogmáticos e processuais das soluções de colaboração processual, COSTA PINTO, *Direito Processual Penal*, 210-219.

[182] PATRÍCIA FARALDO CABANA, *Las causas de levantamiento de la pena*, 41-61, 97-99.

[183] Neste sentido, construindo o regime do erro em função de se tratar de uma circunstância integrada numa causa de exclusão da pena ou numa causa de anulação da pena, VASSALLI, *Enciclopedia VI*, 623-624, e depois MORENO-TORRES HERRERA, *El error sobre la punibilidad*,

Não se justifica, por isso, a crítica de VOLK dirigida contra esta distinção, por a mesma, em sua opinião, usar um conceito (o de causas de anulação da pena) que não passaria de uma «metáfora» desnecessária e isenta de relevância, não possuindo sequer «valor didáctico»[184]. É certo que se pode entender que as causas de anulação da pena prevêem circunstâncias que, por serem posteriores ao facto, não desempenham qualquer papel no problema da imputação[185]. Mas uma afirmação desta natureza acaba por se revelar duplamente equívoca enquanto fundamento da crítica dirigida à distinção apresentada: por um lado, essas circunstâncias (as causas de anulação da pena) apesar de posteriores à realização do facto típico (ou melhor, ao início de execução do facto típico) podem não ser isentas de consequências na imputação do facto – pense-se, por exemplo, nos problemas da desistência (em autoria singular ou em casos de comparticipação) em que a desistência activa pode quebrar a imputação com o facto consumado, mesmo não sendo isentadora de pena quanto ao facto tentado[186]; por outro, a crítica acaba por ter subjacente uma concepção limitada da teoria do crime, concebendo-a apenas como um instrumento de imputação do facto. Acontece que a teoria do crime não se reduz à imputação do facto, antes engloba um conjunto heterogéneo de operações em que a imputação do facto é apenas um momento específico e não o todo (cfr. *infra* § 36 deste estudo). Neste contexto, qualquer circunstância conexa com o facto ou com o agente que permita valorar o acontecimento desvalioso e a adequação da pena estatal (para tutelar preventiva e repressivamente bens jurídicos) pode adquirir relevância ainda no âmbito do sistema de análise do crime.

2004, 107. A questão adquire relevância no exacto sentido em que o dolo se reporta ao facto típico sendo, em primeira linha, o facto e as suas circunstâncias o possível objecto do erro. Para uma síntese da relevância e interesse jurídico da análise autónoma das causas de não punibilidade, ANGIONI, *Ridpp* (1989), 1516-1517.

[184] VOLK, *ZStW 97* (1985), 882-883. No mesmo sentido, já SAUER, *Grundlagen* (1921), 352, considerava a distinção e as próprias figuras como «insignificantes» e, inclusivamente, como «categorias supérfluas». Actualmente, em termos equivalentes, formulam reservas ou críticas a esta distinção HIRSCH, *LK-StGB*, vor § 32, n.º 225, ESER/BURKHARDT, *Strafrecht* I, 4.ª edição, 1992, 221, e JAKOBS, *Strafrecht*, 341, nota 13.

[185] VOLK, *ZStW 97* (1985), 882.

[186] Sobre este efeito dos comportamentos de desistência na imputação (de parte) do facto típico, FREDERICO DA COSTA PINTO, *A relevância da desistência em situações de comparticipação*, 1992, 95, 98-99, 116-118, 139-140, 159-160, e, depois, perante um caso real debatido na jurisprudência nacional, «Desistência de um comparticipante e imputação do facto cometido», *RPCC* 7 (1997), 318 e ss. Uma casuística interessante sobre os possíveis efeitos das condutas de desistência e esforço sério nos critérios de imputação (objectiva e subjectiva, em especial no facto imputável a título de dolo eventual) encontra-se em JÚLIO GOMES, *A desistência da tentativa*, 130 e ss.

No plano material, a doutrina distingue ainda as causas *pessoais* das causas *materiais* (ou objectivas) de não punibilidade, em função da sua natureza e da extensão dos seus efeitos: as primeiras têm uma incidência exclusivamente pessoal, não se estendendo o seu efeito eximente aos demais comparticipantes; diversamente, as segundas têm uma relevância objectiva pelo que a sua verificação aproveitará a todos os comparticipantes[187].

Sendo relativamente pacífica entre a doutrina[188] a repartição das causas de não punibilidade em materiais (ou objectivas) e pessoais (ou subjectivas), menos linear é a sua identificação que, em regra, segue um de dois critérios:

Por um lado, pode resultar da própria formulação legal a conotação pessoal da circunstância em causa, desde logo por se traduzir numa qualidade ou relação especial existente numa pessoa específica, mas não na generalidade dos des-

---

[187] Para MAURACH/ZIPF, *Strafrecht, AT I*, § 35, n.º 32-33 esta é uma sub-classificação das causas de exclusão da pena, conceito com uma vocação geral, que os autores apresentam da seguinte forma: as *causas materiais* afectam o próprio fundamento material da pena (exemplificam com a prova da verdade nos crimes contra a honra (§ 190 e 192 *StGB*), as relações diplomáticas e a garantia de reciprocidade em factos puníveis contra Estados estrangeiros (§ 104, a do *StGB*), tendo por isso um efeito *ad rem*; por seu turno, as *causas pessoais* comportam duas modalidades: aquelas que se explicam por carência da soberania penal e as que decorrem de relações pessoais do autor, desencadeando ambas um efeito *ad personam*. Em regra, a doutrina segue uma classificação mais elementar, estruturada apenas em função da natureza objectiva ou pessoal das circunstâncias: para uma perspectiva completa sobre as várias tendências na matéria, JESCHECK/WEIGEND, *Lehrbuch*, 551-553 (sublinhando a natureza pessoal de tais circunstâncias); SCHMIDHÄUSER, *Studienbuch*, 262-263; LENCKNER, *in* SCHÖNKE/ SCHRÖDER, *StGB, vor* § 32, n.º 131; ROXIN, *Strafrecht AT I*, § 23, n.º 4; RUDOLPHI, *SK-StGB, vor* § 19, n.º mar. 12, 14; BAUMANN/WEBER/MITSCH, *Strafrecht, AT*, 524 e ss; NAUCKE, *Strafrecht*, 238-239; STRATENWERTH, *Strafrecht AT*, 96; OTTO, *Grundkurs AT*, 265; ESER/BURKHARDT, *Strafrecht I*, 222-223 (n.º 16); HAFT, *Strafrecht AT*, 9.ª edição, 2009, 271. No Direito italiano, VASSALLI, *Enciclopedia VI*, 621 e ss, e PIOLETTI, *Digesto X*, 528; depois, entre outros, F. MANTOVANI, *Diritto Penale*, 817 e ss; DONINI, *Teoria del reato*, 409 e ss; MARINUCCI/ DOLCINI, *Manuale* (3.ª edição, 2009), 353 e ss. A distinção é igualmente comum em Espanha, sendo certo, contudo, que a generalidade das causas de exclusão da pena tem natureza pessoal: ampla informação sobre o tema encontra-se em OCTAVIO DE TOLEDO/HUERTA TOCILDO, *Derecho Penal, PG*, 395 e ss; MUÑOZ CONDE/GARCÍA ARÁN, *Derecho Penal, PG*, 419-420; BUSTOS RAMÍREZ/ HORMAZÁBAL MALARÉE, *Lecciones de Derecho Penal, II*, 235 e ss; SÁINZ CANTERO, *Lecciones de Derecho Penal, PG*, 756 e ss. A natureza pessoal das causas de exclusão da pena, foi entre nós claramente afirmada por CAVALEIRO DE FERREIRA, *Da participação criminosa* (1934), 136 e 144 (veja-se, ainda, *Lições* (1940), 536 e ss, sobre a desistência como causa pessoal de isenção da pena). Para uma análise da doutrina portuguesa posterior, veja-se *supra* § 21, IV.

[188] Ressalvada a posição daqueles que, como JAKOBS, *Strafrecht*, 341 e ss, negam a autonomia sistemática da figura das causas de exclusão da pena. Reservas ainda em HIRSCH, *LK-StGB* (1994), *vor* § 32, n.º 225.

tinatários das normas penais. Sirva de exemplo a qualidade de deputado como elemento essencial do regime de imunidade parlamentar dos mesmos (artigo 157.º, n.º 1, da Constituição), com especial incidência no âmbito de aplicação dos crimes contra a honra, ou a relação de parentesco como circunstância específica em algumas incriminações (*v.g.* as relações matrimoniais, de parentesco ou de afinidade no crime de favorecimento pessoal, previsto no artigo 367.º, n.º 5, do Código Penal).

Os problemas dogmáticos que tais cláusulas suscitam podem sintetizar-se nos seguintes termos: torna-se necessário ter em consideração a possibilidade de tais elementos poderem ser sistematicamente afectos ao tipo de ilícito, como critérios de delimitação negativa do mesmo (isto é, como limitação típica especial a um crime comum ou, inclusivamente, como elementos dum tipo justificador especial), o que mudaria qualitativamente o seu enquadramento sistemático[189]. Hipótese que entre nós se revela especialmente importante, já que do artigo 28.º do Código Penal resulta claramente a ideia de que qualidades pessoais e relação especiais dos agentes envolvidos na prática de um crime podem ter relevância em sede de ilicitude (típica)[190]. Na hipótese de se tratar de elementos não recondutíveis ao tipo de ilícito haverá ainda que ponderar a possibilidade de tais cláusulas integrarem o tipo de culpa ou, simplesmente, não fazerem parte do facto e serem, consequentemente, remetidas para a teoria dos pressupostos processuais. Duas linhas de análise a que se terá de sujeitar o material adiante compulsado (cfr. *infra* § 28, III).

Por outro lado, a natureza pessoal de tais causas de não punibilidade resulta, por vezes, de uma característica específica do regime legal vigente da qual se infere a natureza da figura em causa. Sirva de exemplo a exigência de voluntariedade nos regimes de desistência (artigos 24.º e 25.º do Código Penal) a qual, articulada com o facto de as normas de desistência exigirem uma *conduta*

---

[189] Criticamente, VASSALLI, *Enciclopedia VI* (1960), 619 e ss.

[190] O artigo 28.º do Código Penal permite a afirmação avançada no texto, mas dele já não se pode, contudo, inferir que todas as qualidades ou relações especiais do agente co-envolvido num crime são sempre e só relevantes em sede de ilicitude típica. Pelo contrário: a formulação do preceito parece deixar claramente em aberto a possibilidade de existirem qualidades ou relações especiais do agente que, exactamente, sendo estranhas à ilicitude do facto estão fora do campo de aplicação do regime da comunicação da ilicitude ou do grau de ilicitude. Sobre o tema, desenvolvidamente, TERESA PIZARRO BELEZA, *Ilicitamente compartipando*, 1988. Em termos diversos (não quanto a esta questão, mas quanto ao significado e alcance do art 28.º do Código Penal no âmbito do sistema de compartipação), MARGARIDA SILVA PEREIRA, «Da autonomia do facto de participação», *O Direito* 126 (1994), 575 e ss.

(por acção ou omissão) do desistente, permitem à doutrina defender a natureza pessoal dessa causa de anulação da punibilidade[191].

Quanto ao grau de vinculação ou discricionarieade judicial na sua aplicação, alguns ordenamentos jurídicos permitem contrapor as causas de não punibilidade obrigatórias àquelas que surgem na lei como meramente facultativas[192]. A distinção tem entre nós escasso significado prático, pois em regra a lei portuguesa (após a reforma de 1995 do Código Penal) apenas reconhece alguma discricionaridade aos tribunais quanto à atenuação da pena e à dispensa de pena (que podem ser efectivamente obrigatórias ou facultativas)[193]/[194], concebendo, diversamente, as causas de exclusão ou anulação da punibilidade como soluções legais vinculativas[195]. A opção por um ou outro regime pode ser explicada em função de o comportamento do agente ser anterior ou posterior à lesão mate-

---

[191] Por todos, JESCHECK/WEIGEND, *Lehrbuch*, 548-550. Entre nós, FIGUEIREDO DIAS, *Direito Penal PG I* (2.ª edição, 2007), 755 (Cap. 28, § 47).

[192] Sobre o tema, BOTTKE, *Methodik und Systematik*, 638 e ss; VICENTE REMESAL, *El comportamiento post delictivo*, 81 e ss; PATRÍCIA FARALDO CABANA, *Las causas de levantamiento de la pena*, 41 e ss. Entre nós, sobre o problema da relação entre a discicionariedade e a vinculação à lei nesta matéria, ANABELA MIRANDA RODRIGUES, *Medida da pena*, 53 e ss, 584 e ss e *passim*.

[193] Por todos, FIGUEIREDO DIAS, *As consequências*, 201 e ss (antes da reforma de 1995). O Código Penal português de 1982 (após a reforma de 1995) contém na Parte Especial diversas causas de atenuação da pena obrigatórias e facultativas. Algumas destas figuras substituíram (em 1995) causas de isenção da pena que constavam da redacção inicial do Código. Sobre o sentido destas alterações e as reservas que algumas delas suscitam (em especial quando se trata de modalidades de desistência activa), COSTA PINTO, *Jornadas* (1998), 72-85.

[194] Também a figura da dispensa de pena, prevista genericamente no artigo 74.º do Código Penal, surge depois na Parte Especial ora como *obrigatória* (artigos 186.º, n.º 1; 374.º-B, n.º 1), ora como *facultativa* (artigos 143.º, n.º 3; 148.º, n.º 2; 186.º, n.º 2 e 3; 187.º, n.º 2, al. b); 250.º, n.º 6; 286.º; 294.º; 364.º, 374.º-B, n.º 2). Para uma leitura do significado da dispensa de pena no contexto e a partir da reforma de 1995, COSTA PINTO, *Jornadas* (1998), 77 e ss.

[195] O conceito de *não punibilidade* surge no texto do Código Penal como um juízo vinculativo para o tribunal, que, perante tais circunstâncias, apenas tem de determinar se se verificam ou não os pressupostos legais de aplicação das figuras em causa, não lhe sendo possível decidir livremente sobre a sua aplicação. Assim acontece quanto ao regime da *tentativa impossível* (artigo 23.º, n.º 3) e no regime geral da *desistência* (artigos 24.º e 25.º), em algumas situações de *difamação e injúria* (artigos 180.º, n.º 2 e 181.º, n.º 2), em casos de reparação por meios específicos no *crime de usura* (artigo 226.º, n.º 5, mas como alternativa à atenuação especial), na *desistência de actos preparatórios puníveis* (artigo 271º, n.º 3), no abandono e arrependimento activo em relação à *associação criminosa* e à sua actividade (artigo 299, n.º 4, como alternativa à atenuação especial), no *abandono da participação no motim* (artigos 302.º, n.º 3 e 303.º, n.º 5), na *retractação* em ilícitos de falsificação que afectem a realização da justiça (artigo 362.º) e no *favorecimento pessoal de cônjuge, parentes ou familiares* (artigo 367.º, n.º 5). Para uma primeira leitura sobre o significado destas cláusulas no sistema de análise do crime, COSTA PINTO,

rial dos interesses tutelados (impedindo a lesão efectiva ou recompondo apenas uma situação lesiva já verificada) adequando à primeira a não punibilidade e à segunda a atenuação da pena[196].

4. A diversidade de formas de tratamento das circunstâncias descritas e a possibilidade de as afectar sistematicamente a institutos diversos sugerem que no Direito português a *punibilidade* é em regra um juízo categórico (binário) associado a certo facto (que é ou não é punível); para além disso, quando o legislador considerou não ser possível ou conveniente negar a punibilidade do facto, a sua eventual graduação só se fará em sede de consequências jurídicas do crime imputado ao agente (atenuação obrigatória ou facultativa da pena e dispensa de pena, igualmente obrigatória ou facultativa)[197].

Nesse plano, faz perfeito sentido distinguir a *punibilidade do facto* (e a sua vertente negativa, a não punibilidade) da graduação ou escolha da *penalidade* que se pode associar ao facto[198], rejeitando, deste modo, uma composição excessivamente heterogénea (e, por isso mesmo, de duvidosa consistência dogmática) da

---

Jornadas (1998), 74 e ss. Crítico da não punibilidade imperativa associada ao regime geral da desistência, JÚLIO GOMES, *A desistência da tentativa*, 163-165.

[196] Cfr. FARIA COSTA, *Direito Penal Especial*, 2004, 121-127.

[197] Em sentido diferente, SOUSA E BRITO, *Direito Criminal II* (1963), 166, afirma que a punibilidade é um conceito graduável («tão graduável como a culpa»). A afirmação é exacta em abstracto, particularmente no sistema do Autor (em que se pondera neste último momento a necessidade da pena) mas o Código Penal de 1982, em especial após a reforma de 1995, parece ter remetido essa possibilidade de graduação para o momento da escolha e determinação da pena ou da sua medida, operações que, por seu turno, pressupõem que não existe qualquer obstáculo à punibilidade do facto e que do mesmo pode o tribunal retirar as devidas consequências jurídicas. Mais adequado a este entendimento parece ser a posição traçada pelo Autor noutro texto (*LH-Roxin*, 109) onde associa especificamente a graduação da culpabilidade à necessidade da pena, mas distingue o juízo sobre a necessidade da pena que afecta a punibilidade daquele que se repercute na medida da pena: «a punibilidade é aquela valoração política do facto ilícito e culpável que determina a necessidade político-criminal da pena: não só da pena, como também de certa medida da pena» (*loc. cit.*).

[198] Sobre esta contraposição, MIGUEL POLAINO NAVARRETE, «La punibilidad en la encrucijada de la dogmatica juridicopenal y la politica criminal», *Criminalidad actual y Derecho penal*, 1988, 31 e ss. Na doutrina italiana, uma distinção equivalente é traçada por referência aos conceitos de punibilidade abstracta e punibilidade concreta – por exemplo, RUGGIERO, «Punibilità», *Enciclopedia* XXXVII, 1988, 1122 e ss. Com outra terminologia, é esta também a ideia subjacente à distinção usada por PETROCELLI, «Reato e punibilità», *Riddp* (1960), 669 e ss, que contrapõe a «exclusão da *punibilidade*» à mera «exclusão da *pena*» (p. 685). Entre nós, a distinção entre punibilidade e penalidade foi usada para explicar alguns aspectos da reforma penal de 1995 (cfr. COSTA PINTO, *Jornadas* (1998), 78-80).

categoria da punibilidade, como aquela que resultaria da integração dos critérios de determinação e medida da pena nesse momento da análise do crime[199].

Assim se concretiza também uma das delimitações negativas atrás referidas: fazem parte do estudo do facto punível as diversas circunstâncias concomitantes ou posteriores que permitem decidir da punibilidade do mesmo (*se* o facto é ou não punível), sendo, diversamente, tratadas em sede de teoria da pena (ou das consequências jurídicas do crime) as demais circunstâncias que – pressupondo exactamente que o facto é punível e dele se podem por isso retirar as devidas consequências jurídicas – apenas decidem do *quanto* da pena (atenuação obrigatória ou facultativa da pena) ou da *modalidade* da pena (*v.g.*, na solução mínima, a dispensa de pena). Estas regras, surgindo associadas a tipos da Parte Especial, devem ser consideradas «critérios especiais da medida da pena»[200] e não elementos da categoria da punibilidade (do facto). Dito de forma sintética: a determinação da penalidade pressupõe que o facto seja punível; um obstáculo à punibilidade do facto (*não punibilidade*) impede, reflexamente, a ponderação da *penalidade* que lhe poderia em abstracto caber.

Das diversas classificações expostas e do enquadramento apresentado resulta ainda que nem todas as causas de não punibilidade se podem considerar a vertente negativa das condições objectivas de punibilidade[201]. O que se pode demonstrar invocando características estruturais e materiais das duas figuras: por um lado, nem todas as causas de não punibilidade têm natureza puramente objectiva (pense-se, por exemplo, nas normas sobre a desistência voluntária, como as previstas nos arts 24.º e 25.º do Código Penal), razão pela qual (isto é, pela sua distinta natureza) não podem ser apresentadas como o contraponto das condições objectivas de punibilidade; por outro lado, no plano material e funcional, a contraposição é seguramente ilegítima quando relaciona as condições objectivas de punibilidade e as causas supervenientes de não punibilidade, já que sem as primeiras o facto não é *ab initio* punível, o que não acontece com as segundas que pressupõem exactamente o oposto: a verificarem-se essas circunstâncias elas podem afastar a punibilidade associada à realização do ilícito culposo[202].

---

[199] Em pormenor, ANABELA MIRANDA RODRIGUES, *Medida da pena*, 638 e ss.
[200] Assim, BOTTKE, *Methodik und Systematik*, 638. Sobre estas cláusulas especiais de medida da pena e a sua inserção da teoria das consequências jurídicas do facto, FIGUEIREDO DIAS, *As consequências*, 201 e ss (§ 261 e ss).
[201] Trata-se de uma afirmação habitual na doutrina: LENCKNER, *in* SCHÖNKE/SCHRÖDER, *StGB, vor* § 32, n.º 127; MAURACH/ZIPF, *Strafrecht AT I*, § 35, n.º 32.
[202] Em parte por esta razão, também PROSDOCIMI, *Postfatto*, 319-321, considera carente de fundamento a ideia de apresentar as «cause sopravvenute di non punibilità quali immagine speculare delle condizioni obiettive di punibilità». No mesmo sentido, VENEZIANI, *Spunti*, 109. Também DONINI, *Teoria del reato*, 406 e ss, autonomiza claramente a falta de uma condição

O que, por seu turno, lhes confere um distinto significado material e processual: as condições objectivas de punibilidade são usadas pelo legislador penal como um pressuposto positivo que condiciona e limita a intervenção penal, sendo em regra necessária a sua verificação para que a pretensão penal seja exercida; diversamente, as causas de não punibilidade não condicionam nem limitam *ab initio* a intervenção penal pela realização do ilícito culposo e a sua verificação carece de ser judicialmente comprovada, razão pela qual não surgem como obstáculo ao exercício da pretensão penal, mas apenas (e eventualmente) como um critério de decisão do caso concreto no âmbito do processo[203]. Este distinto enquadramento acaba por ter significativas repercussões processuais (cfr. *infra* § 41, V, deste estudo).

II. Conteúdo e autonomia das causas de não punibilidade

1. Desde os finais os finais do século XIX que a doutrina, com raras excepções, insiste em descrever as diversas causas de não punibilidade como um conjunto heterogéneo de figuras, sem qualquer unidade material e axiológica[204]. À força de ser repetida durante todo século XX, esta caracterização tornou-se um lugar-comum no tema da punibilidade, ao qual não assiste, contudo, grande rigor explicativo.

A suposta heterogeneidade das figuras é mais aparente do que real ou, pelo menos, não é tão intensa que se oponha à sua sistematização. Bem vistas as coisas, as cláusulas de não punibilidade referidas nas páginas anteriores (e aquelas que serão analisadas *infra* nos §§ 27 e 28 deste estudo) podem, em regra, ser

de punibilidade (como uma excepção forte à punibilidade do facto) em relação aos casos de não punibilidade superveniente.

[203] Por isso a doutrina sublinha a formulação negativa destes pressupostos da punibilidade usados pelo legislador penal: assim, BAUMANN/WEBER/MITSCH, *Strafrecht AT*, 524.

[204] A caracterização destes elementos como figuras particularmente heterogéneas remonta, em especial, ao pensamento de BELING, *Lehre vom Verbrechen*, 58 e ss. A caracterização manteve-se mesmo depois da Segunda Guerra: cfr. HEINZ-JOSEF PAUL, *Persönliche Strafausschliessungsgründe und innerer Tatbestand*, 1963, 1 e 72 (à luz do *StGB* de 1881). Depois, BLOY, *Strafaufhebungsgründe*, 16-19, 212; HIRSCH, *LK-StGB* (1994), *vor* § 32, n.º 225; MAURACH/ZIPF, *Strafrecht AT*, I, § 35, n.º 32; LENCKNER *in* SCHÖNKE/SCHRÖDER, *StGB*, *vor* § 32, n.º 128. Ilustrativo dessa diversidade actualmente, WALTER, *LK-StGB* (2007), *vor* § 13, n.º 189-191. Em Espanha, GARCÍA PEREZ, *Punibilidad*, 95; PATRÍCIA FARALDO CABANA, *Las causas de levantamiento de la pena*, 41. Em Itália, ROMANO, *Ridpp* (1990), 65; PIOLETTI, *Digesto* X, 528-529; recentemente, DONINI, *L'Indice Penale* 3 (2001), 1044, com um claro esforço de racionalização do objecto da categoria. Excepção a este coro diacrônico é RAMACCI, *Corso*, 643, que sustenta expressamente a unidade axiológica das causas de não punibilidade.

reconduzidas a uma de duas modalidades: ou se trata de *circunstâncias pessoais* com autonomia material e axiológica em relação à conduta proibida (qualidades ou relações pessoais dos agentes) ou consistem em *comportamentos de natureza reparadora* posteriores ao início de execução do facto, isto é, actos com um significado axiológico oposto ao da conduta proibida (*v.g.* modalidades de desistência, dissociação, reparação de danos, ruptura com outros co-envolvidos no facto, em função dos tipos de crime em especial, ou condutas de colaboração com as autoridades, durante ou logo após o facto criminalmente relevante). Não se exclui a posssibilidade de residualmente poderem surgir circunstâncias de outra natureza, mas a estrutura dominante das causas de não punibilidade é uma das duas referidas.

A partir da estutura material destas circunstâncias e da relação que mantêm com o ilícito culposo é possível identificar alguns indícios relativos ao seu conteúdo material.

As cláusulas legais que contêm *circunstâncias pessoais* que conduzem à não punibilidade do agente para terem autonomia em relação ao ilícito culposo supõem ser possível cindir a violação do dever descrito na proibição penal dessa qualidade do agente. Tal cisão só será possível se for igualmente lícito concluir que, na situação legalmente prevista, o desvalor do facto e do envolvimento pessoal do seu autor não são excluídos por o agente possuir uma certa qualidade. A proibição penal, enquanto regra de conduta e de valoração duma situação hipotética, subsiste como um preceito jurídico válido e efectivo, independentemente da qualidade do agente[205]. Isso significará que os destinatários da proibição penal, incluindo os que possuem tais qualidades, continuam adstritos ao dever de não praticar o facto proibido e, se o realizarem, só por razões estranhas a esse aspecto (que relevarão da qualidade em causa) e, portanto, distintas do merecimento penal do acontecimento desvalioso, é que o facto não será punível. Em tais casos a norma de ilicitude mantém-se efectiva, apenas a norma de decisão (enquanto parte da norma de sanção) é modificada. O que vale por dizer que através da não punibilidade se pretenderá evitar a aplicação da pena aos agentes do facto no círculo de actividade delimitado pela qualidade legalmente relevante[206].

Esse recuo da punição será explicável por uma das seguintes razões: ou se identifica um interesse especialmente significativo associado à qualidade do agente que poderia ser posto em causa com a punibilidade do facto, o que faz com que o sistema penal aceite uma excepção ou uma renúncia à punibilidade

---

[205] As causas de exclusão da punibilidade só têm efectivamente autonomia se a sua formulçação normativa *não afectar a proibição da conduta*, pois caso contrário será um paradoxo falar de um crime *ab initio* não punível. Assim, ANGIONI, *Ridpp* (1989), 1528 e ss, VENEZIANI, *Spunti*, 108 e ss, DONINI, *L'Indice penale* 3 (2001), 1042-1043.

[206] Coincidente, DONINI, *L'Indice penale* 3 (2001), 1042-1043.

em tal caso; ou, noutra linha de análise, o sistema reconhece que, apesar de se manter a vigência da proibição, a pena naquelas circunstâncias específicas não é o meio adequado para resolver o conflito emergente da prática do facto proibido, por os seus fins não se poderem atingir com um mínimo de segurança pressuposta na decisão legislativa. Qualquer uma das razões pode legitimar um recuo da pretensão punitiva do Estado.

Por seu turno, o *comportamento reparador* (em sentido amplo) assumido pelo agente após o início de execução não extingue, por efeito *ex tunc*, o facto ilícito e culposo, pressuposto essencial da pena, mas pode afectar a possibilidade de associar ao facto de forma consequente a ameaça penal prevista. A danosidade social do acontecimento e o envolvimento censurável do agente organizam-se a partir duma base ontológica (o objecto da valoração) e duma componente valorativa (nomeadamente, os juízos de ilicitude e culpabilidade). A primeira não desaparece por força da conduta reparadora, embora a segunda se possa atenuar, modificar ou compensar de forma significativa – o que, por si só, não justificaria a renúncia completa à punição.

Nestes casos, a possibilidade de afastar a punibilidade do facto primário (desvalioso) por verificação dum facto secundário (valioso) dificilmente pode ter outra explicação razoável que não passe (a título essencial ou complementar) pela reconsideração das finalidades das penas e da legitimidade da punição, em função da totalidade do acontecimento. O comportamento reparador posterior ao (início do) facto é a antítese da conduta proibida e, como tal, é necessariamente estranho ao conteúdo do facto que viola a proibição: apresenta-se como uma circunstância valiosa para a tutela residual do bem jurídico inicialmente agredido e implica a reconsideração de vários aspectos do merecimento penal do facto (desvalor do facto, envolvimento do agente, danosidade social do acontecimento) e da necessidade de pena (no plano quer da retribuição da culpa, quer da prevenção geral e especial) associada à totalidade do acontecimento, ou seja, aos pressupostos da pena e circunstâncias com eles conexas. A diferença da totalidade do acontecimento (o facto ilícito e culposo e o *post* facto valioso e louvável) em relação a situações em que tal não se verifique exige, por razões adicionais de igualdade (tratamento diferenciado do que é diferente), equidade (adequação ao caso concreto) e proporcionalidade (justa medida da reacção estatal), a reavaliação da adequação da ameça penal abstracta para tal caso concreto.

Não surpreende por isso que a generalidade da doutrina que sobre o tema se tem pronunciado (quando reconhece autonomia sistemática a tais cláusulas no âmbito da teoria do crime) acabe por fundamentar a não punibilidade nos casos descritos invocando a prevalência de *interesses estranhos ao sistema penal* (*v.g.* funções parlamentares, relações internacionais ou preservação de interesses familiares) que fariam recuar o interesse estadual na punição[207], considerações sobre as *finalidades da pena*, designadamente a oportunidade, a utilidade ou a necessidade da pena no caso específico[208] ou, em função da heterogeneidade das figuras, a relevância de ambos os fundamentos[209].

[207] Na doutrina mais antiga, GOLDSCHMIDT, *Notstand* (1913), 8 e 34; HEGLER, *ZStW* 36 (1915), 229-231; MAX ERNST MAYER, *Algemeine Teil* (1915), 273-274; RITTLER, *FG-Frank*, 14 e 18; RADBRUCH, *FG-Frank*, 161-163 e 170-171. Actualmente, entre outros, ROXIN, *Strafrecht AT I* (4.ª edição, 2006), § 23, n.º 21 e ss (prevalência de interesses e finalidades extra-penais em relação à necessidade de pena), entendimento que remonta a *Kriminalpolitik und Strafrechtssystem*, 36 e, a que retornou depois em *JuS* (1988), 432-433; BLOY, *Strafaufhebungsgründe*, 224 e ss; RUDOLPHI, *Grundfragen*, 83-84. Para uma análise crítica desta linha de fundamentação das cláusulas legais da punibilidade, veja-se *infra* Capítulo VI, § 33, III.

[208] A flutuação terminológica é significativa, mas pode identificar-se um amplo sector da doutrina que, com distintos enquadramentos, procura explicar estas diversas figuras a partir da sua relação com as condições de merecimento e necessidade de pena e, dessa forma, com a prossecução das finalidades da pena estatal. Assim, precocemente, SCHULTHEISZ, «Ein neues Verbenchensmerkmal», *SchwZStr*, 64 (1949), 342 e ss; depois, SCHWALM, «Gibt es objektive Strafbarkeitsbedingungen?», *MDR* 11 (1959), 906; STRATENWERTH, *ZStW* 71 (1959), 567; SCHMIDHÄUSER, *Radbruch-GedS*, 279-280, *Lehrbuch*, 382 e ss, e *Studienbuch*, 67-68 e 258 e ss; OTTO, «Strafwürdigkeit und Strafbedürftigkeit als eigenständige Delikts-kategorien? Überlegungen zum Deliktsaufbau», *Schröder-GedS*, 61, 67-68, e, ainda, *Grundkurs AT*, § 7, n.º 79; ALWART, *Strafwürdiges Versuchen*, 1982, 21 e ss; ALTPETER, *Strafwürdigkeit und Straftatsystem*, 1990, 3-5, 39; PAEFFGEN, *NK-StGB* (2005), *vor* § 32, n.º 298. HUIGERA GUIMERA, *Las excusas absolutorias*, 70. Entre nós, a ligação entre os pressupostos autónomos de punibilidade e critérios de necessidade ou merecimento de pena encontra-se em SOUSA E BRITO, *Direito Criminal I* (1963), 74 e ss, II, 113, 165-166, *Crime omissivo* (1965), 37 e nota 30, *Sentido e valor*, 126-127 e notas 37a a 37c, e, depois, *LH-Roxin*, 109-110; FIGUEIREDO DIAS, *Direito Penal* (1976), 32 e, de forma mais desenvolvida, *RPCC* 2 (1992), 30 e ss, e agora *Direito Penal PG I* (2.ª edição, 2007), 669 e ss (Cap. 26, § 2 e ss); COSTA ANDRADE, *RPCC* 2 (1992), 200; RIBEIRO DE FARIA, *Sobre a desistência da tentativa*, 34-35, 131-135; ANABELA MIRANDA RODRIGUES, *Medida da pena*, 640 e ss; MARIA FERNANDA PALMA, *A «tentativa possível» em Direito Penal*, 2006, 154-158 (sobre a importância da necessidade de pena para a compreensão do privilégio da desistência); TAIPA DE CARVALHO, *Direito Penal PG* (2.ª edição, 2008), 264 (§ 483), invocando somente a ausência de necessidade de pena.

[209] VASSALLI, *Enciclopedia VI* (1960), 623 (oportunidade política, respeito por outros interesses prevalentes e cessação do interesse estadual na punição); ROMANO, *Ridpp* (1990), 63-65 (com reservas críticas a p. 65); ANGIONI, *Ridpp* (1989), 1520 e ss e 1530-1531 (razões de oportunidade à luz dos valores e fins da intervenção penal); BUSTOS RAMIREZ/HORMAZÁBAL MALARÉE, *Lecciones de Derecho Penal*, II 235-237 (utilidade de conveniência em renunciar à pena para preservar valores das relações sociais); PATRÍCIA FARALDO CABANA, *Las causas de levantamiento de la pena*, 103-114 (finalidades das penas, equidade e intervenção mínima); JESCHECK/WEIGEND, *Lehrbuch*, 552 (falta de necessidade de pena para o facto e relevância de interesses extra-penais); LENCKNER in SCHÖNKE/SCHRÖDER, *StGB*, *vor* § 32, n.º 128 (ausên-

Saber se no tema da punibidade é uma ou outra a linha axiológica dominante é algo que depende da análise das diversas figuras em especial (*infra* §§ 26 a 28). Não obstante, a suposta heterogeneidade e a diversidade material e axiológica das diversas causas de não punibilidade não conduzem necessariamente a uma categoria apenas composta por «resíduos dogmáticos», imune a critérios de sistematização, como parece sugerir a doutrina dominante. A diversidade de fundamentos associados às várias cláusulas legais, por si só, nunca seria um argumento decisivo para negar autonomia sistemática da punibilidade, pois também noutras categorias do sistema de análise do crime se pode encontrar heterogeneidade de figuras e de fundamentos materiais (como acontece, por exemplo, com as diversas causas de justificação e princípios justificadores, sem que, com isso, a autonomia da ilicitude seja posta em causa). Por outro lado, será ainda necessário indagar se as duas linhas axiológicas apontadas – a prevalência de interesses extra-penais e a ponderação das finalidades das penas – são realmente autónomas e alternativas ou se, diversamente, se atriculam no plano material e funcional. O tema será retomado nos Capítulos VI e VII deste estudo, depois de compulsado o material relevante para o efeito.

2. Não raras vezes, as causas de não punibilidade surgem caracterizadas na literatura jurídica em função do seu regime ou consequências jurídicas, designadamente pelo facto de a sua aplicação não depender do conhecimento ou vontade do agente, de serem imunes ao erro ou de o seu efeito eximente ser pessoal e, por isso, não se estender a todos os compartipantes envolvidos no crime[210].

Estes elementos podem caracterizar o regime das causas de não punibilidade, mas, por serem efeitos duma certa classificação dogmática, não podem ser simultaneamente transformados em critérios de identificação dessas figuras, sob pena de se cair num círculo vicioso em que os resultados da aplicação de um critério seriam simultaneamente o próprio critério que a eles permitiria chegar. A inversão metodológica é ilegítima e não pode ser acolhida. Não significa isto que as consequências de uma certa classificação não sejam um elemento a ponderar

---

cia de necessidade de pena, no plano político-criminal, e espaço de relevância de interesses extra-penais); RUDOLPHI, *Grundfragen*, 74, e, também, *SK-StGB, vor* § 1, n.º 83 e *vor* § 19, n.º 12-14); WOLTER, «Verfassungsrechtliche Strafrechts-,Unrechts-und Strafausschlussgründe im Strafrechtssystem von Claus Roxin», *GA* (1996), 216-220 (interesses extra-penais e valorações constitucionais de índole político-criminal).

[210] Ilustrativo, BAUMANN/WEBER/MITSCH, *Strafrecht, AT*, 526-527. Ainda, ESER/BURKHARDT, *Strafrecht I*, 221 (19/n.º 11), chegando a afirmar que os aspectos decisivos para delimitar as causas de não punibilidade (e as condições objectivas de punibildade) são, em primeira linha, a sua não sujeição ao regime do erro e o regime da acessoriedade na participação.

para aferir o valor da proposta classificatória, mas sim e apenas que o rigor duma classificação dogmática não depende em absoluto dos resultados que produz.

Também nesta matéria a configuração legal é importante, mas nem sempre esclarecedora e raramente decisiva. A generalidade dos Códigos Penais europeus usa a expressão «não punível» em diversas normas da Parte Geral e da Parte Especial, sem que da mesma resulte, por si só, um enquadramento sistemático evidente e seguro para tais cláusulas[211]. Historicamente alguns termos estão especificamente conotados com as causas de não punibilidade, como aconteceu com a figura da «isenção de pena». A linguagem do legislador penal tem, contudo, evoluído entre nós no sentido de, em algumas matérias, se pretender afirmar claramente a clivagem dogmática entre o tipo de ilícito e outros juízos a formular no âmbito do sistema (entre os quais, o de negação da punibilidade) – traçando nesses casos uma opção sistemática vinculativa para o intéprete e aplicador do Direito -, assumindo, noutros casos, uma intencional neutralidade classificatória. A primeira tendência pode ser ilustrada com o recurso ao conceito de «ilícito típico» ou com a conversão da figura da «isenção de pena» em casos de não punibilidade, dispensa de pena e em crimes semi-públicos na reforma penal de 1995; exemplos da segunda tendência encontram-se na alteração de algumas normas da Parte Especial, como as cláusulas de interrupção voluntária da gravidez, em que o legislador susbstituiu a terminologia legal dogmaticamente comprometida (*v.g.* a «exclusão da ilicitude do aborto», no texto inicial do artigo 140.º do Código Penal, versão de 1984) por referências mais genéricas e sistematicamente plurisignificativas (cfr. a designação «interrupção da gravidez não punível», no texto do mesmo artigo 142.º após a revisão de 1995)[212]. A incerteza sobre o significado dogmático das designações do legislador aumenta significativamente no Direito Penal complementar onde, a par de regimes especiais de desistência e arrependimento activo, se encontram cláusulas de isenção ou extinção da responsabilidade criminal de enquadramento complexo[213].

A letra da lei não é, portanto, um elemento categórico e decisivo para a rigorosa identificação das causas de não punibilidade. Só através do contéudo das

---

[211] Neste sentido se pronuncia a doutrina italiana, em função da longevidade do *Codice Rocco* e dos equívocos dogmáticos que a terminologia usada na lei acaba por suscitar ao ser confrontada com sucessivos sistemas dogmáticos. Na doutrina da década de sessenta, veja-se PISAPIA, «La non punibilità special», *Studi-Rocco III*, 1952, 360 e ss, e VASSALLI, *Enciclopedia VI*, 610 e ss. Actualmente, PIOLETTI, *Digesto X*, 525, 527, ANGIONI, *Ridpp* (1989), 1515 e ss, VENEZIANI, *Spunti*, 101 e ss, e RAMACCI, *Corso*, 638, 644. Sobre o tema, em pormenor, FARIA COSTA, *Direito Penal Especial*, 99-127.

[212] COSTA PINTO, *Jornadas* (1998), 59 e ss, 68 e ss e 78 e ss.

[213] FARIA COSTA, *Direito Penal Económico*, 2003, 127-128. Depois, GONÇALO MENESES, «Punição, isenção criminal e direito económico», *ROA* 70 (2010), 462 e ss.

diversas cláusulas legais, do seu confronto com a estutura material e axiológica do tipo de ilícito e do tipo de culpa, da sua articulação com a estrutura sistemática do facto punível e, finalmente, da função que se possa legitimamente reconhecer a tais cláusulas no âmbito da teoria do crime é possível delimitar a autonomia sistemática das causas de não punibilidade[214].

O que significa, como foi já referido, que não se pode reconhecer validade metodológica a alguns critérios que procuram através das consequências jurídicas de uma ou de outra classificação dogmática identificar possíveis causas de não punibilidade ou, diversamente, negar essa classificação. Assim, por exemplo, pouco ou nada se avança quando se afirma que uma *causa de justificação* torna o facto lícito (com a consequente proibição de legítima defesa contra tal facto ou com a inexistência de responsabilidade civil dele decorrente) o que não acontece com uma *causa de não punibilidade*, que apenas afasta a possibilidade de ser aplicada uma pena ao agente por um facto que se mantém ilícito e culposo[215].

Na mesma linha – e particularmente divulgado entre a doutrina (quer alemã, quer italiana) – encontra-se o *argumento da participação*[216]. Traduz-se o mesmo em saber se a partir de uma certa classificação sistemática são ou não punidos os participantes no facto do autor e se essa punição se adequa à intencionalidade das opções do legislador penal. No caso, por exemplo, das imunidades parlamentares (artigo 157.º, n.º 1, da Constituição) pergunta-se se é razoável ou não punir o assessor do parlamentar que escreve um discurso, lido por este, e que constitui difamação (artigo 180.º, n.º 1, do Código Penal) de um membro do governo. Saber se a qualidade de parlamentar é uma causa pessoal de não punibilidade ou se, diversamente, será uma delimitação negativa da tipicidade ou uma causa de justificação especial é uma questão que se repercute de forma consequente na eventual responsabilidade dos participantes. No primeiro caso, o princípio da acessoriedade limitada permite considerar impune o parlamentar e eventualmente responsável o seu assessor (que escreveu o discurso); nos dois últimos

---

[214] Por isso uma parte da doutrina tem reconduzido (não sem razão, pelo menos em certas cláusulas legais) algumas causas de exclusão da pena às causas de justificação e desculpa. Assim, Kantarowikz, *Tat und Schuld*, 252 e ss; depois, Roxin, *Strafrecht AT I* (4.ª edição, 2006), § 23, n.º 6 e ss; Schünemann, *Grundfragen*, 11 e ss (associando a reclassificação sistemática ao conceito de «sistema aberto» de análise do crime); Bloy, *Strafaufhebungsgründe*, 212-213 (em ligação com a análise de p. 32 e ss); Hirsch, *LK-StGB* (1994), *vor* § 32, n.º 227. Sublinhando a necessidade de autonomização material em relação às causas de justificação e desculpa, Vassalli, *Enciclopedia* VI, 619; entre nós, Figueiredo Dias, *RPCC* 2 (1992), 32 e, recentemente, *Direito Penal PG I* (2.ª edição, 2007), 669 e ss (Cap. 26, § 3).

[215] Vassalli, *Enciclopedia VI*, 619.

[216] Em Itália Vassalli, *Enciclopedia* VI (1960), 619-620. Na Alemanha, Jakobs, *Strafrecht*, 343 e ss, e Eser/Burkhardt, *Strafrecht I*, 221 (usando em especial o argumento do erro).

casos, a exclusão do tipo ou da ilicitude impedem a punição não só do parlamentar como também do seu assessor.

A eventual razoabilidade da solução (não punição dos participantes) não pode legitimar um critério em si mesmo deficiente, que confunde as consequências duma classificação com o critério classificador. Mas, a avançar-se nesse sentido, a questão deveria ser recolocada em termos de saber se em tais casos é igualmente razoável conceber o tipo incriminador com limites negativos decorrentes das qualidades de um círculo de pessoas que, dessa forma, nunca realizariam o tipo (caso em que estaríamos perante um limite originário à tipicidade) ou se é razoável entender que tal facto esteja sempre justificado (caso em que estaríamos perante um causa de justificação especial). A primeira hipótese significaria uma renúncia do legislador penal a proteger o bem jurídico em causa no círculo de actividade delimitado pela qualidade do agente. A segunda hipótese teria o mesmo efeito, dado que estaríamos perante uma causa de justificação de funcionamento automático, isto é, sem qualquer ponderação por parte do aplicador do direito. Em ambos os casos, a solução seria equivalente a uma renúncia à tutela penal e à desprotecção da vítima das ofensas, conclusões dificilmente compatíveis com a opção penal do legislador na matéria. O que permite colocar com plausibilidade dogmática a hipótese de se tratar de uma renúncia à punibilidade do facto em nome da preservação da liberdade política dos parlamentares.

Com um quadro axiológico desta natureza não se resolvem definitivamente os problemas de afectação sistemática das circunstâncias em causa, mas apontam-se algumas linhas demarcadoras. A eventual autonomia das causas de não punibilidade encontra-se assim *duplamente condicionada*: por um lado, pela força atractiva do tipo de ilícito e do tipo de culpa e, por outro, pela possibilidade de recondução de tais circunstâncias à teoria da pena ou aos pressupostos processuais. A delimitação entre as diversas figuras e os respectivos critérios de afectação sistemática é essencial, mas não pode ser realizada por mera recondução negativa ou por simples apelo às consequências duma certa classificação sistemática, como tem sido habitual na doutrina penal. O confronto entre as circunstâncias em causa nunca se poderá fazer apenas no plano dos fundamentos materiais de cada uma delas, mas sim e também em função das estruturas ontológicas (que delimitam o objecto das valorações jurídicas) e das estruturas de imputação integradas nos diferentes níveis de valoração do acontecimento desvalioso. Só por esta via se conseguirá autonomizar um objecto de valoração distinto do ilícito culposo, mas ainda conexo com o facto valorado e imputado ao agente, e um conjunto de valorações organizadas sobre essa parcela do acontecimento desvalioso, em ordem a debater a atribuição ou negação da responsabilidade penal.

Mais interessante se revela a adopção de alguns critérios estrutuais e axiológicos já mencionados: por um lado, a autonomia da norma de conduta inerente à proibição relativamente ao conteúdo e *ratio* da causa de não punibilidade; por outro, a antinomia entre o significado do comportamento proibido e o propósito da conduta reparadora para as finalidades de tutela da lei penal; relevante, ainda, a necessidade de articulação entre os interesses protegidos com a incriminação (e, portanto, a subsistência da proibição penal) e a preservação de outros interesses igualmente relevantes de distintos sectores do ordenamento jurídico; e, finalmente, aspectos estruturais como o momento de verificação dos pressupostos da não punibilidade que, surgindo depois do facto ilícito e culposo se formar, dificilmente podem ser integrados noutra categoria que não aquela que apela ao conceito de «facto punível» pela falta de coincidência temporal e material com o ilícito e a culpa, como acontece com as hipóteses de arrependimento activo, esforço sério ou reparação tempestiva posterior ao facto.

De resto, a eventual autonomia das causas de não punibilidade adquire relevância não só no plano da delimitação analítica e valorativa do sistema do facto punível, como também no regime jurídico a que tais circunstâncias acabam por ficar sujeitas. Por isso mesmo, a doutrina acaba por reconhecer que a individualização de tais circunstâncias adquire projecção material em inúmeros aspectos, como as decisões processuais que nelas se fundamentem (designadamente saber se a verificação duma causa de não punibilidade implica uma absolvição material ou um mero arquivamento, neste caso por ausência de pressupostos isentos de relevância material); a possibilidade de associar ao facto «não punível» algumas consequências jurídicas, como a fixação duma indemnização cível ou a aplicação de medidas de segurança; a hipótese de se verificarem situações de erro sobre tais circunstâncias; os possíveis efeitos em sede de comparticipação criminosa ou, finalmente, a sujeição (ou não) dos seus elementos materiais aos crivos de produção e valoração processual da prova, designamente ao princípio *in dubio pro reo*[217].

III. *Função das causas de não punibilidade*

A partir dos elementos recolhidos é possível tentar iluminar a razão de ser das causas de não punibilidade no sistema de análise do crime.

---

[217] Sobre o regime das causas de não punibilidade, Liszt, *Lehrbuch* (2.ª edição, 1884), 169-171 (§ 42, II); Finger, *GA* 50 (1903), 53 e ss; Beling, *Lehre vom Verbrechen* (1906), 55-56, 69-70; Goldschmidt, *ÖJZ* (1913), 39-45; Roxin, *Strafrecht AT I* (4.ª edição, 2006), § 23, n.º 30; Eser/Burkhardt, *Strafrecht I*, 221 e ss; Baumann/Weber/Micht, *Strafrecht AT*, 526-527; Lenckner, *in* Schönke/Schröder, *StGB*, *vor* § 32, n.º 132-134; Hirsch, *LK-StGB* (1994), *vor* § 32, n.º 228; Jescheck/Weigend, *Lehrbuch*, 553-554 (§ 52, III). Para uma síntese esclarecedora, Angioni, *Ridpp* (1989), 1516-1517.

A sua função mais evidente parece ser a de adequar e equilibrar a intervenção punitiva do Estado, fazendo com que a severidade abstracta da lei penal seja mitigada em função de algumas circunstâncias concretas (mas normativamente formuladas) que, a verificarem-se, implicam uma fractura entre a realização do ilícito culposo e a sua efectiva conexão com uma pena. O que significa, por um lado, manter como válida a vigência da proibição e a sua função de tutela dos bens jurídicos e, por outro, questionar a adequação da pena ao caso concreto. Este propósito passa necessariamente pela relativização da pena enquanto instrumento legítimo de intervenção social, aceitando-se que esta pode ceder para preservar interesses que vão para além das finalidades da punição (*função de articulação de interesses relevantes de outros sectores sociais*). Objectivo que pode igualmente ser visto na perspectiva das consequências negativas da eventual punição que, a existirem, devem ser tidas em conta como factor de adequação da intervenção punitiva (*função de adequação da intervenção penal*).

Noutro plano, algumas causas de não punibilidade assumem uma conotação marcadamente utilitária, relacionada com a preservação dos bens jurídicos agredidos ou com a eliminação de situações danosas subsistentes, através de condutas reparadoras do próprio agente do crime (*função de protecção alternativa dos bens jurídicos agredidos*). Estas condutas – social e juridicamente valiosas (desistência, arrependimento activo, cláusulas de esforço sério, dissociação de projectos criminosos, neutralização e reparação de danos, colaboração com autoridades) – são relevantes em função do momento em que surgem e dos efeitos reais ou potenciais sobre os bens jurídicos em crise. Em regra adquirem um efeito dirimente (não punibilidade) se ocorrerem antes de se esgotar a consumação material do facto, isto é, da produção do resultado lesivo não reversível que o legislador pretende evitar que ocorra.

As condutas de «auto-reparação» (em sentido amplo) permitem ainda reponderar a oportunidade e a adequação político-criminal da pena em função da atitude manifestada pelo agente (finalidades de prevenção especial), do exemplo de auto-reafirmação de vigência da norma antes violada e da salvaguarda dos interesses ofendidos (finalidades de prevenção geral). Com isso exigem um tratamento diferenciado do agente que, sendo responsável pelo ilícito culposo, assumiu um comportamento reparador relevante. Exigência que se funda adicionalmente na articulação entre as finalidades das penas e o conteúdo material do princípio da igualdade que obriga a tratar de forma diferente situações materialmente distintas (*função de adequação das finalidades da pena estatal*).

As causas de não punibilidade podem assim assumir genericamente (usando uma expressão de LENCKNER[218]) uma natureza correctiva da intervenção penal

---

[218] LENCKNER, in SCHÖNKE/SCHRÖDER, *StGB* (2001), *vor* § 32, n.º 130.

abstracta (*função correctiva da intervenção penal*) que realiza por outra via (sistematicamente integrada) uma parte dos objectivos inerentes ao princípio da intervenção mínima: não punir se tal se revelar desnecessário e renunciar à punição se esta for inadequada e, portanto, contrária aos fins que a legitimam (*função de realização alternativa do princípio da intervenção mínima*).

§ 26. Tipos de ilícito e condições objectivas de punibilidade

I. Sequência de análise

1. É sabido, pelo menos desde a teorização do crime feita por BINDING, que a responsabilidade penal pressupõe um facto violador dum dever mas nem todo o facto violador dum dever dá necessariamente origem a responsabilidade penal. No sistema de BINDING residia neste ponto a distinção essencial entre delito e crime. À violação do dever penal (delito) adicionava-se a realização das (segundas) condições de punibilidade que convertiam o delito praticado num crime. O modelo descrito assentava numa percepção exacta da realidade, embora recorresse para a sua explicação a um esquema classificatório demasiado simplista, que remetia para «as segundas condições da ameaça penal» realidades muito heterogéneas[219].

Certa é, contudo, a ideia de que por si só o ilícito penal é insuficiente para fundamentar o recurso à pena estatal. O legislador constrói tipos incriminadores que podem ter uma estrutura mais elementar, organizados em função dum tipo de ilícito e dum tipo de culpa com uma formulação singela, tal como pode criar tipos mais complexos em que surgem elementos especiais quer do tipo de ilícito, quer do tipo de culpa. Por vezes revela-se ainda necessária a comprovação de outros elementos estranhos ao ilícito culposo, como acontece com as condições objectivas de punibilidade ou com pressupostos processuais específicos. Os tipos mais complexos, organizados com elementos de diferente natureza sistemática, pressupõem uma relação de congrugência material entre os mesmos e um nível de adequação funcional à realidade processual. O primeiro aspecto exige a clarificação dogmática da relação entre os diversos elementos do crime com significado sistemático; o segundo aspecto (que pressupõe o anterior) decorre da natureza constitutiva do processo penal em relação à responsabilidade criminal e implica que se determine o sentido e os limites da concretização judicial dos tipos incriminadores, em particular no domínio das regras de prova.

---

[219] É esta no fundo a razão que explica o facto, de nos sistemas desenvolvidos depois por Liszt e Beling (num primeiro momento, muito influenciados pela teoria das normas e pela sistemática de Binding), a categoria da «ameaça penal» e das «condições da ameaça penal» integrar realidades muito diversas.

2. É a partir deste enquadramento que se passa a analisar um conjunto de cláusulas legais que, apesar de terem formulações diversas, têm em comum o facto de serem classificadas por alguns sectores da doutrina e da jurisprudência como condições objectivas de punibilidade ou, independentemente desse aspecto, serem circunstâncias que permitem suscitar uma dúvida razoável sobre a sua inserção no âmbito do ilícito culposo. A sequência de análise passa pela consideração de alguns tipos incriminadores em especial, mas procura contornar a excessiva fragmentariedade característica da Parte Especial do Direito Penal (codificada ou dispersa por legislação extravagante). Por isso, a organização das matérias não segue uma simples enunciação de incriminações. Antes relaciona as diversas circunstâncias, entre si e com o conteúdo essencial do ilícito culposo, de forma a permitir obter conclusões com uma vocação genérica adequada à função da teoria do crime.

Nesse sentido, começa-se por analisar as *cláusulas de morte, ofensas graves e suicídio da vítima* que surgem associadas quer à participação em rixa (artigo 151.º, n.º 1, do Código Penal) e ao incitamento e auxílio ao suicídio (artigo 135.º, n.º 1, do Código Penal), quer a outras incriminações, neste caso, sob a forma de circunstâncias qualificadoras (como acontece, por exemplo, no crime de sequestro agravado, do artigo 158.º, n.º 2 al. d), do Código Penal). Trata-se de tipos incriminadores em que se pode identificar com uma especial clareza a tensão entre os limites do ilícito e as circunstâncias estranhas ao mesmo utilizadas pelo legislador para condicionar a punibilidade do facto ou para agravar a pena cominada, matéria com particulares repercursões no âmbito da imputação subjectiva e outras questões da teoria do crime.

Num segundo momento, será dedicada atenção a *situações económicas supervenientes* em relação à conduta ilícita do agente, como a difícil situação económica em que a vítima ficará após o furto (artigo 204.º, n.º 1 al. i) e a burla (artigo 218.º, n.º 2, al. c), ambos do Código Penal) ou, noutro domínio, a apresentação dum cheque a pagamento e a comprovação bancária de falta de provisão da conta sacada (artigo 11.º do Dec.-Lei n.º 454/91, de 28 de Dezembro, na redacção do Dec.-Lei n.º 316/97, de 19 de Novembro). Com uma estrutura aparentemente semelhante a esta, encontramos algumas cláusulas de *situações sociais e familiares* decorrentes da prática de uma conduta ilícita, como a destruição de relações sociais ou familiares da vítima dum crime contra a realização da justiça (artigo 361.º, n.º 1, al. c) do Código Penal).

Tema central no debate relativo às condições objectivas de punibilidade é também a exigência de *prática do facto tipicamente ilícito* no crime de embriaguez ou intoxicação (artigo 295.º do Código Penal), uma cláusula que tem motivado os entendimentos mais diversos sobre a incriminação em causa, o seu alcance, a sua legitimidade e o regime de imputação que nela se funda.

O confronto com o âmbito do ilícito típico permite ainda debater o alcance sistemático de cláusulas que surgem em tipos incriminadores mas que *dependem de decisões autónomas de entidades públicas ou Estados estrangeiros* e, por isso mesmo, dificilmente se pode afirmar que sejam uma parcela do facto imputado dolosamente ao agente. Pense-se, por exemplo, na declaração judicial de insolvência (artigo 227.º do Código Penal), na *garantia de reciprocidade* e na *cláusula manutenção de relações diplomáticas* no âmbito da protecção penal conferida a representantes de Estados estrangeiros (artigo 324.º, n.º 2 do Código Penal) ou a *notificação da administração tributária* para entrega da prestação devida, coima e juros no crime de abuso de confiança fiscal (artigo 105.º, n.º 4, do RGIT).

Em sequência, será ainda ponderado o significado da adopção de elementos quantitativos em alguns tipos incriminadores (*v.g.* furto, crimes tributários, cheque sem provisão) cuja natureza e regime tem motivado tendências discrepantes na doutrina e na jurisprudência. Alguns destes elementos têm sido apontados como condições objectivas de punibilidade, mas análises mais recentes põem em causa uma parte dessas classificações.

Posteriormente, serão analisadas outras circunstâncias, por vezes de classificação mais discutível, como as *cláusulas de habitualidade* (*v.g.* artigo 141.º, n.º 2), *cláusulas de frustração de fins* (arts 311.º, n.º 2 e 313.º, n.º 2 do Código Penal), *cláusulas de surpresa em flagrante delito* (relevantes por exemplo no crime de jogo clandestino, previsto nos arts 110.º e 111.º do Dec.-Lei n.º 422/89, de 2 de Dezembro) ou *cláusulas de vigencial espacial da lei portuguesa* (*v.g.* artigo 5.º, n.º 1, al. c), todos do Código Penal) que surgem como elementos positivos ou negativos em algumas normas penais.

O objectivo deste percurso analítico – com um propósito ilustrativo e em caso algum exaustivo – é o de clarificar as relações entre *a estrutura do facto ilícito e culposo* e as *diversas circunstâncias* em causa, de forma a conseguir identificar elementos com vocação sistemática geral que possam ser usados e integrados na teoria do crime.

II. Cláusulas de morte, ofensas graves e suicídio

1. Uma das cláusulas que possui um importante lastro histórico no debate sobre a autonomização das condições objectivas de punibilidade em relação ao tipo de ilícito é a exigência de verificação de ofensas graves, morte ou suicídio da vítima em alguns tipos incriminadores.

Trata-se dum tema que surge habitualmente a propósito dos crimes de *participação em rixa* (artigo 151.º Código Penal) e de *incitamento ou ajuda ao suicídio* (artigo 135.º do Código Penal). No primeiro caso, a participação na rixa é punível se desta resultar a morte ou uma ofensa grave à integridade física de alguém.

No segundo caso, o incitamento ou a ajuda ao suicídio são puníveis «se o suicídio vier efectivamente a ser consumado ou tentado».

Contudo, estas cláusulas não são exclusivas destes dois tipos incriminadores. Ao longo do Código Penal encontram-se diversas normas em que a morte, ofensas graves ou o suicídio da vítima surgem como circunstâncias associadas a outros comportamentos ilícitos. Assim, desde logo, nos *crimes de ofensas à intergidade física* a morte surge como circunstância agravante (art 145.º). No crime de *sequestro* são circunstâncias agravantes o suicídio ou ofensa física grave da vítima que resultem daquele facto (artigo 158.º, n.º 2, al. d)), o mesmo acontecendo se da privação da liberdade resultar a morte da vítima (artigo 158.º, n.º 3). Cláusulas de agravação que são aplicadas, por expressa remissão legal, aos crimes de *rapto* (artigo 161.º, n.º 2) e *tomada de reféns* (artigo 162.º, n.º 2). Nos *crimes contra a liberdade e autodeterminação sexual* surgem também como agravantes a ofensa à integridade física grave, o suicídio e a morte da vítima, a par da gravidez, transmissão de vírus de imunodeficiência adquirida ou de formas de hepatite que criem perigo para a vida (artigo 177.º, n.º 3). Finalmente, em diversos *crimes de perigo comum* (artigos 272.º e ss) a morte e a ofensa grave à integridade física surgem também como cláusulas de agravação pelo resultado, assim designadas pelo legislador (artigo 285.º).

A questão que se coloca é a de saber se estas cláusulas têm todas o mesmo significado dogmático ou se este varia consoante o tipo incriminador em que surgem, a relação «intra-típica» que mantêm com a conduta proibida e a função que desempenham na concreta delimitação do poder punitivo do Estado. O problema só pode ser correctamente resolvido em função da análise da estrutura do ilícito que pode ser imputável ao destinatário das normas, da função que essas circunstâncias revelam no âmbito do tipo incriminador e, noutro registo de argumentação, da legitimidade material destas opções. Neste exacto sentido, alguns dos tipos incriminadores referidos (em particular os tipos dos artigos 135.º, n.º 1, e do artigo 151.º, n.º 1, do Código Penal) são casos paradigmáticos de ilícitos com uma estrutura especial articulada, no âmbito de um tipo legal, com circunstâncias de natureza distinta que dificilmente podem ser reconduzidas ao âmbito material do facto ilícito.

Começarei por analisar *(a)* as cláusulas que surgem no crime de participação em rixa e *(b)* no crime de incitamento e auxílio ao suicídio, procurando depois *(c)* confrontar as demais agravantes que têm uma formulação nominal semelhante com as conclusões obtidas, de forma a conseguir *(d)* formular uma síntese dos aspectos que se afigurem mais importantes para a caraterização destes elementos e a exacta compreensão da estrutura dos tipos incriminadores.

a) A cláusula de morte e ofensa grave no crime de participação em rixa

2. O crime de *participação em rixa* foi uma novidade relativa do Código Penal de 1982, inspirada no Código Penal Suíço[220]. Em rigor, o sentido inovador diz essencialmente respeito à inserção sistemática da norma incriminadora, no âmbito dos crimes contra as pessoas, e a sua limitação axiológica à tutela de interesses desta natureza, pois a incriminação tem antecendentes entre nós no domínio dos crimes colectivos.

O Código Penal de 1852 continha na sua versão inicial duas incriminações desta natureza, a «assuada» (artigo 180.º) e o «alevantamento de volta ou arruído» (artigo 185.º) que, enquanto crimes colectivos, previstos também nas Ordenações, são parte da raiz histórica da incriminação da rixa[221]. O primeiro previa inclusivamente uma situação específica em que se relacionava o crime colectivo com a autoria do crime que motivava a assuada, dispondo no § 2 do artigo 180.º que «se o crime, objecto da assuada, se consummou, será imposta a todos os auctores d'elle a pena que, segundo a Lei, dever ser aplicada». A regra pressupunha uma clara distinção entre a *autoria do facto colectivo* (participação na assuada) e a *autoria do facto subsequente* (o crime objecto da assuada), problema que se suscita igualmente no crime do artigo 151.º, n.º 1, do Código Penal vigente. A solução acolhida no preceito suscitava a dúvida de saber se os autores do facto subsequente continuariam ou não a ser punidos pela participação na assuada. A linha de entendimento que se afirmou como dominante na vigência do Código antigo, apontando para uma solução negativa, repercute-se ainda hoje no entendimento jurisprudencial das situações de concurso que envolvem o citado artigo 151.º, como adiante se verá. Os arts 180.º e 185.º do Código Penal de 1852 foram objecto de algumas críticas severas da doutrina portuguesa, nomeadamente no plano da sua articulação sistemática (com normas gerais e outros tipos em especial) e, em função disso, foram profundamente reformulados em 1886[222].

---

[220] Cfr. Actas da Comissão Revisora (1966), 5.ª sessão (artigo 164.º). Em pormenor, FREDERICO ISASCA, *Da participação em rixa*, 59 e ss (em ligação com o que escreve a p. 21-57). Depois, TAIPA DE CARVALHO, *Comentário Conimbricense I*, artigo 151.º, § 1 e ss. Agora, FARIA COSTA, *Direito Penal Especial*, 114 e ss; AUGUSTO SILVA DIAS, *Crimes contra a vida*, 118-129; PAULO PINTO DE ALBUQUERQUE, *Código Penal* (2.ª edição, 2010), anotação ao artigo 151.º.

[221] Em sentido diverso, mas tendo apenas em conta o Código Penal após a revisão de 1886 (e não o texto de 1852), FREDERICO ISASCA, *Da participação em rixa*, 51. No sentido do texto, o voto de vencido do Conselheiro Fisher Sá Nogueira ao Ac. do STJ, de 3 de Novembro de 1994 (*BMJ*, 441: 18 e ss, *maxime* 29-34) onde se reúnem interessantes elementos históricos sobre a incriminação.

[222] Veja-se, LEVY MARIA JORDÃO, *Commentario II*, 1853, 183-187, e SILVA FERRÃO, *Theoria do Direito Penal*, vol. V, 1857, 21-24 e 42-43. Depois, já perante a redacção do Código Penal de 1886, LUÍS OSÓRIO, *Notas ao Código Penal*, vol. II, 1925, 155-158 e 190-195.

Perante estes elementos, o Código Penal de 1982 assumiu uma intencional repartição sistemática das incriminações: manteve alguns crimes colectivos no âmbito dos crimes contra a paz pública (arts 285.º a 291.º do texto de 1982), entre os quais os crimes de *participação em motim* (artigo 290.º, actual artigo 302.º) e em *motim armado* (artigo 291.º, actual artigo 303.º), mas criou no domínio dos crimes contra as pessoas o tipo legal de participação em rixa (artigo 151.º, n.º1), destinado especificamente a tutelar bens jurídicos pessoais. Desta forma se opera uma transição axiológica significativa no quadro legal vigente, em que este tipo de criminalidade deixa de ser relevante apenas no domínio da ordem pública, para passar a adquirir significado enquanto forma específica de agressão a bens jurídicos pessoais de maior dignidade penal (vida e integridade física).

O crime de participação em rixa organiza-se com base em dois elementos essenciais: a *conduta proibida*, que se traduz em intervir ou tomar parte dolosamente numa rixa (de duas ou mais pessoas), e uma *consequência específica dessa rixa*, a verificação da morte ou ofensa grave à integridade física de alguém (um participante na rixa ou um terceiro)[223]. A forma como a doutrina entende cada um destes elementos e o significado sistemático que atribui à relação entre ambos não é uniforme.

Uma corrente, provavelmente dominante, entende o tipo incriminador da rixa, desta forma construído, como uma incriminação de perigo abstracto para bens jurídicos pessoais (vida e integridade física) cujo alcance é limitado pela sujeição da intervenção penal à verificação duma condição objectiva de punibilidade (a ofensa grave à integridade física ou a morte de uma pessoa)[224]/[225].

---

[223] Em pormenor, FREDERICO ISASCA, *Da participação em rixa*, 65 e ss e 113 e ss. Mais recentemente, TAIPA DE CARVALHO, *Comentário Conimbricense I*, artigo 151.º, § 9 e ss; AUGUSTO SILVA DIAS, *Crimes contra a vida*, 119 e ss. O texto do artigo 151.º, n.º 1, do Código Penal de 1982 não coincide exactamente com o texto aprovado na Comissão Revisora de 1966. Para uma análise comparada, FREDERICO ISASCA, *Da participação em rixa*, 62-63. Na Comissão de Revisão de 1993 chegou a ser proposta a supressão da condição objectiva de punibilidade (a consequência grave da rixa), solução que acabou no final por não ser adoptada por não ter reunido consenso (*Actas* 1993, 229 e 501).

[224] WELZEL, *Deutsche Strafrecht*, 11.ª edição, 1969, 297; STREE in SCHÖNKE/ SCHRÖDER, *StGB*, § 227, n.º 1, 13 e 16, e depois *StGB* (2001), § 231, 1, 13 e 16; LACKNER, *StGB* (21.ª edição, 1995), § 227, n.º 1 e 5 a), e depois LACKNER/ KÜHL, *StGB* (27.ª edição, 2011), § 231, n.º 1 a 5 a); DREHER/ TRÖNDLE, *StGB* (47.ª edição, 1995), § 227, n.º 1 e 5; FISCHER, *StGB* (58.ª edição, 2011), § 231, n.º 1 a 5; MAURACH/ SCHRÖDER/MAINWALD, *Strafrecht BT I*, 8.ª edição, 1995, § 11, n.º 4 e 5; OTTO, *Grundkurs (Die einzelnen Delikte)*, 2.ª edição, 1984, 78-79; HAFT, *Strafrecht BT*, 5.ª edição, 1995, 113; KÜPER, *Strafrecht BT 1*, 2.ª edição, 2000, 45; WESSELS/HETTINGER, *Strafrecht BT/1*, 25.ª edição, 2001, 87, 88 (n.º marg. 343 e 354); GEISLER, *Bedingungen der Strafbarkeit*, 276 e ss e 360-361. A tentativa de fundamentar a punição da participação em rixa no juízo de perigosidade, por contraposição crítica à teoria da presunção da culpa, foi igualmente ensaiada

Dessa forma, o legislador não puniria a conduta apenas por presumir que a mesma seria perigosa. A adição da condição objectiva de punibilidade seria uma forma de limitar o âmbito da incriminação e, não fazendo parte do tipo de ilícito, seria estranha ao âmbito do tipo subjectivo (não se exigindo, em consequência, nem a imputação dolosa, nem negligente da circunstância em causa, sendo também por isso inaplicável o regime do erro)[226].

Uma orientação de sentido oposto sustenta que o entendimento da doutrina dominante implica uma derrogação inaceitável do princípio da culpa[227]. Desde logo porque, por si só, a conduta proibida não legitimaria o recurso à pena legalmente prevista, sendo a mesmo parcialmente fundamentada pela consequência grave provocada pela rixa[228]. Assim sendo, a alegada condição objectiva de punibilidade seria verdadeiramente uma parcela do ilícito típico e co-fundamentaria

com sucesso pela doutrina mais antiga: R. Frank, *Das Strafgesetzbuch für das Deutsche Reich*, 17.ª edição, 1926, § 227, nota II. Para uma visão de conjunto da doutrina, com um enfoque muito crítico, Bemmann, *Bedingungen der Strafbarkeit*, 42-43 e, depois, igualmente crítico, Hass, *Wie entstehen Rechtsbegriff?* 67-69.

[225] Entre nós, Augusto Silva Dias, *Crimes contra a vida*, 119 e 125. Aponta neste sentido, também, a jurisprudência nacional: cfr., entre outros, Ac. do STJ, de 16 de Outubro de 1996 (*CJ*, Acs STJ, IV (1996) Tomo III, 166-168) onde se afirma expressamente que «o crime é comum e de perigo abstracto. A morte e/ou ofensa corporal grave são meras condições objectivas de punibilidade» (p. 167). Depois, acolhendo a mesma classificação, Ac. do STJ, de 11 de Abril de 2002 (in *CJ*, STJ, X (2002), Tomo II, 166-171), 169, onde se encontra identificada a jurisprudência sobre o tema.

[226] Para uma exposição pormenorizada, Stree in Schönke/Schröder, *StGB* (2001), § 231, n.º 1, 13 e 16, que, no entanto, não adere integralmente a todas as consequências descritas no texto. Também, Augusto Silva Dias, *Crimes contra a vida*, 125 e ss.

[227] Arthur Kaufmann, *Das Schuldprinzip*, 2.ª edição, 1976 247; Bemmann, *Objektiven Bedingungen*, 43-45; e ss; Hass, *Wie entstehen Rechtsbegriff*, 57-62, 69, 76-78, *Rechtstheorie* 3 (1972), 31-33, e «Abschied von der objektiven Strafbarkeitsbedingung», *ZRP* 9 (1979), 196-197 (generalizando a sua posição crítica em relação ao próprio conceito de condição objectiva de punibilidade); Hirsch, *LK-StGB*, § 227, n.º 1; Frister, *Schuldprinzip*, 58-61; Rönnau/ Bröckers, «Die objektive Strafbarkeitsbedingungen im Rahmen des § 227 StGB», *GA* (1995), 549 e ss. A argumentação da doutrina alemã não é integralmente transponível para a lei portuguesa, pois o preceito do *StGB* alemão que incrimina a rixa (antigo § 227, actual § 231) prevê não só a conduta de participação na rixa como também uma situação alternativa descrita como «uma agressão executada por várias pessoas». Esta última cláusula (uma modalidade específica de co-autoria, autonomamente prevista no tipo) não foi adoptada no Código Penal Português (em pormenor, Isasca, *Participação em rixa*, 45-50) e é em si mesma fonte de inúmeros problemas. Para mais desenvolvimentos, Stree *in* Schönke/Schröder, *StGB* (2001), § 231, n.º 4; Henke, «Beteiligung an einer Schlägerei (§ 227 StGB)», *JURA* (1985), 587; Geisler, *Bedingung der Strafbarkeit*, 280 e ss.

[228] Hirsch, *LK-StGB*, § 227, n.º 1; Roxin, *Strafrecht AT* I (4.ª edição, 2006), § 23, n.º 12.

a pena legal prevista para o facto. Caso em que tal circunstância não poderia ser absolutamente estranha ao título de imputação subjectiva. Para se respeitar o princípio da culpa seria então de exigir um elemento subjectivo especificamente configurado, que consistiria numa combinação de dolo em relação à conduta proibida com «falta de cuidado» em relação à consequência grave (*Vorsatz-Sogarfaltswidrigkeits-Kombination*)[229] ou, pelo menos, a exigência mínima de previsibilidade de verificação da consequência grave[230]. Nesta forma de compreender o tipo incriminador estaremos não perante um crime de perigo abstracto, mas sim um crime de perigo concreto, em que o evento perigoso se documenta através das consequências graves da rixa. Perigo esse que é então parte do ilícito e não uma mera condição objectiva de punibilidade[231].

Para além destas duas grandes matrizes de compreensão do crime de participação em rixa encontram-se perspectivas ecléticas, dogmaticamente menos lineares. Assim, há quem entenda que estamos perante uma incriminação de perigo concreto, mas continue a afirmar que a consequência grave é uma condição objectiva de punibilidade estranha, portanto, ao título de imputação subjectiva[232]. Ou quem afirme que se trata de um tipo incriminador que combina o perigo abstracto com o perigo concreto, no qual a consequência grave é uma figura

---

[229] HIRSCH, *LK-StGB*, § 227, n.º 15, argumentando por identidade de razão com o regime dos crimes preterintencionais (§ 18 do *StGB*): se nestes a mera agravação da pena depende da imputação negligente da agravante, quando um resultado condicione em absoluto a pena deve seguir um regime equivalente. Depois, ROXIN, *Strafrecht AT* I (4.ª edição, 2006), § 23, n.º 12, fazendo incidir o dolo sobre «os factores constitutivos da perigosidade» da rixa.

[230] BEMMANN, *Objektiven Bedingungen*, 45.

[231] HIRSCH, *LK- StGB*, § 227, n.º 1 e 15; ROXIN *Strafrecht* AT I (4.ª edição, 2006), § 23, n.º 12 e ss. Depois, RÖNNAU/BRÖCKERS, *GA* (1995), 560 e ss.

[232] TAIPA DE CARVALHO, *Comentário Conimbricense I*, artigo 151.º, § 15 e 16. A classificação é dificilmente aceitável quando o perigo não surge autonomizado no tipo, como um evento carente de prova, em relação à conduta proibida (como aliás o Autor nota, noutra passagem – cfr. § 27, *in fine* – o que o leva a admitir que o perigo concreto resultará apenas «implicitamente do texto legal»). Idêntica classificação era seguida por RUI PEREIRA, *O dolo de perigo*, 1995, 27 e nota 29, que apresentava o crime como sendo de perigo concreto e a cláusula final como sendo uma condição objectiva de punibilidade imprópria. Noutra passagem sugeria uma alteração legislativa no sentido da supressão da condição objectiva de punibilidade e a criação de um crime de perigo concreto (*Dolo de perigo*, 151-152, nota 29), o que permite questionar a correcção da primeira classificação. A proposta em caso algum poderia ser pacífica. Se a actual configuração do crime fosse já de perigo concreto a supressão da condição objectiva de punibilidade apenas a tornaria menos exigente (alargamento da punibilidade) e com uma amplitude excessiva, de duvidosa utilidade político-criminal e de concretização mais complexa pelos aplicadores do Direito (quer nas fases preliminares do processo, quer na prova autónoma do perigo a realizar na audiência de julgamento). Crítico, ainda, AUGUSTO SILVA DIAS, *Crimes contra a vida*, 120.

equivalente a uma causa de anulação da pena de sentido negativo[233]. Tal como se defende tratar-se de um crime de resultado (em que este seria própria rixa, enquanto conflito autonomizável em relação aos contributos individuais de cada participante) ao qual se adicionou uma condição objectiva de punibilidade[234].

3. Os entendimentos apresentados não se revelam os mais adequados à caracterização do crime de participação em rixa. A exacta compreensão do tipo incriminador do artigo 151.º, n.º 1, do Código Penal não pode deixar de ter em consideração a natureza do facto ilícito previsto pelo legislador. A participação em rixa é um *crime colectivo* que exige a conjugação de diferentes contributos de vários agentes, no mínimo três pessoas[235]. A lei proíbe e valora como ilícito

---

[233] MONTENBRUCK, «Zur Beteiligung an einer Schlägerei – zugleich ein Beitrag zur gebotenen restriktiven Auslegung der Tateinheit gem. § 52 StGB», *JR* (1986), 139 e ss, raciocionando por equiparação com a figura da desistência e sublinhando que a falta da consequência grave indicia a natureza bagatelar da rixa.

[234] FREDERICO ISASCA, *Da participação em rixa*, 96 e ss, usando um conceito naturalístico (e não normativo) de resultado que, levado às últimas consequências, inutiliza a distinção normativa entre conduta e resultado.

[235] É o que resulta, por um lado, da conjugação entre a acção típica individual (participar numa rixa) e o facto colectivo previsto (rixa de duas ou mais pessoas) e, por outro, do facto de o conflito entre duas pessoas permitir em regra individualizar as ofensas praticadas e sofridas, num contexto dogmático que remete para a imputação individualizada dos factos e não para a relevância dum facto colectivo. No sentido de que são necessárias três pessoas pelo menos, para realizar o tipo de participação em rixa AUGUSTO SILVA DIAS, *Crimes contra a vida*, 124, e PAULO PINTO DE ALBUQUERQUE, *Código Penal* (2.ª edição, 2010), artigo 151.º, anotação 4; STREE in SCHÖNKE/ SCHRÖDER, *StGB* (2001), § 231, n.º 3; DREHER/TRÖNDLE, *StGB*, § 227, n.º 3; HIRSCH, *LK-StGB*, § 227, n.º 4; PAEFFGEN, *NK-StGB* (2005), § 231, n.º 6; HENKE, *JURA* (1985), 586 e 588; ARTZ/WEBER, *Strafrecht BT*, 3.ª edição, 1988, 122; WESSELS/HETTINGER, *Strafrecht, BT/I*, § 7, n.º 345. Contra, FREDERICO ISASCA, *Da participação em rixa*, 70-74, considerando que podem ser apenas duas pessoas, conclusão que retira dum argumento axiológico: um conflito entre duas pessoas é igualmente idóneo a lesar a paz social (bem jurídico que considera ser tutelado pelo tipo incriminador da rixa). No mesmo sentido, com outro enquadramento, TAIPA DE CARVALHO, *Comentário Conimbricense I*, artigo 151.º, § 22, e LACKNER/KÜHL, *StGB* (27.ª edição, 2011), § 231, n.º 2. A jurisprudência nacional parece apontar num sentido mais exigente, coincidente com o que se defende no texto. Assim, considerou o Ac. da Relação de Lisboa, de 13 de Janeiro de 1999 (*CJ*, XXIV (1999), I, 136-137), que «a simples luta entre duas pessoas, confinada ao local e ambiente em que os factos se situaram, identificando-se perfeitamente a actuação de um e de outro e sem qualquer susceptibilidade de perturbação da ordem social» não constituía uma rixa (p. 136). No mesmo sentido, o Ac. STJ, de 11 de Abril de 2002 (*CJ*, STJ, X (2002), Tomo II, 166-171), onde se afirma, com razão, que o tipo incriminador «não pode, pois, restringir-se a duas pessoas, como crime colectivo que é, ou de concurso necessário, porquanto nesse caso haverá apenas um conflito recíproco e não rixa» (p. 169).

penal a participação material dos agentes[236] numa fonte específica de perigo: um empreendimento colectivo, uma rixa, que pela dinâmica de perigosidade que induz e pela incontrolabilidade individual do facto colectivo e suas consequências é um acontecimento idóneo para pôr em perigo uma multiplicidade de bens jurídicos[237].

Uma rixa é um acontecimento perigoso em si mesmo, mas o perigo que comporta é consideravelmente variável e de difícil padronização através dos tipos legais. Os factores de perigo podem estar associados ao número de agentes envolvidos, às suas qualidades pessoais, determinação e propósitos que os orientam, aos meios usados, ao local do acontecimento, à interferência de terceiros que, não participando de início na rixa, podem introduzir novos factores de perigo (provocações, armas ou formas de violência pessoal mais radicais), *etc*. Uma simples incriminação de perigo abstracto poderia abranger todas estas realidades, através de cláusulas gerais, mas acabaria igualmente por ser aplicável a muitos outros casos (menos graves) que não revelariam a mesma dignidade penal.

O legislador penal operou neste domínio uma primeira restrição axiologicamente significativa: a rixa é penalmente relevante na medida em que constitui um modelo de perigo[238] para certos bens jurídicos pessoais, a saber a vida e a integridade física. Dessa forma, foram excluídas do âmbito do tipo as situações em que a rixa apenas poderia pôr em causa bens jurídicos pessoais de outra natureza (*v.g.* a liberdade pessoal) ou bens jurídicos distintos (como o património, a

---

[236] As formas de participação moral não realizam o tipo, apenas podem constituir modalidades de participação. Assim, GEISLER, *Bedingungen der Strafbarkeit*, 283; LACKNER/ KÜHL, *StGB* (27.ª edição, 2011), § 231, n.º 3; PAEFFGEN, *NK-StGB* (2005), § 231, n.º 8. A idêntica conclusão chegou FREDERICO ISASCA, *Da participação em rixa*, 66, afirmando, com razão, que essa exigência resulta da idoneidade lesiva pressuposta pelo tipo, em função da descrição feita na condição objectiva de punibilidade: só a participação material teria idoneidade lesiva para provocar uma lesão na vida ou na integridade física. Em sentido diverso, aceitando que o tipo abrange quer a participação física quer a psíquica, WESSELS/HETTINGER, *Strafrecht, BT/1*, § 7, n.º 349.
[237] Sobre estes referentes na compreensão do crime de participação em rixa, GEISLER, *Bedingungen der Strafbarkeit*, 267 e ss, 270-275 e 284. Uma contraposição aos delitos cumulativos é feita por AUGUSTO SILVA DIAS, *Crimes contra a vida*, 121. O fundamento da punibilidade de cada participante é, portanto, individual: os agentes são punidos por se envolverem voluntariamente numa fonte especial de perigo. Neste sentido, com diferentes formulações, STREE in SCHÖNKE/SCHRÖDER, *StGB* (2001), § 231, n.º 1 e 13; LACKNER/KÜHL, *StGB* (27.ª edição, 2011), § 231, n.º 1; HENKE, *Jura* (1985), 587 e ss; GEISLER, *Bedingungen der Strafbarkeit*, 268 e 274-275; FREDERICO ISASCA, *Participação em rixa*, 105 e ss; TAIPA DE CARVALHO, *Comentário Conimbricense I*, artigo 151.º, § 20.
[238] Sobre o conceito de «modelo de perigo» (estruturado com base em critérios objectivos) no processo de delimitação dos tipos e na imputação jurídico-penal, JOÃO CURADO NEVES, *Comportamento lícito alternativo e concurso de riscos*, 1989, 163-177.

liberdade de circulação ou outros bens), em abstracto igualmente merecedores de tutela penal. Para concretizar esta primeira limitação o legislador integrou na condição objectiva de punibilidade apenas as ofensas graves à integridade física e a lesão da vida.

Uma segunda restrição resulta do propósito legislativo de não punir qualquer forma de participação numa qualquer modalidade de rixa, mas sim e apenas os casos em que o facto colectivo possua uma *perigosidade específica e qualificada* para *certos bens jurídicos pessoais*. Esta selecção corresponde igualmente à eleição típica de um certo *modelo de perigo* cuja verificação o legislador pretende evitar[239]. Para delimitar normativamente essa realidade o legislador poderia ter recorrido a diferentes técnicas como, por exemplo, exigir um número mínimo de agentes presumivelmente perigoso, prever o uso de certos meios especialmente agressivos – descritos de forma genérica (cláusulas de perigo) ou de forma pormenorizada (uso de armas, objectos contundentes, *etc.*) –, poderia autonomizar um específico resultado perigoso como consequência típica do facto, criar elementos subjectivos especiais ou cláusulas de motivações especialmente censuráveis. Qualquer uma destas soluções poderia contudo revelar-se demasiado ampla ou demasiado restrita, criando uma incerteza intolerável quanto ao âmbito do tipo e à própria intencionalidade da opção legislativa.

Por isso, o legislador de 1982 optou por realizar a selecção do perigo penalmente relevante em função das consequências especialmente danosas da rixa, criando para o efeito uma condição objectiva de punibilidade que funciona como um indício legal da perigosidade do ilícito (a rixa)[240]. A sua exacta compreensão probatória acaba por limitar consideravelmente a discricionariedade judicial na valoração do perigo tipicamente relevante. O perigo inerente à rixa deixa de ser uma impressão momentânea, documentada probatoriamente através de meios mais ou menos seguros (testemunhos, uso de meios que, de acordo com a experiência comum, se consideram perigosos, *etc.*), para passar a ter uma dimensão mais consistente e estável que facilita a percepção judiciária da prova e induz certeza na delimitação dos factos merecedores e carentes de pena[241].

Não se ignora que esta técnica de selecção legal das condutas penalmente perigosas tem merecido objecções da doutrina. As críticas que lhe são dirigidas

---

[239] Neste sentido, o Ac. do STJ, de 16 de Outubro de 1996 (*CJ*, Acs STJ, IV (1996) III, 166-168), afirmando que a finalidade de política criminal que levou à autonomização legal da rixa foi a de «evitar que as pessoas se envolvam em certos confrontos físicos que, pelas suas características peculiares, põem seriamente em perigo a integridade física e a vida» (p. 167).
[240] Assim, WELZEL, *Deutsche Strafrecht* (11.ª edição, 1969), 297. Depois, STREE in SCHÖNKE/SCHRÖDER, *StGB* (2001), § 231, n.º 13; MONTENBRUCK, *JR* (1986), 140; JAKOBS, *Strafrecht*, 337.
[241] Para uma leitura destes referentes na compreensão do juízo de perigo, FARIA COSTA, *O perigo em Direito Penal*, 1992, 602 e ss.

incidem essencialmente sobre a natureza do juízo de perigo e sobre as suas consequências à luz do princípio da igualdade perante a lei.

Já se afirmou, quanto ao primeiro aspecto, não ser legítimo estabelecer a perigosidade de uma conduta através da comprovação posterior (e retroactiva) de um dano. Para o efeito, afirma Teresa Quintela de Brito que «um subsequente e fortuito facto ilícito, precisamente por o ser, nada permite concluir acerca da perigosidade da conduta que o precedeu. De igual modo, a ausência de um tal facto também não significa a inexistência de um perigo»[242].

Uma valoração tão crítica sobre o uso desta técnica pelo legislador não é convincente, pois não tem em linha de conta os critérios processuais de valoração da prova e, seguramente, não pode ser generalizada a todos os crimes de perigo aos quais o legislador adicionou uma condição objectiva de punibilidade. Não parece exacto, desde logo, partir do princípio de que em tais casos o facto ilícito subsequente é fortuito, pois se merecer tal qualificação no plano técnico-jurídico não poderá ser provavelmente relacionado com a conduta perigosa. Não sendo o facto subsequente fortuito – isto é, absolutamente casual e estranho à conduta do agente – ele pode perfeitamente ser relacionado com o facto que o antecede, dentro das regras de experiência comum que balizam a valoração da prova (artigo 127.º do CPP)[243], completadas com os juízos técnicos de eventuais perícias. Na dúvida sobre se uma conduta é ou não perigosa, por que razão não seria legítimo ao legislador usar como crivo de aferição dessa perigosidade as consequências reais do facto?[244] É também este um dos critérios de valoração da prova usados no processo penal. Negar esta possibilidade equivale a pôr em causa a realização de qualquer juízo de imputação objectiva, como em última instância acaba por redundar numa concepção do ilícito exclusivamente centrada sobre o desvalor da acção, perspectiva de fraca adesão à realidade (ontológica e axiológica). Por outro lado, se é certo que pela mera ausência de danos subsequentes não se pode negar a existência de perigo, não é possível desta asserção retirar uma conclusão oposta sobre uma realidade distinta, negando a possibilidade de se estabelecer uma relação entre o perigo e um dano efectivamente verificado a partir deste.

---

[242] Teresa Quintela de Brito, *Crime praticado em estado de inimputabilidade auto-provocada, por via do consumo de álcool ou drogas*, 1991, 73-74, 81-82, 107 e 112, argumentando desta forma relativamente ao ilícito típico no crime de embriaguez do artigo 295.º do Código Penal (na altura artigo 282.º, então em vigor), mas com idênticas referências quanto ao crime de participação em rixa (cfr. pag. 112). A Autora veio, contudo, a rever recentemente a sua posição sobre o tema: cfr. *Direito Penal PE*, 2007, 579, nota 94.

[243] Assim, Rui Pereira, *Dolo de perigo*, 25. Em pormenor, Faria Costa, *O perigo*, 613 e ss.

[244] Com razão afirma, não sem alguma ironia, Faria Costa, *O perigo*, 610, nota 105, que a compreensão do perigo a partir de um momento *ex ante* «também não é nada que esteja inscrito na natureza das coisas».

O juízo de perigo enquanto juízo relacional tanto pode ser formulado *ex ante* e confirmado ou negado *ex post*, como pode ser formulado *ex post* para confirmar ou negar uma perigosidade criada *ex ante*[245]. Em regra o destinatário da norma formula um juízo (subjectivo) sobre o perigo *ex ante* e o aplicador do Direito um juízo (objectivo) *ex post* (mas que deve incluir elementos *ex ante*). Só não é legítimo formular uma regra de conduta *ex post* dirigida a um momento *ex ante*[246], por ineficácia absoluta da mesma no plano preventivo, ou construir um tipo incriminador em que todo o perigo seja aferido *ex post*. Mas é perfeitamente possível delimitar normativamente um facto e o âmbito da intervenção penal através dum juízo de valor formulado sobre a perigosidade do facto no momento da conduta confirmado ou negado pelas consequências desse mesmo facto. É este, aliás, o raciocínio judicial que se realiza quando se valoram indícios e consequências que permitem concluir sobre a perigosidade dum facto[247]. Se as consequências de um facto podem ser judicialmente utilizadas como indícios da comprovação da efectiva perigosidade desse facto, não se vê razão para essa mesma técnica não poder ser utilizada antecipadamente pelo legislador, com o objectivo de relacio-

---

[245] Sobre esta dupla referência do juízo de perigo, e sua relação com o âmbito de protecção da norma, em pormenor FARIA COSTA, *O perigo*, 610-620. Contra, AUGUSTO SILVA DIAS, *Crimes contra a vida*, 123 e nota 169; PAULO PINTO DE ALBUQUERQUE, *Código Penal* (2.ª edição, 2010), artigo 151.º, anotação 7, defendendo uma aferição do perigo exclusivamente *ex ante*. Mas sem razão, pois a articulação entre o perigo abstracto e abstracto-concreto com uma condição objectiva de punibilidade que confirma o juízo de perigo da conduta típica não substitui este juízo relativo ao facto ilícito antes o completa (tal como acontece com a prova negativa do perigo feita em momento subsequente e que pode contrariar o juízo *ex ante* ou com a a confirmação *ex post* da concretização do perigo num certo resultado).

[246] Por isso sugere com razão FARIA COSTA, *O perigo*, 602 e ss, que a «relação cuidado-de-perigo» deve ser aferida *ex ante*. Em termos equivalentes, com outro enquadramento, JOÃO CURADO NEVES, *Comportamento lícito alternativo*, 177, em ligação com p. 170 e ss.

[247] Sobre o juízo de perigo, RUI PEREIRA, *Dolo de perigo*, 33 e ss, sustentando que o juízo de perigo penalmente relevante, em função da sua natureza objectiva, é sempre formulado depois do facto, pelo orgão aplicador do Direito, ao contrário da componente subjectiva que é contemporânea do facto (*op. cit*, 36-37). Em sentido (aparentemente) diverso, mas no contexto da imputação objectiva, defendendo um puro juízo *ex ante*, PAULO SOUSA MENDES, *Raciocínios hipotéticos e processos causais virtuais* (dissertação de mestrado, apresentada à FDUL, não publicada), 1986, 147 e ss, e JOÃO CURADO NEVES, *Comportamento lícito alternativo*, 69, 167-177. Em sentido distinto, fazendo apelo, com razão, a uma dupla referência para se compreender juridicamente a noção de perigo, FARIA COSTA, *O perigo*, 610-620: «Noção que, para além disso, se revela por meio de um juízo de dupla referência (ex ante e ex post), aperfeiçoado pela doutrina no âmbito de protecção da norma e cujo núcleo central do seu critério determinador se afirma através do cânone das regras da experiência, conquanto ligado ao referencial de haver probabilidade, jurídico-penalmente compreendida, de um resultado desvalioso se vir a produzir» (p. 620).

nar normativamente a incerteza associada ao perigo com a comprovação do risco de lesão do bem jurídico criado por um comportamento (neste caso, colectivo) por verificação dum dano superveniente[248]. Pelo contrário: a desejável congruência entre o sistema penal substantivo e o sistema penal processual apontam exctamente neste sentido. Outra não é afinal a técnica usada pelo legislador nos crimes de resultado (de forma livre), onde a delimitação da conduta proibida (porque perigosa) é também feita em função das consequências da mesma[249]. O que desta forma se ganha na concretização do âmbito do tipo não é negligenciável, à luz das exigências de certeza e segurança no funcionamento do sistema penal.

Já se pretendeu igualmente pôr em causa esta técnica legislativa sugerindo que ela implica uma necessária derrogação do princípio constitucional da igualdade perante a lei. Isto porque, ao fazer depender a punibilidade dos participantes na rixa da verificação de uma consequência danosa da mesma, tal equivaleria a dar tratamento desigual a factos semelhantes: a rixa que produza consequências é punível, a rixa que não produza essas consequências não é punível[250]. Nas palavras de RÖNNAU e BRÖCKERS: o princípio da igualdade é violado quando «um grupo de destinatários da norma em comparação com outro grupo de destinatários da norma tem um tratamento diferente, quando entre ambos os grupos nenhuma diferença de qualidade ou conteúdo se identifica que possa justificar a desigualdade desse tratamento»[251]. A radical diferença de tratamento seria injustificável e tanto mais inaceitável quanto faria depender o âmbito da responsabilidade da verificação de um resultado puramente casual, elegendo-se dessa forma um modelo de atribuição de responsabilidade estranho aos nossos ordenamentos jurídico penais[252]. A derrogação do princípio constitucional da igualdade só poderia ser contornada com uma interpretação da norma conforme à Constituição, no sentido de a consequência grave ser entendida como parcela do tipo de ilícito. A necessária congruência entre o tipo de ilícito e o tipo de culpa permi-

---

[248] Sobre a relação entre *perigo* e *risco* neste contexto, FARIA COSTA, *O perigo*, 611-612, em ligação com o que escreve a pp. 567 e ss.

[249] Sobre este aspecto, isto é, a delimitação da conduta proibida a partir dum juízo de adequação abstracto (idoneidade da acção para produzir o resultado típico), a ser depois completado por um juízo de adequação em concreto que estabelece o nexo de imputação entre resultado e conduta, JOÃO CURADO NEVES, *Comportamento lícito alternativo*, 81 e ss. Como refere FIGUEIREDO DIAS, *Direito Penal PG I* (2.ª edição, 2007), 336 (cap. 12, § 30), no processo de imputação objectiva do resultado o juízo sobre a concretização do risco no resultado típico é sempre um juízo *ex post*.

[250] RÖNNAU/BRÖCKERS, *GA* (1995), 553 e ss, apontando como percursor desta agrumentação uma dissertação (não publicada) de HUND, *Schlägerei – ein entbehrlicher Tatbestand?*, 1988.

[251] RÖNNAU/BRÖCKERS, *GA* (1995), 557.

[252] RÖNNAU/BRÖCKERS, *GA* (1995), 555-556.

tiria então operar com fundamento as necessárias distinções quanto ao âmbito de aplicação da norma[253].

A linha de argumentação desenvolvida é aparentemente sugestiva, mas profundamente equívoca[254]: pressupõe, desde logo, que a aferição da igualdade perante a lei penal só se pode fazer perante o tipo de ilícito (e, reflexamente, perante o tipo de culpa) o que em si mesmo é, simultaneamente, um pressuposto e um resultado da argumentação; mas supõe ainda que nenhuma diferença essencial existe, no plano do merecimento e da necessidade de pena, entre uma rixa isenta de consequências graves e uma rixa que as provoque. Um entendimento desta natureza é artificial e sem adesão à realidade. Não se pode equiparar as duas situações, pois a segunda distingue-se exactamente da primeira por estar demonstrado o seu potencial de perigo, concretizado em lesões objectivas na vida ou integridade física de outrém. Circunstância esta que não é de forma alguma um acontecimento fortuito (se o fosse não teríamos realizado integralmente o tipo da participação em rixa, por falta de conexão com o ilícito) mas sim uma concretização do perigo típico da rixa. Tendo a condição objectiva de punibilidade como função delimitar normativamente (e de forma probatoriamente segura, como se referiu) a perigosidade do facto colectivo, não se vê como se pode continuar a afirmar que a rixa é qualitativamente a mesma ocorra ou não a consequência grave.

Em suma, a desigualdade de tratamento justifica-se pois equivale a valorar de forma diferente duas realidades normativamente distintas: uma rixa que não teve consequências graves e uma rixa em relação à qual existe prova da sua perigosidade intrínseca, perigosidade documentada ou corroborada pelas consequências graves que originou. A prova do perigo do facto colectivo, documentado através da condição objectiva de punibilidade, legitima as diferenças de tratamento assinaladas em harmonia com o princípio da igualdade perante a lei penal.

4. Importa retomar o problema da classificação dogmática da cláusula de morte ou ofensa grave na rixa, até aqui apresentada como uma condição objectiva de punibilidade, matéria em que a doutrina é em regra pródiga em conclusões, mas escassa em fundamentação.

As duas grandes linhas de entendimento em confronto sustentam, por um lado, a relação da consequência grave na rixa com a ilicitude do facto e, por outro, num plano exactamente oposto, a sua autonomia em relação ao ilícito típico com a consequente integração nos pressupostos autónomos de punibilidade. Neste contexto, procurarei demonstrar que a consequência grave na rixa é, na verdade,

---

[253] RÖNNAU/BRÖCKERS, *GA* (1995), 558-559.
[254] Crítico, também, GEISLER, *Bedingungen der Strafbarkeit*, 300-303.

uma possível condição objectiva de punibilidade e não um elemento do facto ilícito. A distinção é essencial para a delimitação do âmbito do tipo incriminador e determinação do seu regime, sendo o seu esclarecimento, além disso, uma questão prévia em relação ao problema de saber de a leitura normativa do tipo incriminador exige ou não uma «correcção interpretativa» para o compatibilizar com o princípio da culpa, como sugere um importante sector da doutrina.

A cláusula designada como condição objectiva de punibilidade (morte ou ofensa grave à integridade física) deve ser entendida em função da natureza do crime previsto no artigo 151.º, n.º 1, da estrutura do ilícito e da sua (necessária) congruência com o princípio da culpa. Sendo a participação em rixa um crime colectivo, a morte ou ofensa grave à integridade física decorrentes da rixa não são, no âmbito do tipo incriminador do artigo 151.º, n.º 1, danos individualmente imputáveis a cada um dos participantes no conflito, mas sim consequências do facto colectivo no qual participam os autores que realizam a previsão do artigo 151.º, n.º 1[255]. Não se trata duma modalidade específica dum crime de ofensas graves à integridade física ou de um homicídio. Estes factos quando surgem no crime do artigo 151.º não têm a mesma natureza que os factos descritos no artigo 131.º ou no artigo 144.º do Código Penal. Nestes tipos incriminadores o acontecimento desvalioso é um facto do autor que realiza o tipo, ou seja, um facto individualmente imputável (objectiva e subjectivamente) a um agente. Diversamente, no crime de participação em rixa o facto desvalioso superveniente (morte ou ofensa grave) não é individualmente imputável a cada um dos participantes na rixa no âmbito do artigo 151.º, n.º 1: se isso acontecer a consequência grave pode inclusivamente não resultar do facto colectivo que é a rixa, como exige a letra e a *ratio* do artigo 151.º, n.º 1, mas sim duma perigosidade individual probatoriamente estabelecida. Em tal caso será, em rigor, imputável ao agente não (apenas) um crime de participação em rixa, mas sim um crime de ofensas graves à integridade física ou um homicídio, na forma tentada ou consumada.

A delimitação entre os elementos do ilícito e a condição objectiva de punibilidade reside neste ponto específico: na posssibilidade de imputar individualmente a circunstância em causa ao destinatário da norma penal no âmbito dessa mesma norma. O que, por seu turno, depende da estutura do ilícito (relação entre a conduta típica e as suas consequências), da natureza dos elementos em causa e da imputação a realizar dentro dos limites normativos do tipo. Sendo possível realizar

---

[255] Sublinham esta conexão entre a rixa (enquanto facto colectivo) e a condição objectiva de punibilidade, STREE in SCHÖNKE/SCHRÖDER, *StGB* (2001), § 231, n.º 14; LACKNER/KÜHL, *StGB* (27.ª edição, 2011), § 231, n.º 5 a); DREHER/TRÖNDLE, *StGB*, § 227, n.º 6, depois FISCHER, *StGB* (58.ª edição, 2011), § 231, n.º 6; HENKE, JURA (1985), 588 e ss; OTTO, *Grundkurs (Die einzelnen Delikte)*, 78-79; AUGUSTO SILVA DIAS, *Crimes contra a vida*, 125-126.

essa imputação individual dificilmente a circunstância em causa será estranha ao ilícito. Diversamente, tratando-se duma realidade normativamente estranha ao processo de imputação individual do ilícito (em função da sua natureza, estrutura ou relação com a conduta do agente) estará indiciada a sua autonomia em relação ao tipo de ilícito, com todas as consequências dogmáticas já referidas.

Neste contexto, a ofensa grave à integridade física e a morte no artigo 151.º, n.º 1, do Código Penal não podem ser qualificados como uma parcela do ilícito típico, individualmente conexa com a conduta pessoal de cada participante na rixa. Não se trata de saber se a participação em rixa, individualmente considerada, é ou não causa da consequência grave (critério causalista), nem de saber se a consequência grave é objecto do dolo dos agentes (critério do dolo). O problema é *anterior* a esta forma de colocar as questões: é um problema relativo à estrutura normativa do ilícito e dos elementos que nele podem ser integrados.

A diferença entre o facto individual (participação na rixa) e o facto colectivo (a rixa) e a necessária relação dos elementos da condição objectiva de punibilidade com este facto colectivo (e não com o facto individual) oferecem uma base para se pensar um critério mais genérico para delimitar o ilícito e os elementos da punibilidade exteriores ao mesmo. Vejamos em que termos.

A consequência de uma conduta típica forma com ela uma *unidade normativa* quando o agente que domina a conduta detém sobre as consequências da mesma o poder de as realizar (ou de as evitar, no caso da conduta omissiva). A capacidade de dominar um acontecimento (controlabilidade) é em regra pressuposto implícito da imputação individual desse acontecimento ao destinatário da norma penal, quer se trate duma situação de perigo, quer se trate do dano associado a esse perigo. O domínio exercido pelo destinatário da norma sobre os factores de perigo permite em regra (e de acordo com a experiência comum, partilhada pelos destinatários das normas penais) controlar a produção do resultado. Por isso, a unidade jurídica composta pela conduta e pelo resultado é pessoalmente imputável ao autor como *um facto típico* quando o perigo controlado pelo agente se concretiza num dano no bem jurídico tutelado (ressalvados obviamente os casos de quebra da imputação por interferência de outros factores de perigo estranhos ao comportamento proibido do agente)[256].

---

[256] Sobre o significado e o alcance destas estruturas da imputação na teoria do crime, veja-se, com várias referências histórico-dogmáticas, KORIATH, *Grundlagen strafrechtlicher Zurechnung*, 1994, designadamente 529-530. Crítico quanto ao conceito de dominabilidade, entre nós, JOÃO CURADO NEVES, *Comportamento lícito alternativo*, 74-76, nota 29. A sua importância para a exacta compreensão do âmbito do ilícito imputável ao agente será retomada *infra* Capítulo VII, § 37 e § 38, III.

Contudo, a consequência grave na estrutura normativa do crime de participação em rixa não é imputável a um autor individual (se tal acontecer será fora do contexto do artigo 151.º, pois será imputado um homicídio, tentado ou consumado, ou ofensas graves à integridade física), antes resulta da perigosidade associada ao facto colectivo. E, assim sendo, é um acontecimento que não se integra na *esfera de domínio* individual dos destinatários da norma penal (a norma de ilicitude do artigo 151.º, n.º 1 do Código Penal). Uma realidade que está fora da esfera de domínio individual do destinatário da norma não pode, em caso algum, fazer parte da estrutura do ilícito que lhe é pessoalmente imputável sob pena de violação do princípio da responsabilidade pessoal, já que a sua verificação ocorrerá por força do domínio exercido por outras pessoas ou devido a outros factores de perigo. Noutros termos: não pode existir responsabilidade por um resultado quando a produção desse mesmo resultado está *fora da esfera individual de domínio* do destinatário da norma penal. Por isso, circunstâncias desta natureza não podem fundamentar, no todo ou em parte, uma pena, nem podem ser consideradas parte de um facto ilícito individualmente imputável a um agente. Assim se compreende também a sua imunidade ao título de imputação subjectiva: estando tais circunstâncias fora da esfera de domínio do destinatário da norma elas não fazem parte do facto que lhe é individualmente imputável e, assim sendo, são necessariamente matéria estranha ao dolo, à negligência e ao erro. No caso do crime de participação em rixa, quando a consequência grave for imputável individualmente a um autor específico pode inclusivamente acontecer que ela não decorra da rixa enquanto facto colectivo. O que obriga a repensar a aplicabilidade do tipo incriminador do artigo 151.º, n.º 1, à luz da proibição de regresso e do princípio da culpa[257].

Em função desta compreensão da estrutura do ilícito previsto no artigo 151.º, n.º 1, do Código Penal, percebe-se igualmente que a pena determinada pelo legislador para a participação em rixa seja a mesma quer se verifiquem as ofensas graves, quer ocorra a morte de alguém (*indiferença axiológica qualitativa*), o que não seria possível se tais acontecimentos fizessem parte de um facto valorado como ilícito. O princípio da proporcionalidade exigiria que, nesse caso, o legislador projectasse na pena abstracta a diferenciação axiológica entre os dois bens jurídicos lesados, o que claramente não acontece. De igual modo, torna-se indiferente

---

[257] Não significa isto que não seja possível punir um dos rixantes por homicídio e os demais por mera participação em rixa. Neste sentido aponta, exactamente, Ac. do STJ, de 16 de Outubro de 1996 (*CJ*, Acs STJ, IV (1996) III, 166-168) que acolhe tal cisão entre a responsabilidade por participação no crime colectivo e a responsabilidade dum agente pelo homicídio. Apenas se pretende sublinhar que quando se consegue individualizar o autor material do homicídio ou das ofensas graves é necessário averiguar se a morte ainda se deve à dinâmica de perigo característica da rixa ou se é um factor estranho a ela (uma vingança pessoal, por exemplo).

para a aplicação do tipo da participação em rixa que se verifique uma morte ou várias mortes, ofensas numa pessoa ou em várias pessoas (*indiferença axiológica quantitativa*). Estas variáveis apenas relevam em sede de determinação concreta da pena e não na aplicabilidade do tipo incriminador[258], o que uma vez mais apenas é possível por tais circunstâncias não fazerem parte da estrutura do ilícito pessoalmente imputável aos participantes na rixa. Em suma, a utilização de cláusulas legais que expressam uma clara *indiferença axiológica* (qualitativa e quantitativa) das circunstâncias descritas em relação ao ilícito confirma a conclusão anterior formulada sobre os limites da capacidade de domínio do destinatário da norma em relação a tais circunstâncias: no âmbito do artigo 151.º, n.º 1, do Código Penal, as cláusulas de morte e ofensas graves à integridade física são matéria estranha ao tipo de ilícito (são, portanto, *unrechtsneutral*).

A cláusula de morte ou ofensa grave à integridade física no artigo 151.º, n.º 1, do Código Penal não pode, como tal, ser considerada um elemento integrante do facto ilícito, sendo possivelmente, à luz da estrutura do ilícito previsto no preceito, uma *condição objectiva de punibilidade*: uma circunstância objectivamente descrita na lei que *não integra o facto tipicamente ilícito* do destinatário da norma, mas que – acolhendo o critério proposto por SCHMIDHÄUSER[259] – *se relaciona direc-*

---

[258] STREE in SCHÖNKE/SCHRÖDER, *StGB* (2001), § 231, n.º 13; DREHER/TRÖNDLE, *StGB*, § 227, n.º 11. Para uma análise aprofundada do problema, GEISLER, *Bedingungen der Strafbarkeit*, 348 e ss. A consideração de tais elementos no contexto da determinação da pena tem de ser realizada dentro dos limites do artigo 71.º do Código Penal: em função da intensidade e dos efeitos do preenchimento do tipo incriminador, com a consequente proibição de recurso puro e simples aos elementos usados pelo legislador para determinar a pena legal abstracta. Significa isto que sendo a condição de punibilidade, em si mesma, usada pelo legislador para seleccionar o merecimento e a necessidade de pena da rixa, em função da documentação da perigosidade deste acontecimento, não podem estes elementos ser depois novamente utilizados na determinação da ilicitude do facto. Quer porque são estranhos à ilicitude do facto, quer porque já foram utilizados pelo legislador para eleger a pena abstracta. Por isso a perigosidade da rixa (elemento intrínseco ao ilícito colectivo) só pode graduada, para efeitos da medida concreta da pena, em função de outros factores de perigo que não as consequências descritas na condição objectiva de punibilidade. Sobre o problema, em pormenor, FIGUEIREDO DIAS, *As consequências jurídicas do crime*, 234 e ss (§ 314 e ss). Depois, com muita informação, ANABELA MIRANDA RODRIGUES, *Medida da pena*, 594 e ss, incluindo expressamente no âmbito da proibição da dupla valoração não apenas os elementos da tipicidade, da ilicitude e da culpa, como também os pressupostos autónomos da punibilidade.

[259] SCHMIDHÄUSER, *ZStW* 71 (1959), 547-548 e 557-558, que recorre a dois critérios estuturais para delimitar as condições objectivas de punibilidade: a autonomia em relação ao facto ilícito (elementos exteriores ao facto ilícito) e a simultânea conexão com esse facto (elementos em conexão imediata com o facto).

tamente (surge «em conexão imediata») *com o facto* colectivo (a rixa) no âmbito do tipo legal.

Com outra argumentação, a doutrina e a jurisprudência nacionais vão igualmente neste sentido. Por exemplo, FREDERICO ISASCA recorre a dois argumentos importantes para sustentar a classificação da cláusula de morte ou ofensa grave na rixa como condição objectiva de punibilidade: o argumento da *impunidade por falta de condição* (sem a verificação da circunstância a rixa não é punível, enquanto a supressão do resultado ilícito origina a punibilidade pelo facto base nos crimes preterintencionais ou por tentativa, nos crimes materiais simples) e o argumento da *inutilização do tipo* (a inaplicabilidade do preceito em caso de imputação dolosa dos elementos integrados na condição objectiva de punibilidade)[260].

Trata-se de uma técnica legislativa legítima para a selecção da perigosidade da rixa por comprovação *ex post* do seu potencial lesivo (determinação do risco de lesão) e para concretizar a imputação da responsabilidade no contexto das regras processuais de prova. Tem em si mesma a vantagem de introduzir um grau de certeza probatória quanto à efectiva perigosidade do facto colectivo[261], certeza essa que dificilmente se conseguiria com a tipificação de um puro crime de perigo abstracto ou mesmo com a construção de um crime de perigo concreto[262]. A primeira hipótese acaba por se fundar numa presunção de perigo de fraca adesão à realidade e que, por ser demasiado ampla, é de duvidosa legitimidade político-criminal; a segunda exige um juízo probatório sobre o perigo enquanto evento autónomo que, no contexto de conflitualidade duma rixa, dificilmente conseguira ultrapassar com seriedade o crivo da dúvida razoável sem o apoio fáctico das consequências danosas.

Questão diferente é a de saber se é legítimo o legislador estruturar o ilícito culposo só com base na conduta colectiva e usar a condição objectiva de punibilidade como uma realidade estranha ao ilícito. A resposta deve ser afirmativa. Pela sua potencialidade lesiva (perigosidade colectiva, dificilmente controlável no plano individual) e pela sua danosidade social (efeito de escala, dinâmica de grupo

---

[260] FREDERICO ISASCA, *Da participação em rixa*, 113 e ss. Concordante quanto à classificação, TAIPA DE CARVALHO, *Comentário Conimbricense II*, artigo 151.º, § 23; AUGUSTO SILVA DIAS, *Crimes contra as pessoas*, 118, 125; PAULO PINTO DE ALBUQUERQUE, *Código Penal* (2.ª edição, 2010), artigo 151.º, anotação 9. Este entendimento é seguido pela jurisprudência, no plano puramente classificatório, sem argumentação de apoio: Ac. do STJ, de 16 de Outubro de 1996 (*CJ*, Acs STJ IV (1996), III, 167); Ac. da Relação de Lisboa, de 13 de Agosto de 1990 (*CJ*, XV (1990), IV, 167).

[261] STREE in SCHÖNKE/SCHRÖDER, *StGB* (2001), § 231, n.º 1 e 13. Em termos semelhantes, ARTZ/WEBER, *Strafrecht BT*, 123. Depois, GEISLER, *Bedingungen der Strafbarkeit*, 274, 360.

[262] Vai neste sentido (criação dum tipo de perigo concreto) a proposta de RUI PEREIRA, *Dolo de perigo*, 151-152, nota 29.

e pluriofensividade) a rixa é, por si só, um facto merecedor e carente de pena[263]. Isto é, seria legítimo o legislador punir só a conduta de participação dolosa numa rixa, pela fonte de perigo que o facto colectivo constitui e pela previsível danosidade social que o mesmo acarreta, independentemente da exigência de verificação de consequências específicas como a lesão da integridade física ou da vida. A amplitude político-criminal de uma incriminação assim construída seria por ventura criticável, como ser referiu, na medida em que abrangeria (indiferenciadamente) factos com uma danosidade real muito diferenciada. É exactamente este último aspecto que permite o recurso à condição objectiva de punibilidade, uma técnica legislativa legítima para restringir o âmbito da intervenção penal ao núcleo de comportamentos verdadeiramente merecedores e carentes de pena.

Em suma, no crime de participação em rixa (artigo 151.º, n.º 1, do Código Penal) os destinatários da norma que praticam o facto exercem apenas um domínio (positivo) sobre o seu contributo individual, mas esse domínio torna-se menos intenso (porque é repartido) quanto ao facto colectivo e, no contexto deste tipo incriminador, não se verifica quanto à consequência grave descrita no preceito. A consequência grave no crime de participação em rixa (a morte ou a ofensa grave à integridade física) não pode por isso um elemento do ilícito: ela surge no preceito como uma consequência do facto colectivo e, por isso, encontra-se fora da esfera individual de domínio dos destinatários da norma. Este enquadramento é corroborado pelo facto de a descrição da circunstância grave ser caracterizada por uma indiferença qualitativa (ofensa grave à integridade física ou morte) e quantitativa (uma morte ou várias mortes, uma ofensa ou varias ofensas são equivalentes no contexto do tipo incriminador), o que nunca poderia acontecer se a

---

[263] Neste sentido, ARTZ/WEBER, *Strafrecht BT*, 123. Em pormenor, GEISLER, *Bedingungen der Strafbarkeit*, 279 e ss, usando contudo o critério da «eliminação hipotética» (na fórmula forte) para comprovar que a circunstância é *unrechtsneutral*. Diversamente, no presente estudo essa comprovação foi feita, nas páginas anteriores, a partir da estrutura do ilícito, da capacidade de domínio do destinatário da norma e da indiferenciação axiológica (qualitativa e quantitativa) dos elementos usados pelo legislador. O «teste» da eliminação hipotética deve servir apenas para valorar a opção político-criminal do legislador. Não se pode, por isso, concordar com RUI PEREIRA, *Dolo de perigo*, 151-152, nota 29, quando, na esteira de Jescheck (JESCHECK/WEIGEND, *Lehrbuch*, 559), apresenta a condição objectiva de punibilidade no artigo 151.º, n.º 1, do Código Penal como uma «condição imprópria». Ao contrário do que afirma, tal circunstância não fundamenta total ou parcialmente a pena, é estranha à estrutura do ilícito, é axiologicamente indiferente (no plano qualitativo e quantitativo) ao tipo de ilícito, antes restringe o âmbito duma incriminação de perigo e introduz um grau de certeza probatória sobre a perigosidade intrínseca do facto colectivo. Razão pela qual, à luz dos elementos apresentados no texto, só pode ser designada como uma condição própria (isto é, estranha ao conteúdo do ilícito e com uma função restritiva da punibilidade).

consequência grave fosse elemento do ilícito. Assim se demonstra também que é uma circunstância neutra e exterior em relação ao ilícito.

Como tal, neste preceito a consequência grave não é um elemento do ilícito típico, mas uma condição objectiva de punibilidade que visa, simultaneamente, restringir o campo de aplicação do preceito às situações de rixas mais graves e documentar a perigosidade inerente ao facto colectivo (a rixa) através da comprovação *ex post* do seu potencial lesivo. Ou seja, estamos perante uma condição objectiva de punibilidade própria (que tem, portanto, uma função restritiva do âmbito da punibilidade). A solução adoptada pelo legislador é legítima no plano político criminal, não derroga o princípio da culpa e viabiliza no plano probatório a aplicação do tipo incriminador, induzindo certeza na aplicação da norma.

Tendo a condição objectiva de punibilidade a função de demonstrar a perigosidade qualificada do facto colectivo pode defender-se que não é realizado o tipo quando o evento descrito na condição objectiva de punibilidade se deva a um *factor individual de perigosidade autónomo* em relação ao facto colectivo ou, noutros termos, *estranho* ao *modelo de perigo* contido na norma[264]. É o que acontece se, por exemplo, a morte de um dos rixantes for causada por um tiro disparado por alguém estranho à rixa ou, inclusivamente, se for causada por um dos rixantes individualmente com o uso de um factor de perigo estranho aos demais (por exemplo, com uma arma de fogo, quando tal circunstância resultava de uma opção pessoal estranha ao grupo, ou por uma mera vingança pessoal estranha aos demais intervenientes)[265]. Na mesma linha de considerações, é razoável pensar – como foi já defendido por FREDERICO ISASCA – em excluir do âmbito da realização do

---

[264] Sobre o conceito de «modelo de perigo» – com base em critérios objectivos – na delimitação dos tipos e na imputação, JOÃO CURADO NEVES, *Comportamento lícito alternativo*, 163-177.
[265] Coincidente em parte, mas com outro fundamento, FREDERICO ISASCA, *Da participação em rixa*, 117-118. Contudo, a sua linha de argumentação quanto ao bem jurídico tutelado (a paz social) deveria conduzir a outra solução. Também TAIPA DE CARVALHO, *Comentário Conimbricense I*, artigo 151.º, § 15, chega à mesma conclusão, mas com outro enquadramento (ausência de conhecimento da perigosidade ou gravidade da rixa). Contra, mas sem razão, WESSELS/HETTINGER, *Strafrecht*, *BT/1*, 89 (n.º marg. 356) e DREHER/TRÖNDLE, *StGB*, § 227, n.º marg. 5, aceitando soluções da jurisprudência alemã que vão no sentido de aplicar o crime de participação em rixa mesmo quando a consequência grave resulta de terceiros estranhos à rixa. Um caso real, ilustrativo da falta de conexão entre a consequência grave e o facto colectivo, encontra-se no Ac. do STJ, de 5 de Julho de 2001 (*CJ*, Acs STJ, IX (2001), II, 248-250), em que o tribunal afastou a aplicação do crime de participação em rixa e aplicou o crime de homicídio por entender que a morte da vítima, completamente estranha ao conflito que se começava a desenhar, nada tinha a ver com a desordem instalada (a própria vítima não estava envolvida nessa desordem e foi apenas objecto de uma agressão descontrolada executada por uma das pessoas envolvidas na rixa que estava prestes a ter lugar).

tipo o agente que sai da rixa antes de verificada a condição objectiva de punibilidade e aquele que apenas se juntou à rixa depois de a mesma se verificar[266].

Entendido desta forma, o crime de participação em rixa não é um crime de perigo abstracto, nem um crime de perigo concreto, mas antes um *crime de perigo abstracto-concreto* (ou um crime de aptidão) [267], em que a perigosidade inerente

---

[266] Frederico Isasca, *Da participação em rixa*, 116-117. Em sentido parcialmente distinto, Paulo Pinto de Albuquerque, *Código Penal* (2.ª edição, 2010), artigo 151.º, anotação 6. O primeiro caso é contudo mais complexo. Se o agente sai da rixa antes de verificada a condição objectiva de punibilidade só deverá ficar impune se o contributo que prestou não se vier a concretizar na realização da condição objectiva de punibilidade. Caso contrário, isto é, se a dinâmica de perigosidade da rixa continuar com o contributo que prestou (por exemplo, alguém abandona a rixa porque foi ferido, mas empresta a arma que tinha a outro dos envolvidos) é razoável que se mantenha punível, uma vez verificada a condição objectiva de punibilidade. Poderia ser considerada, residualmente, a aplicação analógica do regime do artigo 25.º do Código Penal, exigindo que quem abandona a rixa antes da condição objectiva de punibilidade se verificar faça um «esforço sério» para neutralizar a sua perigosidade. Mas essa seria uma aplicação analógica da norma *in malem partem*, pois o artigo 25.º pressupõe que está em curso uma execução que já seria punível (punibilidade que será exactamente afastada pelo preceito), o que não acontece com a rixa antes de verificada a condição de punibilidade. Por isso, não se deve aplicar o regime de desistência (por ser inadequado e demasiado exigente), bastando a neutralização causal do contributo perigoso prestado para a rixa ou o mero abandono da mesma.

[267] Neste sentido, Paulo Pinto de Albuquerque, *Código Penal* (2.ª edição, 2010), artigo 151.º, anotação 3. Sobre as possibilidades de configuração legal dos tipos com recurso ao conceito de perigo, Rui Pereira, *Dolo de perigo*, 22 e ss, *maxime* 25 e ss. Ainda, Teresa Pizarro Beleza, *Direito Penal*, vol. I, 127 e ss., e Figueiredo Dias, *Direito Penal PG I* (2.ª edição, 2007) 308 e ss (Cap. 11, § 44 e ss). Depois, com grande desenvolvimento, Augusto Silva Dias, «Entre «comes e bebes»: debate de algumas questões polémicas no âmbito da protecção jurídico-penal do consumidor», *RPCC* 8 (1998), 544 e ss, e ainda *Delicta in se*, 780 e ss e 795 e ss. Agora, Marta Felino Rodrigues, *As incriminações de perigo e o juízo de perigo no crime de perigo concreto*, 2010. Com a classificação do crime de participação em rixa como um crime de perigo abstracto-concreto evitam-se ainda algumas debilidades associadas à sua concepção como um perigo crime de perigo abstracto: na verdade, como notam Rönnau e Bröckers, *GA* (1995), 555 e ss, nas incriminações de perigo abstracto o perigo é apenas o motivo da incriminação, sendo estranha a esta técnica legislativa a sua demonstração através da condição objectiva de punibilidade. De igual modo, torna-se desnecessário recorrer à identificação de uma *actio libera in causa* imanente ao tipo para o compatibilizar com o princípio da culpa, como propõe Miseré, *Die Grundprobleme der Delikte mit strafbegründender besonderer Folge*, 1997, 135-144. O princípio da culpa é respeitado quando se concebe o crime de participação em rixa como uma incriminação em que o perigo é imamente ao facto colectivo em função dos contributos individuais e se exige que o dolo dos agentes se reporte a essa perigosidade inerente ao facto individual e ao facto colectivo. Reportar o fundamento do ilícito a uma *actio libera in causa* desloca o momento da danosidade do facto (e o fundamento da pena) para uma fase prévia ao

à conduta colectiva (e não autónoma em relação a esta) sendo identificada no momento do facto (*ex ante*) é também demonstrada pela verificação (*ex post*) da condição objectiva de punibilidade[268]. Deste enquadramento decorrem consequências relevantes para a compreensão do âmbito do tipo, para as relações de concurso e para a necessária congruência entre o tipo de ilícito e o tipo de culpa[269].

b) A execução do suicídio no crime do artigo 135.º do Código Penal

5. No crime de incitamento ou auxílio ao suicídio (artigo 135.º do Código Penal) o legislador articulou igualmente um facto individual do destinatário da norma – o incitamento ou auxílio ao suicídio – com um facto superveniente,

---

facto ilícito típico descrito no preceito, desconsiderando desse modo a tipicidade legalmente construída. Sobre o problema da compatibilidade das condições objectivas de punibilidade com o princípio da culpa, *infra* § 38, III.

[268] Sendo o perigo qualificado uma componente do facto colectivo (um elemento integrante do facto tipicamente ilícito) ele deve ser também objecto do dolo dos agentes e, por isso, pode existir um erro relevante sobre essa parcela do facto típico, ao contrário do que parece sustentar a doutrina dominante sobre a matéria que, não raras vezes, analisa o crime de participação em rixa como se o mesmo fosse completamente imune ao regime do erro. O texto do artigo 164.º do Anteprojecto de 1966 era mais explícito quanto ao tipo subjectivo do crime de participação em rixa, usando para o efeito uma cláusula especial para esse efeito («cujo perigo poderia prever»). Apesar de a mesma ter sido suprimida, deve entender-se que é necessária a consciência do perigo inerente ao conflito, por força da aplicação das regras da imputação subjectiva (artigo 14.º): se o dolo se reporta ao facto e o perigo no artigo 151.º, n.º 1, é parte integrante do facto ele tem necessariamente de ser objecto do dolo dos agentes. Desta forma se reforça a congruência entre a ilicitude do facto e a imputação subjectiva, em nome do princípio da culpa: o facto ilícito, aquele que está no domínio dos diversos agentes (a sua participação num facto colectivo perigoso) é objecto da culpa. Mas simultaneamente rejeita-se uma concepção radical do princípio da culpa que o estenderia a realidades estranhas ao facto ilícito. Na verdade, como se viu no § 24 deste estudo, nem todos os pressupostos da pena têm de ser objecto da imputação subjectiva e, mais especificamente, não se deve estender o juízo de culpa (isto é, o âmbito da imputação subjectiva) a realidades estranhas ao (facto) ilícito. Neste sentido, com outro enquadramento, o Ac. do STJ, de 4 de Fevereiro de 1993 (*CJ*, Acs STJ, I (1993), I, 186-189, *maxime* 189). A solução semelhante chega Taipa de Carvalho, *Comentário Conimbricense I*, artigo 151.º, § 25-26, por entender, no entanto, que se trata de um crime de perigo concreto. Coincidente no resultado, isto é, quanto à necessidade de o dolo se estender aos factores de perigo (mas também com outro enquadramento), Roxin, *Strafrecht AT I* (4.ª edição, 2006), § 23, n.º 12.

[269] Os temas do concurso, da delimitação do tipo e do erro foram desenvolvidos no meu estudo «Ilícito e punibilidade no crime de participação em rixa», *Liber Discipulorum para Jorge de Figueiredo Dias*, 2003, 889 e ss, para onde me permito remeter.

neste caso de outra pessoa – a lesão da vida, tentada ou consumada, executada pelo suicida.

Na compreensão do tipo incriminador a doutrina nacional revela uma clara fractura interpretativa: entende uma corrente que se trata de um tipo de ilícito limitado ao acto de incitamento ou de ajuda (crime de perigo) ao qual o legislador agregou uma condição objectiva de punibilidade (o suicídio, tentado ou consumado)[270]; em sentido oposto, sugere-se que estamos antes perante um crime material ou de resultado, em que a execução do suicídio seria um resultado típico (crime material de lesão)[271] ou, pelo menos, a demonstração de uma situação concreta de perigo (crime de perigo concreto, com dolo de dano)[272].

Apesar de a opção por uma ou outra forma de entender o preceito ser relevante[273] não se pode partir das consequências para a classificação por tal implicar uma ilegítima inversão metodológica, mas sim e apenas da classificação para as consequências. Por isso não se avança de forma consistente na resolução do problema quando se afirma que estando o suicídio numa *relação de causalidade* com a conduta de incitamento ou auxílio do autor aquele seria um resultado tipico autónomo, ou seja, uma parcela do tipo de ilícito[274]. Relacionar a conduta do autor e o acto suicida através do critério da causalidade pressupõe que os dois elementos

---

[270] MARIA FERNANDA PALMA, *Crimes contra as pessoas*, 93-96; FIGUEIREDO DIAS, *RPCC* 2 (1992), 38, em ligação com o que escreve a p. 35 e ss, e depois *Direito Penal PG I* (2.ª edição, 2007), 673-674 (Cap. 26, § 10); COSTA PINTO, *A relevância da desistência*, 290. Agora, AUGUSTO SILVA DIAS, *Crimes contra a vida*, 66 e ss e 70-73; PAULO PINTO DE ALBUQUERQUE, *Código Penal* (2.ª edição, 2010), artigo 135.º, anotações 11 e 15.

[271] COSTA ANDRADE, *Comentário Conimbricense I*, artigo 135.º, § 32.

[272] RUI PEREIRA, *Dolo de Perigo*, 26-27, e nota 28; depois, em termos próximos destes, MANUELA VALADÃO E SILVEIRA, *Incitamento ou ajuda ao suicídio*, 1991, 124-128, e «O crime de participação no suicídio e a criminalização da propaganda do suicídio na revisão do Código penal (artigos 135º e 139º)» *Jornadas* (1998), 165-166. Embora ambos os Autores considerem que o artigo 135.º, n.º 1, contempla um crime de perigo concreto com dolo de dano, divergem na qualificação sistemática dos elementos do tipo. RUI PEREIRA (*loc. cit.*) afirma que o crime é de perigo concreto, com dolo de dano, e que existe um «nexo causal» entre a conduta típica e o suicídio, mas, apesar disso, considera que o acto suicida uma condição objectiva de punibilidade, uma forma «peculiar» de descrever o evento perigoso. Diversamente, MANUELA VALADÃO E SILVEIRA (*loc. cit.*) considera que o acto suicida é o resultado típico e não uma condição objectiva de punibilidade. Depois, também PAULA RIBEIRO DE FARIA, *Adequação social da conduta no direito penal*, 2005, 291-292, nota 453, invocando para o efeito a «unidade de sentido» do ilícito típico como obstáculo à transferência de tais elementos para a categoria da punibilidade.

[273] Em sentido aparentemente diverso, COSTA ANDRADE, *Comentário Conimbricense I*, artigo 135.º, § 32.

[274] MANUELA SILVEIRA, *Incitamento ou ajuda ao suicídio*, 96 e ss, 105 e 122. Já RUI PEREIRA, *Dolo de perigo*, 27, nota 28, afirma a existência dum nexo causal no artigo 135.º, mas estabelece

integram o tipo de ilícito e, assim, pode estabelecer-se entre ambos essa relação normativa intra-típica que é a relação de causalidade. Contudo, no caso do tipo incriminador do artigo 135.º, n.º 1, do Código Penal esse é em rigor o problema e, como tal, não pode ser simultaneamente transformado em solução. O nexo causal relaciona no âmbito dum tipo de ilícito a conduta do autor e o resultado típico e, por isso, não pode ser utilizado como critério demonstrativo da natureza dos elementos em apreço (isto é, da suposta pertença do acto suicída ao tipo de ilícito) porque se dá dessa forma como demonstrado o que pretende demonstrar.

A exacta compreensão do tipo incriminador não pode igualmente depender da resposta à questão de saber se a execução do suicídio é ou não objecto do dolo para, dessa forma, concluir, no caso afirmativo, pela sua classificação como elemento do tipo ou, em caso negativo, como condição objectiva de punibilidade[275]. Saber se o suicídio da vítima é ou não *objecto do dolo* do autor passa por saber se esse acontecimento é parte do facto pessoalmente imputável ao agente, pois no plano normativo é o dolo que se delimita pelo facto e não o facto que se delimita pelo dolo (cfr. artigo 14.º do Código Penal). Caso se entenda que a execução do suicídio não é um elemento constitutivo do facto ilícito imputável ao autor não se deverá então falar a este propósito nem em dolo, que tenha como objecto autónomo a execução do suicídio[276], nem em «duplo dolo» (o dolo de incitar ou ajudar e o dolo de execução do suicídio)[277]. O dolo, enquanto título de imputação subjectiva legalmente configurado, reporta-se ao facto pessoalmente imputável ao agente e, no contexto do artigo 135.º, n.º 1, do Código Penal, este é seguramente o acto de incitamento ou de auxílio. A referência ao suicídio sendo estranha ao tipo de ilícito só poderá ser uma finalidade específica do agente, um objectivo que pretende atingir com a sua conduta, e não um objecto do dolo[278].

Reservas estas que acabam por nos remeter para o problema mais genérico da estrutura do facto ilícito (e seus limites) de forma a saber se o acto suicida é ou não elemento constitutivo do ilícito típico. Um aspecto aparentemente lateral permite clarificar a natureza da cláusula relativa ao suicídio (tentado ou consumado) no contexto do tipo incriminador do artigo 135.º do Código Penal: trata-se, por um lado, da determinação do conceito de suicídio e, por outro, da delimita-

---

esse nexo entre a conduta e o perigo, documentando depois este perigo através da condição objectiva de punibilidade.

[275] MANUELA SILVEIRA, *Incitamento ou ajuda ao suicídio*, 111-112, 122, 124 e ss. Aparentemente neste sentido, mas com reservas, TERESA QUINTELA DE BRITO, *Inimputabilidade auto-provocada*, 114-115.

[276] MANUELA SILVEIRA, *Incitamento ou auxílio ao suicídio*, 122 e ss.

[277] COSTA ANDRADE, *Comentário Conimbricense I*, artigo 135.º, § 50.

[278] Sobre estas distinções e os limites do conceito normativo de dolo, JOÃO CURADO NEVES, *Intenção e dolo no envenenamento*, 1984, 27 e ss e 91 e ss.

ção entre a realização deste tipo incriminador e a execução dum homicídio. Com divergências pontuais, a doutrina aceita, no essencial, que só existe um acto suicida quando o domínio desse facto (o controlo da auto-lesão da vida) pertence ao próprio suicida. Caso contrário, se o suicida perder o domínio do facto (isto é, da auto-lesão da vida) estaremos perante um outro círculo de valoração do acontecimento e perante uma outra esfera de imputação: a do homicídio, eventualmente em autoria mediata[279].

A necessária delimitação entre o simples auxílio ou incitamento ao suicídio e a execução de um homicídio com instrumentalização da própria vítima sugere que os tipos incriminadores do artigo 135.º e os crimes de homicídio se encontram numa relação de incompatibilidade recíproca, funcionando como estruturas autónomas de imputação. Assim, entre estes tipos incriminadores nunca poderá existir um concurso ideal, por as estruturas de imputação pressupostas pelos diversos ilícitos serem alternativas: para o facto ser valorado como um mero auxílio ao suicídio não se pode estar perante um homicídio imputado à mesma pessoa e sempre que o acontecimento for um homicídio isso significa que o acto lesivo da vida não foi um acto suicida.

A delimitação entre uma e outra realidade implica distintas concepções do facto ilícito. No quadro dum homicídio o acto lesivo da vida é uma parcela do facto ilícito que se traduz em «matar outra pessoa» (artigo 131.º do Código Penal), isto é, trata-se de uma componente do processo de execução dum ilícito que na sua

---

[279] Maria Fernanda Palma, *Crimes contra as pessoas*, 93; Manuela Silveira, *Incitamento ou auxílio ao suicídio*, 11 e ss e 153-177 e, depois, em *Jornadas* (1998), 159; Costa Andrade, *Comentário Conimbricense I*, artigo 135.º, § 13-14, 25, 42; Bárbara Sousa e Brito, «A delimitação entre o incitamento ao suicídio e a autoria mediata de homicídio de menores de 16 anos», *O Direito* 133 (2001), 645; Augusto Silva Dias, *Crimes contra a vida*, 73-75; testando os limites e a eficácia da distinção, Margarida Silva Pereira, *Direito Penal II, Os Homicídios*, 2.ª edição, 2008, 132 e ss. O enquadramento do problema à luz da teoria do domínio do facto torna-se relevante ainda para a selecção do regime da desistência: a ausência de domínio do facto lesivo da parte do autor do artigo 135.º deve conduzir à aplicação não do artigo 24.º, n.º 1 *in fine* do Código Penal (contrariamente ao que sugerem Maria Fernanda Palma, *Crimes contra as pessoas*, 95, nota 1, Manuel Costa Andrade, *Comentário Conimbricense I*, artigo 135.º, § 50, Paulo Pinto de Albuquerque, *Código Penal* (2.ª edição, 2010), artigo 135.º, anotação 17), mas sim do artigo 25.º, bastando para o efeito o esforço sério do desistente (assim, Costa Pinto, *A relevância da desistência*, 290). Questão diferente é a de saber com que critério se pode determinar a prevalência do domínio do facto do autor do incitamento ou auxílio sobre o domínio da acção que detém o próprio suicida: em pormenor, Manuela Silveira, *Incitamento ou auxílio ao suicídio*, 146 e ss; depois, Costa Andrade, *Comentário Conimbricense I*, artigo 135, § 3 e ss; ainda, Bárbara Sousa e Brito, *O Direito* 133 (2001), 618 e ss, onde sublinha a incompatibilidade pontual da «solução da culpa» e da «solução do consentimento» com o Direito positivo português.

totalidade (o perigo e a lesão da vida) será imputado a um autor como um acontecimento desvalioso que, juridicamente, é obra sua. Neste contexto, é de colocar uma elementar questão, em regra olvidada pela doutrina: pode ser considerado parte integrante do ilícito individualmente imputável a um autor um facto lesivo do bem jurídico tutelado que é autonomamente dominado pela vontade de uma outra pessoa que não esse autor? Noutros termos: pode considerar-se autor de um facto o agente que sobre uma (suposta) parcela desse facto não exerce um domínio (positivo), isto é, não exerce o poder de fazer avançar por sua vontade o acto de agressão ao bem jurídico, por esse domínio depender duma vontade alheia autónoma? A resposta a estas interrogações remete-nos para o conceito de facto ilícito e para os pressupostos da imputação jurídico-penal dos acontecimentos desvaliosos, pois a forma de compreender os tipos incriminadores depende do fundamento da imputação que se adopte para a sua leitura normativa.

Numa concepção puramente causalista dos tipos de ilícito (um conceito extensivo ou um conceito unitário de autoria) o acto de incitamento ou de auxílio poderia ser considerado causa do acto auto-lesivo da vida que, dessa forma, seria uma parcela do ilícito causado pelo autor. A solução não seria radicalmente distinta se partisse duma concepção naturalista da causalidade, formulada com base na teoria da *conditio sine qua non,* ou se adoptasse o modelo da «causalidade normativa», fundada no conceito de previsibilidade. Numa ou noutra perspectiva o suicídio seria sempre causado pelo autor do incitamento ou do auxílio. Por isso, uma parte da doutrina do início do século rejeitou a possibilidade de situações desta natureza serem qualificadas como condições objectivas de punibilidade, elementos que teriam de ser, por definição, estranhos (ou, noutra terminologia, «exteriores») ao facto. Um paradigma desta forma de conceber os tipos de ilícito e a sua relação com as possíveis condições objectivas de punibilidade encontra-se na proposta de LAND (1927): ao identificar uma «relação intra-típica» entre a conduta do agente e o acontecimento posterior, fundada (alternativa ou cumulativamente) na *previsibilidade* e/ou na *identidade entre o objecto da acção e a circunstância* em causa, LAND integrava no tipo de ilícito (com três níveis distintos de relação com a conduta do autor) uma parte significativa das condições de punibilidade[280]. Desta forma, as circunstâncias condicionantes passavam a fazer *parte do facto ilícito* que se imputava ao autor, embora a sua relação com o ilícito fosse graduável.

Nas páginas anteriores (cfr. *supra* § 24, II) ficaram já identificadas as limitações do critério causalista como crivo de selecção e qualificação dos elementos do tipo e das condições objectivas de punibilidade. Mesmo a concepção normativista de causalidade, fundada no conceito de previsibilidade, teria de ser con-

---

[280] LAND, *Strafbarkeitsbedingugen* (1927), 23, 26 e ss, 45 e ss, 74 e 79, referindo-se à execução do suicídio no § 224 do Entwurf de 1925 (p. 77). Veja-se, ainda, *supra* § 24, II (n.º 4 do texto).

frontada com a «proibição de regresso» e com o princípio da responsabilidade pessoal em Direito Penal. Ignorar no caso em apreço a interposição da vontade autónoma do suicida entre o acto de incitamento (ou ajuda) e a concreta agressão ao bem jurídico equivale, no fundo, a aceitar um ilícito penal que pode em parte (isto é, numa parcela significativa desse ilícito) ser voluntariamente realizado por outrem que não o seu autor. Uma concepção desta natureza não resiste ao princípio da culpa, nem ao princípio da responsabilidade pessoal, sendo ainda difícil de compatibilizar com uma concepção pessoal da ilicitude (que, historicamente, só se afirmou entre a doutrina algumas décadas depois). A isto acresce o problema de saber se pode fazer parte de um facto ilícito, como resultado (necessariamente ilícito, pois só assim partilhará a natureza do facto em que se integra) da conduta do autor, um facto que, em si mesmo e por si só, não constitui um ilícito penal: o próprio suicídio[281].

Diversamente, uma concepção do ilícito assente não na acção causal mas num conceito restritivo de autoria e numa teoria do ilícito pessoal permite uma diferente compreensão do âmbito dos tipos incriminadores. Partindo da ideia de domínio do facto (ou de formulações desenvolvidas a partir deste conceito)[282] o âmbito do ilícito típico torna-se mais restrito. Não abrange já qualquer realização causal mas sim e apenas o acontecimento positivamente dominável pelo autor[283]. A ser usado este conceito como pressuposto e limite da imputação e, portanto, como critério de delimitação do âmbito do ilícito típico, deve entender-se que o facto ilícito termina onde acaba o domínio positivo do seu autor[284]. Noutros termos, por força do princípio da responsabilidade pessoal, o ilícito penal tem como limite a capacidade individual de realização do destinatário da norma em causa que foi efectivamente expressa no facto. O que implica excluir do âmbito do ilícito um acontecimento não dominável autonomamente pelo autor, como aquele que corresponde à execução dum suicídio de outra pessoa. Nesta concepção o suicídio não poderá fundamentar a pena legalmente prevista, quer por

---

[281] Neste sentido, com mais referências, MANUELA SILVEIRA, *Jornadas* (1998), 160-164, defendendo a ideia de que o suicídio, por si só, se integra num «espaço juridicamente livre», desde que se trate dum acto ponderado, consciente e que expresse a autonomia da pessoa.
[282] Por todos, ROXIN, *Täterschaft und Tatherrschaft*, 6.ª edição, 1994, 60 e ss.
[283] Em pormenor, MARIA DA CONCEIÇÃO VALDÁGUA, *Início da tentativa do co-autor*, 1988, 18 e ss e 107 e ss e passim. Sobre o conceito extensivo de autor, MAURACH/GÖSSEL/ZIPF, *Strafrecht AT 2*, § 47, n.º 37 e ss, BLOY, *Beteiligungsform als Zurechnungstypus im Strafrecht*, 1985, 115 e ss. Entre nós, FIGUEIREDO DIAS, *Direito Penal I* (2.ª edição, 2007), 760 e ss (Cap. 30.º, n.º 5).
[284] Sobre a relevância do conceito de domínio para a compreensão dos tipos e da imputação, NAUCKE, «Über das regreßverbot im Strafrecht», *ZStW* 76 (1964), 427 e ss; OTTO, «Kausaldiagnose und Erfolgsunrechtnung im Strafrecht», *FS-Maurach* (1972), 92 e ss. Veja-se ainda *infra* Capítulo VII, § 38, III.

ser estranho ao facto ilícito pessoalmente imputável ao autor, quer por – em sim mesmo – não poder ser valorado como um acontecimento penalmente ilícito.

É assim compreensível que alguma doutrina sugira que se entenda o tipo incriminador do incitamento ou auxílio ao suicídio por referência às regras da participação criminosa[285]: tal como o participante (instigador ou cúmplice), o autor do facto previsto no artigo 135.º, n.º 1, do Código Penal apenas exerce um domínio positivo sobre o seu contributo, sendo a execução do suicídio um facto exterior a essa esfera de domínio. A invocação da estrutura da participação criminosa tem um especial valor heurístico, mas, na realidade, a essência do problema reside nos fundamentos e limites da imputação do ilícito penal que, uma vez correctamente delimitados, tornam desnecessária a aplicabilidade por analogia das regras da participação como matriz interpretativa do tipo.

6. Deste primeiro enquadramento resulta que a qualificação do acto suicida como uma parcela do ilícito do autor do incitamento ou da ajuda ou, diversamente, como uma condição objectiva de punibilidade depende afinal não tanto de uma discricionária operação classificatória, mas sim da determinação dos pressupostos fundamentais da imputação do ilícito penal. Uma análise do tema é, nesta altura da investigação, inadequada. Sem embargo de o problema ter de ser enfrentado (o que se fará *infra* §§ 37 e 38, III) é neste momento suficiente identificá-lo correctamente e traçar as linhas de uma possível solução.

Da oposição que se delineou entre a concepção causalista dos tipos penais e a sua compreensão à luz da ideia de domínio do facto resulta já uma clara inaptidão da primeira para delimitar normativamente o conteúdo e extensão do facto penalmente ilícito[286]. O nivelamento que a causalidade naturalista opera entre realidades diferentes (os vários contributos causais) acaba por a tornar distante da realidade e da ideia de danosidade social como fundamento material da intervenção penal. Por outro lado, uma compreensão causalista dos tipos penais é estranha à teoria das normas e à sua pretensão de determinar o âmbito do socialmente adequado por apelo à vontade do destinatário dos preceitos penais. É certo que esta crítica não afecta com a mesma intensidade a compreensão dos tipos com base na causalidade normativa (previsibilidade). A previsibilidade das consequências adequa-se à concepção dos tipos penais como normas de conduta por-

---

[285] Por exemplo, MARIA FERNANDA PALMA, *Crimes contra as pessoas*, 94-95; MANUELA SILVEIRA, *Incitamento ou auxílio ao suicídio*, 90 e, depois, *Jornadas* (1998), 166, nota 17; BÁRBARA SOUSA E BRITO, *O Direito* 133 (2001), 618, 641, e 643-646; PAULO PINTO DE ALBUQUERQUE, *Código Penal* (2.ª edição, 2010), artigo 135.º, anotações 9 e 10; com alguns limites, AUGUSTO SILVA DIAS, *Crimes contra a vida*, 69.

[286] Por todos, FIGUEIREDO DIAS, *Direito Penal I* (2.ª edição, 2007), 760 e ss (cap. 30.º, n.º 5).

que a própria ideia de previsibilidade apela a uma prognose comportamental do destinatário das normas. Mas poderá a ideia de previsibilidade delimitar positivamente o âmbito do facto ilícito e traçar, desse modo, os limites da imputação do ilícito penal? A resposta deve ser negativa.

O âmbito da imputação penal (o que vale por dizer, em primeira linha, o âmbito do ilícito imputável a uma pessoa) não se pode delimitar apenas a partir do conceito de previsibilidade, por este ser excessivamente amplo e não garantir de forma consistente o princípio da responsabilidade pessoal em Direito Penal. Relativamente ao primeiro aspecto, cabe perguntar se o facto ilícito do agente pode comportar todas as consequências previsíveis da sua conduta. Num Direito Penal do facto, moldado sobre o princípio da culpa, tal não parece possível. O agente não deve responder penalmente por tudo o que seja previsível nem sequer por tudo o que efectivamente preveja, mas sim e apenas por aquilo que efectivamente realize como obra sua dentro do que seja previsível. O conceito de previsibilidade não pode delimitar positivamente todo o âmbito objectivo da imputação; apenas pode ter alguma relevância em termos negativos, já que aquilo que não se pode prever não se pode evitar normativamente com a adopção do comportamento devido e, como tal, não pode ser objecto de uma norma de conduta nem ser imputado a alguém. Nesse sentido, a previsibilidade é um fundamento necessário mas não suficiente da imputação do ilícito penal. A sua vocação dogmática acaba por ser essencialmente negativa. Quanto ao segundo aspecto, o conceito de previsibilidade pode estender-se a acontecimentos autónomos de terceiros que, não sendo considerados como imprevisíveis, seriam integrados no facto do autor e acabariam por co-fundamentar a sua responsabilidade penal. Desta forma não só o âmbito dos tipos incriminadores comportaria (intrinsecamente) situações de responsabilidade penal por facto de outrem, como também o conceito de facto ilícito acabaria por incluir realidades que não poderiam ser realizadas pelo autor a quem seriam imputáveis, exactamente por dependerem de vontades autónomas de terceiros. Um ilícito assim concebido seria *ab initio* violador do princípio da responsabilidade pessoal e do princípio da culpa, conteria uma norma de conduta cujo destinatário seria outra pessoa que não o autor do facto e, entre nós, seria materialmente incompatível com a Constituição (arts. 1.º, 29.º, n.º 1, e 30.º, n.º 3).

Tornam-se desta forma evidentes as dificuldades em conceber a execução do suicídio como uma parcela do facto ilícito do autor do incitamento ou ajuda a esse facto. A autonomia do tipo incriminador do artigo 135.º, n.º 1, do Código Penal pressupõe que o autor do incitamento ou do auxílio não detém o controlo da acção lesiva da vida do suicida, nem da vontade do suicida que a pode comandar. Sendo o suicídio (tentado ou consumado) no contexto do artigo 135.º do Código Penal um facto dominado pela vontade autónoma do suicida não é possível concebê-lo como uma parcela do ilícito do autor do incitamento ou do auxílio.

Também por isso é irrelevante procurar retirar da lesão do interesse tutelado a natureza sistemática do suicídio, classificando este elementos do tipo incriminador a partir dum critério axiológico (seriam elementos do ilícito os que descreveriam a lesão do bem jurídico tutelado)[287]. Nem toda a lesão do interesse tutelado corresponde ao desvalor de resultado que integra o ilícito penal. A lesão do interesse tutelado só integra o ilícito penal quando forma com a conduta do agente uma unidade normativa que permite que os dois elementos, a conduta e a consequência danosa, sejam considerados um facto ilícito. É esse também o limite material da imputação penal: a operação primária de imputação do facto típico não conduz a imputar ao agente todas as consequências da sua conduta mas apenas e só aquelas que formam com essa conduta uma unidade factual normativamente configurada. Podem, por isso, existir consequências danosas previstas em tipos penais que se revelam materialmente estranhas à estrutura do ilícito imputável ao destinatário da norma[288]. A sua inclusão ou exclusão na estrutura do ilícito penal depende não só da concreta configuração do tipo penal, como também da matriz teórica usada para compreender o âmbito dos tipos incriminadores.

Num conceito restritivo de autoria, fundado na capacidade de domínio do destinatário da norma penal, pressuposto ôntico-normativo da imputação jurídico-penal, os tipos incriminadores apenas permitem imputar a uma pessoa o acontecimento desvalioso que descrevem na medida em que o mesmo seja dominável pelo destinatário da norma. Só assim se respeita o princípio da responsabilidade pessoal em matéria penal. Por se tratar de uma realidade fora da sua esfera individual de domínio, o acto suicida não pode ser imputado ao autor do incitamento ou do auxílio como parte dum ilícito pessoal[289]. Apenas a conduta de incitamento ou de auxílio delimitam o âmbito do ilícito pessoal no artigo 135.º do Código Penal. A execução do suicídio deve ser considerada um acontecimento *exterior ao facto ilícito*, embora com ele relacionado, ou seja, uma condição objectiva de punibilidade.

---

[287] Ao contrário do que sugere MANUELA SILVEIRA, *Incitamento ou ajuda ao suicídio*, 122. Sobre os limites dos critérios puramente axiológicos na classificação dos elementos dos tipos penais e, em especial, na separação entre os elementos do ilícito e as condições objectivas de punibilidade, veja-se *supra* § 24, II (n.º 5 do texto).

[288] Como decorre claramente do Direito vigente quando, por exemplo, o Código Penal recorre ao conceito de «resultado não compreendido no tipo» (cfr. arts 24.º, 25.º e 119.º, n.º 4) que se reporta claramente a uma consequência danosa exterior ao tipo de ilícito. Sobre o conteúdo deste conceito, JORGE FONSECA, *Crimes de empreendimento*, 155 e ss; FIGUEIREDO DIAS, *As «associações criminosas»*, 70, e, depois, *As consequências jurídicas do crime*, 705 e ss, e *Direito Penal* PG I (2.ª edição, 2007), 212-213 (Cap. 9, § 10). Ainda, COSTA PINTO, *A relevância da desistência*, 43 e ss.

[289] Coincidente no resultado, AUGUSTO SILVA DIAS, *Crimes contra a vida*, 71.

Esta forma de compreender a cláusula de suicídio no artigo 135.º é reforçada pela *indiferença quantitativa* desta cláusula no contexto do tipo incriminador: para ser punível o comportamento do agente (de incitar ou auxiliar um suicídio) é indiferente que o acto lesivo da vida (o suicídio) fique pelo perigo (mera execução) ou se concretize na lesão do bem jurídico (consumação do suicídio). Se a cláusula do suicídio fizesse parte do tipo de ilícito esta equiparação seria ilegítima, porque contrária ao princípio da proporcionalidade da pena, e não poderia ser usada pelo legislador penal. A indiferença quantitativa da cláusula só se pode entender e aceitar na exacta medida em que a mesma é estranha ao âmbito material do tipo de ilícito (e, portanto, *unrechtsneutral*, numa perspectiva estrutural e não apenas axiológica).

Assim sendo, a cláusula de suicídio do artigo 135.º, n.º 1 do Código Penal não descreve um momento de danosidade que fundamenta a pena, mas apenas e só um momento de danosidade que, comprovando a perigosidade efectiva da conduta de auxílio ou de incitamento, restringe o âmbito do tipo incriminador. Essa restrição implica igualmente a transformação de um simples crime de perigo abstracto num crime de perigo abstracto-concreto (ou, noutra terminologia, num crime de aptidão)[290].

A cláusula de execução do suicídio acaba por restringir o âmbito do tipo, seleccionando reflexamente as condutas intrinsecamente perigosas pela sua conexão com a vulnerabilidade do suicida e a consequente probabilidade de o mesmo praticar actos auto-lesivos da vida. Simultaneamente, tal cláusula constitui uma forma idónea e probatoriamente segura de demonstrar a aptidão perigosa da conduta ilícita no processo penal: a prova da perigosidade da conduta do autor é feita a partir das suas consequências reais, um facto objectivo de fácil e segura apreensão probatória, em vez de se utilizar para o efeito um conceito de concretização mais frágil e difusa (nas circunstâncias em causa, à luz das regras de valoração da prova e do princípio *in dubio pro reo*) como seja o de perigo concreto. O legislador revela desta forma que o tipo incriminador pode ser probatoriamente viável com a segurança exigida pelo processo penal num Estado de Direito.

A função da cláusula de execução do suicídio é, portanto, a de limitar o âmbito do tipo incriminador aos factos realmente perigosos para a integridade do suicida. Através da condição objectiva de punibilidade o legislador documenta a perigosidade intrínseca de uma conduta cuja capacidade lesiva é, em abstracto, dificilmente concretizável, pois depende em grande medida da vulneralidade

---

[290] Neste sentido, quanto à classificação do tipo incriminador, Augusto Silva Dias, *Crimes contgra a vida*, 66-67; Paulo Pinto de Albuquerque, *Código Penal* (2.ª edição, 2010), 416 (artigo 135.º, anotação 2).

da vítima que é incitada ou apoiada pelo autor[291]. O que vale por dizer que com a cláusula de suicídio o legislador penal documenta de forma mais exigente o merecimento e a necessidade de pena de uma conduta perigosa e adequa o tipo incriminador aos crivos de prova a que o mesmo será sujeito no processo criminal.

c) *As cláusulas de agravação em função da morte, ofensa grave e suicídio*

7. Nas páginas anteriores foi possível destacar as particularidades dogmáticas associadas à cláusula de morte e ofensa grave à integridade física que surge no crime de participação em rixa (artigo 151.º, n.º 1, do Código Penal) e à cláusula de execução do suicídio, que integra o tipo incriminador de incitamento ou ajuda a este facto (previsto no artigo 135.º, n.º 1, do Código Penal). No primeiro caso, foi sublinhada a conexão normativa entre o facto colectivo (rixa) e a consequência grave e a circunstância de este elemento surgir no âmbito deste tipo incriminador como um acontecimento que se encontra fora da esfera individual de domínio do destinatário da norma, apesar de estar imediatamente conexo com o facto colectivo. No segundo caso, concluiu-se que a exacta delimitação do tipo incrimininador em relação a um homicídio em autoria mediata e o próprio conceito de suicídio exigem que o acto suicida corresponda ao exercício dum domínio sobre a lesão do bem jurídico, domínio esse que não pertence nem é executado pelo autor do facto ilícito do artigo 135.º, n.º 1, mas sim pelo próprio suicida. Sendo o suicídio um acto dominado por uma vontade autónoma em relação à vontade do autor do ilícito previsto no preceito não pode tal acto integrar o facto ilícito que é pessoalmente imputável a este. Trata-se antes, pela sua natureza e estrutura, dum acontecimento exterior ao facto ilícito que, por isso, não é imputável ao autor do crime, mas sim dum elemento que condiciona a punibilidade do facto que lhe é pessoalmente atribuído no âmbito do tipo.

A análise das relações intra-típicas destas duas cláusulas com o facto violador da norma de conduta integrada no tipo de ilícito permitiu ainda comprovar a insuficiência dos critérios causalistas (causalidade naturalística ou causalidade normativa, esta fundada num juízo de previsibilidade) para delimitar o âmbito dos tipos de ilícito e, por outro lado, tornou-se evidente o diferente alcance destes quando compreendidos a partir da ideia de domínio do facto.

Os aspectos comuns a estas duas cláusulas residem portanto na sua autonomia estrutural e axiológica em relação ao facto ilícito tipicamente descrito: são circunstâncias estranhas à esfera individual de domínio do autor do crime,

---

[291] Sobre a vulnerabilidade psicológica do suicida, em pormenor, MANUELA VALADÃO E SILVEIRA, *Incitamento ou ajuda ao suicídio*, 22 e ss; BÁRBARA SOUSA E BRITO, *O Direito* 133 (2001), 629 e ss e, em relação a crianças, 647 e ss.

mas que surgem no tipo em imediata conexão com o facto ilícito. Por outro lado, as duas cláusulas documentam indirectamente a perigosidade inerente ao ilícito, induzem certeza na sua compreensão probatória e restringem o alcance do tipo ao transformar hipotéticos crimes de perigo abstracto em crimes de perigo abstracto-concreto (ou crimes de aptidão).

Cabe agora perguntar se tais cláusulas têm o mesmo significado dogmático quando surgem noutros tipos incriminadores com uma descrição nominal semelhante ou equivalente. Pensa-se, concretamente, na cláusula de suicídio que surge no crime de *coacção* (artigo 155.º, n.º 2) e *sequestro* (artigo 158.º, n.º 2 al. d)) e na cláusula de morte igualmente considerada como agravante das *ofensas à integridade física* (artigo 145.º) e do *sequestro* (artigo 158.º, n.º 3). Cláusulas que surgem também no crime de *tortura* (artigo 244.º, n.º 2) e são ainda aplicadas, por expressa remissão legal, aos crimes de *rapto* (artigo 160.º, n.º 2) e *tomada de reféns* (artigo 161.º, n.º 2). Nos *crimes contra a liberdade e autodeterminação sexual* surgem também como agravantes a ofensa à integridade física grave, o suicídio e a morte da vítima, a par de outras circunstâncias igualmente complexas na sua leitura dogmática, como sejam a gravidez, a transmissão de vírus de imunodeficiência adquirida ou de formas de hepatite que criem perigo para a vida (artigo 177.º, n.º 3). Finalmente, alguns *crimes de perigo comum* (artigos 272.º a 274.º, 277.º, 280.º e 282.º a 284.º) contemplam agravações de pena por resultado morte ou ofensa à integridade física grave de uma pessoa (artigo 285.º).

Uma significativa diferença entre estas cláusulas e aquelas analisadas nos crimes de participação em rixa e incitamento ou auxílio ao suicídio revela-se de imediato: enquanto as cláusulas referidas condicionavam a punibilidade dum ilícito autónomo nos crimes de participação em rixa e incitamento ou auxílio ao suicídio – e, portanto, sem a sua verificação o facto ilícito dos autores não era punível – nas demais incriminações as circunstâncias em causa não condicionam a punibilidade do facto, antes surgem associadas à cominação legal duma pena mais grave do que aquela que é prevista para o crime base ou na forma simples. Num Direito Penal do facto, simultaneamente respeitador do princípio da culpa e do princípio da proporcionalidade da pena, não pode ser cominada legalmente uma pena mais grave para um facto que não tenha subjacente uma maior gravidade do ilícito, eventualmente apoiada num grau de culpa igualmente mais elevado. Mas, assim sendo, os elementos em causa não podem ser estranhos ao ilícito e imunes ao juízo de culpa, antes concorrem para a fundamentação da pena e devem, por isso, ser imputados ao agente para que se respeite o princípio da responsabilidade pessoal. Situação que constitui exactamente o oposto das condições objectivas de punibilidade analisadas anteriormente.

Por vezes a doutrina classifica estes elementos como «condições objectivas de punibilidade impróprias» (cfr. *supra* § 24, I), querendo com isso designar um conjunto de elementos que, contribuindo para fundamentar a pena legal prevista para um facto, não se imputam ao agente, funcionando portanto objectivamente. A legitimidade desta figura é, contudo, muito duvidosa, porque comporta intrinsecamente uma possível derrogação dos princípios da culpa, da proporcionalidade da pena e da responsabilidade pessoal. Por isso, é preferível traçar um outro caminho que passa por tentar elucidar o âmbito da relação entre este tipo de cláusulas e os critérios de imputação, de forma a reduzir significativamente os momentos de responsabilidade objectiva no processo de atribuição de responsabilidade penal.

O problema pode ser considerado a três níveis distintos: a *um primeiro nível* (o do próprio desenho da tipicidade), pode resultar da descrição típica que a circunstância em causa deva ser considerada uma parcela integrante do tipo de ilícito, por a norma estabelecer claramente uma especial conexão entre o ilícito base e a circunstância em causa. A um *segundo nível*, a natureza da circunstância em causa pode ser iluminada pelas exigências específicas traçadas pela lei, pela doutrina ou pela jurisprudência para a exacta compreensão dos tipos agravados pelo resultado. Finalmente, a um *terceiro nível*, a questão pode ser perspectivada a partir das estruturas de imputação que fundamentam e limitam o âmbito dos ilícitos penais.

Qualquer uma destas perspectivas, embora transcenda o objecto deste estudo, tem de ser tida em conta na exacta medida em que os elementos do ilícito e os elementos da punibilidade se encontram numa relação de exclusão recíproca. O que vale por dizer que só se tais circunstâncias não forem integradas no tipo de ilícito é que se pode debater a sua eventual autonomia estrutural e axiológica no momento da punibilidade. Mas, neste caso, como se reconhece, a tais elementos não serão aplicáveis as regras de imputação subjectiva, em especial a regra do artigo 18.º sobre as agravações pelo resultado. O preceito apenas se aplica quando a produção dum resultado agrava pena aplicável, o que se traduz numa dupla exigência reportada à natureza do elemento (tem de se tratar de um resultado decorrente dum facto penalmente relevante) e ao seu efeito sobre a pena legalmente cominada (tem de induzir uma agravação da pena cominada para um facto). Com estes contornos, as condições de punibilidade (ou, pelo menos, uma parte delas) estão fora da esfera de aplicação do preceito, já que são uma realidade distinta do resultado ilícito (aquele que pode determinar uma pena ou a sua agravação) e não têm como efeito agravar uma pena mas sim delimitar a própria extensão da intervenção penal[292]. Como é evidente, existem aspectos de

---

[292] GEISLER, *Bedingungen der Strafbarkeit*, 179-183; ROXIN, *Strafrecht AT* (4.ª edição, 2006), § 10, n.º 121, embora com reservas; JAKOBS, *Strafrecht*, 330 (9/32); JESCHECK/WEIGEND, *Lehrbuch*, 263; CRAMER in SCHÖNKE/SCHRÖDER, *StGB*, § 18, n.º 1. Entre nós, claramente, DAMIÃO DA

difícil delimitação no regime legal. Na verdade, do artigo 18.º do Código Penal resulta o regime mínimo de imputação subjectiva aplicável aos crimes agravados pelo resultado, mas dele não decorre, no entanto, a delimitação conceitual entre resultado ilícito e condição objectiva de punibilidade. Tarefa que tem de ser levada a cabo pela doutrina a partir da estrutura dos tipos incriminadores e dos critérios gerais de delimitação do âmbito do ilícito penal[293].

8. Ao nível da própria configuração da tipicidade (*primeiro nível de análise*, atrás referido) deve notar-se que em alguns tipos incriminadores o legislador relaciona expressamente um facto ilícito com uma consequência mais grave, como acontece por exemplo com a agravação das ofensas à integridade física por morte subsequente da vítima (artigo 145.º, n.º 1 do Código Penal). Neste caso, o tipo incriminador tem uma estrutura objectiva complexa que passa não só pela previsão do ilícito-base e do resultado morte, como também – e em especial – pela particular relação entre ambos que, a existir, justifica a criação dum tipo autónomo. Ou seja, a morte que pode funcionar como agravante das ofensas à integridade física tem de ser *produzida* (na linguagem usada pelo artigo 145.º, n.º 1) através das ofensas causadas no corpo ou na saúde da vítima. Não é apenas uma morte prevista como consequência autónoma do facto base, é uma consequência que decorre da potencialidade lesiva das próprias ofensas à integridade física. Neste exacto sentido, não é qualquer morte causalmente relacionada com o crime base que pode realizar a circunstância agravante, mas apenas e só a morte que surja como um prolongamento da lesão contida no tipo base. Esta conexão expressa entre o facto ilícito de base e a consequência danosa formam um novo ilícito típico no qual a consequência grave é indiciariamente matéria constitutiva do ilícito e não um aspecto exterior ao mesmo. Estamos, no fundo, perante uma cláusula cuja relação normativa expressa com o facto ilícito-base funciona como indício negativo quanto à sua hipotética natureza como condição objectiva de punibilidade (BRICOLA) ou, noutros termos, perante um elemento que por se encontrar numa relação causal com o facto do agente (estabelecida pela própria lei)

CUNHA, «Tentativa e comparticipação nos crimes preterintencionais», RPCC 2 (1992), *RPCC* 2 (1992), 567, e agora, com muita informação, HELENA MONIZ, *Agravação pelo resultado*, 453-469. Não se ignora a posição daqueles – como HIRSCH, *LK-StGB*, § 227 (n.º marg. 15) – que sugerem a aplicação analógica do § 18 do StGB às condições de punibilidade como forma de evitar uma suposta violação do princípio da culpa (*supra* § 24, II). O que só confirma afinal que o regime em causa não é em princípio aplicável às condições objectivas de punibilidade.
[293] Veja-se *supra* § 24, II deste estudo, sobre os critérios usados para o efeito; e, ainda, HELENA MONIZ, *Agravação pelo resultado*, 62 e ss e 453 e ss.

não se pode dizer que seja estranho a tal facto (CAVALEIRO DE FERREIRA)[294]. O que aponta – pelo menos a título indiciário – para a sua qualificação como um efectivo elemento do ilícito e não como elemento exterior ao mesmo; e, como tal, um elemento típico sujeito aos crivos de imputação subjectiva determinados pelos artigos 14.º, 15.º e 18.º do Código Penal.

Se analisarmos os demais tipos incriminadores que contêm cláusulas de morte ou suicídio verificamos que o legislador procura igualmente estabelecer uma *conexão específica* entre o facto base e a circunstância agravante. Assim, na coacção grave (artigo 155.º, n.º 2) exige-se que o suicídio ou tentativa de suicídio da vítima da coacção ou terceiro sobre quem o mal deva recair ocorra *por força da coacção*; no crime de sequestro o legislador configura o suicídio, as ofensas graves na integridade física da vítima ou a sua morte como *resultados da privação da liberdade* (artigo 158.º, n.º 2, al. d) e n.º 3); no âmbito dos crimes sexuais as agravantes do n.º 3 do artigo 177.º devem *resultar dos comportamentos* ilícitos tipicamente descritos, o mesmo acontecendo no crime de *tortura* (artigo 244.º, n.º 2). A mesma linguagem é usada no artigo 285.º quando a lei exige que a morte ou ofensa à integridade física grave *resultem* dos crimes comuns que são enunciados («se dos crimes... resultar»). Esta especial conexão deve exigir-se também quando os crimes de rapto e de tomada de reféns remetem para as agravantes do sequestro (artigo 160.º, n.º 2, als a) e b), e 161.º, n.º 2): a remissão em causa não é apenas para a circunstância agravante mas integra também a técnica legislativa de conexão entre o facto base e tal circunstância agravante.

Contudo, por si só tal conexão entre a circunstância agravante e o facto base é indiciária mas não se revela absolutamente decisiva de um certo enquadramento sistemático dos elementos referidos. Também no crime de incitamento e auxílio ao suicídio (135.º) e no crime de participação em rixa (151.º, n.º 1) a letra da lei estabelece essa conexão entre o facto ilícito do autor e a circunstância em causa e, no entanto, uma análise mais profunda permitiu demonstrar que a integração das circunstâncias analisadas no tipo de ilícito era contrariada por outros elementos dogmáticos, nomeadamente a natureza do facto, a estrutura da circunstância em causa e o princípio da responsabilidade pessoal.

Por outro lado, os problemas suscitados pelas cláusulas em análise enquanto circunstâncias agravantes dependem também do tipo base com que se relacionem. Não parece especialmente difícil conceber a morte de alguém como resultado agravante dumas ofensas à integridade física (artigo 145.º) ou de actos de tortura (artigo 244.º, n.º 2) porque os factores de perigo que podem produzir uma ou outra lesão podem perfeitamente ser os mesmos. E, por isso, apesar do

---

[294] BRICOLA, *Novíssimo Digesto*, Vol. XIV, 593; CAVALEIRO DE FERREIRA, *Lições* (1940), 429 e ss. Para o enquadramento destas construções na evolução histórica do tema, *supra* § 24, II.

ilícito que resulta, por exemplo, da fusão típica entre umas ofensas à integridade física e o resultado morte da vítima ser estruturalmente mais complexo do que cada um dos tipos de ilícito considerado isoladamente, o seu entendimento conjunto é mais fácil do que aquilo que acontece quando essa mesma cláusula agravante é usada no sequestro, na coacção, na tomada de reféns ou em crimes sexuais. Pela sua própria natureza os comportamentos ilícitos previstos nestes tipos incriminadores não têm em regra potencialidade lesiva abstracta para, por si só, produzirem a morte da vítima[295]. Ou, dito de outra forma, as agravações pela *cláusula de morte ou ofensas graves* nestes casos (arts 158.º, n.º 3, 160.º, n.º 2, al. b), 161.º, n.º 2 e 177.º, n.º 3 *in fine*) não constituem em regra um prolongamento típico (isto é, normal, regular, previsível de acordo com a experiência comum que delimita a idoneidade abstracta da conduta) da privação da liberdade, da coacção, da tomada de reféns ou de agressões sexuais[296]. E, se assim é, a especial conexão exigida entre o facto base e a circunstância agravante não se pode fundar nos simples factores de perigo inerentes ao comportamento base que é ilícito, antes se torna necessário identificar outros factores de perigo concomitantes que aumentem a potencialidade lesiva do facto base de modo a poderem conduzir ao resultado agravante e à pena mais severa[297]. Tão pouco se pode pretender que estes elementos decorram somente dum tipo subjectivo complexo que articule o dolo do facto base com a negligência em relação ao resultado agravante, porque isso será manifestamente insuficiente e contrário aos artigos 14.º e 15.º do Código Penal que pressupõem que a identificação do facto é anterior à imputação subjectiva do mesmo. A especialidade do tipo agravado pelo resultado terá, portanto, de se identificar logo ao nível da tipicidade objectiva na particular articulação entre o facto base e a circunstância agravante. Ou seja, na estrutura e danosidade do facto total.

Nas diversas *cláusulas de suicídio* (artigos 155.º, n.º 2, 158.º, n.º 2, 160.º, n.º 2 al. b), e 161.º, 177.º, n.º 3, e 244.º, n.º 2) o problema que se coloca tem não só a dimensão atrás referida como uma outra que lhe atribui um nível de complexidade mais acentuado. Tais cláusulas quando utilizadas como circunstâncias agravantes suscitam problemas de integração sistemática ao nível do tipo de ilícito não só pela especial conexão exigida com um facto base – que por si só pode não ter em regra idoneidade lesiva para produzir tal resultado –, como também pelo facto de se tratar de factos dependentes da vontade autónoma do próprio suicida[298]. Que um

---

[295] ROXIN, *Strafrecht AT I* (4.ª edição, 2006), § 10, n.º 115 e 118.
[296] Sobre o problema, na compreensão das cláusulas de agravação, HELENA MONIZ, *Agravação pelo resultado*, 542 e ss, *maxime* 564 e ss e 567 e ss, com vasta informação sobre o tema.
[297] ROXIN, *Strafrecht AT I* (4.ª edição, 2006), § 10, n.º 118.
[298] Sobre o problema, HELENA MONIZ, *Agravação pelo resultado*, 551 e ss.

facto com estas características seja parte do ilícito penal pessoalmente imputável a um autor como obra sua é tudo menos pacífico, como se viu atrás aquando da análise do artigo 135.º do Código Penal. Por tudo isto, só com outros elementos dogmáticos que transcendam a mera letra dos preceitos se pode avançar na sua classificação sistemática.

9. Se passarmos ao *segundo nível de análise* e procurarmos na doutrina sobre os crimes agravados pelo resultado elementos que permitam clarificar a relação entre o facto base e as consequências graves nestes tipos incriminadores identifica-se uma clara tendência para limitar o alcance do tipo objectivo (isto é, do tipo complexo que articula o facto base e a circunstância agravante) de forma a assegurar a sua congruência com o âmbito do tipo subjectivo[299]. Um passo fundamental traduziu-se em superar o entendimento dos crimes agravados pelo resultado à luz o princípio do *versari in re ilicita,* procurando identificar a sua especialidade ao nível do tipo de ilícito e do tipo de culpa[300]. Para o efeito formulou-se nomeadamente a exigência de ser a consequência grave a «efectivação do perigo típico» contido no crime fundamental[301] o que, entendido à luz da necessária congruência entre o tipo de ilícito objectivo e o tipo de culpa, se delimitaria – na proposta de FIGUEIREDO DIAS – por «uma certa *previsibilidade objectiva* da consequência especial» articulada com uma *«previsibilidade subjectiva,* concreta», que delimitaria o âmbito da imputação subjectiva[302].

Assim entendidos, os crimes agravados pelo resultado não se podem reconduzir a uma mera articulação de factos (o facto base e o facto agravante), nem tão pouco a uma elementar identificação causal do primeiro em relação ao segundo, mas antes numa especial relação (de adequação, fundada num juízo de previsibilidade do dano) entre o perigo típico contido no facto base e a sua concretização no resultado agravante, igualmente sujeito depois aos critérios de imputação subjectiva[303]. É fundamentalmente com esta matriz de imputação que a doutrina delimita o âmbito de vários crimes agravados pelo resultado contido no actual Código Penal. As diversas agravantes em função da morte da vítima ou do seu

---

[299] Em pormenor, HELENA MONIZ, *Agravação pelo resultado,* 558 e ss.

[300] FIGUEIREDO DIAS, *Crimes preterintencionais,* 126 e ss, em ligação com os capítulos anteriores e, depois, *Crime preterintencional, causalidade adequada e questão de facto,* 1971, 14 e ss. Agora, *Direito Penal PG* (2.ª edição, 2007), 315-321 (Cap. 11, maxime § 61 e ss).

[301] FIGUEIREDO DIAS, *Crimes preterintencionais,* 129-130.

[302] FIGUEIREDO DIAS, *Crimes preterintencionais,* 129-130 e 134-136, em ligação com tudo o que escreve a p. 126 e ss.

[303] Neste sentido, mas com mais desenvolvimentos de que adiante se dará conta, FIGUEIREDO DIAS, *Crime preterintencional,* 14 e ss, e 19 e ss. Concordante, EDUARDO CORREIA, *Direito Criminal I* (1963), 442-443.

suicídio são integradas no tipo de ilícito agravado pelo resultado em função do «nexo causal» com o comportamento base ou da «previsibilidade» da verificação da circunstância agravante[304].

A leitura dos tipos de ilícito e dos tipos de culpa agravados pelo resultado a partir da matriz teórica da *previsibilidade* limitou consideravelmente o alcance do tipo objectivo que os mesmos integram. Em especial, pela função negativa deste conceito: um resultado que não seja previsível não pode ser imputado ao agente como circunstância agravante do ilícito praticado[305]. Apesar disso, esta modalidade de crimes tem vindo a ser objecto de *restrições adicionais* que procuram reforçar a sua especialidade ao nível da imputação, garantindo simultaneamente a sua compatibilidade com o princípio da culpa e da responsabilidade pessoal. Face ao alargamento do ilícito que tais tipos incriminadores operam compreende-se que a doutrina proponha uma leitura tendencialmente restritiva dos preceitos – em sintonia com a descrição típica e a teleologia das normas – quanto à conexão entre o facto base e o evento agravante, exigindo, por exemplo no caso do artigo 145.º, que a conexão entre a morte e o facto base se estabeleça *com o resultado* que o consuma (e não apenas com a conduta do agente) e, ainda, que a consequência grave seja a *«expressão dum perigo específico»* por sua vez *«directamente relacionado com o crime fundamental doloso»*[306]; ou que «a *coacção aparecesse como susceptível* de levar o coagido ou o terceiro (...) a suicidar-se ou a tentar suicidar-se»[307]; ou, ainda, nas agravantes dos crimes sexuais de «o resultado se dever apresentar como *uma consequência directa do comportamento base* – não como consequência dum comportamento imputável à vítima ou a terceiro ou até de outro comportamento do próprio agente – ou *como uma consequência característica do comportamento base»*[308].

Exigências que, documentadas em ilícitos em especial, são no fundo a concretização de critérios gerais usados para delimitar o tipo objectivo dos crimes agravados pelo resultado, como por exemplo a conexão imediata do resultado com o crime de base, a identificação dos riscos imediatos e mediatos contidos

---

[304] TAIPA DE CARVALHO, *Comentário Conimbricense I*, artigo 155.º, § 8, artigo 158.º, § 45; MARIA JOÃO ANTUNES, *Comentário Conimbricense I*, artigo 177.º, § 8. Recorrendo a critérios de previsibilidade (mas não só), DAMIÃO DA CUNHA, *RPCC* 2 (1992), 571 e ss e nota 16. Nas obras de carácter geral, EDUARDO CORREIA, *Direito Criminal I* (1963), 440; TERESA PIZARRO BELEZA, *Direito Penal II*, 239-240; CAVALEIRO DE FERREIRA, *Lições I* (1992), 315-318; GERMANO MARQUES DA SILVA, *Direito Penal Português II*, 31.
[305] FIGUEIREDO DIAS, *Crimes preterintencionais*, 130, e depois *Crime preterintencional*, 21 e ss.
[306] PAULA RIBEIRO DE FARIA, *Comentário Conimbricense I*, artigo 145.º, § 6, fazendo em parte eco do pensamento de FIGUEIREDO DIAS, *Crimes preterintencionais*, 126 e ss, quanto ao entendimento do tipo de ilícito e do tipo de culpa nos crimes agravados pelo resultado.
[307] TAIPA DE CARVALHO, *Comentário Conimbricense I*, 374 (artigo 155.º, § 8).
[308] MARIA JOÃO ANTUNES, *Comentário Conimbricense I*, artigo 177.º, § 8, e artigo 244.º, § 6.

na concreta realização do tipo base, a ponderação da quebra do nexo causal por comportamento de terceiro ou da própria vítima, a criação de riscos não controláveis, o princípio da responsabilidade pessoal ou a proibição de regresso[309]. Por isso mesmo, sustentou entre nós FIGUEIREDO DIAS – com inteira razão – que a comprovação judicial das particularidades dos crimes agravados pelo resultado não se poderia limitar à identificação duma normal relação de adequação entre o facto base e o evento (que, afinal, se reconduziria ao conteúdo elementar de qualquer crime), antes exigiria «uma adequação aferida em termos *mais estritos e exigentes*», «aferida *em concreto* e não apenas em abstracto», «particularmente rigorosa na valoração *normativa* dos resultados e eventos verificados» e, finalmente, sujeita não só a uma comprovação positiva como também a uma «comprovação *negativa autónoma* da inexistência de qualquer circunstância atípica que tivesse podido ocasionar o resultado agravante»[310].

Com este enquadramento torna-se evidente que o problema de delimitação do ilícito nos crimes agravados pelo resultado e a consequente classificação dos elementos agravantes são afinal expressão de questões gerais de compreensão do ilícito penal e de imputação objectiva, ou melhor, das estruturas teóricas que fundamentam e limitam a compreensão do ilícito típico em Direito Penal.

10. Neste exacto sentido, num *terceiro nível de análise*, é possível ver os problemas de delimitação do tipo objectivo dos crimes agravados pelo resultado como uma variante de problemas mais gerais de delimitação do ilícito objectivo e respectivas estruturas de imputação. A este nível é de notar a insuficiência do critério da previsibilidade para delimitar o âmbito do tipo de ilícito nos crimes agravados pelo resultado[311]. Insuficiência essa que se identifica em dois planos: por um lado, casos há em que do comportamento de base não é previsível que decorra a circunstância agravante, já que não é essa a sua consequência típica, normal ou adequada, por invocação das regras de experiência comum. O que demonstra que o fundamento e o âmbito do ilícito agravado pelo resultado terão de se encontrar noutra estrutura teórica que não apenas na ideia de previsibilidade

---

[309] Para a leitura de alguns destes critérios, CRAMER, in SHÖNKE/SCHRÖDER, *StGB*, § 18, n.º 4); ROXIN, *Strafrecht AT I*, § 10, n.º 111-117; JAKOBS, *Strafrecht AT*, 331-334 (9/34-36); PAEFFGEN, *NK-StGB* (2005), § 18, n.º 16 e ss. Sobre a «proibição de regresso» veja-se, para uma perspectiva histórico-critica, ROXIN, «Bemerkungen zum Regreßverbot» in *FS-Tröndle*, 1989, 177 e ss. Sobre todos estes problemas, agora, entre nós, com grande desenvolvimento, HELENA MONIZ, *Agravação pelo resultado*, 542 e ss e 573 e ss.

[310] FIGUEIREDO DIAS, *Crime preterintencional*, 21-23, itálicos no original. Agora, *Direito Penal PGI* (2.ª edição, 2007), 315 e ss (Cap. 11, maxime § 61 e ss).

[311] Neste sentido, já FIGUEIREDO DIAS, *Crime preterintencional*, 21-24, mas em parte por razões diferentes daquelas que se avançam no texto.

de verificação do evento[312]. Por outro lado, a ideia de previsibilidade pode não se adequar à estrutura do facto que terá de ser pessoalmente imputado ao agente. Neste caso, cabe perguntar se é suficiente que um facto autónomo dominado pela vontade de outra pessoa que não o autor seja parte do ilícito que este realiza só porque é previsível que possa ocorrer. A estes dois planos poderia ainda adicionar-se um terceiro, específico de cláusulas que não têm por si um conteúdo penalmente ilícito, como acontece com o suicídio (na coacção, sequestro, rapto e tomada de reféns) ou a gravidez (esta no crime de violação). Como fundamentar a pena mais grave por ocorrência dum facto que por si e em si mesmo não é penalmente ilícito?

Tudo ponderado, significa isto que nos crimes agravados pelo resultado a pena mais grave que a lei prevê para o facto complexo não se pode fundamentar na simples conjugação causal do facto base com o resultado agravante, nem na mera previsibilidade da verificação de tal evento, nem sequer, em algumas situações, no próprio resultado em si mesmo. Diversamente, a pena mais grave – e, em especial, a pena que ultrapasse a pena que caberia ao concurso de crimes entre o facto base e o evento agravante – só se pode fundamentar na existência de especiais factores de perigo que acompanham a execução do facto base e se concretizam no dano materializado no resultado agravante[313]. Mas para se manter a estrutura do ilícito imputável pessoalmente ao autor torna-se necessário exigir – e a lei exige-o, com se viu – uma especial conexão entre tais factores de perigo que acompanham a execução do facto base e evento agravante. O tipo complexo que daqui resulta não se pode, contudo, fundamentar e explicar apenas a partir da previsibilidade do evento, como já se referiu, tanto mais que a previsibilidade é uma estrutura teórica que por si só não acautela devidamente a necessária exclusão da responsabilidade por facto alheio. E esta dimensão não pode ser ignorada: os tipos agravados pelo resultado, como aliás todos os tipos incriminadores, têm de ser delimitados a partir duma estrutura teórica que garanta o efectivo cumprimento do princípio da responsabilidade pessoal (entre nós consagrado na lei fundamental, artigo 30, n.º 3, da Constituição), com respeito pela inerente proibição de regresso. Para cumprir estes desideratos a

---

[312] Coincidente, por outras razões, FIGUEIREDO DIAS, *Crime preterintencional*, 22-24, e agora *Direito Penal PG I* (2.ª edição, 2007), 319 (Cap. 11, § 63). Também EDUARDO CORREIA, *Direito Criminal I* (1963), 442-443. Agora, HELENA MONIZ, *Agravação pelo resultado*, 542 e ss e 792-794.

[313] Em sentido materialmente equivalente, sublinhando a especialidade dos crimes agravados pelo resultado ao nível da conexão específica entre o crime fundamental e o evento agravante, FIGUEIREDO DIAS, *Responsabilidade pelo resultado*, 126 e ss, e depois *Crime preterintencional*, 16 e ss. Agora, HELENA MONIZ, *Agravação pelo resultado*, 542 e ss, 713 e ss e, na conclusão, 792-794, exigindo uma «ilicitude intensificada», um resultado distinto e um outro bem jurídico tutelado autónomo em relação ao âmbito de tutela do crime base.

previsibilidade é uma estrutura teórica manifestamente limitada e insuficiente. O que se comprova também, noutro registo argumentativo, pelas exigências e limitações propostas por FIGUEIREDO DIAS (atrás apresentadas) e as exigências reforçadas agora defendidas por HELENA MONIZ para delimitar o âmbito do ilícito nos crimes agravados pelo resultado.

Alguns casos poderão ilustrar as dimensões do problema[314]: num crime de tomada de reféns (art 161.º, n.º 1, do Código Penal) a vítima (a) morre atingida por balas da polícia quando a tentam libertar ou (b) decide suicidar-se para evitar que o Estado ceda às pressões dos raptores; num crime de rapto praticado para cometer uma extorsão (artigo 160.º, n.º 1 al. a)) a vítima lança-se do carro onde estava detida com a viatura em andamento e morre da queda; num crime de sequestro (artigo 158.º, n.º 1) a vítima, (a) habituada a tomar anti-depressivos que não tem consigo no cárcere não suporta o isolamento e suicida-se ou (b) convencida de que nunca serão libertados pelo pessimismo de outro detido acaba por se suicidar. Nestes diversos casos o problema fundamental consiste em saber se a consequência grave pode ser imputada ao autor do facto base, como agravante do crime por este cometido, quando para a sua verificação contribuem não só factores de perigo inerentes ao facto base, mas também outros factores de perigo por vezes controlados por terceiros ou pela própria vítima.

Para fundamentarem legitimamente a pena mais grave tais circunstâncias agravantes têm de ser imputadas ao agente ao nível objectivo e subjectivo. Só assim se pode garantir o respeito pelo princípio da responsabilidade pessoal e pelo princípio da culpa. Contudo, os modelos de perigo contidos nos diversos tipos base não têm todos a mesma aptidão para produzir um especial resultado agravante (no caso em análise, a morte ou o suicídio da vítima). Por isso, deve distinguir-se entre os factores de perigo intrínsecos ao tipo base (modelos típicos de perigo) e os factores de perigo em regra estranhos ao tipo base (modelos secundários de perigo) mas que, nas circunstâncias concretas em que o facto foi praticado, conduzem ao dano. Estes factores de perigo (em especial, os factores secundários de perigo identificados em concreto) que acompanham o facto base não podem ter relevância de forma aleatória ou pela sua elementar verificação, pois também eles, enquanto elementos do ilícito, carecem de ser imputados pessoalmente ao autor do facto. Para tal não basta exigir – como sublinhou precocemente FIGUEIREDO DIAS[315] – um nexo de imputação assente num juízo de previsibilidade abstracta, completado com a imputação negligente. Ao nível

---

[314] Uma parte destes casos inspira-se na casuística apresentada por ROXIN, *Strafrecht AT I* (4.ª edição, 2006), § 10, n.º 112 e ss, com pequenas alterações. Diversas situações igualmente interessantes encontram-se em HELENA MONIZ, *Agravação pelo resultado*, 542 e ss.
[315] FIGUEIREDO DIAS, *Crime preterintencional*, 21-24,

da imputação objectiva, é necessário mais do que a simples previsibilidade da consequência para garantir uma imputação pessoal do facto e preservar a inexistência de responsabilidade por facto alheio e respeitar a proibição de regresso. Para garantir o princípio da responsabilidade pessoal e respeitar a proibição de regresso, os factores de perigo, sejam típicos ou extra-típicos, só responsabilizam o autor se se puderem integrar na sua esfera individual de domínio (mesmo que depois a extensão do dano não seja em si mesma totalmente controlável). É necessário que o autor do facto base exerça um *domínio* (exclusivo ou repartido de acordo com as regras da comparticipação) *sobre especiais factores de perigo* que, com elevada probabilidade, conduzirão ao resultado agravante. E que sejam *esses factores de perigo* que se *concretizam no resultado danoso* e não outros. Caso contrário, se o agente não dominar tais factores de perigo e eles se concretizarem no dano isso significará que o resultado agravante se deve provavelmente a facto fortuito ou a facto de terceiro e, como tal, não pode fazer o agente responder pela sua verificação pois, em bom rigor, o facto complexo representado no tipo agravado pelo resultado não é obra sua. Assim, se o resultado agravante se produz pela concretização dum factor de perigo integrado no tipo e dominado pelo agente ele pode ser imputado ao agente. Diversamente, se o resultado agravante for a concretização de factores de perigo dominados por terceiros e não pelo autor do tipo base esse resultado não pode ser imputado ao agente para agravar a pena do crime base[316].

À luz destas considerações, não se pode acompanhar ROXIN quando aceita, sem especiais reservas, que no crime de tomada de reféns a morte do detido pela polícia quando esta o tenta libertar responsabiliza o autor do crime base por um resultado mais grave[317]. Ou que, usando outros exemplos atrás referidos, o suicídio da vítima dum sequestro – quando convencida por outro detido da impossibilidade de libertação – possa responsabilizar o autor do sequestro. Mesmos nos demais casos apresentados, a hipótese de agravar os crimes base com a morte ou suicídio da vítima só pode ocorrer se os factores de perigo que se materializam no dano forem dominados pelo autor que, por essa razão, não só pode prever o evoluir dos acontecimentos (e portanto evitá-los) como exerce sobre o perigo que se pode concretizar no dano um poder que torna legítima a imputação individual quer do especial perigo, quer do evento que se verifique em consequência dele.

---

[316] Coincidente com este resultado, veja-se por exemplo o Ac. do STJ, de 10-07-2002 (*CJ, Acs STJ* X (2002) III, 174 e ss), onde se decidiu – e bem – que num caso de rapto a agravante por morte da vítima não se imputava aos co-autores do rapto por ter sido produzida por facto autónomo e isolado de um deles.

[317] ROXIN, *Strafrecht AT* I (4.ª edição, 2006), § 10, n.º marg. 118.

Bem se vê, por outro lado, que podendo tais critérios conduzir à integração no ilícito do *resultado morte* ou *ofensa grave* enquanto eventos agravantes nos crimes analisados, já o *suicídio* (tentado ou consumado) implica sempre a existência de momentos de domínio sobre o perigo que transcendem a esfera concreta de poder do autor do facto base. O que é aliás reforçado quer pela *indiferença quantitativa* desta cláusula (quando se equipara a tentativa de suicídio à consumação do acto), como pela sua *indiferença ao título de imputação subjectiva* (tanto faz que em relação a tal facto exista dolo como negligência)[318]. Significa isto que enquanto a cláusula de morte se consegue integrar no âmbito do ilícito (simples ou agravado pelo resultado) reforçando a conexão normativa entre o comportamento do agente e a verificação do evento, não podendo por isso ser considerada uma condição objectiva de punibilidade[319], já uma cláusula como a de execução dum

---

[318] Neste sentido, DAMIÃO DA CUNHA, *RPCC* 2 (1992), 577. Contra, TAIPA DE CARVALHO, *Comentário Conimbricense I*, artigo 158.º, § 45.

[319] A conclusão apresentada no texto abrange igualmente as agravações desta natureza em crimes de perigo comum, realizadas nos termos do artigo 285.º do Código Penal, que entre a doutrina alemã e recentemente entre nós (Teresa Quintela de Brito) têm vindo a ser por vezes consideradas condições objectivas de punibilidade. Uma parte da doutrina na Alemanha considerava que no § 320 do *StGB* (actual § 318, 3 e 4) a cláusula de danos (ou lesões, *Schaden*) causados pelo crime de perigo seria uma condição objectiva de punibilidade (por todos, GEISLER, *Bedingungen der Strafbarkeit*, 519 e ss, *maxime* 522 e ss e 534), enquanto a morte duma pessoa no mesmo preceito seria um elemento do ilícito, sujeito às regras da agravação pelo resultado (GEISLER, *Bedingungen der Strafbarkeit*, 531 e ss e 534). Não se identifica um fundamento convincente para se proceder a essa distinção quando o tipo legal apresenta a mesma estrutura em relação aos dois eventos. A distinção é por isso, em sim mesma, muito duvidosa e de difícil aceitação (rejeita-a por exemplo CRAMER, in SCHÖNKE/ SCHRÖDER, *StGB*, § 320, n.º 3). Entre nós, uma tal diferenciação também não pode ser acolhida, por a redacção do artigo 285.º do Código Penal prever as cláusulas de morte e ofensa corporal grave em claro regime de agravação pelo resultado, isto é, como um resultado danoso, evitável e provocado pelo crime base, como tal sujeito aos crivos do artigo 18.º do Código Penal, com a consequente necessidade de prova da negligência em relação ao resultado agravante. Neste sentido, DAMIÃO DA CUNHA, *Comentário Conimbricense II*, artigo 285.º, § 6 e ss, AUGUSTO SILVA DIAS, *RPCC* 8 (1998), 551, HELENA MONIZ, *Agravação pelo resultado*, 523-525, e nota 43, PAULO PINTO DE ALBUQUERQUE, *Código Penal* (2.ª edição, 2010), anotação ao artigo 285.º. As críticas e reservas que se podem dirigir à natureza da incriminação e às penas que contempla, quando relacionadas com o crime de recusa de médico (artigo 284.º), enunciadas com alguma razão por TERESA QUINTELA DE BRITO, *Direito Penal PE*, 577 e ss, não permitem contudo tratar o evento danoso como uma condição objectiva de punibilidade meramente delimitadora do perigo relevante (*op. cit.* p. 583 e 584). A estrutura do facto no crime de recusa de médico agravado pelo resultado (ofensa ou morte) do paciente corresponde a uma situação pessoalmente lesiva que está sob o domínio do médico que nega a assistência possível. O médico pode e deve tentar neutralizar clinicamente o perigo a que o paciente está sujeito e a sua

suicídio é, por definição, rebelde a tal afectação sistemática na estrutura do ilícito[320]. Quanto a ela, os problemas de responsabilidade por facto de outrem e da proibição de regresso podem ser minimizados, mas não excluídos, quando ao suicídio tentado ou consumado o legislador associa uma pena mais grave. Ou seja, um facto desta natureza (que é dominado pela vontade do próprio suicida) dificilmente pode ser considerado um resultado ilícito integrante dum facto típico imputável individualmente a uma outra pessoa. Nesse sentido, a cláusula de suicídio quando surge associada a uma pena mais grave aproxima-se da figura das condições objectivas de punibilidade impróprias. Daqui resulta um problema de constitucionalidade de tais tipos incriminadores (à luz do princípio da culpa e da responsabilidade pessoal em matéria penal) ou, pelo menos, um problema de difícil compatibilização com as exigências constitucionais de imputação pessoal dos factos penalmente ilícitos. O problema não pode ser satisfatoriamente resolvido com a simples sujeição de tal cláusula aos limites mínimos de imputação subjectiva do artigo 18.º, porque a questão é anterior à imputação negligente do facto: é um problema de saber se faz sentido falar em negligência relativamente

conduta agrava o risco de lesão. Com esta configuração típica – de crime de perigo concreto aferido perante uma certa pessoa necessariamente determinada – é duvidoso que o crime de recusa de médico partilhe as características de indeterminabilidade do titular do bem jurídico inerentes aos crimes de perigo comum (sobre esta caracterização, AUGUSTO SILVA DIAS, *RPCC* 8 (1998), 544-553), sendo mais próximo de um crime de perigo contra bens jurídicos pessoais. À omissão de assistência – em si mesma socialmente danosa e abstractamente ofensiva das expectativas sociais, mas aferida perante uma concreta situação de uma certa pessoa – acresce um especial resultado lesivo para a pessoa. A confirmar-se a bondade desta leitura e da diferenciação do crime de recusa de médico em relação aos demais crimes de perigo comum, em caso de pluralidade de vítimas teremos uma situação de concurso ideal de crimes (assim, HELENA MONIZ, *Agravação pelo resultado*, 521; em sentido oposto, AUGUSTO SILVA DIAS, *RPCC* 8 (1998), 551, defendendo a neutralização do concurso efectivo, mas reportando-se aos crimes de perigo comum em geral e não especificamente à recusa de médico). As penas mais baixas por comparação com outras situações de agravação – usadas como argumentação sistemática por TERESA QUINTELA DE BRITO – podem explicar-se, entre outras razões, pelo facto de a recusa de médico ser apenas mais um dos factores de perigo que se concretiza na lesão sofrida por alguém que já se encontra em perigo e não tem a assistência devida (um caso de concurso de riscos). Não exigir a negligência do autor em relação à consequência total implica um momento de responsabilidade objectiva sobre parte do facto e da pena legal cominada que não é aceitável.

[320] Em sentido diverso, TAIPA DE CARVALHO, *Comentário Conimbricense I*, artigo 158.º, § 45, que trata exactamente da mesma forma a cláusula de morte e a cláusula de suicídio se em relação a tais factos existir dolo do agente. A solução pressupõe contudo resolvido um problema sobre o qual o Autor não se pronuncia e que se traduz em saber se a cláusula de suicídio se pode intergar no facto do autor, em relação ao qual se delimita o dolo, quando é um acontecimento autonomamente controlado pela vontade de outra pessoa.

a um acontecimento que, pela sua estrutura e natureza, é autónomo em relação ao facto que se pretende imputar ao autor. Tão pouco se contornam as objecções referidas, sugerindo que o tribunal aplique no caso em apreço a pena mínima cominada para o crime[321], pois a questão é anterior à imputação da pena, reside na imputação do ilícito que condiciona a aplicação de qualquer pena[322].

É, pois, em sede de imputação do ilícito que a questão tem de ser resolvida exigindo-se, em caso de suicídio da vítima, que se comprove que o agente exerceu um domínio sobre factores especiais de perigo não controlados autonomamente pela própria vítima, sem que simultaneamente haja prova do dolo quanto à morte ocorrida em tais circunstâncias (pois se tal acontecer a conjugação do exercício do domínio do facto e do dolo poderá reconduzir-se a um possível homicídio em autoria mediata).

(d) *Síntese*

11. A análise realizada permitiu verificar que as cláusulas de morte, ofensas graves ou suicídio da vítima, apesar da descrição equivalente, têm significados diferentes consoante a distinta natureza, estrutura e teleologia dos tipos incriminadores em que surgem. A sua qualificação dogmática depende da relação intra-típica que revelem com o facto ilícito do autor e dos pressupostos teóricos que fundamentam e delimitam o âmbito do tipo de ilícito.

Neste sentido, uma parte significativa dos problemas de delimitação da figura das condições objectivas de punibilidade reside na ausência de clarificação das estruturas teóricas utilizadas para delimitar o âmbito do ilícito culposo e respectiva imputação ao autor do facto. O âmbito do facto ilícito é distinto consoante o mesmo seja delimitado pela causalidade naturalista, pelo conteúdo normativo da previsibilidade, por requisitos adicionais relativos à estrutura danosa facto ou por critérios de domínio sobre o acontecimento. Este aspecto condiciona a natureza dogmática das circunstâncias em causa: uma concepção *causalista* do ilícito penal permite integrar uma parte significativa das circunstâncias descritas nas normas incriminadoras no âmbito do facto ilícito, diminuindo reflexamente o espaço dogmático em que se pode identificar a figura das condições objectivas de punibilidade; o recurso à ideia de *previsibilidade* introduz uma restrição significativa ao âmbito do ilícito por comparação com a sua

---

[321] Assim, JESCHECK/WEIGEND, *Lehrbuch*, 557 (§ 53, II), apresentando esta via como forma de minimizar os problemas das condições objectivas de punibilidade impróprias.
[322] Neste sentido, GEISLER, *Bedingungen der Strafbarkeit*, 197-199, sublinhando, com razão, que o problema não se coloca no nível secundário de medida da pena, mas ao nível primário dos fundamentos da pena.

delimitação causalista, na exacta medida em que elementos do facto deixam de ser quaisquer circunstâncias que estejam em conexão causal com a conduta do autor, para passarem a integrar apenas as consequências previsíveis dessa conduta (e, numa restrição mais intensa, as consequências efectivamente previstas). O conceito de *domínio do facto* pode restringir ainda mais o âmbito dos ilícitos penais imputados ao autor, já que deles farão parte não todas as consequências causais, nem todas as que sejam de verificação previsível mas sim, dentro destas, apenas as circunstâncias cuja realização seja dominada pelo autor do facto. O que por si só excluirá do âmbito do ilícito os acontecimentos fortuitos e os acontecimentos dominados por vontade autónoma de outra pessoa que não o autor do facto em causa.

A opção por uma ou outra forma de delimitar o ilícito típico não corresponde a uma escolha arbitrária. Antes se encontra limitada pela natureza dos factos tipicamente descritos e, em especial, pelas valorações constitucionais que estruturam a atribuição de responsabilidade penal, a saber: o princípio da dignidade da pessoa humana, o princípio da culpa e o princípio da responsabilidade pessoal. Como se viu nas páginas anteriores, a utilização duma matriz causalista (causalidade natural) para delimitar o âmbito do facto ilícito não consegue preservar devidamente estes valores e o conceito de previsibilidade não exclui algumas situações que, a serem aceites, derrogariam o princípio da responsabilidade pessoal e não respeitariam a proibição de regresso. Só uma leitura dos ilícitos penais orientada pelo conceito de domínio do facto consegue garantir plenamente o respeito pelos valores referidos.

Neste exacto sentido, verificou-se que a cláusula de morte no crime de participação em rixa (artigo 151.º, n.º 1) e a cláusula de execução do suicídio no crime de incitamento e auxílio a este facto (artigo 135.º, ambos do Código Penal) têm em comum a circunstância de serem *elementos exteriores ao ilícito imputado ao autor* no âmbito desses tipos incriminadores cuja *realização efectiva, no contexto da situação típica descrita em tais normas, se encontra fora da sua esfera individual de domínio*. A indiferença qualitativa e quantitativa de tais cláusulas confirmam, adicionalmente, a sua autonomia axiológica e estrutural em relação ao ilícito (são, portanto, *unrechtsneutral*). E, por isso mesmo, não são circunstâncias individualmente imputáveis ao autor como obra sua, o que apenas poderia acontecer com uma reconstrução do tipo e a formulação duma norma de ilicitude incompatível com a descrição legal.

Nos tipos incriminadores em que surgem cláusulas que podem ser consideradas verdadeiras condições objectivas de punibilidade verifica-se ainda uma incompatibilidade normativa entre a imputação individual dos acontecimentos incluídos na descrição legal dessas cláusulas e a estrutura dos tipos legais. Para estes serem aplicáveis com autonomia, pressupõe-se exactamente que o facto ou o acontecimento descrito na condição objectiva de punibilidade não é uma realidade pessoalmente imputável ao autor do ilícito. O que por seu turno permite concluir que os tipos incriminadores com condições objectivas de punibilidade são negativamente delimitados pelos critérios de imputação pessoal das circunstâncias em causa (imputação objectiva, comparticipação e imputação subjectiva). Não sendo elementos individualmente imputáveis ao autor do ilícito como obra sua, não podem fundamentar, no todo ou em parte, a pena estatal cominada em tais preceitos, apenas podem restringir o alcance do tipo incriminador, tornando mais exigente as condições de intervenção penal relativamente a um facto ilícito que, por si só, já seria merecedor e carente de pena.

Tais elementos, nestes dois tipos incriminadores (arts 135.º e 151.º, n.º 1, do Código Penal), devem ser considerados condições objectivas de punibilidade: são circunstâncias estranhas à esfera individual de domínio do autor do crime, mas que surgem no tipo legal em imediata conexão com o facto ilícito. As duas cláusulas documentam indirectamente a perigosidade inerente ao ilícito, induzem certeza na sua compreensão probatória e restringem o alcance do tipo ao transformar reflexamente hipotéticos crimes de perigo abstracto em crimes de perigo abstracto-concreto (ou crimes de aptidão).

É igualmente a partir desta compreensão dogmática que devem ser analisados os crimes agravados pela morte, ofensa grave ou suicídio da vítima, sem embargo de os mesmos exigirem uma especial atenção em função do tipo complexo que integram. Nos crimes agravados pela verificação da morte, ofensa grave ou suicídio da vítima a pena mais grave que a lei prevê para o facto complexo não se pode fundamentar na simples conjugação causal do facto base com o resultado agravante, nem na mera previsibilidade da verificação de tal evento, nem sequer, em algumas situações, no próprio resultado em si mesmo. Também os tipos agravados pelo resultado têm de ser delimitados a partir duma estrutura teórica que garanta o efectivo cumprimento do princípio da responsabilidade pessoal, com respeito pela inerente proibição de responsabilidade por facto alheio e pela proibição de regresso. Para cumprir estes desideratos a causalidade naturalística e a previsibilidade são estruturas teóricas limitadas e insuficientes. Nos crimes agravados pelo resultado, a pena mais grave só se pode fundamentar na existência de especiais factores de perigo (um especial modelo de perigo) que acompanham a execução do facto base e se concretizam no dano materializado no resultado agravante. Nesse sentido, a agravação da pena só é legítima se tais factores de perigo forem *dominados* pelo autor (ou por vários agentes em comparticipação) que, por essa razão, não só pode prever o evoluir dos acontecimentos (e portanto evitá-los) como exerce sobre o perigo que se concretiza no dano um poder que torna legítima a imputação individual quer do especial perigo, quer do evento que se verifique em consequência dele.

À luz destas considerações as duas cláusulas suscitam problemas diferentes. Enquanto a *cláusula de morte* e de *ofensas graves* à integridade física se consegue integrar no âmbito do ilícito (simples ou agravado pelo resultado) reforçando a conexão normativa (ao nível objectivo e subjectivo) entre o comportamento do agente e a verificação do evento, não podendo por isso ser considerada uma condição objectiva de punibilidade, já uma cláusula como a de *execução dum suicídio* é, por definição, rebelde a tal afectação sistemática na estrutura do ilícito. Um facto desta natureza (que por definição é dominado pela vontade do próprio suicida) dificilmente pode ser considerado um resultado ilícito integrante dum facto típico imputável individualmente a uma outra pessoa, funcionado como uma condição objectiva de punibilidade imprópria, isto é, uma circunstância que na prática se imputa objectivamente por simples conexão causal com o facto base mas que na realidade fundamenta a pena mais grave cominada para o facto.

Daqui resulta um problema de constitucionalidade de tais tipos incriminadores (à luz do princípio da culpa e da responsabilidade pessoal em matéria penal) ou, pelo menos, um problema de difícil compatibilização com as exigências constitucionais de imputação pessoal dos factos penalmente ilícitos. Para reforçar a congruência destes tipos incriminadores com a Constituição material deve exigir-se que em caso de suicídio da vítima se comprove que o agente exerceu um domínio sobre factores especiais de perigo não controlados autonomamente pela própria vítima, sem que simultaneamente haja prova do dolo quanto à morte ocorrida em tais circunstâncias.

III. Situações económicas e sócio-familiares supervenientes

1. Os elementos recolhidos sobre a estrutura dos tipos incriminadores considerados no § 26, II deste estudo e o debate sobre a classificação sistemática de algumas cláusulas utilizadas pelo legislador permitem agora uma análise mais consequente de outras figuras que surgem em normas penais e que têm a característica de se tratar de situações económicas ou sócio-familiares supervenientes em relação ao facto ilícito-base cometido pelo autor.

Pensa-se, concretamente, na *difícil situação económica* em que a vítima ficará após o furto (artigo 204.º, n.º 1 al. i), do Código Penal) ou a burla (artigo 218.º, n.º 2, al. c), do Código Penal) e na *demissão de lugar, perda de posição profissional* ou *destruição de relação sociais ou familiares* da vítima de um crime contra a realização da justiça (artigo 361.º, n.º 1 , al. b), do Código Penal). Noutro domínio, é ainda de considerar como situação económica superveniente o não pagamento do cheque *apresentado a pagamento no prazo e termos legais* (artigo 11.º do Dec.-Lei n.º 454.º/91, de 28 de Dezembro, na redacção do Dec.-Lei n.º 316/97, de 19 de Novembro).

As primeiras cláusulas surgem na lei como circunstâncias agravantes de um facto simples que, em tais casos, passa a ser cominado com uma pena mais severa. Assim, a *difícil situação económica* em que a vítima ficará após o furto (artigo 204.º, n.º 1 al. i), do Código Penal) ou a burla (artigo 218.º, n.º 2, al. c) do Código Penal) determinam uma agravação da pena em relação ao furto simples (artigo 203.º, n.º 1, do Código Penal). Por seu turno, a *demissão de lugar, perda de posição profissional* ou *destruição de relação sociais ou familiares* (artigo 361.º, n.º 1, al. b), do Código Penal) funcionam como cláusulas de agravação da pena em relação aos crimes de falsidade de depoimento ou declaração (artigo 359.º) e de falsidade de testemunho, perícia, interpretação ou tradução (artigo 360.º, ambos do Código Penal).

Diversamente, a *apresentação de um cheque a pagamento no prazo e termos legais* (artigo 11.º do Dec.-Lei n.º 454.º/91, de 28 de Dezembro, na redacção do Dec.-Lei n.º 316/97, de 19 de Novembro) condiciona em absoluto a relevância penal das condutas de emissão de cheque sem provisão (ou factos equiparados) e, se não se verificarem, o facto não pode ser qualificado um crime.

Significa isto que estando as consequências danosas dos crimes de furto, burla e falsidade associadas, numa compreensão literal dos tipos, à cominação duma pena mais grave será à partida razoável entendê-las como circunstâncias co-fundamentadoras da pena e, portanto, como elementos do ilícito sujeitos às regras gerais da imputação. Diversamente, as circunstâncias legais relativas à apresentação dum cheque a pagamento acrescem à conduta do autor que se traduz em emitir e entregar o cheque (ou endossá-lo), mas delas depende a aplicação da pena e não a aplicação duma pena mais grave. A sua natureza e relação com a conduta ilícita do autor não é contudo clara e, em especial, não se deduz inequivocamente do tipo incriminador.

O problema comum a estas diversas circunstâncias reside na sua relação com o ilícito do autor e, reflexamente, na exacta determinação da sua natureza dogmática. O regime de imputação que lhes pode ser aplicável deve decorrer destes aspectos e não o inverso.

a) A difícil situação económica da vítima do furto ou da burla

2. A leitura dogmática destas diversas cláusulas legais torna evidente a sua tensão com o princípio da culpa e, implicitamente, o problema da sua natureza sistemática. Expressão disto mesmo são os cuidados que envolvem a sua compreensão jurídica pela doutrina nacional. Assim, FARIA COSTA sublinha a necessidade de a cláusula de difícil situação económica da vítima do furto (artigo 204.º, n.º 1 al. i)) ser entendida não só em conexão objectiva com o ilícito base, mas sim e também em função da exigência de imputação subjectiva: o agente – escreve

o Autor – «deve ter de representar e querer a consequência dos efeitos da conduta que preenche o crime de furto»[323], como forma de evitar uma inadmissível responsabilidade objectiva no nosso sistema penal. Ou seja, para a circunstância agravante ser imputada ao agente tem de em relação a ela existir dolo, consciência de que a mesma se pode verificar e aceitação voluntária desse facto pelo agente. À luz desta leitura, não bastará por um lado a previsibilidade objectiva da sua verificação e por outro a ausência ou errada representação do agente quanto a tal ocorrência impedirão a sua imputação ao agente.

Com a exigência de consciência efectiva da possível verificação da consequência danosa contorna-se aparentemente um problema inerente a esta cláusula: a de saber se está no domínio do agente provocar um efeito desta natureza. Nesta construção a conexão entre o ilícito-base e a consequência danosa é estabelecida não apenas no plano da imputação objectiva como, principalmente, pela vontade do agente: a difícil situação económica da vítima é parcela do ilícito mais grave imputado ao autor por estar numa especial conexão com o furto e ser, ademais, abarcada pela consciência e vontade do agente que unificam as duas realidades (furto e situação económica da vítima) num único ilícito.

Nesta matriz de compreensão do tipo facilmente se percebe que a consequência danosa relativa à difícil situação económica da vítima do furto ou da burla é um elemento do ilícito, co-fundamentador da pena mais grave e, por isso mesmo, integralmente sujeita às regras de imputação – e, não, entenda-se uma condição objectiva de punibilidade. Mas para tal tornou-se necessário reduzir o âmbito do ilícito às situações de efectivo dolo quanto à consequência grave, em circunstâncias tais que se pode afirmar que só quando está no domínio efectivo do agente provocar tal consequência danosa é que a mesma lhe será imputável. Que esse domínio se delimite por via dos elementos intelectual e cognitivo do dolo é algo que corresponde aparentemente a uma inversão metodológica inaceitável – e atrás criticada – que consiste em delimitar o facto através do dolo e não o dolo através do facto. Mas o vício metodológico é neste caso apenas aparente. É através do domínio sobre o objecto do furto que o agente controla a consequência grave para a vítima: ao ter o poder de a privar de tal objecto, o autor dos factos controla reflexamente os efeitos dessa privação na situação económica da vítima. A íntima conexão (ou mesmo coincidência) entre o objecto do furto e a consequência da sua falta permitem que a esfera individual de domínio do agente se estenda naturalmente do objecto primário da conduta à consequência patrimo-

---

[323] FARIA COSTA, *Comentário Conimbricense II*, artigo 204.º, § 48. Coincidente no resultado, PAULO PINTO DE ALBUQURQUE, *Código Penal* (2.ª edição, 2010), artigo 204.º, anotação 42 e ss. Genericamente concordante, quanto às agravantes da burla, ALMEIDA E COSTA, *Comentário Conimbricense II*, anotação ao artigo 218.º.

nial danosa. Por isso, a delimitação do tipo agravado pelo resultado a partir do dolo do agente só procede na exacta medida em que, neste caso específico, se pode falar duma relação de congruência entre a esfera objectiva e subjectiva de domínio (o âmbito do ilícito típico imputável ao agente)[324].

Se assim não fosse, delimitar o tipo de ilícito pelo dolo corresponderia a criar uma *ficção de dolo* por o objecto de domínio ser estranho à vontade do agente. Quanto tal acontece – isto é, quando o objecto da vontade do agente está fora da sua esfera individual de domínio mas, ainda assim, o agente procura alcançá-lo com a sua conduta – essa realidade é estranha ao facto material e, a ser referida como objecto da sua vontade, só pode ser dogmaticamente configurada como uma finalidade do agente, dirigida a um «resultado não compreendido no tipo», e nunca como um objecto do dolo do facto (artigo 14.º do Código Penal).

b) Consequências danosas nos crimes de falsidade contra a realização da justiça

3. Se o problema se consegue resolver desta forma nos crimes patrimoniais, nos crimes de falsidade contra a realização da justiça (artigo 359.º e 360.º) a questão é mais complexa. Circunstâncias como «do facto resultar demissão de lugar, perda de posição profissional ou destruição das relações familiares ou sociais de outra pessoa» (artigo 361.º, n.º 1 al. b) do Código Penal), a condenação de outra pessoa em função da falsidade (artigo 361.º, n.º 1, al. c)) ou, genericamente, a privação da liberdade de alguém que resulte da falsidade cometida (artigo 361.º, n.º 2) são cláusulas de difícil conexão com o facto do agente, sem que ao mesmo tempo subsista uma dúvida razoável sobre tal ligação, e, por isso mesmo, de complexa integração no tipo subjectivo.

Atesta-o as reservas manifestadas por SOUSA E BRITO, na Comissão de Revisão de 1993, por considerar que as agravantes destes crimes, actualmente contidas no artigo 361.º, n.º 1 al. b) (artigo 365.º do Projecto de 1993), seriam de difícil compatibilização com o princípio da culpa[325]. Confirma-o, ainda, a leitura actual das agravantes realizada por MEDINA DE SEIÇA e as dúvidas que associa a tais

---

[324] Por estas mesmas razões não se pode classificar a cláusula de negação da solvência da dívida contraída no crime de «burla de serviços» (artigo 220.º, n.º 1 do Código Penal) como uma condição objectiva de punibilidade, como já foi proposto por alguma doutrina (criticamente, com razão, ALMEIDA E COSTA, *Comentário Conimbricense II*, artigo 200.º, § 6 e, agora, PAULO PINTO DE ALBUQUERQUE, *Código Penal* (2.ª edição, 2010), artigo 220.º, anotação 7) e alguns sectores da jurisprudência (Ac. da Relação do Porto, de 8 de Janeiro de 2003, in *CJ* XXVII (2003) I, pp. 207-208). A recusa em solver a dívida corresponde ao momento de consumação do ilícito que se encontra plenamente na esfera de domínio do agente e, por isso, é o momento terminal do ilícito e não uma condição objectiva de punibilidade.

[325] SOUSA E BRITO, *Actas* (1993), 420.

circunstâncias[326]. Desde logo, ao nível da imputação objectiva, na exacta medida em que para a verificação da consequência danosa podem ter concorrido outras causas da decisão de terceiro (*v.g.* uma decisão condenatória) que não apenas ou não essencialmente a declaração falsa. Dificuldade que procura contornar sujeitando a relação entre a falsidade das declarações e a consequência danosa a uma exigência adicional, para além da comprovação da mera causalidade: necessário será que «a falsidade surja como um pressuposto positivamente relevante para a verificação do resultado. Ou, para utilizar as palavras do legislador num contexto com certa similitude, quando a falsidade haja sido *determinante para a decisão* (cf. artigo 449.º, n.º 1, al. a), do CPP, sobre os pressupostos do recurso de revisão)». Noutro plano, as dificuldades dogmáticas ao nível da qualificação de tais elementos que, no plano das hipóteses, tanto poderiam ser entendidos como condições objectivas de punibilidade (impróprias), como elementos dum tipo qualificado ou como agravações pelo resultado, sujeitas aos crivos do artigo 18.º do Código Penal, sendo esta última a sua opção[327].

Em boa verdade, o problema imanente a estas cláusulas dificilmente se ultrapassa reforçando a conexão subjectiva da consequência danosa com a conduta de falsidade ou sujeitando-a a uma suposta negligência adicionada ao facto doloso base. Em qualquer dos casos, o problema essencial subsiste: sendo tais consequência duma magnitude que passa pela ponderação de diversos factores de natureza socio-profissional ou, no caso da privação judicial da liberdade, pela decisão de uma entidade pública autónoma, fará sentido falar em relação a tais consequências de «causalidade» e de «negligência» quando o que acontece é que a sua verificação efectiva depende de processos causais e de decisões não controladas pelo autor?

O reforço dos crivos de imputação objectiva supõe, implicitamente, que tal consequência danosa pode ser tratada como um resultado típico e que, como tal, formará com a conduta do autor um ilícito uno. Só neste contexto «intra-típico» é que faz sentido falar de imputação objectiva. A exigência de imputação negligente supõe, por seu turno, resolvido o problema de delimitação do facto típico em relação ao qual se afere a negligência do autor, já que de acordo com o artigo 15.º do Código Penal a negligência é um conceito relacional, isto é, reporta-se sempre a um facto típico que será dessa forma imputável ao autor. Mas é exacta-

---

[326] MEDINA DE SEIÇA, *Comentário Conimbricense III*, artigo 361.º, § 8, 9, 10 e 15. Em Espanha a questão é igualmente muito controvertida, considerando uma parte da doutrina que as agravações desta natureza são condições objectivas de punibilidade e outros sectores (tendencialmente maioritários) que se trata de elementos do ilícito ou elementos de prova do mesmo: por todos, GARCÍA PEREZ, *Punibilidad*, 237-246.

[327] MEDINA DE SEIÇA, *Comentário Conimbricense III*, artigo 361.º, § 10.

mente neste ponto que reside o essencial do problema: dificilmente pode fazer parte do facto típico imputado ao autor um acontecimento que passa pela complexa articulação de factores sócio-profissionais e por decisões autónomas de terceiros, por se tratar de acontecimentos situados fora da esfera individual de domínio do destinatário da norma penal. Consequências desta natureza podem ser, em termos de técnica legislativa, finalidades ou objectivos do agente mas não elementos integrantes dum ilícito que deverá estar numa relação de congruência com a culpa subjectiva, delimitada por aquele. E, por isso, as reservas manifestadas por Sousa e Brito em relação a tais cláusulas subsistem integralmente, apesar dos esforços para minimizar a inconveniência do seu uso pelo legislador. Dito de forma mais categórica: tais cláusulas são, pela sua natureza e magnitude, estranhas a um facto ilícito pessoalmente imputável a um autor, delimitado pela sua esfera individual de domínio, e, como tal, são circunstâncias intrinsecamente rebeldes em relação ao princípio da culpa.

Sujeitá-las a crivos mais rigorosos de imputação objectiva e subjectiva minimiza os inconvenientes de serem circunstâncias dificilmente compatíveis com o princípio da culpa. Deste modo limita-se mas não se resolve integralmente a questão (porventura irresolúvel por via doutrinária) porque o que se trata, na verdade, é de sujeitar uma condição objectiva de punibilidade imprópria aos crivos de imputação vigentes para a agravação pelo resultado. Dificilmente fará sentido falar de «negligência» em relação a acontecimentos estranhos ao poder causal e à esfera individual de domínio do destinatário da norma penal, sendo mesmo tal hipótese de difícil compatibilização com o regime legal do artigo 15.º que delimita o objecto da negligência pelo facto tipicamente ilícito. A questão não reside apenas na imputação subjectiva de tais circunstâncias mas antes na sua natureza e relação com o facto individual do autor do crime. Se tais circunstâncias são pela sua natureza estranhas ao facto ilícito do autor, o que se tem de debater é a admissibilidade ou inadmissibilidade do seu uso pelo legislador (e a função que concretamente lhe é atribuída no tipo incriminador em que surja) e não tanto o regime de imputação subjectiva, em especial quando tratado de forma autónoma em relação ao conceito de facto ilícito.

A forma de compatibilizar o funcionamento de tais agravações com o princípio da culpa a ser tentada deve ser ensaida no plano da estutura objectiva do facto. É esse o propósito que está, por exemplo, subjacente à sugestão de Paulo Pinto de Albuquerque no sentido de exigir para funcionamento das agravantes do artigo 361.º do Código Penal, por um lado, um duplo juízo de adequação (objectivo e subjectivo) e, por outro, a concreta invocação da falsidade na fundamentação da decisão condenatória ou de privação da liberdade[328]. Em tais casos os compor-

---

[328] Paulo Pinto de Albuquerque, *Código Penal* (2.ª edição, 2010), artigo 361.º, anotação 2.

tamentos revelam-se na verdade pluriofensivos e a estrutura objectiva do facto tem de contemplar integralmente tal danosidade. As declarações ou depoimentos falsos devem ter, em si mesmo, uma aptidão lesiva não só em relação ao bom funcionamento das instâncias de aplicação do Direito (trata-se de crimes contra a realização da justiça), como devem ainda possuir aptidão lesiva (abstracta e concreta) para a sua danosidade se estender efectivamente às consequências sociais, profissionais e jurídicas referidas no artigo 361.º do Código Penal. De forma mais precisa: a privação da liberdade, a demissão, a perda de posição profissional ou a destruição de relações familiares e sociais têm de corresponder uma danosidade que decorra especificamente da concreta falsidade do depoimento ou da declaração, de tal modo que, se a mesma não se verificasse, o dano não se produziria. Não basta por isso que a falsidade seja em abstracto determinante ou adequada a causar os danos referidos, ela deve ter sido concretamente essencial para tal ocorrência e, por isso, o autor do facto poderia tê-la evitado. A essencialidade existe quando sem tal depoimento ou declaração o dano seria previsivelmente evitado, quer com a sua eliminação hipotética, quer com a retractação tempestiva do autor da falsidade (artigo 362.º do Código Penal).

c) Facto ilícito e condições objectivas de punibilidade no crime de não pagamento de cheque

4. Dos elementos recolhidos nos números anteriores torna-se claro que a análise e classificação sistemática dum tipo incriminador passa pela exacta delimitação do que seja o facto ilícito e, em função do seu alcance, os elementos que lhe são exteriores. Esta cisão entre elementos do ilícito e os elementos que lhe são exteriores, nomeadamente as condições objectivas de punibilidade, assumiu importância considerável na história legislativa, jurisprudencial e doutrinária do crime de emissão de cheque sem provisão. O actual tipo incriminador, contido no artigo 11.º, n.º 1, do Dec. 454/91, de 28 de Dezembro (com a redacção que depois lhe foi dada pelo Dec.-Lei n.º 316/97, de 19 de Novembro) é resultado desta evolução histórica, mas também da sobreposição de diferentes soluções normativas em constante compromisso com o passado, nomeadamente o de tentar reformular o tipo sem produzir grandes sobressaltos em termos de sucessão de regimes penais[329]. Este aspecto tem condicionado, em parte, a análise dos diversos elementos do tipo incriminador, como se verá de seguida.

---

[329] Para uma análise da evolução legislativa e jurisprudencial do crime de emissão de cheque sem provisão, LUCAS COELHO, *Cheques sem cobertura*, 1989, 15 e ss; FIGUEIREDO DIAS, «parecer» *CJ* XVII (1992), 65-72; GERMANO MARQUES DA SILVA, *Cheques sem provisão*, 1997, 11 e ss;

A configuração típica do crime de emissão de cheque sem provisão era relativamente clara até 1991 (cfr. artigos 23.º e 24.º do Dec.-Lei n.º 13004, de 12 de Janeiro de 1927): assentava na articulação dum crime de entrega dolosa de um cheque que o agente tinha emitido e que não era pago por falta ou insuficiência de provisão (tipo de ilícito), sendo certo que para o facto se tornar punível era necessário ainda a verificação cumulativa de duas condições objectivas de punibilidade (de acordo com a doutrina e a jurisprudência), a saber: a apresentação do cheque a pagamento no prazo e termos legais (artigo 29.º da LUChq.) e a comprovação da falta de pagamento através dum acto formal (protesto ou declaração equivalente, arts 40.º e 41.º da LUChq.).

A conduta típica traduzia-se em emitir e entregar o cheque ao tomador, tendo o sacador consciência de que, a ser apresentado no prazo legal de 8 dias (a contar da data constante no cheque), o mesmo não seria pago por falta ou insuficiência de provisão. Para além disso, era necessário que ocorresse o não pagamento do cheque não bastando a falta ou insuficiência de provisão, o que, em bom rigor, se traduzia na exigência de um resultado autónomo em relação à conduta do agente (conduta essa que se traduzia em emitir o cheque e entregá-lo ao tomador). O não pagamento do cheque constituía por isso um verdadeiro resultado típico[330], não só por estar expressamente descrito no tipo legal de crime com autonomia em relação à conduta, como também e em especial por ser uma consequência da conduta do agente controlada por este: sendo o pagamento da quantia sacada a consequência normal da ordem de pagamento contida no cheque, o não pagamento era a consequência da conduta, em conexão com esta, por depender do autor a existência de fundos na conta sacada (durante o prazo legal de apresentação do cheque) ou a regularidade do saque.

Uma correcta análise do tipo, por outro lado, permitia distinguir claramente o *não pagamento do cheque* (resultado ilícito da conduta do agente) da *comprovação formal da falta ou insuficiência de provisão* (condição objectiva de punibilidade). Distinção nem sempre clara para a doutrina e para a jurisprudência[331], mas que se impunha em função da prática bancária e da redacção da lei: podia perfei-

---

Tolda Pinto, *Cheques sem provisão*, 1998, 103-107; Taipa de Carvalho, *Emissão de cheque sem provisão*, 1998, 11 e ss.

[330] Neste sentido, com razão mas contra a orientação então dominante na jurisprudência, Figueiredo Dias, *CJ* XVII (1992), tomo 2, 68, 69, 70 e notas. Aparentemente no mesmo sentido, mas menos claro, já Lucas Coelho, *Cheques sem cobertura*, 46, 47 e 49, incluía como elemento do crime (e não como condição de punibilidade) o não pagamento do cheque.

[331] Por exemplo, Ac. STJ, de 7 de Junho de 1967, *BMJ*, 168:262 (*maxime* 265). Também a doutrina descrevia muitas vezes esta condição objectiva de punibilidade como recusa de pagamento do cheque (o que, como se referiu, não parece exacto): veja-se, Moitinho de Almeida, «Algumas considerações sobre o crime de emissão de cheque sem provisão», *Scien-*

tamente verificar-se uma situação de recusa de pagamento (feita a um balcão, verbalmente, por exemplo) não acompanhada da sua certificação formal (que, inclusivamente, poderia não ser desejada pelo tomador do cheque), caso em que estaria realizado o ilícito mas não uma das suas condições de punibilidade[332]. Bem andava, portanto, a jurisprudência e a doutrina que considerava revestir natureza de condição objectiva de punibilidade não a recusa de pagamento, mas sim a aposição da nota de falta de provisão no cheque (ou, dito de outro modo, a *certificação formal da causa de não pagamento*) cujo pagamento havia sido recusado[333].

Por isso, ao contrário do que então se afirmava, não estávamos perante uma mera incriminação de perigo abstracto[334], mas sim face a um crime material de dano, em que o resultado da conduta do agente se traduzia no não pagamento do cheque emitido e entregue a alguém[335]. Não se tratava, contudo, de um simples crime material, pois a lei condicionava a punibilidade do facto à verificação cumulativa das duas condições objectivas de punibilidade referidas: a apresentação do cheque a pagamento nos termos e prazos legais e a comprovação formal, nesse mesmo prazo, do não pagamento[336].

---

tia Ivridica, XVIII (1969), 133; Sousa e Brito, *Direito Penal II (crimes contra o património)*, 160. Recentemente, Germano Marques da Silva, *Cheques sem provisão*, 21.

[332] Neste sentido, o Ac. do STJ, de 17 de Novembro de 1981, *BMJ*, 311:295 (*maxime* 296), referindo que num caso desta natureza não só não há crime como estaremos perante uma espécie de «perdão antecipado» que pode, inclusivamente, ter subjacente um acordo vantajoso para o possuidor do cheque não pago.

[333] Assim, Ac. STJ, de 24 de Junho de 1959, *BMJ*, 88: 252 (*maxime* 254). Depois, o Ac. do STJ, de 13 de Fevereiro de 1974, *BMJ*, 234:167 (*maxime* 170). Ainda, Ac. STJ, de 11 de Junho de 1981, *BMJ*, 308:87 (*maxime* 89-90) e, com um bom desenvolvimento da questão, Ac. do STJ, de 17 de Novembro de 1981, *BMJ*, 311: 295 (*maxime*, 297-271). Em termos coincidentes, Lucas Coelho, *Cheques sem cobertura*, 44, 46, e Abel Delgado, *Cheques sem provisão*, 55-58, referem-se sempre a esta condição como «certificação da falta de provisão».

[334] Neste sentido apontavam a doutrina e a jurisprudência dominantes. Cfr. Moitinho de Almeida, *Scientia Ivridica* XVIII (1969), 135 e ss. Ainda, Nuno Ribeiro Coelho, «Crime de emissão de cheque sem provisão», *CJ*, XVII (1992), III, 85. Esta tendência acabou por ganhar mais projecção com o seu acolhimento expresso no Assento n.º 1/81, de 20 de Novembro de 1980, in *DR*, I Série, de 13 de Abril de 1981, 933-936. Subjacente a este equívoco dogmático parece estar exactamente a falta de clareza com que por vezes se descrevia a condição objectiva de punibilidade, nela incluindo, erradamente, a recusa de pagamento, quando a mesma se deveria reportar apenas à certificação formal de tal facto.

[335] Assim, Figueiredo Dias, *CJ* XVII (1992), 68, 69, 70.

[336] As cláusulas de apresentação a pagamento e a certificação formal do não pagamento nos termos e prazo legal constituíam, na opinião largamente dominante, condições objectivas de punibilidade. Veja-se o que adiante se escreve sobre esta qualificação dogmática.

5. O Dec.-Lei n.º 454/91, de 28 de Dezembro, com a redacção que lhe foi depois dada pelo Dec.-Lei n.º 316/97, de 19 de Novembro, alterou a descrição do tipo incriminador (cfr. artigo 11.º, n.º 1), aproximando-o dogmaticamente da burla, alargando o âmbito das condutas típicas e procedendo a uma reorganização dos seus elementos. Algumas destas alterações são materialmente significativas (caso do alargamento dos factos tipicamente relevantes), enquanto outras são razoavelmente equívocas perante os antecedentes legislativos e jurisprudenciais (como seja a referência ao prejuízo e a descrição da condição objectiva de punibilidade).

Quanto às primeiras, deve notar-se que actualmente a emissão de cheque sem provisão (artigo 11.º, n.º 1, al. a) do diploma citado) é apenas um dos comportamentos típicos, sendo que existem outros que lhe foram equiparados e que não se traduzem nesse facto (a emissão e entrega), como impedir ou frustrar o pagamento do cheque por qualquer um dos meios descritos na lei (o que pode acontecer por outra causa que não a falta de provisão) ou endossar um cheque que não foi ou não será pago por alguma das causas legalmente descritas (cfr. artigo 11.º, n.º 1, als b) e c) do diploma citado). De tal forma se alteraram os factos tipicamente descritos que a epígrafe do preceito é limitada em relação ao seu conteúdo[337]: não se trata já de descrever apenas um crime de emissão de cheque sem provisão, mas antes de várias modalidades de um crime que se traduz em frustrar o pagamento dum cheque entregue ou endossado.

Já as demais alterações introduzidas à descrição típica do crime são por vezes algo equívocas. Na verdade, pode perguntar-se qual o significado do «prejuízo» causado (corpo do n.º 1 do artigo 11.º) em relação ao não pagamento do cheque (exigência referida em qualquer uma das alíneas do n.º 1 do artigo 11.º). Tal como se pode perguntar se a condição objectiva de punibilidade foi ou não modificada em 1997, pois onde antes (mesmo na redacção de 1991) se falava em apresentação a pagamento e verificação do não pagamento, hoje lê-se «apresentando a pagamento nos termos e prazos estabelecidos na Lei Uniforme Relativa ao Cheque».

Rejeitada que seja a perspectiva que chegou a ser assumida pelo STJ e que se traduzia em qualificar o prejuízo causado como condição objectiva de punibilidade[338], o primeiro problema traduz-se em saber se a falta de pagamento e o conceito de prejuízo são sinónimos, coincidindo formal e materialmente, pelo que verificada a primeira ocorrerá o segundo[339], ou se diversamente tal não acontece,

---

[337] Como bem nota GERMANO MARQUES DA SILVA, *Cheques sem provisão*, 42-43.

[338] Cfr. Assento n.º 6/93, de 27 de Janeiro, *DR I*, série-A, de 7 de Abril de 1993, 1760-1765.

[339] Parece ser este o entendimento subjacente ao parecer de FIGUEIREDO DIAS, *CJ* XVII (1992), tomo 2, 62 e ss (*maxime* 68-70), embora assumido perante uma diferente redacção do tipo incriminador (o texto de 1991 e não o texto posterior, e actualmente em vigor, com origem na reforma de 1997).

podendo verificar-se recusa de pagamento do cheque sem prejuízo para o tomador[340]. No primeiro entendimento, o crime será de natureza material. No segundo também, mas terá uma estrutura mais complexa já que o facto do agente comportará então dois resultados ilícitos que podem ou não coexistir: o não pagamento do cheque e o prejuízo patrimonial que decorrerá, eventualmente, de tal facto.

Relativamente ao conteúdo da condição objectiva de punibilidade, o problema traduz-se em saber se a actual cláusula de apresentação a pagamento inclui não só o acto de apresentação do cheque no prazo legal como também a certificação formal da recusa do pagamento. Apesar de a letra da lei poder ser equívoca sobre este ponto (depois da reforma de 1997, operada pelo Dec.-Lei n.º 316/97, de 19 de Novembro), nada na história da incriminação sugere o propósito de alterar a estrutura dualista da condição objectiva de punibibilidade (apresentação no prazo legal e verificação formal do não pagamento). Por outro lado, a lei continua a fazer referência não só ao prazo como também aos «termos» da apresentação, exigência que remete necessariamente para o conteúdo dos arts 40.º e 41.º da LUChq.[341] Por isso, é razoável transpor para a actualidade o entendimento dominante na jurisprudência nacional no sentido de o crime em causa ter a sua punibilidade condicionada por duas circunstâncias de natureza objectiva: a apresentação do cheque a pagamento no prazo legal de 8 dias (no caso do território português) e a certificação formal da recusa de pagamento, nesse mesmo prazo, através do regime contido nos artigos 40.º e 41.º da LUChq.[342]

6. É interessante perceber em que termos e com que argumentos se formou a orientação claramente dominante na jurisprudência e na doutrina no sentido de a apresentação do cheque a pagamento e a verificação formal da recusa de pagamento no prazo legal serem não elementos do ilícito, mas sim condições objectivas de punibilidade.

---

[340] Assim, GERMANO MARQUES DA SILVA, *Cheques sem provisão*, 52-59, afirmando que o novo regime, desde 1991, acaba por fazer relevar no regime penal do cheque a relação jurídica que lhe é subjacente, contrariando as características deste título de crédito.

[341] Neste sentido, perante o texto anterior mas interpretando a mesma cláusula, veja-se o Ac. do STJ, de 11 de Junho de 1981, *BMJ*, 308:87, *maxime* 89; também o Ac. do STJ, de 17 de Novembro de 1981, *BMJ*, 311:295 (*maxime* 296-297), sublinhando que tais exigências de formalização, quanto à apresentação do cheque e quanto à recusa de pagamento, são «corolário da titularidade de toda a obrigação cambiária».

[342] Este parece ser o entendimento da doutrina: GERMANO MARQUES DA SILVA, *Cheques sem provisão*, 59-60 (refere as duas condições, embora depois só trate da apresentação a pagamento) e TOLDA PINTO, *Cheques sem provisão*, 142, 148, 152, 153. Em relação ao regime de 1991, claramente, ABEL DELGADO, *Cheques sem provisão*, 55-58, 61-62, 65-66.

A qualificação remonta à jurisprudência nacional da década de 60 do século XX, embora já fosse referida antes disso[343], e a sua origem é curiosa pois não tem a ver com o problema do objecto do dolo, como se poderia pensar, mas antes com a resolução de uma dúvida jurisprudencial sobre a competência territorial dos tribunais. Fundamental nesta matéria foi o Ac. do STJ, de 7 de Junho de 1967[344], um dos poucos onde se debateu a autonomia das condições objectivas de punibilidade em relação ao facto ilícito, a sua razão de ser e os critérios da delimitação.

O problema central que o STJ procurou resolver neste processo consistia em saber, face ao artigo 45.º do Código de Processo Penal então em vigor, qual seria o tribunal territorialmente competente para julgar um crime de emissão de cheque sem provisão quando o cheque tinha sido emitido e entregue no Porto e apresentado a pagamento em Viana do Castelo, onde o pagamento fora recusado. Para o efeito, tratou de saber quais os elementos do crime, para assim decidir onde o mesmo tinha sido executado. Acolhendo o parecer do Procurador da República do Porto e do então Ajudante do Procurador da República junto do STJ (Manuel Maia Gonçalves), foi decidido que o crime se executava com a emissão e entrega do título ao tomador, sendo irrelevantes para a determinação da competência territorial a apresentação a pagamento dentro do prazo legal e a recusa do pagamento por falta de provisão, por se tratar, exactamente, de condições objectivas de punibilidade e não de elementos do crime.

A delimitação entre elementos do crime e condições objectivas de punibilidade assentou essencialmente na ideia de que a apresentação a pagamento e a recusa deste por falta de provisão «já não fazem parte da actividade do agente, excedem o âmbito da acção penal»; seriam, no fundo, «um facto estranho, posterior ao crime e efeito de um acto de vontade de outrém, que a lei específica prevê como mera condição de punibilidade». A exigência adicional destas condições em relação ao ilícito era ainda explicada em função de esta técnica legislativa permitir um maior espaço para a reparação pelo agente do crime ao retardar o momento da punibilidade, nos seguintes termos: «entendeu-se proteger mais o portador ou beneficiário do cheque, permitindo que, por uma espécie de arrependimento activo, o agente possa, até ao momento da apresentação a pagamento,

---

[343] Veja-se a breve nota crítica, em 1956, de ANTÓNIO FURTADO DOS SANTOS, «O cheque: sua difusão e protecção penal», *BMJ*, 54: 335 e ss, *maxime* 338-339 que, por referência à doutrina italiana e alemã, considerava que os elementos contidos no artigo 8.º a) e b) Anteprojecto de 1955 da Comissão coordenada pelo Prof. Pinto Coelho, apresentados como condições de punibilidade, deveriam preferencialmente ser qualificadas como condições de procedibilidade, de forma a impedir a prática de actos processuais inúteis.

[344] Ac. do STJ, de 7 de Junho de 1967, *BMJ*, 168: 262-267.

ter um incentivo para fazer a provisão, evitando a punição»[345]. O que facilmente se percebe se tivermos em conta que o regime de desistência do Código Penal de 1852/86, então em vigor, era mais limitado do que o actual.

A jurisprudência posterior[346] e a doutrina[347] aceitaram a classificação e, como se referiu, apenas divergiam em dois assuntos relativos às condições objectivas de punibilidade: a primeira divergência, já referida, traduzia-se em apresentar a segunda condição de punibilidade como «recusa de pagamento nos termos da Lei Uniforme»[348] ou, diversamente, como «verificação formal da recusa de pagamento nos termos da Lei Uniforme»[349], solução que era e é a mais adequada ao texto da lei; a segunda divergência consistia em saber se os cheques apresentados a pagamento antes do prazo que deles constava e verificada a recusa de

---

[345] Ac. do STJ, de 7 de Junho de 1967, *BMJ*, 168:265. Do texto do acórdão percebe-se que a posição do STJ foi muito influenciada pelo parecer apresentado do Procurador da República do Porto (cujas conclusões foram transcritas a pag. 263) e do então Ajudante do Procurador da República junto do STJ, MANUEL MAIA GONÇALVES, cujo parecer é transcrito em anotação ao acórdão (cfr. pp. 266-267).

[346] Reportando-me apenas à jurisprudência do Supremo Tribunal de Justiça, veja-se por exemplo: Ac. do STJ, de 13 de Fevereiro de 1974, *BMJ*, 234:167; Ac. STJ, de 11 de Junho de 1981, *BMJ*, 308:87; Ac. do STJ, de 17 de Novembro de 1981, *BMJ*, 311: 295; Ac. do STJ, de 27 de Maio de 1981, *BMJ*, 307:127; Ac. do STJ, de 31 de Março de 1982, *BMJ*, 315:174; Ac. do STJ. De 30 de Outubro de 1984, *BMJ* 340:255; Ac. do STJ, de 30 de Outubro de 1985, *BMJ*, 350: 203; Ac. do STJ, de 25 de Julho de 1985, *BMJ*, 349:313; Ac. do STJ, de 19 de Novembro de 1986, *BMJ*, 361:269; Ac. do STJ, de 4 de Outubro de 1988, *BMJ*, 380:395; Ac. do STJ, de 8 de Junho de 1988, *BMJ*, 378:235; Ac. STJ, de 18 de Janeiro de 1989, *BMJ*, 383: 281; Ac. do STJ, de 12 de Abril de 1989, *BMJ*, 386: 219.

[347] LUCAS COELHO, *Cheques sem cobertura*, 44-50; ABEL DELGADO, *Cheques sem provisão*, 55-58, 61-62, 65-66; GERMANO MARQUES DA SILVA, *Cheques sem provisão*, 59-60; TOLDA PINTO, *Cheques sem provisão*, 142, 148, 152, 153. Em rigor, apenas o primeiro Autor debateu a classificação dogmática e os critérios de qualificação destas circunstâncias como condições objectivas de punibilidade, aceitando os critérios da conexão objectiva e subjectiva como limites negativos e o critério da supressão hipotética da condição, proposto por Cavaleiro de Ferreira em 1940, e adoptado depois por Robin de Andrade, em 1973 (cfr. *supra* § 24, II) – cfr. LUCAS COELHO, *Cheques sem cobertura*, 45-46.

[348] Assim, por exemplo, o Ac. STJ, de 24 de Junho de 1959, BMJ, 88: 254 e o Ac. do STJ, de 13 de Fevereiro de 1974, BMJ, 234:170.

[349] Neste sentido, o Ac. STJ, de 11 de Junho de 1981, *BMJ*, 308:87; Ac. do STJ, de 17 de Novembro de 1981, *BMJ*, 311: 295; Ac. do STJ, de 27 de Maio de 1981, *BMJ*, 307:127; Ac. do STJ, de 31 de Março de 1982, *BMJ*, 315:174; Ac. do STJ. de 30 de Outubro de 1984, *BMJ* 340:255; Ac. do STJ, de 30 de Outubro de 1985, *BMJ*, 350: 203; Ac. do STJ, de 25 de Julho de 1985, *BMJ*, 349:313; Ac. do STJ, de 19 de Novembro de 1986, *BMJ*, 361:269; Ac. do STJ, de 4 de Outubro de 1988, *BMJ*, 380:395; Ac. do STJ, de 8 de Junho de 1988, *BMJ*, 378:235; Ac. STJ, de 18 de Janeiro de 1989, *BMJ*, 383: 281; Ac. do STJ, de 12 de Abril de 1989, *BMJ*, 386: 219.

pagamento também antes desse prazo tinham ou não tutela penal, por estar ou não realizada a condição de punibilidade exigida por lei, resposta que deveria ser em parte negativa mas que suscitou orientações diferente nos tribunais portugueses e entre a doutrina[350].

Repare-se que os critérios utilizados pelo STJ traduziam-se em delimitar as circunstâncias em causa em relação à «actividade do agente» autonomizando-as por serem «um facto estranho» em relação ao crime, o que era corroborado pelo facto de ser tratar de «um efeito de um acto de vontade de outrém», tomador do cheque e a entidade que faria a cerificação formal da recusa de pagamento. Ou seja, o STJ usou critérios *estruturais* e *normativos* (actividade do agente, efeito da vontade de outrem, autonomia em relação ao crime) para delimitar o ilícito e as condições objectivas de punibidade com ele conexas. O que, em função da análise feita neste capítulo, se afigura o melhor caminho para delimitar as condições objectivas de punibilidade, eventualmente completado com critérios axiológicos.

Na verdade, quer a apresentação do cheque a pagamento no prazo legal quer a certificação formal da recusa de pagamento são acontecimentos que, embora possam ser causados pelo agente ou previsíveis para este, não podem ser integrados no facto que lhe será pessoalmente imputável por serem de verificação aleatória e dependente da vontade de terceiros que não a sua. Usando o conceito a que se tem recorrido neste trabalho, trata-se de acontecimentos cuja realização, apesar de previsível, está fora da esfera individual de domínio do autor do facto e, por isso, não podem fundamentar a pena legalmente cominada mas somente restingir o campo de aplicação do tipo incriminador em que surgem.

Que desta forma se restringe o campo de aplicação do crime de emissão de cheque sem provisão ou, mais amplamente, do crime de frustração do pagamento de cheque, é inequívoco: o tipo deixa de abranger qualquer situação de frustração dolosa do pagamento do cheque entregue ou endossado para passarem a ter relevância apenas os casos em que o tomador do cheque o apresentou a pagamento do prazo legal e em que a recusa de pagamento, tal como a sua causa, ficaram formalmente registadas. Desta forma, evita-se que a actividade do sacador esteja condicionada por tempo indeterminado pela ameaça penal enquanto o cheque não for apresentado a pagamento, limitando o dever de provisionar a

---

[350] Veja-se sobre a questão, Ac. do STJ, de 30 de Outubro de 1984, *BMJ* 340:255 e Ac. do STJ, de 25 de Julho de 1985, *BMJ*, 349:313. A doutrina divergia sobre a matéria: MOITINHO DE ALMEIDA, *Scientia Ivridica* XVIII (1969), 134-135 aceitava que a condição de punibilidade estava realizada apesar de o cheque ter sido apresentado a pagamento antes da data nele aposta; diversamente, LUCAS COELHO, *Cheques sem cobertura*, 58-60, entendia que a letra da lei era um limite insuperável na resolução do problema e que, contando-se o prazo de apresentação a partir da data aposta no título, o tomador teria sempre de proceder a uma segunda apresentação em tal data, sendo esta a melhor doutrina.

conta a esse prazo legal. E, simultaneamente, através da exigência de certificação formal da recusa de pagamento, obtém-se um crivo de prova que torna mais consistente a materialidade dos casos com relevância penal e, simultaneamente, se reduz o âmbito do tipo incriminador aos casos verdadeiramente merecedores e carentes de intervenção penal.

O que vale por dizer que as condições objectivas de punibilidade cumprem neste caso, como em outros que atrás se analisaram, importantes funções de natureza material (restrição da punibilidade e eliminação de alguns casos do âmbito do tipo) e processual (simplificação probatória, economia processual e eficácia processual). Por isso também, o legislador a elas tem recorrido de forma reiterada ao delimitar o quadro legal do crime de emissão de cheque sem provisão nas últimas décadas.

d) Síntese

7. As diversas cláusulas legais analisadas permitem chegar a diferentes conclusões quanto à sua integração ou autonomia em relação ao ilícito típico com que se relacionam.

As cláusulas de agravação do furto e da burla em função da difícil situação económica em que a vítima fica depois do facto praticado (arts 204.º, n.º 1, al. i) e 218.º, n.º 2, al. c) do Código Penal) são elementos integradores do ilícito, não porque se encontrem sujeitos a um especial título de imputação subjectiva, mas sim porque, em primeira linha, é através do domínio sobre o objecto do furto (e da burla) que o agente controla a consequência grave para a vítima: ao ter o poder de a privar de tal objecto o autor dos factos controla reflexamente os efeitos da privação de tal objecto na situação económica da vítima. O mesmo se diga sobre os efeitos do acto de disposição patrimonial da vítima da burla. A íntima conexão (ou mesmo coincidência) entre o objecto do furto e a consequência da sua falta permitem que a esfera individual de domínio do agente se estenda naturalmente do objecto primário da conduta à consequência patrimonial danosa. O que vale igualmente para o domínio que o autor da burla exerce sobre o acto de disposição partimonial da vítima, induzida em erro. Por isso, estas consequências patrimoniais danosas são elementos do facto ilícito, co-fundamentam a pena mais grave e, em consequência, carecem de ser objecto da imputação subjectiva.

Mais complexas são as diversas consequências danosas que surgem como agravantes nos crimes de falsidade contra a realização da justiça (artigo 361.º, n.º 1, al. b) e c) e n.º 2, em conexão com os factos descritos nos arts 359.º e 360.º do Código Penal). Circunstâncias como «do facto resultar demissão de lugar, perda de posição profissional ou destruição das relações familiares ou sociais de outra pessoa» (artigo 361.º, n.º 1 al. b) do Código Penal), a condenação de outra pessoa em função da falsidade (artigo 361.º, n.º 1, al. c)) ou, genericamente, a privação da liberdade de alguém que resulte da falsidade cometida (artigo 360.º, n.º2) são cláusulas de dífícil conexão com o facto do agente por estarem fora da sua esfera individual de domínio e, por isso mesmo, trata-se de elementos de difícil integração no tipo objectivo e subjectivo. Tais cláusulas são pela sua natureza e magnitude estranhas a um facto ilícito pessoalmente imputável a um autor, delimitado pela sua esfera individual de domínio, e, como tal, são circunstâncias rebeldes em relação ao princípio da culpa. Problema que não se resolve sujeitando-as a um título de imputação subjectiva específico, pois a questão não reside apenas na imputação subjectiva de tais circunstâncias, mas antes na sua natureza e relação com o facto individual do autor do crime. Tais circunstâncias são pela sua natureza estranhas ao facto ilícito do autor e, por isso, numa interpretação conforme ao princípio da culpa e da proporcionalidade da penal legal, não devem ser usadas pelo legislador como agravantes da pena abstracta, mas somente como agravantes concretas da pena aplicável. A única forma de minimizar os inconvenientes referidos consiste em reforçar dogmaticamente a conexão entre o facto base (falsidade) e a consequência danosa, exigindo não apenas a previsibilidade das consequências mas também, por exemplo, a essencialidade da falsidade para a veirificação da consequência danosa (ou porque sem a falsidade esta não se verificaria ou porque poderia ser evitada com uma retractação tempestiva).

No crime de emissão de cheque sem provisão ou, de forma mais rigorosa, no crime de frustração do pagamento dum cheque (artigo 11.º, n.º 1 do Dec. 454/91, de 28 de Dezembro, com a redacção que lhe foi depois dada pelo Dec.-Lei n.º 316/97, de 19 de Novembro) a apresentação do cheque a pagamento no prazo legal e a certificação formal da recusa de pagamento (nesse prazo) são acontecimentos que, embora possam ser causados pelo agente (numa perspectiva causalista) ou previsíveis para este, não podem ser integrados no facto que lhe será pessoalmente imputável por serem de verificação aleatória e dependente da vontade de terceiros que não a sua. Trata-se de circunstâncias cuja realização, apesar de previsível, está fora da esfera individual de domínio do autor do facto e, por isso, não podem fundamentar a pena legalmente cominada mas somente restringir o campo de aplicação do tipo incriminador em que surgem. Desta forma, o tipo incriminador deixa de abranger qualquer situação de frustração dolosa do pagamento do cheque entregue ou endossado, para passarem a ter relevância criminal apenas os casos em que o tomador do cheque o apresentou a pagamento no prazo legal e em que a recusa de pagamento, tal como a sua causa, ficaram formalmente registadas, nesse mesmo prazo.

Com esta técnica legislativa evita-se que a actividade económica do sacador esteja condicionada por tempo indeterminado pela ameaça penal enquanto o cheque não for apresentado a pagamento e limita-se o dever de provisionar a conta a esse prazo legal. Além disso, através da exigência de certificação formal da recusa de pagamento, obtém-se um crivo de prova que torna mais consistente a materialidade dos casos com relevância penal e, simultaneamente, reduz-se o âmbito do tipo incriminador aos casos verdadeiramente merecedores e carentes de intervenção penal. Neste sentido, estas circunstâncias podem ser qualificadas como condições objectivas de punibilidade que cumprem funções de natureza material (restrição da punibilidade e eliminação de alguns casos do âmbito do tipo) e funções de natureza processual (simplificação probatória, economia procedimental e eficácia processual).

IV. O facto ilícito típico cometido em estado de embriaguez ou intoxicação

1. A cisão que se identificou, nos casos atrás descritos, entre o facto (ilícito) dominado pelo agente e a circunstância autónoma que condiciona a punibilidade, estranha àquela esfera de domínio, encontra-se igualmente (embora envolta numa maior complexidade estrutural e axiológica) no crime de embriaguez ou intoxicação, previsto no (actual) artigo 295.º do Código Penal. Com uma particularidade muito específica: nos tipos incriminadores até aqui analisados a autonomia entre o facto ilícito dominado pelo agente e a circunstância exterior à sua esfera de domínio assumia contornos mais nítidos, porque essa circunstância consistia num comportamento de terceiro ou num facto claramente autonomizável em relação ao autor do facto principal; diversamente, no crime de embriaguez ou intoxicação o *facto principal* (colocação em estado de inimputabilidade) e a *circunstância subsequente* (a prática do facto tipicamente ilícito) são ambos comportamentos do próprio autor[351], razão pela qual a cisão entre o primeiro e o segundo acontecimento – a ser possível no plano dogmático – estará dependente mais de critérios normativos do que de critérios ônticos. Cisão essa que terá de enfrentar um problema fundamental de imputação subjacente à estrutura da incriminação e que consiste em saber como se pode e deve articular, no contexto deste tipo incrimi-

---

[351] De forma expressiva, MISERÉ, *Delikte mit Strafbegründender besonderer Folge*, 111-112, agrupa esta modalidade de crimes no conceito de *«zweiaktige» Tatbestände*, nos quais se prevê um comportamento primário do autor (por si só não punível) seguido de uma acção posterior do mesmo ou de terceiro com a qual se desencadeia a punibilidade do facto. Em termos semelhantes, MAPELLI CAFFARENA, *Condiciones objetivas de punibilidad*, 143, afirma que os tipos incriminadores que contemplam condições objectivas de punibilidade estão sujeitos a uma «dupla tipicidade» (uma principal, a outra condicionante) integrada uma na outra. O que acaba por confirmar a ideia de ZANOTTI, *Digesto X* (1995), 547, sobre a função complementar da tipicidade que as condições objectivas de punibilidade assumem.

nador, o facto inicial do agente (a auto-colocação em estado de inimputabilidade) com o facto ilícito subsequente praticado numa situação de inimputabilidade.

Que a elevada pena abstracta cominada (que entre nós pode ir até cinco anos de prisão) se fundamente só na inimputabilidade auto-provocada é profundamente duvidoso, entre outras razões pela natureza do acontecimento em causa e pela ausência de proporcionalidade entre a pena e o facto; que tal fundamento se desloque também para o facto subsequente não parece possível sem que, aparentemente, ocorra uma violação do princípio da culpa, pois estar-se-á a cominar uma pena por um facto (ou, pelo menos, por uma parcela significativa dum facto) que não se imputa à culpa do autor. Problema que, na expressiva imagem de MAURACH, se pode reconduzir ao seguinte: considerar apenas a inimputabilidade auto-provocada é o mesmo que ter «um telhado sem alicerces» e centrar a atenção apenas no facto ilícito subsequente (o *Rauschtat*) equivale a ter «alicerces sem telhado»[352].

Por isso, a legitimação dogmática desta incriminação está, desde a sua origem[353], envolvida numa controvérsia dificilmente ultrapassável: a tipificação de um crime com estes contornos, em especial com o abandono da normal relação de congruência entre ilícito e culpa, é ou não derrogadora do princípio da culpa? Noutros termos, é ou não legítimo que um sistema penal do facto, respeitador do princípio da culpa e orientado pelo princípio da mínima intervenção (que, consequentemente, exige uma particular selecção dos comportamentos socialmente danosos) declare puníveis situações desta natureza, recorrendo, para o efeito, a elementos típicos que não se imputam subjectivamente à culpa do agente, mas que concorrem para delimitar o âmbito da intervenção penal?

As respostas a estas interrogações passam pela exacta compreensão estrutural do tipo incriminador, pela clarificação do seu campo de aplicação e pela determinação do seu significado no contexto das estruturas de imputação da responsabilidade penal. Só após esta caracterização é que faz sentido sujeitar o seu conteúdo e alcance a uma análise crítica, quer no plano dos seus fundamen-

---

[352] *Apud* BEMMANN, «Welche Bedeutung hat das Erfordernis der Rauschtat im § 330 a StGB?», *GA* (1961), 65.
[353] Sobre as origens históricas e a evolução dogmática deste modelo de incriminação, por todos, BARTHEL, *Bestrafung wegen Vollrauchs trotz Rücktritts von der versuchten Rauschtat?*, 2001, 145 e ss. Entre nós, o essencial do problema é equacionado por JOSÉ DE FARIA COSTA, *Responsabilidade objectiva*, 3 e ss, e 32 e ss; depois TERESA QUINTELA DE BRITO, *Crime praticado em estado de inimputabilidade auto-provocada*, 29 e ss, e, com grande pormenor, TAIPA DE CARVALHO, *Comentário Conimbricense II*, artigo 295.º, § 5 e ss. Por último, PAULO PINTO DE ALBUQUERQUE, *Código Penal* (2.ª edição, 2010), anotação ao artigo 295.º, e HELENA MONIZ, *Agravação pelo resultado*, 51 e ss.

tos dogmáticos, quer no plano da proporcionalidade da pena legalmente cominada para o facto.

2. Constitui um dado seguro que o tipo incriminador previsto no artigo 295.º, n.º 1, do Código Penal não pune, em si mesma e por si só, a embriaguez[354] ou o consumo de substâncias tóxicas[355], mas antes um facto complexo que se traduz na criação (dolosa ou negligente) de uma *situação de inimputabilidade auto-provocada*, pelo consumo de álcool ou substâncias tóxicas, durante a qual (e nesse estado de incapacidade de culpa ou, como refere o preceito, de inimputabilidade) o agente *pratica um facto ilícito típico*.

Do ponto de vista estrutural, o tipo incriminador do artigo 295.º, n.º 1, do Código Penal prevê uma situação complexa que articula dois acontecimentos distintos quanto à sua natureza e efeitos: o estado de inimputabilidade auto-provocada e o facto ilícito típico subsequente praticado pelo agente naquele estado[356]. A matéria da proibição e o âmbito do ilícito dominável pelo agente reportam-se, na sua essencialidade, à auto-colocação nesse estado de perturbação psíquica que na intencionalidade normativa do tipo é, simultaneamente, um acontecimento indutor do facto ilícito subsequente praticado pelo agente e a razão que faz com que este mesmo facto possa não ser imputável à culpa do seu autor. Por isso, o tipo incriminador em causa não corresponde ao modelo comum de incriminação vigente entre nós, que normalmente articula um facto ilícito típico e a culpa do agente reportada a esse mesmo facto. No artigo 295.º do Código Penal tal não é possível porque o autor do facto é à partida considerado inimputável, na própria previsão do tipo incriminador. A relação de congruência entre o facto e a culpa[357] é aparentemente quebrada neste caso, verificando-se, além disso, que

---

[354] Neste sentido, TAIPA DE CARVALHO, *Comentário Conimbricense II*, artigo 295.º, § 18. Os casos de proibição de consumo de álcool (com tutela contra-ordenacional) parecem reduzir-se actualmente às situações previstas no Decreto-Lei n.º 9/2002, de 24 de Janeiro.

[355] As situações de consumo de estupefacientes legalmente proibidas estão previstas no Dec.--Lei n.º 15/93, de 22 de Janeiro, limitando-se à proibição penal de consumo em locais públicos ou de reunião (artigo 30.º) – cujo destinatário, no entanto, não é o consumidor mas sim o responsável pelo estabelecimento ou local de reunião – e à proibição contra-ordenacional de consumo (esta dirigida ao consumidor) decorrente da Lei n.º 30/2000, de 29 de Janeiro (cfr. artigos 2.º e 28.º deste diploma). Sobre o problema da legitimidade punitiva nestas matérias, RUI PEREIRA, «A descriminação do consumo de droga», *in Liber Discipulorum para Jorge de Figueiredo Dias*, 2003, p. 1159 e ss.

[356] Assim, BARTHEL, *Vollrausch*, 73-74.

[357] A relação de congruência entre o facto ilícito e a culpa do agente, por vezes apresentada como princípio da coincidência entre o facto e a culpa, decorre entre nós quer dos artigos 14.º e 15.º, ao reportarem o título de imputação subjectiva *ao facto* (culpa subjectiva), quer do

o ilícito culposo por si só não é inequivocamente merecedor de pena (a inimputabilidade auto-provocada) e que o ilícito subsequente não é um facto culposo, porque praticado numa situação de inimputabilidade. Dito de outra forma, o tipo incriminador em causa comporta uma possível excepção ao «princípio da coincidência entre a culpa e o facto»[358].

Aparentemente, a situação que o artigo 295.º do Código Penal contempla seria apenas uma variante subjectiva do regime da *actio libera in causa* pré-ordenada ou intencional contida no artigo 20.º, n.º 4, do Código Penal. A ideia, tendo algum fundamento na estrutura complexa do facto, não parece ser completamente exacta, pelo menos a dois níveis: por um lado, o artigo 20.º assenta no conceito de «anomalia psíquica» enquanto o artigo 295.º tem uma delimitação mais restrita que abrange apenas o estado de inimputabilidade auto-provocado de forma específica (pela «ingestão ou consumo de bebida alcoólica ou substância tóxica»); e, por outro lado, ao contrário do que acontece com o artigo 20.º, n.º 4, do Código Penal, onde se declara que a inimputabilidade não é excluída na situação que prevê, o autor do crime previsto no artigo 295.º do Código Penal é caracterizado como estando num estado de inimputabilidade criado pelo próprio. A situação de inimputabilidade exigida pelo artigo 295.º, n.º 1, do Código Penal faz com que o âmbito deste tipo incriminador seja claramente delimitado de forma negativa pelo regime da *actio libera in causa* previsto no artigo 20.º, n.º 4, do Código Penal. Isto é, se «a inimputabilidade do agente não é excluída quando a anomalia psíquica tiver sido provocada pelo agente com intenção de praticar o facto» (como refere o n.º 4 do artigo 20.º) então, verificada esta situação, faltará um elemento do tipo do artigo 295.º, n.º 1 do Código Penal (o estado de «inimputabilidade»). Os dois regimes são portanto incompatíveis entre si quanto aos pressupostos típicos, embora possam ter alguma afinidade na estrutura do comportamento que prevêem.

O regime geral da *actio libera in causa* vigente entre nós (através de uma norma expressa, ao contrário do que acontece na Alemanha, em que é construído doutrinariamente)[359] exige intencionalidade do agente para que se possa afirmar a sua culpa pelo facto subsequente. O que, na melhor interpretação, abrange apenas as situações de dolo directo, já que nas situações de dolo necessário e de dolo eventual a actuação não pode ser considerada intencional sem que isso

---

artigo 20.º, n.º 1, ao relacionar o juízo sobre a imputabilidade do agente com o «momento da prática do facto». Nas palavras de FIGUEIREDO DIAS, *Direito Penal*, PG I (2.ª edição, 2007), 588 (§ 52), está em causa «a conexão entre a imputabilidade e a realização típica».
[358] Assim, BARTHEL, *Vollrausch*, 74.
[359] Por todos, FIGUEIREDO DIAS, *Direito Penal*, PG I (2.ª edição, 2007) 588 e ss (§ 52 e ss). Ainda, ROXIN, *Strafrecht AT I* (4.ª edição, 2006), § 20, n.º 56 e ss.

implique algum distanciamento em relação ao sentido literal da norma[360]. Nas hipóteses previstas no artigo 20.º, n.º 4, do Código Penal o agente possui um domínio sobre a sua situação psíquica em momento anterior à prática do facto e, neste estado, coloca-se numa situação de perturbação para intencionalmente cometer um ilícito penal. O momento prévio de domínio e a intencionalidade do agente reportada ao facto subsequente fazem com que todo o acontecimento complexo seja tratado como um único facto ilícito e culposo. Nos casos de *actio libera in causa* com dolo directo (ou pré-ordenação) o facto subsequente é cronologicamente praticado num estado de perturbação, mas que normativamente não é considerado uma situação de inimputabilidade. Neste caso, o facto subsequente praticado num estado de perturbação é, como sublinha FIGUEIREDO DIAS, considerado o facto de um imputável, não se aplicando aqui a exclusão da culpa do n.º 1 do artigo 20.º do Código Penal e sem que se excepcione verdadeiramente o princípio da conexão temporal entre a culpa e o facto[361].

Esta delimitação negativa do artigo 295.º, n.º 1, do Código Penal pelo âmbito do artigo 20.º, n.º 4, é particularmente esclarecedora, em diversos planos: primeiro, ela revela que nas situações de *actio libera in causa* dolosa (com dolo directo) o facto que se imputa ao agente não é a embriaguez auto-provocada mas sim o facto subsequente conjugado com aquela e que, à luz do artigo 20.º, n.º 1 e n.º 4,

---

[360] Neste sentido, RUI PEREIRA, *RMP* 65 (1996), 63 e nota 12, e MARIA FERNANDA PALMA, «Desenvolvimento da pessoa e imputabilidade no Código Penal Português», *Casos e Materiais de Direito Penal*, 2000, 106, nota 6 (que reproduz o texto anteriormente publicado em *Sub Judice* 11 (1996), 61-64); depois, também, TAIPA DE CARVALHO, *Direito Penal, PG* (2.ª edição, 2008), 477 (§ 845) (mudando expressamente de opinião em relação ao entendimento apresentado no *Comentário Conimbricense II*, artigo 295.º, §§ 24-26). No mesmo sentido, creio, JOÃO CURADO NEVES, *A problemática da culpa nos crimes passionais*, 2008, 596 e 610, e CARLOTA PIZARRO DE ALMEIDA, *Modelos de inimputabilidade*, 2000, 86 (descrevendo tais hipóteses como «casos de pré-ordenação»). Uma posição intermédia, talvez defensável nos limites da literalidade da norma, no sentido de a *actio libera in causa* pré-ordenada incluir não apenas os casos de dolo directo mas também as situações de dolo necessário, revela-se no pensamento de FIGUEIREDO DIAS, *Direito Penal, PG I* (2.ª edição, 2007) 593 (§ 59). Acolhendo esta solução, PAULO PINTO DE ALBUQUERQUE, *Código Penal* (2.ª edição, 2010), artigo 20.º, anotação 17, e HELENA MONIZ, *Agravação pelo resultado*, 56 e ss e nota 115. Já defender que o artigo 20.º, n.º 4, abrange qualquer modalidade de dolo (incluindo, portanto, o dolo eventual), como propõe TERESA QUINTELA DE BRITO, *Inimputabilidade auto-provocada*, 126-128, não parece possível, por fraca adesão à letra do preceito e à sua natureza excepcional (no contexto das normas sobre a aferição da imputabilidade do agente).

[361] Em pormenor, e de forma inovadora em relação ao seu pensamento anterior, FIGUEIREDO DIAS, *Direito Penal*, PG I (2.ª edição, 2007) 589-590, 591-592 e ss (§§ 54, 55 e 57). Sobre o conteúdo material da culpa prévia, na modalidade de uma *actio libera in causa* e na forma de uma «prévia provocação da culpa», JOÃO CURADO NEVES, *Crimes passionais*, 608 e ss.

do Código Penal, será tratado como um facto tipicamente ilícito, culposo e punível; segundo, torna-se evidente que as situações de *actio libera in causa* com dolo necessário, com dolo eventual ou com negligência não excluem a inimputabilidade do agente e, por isso, a sua estrutura e modelo de valoração não podem ser equivalentes ao previsto no n.º 4 do artigo 20.º (em que o agente é considerado criminalmente imputável); terceiro, o enquadramento destas situações pode contudo ser debatido no âmbito do tipo incriminador do artigo 295.º, n.º 1 do Código Penal, mas necessariamente (porque a lei assim o prevê) por referência ao facto (complexo) de um inimputável; finalmente, em quarto lugar, a recondução dos casos de *actio libera in causa* (com dolo directo) no âmbito do processo de imputação do facto subsequente, por força do disposto no artigo 20.º, n.º 4, do Código Penal, demonstra igualmente a falta de dignidade penal da inimputabilidade auto-provocada por si só, já que nos casos em que se aplique o regime do artigo 20.º, n.º 4, do Código Penal, o *iter criminis* relevante para a selecção da punibilidade da tentativa, nos termos do artigo 22.º, n.º 2, do Código Penal, dificilmente permite qualificar tal estado de perturbação criado pelo agente como um momento executivo do facto subsequente, antes exige a filtragem pelos crivos dogmáticos próprios da execução punível nos termos do n.º 2 do art. 22.º[362].

Com este enquadramento, torna-se claro que alguma razão assiste às propostas doutrinárias que procuram ver no crime em causa uma excepção ao regime geral da inimputabilidade, através da criação de soluções que contemplam casos especiais de *actio libera in causa* que, de outro modo, ficariam impunes[363]. Dito de

---

[362] Neste sentido, JESCHECK/WEIGEND, *Lehrbuch AT*, 447 (§ 40, VI): «A *actio praecedens* não constitui ainda qualquer tentativa do facto punível». Esta é, provavelmente, a única solução compatível com o regime legal consagrado no Código Penal Português, que parece afastar-se, na construção da figura da *actio libera in causa*, do denominado «modelo da tipicidade». Coincidente, quer na crítica ao modelo da tipicidade, quer nas suas consequências em sede de tentativa, com argumentação convincente, TERESA QUINTELA DE BRITO, *Inimputabilidade auto-provocada*, 141 e ss (*maxime* 145-147). Sobre o tema, com uma solução alternativa (§ 57) que supera o confronto entre os dois modelos (o da tipicidade e o da excepção), FIGUEIREDO DIAS, *Direito Penal*, PG I (2.ª edição, 2007), 589-592 (§§ 54-57).

[363] Sobre esta vocação residual da incriminação, destinada a evitar lacunas de punibilidade, FIGUEIREDO DIAS, *Direito Penal*, PG I (2.ª edição, 2007), 593-594 (§ 60). A recondução de diversas situações de *actio libera in* causa ao crime de embriaguez e intoxicação tem sido defendida pela doutrina nacional ao longo da vigência do Código Penal de 1982. Veja-se designadamente: FIGUEIREDO DIAS, «Pressupostos da punição e causas que excluem a ilicitude e a culpa» *in* CEJ (org.), *Jornadas de Direito Criminal*, 1983, 77-78; MARIA FERNANDA PALMA, *Casos e Materiais*, 107, nt. 6; TAIPA DE CARVALHO, *Direito Penal, PG* (2.ª edição, 2008), 478 (§ 846); PAULO PINTO DE ALBUQUERQUE, *Código Penal* (2.ª edição, 2010), artigo 295.º, anotação 9. Para uma visão de conjunto, onde se identificam as diferenças de perspectiva que agrupam as ideias subjacentes a este tipo de enquadramento, BARTHEL, *Vollrausch*, 109 e ss.

outra forma: a excepção ao princípio da coincidência entre a culpa e o facto não está no sistema penal português traçada no n.º 4 do artigo 20.º do Código Penal, mas encontra-se prevista no artigo 295.º, n.º 1, do Código Penal como uma estrutura autónoma de imputação, complementar do regime geral da inimputabilidade (mas – como se verá – com um alcance efectivamente mais limitado, quer pela sua literalidade, quer pela sua inserção sistemática).

Para além de ser negativamente delimitado pelo âmbito do artigo 20.º, n.º 4, do Código Penal, o tipo incriminador do artigo 295.º tem outros limites que reduzem o seu âmbito de aplicação. Desde logo, o facto de só abranger as situações de inimputabilidade auto-provocada e não os casos em que o estado de inimputabilidade é criado por terceiro[364]. Tais situações poderão corresponder a hipóteses de autoria mediata por domínio do «homem de trás» sobre a pessoa que é colocada em estado de inimputabilidade. Por outro lado, o tipo incriminador em causa, pela sua descrição típica e função político-criminal, só abrange as situações de inimputabilidade transitória (e não os casos permanentes) causadas por ingestão de bebidas alcoólicas ou substâncias tóxicas, e não os estados de perturbação psico-emocional («estados de afecto») com outra origem, o que reduz igualmente o seu campo de aplicação[365].

Mais duvidoso é o problema de saber se estão excluídos do tipo os casos de inimputabilidade auto-provocada por consumo de «fármacos medicamente prescritos». A resposta afirmativa[366], quando aceite genericamente, parece desconsiderar o facto de o tipo não exigir que as substâncias consumidas sejam ilícitas, antes centrando a sua relevância nos seus efeitos sobre o agente, razão pela qual a prescrição médica por si só não parece ser apta a excluir o tipo, embora possa dar origem a situações de erro (se, por exemplo, o agente ignorar a potencialidade tóxica da substância). Por isso, razoável parece ser a sujeição de tais casos

---

[364] TAIPA DE CARVALHO, *Comentário Conimbricense II*, artigo 295.º, § 13. PAULO PINTO DE ALBUQUERQUE, *Código Penal* (2.ª edição, 2010), artigo 295.º, anotação 5.

[365] Sublinhando a natureza transitória do estado de inimputabilidade previsto no artigo 295.º, TAIPA DE CARVALHO, *Comentário Conimbricense II*, artigo 295.º, § 12, 14, 34. Sobre a relevância penal dos «estados de afecto» e a dificuldade em os compatibilizar com um momento de culpa prévia ao facto, designadamente na forma de *actio liber in causa*, AUGUSTO SILVA DIAS, *Delicta in se*, 721, nota 1568 e, com mais desenvolvimentos, JOÃO CURADO NEVES, *Crimes passionais*, 596 e ss. Com fundamentos para uma solução aparentemente diferente, FIGUEIREDO DIAS, *Direito Penal*, PG I (2.ª edição, 2007), 578-579. O problema relaciona-se em parte com o alcance e os elementos do modelo de inimputabilidade acolhido no artigo 20.º do Código Penal. Sobre a questão, em perspectivas não coincidentes, CARLOTA PIZARRO DE ALMEIDA, *Modelos de inimputabilidade*, 37 e ss, JOÃO CURADO NEVES, *op. cit.*, 167 e ss, e FIGUEIREDO DIAS, *op. cit.*, 560 e ss.

[366] Neste sentido, TAIPA DE CARVALHO, *Comentário Conimbricense II*, artigo 295.º, § 15. Em sentido oposto, incluindo no âmbito do tipo drogas e produtos farmacêuticos, KINDHÄUSER, *Lehrbuch, BT I*, 2003, 413 (§ 71, n.º 11).

aos limites gerais do tipo subjectivo (exigindo-se, pelo menos, negligência na criação do estado de inimputabilidade, com o facto subsequente a ter relevância nos termos atrás descritos).

3. A clarificação dogmática deste modelo de incriminação pode ser proveitosamente traçada em diálogo com as grandes linhas interpretativas que sobre o mesmo se têm vindo a identificar. Adaptando a sistematização de CRAMER[367], os modelos de análise deste tipo de incriminação assentam ou na *inimputabilidade auto-provocada* enquanto fundamento da punição ou, diversamente, deslocam para o *ilícito subsequente* (o *Rauschtat*), no todo ou em parte, a fundamentação da intervenção penal. No primeiro caso, o crime é em regra visto como um crime de perigo, enquanto no segundo caso surge ora como um crime material (de perigo-concreto ou de lesão), ora como uma norma excepcional de imputação ou, inclusivamente, como uma solução legal incompatível com o princípio da culpa.

a) A generalidade da doutrina ensaia a compreensão deste tipo incriminador à luz da teoria dos crimes de perigo, com variantes específicas ditadas pela sua complexa estrutura típica. A forma de identificar tipicamente o perigo relevante é, no entanto, objecto de profundas divergências e clivagens interpretativas.

Uma linha, provavelmente maioritária, concebe a incriminação como um *crime de perigo abstracto*, cuja alcance é restringido por uma condição objectiva de punibilidade. Nesta perspectiva, o ilícito traduz-se na auto-colocação num estado de inimputabilidade e o facto ilícito subsequente, praticado sem culpa (aferida no momento da comissão do ilícito subsequente), limitará o âmbito do tipo pela exigência duma condição objectiva de punibilidade. O perigo típico será então presumido pelo legislador ou considerado um mero motivo da incriminação em função dos dados da experiência e da necessidade político-criminal de não deixar impunes factos criminosos praticados num estado de inimputabilidade auto-provocada[368].

---

[367] CRAMER, *Der Vollrauschtatbestand als abstraktes Gefährdungsdelikt*, 1962, 11 e ss e 17 e ss.
[368] Com pontuais divergências de enquadramento, BLEI, *Strafrecht II, BT*, 12.ª ed., 1983, 318 (§ 94); DREHER/TRÖNDLE, *StGB* (47.ª edição, 1995), § 323 a), n.º 1; LACKNER/KÜHL, *StGB* (27.ª edição, 2011), § 323 a), n.º 1 e 5; JESCHECK/WEIGEND *Lehrbuch*, § 26, II, 40; MAURACH/SCHRÖDER/MAINWALD, *Strafrecht BT/2*, § 96, n.º 4; OTTO, *Grundkurs BT* (2.ª edição, 1984), § 81; WESSELS/HETTINGER, *Strafrecht BT/1* (25.ª edição, 2001), § 23, n.º 1028; HAFT, *Strafrecht BT* (5.ª edição, 1995), 281 (com dúvidas). Para uma visão de conjunto sobre a doutrina mais antiga que sustentou esta posição, BEMMANN, *GA* (1961), 67 e nota 28. Entre nós, perfilha este entendimento GERMANO MARQUES DA SILVA, *Direito Penal Português II*, 1989, 159. Também, PAULO PINTO DE ALBUQUERQUE, *Código Penal* (2.ª edição, 2010), artigo 295.º, anotação 3, em-

Esta perspectiva pressupõe que o merecimento penal resultaria integralmente do ilícito base, a auto-colocação em estado de inimputabilidade, e que tal facto por si só poderia ser eleito pelo legislador penal como núcleo dum tipo incriminador. Apenas neste contexto faz sentido afirmar que a condição objectiva de punibilidade seria não só estranha ao âmbito do ilícito (não concorrendo, dessa forma, para delimitar o merecimento penal do comportamento) como limitaria o seu alcance. Nesta forma de compreensão do tipo incriminador, o ilícito subsequente à inimputabilidade auto-provocada assume, enquanto condição objectiva de punibilidade, uma ou algumas das seguintes funções, de acordo com a sistematização apresentada por BARTHEL: uma *função restritiva do âmbito do tipo* incriminador, pela adição da condição objectiva de punibilidade ao ilícito culposo do agente; uma *função de demonstração da perigosidade* associada à inimputabilidade auto-provocada do autor; uma *função limitadora da medida da pena* quando a sanção cominada para o ilícito subsequente funcione como limite máximo da pena legal cominada para o crime em causa[369].

Um entendimento desta natureza é, no entanto, dificilmente aceitável. A parcela do tipo incriminador do artigo 295.º, n.º 1, do Código Penal, na parte que se reporta à auto-colocação num estado de inimputabilidade, não possui uma legitimidade penal auto-evidente. Num sistema penal do facto orientado pela tutela fragmentária de bens jurídicos fundamentais (das pessoas e da comunidade) integrar na matéria da proibição penal a inimputabilidade auto-provocada só será legítimo se a esse facto estiver associado (pelo menos) um perigo intolerável para bens jurídicos de terceiros merecedores de tutela jurídico-penal. Só assim se poderá conferir alguma legitimidade material ao núcleo da proibição que, de outra forma, se torna inconsistente e incaracterístico. Neste plano, é forçoso reconhecer que nem todos os estados de perturbação da consciência por via do álcool ou do consumo de estupefacientes se revelam perigosos para bens jurídicos fundamentais e que não se pode associar, de forma regular e segura, a um estado desta natureza uma perigosidade intrínseca para bens jurídicos de terceiros, de forma a identificar a necessária relação de alteridade lesiva que

bora inclua no preceito modalidades de *actiones liberae in causa* (n.º 8 e 9) que não se traduzem em simples crimes de perigo.
[369] Cfr. BARTHEL, *Vollrauch*, 80-86, onde se encontra uma visão de conjunto sobre as funções atribuídas ao *Rauschtat* pela doutrina alemã. Entre nós, pode ver-se a aplicação das três funções descritas na análise realizada por TAIPA DE CARVALHO, *Comentário Conimbricense II*, artigo 295.º: função limitadora da punibilidade do ilícito (§ 18), função de indício (processual) da perigosidade geral da auto-colocação em estado de inimputabilidade (§ 21); função limitadora da pena (§ 42), embora o Autor não classifique a incriminação como um caso de perigo abstracto, mas antes – e correctamente, a meu ver – como uma modalidade de perigo abstracto-concreto (cfr. § 16).

funciona como condição *sine qua non* de legitimação da intervenção do sistema penal[370]. Se tal acontecesse o consumo do álcool ou de estupefacientes poderia ser penalmente proibido de forma geral, o que não acontece, nem parece legítimo que suceda[371]. O necessário juízo de perigosidade sobre tal situação depende de factores muito heterogéneos e variáveis, de difícil padronização através de tipos incriminadores, como sejam as características individuais do agente, em especial a sua vulnerabilidade psicossomática, a natureza e os efeitos das substâncias ingeridas ou o contexto social em que tal facto se verifica, entre outros aspectos relevantes[372]. Compreende-se por isso que a doutrina considere que, em regra, a perturbação da consciência por efeito do consumo excessivo de álcool, por si só, está fora da intervenção do sistema penal, por razões diversas que vão desde a ausência de alteridade lesiva do facto, à tradição ou à adequação social do consumo de álcool, pelo menos por tolerância social relativamente a comportamentos de consumo de (algumas) substâncias tóxicas[373].

Destas reservas à qualificação do tipo como um crime de perigo abstracto decorrem dúvidas mais profundas quanto à estrutura intra-típica da incriminação e, em especial, sobre o relacionamento entre a inimputabilidade auto-provocada e o ilícito subsequente praticado sem culpa. Na verdade, este só poderia ser considerado uma condição objectiva de punibilidade própria, isto é, com uma função restritiva da intervenção penal, se o facto base fosse em si mesmo um ilícito merecedor e carente de pena, o que como vimos não acontece. Tão pouco parece possível tentar legitimar a incriminação através duma cisão rígida entre o merecimento de pena fundado na inimputabilidade auto-provocada e a necessidade de pena evidenciada pela prática do *Rauschtat*[374]. Contra tal perspectiva deve notar-se, por um lado, que o critério da necessidade de pena não

[370] Assim, com razão, TERESA QUINTELA DE BRITO, *Inimputabilidade auto-provocada*, 71 e ss.
[371] Por todos, ROXIN, *Strafrecht AT I* (4.ª edição, 2006), § 23, n.º 8. Sobre o sentido e limites das proibições de consumo de álcool e estupefacientes, no plano da delimitação do poder punitivo do Estado, entre nós, RUI PEREIRA, *RMP* 65 (1996), 59-76, *maxime* pp. 62 e ss. Elementos históricos sobre a evolução do tema entre nós encontram-se em HELENA MONIZ, *Agravação pelo resultado*, 51 e ss.
[372] Assim, TERESA QUINTELA DE BRITO, *Inimputabilidade auto-provocada*, 72. Por esta razão, é igualmente de forçado e de duvidosa razoabilidade invocar uma ideia de «perigo geral» supostamente associado de forma regular à inimputabilidade auto-provocada para legitimar este modelo de incriminação (crítica desta perspectiva, de forma convincente, TERESA QUINTELA DE BRITO, *op. cit.*, 74 e ss).
[373] Por todos, MISERÉ, *Delikte mit Strafbegründender besonderer Folge*, 114, e notas, e depois BARTHEL, *Vollrausch*, 87-89. Entre nós, RUI PEREIRA, *RMP* 65 (1996), 64-65.
[374] Por exemplo, DREHER/TRÖNDLE, *StGB*, § 323 a), n.º marg. 9. Sobre o conteúdo e articulação dos conceitos implicados neste debate, por todos, MANUEL DA COSTA ANDRADE, *RPCC* 2 (1992), 173 e ss, e, com mais referências, *infra* § 33, VII.

pode intervir de forma autónoma e decisiva para legitimar uma solução legal se o facto base não for em si mesmo inequivocamente merecedor de pena[375]; e, por outro lado, nem sequer a própria cisão entre os dois juízos pode funcionar em termos convincentes, pois a necessidade de pena não se pode aferir senão, em primeira linha, pela necessidade de evitar pela ameaça penal o facto em causa e só depois, em conjugação com este primeiro juízo, pela possibilidade de prossecução dos fins legítimos da pena estatal[376]. Dito de forma sintética, não há pena estatal legítima se o facto com ela conexo não se revelar, por si só e simultaneamente, merecedor e carente de pena. O que vale por dizer que a necessidade de pena não pode fundamentar autonomamente a intervenção penal.

Em consequência, o ilícito subsequente no crime de embriaguez ou intoxicação dificilmente pode ser visto como uma cláusula restritiva do âmbito dum crime de perigo abstracto nos casos em que o facto base em causa, por si só, não legitima a intervenção penal. Nesta linha de considerações, a doutrina que critica a configuração do tipo como uma incriminação de perigo abstracto entende que, na realidade, o ilícito subsequente não funciona como uma verdadeira condição objectiva de punibilidade, mas sim como um elemento co-fundamentador da ilicitude penal do facto previsto na lei. Isto porque só conjugando os dois segmentos do tipo (inimputabilidade auto-provocada e o ilícito subsequente) se pode legitimar a incriminação[377]. Mas assim sendo – afirma-se ainda – o tipo incriminador estará em colisão com o princípio da culpa, pois um elemento co-fundamentador da pena não é imputável à culpa do agente[378].

Aponta-se, além disso, uma contradição insanável na forma como nesta perspectiva se qualificam e relacionam os elementos do tipo legal. Se o crime é de perigo abstracto isto significa que o perigo não é um elemento inerente ao tipo (nem sequer uma característica intrínseca da conduta proibida), mas apenas o motivo da incriminação, tornando-se por isso contraditória a alegada função de demonstração da perigosidade do facto atribuída à condição objectiva de puni-

---

[375] Sendo certo que o inverso é igualmente verdade, pois como refere JAKOBS, *Strafrecht*, 343, também não se pode fundamentar o merecimento de pena sem a sua necessidade.
[376] Neste sentido, também MISERÉ, *Delikte mit Strafbegründender besonderer Folge*, 114, criticando o uso alternativo dos conceitos de merecimento penal e necessidade de pena para fundamentar a opção por este modelo de incriminação.
[377] Por todos, BEMMANN, *GA* (1961), 69 e ss e 74, na conclusão.
[378] Sobre a derrogação do princípio da culpa associada a esta incriminação, já ARTHUR KAUFMANN, «Unrecht und Schuld beim delikt der Volltrunkenheit», *JZ* (1963), 425 e ss. Agora, FRISTER, *Strafrecht AT*, 5.ª edição, 2011, 261 e ss. Entre nós, trata a questão da violação do princípio da culpa como pano de fundo da análise da incriminação, TERESA QUINTELA DE BRITO, *Inimputabilidade auto-provocada*, 108, 136-138, 183 e ss e *passim*. Elementos sobre o tema em HELENA MONIZ, *Agravação pelo resultado*, 55 e ss.

bilidade. Nos crimes de perigo abstracto não há que demonstrar a perigosidade do comportamento proibido, porque tal perigosidade não é elemento do facto típico[379]. É aliás sintomático desta argumentação contraditória que alguma doutrina qualifique o tipo incriminador como um crime de perigo abstracto, mas acabe por recorrer a especiais juízos de perigo, sem referência típica, para o legitimar[380]. Podem existir outras razões para utilizar juízos especiais de perigo na compreensão do tipo incriminador, como adiante se verá, mas não no quadro de uma incriminação de perigo abstracto.

Finalmente, se o limite da pena é a moldura penal que caberia ao facto subsequente e se existe uma necessária conexão entre a gravidade do facto e a gravidade da pena, quanto mais não seja por decorrência do princípio da proporcionalidade, isso acaba por demonstrar que o ilícito subsequente não é verdadeiramente *unrechtsneutral*, pois então não se perceberia a sua influência determinante na pena abstracta[381].

No caso específico do crime previsto no artigo 295.º do Código Penal português, torna-se ainda necessário ter em linha de conta (como se referiu anteriormente) o facto de o mesmo poder abranger realidades heterogéneas, incluindo *actiones liberae in causa* com dolo necessário, com dolo eventual e com negligência em relação ao ilícito subsequente. Razão pela qual não parece possível qualificar em tais casos o ilícito subsequente como uma condição objectiva de punibilidade e afirmar, simultaneamente, que o mesmo é imputável a uma culpa prévia do agente, sob pena de se incorrer numa contradição dificilmente ultrapassável.

Tudo ponderado, não se revela convincente a leitura uniforme de toda a incriminação como um crime de perigo abstracto limitado por uma (suposta) condição objectiva de punibilidade.

b) A insatisfação provocada pelas críticas expostas e pelas dúvidas inerentes à estrutura típica do crime conduzem alguns sectores da doutrina a ensaiar uma

---

[379] Assim, FRISTER, *Schuldprinzip*, 55. Noutros termos, mas coincidente no resultado, TERESA QUINTELA DE BRITO, *Inimputabilidade auto-provocada*, 72-75 e 78. O que não exclui a possibilidade de demonstrar a ausência de perigo como cláusula de exclusão da tipicidade (*vd.* RUI PEREIRA, *O dolo de perigo*, 25, e, de forma desenvolvida, FARIA COSTA, *O perigo*, 620 e ss, sobre as diversas exigências da tipificação do perigo penalmente relevante).

[380] O que acontece, por exemplo, com CRAMER, *Vollrausch*, 95-96 (veja-se o que adiante se escreve sobre o seu pensamento) que claramente formula exigências que se afastam do modelo de perigo abstracto (como nota, com razão, BARTHEL, *Vollrausch*, 97). Agora, como forma de compatibilizar a incriminação com o princípio da culpa, CRAMER/STERNBERG-LIEBEN, *in* Schönke/Schröder, StGB (2001), § 323 a), n.º 1. Crítica do pensamento de Cramer, TERESA QUINTELA DE BRITO, *Inimputabilidade auto-provocada*, 79 e ss.

[381] TERESA QUINTELA DE BRITO, *Inimputabilidade auto-provocada*, 76.

diferente via de compreensão do tipo a partir de uma particular leitura do mesmo ou da formulação de exigências adicionais aos seus pressupostos de aplicação.

Uma linha que remonta a KOHLRAUSCH[382] e foi depois especialmente desenvolvida por LANGE[383] procede a uma *subjectivização do conceito de perigo*, fundada na personalidade do autor e na sua relação com o álcool. Nesta concepção, o tipo incriminador visa evitar uma situação de perigo concreto para a comunidade que aquele agente representa por a sua personalidade revelar uma tendência para cometer crimes uma vez embriagado. Assim, o legislador penal através de uma incriminação desta natureza não está a proibir genericamente a embriaguez, mas sim e apenas a limitar a proibição penal ao tipo criminológico de autor que, uma vez embriagado, se torna um perigo para a comunidade[384]. Embora LANGE aparentemente afira de forma objectiva esta tendência – reportando-a ao *Rauschtat* cometido e às circunstâncias em que o autor se embriaga[385] – ela acaba por ter como referência essencial a concreta personalidade do autor e a sua vulnerabilidade psíquica e social ao álcool, pelo que não deixa de ser uma subjectivização do conceito de perigo. Neste entendimento, o facto ilícito subsequente (*Rauschtat*) funciona como uma modalidade específica de condição objectiva de punibilidade, através da qual se documenta a concreta perigosidade do autor embriagado ou, nas palavras de LANGE, um elemento que constitui «um indício exterior de perigo»[386]. O *Rauschtat* não seria, deste modo, um elemento essencial da incriminação já que, com tal pressuposto de perigosidade construído sobre o concreto perigo representado pelo autor ébrio, o legislador poderia punir o facto sem exigir a sua verificação[387]. O que vale por dizer que o tipo incriminador não se basta com a verificação de uma qualquer situação de embriaguez, antes exige que se trate do facto de um autor que, uma vez embriagado, revela a sua perigosidade social, indiciada pela prática do *Rauschtat*. Desta forma, a comprovação do perigo é elemento essencial do tipo que acaba por ser configurado como um crime de perigo concreto, subjectivamente construído e documentado pelo ilícito subsequente (*Rauschtat*) cometido pelo autor.

---

[382] KOHLRAUSCH, «Trunkenheit und Trunksucht im Deutschen Vorentwurf», *ZStW* 32 (1911), 645 e ss.
[383] LANGE, «Der gemeingefährliche Rausch», *ZStW* 59 (1939), 574 e ss. Depois, «Die Behandlungen der Volltrunkenheit in der Strafrechtsreform», *JR* (1957), 242 e ss.
[384] LANGE, *JR* (1957), 245-246, em ligação com os dados clínicos e criminológicos que reúne a pags 242 e ss.
[385] LANGE, *JR* (1957), 246.
[386] LANGE, *JR* (1957), 246.
[387] LANGE, *JR* (1957), 246, embora aceite que a simples embriaguez não constitui um facto por si só merecedor de pena (cfr. p. 243-244).

Na sua versão pura, fundada no tipo criminológico de autor, esta construção não teve seguidores, mas não se pode ignorar que acabou por ter algum reflexo em concepções mistas do perigo (objectivas/subjectivas) que se consideram estar subjacentes a este modelo de incriminação. É inevitável que um tipo incriminador de alcance tão vasto e assente num pressuposto que, na sua concretização, depende da vulnerabilidade psicossomática do autor em relação a certas substâncias (a imimputabilidade por consumo de álcool ou outras substâncias tóxicas) seja limitado interpretativamente. Duvidoso é que a restrição seja, por um lado, ensaiada em relação ao tipo de autor e, por outro, que a mesma tenha consistência dogmática perante a descrição legal. Na verdade, estando o tipo incriminador configurado como um crime comum não parece legítimo construí-lo dogmaticamente como um crime específico camuflado, a partir duma tendência criminalmente perigosa para actuar de certa forma quando sujeito ao efeito perturbador do álcool. Dito de outro modo, a sugestão de Lange passa pela criação de um tipo normativo de autor por tendência que, além de não ter correspondência na lei vigente, implica uma reconstrução do tipo a partir não do facto, mas de (supostas) características intrínsecas ao seu autor. Um entendimento desta natureza põe em causa a legalidade e a igualdade perante a lei, num sistema penal que é orientado, em primeira linha, pelo desvalor do facto e não pela personalidade perigosa do autor desse facto. Mas, bem vistas as coisas, a construção de Lange é ainda inaceitável pela contradição intrínseca que implica no plano dogmático, pois a identificação do perigo penalmente relevante por referência ao autor do facto não é, como bem nota Cramer, a forma de configurar o perigo concreto mas, quando muito, o perigo abstracto[388]. E, também por isso, é peculiar construir o perigo em torno do autor, mas aceitar depois que é o facto integrador da condição objectiva de punibilidade que evidencia o perigo desse mesmo autor[389]. Na verdade, a construção de Lange seria congruente com a inutilização da condição objectiva de punibilidade mas já não com a sua conversão numa espécie de elemento de prova adicional destinado a corroborar a personalidade perigosa do autor ébrio (perigosidade que o próprio Lange procura, na verdade legitimar com o recurso a elementos de natureza clínica e criminológica e não com a comissão do *Rauschtat*).

c) Uma crítica desta natureza já não se pode apontar a quem pretenda traçar a compreensão da norma incriminadora a partir não tanto (ou não apenas) do autor, mas sim através da identificação de uma *especial perigosidade objectiva do*

---

[388] Cramer, *Vollrauschtatbestand*, 42.
[389] Dúvidas sobre esta forma de evidenciar a tendência do autor através da comissão do *Rauschtat* encontram-se em Cramer, *Vollrauschtatbestand*, 45.

acontecimento descrito no tipo. Uma linha de orientação que, com diferenças significativas na sua formulação, se encontra por exemplo em Welzel, Cramer, Stratenwerth ou Roxin e, entre nós, em Taipa de Carvalho, procura reforçar a leitura dogmática dos pressupostos típicos da punição através da exigência de um especial juízo de perigosidade objectiva da inimputabilidade auto-provocada do autor (Cramer, Stratenwerth, Taipa de Carvalho), chegando a transformar a incriminação, em função desse especial juízo de perigosidade, num crime de perigo concreto (Welzel, Roxin, Geisler) ou mesmo num crime de perigo «sui generis» (Spendel).

A ideia avançada por Welzel de restringir a incriminação aos casos de embriaguez *perigosa* e *pública*[390] é razoável e inclusivamente necessária para respeitar a exigência de alteridade lesiva do facto típico. Mas isso, por si só, não pode transformar o crime numa modalidade de perigo concreto, à revelia da sua configuração legal, nem legitima a identificação do perigo essencial por referência à personalidade do autor do facto. O perigo, enquanto facto autónomo carente de prova, não é claramente uma exigência que se possa formular sem alterar a estrutura da incriminação e a vontade do legislador expressa no tipo, nomeadamente porque tal exigência acaba por não ter um mínimo de correspondência verbal na descrição do tipo incriminador.

A doutrina posterior tem procurado contornar os problemas da amplitude do tipo e da sua congruência com o princípio da culpa através da formulação de requisitos adicionais que, simultaneamente, restringem o âmbito de aplicação da norma e reforçam a conexão subjectiva do autor com o facto. Assim, Stratenwerth exige a previsibilidade de acções[391], enquanto que para Roxin é necessário que seja previsível para o autor a ocorrência duma «consequência do tipo daquela que se verificou»[392] e para Cramer a aplicação do tipo é condicionada à «possibilidade objectiva de comissão de um facto ameaçado com pena»[393]. Entre nós, Taipa de Carvalho já propôs a leitura do tipo a partir duma «perigosidade revelada pela experiência geral», reconhecida pelo legislador a partir desses dados, completando este enquadramento com a possibilidade de prova negativa do perigo, nomeadamente quando a ocorrência do ilícito subsequente não fosse

---

[390] Welzel, *Deutsche Strafrecht* (11.ª ed., 1969), 475. No entanto, Welzel não parece prescindir da avaliação subjectiva da concreta perigosidade do autor do facto (*op. cit.*, p. 474).
[391] Stratenwerth/Kuhlen, *Strafrecht AT* (6.ª edição, 2011), § 10, n.º 53.
[392] Roxin, *Strafrecht AT* (4.ª edição, 2006), § 23, n.º 9, e Geisler, *Bedingugen der Strafbarkeit*, 396-398 e 435-436.
[393] Cramer, *Vollrauschtatbestand*, 95-96. Agora, Cramer/Sternberg-Lieben, *in* Schönke/Schröder, StGB (2001), § 323 a), n.º 1 e 13, acabando assim por compreender a incriminação como um caso de perigo concreto (cfr. n.º 1 e 10).

previsível ou fosse de todo imprevisível[394]; embora, em função da natureza de perigo abstracto-concreto da incriminação, acabe por converter esta exigência num requisito positivo de «previsibilidade objectiva (...) da prática de «crimes»» que atende «às características pessoais do agente e às circunstâncias de lugar e tempo em que o agente se auto-inimputabiliza»[395].

Com uma proposta mais complexa, SPENDEL pretende ver a incriminação como um crime de perigo *sui generis*, assente numa perigosidade inerente à privação da inimputabilidade através da auto-embriaguez, seguida de um resultado lesivo (de perigo ou de dano), subjectivamente recortada pelo dolo geral de perigo ou pela negligência geral de perigo do agente que cria a sua própria inimputabilidade. Ou seja, tratar-se-ia afinal de um «crime de perigo subjectivo geral». Um enquadramento no qual a comissão do *Rauschtat* não é uma verdadeira condição objectiva de punibilidade, nem um elemento do tipo, mas antes um simples elemento de prova *ex post* do perigo da inimputabilidade auto-provocada pela embriaguez, concretamente revelado em cada ilícito praticado[396].

Com este tipo de exigências, é evidente que a compreensão do tipo se afasta do modelo do perigo abstracto, pois neste tipo de incriminação o perigo é fundamento da opção legislativa e não um elemento positivo do tipo cuja prova condicione a sua aplicação efectiva[397]. O problema que as propostas descritas suscitam não é tanto – ou não é apenas – o facto de não terem um apoio literal inequívoco (em especial, a ideia de perigo concreto como evento autonomizável e carente de prova enquanto tal), como principalmente o de implicarem uma reconstrução dogmática da incriminação ao formularem requisitos próprios dos crimes materiais aplicando-os não a um resultado, mas por referência a uma condição objectiva de punibilidade. Na verdade, a formulação de um juízo de previsibilidade de factos ou consequências posteriores à conduta do agente é a matriz dogmática de construção do perigo típico e a forma de estabelecer a sua relação

---

[394] TAIPA DE CARVALHO, *Comentário Conimbricense II*, artigo 295.º, § 18 e 19, qualificando o crime como um tipo de perigo abstracto-concreto (*op. cit.* § 10, 16, 19, 20, 46). Em estudo posterior (*Direito Penal, PG*, 2.ª edição, 2008, 476-479), considera, no entanto, que o tipo incriminador «aparece como uma figura híbrida, um misto de crime de perigo abstracto e de «actio libera in causa» (§ 846), acabando por sugerir (§ 847) que o artigo 295.º «talvez configure mas é hipóteses de *actiones liberae in causa*, em vez de ser um verdadeiro crime de perigo abstracto ou abstracto concreto».
[395] TAIPA DE CARVALHO, *Comentário Conimbricense II*, artigo 295.º, § 46, aproximando-se, deste modo, duma concepção mista (objectiva/subjectiva) de perigo.
[396] SPENDEL, *LK-StGB*, § 323 a), n.º 60-67.
[397] Por isso mesmo tem razão BARTHEL, *Vollrausch*, 97, quando afirma criticamente que Cramer apresenta a incriminação como sendo de perigo abstracto, mas acaba por formular exigências que são estranhas a esta modalidade de crimes de perigo.

(intra-típica) com o resultado ilícito (o resultado efectivo nos crimes materiais e «um centro de ilicitude imaginado», para usar palavras de FINCKE, nos demais crimes de perigo). Tratar deste mesmo modo acontecimentos que se reconhece não poderem constituir uma parte do ilícito (como acontece com as condições objectivas de punibilidade) só seria possível com uma fundamentação mais convincente, sob pena de se poder cair numa contradição dogmática insuperável.

Este tipo de exigências é em parte acolhido no tipo incriminador a partir do momento em que se aceite que o mesmo abrange situações de *actio libera in causa* com dolo (necessário e eventual) e com negligência em relação ao ilícito típico subsequente. Neste caso sem qualquer contradição dogmática, pois em tais hipóteses o facto subsequente é parte integrante do tipo de ilícito (que prevê um facto complexo, estruturado em dois momentos) e não um elemento exterior ao mesmo. O que não parece possível é pretender aplicar as exigências assentes na previsibilidade do facto ilícito subsequente a todos os casos abrangidos pelo tipo, pois isso não respeita a intencionalidade do legislador (que não exige tais elementos de forma expressa e uniforme) e transforma a incriminação num tipo material de resultado que exige um regime de imputação incompatível com a intencionalidade político criminal subjacente à sua criação (não deixar tais factos impunes). Mas, ainda que se traçasse tal exigência, traduzida na necessidade de prova do perigo concreto, não se compreenderia – como nota JAKOBS – por que razão a punibilidade do facto estaria então duplamente condicionada: pelo perigo, enquanto evento autónomo, e pela verificação do ilícito subsequente (o *Rauschtat*), enquanto condição objectiva de punibilidade[398].

Problema que a proposta de SPENDEL também não consegue resolver com a conversão indiferenciada do *Rauschtat* em mero elemento de prova da perigosidade da inimputabilidade auto-provocada. Um estatuto dogmático inadequado para estabelecer a relação entre a norma de comportamento e a perigosidade evitável pelo destinatário dessa norma, quando tal perigosidade não se revela integralmente *ex ante* mas apenas *ex post*[399]. Em rigor, se a comissão do *Rauschtat* funcionar apenas como «prova do perigo» isso confirmará a perigosidade inerente à conduta do agente num dos seguintes contextos: ou a conduta de privação da inimputabilidade já era perigosa e o *Rauschtat* confirma-o; ou não era

---

[398] JAKOBS, *Strafrecht*, 502-503 (17/59).

[399] Neste sentido, FRISTER, *Schuldprinzip*, 55-59, sublinhando a incompatibilidade de tal tese com a natureza da norma típica de determinação e a necessidade de, em função dela, determinar o perigo *ex ante* e não *ex post*. Considera, por isso, que o *Rauschtat* é, para este efeito, um meio inidóneo de conhecimento do perigo da embriaguez. A argumentação de Frister só procede quanto à identificação do alcance da norma de ilicitude, enquanto norma de conduta, mas perde relevância quando se pondera na norma de sanção, enquanto pura norma de decisão (veja-se *infra* nota 418 deste Capítulo V).

susceptível de ser considerada perigosa e o *Rauschtat* acaba por funcionar como fonte autónoma de revelação *ex post* do perigo. No primeiro caso, o elemento da norma será relativamente inútil numa incriminação de perigo abstracto e acaba por o converter num crime de perigo concreto em que o *Rauschtat* acaba por ser indirectamente um elemento do ilícito (não em si mesmo, mas como componente do juízo de perigo concreto); no segundo caso, não é um puro instrumento de prova, mas sim um elemento autónomo do ilícito. Por isso, independentemente de outras críticas que lhe são dirigidas[400], a proposta de SPENDEL – tendo algum interesse explicativo – é pouco consistente, perante a complexidade da incriminação, e inadequada à opção do legislador.

d) A tentativa de superar os limites da dogmática dos crimes de perigo foi ensaiada a partir de propostas assentes na ideia de responsabilidade pelo risco, concretamente a partir do conceito de *responsabilidade pelo comportamento de risco* (SCHWEIKERT) ou da *evitabilidade pessoal da situação de risco assumida pelo autor* (HARDWIG), enquanto formas autónomas de culpa (*Schuldformen*) a par da imputação por facto doloso ou por facto negligente.

O ponto de partida de SCHWEIKERT[401] consiste em afirmar que, a par da actuação dolosa e negligente, existe uma terceira forma de comportamento (prevista pelo legislador) para a imputação jurídico-penal, que é o comportamento de risco. O comportamento de risco (*riskantes Verhalten*) consiste em o agente criar objectivamente um perigo de lesão do bem jurídico, com conhecimento e vontade de assumir esse comportamento de risco[402]. A consequência que se segue deve ser o efeito adequado do comportamento de risco, não bastando uma pura relação causal (determinada pela teoria da equivalência das condições)[403]. Como exemplos, aponta SCHWEIKERT diversos tipos incriminadores ou cláusulas legais que contém condições objectivas de punibilidade (cláusulas de reciprocidade nos crimes contra Estados estrangeiros, participação em rixa, embriaguez ou crimes falenciais)[404].

De forma semelhante, para HARDWIG a incriminação em causa contempla, a par de outras normas estruturalmente equivalentes (como a falta de prova da verdade nos crimes contra a honra), uma forma de *responsabilidade penal pelo risco* (*strafrechtliche Risikohaftung*), assente numa norma de conduta dirigida pelo legis-

---

[400] Para uma crítica a Spendel, com diferentes argumentos, TERESA QUINTELA DE BRITO, *Inimputabilidade auto-provocada*, 101 e ss.
[401] SCHWEIKERT, «Strafrechtliche Haftung für riskantes Verhalten», *ZStW* 70 (1958), 394 e ss.
[402] SCHWEIKERT, *ZStW* 70 (1958), 394, 398 e 407.
[403] SCHWEIKERT, *ZStW* 70 (1958), 394-406.
[404] SCHWEIKERT, *ZStW* 70 (1958), 400, 403-408.

lador ao potencial autor do facto ilícito que se pode descrever da seguinte forma: «uma pessoa que não consiga controlar a sua embriaguez não deve beber». Este é o comando útil que constitui o substrato do ilícito que HARDWIG reconduz à auto-embriaguez como facto que, em tais circunstâncias, não é permitido mas sim ilícito (ao contrário de outras fontes de risco social e legalmente toleradas ou permitidas). É esta fonte de risco assumida pelo autor que funciona como referente para a imputação, já que se releva imprescindível identificar um ilícito anterior a qualquer culpa: só assim é que o próprio *Rauschtat* pode adquirir algum significado penal por ter sido cometido num estado de embriaguez plena[405].

As construções descritas pretendem ser, por um lado, conformes à lei, e, por outro, uma forma alternativa de delimitar certas formas de risco proibido em relação ao risco tolerado[406]. Mas seriam ainda distintas das demais formas de imputação, no plano objectivo e no plano subjectivo: objectivamente a relação entre o comportamento de risco e os eventos subsequentes seria mais exigente do que nos crimes materiais, pois a conexão entre o facto e o evento não se faria pela teoria da *conditio sine qua non* mas pela exigência de adequação, exigência que é apresentada como uma restrição; subjectivamente, seria ainda diferenciada da negligência pois a lei não exigiria um prévio dever que vinculasse o agente, mas sim e apenas a adopção do comportamento de risco[407].

Contra esta linha de compreensão do crime em causa aponta-se, essencialmente, sua incompatibilidade com a lei vigente (que não reconhece outras formas de responsabilidade para além do dolo e da negligência, ou a combinação de ambas – cfr. entre nós o disposto nos artigos. 13.º, 14.º., 15.º e 18.º do Código Penal)[408] e a incongruência lógica de dar como demonstrado o que pretende

---

[405] HARDWIG, «Studiem zum Vollrauschtatbestand», *FS-Ebr.Schmidt*, 468, 460, 462 a 464. A ideia de risco surge depois com outras formulações na doutrina mais recente: JESCHECK/ WEIGEND, *Lehrbuch*, 558 e 559 (§ 53, II), referem a assunção pelo autor de um risco reconhecível pela generalidade das pessoas de que se poderia verificar a circunstância condicional como forma de afastar as possíveis objecções fundadas no princípio da culpa. JAKOBS, *Strafrecht*, AT, 337 (10/2) afirma que o autor ao praticar a conduta fica onerado com o risco da ilicitude superveniente do facto. Também, PUPPE, *NK-StGB* (2005), § 15, n.º 10, admite que esta é uma forma de compatibilizar algumas condições objectivas de punibilidade (incluídas nos crimes de participação em rixa e embriaguez) com o princípio da culpa. Entre nós, acolhe esta ideia HELENA MONIZ, *Agravação pelo resultado*, 61.

[406] Claramente, HARDWIG, *FS-Ebr.Schmidt*, 460.

[407] SCHWEIKERT, *ZStW* 70 (1958), 399 e 403 e ss, e 407.

[408] CRAMER, *Vollrauschtatbestan*, 27, e, depois, em SCHÖNKE-SCHRÖDER-*StGB*, anotação ao § 323 a), § 15, n.º 5. Ainda, SPENDEL, *LK-StGB*, § 323 a), n.º 48, nota 104; FRISTER, *Schuldprinzip*, 59 e nota 60; BARTHEL, *Vollrausch*, 105-106. Em pormenor, NEUMANN, *Zurechnung und «Vorverschulden»*, 1985, 119-123.

demonstrar[409]. Intrinsecamente, a construção é contraditória, pois a conexão entre o comportamento de risco e o resultado subsequente é traçada de forma equivalente aos crimes agravados pelo resultado (com base na teoria da adequação), com a diferença de que não se exige a imputação do resultado agravante por negligência. Isto não só é incompatível com o regime dos crimes agravados pelo resultado (artigo 18.º do Código Penal, entre nós) como implica uma derrogação do princípio da culpa. A própria autonomia que se pretende traçar desta forma de imputação pelo risco em relação às demais «formas de culpa» (que poderia ter algum interesse teórico e prático) é inutilizada pela inserção material da condição objectiva de punibilidade no âmbito do ilícito: que sentido tem afirmar que estamos perante uma condição objectiva de punibilidade se, depois, se acaba por estabelecer a conexão entre a conduta e o evento subsequente da mesma forma que se delimita o âmbito do ilícito típico – com base na adequação da conduta para produzir o resultado subsequente?! Finalmente, é duvidoso que a construção descrita tenha um conteúdo distinto da dogmática dos crimes de perigo; e quando tal acontece ou é com base em distorções ao rigor jurídico ou com soluções incompatíveis com o Direito vigente e com o princípio da culpa.

e) Em parte pelas razões avançadas, tão pouco se revelam aceitáveis, por incompatibilidade com a estrutura formal e literal do tipo incriminador e com as conexões dogmáticas nele implícitas, entendimentos que qualificam este modelo de incriminação como um crime material em que a verificação do *Rauschtat* seria o resultado ilícito. Na verdade, dificilmente se pode ver o facto ilícito subsequente à inimputabilidade auto-provocada como um resultado típico, integrador do ilícito previsto na norma, quando simultaneamente se reconhece que tal facto subsequente pode ocorrer (em alguns casos) sem qualquer conexão subjectiva com o autor. Tal ideia é por isso incompatível com a delimitação do tipo subjectivo traçada nos artigos 14.º, 15.º e 18.º do Código Penal (nos quais o dolo e a negligência são reportados ao facto que preenche um tipo de crime), já que destes preceitos resulta que não há elementos do facto típico que não sejam objecto do dolo ou da negligência do agente. A qualificação do *Rauschtat* como resultado ilícito só poderia ter como consequência, como foi já expressamente defendido por BEMMANN, a sua configuração como objecto do dolo ou da negligência do autor[410]. Mas tal interpretação – sendo em parte legítima, por reforçar o princípio da culpa – não é integralmente consentânea com a intencionalidade legislativa expressa no tipo incriminador, pois inutiliza uma parte do mesmo. E, em especial, não permite entender por que razão não é então imputável ao autor o facto subse-

---

[409] ARTHUR KAUFMANN, *Das Schuldprinzip*, Heidelberg, 1961, 145-146.
[410] BEMMANN, *GA* (1961), 72-74.

quente como crime autónomo, em função pelo menos da culpa prévia revelada antes da comissão do mesmo. Por isso, a ser ponderada, uma via desta natureza terá de se articular com uma compreensão mais complexa e abrangente do tipo incriminador, que adiante se ensaiará.

Pelas mesmas razões, é também forçado pretender ler a incriminação como um crime agravado pelo resultado[411]. A estrutura do facto complexo prevista neste tipo de crime é na verdade distinta do modelo de agravação pelo resultado, pois neste caso o facto base em si mesmo (a inimputabilidade auto-provocada, por embriaguez ou consumo de estupefacientes) não constitui por si só um ilícito penal merecedor e carente de pena, a que acresce um resultado mais grave, como acontece nos crimes agravados pelo resultado. O que significa que não estamos perante o modelo de agravação pelo resultado que combina um ilícito penal base, doloso ou negligente, com um resultado agravante negligente[412]. Por outro lado, uma parte do tipo incriminador (o segmento que contempla a condição objectiva de punibilidade) ficaria inutilizada à luz das exigências mínimas de imputação subjectiva previstas no artigo 18.º do Código Penal. Nem sequer parece possível tentar ver o resultado ilícito no próprio estado de inimputabilidade decorrente da ingestão de álcool ou estupefacientes pois, em si mesmo, tal acontecimento, apesar de ser consequência duma acção do agente, não tem nem a alteridade, nem a danosidade social exigidas pelo conceito material de crime e, por isso, é insusceptível de integrar um ilícito penal.

f) Uma alternativa a estas leituras da incriminação consiste em vê-la como uma norma excepcional e autónoma de imputação, contrária o princípio da coincidência entre o facto e a culpa, prevendo formas de *actio libera in causa* não contempladas na Parte Geral dos códigos penais[413]. A alternativa é mais fácil de aceitar entre nós do que entre a doutrina alemã, já que o Código Penal Português prevê uma forma de *actio libera in causa* como regra geral de imputação da culpa (artigo 20.º, n.º 4), o que não acontece com o *StGB* alemão onde as excepções têm sido identificadas doutrinariamente com particulares reservas, em especial em relação à modalidade de *actio libera in causa* negligente[414].

---

[411] HELLMUTH MAYER, «Die folgenschwere Unmässigkeit», *ZStW* 59 (1940), 323 e ss. A hipótese chegou a ser ponderada por CAVALEIRO DE FERREIRA, *Lições I* (1992), 279, face ao n.º 2 do artigo 282.º do Código Penal, no texto de 1982.
[412] Substancialmente neste sentido, SPENDEL, *LK-StGB*, n.º 49-50 (em anotação ao § 323 a). Depois, PAEFFGEN, *NK-StGB* (2005), § 18, n.º 3.
[413] Informação em MAURACH/ZIPF, *Strafrecht AT*, § 31 e ss.); HRUSCHKA, *Strafrecht*, 2.ª edição, 1988, 296 e ss, e NEUMANN, *Zurechnung*, 58 e ss, 63 e ss e 125 e ss.
[414] Por todos, JESCHECK/WEIGEND, *Lehrbuch*, § 40, VI.

Não se pode ignorar, como resulta do enquadramento inicial que se fez, que esta leitura pode ter acolhimento na incriminação do artigo 295.º do Código Penal, a partir do momento em que se aceite que a mesmo pode abranger os casos de *actio libera in causa* com dolo (necessário e eventual) e com negligência em relação ao ilícito típico subsequente. Contudo, querer aplicar esta estrutura de imputação a todos os casos abrangidos pelo tipo não respeita a intencionalidade do legislador, pois transforma a incriminação num tipo material de resultado que exige um regime de imputação incompatível com a intencionalidade político criminal subjacente à criação desta incriminação (não deixar tais factos impunes). Dito de outra forma: parece inequívoco que o artigo 295.º do Código Penal contempla situações de *actio libera in causa* autónomas e não abrangidas pela previsão ao artigo 20.º, n.º 4, do mesmo diploma, mas na sua literalidade e intencionalidade legislativa o tipo também contempla situações em que a culpa prévia não se estende ao facto ilícito subsequente e, exactamente por isso, tais casos não podem ser explicados pela estrutura da *actio libera in causa*.

4. Para além destas linhas argumentativas de sentido oposto, cabe perguntar se é ou não possível interpretar o artigo 295.º do Código Penal de forma a respeitar, por um lado, a intencionalidade legislativa expressa no tipo incriminador e, por outro lado, o princípio da culpa e o princípio da proporcionalidade da pena. A resposta pode ser afirmativa, caso se admita – como sugeriu WOLTER[415] e propõe agora PAEFFGEN em relação ao § 323 a) do *StGB* alemão – que a previsão do artigo dá na verdade «cobertura a dois tipos autónomos deficientemente formulados»: um tipo amplo e um tipo restrito, sendo o primeiro formulado como um crime de perigo abstracto conjugado com uma condição objectiva de punibilidade, punido menos severamente, e o segundo, de alcance mais restrito, delimitado em função duma certa conexão de culpa identificável em relação ao *Rauschtat* na forma duma *actio libera in causa*, dolosa ou negligente[416]. O que, se bem vejo a questão, corresponde ao entendimento dominante na doutrina nacional – desde Figueiredo Dias e Cavaleiro de Ferreira a Taipa de Carvalho, Maria Fernanda Palma e Paulo Pinto de Albuquerque – no sentido de identificar no artigo 295.º do Código Penal várias situações materiais distintas[417].

[415] WOLTER, «Vollrausch mit Januskopf», *NStZ* (1982), 54, 58.
[416] PAEFFGEN, *NK-StGB* (2005), § 323 a), n.º 14-16.
[417] CAVALEIRO DE FERREIRA, *Lições I* (1992), 275 e ss, num esforço interpretativo e crítico, entendia (pp. 278-279) que o antigo artigo 282.º contemplava figuras estruturalmente distintas. Também FIGUEIREDO DIAS, *Jornadas* (1983), 77-78, remetia para este tipo incriminador vários «estados de afecto graves», criados de forma culposa embora não de forma pré-ordenada; e, agora, *Direito Penal PG I* (2.ª edição, 2007), 594. No mesmo sentido, MARIA FERNANDA PALMA, *Casos e Materiais*, 107, nota 6, afirma claramente que o artigo 295.º abrange «um vasto conjunto

Adaptando a sugestão de WOLTER e PAEFFGEN à leitura do artigo 295.º do Código Penal português, pode, na verdade, verificar-se que a ampla previsão do n.º 1 do preceito abrange não apenas duas, mas sim *três realidades materialmente distintas*: a norma tanto é aplicável a uma situação de inimputabilidade auto-provocada (com dolo ou com negligência) seguida da prática do facto ilícito típico *sem qualquer nexo de imputação subjectiva com o agente* (isto é, seguida de uma pura e simples condição objectiva de punibilidade); como abrange igualmente os casos de inimputabilidade auto-provada, com dolo ou com negligência, mas em que nesse facto se consegue igualmente identificar uma *actio libera in causa* com dolo necessário, com dolo eventual ou com negligência em relação ao facto ilícito típico subsequente (situações estas – sublinhe-se – não previstas no n.º 4 do artigo 20.º).

Significa isto que o artigo 295.º, n.º 1, do Código Penal contempla na realidade três tipos incriminadores com uma estrutura diferenciada: (i) um crime de perigo (doloso ou negligente) limitado por uma condição objectiva de punibilidade; (ii) uma *actio libera in causa* dolosa (com dolo necessário e dolo eventual); e, finalmente, (iii) uma *actio libera in causa* negligente.

Que o legislador puna estes três grupos de situações com a mesma pena abstracta (eventualmente limitada pelo n.º 2 e pelo n.º 3 do preceito), de prisão até 5 anos ou multa até 600 dias, é de duvidosa legitimidade face aos princípios da culpa e da proporcionalidade da pena, já que no segundo e terceiro casos (em que existe uma *actio libera in causa* com dolo necessário e dolo eventual ou com negligência em relação ao ilícito típico subsequente) o grau de culpabilidade do agente é notoriamente mais elevado e o facto subsequente integra o facto complexo total imputado ao autor, sendo igualmente distintas as exigências de necessidade punitiva quando se ponderam as finalidades de prevenção, geral e especial, das penas.

Contudo, esta crítica ao preceito sustentada pelo princípio da proporcionalidade perde uma parte muito significativa do seu alcance se entendermos, na linha do sugerido por WOLTER e PAEFFGEN, que o artigo 295.º, n.º 1, deve ser interpretado de forma a autonomizar os diversos tipos que contempla na sua previsão, articulando-os diferenciadamente com as sanções cominadas pelo legislador que sejam na realidade proporcionais ao facto que as legitima e à culpa do agente.

---

de hipóteses». Em pormenor, TAIPA DE CARVALHO, *Comentário Conimbricense II*, artigo 295.º, § 25, 26, 30, 31, 41, e, depois, *Direito Penal, PG* (2.ª edição, 2008), 478-479 (§§ 846-847), quando afirma estarmos perante uma «figura híbrida, um misto de crime de perigo abstracto e de «actio libera in causa», embora não chegue a propor a autonomia dos tipos de ilícito e das normas de sanção em função de tal conclusão (posição mantida depois em *Direito Penal, PG*, 2.ª edição, 2008, 476-479). Agora, no mesmo sentido, PAULO PINTO DE ALBUQUERQUE, *Código Penal* (2.ª edição, 2010), artigo 295.º, n.º 8-9.

Nesta perspectiva, o artigo 295.º, n.º 1, do Código Penal conterá, por um lado, um tipo incriminador em que se punem as situações de inimputabilidade auto-provocada, com dolo ou com negligência, em que se tenha usado álcool ou outra substância tóxica, seguida da prática do facto ilícito típico *sem qualquer nexo de imputação subjectiva com o agente*. Neste caso o ilícito típico subsequente é uma pura condição objectiva de punibilidade destinada a evitar que se tornem penalmente relevantes as situações de inimputabilidade auto-provocada isentas de consequências danosas para terceiros, nas quais, apesar da situação de inimputabilidade auto-provocada, não se verificou a alteridade lesiva que é condição material da intervenção penal. A comissão do ilícito subsequente (*Rauschtat*) é assim uma forma de confirmar *ex post* a perigosidade inerente ao caso concreto em que o agente se auto-colocou na situação de inimputabilidade (uma perigosidade criada *ex ante* pelo agente)[418] e de garantir que estão realizadas as condições materiais de intervenção penal: alteridade lesiva da situação de perigo por

---

[418] Torna-se uma vez mais necessário retomar aqui o tema da forma de aferição do perigo inerente aos tipos incriminadores e o papel das condições objectivas de punibilidade nesse domínio. O juízo de perigo inerente à *norma penal de conduta* que se dirige ao destinatário da proibição penal é (enquanto parte da «norma de determinação») formulado necessariamente por referência a um momento *ex ante* pois, entre outras razões, só desse modo pode cumprir a sua função preventiva. É em parte (mas não só) por estas razões que um sector da doutrina insiste na aferição normativa do perigo *ex ante* (sobre o tema, AUGUSTO SILVA DIAS, *Crimes contra a vida*, 123, nota 169, e PAULO PINTO DE ALBUQUERQUE, Código Penal, *Código Penal*, 2.ª edição, 2010, 460-461, artigo 151.º, anotação 7). A aferição *ex ante* do perigo permite, por exemplo, afirmar que quando não seja possível equacionar no momento da conduta um juízo de perigo que lhe esteja associado não deve haver realização típica. Isso não impede, contudo, que o juízo de perigo surja também na *norma de decisão* como juízo de valor (e não já como parte da norma de conduta) com funções materiais e processuais distintas. Em especial, parece perfeitamente possível utilizar as condições objectivas de punibilidade com uma função de confirmação ou de restrição do perigo relevante (pontualmente concordante, AUGUSTO SILVA DIAS, *Crimes contra a vida*, 123, nota 169). Se este for aferido *ex ante* e confirmado ou limitado *ex post* por uma condição objectiva de punibilidade não se utiliza este elemento para fundamentar o juízo de perigo mas apenas para o restringir. E essa delimitação é normativa e não casuística, como aconteceria se fosse realizada apenas por via judicial. Não procede por isso em toda a sua dimensão a crítica de Frister a Spendel, atrás enunciada, pois supõe que no plano jurídico-penal o perigo apenas se pode relacionar com a norma de conduta, ignorando que tal pode acontecer com outra natureza e funções na norma de decisão. O problema da tese de Spendel resulta antes de, por um lado, conceber o crime como uma modalidade peculiar de crime de perigo em que este acabaria por ser integralmente demonstrado pelo *Rauschta*t e, por outro, não ter devidamente em conta a diversidade de situações que o legislador contemplou na incriminação. Sobre a possibilidade de o juízo de perigo formulado *ex ante* ser completado com elementos posteriores, RUI PEREIRA, *Dolo de perigo*, 38-39, e depois, nos crimes de perigo concreto, AUGUSTO SILVA DIAS, *RPCC* 8 (1998) 564 e ss. A articulação

contacto com esferas jurídicas de terceiros ou bens jurídicos merecedores de tutela penal. Funções que são prosseguidas pela norma de sanção (enquanto pura norma de valoração) e que são por isso perfeitamente legitimas.

Por outro lado, o artigo 295.º conterá igualmente mais dois tipos incriminadores com um âmbito mais restrito (porque mais exigentes quanto à imputação) prevendo apenas e só os casos de inimputabilidade auto-provocada, com dolo ou negligência, em que se tenha usado álcool ou outra substância tóxica, mas em que nesse facto se consegue igualmente identificar uma *actio libera in causa* com dolo necessário, com dolo eventual ou com negligência em relação ao facto ilícito típico subsequente. Isto é, os casos em que o agente, ao colocar-se numa situação de inimputabilidade descrita no preceito, conta necessariamente ou pode contar com a possibilidade de vir a praticar, nesse estado, um facto ilícito típico e conforma-se com essa possibilidade ou, pelo menos, não toma o cuidado que podia e devia ter para não praticar tal facto.

Ao tipo que exige um menor grau de culpa subjectiva do agente (crime de perigo abstracto-concreto conjugado com uma condição objectiva de punibilidade) deverá caber apenas, em nome dos princípios da culpa e da proporcionalidade, a pena de multa até 600 dias.

Aos tipos que integram os casos descritos de *actio libera in causa* com dolo necessário, com dolo eventual e com negligência será aplicável a pena de prisão até 5 anos, em função do desvalor global do ilícito imputável ao agente e do grau de culpa mais elevado que o mesmo comporta. Ainda assim, dentro deste último grupo (os casos de *actio libera in causa* descritos) poderá ser necessário distinguir, por razões de proporcionalidade entre a pena e o grau de culpa, a *actio libera in causa* negligente, cuja pena se deverá tendencialmente situar na metade mais baixa da moldura sancionatória, das situações de *actio libera in causa* dolosas (com dolo necessário e com dolo eventual) em que a pena se poderá situar tendencialmente na metade mais elevada da moldura sancionatória. A natureza e a gravidade do crime praticado pode alterar esta correspondência tendencial, pois nos casos de *actio libera in causa* o facto ilícito imputa-se ao agente. O que pode resultar da aplicação directa do limite acolhido no n.º 2 do artigo 295.º do Código Penal.

5. Com esta interpretação fragmentada do preceito estaremos perante três tipos incriminadores de diferente estrutura dogmática:

No *primeiro caso* (o tipo em que a sanção deverá a pena de multa) estaremos perante um crime de perigo abstracto-concreto, em que a condição objectiva de punibilidade tem uma dupla função: limitar o âmbito de aplicação do tipo

---

de momentos *ex ante* com momentos *ex post* no juízo de perigo encontra-se, com pormenor e profundidade, em FARIA COSTA, *O perigo*, 602 a 620.

e destacar os casos merecedores e carentes de pena pela demonstração subsequente (através da norma de decisão) da perigosidade inerente à inimputabilidade auto-provocada naquele agente em concreto. Perigosidade essa que sendo intrínseca à inimputabilidade auto-provocada é, simultaneamente, o elemento de danosidade social da conduta que legitima a intervenção penal (pois garante a existência de alteridade lesiva do facto). Mas a pena não pode ser superior nem variar com a gravidade do facto cometido porque este não se imputa à culpa do agente, nem é valorado na sua gravidade intrínseca, ao contrário do que acontece nos demais tipos integrados no artigo 295.º que acolhem uma *actio libera in causa*.

No *segundo caso* (o tipo mais exigente quanto à conexão de culpabilidade sob a forma de uma *actio libera in causa* dolosa) em que o agente será tendencialmente punido com pena de multa ou com prisão até 5 anos, se for na metade mais elevada da moldura sancionatória, estaremos perante um crime material de resultado, em que à conduta ilícita e perigosa (inimputabilidade auto-provocada, com dolo necessário ou com dolo eventual em relação ao facto subsequente) se segue um evento dela destacável lógica e cronologicamente que faz parte do *facto total imputável ao autor* pela extensão operada pela *actio libera in causa* (dolosa). A medida da pena poderá neste caso variar legitimamente em função da gravidade do ilícito praticado (incluindo por via do n.º 2 do artigo 295.º) pois este integra o facto total que se imputa à culpa prévia do autor.

No *terceiro caso* (um tipo menos exigente quanto à conexão de culpabilidade, por se bastar com a *actio libera in causa* com mera negligência) em que o agente poderá ser punido com prisão até 5 anos, tendencialmente na metade mais baixa da moldura sancionatória, estaremos perante um crime material de resultado, em que à conduta ilícita e perigosa (inimputabilidade auto-provocada, com negligência em relação ao facto subsequente) se segue um evento dela destacável lógica e cronologicamente que faz parte do *facto total imputável ao autor* pela extensão operada pela *actio libera in causa* (negligente). As considerações feitas no parágrafo anterior sobre a possibilidade de variação da medida da pena em função da gravidade do facto cometido são igualmente válidas neste caso.

Neste dois últimos tipos incriminadores com *actio libera in causa* dolosa ou negligente o facto ilícito subsequente faz parte integrante do acontecimento total imputável ao agente através da conexão entre a criação do estado de inimputabilidade e o facto subsequente operada pela *actio libera in causa* (com dolo necessário, dolo eventual ou negligência). O que significa que o facto ilícito subsequente não é neste caso um puro acontecimento objectivo usado para restringir a punibilidade dum crime de perigo, mas sim uma parcela do facto típico complexo[419]. Parcela essa imputável ao agente que possui um domínio residual sobre o acon-

---

[419] Neste sentido, TAIPA DE CARVALHO, *Direito Penal* (2.ª edição, 2008), 476.

tecimento total reportado ao momento em que ainda está imputável. É exactamente esse momento de domínio residual em que o agente está ainda imputável que oferece o substrato ôntico-normativo que permite estabelecer a conexão entre o momento de actuação culposa e a verificação do facto subsequente em relação ao qual não se pode afirmar uma culpa autónoma, apenas o nexo de culpa reportado ao momento de liberdade na causa. Nestes casos, o artigo 295.º funciona como uma excepção criada na Parte Especial (e, portanto, limitada a um tipo incriminador) ao alcance do artigo 20.º, n.º 1, do Código Penal.

A uma construção desta natureza não se pode opor simplesmente, como fazem Frister, Spendel ou Cramer, a ausência de apoio legal para tal interpretação[420] ou mesmo a sua incompatibilidade com a letra da lei[421], quando sem tais distinções o tipo incriminador acaba por contrariar os princípios da culpa e da proporcionalidade da pena. É evidente que na interpretação aqui proposta a conexão legal entre o facto e a pena acaba por ser concretizada pelo intérprete e pelo aplicador do direito. Mas isso só acontece porque o legislador ao construir a incriminação não especificou como devia a conexão entre o tipo de ilícito culposo e a pena abstracta, permitindo uma conexão genérica entre tipos de ilícito e de culpa materialmente diferentes com uma diversidade de penas abstractas de gravidade muito distinta. Uma interpretação deste modelo de incriminação que limite ou elimine tais problemas está legitimada pelo princípio do aproveitamento dos actos legislativos, pela necessidade de interpretação da lei conforme à Constituição e pelo princípio da proporcionalidade entre a pena e a culpa pelo facto. Pode mesmo afirmar-se que abrangendo o artigo 295.º do Código Penal realidades materialmente diferentes do ponto de vista jurídico-penal uma correcta interpretação do mesmo à luz do princípio da igualdade perante a lei penal exige um tratamento diferenciado e não uniforme de tais situações. O que em matéria penal não é apenas uma mera preferência doutrinária, mas sim uma necessidade político-legislativa ditada pela constituição material do Estado.

6. A aceitação da ideia de que o artigo 295.º do Código Penal não contempla apenas um tipo incriminador, mas sim três modalidades diferentes de ilícitos com estruturas típicas diferenciadas, acaba por ter consequências importantes em vários aspectos dogmáticos do seu regime – que será diferente consoante a estrutura e os elementos do tipo incriminador, designadamente na matéria do erro e do concurso de infracções.

---

[420] Frister, *Schuldprinzip*, 59, nt. 63. Acolhe esta crítica à fragmentação dos ilícitos e das penas, Paulo Pinto de Albuquerque, *Código Penal* (2.ª edição, 2010), artigo 295.º, anot. 18.
[421] Spendel, *LK-StGB*, § 323 a), n.º 48 e nota 104; Cramer, in Schönke/Schröder-*StGB*, § 323 a), n.º 1.

Se uma parte dos factos típicos previstos no artigo 295.º do Código Penal assenta numa estrutura complexa que articula uma *actio libera in causa* (com dolo necessário, dolo eventual ou negligência) com um facto subsequente abarcado por aquela, em tais casos o *Rauschtat* (o facto ilícito típico subsequente) não é exterior ao ilícito, mas sim parte do facto complexo que se imputa à culpa prévia do seu autor. E, assim sendo, não pode a sua comissão ser imune às vicissitudes do erro (artigo 16.º do Código Penal) como acontece quando o mesmo é qualificado como uma condição objectiva de punibilidade. Deste modo, entre a incriminação de perigo completada por uma condição objectiva de punibilidade e os casos excepcionais de *actio libera in causa* contemplados no artigo 295.º existem diferenças ao nível da estrutura objectiva do facto e, consequentemente, ao nível do tipo subjectivo. Nos casos em que o tipo se estrutura com base numa *actio libera in causa* a previsão ou previsibilidade do facto subsequente tem de corresponder ao facto concretamente realizado e isso delimita o âmbito do tipo subjectivo e da imputação a realizar[422].

Por outro lado, o *Rauschtat* parece ser no tipo do artigo 295.º, n.º 1, do Código Penal no segmento que não é objecto de imputação subjectiva (ou seja, no qual representa uma condição objectiva de punibilidade adicionada a um crime de perigo abstracto-concreto) qualitativa e quantitativamente indiferente ao ilícito: tanto faz que seja um crime de homicídio como um crime contra o património; tanto pode ser realizado por um crime ou por três crimes, iguais ou diferentes. Em qualquer um dos casos, existe uma «força consumptiva» do *Rauschtat* que faz com que a pluralidade de factos subsequentes não seja equivalente a uma pluralidade de crimes. Dito de outra forma: enquanto condição objectiva de punibilidade num dos segmentos do artigo 295.º, n.º 1, o *Rauschtat* impede que qualquer pluralidade de factos ilícitos chegue a ser um concurso de crimes. Pelo contrário, existe apenas e só responsabilidade por um crime de embriaguez ou intoxicação e não pela pluralidade de factos ilícitos praticados[423]. O que é congruente com a imunidade do *Rauschtat* ao juízo de ilicitude: a pluralidade de factos não implica um aumento equivalente da ilicitude material nem é objecto da culpa do agente neste tipo incriminador e, por isso, não eleva a pena aplicável. À luz deste «efeito consumptivo» da condição objectiva de punibilidade sobre a pluralidade de factos cometidos pelo agente, o tipo incriminador do artigo 295.º revela-se uma norma mais favorável do que o regime do concurso de crimes por factos ilícitos e culpo-

---

[422] Sobre este aspecto, na estrutura da *actio libera in causa*, STRATENWERTH/KUHLEN, *Strafrecht AT* (6.ª edição, 2011), § 10, n.º 53.
[423] No sentido de que existe nestes casos apenas um crime de embriaguez plena, e não uma situação de concurso de crimes, SPENDEL, *LK-StGB*, § 323 a), n.º 326; HAFT, *Strafreht BT*, n.º 286; KINDHÄUSER, *Lehrbuch, BT I*, 416 (§ 71, n.º 30).

sos imputados ao agente, sendo inclusivamente mais favorável do que as regras do cúmulo jurídico para a determinação da pena única no concurso de crimes.

Esta solução é congruente com a natureza do ilícito subsequente como condição objectiva de punibilidade (e não como facto criminoso autónomo) e com a indiferença do *Rauschtat* à ilicitude do facto e à imputação subjectiva. Mas tal ideia só é correcta nas situações em que o *Rauschtat* é verdadeiramente uma condição objectiva de punibilidade. Nos casos em que o tipo incriminador contempla uma *actio libera in causa* (com dolo necessário, dolo eventual ou negligência) será que se pode manter esta indiferença qualitativa e quantitativa? A resposta só pode ser negativa. Em tais caso o *Rauschtat* não é exterior ao facto, mas sim parte do facto complexo que se imputa à culpa prévia do seu autor. E nestes casos cada ilícito imputado autonomamente mantém a sua autonomia enquanto crime realizado pelo agente. Sendo assim haverá tantos crimes imputáveis ao agente em concurso quantos os ilícitos subsequentes cometidos[424].

V. Decisões de entidades públicas ou Estados estrangeiros

1. O confronto de algumas cláusulas legais com o âmbito do ilícito típico permite ainda debater o alcance sistemático de elementos que surgem em alguns tipos incriminadores e que têm em comum o facto de dependerem de decisões autónomas de entidades públicas ou de Estados estrangeiros e que, por isso mesmo, dificilmente se pode dizer que sejam inequivocamente uma parcela do facto do agente. Pense-se, por exemplo, no *reconhecimento judicial da insolvência* (artigo 227.º, n.º 1 e 2, do Código Penal, mas que surge também nas incriminações previstas nos artigos 228.º e 229.º), nas *cláusulas de reciprocidade e de estabelecimento de relações diplomáticas* no âmbito da protecção penal conferida a representantes de Estados estrangeiros (artigo 324.º, n.º 2 do Código Penal) ou na *notificação para pagamento* da prestação em dívida, juros e coima nos crimes de abuso de confiança fiscal e abuso de confiança contra a segurança social (artigos 105.º, n.º 4, al. b) e 107.º, n.º 2, do Regime Geral das Infracções Tributárias, adiante citado como RGIT).

As duas primeiras cláusulas (o reconhecimento judicial da insolvência e as cláusulas de reciprocidade e relações diplomáticas) têm sido historicamente classificadas pela doutrina maioritária como condições objectivas de punibilidade[425];

---

[424] Entre nós, TAIPA DE CARVALHO, *Comentário Conimbricense II*, artigo 295.º, parece distinguir também para efeitos de concurso consoante se esteja perante a condição objectiva de punibilidade (§ 46) ou uma *actio libera in causa* (§ 48).

[425] Para um panorama geral sobre a inserção sistemática destas cláusulas, FIGUEIREDO DIAS, *Direito Penal* PG I (2.ª edição, 2007), 673-674 (Cap. 26, § 10); TERESA PIZARRO BELEZA, *Direito*

a terceira (notificação para pagamento da prestação tributária) foi introduzida no Regime Geral das Infracções Tributárias, através da Lei do Orçamento de Estado de 2007 (artigo 95.º, da Lei n.º 53-A/2006, de 29 de Dezembro), gerando um debate sem precedentes na jurisprudência nacional sobre a natureza dos elementos dos tipos incriminadores da legislação tributária, os efeitos da nova lei e dos seus elementos sobre processos em curso e a aplicação das regras sobre contagem dos prazos de prescrição[426].

Trata-se, em suma, de elementos que pela sua história, finalidade e articulação no âmbito dos tipos legais podem ser objecto de uma análise esclarecedora sobre os limites do facto ilícito e a configuração dos pressupostos autónomos de punibilidade.

a) *O reconhecimento judicial da insolvência*

2. O Código Penal português declara a punibilidade das situações de insolvência nos artigos 227.º e 228.º: o primeiro contempla a insolvência dolosa, punível com pena de prisão até 5 anos ou com pena de multa (alternativa) até 600 dias; e o segundo prevê a insolência negligente, punível com prisão até um ano ou com pena de multa (alternativa) até 120 dias. Estas penas são agravadas em um terço nos seus limites mínimo e máximo se de algum dos factos típicos praticados resultarem frustrados créditos de natureza laboral, em sede de processo executivo ou processo especial de insolvência[427].

Penal, vol. II, 368; desenvolvimentos em MARIA FERNANDA PALMA, «Aspectos penais da insolvência e da falência: reformulação dos tipos incriminadores e reforma penal», *RFDUL*, 1995, 404-409, e PEDRO CAEIRO, *Sobre a natureza dos crimes falenciais*, 1996, 297 e ss. Na lei alemã o debate reporta-se à cessação de pagamentos e abertura do processo concursal, no caso dos crimes falenciais (§ 283), e às cláusulas de reciprocidade e relações diplomáticas (§ 104 a, ambos do *StGB*): STREE, *JuS* (1965), 468 e ss, 470 e ss e, depois, a anotação em SCHÖNKE/SCHRÖDER, *StGB*, § 283, n.º marg. 59; TIEDMANN, *ZRP* (1975), 129 e ss; GEISLER, *Bedingungen der Strafbarkeit*, 268 e ss; ROXIN, *Strafrecht AT I* (4.ª edição, 2006), § 23, n.º 22-23). Ainda, BEMMANN, *Objektiven Bedingungen der Strafbarkeit*, 28 e ss e 45 e ss (que se pronuncia contra a qualificação destas figuras como condições objectivas de punibilidade, mas com muita informação relevante sobre o tema). Em Espanha, por todos, GARCIA PÉREZ, *Punibilidad*, 231 e ss e 261 e ss. Em Itália, BRICOLA, *Novíssimo Digesto* XIV, 590 e ss, e ZANOTTI, *Arch. pen.* (1986), 91 e ss.

[426] Para uma primeira análise do tema, ISABEL MARQUES DA SILVA, *Regime Geral das Infracções Tributárias*, 3.ª edição, 2010, 47 e ss, 238 e ss; na jurisprudência, o Ac. do STJ, n.º 6/2008, de 9 de Abril de 2008, *DR, I Série*, n.º 94, de 15 de Maio de 2008, 2672-2680.

[427] Para uma leitura destas incriminações, PEDRO CAEIRO, *Comentário Conimbricense II*, 1999, 402 e ss. Do mesmo Autor, ainda, *Crimes falenciais*, 1996, com muita informação histórica sobre a matéria (*v.g.* p. 91 e ss). Uma análise crítica, em alguns pontos não coincidente com os trabalhos anteriores, encontra-se em MARIA FERNANDA PALMA, *RFDUL* (1995), 401 e ss.

Na versão inicial do Código Penal (de 1982) os crimes estavam configurados (artigos 325.º e 326.º) como modalidades de falência (tendo sido mais tarde destacada a punibilidade da insolvência), tinham penas mais baixas e a forma negligente revestia natureza semi-pública (o início do procedimento criminal dependia assim de uma queixa tempestiva e legítima do ofendido, ou seja, de um credor). Durante as últimas duas décadas as incriminações foram substancialmente alteradas quanto ao seu *âmbito* (deixaram de se aplicar apenas a comerciantes, sendo eliminada o regime de tutela diferenciada – comerciantes/não comerciantes – do início de vigência do Código Penal), à descrição das condutas típicas (que foram alargadas), às *penas* (que foram agravadas) e à natureza do crime na forma negligente que passou a ser também um crime público[428].

O âmbito da punibilidade da insolvência está tipificado nos artigos 227.º e 228.º do Código Penal, embora alguns dos seus conceitos tenham de ser concretizados e delimitados em articulação com as normas do Código da Insolvência e da Recuperação de Empresas[429]. As fronteiras da intervenção penal neste domínio resultam assim do âmbito dos tipos incriminadores e do alcance que lhes oferecem alguns dos conceitos típicos partilhados com o Código da Insolvência.

Os crimes de insolvência (tal como os anteriores crimes falenciais) estão sistematicamente enquadrados no Código Penal como modalidades de crimes contra o património (mais especificamente, «crimes contra direitos patrimoniais»). Os seus elementos típicos surgem concretamente configurados em função dos interesses dos credores que o agente visa prejudicar, do objecto da acção que directa ou indirectamente é o património do devedor e da situação de insolvência, que implica um défice patrimonial e uma incapacidade de cumprir obrigações vencidas. A conjugação do elemento sistemático com a natureza dos elementos descritos no tipo incriminador permite afirmar que os crimes de insolvência (tal como os anteriores crimes falenciais) contemplam formas típicas de agressão ao património. Dito de outra forma, o bem jurídico tutelado pelas incriminações é o património dos credores ou, em termos mais específicos, o segmento de direitos patrimoniais do credor perante o (património do) devedor. É apenas esta a dimensão da economia de crédito (a que relaciona o devedor com credores determinados) que se encontra tutelada por este tipo de incriminações e não uma dimensão sistémica da mesma.

---

[428] Uma parte significativa destas alterações está documentada e analisada em PEDRO CAEIRO *Comentário Conimbricense II*, pag. 402 e ss, até 1999, e em MARIA FERNANDA PALMA, *RFDUL* (1995), 404, com especial atenção à reforma penal de 1995.

[429] Decreto-Lei, n.º 53/2004, de 18 de Março, com as últimas alterações operadas pelo Decreto-Lei n.º 185/2009, de 12 de Agosto.

Não estamos assim perante crimes económicos, mas antes perante crimes patrimoniais. As dimensões *supra* individuais de tutela que uma parte da doutrina aponta, como «a economia de crédito» ou «a confiança nas relações comerciais», não constituem objecto de protecção jurídica directa pela norma incriminador, mas eventualmente e apenas dimensões extra-típicas de danosidade dos factos, resultados ou consequências danosas não compreendidas no tipo de crime, sempre atendíveis, no entanto, ao nível da determinação concreta da pena[430]. É certo que a consciência da danosidade económica e social de práticas fraudulentas no âmbito de grandes sociedades comerciais (em especial nas sociedades de capital aberto e disperso pelo público) aponta em sentido diverso, como demonstram as fraudes financeiras descobertas nos últimos anos (*v.g.* através da ocultação de prejuízos e limpeza artifical de balanços) em grandes empresas europeias e norte-americanas[431]. Mas isso não permite *de lege lata* reconfigurar a natureza axiológica do crime, quando muito deve conduzir a uma reflexão sobre a forma de intervenção penal nestas realidades. Designadamente com a eventual criação de circunstâncias agravantes em função do envolvimento de sociedades abertas ao público investidor, pois nestes casos existe uma danosidade social mais pulverizada que transcende os interesses patrimoniais dos credores.

A identificação do bem jurídico tutelado com os direitos patrimoniais dos credores permitirá em coerência compreender, por um lado, a oportunidade criada para a reparação dos credores através da solução de retardar a punibilidade até ao reconhecimento judicial da insolvência e, por outro lado, identificar nos credores os ofendidos com legitimidade para se constituírem como assistentes no processo penal (artigo 68.º, n.º 1 al. a), do Código de Processo Penal), exercendo dessa forma os direitos de intervenção processual que lhes são reconhecidos por lei.

---

[430] Neste sentido, PEDRO CAEIRO *Comentário Conimbricense II*, artigo 227.º, § 1. Concordante, PAULO PINTO DE ALBUQUERQUE, *Código Penal* (2.ª edição, 2010), artigo 227.º, anotação 2. Em sentido oposto, MARIA FERNANDA PALMA, *RFDUL* (1995), 402, identificando o objecto de tutela em aspectos do bom funcionamento do sistema económico («economia de crédito ou até economia em geral»). A ideia de que a incriminação visa proteger a economia de crédito e não o património por existir uma proibição de sanções penais por dívidas, avançada por LUÍS MENEZES LEITÃO, *Direito da insolvência*, 3.ª edição, 2011, 371, não tem adesão ao texto legal, pois o agente não é criminalmente responsabilizado simplesmente por dívidas, mas sim por uma situação de insuficiência patrimonial por si criada de forma fraudulenta, de acordo com as modalidades de condutas típicas.

[431] Sobre o tema, PEDRO CAEIRO *Comentário Conimbricense II*, nótula antes do artigo 227.º, § 4 e ss. Relacionando o crime com aspectos económicos, TIEDEMANN, *ZRP* (1975), 133. Depois, FREDERICO COSTA PINTO, «Falsificação de informação financeira nas sociedades abertas», *Cadernos do Mercado de Valores Mobiliários* n.º 16 (2003), 99-135.

3. A análise da natureza jurídico-penal do reconhecimento judicial da insolvência deve feita no contexto do tipo incriminador em que surge e em articulação com os restantes elementos usados para delimitar a intervenção penal nesta matéria. Desse modo se podrá clarificar a sua natureza e função, designadamente por contraposição à estrutura do ilícito previsto na incriminação.

O crime de insolvência dolosa tem uma estrutura típica complexa exigindo cumulativamente vários elementos: uma qualidade típica do agente, uma conduta danosa tipicamente descrita, uma situação de insolvência que surge como consequência da conduta, o dolo do agente, elementos subjectivos especiais e o reconhecimento judicial da insolvência. Vejamos primeiro cada um destes aspectos isoladamente para procurar identificar depois o significado intra-típico do reconhecimento judicial da insolvência.

O crime do artigo 227.º, n.º 1, do Código Penal é um crime específico, pois está recortado em função de uma precisa qualidade típica: a de «devedor». O facto de a punibilidade da conduta depender o reconhecimento judicial da situação de insolvência, faz – como bem nota PEDRO CAEIRO – com que o tipo só abranja «o devedor cuja insolvência possa ser objecto de reconhecimento judicial»[432]. Neste sentido, o círculo de agentes é condicionado pelo elenco do artigo 2.º do Código da Insolvência que prevê os possíveis sujeitos passivos da declaração de insolvência e desse elenco exclui algumas entidades (pessoas colectivas públicas, entidades públicas empresariais e empresas do sector financeiro sujeitas a um regime especial). Mas não só: também pela natureza da responsabilidade criminal que faz com que (salva a hipótese de declaração legal expressa) incida em regra sobre pessoas físicas (artigo 11.º, n.º 1, do Código Penal) não estando prevista a insolvência no catálogo legal relativo à responsabilidade criminal dos entes colectivos (artigo 11.º, n.º 2). Por isso, o âmbito subjectivo da incriminação não se pode verdadeiramente limitar à qualidade de devedor, já que esta pode incidir sobre uma pessoa colectiva (ou entidade equiparada) ou, mesmo, sobre um património autónomo que não podem ser objecto de responsabilidade criminal pelos factos descritos. O devedor que pode realizar o tipo é apenas aquele que sendo uma pessoa singular pode ser visado por um processo de insolvência. Para o efeito, o Código Penal contempla duas formas de alargamento do âmbito da autoria: o regime de responsabilidade por actuação em nome de outrem (artigo 12.º) e regras específicas de autoria nos n.º 2 e 3 do artigo 227.º, que conduzem a punir em tais casos o terceiro que actua concertado e no interesse do devedor e ainda,

---

[432] PEDRO CAEIRO *Comentário Conimbricense II*, artigo 227.º, § 2.

no caso de entes colectivos, «quem tiver exercido de facto a respectiva gestão ou direcção efectiva e houver praticado alguns dos factos do n.º 1»[433].

A incriminação da insolvência contempla quatro grupos de condutas ilícitas, depois concretizadas em descrições particulares quanto à forma e ao objecto de execução, a saber[434]: condutas que provocam uma diminuição real do património do devedor (v.g. destruição, inutilização ou ocultação de activos); condutas que diminuem ficticiamente os activos (v.g. através de contabilidade falsa ou falsificada, falsos balanços ou adulteração ou destruição de documentos relevantes), que criam ou agravam artificialmente prejuízos ou que reduzem lucros; e práticas negociais de ocultação da crise financeira (v.g. aquisições seguidas de vendas a preço inferior ao corrente).

É ainda necessário que a conduta ilícita dolosa provoque «a situação de insolvência» (artigo 227.º, n.º 1) entendida normativamente como uma situação de crise patrimonial em que se verifica a impossibilidade de o devedor cumprir as suas obrigações vencidas (artigo 3.º, n.º 1 do Código da Insolvência). O crime é portanto de natureza material e a exigência deste elemento estabelece «limiares mínimos de ofensividade da conduta proibida» (Pedro Caeiro)[435]. O que vale por dizer que a situação material de insolvência constitui um resultado que integra o facto ilícito como consequência de um dos comportamento típicos descritos na incriminação.

No artigo 227.º, n.º 1, exige-se para além do dolo um elemento subjectivo especial desenhado genericamente e depois dois elementos subjectivos especiais, associados a certas formas típicas de comissão do facto. O primeiro é comum a todas as formas de comissão do crime e consiste em ter a «intenção de prejudicar os credores» (artigo 227.º, n.º 1); o segundo, é a intenção de retardar a falência associada à compra de mercadorias a crédito (artigo 227.º, n.º 1, al. d) e o terceiro a intenção de vender tais bens ou dá-los em pagamento a preço sensivelmente inferior ao corrente, também associada a esta conduta de compra de mercadorias a crédito (idem). As condutas de terceiros que constituem formas autóno-

---

[433] Pedro Caeiro *Comentário Conimbricense II*, artigo 227.º, § 2 e ss, sobre o âmbito da autoria nos crimes falenciais.

[434] Segue-se uma descrição adaptada do enquadramento de Pedro Caeiro, *Comentário Conimbricense II*, artigo 227.º, § 11 e ss.

[435] Pedro Caeiro *Comentário Conimbricense II*, artigo 227.º, § 33 e ss, considera o elemento uma possível fonte de tutela diferenciada do património de comerciantes e não comerciantes, já que a capacidade de recurso ao crédito pelos primeiros faz com que o simples défice patrimonial destes não ofenda o bem jurídico. Esta selecção dos casos relevantes acaba também por ser feita através da exigência da condição objectiva de punibilidade que adiante se refere (reconhecimento judicial da insolvência). Coincidente quanto à estrutura da incriminação, Paulo Pinto de Albuquerque, *Código Penal* (2.ª edição, 2010), 706 (artigo 227.º, anotação 3).

mas de autoria (artigo 227.º, n.º 2) exigem igualmente a intenção de beneficiar o devedor[436].

Finalmente, o tipo incriminador exige para além do ilícito cometido o reconhecimento judicial da situação de insolvência[437]. Trata-se de um elemento adicional ao facto ilícito, mas estruturalmente exterior a este pois consiste numa decisão judicial, um facto posterior e autónomo de terceiro que, por isso, dificilmente pode integrar a estrutura do ilícito imputável pessoalmente ao autor do crime. Para além de surgir no tipo incriminador da insolvência dolosa (artigo 227.º do Código Penal), a exigência de decisões judiciais surge igualmente no crime de frustração de créditos (artigo 227.º-A, neste caso reportada à acção executiva), de insolvência negligente (artigo 228.º) e de favorecimento de credores (artigo 229.º)[438].

A sua natureza jurídica não é, contudo, completamente pacífica: a doutrina maioritária (na Alemanha e em Espanha, Itália e Portugal) considera que estamos perante uma condição objectiva de punibilidade[439], mas encontram-se opiniões divergentes no sentido de se tratar de um elemento do tipo objectivo[440] ou de uma simples condição de procedibilidade[441]. A benefício de demonstração, a

---

[436] Sobre o conteúdo, alcance e limites destes elementos subjectivos especiais, PEDRO CAEIRO *Comentário Conimbricense II*, artigo 227.º, § 40 e ss.

[437] MARIA FERNANDA PALMA, *RFDUL* (1995), 405 e ss; PEDRO CAEIRO *Comentário Conimbricense II*, artigo 227.º, § 45 e ss. Trata-se de uma exigência constante no Direito nacional desde (pelo menos) o início do século XIX: cfr. PEDRO CAEIRO, *Crimes falenciais*, 254 e ss.

[438] Também nestes casos se considera que estamos perante condições objectivas de punibilidade. Assim, PAULO PINTO DE ALBUQUERQUE, *Código Penal* (2.ª edição, 2010), 709 (artigo 227.º-A, anotação 6), 710 (artigo 228.º, anotação 7); (artigo 229.º, anotação 9).

[439] Para uma referência geral às orientações da doutrina sobre o tema, na Alemanha, TIEDMANN, *LK-StGB, vor* § 283, n.º 86 e ss, STREE/HEINE, *in* Schönke/Schröder, *StGB* (2001), § 283, n.º 59, depois GEISLER, *Bedingungen der Strafbarkeit*, 468 e ss e, para a doutrina mais antiga, BEMMANN, *Objektiven Bedingungen der Strafbarkeit*, 45 e ss; cruzando-a com a história judicial da incriminação, HAB, *Die Entstehungsgeschiste der objektiven Strafbarkeitsbedingungen*, 89 e ss; em Espanha, GARCIA PEREZ, *Punibilidad*, 231-237. Em Itália, PERINI/DAWAN, *La bancarota fraudolenta*, 50-64; entre nós, MARIA FERNANDA PALMA, *RFDUL* (1995), 407-408; JOAQUIM MALAFAIA, «A insolvência, a falência e o crime do artigo 228.º do Código Penal», *RPCC* 11 (2001), 243; PAULO PINTO DE ALBUQUERQUE, *Código Penal* (2.ª edição, 2010), artigo 227.º, anotação 12). Para uma visão de conjunto, PEDRO CAEIRO, *Crimes falenciais*, 297 e ss.

[440] BEMMANN, *Objektiven Bedingungen der Strafbarkeit*, 47-51. Entre nós, SARAGOÇA DA MATTA, «Fraudes, sistema bancário e falências – notas sumárias», in Teresa Quintela (*et al.*), *Direito Penal PE*, 2007, 677-678 e nota 12, argumentando que na falta de uma declaração judicial de insolvência não é possível associar as condutas do arguido a comportamentos com aptidão para lesar os bens jurídicos protegidos.

[441] GIULIANI, *Condizioni di punibilità*, 99 e ss. Crítico, mas com mais informação, ZANOTTI, *Arch. pen.* (1986), 91-92.

razão assiste à corrente que considera estarmos perante uma condição objectiva de punibilidade, quer pelas dificuldades dogmáticas dos demais enquadramentos, quer pela configuração material da incriminação e o significado que este elemento adquire nessa mesma estrutura.

4. Não é de todo possível considerar que a decisão judicial de reconhecimento da insolência constitui um elemento da tipicidade objectiva do crime em causa. A ter essa natureza só poderia ser visto como uma consequência ou um resultado ilícito (ou, de forma mais geral, um elemento da tipicidade que, numa concepção tripartida como a de Bemmann, só poderia ser no fundo equivalente a tipo de ilícito).

A tal hipótese opõe-se, desde logo, um conjunto de razões atinentes à estrutura e fundamento do ilícito penal. Este pode incluir a conduta do agente contrária à proibição e as consequências danosas da mesma que, sendo previsíveis, possam ser realizadas pelo destinatário da norma e consideradas obra sua. Enquanto a situação de insolvência ainda está na esfera de domínio do agente e pode ser realizada por si, tal não acontece com a sentença judicial. Pela sua natureza uma decisão judicial que reconhece uma situação patrimonial deficitária é estranha ao círculo de actuação típica do agente: a sua realização não depende verdadeiramente de si, é um outro acontecimento[442] distinto das condutas típicas, uma realidade «extrínseca ao poder causal do agente»[443], em que inclusivamente o tribunal pode decidir com base em factos não alegados pelas partes (artigo 11.º do Código da Insolvência). Seria, ademais, um contra-senso considerar uma decisão que declara o direito para um caso concreto parte de um ilícito pessoalmente imputável a um agente que assenta em condutas fraudulentas e numa situação de crise patrimonial. Um acto lícito de uma instância judicial não pode sem mais ser simultaneamente parte de um facto penalmente ilícito do destinatário de uma proibição penal. E, como tal, a surgir na tipicidade teria de se revelar noutra dimensão da tipicidade objectiva (num sentido descritivo, reportado ao tipo legal, mais extenso do que o tipo de ilícito) que não a da ilicitude. Mas tal hipótese acaba no fundo por ser negada pelos defensores desta perspectiva quando recusam a possibilidade de qualificar tais elementos como condições objectivas de punibilidade.

Por outro lado, se a declaração judicial de falência fosse parte do facto ilícito típico isso significaria que nunca se poderia aferir a tipicidade e a ilicitude no momento da conduta do agente mas apenas em momento posterior, meramente

---

[442] GEISLER, *Bedingugen der Strafbarkeit*, 483-484.
[443] Na expressão de MARIA FERNANDA PALMA, *RFDUL* (1995), 407, onde ensaia criticamente as dificuldades da leitura causalista deste tipo de incriminações.

eventual e de forma retroactiva. Teríamos deste modo a peculiar realização de um facto típico a partir de um atípico desvalor do resultado (o reconhecimento judicial do estado de insolvência), sem que contudo no momento da conduta se pudesse aferir com um mínimo de segurança se a proibição penal tinha ou não sido violada[444]. Uma posição desta natureza (que identifique a declaração judicial de insolvência com um momento de ilicitude típica do facto) é assim incompatível com as funções da tipicidade e com o próprio conceito dualista de ilicitude.

A qualificação do reconhecimento judicial da insolvência como mera condição de procedibilidade assenta, por um lado, na elementar verificação de que o processo penal não pode ser promovido sem aquela – que, portanto, seria condição de legalidade do processo penal subsequente – e, por outro, na conveniência prática de se admitir alguns efeitos específicos, designadamente a possibilidade de reabrir o processo caso o mesmo tenha sido objecto de uma decisão não condenatória por simples falta da sentença de reconhecimento da insolvência ou a necessidade de evitar a ocorrência da prescrição entre o momento do facto e o momento da declaração judicial de insolvência, contando o início do prazo apenas a partir desta última[445].

Nenhum dos argumentos é convincente e todos se revelam contrários às opções do legislador. Os elementos materiais do crime são também possíveis obstáculos ao procedimento caso não se verificarem, como acontece designadamente com a configuração da tipicidade ou os pressupostos da culpa (não pode, por exemplo, ser promovido um processo por dano negligente ou por adultério, por os factos não serem típicos; tal como não pode ser promovido um processo contra alguém com 14 anos de idade por não ter legalmente capacidade de culpa). O que significa que os obstáculos à promoção do processo não são necessariamente de carácter adjectivo, ao contrário do que supõe tal tese. Quanto à segunda

---

[444] BEMMANN, *Objektiven Bedingungen der Strafbarkeit*, 47-51, apercebeu-se deste problema e, por isso, procurou resolvê-lo de forma de forma indirecta mas algo artificial, considerando que as condutas fraudulentas seriam «apenas indícios de culpa» e as decisões processuais subsequentes um «carimbo de ilicitude» que punham fim a uma situação anterior não esclarecida. Para depois concluir que as decisões processuais de reconhecimento da insolvência no crime de bancarrota seriam afinal elementos da tipicidade (p. 50-51). A argumentação não é convincente. Num Direito Penal do facto não existem indícios de culpa que não sejam associados ao facto ilícito e a ilicitude corresponde a uma característica intrínseca do facto necessariamente contemporânea da conduta do agente.

[445] Trata-se de uma corrente fonte de um debate intenso em Itália, que tem como um dos representantes GIULIANI, *Condizioni di punibilità*, 99 e ss (em ligação com o que escreve a pp. 8 e ss, 15 e ss, 87 e ss, 105 e ss, 116-117, 121 e ss, 131 e ss). Para uma crítica sistemática e profunda a todos os pontos da concepção processualista das condições objectivas de punibilidade, ZANOTTI, *Arch. pen.* (1986), 82 e ss, onde se encontra uma síntese das correntes italianas sobre o tema (cfr. p. 91-92).

linha de argumentação, ela assenta numa peculiar inversão metodológica porque parte das consequências jurídicas (supostamente desejáveis) para a qualificação da figura quando aquelas não podem em rigor ser identificadas sem esta[446].

O que significa, no fundo, que se deve partir da estrutura intra-típica do crime para nela delimitar o âmbito do facto ilícito e as circunstâncias que lhe podem ser externas, para em função disso determinar de forma congruente o seu regime e não o inverso. Relevante é, assim, a forma como o legislador articula no tipo legal o facto ilícito e o elemento condicionante. No caso em apreço, é manifesto que o reconhecimento judicial da insolvência é directamente relacionado com parte do facto ilícito (o estado de insolvência) e não com o processo que o pode ter como objecto[447]. Não é a sentença em si, enquanto acto processual específico, que é relevante, mas sim tal acto enquanto espelho de uma situação relativa ao facto penalmente ilícito que é judicialmente esclarecida. Sendo o estado de insolvência simultaneamente o objecto central do reconhecimento judicial e uma parte do facto ilícito típico estamos, inequivocamente, perante uma questão material relativa ao crime e não perante um problema processual.

Que assim é comprova-o ainda um argumento adicional: tanto se trata de uma questão material que a mesma poderia ser enquadrada no regime da prejudicialidade, previsto no artigo 7.º do Código de Processo Penal. Isto é, as dúvidas relativas ao estado de insolvência poderiam dar lugar a um incidente de prejudicialidade, por se tratar de uma questão relativa «à existência do crime» em apreço. Ora, não existe prejudicialidade relativamente a meros pressupostos processuais, designadamente por falta de autonomia para serem o objecto de uma instância própria e por serem matéria especificamente penal. Se a lei penal não exigisse o reconhecimento judicial da insolvência, a controvérsia sobre o estado patrimonial do devedor poderia ser suscitado no processo penal e devolvido à instância não penal. Em tal caso dificilmente o processo penal poderia continuar sem estar resolvida a questão prejudicial, sob pena de a devolução ser inútil e de se potenciar a contradição de julgados. Ao elevar tal questão ao nível substantivo o legislador optou por uma solução mais segura que neutraliza qualquer prejudicialidade subsequente através da resolução prévia da questão material relativa ao estado de insolvência e suas causas. Estamos, em suma, perante um elemento material exterior ao facto ilícito mas com ele directamente relacionado, que condiciona a qualificação final dos factos como crime, e não perante um simples pressuposto processual.

---

[446] Coincidente na crítica, ZANOTTI, *Arch. pen.* (1986), 88, em ligação com p. 84 e ss.
[447] Assim, STREE, *JuS* (1965), 471, TIEDMANN, *LK-StGB, vor* § 283, n.º 90, e entre nós PEDRO CAEIRO, *Crimes falenciais*, 299.

A condição objectiva de punibilidade que surge no crime de insolvência produz um conjunto de efeitos particularmente interessantes sobre o âmbito da incriminação, que confirmam a sua natureza de pressuposto material da pena e iluminam as funções que estes elementos podem desempenhar no âmbito das técnicas de tutela jurídico-penal. Em primeiro lugar, a cláusula de reconhecimento judicial limita o círculo de potenciais autores com idoneidade para realizar o tipo aos agentes que possam ser visados por um processo no qual venha a ser proferida a declaração judicial de insolvência[448]; em segundo lugar, restringe claramente o âmbito da intervenção penal ao tornar mais exigente a realização integral do tipo, pois não basta a verificação da situação de insolvência causada pelo agente é necessário que a mesma seja objecto de reconhecimento judicial – dito de outra forma, nem toda a insolvência dolosa é punível[449]; em terceiro lugar, ao retardar a punibilidade do facto permite criar um espaço de oportunidade para o devedor tentar reparar os credores, pela possibilidade de liquidação das dívidas antes de ser judicialmente reconhecida a insolvência[450]; em quarto lugar, confere materialidade e certeza à intervenção penal, já que dessa forma se tem a garantia de que o processo penal se fará, por um lado, sobre uma situação patrimonial probatoriamente cristalizada pelo reconhecimento judicial[451], e, por outro, são clarificadas as causas da insolvência, com possibilidade de se aferir a relevância jurídica de factos de terceiros ou circunstâncias fortuitas para o efeito[452]; em quinto lugar,

---

[448] PEDRO CAEIRO, *Crimes falenciais*, 173-189.
[449] Este aspecto corresponde à «função de travão» das condições objectivas de punibilidade, por razões de política criminal, referida por GEISLER, *Bedingungen der Strafbarkeit*, 499 e ss. Sobre a sua relação com os crimes de insolvência, TIEDEMANN, *ZRP* (1975), 130 e ss, e depois *LK-StGB, vor* § 283, n.º 89, MARIA FERNANDA PALMA, *RFDUL* (1995), 408-409, PEDRO CAEIRO, *Comentário Conimbricense II*, artigo 227.º, § 45.
[450] PEDRO CAEIRO, *Crimes falenciais*, 301, e depois *Comentário Conimbricense II*, artigo 227.º, § 45). Em termos substancialmente equivalentes, ROXIN, *Strafrecht AT I* (4.ª edição, 2006), § 23, n.º 23, referindo-se à possibilidade de o devedor controlar a situação de crise e, com isso, pôr em causa a comprovação dos elementos objectivos e subjectivos do crime. Depois, GARCIA PEREZ, *Punibilidad*, 235-236, referindo o interesse de todos os envolvidos em resolver a crise patrimonial e evitar a sujeição ao próprio processo judicial de insolvência.
[451] ZANOTTI, *Arch. pen.* (1986), 119 e ss e 147 a 152.
[452] PEDRO CAEIRO, *Crimes falenciais*, 262-263, TIEDMANN, *LK-StGB, vor* § 283, n.º 91-93, FORNASARI, «Cenni sulla disciplina dei reati fallimentari in Germania», *Riv. trim. dpe* (2003) 152-153; PAULO PINTO DE ALBUQUERQUE, *Código Penal* (2.ª edição, 2010), 707 (artigo 227.º, anotação 12). Estes aspectos correspondem ao que GEISLER, *Bedingungen der Strafbarkeit*, 484 e ss, apresenta como uma função de demonstração subsequente da perigosidade das condutas ilícitas através da condição objectiva de punibilidade. Sobre esta função da condição objectiva de punibilidade nos crimes de insolvência, SAMSON, *SK-StGB, vor* § 283, n.º marg.

minimiza-se a possibilidade de contradição de decisões entre a instância civil e penal[453], pois a tramitação dos processos não será concomitante mas sequencial e aquilo que poderia ser uma questão prejudicial na instância penal estará previamente resolvida no processo não penal; em sexto lugar, evita-se que a intervenção penal seja inoportuna e possa ela própria precipitar um agravamento da situação patrimonial do devedor ou dificultar a sua recuperação económica[454]; finalmente, em coerência com este regime, a ausência de condição objectiva de punibilidade deve impedir o exercício da acção penal (ou, pelo menos, a dedução de acusação) antes do reconhecimento judicial da insolvência, pois até lá e antes desse momento o facto não atingiu o limiar mínimo da dignidade penal e da carência de pena pressuposto pelo legislador: em síntese, não é ainda crime e, por isso, não pode ser objecto de um julgamento penal[455].

O que vale por dizer que através da condição objectiva de punibilidade se racionaliza a intervenção penal, se cumprem objectivos de política-criminal essenciais para o bom funcionamento do sistema penal e se protegem os credores e o sistema económico dos possíveis efeitos nefastos de uma intervenção penal inoportuna (por incidir sobre situações não consolidadas no plano económico e jurídico e, em especial, por se sobrepor à relação entre o devedor e os credores).

12; TIEDMANN, *LK-StGB, vor* § 283, n.º 87 e ss; KINDHÄUSER, *NK-StGB* (2005), *vor* § 283, n.º marg. 102; RADTKE, *MK-StGB, vor* § 283, n.º 91.

[453] MARTINEZ PEREZ, *Condiciones objetivas de punibilidad*, 154-155 e nota 358; GARCIA PEREZ, *Punibilidad*, 234-235.

[454] CAVALEIRO DE FERREIRA, *Lições* (1940), 426, e depois PEDRO CAEIRO, *Crimes falenciais*, 300-301; em sentido coincidente, STREE, *JuS* (1965), 471, FRISTER, *Schulprinzip*, 61, e ROXIN, *Strafrecht AT I* (4.ª edição, 2006), § 23, n.º 23; também, MARTINEZ PEREZ, *Condiciones objetivas de punibilidad*, 154-155, sublinhando essas consequências jurídicas graves e associando a declaração judicial de falência à comprovação da necessidade político-criminal de pena. E depois, GARCIA PEREZ, *Punibilidad*, 236, referindo que tal exigência evita o risco de insolvência ser em parte causada ou agravada pela intervenção penal (em prejuízo do devedor, dos credores e terceiros).

[455] Assim, MARIA FERNANDA PALMA, *RFDUL* (1995), 404, nota 11. Sobre o alcance deste efeito ao nível processual, veja-se *infra* Capítulo VIII, § 41, V.

5. Uma nota final sobre a relação entre o reconhecimento judicial da insolvência e a forma negligente do crime prevista no artigo 228.º do Código Penal[456]/[457]. Ao contrário do que acontece com muitos dos crimes negligentes, em que o legislador para a mesma conduta altera apenas o título de imputação subjectiva e a pena aplicável, o tipo incriminador neste caso contempla comportamentos diferentes daqueles previstos no crime doloso.

Na alínea a) do artigo 228.º, n.º 1, prevê-se o caso de «por grave incúria ou imprudência, prodigalidade ou despesas manifestamente exageradas, especulações ruinosas, ou grave negligência no exercício da sua actividade» o devedor (ou a pessoa com domínio da gestão da entidade em causa) criar um estado de insolvência que se concretize numa situação desta natureza. Além disto, a alínea b) do mesmo preceito cria uma situação de omissão em que alguém, consciente das dificuldades económicas e financeiras da sua empresa, não requer em tempo nenhuma providência de recuperação. Em si mesmo é profundamente duvidoso que um facto desta natureza cumpra os requisitos mínimos de dignidade penal e carência de pena que legitimam a intervenção penal, desde logo por ausência de um dever de actuar dessa forma que seja prévio à lei penal[458]. Mas, para além disso, torna-se difícil associar a omissão à situação de insolvência, pois a sua causa é na realidade outra que não (exclusivamente) a omissão do agente. Por isso também a condição objectiva de punibilidade (o reconhecimento judicial da insolvência), apesar de aparentemente limitar o âmbito penal da omissão pura, acaba por não possuir no tipo negligente as mesmas virtualidades dogmáticas e político-criminais que revela no contexto da insolvência dolosa. O que reforça os problemas dogmáticos associados à legitimidade da incriminação. Entre outras razões, porque a punibilidade do facto passa a depender do reconhecimento judicial de um resultado que não foi causado pela omissão do agente, mas que se verificará para todos os efeitos se houver reconhecimento judicial da insolvência.

Assim, no tipo negligente a condição objectiva de punibilidade não cumpre claramente a função restritiva da intervenção penal e pode converter um facto que por si só não tem dignidade penal num facto punível, contrariando a sua

---

[456] A doutrina portuguesa recebeu de forma muito crítica esta forma de delimitação legal do crime de insolvência negligente, quer quanto à sua dignidade punitiva, quer quanto ao seu âmbito material, congruência e conformidade constitucional. Veja-se, MARIA FERNANDA PALMA, *RFDUL* (1995), 409 e ss, com vários problemas de configuração e articulação dos tipos; depois, PEDRO CAEIRO *Comentário Conimbricense II*, artigo 228.º, § 13 e ss, com um elenco vasto e pertinente de críticas; finalmente, MALAFAIA, *RPCC* 11 (2001), 219 e ss.

[457] Também aqui a punibilidade é condicionada ao reconhecimento judicial da insolvência. PAULO PINTO DE ALBUQUERQUE, *Código Penal* (2.ª edição, 2010), artigo 227.º, anotação 7.

[458] PEDRO CAEIRO *Comentário Conimbricense II*, artigo 228.º, § 25, conclui mesmo pela inconstitucionalidade material da incriminação.

vocação limitadora da punição. Dificilmente se pode considerar que uma incriminação com estes contornos é isenta de reparos quanto à sua conformidade com as exigências do artigo 18.º, n.º 2, da Constituição.

b) *A garantia de reciprocidade e a manutenção de relações diplomáticas*

6. O artigo 324.º do Código Penal contempla diversas cláusulas legais que condicionam a aplicabilidade dos crimes contra pessoas que gozem de protecção internacional (artigo 322.º) e de ultraje a símbolos de Estados e estrangeiros e organizações internacionais de que Portugal seja membro (artigo 323.º). Trata-se da única norma no código que na sua epígrafe qualifica as cláusulas como «condições de punibilidade e de procedibilidade».

Numa primeira leitura, pode admitir-se que a exigência de participação do governo português ou, caso se trate de crime contra a honra, de participação do governo estrangeiro ou do representante da organização internacional (n.º 1 do artigo 324.º) constituem condições de procedibilidade; e, diversamente, as exigências de relações diplomáticas com o estado estrangeiro e de reciprocidade de tratamento penal do facto em causa correspondem a condições objectivas de punibilidade[459].

Uma solução desta natureza ganha algum apoio no texto legal e na sua epígrafe. Contrariamente à sua fonte, o § 104 a) do *StGB* alemão, que contempla igualmente a exigência reciprocidade e de relações diplomáticas, mas apresenta tais elementos como necessários para perseguir criminalmente o facto (na epígrafe «Voraussetzungen von Strafverfolgung» e no texto «Straftaten nach diesem Abschnitt werden nur verfolgt, wenn...»), o Código Penal português autonomiza as figuras e usa uma linguagem mais comprometida na epígrafe e mais neutra no enunciado normativo («é necessário à aplicação das disposições da presente subsecção»).

A doutrina dominante na Alemanha não considera contudo decisiva a letra da lei[460], mas sim a relação da cláusula de reciprocidade e a exigência das relações diplomáticas com o facto típico e, como tal, qualifica tais elementos como

---

[459] Assim, FIGUEIREDO DIAS, *Direito Penal* PG I (2.ª edição, 2007), 674 (Cap. 26, § 10, referindo-se apenas às condições de punibilidade); CONCEIÇÃO FERREIRA DA CUNHA, *Comentário Conimbricense III*, artigo 324.º, §§ 7 a 7; PAULO PINTO DE ALBUQUERQUE, *Código Penal* (2.ª edição, 2010), 878 (artigo 324.º, anotações 2 e 3).
[460] STREE, *JuS* (1965), 469, expressamente. Também JESCHECK/WEIGEND, *Lehrbuch*, 556 e nota 7 (§ 53, I), RUDOLPHI, *SK-StGB*, § 104 a), n.º 1, WOLTER, *AK-StGB*, § 104 a), n.º 1, e GEISLER, *Objektiver Bedingungen der Strafbarkeit*, 535, reconhecem que a letra da lei aponta para um enquadramento processual, mas acabam por seguir uma orientação distinta.

condições objectivas de punibilidade[461]. Sem embargo, identificam-se posições divergentes, designadamente as que consideram tais cláusulas elementos da tipicidade[462], causas de exclusão da punibilidade[463] e pressupostos processuais[464].

A integração da exigência de relações diplomáticas na tipicidade é actualmente defendida por GEISLER a partir da relação desses elementos com o fim de protecção da norma: se o legislador visa proteger as relações diplomáticas entre o Estado em que ocorre o facto e o Estado estrangeiro então esse elemento encontra-se no núcleo de protecção do delito (é um elemento *unrechtsrelevant*) e será parte integrante do ilícito em causa[465]. Em consequência deve ser sujeito às regras de imputação subjectiva, quer ao regime do dolo quer ao regime do erro, mais concretamente às exigências de conhecimento sobre elementos normativos do tipo (não será necessário um conhecimento pormenorizado mas apenas uma «valoração paralela na esfera do leigo»)[466].

---

[461] STREE, *JuS* (1965), 468-469, para a reciprocidade que exista à data do facto; MAURACH/ SCHRÖDER/MAINWALD, *Strafrecht BT 1*, 356 (§ 91, IV); ROXIN, *Strafrecht AT I* (4.ª edição, 2006), § 23, n.º 22, 52; ESER, *Schönke/Schröder-StGB* (2001), § 104 a, n.º 2; DREHER/TRÖNDLE, *StGB*, § 104 a, n.º 1; LACKNER/KÜHL, *StGB* (27.ª edição, 2011), § 104a, anotação 1; FISCHER, *StGB* (58.º edição, 2011), § 104 a, n.º 1. Para a doutrina mais antiga, BEMMANN, *Objektiven Bedingungen der Strafbarkeit*, 28-29.

[462] GEISLER, *Objektiver Bedingungen der Strafbarkeit*, 538-539, 549-551, 560.

[463] FRISTER, *Schuldprinzip*, 66-68.

[464] BEMMANN, *Objektiven Bedingugen der Strafbarkeit*, 28-32; GEISLER, *Objektiver Bedingungen der Strafbarkeit*, 552 e ss e 561, apenas quanto à garantia de reciprocidade.

[465] GEISLER, *Objektiver Bedingungen der Strafbarkeit*, 538-539.

[466] GEISLER, *Objektiver Bedingungen der Strafbarkeit*, 549-551, 560. Este entendimento tem antecedentes na posição defendida, no início do século XX, por ERNST MANDEL, *Äusseren Bedingungen der Strafbarkeit* (1912), 16-19, ao considerar que os crimes em causa correspondiam a leis penais em branco que continham uma ameaça penal perfeita mas a sua tipicidade seria completada pela legislação de Direito internacional. A imagem penal do facto e as suas consequências penais dependiam em sua opinião da existência de uma situação de reciprocidade, por isso esse elemento fazia parte da acção típica e deveria ser sujeito às regras da imputação subjectiva. A posição de Mandel assenta numa análise parcialmente correcta do problema, mas retira conclusões que, por um lado, vão para além da premissa de que parte e, por outro, são contraditórias. É exacto afirmar-se que a cláusula de reciprocidade (ou a de relações diplomáticas) corresponde a uma lei penal em branco, pois a sua concretização não é feita pela lei penal mas por outros instrumentos político-jurídicos. Mas daí não se segue que tal elemento pertença à tipicidade dos crimes, pois as normas penais em branco tanto podem dizer respeito à norma de ilicitude como à norma de sanção. E, desse ponto de vista, a imagem penal do facto não se pode confundir com a tipicidade, pois a ameaça penal também faz parte da configuração legal da incriminação e as suas condições são exteriores ao tipo de ilícito. Neste caso a reciprocidade corresponde a uma situação político jurídica manifestamente estranha à conduta do agente (em regra existe ou não existe antes e independentemente dela)

Diversamente, a cláusula de reciprocidade revela-se para GEILSER sem qualquer significado para a estrutura do ilícito, sendo apenas um cálculo utilitarista do legislador estranho ao merecimento penal do facto e, como tal, deverá ser considerada um simples pressuposto processual. Algumas décadas antes, BEMMANN havia já sustentado idêntica posição, ao considerar a cláusula de reciprocidade estranha círculo de merecimento penal do facto e o sentido da lei ser incompatível com a sujeição dos elementos à imputação subjectiva[467].

Uma posição dualista foi avançada por STREE quanto à cláusula de reciprocidade, considerando-a uma condição objectiva de punibilidade quando exista à data do facto e um simples pressuposto processual quando se verifique apenas depois do facto[468]. No entanto, uma diferenciação desta natureza não parece de todo possível por contrariar a exigência de conexão temporal expressa entre a reciprocidade na tutela penal e o facto praticado, quer na lei alemã (garantida à data do facto) quer na lei portuguesa (no momento do facto), não sendo legítimo pretender converter uma possível absolvição num simples arquivamento[469].

Finalmente, para FRISTER estamos perante causas de exclusão da punibilidade que não põem em causa a aceitação da norma[470]. Esta formulação não é contudo verdadeiramente alternativa à que é seguida pela doutrina maioritária, pois assenta apenas numa perspectiva negativa de tais elementos (a sua falta) enquanto a sua qualificação como condição objectiva de punibilidade constitui uma formulação positiva (a necessidade da sua verificação para o facto se tornar punível).

7. Essencial para compreender a natureza destes elementos parece ser a sua conexão material e temporal com o facto ilícito dos artigos 322.º e 324.º do Código Penal[471].

As cláusulas de reciprocidade e de relações diplomáticas correspondem a matérias autónomas em relação à proibição penal de atentar contra a vida, a inte-

---

e como tal só pode estar fora da incidência do tipo subjectivo, ao contrário do que pretende Mandel. A conclusão que Mandel retira é ainda contraditória ao considerar que a ausência de reciprocidade corresponde a uma causa de exclusão da pena e a sua verificação a um elemento da acção típica. Criticamente, BEMMANN, *Objektiven Bedingungen der Strafbarkeit*, 29-30, afirmando ainda que os pressupostos da exigência de imputação subjectiva não correspondem ao sentido da lei.

[467] BEMMANN, *Objektiven Bedingungen der Strafbarkeit*, 28-32.
[468] STREE, *JuS* (1965), 469; agora, WOHLERS, *NK-StGB* (2005), § 104 a), n.º marg. 4.
[469] Crítico, GEISLER, *Objektiver Bedingungen der Strafbarkeit*, 556, acentuando contudo mais a suposta complexidade da solução do que a sua contrariedade à lei alemã.
[470] FRISTER, *Schuldprinzip*, 66-68.
[471] Assim, ROXIN, *Strafrecht AT I* (4.ª edição, 2006), § 23, n.º 51-52, invocando a conexão imediata com o facto como critério delimitador.

gridade física, a liberdade ou a honra de pessoas com protecção internacional ou ao dever de respeito perante símbolos estrangeiros. As cláusulas referidas não contêm qualquer norma de conduta autónoma nem põem em causa a vigência das proibições referidas. São apenas um instrumento de construção dos tipos legais para se atingir um objectivo desejável ao nível da protecção penal e da coerência nas relações internacionais de um Estado. O interesse que está associado a essas cláusulas é assim distinto do interesse protegido pelas proibições referidas, reportando-se à promoção de um nível de tutela penal equivalente por parte dos estados estrangeiros (reciprocidade) e à preservação de boas relações diplomáticas com os mesmos (manutenção de relações diplomáticas) através da tutela penal reforçada em tais casos. O que vale por dizer, noutra dimensão do problema, que o agente não precisa de conhecer estas circunstâncias para respeitar os bens jurídicos pessoais e institucionais que podem ser postos em causa com o facto, o que confirma a sua exterioridade em relação ao ilícito culposo[472].

A inclusão da exigência de relações diplomáticas na tipicidade por (na proposta de GEISLER) o seu conteúdo não ser estranho ao ilícito assenta numa interpretação discutível dos tipos incriminadores e num puro critério axiológico de identificação ou negação das condições objectivas de punibilidade que não respeita a estrutura do facto típico. Já atrás se sublinhou (§ 24, II) que este critério permite classificar uma condição objectiva de punibilidade (como sendo relevante ou irrelevante para o ilícito) mas não decide da natureza do elemento em causa (isto é, não permite decidir se estamos perante uma condição objectiva de punibilidade). Para este efeito só a estrutura do facto e as relações intra (ou extra) típicas dos elementos previstos na lei oferecem algum apoio seguro. A manutenção de relações diplomáticas constitui uma realidade que não pode ser integrada num ilícito pessoal de um agente por se tratar de matéria estranha à sua intervenção. Integrá-las na matéria da proibição equivale a inutilizar o conceito de norma e adulterar o conceito de ilicitude, ao incluir na primeira matérias estranhas ao controlo do seu destinatário e na segunda uma realidade da política externa dos Estados estranha ao merecimento penal do facto e, por isso, indiferente para o ilícito praticado[473].

Por fim, a correcta compreensão destas cláusulas relaciona-as com o facto praticado e não com o processo subsequente. As relações diplomáticas têm de ser mantidas com o Estado estrangeiro à data dos factos e o mesmo acontece com

---

[472] Neste sentido, ROXIN, *Strafrecht AT I* (4.ª edição, 2006), § 23, n.º 30. Coincidente, quanto à ausência de significado para o ilícito, RUDOLPHI, *SK-StGB*, § 104 a), n.º 2, WOLTER, *AK-StGB*, § 104 a), n.º 2 e 3; GARCIA PÉREZ, *Punibilidad*, 265.
[473] Em parte, BEMMANN, *Objektiven Bedingungen der Strafbarkeit*, 29.

a reciprocidade de tutela penal[474]. Essa conexão temporal tem inclusivamente expressão inequívoca no texto legal e faz com que o facto e a condição tenham uma conexão histórica relevante para a intervenção penal. Dificilmente se pode por isso concluir perante a opção legislativa que se trata de um elemento sem qualquer conexão com o facto, ou seja, uma simples condição de procedibilidade.

Em suma, trata-se verdadeiramente não de um problema de merecimento penal do facto mas sim de considerações sobre a tutela penal a conferi-lhe. A ausência desses elementos não afecta o desvalor intrínseco do facto e da atitude do agente, mas apenas a razoabilidade de oferecer uma tutela penal específica a interesses estrangeiros sem que existam relações diplomáticas que o justifiquem ou uma opção minimamente equivalente quanto à protecção de interesses nacionais nesse Estado. O domínio deste círculo valorativo não é o do facto proibido, mas de circunstâncias conexas com o mesmo que condicionam a adequação da tutela penal relativa a tais situações. Enquanto tal, carece de sentido sujeitar qualquer um destes elementos à representação do agente, pois não dizem respeito à norma de conduta mas apenas à norma de sanção. Trata-se, em ambos os casos, de condições objectivas de punibilidade, estranhas ao facto ilícito e à imputação subjectiva, que têm como finalidade limitar a punibilidade de alguns crimes articulado a efectividade da tutela penal com os interesses estaduais relativos às relações internacionais.

c) *Notificação para pagamento em crimes tributários*

8. No Regime Geral das Infracções Tributárias (previsto na Lei 15/2001, de 5 de Junho, adiante designada como RGIT) sente-se a dicotomia latente – que por vezes se converte em tensão explícita, como se verá – entre dois modelos profundamente distintos de intervenção jurídica: um modelo centrado na simples infracção a deveres funcionais dos agentes económicos (*v.g.* deveres de colaboração, de lealdade, de informação para com a administração tributária e a segurança social) e um outro orientado pelo interesse patrimonial na efectiva percepção do tributo devido. O primeiro conduz em regra o legislador a adoptar infracções formais, em que o núcleo da ilicitude se limita ao incumprimento do dever ou à desobediência do agente. O segundo organiza a intervenção penal por referência a aspectos de natureza patrimonial e conduz à criação de crimes materiais (de perigo ou de lesão)[475].

---

[474] Assim, CONCEIÇÃO FERREIRA DA CUNHA, *Comentário Conimbricense III*, artigo 324.º, § 7.
[475] Sobre os modelos de intervenção penal no domínio tributário, FIGUEIREDO DIAS E COSTA ANDRADE, «O crime de fraude fiscal no novo direito penal tributário português», *RPCC* 6 (1996), 82 e ss; depois, AUGUSTO SILVA DIAS, «Os crimes de fraude fiscal e de abuso de confian-

Um e outro aspecto têm especial relevância nas opções do legislador português e, por isso mesmo, pode dizer-se que os regimes nacionais em regra assentam num modelo misto, que combina ambos os referentes e lhes atribui relevância na construção dos tipos e na determinação do alcance das respectivas dirimentes. Não obstante, as duas perspectivas em causa não têm o mesmo peso na economia das soluções adoptadas, pois em regra o legislador, por um lado, não se basta com a mera violação de deveres formais para delimitar a intervenção penal e, por outro, atribui em muitos aspectos uma relevância decisiva à componente patrimonial das infracções tributárias.

A generalidade dos crimes tributários visa em última instância proteger realidades patrimoniais constitucionalmente afectas (artigo 103.º da Constituição) a finalidades de direito público (designadamente, a políticas públicas de redistribuição da riqueza e de solidariedade social): de forma genérica, o erário público e o património da segurança social[476]. Em regra, o legislador orienta a selecção típica dos factos em função dessa idoneidade lesiva ou do dano patrimonial efectivo, embora noutros casos seja relevante (normalmente em termos instrumentais) a violação de deveres de colaboração, de lealdade e de informação dos agentes económicos. Este entendimento das coisas ganha especial relevância em três aspectos: por um lado, na utilização recorrente de cláusulas de valor patrimonial (7.500 Euros ou 15.000 Euros, por exemplo) para delimitar o patamar mínimo

---

ça fiscal: alguns aspectos dogmáticos e político-criminais», *Ciência e Técnica Fiscal* 349 (1999), 46 e ss. Ainda, Susana Aires de Sousa, *Os crimes fiscais*, 2006, 241 e ss. Depois, Manuel da Costa Andrade/Susana Aires de Sousa, «As metamorfoses e desventuras de um crime (abuso de confiança fiscal) irrequieto», *RPCC* 17 (2007), 53 e ss, *maxime* 56-66. Finalmente, André Teixeira dos Santos, *O crime de fraude fiscal*, 2009, 89 e ss.

[476] A doutrina nacional adopta diferentes formulações para identificar o bem jurídico nos crimes tributários, que neste tipo de crimes exige um especial apelo à configuração legal da incriminação: Figueiredo Dias e Costa Andrade, «O crime de fraude fiscal no novo direito penal tributário português», *RPCC* 6 (1996), 82 e ss, sobre o peso relativo de bens patrimoniais e deveres instrumentais na configuração dos crimes fiscais. Augusto Silva Dias, *Ciência e Técnica Fiscal* 394 (1999), 49-50, considera que o bem jurídico se traduz nas receitas fiscais e que os deveres de colaboração associados às obrigações principais têm relevância ao nível do desvalor da acção; Nuno Lumbrales, «O abuso de confiança fiscal no regime geral das infracções tributárias», *Fiscalidade* 13/14 (2003), 97, entende que a incriminação visa proteger exclusivamente o erário público; também Susana Aires de Sousa, *Os crimes fiscais*, 299 (em ligação com o que escreve a pp. 266 e ss) identifica o bem jurídico na «obtenção de receitas fiscais»; por seu turno, Germano Marques da Silva, *Direito Penal Tributário*, 2009, 90 e ss, invoca como bem jurídico «o sistema tributário» e depois, dentro destes, segmentos específicos (erário público, deveres tributários, paz tributária, economia nacional, etc.). Sobre a necessidade de se proceder à diferenciação destes aspectos, com razão, Augusto Silva Dias, *op. cit.*, 47 e ss.

da intervenção penal (vejam-se designadamente os crimes de contrabando, de introdução fraudulenta no consumo, de fraude fiscal e de abuso de confiança fiscal, artigos 92.º e ss, 94.º, 103.º a 106.º)[477]; por outro lado, a dicotomia referida permite ainda separar o universo das infracções tributárias menos graves, que deverão ser qualificadas como meras contra-ordenações e não como crimes, seja pelo facto de estar apenas em causa a violação de deveres instrumentais, seja por o dano causado aos patrimónios geridos pela administração tributária ou pela segurança social ter diminuta gravidade (cfr. artigos 108.º a 129.º); finalmente, este enquadramento permite perceber o amplo espaço de relevância (dirimente ou atenuante da responsabilidade) atribuído a condutas reparadoras posteriores ao facto que se destinem a repor a verdade tributária e a eliminar o dano patrimonial causado, através do pagamento ou entrega das quantias devidas (cfr. por exemplo artigos 44.º, 55.º, 61.º, 78.º, todos do RGIT). Matriz esta que tem ainda aberto espaço para a opção por regimes específicos de regularização tributária, com efeitos extintivos da responsabilidade criminal, designadamente como o que foi acolhido na Lei n.º 39-A/2005, de 29 de Julho, para regularização de elementos patrimoniais colocados no exterior (cfr. artigo 4.º do regime criado).

A evolução mais recente das formas de intervenção penal no âmbito das relações tributárias tem-se caracterizado pela adopção de soluções em incriminações nucleares que constituem expressão simultânea dos modelos antagónicos referidos. Dando assim origem a uma tendência legislativa «juridicamente esquizofrénica» que consiste em, por um lado, antecipar a criminalização das condutas a momentos formais de simples omissão de cumprimento de um dever tributário (abandonando o referente patrimonial na delimitação do ilícito típico) conjugada, por outro, com elementos que retardam a punição para facilitar a efectiva percepção, ainda que tardia, das prestações devidas. O acolhimento desta orientação implicou o abandono de alguns elementos tradicionais das incriminações (como o conceito de «apropriação» ou os elementos subjectivos especiais orientados pela obtenção de um vantagem patrimonial ilegítima)[478] e criou proble-

---

[477] Em pormenor, ANDRÉ TEIXEIRA DOS SANTOS, *O crime de fraude fiscal*, 2009, 229 e ss. Estas cláusulas são de valor baixo, comparando com outros países, o que dá origem a um grande número de inquéritos e julgamentos por valores relativamente diminutos. O Grupo de Trabalho que produziu o último relatório sobre a matéria no âmbito do Ministério das Finanças sugere, por isso, a subida desses montantes, o que a acontecer terá um efeito descriminalizador directo relativamente aos factos que fiquem aquém do mesmo (cfr. *Relatório do Grupo Para o Estudo da Política Fiscal* (Competitividade, eficiência e justiça do sistema fiscal), coord. geral de António Carlos dos Santos e António Ferreira Martins, Ministério das Finanças, 3 de Outubro de 2009, 162-163).

[478] MANUEL DA COSTA ANDRADE, *RLJ* 134 (2002), 310 e ss (em ligação com o que escreve a p. 308 e ss). Depois, SUSANA AIRES DE SOUSA, *Os crimes fiscais*, 122 e ss.

mas na compreensão e aplicação judicial, muitas vezes para além daquilo que o legislador pretendia e tinha previsto[479]. A estrutura típica do crime de abuso de confiança fiscal (artigo 105.º do RGIT) constitui simultaneamente uma ilustração dos aspectos referidos e um caso em que a cisão entre o facto ilícito e as condições necessárias para a sua punibilidade é particularmente expressiva e consequente.

9. Verifica-se uma assinalável convergência de posições quanto ao entendimento da actual configuração do crime de abuso de confiança fiscal (artigo 105.º do RGIT), no sentido de, por um lado, o facto típico constituir agora (desde a entrada em vigor daquele diploma, em 2001) não já num acto de apropriação mas sim numa *simples omissão de entrega da prestação tributária devida* (um caso de mora dolosa na entrega) e, por outro, a punibilidade do facto estar condicionada por *elementos adicionais ao ilícito* (um ou dois, consoante as perspectivas): o decurso do prazo geral de 90 dias para a entrega da prestação e, adicionalmente, para uma parte da doutrina, a notificação para entrega da prestação declarada mas em falta, com pagamento de juros e do valor da coima aplicável, a realizar em 30 dias após esse acto[480]. Uma grelha de leitura que serve igualmente a compreensão dogmá-

---

[479] Para uma perspectiva criticamente fundamentada sobre estes diversos aspectos, MANUEL DA COSTA ANDRADE/SUSANA AIRES DE SOUSA, *RPCC* 17 (2007), 53 e ss.

[480] Sobre os diversos aspectos referidos, MANUEL DA COSTA ANDRADE, *RLJ* 134 (2002), 311-312, sublinhando com razão que com a nova configuração dada pelo RGIT se dilui a distinção material entre crime e contra-ordenação, à custa da expansão do ilícito criminal, que passa a contemplar «um comportamento meramente «passivo e formal [não entrega da prestação], desligado de qualquer resultado lesivo ou, mesmo, de qualquer *referência subjectiva* ao resultado»; coincidente, NUNO LUMBRALES, *Fiscalidade* 13/14 (2003), 86, 93; ainda, SUSANA AIRES DE SOUSA, *Os crimes fiscais*, 122 e ss, 136 e ss, assinalando de forma exacta a conversão legislativa (com o RGIT de 2001) da anterior condição de procedibilidade (o prazo de 90 dias para entrega da prestação) em condição de punibilidade; GERMANO MARQUES DA SILVA, *Direito Penal Tributário*, 241 e ss, 245 e ss; agora, ISABEL MARQUES DA SILVA, *Regime Geral das Infracções Tributárias* (3.ª edição, 2010), 47 e ss, 228 e ss; CARLOS ADÉRITO TEIXEIRA/SOFIA GASPAR, «anotações à Lei n.º 15/2001, de 5 de Junho», *in* Albuquerque/Branco (orgs.), *Comentário das Leis Penais Extravagantes*, volume 2, 2011,467-469 (anotação 3); PAULO MARQUES, *Crime de abuso de confiança fiscal*, 2011, 51 e ss e 126 e ss, onde se encontram recenseados os principais entendimentos jurisprudenciais sobre o tema. A alínea b) do artigo 105.º, n.º 4 do RGIT tem, contudo, dado origem a interpretações diferentes, que apontam designadamente para a sua inserção no ilícito típico e não na punibilidade: assim, MANUEL DA COSTA ANDRADE/SUSANA AIRES DE SOUSA, *RPCC* 17 (2007), 53 e ss, 55 e ss, onde se encontram traçadas as principais linhas de compreensão da incriminação depois da intervenção legislativa de 2006, assumindo preferencialmente o entendimento que a notificação para entrega da quantia devida é, contudo, ainda um momento da ilicitude típica (p. 60-61 e ss); depois, TAIPA DE CARVALHO, *O crime de abuso de confiança fiscal*, 2007, 19 e ss, 35 e ss, 55 e ss, *máxime* 40-41 e ss. Para uma visão de conjunto, da doutrina e da jurisprudência, TIAGO MILHEIRO, *Julgar* 11 (2010), 63 e ss.

tica do abuso de confiança contra a segurança social, atenta a remissão expressa deste para o regime do primeiro (artigo 107.º, n.º 2, do RGIT) [481].

Uma incriminação com esta estrutura e referentes dogmáticos é fonte de inúmeros problemas[482], que no presente contexto limitarei a dois aspectos relevantes para o objecto desta dissertação: por um lado, à identificação dos critérios de separação entre os elementos do ilícito culposo e os elementos da punibilidade (ou seja, os critérios que permitem a qualificação destes elementos como tal) e, por outro, a função que efectivamente as condições objectivas de punibilidade desempenham no tipo incriminador.

É relativamente pacífico que o crime de abuso de confiança fiscal sofreu em 2001 uma «mutação genética» ao nível da sua configuração essencial, quando o legislador abandonou intencionalmente os referentes de carácter patrimonial ao nível da conduta típica e os elementos subjectivos especiais da ilicitude. Em breve síntese, deixou de designar o abuso de confiança previsto no artigo 105.º do RGIT como fiscal, substituiu a conduta que materializava o abuso (a apropriação) e eliminou o elemento subjectivo especial que (ao dirigir-se à obtenção de uma vantagem patrimonial indevida) inequivocamente punha em causa a confiança na relação de substituição tributária. Tendo em conta o conteúdo histórico do conceito de «apropriação», não é de forma alguma legítimo pretender que o mesmo surge ainda como um elemento implícito no tipo legal, pois o seu conteúdo é materialmente distinto da mera omissão de entrega de uma prestação devida[483].

A forma omissiva correspondia já à estrutura típica do ilícito de abuso de confiança (fiscal) entre 2001 (data da entrada em vigor do RGIT) e 2006 (data do aditamento da exigência de notificação para entrega da prestação e pagamento de juros e coima, relativamente aos valores declarados mas não entregues). Pode assim identificar-se na omissão pura (de entrega da prestação) uma continuidade ao nível dos tipos-de-ilícito contidos no artigo 105.º do RGIT de 2001 até à actualidade, caso contrário não se conseguiria sequer configurar o facto penalmente ilícito antes de 2006.

---

[481] Elementos sobre a evolução desta incriminação encontram-se em MANUEL DA COSTA ANDRADE, *RLJ* 134 (2002), 313 e ss. Agora, CARLOS ADÉRITO TEIXEIRA/SOFIA GASPAR, *Comentário das Leis Penais Extravagantes*, volume 2, 475-476 (anotação 3).

[482] Problemas que vão da falta de continuidade histórica da solução acolhida em 2001, passando pelo seu conteúdo material, até à sua eventual desconformidade constitucional. Desenvolvidamente, MANUEL DA COSTA ANDRADE, *RLJ* 134 (2002), 311 e ss, 317 e ss, 321 e ss.

[483] Por todos, MANUEL DA COSTA ANDRADE, *RLJ* 134 (2002), 308 e ss, 316-317, e na conclusão 321-322. Depois, SUSANA AIRES DE SOUSA, *Os crimes fiscais*, 122-124, sublinhando com razão que considerar a «apropriação» implícita na não entrega tempestiva da prestação corresponde a uma presunção inelidível de apropriação à revelia do propósito real do agente. Agora, ISABEL MARQUES DA SILVA, *Infracções Tributárias* (3.ª edição, 2010), 228-232.

Questão distinta é a da legitimidade material desta estrutura incriminadora. É que a mesma se sobrepõe parcialmente à contra-ordenação de «falta de entrega de prestação tributária» (artigo 114.º do RGIT) quando ambos os factos sejam dolosos e estejam acima dos limites quantitativos mínimos do abuso de confiança fiscal (n.º 1 do artigo 105.º do RGIT). O que pode ter repercussões ao nível não só da avaliação da opção do legislador como também no plano da compreensão hermenêutica do abuso de confiança fiscal[484]. Uma apreciação dessa natureza deve no entanto ser realizada depois de identificada a estrutura típica, o conteúdo e a natureza dos diversos elementos usados pelo legislador, na exacta medida em que o significado dos mesmos e o alcance da incriminação podem ser influenciados por essa análise.

A caracterização dos elementos normativos contidos no n.º 4 do artigo 105, do RGIT exige o seu confronto com a estrutura do tipo-de-ilícito previsto no n.º 1 do mesmo artigo, pois uma inserção sistemática a este nível prejudicaria necessariamente qualquer outra. Neste domínio, a história da incriminação, a intencionalidade do legislador e a configuração do tipo legal (n.º 1 do artigo 105.º do RGIT) permitem dizer, pelas razões já referidas, que estamos perante um crime cuja conduta típica se traduz numa *omissão pura*, ou seja, o facto ilícito consiste na omissão dolosa de entrega da prestação tributária[485]. Adicionalmente, para que o facto seja punível a lei exige o decurso de mais de 90 dias sobre o termo do prazo legal de entrega da prestação e, caso esta tenha sido comunicada, será ainda necessária a notificação para «pagamento» com o decurso do prazo de 30 dias sem que a entrega tenha ocorrido.

Para efeitos de qualificação sistemática, torna-se necessário distinguir entre estes diversos elementos. Em relação ao decurso do prazo de 90 dias (al. a) do artigo 105.º, n.º 4) a doutrina é praticamente unânime em considerá-lo (a partir de 2001) uma condição objectiva de punibilidade que acresce ao facto ilícito[486], mas a notificação para entrega da prestação e pagamento de juros e coima (al. b) do n.º 4 do artigo 105.º, aditada em 2006) tem suscitado algumas divergências:

---

[484] Sobre ambos os aspectos, MANUEL DA COSTA ANDRADE, *RLJ* 134 (2002), 319 e ss.

[485] MANUEL DA COSTA ANDRADE, *RLJ* 134 (2002), 311-312, 321-322. NUNO LUMBRALES, *Fiscalidade* 13/14 (2003), 86; CARLOS ADÉRITO TEIXEIRA/SOFIA GASPAR, *Comentário das Leis Penais Extravagantes*, volume 2, 468 (artigo 105.º, anotação 3); ISABEL MARQUES DA SILVA, *Infracções Tributárias* (3.ª edição, 2010), 228. Também o Ac. do STJ, n.º 6/2008, de 9 de Abril, *DR*, 1.ª série, n.º 94, de 15 de Maio de 2008, 2675.

[486] MANUEL DA COSTA ANDRADE, *RLJ* 134 (2002), 312; NUNO LUMBRALES, *Fiscalidade* 13/14 (2003), 93; SUSANA AIRES DE SOUSA, *Os crimes fiscais*, 137; GERMANO MARQUES DA SILVA, *Direito Penal Tributário*, 245-246; ISABEL MARQUES DA SILVA, *Infracções Tributárias* (3.ª edição, 2010), 229; CARLOS ADÉRITO TEIXEIRA/SOFIA GASPAR, *Comentário das Leis Penais Extravagantes*, volume 2, 468 (artigo 105.º, anotação 3).

uma parte da doutrina e da jurisprudência considera tratar-se de uma condição objectiva de punibilidade[487], mas outro sector insere tal elemento na estrutura do ilícito de abuso de confiança fiscal[488].

No primeiro caso (decurso adicional do prazo superior a 90 dias sem que tenha lugar a entrega da prestação) a classificação da cláusula legal como condição objectiva de punibilidade tem sido fundamentada em argumentos diversos: na mutação histórica da letra da lei (que em 2001 substituiu uma referência à instauração do processo pela referência à punibilidade condicionada do facto)[489], na circunstância de se tratar de um elemento posterior à consumação das infracções fiscais omissivas, consumação que a lei reporta ao termo legal do prazo para cumprimento das obrigações fiscais (artigo 5.º, n.º 2, do RGIT)[490], por ser um elemento que «em nada contende com a existência e subsistência do ilícito típico e da culpa»[491] ou, noutra formulação, de se revelar «uma circunstância alheia à actuação e ao dolo do agente»[492].

Enquadramento que se afigura no essencial correcto por duas razões adicionais: em primeiro lugar, porque se trata do decurso de um prazo que no plano material constitui uma realidade distinta e posterior à omissão de entrega da prestação reportada a uma data precisa; em segundo lugar, recorrendo a critérios já usados na compreensão hermenêutica de outras incriminações, por se tratar de uma circunstância que no plano factual não está na esfera de domínio do destinatário, já que a contagem do prazo se verifica por efeito legal automático a partir do termo legal de entrega da prestação, independentemente portanto da vontade do agente. É assim a lei – e não o agente – que controla a verificação da circunstância. O prazo legal permite ainda que o agente por conduta sua (entrega da quantia até ao termo legal) evite a punibilidade do facto ilícito, assumido um comportamento reparador posterior à realização formal do ilícito. Mas esta conduta reparadora que obsta à punibilidade do facto não se confunde com

---

[487] GERMANO MARQUES DA SILVA, *Direito Penal Tributário*, 245-246; ISABEL MARQUES DA SILVA, *Infracções Tributárias* (3.ª edição, 2010), 229; CARLOS ADÉRITO TEIXEIRA/SOFIA GASPAR, *Comentário das Leis Penais Extravagantes*, volume 2, 469 (artigo 105.º, anotação 3). No mesmo sentido, o Ac. do STJ, n.º 6/2008, de 9 de Abril, *DR*, 1.ª série, n.º 94, de 15 de Maio de 2008, 2676-2677, que fixou jurisprudência nesse sentido.
[488] MANUEL DA COSTA ANDRADE/SUSANA AIRES DE SOUSA, *RPCC* 17 (2007), 60-61 e ss; TAIPA DE CARVALHO, *O crime de abuso de confiança fiscal*, 40, 41, 83, 119.
[489] SUSANA AIRES DE SOUSA, *Os crimes fiscais*, 136. Coincidente, TIAGO MILHEIRO, *Julgar* 11 (2010), 60-62.
[490] NUNO LUMBRALES, *Fiscalidade* 13/14 (2003), 93.
[491] MANUEL DA COSTA ANDRADE, RLJ 134 (2002), 312.
[492] CARLOS ADÉRITO TEIXEIRA/SOFIA GASPAR, *Comentário das Leis Penais Extravagantes*, volume 2, 468 (artigo 105.º, anotação 3).

o prazo enquanto condição objectiva de punibilidade, pelo contrário: o início do prazo antecede e delimita a relevância da conduta do agente que pode evitar a punibilidade do facto.

A segunda cláusula do n.º 4 do artigo 105.º (a notificação para entrega da quantia deduzida e pagamento de juros e coima pelo atraso) tem sido interpretada de formas distintas que, a benefício da clareza induzida por alguma simplificação[493], resumiria basicamente a duas: de um lado, aqueles autores que, seguindo a interpretação talvez maioritária, acolhida também pelo STJ no acórdão de uniformização de jurisprudência n.º 6/2008, consideram que estamos perante uma segunda condição objectiva de punibilidade, que acresce ao prazo contemplado na al. a), do n.º 4 do artigo 105.º, limita o alcance da omissão pura prevista no n.º 1 desse artigo e permite diferenciar a omissão de entrega sem declaração da situação (materialmente distinta) da omissão de entrega em que exista declaração da prestação[494]; do outro, os autores que entendem que o legislador, independente daquela que pudesse ter sido a sua intenção ou propósito, acabou por reformular profundamente o tipo de ilícito, criando uma nova incriminação e eliminando a anterior (apenas nos casos em que a prestação havia sido declarada mas não entregue)[495]. A divergência de opiniões é consequente: reflecte-se na natureza sistemática dos elementos previstos no tipo legal e no regime a que os mesmos serão sujeitos, designadamente quanto à selecção das normas aplicáveis em matéria da sucessão de leis penais (o artigo 2.º, n.º 4, do Código Penal, no primeiro caso, e a possibilidade de se invocar o n.º 2 do mesmo artigo no segundo caso).

---

[493] Para um primeiro alinhamento de posições sobre o tema, MANUEL DA COSTA ANDRADE/ SUSANA AIRES DE SOUSA, *RPCC* 17 (2007), 56 e ss. Depois, informação pormenorizada, designadamente sobre as diferentes correntes que se formaram na jurisprudência sobre a matéria, encontra-se em TIAGO MILHEIRO, *Julgar* 11 (2011), 63-70.

[494] GERMANO MARQUES DA SILVA, *Direito Penal Tributário*, 245-246; ISABEL MARQUES DA SILVA, *Infracções Tributárias* (3.ª edição, 2010), 47, 229, 230; CARLOS ADÉRITO TEIXEIRA/SOFIA GASPAR, *Comentário das Leis Penais Extravagantes*, volume 2, 469 (artigo 105.º, anotação 3). Ac. do STJ, n.º 6/2006, de 9 de Abril, *DR*, 1.ª série, n.º 94, de 15 de Maio de 2008, 2674 e ss, 2677-2678.

[495] MANUEL DA COSTA ANDRADE/SUSANA AIRES DE SOUSA, *RPCC* 17 (2007), 60-61 e ss e 64 e ss; TAIPA DE CARVALHO, *O crime de abuso de confiança fiscal*, 40, 41, 83, 119. A ideia de que o legislador teria reformulado o tipo de culpa do abuso de confiança fiscal em 2006, avançada por PEDRO LOMBA/JOAQUIM SHEARMAN DE MACEDO, «O crime de abuso de confiança fiscal no novo regime das infracções tributárias», *ROA* 67 (2007), 1205-1206, 1215-126, não tem verdadeiramente autonomia por si só, pois por um lado isso não resulta do texto legal (que não está formulado com o uso explícito de elementos dos tipos de culpa) e, por outro, pressupõe igualmente uma alteração no facto antijurídico (como os Autores reconhecem a p. 1205). A reconfiguração do ilícito como uma modalidade de desobediência pode na verdade incorporar um diferente tipo de culpa, mas relativo a uma nova estrutura do ilícito e não como uma realidade autónoma perante o mesmo ilícito.

A ideia de integrar o novo elemento (previsto na al. b) ao artigo 105.º, n.º 4, do RGIT) na ilicitude típica parte do princípio de que o legislador em 2006 reformulou a configuração do ilícito que, antes desse momento, consistia numa mora qualificada pelo simples decurso do prazo de 90 dias e que, a partir desse momento, para um certo grupo de casos (aqueles em que houve declaração mas não a entrega da prestação) passou a ser delimitado por um diferente critério adicional de ilicitude: a não entrega no prazo de 30 dias após a notificação da administração fiscal para o efeito. Esta reformulação da estrutura do ilícito terá significado (para as situações de prestação declarada mas não entregue) uma descriminalização dos casos de mora pelo simples decurso do prazo e a criação de um novo modelo de ilícito baseado no não acatamento do conteúdo da notificação. Noutros termos, para os casos de prestação declarada mas não entregue terá sido criado um novo ilícito penal estruturado na articulação da mora qualificada com a desobediência subsequente à notificação da administração fiscal. Com uma implicação significativa ao nível da sucessão de leis penais, pois os casos de não entrega da prestação declarada teriam, nesta perspectiva, deixado de estar sujeitos apenas ao regime do prazo de 90 dias e passaram a ter relevância com uma nova configuração do crime: a primeira tinha sido eliminada e a nova incriminação não se podia aplicar retroactivamente. Através desta compreensão da estrutura da incriminação seria inclusivamente mais clara a autonomia do crime de abuso de confiança fiscal em relação à contra-ordenação de mera falta de entrega da prestação tributária (artigo 114.º do RGIT), pela singularidade do elemento da desobediência à notificação da administração fiscal, o novo centro de ilicitude de uma das modalidades do abuso de confiança fiscal. E, por outro lado, seria menos evidente a cisão entre a omissão de entrega inicial e a omissão de entrega após a notificação, razão pela qual este último elemento dificilmente se poderia autonomizar do ilícito com a natureza de uma condição objectiva de punibilidade.

Em suma, nas palavras MANUEL DA COSTA ANDRADE e SUSANA AIRES DE SOUSA, «o quadro é hoje manifestamente outro. Um quadro à vista do qual parece forçoso concluir que a desobediência à notificação da administração para pagar aquelas prestações não só faz parte do ilícito criminal como o completa»[496]. Ou, na visão coincidente de TAIPA DE CARVALHO, «a *ilicitude criminal* da não entrega da prestação tributária não está, numa perspectiva teleológico-material, apenas na não entrega da prestação tributária, mas também e ainda *na persistência do deve-*

---

[496] MANUEL DA COSTA ANDRADE/SUSANA AIRES DE SOUSA, *RPCC 17* (2007), 61.

dor tributário na omissão da acção da entrega, apesar e notificado para o fazer no prazo de 30 dias após a notificação»[497].

Sendo este um entendimento possível sobre a nova estrutura da incriminação, não parece ser o que melhor de adequa à história desta alteração legislativa e ao significado sistemático dos diversos elementos. Contudo, apesar de divergente no enquadramento, o resultado a que se irá chegar será em grande medida coincidente em algumas críticas ao regime do abuso de confiança fiscal com a posição defendida por esta corrente, mas a partir de um outro fundamento e com uma conclusão distinta.

Embora o tenha feito de uma forma pouco clara e rigorosa do ponto de vista da sucessão de leis penais, o legislador não pretendeu substituir um ilícito penal por outro distinto, mas sim criar um novo elemento em relação às situações de declaração da prestação não seguida de entrega da mesma que oferecesse ao agente uma oportunidade adicional de repor a verdade fiscal e entregar a prestação em causa. Se a prática do ilícito penal se delimitava com fundamento no n.º 1 do artigo 105.º, conjugado com o n.º 2 do artigo 5.º, ambos do RGIT, nada indica uma quebra de continuidade na delimitação do ilícito que permitisse falar do abandono de um critério de ilicitude com sua substituição por um critério distinto. Pelo contrário, identifica-se uma continuidade básica ao nível da configuração do ilícito penal de abuso de confiança fiscal na omissão pura de entrega da prestação. A manutenção do n.º 1 do artigo 105.º do RGIT e a inclusão da nova circunstância no n.º 4, já qualificado pela doutrina e jurisprudência como uma condição objectiva de punibilidade à data da nova intervenção legislativa, confirma no plano da configuração legal da incriminação essa linha de continuidade ao nível dos tipos de ilícito e o propósito de intervir apenas na punibilidade do mesmo. O que vale para todos os efeitos, inclusivamente quanto à subsistência das dúvidas relativas à dignidade penal de tal conduta omissiva pela sua sobreposição em termos de ilicitude à contra-ordenação equivalente de atraso na entrega da prestação.

O aditamento da notificação da administração fiscal para entrega da quantia em dívida, acrescida de juros e coima pela contra-ordenação, a liquidar no prazo de 30 dias, confirma essa sobreposição, mas dificilmente se pode situar ao nível do mesmo ilícito que, de acordo com as regras citadas, é um ilícito penal já praticado pelo agente (a omissão de entrega), embora ainda não seja um ilícito punível. Sendo, por um lado, o ilícito em causa uma omissão pura antes de 2006 e, por outro, o novo elemento aditado a um ilícito já praticado, este novo elemento não pode ser inserido no facto ilícito imputado ao agente, por se tratar de uma realidade fora da sua esfera de domínio e não poder ter por si relevância

---

[497] TAIPA DE CARVALHO, *O crime de abuso de confiança fiscal*, 40 (itálicos no original e parcialmente em «bold»).

ao nível da ilicitude material. A notificação a realizar pela administração fiscal constitui um facto futuro e incerto, que corresponde a um acto que está na esfera de uma entidade pública e não do agente. O prazo subsequente é automático e, portanto, também não depende da vontade do agente mas sim do momento em que a administração fiscal proceda à notificação. Só a possibilidade de cumprir ou não o dever de entrega a partir dessa notificação está verdadeiramente no seu domínio. Mas a hipótese de insistir no incumprimento criminalmente relevante não funciona por si, depende em absoluto da notificação do agente pela administração tributária e, como tal, não pode fazer parte do ilícito imputável, que é sempre um facto pessoal.

Tão pouco se acrescentou ao artigo 105.º, n.º 4, do RGIT algo que tenha verdadeira dignidade criminal: a persistência do atraso corresponde a um elemento em continuidade com a mora qualificada anterior e, quando muito, poderia agravar o facto e não constituir um ilícito autónomo. Se existia um atraso qualificado pelo decurso do prazo de 90 dias, com a intervenção de 2006 passou a existir um atraso qualificado pelo decurso de um novo prazo aditado ao anterior depois de uma interpelação formal para «pagamento»; os juros, por seu turno, correspondem a uma simples compensação económica por esse atraso e o não pagamento da coima só poderia dar lugar a uma execução e não a um ilícito penal, sob pena de adulteração do ilícito de mera ordenação social. Ou seja, no plano da ilicitude material a nova alínea b) do n.º 4 do artigo 105.º não acrescentou elementos que pudessem ter em si mesmo dignidade para integrar um ilícito penal autónomo.

Tudo ponderado, estamos efectivamente perante uma condição objectiva de punibilidade (alínea b) do n.º 4 do artigo 105.º do RGIT): um facto futuro e incerto, dependente não do agente mas da vontade de terceiros (uma entidade pública), ainda conexo com a omissão de entrega da prestação em falta, de que depende a punibilidade do ilícito praticado mas não o próprio juízo de ilicitude. Juízo esse que para o legislador reside – bem ou mal – na omissão pura que se traduz na não entrega da prestação, prevista num tipo legal completo (facto e ameaça penal) no n.º 1 do artigo 105.º do RGIT.

O significado desta condição objectiva de punibilidade não é contudo linear. O aditamento de um novo pressuposto da punibilidade tem por si só, independentemente da sua inserção sistemática, um efeito restritivo em relação à lei anterior. Mas se tal elemento condiciona a punibilidade e não a realização do ilícito, a sua adopção na configuração de uma incriminação só é legítima se, nos termos gerais, o facto sem a condição respeitar as exigências inerentes ao princípio da intervenção mínima, designadamente os crivos de merecimento penal e de necessidade de pena. De acordo com a análise anterior (cfr. § 24, II, n.º 7 do texto), uma condição objectiva de punibilidade só é materialmente legítima se for acrescentada a um ilícito penal cujo facto, por si só, já evidencia dignidade e necessidade de pena (fórmula forte do critério de eliminação hipotética)[498]. Só em tais casos é que a condição objectiva de punibilidade é verdadeiramente autónoma em relação ao ilícito e compatível com o princípio da culpa, revelando uma função restritiva da intervenção penal. O que dificilmente acontece no caso em apreço. A omissão pura que constitui o ilícito penal traduz-se num facto que, enquanto não for convertido em crime, corresponde também a uma simples contra-ordenação (artigo 114.º, n.º 1, do RGIT) e que, por isso, é de duvidosa dignidade penal perante as exigências do artigo 18.º, n.º 2, da Constituição[499]. Para ser compatível com o princípio da culpa, a dignidade penal do facto e a carência de pena deveriam decorrer do ilícito culposo sem precisar de ser completadas pela condição objectiva de punibilidade. O que de todo não acontece perante esta técnica de incriminação, pois sem a notificação da administração fiscal o facto constitui uma simples contra-ordenação e não um facto punível, o que no mínimo permite questionar a necessidade de intervenção penal relativamente a tal situação.

Acresce que a condição objectiva de punibilidade tendo uma função naturalmente restritiva, por contemplar uma exigência adicional, potencia também alguma desigualdade prática na aplicação da lei penal, pois o legislador aceitou que o concreto campo da intervenção penal fosse casuisticamente determinado pela administração fiscal, através do regime das notificações, e não pela lei geral e abstracta[500]. O facto ilícito resulta da lei geral e abstracta (n.º 1 do artigo 105.º), mas o facto punível depende em absoluto do decurso de um primeiro prazo de 90 dias e de um acto da administração tributária (notificação para entrega da prestação declarada). Uma técnica legislativa desta natureza põe intrinsecamente em causa o princípio da igualdade perante a lei (artigo 13.º da Constituição) e o próprio significado material da reserva de lei formal (artigo 165.º da Constituição), enquanto critério de legitimidade material da decisão punitiva. Enquanto o prazo de 90 dias se inicia por efeito legal automático para todos os contribuintes na mesma situação fáctica, isso não acontece com a cláusula de notificação pela administração fiscal: se a administração fiscal não notificar o agente, o facto nunca poderá ser perseguido como crime. A nova estrutura da incriminação não é completamente transparente na eventual aplicação, não respeita o princípio democrático na concreta configuração do poder punitivo (pois o acto decisivo

---

[498] GEISLER, *Bedingungen der Strafbarkeit*, 131 e ss, 211 e ss, e na conclusão 585-586.
[499] Neste sentido, de forma categórica e convincente, MANUEL DA COSTA ANDRADE, *RLJ* 134 (2002), 314 e ss, *maxime* 321-322.
[500] Sublinham este ponto, MANUEL DA COSTA ANDRADE/SUSANA AIRES DE SOUSA, *RPCC* 17 (2007), 66 e ss, agravado pelo facto de – como fazem notar – o legislador não ter determinado o momento da notificação prevista na lei. O que – concluem – acaba na prática por permitir tratamentos de favor ou de perseguição discriminatória.

para converte o ilícito num facto punível é da Administração e não do Parlamento) e potencia desigualdades casuísticas na delimitação dos factos puníveis. Noutros termos, a tipificação do abuso de confiança fiscal a partir de uma omissão pura conjugada com uma condição objectiva de punibilidade que depende em absoluto de um acto da administração tributária constitui uma solução normativa que põe intrinsecamente em causa as exigências de legalidade, reserva de lei e igualdade no exercício do poder punitivo, decorrentes dos artigos 29.º, n.º 1, 165.º, n.º 1, al. c), e 13.º, da Constituição.

VI. Elementos quantitativos dos tipos incriminadores

1. Um dos elementos dos tipos incriminadores que tem motivado divergências recorrentes quanto à sua classificação sistemática é a quantificação monetária de vantagens obtidas (ou a obter) ou prejuízos causados, habitualmente usada (de forma tipicamente diversificada) nos crimes tributários[501], mas que se tem estendido a outras infracções como os crimes societários e a usura em Itália[502] ou o regime penal do cheque entre nós[503]. Não se trata de quantificações implícitas em cláusulas qualitativas, como as que são usadas entre nós nos crimes contra o património ou na burla tributária[504], mas sim de quantificações explíci-

---

[501] Para uma visão de conjunto, GARCIA PÉREZ, Punibilidad, 271-277; MIGUEL BAJO/SILVINA BACIGALUPO, Derecho Penal Económico, 2.ª ed., 2010, 289-290; CARLA MANDUCHI, «Il ruolo delle soglie di punibilità nella struttura dell'illecito penale», Riv. trim. dpe 4 (2003),1212 e ss.

[502] Cfr. MUSCO, I nuovi reati societari, 2004, 88 e ss. Para uma visão de conjunto, MANDUCHI, Riv. trim. dpe 4 (2003), 1210-1224, e notas 1 e 2. O significado sistemático e os problemas relativos ao uso de cláusulas quantitativas em alguns crimes societários (depois da reforma italiana de 2001) encontram-se desenvolvidos em ROBERTO FLOR, «Le ipotesi di false comunicazioni social: natura, rilevanza ed operatività delle soglie di punibilità», Riv. trim. dpe 1-2 (2010), 83 e ss, maxime 87e ss e 95 e ss.

[503] As sucessivas cláusulas de valor no crime de emissão de cheque sem provisão (actualmente fixado em 150 Euros, nos termos do artigo 11.º, n.º 1, alínea a), do Dec.-Lei n.º 454/91, de 28 de Dezembro) têm sido consideradas de forma consensual como um elemento constitutivo do tipo de crime, com a consequência de não existir tutela penal relativamente a casos de valor igual ou inferior ao referido. Veja-se para o efeito, em diferentes momentos, JORGE DE FIGUEIREDO DIAS, CJ XVII (1992), Tomo 2, 65 e ss e, na conclusão, p. 72; depois, GERMANO MARQUES DA SILVA, Regime jurídico-penal dos cheques sem provisão, 46 e ss; AMÉRICO TAIPA DE CARVALHO, Crime de emissão de cheque sem provisão, 43 e ss. Por isso, o debate centra-se no presente texto nos crimes tributários, onde a questão é menos líquida, entre nós e na doutrina estrangeira.

[504] Sobre as cláusulas de valor nos crimes contra o património, seu conteúdo e significado para a delimitação do tipo de ilícito e a imputação, veja-se, quanto ao furto, FARIA COSTA, Comentário Conimbricense II, artigo 202.º, §§ 5 e ss, 16 e ss, artigo 203.º, §§ 26, 56 e ss, artigo 204.º, § 6 e ss e § 85; relativamente ao dano, MANUEL DA COSTA ANDRADE, Comentário Conim-

tas e exactas que delimitam o âmbito de aplicação das incriminações em função de um certo montante.

Elementos que no caso específico da fraude fiscal deram origem a duas tendências opostas entre nós: uma parte da jurisprudência considera que esses elementos quantitativos – na fraude fiscal, pelo menos – correspondem a condições objectivas de punibilidade, estranhas portanto ao ilícito típico e à culpa do agente[505]; diversamente, a doutrina maioritária e uma parte da jurisprudência do Supremo Tribunal de Justiça integram as cláusulas de valor monetário na tipicidade, ou seja, no domínio do ilícito típico[506].

Para a qualificação destas cláusulas como condições objectivas de punibilidade podem ser invocados diferentes argumentos: por um lado, o facto de o texto legal da fraude fiscal literalmente declarar que os factos abaixo de um certo montante não são puníveis, expressão que pode ser associada a uma certa conotação sistemática de elementos estranhos ao ilícito e à culpa[507]; e, por outro, a circunstância de a antecipação tutela penal ao mero incumprimento de deveres instrumentais descolar o centro da ilicitude para uma conduta autónoma de relacionamento com a administração tributária, excluindo do âmbito do ilícito considerações de carácter patrimonial que, por essa razão, apenas poderiam ganhar relevância

---

bricense II, artigo 213.º, §§ 15 e 25; quanto à burla, ALMEIDA E COSTA, *Comentário Conimbricense II*, artigo 218.º, § 2. Agora, PAULO PINTO DE ALBUQUERQUE, *Comentário do Código Penal* (2.ª edição, 2010), artigo 202.º, anotações 5 e ss, e artigo 204.º, anotação, 42.

[505] Cfr. por exemplo Ac. do TRP, de 16 de Março de 2011, www.dgsi.pt, p. 6 do texto

[506] Quanto ao abuso de confiança fiscal, MANUEL DA COSTA ANDRADE/SUSANA AIRES DE SOUSA, *RPCC* 17 (2007), 63. Relativamente à fraude fiscal a discussão é mais complexa, podendo ver-se o problema em JORGE DE FIGUEIREDO DIAS/MANUEL DA COSTA ANDRADE, «O crime de fraude fiscal no novo direito tributário português (considerações sobre a factualidade típica e o concurso de infracções)», *RPCC* 6 (1996), 71 e ss; MANUEL DA COSTA ANDRADE, «A fraude fiscal – dez anos depois, ainda um «crime de resultado cortado»?», *RLJ* 135 (2006), 326 e ss. No sentido de os valores monetários de referência na fraude fiscal serem elementos constitutivos do ilícito penal típico, quanto à lei anterior, AUGUSTO SILVA DIAS, *Ciência e Técnica Fiscal* 394 (1999), 52; agora, SUSANA AIRES DE SOUSA, *Crimes fiscais*, 302-305; GERMANO MARQUES DA SILVA, *Direito Penal Tributário*, 234; ANDRÉ TEIXEIRA DOS SANTOS, *Fraude fiscal*, 229 e ss; quanto a ambas as incriminações, ISABEL MARQUES DA SILVA, *Regime Geral das Infracções Tributárias* (3.ª edição, 2010), 203, 204, 219. Concordante, o Ac. do STJ n.º 8/2010, de 14 de Julho, *DR 1.ª série*, n.º 186, de 23 de Setembro, 4219 e ss, maxime p. 4226-4227, considera que estamos perante um elemento da tipicidade que, ao contrário das condições objectivas de punibilidade, não é estranho à ilicitude do facto.

[507] Refere este argumento, para o rejeitar, ISABEL MARQUES DA SILVA, *Regime Geral das Infracções Tributárias* (3.ª edição, 2010), 203, 204.

(por via das cláusulas de valor monetário) de forma reflexa como uma realidades estranhas ao ilícito, ou seja, como condições de punibilidade[508].

Em boa verdade, nenhuma destas linhas de argumentação se revela suficientemente consistente para identificar a natureza jurídica de tais elementos. O argumento literal é ambivalente e contraditório[509] e, por isso mesmo, pouco seguro se não for acompanhado de elementos históricos que clarifiquem a intencionalidade do legislador, como se teve ocasião de verificar no § 24, II deste estudo. Confirma-o ainda o facto de nos próprios crimes tributários cláusulas da mesma natureza tanto serem referenciadas literalmente como fonte da não punibilidade dos factos, como surgirem sem tal enunciação integradas na descrição típica do facto principal (cfr. por exemplo nos artigos 92.º, 93.º, 95.º, 96.º ou 105.º, n.º 1, todos do RGIT).

Tão pouco a natureza do bem jurídico permite conclusões autónomas sobre a natureza dos elementos em causa, em especial se essa linha de análise for ensaiada à margem da estrutura típica do comportamento proibido. Não só por se tratar de um processo hermenêutico complexo (que se traduz em identificar um elemento não explícito nos tipos incriminadores) como pelo facto de a relação da circunstância com esse círculo axiológico poder revelar algo sobre os interesses relevantes, mas, por si só, pouco nos dizer sobre a relação ôntico-normativa da circunstância em causa com a conduta do agente. Esta sim, o núcleo do facto típico e o referente essencial para delimitar a conexão das circunstâncias com o ilícito. Existem condições objectivas de punibilidade com e sem relação com o bem jurídico tutelado, mas a sua natureza sistemática não depende desse aspecto. Torna-se aliás pouco convincente afirmar que tipos incriminadores que atribuem relevância a certos valores monetários na sua descrição legal apenas tutelam deveres tributários ou a verdade fiscal, nada tendo a ver com a tutela do património (neste caso, o erário público)[510]. O facto de a fraude fiscal surgir tipicamente configurada como uma falsidade, mas se revelar materialmente uma agressão ao património fiscal (erário público) acentua esta reserva e a incerteza

---

[508] Ac. do TRP, de 16 de Março de 2011, *www.dgsi.pt*, p. 5-6 do texto. Sobre a relação entre o bem jurídico tutelado e a natureza jurídica dos elementos quantitativos, CARLOS ADÉRITO TEIXEIRA/SOFIA GASPAR, *Comentário das leis penais extravagantes*, volume 2, 456, artigo 103.º do RGIT, anotação 3.

[509] Coincidente, ROBERTO FLOR, *Riv. trim. dpe* 1-2 (2010), 96, quanto aos crimes societários em Itália.

[510] Neste sentido, ROBERTO FLOR, *Riv. trim. dpe* 1-2 (2010), 98, quanto à informação societária falsa, afirmando que se o interesse protegido fosse apenas a fé pública na informação ou a transparência informativa não se perceberia sequer o recurso a cláusulas de valor patrimonial, pois aqueles interesses não são quantitativamente sensíveis.

desta via hermenêutica[511]. Não é portanto claro que as cláusulas de valor monetário nos crimes tributários, em geral, e na fraude fiscal, em particular, possam ser qualificadas como condições objectivas de punibilidade em função duma (suposta) ausência de relação com o bem jurídico tutelado.

2. Uma análise correcta do problema relativo à natureza destas cláusulas exige especial atenção à forma como as mesmas surgem nos concretos tipos incriminadores e, em especial, o modo como se articulam com a conduta proibida. Sirva de exemplo o caso dos crimes tributários, actualmente previstos nos artigos 87.º a 107.º do RGIT. Um percurso pelas opções do legislador neste domínio evidencia que as cláusulas de quantificação monetária (valor dos bens, das declarações apresentadas, das prestações pagas ou recebidas ou das vantagens patrimoniais conseguidas ou visadas pelo agente) podem revelar-se de formas muito distintas nos tipos incriminadores. É possível organizar o recurso a tais elementos de acordo com quatro técnicas distintas de tipificação dos ilícitos penais tributários:

Num primeiro grupo, as cláusulas de valor surgem inequivocamente associadas a um resultado efectivamente verificado ou ao objecto típico da acção, caracterizando por essa via a concreta dimensão ou a gravidade do facto em causa. É o que acontece na *burla tributária* (artigo 87.º), em que se prevê um valor de atribuição patrimonial do qual resulte enriquecimento do agente, cuja graduação (valor simples, elevado ou consideravelmente elevado) decide da gravidade da pena cominada; ou ainda o que se passa no *contrabando* (artigo 92.º), no *contrabando de circulação* (artigo 93.º), na *fraude no transporte de mercadorias em regime suspensivo* (artigo 95.º) e na *introdução fraudulenta no consumo* (artigo 96.º), que dependem de o valor da prestação tributária em falta ser superior a 15.000 ou o valor da mercadoria objecto da infracção ser superior a 50.000 Euros, tratando-se no primeiro caso de um resultado e no segundo de uma característica do objecto da acção típica.

Num segundo grupo, as cláusulas de valor monetário são usadas para caracterizar indirectamente a conduta penalmente proibida, pois o próprio tipo incriminador não contempla um resultado autónomo em relação àquela. É o que se passa nos crimes de *fraude fiscal* (artigo 103.º) e de *abuso de confiança* (artigo 105.º). Na fraude fiscal o montante de 15.000 Euros é apenas o valor «visado pela conduta» (de acordo com o n.º 1 do artigo 103.º) que é susceptível de causar diminuição das receitas tributárias, em função dos elementos apresentados à administração tributária (n.º 3 do artigo 103.º). Não se trata nem de um resultado, nem de uma vantagem efectivamente obtida, mas sim – numa das interpretações possíveis –

---

[511] JORGE DE FIGUEIREDO DIAS/MANUEL DA COSTA ANDRADE, *RPCC* 6 (1996), 87. Depois, já perante a nova lei, MANUEL DA COSTA ANDRADE, *RLJ* 135 (2006), 327.

de um elemento quantitativo que permite delimitar a aptidão lesiva da conduta típica[512]. E, portanto, estamos perante um referente valorativo que delimita o facto proibido: só condutas que revelem uma aptidão lesiva desta dimensão podem ser ilícitos penais. No abuso de confiança fiscal (artigo 105.º) é o valor superior a 7.500 Euros da prestação tributária deduzida mas não entregue que serve de referente para delimitar a intervenção penal. O crime consuma-se com a omissão de entrega e os valores relevantes para o efeito são os que devam constar em declaração a apresentar à administração tributária, pelo que a lei prescinde uma vez mais da identificação de um resultado efectivo bastando-se com um cálculo contabilístico relativo à omissão do agente. Relevante é apenas a omissão de entrega que, em função dos deveres de comunicação documentados na auto-liquidação, seja superior a esse montante, independentemente do seu destino ou vicissitudes.

Num terceiro grupo, agora mais reduzido, o valor monetário é objecto de uma intenção especial do agente, como acontece na *fraude contra a segurança social* (artigo 106.º) em que as condutas proibidas têm de ser acompanhadas da intenção de o agente obter vantagem patrimonial ilegítima superior a 7.500 Euros. Neste caso o legislador prescinde da natureza objectiva e factual do montante, convertendo-o num puro objectivo visado pelo agente configurando a incriminação, desse modo, como um crime de intenção.

Finalmente, em diversos casos o legislador usa o valor monetário para delimitar o âmbito do crime da contra-ordenação, como acontece por exemplo no *descaminho* (artigo 108.º, n.º 1), na *introdução irregular no consumo* (artigo 109.º, n.º 1), na *recusa de entrega, exibição ou apresentação de escrita e documentos* (artigo 113.º, n.º 1), na *falsificação, viciação e alteração de documentos fiscalmente relevante* (artigo 118.º), nas *omissões ou inexactidões* (artigo 119.º), em cujos tipos se faz uma referência genérica à fraude fiscal, e na falta de entrega da prestação tributária (artigo 114.º, n.º 1, todos do RGIT)[513].

---

[512] Assim, SUSANA AIRES DE SOUSA, *Crimes fiscais*, 95. As coisas neste domínio, da delimitação entre o ilícito ou a punibilidade, não seriam substancialmente diferentes se o elemento em causa fosse interpretado – como propõe MANUEL DA COSTA ANDRADE, *RJL* 135 (2006), 335 e ss – com uma conotação subjectiva, ou seja, como uma intenção específica do agente que deveria acrescer ao dolo do facto, transformando o tipo incriminador num crime de resultado cortado ou parcial. Pois em tal caso o valor não é um elemento material e factual que possa revestir a natureza de uma condição objectiva de punibilidade, mas sim o objecto da intenção específica do agente e, por isso, a divergência traduz-se em saber se estamos perante um elemento objectivo da conduta típica ou um elemento subjectivo que acompanha a conduta típica.Em qualquer uma das interpretações será um elemento (objectivo ou subjectivo) do ilícito típico.
[513] Sobre este ponto, MANUEL DA COSTA ANDRADE, *RLJ* 134 (2002), 314 e ss e 321 e ss . Depois, usando a delimitação dos ilícitos como argumento para decidir da natureza constitutiva

Com esta caracterização torna-se mais clara a íntima relação entre as cláusulas de valor monetário e âmbito do facto ilícito: tais elementos caracterizam o objecto da conduta, delimitam a própria conduta típica na sua idoneidade lesiva ou constituem um referente do propósito ilícito do agente. O que significa que estamos no âmbito do ilícito típico e não fora dele, pois é sempre uma dimensão da ofensividade do facto[514] (na vertente objectiva ou subjectiva) reportada a elementos deste que está em causa. É o merecimento penal do facto, aferido por um padrão de ofensividade quantitativa real ou potencial sobre o erário público ou o património da segurança social, que está em causa em qualquer um destes casos.

O recurso a critérios de outra natureza, anteriormente enunciados e aplicados, confirma a bondade desta perspectiva hermenêutica. Se nos perguntarmos se o valor em causa (seja um resultado atingido ou visado) é o não uma realidade *causada* pelo agente ou uma parcela *previsível* do acontecimento típico, a resposta só pode ser afirmativa uma vez que a lei associa o valor monetário à conduta do agente (como seu objecto, característica objectiva da conduta ou intenção que a acompanha) razão pela qual não é difícil identificar um nexo de causalidade real ou potencial entre as duas realidades. E se usarmos o critério mais rigoroso, anteriormente formulado[515], que se traduz em identificar a esfera de domínio do agente (um pressuposto da vigência norma de conduta) e indagarmos se a circunstância em causa nela se pode incluir ou a ela se revela alheia, a resposta será mais uma vez afirmativa: seja objecto da conduta, característica desta ou intenção do agente, o valor em causa está dentro da sua esfera de domínio do destinatário da norma, designadamente pelo facto de esse valor ser quantificado por referência à auto-liquidação que está a cargo do agente (artigos 103.º, n.º 2, e 105.º, n.º 7, do RGIT), caracterizar o objecto da conduta ou ser um fim do agente. Por tudo isto, só parece legítimo concluir que a quantificação monetária faz parte da estrutura do facto tipicamente ilícito e não constitui uma realidade materialmente exterior à mesma e, muito menos, um elemento estranho a ela.

---

da tipicidade dos elementos quantitativos, ANDRÉ TEIXEIRA DOS SANTOS, *O crime de fraude fiscal*, 240 e ss.

[514] Usando as palavras de MANUEL DA COSTA ANDRADE e SUSANA AIRES DE SOUSA, *RPCC* 17 (2007), 63, que se referem a «limites mínimos de ofensividade» quanto à vantagem patrimonial ilegítima na fraude fiscal.

[515] Cfr. §§ 24, II, e 26, II. Este critério foi antecipadamente formulado, embora com menor desenvolvimento teórico, no meu estudo «Ilícito e punibilidade no crime de participação em rixa», *Liber Discipulorum para Jorge de Figueiredo Dias*, 2003, 884-885, reforçado depois pelos critérios de indiferença qualititativa e quantitativa em relação ao ilícito (pp. 886 e ss). O mesmo critério foi depois aplicado às infracções tributárias por ANDRÉ TEIXEIRA DOS SANTOS, *O crime de fraude fiscal*, 235, 247, que conclui que tais elementos são constitutivos do tipo de ilícito (p. 249).

Finalmente, quando o valor monetário é usado pelo legislador para delimitar dois ilícitos típicos de natureza distinta (penal e de mera ordenação social) e para agravar a pena cominada em algumas incriminações, estamos no âmago da ilicitude material, quer pela delimitação alternativa de formas de infracção distintas e de ilícitos diferenciados, quer na identificação da gravidade do facto que pode legitimar o recurso a uma pena igualmente mais grave. Em qualquer um dos casos é o merecimento penal do facto que está em causa, seja para estabelecer um patamar mínimo e diferenciar os ilícitos, seja para lhe associar uma pena mais grave pela dimensão da danosidade material do facto.

Acresce ainda que em alguns casos (na fraude fiscal ou na fraude contra a segurança social, dos artigos 103.º e 106.º do RGIT) o valor monetário é um simples referente (da conduta ou do agente) e não um facto objectivo. Como tal, não revela sequer materialidade para ser qualificado como uma condição objectiva de punibilidade por falta de densidade fáctica. Ou seja, não é configurado como um facto mas como um referente da conduta do agente e, por isso, não tem no tipo incriminador natureza objectiva.

Tudo aponta, assim, para que as cláusulas de valor monetário nos crimes tributários sejam elementos constitutivos do ilícito penal típico e não pressupostos autónomos da punibilidade. Através delas o legislador delimita com segurança os patamares mínimos de ofensividade do facto, pela associação de tais valores ao objecto da conduta, à sua aptidão lesiva ou aos objectivos do agente. E, a um tempo, separa o ilícito penal do ilícito de mera ordenação social. Trata-se portanto de elementos que têm de ser objecto do tipo subjectivo (do dolo ou de uma intenção específica associada à direcção da conduta ilícita) e podem, por isso, dar origem a casos relevantes de erro de tipo (artigo 16.º, n.º 1, do Código Penal).

VII. Cláusulas de habitualidade, modo de vida e surpresa em flagrante delito

1. Em algumas incriminações surgem cláusulas de habitualidade, modo de vida, profissionalidade e surpresa em flagrante delito como circunstâncias do facto proibido ou da sua agravação. As três primeiras revelam-se por exemplo no crime de aborto (artigo 141.º,n.º 2), na pornografia de menores (artigo 176.º, n.º 2), no furto qualificado (artigo 204.º, n.º 1, al. h), na usura (artigo 226.º, n.º 4, alínea a)) e na receptação (artigo 231.º, n.º 4, todos do Código Penal). A cláusula de surpresa em flagrante delito, por seu turno, tem hoje uma utilização substantiva mais reduzida do que aquela que já teve em legislação anterior, revelando-se nas incriminações da participação e presença em jogo ilícito (artigos 110.º e 111.º do Dec.-Lei n.º 422/89, de 2 de Dezembro).

O seu conteúdo não é coincidente e a sua natureza jurídica não é completamente consensual. A habitualidade implica pelo menos uma repetição dos factos, o que surge normalmente associado a uma perigosidade do agente (potencialidade da repetição) conexa com o facto em relação àquele tipo de criminalidade. As cláusulas de modo de vida e profissionalidade implicam igualmente uma repetição de actos mas, para além disso, apelam a uma relação económica ou existencial com a actividade criminosa seja por o agente retirar da mesma meios de subsistência (modo de vida), seja por o agente mobilizar e organizar os meios necessários à execução dos crimes de forma minimamente estável e duradoura (profissionalidade)[516]. O que, em qualquer caso, permite antever a disponibilidade do agente para a repetição dos factos e um potencial lesivo de realização e eficácia associado à persistência, organização e continuidade criminosas.

Cláusulas desta natureza dificilmente podem ser integradas fora do ilícito culposo[517], pois, por um lado, expressam momentos de perigosidade do facto ou de envolvimento intenso do agente (planeamento, organização, selecção de meios, alguma dependência económica) que apontam para um aumento da gravidade ilícito e da culpabilidade revelada pelo seu autor[518]. E, por outro, estão directamente associadas a uma elevação da pena cominada para o facto, o que não pode acontecer fora do ilícito culposo sob pena de derrogação do princípio da culpa. Trata-se assim de circunstâncias específicas que documentam de forma directa o merecimento penal do facto e legitimam um juízo proporcionalmente

---

[516] Sobre o conteúdo e concretização deste tipo de cláusulas, STREE, in SCHÖNKE/SCHRÖDER, *StGB, vor* § 52, n.º 94 e ss e 98 e ss, e § 260, n.º 1 e 2; LACKNER/KÜHL, *StGB* (27.ª edição, 2011), *vor* § 52, n.º 20; FISCHER, *StGB* (58.ª edição, 2011), *vor* § 52, n.º 62-63, e § 260, n.º 2. Entre nós, FARIA COSTA, *Comentário Conimbricense II*, artigo 204.º, § 41 e ss, sublinhando que o modo de vida se distingue da habitualidade pois, por um lado, esta assenta numa repetição e aquele implica um mínimo de estabilidade social ligada à obtenção de benefícios (sem que isso signifique exclusividade na actividade em causa) e, por outro, a habitualidade é um conceito associado à perigosidade criminal, enquanto o modo de vida será apenas um critério de qualificação do facto; TAIPA DE CARVALHO, *Comentário Conimbricense II*, artigo 226.º, § 28, considera que o conceito de modo de vida é mais exigente do que o conceito de habitualidade, pois o seu conteúdo vai para além da repetição do facto; PEDRO CAEIRO, *Comentário Conimbricense II*, artigo 231.º, § 88-89, associa o conceito de modo de vida à agravação da ilicitude da receptação pela perigosidade da conduta e descreve-o como uma forma de obtenção de um rendimento regular e durável, embora não exclusivo, pelo que a habitualidade por si só não será suficiente para agravar o crime de receptação; coincidente, PAULO PINTO DE ALBUQUERQUE, *Código Penal* (2.ª edição, 2010), artigo 141.º, anotação 5, artigo 204.º, anotação 23, sublinhando a autonomia de conteúdo entre a habitualidade e o modo de vida (actividade que sustenta o agente, não sendo necessário que seja exclusiva e ininterrupta).
[517] Contrariamente ao que sugerem, por exemplo, SCHMIDHÄUSER, *Lehrbuch*, 385-386 (n.º marg. 8), *Studienbuch*, 260, e LANGER, *Sonderverbrechen*, 334 e ss.
[518] Neste sentido, STREE, in SCHÖNKE/SCHRÖDER, *StGB*, § 260, n.º 1, associando a cláusula de profissionalidade na recepção à maior perigosidade, ilicitude e culpa do agente.

mais intenso de necessidade de pena. Confirma-o ainda o facto de se tratar de circunstâncias criadas, desenvolvidas e dominadas pelo agente, que traduzem e evidenciam dimensões do seu envolvimento pessoal nos factos. Razão pela qual a sua inserção ao nível do ilícito culposo é congruente com a delimitação do facto imputável ao agente que tem sido ensaiada nas páginas anteriores.

A qualificação sistemática destas cláusulas de habitualidade, modo de vida e profissionalidade como cláusulas de ilicitude e culpa agravadas é consequente em vários planos, quer quanto ao regime de imputação (trata-se de circunstâncias que são objecto de imputação individual ao agente), quer quanto à sua inclusão no âmbito de aplicação do artigo 28.º do Código Penal, para efeitos de comunicação da ilicitude na comparticipação[519].

2. A cláusula de flagrante delito seria aparentemente mais uma circunstância do facto semelhante às anteriores, mas com uma natureza meramente ocasional, cuja relevância se esgotaria no momento em que o agente fosse encontrado a praticar o facto sem que tal dependesse de outros momentos equivalentes. Não parece, contudo, que assim seja. Por um lado, ao contrário das cláusulas de habitualidade, modo de vida ou profissionalidade, a surpresa em flagrante delito não depende verdadeiramente do agente mas sim de terceiros. Praticar o facto ou estar no local depende de si, mas ser encontrado nessa situação depende da actuação das autoridades. Por outro, a natureza e finalidade da cláusula não permitem associar a esta circunstância uma especial perigosidade do facto ou do agente, autónoma em relação à realização do facto proibido, mas antes à segurança própria de uma especial confirmação probatória, no que, sem tal elemento, poderia ser um delito de mera suspeita.

A doutrina avalia de forma especialmente crítica o significado da associação nos tipos incriminadores do jogo ilícito (prática ou presença) com a surpresa em flagrante delito. Assim, RUI PINTO DUARTE afirma que o legislador confunde o facto com a prova do mesmo, e CONDE FERNANDES, partindo desta mesma crítica (confusão entre delito e flagrante delito), sugere que a adopção desta técnica legislativa põe inclusivamente em causa o princípio da igualdade, à luz do

---

[519] Por isso tais circunstâncias são também qualificadas como qualidades ou relações especiais do agente. Assim, LACKNER/KÜHL, StGB (27.ª edição, 2011), § 260 a, n.º 3; STREE, in SCHÖNKE/SCHRÖDER, StGB, § 260, n.º 4; FISCHER, StGB (58.ª edição, 2011), § 260, n.º 2, embora o regime do § 28 do StGB seja substancialmente diferente do nosso artigo 28.º. Sobre o tema, TERESA PIZARRO BELEZA, Ilicitamente comparticipando, 1988; MARGARIDA SILVA PEREIRA, O Direito 126 (1994), 575 e ss; FIGUEIREDO DIAS, Direito Penal PG I (2.ª edição, 2007), 848 e ss (Cap. 33, § 15 e ss).

qual deveria bastar a prática do facto ilícito e ser irrelevante a circunstância de o agente ser encontrado a praticá-lo[520].

As reservas a esta técnica legislativa não são materialmente isentas de sentido, mas os elementos em causa devem ser considerados em função do seu significado para a configuração da tipicidade do crime e para as condições de intervenção penal. Trata-se na verdade de uma técnica de tipificação historicamente conhecida que converte um elemento de natureza processual num elemento substantivo da incriminação[521]. Essa conversão corresponde a exigências de segurança e de limitação na intervenção penal em relação a crimes que, tendo menos visibilidade e assumindo uma natureza clandestina, poderiam suscitar sérios problemas de prova e de razoabilidade da perseguição penal caso a intervenção fosse indiferenciada. Mais grave do que não se punir o jogo clandestino fora de flagrante delito seria perseguir criminalmente os agentes meramente suspeitos de participar em tais actividades que, na generalidade dos casos, apenas seriam objecto de prova minimamente segura através das declarações de outras pessoas igualmente presentes ou participantes nas mesmas. Para além de ser pouco plausível a obtenção de uma prova válida e segura dessa natureza – desde logo por a mesma se revelar auto-incriminatória nos casos de conhecimento directo dos factos ou inadmissível quando se traduza em mero depoimento indirecto sobre os mesmos – o alargamento dos pressupostos de punibilidade não seria acompanhado de uma eficácia político-criminal minimamente equivalente que justificasse tal extensão do poder punitivo. Pelo contrário, as dificuldades que se podem antever para processos em tais casos sugerem o risco de uma significativa erosão para a pretensão punitiva do Estado nesse domínio. Extensão que, de qualquer modo, implicaria converter o jogo clandestino num puro delito de suspeita, sem qualquer vantagem político criminal que não a abertura de inquéritos por denúncia anónima ou suspeitas não documentadas e, por isso mesmo, marcados desde o início pelo estigma da ineficácia e da erosão da pretensão de vigência das normas penais[522].

---

[520] Rui Pinto Duarte, «O Jogo e o Direito», *Themis* III (2001), 79; Conde Fernandes, *Comentário das leis penais extravagantes*, volume II, 376.

[521] Altavilla, «La più típica condizione di punibilità: la sorpresa in flagranza», *Riv. pen.* (1940), 1379 e ss, *maxime* 1384 e ss. Sobre o conteúdo e a evolução histórica do conceito de flagrante delito, Costa Pinto, *Direito Processual Penal* (fascículos, 1998), 46 a 57.

[522] Compreende-se por isso que Altavilla, *Riv. pen.* (1940), 1384, considere que se trata, por um lado, de um «fenómeno jurídico anómalo» converter um critério probatório de direito processual num critério substantivo, mas afirme, por outro, que tal se justifica para conferir certeza e segurança à intervenção penal em certos crimes, em especial nos delitos de mera suspeita (designadamente delitos de mera posse). Mais recentemente, Cordero, *Procedura Penale* (3.ª ed., 1995), 395-396 (n.º de texto 47.2) retomou o assunto sublinhando a impor-

A desigualdade subjacente à intervenção penal condicionada pela surpresa em flagrante delito não corresponde a uma diferenciação injustificada entre pessoas, discriminatória e derrogadora do princípio da igualdade, mas sim a diferenças materiais na configuração legal dos factos susceptíveis de interferir com a adequação e viabilidade da pretensão punitiva do Estado. À luz das valorações dominantes do princípio da intervenção mínima, uma selecção normativa desta natureza é legítima por limitar a intervenção penal a crivos objectivos de oportunidade e adequação e revelar a assumpção de um critério geral e abstracto racionalmente superior ao casuísmo subjectivista inerente à abertura de inquéritos inviáveis ou à construção forçada do caso, em vez da sua documentação rigorosa para submissão a julgamento.

Tudo ponderado estamos perante uma circunstância materialmente estranha ao ilícito culposo do agente e à norma de proibição (participar ou estar presente em sessões de jogo clandestino), imediatamente conexa com o facto no plano histórico-temporal[523], usada pelo legislador para limitar os casos que justificam a submissão à pretensão punitiva do Estado (ao recurso à ameaça penal). Ou seja, perante uma condição objectiva de punibilidade, em sentido próprio.

VIII. Cláusulas de vigência espacial da lei penal

1. As condições de vigência espacial da lei penal (artigo 5.º do Código Penal) incluem elementos cuja natureza jurídica é por vezes identificada com o âmbito da punibilidade. Uma das cláusulas relevantes neste domínio é a presença do agente em território nacional, nos casos em que o facto tenha sido cometido fora do espaço geográfico sujeito a jurisdição do Estado (exigência contemplada em

---

tância para a defesa do arguido de este poder questionar, no plano substantivo, a ausência de flagrante delito como fundamento de absolvição nos delitos de suspeita e de mera posse, efeito que se teria de negar em função da natureza meramente processual da circunstância (enquadramento que o Autor contesta de forma categórica: «questa flagranza appartiene alla fattispecie penale»). Em sentido coincidente, PADOVANI, *Diritto Penale* (6.ª edição, 2002), 330: «Tal surpresa não integra a ofensa, mas condiciona a sua punibilidade, porque o interesse em reprimir um facto desta natureza surge apenas quando o mesmo é imediatamente conhecido pela autoridade e determinado com uma relativa segurança: se assim não for, a prova do risco e da própria participação no jogo seria extremamente difícil e poderiam antever-se espirais repressivas tão violentas quanto inconclusivas».

[523] BRICOLA, *Novissimo Digesto* XIV (1967), 596, apresenta a surpresa em flagrante delito como uma condição objectiva de punibilidade «contextual», por se realizar posteriormente ao início da conduta executiva. Característica que reforça portanto a sua conexão com o facto e, assim, a inserção da mesma nos pressupostos materiais da pena.

vários casos previstos no artigo 5.º, n.º 1, alíneas b), c), d) e e), do Código Penal), tradicionalmente apresentada como uma condição objectiva de punibilidade[524].

A classificação deste elemento como condição objectiva de punibilidade não é contudo pacífica e, de forma algo paradoxal, é rejeitada quer a favor da sua integração na tipicidade, quer da sua recondução à teoria dos pressupostos processuais. Assim, para JAKOBS os critérios de delimitação da vigência espacial da lei penal são ainda matéria relativa à legitimidade da pena e à perturbação do ordenamento jurídico que assume uma pretensão sancionatória quanto ao agente e, nessa perspectiva, trata-se de elementos que participam na delimitação do ilícito para esse ordenamento jurídico, devendo ser tratados como elementos do tipo[525]. Numa linha de orientação oposta, consideram entre nós AMÉRICO TAIPA DE CARVALHO e PAULO PINTO DE ALBUQUERQUE que que presença do agente no território do Estado onde o crime não foi cometido constitui um simples pressuposto processual[526].

2. Nenhuma das orientações referidas pode ser subscrita sem reservas. Uma análise mais atenta evidencia que os elementos em causa são, por um lado, estranhos à tipicidade do crime e à delimitação do facto punível e, por outro, são distintos e anteriores à própria pretensão processual e respectivos pressupostos.

O primeiro aspecto foi recentemente demonstrado de forma convincente por PEDRO CAEIRO a partir de dois argumentos que, no essencial, aqui se retomam: o objecto das normas e a sua adequação funcional[527].

O objecto das normas que regulam a vigência (designadamente espacial) das leis penais incriminadoras não se confunde com o objecto destas. Uma lei penal incriminadora prevê e delimita um facto punível. Uma norma relativa à vigência daquela lei reporta-se às condições que a permitem invocar para valorar um caso e, por isso, pressupõe necessariamente que o facto já é punível. As condições que regula são relativas à vigência da lei penal (possibilidade de invocar a lei para valorar o caso) e não ao objecto desta (delimitação do facto punível). Assim, o objecto das normas relativas à vigência da lei penal («normas secun-

---

[524] EDUARDO CORREIA, *Direito Criminal I*, 175, 370; TERESA BELEZA, *Direito Penal II*, 368; GERMANO MARQUES DA SILVA, *Direito Penal Português II*, 38-39. Na jurisprudência nacional a classificação destes elementos como condições objectivas de punibilidade é apresentada como sendo unânime: Acórdão da Relação do Porto, de 14 de Fevereiro de 1990, *CJ*, 258-261. Sobre as correntes que se pronunciam sobre o problema em Itália, BRICOLA, *Novíssimo Digesto* XIV (1967), 601-602 e notas; depois, com mais informação, ZANOTTI, *Arch. pen.* (1984), 103 e ss.
[525] JAKOBS, *Strafrecht AT*, 111-112 (5/12).
[526] TAIPA DE CARVALHO, *Direito Penal PG* (2.ª edição, 2008), 262; PAULO PINTO DE ALBUQUERQUE, *Código Penal* (2.ª edição, 2010), 68 (artigo 5.º, anotação 18).
[527] PEDRO CAEIRO, *Fundamento, conteúdo e limites da jurisdição penal do Estado*, 2010, 222 e ss.

dárias») é constituído por outras normas que, em si mesmas, prevêem um facto punível («normas primárias»).

Uma análise do conteúdo do tipo confirma esta diferenciação de objectos. Nem a tipicidade nem a punibilidade deste facto previsto na «norma primária» estão incompletas sem a «norma secundária», pois ela regula outra matéria que não a delimitação dos pressupostos do crime e da pena. Como sublinha PEDRO CAEIRO, o facto danoso e a agressão ao bem jurídico, bem como as condições de punibilidade desse facto, são objecto da «norma primária» (que contempla o crime e a pena) e não da «norma secundária» (que delimita o âmbito de vigência daquela). Ora, as condições objectivas de punibilidade relacionam-se com o facto tipicamente ilícito no âmbito do tipo legal: são elementos exteriores ao facto ilícito, mas em conexão imediata com este, que condicionam a sua punibilidade. Diversamente, as condições de vigência da lei incriminadora não se relacionam com o facto tipicamente ilícito da «norma primária», nem com a sua valoração global, mas sim com a pretensão de vigência dessa norma: a «norma secundária» determina «o domínio de aplicabilidade das normas que conformam esse facto» e não o próprio facto punível (objecto da norma primária). O facto punível é delimitado pelas «normas primárias» e a vigência destas é determinada por «normas secundárias». Numa síntese de PEDRO CAEIRO, na primeira está em causa o conteúdo de um dever e na segunda o seu alcance[528].

Acresce, como nota ainda PEDRO CAEIRO, que «qualificar as condições de aplicabilidade como condições objectivas de punibilidade significa supor que as normas que definem o ilícito-típico (culposo) têm uma pretensão de universalidade, a qual seria incompatível com o direito internacional»[529].

As consequências de se considerar a presença do agente em território nacional como um pressuposto da punibilidade são também dificilmente aceitáveis. ZANOTTI destaca a esse propósito que a mesma poderia implicar que o prazo de prescrição não começaria a correr sem tal circunstância se verificar (pois o ilícito não seria punível), o que iria originar prazos demasiado longos[530] ou mesmo, note-se, um regime atípico de imprescritibilidade se porventura o agente nunca fosse encontrado no território do Estado.

Tão pouco os elementos em causa se podem reconduzir aos pressupostos do processo, pois o seu objecto é igualmente distinto e necessariamente anterior a este. Para se instaurar o processo tem de estar resolvida a questão de saber se a

---

[528] PEDRO CAEIRO, *Jurisdição penal do Estado*, 227, em ligação com o que escreve a p. 223-224, e, na conclusão, p. 553. Coincidente, no resultado, FISCHER, *StGB* (58.ª edição, 2011), *vor* § 3, n.º 30, negando expressamente a inclusão de tais normas no âmbito do tipo.
[529] PEDRO CAEIRO, *Jurisdição penal do Estado*, 225.
[530] ZANOTTI, *Arch. pen.* (1984), 106.

lei penal pode ser invocada para valorar o caso que motiva (no plano material) a promoção do processo. Sem esta condição estar realizada não é legítimo instaurar um procedimento criminal porque, nessa situação, o facto que pode ser objecto do processo não pode ser valorado pela lei que através do mesmo deveria ser aplicada. A determinação dessas condições depende da previsão da «norma secundária» e da verificação da situação fáctica que a mesma contempla e, nesse sentido, é anterior e independente de qualquer processo. Se tal condição se verificar a lei pode ser invocada e o processo pode ser instaurado para aplicar essa lei. Mas carece de sentido inverter as coisas e instaurar o processo com fundamento na prática de um crime sem saber se a lei que permite valor o facto dessa forma é ou não aplicável, pois sem a pretensão de vigência da lei penal o processo é juridicamente vazio e materialmente ilegítimo.

Em suma, não estamos perante elementos do tipo penal, condições de punibilidade do facto ou pressupostos processuais, mas sim uma realidade normativa distinta que consiste a enunciação de condições de aplicação da lei penal no espaço[531] ou, noutra formulação, perante pressupostos necessários para o exercício da jurisdição judicativa do Estado[532]. Elementos que delimitam a pretensão de vigência de normas penais incriminadoras e não o conteúdo do facto punível ou dos pressupostos de promoção do processo que irá aplicar a lei penal. A vigência espacial de uma lei penal tem assim de estar determinada antes de ser promovido qualquer processo que a vise aplicar. O seu círculo normativo é o do âmbito da lei penal e não o dos pressupostos processuais e, também por isso, tais normas estão integralmente sujeitas à componente de garantia do sistema penal[533].

§ 27. Cláusulas de desistência e condutas reparadoras

I. Desistência, reversão da agressão e legitimidade da pena estatal

1. Num sistema fundado numa concepção relativa da pena estatal (delimitada pelo ilícito culposo e legitimada, em primeira linha, pela necessidade preventiva da ameaça penal) o privilégio da desistência voluntária revela-se uma solução perfeitamente congruente com o fundamento material da punição e com as finalidades político-criminais das sanções.

Os regimes de desistência voluntária correspondem a espaços de oportunidade (fáctica e normativa) que permitem a alguém que praticou um ilícito punível

---

[531] FIGUEIREDO DIAS, *Direito Penal PG I* (2.ª edição, 2007), 218, 670 (Cap. 9, § 23, Cap. 26, § 3).
[532] PEDRO CAEIRO, *Jurisdição penal do Estado*, 241, em ligação com o que escreve a p. 222 e ss.
[533] LACKNER/KÜHL, *StGB* (27.ª ed., 2011), *vor* § 3, n.º 10.

não continuar, por decisão sua, a agressão em curso ou neutralizar a danosidade desse facto. Desse modo, o agente reconhece no plano comportamental a vigência da norma que violou e evita por acto próprio a lesão dos interesses tutelados pela lei penal. Perante isso, o sistema penal admite reavaliar a adequação e a necessidade da punição abstractamente cominada, à luz de todo o acontecimento histórico. Assim, num regime que conheça o privilégio da desistência voluntária a pena estatal não é uma fatalidade retributiva, inevitável e cega às particularidades do caso concreto e às condições de prossecução dos fins que a legitimam. Os regimes de desistência permitem filtrar a necessidade preventiva da pena eventualmente merecida pelo facto e criam condições que promovem a preservação dos bens jurídicos tutelados[534]. Desse modo – e por outra via que não a da limitação directa à criminalização primária – o sistema penal realiza uma parte das opções materiais inerentes ao princípio da intervenção mínima.

Por isso, o privilégio da desistência dificilmente pode ser apresentado como «um corpo estranho no sistema do Direito Penal», por o conjunto de regras que o disciplinam ser «marcado por considerações de natureza pragmática e utilitarista, que têm a ver com a preocupação de evitar o resultado»[535]. Trata-se, diversamente, de uma figura articulada com os fundamentos materiais da punição e que, por outra via, cumpre funções equivalentes às que legitimam a intervenção penal[536].

O sistema penal português é neste domínio paradigmático: acolhe um regime geral de desistência voluntária (artigos 24.º e 25.º do Código Penal) com uma extensão muito significativa quanto aos agentes (autores e participantes), assume um horizonte amplo quanto às possibilidades de desistência (que é admitida até à consumação material, apesar da consumação formal), contempla a relevância de

---

[534] Sobre os diversos fundamentos que podem ser invocados para explicar o privilégio da desistência, EDUARDO CORREIA, *Direito Criminal I*, 1953; RIBEIRO DE FARIA, *Sobre a desistência da tentativa*, separata do *BFDUC* (1982), 11 e ss; JÚLIO GOMES, *A desistência da tentativa, novas e velhas questões*, 1992, 13 e ss; FREDERICO COSTA PINTO, *A relevância da desistência em situações de comparticipação*, 1992, 143-153; FIGUEIREDO DIAS, *Direito Penal PG I* (2.ª edição, 2007), 727 e ss (Cap. 29.º, § 2 a 10). Na doutrina alemã, MAURACH/GÖSSEL/ZIPF, *Strafrecht AT 2*, 1989, § 41, n.º 7 a 14.; ROXIN, *Strafrecht AT II*, 2003, § 30, n.º 4 a 28; JESCHECK/ WEIGEND, *Lehrbuch*, 538 e ss (§ 51, I); ZACZYK, *NK-StGB* (2005), § 24, n.º 1 a 5. Ampla informação histórica em ULSENHEIMER, *Grundfragen des Rücktritts vom Versuch in der Theorie und Praxis*, 1976.

[535] JÚLIO GOMES, *A desistência da tentativa*, 9 e, na conclusão, 156 e ss. Coincidente nas reservas a esta perspectiva sobre o regime da desistência, MARIA FERNANDA PALMA, *Da «tentativa possível» em Direito Penal*, 2006, 157-158, contrapondo: «a desistência voluntária reflecte antes a lógica narrativa dos juízos de valor. Trata-se do reconhecimento de que o Direito Penal não é – pelo menos para excluir a pena – uma mera técnica de definição de factos. O Direito Penal formula um juízo ético não autoritário sobre o real e vive intensamente a sua excepcionalidade e a sua amarga necessidade».

[536] FREDERICO COSTA PINTO, *A relevância da desistência*, 153.

diversos comportamentos (suspensão da execução, impedimento da consumação, esforço sério nesse sentido) e assume uma solução inequívoca quanto aos efeitos que produz sobre a eventual responsabilidade criminal do agente (não punibilidade imperativa)[537]. Um regime amplo, adoptado para todo o sistema penal e, por isso mesmo, aplicável a qualquer crime, incluído na codificação ou previsto em legislação avulsa, desde que ao mesmo não se sobreponha um regime especial.

2. O privilégio de impunidade por desistência voluntária nunca poderá ser plenamente compreendido a partir de um ponto de vista exclusivamente unilateral, que acentue apenas um ou outro aspecto da situação em causa. O regime legal valoriza um conjunto de circunstâncias que pelo todo, e só em função desse todo, legitimam a renúncia normativa à punição[538].

Desde logo o inequívoco valor objectivo da conduta do desistente relativamente aos interesses agredidos: o privilégio da desistência voluntária não resulta apenas de uma diferente atitude ou vontade do agente, mas sim de um acto contrário ao ilícito penal praticado que neutraliza o perigo para o bem jurídico, impede a consumação material do facto ou representa um esforço sério nesse sentido. No caso das situações de comparticipação, a desistência significa ainda uma ruptura e possível enfraquecimento do pacto criminoso que, de forma expressa ou tácita, agrega os agentes. Comportamentos que possuem uma materialidade simetricamente oposta à conduta punível, evidenciando que o legislador não se basta com uma decisão ou uma boa intenção do agente, exigindo, diversamente, uma conduta consequente (ou potencialmente consequente, no caso do «esforço sério») para a tutela dos bens jurídicos em crise. Num sistema que corresponde a um direito penal do facto o legislador admite a renúncia à punição também em função de um facto e não de algo menos material do que isso[539]. E, desse modo, cria uma base empírica para rever de forma plausível a necessidade normativa da punição cominada para o facto.

Em segundo lugar, o horizonte legal das possibilidades de desistência é assumidamente material: a suspensão da execução impede a progressão do perigo para o bem jurídico e o impedimento da consumação evita a realização integral do facto típico; mas, para além disso, o regime legal considera também decisivo

---

[537] Sobre todos estes pontos, FIGUEIREDO DIAS, *Direito Penal PG I* (2.ª edição, 2007), 727 e ss, e 845 e ss (Caps. 29 e 33).
[538] FIGUEIREDO DIAS, *Direito Penal PG I* (2.ª edição, 2007), 730 e ss (Cap. 29.º, § 7 a 10).
[539] FLORA, *Il Ravvendimento del Concorrente*, 1984, 167 e ss, formulando deste modo uma exigência material (neutralização da ofensividade do facto) para as diversas formas de privilegiamento legítimas num Estado de Direito. Exigência relevante para controlar a arbitrariedade na construção casuística de soluções premiais pelo legislador penal.

o sucesso material da conduta reparadora em detrimento da realização formal do tipo, ao tornar relevante a desistência que impeça a verificação do «resultado não compreendido no tipo», isto é, o interesse que a lei visou proteger ao antecipar formalmente a consumação[540]. Uma solução que valoriza a regressão do facto lesivo e que é por isso congruente com um sistema penal orientado por uma ordem material de bens jurídicos assumida como referência essencial de tutela.

Finalmente, a exigência de voluntariedade da conduta do desistente legitima também a revisão do juízo de necessidade de pena quer no plano da prevenção especial, por estar em causa um retorno à legalidade por decisão autónoma do agente, quer, em última instância, pelo próprio valor do exemplo para a preservação do bem jurídico tutelado e para o reforço da aceitação social da norma[541]. Mesmo que a desistência resulte de um cálculo feito pelo agente ou do seu receio do mal da pena, a contra-conduta que assume não perde relevância e utilidade desde que a consumação do crime se mantenha como possível no seu horizonte de possibilidades[542]. O sistema não pode legitimar a pena estatal pela sua finalidade preventiva (dissuasora) e desconsiderar esse aspecto quanto a mesma se torna uma realidade, sob pena de se organizar a partir de uma antinomia insuperável contrária aos pressupostos essenciais que o legitimam. Qualquer juízo sobre a maior perigosidade do agente formulado neste contexto, através do qual se pretenda contrariar a aplicação do privilégio da desistência ou evidenciar a sua incongruência[543], traduz-se em rigor numa presunção de perigosidade que excede o ilícito cometido e que, por isso mesmo, se revela ilegítima para decidir da punição em função de tal facto.

O efeito dirimente da desistência funda-se, assim, no valor objectivo da contra-conduta do agente (defesa do bem jurídico em perigo e confirmação da vigência da norma) e no valor subjectivo do seu retorno à legalidade (um retorno autónomo, quando seria possível continuar na execução do crime). Aspectos que permitem reponderar a adequação, a necessidade e a proporcionalidade da pena estatal no caso concreto. Numa palavra, o privilégio da desistência funda-se na necessidade político-criminal de reavaliar a legitimidade da pena estatal no caso concreto, à luz das finalidades que orientam a punição, em função da avaliação conjugada do facto punível com a conduta voluntária e reparadora do agente[544].

---

[540] Sobre o alcance deste conceito, por todos, FIGUEIREDO DIAS, *Direito Penal PG I* (2.ª edição, 2007), 686-687 (Cap. 27.º, § 11-12) e 743-745 (Cap. 29.º, §§ 29 a 32)

[541] ROXIN, *Strafrecht AT II*, § 30, n.º 7.

[542] FIGUEIREDO DIAS, *Direito Penal PG I* (2.ª edição, 2007), 747 e ss (Cap. 29.º, §37 e ss.). Com uma casuística de grande interesse e muita informação relevante, JÚLIO GOMES, *A desistência da tentativa*, 63 e ss.

[543] JÚLIO GOMES, *A desistência da tentativa*, 9 e 21 e ss.

[544] FREDERICO COSTA PINTO, *A relevância da desistência*, 150-153.

3. Esta forma de perspectivar o fundamento e os limites da desistência adquire alguma relevância no plano do seu enquadramento sistemático e na delimitação do seu regime.

A conduta de desistência é necessariamente exterior ao tipo: integra um comportamento oposto e subsequente ao que está contemplado na proibição penal e, por isso, não pode ser parte do tipo de ilícito, embora a progressão da danosidade global do facto (no plano das consequências da conduta do agente) seja minimizada ou mesmo neutralizada pela desistência. A natureza das normas de conduta é igualmente distinta: o tipo penal contempla uma norma de conduta imperativa inerente à proibição e, diversamente, o regime de desistência não contempla deveres, mas sim normas de valoração sobre condutas possíveis ou desejáveis para obstar ao mal do crime. A integração das regras de desistência no tipo de ilícito não é sequer consentida em alguns casos pela estrutura da infracção: seria dificilmente concebível considerar o impedimento da consumação por desistência um elemento de tipo da tentativa de omissão impura, pois a infracção passaria a ter momentos por acção que descaracterizariam a estrutura do ilícito omissivo[545].

As normas de conduta inerentes ao tipo de ilícito têm assim uma pretensão de vigência autónoma em relação às normas relativas ao privilégio da desistência, mas estas são dependentes do ilícito punível no plano fáctico e jurídico: pode existir um ilícito punível sem desistência, mas não uma desistência sem um ilícito punível. A exclusão da punibilidade por desistência relevante pressupõe que o facto em causa seja punível, pois caso contrário o regime não será sequer aplicável por desnecessidade e por ausência dos seus pressupostos básicos.

Mantendo a autonomia entre o facto ilícito culposo e a conduta de desistência, as duas realidades devem no entanto ser ponderadas em conjunto[546], pois, por um lado, a desistência pressupõe necessariamente o facto punível e, por outro, alguns aspectos relacionados com o facto típico são modificados pela contra-conduta do agente (a sua gravidade para os interesses agredidos, a atitude do agente para aferição do juízo de censura penal e a própria adequação, neces-

---

[545] PROSDOCIMI, *Profili penali del postfatto*, 1982, 28-29. A autonomia entre o facto ilícito culposo e a desistência não pode por isso – contrariamente ao que pretendia LANG-HINRISCHEN, «Bemerkungen» zum Begrif der «Tat» im Strafrecht», *FS-Engisch*, 1969, 363-366 – ser descaracterizada através de uma concepção normativa do facto que integre todos os aspectos relevantes numa pura unidade de valor (*Werteinheit*), pois isso releva-se contrário ao susbtrato do tipo e à estrutura das normas que lhe estão subjacentes. Para uma análise crítica das diversas construções que consideram a desistência um elemento negativo do tipo, RIBEIRO DE FARIA, *sobre a desistência da tentativa*, 11 e ss e 57 e ss; JÚLIO GOMES, *A desistência da tentativa*, 29 e ss; FREDERICO COSTA PINTO, *A relevância da desistência*, 56 e ss; FIGUEIREDO DIAS, *Direito Penal PG I* (2.ª edição, 2007), 754 e ss (Cap. 29.º, § 45 e ss).

[546] Por todos, FIGUEIREDO DIAS, *Direito Penal PG I* (2.ª edição, 2007), 730 (Cap. 29.º, § 7).

sidade e proporcionalidade da ameaça penal cominada no tipo legal). O comportamento do desistente tem como objecto a perigosidade ou a danosidade do facto e, por isso, o regime legal de desistência contempla valorações e efeitos que dizem ainda respeito ao facto punível. Essa ponderação conjunta não implica contudo qualquer «modificação qualitativa do ilícito penal», contrariamente ao que defende BLOY[547], pois a estrutura do facto ilícito tem uma dimensão ôntico-normativa insusceptível de ser modificada retroactivamente por condutas do agente posteriores à violação da norma de conduta jurídico-penal. Quem tenta matar a vítima mas a seguir a salva em nada modifica a qualidade do ilícito que cometeu. O ilícito penal existe a partir do momento em que a conduta típica é executada e, se não se verificar simultaneamente uma permissão que o justifique, os momentos subsequentes interferem com a extensão da sua gravidade ou com a valoração de outros aspectos do facto, mas não com a sua qualidade de infracção à lei penal. O que se identifica na hipótese de desistência é apenas uma modificação quantitativa de alguns aspectos do ilícito penal, relacionados com a gravidade das possíveis consequências evitadas pela contra-conduta do desistente. Qualquer valoração sobre este aspecto que determine a não punibilidade do facto é necessariamente exterior ao ilícito cometido[548].

A culpa do agente que desiste subsiste no essencial e, à luz do princípio da coincidência, não é excluída pela vontade subsequente de desistir, que se reporta a um momento posterior ao facto ilícito e culposo e, como tal, a um outro segmento do acontecimento histórico. Mas a sua intervenção voluntária num momento de possível progressão lesiva do facto e de perigo para o bem jurídico tutelado permite atenuar o juízo de censura penal, em função da auto-reposição dos interesses em causa e do seu significado para o relacionamento do agente com os valores tutelados pelo ordenamento jurídico-penal.

Apesar de os diversos elementos da desistência poderem atenuar a gravidade do facto e o juízo de censura dirigido ao agente, o privilégio da impunidade deve ser compreendido a partir das finalidades da norma de sanção, como sugere KINDHÄUSER[549]. O que, recuperando o pensamento de JORGE RIBEIRO DE FARIA, se pode resumir na ideia de que a impunidade da tentativa «advém da desnecessidade de pena que a desistência revela» que impede o nascimento de qual-

---

[547] BLOY, *Strafaufhebungsgründe*, 177 e ss.
[548] No sentido do texto da impossibilidade de mutação retroactiva do ilícito culposo praticado, RIBEIRO DE FARIA, *Sobre a desistência da tentativa*, 98 e ss, e FIGUEIREDO DIAS, *Direito Penal PG I* (2.ª edição, 2007), 755. Sobre os padrões da relação entre os comportamentos posteriores ao delito e o conceito de facto (ilícito e culposo), no plano histórico-dogmático, JAVIER DE VICENTE REMESAL, *El comportamiento postdelicitivo*, 1985, 214 e ss e 299 e ss.
[549] KINDHÄUSER, *Gefährdung als Straftat*, 1989, 217, concebendo por isso a desistência como um pressuposto negativo da norma de sanção.

quer pretensão punitiva[550]. Necessidade de pena que é considerado igualmente o critério decisivo da fundamentação do privilégio da desistência por TERESA BELEZA, MARIA FERNANDA PALMA E TAIPA DE CARVALHO[551]. Numa perspectiva mais ampla, conjugando os vários aspectos relevantes, a renúncia à punição decorrerá, no enquadramento de FIGUEIREDO DIAS, do contributo pessoal do agente para o facto global associado à «consideração político-criminal de dissociação da tentativa e do seu agente, ligada à protecção de bens jurídicos, em particular da pessoa da vítima, ao «regresso ao direito», à «reversibilidade da lesão», à «inversão do perigo»»[552]. Do ponto de vista da norma de sanção, é no fundo a reconsideração da legitimidade da punição (adequação, necessidade e proporcionalidade da ameaça penal) que se revela decisiva para explicar o alcance dirimente do privilégio da desistência. O que no plano sistemático conduz ao enquadramento da desistência como uma causa pessoal de anulação da punibilidade[553].

---

[550] RIBEIRO DE FARIA, *Sobre a desistência da tentativa*, 133-134.
[551] TERESA BELEZA, *Direito Penal*, volume II, 1983, 398; TAIPA DE CARVALHO, *Direito Penal* (2.ª edição, 2008), 264, associando a razão pragmática de protecção de bens jurídicos à não verificação da necessidade de pena; MARIA FERNANDA PALMA, *Da «tentativa possível»*,155-157, concluindo: «são, em conjunto, razões de redefinição do valor da acção, de modificação da culpa e de necessidade da pena que justificam ou impõem mesmo a impunidade. Porém, a necessidade da pena é o critério decisivo». Em termos semelhantes, JAKOBS, *Strafrecht*, 741-742 (26/2), vendo a desistência como uma modificação do facto nos vários níveis do crime. E, depois, FRISCH, *Strafrechtssystem*, 166, considerando que, numa perspectiva global, nos casos de desistência se verifica uma redução do ilícito culposo e uma situação de desnecessidade de reafirmação da norma (no plano da prevenção especial) e de inadequação da pena (que tornaria o castigo inevitável para o agente).
[552] FIGUEIREDO DIAS, *Direito Penal PG I* (2.ª edição, 2007), 732 (Cap. 29.º, § 10). Sobre o tratamento conjunto da tentativa e da desistência e a sua compreensão político-criminal em função das finalidades das penas, MAURACH/GÖSSEL/ZIPF, *Strafrecht AT 2*, § 41, n.º 12 e ss; BOTTKE, *Methodik und Systematik*, 566-567; ROXIN, *Strafrecht AT II*, § 30, n.º 4 e ss, que adopta uma «teoria modificada dos fins das penas», de acordo com a qual o privilégio da desistência se explica pela eliminação dos fundamentos da punição da tentativa e pela desnecessidade de pena (aferida normativamente e não empiricamente) no plano da prevenção geral (exemplo dado à comunidade com a confirmação da norma violada) e especial (retorno voluntário à legalidade).
[553] RIBEIRO DE FARIA, *Sobre a desistência da tentativa*, 117 e ss e 131; TERESA BELEZA, *Direito Penal II*, 370; FIGUEIREDO DIAS, *Direito Penal PG I* (2.ª edição, 2007), 754-756 (Cap. 29.º, §§ 45-48); TAIPA DE CARVALHO, *Direito Penal* (2.ª edição, 2008), 263-264; PAULO PINTO DE ALBUQUERQUE, *Código Penal* (2.ª edição, 2010), 137 (artigo 24.º, anotação 2). Na doutrina alemã, MAURACH/GÖSSEL/ZIPF, *Strafrecht AT 2*, § 41, n.º 130; JESCHECK/WEIGEND, *Lehrbuch*, 589 e 595 (§ 51, VI e § 52, II); STRATENWERTH/KÜHLEN, *Strafrecht AT* (6.ª edição, 2011), § 7 n.º 30; LACKNER/KÜHL, *StGB* (27.ª edição, 2011), § 24, n.º 1; ESER, in SCHÖNKE/SCHRÖDER, *StGB*, § 24, n.º 4. FISCHER, *StGB* (58.ª edição, 2011), § 24, n.º 1.

4. O regime geral de desistência dos artigos 24.º e 25.º do Código Penal é confirmado, adaptado ou modificado por diversas soluções especiais[554]. Em algumas mantém-se a impunidade de quem desiste voluntariamente, como acontece na desistência em crimes de falsificação de valores (do n.º 3 do artigo 271.º), na retirada do motim (artigo 302.º, n.º 3) ou no abandono do motim armado (artigo 303.º, n.º 5, todos do Código Penal). Alarga-se inclusivamente o âmbito das condutas reparadoras que podem ter um efeito dirimente, como acontece com a extensão da não punibilidade a comportamentos de simples ruptura operacional com outros agentes ou informações prestadas a autoridades competentes (destruição ou inutilização de objectos ou revelação dos mesmos às autoridades, como prevê a alínea b), do n.º 3, do artigo 271.º do Código Penal). Alguns comportamentos desta natureza poderiam ser, por si só, insuficientes para realizar a cláusula geral de esforço sério e, por isso, constituem um alargamento em relação ao regime geral de desistência.

Noutros casos, a não punibilidade surge associada a uma conduta de desistência como uma solução possível mas meramente facultativa, como acontece com comportamentos de ruptura ou de impedimento de factos lesivos de associações criminosas (artigo 299.º, n.º 4, do Código Penal, ou o artigo 89.º, n.º 4, do RGIT). Aparentemente, o regime especial equipara situações diferentes, designadamente a hipótese de já terem e não terem sido praticados os crimes visados pela associação[555]. Mas se a associação não tiver ainda praticado os crimes a que se destina, a contra-conduta do agente pode evitar a consumação material desses factos e, como tal, impedir um resultado não compreendido no tipo da associação criminosa. Se tal acontecer deve ser dada prevalência à aplicação do regime geral da desistência (artigo 24.º ou mesmo artigo 25.º) em detrimento do regime especial, que ficará assim reservado para a ruptura com associações criminosas já em actividade[556].

Num elenco mais alargado, o legislador modifica o próprio privilégio da desistência ao contemplar soluções especiais que não incidem na punibilidade do facto, mas apenas na atribuição da pena concreta. O número destes casos tem aumentado nos últimos anos, quer ao nível do Código Penal, quer na legislação penal avulsa. Pense-se no regime de renúncia aos objectivos da extorsão, resgate ou recompensa, acompanhado de libertação da vítima de rapto ou da tomada de

---

[554] Sobre o tema, FREDERICO COSTA PINTO, *A relevância da desistência*, 244 e ss.
[555] PAULO PINTO DE ALBUQUERQUE, *Código Penal* (2.ª edição, 2010), art. 299.º, anotações 15-16.
[556] Sobre o problema, JORGE DE FIGUEIREDO DIAS, As «associações criminosa no Código Penal Português de 1982, 1988, 71, criticando o agravamento das condições de desistência nestes crimes. Depois, FREDERICO COSTA PINTO, *A relevância da desistência*, 244 .

reféns (artigo 161.º, n.º 3, e 162.º, n.º 4, do Código Penal)[557] ou na neutralização voluntária do perigo nos crimes contra o Estado (artigo 345.º do Código Penal). Nestas situações a não punibilidade é substituída por uma mera atenuação de pena ou uma dispensa de pena[558]. Em qualquer um dos casos a decisão judicial será condenatória (artigo 375.º, n.º 3, do Código de Processo Penal), ao contrário do que acontece com a impunidade por desistência que conduz a uma decisão absolutória (artigos 368.º, n.º 2, al. e), e 376.º, do mesmo diploma). Trata-se por isso de soluções especiais *in malam partem,* por comparação com o que poderia resultar da eventual aplicação do regime geral de desistência voluntária.

Soluções desta natureza podem justificar-se quando o seu campo de aplicação for posterior à consumação material do facto, como acontece nos artigos 161.º e 162.º do Código Penal, pois em tal caso o agente já lesou o bem jurídico tutelado (a liberdade da vítima), sendo a atenuação congruente com uma diminuição da extensão dessa lesão ou com a renúncia a novas lesões de outros bens jurídicos[559]; mas já não perante a mera consumação formal, como se passa com o regime do artigo 345.º do Código Penal. Nestes casos, o regime especial aplicado literalmente derroga o privilégio da desistência do regime geral[560].

5. A articulação entre a antecipação da punição em algumas incriminações em especial e a limitação do privilégio da desistência permite identificar algumas assimetrias que suscitam sérias reservas.

Numa perspectiva de política legislativa, revela-se essencial preservar o horizonte político-criminal da desistência voluntária (em qualquer uma das suas modalidades) no plano sistemático da punibilidade do facto, não o remetendo

---

[557] AMÉRICO TAIPA DE CARVALHO, *Comentário Conimbricense I,* anotações ao então artigo 162.º; PAULO PINTO DE ALBUQUERQUE, *Código Penal* (2.ª edição, 2010), art. 161.º, anotações 9 a 11.
[558] A legislação penal avulsa é pródiga na adopção desta solução. A título de ilustração, vejam-se os artigos 22.º e 100.º, n.º 3 do RGIT (Lei n.º 15/2001, de 5 de Junho), o artigo 13.º do Regime penal dos comportamentos antidesportivos (Lei n.º 50/2007, de 31 de Agosto), o artigo 31.º da Lei da droga (Dec.-Lei n.º 15/93, de 22 de Janeiro), os artigos 2.º, n.º 5, 3.º, n.º 2, 4.º, n.º 3 e 5.º, n.º 2, da Lei de combate ao terrorismo (Lei n.º 52/2003, de 22 de Agosto) ou o artigo 87.º, n.º 3, da Lei das armas (Lei n.º 5/2006, de 23 de Fevereiro).
[559] AMÉRICO TAIPA DE CARVALHO, *Comentário Conimbricense I,* artigo 162.º, § 2 e 7, afirmando que «esta atenuação especial se fundamenta na *necessidade pragmática político-criminal* de fazer cessar, no caso concreto, a continuação da lesão do bem jurídico liberdade».
[560] Em parte por esta mesma razão, PAULO PINTO DE ALBUQUERQUE, *Código Penal* (2.ª edição, 2010), artigo 345.º, anotações 3 e 4, tenta preservar o campo de aplicação do regime geral da desistência com uma interpretação abrogante da parte final do artigo 345.º, considerando que o afastamento do perigo fica sujeito ao regime do artigo 24.º do Código Penal, prevalecendo assim a impunidade deste regime em relação à mera atenuação decorrente da norma especial.

para o universo das consequências jurídicas do crime através da substituição da não punibilidade por casos de dispensa de pena ou pela mera atenuação da pena. Quanto ao regime geral da desistência tal aspecto está salvaguardado entre nós, pela amplitude, estabilidade e consenso que o envolvem[561]. Em particular, por o efeito dirimente da desistência abranger não só o abandono da execução como também as modalidades de desistência activa posteriores ao facto (e à sua consumação formal) que impedem o resultado lesivo não compreendido no tipo (ou seja, a consumação material) e, para além disso, contemplar, em alguns casos, a relevância autónoma do «esforço sério» do agente não a condicionando ao sucesso ou eficácia da intervenção (em especial nos casos em que têm intervenção uma pluralidade de pessoas, sob a forma de comparticipação ou de associação criminosa).

Devem, por isso, ser contidas as excepções *in malam partem* que surgem no domínio das infracções em especial e que, invertendo não raras vezes a desejável proporcionalidade entre a antecipação da intervenção penal e as condições e efeitos da desistência, limitam o privilégio da desistência sem fundamento claro, seja encurtando o horizonte da conduta relevante, seja remetendo o seu efeito para o plano da mera penalidade[562]. Nestes casos, subsiste um facto punível podendo apenas variar a pena concreta que lhe pode caber. Sirva de exemplo o regime de desistência dos crimes contra o Estado (artigos 308.º e ss do Código Penal) em que o artigo 345.º do Código Penal reconhece ao afastamento voluntário do perigo pelo agente um mero valor atenuante; ou, noutro caso, o regime de desistência em alguns crimes associados à posse, tráfico e consumo de estupefacientes ou em crimes de associação criminosa relativos a tais factos, no qual o legislador se limita a atribuir a valiosas condutas reparadoras ou de colaboração com as autoridades uma mera atenuação de pena ou, eventualmente, a sua dispensa (artigo 31.º do Dec.-Lei n.º 15/93, de 22 de Janeiro); o mesmo se diga, em formas de desistência nos crimes de terrorismo (*v.g.* artigos 2.º, n.º 5, ou 4.º, n.º 3, da Lei n.º 52/2003, de 22 de Agosto) em que, apesar de o agente impedir voluntariamente a consumação material, a lei nega-lhe o privilégio da impunidade por desistência. Não se vislumbra a utilidade político-criminal de limitar a relevância dirimente da desistência, pelo contrário: tudo aponta no sentido de se revelar útil a criação de espaços de oportunidade para o agente inverter o percurso em que se encontra e facilitar com isso a prossecução dos objectivos do

---

[561] Por todos, FIGUEIREDO DIAS, *Direito Penal PG I* (2.ª edição, 2007), 727 e ss, e 845 e ss (Caps. 29 e 33).
[562] Para uma ilustração destas opções (profundamente questionáveis no seu fundamento e consequências) na reforma de 1995, permito-me remeter para o meu estudo anterior «Justificação, não punibilidade e dispensa de pena» in *Jornadas* (1998), 76 e ss, e 81 e ss.

sistema penal, em particular quanto a comportamentos valiosos de colaboração que podem auxiliar o combate ao crime organizado[563].

Pode formular-se a este respeito uma dupla exigência dirigida ao legislador e ao intérprete, respectivamente:

A antecipação da intervenção penal (punição de actos preparatórios, criação de crimes de perigo, de organização ou de mera posse) deve ser acompanhada de um alargamento minimamente proporcional das possibilidades de desistência voluntária com pleno efeito dirimente[564] ou, pelo menos, devem ser limitadas as excepções ao regime geral da desistência, arrependimento activo e esforço sério que, de forma fragmentária e casuística, povoam o universo das incriminações em especial, sem um fundamento claro para o efeito. Ou seja, para além de antecipar a intervenção penal o legislador ainda limita o privilégio da desistência. A preservação do equilíbrio dogmático e político-criminal (entre a intervenção penal, o regime geral da desistência e as soluções especiais) pode evitar alguns problemas de legitimidade material associados a um excesso punitivo. Inversamente, a conjugação simultânea da antecipação da intervenção penal com a diminuição do horizonte e relevância do privilégio da desistência afigura-se dificilmente sustentável num sistema penal orientado pelo princípio da intervenção mínima, por uma concepção relativa da pena e pelo objectivo político-criminal de maximizar a tutela de bens jurídicos.

Noutro plano, a interpretação das soluções especiais não pode inutilizar o privilégio da desistência que resulta do regime geral. Pelo contrário, deve preservar a sua utilidade político-criminal, valorizando a relação material entre os diversos regimes em detrimento de uma lógica de especialidade meramente formal. O que adquire uma projecção significativa na compreensão e articulação de vários regimes legais. Assim, sempre que o agente evite voluntariamente a consumação material do facto (impedindo a consumação material ou o resultado não compreendido no tipo) o regime geral da não punibilidade deve prevalecer sobre as soluções especiais que, nesse domínio, serão limitadas pelo efeito obstrutor dos

---

[563] Neste sentido, com base numa análise comparada de vários regimes, DÍAZ-RONCERO/ COMES RAGA, «El arrepentimiento postdelictual en España: un ensayo acerca de su viabilidade como instrumento combativo del crimen organizado», *Revista Penal* 28 (2011), 67 e ss, defendendo o recurso a causas de atenuação da pena e de não punibilidade, um regime probatório especial para cristalizar o valor das declarações de co-arguidos arrependidos quando estas forem o único meio de prova, a adopção do regime de «testemunho assistido» relativamente a crimes da organização em que o declarante não participou e a integração de arguidos arrepedidos em regimes de protecção de testemunhas.

[564] Em termos semelhantes, LAGODNY, «El derecho penal substantivo como piedra de toque de la dogmática constitucional» *in* Hefendehl (ed.), *La Teoria de Bien Jurídico*, 2007, 135-136, e, anteriormente, com mais desenvolvimentos, *Strafrecht*, 489 e ss.

artigos 24.º e 25.º do Código Penal[565]. Se tal se verificar num regime especial que contemple em alternativa a não punibilidade do facto e a mera atenuação da pena a primeira deve ser reservada para os casos em que o agente impede a consumação material, ficando a segunda limitada aos casos de simples reparação dos danos depois de verificada a lesão do bem jurídico tutelado[566]. O que deve também valer para as soluções de desistência em caso de comparticipação, pois se as soluções especiais não contemplarem as situações de comparticipação o regime do artigo 25.º do Código Penal não se deve considerar excepcionado[567].

De igual modo, as condutas de desistência previstas em legislação especial que contemplem casos de «isenção de responsabilidade criminal» – como acontece por exemplo com o regime do artigo 26.º do Dec.-Lei n.º 28/84, de 20 de Janeiro – devem ser interpretadas como situações de não punibilidade subsequente do facto e não como meras hipóteses de dispensa de pena[568]. Isto por duas razões

---

[565] Pode documentar-se esta articulação com a prevalência do regime geral da desistência (artigos 24.º e 25.º do Código Penal) perante o regime de desistência dos crimes contra a economia (artigos 23.º e 24.º do Dec.-Lei n.º 28/84, de 20 de Janeiro) previsto no artigo 27.º do referido diploma, que só terá assim aplicação entre o momento da verificação do dano e antes de este se tornar um «dano considerável». Ou seja, o preceito só será aplicável quando o facto tiver atingido a consumação material (o dano) que impeça a invocação do regime geral de desistência. Até esse momento prevalece o regime geral que determina a impunidade por impedimento da consumação ou do resultado não compreendido no tipo. Com esta leitura, o regime do citado artigo 27.º contempla não um caso de desistência mas sim um comportamento reparador posterior ao facto (cfr. *infra* § 27, II deste estudo).

[566] Aponta neste exacto sentido a solução proposta por TAIPA DE CARVALHO, *Comentário Conimbricense II*, artigo 226.º, §§ 37 e 39, em ligação com o que escreve no § 35 e ss, para delimitar no regime da usura (artigo 226.º, n.º 5, do Código Penal) os casos de reparação a que deve corresponder a não punibilidade (por ainda não se ter verificado o empobrecimento da vítima) e aqueles a que deve ser aplicada a atenuação da pena (por já se ter verificado o empobrecimento da vítima, por esta ter já feito alguma disposição patrimonial a favor do agente). Assim, para o Autor a não punibilidade poderá corresponder em regra aos casos previstos nas alíneas a) e c) do n.º 5 do artigo 226.º, e a atenuação de pena à al. b) do mesmo artigo. Concordante, PAULO PINTO DE ALBUQUERQUE, *Código Penal* (2.ª edição, 2010), artigo 226.º, anotações 19 e 20. O mesmo critério (reportado à verificação ou ausência de consumação material) deve ser usado para delimitar as várias formas de relevância da desistência em crimes de tráfico e mediação de armas (artigo 87.º, n.º 3, da Lei n.º 5/2006, de 23 de Fevereiro), em que a não punibilidade deve ser aplicada aos casos de impedimento da consumação material e a atenuação especial da pena a comportamentos de ruptura ou colaboração posteriores a esse momento lesivo.

[567] FREDERICO COSTA PINTO, *A relevância da desistência*, 245-246.

[568] Neste sentido, considerando que se trata de uma figura que faz ainda parte das «causas de exclusão da responsabilidade», FARIA COSTA, *Direito Penal Económico*, 128. Depois, no sentido de que esta figura corresponde a uma causa pessoal de exclusão da punibilidade, GONÇALO

adicionais: por um lado, porque no plano material se traduzem na neutralização da danosidade do facto em condições de autonomia individual (pois verificam--se «antes de qualquer intervenção da autoridade ou denúncia de particular»), como acontece com as demais condutas de desistência; e, por outro, porque a isenção de responsabilidade proclamada pelo preceito se revela incompatível com a imputação do ilícito culposo subjacente à dispensa de pena. A mesma solução deve valer para os casos de «isenção de pena» por impedimento «espontâneo» (ou «esforço espontâneo e sério») da concretização da fraude para obtenção de subsídio ou subvenção (artigo 36.º, n.º 6, do Dec.-Lei n.º 28/84, de 20 de Janeiro) ou para obtenção de crédito (artigo 38.º, n.º 4, do mesmo diploma). Estamos assim, nestes diversos casos, perante causas de anulação da punibilidade por impedimento de consequências materiais danosas que o legislador pretende evitar com a criminalização dos factos.

II. Comportamento reparador posterior ao facto

1. Os regimes de desistência correspondem a soluções (gerais ou especiais) de valorização da conduta voluntária de um agente que evitando o mal do crime evita também o mal da pena. Contudo, em alguns casos, o legislador leva mais longe esta lógica utilitária e a opção político-criminal que lhe está subjacente reconhecendo plena relevância dirimente a comportamentos de ruptura ou de reparação assumidos pelo agente já depois de o crime ter sido cometido e de a sua danosidade material se ter produzido.

Em regra uma reparação ou colaboração em tais condições corresponderá a uma atenuante especial, contemplada no artigo 72.º, n.º 2, alínea c), do Código Penal, ou, pelo menos, a circunstâncias determinantes para a graduação da pena (artigo 71.º, n.º 2, alíneas a) e e), do Código Penal). Mas na Parte Especial surgem diversas soluções que reformulam as condições de atenuação especial da pena[569],

---

MENESES, «Punição, isenção criminal e direito económico» in ROA 70 (2010), 462-532, maxime 496 e ss, 515 e ss e, na conclusão, 528-530.

[569] Veja-se, por exemplo, os regimes de renúncia à pretensão ilícita do agente e libertação da vítima no rapto e na tomada de reféns (artigos 161.º, n.º 3, e 162.º, n.º 4, do Código Penal); demolição de obra penalmente ilícita até ao fim do julgamento em primeira instância (artigo 278.º-B, n.º 2 do Código Penal); remoção voluntária do perigo em crimes de perigo comum, antes de estes terem provocado dano considerável (artigo 286.º, do Código Penal); a reposição da verdade fiscal e pagamento da prestação tributária devida até à decisão final ou em prazo nesta fixado (artigo 22.º, n.º 2, do RGIT); entrega de mercadoria objecto de crime aduaneiro e denúncia da sua origem (artigo 100.º, n.º 3 do RGIT); comportamentos de denúncia, colaboração e obstrução à actividade de grupos e associações relacionadas com crimes antidesportivos (artigo 13.º, n.º 1 e 2, da Lei n.º 50/2007, de 31 de Agosto); condutas de abandono, ruptura

que contemplam uma renúncia à pena efectiva através da figura da dispensa de pena[570] ou que, inclusivamente, exoneram o agente da responsabilidade criminal a que efectivamente poderia ser sujeito pela prática de um crime em função da reparação dos danos que efectuou ou da colaboração que prestou, designadamente, a autoridades judiciais ou entidades policiais.

A atenuação (especial ou geral) da pena e a dispensa de pena são facilmente compreensíveis por se relacionarem com a gravidade do facto e com a ponderação de circunstâncias atenuantes expressamente previstas. Em tais casos, o facto mantém-se punível e a decisão do aplicador do direito incide exclusivamente sobre a pena a aplicar. Já a isenção plena de responsabilidade criminal constitui uma situação algo singular, pois esse efeito verifica-se perante a consumação material do crime. Ou seja, apesar de o tipo de crime estar integralmente realizado e o bem jurídico ter sido lesado o legislador configura a possibilidade de não ser atribuída ao agente qualquer responsabilidade criminal. Trata-se de uma solução que pode ser documentada através de vários regimes, como a retractação em crimes de declarações falsas (artigo 362.º do Código Penal), a restituição ou reparação em alguns crimes patrimoniais (artigo 206.º do Código Penal), a renúncia às vantagens pretendidas, ao excesso recebido ou a modificação do negócio no crime de usura (artigo 226.º, n.º 5 do Código Penal), a regularização da situação da descoberto no crime de emissão de cheque sem provisão (artigo 11.º, n.º 5, do Dec.-Lei n.º 454/91, de 28 de Dezembro) ou, eventualmente, em termos ainda a ponderar, os regimes especiais de regularização tributária (art. 5.º da Lei n.º 39-A/2005, de 29 de Julho, e artigo 131.º da Lei n.º 3-B/2010, de 29 de Abril).

2. A maior parte dos casos referidos pode ser agrupada sob a figura do comportamento reparador posterior ao facto[571]. Trata-se de formas diversas de dissocia-

---

ou colaboração com as autoridades em crimes de tráfico de estupefacientes (artigo 31.º do Dec.-Lei n.º 15/93, de 22 de Janeiro) e em crimes de tráfico e mediação de armas (artigo 87.º, n.º 3, da Lei n.º 5/2006, de 23 de Fevereiro).

[570] Para além de alguns casos citados na nota anterior, em que a dispensa de pena pode surgir como alternativa à atenuação da mesma, vejam-se os regimes de esclarecimentos ou explicações nos crimes contra a honra (artigo 186.º do Código Penal), demolição de obra penalmente ilícita antes de instaurado o procedimento criminal (artigo 278.º-B, n.º 1, do Código Penal); denúncia do crime, renúncia à dádiva, revogação da promessa ou vantagem oferecida na corrupção (artigo 374.º-B do Código Penal); a reposição da verdade fiscal e pagamento de prestação tributária em crimes de pequena e média gravidade (artigo 22.º, n.º 1, do RGIT).

[571] JAVIER DE VICENTE REMESAL, *El comportamiento postdelicitivo*, 47 e ss, 181 e ss; depois, PATRICIA FARALDO CABANA, *Las causas de levantamiento de la pena*, 26 e ss e 41 e ss. Na doutrina alemã, com muita informação, UWE BRAUNS, *Die Wiedergutmachung der Folgen der Straftat durch den Täter*, 1996. Sobre o significado dogmático e político-criminal da reparação no sistema

ção ou reparação das consequências do crime que têm lugar após a consumação material do ilícito, ou seja, depois de ter ocorrido a lesão do bem jurídico que o legislador pretende evitar. Em regra, tais comportamentos correspondem à reparação do ofendido pelo agente antes de ser atribuída responsabilidade criminal e a comportamentos de colaboração com a administração da justiça que aumentam as probabilidade de sucesso no combate ao crime[572]. Mas também podem ser vistos, pelo menos alguns casos, como prolongamentos normativos dos regimes de desistência, pois contemplam por vezes modalidades específicas de «arrependimento activo»[573].

Apesar de contemplarem condutas reparadoras levadas a cabo depois de consumado o crime e lesado o bem jurídico tutelado, o significado material e sistemático dos diversos regimes não é uniforme.

Alguns casos – como o da *retractação* (artigo 362.º do Código Penal) – surgem como formas específicas de desistência voluntária, em que se podem identificar os elementos fundamentais do privilégio da não punibilidade: uma conduta voluntária do agente que consegue *in extremis* inverter a agressão ao bem jurídico e garantir o objectivo legal de tutela. Assim, a negação da falsidade contida

---

penal. Figueiredo Dias, *Direito Penal PG I* (2.ª edição, 2007), 59-60, Roxin, *Strafrecht AT I* (4.ª edição, 2006), § 3, n.º 72 e ss, Padovani, *Diritto Penale* (6.ª edição, 2002), 332-334, Marinucci/ Dolcini, *Diritto Penale* (3.ª edição, 2009), 355-356.

[572] Javier de Vicente Remesal, *El comportamiento postdelictivo*, 40, designa estas modalidades como «comportamento postdelitual positivo», usando como referente para a sua identificação não a consumação material mas sim (como é tradicional) a consumação formal do crime (pp. 41-42). Também Uwe Brauns, *Die Wiedergutmachung der Folgen*, 254 e ss, organiza os casos de reparação em função corresponderem à realização de interesses especiais da vítima ou de interesses especiais da comunidade. Patrícia Faraldo Cabana, *Las causas de levantamiento de la pena* 23-24, caracteriza estas condutas em função de três aspectos fundamentais: serem posteriores à execução do crime e, por isso, autónomas em relação à ilicitude e à culpabilidade; tratar-se de comportamentos positivos do agente baseados na reparação dos efeitos do crime ou na colaboração com a administração da justiça; e serem comportamentos livres e não coagidos. A sua concepção de comportamento reparador posterior ao facto é, contudo, mais ampla do que a usada no presente texto, pois reporta-se à conduta do agente posterior ao *início de execução* do crime e, por isso, abrange todas as modalidades de desistência. Diversamente, neste estudo as duas figuras são autonomizadas, sendo o comportamento reparador posterior ao facto uma classificação usada apenas para descrever condutas reparadoras posteriores à consumação material do facto. Trata-se de uma solução congruente com o horizonte da desistência, que no direito português (ao contrário do que se passa em Espanha e na Alemanha) tem como limite legal expresso a consumação material do crime (por referência ao impedimento do «resultado não compreendido no tipo»).

[573] Javier de Vicente Remesal, *El comportamiento postdelictivo*, 55 e ss; Patrícia Faraldo Cabana, *Las causas de levantamiento de la pena*, 27 e ss; Padovani, *Diritto Penale* (6.ª edição, 2002), 333, Uwe Brauns, *Die Wiedergutmachung der Folgen*, 104 e ss, 235 e ss e 241 e ss.

no depoimento, na declaração ou na intervenção processual – e, sendo possível, a reposição da verdade antes de resultarem do mesmo prejuízos para terceiros – preserva os interesses materiais que se visam proteger pela criminalização daquelas falsidades[574]. A tempestividade da retractação garante a idoneidade potencial da mesma para a preservação dos bens jurídicos e limita condutas abusivas, em que o agente apenas se retractaria quando não tivesse outra alternativa[575]. A voluntariedade da conduta indicia a eventual desnecessidade de pena no plano da prevenção especial e, a recomposição da situação por actuação livre do agente, acaba por significar um reconhecimento tácito da sua culpa anterior que corrobora esse indício favorável[576]. Mas simultaneamente limita a incidência do privilégio ao agente que se retracta, impedindo a sua extensão aos eventuais comparticipantes[577]. O valor do exemplo reafirma a vigência da norma violada e atenua igualmente a necessidade da pena no plano da prevenção geral. O significado material e político-criminal da retractação legitima inclusivamente a sua extensão analógica a outras incriminações que correspondam a falsidades processuais, designadamente à denúncia caluniosa[578].

Num segundo grupo, podem incluir-se as soluções legais que não sendo modalidades de desistência, por falta de alguns elementos essenciais, podem ser pontualmente equiparadas a tal figura quanto aos efeitos que produzem sobre a decisão do processo. Estão neste caso *a restituição ou reparação em alguns crimes patrimoniais* (artigo 206.º do Código Penal), a *devolução das vantagens obtidas ou a modificação do contrato na usura* (artigo 226.º, n.º 5 do Código Penal) ou a *regularização da situação de descoberto no crime de emissão de cheque sem provisão* (artigo 11.º, n.º 5, do Dec.-Lei n.º 454/91, de 28 de Dezembro). A valorização de uma conduta

---

[574] FISCHER, *StGB* (58.ª edição, 2011), § 158, n.º 2. Por isso LACKNER/KÜHL, *StGB* (27.ª edição, 2011), § 158.º, n.º 1, e PAULO PINTO DE ALBUQUERQUE, *Código Penal* (2.ª edição, 2010), artigo 362.º, anotação 2, afirmam que estamos perante uma causa pessoal de exclusão da pena determinada pela falta de dignidade penal da conduta (invocando este a seu favor as afirmações de Figueiredo Dias na Comissão de Revisão de 1993, p. 420). Pode existir efectivamente uma diminuição da dignidade penal do facto em relação à ameaça penal cominada, mas o aspecto decisivo é contudo o da necessidade de pena.

[575] Com interpretações divergentes quanto ao momento relevante, MEDINA DE SEIÇA, *Comentário Conimbricense III*, artigo 362.º, § 10 (admitindo em tese geral a retractação até ao trânsito em julgado da sentença), e PAULO PINTO DE ALBUQUERQUE, *Código Penal* (2.ª edição, 2010), artigo 362.º, anotação 5 (admite-a apenas até o depoimento ou testemunho ter determinado qualquer decisão interlocutória ou final).

[576] Coincidente, com outra terminologia, MEDINA DE SEIÇA, *Comentário Conimbricense III*, artigo 362.º, §§ 2 e 12.

[577] MEDINA DE SEIÇA, *Comentário Conimbricense III*, artigo 362.º, § 4.

[578] COSTA ANDRADE, *Comentário Conimbricense III*, artigo 365.º, § 89. Concordante, PAULO PINTO DE ALBUQUERQUE, *Código Penal* (2.ª edição, 2010), artigo 365.º, anotação 26.

reparadora que se verifica após a consumação material do facto e permite a não atribuição (ou a extinção) de responsabilidade criminal depende em regra de três condições cumulativas: da natureza do bem jurídico e da correspondente reparabilidade do dano que o mesmo sofreu (o que se afigura possível em crimes patrimoniais dada a persistência do estado lesivo após a consumação formal e a sua reversibilidade em função da natureza fungível do património), da tempestividade dessa reparação e por vezes, tratando-se de bens jurídico pessoais, da aceitação dessa reparação pelo ofendido. A doutrina qualifica algumas destas figuras como causas pessoais de exclusão da pena ou, quando não o faz, invoca na explicitação do seu regime fundamentos materiais comuns àquelas[579]. Fundamentos que se podem reconduzir à diminuição significativa das necessidades de pena e à recomposição dos interesses do ofendido anteriormente lesados, com a consequente pacificação do conflito anterior. Mas, ao contrário da desistência, não se exige a voluntariedade do acto de reparação, embora o efeito legalmente visado pelo legislador ao nível da pena exija que a reparação corresponda a um acto praticado ou (pelo menos) determinado pelo arguido. Decisiva parece ser uma lógica utilitária próxima (mas não igual) à assunção ou negociação da culpa do direito anglo-americano e à eventual desnecessidade de continuação do processo, aqui limitada à reparação de danos patrimoniais. O que acaba por corresponder a uma solução material (extinção da responsabilidade penal) com efeitos processuais consequentes[580], pois o arguido por via da reparação pode pôr fim ao processo impedido a sua condenação, em alguns casos com o acordo do ofendido (na restituição e reparação em crimes patrimoniais ou na modificação do contrato na usura) e noutros por acto unilateral (caso do cheque sem provisão e da renúncia à vantagem pretendida ou devolução do excesso recebido no crime de usura). O condicionamento da exclusão de responsabilidade à aceitação pelo

---

[579] TAIPA DE CARVALHO, *Comentário Conimbricense II*, artigo 226.º, § 30 e ss, e *Direito Penal PG* (2.ª edição, 2008) 263-264; FARIA COSTA, *Direito Penal Especial*, 123-127, enquadrando a figura nas causas de não punibilidade, acolhendo uma forma de resolução alternativa do litígio congruente com a subsidiariedade da intervenção penal. Depois, PAULO PINTO DE ALBUQUERQUE, *Código Penal* (2.ª edição, 2010), artigo 226.º, anotações 18 a 20, e artigo 206.º, embora neste caso não qualifique sistematicamente a figura legal. FIGUEIREDO DIAS, *Comentário Conimbricense II*, artigo 206.º, escrevendo contudo antes da reforma de 2007 que criou no preceito um regime de extinção da responsabilidade criminal para alguns casos (que antes apenas beneficiavam de atenuação da pena).

[580] PAULO PINTO DE ALBUQUERQUE, *Código Penal* (2.ª edição, 2010), artigo 206.º, anotações 9 e 1º, manifesta concordância com o novo regime (alargado em 2007) e sublinha que o legislador criou reflexamente uma nova categoria processual de crimes (patrimoniais), em que o procedimento criminal por crimes públicos pode ficar dependente da vontade do ofendido quanto à aceitação da reparação.

ofendido introduz assim um momento de compromisso, «negociação» ou decisão entre intervenientes processuais (arguido e ofendido) que se pode impor ao Tribunal e ao Ministério Público.

Os diversos *regimes especiais de regularização tributária* acima citados surgem num plano material e sistemático menos claro e eventualmente algo distinto. Por um lado, a regularização tributária exige igualmente um comportamento do agente favorável à prossecução de interesses públicos específicos (interesses patrimoniais do erário público), em condições de alguma liberdade de decisão (pois o regime não será aplicado se já existir um processo inspectivo em curso ou se o agente tiver conhecimento formal de um processo sancionatório relativo aos elementos patrimoniais que se pretende regularizar) e produz um efeito de exclusão total da responsabilidade por algumas infracções tributárias relativas a factos conexos com os elementos ou rendimentos em causa[581]. Mas, por outro, o regime em causa não existirá à data dos factos criminalmente ilícitos e, por isso, a conduta do agente que funciona como pressuposto da extinção da responsabilidade será muito posterior aos mesmos. A conexão da conduta «reparadora» do agente não se verifica por isso com o facto ilícito, mas com a vigência do novo regime de regularização tributária e este surge não como uma causa de não punibilidade do facto praticado (pois não existia à data do mesmo), mas com contornos semelhantes a uma amnistia tributária, uma renúncia à aplicação da pena em alguns casos que a Administração Fiscal não identificou por si própria[582]. Um regime desta natureza não é tanto um acto de justiça relativo ao agente em função do facto praticado, mas antes «um acto de graça» (político-jurídico) determinado pela prossecução de interesses tributários que se sobrepõem, por juízo do legislador, à execução da pretensão punitiva do Estado.

§ 28. Ponderação de interesses, responsabilidade e processo

I. Protecção de cargos, funções e relações pessoais

1. O enquadramento inicial das causas de não punibilidade (§ 25) permitiu verificar como uma parte significativa destas figuras se referia à protecção de

---

[581] Cfr. artigo 4.º dos regimes de «regularização tributária de elementos patrimoniais colocados no exterior», aprovados pelo artigo 5.º da Lei n.º 39-A/2005, de 29 de Julho, e artigo 131.º da Lei n.º 3-B/2010, de 28 de Abril.

[582] Está em causa, portanto, como sublinha FIGUEIREDO DIAS, *As consequências jurídicas do crime*, 691 e ss, um «obstáculo à efectivação da punição» e não um juízo valorativo sobre a punibilidade do facto. Sobre o enquadramento dogmático da amnistia, FRANCISCO AGUILAR, *Amnistia e Constituição*, 2004, 239 e ss, salientado também o seu efeito sobre a consequência jurídica e a sua autonomia em relação ao sistema do facto punível.

situações fáctico-jurídicas que poderiam ser postas em causa com a intervenção penal. A renúncia à efectividade do poder punitivo visaria respeitar ou preservar interesses distintos daqueles que legitimam o recurso à ameaça penal (*v.g.* interesses políticos, relações internacionais, estruturas familiares).

Uma ponderação como esta tem um lastro histórico significativo[583] e adquiriu uma particular relevância (a partir da segunda década do século XX) como complemento sistemático à normativização excessiva da ilicitude e da culpa desenvolvida pelos penalistas neo-kantianos[584]. Algumas décadas depois (no início dos anos setenta) Roxin recuperou-a para fundamentar e autonomizar «a quarta categoria» no sistema do facto punível por si desenvolvido[585]. E com isso abriu caminho a novos enquadramentos, como aquele seguido por Wolter que, com base numa estrutura axiológica desta natureza, identifica vários grupos de interesses penais e extrapenais (alguns com relevância constitucional), de raiz política, político-jurídica ou simplesmente não penal, autónomos em relação aos juízos sobre o merecimento e a necessidade de pena[586]. O que na síntese de Frisch se pode descrever, à luz das finalidades específicas da norma de sanção, como um conjunto de casos que «a punição do autor se revela inadequada, porque o Direito Penal, enquanto subsistema do Direito, deve estar construído de forma a não colidir com outros interesses de nível superior que se situam fora do quadro de referência (interesses relativos à liberdade do autor; interesses a preservar com o facto ameaçado com pena; imparidade entre os interesses; necessidade, associadas à afirmação da norma)»[587].

Situações desta natureza podem ser ilustradas com as imunidades políticas e diplomáticas, com a protecção de relações pessoais ou familiares do destinatário da norma ou com actuações específicas legalmente tuteladas, como a missão do agente infiltrado ou o caso mais controverso do facto cometido num contexto de provocação estatal.

2. As imunidades de direito público[588] têm sido historicamente enquadradas no sistema do facto punível como situações em que o legislador renuncia à

---

[583] Cfr. *supra* Capítulo II, § 7, III, § 8, III e IV, § 9, II, e Capítulo V, § 25, II.
[584] Cfr. em pormenor, *infra* Capítulo VI, § 33, III.
[585] Roxin, *Kriminalpolitik*, 36, e, depois, *Strafrecht AT* (4.ª edição, 2006), § 23, n.º 21 e ss.
[586] Jurgen Wolter, «Zur Dogmatik und Rangfolge von materiellen Ausschlußgründen, Verfahrenseinstellung, Absehen und Mildern von Strafe – Sktrukturen eines ganzheitlichen Straftat-, Strafprozeß- und Strafzumessungssystems», *in* Wolter/Freund (Hrsg.), *Straftat, Strazumessung und Strafprozeß im gesamten Strafrechtssystem*, 1996, 23-25.
[587] Frisch, *Strafrechtssystem*, 166.
[588] Sobre as diversas imunidades de direito público, Jorge Miranda, «Imunidades constitucionais e crimes de responsabilidade», *Direito e Justiça* XV (2001), 27 e ss, e Carla Amado

punição de um ilícito culposo de forma a preservar interesses políticos relativos à vida parlamentar, às relações diplomáticas ou ao estatuto do Chefe do Estado[589]. Esta é ainda a solução hoje dominante, que vê em tais figuras causas de exclusão da pena[590], embora seja igualmente objecto de reserva por parte da doutrina[591]. A bondade de um ou de outro enquadramento exige o prévio esclarecimento sobre o conteúdo e a natureza das diversas figuras que se agrupam sob a designação genérica de «imunidades».

Nem todas as imunidades de direito público têm uma natureza material. É para este efeito necessário distinguir entre as situações de irresponsabilidade, as inviolabilidades e as prerrogativas processuais[592]. As cláusulas com um efeito jurídico mais forte são as da *irresponsabilidade* que correspondem à impossibilidade material de responsabilizar o titular de um cargo pelo facto que pratica e que se verificam relativamente a deputados ao parlamento[593] e (de forma diferenciada) a representantes diplomáticos e consulares[594]. Uma imunidade substancial (irresponsabilidade) cria igualmente um impedimento processual reflexo, isto é, em tais casos não poderá haver lugar à promoção de actos processuais.

GOMES, *As imunidades parlamentares no Direito Português*, 1998, 17-20. Na perspectiva do Direito Penal, BLOY, *Strafaufhebungsgründe*, 32 a 88; GARCIA PEREZ, *Punibilidade*, 247-270; MAURACH/ZIPF, *Strafrecht AT I*, § 11; MARINUCCI/DOLCINI, *Manuale* (3.ª edição, 2009), 116 e ss, JOSÉ DE FARIA COSTA, «Imunidades parlamentares e Direito Penal», *BFDUC* 76 (2000), 35 e ss, FRANCISCO AGUILAR, «Imunidades de titulares de órgãos políticos de soberania», in Maria Fernanda Palma (coord.), *Jornadas de Direito Processual Penal e Direitos Fundamentais*, 2004, 335 e ss, e, quanto às imunidades de direito internacional, PEDRO CAEIRO, *Da jurisdição penal do Estado*, 361 e ss.

[589] Assim, HEGLER, *ZStW* 36 (1915), 229 e ss e 224 e ss; RITTLER, *FG-Frank*, 14 e 18; MAX ERNST MAYER, *Allgemeiner Teil* (1915), 273-274; ZIMMERL, *Lehre vom Tatbestand*, 25; SAUER, *Allgemeiner Teil* (3.ª edição, 1955), 70 e ss.

[590] Por todos, com ampla informação, BLOY, *Strafaufhebungsgründe*, 65 e nota 29 e, depois, NEUMANN, *NK-StGB* (2005), § 36, n.º 3; GARCIA PEREZ, *Punibilidad*, 248 e ss e 257 e ss. Entre nós, FRANCISCO AGUILAR, *Jornadas de Direito Processual Penal* (2004), 337, nota 2.

[591] Por exemplo, JAKOBS, *Strafrecht*, 343-344 (10/16), KÖHLER *Strafrecht AT*, 242. Entre nós, FARIA COSTA, *BFDUC* 76 (2000), 52, e, noutra orientação, PEDRO CAEIRO, *Da jurisdição penal do Estado*, 365 e nota 920.

[592] Sobre a necessidade e contornos desta distinção tripartida, FRANCISCO AGUILAR, *Jornadas de Direito Processual Penal* (2004), 335 e ss, mas com outra terminologia (indemnidade, imunidade e prerrogativa processual). JORGE MIRANDA, *Direito e Justiça* XV (2001), 28, destingue apenas entre irresponsabilidade e inviolabilidade pessoal, esta última de natureza processual. No mesmo sentido, HILDE KAUFMANN, *Strafanspruch Strafklagrecht*, 1968, 156 e ss.

[593] Cfr. artigo 157.º, n.º 1 da Constituição.

[594] Cfr. artigo 31.º da Convenção de Viena sobre Relações Diplomáticas (1961), aprovada pelo Decreto-Lei n.º 48295, de 27 de Março de 1968, e artigo 43.º da Convenção de Viena sobre Relações Consulares (1963), aprovada pelo Decreto-Lei n.º 183/72, de 17 de Maio de 1972.

As *inviolabilidades* correspondem a imunidades processuais, ou seja, impedem que o titular do cargo seja visado por um acto processual (*v.g.* instauração de um processo criminal, constituição de arguido ou detenção)[595]. Desse ponto de vista impedem o conhecimento de mérito mas são autónomas em relação ao mesmo. As *prerrogativas processuais* traduzem-se em permissões de actuação processual diferenciada (como a possibilidade de depor por escrito ou de escolher o local para depor) ou em privilégios de foro para titulares de certos cargos (por exemplo, o foro específico para julgar o Presidente da República, Presidente da Assembleia da República ou Primeiro Ministro, por crimes praticados no exercício das suas funções, como dispõe o artigo 12.º. n.º 3, al. a), do CPP)[596].

O modelo de imunidades de titulares de cargos políticos adoptado por cada texto constitucional não é estático nem uniforme e, como refere Jorge Miranda, está relacionado com as diferentes vicissitudes da história política do Estado[597]. Actualmente, o artigo 157.º da Constituição contempla várias destas figuras a propósito do estatuto dos Deputados, existindo normas parcialmente equivalentes para o Presidente da República (artigo 130.º) e Membros do Governo (artigo 196.º). O regime mais completo é o que está previsto para os Deputados pois abrange a irresponsabilidade por votos e opiniões emitidas no exercício das suas funções (n.º 1 do artigo 157.º) e, para além disso, diversas imunidades processuais (n.º 2, 3 e 4 do artigo 157.º) e prerrogativas da mesma natureza (artigos 139.º, n.º 1, do CPP, e 624.º e 625.º do CPC)[598]. As soluções previstas para o Presidente

---

[595] Carla Amado Gomes, *As imunidades parlamentares*, 42 e ss; Francisco Aguilar, *Jornadas de Direito Processual Penal* (2004), 343 e ss.

[596] Sobre elas, em pormenor, Francisco Aguilar, *Jornadas de Direito Processual Penal* (2004), 338-339, nota 5.

[597] Jorge Miranda, *Direito e Justiça* XV (2001), 27, documentando a ideia da seguinte forma: «Assim, a passagem de monarquia a república em 1910 reflectiu-se naturalmente na figura do titular da chefia do Estado; o carácter antiparlamentar do regime de 1933 numa acentuada diminuição das imunidades dos Deputados; e a ideia de Estado de Direito democrático da Constituição de 1976 num maior rigor das normas sobre imunidades e responsabilidade criminal».

[598] Jorge Miranda, *Direito e Justiça* XV (2001) 35 e ss; Idem, *Constituição Portuguesa Anotada*, II (2006), 476 e ss; Gomes Canotilho/Vital Moreira, *Constituição da República Portuguesa*, vol. II (4.ª edição, 2010), 273 e ss; Faria Costa, *BFDUC* 76 (2000), 37 e ss; Carla Amado Gomes, *As imunidades parlamentares*, 32 e ss, 72 e ss; Francisco Aguilar, *Jornadas de Direito Processual Penal* (2004), 346 e ss. As diversas soluções de natureza processual contempladas no artigo 157.º da Constituição são em parte condicionadas pelo regime do n.º 2 do preceito que, ao exigir a autorização do Parlamento para a audição de um deputado como arguido, acaba por se sobrepor aos limites da detenção, incluindo em flagrante delito, pois com este acto processual dá-se a constituição obrigatória de arguido (artigo 58.º, n.º 1, al. c) do CPP), estatuto que por outro lado tem de existir para ser aplicada prisão preventiva (artigo 192.º,

da República e para os Membros do Governo são de natureza exclusivamente processual, abrangendo quer imunidades quer prerrogativas processuais (artigos 130.º e 196.º da Constituição e artigo 139.º, n.º 1 do CPP), não contemplando portanto situações materiais de irresponsabilidade[599].

A doutrina reconhece em regra uma natureza substantiva ao regime de irresponsabilidade parlamentar dos deputados (artigo 157.º, n.º 1) e uma natureza processual às restantes imunidades e prerrogativas[600]. Distinção a que corresponde igualmente um diferente fundamento e intencionalidade: o regime de irresponsabilidade parlamentar por opiniões e votos emitidos visa garantir a liberdade do debate político e a autonomia do Parlamento (evitando a interferência de outras instâncias no funcionamento do mesmo)[601], enquanto os regime das imunidades e prerrogativas processuais visam garantir as condições de funcionamento das instituições e cargos em causa[602]. Por isso o regime de irresponsabilidade

n.º 1 CPP). Crítico da solução acolhida no n.º 2 do artigo 157.º, por razões materialmente semelhantes, FRANCISCO AGUILAR, *Jornadas de Direito Processual Penal* (2004), 359-361.

[599] FRANCISCO AGUILAR, *Jornadas de Direito Processual Penal* (2004), 339, nota 5, 346 e ss, 348 e ss, 362 e ss. Pode ponderar-se a hipótese de aplicação do regime da irresponsabilidade a membros do governo que participem no debate político parlamentar (incluindo comissões especializadas). Sobre o tema, FRANCISCO AGUILAR, *op. cit.*, 343, nota 16.

[600] JORGE MIRANDA, *Constituição Portuguesa Anotada II* (2006), 365, 478, 479 e ss; GOMES CANOTILHO/VITAL MOREIRA, *Constituição da República Portuguesa*, vol. II (4.ª edição, 2010), 273, 274 e ss; FARIA COSTA, *BFDUC* 76 (2000); 45 e ss, 51-52 (sobre as várias hipóteses de enquadramento substantivo da irresponsabilidade) e 53-54 (designando os n.ºs 2 a 4 do artigo 157.º como «meras condições de procedibilidade»); CARLA AMADO GOMES, *As imunidades parlamentares*, 74 e ss, 85 e ss, 124 e ss; FRANCISCO AGUILAR, *Jornadas de Direito Processual Penal* (2004), 337 e ss, e 359, articulando o enquadramento substantivo da irresponsabilidade com os demais pressupostos processuais e impedimentos processuais. Na literatura estrangeira, BLOY, *Strafaufhebungsgründe*, 65 e 81; JESCHECK/WEIGEND, *Lehrbuch*, 187-188 (§ 19, II); ROXIN, *Strafrecht AT I* (4.ª edição, 2006), § 23, n.º 52; LENCKNER, *in* SCHÖNKE/ SCHRÖDER, *StGB*, § 36, n.º 1 e 2; LACKNER/KÜHL, *StGB* (27.ª edição, 2011), § 36, n.º 3-4; FISCHER, *StGB* (58.ª edição, 2011), § 36, n.º 2; GARCIA PEREZ, *Punibilidad*, 248 e ss, 252 e ss. Reservas quanto à compreensão processual das imunidades em HILDE KAUFMANN, *Strafanspruch*, 156-160, que (num entendimento minoritário), à luz da sua construção de eliminação hipotética da necessidade de processo, distingue entre a sujeição a prisão e a autorização para continuação do processo, admitindo a natureza processual da primeira e o enquadramento material da segunda.

[601] Ao referir-se a «votos e opiniões» o regime da irresponsabilidade parlamentar não abrange realidades diferentes, como a revelação indevida de informação reservada (abrangida por segredo de Estado, segredo de justiça ou segredo profissional). Neste sentido, invocando a esfera de tutela da norma, NUNO PIÇARRA, *O inquérito parlamentar e os seus modelos constitucionais*, 2004, 610.

[602] JORGE MIRANDA, *Constituição Portuguesa Anotada II*, (2006), 476; GOMES CANOTILHO/ VITAL MOREIRA, *Constituição da República Portuguesa*, vol. II (4.ª edição, 2010), 273; FARIA

é objectivo e não admite renúncia e as imunidades e prerrogativas processuais são subjectivas e podem eventualmente, no caso dos Deputados, admitir uma renúncia reflexa por via do regime de suspensão do mandato[603] ou simplesmente a abdicação de algumas prerrogativas processuais.

À convergência doutrinária quanto à fundamentação do regime da irresponsabilidade parlamentar corresponde uma dispersão significativa de opiniões quanto ao enquadramento sistemático da figura[604]. Alguns enquadramentos doutrinários podem auxiliar a análise sobre a natureza penal desta cláusula.

A vigência do regime de irresponsabilidade parlamentar não surge associada às proibições penais que vinculam também os deputados, nem a permissões pessoais de actuação. É matéria objectiva relacionada com a preservação das condições de debate político e autonomia do Parlamento. Por isso dificilmente se pode enquadrar tal regime ao nível da imputação subjectiva[605] ou mesmo da tipicidade[606]: os interesses que se visam garantir são objectivamente estranhos ao âmbito de tutela das normas penais aplicáveis e, como tal, estão fora do âmbito do facto típico e da sua imputação subjectiva, não podendo interferir com a vigência das normas de conduta inerentes aos tipos incriminadores potencialmente aplicáveis nem com a sua esfera típica de protecção.

Tão pouco parece possível retirar da existência de uma ponderação de interesses a conclusão de que estamos perante uma causa de justificação[607]. Não existe justificação sem ponderação de interesses mas nem toda a ponderação de interesses conduz à identificação de uma permissão legal de actuar. Ao contrário das causas de justificação, o regime de irresponsabilidade parlamentar não contempla normas de conduta autónomas (permissões de actuação) que se possam contrapor às normas de conduta implícitas na proibição penal. Trata-se de matéria da norma de sanção e não da norma de conduta. A irresponsabilidade parlamentar não permite por exemplo que o Deputado ofenda, mas autoriza

---

COSTA, *BFDUC* 76 (2000), 44-45, 48; CARLA AMADO GOMES, *As imunidades parlamentares*, 32 e ss, 42 e ss; FRANCISCO AGUILAR, *Jornadas de Direito Processual Penal* (2004), 357-358, 362-363.

[603] CARLA AMADO GOMES, *As imunidades parlamentares*, 36, 124-126; FRANCISCO AGUILAR, *Jornadas de Direito Processual Penal* (2004), 362-363, mas discordando quanto à possibilidade de renúncia reflexa por via da suspensão do mandato, por em sua opinião se tratar de competência exclusiva do Parlamento.

[604] Para um confronto entre várias soluções apresentadas, FARIA COSTA, *BFDUC* 76 (2000), 51, FRANCISCO AGUILAR, *Jornadas de Direito Processual Penal* (2004), 337, nota 2, e JESCHECK/WEIGEND, *Lehrbuch*, 188 (§ 19, II); GARCIA PEREZ, *Punibilidad*, 248-249.

[605] FARIA COSTA, *BFDUC* 76 (2000), 52.

[606] JAKOBS, *Strafrecht*, 343-344 (10/16).

[607] HIRSCH, *LK-StGB* (1994), *vor* § 32, n.º 227; KÖHLER, *Strafrecht AT*, 242; MARINUCCI/DOLCINI, *Manuale* (3.ª edição, 2009), 116, 118.

uma renúncia à punição se num debate parlamentar mais excessivo ofender um interlocutor. Para tal renúncia são ainda indiferentes as concretas condições de motivação do agente, pois o contexto de funcionamento desta garantia é objectivamente reportado ao exercício de funções parlamentares e não depende do concreto estado do agente e da sua capacidade de cumprir as normas de conduta inerentes aos tipos penais. O que significa que o regime da irresponsabilidade parlamentar integra matéria que também é estranha à concreta culpabilidade do agente em relação ao facto penal em causa.

Tudo aponta, em suma, para uma ponderação objectiva de interesses exterior ao ilícito culposo que visa, através da consagração de uma causa de exclusão da punibilidade, adequar o alcance da ameaça penal em círculos específicos da vida, em função da qual a preservação da autonomia do Parlamento e do respectivo processo de formação da vontade política legitimam a renúncia à intervenção penal como forma de se garantir a tutela desses interesses[608].

As imunidades de direito internacional (imunidade diplomáticas e consulares, por exemplo) apresentam igualmente uma natureza sistemática controvertida. Na sua formulação literal, os diplomatas gozam de «imunidade de jurisdição penal do Estado acreditador»[609] e os funcionários e empregados consulares «não estão sujeitos à jurisdição das autoridades judiciárias e administrativas do Estado receptor pelos actos realizados no exercício das funções consulares»[610]. O que, numa primeira impressão, pareceria legitimar a interpretação de JESCHECK, para quem a letra da lei e a possibilidade de punição pelo Estado de origem só seriam compatíveis com a natureza processual da figura[611]. Mas – como sublinha JAKOBS

---

[608] BLOY, *Strafaufhebungsgründe*, 60-65; ROXIN, *Strafrecht AT I* (4.ª edição, 2006), § 23, n.º 24; JESCHECK/WEIGEND, *Lehrbuch*, 188; MAURACH/ZIPF, *Strafrecht* AT I, § 11, n.º 40; BAUMANN/WEBER/MITCH, *Strafrecht* AT 82-83; HILDE KAUFMANN, *Strafanspruch*, 156; LENCKNER, in SCHÖNKE/SCHRÖDER, *StGB*, § 36, n.º 1; LACKNER/KÜHL, *StGB* (27.ª edição, 2011), § 36, n.º 3; FISCHER, *StGB* (58.ª edição, 2011), § 36, n.º 2. Também WOLTER, *Strafrechtssystem*, 25, na revisão que propõe para as categorias da teoria do crime.

[609] Artigo 31.º, corpo do artigo, da Convenção de Viena sobre Relações Diplomáticas (1961), aprovada pelo Decreto-Lei n.º 48295, de 27 de Março.

[610] Artigo 43.º, n.º 1 (imunidade de jurisdição) da Convenção de Viena sobre Relações Consulares (1963), aprovada pelo Decreto-Lei n.º 183/72, de 17 de Maio. A imunidade consular é assim mais limitada do que a imunidade diplomática, pois só abrange actos praticados no exercício de funções e, para além disso, a inviolabilidade contra a detenção ou prisão preventiva não abrange os casos de crime grave e de decisão de autoridade judicial competente (cfr. artigo 41.º da citada convenção).

[611] JESCHECK/WEIGEND, *Lehrbuch*, 189-190 (§ 19, III). No mesmo sentido, BAUMANN/WEBER/MITCH, *Strafrecht AT*, 80; LACKNER/KÜHL, *StGB* (27.ª edição, 2011), *vor* § 3, n.º 10; FISCHER, *StGB* (58.ª edição, 2011), *vor* § 7, n.º 21.

– um pressuposto processual que não é superável (pelo ordenamento jurídico onde o facto ocorre) oculta na verdade uma solução material[612].

A alternativa formulada por PEDRO CAEIRO – no sentido de não se tratar de uma situação de exclusão pessoal da pena, mas sim de um caso em que o agente «não se encontra (temporariamente) sujeito ao exercício da jurisdição judicativa do Estado de acolhimento»[613] – é igualmente adequada à formulação legal da imunidade, mas dificilmente conciliável com o dever (também um dever jurídico-penal) de respeito dos diplomatas pelo ordenamento jurídico do Estado onde exerçam as suas funções[614]. Este regime sugere que as normas penais de conduta do Estado de acolhimento mantêm a sua pretensão de vigência em relação a «extraterritoriais» que, desse modo, ficam sujeitos à norma de ilicitude mas não à norma de sanção da *lex loci*[615]. Solução que, num plano sistemático, se revela ainda compatível com o exercício do direito de legítima defesa perante agressões cometidas por «extraterritoriais» e com a punibilidade dos participantes que não possuam tais qualidades[616]. De outro modo, não se compreenderia que a vítima de um facto praticado por um «extraterritorial» tivesse de suportar tal agressão sem se poder legitimamente defender. O reconhecimento de um direito de legítima defesa só se afigura compatível com a natureza ilícita do facto praticado e portanto com a vigência da norma de ilicitude relevante para o caso.

Em suma: a natureza material das circunstâncias, a sua coincidência temporal e circunstancial com o facto, a sua autonomia em relação à norma de ilicitude e a congruência do sistema (*v.g.* a admissibilidade de legítima defesa perante agressões de extraterritoriais) sugerem que na imunidade diplomática estamos perante uma causa pessoal de exclusão da punibilidade[617], que visa preservar as condições do exercício pleno da acção diplomática e os canais de relacionamento internacional entre os Estados através duma excepção à eficácia da norma de sanção.

---

[612] JAKOBS, *Strafrecht AT*, 344, nota 29 (10/16), com uma formulação ligeiramente diferente da que se usa no texto.
[613] PEDRO CAEIRO, *Da Jurisdição Penal do Estado*, 365-366, nota 920.
[614] Cfr. artigo 41.º da Convenção de Viena de 1961, e artigo 53.º da Convenção de Viena de 1963.
[615] GARCIA PEREZ, *Punibilidad*, 259, vai mais longe e afirma que a violação de um especial dever de respeito pelo ordenamento jurídico estrangeiro em função da qualidade de diplomata conduz a uma ilicitude intensificada e uma culpabilidade mais elevada.
[616] MAURACH/ZIPF, *Strafrecht AT I*, § 11, n.º 39-40; BLOY, *Strafaufhebungsgründe*, 39.
[617] HILDE KAUFMANN, *Strafanspruch*, 161; ESER, *in* SCHÖNKE/SCHRÖDER, *StGB, vor* § 3, n.º 42; BLOY, *Strafaufhebungsgründe*, 57 (embora associe a figura a uma formulação processual, reconhece-lhe natureza material); MAURACH/ZIPF, *Strafrecht AT I*, § 11, n.º 40 e 43; LEMKE, *NK-StGB* (2005), *vor* § 3, n.º 62-63; GARCIA PEREZ, *Punibilidad*, 260; MARINUCCI/DOLCINI, *Manuale* (3.ª edição, 2009), 120.

3. Um círculo de interesses em que tem sido historicamente identificada a renúncia legítima à punição reporta-se às relações pessoais e familiares que podem ser postas em causas com a pretensão punitiva do Estado[618].

A relevância destas cláusulas já teve um maior peso na economia das codificações penais[619], estando hoje limitada entre nós aos crimes patrimoniais e ao favorecimento pessoal[620]. De forma, no entanto, muito distinta. Por um lado, no primeiro caso o facto é praticado pelo autor contra o cônjuge ou um parente e no favorecimento a favor de um cônjuge ou parente; e, por outro, as relações pessoais do agente determinam a natureza processual dos crimes contra o património (artigo 207.º, alínea a) do Código Penal[621]) e no favorecimento surgem configuradas (de forma geral e abstracta) como uma renúncia normativa à punição (artigo 367.º, n.º 5, do Código Penal).

As soluções legais são diferentes, mas radicam num fundamento que é parcialmente comum: em ambos os casos, trata-se de um conflito entre o interesse no exercício do poder punitivo e a preservação de vínculos matrimoniais e familiares socialmente relevantes. No caso dos crimes contra o património deixa-se (de forma casuística) ao titular do bem jurídico decidir se pretende efectivar a pretensão punitiva ou se, diversamente, renuncia à mesma para preservar as ligações matrimoniais e familiares. Tendo em conta que a tutela penal do património é individualizada e disponível, a solução é congruente e razoável, pois a consagração de uma causa de não punibilidade aplicável a todos os casos poderia conflituar com a pretensão de tutela penal da vítima. Assim, a lei deixa ao critério do ofendido a necessidade de tutela penal dos seus interesses, retirando a solu-

---

[618] Enquadramento fundamental para a autonomização das «excuses absolutoires» na doutrina penal francesa oitocentista: cfr. BEKAERT, *Théorie Génerale de L'Excuse en Droit Pénal*, 1957, 27 e ss, e *supra* § 9, II.

[619] De grande interesse sobre o tema é o estudo de MIGUEL BAJO FERNANDEZ, *El parentesco en el Derecho Penal*, 1973, onde se apresentam as diversas dirimentes baseadas no parentesco, no plano histórico, dogmático e comparado, e se conclui (p. 220 e 223) pela existência em tais casos de um conflito de interesses subjacente à pretensão punitiva resolvido com a renúncia estatal à mesma (fora dos quadros da justificação e da culpabilidade). Depois, com informação mais actual, GARCIA PÉREZ, *Punibilidad*, 103-125.

[620] Sobre a evolução histórico-legal das formas de auxílio, receptação, encobrimento e favorecimento entre nós, PEDRO CAEIRO, *Comentário Conimbricense II*, nótula antes do artigo 231.º, e MEDINA DE SEIÇA, *Comentário Conimbricense III*, artigo 367.º, § 2 a 4.

[621] Regime que tem um vasto campo de aplicação, pois é ainda invocado nos crimes de furto de uso de veículo (artigo 208.º), de apropriação ilegítima em caso de acessão ou coisa achada (artigo 209.º), de dano (artigo 212.º), dano qualificado (artigo 213.º), alteração de marcos (artigo 216.º), burla e burla de serviços (artigos 217.º e 220.º), infidelidade (artigo 224.º), abuso de cartão de garantia ou de crédito (artigo 225.º) ou na receptação (artigo 231.º, todos do Código Penal).

ção normativa da órbita do facto e colocando-a no plano processual da vontade relevante do ofendido para o início do procedimento criminal[622].

No crime de favorecimento pessoal (artigo 367.º do Código Penal) a situação é parcialmente diferente, pois o facto do agente não agride a vítima, com quem se tem uma relação matrimonial ou de parentesco, antes a visa proteger. A conduta de favorecimento é assim um ilícito contra interesses supra-individuais (a pretensão estadual de realização da justiça[623]) cometido para o agente se proteger a si próprio ou para proteger as relações matrimoniais ou familiares que poderiam ser postas em causa com a pretensão punitiva. A renúncia à punição (artigo 367.º, n.º 5, do Código Penal) é neste caso estabelecida pelo legislador que evita ou resolve, de forma geral e abstracta, o possível conflito entre o interesse na realização da justiça penal e a preservação de laços socialmente relevantes entre as pessoas.

O favorecimento pessoal adquire relevância dirimente em dois casos: quando a protecção de terceiro está necessariamente conexa com a auto-protecção do agente (alínea a) do artigo 367.º, n.º 5) e quando a pessoa protegida tem com o agente uma relação matrimonial, análoga, parental ou de afinidade (alínea b) do artigo 367.º, n.º 5, ambos do Código Penal). A formulação legal das duas cláusulas é diferente, pois a primeira possui uma conotação subjectiva e a segunda tem contornos objectivos. Na situação de favorecimento de terceiro conexo com o auto-favorecimento (alínea a) do preceito) a não punibilidade resulta de o agente «procurar ao mesmo tempo evitar que contra si seja aplicada ou executada pena ou medida de segurança», o que implica uma representação e motivação orientadas pela finalidade consciente de auto-protecção. No favorecimento de cônjuge (de facto ou de direito), parente ou afim (alínea b) do mesmo artigo) a formulação da cláusula legal é objectiva, pois basta identificar que a actuação de favorecimento beneficiou uma pessoa que tem a qualidade inerente a tal relação. A lei prescinde aqui de qualquer aferição do estado concreto em que o agente se encontra, da sua motivação ou daquilo que visa. O legislador assumiu assim a opção de não punir em tais casos independentemente do efeito que a relação matrimonial, de parentesco ou de afinidade pudesse ter tido sobre o agente em concreto. Enquanto no primeiro caso a semelhança com as situações de inexigibilidade existe e tem uma base empírica (pois o agente favorece um terceiro para

---

[622] Assim, FARIA COSTA, *Comentário Conimbricense II*, artigo 207.º, § 1, 2 e 20. Depois, PAULO PINTO DE ALBUQUERQUE, *Código Penal* (2.ª edição, 2010), artigo 207.º, anotação 5. Na Alemanha, ROXIN, *Strafrecht AT I* (4.ª edição, 2006), § 23, n.º 25.

[623] Em pormenor, MEDINA DE SEIÇA, *Comentário Conimbricense III*, artigo 367.º, § 5 a 11.

se proteger a si próprio)[624], no segundo caso a relação de matrimónio, parentesco ou afinidade produz os seus efeitos por força da lei e não em função do conflito existencial em que o agente eventualmente possa estar. Corresponderia aliás uma interpretação restritiva *in malam partem* procurar limitar o alcance objectivo da dirimente relativo a tais laços pessoais em função da existência de um conflito interior do agente que afectasse efectivamente a sua capacidade de culpa.

Por isso a genérica qualificação dogmática das duas cláusulas legais previstas no n.º 5 do artigo 367.º do Código Penal como causas de desculpa[625] não pode ser aceite sem reservas. A questão subjacente ao problema traduz-se em saber se pode existir uma causa de desculpa de contornos exclusivamente objectivos cujo funcionamento seja absolutamente indiferente à concreta capacidade de culpa do agente. Uma tal possibilidade parece ser contrariada por uma leitura sistemática da lei e pelo enquadramento da doutrina quanto às causas de desculpa. Na verdade, com excepção da inimputabilidade em razão da idade (artigo 19.º do Código Penal), que funciona independentemente da capacidade de culpa efectiva que o agente possua, todas as causas de desculpa da Parte Geral supõem uma situação concreta em que a capacidade de motivação do agente pela norma se encontra seriamente diminuída ou limitada[626]. Neste contexto, seria dificilmente compreensível que as causas gerais de desculpa se reportassem a uma situação concreta prejudicial à liberdade de decisão e actuação do agente, mas

---

[624] E por isso é invocada pela doutrina, seja por referência à ideia de inexigibilidade seja por afinidade com a situação de estado de necessidade: MEDINA DE SEIÇA, *Comentário Conimbricense III*, artigo 367.º, § 50 e 53; PAULO PINTO DE ALBUQUERQUE, *Código Penal* (2.ª edição, 2010), artigo 367.º, anotação 24; LACKNER/KÜHL, *StGB* (27.º edição, 2011), § 258, n.º 16; MAURACH/SCHROEDER/MAINWALD, *Strafrecht BT II*, § 100, n.º 24.

[625] CAVALEIRO DE FERREIRA, *Lições I* (1992), 327; MEDINA DE SEIÇA, *Comentário Conimbricense III*, artigo 367.º, § 50 e 53 (com uma formulação que é materialmente de desculpa e formalmente apresentada como «causa pessoal de exclusão da pena»); TAIPA DE CARVALHO, *Direito Penal PG* (2.ª edição, 2008), 263 (§ 482); PAULO PINTO DE ALBUQUERQUE, *Código Penal* (2.ª edição, 2010), artigo 367.º, anotações 24 e 27. Na doutrina alemã, o tratamento do § 258, VI, como uma causa de desculpa encontra-se em BLOY, *Strafaufhebungsgründe*, 125 e ss, *maxime* 128-129; SCHMIDHÄUSER, *Strafrecht AT*, 256; JESCHECK/WEIGEND, *Lehrbuch*, 507 (§ 42, II); ROXIN, *Strafrecht AT I* (4.ª edição, 2006), § 23, n.º 16.

[626] É o que se passa com a falta de consciência da ilicitude (artigo 17.º), com a inimputabilidade em razão da anomalia psíquica (artigo 20.º), o excesso de defesa por perturbação, medo ou susto não censuráveis (artigo 33.º, n.º 2), o estado de necessidade desculpante (artigo 35.º, n.º 1), a obediência indevida desculpante (artigo 37.º) . O que é ainda confirmado com exigência de uma diferenciação pessoal das culpas individuais em caso de comparticipação (artigo 29.º, todos do Código Penal). A inexigibilidade ao nível da culpa presupõe uma aferição concreta da situação do agente confrontada com um padrão normativo. Sobre o conteúdo e função deste juízo ao nível da culpa, FORNASARI, *Il principio di inesigibilità*, 319 e ss.

pudessem surgir normas especiais com causas da mesma natureza traçadas a partir de uma configuração objectiva totalmente alheia à concreta capacidade de culpa do destinatário da norma. Estaríamos em tal hipótese perante diferentes concepções da culpa penal e face a uma negação implícita da função ordenadora da Parte Geral do código. A doutrina confirma este entendimento quando, por exemplo, exige para a desculpa em geral «uma verificação empírica da capacidade de o agente se motivar em concreto pela norma»[627] ou, para a comprovação judicial do estado de necessidade, «que o juiz comprove que não era razoável exigir do agente, segundo as circunstâncias do caso, comportamento diferente. O que constitui um critério claramente pessoal – como se impõe ao nível da culpa –, sem por isso se tornar meramente individual, assim merecendo ainda a caracterização de critério *pessoal-objectivo* (...)»[628]. Em suma, uma causa de desculpa indiferente à capacidade de motivação do agente constitui um equívoco dogmático ou uma designação imprópria.

A natureza objectiva destas dirimentes tem conduzido em regra a duas soluções que revelam maior consistência dogmática: ou à sua inserção sistemática numa numa categoria intermédia entre a ilicitude e a culpabilidade, como a da «responsabilidade pelo facto» proposta por MAURACH[629]; ou ao reconhecimento de que estamos perante causas de exclusão da punibilidade, autónoma em relação ao ilícito culposo, através das quais o legislador resolve de forma objectiva, geral e abstracta o conflito entre o exercício da pretensão punitiva e a preservação de relações socialmente valiosas entre as pessoas[630]. A primeira perde algum do seu significado quando se relacionam estas cláusulas legais com os fins da pena estatal e se verifica que, em tais casos, as finalidades de prevenção geral e especial da ameaça penal são dificilmente realizáveis. O que, sem colocar em causa a pretensão de vigência da norma de ilicitude, desloca o problema para a adequação da norma de sanção numa dupla perspectiva: a da sua ineficácia no caso específico e a dos custos sociais da afirmação da pretensão punitiva em tais casos. O funcionamento do sistema penal não pode ser indiferente nem a uma nem a outra destas realidades. A primeira é um crivo de legitimação da pena estatal

---

[627] MARIA FERNANDA PALMA, *O princípio da desculpa em Direito Penal*, 2005, 139.
[628] FIGUEIREDO DIAS, *Direito Penal PG I* (2.ª edição, 2007), 615 (Cap. 22, § 20).
[629] MAURACH/ZIPF, *Strafrecht AT I*, § 31, 32, 33. Acolhe esta orientação GARCIA PÉREZ, *Punibilidad*, 107-110.
[630] Assim, precocemente, BAJO FERNANDEZ, *El parentesco*, 118-220 e ss; na doutrina alemã, LENCKNER, *in* SCHÖNKE/SCHRÖDER, *StGB* (2001), *vor* § 32, n.º 128; LACKNER/KÜLH, *StGB* (27.ª edição, 2007), § 258, n.º 17; FISCHER, *StGB* (58.ª edição, 2011), § 258, n.º 39. Também WOLTER, *Strafrechtssystem*, 20-21, por apelo a uma ideia de inexigibilidade geral dum comportamento lícito fundamentado a partir da inviolabilidade da liberdade de consciência, garantida («pelo menos em constelações extremas») pelo artigo 4.º da *Grundgesetz*.

(pois uma pena ineficaz não é uma pena necessária) e a segunda funciona como um critério de aferição da sua adequação e proporcionalidade, o que constitui uma outra forma de questionar a legitimada da norma de sanção. A afirmação da norma de sanção em tais casos correria o risco de violentar a consciência moral do destinatário da norma de conduta (no sentido já assinalado por Wolter[631]), ao exigir-lhe sob cominação penal o sacrifício de relações pessoais socialmente relevantes. A renúncia normativa à punição nas situações de favorecimento pessoal de cônjuges, parentes e afins é assim explicável pela inadequação da norma de sanção aos fins preventivos que a legitimam e pelo facto de a renúncia à punição constituir simultaneamente a forma de preservar laços pessoais valiosos que a intervenção penal não poderia pôr em causa sem que se questionasse a legitimidade de tal opção.

Em pontual conclusão: estamos perante uma causa de desculpa na situação de auto-favorecimento necessário ou reflexo (artigo 367.º, n.º 5, alínea a) do Código Penal) e perante uma causa de exclusão da punibilidade nas situações de favorecimento de cônjuges, parentes ou afins (artigo 367.º, n.º 5, alínea b) do Código Penal). Distinção que se revela consequente, designadamente em matéria de erro: o artigo 16.º, n.º 2, do Código Penal terá aplicabilidade à primeira cláusula, não sendo contudo evidente a sua aplicação à segunda que, funcionando objectivamente, deverá ser imune às representações do agente[632].

4. Um último grupo de situações em que se pode realizar uma ponderação entre interesses a preservar com a renúncia à pretensão punitiva e o interesse subjacente à sua afirmação diz respeito à actuação de agentes infiltrados e terceiros de confiança que, para preservar as suas condições actuação, para obter informações ou prova relevante ou aumentar a eficácia das operações em curso, podem praticar ilícitos penais. O problema que se coloca consiste em saber se respondem ou não por tais factos e, em caso de resposta negativa, qual o fundamento para tal exclusão da responsabilidade. A questão pode ainda estender-se, embora com outras implicações, à actuação do agente provocador e à responsabilidade do autor provocado pelos factos criminalmente relevantes que, nesse contexto, sejam praticados. Em qualquer uma das situações pode estar em causa a imputação do facto ou a adequação da ameaça penal.

---

[631] WOLTER, *Strafrechtssystem*, 20-21.
[632] Em sentido diferente, invocando o regime do erro sobre pressupostos das causas de desculpa para todas as situações de favorecimento, MEDINA DE SEIÇA, *Comentário Conimbricense III*, artigo 367.º, § 52 e 53; PAULO PINTO DE ALBUQUERQUE, *Código Penal* (2.ª edição, 2010), artigo 367.º, anotações 24 e 27.

A diversidade de posições e a literatura quase inabarcável sobre o tema não permitem, na economia deste estudo, mais do que uma referência a alguns aspectos essenciais, na exacta medida em que algumas das soluções propostas podem passar pela categoria da punibilidade[633]. Uma solução que teria, desde logo, um possível reconhecimento na literalidade do artigo 6.º, n.º 1, da Lei n.º 101/2001, de 25 de Agosto, ao declarar a «não punibilidade» de algumas condutas penalmente ilícitas de agentes encobertos. E que, para além disso, surge não raras vezes como uma possível explicação para a não punição do agente provocado e, eventualmente, do agente provocador, pela invocação de uma causa material de exclusão da punibilidade[634]. O problema tem uma dimensão processual e uma dimensão material que podendo estar relacionadas têm autonomia.

O recurso a agentes encobertos, terceiros de confiança e agentes provocadores tem entre nós uma solução relativamente clara ao nível processual: trata-se do recurso a eventuais métodos ocultos de obtenção de prova, de elevada danosidade social, apenas admissíveis com permissão legal expressa, nas condições e termos legalmente configurados e com sujeição a controlo judicial. Se assim não for, poderemos estar perante a obtenção de provas proibidas de uso processual inadmissível por recurso a meios enganosos (artigo 126.º, n.º 2 al. a) do CPP)[635].

---

[633] Para uma perspectiva sobre a diversidade de posições que se encontram, quer quanto ao problema da atribuição de responsabilidade quer quanto à validade das provas obtidas, COSTA ANDRADE, *Sobre as proibições de prova em processo penal*, 1992, 219 e ss; depois, organizando o debate em função de muitas perspectivas diferentes, ALVES MEIREIS, *O regime das provas obtidas pelo agente provocador em processo penal*, 1999, 30 e ss, e 95 e ss; também SUSANA AIRES DE SOUSA, «Agent provocateur e meios enganosos de prova», *Liber Discipulorum para Jorge de Figueiredo Dias*, 2003, 1207 e ss; por último, ISABEL ONETO, *O agente infiltrado*, 2005, 29 e ss, e 151 e ss. Na doutrina alemã, SEELMANN, «Zur materiell-rechtlichen Problematic des V-Mannes. Die Strafbarkeit des Lockspitzel und des Verlockten» ZStW 95 (1983), 797 e ss, MAURACH/GOSSEL/ZIPF, *Strafrecht* AT 2, § 51, n.º 28 e ss, JESCHECK/WEIGEND, *Lehrbuch*, 687-688, JAKOBS, *Strafrecht*, 685, nota 19, ROXIN, *Strafrecht AT II*, § 26, n.º 151 e ss, PAEFFGEN, *NK-StGB* (2005), vor § 32, n.º 302. Com notícia de literatura mais recente sobre o tema, ROXIN/SCHÜNEMANN, *Strafverfahrensrecht* (26.ª edição, 2009), 138, 280, LACKNER/KÜHL, *StGB* (27.ª edição, 2011), § 26, n.º 4, FISCHER, *StGB* (58.ª edição, 2011), § 26, n.º 12.

[634] SEELMANN, *ZStW* 95 (1983), 830-831. Também ROXIN, *Strafverfahrensrecht* (25.ª edição, 1998), 65 (§ 10, n.º 28), invocando uma causa material de exclusão da pena que impediria o nascimento da pretensão punitiva do Estado, pelo menos nos casos mais graves em que o agente provocado não era sequer suspeito da prática do crime (posteriormente, reformulou a sua posição, nos termos em que adiante se dará conta). Ainda, WOLTER, *Strafrechtssystem*, 24-25, com uma ligação às valorações constitucionais. Entre nós, RUI PEREIRA, «O consumo e o tráfico de droga na lei penal portuguesa», *RMP* 65 (1996), 75-76.

[635] COSTA ANDRADE, *Proibições de prova*, 227, 229-232, com mais referências na nota 79; ALVES MEIREIS, *Provas obtidas pelo agente provocador*, 199 e ss, 221 e ss, 249-250; SUSANA AIRES DE

Uma consequência desta natureza só terá contudo lugar em função da comprovação efectiva dos pressupostos de uma prova proibida: quando actuação do agente cause efectivamente um engano determinante da prática do facto pelo provocado. O que nos casos de provocação não acontecerá pela simples verificação de que houve ocultação da identidade ou provocação, antes exige uma indagação sobre a essencialidade e causalidade do engano sobre a liberdade de determinação do agente provocado e a sua relação com os elementos obtidos (que podem, por isso ser questionados na sua viabilidade processual)[636]. A fonte do engano processualmente ilícito será contudo a ocultação da verdadeira identidade e propósitos do agente e não propriamente a provocação realizada.

As eventuais provas proibidas que assim sejam obtidas só poderão ser usadas para determinar a responsabilidade do seu autor (artigo 126.º, n.º 2, alínea a) e n.º 4, do CPP). Mas neste exacto aspecto, de conexão entre a solução processual e a solução material, começa a zona de dúvidas, onde as soluções perdem clareza e a dispersão de opiniões se sobrepõe à limitada regulação legal. Desde logo porque a inadmissibilidade processual da prova respeita a uma solução específica do direito probatório que não se confunde com o problema dos pressupostos materiais da responsabilidade de quem esteve na origem da prova proibida. O que vale por dizer que a ilicitude processual da prova não permite inferências directas sobre a punibilidade do facto praticado pelo agente que a provocou ou conclusões seguras sobre a responsabilidade do agente provocado[637]. Entre outras razões, porque os critérios materiais e formais de aferição da legalidade e admissibilidade da prova (legalidade, transparência, controlo judicial, respeito pelos círculos íntimos e reservados da pessoa e pela sua inviolabilidade física e moral) não contemplam a análise material dos pressupostos sistemáticos da responsabilidade criminal, designadamente as condições de imputação do facto e a adequação da ameaça penal cominada para o mesmo[638].

A lei exclui em certas condições a responsabilidade do agente encoberto, desde que este não actue como instigador ou autor mediato e o ilícito cometido respeite uma relação de proporcionalidade com o vim visado pela acção (artigo 6.º, n.º 1, da Lei n.º 101/2001, de 25 de Agosto). Excluídos do âmbito da lei ficam assim os casos de criação ou domínio da vontade do autor material pelo agente

---

Sousa, *Liber Discipulorum*, 1231 e ss; Paulo Pinto de Albuquerque, *Código de Processo Penal* (4.ª edição, 2011), artigo 126.º, anotação 17.

[636] Neste sentido, Roxin, *Strafverfahrensrecht* (25.º edição, 1998) 64-65.

[637] Sobre o problema da continuidade ou descontinuidade entre ilicitude processual e ilicitude material, Costa Andrade, *Proibições de prova*, 40 e ss, e Susana Aires de Sousa, *Liber Discipulorum*, 1234-1235.

[638] Como sublinha de forma exacta Costa Andrade, *Proibições de prova*, 41 e ss, cada um dos sistemas é auto-referenciável e tem a sua própria teleologia.

encoberto. Apesar de a letra da lei ter uma formulação que poderia remeter para a não punibilidade do facto, o fundamento da exclusão da responsabilidade do agente encoberto com base no citado artigo 6.º apresenta características de uma causa de justificação e não de uma causa de exclusão da punibilidade[639]: a solução legal corresponde a uma permissão legal de conduta, prossegue interesses merecedores de tutela jurídica legitimados por lei e só se verifica quando ocorre uma necessidade da actuação nesses termos (exigência integrada no requisito da proporcionalidade). Neste caso a ponderação de interesses é resolvida num nível mais forte do sistema dogmático de análise da responsabilidade criminal: dentro dos limites da proporcionalidade e da adequação dos meios aos fins, o agente encoberto beneficia de uma permissão legal justificadora da sua actuação. Não significa isto que fora do âmbito do artigo 6.º os factos penalmente relevantes do agente encoberto gerem necessariamente responsabilidade criminal para este. O sistema dogmático das causas gerais de exclusão da responsabilidade (regime do erro, causas gerais de justificação e desculpa e causas de não punibilidade) mantém (com eventuais necessidades de adaptação) a sua aplicação. A actuação como agente encoberto não pode desproteger nem descriminar o agente a este nível: a possibilidade de lhe ser imputada responsabilidade penal implica a vigência de todo o sistema dogmático de análise do crime, sob pena de se verificar uma derrogação inaceitável do princípio da igualdade perante a lei.

Relativamente ao agente provocador e ao agente provocado as soluções são menos evidentes. Numa certa leitura do artigo 6.º da Lei n.º 101/2001, de 25 de Agosto, seria possível concluir que a actuação do agente provocador, reconduzindo-se a hipóteses de instigação ou autoria mediata, não beneficiaria do privilégio de isenção de responsabilidade acolhido no citado preceito. Mas tal conclusão pouco adianta, pois apenas permite afirmar que tal regime não fundamenta a isenção de responsabilidade de tais agentes, mas não pode excluir em si mesma outros fundamentos que conduzam ao mesmo resultado. E, também por isso, muito menos autoriza a que se conclua – *a contrario sensu* e de forma automática – pela responsabilidade do agente provocador e do agente provocado. A exclusão do agente provocador do âmbito de aplicação da causa de justificação prevista no citado artigo 6.º apenas pode significar que a prova obtida não tem a tutela legal necessária para viabilizar o seu uso processual ou que o agente não pode beneficiar dessa causa justificação especial, mas não permite concluir mais do que isto. O problema pode ser considerado quer no plano geral do sistema do facto punível, quer nas particularidades que a actuação do agente provocador revela.

---

[639] Concordante, PAULO PINTO DE ALBUQUERQUE, *Código Penal* (2.ª edição, 2010), artigo 26.º, anotação 29.

Numa solução tendencialmente dominante até há pouco tempo, ao agente provocador reconhece-se uma situação de não punibilidade por ausência de dolo quanto à consumação do facto e ao agente provocado uma simples atenuação de pena. Vigorando no domínio das formas de comparticipação um princípio da tipicidade, daí resultaria que ou seria possível enquadrar de forma isenta de dúvidas o agente provocador numa delas ou o seu comportamento não poderia ser punido. Já a responsabilidade do autor provocado seria mais linear, podendo ser graduada a pena em limites inferiores à sua culpabilidade como forma de ponderar a intervenção estatal no facto praticado[640]. Quer uma quer outra têm sido seriamente questionadas.

A exclusão da responsabilidade do agente provocador por falta de dolo de consumação assenta num duplo equívoco: o de que a instigação exigiria um «duplo dolo» (de determinar outrem à prática do facto e de que o facto atingisse a consumação) e que, na ausência desse elemento, se poderia questionar a punibilidade do agente provocador na forma de instigador. Nenhum dos argumentos é convincente: o primeiro por falta de adesão a lei e o segundo por imprecisão dos seus fundamentos. A lei não exige para a punição do instigador um «dolo de consumação», mas sim a determinação a que outrem pratique o facto, como justamente sublinha FIGUEIREDO DIAS[641]. E esse facto tanto pode corresponder a um crime de perigo abstracto, uma tentativa ou um crime consumado. A expressão «dolo de consumação» é, aliás, de diminuto rigor quando aplicada a um participante (instigador ou cúmplice), pois o dolo refere-se ao facto típico (artigo 14.º do Código Penal) que é pessoalmente imputável e a execução do facto principal pelo autor é autónoma e exterior ao facto do instigador e do cúmplice (determinar ou auxiliar outrem à prática do facto) e, como tal, não é verdadeiramente

---

[640] Informação sobre estas tendências em MAURACH/GOSSEL/ZIPF, *Strafrecht AT 2*, § 51, n.º 28, JESCHECK/WEIGEND, *Lehrbuch*, 687-688 (embora admitindo em alguns casos a responsabilidade do provocador, designadamente quando actue com dolo eventual em relação ao resultado), JAKOBS, *Strafrecht*, 685, nota 19, PAEFFGEN, *NK-StGB* (2005), *vor* § 32, n.º 302; ROXIN/ SCHÜNEMANN, *Strafverfahrensrecht* (26.ª edição, 2009), 138, 280, FRISTER, *Strafrecht AT* (5.ª edição, 2011), § 29, n.º 17 e ss, LACKNER/KÜHL, *StGB* (27.ª edição, 2011), § 26, n.º 4, FISCHER, *StGB* (58.ª edição, 2011), § 26, n.º 12. Em Itália e Espanha, veja-se, por exemplo, FIANDACA/MUSCO, *Diritto penale, Parte generale*, 456, MARINUCCI/DOLCINI, *Manuale* (3.ª edição, 2009, 403-404, e MIR PUIG, *Derecho Penal PG*, 401-402. Entre nós, por todos, ALVES MEIREIS, *Provas obtidas pelo agente provocador*, 30 e ss, com extensa informação de direito comparado.
[641] FIGUEIREDO DIAS, *Direito Penal PG I* (2.ª edição, 2007), 813 (Cap. 31, § 72). O argumento vale aliás quer para o artigo 26.º do Código Penal português, quer para o § 26 do *StGB alemão*, já que também este delimita a instigação em relação a quem «determinou dolosamente outro à prática dolosa de um facto ilícito».

objecto autónomo do dolo do participante[642]. Por outro lado, ficaria sempre por esclarecer o fundamento da não punição, quer no plano material quer no plano sistemático, em especial quando o facto tentado possui em geral (nas condições do artigo 23.º do Código Penal) dignidade penal e documenta a necessidade de pena que, em conjunto, legitimam a sua qualificação como facto punível[643]. No plano sistemático, nem sequer é claro por que razão estaríamos perante uma causa de exclusão da punibilidade, quando a falta de um elemento essencial da instigação (o dolo de consumação) indiciaria antes a existência de uma conduta atípica. Assim, invocar o argumento da falta de dolo da consumação do agente provocador e invocar simultaneamente uma causa de exclusão da punibilidade constitui uma contradição insuperável, pois estas dirimentes para terem autonomia só se podem aplicar quando o facto seja típico, ilícito e culposo. O que dificilmente acontece quando o fundamento da renúncia à punição do agente provocador é reportado à falta de um (suposto) elemento essencial da instigação.

O problema também não é verdadeiramente resolvido quando se reconhece – correctamente, em minha opinião – que o agente provocador pode actuar numa situação de necessidade[644], pois isso corresponde à invocação das causas gerais de exclusão da responsabilidade e não qualquer circunstância específica da provocação estatal.

A questão deve ser colocada perante os casos nucleares e problemáticos que correspondem às situações em que o agente provocador actua claramente como instigador ou autor mediato da prática de crimes[645], ainda prosseguindo os fins de uma acção encoberta, mas actuando fora dos limites da justificação do facto ou

---

[642] Por isso mesmo, CAVALEIRO DE FERREIRA, *Da participação criminosa*, 1934, 243 e ss, afirmava que o facto do autor representa uma condição objectiva de punibilidade para o participante (cúmplice). O que – para o problema que agora nos interessa – deveria significar uma indiferença deste facto ao regime do dolo e do erro, pela sua própria natureza dogmática.

[643] STRATENWERTH/KÜHLEN, *Strafrecht AT* (6.ª edição, 2011), § 12, n.º 151.

[644] MAURACH/GÖSSEL/ZIPF, *Strafrecht* AT, 2, § 51, n.º 40, STRATENWERTH/KÜHLEN, *Strafrecht AT* (6.ª edição, 2011), § 12, n.º 150; KINDHÄUSER, *Strafrecht AT* (5.ª edição, 2011), § 41, n.º 26. A questão é muito controversa entre a doutrina alemã que põe em causa a aplicação das causas de justificação (legítima defesa e direito de necessidade) à actuação de funcionários estatais, em particular agentes de polícia. Cfr. JAKOBS, *Strafrecht AT*, 397 e ss (12/41 e ss), LENCKNER *in* SCHÖNKE/SCHRÖDER, *StGB*, § 34, n.º 7, ROXIN, *Strafrecht AT I* (4.ª edição, 2006), § 15, n.º 108, § 16, n.º 103-104. Entre nós, FIGUEIREDO DIAS, *Direito Penal PG I* (2.ª edição, 2007), 431 e ss.

[645] Numa delimitação material das situações de provocação não devem ser incluídas nesta figura os casos em que o agente estatal intervém num crime que já está em execução, num crime que já está planeado ou em que se verifica um mero aproveitamento de uma vontade pré-existente de praticar o crime. Com mais pormenor, JAKOBS, *Strafrecht*, 685, nota 19. ROXIN, *Strafverfahrensrecht* (25.ª edição, 1998), 65, exclui ainda os casos em que a actuação policial possa ser coberta pelo regime das medidas cautelares do § 163 do *StPO* (equivalente ao artigo

de outra qualquer causa de justificação ou desculpa. A afirmação da punibilidade do agente provocador nestes casos equipara a sua actuação ao comportamento criminal comum, o que se afigura forçado. Mesmo que se admita a vigência da norma penal de conduta em tais casos (e só assim fará sentido analisar a responsabilidade do agente) o significado da sua violação pelo agente provocador é distinta da conduta ilícita e culposa de um autor que actue fora desse contexto. A desprotecção que a actuação estatal cria para os bens jurídicos merecedores de tutela penal não é um fim em si mesmo, mas um meio (questionável e carente de limitações, é certo) de atingir um fim legítimo, designadamente a prevenção ou repressão da criminalidade. A confiança comunitária na vigência das normas também não é posta em causa da mesma forma e, por isso, as necessidades de prevenção geral e especial são muito diferentes. O que permite questionar a legitimidade material da pretensão punitiva e, em especial, a adequação da ameaça penal legalmente cominada, quando a actuação do próprio Estado através do agente provocador se revela algo contraditória, pois aceita a prática do crime como meio para atingir um fim[646].

Acresce que na generalidade dos casos a actuação do agente provocador pode ser vista como a comissão de um ilícito penal sob reserva de desistência, pois a prossecução dos fins policiais e processuais implica que o autor provocado será parado em algum momento da execução do crime. Deste ponto de vista, a provocação estatal a um facto que preserve as condições de sucesso da desistência (controlo do perigo decorrente do facto, paralisação da execução do autor ou impedimento ou reversibilidade da consumação) será *ab initio* um facto distinto, também do ponto de vista da sua potencialidade lesiva e em especial da adequação da norma de sanção. A desistência activa subsequente e eficaz confirmará a não punibilidade do facto assim praticado[647].

O problema subsiste contudo em dois casos: quanto aos crimes consumados durante a execução do facto (designadamente crimes de perigo abstracto) e quando a desistência não consiga ser eficaz e o facto progrida para a consumação. Quer num caso quer noutro estaremos perante ilícitos culposos consumados e, para se manter algum rigor sistemático, só a valoração teleológica do acontecimento à luz das finalidades da norma de sanção pode permitir questio-

---

249.º do CPP). Uma delimitação negativa das figuras da provocação é ensaiada entre nós por SUSANA AIRES DE SOUSA, *Liber dicipulorum*, 1233-1234.

[646] Assim, SEELMANN, ZStW 95 (1983), 826-827.

[647] Só neste exacto sentido é que pode ganhar relevância a ideia de JESCHECK/WEIGEND, *Lehrbuch*, 688, de fundamentar a eventual renúncia ao castigo do agente provocador na neutralização do perigo típico para o bem jurídico. Também MUÑOZ CONDE/GARCÍA ARÁN, *Derecho Penal PG* (5.ª edição, 2002), 461, consideram que a invocação das regras da desistência voluntária é a única forma razoável de fundamentar a impunidade do agente provocador.

nar a adequação e a necessidade de pena em tais hipóteses. Não será a esta luz de excluir no plano argumentativo uma analogia com as situações de esforço sério e voluntário nas situações de comparticipação (artigo 25.º do Código Penal), que permitem fazer funcionar o privilégio da desistência apesar da consumação do facto pelo autor. No caso dos crimes de perigo, se os mesmos contemplarem implicitamente um momento de ilicitude material exterior ao tipo formal, a conduta de desistência do agente provocador pode incidir sobre esse «resultado não compreendido no tipo», invertendo o resultado da agressão e permitindo assim a não punibilidade apesar da consumação formal do facto. Poderá ser o caso, a título de ilustração, do agente encoberto que incita pequenos traficantes a comprarem estupefacientes, para consumo e revenda como é habitual, para dessa forma identificar a rede de tráfico acima deles, actuando de forma a que a droga adquirida não chegue a ser revendida no circuito da distribuição (cfr. artigo 21.º, n.º 1, da Lei 15/93, de 22 de Janeiro). A consumação formal do crime é ultrapassada com uma actuação que possui um horizonte mais amplo, que passa pela descoberta das cúpulas da rede e pela não distribuição pelos consumidores finais da droga adquirida por incitamento do agente provocador. O facto do agente provocador será, a esta luz, uma participação num ilícito penal (incitamento à compra de estupefacientes para tráfico subsequente), mas revelando uma menor ilicitude (pela controlo da sua danosidade potencial e pelos fins que visa) e uma menor culpabilidade do agente (a sua motivação não é violar o direito, mas garantir a eficácia do combate ao crime), acompanhadas por um juízo de desnecessidade de pena no plano da prevenção geral e especial (pois o agente não põe em causa a vigência das normas de conduta e a sua aceitação pessoal e comunitária). Ademais, o agente actua, como um participante que desiste voluntariamente, de forma a impedir que ocorra o resultado não compreendido no tipo ou invertendo o estado lesivo se tal for possível (por exemplo, devolvendo objectos furtados a uma vítima).

A consumação do crime fora destas circunstâncias poderá originar a responsabilidade do agente provocador como comparticipante no facto, designadamente quando o mesmo actue de forma insistente sobre alguém, que não é suspeito nem está predisposto a praticar o crime, de forma a tentar obter a sua condenação[648]. Por outro lado, vigorando uma possível proibição de obtenção e de valoração da

---

[648] MAURACH/GOSSEL/ZIPF, *Strafrecht AT 2*, § 51, n.º 37. Mais informação em JESCHECK/WEIGEND, *Lehrbuch*, 687-688, e nota 16, que procedem a estas distinções, mas afirmam que raramente o agente provocador é responsabilizado. Uma alternativa a ter em conta, apresentada por RUI PEREIRA, *RMP* 65 (1996), 76, consiste em punir residualmente o agente provocador por crime de abuso de poder (artigo 382.º do Código Penal), sempre que o agente com a sua conduta procure «causar prejuízo a outra pessoa».

prova em tais casos, a conduta do agente provocador tem de revelar uma utilidade concreta perante os fins legítimos (prevenção ou repressão do crime organizado ou a obtenção de conhecimentos de investigação sobre a estrutura duma organização criminosa, por exemplo) pois se assim não for a sua actuação, para além de gratuita, será materialmente danosa e processualmente inútil. Situações destas dificilmente permitem fundamentar a exclusão total da responsabilidade.

Uma última questão que se coloca é a de saber se a eventual impunidade do agente provocador se reflecte ou não na responsabilidade do agente provocado. A resposta tradicional é negativa, mas insatisfatória, pois traduz-se em reconhecer apenas uma atenuação da pena do agente provocado, eventualmente abaixo do limite da culpa revelada no facto[649]. Trata-se de uma dualidade dificilmente sustentável aceitar a não punibilidade do agente provocador por razões político-criminais e, simultaneamente, a punibilidade (atenuada) do agente provocado[650]. Nos casos de verdadeira provocação, a prática do crime em causa não existiria sem aquela. O que põe em causa a legitimidade material para o exercício do poder punitivo estatal, pois o facto criminalmente relevante é provocado por quem o pretende punir. Também no plano político-criminal o Estado estaria a actuar de forma contraditória criando, por um lado, a necessidade de pena a que procuraria responder, por outro, com a pena estatal supostamente necessária. A incidência desta contradição axiológica e teleológica sobre a norma de conduta e sobre a norma de sanção não é a mesma. A actuação do agente provocador não pode afectar a vigência da norma penal de conduta que, em si mesma, garante a protecção dos bens jurídicos independentemente das vicissitudes da actuação estatal. A legitimidade da norma de conduta funda-se na legalidade da norma de ilicitude e, por isso, não pode depender de aspectos acidentais relativos à actuação autónoma do Estado. O *deficit* de legitimidade do poder punitivo só se pode fazer sentir no plano da ameaça penal – que, pela sua natureza teleológica, supõe uma relação de meios e fins que contempla a diversidade de situações concretas visadas pela pena -, como um problema de adequação e necessidade da pena estatal para o caso concreto. As finalidades preventivas da pena são postas em causa quando a vontade do agente provocado é criada pela actuação estatal e, assim sendo, a ameaça penal iria actuar sobre uma situação artificial de necessidade de pena criada pelo próprio Estado.

Compreende-se por isso que venha a ser reclamada – perante a solução tradicional que diferencia a responsabilidade do provocador e do provocado – uma

---

[649] Informação e crítica em MAURACH/GOSSEL/ZIPF, *Strafrecht AT 2*, § 51, n.º 28, e, entre nós, COSTA ANDRADE, *Proibições de prova*, 225-227. Depois, ROXIN/SCHÜNEMANN, *Strafverfahrensrecht* (26.ª edição, 2009), 138, 280.

[650] É esta contudo a solução apresentada por JESCHECK/WEIGEND, *Lehrbuch*, 688 (§ 64, II).

«solução de tratamento igualitário» (*Gleischbehandlungslösung*), ou seja, uma alternativa que ofereça uma resposta coerente para a totalidade do acontecimento. Solução que na proposta de ROXIN e SCHÜNEMANN passa por uma (pouco clara) condição de procedibilidade constitucionamente fundada (*Verfahrensverbindung ex constitutione*)[651]. Mas que pode ser igualmente configurada (com mais nitidez sistemática) como uma causa material de exclusão da punibilidade, reportada à legitimidade material do exercício do poder punitivo, por inadequação e desnecessidade da ameaça penal à punição do provocador e do provocado[652]. Uma dirimente que, ao pôr em causa a legitimidade da ameaça penal perante os fins preventivos que a orientam, funciona ao nível substantivo e impede reflexamente que, no plano processual, surja qualquer pretensão punitiva do Estado relativamente a tal situação.

5. As estruturas dogmáticas que se foram revelando na análise das diversas situações de ponderação de interesses equacionadas possuem uma significativa autonomia no sistema de valorações da teoria do crime e uma considerável capacidade influenciar a decisão penal.

A não inexigibilidade objectivamente formulada pelo legislador não se traduz numa impossibilidade de censura jurídica, mas sim numa renúncia normativa à punição. O que pode valer para várias situações de conflito entre a pretensão punitiva estatal e outros interesses relevantes para o Estado de Direito de forma a permitir um recuo do poder punitivo em casos de inadequação preventiva da norma de sanção independentemente da efectiva interiorização do conflito pelo destinatário da norma. O que é feito de forma geral para os grupos de destinatários determinados, com indiferença em relação à concreta situação do agente e como tal fora dos quadros da aferição judicial da sua culpabilidade. Este plano de valoração permite algumas conexões com a axiologia constitucional, designadamente quando a plena afirmação da norma penal possa implicar o risco de uma violação da integridade moral do seu destinatário. A renúncia à punição por inadequação da norma de sanção poderá assim constituir mais uma solução à disposição do legislador e do aplicador do direito.

Tornou-se também evidente que a articulação da intervenção penal com outros interesses relevantes do sistema jurídico não converte necessariamente

---

[651] ROXIN/SCHÜNEMANN, *Strafverfahrensrecht* (26.ª edição, 2009), 138 (§ 22, n.º 20) e 280 (§ 38, n.º 8), reformulando assim parcialmente a sua opinião em relação à causa material de exclusão da pena defendida anteriormente.

[652] Em termos semelhantes, ao que julgo, RUI PEREIRA, *RMP* 65 (1996), 76, quando a este propósito invoca – seguindo a anterior posição de Roxin – «uma causa pessoal de exclusão da pena, por se verificar uma «perda da função do direito penal»».

tais interesses num limite estranho ao quadro de valorações das categorias do sistema do facto punível. Tal articulação pode ser vista, de forma materialmente consequente, no plano das finalidades político-criminais da norma de sanção, designadamente à luz de juízos de adequação e necessidade preventiva da ameaça penal. Com esta mudança de perspectiva, a ponderação de interesses extra-penais converte-se numa questão político-criminal sobre o significado e alcance da norma de sanção – e, portanto, num problema dos tipos legais perfeitamente integrado no sistema de análise do crime.

Nos casos analisados, a contraposição entre a norma de conduta (subjacente à norma de ilicitude) e a norma de sanção (a norma de decisão reportada à ameaça penal) revela uma real capacidade argumentativa. Através dela torna-se possível valorar de forma diferenciada os distintos aspectos do acontecimento desvalioso à luz de uma estrutura axiológica que convoca para a decisão penal todos os elementos essenciais dos tipos penais, em detrimento de uma análise parcelar exclusivamente centrada na valoração da conduta do agente e, como tal, nas categorias da ilicitude e da culpabilidade. A ameaça penal constitui um elemento essencial dos tipos incriminadores e, por isso, deve ser articulada com as valorações subjacentes ao tipo de ilícito e ao tipo de culpa nas decisões do legislador e do aplicador do direito.

II. As cláusulas de não punibilidade do aborto

1. As cláusulas de não punibilidade do aborto previstas no artigo 142.º do Código Penal têm uma natureza sistemática controvertida – revelada quer em algumas opções históricas do legislador, quer nos respectivos enquadramentos doutrinários – e, por isso, a sua análise pode ser particularmente esclarecedora sobre os fundamentos e limites da distinção entre exclusão da ilicitude e exclusão da punibilidade. Em caso algum, o debate em torno da responsabilidade por crime de aborto é exclusivamente jurídico: trata-se de um problema ético, social, político e político-criminal, com algumas dimensões que estão em boa medida fora do alcance estrito do direito penal (*v.g.* a prevenção da gravidez indesejada, o dilema ético e existencial da mulher grávida ou as consequências sociais de famílias numerosas carenciadas). Mas também não se trata de matéria que se possa situar num «espaço livre de direito», imune a qualquer valoração jurídica. Pelo contrário, num sistema de declara punível o aborto em geral é dever do legislador ponderar as circunstâncias do facto que podem interferir com a imputação da responsabilidade. Apesar da tensão existencial que se pode identificar nas circunstâncias de interrupção voluntária da gravidez trata-se de matéria carente de valoração jurídica, em relação à qual o legislador deve procurar soluções adequadas e equilibradas às circunstâncias em causa. Perante isto,

a análise da natureza jurídica das causas de exclusão da responsabilidade por interrupção voluntária da gravidez constitui apenas um problema jurídico entre uma amálgama de questões com uma natureza mais vasta e mais profunda que transcendem o objecto deste estudo.

O regime acolhido no artigo 142.º do Código Penal resulta de uma opção de fundo do legislador nacional por um modelo (em regra) misto (de indicações e prazos), que tem sido prudentemente alargado em diversas intervenções legislativas desde 1984[653]. A sua natureza sistemática até 1995 era indiciariamente sugerida pela epígrafe do preceito (o então artigo 140.º) que afirmava tratar-se de casos de «exclusão da ilicitude do aborto». A doutrina maioritária parecia convergir nesse sentido, embora com opiniões discrepantes[654]. A partir da reforma

---

[653] Sobre a evolução histórica da interrupção voluntária da gravidez entre nós, RUI PEREIRA, *O crime de aborto e a reforma penal*, 1995, 45 e ss, e FIGUEIREDO DIAS, *Comentário Conimbricense I*, artigo 142.º, § 1 a 20. Fundamentais, ainda, os sucessivos acórdãos do Tribunal Constitucional que foram acompanhando e marcando o debate doutrinário e a evolução legislativa: cfr. Acórdãos do Tribunal Constitucional n.º 25/84, de 19 de Março (Relator Joaquim da Costa Aroso); n.º 85/85, de 29 de Maio (Relator Vital Moreira); n.º 288/98, de 17 de Abril (Relator Luís Nunes de Almeida); n.º 578/2005, de 28 de Outubro (Relatora Maria dos Prazeres Beleza); n.º 617/2006, de 15 de Novembro, (Relatora Maria Fernanda Palma); n.º 75/2010, de 23 de Fevereiro (Relator Joaquim de Sousa Ribeiro) (todos disponíveis e consultados em www.tribunalconstitucional.pt e, por isso, as páginas citadas correspondem à versão impressa desses documentos).

[654] O debate doutrinário sobre a classificação sistemática das cláusulas permissivas da interrupção voluntária da gravidez encontra-se traçado, com amplas referências bibliográficas, em TAIPA DE CARVALHO, *A Legítima Defesa*, maxime 181, nota (298), 383, nota 655, onde defende a natureza justificadora das indicações. Sustentando que a «indicação terapêutica» constitui, por razões materiais, uma causa de justificação que restringe as hipóteses de legítima defesa do feto, MARIA FERNANDA PALMA, *A justificação por legítima defesa como problema de delimitação de direitos*, 1990, 553 e nota (19), que admite, para além disso, em tese geral, um alargamento do conceito de justificação a outras indicações (*v.g.* a «indicação fetopática»), extensão decorrente em parte da superação da ideia de que a justificação corresponde sempre à «aprovação de um facto valioso» para o sistema (cfr. *op. cit.*, p. 695 e ss e notas). Para uma análise crítica, onde se expressa de forma clara e fundamentada a natureza controvertida do tema, assumindo posições distintas, ANTÓNIO DE ALMEIDA COSTA, *Aborto e Direito Penal* (separata da ROA 44), 1984, 16 e ss, e 66 e ss, MARIA DA CONCEIÇÃO FERREIRA DA CUNHA, *Constituição e Crime*, 1995, 372 e ss, e RUI PEREIRA, *O crime de aborto*, 91-102, com reservas quanto à indicação fetopática. Actualmente, no sentido de todas as cláusulas do artigo 142.º corresponderem a causas de justificação FIGUEIREDO DIAS, *Comentário Conimbricense I*, artigo 142.º, §§ 16 a 20; depois, no mesmo sentido, PAULO PINTO DE ALBUQUERQUE, *Código Penal* (2.ª edição, 2010), artigo 142.º, anotação 2. Uma síntese muito completa das várias posições assumidas na doutrina portuguesa sobre a natureza das causas de não punibilidade na interrupção voluntária da gravidez, encontra-se em TERESA QUINTELA DE BRITO, «O crime de aborto» *in Direito Penal*

penal de 1995 o legislador passou a designar as diversas cláusulas como situações de «interrupção da gravidez não punível», designação que, com os sucessivos alargamentos do seu conteúdo, se mantém até hoje no citado artigo 142.º. A natureza sistemática das diversas cláusulas de exclusão da responsabilidade pelo crime de aborto não depende contudo da epígrafe do preceito, mas sim do significado dogmático e político-criminal dos elementos usados para construir cada uma das circunstâncias relevantes. Era por isso perfeitamente possível antes de 1995 considerar que algumas das cláusulas legais não correspondiam a verdadeiras causas de exclusão da ilicitude, tal como a alteração da epígrafe do preceito nessa data não permite por si afirmar que a natureza das cláusulas é necessariamente distinta da exclusão da ilicitude. A relativa neutralidade dogmática da expressão usada desde 1995 veio porventura a revelar-se a mais adequada à diversidade de situações que desde 2007 passaram a estar contempladas no preceito.

O texto de cada uma das várias circunstâncias dirimentes previstas no artigo 142.º do Código Penal não fornece elementos formais que permitam identificar uma opção vinculativa do legislador quanto à natureza ou efeitos das diversas cláusulas de exclusão da responsabilidade. Nas últimas alterações introduzidas, a Lei n.º 16/2007, de 17 de Abril, assumiu no entanto como título do diploma «exclusão da ilicitude nos casos de interrupção voluntária da gravidez», criando desse modo um horizonte jurídico mais comprometido para a matéria em causa, pelo menos no plano da intencionalidade normativa do legislador histórico. Mas o artigo 142.º manteve o mesmo tipo de redacção, quer na epígrafe, quer no texto, sem prejuízo dos novos conteúdos que foram acrescentados. Diversa foi, por exemplo, a opção do legislador alemão, pois resulta expressamente da configuração normativa de cada uma das cláusulas do § 218 a, do *StGB*, que algumas circunstâncias (no caso do n.º I, aborto realizado no prazo de 12 semanas, a pedido da mulher, com consulta de aconselhamento três dias antes da intervenção pretendida) correspondem a casos de não realização do tipo legal de aborto (*Der Tatbestand des § 218 ist nicht verwirklicht*); outras (as indicações médica, médico-social e criminológica, previstas nos n.º II e III) excluem a possibilidade de o facto ser ilícito (*ist nicht rechtswidrig*); e, residualmente (n.º IV), a realização da intervenção no prazo de 22 semanas, a pedido da mulher grávida, por um médico, com aconselhamento prévio, ou, autonomamente, num caso de especial necessidade ou aflição (*in besonderer Bedrängnis*), fazem com que a mulher não seja punível (*Die Schwangere ist nicht nach § 218 strafbar*) ou possa ser dispensada de pena (*Das Gericht kann von Strafe nach § 218 absehen*), respectivamente. Por isso a doutrina alemã identifica as situações descritas com causas de exclusão

---

Parte Especial, Lições, Estudos e Casos, 2007, 441-469, que aceita igualmente a natureza justificadora do sistema baseado nas indicações e prazos.

da tipicidade (§ 218 a, I), causas justificação (§ 218 a, II e III) e causas pessoais de exclusão da pena e de dispensa de pena (§ 218 a, IV, primeira e segunda parte, respectivamente)[655]. O legislador português não usou uma linguagem dogmática tão explícita e comprometida sistematicamente, pelo que a caracterização das cláusulas deve ser determinada em função da natureza dos seus elementos, das valorações que os mesmos podem fundamentar e da intencionalidade político--criminal do regime adoptado.

2. As situações que excluem a responsabilidade por interrupção voluntária da gravidez não têm acolhimento linear nas causas gerais de justificação[656]. A necessidade de soluções especiais resulta em parte desse facto, em particular dos limites legais do direito de necessidade e do conflito de deveres (artigos 34.º e 36.º do Código Penal), e da ponderação de aspectos específicos relacionados com o problema político-criminal da interrupção voluntária da gravidez. Os próprios elementos usados nas diversas cláusulas legais previstas no artigo 142.º do Código Penal evidenciam a necessidade de uma solução legal específica neste domínio, pois também não encontram correspondência na configuração das causas gerais de exclusão da ilicitude. Os elementos essenciais para este efeito são os prazos, as indicações e a vontade da mulher grávida (artigo 142.º, n.º 1, do Código Penal). A lei acrescenta ainda requisitos formais e exigências procedimentais que carecem igualmente de ser articuladas com as circunstâncias em causa.

Os prazos de evolução da gestação têm uma dupla função, de natureza material e formal: regulam a articulação entre dois pressupostos de exclusão da responsabilidade – o estado de evolução do feto e a vontade da mulher grávida – e funcionam como um limite formal expresso à possibilidade de ser invocada uma causa dessa natureza. Através do regime de prazos o legislador articula a evolução da vida humana dependente com a autonomia da mulher grávida, estabelecendo uma relação de concordância variável entre a progressiva formação do

---

[655] Embora a alegada «causa de exclusão da tipicidade» (§ 218 a, 1, do *StGB*) corresponda a um enquadramento muito criticado pela doutrina que a considera algo atípica, peculiar ou, na prática, uma causa de justificação ou mesmo uma simples limitação processual. Sobre os enquadramentos sistemáticos aplicáveis às diversas cláusulas, ESER, *in* SCHÖNKE/ SCHRÖDER, *StGB*, § 218 a, n.º 2, 12 e ss, 21-22, 66, 69 e 75; MERKEL, *NK-StGB* (2005), § 218 a, n.º 50 e ss, 77 e ss, 158 e ss; FISCHER, *StGB* (58.ª edição, 2011), § 218 a, n.º 2, 14 e ss, 34 e ss; LACKNER/ KÜHL, *StGB* (27.ª edição, 2011), § 218 a, n.º 1, 3, 7 e ss, e 23-24.
[656] Sobre o problema, RUI PEREIRA, *O crime de aborto*, 45 e ss; FIGUEIREDO DIAS, *Comentário Coimbricense I*, artigo 142.º, § 2 e ss; TERESA QUINTELA DE BRITO, *Direito Penal, Parte Especial*, 448 e ss e 450 e ss.

feto e a correspondente limitação à autonomia decisória da mulher[657]. A (relativa) «unidade» entre o embrião e a mulher no início da gestação vai-se diluindo com a evolução da gravidez, convertendo-se numa progressiva «dualidade»[658], a que corresponde a afirmação da vida humana dependente e uma limitação reflexa da liberdade de decisão da mulher grávida. Deste ponto de vista, os prazos não são meros elementos formais das cláusulas de exclusão da responsabilidade, mas sim elementos materiais de uma opção legislativa que pretende articular de forma minimamente equilibrada interesses opostos em função da evolução da gravidez e do merecimento de tutela de uns interesses relativamente a outros.

As indicações, por seu turno, correspondem a situações materiais em que bens jurídicos de que é titular a mulher grávida, igualmente merecedores de tutela jurídica, podem ser postos em causa com a continuação da gravidez[659]. Cada uma das indicações eleitas pelo legislador permite identificar bens jurídicos dessa natureza: nas indicações terapêuticas (artigo 142.º, n.º 1, alíneas a) e b), do Código Penal) é a vida e a integridade física ou psíquica da mulher que estão em causa; na indicação criminológica (artigo 142.º, n.º 1, alínea d), do Código Penal) é a integridade moral da mulher que pode estar em perigo com a continuação de uma gravidez que constitui o prolongamento existencial, psicológico e social da prática de um crime de que a mulher grávida foi vítima; e na indicação feto-

---

[657] Como se sublinha nos Acórdãos do Tribunal Constitucional n.º 288/98, de 17 de Abril (Relator Luís Nunes de Almeida), p. 42 e ss, e n.º 617/2006 (Relatora Maria Fernanda Palma), de 15 de Novembro, p. 20 e ss, o tempo de gestação é também um critério de ponderação de interesses a ter em conta na harmonização entre a tutela penal da vida formação e a decisão da mulher. A ponderação da evolução da gravidez para efeitos de intervenção penal, é descrita no Acórdão do Tribunal Constitucional n.º 75/2010 (Relator Joaquim de Sousa Ribeiro), de 23 de Fevereiro, p. 38 e ss, como uma «tutela progressiva», fundada na ideia de que «com o desenrolar do processo ontogenético, a realidade existencial de um dos bens a tutelar assume contornos gradativamente distintos, assim se alterando também, correspondentemente, o ponto de equilíbrio a estabelecer com as exigências decorrentes do estatuto jusfundamental da mulher grávida». Crítico quanto à solução dos prazos e, inclusivamente, à sua combinação com algumas das indicações, ANTÓNIO DE ALMEIDA E COSTA, Aborto e Direito Penal, 71 e ss.

[658] FIGUEIREDO DIAS, Comentário Conimbricense I, artigo 142.º, § 13. As expressões são de Mahrenholz e Sommer no voto de vencido à decisão do Tribunal Constitucional alemão, de 28 de Maio de 1993, in Entscheidungen des Bundesverfassungsgerichts, 88. Band (1993), 203 e ss, 338 e ss, maxime 341 e ss. Acolhe-a, bem como à valoração subjacente, o Acórdão do Tribunal Constitucional n.º 75/2010 (Relator Joaquim de Sousa Ribeiro), de 23 de Fevereiro, p. 38 e ss.

[659] Neste sentido, o Acórdão do Tribunal Constitucional n.º 617/2006 (Relatora Maria Fernanda Palma), de 15 de Novembro, p. 19, referindo-se a «uma lógica de ponderação de valores baseada no método das indicações». Também, mas em análise crítica, ANTÓNIO DE ALMEIDA COSTA, Aborto e Direito Penal, 16 e ss, considerando que na generalidade dos casos o conflito de valores que se identifica através das indicações não legitima o recurso à justificação penal.

pática (artigo 142.º, n.º 1, alínea c), do Código Penal) é a liberdade existencial da mulher e, em especial, a sua disponibilidade para desenvolver um projecto de vida onerado pelas exigências e limites de uma pessoa que sofrerá de doença grave e incurável ou de uma malformação congénita, igualmente incurável[660]. Neste sentido, as indicações constituem cláusulas materiais que identificam e regulam conflitos de interesses (ou conflitos de valores identificados por referência a interesses contrapostos) para efeitos da exclusão da responsabilidade criminal por interrupção voluntária da gravidez.

Em qualquer um dos casos, estão em conflito bens jurídicos pessoais que, embora de forma não totalmente coincidente, se podem em regra colocar no mesmo plano ou em plano equivalente ao bem jurídico sacrificado. Contudo, a liberdade existencial da mulher (e as expectativas que lhe são inerentes quanto à constituição de família) no caso da indicação fetopática não é em rigor axiologicamente equivalente à vida humana dependente que será sacrificada com a interrupção voluntária da gravidez[661]. Mas o conflito em causa tem uma dimensão moral subjectiva e, por isso, não pode ser cabalmente resolvido pelo legislador de forma geral e abstracta, como um puro conflito objectivo de interesses, pois a capacidade de suportar um tal desafio existencial não pode ser juridicamente exigível de forma padronizada e indiferenciada pelo Estado a qualquer pessoa. Razão pela qual o legislador permite a interrupção da gravidez neste caso em função da avaliação que a própria mulher possa fazer sobre a forma de resolver o potencial conflito entre os bens que estão em causa. A lei reconhece assim à mulher grávida autonomia e responsabilidade para resolver um conflito que a própria lei não conseguiria resolver adequadamente de forma geral e abstracta.

À luz deste enquadramento, a vontade da mulher grávida – o terceiro elemento essencial apontado – constitui não só uma manifestação da sua autonomia decisória como também um crivo legítimo de decisão residual que, em conjunto com a indicação e o prazo, permite uma interrupção legítima da gravidez. A lei designa-o por consentimento, mas na verdade é mais do que isso: corresponde a uma manifestação de auto-determinação e, simultaneamente, a um critério de

---

[660] O Acórdão do Tribunal Constitucional n.º 75/2010 (Relator Joaquim de Sousa Ribeiro), de 23 de Fevereiro, p. 46, reconhece esta oneração existencial (deveres permanentes de manutenção e cuidado) em relação a qualquer situação de gravidez e não apenas nos casos de indicação fetopática, onde por maioria de razão a oneração da vida da mulher que não interrompa a gravidez será sempre mais intensa. Reservas – compreensíveis – a esta ponderação de valores, em RUI PEREIRA, *O crime de aborto*, 101-102.

[661] No Acórdão do Tribunal Constitucional n.º 75/2010 (Relator Joaquim de Sousa Ribeiro), de 23 de Fevereiro, este aspecto é particularmente sublinhado no voto de vencido de Benjamim Rodrigues (cfr. p. 90), como argumento contra a solução do prazo de 10 semanas desacompanhada de indicações.

aferição subjectiva da necessidade da interrupção da gravidez para tutelar interesses relevantes. Este aspecto é essencial para se determinar a natureza sistemática das diversas cláusulas legais previstas no artigo 142.º, n.º 1, do Código Penal.

As opções de não criminalização de alguns casos de interrupção voluntária da gravidez foram assumidos pelo legislador nacional num plano juridicamente compromissório em que procurou articular uma proibição geral de lesão dolosa da vida intra-uterina com permissões de actuação em casos específicos. Esta técnica corresponde a uma das formas possíveis de relacionar os tipos incriminadores com tipos justificadores, ambos orientados para a tutela de interesses distintos numa ordem de preferências normativamente modelada pelo legislador. Na exclusão da ilicitude o legislador permite em regra o sacrifício de um bem como meio objectivamente necessário para proteger um outro bem de nível equivalente ou superior[662]. Nas indicações terapêuticas e criminológica essa estrutura axiológica está subjacente às cláusulas legais, pois em ambos os casos o legislador permite a lesão da vida do feto para proteger bens pessoais da mulher grávida (nas indicações terapêuticas a vida, a saúde física e a saúde psíquica da mulher grávida, e na indicação ético-criminológica a sua integridade moral). Trata-se de bens jurídicos pessoais com inequívoca dignidade constitucional (artigos 24.º, n.º 1, e 25.º, n.º 1, da Constituição). Na indicação fetopática os bens em conflito aparentemente não revelam uma equivalência exactamente correspondente, pois, por um lado, está em causa a vida humana dependente materializada no feto e, por outro, a liberdade existencial da mulher e o seu plano de vida familiar. Trata-se de bens jurídicos pessoais, mas tais bens não estão exactamente no mesmo plano axiológico, como decorre por exemplo da linguagem constitucional usada para os identificar (a vida e a integridade física, psíquica e moral são descritos como invioláveis, a constituição de família corresponde a um direito) e da irreversibilidade das lesões produzidas sobre os primeiros. À luz da estrutura habitual das causas de justificação, a indicação fetopática dificilmente teria de forma inequívoca essa natureza, quer por o bem protegido não ser axiologicamente equivalente ou superior ao bem lesado, quer por o sacrifício deste não se revelar necessário para a tutela daquele[663]. O que apontaria para uma causa de não puni-

---

[662] A afirmação tem naturalmente implícitos alguns pressupostos relativos à natureza e conteúdo da justificação jurídico-penal que neste momento não se podem aprofundar. Veja-se para o efeito, em sentido próximo do texto, FIGUEIREDO DIAS, *Direito Penal PG I* (2.ª edição, 2007), 390 e ss; e, numa linha de orientação distinta e inovadora, MARIA FERNANDA PALMA, *A justificação por legítima defesa*, 695 e ss, onde desenvolvem as bases de um conceito diferenciado de justificação (organizado com permissões fortes e permissões fracas, com efeitos jurídicos distintos).

[663] Por razões distintas, também MARIA FERNANDA PALMA, *RPCC* 9 (1999), 584-585, reconhece implicitamente as dificuldades do enquadramento justificador tradicional nos casos

bilidade e não uma causa de justificação[664]. Contudo, a maior parte das causas de exclusão da responsabilidade no artigo 142.º têm um elemento específico que ultrapassa a simples ponderação de objectiva de interesses subjacente às causas gerais de justificação: o juízo sobre a necessidade do sacrifício da vida do feto para a tutela de bens jurídicos pessoais da mulher grávida é em parte deixado à avaliação desta, não sendo configurado de forma exclusivamente objectiva pelo legislador. O que se afigura adequado à situação em causa, pois na interrupção voluntária da gravidez a relação de alteridade lesiva entre a mulher e o feto é limitada e até incomum, não se tratando simplesmente de uma agressão a outrem mas também de «um conflito consigo própria», de um dilema moral e existencial «sofrido como pessoalíssimo»[665]. E, também por isso, a solução legal traduz uma forma de respeitar a autonomia moral da mulher grávida (em especial respeitando a sua decisão depois da consulta de aconselhamento) evitando-se que a imposição da continuação da gravidez possa representar uma violentação da sua integridade moral, um interesse com tutela constitucional directa no artigo 25.º, n.º 1, da Lei Fundamental. Com este enquadramento, a indicação fetopática pode ser considerada uma causa de justificação especial, quer pelos interesses juridicamente relevantes que permite acautelar, quer pela particular configuração que acolhe para a resolução do problema da necessidade do sacrifício de um dos bens em conflito.

interrupção voluntária da gravidez por malformação do feto, sujeitando-os em alternativa a um conceito mais restrito de justificação baseado, simplesmente, na «mera não proibição da conduta» decorrente do funcionamento de uma «permissão fraca».

[664] Neste sentido me pronunciei em texto anterior: «Justificação, não punibilidade e dispensa de pena na revisão do Código Penal» in Maria Fernanda Palma e Tereza Pizarro Beleza (orgs), *Jornadas sobre a revisão do Código Penal*, 1999, 69-70, posição agora revista em função do enquadramento avançado no texto. Reservas quanto à ponderação de valores subjacente à indicação fetopática são também formuladas por RUI PEREIRA, *O crime de aborto*, 101-102, que equaciona a hipótese de a cláusula ser entendida como uma indicação social imprópria. A hipótese avançada por MARIA DA CONCEIÇÃO FERREIRA DA CUNHA, *Constituição e crime*, 393 e ss e 402 e ss, de compreender as diversas dirimentes (com excepção da indicação terapêutica principal) como causas de exclusão da culpa a partir da ideia de inxegibilidade não parece ter adesão às opções do legislador português que não condiciona o funcionamento das indicações a um certo efeito sobre a capacidade de culpa da mulher grávida.

[665] Nas palavras usadas pelo Acórdão do Tribunal Constitucional n.º 75/2010 (relator Joaquim de Sousa Ribeiro), de 23 de Fevereiro, p. 44. Não é possível ver a relação de alteridade lesiva no caso do aborto sem ponderar a relação de dependência que se identifica entre a evolução da gravidez e a vida da mulher grávida. Sobre as implicações desta relação de dependência para a compreensão ético-jurídica da interrupção voluntária da gravidez, MARIA FERNANDA PALMA, *Os crimes conta as pessoas* (fascículos, 1988), 142 e ss.

Na generalidade das cláusulas acolhidas no artigo 142.º do Código Penal o legislador combina o sistema das indicações com o sistema dos prazos. Tal não acontece na indicação terapêutica, da alínea a) do n.º 1, e na indicação fetopática por inviabilidade do feto (artigo 142.º, n.º 1, alínea c), parte final), em que as indicações não têm prazo; e também não se verifica na possibilidade (introduzida em 2007) de a mulher decidir pela interrupção voluntária da gravidez nas 10 primeiras semanas de gestação, em que o legislador usa o prazo sem indicação adicional. Nos dois primeiros casos a natureza das indicações não é conciliável com os prazos, pois a situação objectiva de necessidade clínica surge ou permanece independentemente de qualquer prazo e não é passível de uma articulação com o objectivo de a harmonizar com a vontade da mulher grávida. Na opção livre até às 10 semanas de gestação o legislador usa como referência a mutação qualitativa que se traduz na passagem de embrião a feto (com formação da estrutura cerebral a partir das 12 semanas) e a vontade esclarecida da mulher grávida quanto à necessidade ou não de interromper a gravidez e prescinde da exigência autónoma de uma indicação[666]. Durante as 10 primeiras semanas de gravidez existe já vida humana em formação, o que constitui um bem jurídico merecedor de tutela penal[667]. Confirma-o o facto de a evolução de vida se fazer por cumulação de estádios, em que uns acrescem aos outros sem excluir os anteriores[668], e o facto de agressões dolosas de terceiros, não consentidas pela mulher, durante esse período poderem realizar o tipo legal do aborto. Mas a lei penal permite a interrupção voluntária da gravidez dentro desse limite temporal desde que tal

---

[666] Veja-se, FIGUEIREDO DIAS, *Comentário Conimbricense I*, artigo 142.º, § 12 e 13; RUI PEREIRA, *O crime de aborto*, 80 e ss. Modelo que teve o acordo expresso do Tribunal Constitucional no Acórdão n.º 75/2010 (relator Joaquim Sousa Ribeiro), de 23 de Fevereiro, p. 35 e ss. Mas com importantes declarações de voto em sentido contrário (de Borges Soeiro, Benjamim Rodrigues, Pamplona Oliveira, Maria Lúcia Amaral e Rui Moura Ramos) por, em apertada síntese, entenderem, com formulações diversas, que o modelo dos prazos desacompanhado qualquer indicação material e o aconselhamento meramente formal e informativo (ou seja, não dissuasor e com a proibição de participação dos médicos que invocaram objecção de consciência) não garantem de forma minimamente adequada e proporcional o dever constitucional de protecção da vida humana em formação.

[667] FIGUEIREDO DIAS, *Comentário Conimbricense I*, artigo 142.º, § 9. Concordante, o Acórdão do TC n.º 75/2010 (relator Joaquim Sousa Ribeiro), de 23 de Fevereiro, p. 35 e ss: «a vida intra-uterina é um bem digno de tutela em todas as fases pré-natais, sem prejuízo de admitir diferentes níveis e formas de protecção, em correspondência com a progressiva formação do novo ente». Anteriormente, com vários elementos historicamente relevantes para o debate desta questão, ANTÓNIO DE ALMEIDA COSTA, *Aborto e Direito Penal*, 74 e ss. Depois, RUI PEREIRA, *O crime de aborto*, 53 e ss.

[668] Este aspecto foi particularmente relevante no voto discordante de Rui Moura Ramos ao Acórdão do TC n.º 75/2010 (relator Joaquim Sousa Ribeiro), de 23 de Fevereiro, p. 99 e ss.

corresponda a uma vontade da mulher grávida (livre, esclarecida e persistente) manifestada após a consulta de aconselhamento e decorrido um período de reflexão não inferior a três dias. Esta ponderação da necessidade sentida pela mulher em realizar a interrupção da gravidez, nas condições referidas, legitima um recuo do poder punitivo estatal[669].

À luz deste enquadramento, o artigo 142.º, n.º 1, contempla causas de justificação com uma configuração especial[670], que não se reconduzem simplesmente a uma permissão objectivamente necessária para a salvaguarda de um interesse equivalente ou superior ao interesse sacrificado. O que se revela congruente com o facto de existir durante uma parte significativa da gravidez uma relação de dependência biológica entre a vida do feto e a vida da mãe, com repercussões necessárias sobre esta, e ser possível uma articulação entre a evolução da gestação e a liberdade decisória da mulher. E, também por isso, pode existir justificação desde que se verifique uma permissão de actuar, numa situação de conflito de bens minimamente equivalentes em que, para salvaguarda de um deles, se deixa que o juízo sobre a necessidade do sacrifício seja parcialmente assumido pela mulher grávida, dentro dos limites fixados pelo legislador (condições e prazos). A solução oposta implicaria uma violentação moral e existencial da mulher grávida, que um Estado de Direito em sentido material não pode assumir legitimamente nas suas decisões legislativas.

Esta solução é ainda congruente com o facto de o legislador pretender garantir a tais permissões legais a tutela forte da justificação: envolvimento público na resolução do conflito, ausência de responsabilidade para o corpo médico envolvido, proibição de interferências externas e garantia de condições clínicas para realização da interrupção voluntaria da gravidez[671]. Aspectos que têm uma dimensão jurídica e um horizonte político-criminal fundamentais na opção de combate ao aborto clandestino, um grave problema de saúde pública, mas que, em

---

[669] No Acórdão do Tribunal Constitucional n.º 671/2006, de 15 de Novembro (Relatora Maria Fernanda Palma), p. 21, afirma-se que a aceitação da decisão de interromper a gravidez até às 10 semanas por vontade da mulher não equivale à inexistência de uma ponderação de valores, pois «não se trata de admitir que uma *privacy*», como direito constitucional a abortar livremente, prevaleça sobre a vida do feto, mas antes reconhecer que, para efeitos de punição, num tempo limitado, a liberdade de opção da mulher possa impedir a intervenção do Direito Penal». Essa liberdade de opção – continua o mesmo Acórdão – corresponde à «liberdade de desenvolver um projecto de vida» com acolhimento no artigo 26.º da Constituição.
[670] Sobre o tema das causas especiais de justificação e as dificuldades na sua identificação e delimitação sistemática, Faria Costa, *Direito Penal Especial*, 2004, 99 e ss. Depois, Teresa Quintela de Brito, *Direito Penal, Parte Especial*, 448 e ss.
[671] Figueiredo Dias, *Comentário Conimbricense I*, artigo 142.º, § 17-19, Teresa Quintela de Brito, *Direito Penal, Parte Especial*, 441-443.

primeira linha, representa um perigo para a vida e saúde da mulher grávida, com riscos adicionais de ilegítimo aproveitamento pessoal e económico do conflito interior em que a mesma se encontra[672].

3. A lei contempla ainda requisitos formais e exigências procedimentais, relativas às *condições de realização da interrupção voluntária da gravidez* (como a consulta prévia de aconselhamento, a intervenção de médico habilitado, a realização da intervenção em estabelecimento de saúde oficial ou oficialmente reconhecido, decorrentes de partes diversas do artigo 142.º, n.º 1), *à certificação das circunstâncias legalmente relevantes* (artigo 142.º, n.º 2, 3 e 7) e *à forma de a mulher prestar o seu consentimento* (artigo 142.º, n.º 4, 5 e 6, todos do Código Penal). Saber qual o seu significado relativo e natureza jurídica na configuração das causas de justificação passa por identificar os aspectos materiais e o objectivo de tutela subjacente a cada um deles. Neste sentido, o critério para determinar a natureza destas exigências legais consiste em identificar a sua conexão com os elementos fundamentais da justificação, o que, para o efeito, se traduz em saber se dizem respeito ao conteúdo material dos prazos, das indicações e da vontade da mulher ou se, diversamente, respeitam apenas à sua documentação (e à garantia – não despicienda – das condições de segurança jurídica quanto à verificação dos pressupostos justificadores).

As condições de realização da interrupção voluntária da gravidez relativas ao *local da intervenção*, ao *médico* que a realiza ou dirige e à *consulta prévia de aconselhamento* são fundamentalmente estabelecidas a favor da mulher[673], mas têm um significado funcional de tutela mais amplo que não pode ser ignorado. As exigências legais quanto ao médico que realizará a intervenção e ao estabelecimento de saúde onde a mesma terá lugar visam garantir condições clínicas favoráveis à preservação da vida e da saúde da mulher. A consulta de aconselhamento e o período de reflexão antes da intervenção clínica constituem uma forma de garantir a consistência da sua opção (uma decisão «livre, consciente e responsável», como se refere no artigo 142.º, n.º 4, al. b), do Código Penal) perante a irreversi-

---

[672] Reconhece isto mesmo, o Acórdão do TC n.º 75/2010 (relator Joaquim Sousa Ribeiro), de 23 de Fevereiro, p. 43, como um problema de inidoneidade do regime de punição indiferenciada que não tenha em conta a evolução da gestação. E, por isso, conclui que «não é de esperar que a penalização criminal crie um «ambiente» de decisão favorável à prossecução da gravidez» (p. 44).

[673] FIGUEIREDO DIAS, *Comentário Conimbricense I*, artigo 142.º, § 14, 45 e 47 (acrescentando que a exigência de que se trate de um estabelecimento oficial de saúde representa uma garantia adequada à prossecução do interesse estadual na resolução do problema desta forma); DAMIÃO CUNHA, *Comentário Conimbricense I*, artigo 140.º, § 32; PAULO PINTO DE ALBUQUERQUE, *Código Penal* (2.ª edição, 2010), artigo 142.º, anotação 13.

bilidade da mesma uma vez realizada a interrupção voluntária da gravidez. Sendo a necessidade de intervenção também parcialmente subjectivada nestas cláusulas, o que constitui um critério legítimo de ponderação de bens neste caso, como se referiu, isso significa que a consulta de aconselhamento e o prazo de reflexão constituem elementos fundamentais da justificação por dizerem directamente respeito a formação de requisitos essenciais desta (a vontade da mulher e o juízo de necessidade na ponderação de interesses a realizar). Para além disso, alguns desses elementos podem também ser vistos como instrumentos adequados para incrementar a protecção de bens constitucionalmente relevantes, pela oportunidade objectiva e subjectiva que criam de continuação da gravidez e preservação da vida do feto[674]. A sua relação com a matéria da ilicitude torna assim aplicável quer o regime do erro do artigo 16.º, n.º 2, quer o regime da consciência da ilicitude (artigo 17.º). Se existirem os elementos da justificação (prazo, indicações e vontade da mulher) mas faltar algumas das condições legais adicionais não pode por isso funcionar a causa de justificação cuja aplicabilidade esteja em causa. É contudo defensável que em tal caso a mulher possa beneficiar de uma causa de desculpa (artigo 35.º do Código Penal) ou, na impossibilidade de se cumprirem todos os requisitos desta, de uma causa pessoal de não punibilidade, ponderada à luz de alguns elementos das causas de justificação incompletas e das finalidades da pena estatal.

Os elementos relativos à *certificação das condições* de realização da interrupção voluntária da gravidez e à *forma de a mulher prestar o seu consentimento* (artigo 142.º, n.º 2 e 4) não estão no mesmo plano que os requisitos materiais da justificação. Trata-se de exigências formais e procedimentais relativas à documentação dos pressupostos das causas de justificação e não de elementos que fundamentem o juízo justificador. Tais elementos comprovam parte das circunstâncias relevantes, mas não se confundem com a realidade a comprovar: as indicações, os prazos ou a vontade da mulher. A sua falta não significa por isso que o facto seja criminalmente ilícito, mas sim que pode existir alguma dúvida sobre as condições de justificação do mesmo. A sua importância situa-se no plano funcional da segurança quanto à verificação dos elementos das causas de justificação e não no plano material dos elementos necessários à valoração do acontecimento. A sua falta não pode por isso corresponder à inaplicabilidade das causas de justificação[675].

---

[674] Neste sentido, o Acórdão do Tribunal Constitucional n.º 75/2010 (relator Joaquim Sousa Ribeiro), de 23 de Fevereiro, p. 40. Entendimento já assumido anteriormente no Acórdão do Tribunal Constitucional n.º 671/2006, de 15 de Novembro (Relatora Maria Fernanda Palma), p. 21-22, onde se destaca a importância do aconselhamento no plano da tutela preventiva de bens fundamentais.

[675] Assim, TERESA QUINTELA DE BRITO, *Direito Penal, Parte Especial*, 478-481, com informação rigorosa sobre as posições assumidas por diversos autores no seu ensino oral. Em sentido

Independentemente das divergências e das soluções sobre a matéria que se encontram no debate doutrinário, deve notar-se que a impossibilidade de funcionar uma das causas de justificação prevista no artigo 142.º do Código Penal não significa que exista reflexamente atribuição de responsabilidade criminal, mas apenas que a causa especial de exclusão da ilicitude não é aplicável. Têm por isso plena aplicabilidade as causas gerais de desculpa e, residualmente, a opção pela não punibilidade, de acordo com os critérios materiais desenvolvidos nos Capítulos VII e VIII deste estudo.

4. O percurso realizado pelas causas especiais de exclusão da ilicitude no crime de aborto permite identificar alguns aspectos essenciais da justificação penal que, pela sua prevalência sistemática, adquirem relevância indirecta no tema da autonomização da categoria da não punibilidade.

As diversas causas de justificação correspondem a permissões legais com algumas características particulares: não são puras normas de valoração, mas sim normas de conduta com um alcance permissivo que incidem sobre a vigência do dever de que depende a imputação; essa permissão prossegue valores relevantes para o sistema jurídico e, por isso, as causas de justificação contêm simultaneamente normas de conduta e normas de valoração; o juízo de ponderação de interesses subjacente à valoração legal de exclusão da ilicitude não se limita a identificar interesses conflituantes, antes exige um critério material de possível ordenação desses interesses que esteja subjacente à opção legal de permitir a tutela de um deles com sacrifício do outro; essa ordenação supõe um mínimo de equivalência axiológica entre o interesse prosseguido e o interesse sacrificado e a necessidade de sacrifício deste para afirmação daquele; as normas permissivas que excluem a ilicitude do facto são em si mesmas merecedoras de tutela jurídica e, por isso, o sistema não pode admitir interferência de terceiros nas condutas permitidas.

As causas de não punibilidade para terem autonomia sistemática não podem ser sujeitas a estas mesmas características, sob pena de inutilidade absoluta. Por contraposição às causas de justificação, as causas de não punibilidade podem prosseguir a tutela de interesses que não tendo dignidade axiológica para jus-

---

diferente, considerando que a preterição ou falta destes elementos exclui a aplicabilidade da causa de justificação (ressalvado o regime da intervenção urgente), FIGUEIREDO DIAS, *Comentário Conimbricense I*, artigo 142.º, § 49 (quanto à certificação das indicações e prazos) e § 57 (quanto à certificação do consentimento, em função da gravidade das consequências do acto em causa); DAMIÃO CUNHA, *Comentário Conimbricense I*, artigo 140.º, § 35; PAULO PINTO DE ALBUQUERQUE, *Código Penal* (2.ª edição, 2010), artigo 142.º, anotações 12, 13 e 18. E também o Acórdão do Tribunal Constitucional n.º 75/2010 (Relator Joaquim Sousa Ribeiro), de 23 de Fevereiro, p. 71.

tificar o sacrifício de outros interesses podem, contudo, legitimar a renúncia à pretensão punitiva do Estado. Para além disso, podem traduzir-se em simples normas de valoração, não sendo necessário que acolham normas de conduta dirigidas ao cidadão. E tratando-se de uma possível renúncia à pretensão punitiva do Estado os critérios materiais que podem orientar tal decisão terão de revelar uma natureza congruente com o conteúdo e finalidade dessa decisão.

Perante isto, é clara a precedência material e sistemática da justificação perante a não punibilidade e a vocação residual desta como forma de adequar o exercício do poder punitivo estatal a certas circunstâncias concretas não acolhidas pela exclusão da ilicitude ou da culpabilidade.

III. Extinção da responsabilidade e obstáculos processuais

1. Num último grupo de figuras por vezes relacionadas com a categoria da punibilidade devem ainda ser consideradas diversas cláusulas legais que têm em comum o facto de surgirem nos textos legais sob a equívoca designação de «causas de extinção da responsabilidade penal».

Um rápido percurso pelo Código Penal permitiria, com a segurança fundada na designação do Título V do seu Livro I, enquadrar neste domínio a prescrição do procedimento criminal e das penas, a morte do arguido, a amnistia e o indulto (artigos 118.º a 128.º do Código Penal). Mas qualquer certeza assim adquirida seria posta em causa quer por outras passagens da lei, quer pelos enquadramentos doutrinários relativos a tais elementos. Quanto ao primeiro aspecto, a mesma designação é utilizada pelo legislador para se referir a outras figuras, como a restituição e reparação nos crimes patrimoniais (artigo 206.º do Código Penal) ou o pagamento da quantia a descoberto no crime de emissão e cheque sem provisão (artigo 11.º, n.º 5, do Dec.-Lei n.º 454/91, de 28 de Dezembro), o que tornaria facilmente questionável a eventual unidade dogmática dos institutos em causa pela heterogeneidade dos mesmos. De igual modo, o confronto entre a designação legal das figuras e a sua configuração normativa também não se revelaria particularmente esclarecedora, pois aquela assume um referente material (a responsabilidade) mas na formulação do seu regime legal algumas incidem directa e exclusivamente sobre o procedimento criminal (*v.g.* a prescrição do procedimento ou a amnistia). Perante isto, poderia ainda questionar-se se outras figuras não incluídas no citado Título VI poderiam ou não ser igualmente tratadas como causas de extinção da responsabilidade, como a queixa, a renúncia, caducidade ou desistência da queixa (nos crimes semi-públicos e particulares) ou o caso julgado, pois surgem associadas a efeitos imediatos sobre o processo com reflexos sobre a eventual responsabilidade do arguido. O segundo aspecto – relativo ao enquadramento dogmático avançado pela doutrina – só acentuaria a incerteza sobre as matérias: a doutrina evidencia a mais profunda dispersão de soluções quanto à natureza e enquadramento das figuras em causa[676].

O plano metodológico permite análises mais consistentes do que o enquadramento legal, sugerindo desde logo as causas de extinção da responsabilidade só podem abranger elementos independentes do facto punível: a extinção da responsabilidade pressupõe, por um lado, a existência de um facto que pode gerar atribuição de responsabilidade – ou seja, um facto punível – e, por outro, que tais circunstâncias quando ponderadas não podem decidir da existência de eventual responsabilidade, mas apenas da possibilidade de a mesma subsistir (em termos reais ou potenciais, consoante o estado de evolução do processo). Deste modo se traça uma linha de fractura entre os elementos do facto punível que constituem a fonte do juízo de responsabilidade e os elementos exteriores ao facto punível que, uma vez verificados, extinguem a eventual responsabilidade do agente[677]: todos os elementos que decidem da punibilidade do facto constituem pressupostos materiais da responsabilidade e não causas de extinção da mesma; estas, por seu turno, não condicionam a punibilidade do facto, pressupõe-na integralmente.

Nesse sentido as figuras em causa têm funções antagónicas. Isso é particularmente evidente em relação a condições objectivas de punibilidade e causas de exclusão da punibilidade, pois sem as primeiras ou verificando-se as segundas o facto não chega a ser punível. Não surge com a mesma clareza, contudo, quanto às causas de anulação da punibilidade – como a desistência, o arrependimento activo ou outras condutas reparadoras com efeitos dirimentes – pois também estas incidem sobre um facto punível. O que evidencia a necessidade de se esclarecer – para um primeiro ensaio de delimitação das possíveis figuras – quais os elementos entre os que foram enunciados que se reportam à punibilidade do facto, os que incidem sobre a efectivação da pena ou os que têm por objecto matéria exclusivamente processual.

---

[676] Entre nós, FIGUEIREDO DIAS, *As consequências jurídicas do crime*, § 1058 e ss. Na Alemanha, MAURACH/GÖSSEL/ZIPF, *Strafrecht AT 2*, § 74 e ss; BLOY, *Strafaufhebungsgründe*, 111 e ss, 180 e ss; VOLK, *Prozeßvoraussetzungen im Strafrecht*, 1978, 219 e ss. Em Espanha, por todos, GARCIA PÉREZ, *Punibilidad*, 217 e ss, 284 e ss; em Itália, com vasta informação, RAMACCI, *Corso* (2.ª edição, 2001), 603 e ss. A diversidade de perspectivas decorre por vezes da utilização de terminologia que não possui o mesmo significado. Assim, por exemplo, CAVALEIRO DE FERREIRA, *Lições II* (1989), 195 e ss, enquadra as causas de extinção da responsabilidade como «causas de extinção de punibilidade», pois na sua construção a punibilidade não é uma característica do facto criminoso mas sim uma consequência do mesmo (e portanto releva no plano das consequências do facto criminoso).

[677] De forma categórica, FIGUEIREDO DIAS, *As consequências jurídicas do crime*, § 12 e 1059.

2. Para efeitos do presente estudo, relevante é a caracterização das figuras e a sua inserção sistemática. O que passa por identificar o objecto de cada uma delas, de forma a determinar se a matéria da valoração tem ou não a ver com o facto punível ou se, diversamente, constitui uma realidade distinta deste. Este aspecto (matéria da valoração) tem precedência metodológica sobre o fundamento das diversas figuras (valoração da matéria), que é, em regra, sobrevalorizado enquanto fonte de soluções jurídicas. Qualquer juízo de valor a formular tem de ser congruente realidade que o sustenta. Por isso, antes de se identificarem as valorações emanadas ou apoiadas numa certa realidade importa delimitar de forma exacta essa mesma realidade.

Nesta perspectiva, as diversas figuras acima enunciadas podem agrupar-se de acordo com o objecto imediato da decisão que lhes respeita e que se pode resumir à seguinte trilogia: a *danosidade do facto*, a *efectividade da pena* e *admissibilidade do processo*. A estes três círculos delimitadores da realidade podem corresponder elementos sistematicamente distintos.

As *condutas reparadoras posteriores ao facto*, como os regimes de desistência, a restituição ou reparação em crimes patrimoniais, o pagamento da quantia a descoberto no cheque sem provisão ou a retractação nos crimes contra a realização da justiça, incidem sobre a danosidade material do facto ou, de forma mais específica, sobre o seu prolongamento lesivo para o bem jurídico tutelado. E traduzem-se na eliminação desse estado lesivo pelo agente, de forma útil e tempestiva, ao ponto de poderem fundamentar um juízo normativo de desnecessidade de pena, equivalente ao que legitima o privilégio da desistência. Trata-se no fundo de situações de tutela *in extremis* dos bens jurídicos agredidos através de uma conduta do agente posterior ao facto[678]. O seu objecto é ainda matéria do facto punível, pois o elemento que fundamenta a neutralização da responsabilidade tem conexão material com o facto ilícito e não se pode autonomizar deste. A realidade conhecida e valorada através destas cláusulas é a eliminação da danosidade do facto pela conduta reparadora do agente, o que permite equacionar a necessidade de punição inerente à ameaça penal cominada pelo legislador no tipo legal. Não estamos por isso no domínio da extinção da responsabilidade porque o facto que poderia ser gerador de responsabilidade não subsiste enquanto facto punível.

Diversamente se passam as coisas quanto à *amnistia*, ao *perdão* e ao *indulto*. Estamos nestes casos perante actos de soberania política que visam impedir a

---

[678] PROSDOCIMI, *Posfatto*, 291 e ss, 314 e ss; PAGLIARO, *Principi* (4.ª edição, 1993), 707; RAMACCI, *Corso* (2.ª edição, 2001), 608; também MAURACH/GÖSSEL/ZIPF, *Strafrecht AT 2*, § 75, n.º 2, contrapõem e autonomizam as causas de anulação da pena por conduta do autor em relação a outras figuras como o indulto e a amnistia. Entre nós, PAULO PINTO DE ALBUQUERQUE, *Código Penal* (2.ª edição, 2010), artigo 206.º, anotação 2.

punição do agente. Tais actos não contêm nem incidem sobre qualquer elemento de valoração jurídica imanente ao facto punível, apenas o pressupõem para impedir (por razões de adequação e proporcionalidade, actualizadas num quadro de decisão política) a efectivação da punição que se fundaria nesse mesmo facto. Enquanto «obstáculo à efectividade da punição», a amnistia, o perdão e o indulto são figuras que integram a doutrina das consequências jurídicas do crime e não a categoria da punibilidade, pois esta reporta-se necessariamente ao facto e não à efectividade da pena[679]. O mesmo enquadramento deve considerar-se válido para a *morte do agente*, pois num regime de imputação pessoal da responsabilidade (artigo 30.º, n.º 3, da Constituição) a morte do agente impede em absoluto da aplicação ou execução da pena, o que torna desnecessário o processo seja qual for a fase em que o mesmo se encontre.

Finalmente, a *queixa*, a *renúncia, caducidade* ou *desistência* da mesma, *a prescrição do procedimento criminal*, bem como a excepção de *bis in idem* (litispendência e caso julgado) constituem pressupostos de procedibilidade (originários ou supervenientes) de onde decorrem efeitos materiais reflexos, com uma formulação positiva (no caso queixa) ou negativa (no caso dos demais). A comprovação deste ponto de partida exige esclarecimentos adicionais sobre o objecto da decisão judicial em tais casos.

O objecto dos pressupostos de procedibilidade[680] integra matéria em si mesma estranha ao facto punível e à pena aplicável. A *queixa* (e *mutatis mutandis* a acusação particular) consiste apenas numa manifestação legítima de vontade do ofendido quanto à sujeição do agente e do facto ao processo criminal. Pressupõe um facto punível mas não se confunde com ele, pois é um acto jurídico autónomo de alguém distinto do autor do crime. A sua falta representa um obstáculo à valoração processual do facto, mas não constitui uma valoração do facto que condicione a sua caracterização como facto punível[681]. A *renúncia, caducidade*

---

[679] FIGUEIREDO DIAS, *As consequências jurídicas do crime* (1993), §§ 11, 12, 1110, 1111, em ligação com o que escreve a § 1100 e ss; também FRANCISCO AGUILAR, *Amnistia e Constituição*, 239-244. Sobre o lastro histórico das leis de amnistia e o seu significado material, no contexto axiológico de um Estado de Direito, SOUSA E BRITO, «Sobre a amnistia?, *Revista Jurídica* 6 (1986), 28 e ss, e 46-47.

[680] Cfr. ROXIN/SCHÜNEMANN, *Strafverfahrensrecht*, 26.ª edição, 2009, 133 e ss (§ 21), para quem os pressupostos processuais em sentido amplo são «as circunstâncias de que depende admissibilidade de todo o procedimento ou uma parte considerável do mesmo». Entre nós, FIGUEIREDO DIAS, *Direito Processual Penal*, 32-36, 122-123; GERMANO MARQUES DA SILVA, *Curso de Processo Penal I*, 6.ª edição, 2010, 59 e ss.

[681] FIGUEIREDO DIAS, *As consequências jurídicas do crime* (1993), § 1059, que qualifica a queixa e a acusação particulares como pressupostos positivos da punição (a primeira de natureza mista) mas claramente autónomos em relação ao facto punível (autonomia já sublinhada,

ou desistência da queixa são actos ou factos de sentido oposto, através dos quais o ofendido manifesta desinteresse no processo. Através deles não se valora o facto punível nem se decide da pena, mas sim da possibilidade ou continuidade do processo. A avaliação material implícita em tais actos não incide directamente sobre o facto nem sobre a pena, mas somente sobre vontade manifestada pelo ofendido quanto à necessidade ou desnecessidade de processo, à luz das condições legais para o efeito. O facto de o legislador pretender tratar desta forma alguma criminalidade bagatelar[682], procurar criar uma oportunidade para uma reconciliação ou um acordo entre o ofendido e o autor (tornando assim desnecessário o recurso aos meios penais de tutela)[683] ou visar, em alguns casos, deixar à consideração da vítima o conhecimento processual de aspectos da sua vida íntima ou reservada[684] não põem em causa o enquadramento processual da queixa. Por um lado, porque esse enquadramento depende em primeira linha do conteúdo efectivo da decisão a tomar pela autoridade judiciária e não dos fins visados com a mesma e, neste caso, o aplicador do direito decide exclusivamente em função

anteriormente, de forma muito clara, em *Direito Processual Penal*, 1973, 122). Concordante, PAULO PINTO DE ALBUQUERQUE, *Código Penal* (2.ª edição, 2010), artigo 113.º, anotação 2. Em termos semelhantes, ZIELINSKI, «Strafantrag – Strafantragsrecht» *in Gedächtnisschrift für Hilde Kaufmann*, 1986, 881, considera a queixa (e também a prescrição) «um pressuposto da condenação», mas desvaloriza a discussão sobre a sua natureza jurídica (p. 889). No sentido de qualificar a queixa como um pressuposto processual, WOLTER, *Strafrechtssystem*, 27; STREE, *in* SCHÖNKE/SCHRÖDER, *StGB*, § 77, n.º 8; FISCHER, *StGB* (58.ª edição, 2011), *vor* § 77, n.º 4; LACKNER/KÜHL, *StGB* (27.ª edição, 2011), § 77, n.º 2; LEMKE, *NK-StGB* (2005), *vor* § 77, n.º 10.

[682] FIGUEIREDO DIAS, *As consequências jurídicas do crime*, § 1066.

[683] FIGUEIREDO DIAS, *As consequências jurídicas do crime,* § 1068. BLOY, *Strafaufhebungsgründe*, 117, apoia a natureza exclusivamente material da queixa no objectivo visado e em aspectos do seu regime, como a possibilidade de o ofendido dirigir a queixa apenas contra alguns os envolvidos ou de em alguns casos perder legitimidade por ter comparticipado no crime. Nesta perspectiva, a queixa é para Bloy uma característica do ilícito tipificado, usada como meio adequado para resolver conflitos sociais, que torna subsidiária a intervenção penal (*op. cit*, pp. 120, 213 e 251). Uma tese desta natureza não revela contudo qualquer adesão à realidade, pois a eventual manifestação de vontade do ofendido (quanto à queixa ou à desistência da mesma) é estrutural, cronológica e axiologicamente estranha ao juízo de contrariedade do facto ao direito, que constitui uma característica do facto que coincide com a sua prática e não é susceptível de ser condicionada ou modificada por um acto eventual de terceiro. O facto de o legislador ter previsto um crime cujo procedimento é condicionado à apresentação de queixa pelo ofendido em nada altera a ilicitude do facto praticado, pois aquela é uma solução geral e abstracta delimitada pelo legislador penal e a ilicitude do facto é uma característica do facto ilícito concretamente praticado pelo autor. Não é por isso possível identificar uma modificação qualitativa do ilícito por o procedimento criminal depender da apresentação de queixa pelo ofendido.

[684] FIGUEIREDO DIAS, *As consequências jurídicas do crime,* § 1069.

de critérios processuais relativos à legitimidade do procedimento (artigo 49.º e ss do CPP); por outro, porque as decisões de natureza processual podem ser igualmente instrumentos usados para a prossecução de objectivos de política criminal com densidade material[685]. O que significa que não existe qualquer impedimento em eleger uma solução processual para realizar fins do sistema penal material. Pelo contrário, é dever do legislador ponderar o meio mais adequado à sua disposição para atingir os fins de política criminal que orientam o desenvolvimento do sistema penal.

De forma semelhante, a *prescrição do procedimento criminal* ou *da pena* traduz-se num puro juízo de conhecimento do período de tempo decorrido desde a prática do crime ou da pena aplicada. Não se valoram aspectos do facto punível, nem se decide sobre a pena a aplicar: conhece-se somente a possibilidade de ser instaurado ou de continuar um processo criminal ou de executar uma pena transitada em julgado, em função do tempo decorrido desde a prática do facto ou da decisão condenatória definitiva[686].

A adopção de uma limitação desta natureza pode dever-se quer a razões processuais, quer a razões materiais[687]. Quanto ao primeiro aspecto, o objecto da decisão é formal (decurso do tempo) e autónomo em relação à realidade material subjacente, ou seja, não se revela necessário comprovar nenhum aspecto material relativo à punibilidade do facto e, de forma mais específica, está inclusivamente implícita na prescrição uma proibição de conhecimento de mérito, sem a qual a natureza do instituto seria adulterada[688]. Nesta perspectiva processual o decurso do tempo poderia ter um efeito erosivo sobre a prova a produzir, dificultar a reconstituição processual da verdade material ou potenciar a dúvida e o

---

[685] VOLK, *Prozeßvoraussetzungen*, 214.

[686] De forma coincidente, PADOVANI, *Diritto Penale* (6.ª edição, 2002), 332, autonomiza as condições de procedibilidade em relação às condições de punibilidade por aquelas se referirem ao exercício da acção penal: «a sua falta impede não a punibilidade do crime mas o conhecimento disso por parte do juiz».

[687] Assim, MAURACH/GÖSSEL/ZIPF, *Strafrecht AT 2*, § 75, n.º 13, embora sustentem uma concepção processual da prescrição. Neste sentido, também FISCHER, *StGB* (58.ª edição, 2011), *vor* § 78, n.º 3, e LEMKE, *NK-StGB* (2005), *vor* § 78, n.º 1. Consideram a prescrição uma figura mista, entre outros: VOLK, *Prozeßvoraussetzungen*, 225-226; JESCHECK/WEIGEND, *Lehrbuch*, § 86, I; LACKNER/ KÜHL, *StGB* (27.ª edição, 2011), § 78, n.º 1-2, e, entre nós, FIGUEIREDO DIAS, *As consequências jurídicas do crime*, § 1125-1126, e PAULO PINTO DE ALBUQUERQUE, *Código Penal* (2.ª edição, 2010), artigo 118.º, anotação 2. Uma concepção exclusivamente material da figura encontra-se em BLOY, *Strafaufhebungsgründe*, 180-205.

[688] No plano processual isto significa que a prescrição é conhecida como uma questão prévia que obsta ao conhecimento de mérito, de acordo com o disposto nos artigos 311.º, n.º 1, e 368.º, n.º 1, do CPP, uma precedência vinculativa para as autoridades judiciárias que confirma a sua autonomia em relação aos elementos constitutivos da responsabilidade criminal.

erro judiciário[689]. Para quem veja a finalidade do processo penal na restauração da paz jurídica posta em causa com a prática do crime[690] a prescrição pode ainda justificar-se pela desnecessidade de prosseguir tal objectivo por o decurso do tempo já ter permitido o seu restabelecimento[691]. No plano material sublinha-se que o referente para a contagem dos prazos de prescrição é a consumação material do crime, que os prazos variam de acordo com a gravidade das penas (e por vezes também com a natureza do crime) e, em especial, que o decurso do tempo atenua ou elimina a convicção social e normativa da necessidade de pena, numa dupla perspectiva: as exigências de prevenção geral desaparecem progressivamente em relação a factos que perderam a actualidade para a comunidade e as necessidades de prevenção especial não subsistem se o agente não tiver praticado outros crimes entretanto[692]. Para além disto, não devem ser de modo algum des-

---

[689] FIGUEIREDO DIAS, *As consequências jurídicas do crime*, § 1126, para a prescrição do procedimento criminal (já não para a prescrição da pena: § 1130); MAURACH/GÖSSEL/ZIPF, *Strafrecht AT 2*, § 75, n.º 13. Os fundamentos processuais da prescrição não são pacificamente partilhados pela doutrina. Contra eles aponta-se, designadamente, que as dúvidas no esclarecimento dos factos têm como resposta específica a aplicação do princípio «in dubio pro reo» (JESCHECK/ WEIGEND, *Lehrbuch*, § 86, I) e que as mesmas podem resultar não do decurso do tempo mas existir desde o início do processo (BLOY, *Strafaufhebungsgründe*, 182 e ss; GARCIA PÉREZ, *Punibilidad*, 286 e ss). Os argumentos não se afiguram decisivos, pois o que está em causa não é a comprovação efectiva da dúvida processual associada à prescrição, mas sim o risco de ela surgir por razões que não têm a ver com a verdade material (pelo simples decurso do tempo).
[690] VOLK, *Prozeßvoraussetzungen*, 183 e ss, 204 e ss.
[691] VOLK, *Prozeßvoraussetzungen*, 225-226. Coincidente, na substância, FIGUEIREDO DIAS, *As consequências jurídicas do crime*, § 1125, enquadrando o problema à luz da prevenção geral positiva (o decurso do tempo por largos períodos pode permitir a estabilização contra-fáctica das expectativas comunitárias, já apaziguadas).
[692] FIGUEIREDO DIAS, *As consequências jurídicas do crime*, § 1125; MAURACH/GÖSSEL/ZIPF, *Strafrecht AT 2*, § 75, n.º 13; JESCHECK/WEIGEND, *Lehrbuch*, § 86, I; MAPELLI CAFARENA/ TERRADILLOS BASOCO, *Las consequencias jurídicas del delito*, 1993, 204-205, argumentando neste sentido a partir dos valores imanentes à prescrição: a segurança jurídica e a desnecessidade de pena nos planos da prevenção geral e especial. Depois, GARCIA PÉREZ, *Punibilidad*, 289-290. Inaceitável é a fundamentação de BLOY, *Strafaufhebungsgründe*, 184 e ss, 200 e ss, para a natureza material da prescrição (pp. 212 e 251) que residiria em sua opinião numa modificação qualitativa do ilícito penal em função do decurso do tempo. Uma concepção da ilicitude que transcenda o momento da conduta do agente e dependa de vicissitudes processuais posteriores traduz-se numa adulteração absoluta do conceito de ilícito penal, pois introduz neste conceito elementos que lhe são completamente estranhos, como o decurso do tempo processual. O significado social do crime concretamente cometido ou a sua perda de importância história pelo decurso do tempo podem decidir da necessidade de pena, mas nunca da ilicitude do facto praticado. O ilícito culpável é deste ponto de vista uma realidade estática (assim, GARCIA PÉREZ, *Punibilidad*, 290) e só a revogação ou alteração da lei penal o pode modificar. O

considerados os aspectos relativos à segurança jurídica dos cidadãos, de forma a evitar que a organização da sua vida possa ser desproporcionadamente perturbada durante um tempo indeterminado pela possibilidade de exercício da pretensão punitiva do Estado, em especial quando simultaneamente vigora um princípio da presunção de inocência com assento constitucional até ao trânsito em julgado da decisão (artigo 32.º, n.º 2, da Constituição)[693]. Todos estes aspectos – riscos processuais, desnecessidade progressiva de pena, segurança jurídica – se afiguram relevantes (embora com um peso diferenciado) mas nenhum põe verdadeiramente em causa a natureza processual da prescrição[694], em função do objecto da decisão judicial, apenas a insere num horizonte material mais vasto: trata-se de uma decisão processual com efeitos processuais imediatos (inadmissibilidade do procedimento)[695], ao serviço de objectivos que possuem uma dupla natureza (processual e material).

O mesmo acontece, aliás, com os pressupostos da *proibição de repetição de julgados (ne bis in idem)*: é o conhecimento de um processo com o mesmo objecto do processo em curso que impede a continuação deste[696], independentemente de qualquer valoração sobre o facto ou a pena cominada. Isto sem prejuízo de se poderem identificar razões de segurança jurídica, de proporcionalidade e de desnecessidade de pena associadas ao efeito preclusivo do princípio *ne bis in idem* sobre o processo em curso.

3. Sendo em qualquer um destes casos o objecto imediato das figuras legais e da decisão a proferir matéria processual estranha ao facto e à pena, não parece possível enquadrar as mesmas nestes domínios, mas sim e apenas no campo das

---

que está em causa, como refere RAMACCI, *Corso* (2.ª edição, 2001), 615, é que «a ameaça da pena sem a sua concretização acaba por não ser dissuasora da prática do crime, enquanto a celeridade da justiça, que evidencia a certeza da pena, reforça a prevenção geral positiva».

[693] Valoriza particularmente a segurança do cidadão («paz jurídica») enquanto fonte de compreensão do instituto da prescrição num Estado de Direito, FARIA COSTA, «O Direito Penal e o Tempo (algumas reflexões dentro do nosso tempo e em redor da prescrição)», *BFDUC* (2003), 1159 e ss, para quem a prescrição é uma figura de direito material (p. 1152-1155).

[694] MAURACH/GÖSSEL/ZIPF, *Strafrecht AT 2*, § 75, n.º 15, criticando quer a concepção material, quer a concepção mista da prescrição, afirmando que «um facto punível não passa a ser considerado como tal por se ter iniciado um processo criminal relativo ao mesmo, mas sim por estar cominado com pena de forma fundamental e geral». Ou seja, um facto não se torna punível por se ter iniciado um procedimento, como deveria acontecer se a prescrição tivesse uma natureza material ou mista.

[695] Reconhecem-no, por exemplo, JESCHECK/WEIGEND, *Lehrbuch*, § 86, I, apesar de defenderem uma concepção mista da prescrição.

[696] ROXIN/SCHÜNEMANN, *Strafverfahrensrecht*, 26.ª edição, 2009, 135 e ss (§ 21, n.º 8), e 397 (§ 52, n.º 6 e ss).

condições de procedibilidade. Através delas conhece-se uma questão autónoma que obsta ao conhecimento de mérito e o pretere no plano processual. Diversamente, os elementos do tipo de punibilidade pela conexão com o facto e pela sua relação com a legitimidade da pena integram inequivocamente o mérito da causa. O que vale por dizer que nas figuras analisadas estamos perante elementos potencialmente estranhos à punibilidade enquanto categoria sistemática de valoração do facto criminoso.

Um enquadramento desta natureza não significa, contudo, que não existam fundamentos ou efeitos materiais associados a cada uma das figuras referidas[697], pois o processo penal é afinal o único meio de aplicar o direito penal e, por isso, revela-se também um instrumento legítimo para a prossecução dos seus fins. O que acontece é que a realidade que constitui o objecto imediato da decisão a proferir tem nestes casos natureza processual e, por essa via, o legislador consegue obter efeitos materiais reflexos (como a não responsabilização do agente)[698] e prosseguir finalidades político-criminais (limitar a intervenção penal em função da desnecessidade de pena). Estamos, no fundo, no domínio daquilo que WOLTER designa como o «prolongamento» no processo penal dos motivos preventivos e político-criminais que, no plano substantivo, podem legitimar a exclusão da pena[699]. É também por isso adequada a caracterização destas soluções, sugerida por TAIPA DE CARVALHO, como normas processuais materiais[700] e a sua sujeitação integral à componente de garantia do Estado de Direito, independentemente das flutuações classificatórias a que são sujeitas[701].

Em suma, perante os elementos reunidos apenas as causas de extinção da responsabilidade por conduta reparadora posterior ao facto podem ser relacionadas com a punibilidade deste. A amnistia, o indulto, o perdão de pena e a morte do agente evidenciam ligações à teoria das consequências jurídicas do crime, podendo ser qualificadas como obstáculos à efectividade da pena. Já a queixa, a caducidade, renúncia e desistência da queixa, a prescrição e a proibição constitucional do duplo julgamento pelo mesmo crime reportam-se imediatamente às

---

[697] Assim, MAURACH/GÖSSEL/ZIPF, *Strafrecht AT 2*, § 74, n.º 2, sobre a invocação de pontos de vista materiais para a compreensão do regime da queixa.
[698] Assim, CAVALEIRO DE FERREIRA, *Lições II* (1989), 206.
[699] WOLTER, *Strafrechtssystem*, 27, que simultaneamente sublinha a natureza «estritamente processual» da queixa e da prescrição.
[700] TAIPA DE CARVALHO, *Sucessão de Leis Penais*, 3.ª edição, 2008, 347 e ss.
[701] FIGUEIREDO DIAS, *As consequências jurídicas do crime*, §§ 1059-1060, 1128, no plano da sucessão de leis penais no tempo. A aplicação da componente de garantia do sistema penal em matéria de prescrição pode ainda ver-se no Ac. do Tribunal Constitucional n.º 183/ 2008, de 12 de Março (Relatora Maria Lúcia Amaral), *DR-I*, n.º 79, de 22 de Abril de 2008.

condições de admissibilidade de um processo penal, revestindo por isso a natureza de condições de procedibilidade (originárias ou supervenientes).

§ 29. Conclusões

Os elementos analisados neste capítulo permitem apresentar conclusões, sem pretensão de exaustividade, sobre três grupos de matérias: em primeiro lugar, (A) sobre o conteúdo, as características e as funções atribuídas às figuras que historicamente têm sido tratadas no âmbito dos pressupostos autónomos da punibilidade, ou seja, as condições objectivas de punibilidade e as causas de não punibilidade; em segundo lugar, (B) a aplicação dos elementos referidos a diversas situações em especial e a ponderação das análises da doutrina sobre as mesmas permitem identificar grupos de soluções sistematicamente estranhas ou dificilmente enquadráveis no âmbito do ilícito culposo que, por isso, poderão constituir o possível objecto de uma categoria dogmática da punibilidade; finalmente, (C) cada um dos percursos referidos revela ainda algumas estruturas dogmáticas, enquadramentos axiológicos e opções de política criminal subjacentes à possível separação entre o ilícito culposo e a decisão sobre a sua punibilidade.

A) Conteúdo e funções das figuras

1. As duas figuras que estão historicamente associadas a um momento autónomo de análise da responsabilidade criminal posterior ao ilícito e à culpa são as condições objectivas de punibilidade e as causas de não punibilidade. A sua origem é contudo diferenciada: as causas de não punibilidade são o resultado de um longo processo de depuração histórica de circunstâncias dirimentes da responsabilidade penal, heterogéneas e dispersas, que eram partilhadas durante o período do direito comum, que foram reorganizadas organizadas pelo jusracionalismo iluminado e se tornaram particularmente consequentes a partir do movimento codificador. As condições objectivas de punibilidade são, diversamente, uma figura mais recente tendo surgido na segunda metade do século XIX, na Alemanha, como um critério de delimitação negativa do objecto do dolo perante a natureza das normas, o regime legal de imputação subjectiva e a formulação dos tipos legais no *StGB* de 1871.

2. As condições objectivas de punibilidade são circunstâncias de natureza objectiva, imediatamente conexas com o facto do agente mas indiferentes à sua vontade, de que depende a efectivação da ameaça penal cominada no tipo legal. Correspondem a elementos usados pelo legislador para delimitar a intervenção

penal que apresentam em regra cinco características: natureza objectiva, conexão com o facto, autonomia em relação ao ilícito, indiferença à imputação subjectiva e um efeito condicionador da ameaça penal.

3. Existe uma relação de incompatibilidade sistemática entre os elementos do ilícito e as condições objectivas de punibilidade: estas não podem integrar o facto ilícito e a sua autonomia dogmática depende da comprovação dessa independência.

4. As condições objectivas de punibilidade não podem ser delimitadas em relação aos elementos do ilícito a partir da sua imunidade ao tipo subjectivo (dolo, erro e preterintencionalidade) porque o problema é anterior à delimitação do dolo, tem natureza objectiva e a exclusão do âmbito do dolo constitui um efeito da natureza da figura e não um critério de individualização da mesma. A delimitação tem de se fazer em primeira linha com critérios objectivos que permitam traçar as fronteiras do facto ilícito. A imunidade ou indiferença ao tipo subjectivo podem ser usadas para confirmar a natureza dos elementos em causa.

5. A letra da lei tem um valor meramente indiciário e não decisivo para a identificação dos pressupostos autónomos de punibilidade. Mais relevante para o efeito do que as expressões legais utilizadas é a natureza dos elementos, a sua função típica e as conexões materiais que se estabelecem entre os mesmos no âmbito do tipo legal.

6. Os critérios de causalidade naturalística usados para delimitar elementos do facto ilícito e elementos autónomos da punibilidade apenas possuem um valor indiciário (positivo e negativo).

7. Os critérios normativos, fundados na previsibilidade objectiva dos acontecimentos ou na identidade entre o objecto da acção e a circunstância condicional, delimitam de forma excessivamente ampla o âmbito do tipo de ilícito, estendendo-o a realidades estranhas à conduta do agente que estão fora da sua capacidade de realização. Elementos desta natureza não podem integrar o facto pessoalmente imputável ao agente, por serem estranhos à pretensão de vigência da norma de conduta e por transcenderem o facto que a partir delas pode ser delimitado.

8. Os critérios puramente axiológicos usados para delimitar os elementos do ilícito e as condições objectivas de punibilidade – reportados à relação entre as

circunstâncias em causa e o círculo de interesses protegidos pelo tipo de ilícito – são demasiados vagos, não têm relação estrutural com o facto típico e desconsideram a concreta forma de agressão aos bens jurídicos que corresponde à parte essencial do ilícito penal previsto no tipo. Tais critérios servem para classificar condições objectivas de punibilidade (como indiferentes ou não à danosidade do facto) mas não são idóneos para as identificar enquanto elementos autónomos em relação ao facto típico.

9. A articulação entre os juízos sobre o merecimento e a necessidade de pena e a eliminação hipotética da condição constituem crivos relevantes para se aferir a legitimidade político-criminal do tipo de ilícito e, reflexamente, permitem uma avaliação sobre o significado político criminal das condições objectivas de punibilidade. A fórmula forte do critério de eliminação hipotética (o ilícito deve ser por si só merecedor e carente de pena) é a mais adequada ao princípio da subsidiariedade da intervenção penal (artigo 18.º, n.º 2, da Constituição). As condições objectivas de punibilidade podem ser usadas pelo legislador para documentar de forma mais segura e exigente a perigosidade de um facto, desde que este seja em si mesmo e por si só merecedor e carente de pena.

10. Um evento danoso usado num tipo incriminador como condição objectiva de punibilidade só pode ter esta natureza se revelar uma indiferença qualitativa e quantitativa em relação ao ilícito penal.

11. A relação entre a condição e a função do tipo legal sugere a necessidade de a autonomia da condição se aferir perante a matéria do tipo e, em primeira linha, face à conduta do agente, no plano da sua capacidade objectiva de realização. A indiferença ao título de imputação subjectiva só pode ser uma consequência da autonomia da condição em relação ao facto objectivo e não um critério para se atingir tal diferenciação.

12. As condições objectivas de punibilidade desempenham funções materiais e processuais no sistema penal. Através delas delimita-se o círculo exterior ao tipo de ilícito e à imputação subjectiva, pode ser comprovada de forma objectiva a perigosidade do ilícito e pode-se construir uma técnica de tutela específica para determinar a relevância penal de condutas de risco. A articulação entre um facto ilícito e uma condição objectiva de punibilidade pode facilitar a aplicação da lei, ultrapassar problemas de prova inerentes à imputação em algumas situações e tornar mais linear para as autoridades judiciárias as condições de aplicação da lei a factos que, por si só, poderiam revelar alguma equivocidade judicial.

As condições de promoção do processo ficam clarificadas em função da natureza objectiva dos elementos relevantes. O que redunda numa maior racionalização dos procedimentos sancionatórios e das condições de viabilidade processual dos factos. Deste modo, as condições objectivas de punibilidade devem ser entendidas como elementos anexos ao tipo de ilícito que restringem de forma racional e controlável a esfera de intervenção penal.

13. Para a compreensão das causas de não punibilidade (causas de exclusão e de anulação da punibilidade) revelam-se fundamentais dois aspectos: por um lado, a distinção entre a norma de conduta (cujo acatamento é exigido ao cidadão) e a norma de decisão (enquanto norma de valoração do caso pelo aplicador do direito) e, por outro, a articulação político-criminal entre o círculo de interesses tutelados pela incriminação e o círculo de interesses que podem legitimar a renúncia à punição. Esta articulação deve incluir uma ponderação sobre a possibilidade de ser prosseguirem adequadamente as finalidades preventivas que legitimam a pena estatal ou de, em alternativa, se verificar nesse plano um interesse político-criminal em renunciar a essa pretensão sancionatória.

14. A autonomia dogmática das causas de não punibilidade funda-se, em primeiro lugar, no reconhecimento da autonomia da vigência da norma de conduta inerente à proibição relativamente ao conteúdo e *ratio* da causa de não punibilidade. Em segundo lugar, implica em alguns casos a verificação de uma antinomia axiológica e funcional entre o significado do comportamento proibido (e a sua danosidade para os bens jurídicos tutelados) e o propósito das condutas reparadoras assumidas pelo agente (com a neutralização dessa danosidade) em função das finalidades de tutela da lei penal. Torna-se ainda relevante, em terceiro lugar, a articulação entre os interesses protegidos com a incriminação (e, portanto, a razão da subsistência da proibição penal) com a preservação de outros interesses igualmente relevantes de distintos sectores do ordenamento jurídico. E, finalmente, devem ser considerados aspectos estruturais, como o momento de verificação dos pressupostos da não punibilidade que, surgindo depois do facto ilícito e culposo ser realizado, dificilmente podem ser integrados noutra categoria que não aquela que apela ao conceito de «facto punível», pela ausência de coincidência temporal e material com o ilícito e a culpa, como acontece com as hipóteses de arrependimento activo, esforço sério ou reparação tempestiva posterior ao facto.

15. A individualização das causas de não punibilidade em relação ao ilícito culposo e às condições de procedibilidade adquire projecção material em inúmeros

aspectos, como as decisões processuais que nelas se fundamentem (designadamente, a opção por uma absolvição material ou um mero arquivamento); a possibilidade de associar ao facto «não punível» algumas consequências jurídicas, como a fixação duma indemnização cível ou a aplicação de medidas de segurança; a hipótese de se verificarem situações de erro sobre tais circunstâncias; os possíveis efeitos em sede de comparticipação criminosa; ou, finalmente, a sujeição (ou não) dos seus elementos materiais aos crivos de produção e valoração processual da prova, designadamente ao princípio *in dubio pro reo*.

16. A função mais evidente das causas de não punibilidade é a de adequar e equilibrar a intervenção punitiva do Estado, fazendo com que a severidade abstracta da lei penal seja mitigada em função de algumas circunstâncias concretas (mas normativamente formuladas) que, a verificarem-se, implicam uma fractura entre a realização do ilícito culposo e a sua conexão efectiva com uma pena. O que significa, por um lado, manter como válida a vigência da proibição e a sua função de tutela dos bens jurídicos e, por outro, questionar a adequação da pena ao caso concreto. Este propósito implica a relativização da pena enquanto instrumento legítimo de intervenção social, aceitando-se que esta pode ceder para preservar interesses que vão para além das finalidades estritas da punição (função de articulação da pena com interesses relevantes de outros sectores sociais). Objectivo que pode igualmente ser visto na perspectiva das consequências negativas da eventual punição, que, a existirem, devem ser tidas em conta como factor de adequação da intervenção punitiva (função de adequação da intervenção penal).

17. Algumas causas de não punibilidade assumem uma conotação marcadamente utilitária mas teleologicamente orientada, relacionada com a preservação dos bens jurídicos agredidos ou com a eliminação de situações danosas subsistentes, através de condutas reparadoras do próprio agente do crime (função de protecção alternativa dos bens jurídicos agredidos). Estas condutas – social e juridicamente valiosas (desistência, arrependimento activo, cláusulas de esforço sério, dissociação de projectos criminosos, neutralização e reparação de danos, colaboração com autoridades) – são relevantes em função do momento em que surgem e dos efeitos reais ou potenciais sobre os bens jurídicos em crise. Em regra adquirem um efeito dirimente (não punibilidade) se ocorrerem antes de se esgotar a consumação material do facto, isto é, da produção do resultado lesivo não reversível que o legislador pretende evitar que ocorra.

18. As condutas de «auto-reparação» (em sentido amplo) permitem ainda reponderar a oportunidade e a adequação político-criminal da pena em função

da atitude manifestada pelo agente (finalidades de prevenção especial), do exemplo de auto-reafirmação de vigência da norma antes violada e da salvaguarda dos interesses ofendidos (finalidades de prevenção geral). Essas situações exigem um tratamento diferenciado do agente que, sendo responsável pelo ilícito culposo, assumiu um comportamento reparador relevante, em nome do conteúdo material do princípio da igualdade que obriga a tratar de forma diferente situações que sejam materialmente distintas (igualdade e equidade) (função de adequação das finalidades da pena estatal).

19. As causas de não punibilidade podem genericamente assumir uma natureza correctiva da intervenção penal abstracta, o que realiza por outra via (sistematicamente integrada) uma parte dos objectivos inerentes ao princípio da intervenção mínima: não punir se tal se revelar desnecessário e renunciar à punição se esta for inadequada ou desproporcionada e, portanto, contrária aos fins que a legitimam (realização alternativa do princípio da intervenção mínima).

B) Resultados da análise das figuras legais em especial

20. O crime de *participação em rixa* (artigo 151.º do Código Penal) articula a participação num facto colectivo (a rixa) com uma consequência grave desse facto colectivo (morte ou ofensa grave à integridade física). A participação numa rixa constitui, em si mesma e por si só, um facto merecedor e carente de pena. A consequência grave desse facto colectivo é uma condição objectiva de punibilidade e não um elemento do ilícito pessoalmente imputável aos agentes. Os elementos descritos nessa cláusula revelam uma indiferença qualitativa e quantitativa em relação ao ilícito penal e não são objecto da imputação subjectiva. Não são circunstâncias individualmente imputáveis ao autor como obra sua, o que apenas poderia acontecer com uma reconstrução do tipo e a formulação duma norma de ilicitude incompatível com a descrição legal. A condição objectiva de punibilidade tem neste caso a função de documentar objectivamente a perigosidade do facto colectivo (a rixa) e de restringir selectivamente a intervenção penal às rixas com maior potencial de danosidade para alguns bens jurídicos pessoais. Para além disso, induz certeza na sua compreensão probatória e restringe o alcance do tipo ao transformar reflexamente um hipotético crime de perigo abstracto num crime de perigo abstracto-concreto (ou crime de aptidão).

21. O crime de *incitamento ou auxílio ao suicídio* (artigo 135.º do Código Penal) conjuga um facto ilícito do autor (incitamento ou auxílio) com uma condição objectiva de punibilidade realizada pelo potencial suicida. A classificação deste

elemento resulta de se tratar de um acto consciente e livre de alguém distinto do autor do crime, de tal cláusula legal evidenciar uma indiferença quantitativa para o ilícito previsto na incriminação e de se tratar de uma realidade fora da esfera individual de domínio do autor do facto ilícito. Por isso, a morte da vítima não lhe é pessoalmente imputável já que tal operação implicaria a negação da norma de ilicitude do artigo 135.º do Código Penal e a aplicabilidade de outro tipo incriminador distinto daquele. A condição objectiva de punibilidade (execução do suicídio) documenta indirectamente a perigosidade do auxílio e do incitamento do autor em relação à vítima e restringe objectivamente o campo da intervenção penal, convertendo reflexamente um possível crime de perigo abstracto (sem esse elemento) num crime de perigo abstracto-concreto.

22. As cláusulas de *morte, ofensa grave e suicídio* da vítima surgem noutros tipos incriminadores com uma diferente natureza típica e uma distinta função politico-criminal, designadamente associadas à agravação da pena legal. A cláusula de *suicídio* surge no crime de coacção (artigo 155.º, n.º 2) e sequestro (artigo 158.º, n.º 2 al. d)). A cláusula de *morte* é considerada como agravante das ofensas à integridade física (artigo 145.º) e do sequestro (artigo 158.º, n.º 3). Tais cláusulas surgem também no crime de tortura (artigo 244.º, n.º 2) e são ainda aplicadas, por expressa remissão legal, aos crimes de rapto (artigo 160.º, n.º 2) e tomada de reféns (artigo 161.º, n.º 2). Nos crimes contra a liberdade e autodeterminação sexual surgem também como agravantes a *ofensa à integridade física grave, o suicídio e a morte da vítima* (artigo 177.º, n.º 3). Finalmente, alguns crimes de perigo comum (artigos 272.º a 274.º, 277.º, 280.º e 282.º a 284.º) contemplam agravações de pena por *resultado morte ou ofensa à integridade física grave* de uma pessoa (artigo 285.º, todos do Código Penal).

23. Nestes casos, a pena mais grave que a lei prevê para o facto complexo não se pode fundamentar na simples conjugação causal do facto base com o resultado agravante, nem na mera previsibilidade da verificação de tal evento, nem sequer, em algumas situações, no próprio resultado em si mesmo. Também os tipos agravados pelo resultado têm de ser delimitados a partir duma estrutura teórica que garanta o efectivo cumprimento do princípio da responsabilidade pessoal, com respeito pela inerente proibição de regresso. Para cumprir estes desideratos a causalidade naturalística e a previsibilidade são estruturas teóricas limitadas e insuficientes.

24. Nos crimes agravados pelo resultado, a pena mais grave só se pode fundamentar na existência de especiais factores de perigo (um especial modelo de

perigo) que acompanham a execução do facto base e se concretizam no dano materializado no resultado agravante. Nesse sentido, a agravação da pena só é legítima se tais factores de perigo forem dominados pelo autor (ou por vários agentes em comparticipação) que, por essa razão, não só pode prever o evoluir dos acontecimentos (e portanto evitá-los) como exerce sobre o perigo que se concretiza no dano um poder que torna legítima a imputação individual quer do especial perigo, quer do evento que se verifique em consequência dele.

25. As duas cláusulas suscitam problemas diferentes quanto à sua articulação com o facto ilícito base. Enquanto a *cláusula de morte* e de *ofensas graves* à integridade física se consegue integrar no âmbito do ilícito (simples ou agravado pelo resultado) – pois é um prolongamento lesivo natural do facto base, reforçando a conexão normativa (ao nível objectivo e subjectivo) entre o comportamento do agente e a verificação do evento, não podendo por isso ser considerada uma condição objectiva de punibilidade – já uma cláusula como a de *execução dum suicídio* é, por definição, rebelde a tal afectação sistemática na estrutura do ilícito. Um facto desta natureza (que é dominado pela vontade do próprio suicida) dificilmente pode ser considerado um resultado ilícito integrante dum facto típico imputável individualmente a uma outra pessoa, funcionado como uma condição objectiva de punibilidade imprópria, isto é, uma circunstância que na prática se imputa objectivamente por simples conexão causal com o facto base mas que, na realidade, fundamenta a pena mais grave cominada para o facto.

26. Daqui resulta um problema de compatibilização do âmbito da responsabilidade penal com as exigências constitucionais de imputação pessoal dos factos criminalmente ilícitos. Para reforçar a congruência destes tipos incriminadores com a Constituição material (artigo 30.º, n.º 3) deve exigir-se que em caso de suicídio da vítima se comprove que o agente exerceu um domínio sobre factores especiais de perigo não controlados autonomamente pela própria vítima, sem que simultaneamente haja prova do dolo quanto à morte ocorrida em tais circunstâncias.

27. A *difícil situação económica da vítima nos crimes de furto e de burla* (artigos 204.º, n.º 1, alínea i), e 218.º, n.º 2, al. c), do Código Penal) fundamenta os ilícitos e as pena mais graves cominadas, é expressão de um domínio do agente que se estende do objecto do facto às consequências económicas directamente associadas ao mesmo e, como tal, deve ser objecto da imputação subjectiva. Tais elementos não são condições objectivas de punibilidade mas parte do ilícito típico imputado ao agente.

28. Os crimes de *falsidade contra a realização da justiça* (artigos 359.º e 360.º do Código Penal) são agravados por circunstâncias como «do facto resultar demissão de lugar, perda de posição profissional ou destruição das relações familiares ou sociais de outra pessoa» (artigo 361.º, n.º 1 al. b) do Código Penal), a condenação de outra pessoa em função da falsidade (artigo 361.º, n.º 1, al. c)) ou, genericamente, a privação da liberdade de alguém que resulte da falsidade cometida (artigo 361.º, n.º 2). Estas cláusulas fundamentam a pena mais grave e têm por isso de ser objectiva e subjectivamente integradas no facto ilícito imputável ao autor. A privação da liberdade, a demissão, a perda de posição profissional ou a destruição de relações familiares e sociais têm de corresponder a momentos de danosidade que decorram especificamente da concreta falsidade do depoimento ou da declaração, de tal modo que se a mesma não se verificasse o dano não se produziria. Não basta que a falsidade seja em abstracto determinante ou adequada a causar os danos referidos, ela deve ter sido concretamente essencial para tal ocorrência e, por isso, o autor do facto poderia tê-la evitado. A essencialidade existe quando sem tal depoimento ou declaração o dano seria previsivelmente evitado, quer com a sua eliminação hipotética, quer com a retractação tempestiva do autor da falsidade (artigo 362.º do Código Penal). Tais elementos são parte do ilícito complexo imputado ao autor e não condições objectivas de punibilidade.

29. No crime de *emissão de cheque sem provisão* (artigo 11.º, n.º 1 do Dec. 454/91, de 28 de Dezembro) a apresentação do cheque a pagamento no prazo legal e a certificação formal da recusa de pagamento (nesse prazo) são acontecimentos que, embora possam ser causados pelo agente (numa perspectiva consequencial) ou previsíveis para este, não podem ser integrados no facto que lhe será pessoalmente imputável, por serem de verificação aleatória e dependente da vontade de terceiros que não a sua. Trata-se de circunstâncias cuja realização, apesar de previsível, está fora da esfera individual de domínio do autor do facto e, por isso, não podem fundamentar a pena legalmente cominada mas somente restringir o campo de aplicação do tipo incriminador em que surgem. Desta forma, o tipo incriminador deixa de abranger qualquer situação de frustração dolosa do pagamento do cheque entregue ou endossado, para passarem a ter relevância criminal apenas os casos em que o tomador do cheque o apresentou a pagamento no prazo legal e em que a recusa de pagamento, tal como a sua causa, ficaram formalmente registadas, nesse mesmo prazo. Com esta técnica legislativa prossegue-se um objectivo jurídico mas também uma finalidade económica: evita-se que a actividade económica do sacador esteja condicionada por tempo indeterminado pela ameaça penal enquanto o cheque não for apresentado a pagamento e limita-se o dever de provisionar a conta a esse prazo legal. Através da certificação for-

mal da recusa de pagamento obtém-se ainda um crivo de prova que torna mais consistente a materialidade dos casos com relevância penal e, simultaneamente, reduz-se o âmbito do tipo incriminador a situações verdadeiramente merecedoras e carentes de intervenção penal. Neste sentido, estas circunstâncias podem ser qualificadas como condições objectivas de punibilidade que cumprem funções de natureza material (restrição da punibilidade, eliminação de alguns casos do âmbito do tipo, preservação da liberdade económica do agente para além do prazo legal referido) e funções de natureza processual (simplificação probatória, economia e eficácia processual).

30. O artigo 295.º, n.º 1, do Código Penal (crime de *embriaguez e intoxicação*) contem três tipos incriminadores com uma diferente estrutura diferenciada: (i) um crime de perigo (doloso ou negligente) limitado por uma condição objectiva de punibilidade; (ii) uma *actio libera in causa* dolosa (com dolo necessário e dolo eventual); e (iii) uma *actio libera in causa* negligente.

31. O primeiro tipo incriminador prevê situações de inimputabilidade auto--provocada, com dolo ou com negligência, em que se tenha usado álcool ou outra substância tóxica, seguida da prática do facto ilícito típico sem qualquer nexo de imputação subjectiva com o agente. Neste caso, o ilícito típico subsequente é uma pura condição objectiva de punibilidade destinada a evitar que se tornem penalmente relevantes as situações de inimputabilidade auto-provocada isentas de consequências danosas para terceiros, nas quais não se verificou a relação de alteridade lesiva que é condição material da intervenção penal. A comissão do ilícito subsequente (*Rauschtat*) é assim uma forma de delimitar a relevância social da embriaguez e da intoxicação, de confirmar *ex post* a perigosidade inerente ao caso concreto em que o agente se auto-colocou na situação de inimputabilidade (uma perigosidade criada *ex ante* pelo agente) e de garantir que estão realizadas as condições materiais de intervenção penal: alteridade lesiva da situação de perigo por contacto com esferas jurídicas de terceiros ou bens jurídicos merecedores de tutela penal. Funções que são prosseguidas pela norma de sanção (enquanto pura norma de valoração) e que são, por isso, perfeitamente legítimas.

32. O artigo 295.º do Código Penal contém igualmente mais dois tipos de ilícito com um âmbito mais restrito (porque mais exigentes quanto às estruturas de imputação invocadas) prevendo apenas e só os casos de inimputabilidade auto-provocada, com dolo ou negligência, em que se tenha usado álcool ou outra substância tóxica, mas em que nesse facto se consegue igualmente identificar – no segundo tipo de ilícito – uma *actio libera in causa* com dolo necessário ou com

dolo eventual e – no terceiro tipo de ilícito – com mera negligência em relação ao facto ilícito típico subsequente.

33. À diversidade de factos devem corresponder tendencialmente diferentes sanções penais. Ao tipo que exige um menor grau de culpa subjectiva do agente (crime de perigo abstracto-concreto, conjugado com uma condição objectiva de punibilidade) deverá caber apenas, em nome dos princípios da culpa e da proporcionalidade, a pena de multa até 600 dias. Aos tipos que integram os casos descritos de *actio libera in causa* com dolo necessário, com dolo eventual e com negligência será aplicável a pena de prisão até 5 anos, em função do desvalor global do ilícito imputável ao agente e do grau de culpa mais elevado que os mesmos comportam. Dentro deste último grupo (os casos de *actio libera in causa*) poderá ser necessário distinguir, igualmente por razões de proporcionalidade entre a pena e o grau de culpa, a *actio libera in causa* negligente – cuja pena se deverá tendencialmente situar na metade mais baixa da moldura sancionatória – das situações de *actio libera in causa* dolosas (com dolo necessário e com dolo eventual) em que a pena se poderá situar tendencialmente na metade mais elevada da moldura sancionatória.

34. O *reconhecimento judicial da insolvência* no crime do artigo 227.º do Código Penal está directamente relacionado com parte do facto ilícito (o estado de insolvência) e não com o processo que o pode ter como objecto. Estamos assim perante uma condição objectiva de punibilidade que produz um conjunto de efeitos relevantes sobre o âmbito da incriminação: limita o círculo de potenciais autores com idoneidade para realizar o tipo aos agentes que possam ser visados por um processo no qual venha a ser proferida a declaração judicial de insolvência; restringe o âmbito da intervenção penal ao tornar mais exigente a realização integral do tipo; ao retardar a punibilidade do facto permite criar um espaço de oportunidade para o devedor tentar reparar os credores, pela possibilidade de liquidação das dívidas antes de ser judicialmente reconhecida a insolvência; confere materialidade e certeza à intervenção penal, já que dessa forma se tem a garantia de que o processo penal se fará, por um lado, sobre uma situação patrimonial probatoriamente cristalizada pelo reconhecimento judicial, e, por outro, acabam por ser clarificadas as causas da insolvência, com possibilidade de se aferir a relevância jurídica de factos de terceiros ou circunstâncias fortuitas para o efeito; minimiza-se a possibilidade de contradição de decisões entre a instância civil e penal, pois a tramitação dos processos não será concomitante mas sequencial e aquilo que poderia ser uma questão prejudicial na instância penal estará previamente resolvida no processo não penal; evita-se que a intervenção penal seja

inoportuna e possa ela própria precipitar um agravamento da situação patrimonial do devedor ou dificultar a sua recuperação económica; finalmente, em coerência com este regime, a ausência de condição objectiva de punibilidade deve impedir o exercício da acção penal (pelo menos a dedução de acusação) antes do reconhecimento judicial da insolvência, pois até lá e antes desse momento o facto não atingiu o limiar mínimo da dignidade penal e da carência de pena pressuposto pelo legislador.

35. Através da condição objectiva de punibilidade de reconhecimento judicial da insolvência racionaliza-se a intervenção penal, cumprem-se objectivos de política-criminal essenciais para o bom funcionamento do sistema penal e protegem-se os credores e o sistema económico dos possíveis efeitos nefastos de uma intervenção penal inoportuna. Contudo, no *tipo negligente* previsto no artigo 228.º do Código Penal a condição objectiva de punibilidade não cumpre a função restritiva da intervenção penal que a poderia legitimar pois, no caso da omissão, pode converter um facto (omissivo) que, por si só, não possui dignidade penal num facto punível, contrariando assim a sua função limitadora da punição.

36. As cláusulas de *reciprocidade e de relações diplomáticas* (artigo 324.º, do Código Penal) correspondem a matérias autónomas em relação à proibição penal de atentar contra a vida, a integridade física, a liberdade ou a honra de pessoas com protecção internacional ou ao dever de respeito perante símbolos estrangeiros (artigos 322.º e 323.º, do Código Penal). Tais cláusulas não contêm qualquer norma de conduta autónoma nem põem em causa a vigência das proibições referidas. São apenas um instrumento de construção dos tipos legais para se atingir um objectivo desejável ao nível da protecção penal e da coerência nas relações internacionais de um Estado. O interesse que está associado a essas cláusulas é distinto do interesse protegido pelas proibições referidas, reportando-se à promoção de um nível de tutela penal equivalente por parte dos estados estrangeiros (reciprocidade) e à preservação de boas relações diplomáticas com os mesmos (manutenção de relações diplomáticas) através da tutela penal reforçada em tais situações. Trata-se, em ambos os casos, de condições objectivas de punibilidade, estranhas ao facto ilícito e à imputação subjectiva, que têm como finalidade limitar a punibilidade de alguns crimes, articulando a efectividade da tutela penal com os interesses estaduais relativos às relações internacionais.

37. No crime de *abuso de confiança fiscal* (artigo 105.º do RGIT) o legislador tipificou duas condições objectivas de punibilidade (no n.º 4 desse preceito). O decurso do prazo de 90 dias sobre o termo do prazo legal de entrega da presta-

ção tributária (alínea a) do n.º 4) constitui uma primeira condição objectiva de punibilidade: é elemento exterior ao ilícito que se verifica de forma autónoma e independente da vontade do agente. A notificação para entrega da prestação deduzida e pagamento de juros e coima (alínea b) do n.º 4) tem igualmente essa natureza: um facto futuro e incerto, dependente não do agente mas da vontade de terceiros (uma entidade pública), ainda conexo com a omissão de entrega da prestação em falta, de que depende a punibilidade do ilícito praticado, mas não o próprio juízo de ilicitude. Juízo esse que para o legislador reside na omissão pura traduzida na ausência de entrega da prestação, prevista num tipo legal completo (facto e ameaça penal) no n.º 1 do artigo 105.º do RGIT. Contudo tal omissão é igualmente uma contra-ordenação, pelo que a sua conversão em crime se opera por via da notificação da administração tributária. Assim sendo, a condição objectiva de punibilidade não se limita neste caso a restringir a intervenção penal relativamente a um facto com dignidade e carência de pena: acrescenta a um ilícito de mera ordenação social um fundamento material para a punição. Por isso acaba por se revelar uma condição imprópria e, mais do que isso, um factor autónomo de incriminação. A tipificação do abuso de confiança fiscal a partir de uma omissão pura conjugada com uma condição objectiva de punibilidade que depende em absoluto de um acto da administração tributária constitui uma solução normativa que põe intrinsecamente em causa as exigências de dignidade penal do facto, legalidade, reserva de lei e igualdade no exercício do poder punitivo, decorrentes dos artigos 18.º, 29.º, n.º 1, 165.º, n.º 1, al. c), e 13.º, da Constituição.

38. As *cláusulas de valor monetário nos crimes tributários* são elementos constitutivos do ilícito penal típico e não pressupostos autónomos da punibilidade. Através dessas cláusulas o legislador delimita com segurança os patamares mínimos de ofensividade do facto, pela associação de tais valores ao objecto da conduta, à sua aptidão lesiva ou aos objectivos do agente. E, a um tempo, separa o ilícito penal do ilícito de mera ordenação social. Trata-se de elementos que têm de ser objecto do tipo subjectivo (do dolo ou de uma intenção específica associada à direcção da conduta ilícita) e podem, por isso, dar origem a casos relevantes de erro de tipo (artigo 16.º, n.º 1, do Código Penal).

39. As *cláusulas de habitualidade, modo de vida e profissionalidade* que surgem nas incriminações do aborto (artigo 141.º, n.º 2), na pornografia de menores (artigo 176.º, n.º 2), no furto qualificado (artigo 204.º, n.º 1, al. h), na usura (artigo 226.º, n.º 4, alínea a)) e na receptação (artigo 231.º, n.º 4, todos do Código Penal) são elementos que expressam maior ilicitude e culpabilidade do agente e, por isso, não integram os pressupostos autónomos da punibilidade. Tais circunstâncias

podem indiciar uma maior gravidade do facto e uma correlativa necessidade de pena à mesma associada.

40. A cláusula de *flagrante delito no crime de participação e presença em jogo ilícito* (artigos 110.º e 111.º do Dec.-Lei n.º 422/89, de 2 de Dezembro) é uma condição objectiva de punibilidade. Trata-se de uma circunstância materialmente estranha ao ilícito culposo do agente e à norma de proibição (participar ou estar presente em sessões de jogo clandestino), imediatamente conexa com o facto no plano histórico-temporal, cuja realização é independente da vontade do agente (em função do requisito da surpresa). É usada pelo legislador para limitar os casos que, com um mínimo de segurança fáctica e probatória, justificam a submissão à pretensão punitiva do Estado (ao recurso à ameaça penal). Através dela evitam-se problemas de prova (depoimento indirecto, auto-incriminação, denúncias infundadas) e evita-se criar uma incriminação que, sem tal elemento, seria um mero delito de suspeita. O recurso a esta técnica legislativa é ainda legítima para restringir em geral a punibilidade em delitos de mera posse.

41. A *presença do agente em território nacional*, nos casos em que o facto tenha sido cometido fora do espaço geográfico sujeito a jurisdição do Estado (exigência contemplada em vários casos previstos no artigo 5.º, n.º 1, alíneas b), c), d) e e), do Código Penal), não é uma condição objectiva de punibilidade. Esta conclusão decorre do objecto das normas, da sua adequação funcional e das consequências que se verificariam em sede de prescrição. Tais elementos têm de estar determinados antes de ser iniciado um procedimento criminal e não têm conexão com o facto tipicamente ilícito. São pressupostos da vigência da lei penal e não elementos autónomos da punibilidade ou pressupostos processuais.

42. Os *regimes gerais da desistência* (artigos 24.º e 25.º do Código Penal) prevêem diversas cláusulas de anulação da punibilidade. O seu regime é particularmente amplo quanto aos agentes, adquire relevância num horizonte que vai até à consumação material e tem um efeito dirimente imperativo, devendo prevalecer sobre qualquer regime especial que não o afaste expressamente. A conduta de desistência voluntária diminui a ilicitude e a culpabilidade documentada no facto, pela reversão material da agressão, pela atitude do agente de retorno voluntário à legalidade e pelo reconhecimento da vigência da norma violada. Todos estes aspectos permitem reponderar a adequação, a necessidade e a oportunidade da pena estatal legalmente cominada para o facto praticado. A desistência é assim uma causa pessoal de anulação da punibilidade.

43. A validade material do regime geral de desistência voluntária exige que a antecipação da intervenção penal (punição de actos preparatório, criminalização do perigo e de aparelhos organizativos e criação de delitos de mera posse) seja acompanhada de regimes de desistência equivalentes ou que, pelo menos, não excepcionem o regime geral. As excepções *in malam partem* ao privilégio geral de desistência devem ser contidas e limitadas a casos especialmente carentes dessa restrição.

44. O *comportamento reparador posterior ao facto* pode ser visto como uma modalidade especial de desistência, com um horizonte material alargado. A reparação post-facto abrange em regra situações de reparação do ofendido pelo agente e comportamentos de colaboração do agente com as autoridades judiciárias e policiais. A figura pode ser documentada com a retractação em crimes de declarações falsas (artigo 362.º do Código Penal), a restituição ou reparação em alguns crimes patrimoniais (artigo 206.º do Código Penal), a renúncia às vantagens pretendidas, ao excesso recebido ou a modificação do negócio no crime de usura (artigo 226.º, n.º 5 do Código Penal) e a regularização da situação da descoberto no crime de emissão de cheque sem provisão (artigo 11.º, n.º 5, do Dec.-Lei n.º 454/91, de 28 de Dezembro).

45. Diversamente, os *regimes especiais de regularização tributária* (*v.g.* art. 5.º da Lei n.º 39-A/2005, de 29 de Julho, e artigo 131.º da Lei n.º 3-B/2010, de 29 de Abril) não têm a ver com elementos de valoração do facto punível, mas sim com actos de graça posteriores motivados pela prossecução de objectivos tributários. E, por isso, não contemplam matéria que se possa integrar no âmbito dos pressupostos autónomos de punibilidade.

46. O regime de *irresponsabilidade parlamentar* por opiniões e votos expressos no exercício das suas funções (artigo 157.º, n.º 1 da Constituição) constitui uma causa de exclusão da punibilidade destinada a preservar o exercício da liberdade política parlamentar. Na *imunidade diplomática* (ou equivalente) estamos perante uma causa pessoal de exclusão da punibilidade, que visa preservar as condições do exercício pleno da acção diplomática e os canais de relacionamento internacional entre os Estados através de uma excepção à eficácia da norma de sanção. Contra o ilícito penal praticado pelo diplomata que beneficia da imunidade existe direito de legítima defesa e gera-se responsabilidade para os participantes em tal facto que não possuam essa qualidade.

47. No *auto-favorecimento* necessário ou reflexo estamos perante uma causa de desculpa (artigo 367.º, n.º 5, alínea a) do Código Penal) e nas situações de *favore-*

cimento de cônjuges, parentes ou afins (artigo 367.º, n.º 5, alínea b) do Código Penal) perante uma causa de exclusão da punibilidade. Esta última visa preservar o círculo de relações pessoais e familiares do agente enquanto laços sociais relevantes. A renúncia normativa à punição nas situações de favorecimento pessoal de cônjuges, parentes e afins é explicável pela inadequação da norma de sanção aos fins preventivos que a legitimam e pelo facto de a renúncia à punição constituir simultaneamente a forma de preservar laços pessoais valiosos que a intervenção penal não poderia pôr em causa sem que se questionasse a legitimidade de tal opção (por violação da integridade moral do destinatário da norma). A distinção entre as duas figuras revela-se consequente em matéria de erro: o artigo 16.º, n.º 2, do Código Penal, terá aplicabilidade à primeira cláusula, não sendo contudo evidente a sua aplicação à segunda que, funcionando objectivamente, deverá ser imune às representações do agente para efeitos de erro intelectual.

48. O fundamento da exclusão da responsabilidade do *agente encoberto* com base no artigo 6.º da Lei n.º 101/2001, de 25 de Agosto, apresenta características de uma causa de justificação e não de uma causa de exclusão da punibilidade: a solução legal corresponde a uma permissão legal de conduta, prossegue interesses merecedores de tutela jurídica legitimados por lei e só se verifica quando ocorre uma necessidade da actuação nesses termos. Neste caso a ponderação de interesses é resolvida num nível mais forte do sistema dogmático de análise da responsabilidade criminal: dentro dos limites da proporcionalidade e da adequação dos meios aos fins, o agente encoberto beneficia de uma permissão legal justificadora da sua actuação.

49. O problema da efectivação da responsabilidade criminal do *agente provocador* e *daquele que foi provocado* é diferente e mais complexo. A solução a adoptar deve ser materialmente coerente nos dois casos. Quanto ao *agente provocado* pode invocar-se uma causa de não punibilidade por inadequação e ausência de necessidade de pena, quando a mesma é criada artificialmente pela actuação do Estado. A conduta do *agente provocador* pode ser vista como a comissão de um ilícito penal sob reserva de desistência, pois a prossecução dos fins policiais e processuais implica que o autor provocado será parado em algum momento da execução do crime. Deste ponto de vista, a provocação estatal a um facto que preserve as condições de sucesso da desistência (controlo do perigo decorrente do facto, paralisação da execução do autor e impedimento ou reversibilidade da consumação) será *ab initio* um facto distinto, também do ponto de vista da sua potencialidade lesiva e adequação da norma de sanção. A desistência activa subsequente e eficaz confirmará a não punibilidade do facto assim praticado, podendo admitir-se a extensão analógica do regime previsto no artigo 25.º do Código Penal.

50. As cláusulas de *exclusão da responsabilidade criminal por interrupção voluntária da gravidez* permitida por lei (artigo 142.º, n.º 1, Código Penal) correspondem a causas especiais de exclusão da ilicitude, organizadas sobre indicações, prazos, a vontade da mulher e uma ponderação mista (objectiva e subjectiva) da necessidade da interrupção para a salvaguarda de interesses minimamente equivalentes da mulher grávida que são juridicamente merecedores de tutela. A consulta prévia de aconselhamento e o período legal de reflexão são condições legais da exclusão da ilicitude pois relacionam-se directamente com o conteúdo de elementos que fundamentam o juízo sobre a ilicitude do facto. Os elementos relativos à certificação das condições de realização da interrupção voluntária da gravidez e à forma de a mulher prestar o seu consentimento (artigo 142.º, n.º 2 e 4) são exigências formais e procedimentais relativas à documentação dos pressupostos das causas de justificação e não fundamentem o juízo justificador. A sua falta não significa que o facto seja criminalmente ilícito, mas sim que pode existir alguma dúvida legítima sobre as condições de justificação do mesmo. A sua importância situa-se no plano funcional da segurança quanto à verificação dos elementos das causas de justificação e não no plano material dos elementos necessários à valoração do acontecimento. A sua falta não pode por isso corresponder à inaplicabilidade das causas de justificação. Na falta de alguns elementos legalmente exigidos para a exclusão da ilicitude deve ser ponderada a eventual aplicabilidade de causas gerais de desculpa e, residualmente, perante causas de exclusão da ilicitude incompletas, uma causa pessoal de não punibilidade, por eventual inadequação da pena estatal.

51. As figuras legais reunidas sob a designação de *causas de extinção da responsabilidade criminal* devem distinguir-se e agrupar-se de acordo com o objecto imediato da decisão que lhes respeita que se pode resumir à seguinte trilogia: a *danosidade do facto*, a *efectividade da pena* e *admissibilidade do processo*. A estes três círculos delimitadores da realidade podem corresponder elementos sistematicamente distintos. As *condutas de reparação com efeitos dirimentes* (v.g. restituição, reparação do dano, pagamento de quantia a descoberto, retractação) são modalidades especiais de desistência, fundamentam um juízo de inadequação ou desnecessidade de pena e incidem sobre o prolongamento danoso do facto. Por isso pertencem ainda ao círculo de valorações do facto punível. Diversamente, a *amnistia, o perdão, o indulto* e a *morte do agente* pressupõem a possível existência de responsabilidade à qual tais circunstâncias podem obstar. Trata-se de obstáculos à efectividade da punição, cuja relevância se deve ponderar nas consequências jurídicas do crime. Finalmente, a *queixa e a sua renúncia, caducidade ou desistência*, a *prescrição* e a excepção de *bis in idem* (proibição do duplo julgamento pelo mesmo crime, que abrange a litispendência e o caso julgado) constituem pressupostos

de procedibilidade (originários ou supervenientes) de onde decorrem efeitos materiais reflexos, com uma formulação positiva (no caso queixa) ou negativa (no caso dos demais). O seu domínio de valoração não é o facto punível, mas a admissibilidade do processo que o pode ter como objecto.

C) Estruturas dogmáticas e dimensões político-criminais reveladas

A análise das diversas figuras legais evidenciou ainda algumas estruturas relevantes para o debate sobre a autonomia da categoria da punibilidade.

52. Verifica-se desde logo um diminuto valor das designações legais sobre a não punibilidade e ausência de coerência sistemática e classificatória plena das diversas figuras dispersas pelo direito penal (codificado e extravagante) que são apresentadas dessa forma, o que é em si mesmo gerador de equívocos quanto à natureza e regime dessas cláusulas legais.

53. Os elementos do ilícito e os elementos da punibilidade podem ser indiciariamente configurados pela organização interna dos elementos do tipo legal. Para esse efeito são relevantes as relações intra-típicas entre o facto ilícito e os demais elementos descritos no tipo e as conexões objectivas, subjectivas e normativas entre os diversos elementos. Contudo, a matéria do tipo não se pode confundir com a forma do tipo. A conduta e o facto constituem o núcleo essencial da matéria que integra do tipo de ilícito. Os elementos autónomos da punibilidade não têm de ser exteriores ao tipo, mas sim exteriores ao facto ilícito previsto no tipo legal.

54. Os pressupostos autónomos da punibilidade estão condicionados pelo fundamento e extensão do ilícito penal.

55. O âmbito do ilícito penal pessoalmente imputável ao agente tem como limite a proibição de regresso. Esta impede a imputação pessoal de factos alheios, no todo ou em parte, o que vale por dizer que (sem prejuízo das regras de comparticipação) os mesmos devem ser tratados como parcelas exteriores ao ilícito penal que, por isso, não podem fundamentar a imputação de responsabilidade criminal.

56. O âmbito do facto ilícito é distinto consoante o mesmo seja delimitado pela causalidade naturalista, pelo conteúdo normativo da previsibilidade, por requisitos adicionais relativos à estrutura danosa facto ou por critérios de domínio do destinatário da norma sobre o acontecimento desvalioso.

57. Este aspecto determina a natureza dogmática das circunstâncias em causa: uma concepção *causalista* do ilícito penal permite integrar uma parte significativa das circunstâncias descritas nas normas incriminadoras no âmbito do facto ilícito, em função de uma simples sequência causal, diminuindo reflexamente o espaço dogmático em que se pode identificar a figura das condições objectivas de punibilidade; o recurso à ideia de *previsibilidade* introduz uma restrição significativa ao âmbito do ilícito por comparação com a sua delimitação causalista, na exacta medida em que elementos do facto deixam de ser quaisquer circunstâncias que estejam em conexão causal com a conduta do autor, para passarem a integrar apenas as consequências previsíveis dessa conduta (e, numa restrição mais intensa, as consequências efectivamente previstas). O conceito de *domínio do facto* pode restringir ainda mais o âmbito dos ilícitos penais imputados ao autor, já que deles farão parte não todas as consequências causais, nem todas as que sejam de verificação previsível mas sim, dentro destas, apenas as circunstâncias cuja realização seja dominada pelo autor. O que por si só excluirá do âmbito do ilícito os acontecimentos que sejam fortuitos, ocasionais, de verificação necessária e os que sejam dominados por vontade autónoma de outra pessoa que não o autor do facto em causa.

58. A utilização duma matriz causalista (causalidade natural) para delimitar o âmbito do facto ilícito não consegue preservar devidamente o princípio da responsabilidade pessoal em Direito Penal. E o conceito de previsibilidade, por seu turno, não exclui algumas situações que, a serem aceites, derrogariam o princípio da responsabilidade pessoal e não respeitariam a proibição de regresso.

59. A previsibilidade é um fundamento necessário mas não suficiente para a imputação de um ilícito penal. A ideia de previsibilidade é adequada à formulação de normas de conduta. Mas por si só não permite delimitar objectivamente o âmbito do facto ilícito imputável, porque pode ultrapassar a esfera de actuação do agente. A exigência de previsibilidade tem um efeito negativo relevante na delimitação do tipo de ilícito, pois o que não se pode prever não pode ser objecto de uma norma de conduta nem imputado a alguém. Elementos desta natureza não podem fazer parte do ilícito imputável do agente por inadequação da norma de conduta que lhe seria inerente. A adequação da norma de conduta inerente ao facto ilícito exige que este se delimite não pelo âmbito do que é previsível mas sim por referência ao que, sendo previsível, é evitável ou realizável pelo agente destinatário da norma penal. O âmbito do ilícito penal parece supôr a controlabilidade do acontecimento desvalioso pelo destinatário da norma. Uma leitura dos ilícitos penais orientada pelo conceito de domínio do facto consegue garan-

tir plenamente o respeito pelos valores referidos. Os elementos fora da esfera de realização do destinatário da norma são em princípio estranhos à imputação do ilícito culposo.

60. Uma leitura dos tipos legais à luz da teoria das normas evidencia que o círculo da imputação (ilícito culposo) e os elementos exteriores ao mesmo não se podem confundir por fazerem parte de diferentes âmbitos normativos. Os elementos autónomos da punibilidade não se imputam ao agente como parte do facto ilícito praticado.

61. Na estrutura dos tipos incriminadores pode distinguir-se a norma de conduta inerente à proibição dirigida ao cidadão e a norma de decisão do caso dirigida ao aplicador do direito. A norma de decisão pode dizer respeito quer à valoração da conduta quer à adequação da ameaça penal. A norma de decisão também é por vezes designada simplesmente como norma de sanção.

62. A contraposição entre a norma de conduta (subjacente à norma de ilicitude) e a norma de sanção (*v.g.* a norma de decisão reportada à ameaça penal) revela uma significativa capacidade argumentativa. Através dela torna-se possível valorar de forma diferenciada os distintos aspectos do acontecimento desvalioso à luz de uma estrutura axiológica que convoca para a decisão penal todos os elementos essenciais dos tipos penais (facto, circunstâncias típicas, ameaça penal), em detrimento de uma análise parcelar exclusivamente centrada na valoração da conduta do agente e, como tal, nas categorias da ilicitude e da culpabilidade.

63. A ameaça penal constitui um elemento essencial dos tipos incriminadores e, por isso, deve ser articulada com as valorações subjacentes ao tipo de ilícito e ao tipo de culpa nas decisões do legislador e do aplicador do direito.

64. A inexigibilidade objectivamente formulada pelo legislador não se traduz numa impossibilidade de censura jurídica, mas sim numa renúncia normativa à punição que prescinde da concreta avaliação da capacidade de culpa do agente. O que pode valer para várias situações de conflito entre a pretensão punitiva estatal e outros interesses relevantes para o Estado de Direito de forma a permitir um recuo do poder punitivo em casos de inadequação preventiva da norma de sanção, independentemente da efectiva interiorização do conflito pelo destinatário da norma. O que é feito de forma geral para os grupos de destinatários determinados, com indiferença em relação à concreta situação do agente e como tal fora dos quadros da aferição judicial da sua culpabilidade. Este plano

de valoração permite algumas conexões com a axiologia constitucional, designadamente quando a plena afirmação da norma penal possa implicar o risco de uma violação da integridade moral do seu destinatário. A renúncia à punição por inadequação da norma de sanção poderá assim constituir mais uma solução à disposição do legislador e do aplicador do direito.

65. A articulação da intervenção penal com outros interesses relevantes do sistema jurídico não converte necessariamente tais interesses num limite exterior à intervenção penal ou num limite estranho ao quadro de valorações das categorias do sistema do facto punível. Tal articulação pode ser vista no plano das finalidades político-criminais da norma de sanção, designadamente à luz de juízos de adequação e necessidade preventiva da ameaça penal. Com esta perspectiva, a ponderação de interesses extra-penais converte-se numa questão político-criminal sobre o significado e alcance da norma de sanção – e, portanto, num problema dos tipos legais, perfeitamente integrado no sistema de análise do crime.

66. A indiferença quantitativa e qualitativa dos elementos da punibilidade em relação ao ilícito constitui um indício muito significativo da sua exterioridade ao facto imputável ao agente.

67. A exclusão da ilicitude pode e deve distinguir-se da exclusão da punibilidade. A exclusão da ilicitude pode ser feita a partir de uma ponderação de bens articulada com o princípio da necessidade do sacrifício. Essa necessidade é em regra aferida objectivamente mas o legislador pode converter o juízo de necessidade numa ponderação subjectiva, designadamente em situações residuais de tensão existencial. Isso verifica-se em algumas causas especiais de exclusão da ilicitude do crime de aborto.

68. A inexigibilidade objectiva é indiferente à concreta situação do agente e, por isso, não pode ter relevância em sede de culpa. A inexigibilidade objectiva pode corresponder a um possível domínio da não punibilidade por razões político-criminais (adequação, necessidade e proporcionalidade das sanções penais).

69. As causas de não punibilidade podem assentar numa estrutura implícita de ponderação de interesses e constituírem um instrumento autónomo de protecção de valores socialmente relevantes. Através das causas de não punibilidade o legislador consegue articular uma intervenção penal geral e abstracta (tutela de bens jurídicos) com a preservação de valores relevantes noutros sectores do ordenamento jurídico ou da vida social.

70. O recuo da punição é especialmente legítimo a partir de uma concepção relativa da pena e da ponderação dos seus fins preventivos articulados com as consequências da intervenção penal.

71. A adequação, necessidade e proporcionalidade da pena estatal constituem matrizes de valoração do alcance da ameaça penal que podem legitimar o recuo da pretensão punitiva do Estado.

Capítulo VI
O problema da autonomização
da categoria da punibilidade na teoria do crime

§ 30. Razão de ordem

1. Nos Capítulos III e IV foi possível verificar as vicissitudes que a estrutura metodológica da teoria do crime foi sofrendo quando confrontada com distintos fundamentos filosóficos e diferentes concepções quanto à natureza, âmbito e funções das categorias dogmáticas que a integram. Estas mutações reflectiram-se no conteúdo e na articulação das categorias, designadamente na autonomia da punibilidade que, desde Liszt, Radbruch e Beling vinha sendo trabalhada pela doutrina sob diversas designações e com um âmbito material variável («ameaça penal» em Liszt, «punibilidade» em Radbruch ou «condições da ameaça penal» em Beling).

Entre nós, a teoria do facto punível é já conhecida no início do século XX, nomeadamente por Abel de Andrade e Beleza dos Santos (c. 1920), mas não é utilizada como esquema metodológico de análise do crime e o seu significado sistemático não é claramente assumido. Neste período é ainda dominante o «modelo clássico francês» que, com uma progressiva quebra de importância, orientou a organização das matérias penais até à década de 30. A utilização do esquema metodológico de origem germânica apenas se verifica, de forma assumida e consequente, a partir dos anos 30, através do sucessivo recurso a diversos conceitos e categorias por Beleza dos Santos e, em termos mais amplos e consistentes, por Cavaleiro de Ferreira: primeiro na sua dissertação de doutoramento, em 1934, e depois nas suas primeiras Lições publicadas, de 1940-41 (que correspondem também à sua primeira regência da cadeira de Direito Penal, na Faculdade de Direito da Universidade de Lisboa). Posteriormente, a teoria do facto punível é plenamente usada por Eduardo Correia, neste caso já em meados da década de 40.

O confronto entre estes dois percursos da doutrina geral do crime permite entender o facto de nem todas as vicissitudes que o modelo germânico sofreu desde os finais do século XIX até à década de 30 terem adquirido projecção entre nós. A oposição entre o positivismo naturalista e o modelo neo-kantiano, que marcou o debate doutrinário nos anos 20 e 30 na Alemanha, não teve eco em Portugal nesses termos e com essa importância. O período de efectiva influência do modelo germânico de análise do crime entre nós corresponde à afirmação da matriz neo-kantiana na Alemanha. Por isso, a «recepção» do modelo germânico em Portugal nos anos 30 é já bastante depurada e crítica, correspondendo à versão simplificada desenvolvida por Max Ernst Mayer, Wilhelm Sauer, Edmond Mezger e pelo pensamento de Beling na sua última fase, do início da década de 30.

O que se afirmou quanto à teoria do crime em Portugal vale, em grande medida, para a categoria da punibilidade e para as figuras que integra. A utilização entre nós, a partir da década de 30, de um esquema metodológico da teoria da infracção já bastante depurado fez com que as diversas figuras tivessem um enquadramento mais claro, em regra não perturbado pelas vicissitudes do debate sobre a matéria da década de 20 na Alemanha. Ademais, a filtragem crítica a que a doutrina portuguesa sempre sujeitou o modelo germânico de análise do crime impediu a diluição das figuras da punibilidade no sistema tripartido, ao contrário do que foi defendido pela generalidade dos penalistas neo-kantianos.

Tendo identificado as linhas de força destas tendências na análise da teoria do crime, interessa agora debater criticamente as linhas de argumentação que sustentam ou negam a autonomia da categoria da punibilidade na sistemática do facto punível.

2. O empreendimento deve iniciar-se com uma advertência metodológica. A segmentação dos diversos argumentos usados pela doutrina para esse efeito será neste capítulo objecto de uma ponderação autónoma por razões de clareza, o que permitirá uma melhor avaliação de cada um dos fundamentos invocados. O debate doutrinário sobre esta matéria não é contudo tão claro e linear. Pelo contrário: não raras vezes a doutrina recorre não a um, mas a dois ou mais fundamentos distintos para negar ou autonomizar a categoria da punibilidade. Ilustrando a advertência: enquanto Roxin recorre a um fundamento monista para autonomizar a «quarta categoria» de análise do crime – a relevância de interesses extra-penais – outros autores sustentam a autonomia desse momento a partir de critérios de diferente natureza, como razões de Política Criminal (nomeadamente, Wessels, Octavio de Toledo e Huerta Tocildo, Marinucci e Dolcini ou, entre nós, Teresa Beleza) por vezes em conjugação com a relevância de interesses extra-penais (Jescheck, Lenckner) ou à luz de um entendimento político-criminal consequente da Constituição (Wolter) ou, ainda, considerações de Política

Criminal enquadradas por critérios de merecimento e necessidade de pena (por exemplo, Schmidhäuser, Langer, Stratenwerth, Zielinski, Volk, Schünemann, Muñoz Conde ou, entre nós, Figueiredo Dias, Sousa e Brito, Costa Andrade ou Ribeiro de Faria e Damião da Cunha).

Algo de equivalente se pode dizer quanto às correntes que negam a autonomia da punibilidade. Alguns autores diluem as figuras no sistema tripartido de análise do crime, negando em absoluto a possibilidade de ser autonomizada uma categoria dogmática entre a culpabilidade e os pressupostos processuais (*v.g.* Bemmann ou Jakobs). Enquanto outros, acentuando a centralidade do sistema tripartido, admitem o recurso pontual às figuras da punibilidade sem lhes reconhecer, no entanto, um estatuto dogmático equivalente à tipicidade, à ilicitude e à culpabilidade (por exemplo, Engisch, Eser, Burkhardt, Bustos Ramírez ou, entre nós, Eduardo Correia, e recentemente com outros fundamentos, Maria Fernanda Palma e Américo Taipa de Carvalho). Há por outro lado quem reconduza uma parte das figuras da punibilidade à teoria da pena (Max Ernst Mayer, Zimmerl, Grispigni ou, entre nós, Cavaleiro de Ferreira, Gomes da Silva, Oliveira Ascensão e Germano Marques da Silva) e aos pressupostos processuais (Bemmann, Jakobs e, com outros argumentos e diferente extensão, Bricola, Giuliani, Angioni ou Romano). Não falta igualmente quem, a partir de um diferente enquadramento dos critérios de merecimento e necessidade de pena, se oponha à autonomia de um quarto nível no sistema de análise do crime por entender que os mesmos se antecipam integralmente na tipicidade, na ilicitude ou na culpabilidade (como acontece com Günther, Bloy, Mir Puig ou Mario Romano). Este aspecto associado à renovação da arquitectura metodológica da teoria da infracção que se tem feito sentir na dogmática mais recente à luz do funcionalismo político-criminal tem inutilizado a autonomia de uma parte das figuras da punibilidade através da sua pontual recondução à tipicidade (Sax), à ilicitude típica (Bloy, Günther ou Frister) ou à categoria da responsabilidade (Roxin). A exacta compreensão de cada uma destas propostas depende, em parte, da sua inserção nos diversos sistemas teóricos de análise do crime, razão pela qual a sua exposição e análise pressupõem esse enquadramento.

A sistematização dos fundamentos que apoiam uma ou outra solução não pode portanto ser encarada com rigidez nem substituir a complexidade real do debate. Debate esse que é em grande medida realizado neste estudo, já que a doutrina raras vezes toma em linha de conta as diversas opiniões divergentes sobre esta matéria, devendo-se em parte a este aspecto alguma da obscuridade que envolve o tema da punibilidade na teoria do crime.

3. O presente capítulo é dedicado à organização crítica dos diversos argumentos com que se tem procurado negar a autonomia da punibilidade ou justi-

ficar a identificação de um espaço autónomo de valoração entre a categoria da culpabilidade e os pressupostos processuais. A questão será ponderada a partir da estrutura metodológica da teoria do crime, na exacta medida em que algumas construções dogmáticas pretendem suprimir ou autonomizar o momento da punibilidade enquanto categoria dogmática específica, sem negar a singularidade das figuras que a podem integrar. Uma análise mais pormenorizada das principais cláusulas legais que estão no epicentro das divergências doutrinárias encontra-se nos capítulos V e VII deste estudo.

Essa tarefa será levada a cabo em três momentos distintos. No § 31 (*A dissolução sistemática dos pressupostos autónomos da punibilidade*) começarei por analisar as principais linhas de argumentação que, numa perspectiva histórica e à luz da doutrina actual, têm procurado negar a existência de um espaço dogmático na teoria do crime que permita a autonomização de uma categoria da punibilidade. No § 32 (*Articulação dos pressupostos autónomos da punibilidade com o sistema tripartido*) darei conta das correntes que, sem negar a relevância das diversas figuras da punibilidade (*v.g.* condições objectivas de punibilidade e causas de exclusão e anulação da pena) consideram que as mesmas devem ficar fora do sistema tripartido em vez de autonomizar uma nova categoria. Finalmente, no § 33 (*Autonomia da punibilidade nos sistemas de análise do crime*) apresentarei os diversos fundamentos a que tem recorrido a doutrina que autonomiza a categoria da punibilidade, submetendo-os igualmente a uma filtragem crítica em função da sua distinta capacidade explicativa. Termina-se com uma súmula das principais conclusões a reter sobre o tema (§ 34).

§ 31. A dissolução sistemática dos pressupostos autónomos de punibilidade

I. A metodologia neo-kantiana e a diluição das condições da ameaça penal

1. A reacção neo-kantiana contra o modelo lógico-classificatório da teoria do facto punível implicou, como se viu no § 13 deste estudo, a refundação dos fundamentos do sistema de análise do crime e a reorganização da sua estrutura metodológica. O resultado mais imediato e visível desse empreendimento foi a redução do elenco de categorias dogmáticas utilizadas e a revitalização do seu conteúdo normativo a partir da intencionalidade metodológica dum sistema orientado por valores e fins. A própria difusão deste método de análise do crime e de aplicação da lei penal durante a década de 30 em vários países da Europa (*v.g.* Áustria, Suíça, Itália, Espanha ou Portugal) foi facilitada pela simplificação sugerida pelo denominado sistema tripartido (tipicidade, ilicitude e culpabilidade). Contudo, os desenvolvimentos doutrinários sobre a dogmática do crime posteriores à Segunda Guerra mundial foram, em certo sentido, retomados com uma

quebra do diálogo histórico-metodológico interrompido pelo conflito bélico. As décadas de 50 e 60 constituem nesta matéria já não momentos de confronto entre o Positivismo naturalista e a Filosofia dos Valores, mas sim entre as correntes normativistas que nesta se filiavam e a orientação ôntico-finalista reportada às estruturas lógico-materiais do mundo do ser que foi entretanto ganhando projecção[1].

Este novo confronto implicou, relativamente ao tema da punibilidade, que tenha ficado como que tacitamente adquirido para a dogmática penal do período posterior à Segunda Guerra que o denominado sistema tripartido de base neo-kantiana havia prevalecido em toda a sua extensão. Ou seja, permaneceram praticamente inquestionadas durante um largo período de tempo quer a bondade da redução do sistema de análise do crime a um modelo tripartido, quer a diluição das «condições de ameaça penal» do sistema de Liszt e Beling nas demais categorias dogmáticas. Mas esta aparência das coisas dificilmente correspondia à realidade. Na verdade, a ausência de debate sobre o tema deveu-se não tanto a uma partilha de convicções, como à afirmação de outras prioridades no debate científico e nas opções legislativas, em especial ao propósito de se avançar para um novo movimento codificador em matéria penal que permitisse abandonar os códigos oitocentistas, ainda em vigor, ou as codificações penais dos regimes autoritários da Europa anteriores à Segunda Guerra mundial.

Por tudo isto, justifica-se retomar agora esse debate e aferir da bondade dos argumentos que, nas décadas de 20 e 30, conduziram à supressão das «condições da ameaça penal» da estrutura metodológica de análise do crime. Deste modo se poderá compreender o lastro histórico subjacente a algumas tendências actuais relativamente a esta questão.

2. A análise da doutrina penal deste período permite identificar duas grandes linhas de argumentação que conduziram à negação da autonomia do momento da punibilidade na teoria do facto punível: por um lado, razões reportadas ao rigor metodológico da estrutura de análise do crime e, por outro lado, a sobrevalorização da capacidade explicativa que as categorias da tipicidade, da ilicitude e da culpabilidade adquiriram com a sua normativização e a sua compreensão teleológica, por influência da metodologia neo-kantiana. O que, por seu turno, implicou, para sectores importantes da doutrina da época, a diluição das condições de ameaça penal no «sistema essencial» da teoria do facto punível, a sua remissão parcial para a teoria da pena ou o seu enquadramento no âmbito dos pressupostos processuais. Vejamos, para já, o primeiro aspecto referido (a estru-

---

[1] Para uma visão geral destes confrontos teóricos e a sua incidência na teoria do crime (embora sem tomar em linha de conta o problema das figuras da punibilidade), Jescheck, *ZStW* 73 (1961), designadamente 190 e ss e 203 e ss.

tura metodológica da teoria da infracção penal), deixando a questão da absorção das figuras da punibilidade pelo sistema tripartido, pela teoria da pena e pelos pressupostos processuais para um momento posterior (*infra* § 31, II, III e IV e, em parte, § 32).

Curiosamente, foi Ernst BELING quem, na sua obra *Die Lehre vom Verbrechen* (1906), antecipou um dos argumentos que haveria de ser depois usado pelos neo-kantianos para suprimir o elemento da «ameaça penal» da estrutura metodológica da teoria do crime. Ao apresentar o conceito de crime (ou, melhor, a «acção punível»), considerou BELING que a definição de LISZT (para quem o crime ou a acção punível era uma «acção ilícita, culposa e ameaçada com pena») encerrava uma tautologia, pois repetia o definido na definição: a «acção punível» de LISZT caracterizava-se por ser, exactamente, «ameaçada com uma pena» (*mit Strafe bedroht*), ou seja, «punível». Como esta repetição não era cientificamente admissível, BELING (1906) substituiu o conceito de «ameaça penal» pela exigência de que a acção típica, ilícita, culposa e subsumível a uma ameaça penal concreta, realizasse as *condições da ameaça penal* exigidas pela lei[2]. Deste modo, reformulava o último elemento de análise do crime, substituindo uma designação genérica («ameaça penal») pela exigência concreta de realização das condições legais de que dependia a punibilidade do facto[3]. Mas BELING manteve sempre a referência às condições de punibilidade no seu sistema de análise do crime, dando-lhe apenas, a partir de 1930, uma formulação negativa, que para si equivalia, no seu valor prático, à exigência positiva[4].

O argumento da suposta tautologia inerente ao conceito de ameaça penal foi depois usado e glosado ao extremo pelos neo-kantianos para reduzir o número de elementos integrados no conceito de crime. A crítica mais consistente, mas curiosamente a menos conhecida, foi apresentada por HEGLER, quando, em 1915, afirmou que se o crime era concebido, no plano metodológico, como «uma acção com certos atributos» esta estrutura metodológica não comportava nestes termos a figura das condições de punibilidade. Isto é, as condições de punibilidade não poderiam ser descritas desta forma, como «atributos da acção», pois eram por definição estranhas à acção[5].

---

[2] BELING, *Lehre vom Verbrechen*, 6-7.
[3] BELING, *Lehre vom Verbrechen*, 51 e ss, onde descrevem os elementos dogmáticos que se integram nesta exigência do conceito geral de crime.
[4] Sobre estes aspectos veja-se *supra* Capítulo III, § 12 deste estudo.
[5] HEGLER, *ZStW* 36 (1915), 223, nota 122, em ligação com o que escreve a pág. 24, nota 12. Apesar desta observação crítica HEGLER não abandonou a figura das condições objectivas de punibilidade, pelo contrário: manteve-as com autonomia em relação à ilicitude e à culpabilidade, mas deu-lhe uma organização diferente em função dos interesses que se projectavam nas diversas circunstâncias (cfr. *ZStW* 36 (1915), 224-229).

A observação de HEGLER expunha uma fraqueza metodológica do sistema de LISZT e de BELING: a obsessão pela tarefa classificatória dos elementos das normas penais não era acompanhada de uma organização axiológica dos diversos elementos do conceito de crime, o que se tornava particularmente evidente na categoria residual e heterogénea da puniblidade, como o próprio BELING reconhecia[6].

A crítica à estrutura metodológica do sistema de LISZT e BELING foi aceite e continuada por MAX ERNST MAYER ao considerar que o penúltimo elemento apontado por BELING (a subsunção a uma ameaça penal concreta) era pleonástico e que o último elemento do conceito (a referência às condições de punibilidade) era «um pressuposto da punibilidade singular» na definição de crime[7].

A evolução posterior da doutrina crítica do último elemento do conceito de crime ignorou em regra a observação de HEGLER e levou às últimas consequências a análise crítica de MAX ERNST MAYER. Assim, pouco tempo depois, SAUER considerou que a referência ao elemento da ameaça penal não trazia à sistemática do crime qualquer valor jurídico acrescentado relativamente à antijurisdicidade e à culpabilidade. A sua invocação após estas categorias correspondia apenas à persistência de uma tautologia meramente formalista. De forma peremptória, quanto à hipótese de autonomizar este elemento na teoria do crime, afirmava SAUER a sua insuficiência sistemática: *eine solche clausula generalis ist systematischwissenschaftlich gänzlich ungenügend*[8].

Na década de 30, esta suposta desnecessidade do último elemento do conceito de crime do sistema de LISZT e BELING era já algo praticamente adquirido entre a doutrina. Assim, MEZGER depois de expor o conceito sistemático de crime como uma *acção tipicamente ilícita* e *culposa* retomava, em nota, o argumento de MAX ERNST MAYER e, generalizando-o, considerava que os últimos elementos do conceito de crime de LISZT e de BELING constituíam uma repetição do definido na definição, não os levando em linha de conta por esse motivo[9]. Apesar de a posição de MEZGER ter sido posteriormente alterada[10], a sua projecção acom-

---

[6] BELING, *Lehre vom Verbrechen*, 57 e 58.
[7] MAX ERNST MAYER, *Allgemeiner Teil* (1915), 13-14, nota 29.
[8] SAUER, *Grundlagen* (1921), 209-210 e 215.
[9] MEZGER, *Strafrecht* (2ª edição, 1933), 90, nota 5.
[10] No seu *Deutsches Strafrecht, Ein Grundriss* (1ª edição, 1938), 37 e ss, MEZGER altera o conteúdo e a ordem da teoria do facto punível, apresentando o *Straftat* como «a acção ou omissão de um autor determinado, ilicitamente típico, pessoalmente imputável e ameaçado com uma pena». O que, entre outros aspectos, corresponde a uma desvalorização do momento da tipicidade como condição essencial do crime, em sintonia com a tendência nacional-socialista da década de 30 e o conceito unitário de crime defendido por MEZGER nesse período (cfr. *ZStW*, 57 (1938), 677 e ss). Essa desvalorização da tipicidade, acompanhada pelo renascimento do conceito de ameaça penal e respectivas figuras, é depois corroborada na 2ª edição de *Deuts-*

panhou a divulgação do modelo neo-kantiano de análise do crime em toda a Europa. Esta tendência para supressão dos pressupostos autónomos da punibilidade da estrutura metodológica essencial da teoria da infracção penal é corroborada pelos estudos gerais que na década de 30 se publicaram sobre o tema, onde a figura das condições objectivas de punibilidade é muitas vezes ignorada e as causas pessoais de exclusão da pena surgem somente a propósito da acessoriedade limitada na teoria da participação criminosa[11].

Foram estas algumas das principais linhas de análise sobre a negação da punibilidade, como categoria autónoma no sistema de análise do crime, que se afirmaram até à ruptura político-jurídica que teve lugar na Alemanha entre 1933 e 1945. A referência à punibilidade seria repetitiva, tautológica, insuficiente e desnecessária, perante as categorias centrais da tipicidade, ilicitude e culpabilidade. É esta, também, a ideia geral que a expansão do modelo neo-kantiano de análise do crime durante a década de 30 divulga em vários países da Europa. E é ainda esta concepção básica do sistema penal de análise do crime que depois da Segunda Guerra mundial é tomada como referência central na oposição entre o normativismo neo-kantiano e o ontologismo da concepção finalista da teoria da infracção penal.

3. Apesar de terem adquirido uma considerável projecção, as construções apresentadas valiam mais pelo seu esforço de simplificação da estrutura metodológica da teoria da infracção penal (em especial, por contraposição ao modelo complexo que BELING apresentou, em 1906, organizado em seis elementos distintos) do que pelo seu rigor dogmático. Dos argumentos expostos apenas a observação de HEGLER apresenta alguma consistência teórica, só podendo ser ultrapassada com a identificação dos critérios axiológicos que podem funcionar como elemento gregário dos pressupostos autónomos da punibilidade. Alguns desses critérios serão apresentados no § 33, ensaiando-se uma alternativa a estas soluções no Capítulo VII deste estudo.

Os demais argumentos, incluindo o da suposta tautologia, padecem do vício de formalismo que os seus seguidores apontam à enunciação do último elemento do

ches Strafrecht, Ein Grundriss (1941), 42 e ss, com a anteposição da teoria do tipo normativo de autor (*Die Lehre vom Tätertypus*) em relação aos elementos do facto (pp. 46 e ss). Já depois da Segunda Guerra, MEZGER retoma a estrutura completa da teoria do facto punível utilizando com autonomia as figuras da punibilidade.

[11] Assim, por exemplo, von WEBER, *Zum Aufbau des Strafrechtsssystem*, 1935, não atribui importância a essas figuras, limitando-se a salientar (p. 27) a natureza heterogénea das causas pessoais de isenção da pena e o seu efeito exclusivamente pessoal em sede de comparticipação criminosa, o que – refira-se – nem sequer constituía uma singularidade da figura dada a natureza igualmente pessoal do juízo de culpabilidade e dos efeitos das causas de exclusão da culpa.

sistema do crime seguido por Liszt e Beling, e apenas se tornam consequentes, não em si mesmos, mas porque são acompanhados pela diluição dos pressupostos autónomos da punibilidade nas categorias da tipicidade e da culpabilidade. A viabilidade dogmática deste processo de diluição será considerada nos números seguintes (cfr. *infra* nº II, III e IV deste § 31). Por agora interessa frisar que, por si só, o argumento da tautologia é perfeitamente inconsistente. A suposta repetição do definido na definição era facilmente contornável com a alteração da designação da realidade a definir: bastaria afirmar que se definia não a acção punível, mas sim o crime. Foi esta, aliás, a linha seguida por Beling que alterou, não o definido, mas a própria definição. Como se referiu, foi o próprio Beling, em diálogo com Liszt, a antecipar o argumento da suposta tautologia, substituindo a exigência da «ameaça penal», pela referência às «concretas condições da ameaça penal» que deveriam estar realizadas para que o facto típico, ilícito e culposo se tornasse numa acção punível, isto é, num crime. Quando os críticos da definição pretendem reduzir o sistema de Beling (notoriamente complexo, na versão de 1906) a um sistema mais simples de base tripartida acabam, na verdade, por realizar apenas uma arrumação classificatória – pouco rigorosa, aliás, como se verá a seguir – das realidades que estavam integradas no conceito de «ameaça penal» de Liszt, no conceito de «punibilidade» de Radbruch ou no conceito das «condições da ameaça penal» de Beling. Fizeram-no não sem incorrer numa assimilação forçada e em alguma quebra de rigor sistemático, porque apesar da sua integração no tipo (com diversas distinções e subtilezas teóricas) continuaram a subtrair as condições objectivas de punibilidade ao dolo, à negligência e ao regime do erro[12] e a transformar, desse modo, as categorias da tipicidade e da culpabilidade em categorias de «miscelâneas», onde passam a estar integradas não só as realidades que já lá estavam (a conduta tipicamente ilícita) como muitas das figuras do último momento de análise do crime que não foram remetidas para os pressupostos processuais e para a teoria da pena. Por isso, como alguma razão dizia ironicamente Rittler, em 1930, a propósito das classificações feitas por Zimmerl e Sauer relativamente aos elementos da tipicidade e às condições objectivas de punibilidade, que enquanto o primeiro distinguia de mais o segundo distinguia de menos (*unterscheidt Zimmerl zu viel, so Sauer zu wenig*)[13].

---

[12] Max Ernst Mayer, *Allgemeiner Teil* (1915), 99 e ss; Sauer, *Grundlagen* (1921), 358-359; Mezger, *Strafrecht* (2ª edição, 1933), 177-179 e 309, distinguindo entre verdadeiros elementos do tipo para efeito do § 59 do StGB de 1871 e meros «anexos ao tipo», que seriam exactamente as condições objectivas de punibilidade. Crítico, não obstante, da tese mais radical de Sauer, Zimmerl, *Lehre vom Tatbestand*, 24 e ss, *maxime* 26 a 29, com uma apurada classificação dos diversos elementos que surgem nos tipos que, na parte relativa às «meras condições objectivas de punibilidade» não coincide com a restante doutrina, como adiante se dará conta (§ 31, II).
[13] Rittler, *FG-Frank*, 4 (em ligação com o que escreve nas páginas 2 a 4).

II. Absorção pelas categorias do sistema tripartido: a extensão da tipicidade, a concepção político-criminal do ilícito penal e a reformulação da culpabilidade

1. O que tornou verdadeiramente consequente o argumento, atrás referido, da suposta tautologia da referência à ameaça penal ou às condições da ameaça penal no conceito de crime foram, não a suposta incongruência lógica de incluir o definido na definição, mas as propostas doutrinárias de diluição das diversas figuras da punibilidade nas demais categorias dogmáticas.

Esse processo de diluição das figuras da punibilidade no sistema tripartido de análise do crime tem ocorrido na história dogmática deste século sempre que a doutrina penal ensaia a revisão do conteúdo material das categorias da tipicidade, ilicitude e culpabilidade, alargando o seu âmbito de incidência e a sua vocação sistemática. Tendências dessa natureza e com esse alcance identificam-se especialmente em dois momentos: nas décadas de 20 e 30 (com o impulso renovador associado ao normativismo neo-kantiano e ao propósito de construir um sistema teleologicamente orientado) e a partir dos anos 70, com a revitalização do sistema de análise do crime à luz do funcionalismo político-criminal ou, em designação equivalente, com o desenvolvimento de sistemas orientados pelas consequências politico-criminais da atribuição da pena estatal, consequências essas a antecipar na formulação das categorias dogmáticas de análise do crime.

O efeito destas tentativas de reformulação das categorias dogmáticas da teoria da infracção penal sobre as figuras e a categoria da punibilidade é evidente: por um lado, a integração das condições objectivas de punibilidade no tipo ou no ilícito típico esvazia materialmente o momento da punibilidade, reduzindo-o a um limitado número de causas de exclusão ou anulação da pena que, por não possuírem uma vocação geral, perdem autonomia no elenco dos pressupostos gerais do facto punível; por outro, em algumas construções teóricas as próprias causas de exclusão ou anulação da pena são também sistematicamente integradas no ilícito típico, na culpabilidade ou remetidas para a teoria das consequências jurídicas do crime, o que inutiliza a autonomia do momento da punibilidade. Vejamos em que termos e com que fundamentos estes processos de diluição das figuras da punibilidade no sistema tripartido de análise do crime têm sido propostos.

2. Em confronto directo com o pensamento de Liszt e Beling, Max Ernst Mayer advogava a diluição das condições objectivas de punibilidade na *tipicidade,* já que aquelas constituíam, em sua opinião, uma referência puramente nominal a que, verdadeiramente, não correspondia uma categoria dogmática[14]. A centralidade que as categorias da ilicitude (típica) e da culpabilidade adqui-

---

[14] Max Ernst Mayer, *Allgemeiner Teil* (1915), 99-101.

riam no sistema de MAX ERNST MAYER fazia com que, por seu turno, as causas pessoais de exclusão da pena acabassem por ficar isoladas e, apesar de distintas das causas de justificação e das causas de exclusão da culpa, não podiam sustentar uma categoria dogmática autónoma, sendo antes remetidas para a teoria da pena (veja-se *infra* § 31, III).

Esta linha de pensamento foi apoiada por WILHELM SAUER que, num primeiro momento (em 1921), a levou ainda mais longe, sustentando que as condições objectivas de punibilidade podiam ser integradas no conceito de tipo penal (como elementos que contribuíam para delimitar a danosidade social tipificada) e as causas de exclusão da pena diluídas na exclusão da culpabilidade[15]. A articulação entre os elementos positivos do conceito de crime (que fundamentam a responsabilidade) e os elementos negativos (que a podem excluir) é descrita por SAUER a partir de duas referência centrais: a antijuridicidade típica e a culpabilidade[16]. Neste sistema bipartido, as condições objectivas de punibilidade não pertencem «ao verdadeiro delito», sendo por isso designadas *äußere Bedingungen der Strafbarkeit*, mas integradas nos elementos da tipicidade pois «sem elas – escreve SAUER – o facto típico, na perspectiva do legislador, não é inteiramente merecedor de pena»[17]. Noutros termos, a falta de uma condição objectiva de punibilidade significa que o facto ilícito não atinge o limiar de gravidade que o torna merecedor de pena[18]. Esta função negativa da ausência das «condições objectivas de punibilidade exteriores ao verdadeiro delito» é reconduzida a uma categoria dogmática central, o tipo de ilícito. Uma perspectiva desta natureza foi facilitada pela transição do conceito formal de ilicitude, assente na concepção de ilicitude de BINDING como um acto de desobediência, para um conceito material de ilicitude construído sobre o conceito de bem jurídico[19]. O mesmo procedimento tem lugar relativamente às causas de não punibilidade formuladas negativamente pelo legislador que, na construção de SAUER, funcionam como causas de exclusão da culpa (entendida esta no sentido normativo e não puramente volitivo), como seja a qualidade de deputado ou o arrependimento activo[20]. Em síntese, nesta perspectiva de SAUER da década de 20, posteriormente modificada quanto à sua fundamentação[21], as categorias da ilicitude tipificada e da culpabilidade (nor-

---

[15] SAUER, *Grundlagen* (1921), 214-215 e, em especial, 351 a 366.
[16] SAUER, *Grundlagen* (1921), 214-215.
[17] SAUER, *Grundlagen* (1921), 359 em ligação com o que escreve nas pp. 350 e ss.
[18] SAUER, *Grundlagen* (1921), 359.
[19] HASS, *Rechtstheorie* 3 (1972), 30 e ss, sublinhando os contributos de Hegler e Sauer.
[20] SAUER, *Grundlagen* (1921), 214-215, e *FS-Mezger*, 123.
[21] Na década de 50, SAUER, *Allgemeine Strafrechtslehre*, 3.ª edição, 1955, alterou uma parte deste enquadramento teórico ao acentuar a distinção, já aceite em trabalhos anteriores, entre tipo em sentido estrito e tipo em sentido amplo, sendo o primeiro uma tipificação da actuação

mativa) absorvem, respectivamente, as condições objectivas de punibilidade e as causas de exclusão da pena.

Também MEZGER, ainda na década de 30, utilizou de forma consequente a amplitude dogmática oferecida pela normativização das «categorias essenciais» da teoria do facto punível, nelas diluindo parte dos pressupostos autónomos de punibilidade. Essa integração não era plena, pois a exigência de culpabilidade reportava-se ao tipo, de acordo com o disposto no § 59 do *StGB* de 1871, que delimitava o erro relevante em relação «às circunstâncias de facto que pertencem ao tipo legal ou que aumentam a punibilidade». Por isso, as condições objectivas de punibilidade, por estarem «em imediata proximidade com o tipo» mas, sendo estranhas à culpabilidade, deveriam ser consideradas «anexos ao tipo» e não objecto de um tratamento especial, contrariamente ao que havia sido defendido por alguns sectores da doutrina a partir do pensamento de LISZT[22].

A compreensão teleológica do tipo, a relevância atribuída ao conceito de bem jurídico (enquanto critério da delimitação típica e, simultaneamente, da ilicitude material) e a sua articulação com a ilicitude favoreciam esta recondução sistemática das condições objectivas de punibilidade. Assim, a doutrina reconhecia na figura das condições objectivas de punibilidade um momento do tipo objectivo estranho à relação de congruência com o tipo subjectivo, mas admitia, como acontecia, por exemplo, com HERMANN BRUNS, a sua integração no tipo de ilícito não como elementos em que se fundava a ilicitude do facto mas como elementos que agravavam a ilicitude do facto[23].

3. As construções descritas caracterizam-se por assentarem numa relativa simplificação sistemática, isto é, as condições objectivas de punibilidade são pura e simplesmente integradas no tipo ou consideradas «anexos ao tipo» e aí tratadas conjuntamente com os demais elementos da tipicidade. Surpreende, desde logo, que esta operação de elementar recondução ao tipo tenha como objecto unitário as mesmas figuras (as condições objectivas de punibilidade) que foram simulta-

---

ilícita querida e o segundo a conjugação de todos os pressupostos da pena independentemente da vontade do agente que permite conhecer a perigosidade social do facto e a perspectiva do legislador sobre o seu merecimento penal (*op. cit.*, p. 64). Nesta construção, as condições de punibilidade pertencem já não ao tipo de ilícito (o tipo em sentido restrito), como em 1921, mas sim à punibilidade tipificada (o juízo sobre o merecimento penal suportado pelo tipo em sentido amplo) (*loc. cit.* p. 71 e ss). A concepção descrita assenta na ideia de que o conceito de merecimento penal (*Strafwürdigkeit*) constitui o conceito essencial em que se funda a dogmática penal (nestes termos, SAUER, *FS-Mezger*, 119 e, ainda, 120, sobre a relação entre o ilícito objectivo e o merecimento penal).

[22] MEZGER, *Strafrecht* (2ª edição, 1933), 178-179.
[23] BRUNS, *Kritik*, 31-32.

neamente consideradas pela doutrina como «heterogéneas» ou uma «categoria de miscelâneas» quando ponderadas fora do tipo de ilícito. Mais razoável, por isso, parece ser a via analítica empreendida por outros autores[24] como LAND[25] ou ZIMMERL[26] que, antes de ponderarem a afectação sistemática das diversas condições objectivas de punibilidade normalmente apontadas pela doutrina, procedem à sua classificação material e à sua relação com o facto tipicamente ilícito e culposo. Os resultados a que chegam nem sempre são coincidentes com os de M. E. MAYER, SAUER ou MEZGER.

Seguindo a construção bipartida do crime desenvolvida por SAUER (ilicitude típica e culpabilidade), ERICH LAND organizou as condições objectivas de punibilidade em três grupos, seguindo um critério das «relações internas» (na sua tese, causalidade adequada e nexo de culpa) entre a acção típica e estas figuras: condições sem relação interna com a acção típica, como por exemplo circunstâncias com mera conexão temporal em alguns crimes; condições numa relação de causalidade adequada com a acção (como a morte ou ofensa corporal grave na rixa ou a comissão do facto na embriaguez plena); condições que, para além do nexo de causalidade adequada, são idênticas ao objecto da acção típica, como a realização do duelo no crime de participação em duelo ou o suicídio no crime de incitamento a este facto[27]. Em sua opinião, a «relação interna» entre a acção e as condições é que determina se as mesmas devem ou não ser abarcadas pela culpa e, em função dessa relação, considera que as condições objectivas de punibilidade pertencem à tipicidade (na concepção seguida por LAND, na esteira de SAUER, equivalente a «ilicitude tipificada») sempre que sejam conhecidas ou possam ser conhecidas pelo agente (culpabilidade e previsibilidade)[28].

Uma classificação mais completa, mas menos original no plano dogmático, é apresentada por ZIMMERL que, também por essa razão, acaba por autonomizar mais algumas condições objectivas de punibilidade em relação à tipicidade. Distingue ZIMMERL três grandes grupos de figuras (com algumas sub-divisões que aqui não se reproduzem): (1) as condições de punibilidade que se relacionam com a ilicitude por co-fundamentarem ou indiciarem a gravidade objectiva do facto expressa no tipo de ilícito (*v.g.* certas lesões mais graves em ofensas à integridade física, resultados estranhos à acção do agente ou circunstâncias concomitantes à acção que não têm de ser objecto do dolo, como a actuação legal da

---

[24] Um confronto entre a doutrina penal alemã sobre esta matéria encontra-se em BEMMANN, *Bedingungen der Strafbarkeit*, 3 a 11, e HASS, *Wie entstehen Rechtsbegriff?* 29 a 62, e, ainda, em *Rechtstheorie* 3 (1972), 23 e ss.
[25] LAND, *Strafbarkeitsbedingungen*, 26 e ss.
[26] ZIMMERL, *Lehre vom Tatbestand*, 26 e ss.
[27] LAND, *Strafbarkeitsbedingungen*, 26 e ss e 74 e ss.
[28] LAND, *Strafbarkeitsbedingungen*, 20 a 26.

autoridade no crime de resistência à autoridade); (2) as condições de punibilidade relativas à culpabilidade ou perigosidade do agente (isto é, circunstâncias de funcionamento objectivo que, por se relacionarem com o lado subjectivo do facto, pertencem não ao tipo mas à culpabilidade, como sintoma de uma especial culpa do agente – *v.g.* a cláusula «durante ou logo após o nascimento», no crime de infanticídio); (3) as «meras condições de punibilidade» (*bloßen Strafbarkeitsbedingungen*), um terceiro grupo de figuras legais que não apresenta qualquer relação com a ilicitude do facto ou com a culpabilidade do agente[29]. Enquanto o primeiro e o segundo grupo se inserem sistematicamente na ilicitude e na culpabilidade, respectivamente, é erróneo, em sua opinião, pretender reconduzir as figuras do terceiro grupo à tipicidade[30]. Ou seja, a diluição das diversas figuras da punibilidade no ilícito culposo não é em ZIMMERL completa, autonomizando um conjunto de pressupostos residuais da pena, as «meras condições objectivas de punibilidade», que permanecem estranhas às categorias do tipo de ilícito e da culpabilidade.

4. A tese da diluição das condições objectivas de punibilidade na tipicidade e de uma parte das causas de exclusão da pena na culpabilidade tem sido também acolhida por alguns sectores mais recentes da doutrina que se manifestam contra a manutenção autónoma de tais figuras na sistemática do crime.

Os argumentos são diversificados, não se justificando de momento a sua consideração casuística a propósito de cada figura em especial, mas apenas a identificação da sua relevância sistemática na compreensão da teoria da infracção penal. Usando como referência de síntese o pensamento de ARMIN KAUFMANN, de meados da década de 50, a negação da autonomia de tais figuras residiria na dificuldade em organizar uma categoria autónoma com base em elementos de natureza dogmática duvidosa e heterogénea que, em alguns casos, poderiam ser reconduzidos com maior rigor dogmático aos pressupostos processuais, aos elementos do tipo, a elementos do dever ou a elementos da culpabilidade (em função dos quais se reforça o juízo de censura sobre a vontade criminosa do agente)[31].

A análise de ARMIN KAUFMANN dava expressão a um estado de espírito da doutrina penal relativamente à arquitectura metodológica da teoria do crime. As potencialidades sistemáticas da compreensão teleológica da teoria da infracção não haviam sido integralmente experimentadas e o diálogo doutrinário tinha sido quebrado durante o período do nacional-socialismo não permitindo uma exacta avaliação das propostas doutrinárias dos anos 20 e 30 sobre a matéria. Daí

---

[29] ZIMMERL, *Lehre vom Tatbestand*, 26 a 29.
[30] ZIMMERL, *Lehre vom Tatbestand*, 29, em crítica expressa a SAUER.
[31] ARMIN KAUFMANN, *Normentheorie*, 212 a 214.

que fosse necessário retomar uma parte desse empreendimento e testar a classificação sistemática dos elementos da teoria da infracção abandonados numa categoria residual após o ilícito culposo.

Foi esta a via seguida por BEMMANN que acabou por integrar diversas condições objectivas de punibilidade ora no tipo de ilícito, ora nos pressupostos processuais, concluindo pela inexistência de tais figuras e, consequentemente, pela sua irrelevância autónoma na sistemática do crime. Para BEMMANN constitui condição essencial para a autonomização destas figuras a possibilidade de se identificar um espaço dogmático autónomo entre o merecimento penal do facto, expresso através do tipo, da ilicitude e da culpabilidade, e os pressupostos processuais. O critério seguido consistiu em demonstrar a relação de algumas supostas condições objectivas de punibilidade com o desvalor objectivo do facto, passando então, por essa via, a integrá-las no tipo de ilícito, com a consequente sujeição ao regime de imputação subjectiva. Por outro lado, algumas cláusulas legais (como, por exemplo, a garantia de reciprocidade nos crimes contra interesses de Estados estrangeiros) não afectariam em nada o juízo substancial sobre o merecimento penal do facto, devendo por isso ser consideradas meras condições de procedibilidade e remetidas para a teoria dos pressupostos processuais (veja-se infra § 31, IV)[32]. O que significa que entre o ilícito culposo e os pressupostos processuais não existia qualquer espaço dogmático específico. Os elementos em causa ou se relacionam com o merecimento penal e integram o tipo de ilícito, ou são estranhos à matéria da proibição e, nesse caso, devem ser remetidos para os pressupostos processuais. Donde, conclui BEMMANN provocatoriamente, não existem verdadeiramente condições objectivas de punibilidade[33]. Conclusão que procura reforçar com o argumento de que os resultados assim obtidos estariam em sintonia com as exigências do moderno sistema penal, que nega a responsabilidade por caso fortuito (*Zufallshaftung*) e sujeita os elementos do acontecimento externo ao dolo e à negligência do agente[34]. Esta orientação adquiriu alguma renovada projecção nos últimos tempos, existindo sectores da doutrina alemã e italiana que defendem a necessária sujeição de algumas condições objectivas

---

[32] BEMMANN, *Bedingungen der Strafbarkeit*, 28 e ss e 52-56, para quem são elementos da tipicidade a cláusula de legitimidade do exercício do cargo do § 113, a realização do duelo no crime do § 210, a consequência mais grave (morte ou ofensa grave à integridade física) na participação em rixa do § 227, todos do *StGB* de 1871, e a interrupção de pagamento e abertura do processo concursal nos crimes falenciais. São, por seu turno, pressupostos processuais, a garantia de reciprocidade (§ 104, a), a dissolução do matrimónio e o divórcio nos crimes dos §§ 170 e 172, todos do *StGB* de 1871.

[33] BEMMANN, *Bedingungen der Strafbarkeit*, 55-56.

[34] BEMMANN, *Bedingungen der Strafbarkeit*, 55-56.

de punibilidade às regras mínimas da imputação culposa (isto é, negligente ou mesmo a simples consciência do elemento em causa)[35].

5. A tendência para a associar as condições de punibilidade ao desvalor do *facto tipicamente ilícito* identifica-se claramente no período neo-kantiano (décadas de 20 e 30), foi retomada na década de 50 e, mais recentemente, tem sido favorecida pela mutação axiológica que as categorias dogmáticas da teoria da infracção têm sofrido (desde a década de 70) com a invocação de conteúdos de Política Criminal para a sua compreensão sistemática. Essa mutação traduz-se numa ruptura metodológica com a herança do sistema lógico-classificatório herdado do Positivismo naturalista, isto é com o sistema rígido e fechado sobre si mesmo de «elementos» do conceito de crime, e na densificação dos diversos níveis de análise do facto punível à luz de critérios político-criminais[36].

A ruptura com o sistema rígido de elementos do conceito de crime e a sua funcionalização aos critérios de prevenção geral positiva (integradora) tem permitido a JAKOBS reformular o âmbito da tipicidade, da ilicitude e da culpabilidade e afirmar desse modo a suficiência do sistema tripartido de análise do crime. Por outro lado, os autores que, como SAX, BLOY, GÜNTHER, SCHÜNEMANN ou MIR PUIG, têm procurado aprofundar o funcionalismo político-criminal apresentaram propostas de compreensão da tipicidade e da ilicitude que questionam de forma mais radical a inserção sistemática tradicional dos pressupostos autónomos de punibilidade. O alcance do funcionalismo político-criminal sobre a teoria do facto punível tem sido na realidade mais extenso do que havia sido inicialmente avançado por ROXIN, pois algumas propostas implicam a superação das concepções tradicionais do tipo – questionando por exemplo a sua função como mera

---

[35] Veja-se, por exemplo, ROXIN, *Strafrecht AT I* (4.ª edição, 2006) § 23, n.º 11-12, exigindo que o agente possa prever a consequência do facto (no crime de embriaguez plena e na participação em rixa). Agora também, para fundamentar a crítica ao optimismo metodológico da solução oposta, GRECO, *Feuerbachs Straftheorie*, 292-293. Em sentido convergente, em Itália, ANGIONI, *Ridpp* (1989), 1484 e ss e, na conclusão, 1499-1500, e em Espanha, MAPELLI CAFFARENA, *Condiciones objetivas de punibilidad*, 132. Para uma perspectiva geral sobre esta questão na doutrina italiana, DONINI, *Teoria del reato*, 414 e ss e nota 172.

[36] Sobre o conteúdo e alcance destas mutações no plano metodológico, SCHILD, *Straftat*, passim, BRINGEWAT, *Funktionales Denken im Strafrecht*, 1974, 30 e ss, BOTTKE, *Methodik und Systematik*e, 90-107, e, no plano das consequências sistemáticas, SCHÜNEMANN, *Grundfragen*, 6 e ss, e LESCH, *Verbrechensbegriff*, 175 e ss. Uma visão de conjunto sobre as tendências doutrinárias desenvolvidas a partir de um sistema de análise do crime teleologicamente orientado encontra-se em GÜNTHER, «Rechtsfertigung und Entschuldigung in eienem teleologischen Verbrechssystem», Eser/Fletcher (org.), *Rechtsfertigung und Entschuldigung, Rechts-vergleichende Perspektiven*, I, 1987, 368-386, e agora em ROXIN, *Strafrecht AT I* (4.ª edição, 2006), § 7, n.º 26-36.

etapa descritiva na análise do crime articulada com a ilicitude (numa relação de pura coordenação) ou a sua vocação de mero suporte indiciador do juízo de ilicitude – e outras incidem no próprio alcance material e sistemático da categoria da ilicitude[37].

Vejamos, dentro dos limites e propósitos deste estudo, algumas das construções que ao reformularem o conceito, o âmbito e a função da *tipicidade*, acabam por inutilizar, total ou parcialmente, a figura dos pressupostos autónomos de punibilidade.

Uma das propostas mais ricas e consequentes foi elaborada por WALTER SAX relativamente ao conteúdo, âmbito e função da *categoria da tipicidade*. Considera SAX que o conceito de tipo não se pode limitar à mera enunciação dos elementos descritos no tipo legal, nem ser compreendido como um mero patamar indiciador da ilicitude (tipo de ilícito), antes deve ser construído de acordo com as exigências dogmáticas e político criminais do *merecimento penal* dos comportamentos legalmente proibidos, onde avultam a necessidade de protecção do bem jurídico e a proporcionalidade da sanção em relação ao comportamento danoso para o bem jurídico carente de tutela[38]. O tipo de ilícito é, nesta concepção, mais rico que o mero tipo legal, pois abarca os ilícitos merecedores de pena, isto é, os comportamentos tipicamente danosos para os bens jurídicos que, por carecerem em absoluto de protecção jurídico-penal, são merecedores de tutela através da imposição da pena estatal. A esfera de protecção do bem jurídico, delimitada pelo tipo, abrangerá apenas as agressões a esse bem jurídico que se revelem merecedoras de sanção penal. Nas suas palavras, os tipos não são nem meros tipos de ilícito, nem meros tipos legais, mas sim *Typen strafwürdiger Rechtsgutsverletzung*[39].

Nesta concepção é valorizada a vocação sistemática da tipicidade que passa a integrar figuras diversas que tradicionalmente possuem outra inserção metodológica. É o caso das condições objectivas de punibilidade que surgem não como o suporte autónomo de uma diferente categoria dogmática, após a ilici-

---

[37] Veja-se, por exemplo, em diálogo com o sistema funcionalmente orientado de Roxin, a análise crítica feita por AMELUNG, «Zur Kritik des kriminalpolitischen Strafrechtssystems von Roxin» *in Grundfragen des modernen Strafrechtssystems*, 1984, 87 e ss, considerando, por exemplo, insuficientes a ideia do tipo como mera expressão do princípio da legalidade e a sua relação com a tutela de um bem jurídico, invocando critérios adicionais de política criminal (como a proporcionalidade, idoneidade e necessidade da intervenção penal) na delimitação da tipicidade do ilícito punível. Relativamente à compreensão dogmática da categoria da ilicitude e ao âmbito da justificação, siga-se, para além do que adiante se escreve, GÜNTHER, *Rechtsfertigung I-MPI*, 378 e ss.
[38] SAX, *JZ*, 1976, 9 e ss, *maxime* 11-12 e 14-16.
[39] SAX, *JZ*, 1976, 11-12.

tude e a culpabilidade[40], mas sim como elementos do tipo de ilícito merecedor de pena, designados por SAX como «pressupostos objectivos do merecimento penal do comportamento danoso para o bem jurídico» ou, de forma abreviada, como «pressupostos objectivos do merecimento penal» (*objecktive Strafwürdigkeitsvoraussetzungen*)[41]. Noutros termos, trata-se de figuras que concorrem para fundamentar o ilícito no plano do merecimento penal do facto legalmente previsto[42]. Invoca SAX, como exemplos, a morte no crime de participação em rixa (§ 227 – actual § 231 – do *StGB*) ou a prática de um ilícito no crime de embriaguez plena (§ 330 a, do *StGB*).

Este enquadramento permite a SAX autonomizar duas categorias distintas de causas de exclusão da tipicidade: por um lado, as situações habituais de falta de elementos do tipo legal (*Tatbestandsausschlusses wegen Fehlen eines Tatbestandsmerkmalles*) e, por outro, uma nova categoria (sistematicamente localizada na própria tipicidade) que consistirá na ausência de um dano no fim de protecção da norma que seja merecedor de pena (*Tatbestandsausschlusses wegen Fehlen einer strafwürdigen Beeinträchtingung des Schutzzweckes der Norm*)[43]. Neste sentido, algumas cláusulas legais que para outros sectores da doutrina constituem causas de justificação, causas de desculpa ou causas de não punibilidade, como as diversas indicações na interrupção voluntária da gravidez, são para SAX reconduzidas a causas de negação da tipicidade: nestas situações a conduta do agente, apesar de realizar os elementos do tipo legal, não constitui uma lesão no fim de protecção da norma que seja «tipicamente» merecedora de pena[44].

A tendência para reconduzir as condições objectivas de punibilidade ao momento da tipicidade tem encontrado eco em alguns sectores da doutrina que invoca nesse sentido, por exemplo, a relação entre aquelas figuras e o merecimento penal do facto, representando neste caso as condições objectivas de punibilidade uma forma especial de desvalor do resultado (OTTO)[45], ou a vantagem

---

[40] SAX, *JZ*, 1976, 14-15, nota 41, onde crítica diversos enquadramentos desta natureza, como o de Jescheck ou Stratenwerth, bem como a tese de MEZGER quando considera as condições objectivas de punibilidade como «anexos ao tipo».

[41] SAX, *JZ*, 1976, 12 e 15-16.

[42] SAX, *JZ*, 1976, 15.

[43] SAX, *JZ*, 1976, 9 e 12. Mas, sintomaticamente, o erro sobre estes elementos não é tratado como um erro de tipo, mas sim como um erro de proibição (*JZ*, 1976, 429-430).

[44] SAX, «Der verbrechenssystematische Standort der Indikationen zum Schwangerschaftsabbruch nach § 218 a StGB», *JZ*, 1977, 332 e ss.

[45] OTTO, «Strafwürdigkeit und Strafbedürftigkeit als eigenständige Deliktskategorien? Überlegungen zum Deliktsaufbau» in *Gedächtnisschrift für Horst Schröder*, 1978, 54 e ss, e 64 a 66; ainda, *Grundkurs* (7.ª edição, 2004), § 7, nº 78-79. Para OTTO o conceito de merecimento penal constitui um princípio jurídico regulativo no plano do ilícito e da culpa, sendo merece-

sistemática e funcional de tornar impunes a participação e o encobrimento sempre que falte uma condição objectiva de punibilidade (Eser e Burkhard)[46]. São em parte considerações funcionalmente equivalentes a estas aquelas que presidem à distinção, proposta por Geisler, entre condições objectivas de punibilidade que cumprem uma «função de demonstração» (*Demonstrationsfunktion*) da perigosidade da conduta (como a consequência grave no crime de praticipação em rixa do § 227 – actual § 231 – do *StGB*) e aquelas que desempenham uma «função de travão» (*Hemmschuhfunktion*) da punibilidade de um ilícito culposo (como a declaração judicial de falência nos crimes desta natureza previstos nos §§ 283 e ss do *StGB*). Para Geisler as primeiras (que cumprem a «função de demonstração» da perigosidade do facto) devem ser consideradas condições de realização da tipicidade penal e só as segundas (as que desempenham uma «função de travão») devem ser tratadas na quarta categoria do crime, como condições da punibilidade do facto ilícito e culposo[47].

Mesmo em autores que não acolhem integralmente as premissas e objectivos do funcionalismo político-criminal é possível identificar mutações significativas na relação entre a tipicidade e condições objectivas de punibilidade. Assim, para Jakobs as condições objectivas de punibilidade fazem parte do tipo e demonstram a necessidade penal da proibição, enquanto as causas de exclusão da pena se reflectem no ilícito culposo[48]. As condições objectivas de punibilidade funcionam, em Jakobs, como uma condição do tipicidade do ilícito, evitando que a pena surja «como uma reacção drasticamente desnecessária» perante a nula ou diminuta danosidade do comportamento do agente considerado por si só. Deste modo, o legislador consegue preservar um espaço importante de liberdade genérica de acção, limitando a intervenção penal apenas a certos casos[49].

---

dor de pena tão somente «o comportamento desvalioso do ponto de vista ético-social que é idóneo para colocar em perigo ou para lesar de forma significativa as relações sociais dentro de uma comunidade» (*Schröder-GedS*, 54). Apesar deste enquadramento, Otto mantém o regime de imunidade das condições objectivas de punibilidade em relação ao tipo subjectivo. As causas pessoais de exclusão ou anulação da pena são distintas do ilícito culposo e explicam-se pela necessidade de pena (*Schröder-GedS*, 69, e *Grundkurs*, § 20), sem que haja lugar à autonomização de um outro nível de análise do crime.

[46] Eser/Burkhardt, *Strafrecht I*, 222 (nº marg. 12 e 13) aceitam a inserção sistemática das condições objectivas de punibilidade no tipo pela «vantagem de com esse enquadramento se destacar que fica excluída a participação e o encobrimento por falta de um facto ilícito sempre falte uma condição objectiva de punibilidade».
[47] Geisler, *Bedingungen der Strafbarkeit*, 570-578.
[48] Jakobs, *Strafrecht*, 335 e ss.
[49] Jakobs, *Strafrecht*, 336 e ss.

A fundamentação específica de cada caso não é, em si mesma, generalizável, mas JAKOBS defende, por exemplo, que certas cláusulas legais (como as dos § 113 e 136 do *StGB*) são elementos do dever jurídico e, nessa medida, integram a tipicidade[50]. Fazem também parte da tipicidade a consequência grave no crime de participação em rixa (§ 227 – actual § 231 – do *StGB*), a comissão do facto ilícito no crime de embriaguez plena (§ 323 a, do *StGB*), a declaração judicial de falência nos crimes desta natureza (cfr., com formulações diversas, os § 283 6, 283 b 3, 283 c 3, 283 d 4, do *StGB*), a garantia de reciprocidade nos crimes contra o Estado (§ 102 e ss, e 104 a, do *StGB*) ou a prova da verdade nos crimes contra a honra (§ 186 do *StGB*). Todas estas figuras constituem para JAKOBS indicadores da necessidade das respectivas proibições. Através da exigência adicional assim formulada, a perigosidade abstracta do comportamento é demonstrada pela ocorrência da condição (ou negada caso a mesma não se produza) e o fundamento último da relevância penal do facto reside na assunção do risco da ocorrência dessa condição por parte do agente que pratica a conduta proibida[51]. Se assim não se entender cai-se, segundo JAKOBS, na situação axiologicamente absurda de ter sido realizado um ilícito penal do qual não decorre a consequência típica adequada à sua natureza: a punibilidade do comportamento proibido. Donde, não se deve considerar condicionada a punibilidade, mas sim a própria tipicidade do facto, que será realizada ou negada de uma forma retardada ou retroactiva[52].

Apesar desta inserção sistemática, as cláusulas legais referidas não são, ainda para JAKOBS, objecto do tipo subjectivo (dolo, negligência e erro) em termos equivalentes à acção do agente, pois – afirma – só dessa forma se consegue preservar a sua função dogmática[53]. A tese é completada com a recondução de algumas figuras da punibilidade ao ilícito culposo (quer em função de critérios de merecimento e necesidade de pena, quer em função do princípio da inexigibilidade) e aos pressupostos processuais (cfr. *infra* nº IV deste § 31), o que implica a negação de qualquer momento autónomo na análise dos pressupostos substantivos do crime após a tipicidade, a ilicitude e a culpabilidade[54].

---

[50] JAKOBS, *Strafrecht*, 162-163.
[51] JAKOBS, *Strafrecht*, 336-337.
[52] JAKOBS, *Strafrecht*, 338-339. Em termos semelhantes, entre nós, DAMIÃO DA CUNHA, «Não punibilidade e dispensa de pena.Breve contributo para a integração dogmática da não punibilidade à luz de uma perspectiva processual penal», *RPCC* 15 (2005), 238, e nt. 13, procurando demonstrar a bondade desse enquadramento com as consequências processuais da falta de um elemento desta natureza.
[53] JAKOBS, *Strafrecht*, 339.
[54] JAKOBS, *Strafrecht*, 343-346.

6. Também as modificações qualitativas que a *categoria da ilicitude* sofreu no quadro do funcionalismo político-criminal produziram consequências importantes na arquitectura metodológica da teoria da infracção e na autonomia de algumas figuras da punibilidade. A reconstrução das categorias dogmáticas a partir de referências político-criminais, como o conceito de merecimento penal, o princípio da proporcionalidade ou as finalidades da pena estatal, teve como efeito reflexo a inutilização parcial ou total, consoante as perspectivas, dos pressupostos autónomos da punibilidade. Assim, embora com construções e fundamentos diferentes, a compreensão político criminal da categoria da ilicitude absorveu, nas construções de BLOY[55], GÜNTHER[56] e MIR PUIG[57], uma parte considerável das causas de exclusão e anulação da pena. Também SCHÜNEMANN manifesta, embora com outros fundamentos, alguma abertura a este enquadramento sistemático[58].

Uma das primeiras tentativas de reformulação do âmbito das categorias dogmáticas da teoria da infracção à luz de critérios político-criminais, no sentido proposto por ROXIN em 1970, foi realizada por RENÉ BLOY, em 1976. BLOY analisou várias cláusulas legais normalmente apresentadas como causas de exclusão e anulação da pena e concluiu que, em regra, esses regimes se explicam à luz das finalidades da pena estatal ou da relevância atribuída a interesses de natureza extra-penal. Por outro lado, as categorias dogmáticas da teoria da infracção deveriam ser compreendidas e delimitadas em função de duas matrizes do sistema penal: os critérios de merecimento de pena e os critérios de necessidade de pena, que funcionam como referências materiais na construção teleológica dos conceitos penais[59] e mecanismos de controlo selectivo dos comportamentos mais graves para a vida em sociedade[60].

O merecimento penal do facto é para BLOY equivalente à danosidade ético social do comportamento ilícito: um ilícito culposo é merecedor de pena, seguindo a definição de GALLAS, apenas nos casos em que, por se revelar «tão perigoso e censurável, tão inaceitável enquanto exemplo de um comportamento contrário à vida em sociedade, faz com que a pena, enquanto instrumento mais intenso da coacção estatal e expressão mais forte da desaprovação social, seja

---

[55] RENÉ BLOY, *Die dogmatische Bedeutung der Strafausschliessungs- und Strafaufhebungsgründe*, 1976; depois, *Der Beteiligungsform als Zurechnungstypus im Strafrecht*, 1985, e mais recentemente «Die Rolle der Strafausschliessungs- und Strafaufhebungsgründe in der Dogmatik und im Gutachten», *Jus-Lernbogen*, 5 (1993), 33-40.
[56] HANS-LUDWIG GÜNTHER, *Strafrechtswidrigkeit und Strafrechtsausschluss*, 1983.
[57] MIR PUIG, *Derecho Penal*, 114-117.
[58] SCHÜNEMANN, *LH-Roxin*, 238-239.
[59] BLOY, *Strafaufhebungsgründe*, 227 e ss, e *Die Beteiligungsform*, 23 e ss e 30 e ss.
[60] BLOY, *Die Beteiligungsform*, 35-36.

necessária e idónea para a protecção da comunidade»[61]. Por seu turno, a necessidade da pena afere-se a partir da relação meio/fim: trata-se de saber se através da pena se conseguem atingir as finalidades político-criminais do sistema penal enquanto sistema de *ultima ratio*, o que pressupõe três aspectos distintos: a realização de um desvalor, a impossibilidade de as finalidades das penas se alcançarem de outro modo que não através da pena e a idoneidade da pena para a prossecução dos seus fins[62].

Na construção de Bloy o merecimento penal do facto é condição prévia do juízo sobre a necessidade da pena, o que é reforçado pela autonomia do segundo aspecto relativamente ao primeiro. Por isso, deve negar-se a necessidade de pena quando o comportamento não tenha realizado qualquer desvalor, quando a finalidade da pena se conseguir antes da possível penalização e quando se verificar que essa finalidade não se pode alcançar através da pena[63]. Cada categoria dogmática da teoria do crime dá assim expressão a estes critérios, porque em cada categoria se articulam momentos valorativos (*Wertmoment*) e momentos teleológicos (*Zeckmoment*)[64]. Quando se trata de determinar o merecimento de uma proibição (*Verbotswürdigkeit*) esse juízo deve reportar-se também à pena, porque tratando-se de uma proibição penal o que está em causa é, no fundo, uma proibição cominada com pena[65]. O que significa, por seu turno, que o *Zweckmoment* não é estranho ao ilícito culposo, antes o integra numa unidade funcional[66]. Em consequência, Bloy propõe a diluição das causas de exclusão e anulação da pena associadas a interesses político-criminais na categoria da ilicitude (raciocionando de forma equivalente quanto às condições objectivas de punibilidade), reduzindo desse modo o momento da punibilidade a um conjunto limitado de figuras que representariam a relevância penal de interesses extra-penais, sem autonomia sistemática na arquitectura metodológica da teoria do facto punível[67].

Uma via semelhante no plano da inserção sistemática, mas distinta quanto aos fundamentos e consequências, foi seguida por Hans-Ludwig Günther, a partir de 1983[68]. Para Günther o conceito de unidade da ordem jurídica, que

---

[61] Bloy, *Strafaufhebungsgründe*, 231 (à luz da exposição feita a p. 228 e ss).
[62] Bloy, *Strafaufhebungsgründe*, 244, e *Die Beteiligungsform*, 35 e ss.
[63] Bloy, *Strafaufhebungsgründe*, 246 (à luz da exposição feita a p. 244 e ss).
[64] Bloy, *Strafaufhebungsgründe*, 246- 252, e *Die Beteiligunsform*, 35.
[65] Bloy, *Strafaufhebungsgründe*, 30-31.
[66] Bloy, *Die Beteiligunsform*, 36-37, concluindo: *Die Zwecke staatlichen Strafens spiegeln sich also im Verbrechensbegriff schon auf der Unrechts-und Schuldebene*.
[67] Bloy, *Strafaufhebungsgründe*, 226-227 (e nota 44 a p. 226, quanto às condições objectivas de punibilidade), 235-236, 241-242, 246-252, *maxime* 251; depois, *Die Beteiligunsform*, 30 e ss.
[68] O pensamento de Günther tem merecido a análise atenta e crítica da doutrina portuguesa. Em perspectivas diferentes, Manuel da Costa Andrade, *Consentimento e Acordo*, 166 e ss,

tem estado presente na construção do sistema de análise do crime e orientado a categoria da ilicitude desde a teoria das normas de BINDING, não explica correctamente o âmbito, os fundamentos e a função da categoria da ilicitude na teoria da infracção penal e, em especial, a distinção entre comportamento ilícito e comportamento lícito. A uniformização do conceito geral de ilicitude ignora que cada subsector do ordenamento jurídico global utiliza critérios próprios e específicos para seleccionar as condutas ilícitas (tal como as correspondentes causas de justificação) e as suas consequências jurídicas[69]. Por outro lado, as tentativas de renovação da teoria do crime à luz de critérios de política criminal têm sido parcelares e insatisfatórias, porque limitam essa incidência à categoria da tipicidade (SAX), da culpabilidade (ROXIN) ou a uma categoria autónoma em relação ao ilícito culposo (LANGER, SCHMIDHÄUSER), sem que esse quadro de valorações se faça igualmente sentir na categoria da ilicitude[70]. Essa concentração sistemática das valorações de política criminal em algumas categorias da teoria da infracção não tem razão de ser, na opinião de GÜNTHER. A função de uma categoria da ilicitude no sistema do facto punível deve ser a de identificar os comportamentos merecedores de pena, em função da necessidade de tutela de certos bens jurídicos, da adequação da reacção penal e das finalidades da pena estatal – e esses são crivos de selecção especificamente penais[71]. Para GÜNTHER o merecimento de pena é um juízo que não se limita à tipicidade, ao contrário do que sugere SAX, antes revela ubiquidade sistemática[72]. Por outro lado, o juízo sobre o merecimento penal do facto pode incidir sobre comportamentos ilícitos ou lícitos, não sendo o juízo de licitude de uma conduta necessariamente sinónimo de aprovação dessa conduta pelo sistema penal. É redutora, em sua opinião, a compreensão da justificação nestes termos, o que apenas se entende como uma consequência da teoria da unidade da ordem jurídica. Diversamente, GÜNTHER sustenta uma concepção político-criminal da ilicitude, materialmente informada pelo princípio da proporcionalidade (isto é, a relação entre a danosidade do facto e a respectiva consequência jurídica), onde algumas causas de não punibilidade são convertidas em causas de exclusão do ilícito penal, perdendo desse modo autonomia.

RPCC 2 (1992), 196 e ss e, ainda, *RLJ* (2001), 137 e ss; FIGUEIREDO DIAS, *RPCC* 1 (1991), 21-22, e depois *Direito Penal PG I* (2.ª edição, 2007), 389-390 (Cap. 14, § 10); AMÉRICO TAIPA DE CARVALHO, *Legítima defesa*, 64 e nt. 113, e depois *Direito Penal PG* (2.ª edição, 2009), 333 e ss; MARIA FERNANDA PALMA, *A justificação*, 709 e ss; MANUEL CORTES ROSA, *LH-Roxin*, 267-278; PAULA RIBEIRO DE FARIA, *Adequação social da conduta no direito penal*, 2005, 301 e ss.
[69] GÜNTHER, *Strafrechtswidrigkeit*, 90 e ss.
[70] GÜNTHER, *Strafrechtswidrigkeit*, 115-117, 240 e ss, 271 e ss.
[71] GÜNTHER, *Strafrechtswidrigkeit*, 114 e ss, *maxime* 116-117.
[72] GÜNTHER, *Strafrechtswidrigkeit*, 241, 245 e 394.

Na sua concepção, a justificação do facto não corresponde a uma aprovação da conduta, mas somente a um juízo sobre o merecimento penal dessa conduta[73]. Este juízo pode ser especificamente penal, formulado a partir de critérios de proporcionalidade da intervenção estatal em relação à tutela que pretende oferecer a certos bens jurídicos perante algumas modalidades de agressão[74]. Deste modo, o juízo sobre a ilicitude penal do facto não é sinónimo de uma ilicitude para todo o ordenamento jurídico, podendo ser, de forma mais limitada, uma *ilicitude qualificada* (especificamente penal), um juízo formulado sobre um comportamento típico que merece a intervenção do sistema penal para que seja cumprida a sua função de tutela de certos bens jurídicos[75]. A natureza específica deste juízo de ilicitude resulta exactamente do facto de ele se formular não sobre um comportamento qualquer, mas sim sobre um comportamento que já foi previamente seleccionado (através do tipo) com critérios especificamente penais (*v.g.* de necessidade e subsidiariedade da intervenção penal)[76]. De forma sintética: se a ilicitude penal não é necessariamente equivalente a uma ilicitude geral, mas antes um juízo de valor qualificado sobre o merecimento penal de um facto típico, então a justificação desse facto também poderá ser especificamente penal à luz dos critérios de merecimento da intervenção penal. O que significa, por seu turno, que não se deve tratar da mesma forma todas as causas de justificação porque entre as diversas figuras que se podem integrar na justificação penal do facto se encontram cláusulas de diferente natureza a que se deve atribuir, respectivamente, diferentes efeitos.

Neste contexto, apresenta quatro categorias de causas de justificação: as permissões de Direito privado, as permissões de Direito público, as causas de exclusão da ilicitude impróprias e as causas de exclusão da ilicitude próprias[77]. Nesta classificação, a par de causas de justificação que têm origem noutros sectores do ordenamento jurídico, sob a forma de autorizações ou permissões, e de causas de justificação partilhadas por todo o ordenamento jurídico, incluindo o sistema penal (denominadas *causas de justificação impróprias*), existem causas de justificação especificamente penais, decorrentes da valoração da conduta praticada à luz do juízo de merecimento penal do facto típico – a estas cláusulas chama GÜNTHER *causas de justificação próprias*[78].

---

[73] GÜNTHER, *Strafrechtswidrigkeit*, 158-159, 253-256.
[74] GÜNTHER, *Strafrechtswidrigkeit*, 199 e ss.
[75] GÜNTHER, *Strafrechtswidrigkeit*, 154 e ss, 161 e ss.
[76] GÜNTHER, *Strafrechtswidrigkeit*, 104 e ss e 114 e ss.
[77] GÜNTHER, *Strafrechtswidrigkeit*, 257-260. De forma mais analítica, «La classificación de las causas de justificación en Derecho penal» *in* Luzón Peña/Mir Puig (coord.), *Causas de Justificación y de Atipicidad en derecho Penal*, 1995, 51 e ss.
[78] GÜNTHER, *Strafrechtswidrigkeit*, 257-260, 394 e ss.

Sendo diferente o fundamento destas duas categorias de causas de justificação, o seu alcance e os seus efeitos são também distintos: as *causas de justificação impróprias* tornam a conduta lícita em geral, enquanto as *causas de justificação próprias* (ou especificamente penais) apenas excluem a ilicitude penal do facto (entenda--se, o merecimento penal do ilícito típico). Isto é, as permissões de Direito privado e de Direito público e as causas de justificação impróprias podem conter um juízo de aprovação do facto, enquanto as causas de justificação impróprias apenas implicam uma renúncia à desaprovação penal do facto sem que o mesmo seja aprovado pelo sistema penal. Exemplos de causas de justificação especificamente penais encontra-as GÜNTHER, entre outros, na protecção de interesses legítimos no âmbito dos crimes contra a honra (§ 193 do *StGB*), nas indicações sobre a interrupção voluntária da gravidez (§ 218 a do *StGB*), no consentimento presumido, no direito de correcção e em hipóteses específicas de conflitos de interesses com uma estrutura próxima do direito necessidade, nomeadamente em situações de legítima defesa fora dos limites temporais estabelecidos legalmente ou em caso de conflitos de deveres de valor equivalente[79].

Esta diferença classificatória quanto às causas de exclusão da ilicitude tem, por seu turno, efeitos materiais em sede de participação, erro e legítima defesa: para GÜNTHER a participação num facto valorado por uma causa de justificação especificamente penal traduz-se num caso de participação não punível, o erro sobre os pressupostos de facto de uma causa de justificação penal deve ser tratado como um erro sobre o tipo que exclui o dolo e, quando nestes casos seja apenas excluído o merecimento penal do facto através da causa de justificação especificamente penal (que não aprova o facto, mas apenas exclui o seu merecimento penal), a vítima dessa agressão não tem o dever de a suportar, podendo usar de legítima defesa contra o agressor (estas situações são nomeadamente identificáveis através do que GÜNTHER designa como prova inversa da legítima defesa)[80].

Deste modo, GÜNTHER esvazia o momento autónomo da punibilidade, embora acabe por fazer distinções equivalentes à separação entre o ilícito punível e o ilícito não punível dentro da própria categoria da ilicitude. Até que ponto se justifica no plano sistemático esta concentração de matérias na categoria da ilicitude é algo que se verá adiante.

A reformulação político-criminal da ilicitude adquiriu alguma projecção dogmática. A tese da ilicitude especificamente penal foi por exemplo usada em Espanha por MIR PUIG para reconduzir as condições objectivas de punibilidade ao «tipo de ilícito penal». Para MIR PUIG a ilicitude relevante para o sistema penal é a que se verifica no âmbito dum ilícito penal típico, através do qual se seleccio-

---

[79] GÜNTHER, *Strafrechtswidrigkeit*, 303 e ss e 395.
[80] GÜNTHER, *Strafrechtswidrigkeit*, 380-391.

nam os factos penalmente relevantes. As condições objectivas de punibilidade seriam elementos distintos da ilicitude material mas condicionariam, por razões de oportunidade ou conveniência penal, a ilicitude penal do facto. Sendo a selecção dos factos penalmente relevantes feita pelo tipo penal estas figuras integrariam o tipo penal ao lado do tipo de ilícito (norma primária), como pressupostos objectivos de aplicação da norma secundária[81]. Deste modo, a punibilidade perderia qualquer razão de ser enquanto categoria autónoma e revelaria uma plena ubiquidade sistemática, enquanto juízo de valor sobre o merecimento penal, reflectindo-se em todas as categorias da teoria do facto punível. O crime não é apenas delimitado em função de critérios de danosidade social, mas também em função de critérios de necessidade e oportunidade da intervenção penal[82].

Sem partir de afirmações tão categóricas, este parece ser um caminho igualmente acolhido por SCHÜNEMANN quando admite a possibilidade de enquadrar as condições objectivas de punibilidade e até algumas causas de exclusão e anulação da pena (como as cláusulas de imunidade parlamentar ou os regimes de desistência) como «condições de uma danosidade social qualificada»[83]. SCHÜNEMANN não o afirma expressamente, mas a sua abertura a este enquadramento sistemático implicaria a recondução de tais figuras ao ilícito típico com um conjunto de consequências que o próprio não explora. Trata-se, ao que parece, de uma possibilidade de enquadramento sistemático decorrente da aceitação de um conceito de ilicitude especificamente penal, de contornos muito vastos que não se reuniriam ao facto principal praticado pelo agente. Apesar deste esvaziamento do momento da punibilidade em relação a estas figuras, SCHÜNEMANN admite, noutros textos, a necessidade de o sistema do facto punível comportar uma categoria dogmática distinta da ilicitude e da culpa, mas que teria outro conteúdo material que não as condições objectivas de punibilidade e as causas de exclusão e anulação da pena (veja-se *infra* § 33, VII).

7. O processo de recondução de alguns pressupostos autónomos da punibilidade ao sistema tripartido de análise do crime é completado com a integração, total ou parcial, de diversas causas pessoais de isenção da pena *na categoria da culpabilidade*.

---

[81] MIR PUIG, *Derecho Penal*, 114-117, propondo concretamente a integração sistemática das condições objectivas de punibilidade no «tipo penal» (p. 144) e defendendo que as causas pessoais de exclusão ou anulação da pena, por seu turno, não obstam à existência de um crime, mas somente à aplicação da pena (p. 117).
[82] MIR PUIG, *LH-Roxin*, 34-35.
[83] SCHÜNEMANN, *LH-Roxin*, 239-240.

Essa reafectação sistemática tem sido realizada a partir de fundamentos distintos, consoante as matrizes dogmáticas que enformam a teoria do facto punível. Fundamental, no plano histórico, foi o abandono do conceito psicológico de culpa característico do positivismo naturalista e a construção pelos neo-kantianos da respectiva categoria a partir dos conceitos normativos de exigibilidade e censurabilidade. A normativização da categoria da culpa permitiu enquadrar neste momento figuras que os clássicos remetiam para a área da não punibilidade, como o estado de necessidade, algumas modalidades de defesa excessiva (por medo ou susto) e diversas cláusulas da Parte Especial, como os privilégios associados às relações de parentesco[84]. Remonta pelo menos a SAUER a tendência para reclassificar de forma sistematicamente consequente as diversas causas pessoais de exclusão da pena como causas (normativas) de desculpa[85], caminho igualmente partilhado por MEZGER[86] e KANTOROWICZ[87] e, actualmente, por JAKOBS[88].

Uma tendência mais recente relaciona as causas pessoais de anulação da pena com a categoria da culpabilidade a partir de um conceito político-criminal de culpa, enformado pelas exigências de prevenção geral e especial do sistema penal. Como atrás se referiu, para ROXIN a incidência de critérios de política criminal nas categorias dogmáticas do sistema de análise do crime traduz-se fundamentalmente (embora não exclusivamente) na invocação das finalidades da pena estatal para a compreensão da categoria da culpabilidade – no seu sistema sujeita não só à ponderação tradicional da capacidade de motivação pela norma, como também a uma análise funcionalizada às finalidades de prevenção geral do sistema penal através da integração dos dois aspectos numa categoria mais vasta denominada «responsabilidade»[89]. A integração dos critérios materiais dos fins das penas na *categoria da responsabilidade* alarga o seu âmbito sistemático e absorve algumas figuras que até aí a doutrina maioritária qualificava como «causas pes-

---

[84] Para uma visão mais completa destes enquadramentos, especialmente em LISZT e BELING, veja-se *supra* Capítulo III, § 12.

[85] SAUER, *Grundlagen* (1921), 214-215 e, em especial, 351-352, onde as referências centrais eram a ilicitude (típica) e a culpabilidade. Para além destas duas categorias substantivas apenas existira espaço dogmático para a categoria dos pressupostos processuais.

[86] MEZGER, *Strafrecht (ein Lehrbuch)*, 2ª edição, 1933, 450, e 3ª edição, 1949, 454, sublinhando a possibilidade de as causas de isenção da pena poderem ser pensadas como causas de exclusão da ilicitude e da culpa e a indiferença deste aspecto para a participação à luz duma acessoriedade extrema.

[87] KANTOROWICZ, *Tat und Schuld*, 252 e ss, que inutilizava o momento da punibilidade na parte relativa às causas de exclusão da pena diluindo-as na categoria da culpa e qualificando-as como «causas especiais ou intensivas de diminuição da culpa» (p. 255). Contra, RADBRUCH, *SchZStR*. 51 (1937), 255 e ss.

[88] JAKOBS, *Strafrecht*, por exemplo 334-345.

[89] ROXIN, *Strafrecht AT I* (4.ª edição, 2006), § 19 e *supra* Capítulo III, § 15.

soais de isenção da pena» (caso dos regimes de desistência ou, em alguns crimes, as cláusulas dirimentes da responsabilidade penal em função das relações de parentesco entre o agente e a vítima)[90].

Este efeito sobre as causas de exclusão e anulação da pena sobre a categoria da punibilidade é no sistema de Roxin meramente parcial, já que continua a sustentar a autonomia de uma «quarta categoria» da teoria do crime fundada na relevância de interesses extra-penais. Como tal proposta não significa a negação absoluta da categoria posterior ao ilícito culposo, mas apenas a reformulação das suas fronteiras e fundamentos, a análise mais pormenorizada desta posição será feita *infra* no § 33, III deste estudo[91].

8. Justifica-se neste momento esboçar uma primeira avaliação crítica sobre os elementos reunidos.

A ideia de reconduzir uma parte das condições objectivas de punibilidade ao elemento da *tipicidade* e as causas de não punibilidade à categoria da *culpabilidade* não pode ser aceite de forma linear. Um procedimento dessa natureza equivale a uma arbitrária remodelação classificatória sem consequências materiais que a legitimem. Reconduzir as condições objectivas de punibilidade ao tipo e continuar a subtraí-las à imputação subjectiva, como acontece com a generalidade da doutrina que acolhe esta posição, significa utilizar desnecessariamente diferentes conceitos de tipo na teoria da infracção penal[92]. A par de um conceito de tipo

---

[90] Roxin, *Strafrecht AT I* (4.ª edição, 2006), § 23, nº marg. 16 a 20, onde se defende a integração de várias causas de exclusão da pena no âmbito da responsabilidade. Uma boa ilustração sobre o efeito que esta diferente compreensão material da categoria da responsabilidade tem sobre a classificação de diversas causas pessoais de isenção da pena (na designação da doutrina tradicional), encontra-se ainda em Schünemann, *Grundfragen*, 11-15, que relaciona este diferente enquadramento sistemático com o problema do erro e com a concepção do sistema de análise do crime como um sistema aberto, no qual os problemas são analisados não a partir da rígida configuração do sistema abstracto, mas sim em função da natureza do problema em si mesmo e da consequência jurídica.

[91] Roxin, *Strafrecht AT I* (4.ª edição, 2006), § 23, n.º 6 a 20. O pensamento de Roxin sobre esta matéria encontra-se exposto *supra* no § 15, III deste estudo e é retomado no § 33, III. De momento justifica-se apenas esta breve referência pois o principal interesse da proposta de Roxin para o objecto deste estudo reside na autonomia da «quarta categoria» da teoria da infracção penal à luz da relevância atribuída a interesses extra-penais.

[92] Isto é particularmente evidente entre alguma doutrina espanhola que sustenta a existência de diferentes escalões da tipicidade e das respectivas causas que as excluem. Assim, Cuello Contreras, *El Derecho Penal Español*, PG, 1, 272-275 e, em especial, 397-398, invocando um «quarto escalão» da tipicidade onde adquiririam relevância as condições objectivas de punibilidade e as causas de exclusão da pena. Trata-se de uma posição a rejeitar categoricamente pelo diminuto rigor dogmático que possui, já que se traduz numa versão extrema da teoria

limitado à descrição da conduta penalmente proibida seria usado um conceito mais amplo que reuniria todas as condições necessárias para a conduta proibida ser punida. Esta concepção ampla de tipo é pouco rigorosa e dogmaticamente assistemática, assemelhando-se antes ao conceito usado no período do Direito comum e que foi retomado por STÜBEL no início do século XIX. Mas, o que é mais importante, sugere uma falsa integração sistemática porque a não sujeição de tais elementos ao regime de imputação subjectiva significa na realidade que tais elementos são estranhos à acção típica, ao tipo de ilícito ou ao próprio facto típico. Perante isto, continuar a afirmar que as condições objectivas de punibilidade se integram «no tipo» é no mínimo equívoco. O tipo penal não vale por si mesmo, mas por aquilo que contém ou descreve. Quando descreve realidades de natureza diferente não devem as mesmas ser equiparadas através duma inserção sistemática uniforme, sob pena de se hipotecar o rigor dogmático do conceito de tipo quer por via da sua heterogeneidade, quer através da sua sobrevalorização[93].

Uma via como esta implica ainda criar um conjunto adicional de problemas de difícil resolução, pois deste modo o tipo passará a incluir elementos muito heterogéneos sujeitos a regimes jurídicos diferenciados: uns elementos típicos serão objecto do dolo e da negligência outros não, apesar de todos terem natureza objectiva; relativamente a alguns o erro será relevante, mas em relação a outros tal não acontecerá; uns elementos estarão numa relação de causalidade (ou de imputação objectiva) com a acção do agente, mas outros serão remetidos para uma área de dúvida. Deste modo passariam a existir circunstâncias típicas objectivas cuja relevância seria filtrada pela exigência de causalidade ou da imputação relativamente à acção e outras estranhas a esse regime[94]. A incerteza

dos elementos negativos do tipo que, como tal, ignora as distinções axiológicas propiciadas pela separação das cláusulas de exclusão da responsabilidade em causas de não imputação do facto (ou exclusão da tipicidade em sentido próprio), causas de justificação, causas de desculpa e causas de não punibilidade..

[93] Neste sentido, escrevia GRAF ZU DOHNA, *Verbrechenslehre* (2ª edição, 1941), 3-4: «É igualmente exagerado afirmar que a tipicidade compreende todas as circunstâncias a que a pena surge ligada como consequência jurídica. Em alguns casos, para que a consequência jurídica se produza é necessário que concorram circunstâncias que de modo algum se podem considerar pertencentes ao tipo. Nós designamos essas circunstâncias como condições objectivas de punibilidade. A sua essência funda-se no facto de essas circunstâncias não serem características da acção ameaçada com pena».

[94] Neste sentido, afirmam OCTAVIO DE TOLEDO e HUERTA TOCILDO, *Derecho Penal, PG*, 386-391, que é contraditório integrar as condições objectivas de punibilidade no tipo e continuar a subtraí-las à relação de congruência entre o tipo objectivo e o tipo subjectivo, quer quanto ao regime da causalidade, quer quanto ao regime do dolo e do erro. Por isso, a sua inserção sistemática não pode ser feita nas categorias da tipicidade, da ilicitude ou da culpabilidade, mas só num momento autónomo que designam como «punibilidade» (p. 390).

dogmática criada pela recondução de elementos tão heterogéneos à categoria da tipicidade desvirtua por completo a sua linear função prática e desaconselham a adopção desta via metodológica. Pela sua função selectiva e orientadora das decisões dos sujeitos processuais, a tipicidade deve ser um momento claro e linear de análise do crime e não uma fonte de complexas dúvidas classificatórias e de incerteza dogmática.

Noutra linha de argumentação, a recondução das condições objectivas de punibilidade ao tipo e as causas de não punibilidade à culpabilidade implica em alguns casos uma contradição sistemática, como acontece na primeira fase do pensamento de SAUER (1915-1921). Refere BACIGALUPO a este propósito (com inteira razão) que SAUER apresenta neste período as duas figuras como o reverso uma da outra (isto é, as causas de exclusão da pena seriam o reverso das condições objectivas de punibilidade ou, noutros termos, estas seriam elementos positivos e aquelas elementos negativos articulados entre si) mas, assim sendo, torna-se incompreensível que, na reformulação sistemática, passem a pertencer a categorias dogmáticas distintas (as condições objectivas de punibilidade ao tipo de ilícito e as causas de não punibilidade à categoria da culpabilidade)[95]. O que significa que um dos enquadramentos descritos não será exacto: ou as condições objectivas de punibilidade e as causas de exclusão da pena não são o reverso uma da outra ou, quando reconduzidas a outras categorias dogmáticas, não podem seguir um regime sistematicamente diferenciado sob pena de contradição[96]. A contradição de SAUER é ainda agravada pela debilidade do enquadramento dogmático que propunha para as condições objectivas de punibilidade (a inserção no tipo): só faz sentido procurar reconduzir ao tipo de ilícito as condições objectivas de punibilidade que tenham alguma relevância para a ilicitude do facto (que sejam *Unrechtsrelevant*) pois aquelas que nenhuma relação têm com a lesão do bem jurídico (isto é, que sejam *Unrehtsneutral*), como acontece com as cláusulas de reciprocidade nos crimes contra o Estado, seriam sempre corpos estranhos no tipo de ilícito. Mas mesmo as primeiras acabariam por determinar uma peculiar relação entre o tipo e a ilicitude (estranha aliás aos quadros teóricos de Sauer) pois levaria a admitir que o facto cometido pelo agente não era em si mesmo ilícito no momento da acção, só adquiriria tal qualidade em função da

---

[95] BACIGALUPO, *Delito y Punibilidad*, 149.
[96] Estas debilidades do sistema de SAUER resultam do facto de se tratar de um modelo limitado a duas categorias dogmáticas (a ilicitude típica e a culpabilidade), o que faz com que as figuras heterogéneas sejam por vezes agrupadas numa ou noutra categoria de forma algo forçada. No sentido desta crítica, também RITTLER, *FG-Frank*, 3-4.

verificação de uma circunstância posterior. Na sumária avaliação de RITTLER, uma concepção da ilicitude *ex post* feita nestes termos é impensável (*Ungedanke*)[97].

Imune a estas críticas está a tese de BEMMANN já que ao reconduzir algumas condições de punibilidade ao tipo de ilícito as passa a sujeitar ao regime da imputação subjectiva. Mas a sua proposta é também dogmaticamente frágil, quer no plano da análise dos elementos das normas legais, quer na concepção do sistema de análise do crime. BEMMANN faz coincidir os conceitos de tipo, matéria da proibição e todos os demais elementos que se relacionem com a lesão do dever ou o dano no bem jurídico ou, para usar a sua terminologia, com «a reprovação jurídica da conduta». Mas essa assimilação de todos os elementos ao tipo e a consequente sujeição ao regime de imputação subjectiva é forçada e dogmaticamente inaceitável. Tomemos como exemplo a consequência grave (ofensa grave à integridade física ou morte) no crime de participação em rixa (§ 227 do *StGB* de 1871; art. 151º, n.º 1 do Código Penal português). Para BEMMANN trata-se (ao contrário da doutrina dominante na época que a considerava uma condição objectiva de punibilidade) de um *Tatbestandsmerkmal* por não ser estranho à «reprovação jurídica do facto». Em consequência este elemento passa a estar sujeito às regras da imputação subjectiva. Não obstante, BEMMANN acaba por afirmar que não é necessário verdadeiramente que o agente tenha querido matar ou ferir gravemente, basta que tenha a consciência do facto (elemento intelectual do dolo), embora aceite que basta o dolo eventual[98].

O enquadramento do problema e o regime de imputação subjectiva que BEMMANN propõe são de todo inaceitáveis. Em primeiro lugar, dá como adquirido que todos os elementos que tenham a ver com a «reprovação jurídica do facto» serão elementos do tipo de ilícito o que resulta apenas de uma concepção limitada dos elementos do tipo e da rejeição implícita das condições objectivas de punibilidade. Por que razão os elementos que têm a ver com «a reprovação jurídica do facto» devem ser sempre elementos do tipo é algo que BEMMANN não demonstra. A própria sujeição desses elementos ao regime do tipo subjectivo é sintomática da insuficiência do critério do Autor. Por definição, no crime de participação em rixa não pode existir prova do dolo dos agentes em relação ao resultado mais grave. Se tal acontecer passamos a estar perante uma tentativa de ofensas corporais graves ou de homicídio (caso subsista uma dúvida razo-

---

[97] RITTLER, *FG-Frank*, 17.
[98] BEMMANN, *Bedingungen der Strafbarkeit*, 42-45. Uma posição semelhante é acolhida por ROXIN, *Strafrecht AT I* (4.ª edição, 2006), § 23, n.º 11-12, exigindo a possibilidade de o agente prever a verificação de algumas condições objectivas de punibilidade (no crime de embriaguez plena e no crime de participação em rixa); também FREUND, *MK-StGB, vor* § 13, n.º 354. Para uma perspectiva sobre o problema na doutrina italiana, DONINI, *Teoria del Reato*, 414 e nota 172.

ável quanto à causa efectiva do resultado) ou, mesmo, perante tais crimes na forma consumada (se a prova realizada admitir tal conclusão). Por isso, a tese de BEMMANN, na ambição de respeitar ao máximo o princípio da responsabilidade subjectiva, acaba por inutilizar a norma incriminadora que procura interpretar: se existir dolo em relação ao resultado mais grave, o crime de participação em rixa deixa de se aplicar por força da relação de concurso com os crimes (dolosos) de dano (ofensas graves à integridade física ou homicídio). Implicitamente consciente desta consequência, mas nunca a referindo expressamente, BEMMANN acaba por criar um regime de imputação subjectiva atípico: bastaria a simples consciência intelectual do facto, apesar de o crime ser doloso[99].

A crítica é igualmente extensível a autores, como ROXIN, que exigem em relação a algumas condições objectivas de punibilidade pelo menos a consciência do agente. A proposta não é aceitável porque a consciência do agente seguida de uma posterior actuação acaba por se transformar num dolo eventual quanto ao resultado mais grave (no caso do crime de participação em rixa). O que se traduz na inutilização da condição objectiva de punibilidade e do respectivo tipo incriminador.

A construção de BEMMANN conduz ainda a uma conclusão precipitada, pois, como foi já demonstrado por RAMACCI[100], o resultado a que chega coincide com a premissa de que parte: a de que os elementos estranhos ao tipo de ilícito e à culpabilidade não serão pressupostos substantivos da pena e, por isso, não existirão condições objectivas de punibilidade. Esta conclusão é obtida por BEMMANN porque o sistema de análise do crime que aceita é assumidamente limitado, ou seja, apenas utiliza os conceitos de tipicidade, ilicitude e culpabilidade[101]. Por isso a tese que defende não possui consistência lógico-dogmática, já que a premissa e o resultado estão pré-determinados e coincidem entre si: o sistema de análise do crime esgota-se com a tipicidade, a ilicitude e a culpabilidade. A isto acresce o facto de a remissão de algumas figuras para a teoria dos pressupostos processuais se dever também a esta mesma premissa: algumas são consideradas pressupostos processuais por mera exclusão de partes, isto é, porque não se encaixam no

---

[99] BEMMANN, *Bedingungen der Strafbarkeit*, 45.
[100] RAMACCI, *Condizioni*, 152, afirmando, entre outros aspectos, o seguinte sobre a tese em apreço: «...è evidente il vizio derivante dalla sovrapposizione, al momento dell'analisi fenomenologica, dell'esigenza deontologica consistente nel rifiuto della responsabilità oggetiva, quando invece il problema consisteva proprio nell'accertare se vi fosse correlazione tra i criteri della *Zufallshaftung* e le condizioni di punibilità». Noutra passagem crítica, refere ainda «...non è corretto desumere l'inesistenza della categoria *soltanto* dal fatto che essa è estranea agli altri elementi dell'illicito concepiti secondo l'elaborazione tradizionale: in questo modo, si rappresenta come conclusione la premessa stessa...».
[101] BEMMANN, *Bedingungen der Strafbarkeit*, 12-27.

esquema analítico de que parte o Autor. Esquema esse que é bastante limitado, pois – como apontou Schwalm – as condições objectivas de punibilidade podem ser entendidas como restrições à punibilidade em nome de objectivos político-criminais, a partir da distinção entre merecimento de pena e necessidade de pena. E, com essa configuração, as condições objectivas de punibilidade serão perfeitamente compatíveis com o princípio da culpa[102].

Em suma, a tese de Bemmann é dogmaticamente insustentável, inconsistente no plano lógico-jurídico, inutiliza os tipos incriminadores que contêm condições objectivas de punibilidade, gera regimes atípicos de imputação subjectiva para crimes dolosos (um dolo puramente intelectual) e revela-se *ab initio* limitada no plano sistemático.

9. As teses de Sax e Jakobs, no sentido da revalorização do *conceito de tipo* pela sua leitura à luz de critérios de merecimento penal (Sax) ou de realização condicionada do tipo como forma de preservar uma liberdade geral de acção (Jakobs), acabam, por seu turno, por transformar a tipicidade num momento dogmaticamente complexo e com uma extensão sistemática manifestamente exagerada.

A proposta de Sax (no sentido de o conceito de tipo não se reduzir ao tipo de ilícito nem ao mero tipo legal) é de louvar no plano do controlo racional da actividade legislativa, mas possui um duvidoso alcance sistemático enquanto critério a usar pelo aplicador do Direito. As debilidades da sua construção projectam-se a nível substantivo e a nível processual.

Relativamente ao primeiro aspecto, a tese de Sax cria assimetrias axiológicas entre os vários crimes que invertem a própria ordenação constitucional dos bens jurídicos. Assim, se alguém provoca um dano na propriedade de outrem para salvar a sua vida, comete um facto típico que estará justificado. Diversamente, se alguém interrompe uma gravidez, provocando a morte de um feto para salvar a vida da mulher grávida, não comete sequer uma acção típica, por verificação de um pressuposto negativo do merecimento penal do facto. Na correcta avaliação de Patrícia Laurenzo Copello, sobre o exemplo atrás descrito, «parece difícil aceitar estes resultados, pois, atendendo a critérios estritamente penais, estaria a considerar-se mais grave o primeiro comportamento do que o segundo, dado que aquele aparentemente alcançaria os limites necessários para merecer uma pena, enquanto o último não, conclusão que contraria as valorações hoje claramente dominantes no Ordenamento Jurídico e, inclusivamente, as próprias disposições constitucionais em que se baseia Sax»[103].

---

[102] Schwalm, *MDR* 11 (1959), 906, em recensão crítica ao livro de Bemmann.
[103] Laurenzo Copello, *El aborto no punible*, 1990, 180-181.

Igualmente inaceitável é o alargamento material da tipicidade através de juízos de valor sem apoio legal na descrição típica. Na perspectiva de Sax a ausência de uma condição objectiva de punibilidade implica a falta de um pressuposto típico do merecimento penal do facto e a ocorrência do que habitualmente se designa como uma causa de exclusão da pena exclui igualmente a tipicidade porque nega a existência desse pressuposto material do tipo que é o merecimento penal do facto. Que tudo isto seja comportado pela tipicidade não é sistematicamente claro e apenas será possível se a tipicidade deixar de ser compreendida como a descrição do facto proibido e das respectivas circunstâncias que legitimam a formulação dos juízos posteriores, nomeadamente no âmbito do tipo de ilícito e do tipo de culpa. Um entendimento mais amplo da tipicidade diminui, contudo, o seu valor prático e sistemático pela conjugação de momentos tão diversos e heterogéneos[104]. Numa concepção desta natureza seria aliás duvidoso que qualquer causa de exclusão da responsabilidade penal pudesse ter outra localização sistemática que não a tipicidade, o que acabaria por se traduzir numa nova versão, ainda mais ampla, da teoria dos elementos negativos do tipo. Por exemplo, a reacção penal contra um inimputável (em razão da idade ou da anomalia psíquica) também poderia, à luz da tese de Sax, traduzir-se na lesão de um bem jurídico desacompanhada do merecimento penal ou na comissão de um facto em relação ao qual a reacção sancionatória do Estado seria desproporcionada. Nem o próprio Sax alarga a este extremo o conceito de tipicidade. Mas a força aglutinadora excessiva que o tipo revela na sua construção acaba por hipotecar o interesse didáctico e sistemático da separação entre, por um lado, a comprovação da tipicidade e a identificação dos casos atípicos e, por outro, a separação entre realização do tipo seguida da exclusão da ilicitude, da culpa ou da punibilidade.

A construção de Sax implica uma considerável «substancialização» do tipo através da invocação de elementos e critérios materiais relativos ao merecimento penal do facto que estão para além do tipo legal. Esta «substancialização» do tipo é em si mesma criticável[105], mas para além disso inutiliza a função processual do tipo e cria riscos de desarticulação entre o sistema substantivo e a sua compreensão processual. Do ponto de vista processual, os tipos de crime constituem referências essenciais para as decisões dos sujeitos processuais. Sem tipo (ou na falta de algum dos seus elementos essenciais) não há notícia do crime e sem notícia do crime não há obrigatoriedade de ser aberto inquérito criminal (artigo 262º,

---

[104] Coincidente na crítica, PAULA RIBEIRO DE FARIA, *Adequação social*, 293-294, ao que referir – em diálogo com Sax – que não existem «dois tipos» mas uma unidade valorativa que corresponde ao tipo.
[105] Sobre a «proibição de substancialização» das categorias da teoria da infracção penal, em geral, SCHILD, *Straftat*, 37 e 74-77.

nº 2, do CPP, *a contrario sensu*)[106]. O alargamento material do âmbito do tipo para além da descrição do tipo legal torna algumas decisões processuais fundadas na realização ou não realização de um tipo de crime desnecessariamente controvertidas e de duvidosa legitimidade perante a estrutura acusatória do processo. A partir do momento em que na tipicidade são integrados elementos e critérios materiais relativos ao merecimento penal do facto que vão para além do tipo legal a alternativa dos aplicadores do Direito nas fases processuais preliminares (fase da obtenção da notícia do crime e abertura de inquérito) é a seguinte: ou ignoram esse âmbito do tipo ou o têm em conta nas decisões processuais. No primeiro caso, deixa de existir congruência entre o tipo para efeitos substantivos e o tipo para efeitos processuais, criando-se desse modo uma injustificada e perigosa disfuncionalidade já que por força do princípio da judicialidade (arts. 29º e 32º da Constituição) a análise da responsabilidade penal só pode ser feita num processo judicial; no segundo caso, as decisões preliminares sobre o eventual processo (decisões que são tomadas por órgãos de polícia criminal ou pelo Ministério Público) passam a antecipar juízos materiais de valor sobre a questão de fundo, em contradição com a estrutura acusatória do processo penal. Ademais, uma via como esta é dificilmente compatível com a exigência de tutela da intervenção do ofendido no processo penal (art. 32º, nº 7 da Constituição), podendo este ver as suas pretensões processuais ficar goradas em fases preliminares do processo por via de decisões materiais tomadas pelo Ministério Público e por órgãos de polícia criminal, apenas podendo contorná-las (mesmo em crimes púbicos e semi-públicos) se assumir o ónus da litigância em relação a processos arquivados com fundamento na ausência de tipo por falta do merecimento penal do facto (para além do tipo legal). Os riscos materiais e processuais que um conceito de tipicidade assim entendido comporta depõem manifestamente contra a sua aceitação na dogmática do crime.

A tese de JAKOBS relaciona indevidamente a incidência da norma de conduta, a liberdade de actuação do agente e a localização sistemática das condições objectivas de punibilidade. Não é da inserção sistemática das condições objectivas de punibilidade que depende a preservação de uma esfera mais ampla de liberdade de acção. Esse efeito decorre do âmbito da norma de conduta e do alcance da sua proibição. A norma de conduta que o agente viola e o espaço de liberdade cerceado ao destinatário da norma são equivalentes quer a condição objectiva de punibilidade seja integrada no tipo, condicionando *ab initio* ou retroactivamente

---

[106] É inclusivamente correcto afirmar que sem notícia do crime não deve ser aberto inquérito criminal, pois de outro modo acabariam por poder ser constituídos como arguidos pessoas que eram suspeitas de terem praticado um facto que, no momento da decisão sobre a abertura do inquérito e constituição de arguido, não era um crime.

a sua realização, quer se considere que o tipo está realizado mas a punibilidade se encontra condicionada. A questão fundamental que condiciona a realização de um tipo de ilícito consiste em saber se com o seu comportamento o agente violou uma proibição legal, independentemente das consequências. Este constitui o núcleo mínimo de qualquer tipo de ilícito: sem violação de uma norma legal de conduta não há ilícito penal[107]. O conceito material de ilicitude acrescentou à necessidade de se identificar a violação de um dever a exigência de dano (perigo ou lesão) produzido para um bem jurídico merecedor de tutela penal. Esta exigência não substitui a primeira, antes a completa tornando-a mais intensa, o que se justifica plenamente para quem aceite o sistema penal como um sistema de *ultima ratio* e de natureza fragmentária. O que significa que não é em função da verificação da condição objectiva de punibilidade que se alarga ou diminui o espaço de liberdade de acção do destinatário da norma, mas sim pela própria incidência da norma de conduta criada pelo legislador penal. Numa visão dos problemas mais adequada à estrutura das normas penais, o efeito até é o inverso daquele suposto por JAKOBS: se a uma norma de conduta acresce uma condição objectiva de punibilidade o espaço de liberdade não abrangido pela norma é inclusivamente mais vasto do que aquele que resultaria de uma norma incriminadora exclusivamente construída sobre a violação da proibição penal. Se, inversamente, a incidência da norma de conduta comportar uma referência à suposta condição objectiva de punibilidade essa circunstância passará a ser formulada conjuntamente com o dever jurídico-penal e, nesse caso, integrará a tipicidade. Mas, assim sendo, essa circunstância não pode ser subtraída à imputação subjectiva. Nesse caso a circunstância passará a ser elemento do dever jurídico violado ou elemento da própria acção e um conceito de ilícito pessoal não a pode continuar a subtrair ao regime do dolo, da negligência ou do erro.

Por isso, a tese de JAKOBS é dogmaticamente incoerente: pretende legitimar as condições objectivas de punibilidade como elementos do tipo que contribuem para alargar a esfera de acção do destinatário das normas, mas a relação entre esses elementos e a liberdade de acção do agente, quando tenha uma resposta positiva, transforma-as em elementos da acção típica não se justificando nesse caso a imunidade ao tipo subjectivo; caso contrário, isto é, quando não se estabeleça a relação entre as condições objectivas de punibilidade e o espaço de liberdade de acção do agente, está justificado o regime de imunidade à imputação subjectiva, mas torna-se incompreensível que tais elementos condicionem a própria tipicidade. A afirmação só será exacta se a par de um conceito de tipicidade moldado sobre a violação da norma de conduta (o tipo de ilícito) se utilizar um conceito mais vasto que agregue todos os pressupostos descritos pelo legislador

---

[107] LAGODNY, *Strafrecht*, 8; DONINI, *Teoria del Reato*, 413.

para criminalizar uma conduta (tipo legal ou tipo de garantia). Mas nesse caso torna-se equívoco afirmar que sistematicamente as condições de punibilidade «pertencem» ao tipo, sendo apenas correcto dizer que são analisadas *no momento* da tipicidade, mantendo-se como uma realidade estranha ao tipo de ilícito (e, por isso mesmo, imunes à imputação subjectiva) podendo integrar um conceito mais vasto como o de tipo de garantia (todos os pressupostos necessários para afirmar a responsabilidade penal de alguém). Neste sentido, considerar realizada a tipicidade e condicionada a punibilidade não é, ao contrário do que afirma JAKOBS, algo de dogmaticamente estranho porque equivale apenas a dizer que o agente violou a proibição legal (realizou um tipo de ilícito) mas a reacção sancionatória do sistema penal não é automática – só ocorrerá quando estiver realizado todo o tipo legal ou, de forma mais expressiva, quando forem também realizados, para além do tipo de ilícito, o tipo de culpa e o tipo de punibilidade[108].

Críticas semelhantes podem ser dirigidas às consequências sistemáticas que GEISLER retira da distinção entre condições objectivas de punibilidade com uma «função de demonstração da perigosidade» (que pertenceriam à realização da tipicidade penal) e aquelas que teriam uma «função de travão» e que condicionariam a punibilidade do facto numa categoria autónoma. A preservação das figuras como elementos subtraídos ao tipo subjectivo implicará sempre a distinção entre elementos do tipo de ilícito e elementos do tipo legal, sendo por isso duvidoso que a distinção seja algo mais do que uma arrumação topográfica. Isto é, tem apenas ver com o «local» ou «momento» de análise e não com uma verdadeira classificação sistemática dos elementos do conceito geral de crime. Se pensarmos em matérias como o regime do erro ou da participação criminosa não se identificam razões que permitam apoiar diferentes regimes em função do diferente enquadramento sistemático das figuras. Enquadramento que, por isso mesmo, acaba por ser sistematicamente irrelevante.

Não se nega que algumas figuras normalmente integradas nas condições objectivas de punibilidade ou nas causas de exclusão e anulação da pena careçam de ser repensadas, em especial pela conexão de tais circunstâncias com o dever violado, com a acção típica do agente, com a justificação, com os critérios de desculpa ou, inclusivamente, com os meros pressupostos processuais, na linha do que foi proposto (em parte com alguma razão de ser) por ARMIN KAUFMANN, BEMMANN ou JAKOBS. Num sistema aberto, teleologicamente orientado pelas finalidades da pena estatal, essa reformulação da herança classificatória do sistema lógico-categorial é praticamente inevitável, como já demonstrou SCHÜNEMANN[109]. Mas um procedimento dessa natureza não deve ser indiscri-

---

[108] Sobre a articulação destes conceitos na sistemática do crime, veja-se *infra* § 37, II.
[109] SCHÜNEMANN, *Grundfragen*, 6 e ss.

minadamente generalizado a todas as condições objectivas de punibilidade ou a todas as causas de exclusão ou anulação da pena.

10. A proposta de BLOY – no sentido de compreender o ilícito culposo não apenas no plano valorativo, mas também no plano teleológico – constitui um dos ensaios materialmente mais claros de articulação entre uma *Wertrationalität* e uma *Zweckrationalität* no sistema de análise do crime. Duvidosa é contudo a inserção sistemática de todos estes momentos na categoria da ilicitude. Por que razão a categoria da ilicitude (cujo núcleo essencial é a contrariedade do facto ao direito) comporta não só a valoração do facto em função do seu específico desvalor, mas também a ponderação das finalidades da pena estatal, é algo que não é demonstrado de forma convincente no sistema de BLOY. Que o legislador use referências materiais (*v.g.* o merecimento penal do facto e a necessidade de pena) para seleccionar o ilícito culposo penalmente relevante não se questiona. Questão distinta é a de saber se as categorias dogmáticas da teoria da infracção devem ser materialmente reformuladas à luz dessas referências.

As categorias integrantes do sistema de análise do crime constituem sínteses de juízos de valor formulados sobre aspectos materiais do facto. Através desses juízos iluminam-se parcelas relevantes do facto com a finalidade de debater a responsabilidade do agente e a atribuição ou negação da pena estatal. Não é assim imperioso que ao juízo de ilicitude ou de culpabilidade se agreguem considerações sobre a finalidade da pena estatal numa forçada unidade dogmática. Não se duvida que as proibições penais devam ser objecto de um apertado controlo racional através de critérios materiais e teleológicos. Duvidoso é que a localização sistemática dessas finalidades no sistema de análise do crime seja necessária e exclusivamente a ilicitude e a culpabilidade. A formulação de critérios teleológicos em contraposição a critérios de pura valoração supõe a autonomia dogmática dos primeiros em relação aos segundos. O controlo racional da argumentação que se desenvolva a partir de uns ou de outros sugere a necessidade de uma separação e não de uma fusão conceitual. Um sistema de análise do crime que articule momentos valorativos e momentos teleológicos não tem obrigatoriamente de o fazer em categorias de síntese, onde os conceitos sejam um produto híbrido das duas vertentes (axiológica e teleológica). Entendida a teoria da infracção não apenas como um sistema de análise do facto e da responsabilidade do agente, mas também como um conjunto organizado de tópicos que funciona com um esquema de comunicação e argumentação entre os sujeitos processuais[110], existem vantagens consideráveis em não misturar os momentos de valoração e os momentos

---

[110] Sobre esta concepção da teoria da infracção penal, veja-se *supra* Capítulo I, § 2, Capítulo II, § 15, IV, e *infra* Capítulo VII § 36.

teleológicos na apreciação da responsabilidade penal. A separação entre uns e outros não é, na verdade, uma exigência ôntica, mas apenas funcional: permite um exercício mais apurado do contraditório no processo penal.

A tese de GÜNTHER, tal como os desenvolvimentos que a partir dela formulou MIR PUIG e as hipóteses de enquadramento sistemático abertas por SCHÜNEMANN, a serem aceites implicam a inutilização de qualquer momento de valoração do facto posterior ao ilícito culposo. Parece exacto não estabelecer uma relação de equivalência necessária entre, por um lado, a ilicitude da teoria geral do Direito e a ilicitude penal e, por outro, a justificação de um facto e a aprovação jurídica desse mesmo facto. Se o juízo de ilicitude penal é formulado não sobre um qualquer comportamento mas sobre um comportamento típico, é possível que esse juízo seja parcialmente distinto do juízo de ilicitude da Teoria Geral do Direito. Do mesmo modo, pode aceitar-se que a justificação não equivale sempre à aprovação do facto, mas apenas à compensação parcial do seu desvalor (da acção ou do resultado) o que, no plano valorativo, pode ser sinónimo de aprovação ou mera tolerância perante o facto cometido nessas circunstâncias. Mas isso não significa – como nota MANUEL CORTES ROSA – que o conceito de ilicitude (contrariedade ao direito) dependa de um juízo que lhe é estranho sobre a dignidade penal do facto[111]. Revela-se ainda inaceitável a consequência da tese de GÜNTHER para a teoria da justificação que passa a integrar realidades axiologicamente diversas e heterogéneas, desde a aprovação de uma conduta até à mera insignificância penal de um comportamento. Esta composição heterogénea descaracteriza a teoria da justificação e uniformiza dogmaticamente elementos axiologicamente diferentes. A realidades materialmente distintas não deve corresponder o mesmo juízo de valor[112]. Acresce que a imunidade de algumas causas de exclusão da ilicitude ao regime do erro é incompatível com a solução acolhida no artigo 16.º, n.º 2, do Código Penal.

O que vale por dizer que tão pouco se pode acolher a via sugerida por SCHÜNEMANN de tratar em sede de ilicitude de figuras tão diversas como o desvalor da acção, o devalor do resultado e também elementos estranhos à acção típica, como as condições objectivas de punibilidade e o regime de desistência. Variações significativas na matéria que é objecto da valoração jurídica, como acontece nos casos descritos, sugerem a necessidade de recurso a diferentes valorações materiais. Em suma, a integração sistemática das causas de não punibilidade na

---

[111] CORTES ROSA, *LH-Roxin*, 266.
[112] É por isso acertado o juízo de JORGE DE FIGUEIREDO DIAS, *Direito Penal PG I* (2.ª edição, 2007), 389-390, quando afirma que «os casos de uma tal específica justificação serão raros ou, pelo menos, relativamente pouco frequentes», embora manifesta alguma abertura à possibilidade do seu reconhecimento.

teoria da justificação é forçada, artificial e conduz a valorar com o mesmo critério realidades diferentes. As desvantagens que essa uniformização implica não se comparam às possibilidade dogmáticas de trabalhar, como sublinha ROXIN, com três níveis de excepções à responsabilidade: a justificação, a desculpa e a não punibilidade[113].

III. Facto e responsabilidade: a recondução à teoria da pena

1. Para além da tendência descrita no número anterior de diluição das condições objectivas de punibilidade na categoria da tipicidade (ou da ilítitude típica) e de algumas causas de exclusão da pena na categoria da culpabilidade, identifica-se ainda na doutrina uma outra via de negação da autonomia destas figuras através da sua inserção na teoria da pena.

A origem desta tese pode eventualmente encontrar-se na teoria das normas de BINDING e no tratamento diferenciado que von LISZT deu às causas de exclusão da pena e às causas de anulação da pena. As «segundas condições da ameaça penal» de BINDING condicionavam a efectividade da norma de sanção. Nas condições positivas identificava-se um efeito constitutivo relativamente ao direito do Estado punir um certo agente. Diversamente, nas condições negativas que surgissem depois do ilícito culposo, todos os pressupostos constitutivos da punibilidade se encontravam realizados, surgindo por isso como um enquadramento possível a remissão de tais factos para a teoria da pena. A partir deste enquadramento, LISZT tratou separadamente as circunstâncias que, por um lado, constituíam condições de punibilidade e causas de exclusão da punibilidade e, por outro, as circunstâncias que, surgindo posteriormente ao ilícito culposo e punível, constituíam meras causas de anulação da pena (*Strafaufhebungsgründen*), como o arrependimento activo e algumas cláusulas legais de reparação do mal do crime pelo agente[114].

Com a normativização das categorias sistemáticas da teoria do facto punível este enquadramento vulgarizou-se. Assim, em 1915, MAX ERNST MAYER, na primeira edição do seu manual, remetia todas as causas de exclusão e anulação da pena para a teoria da pena[115] e, já na década de 30, ZIMMERL acolhia semelhante

---

[113] ROXIN, *JuS*, 6 (1988), 431.
[114] LISZT, *Lehrbuch* (21º e 22ª edição, 1919), 181-185 (§ 44) e 271-273 (§ 74); e *Lehrbuch* (23ª edição, 1921, após a morte do Autor), 190-194 (§ 44) e 285-287 (§ 74).
[115] MAX ERNST MAYER, *Allgemeiner Teil* (1915), 273, invocando figuras diversas como a prescrição, o perdão, a desistência, as imunidades políticas e as causas pessoais de isenção da pena em certos crimes em especial (como as relações de parentesco no furto familiar).

inserção sistemática[116] enquanto MEZGER reconduzia algumas causas de não punibilidade à teoria das consequências jurídicas do facto punível[117].

2. Uma linha dogmática equivalente mas com maior amplitude, isto é, propondo a recondução *integral* das condições objectivas de punibilidade e das causas de exclusão da pena à teoria da pena, afirmou-se em Itália, Espanha e Portugal.

Em Itália, deve-se a GRISPIGNI uma das primeiras formulações consequentes consequente desta tese desenvolvida a partir da teoria das normas[118]. Para GRISPIGNI a definição analítica do crime permite identificar diversos elementos positivos e negativos que concorrem para a sua correcta compreensão. Este estatuto deve ser reconhecido à conduta humana, à correspondência a um tipo legal, ao facto material, à ausência de causas de justificação à ilicitude objectiva e ao nexo psíquico que permite ligar o facto ao sujeito. Estes são os requisitos «necessários e suficientes» para definir o crime. A exigência doutrinária da «ameaça penal» não deve ser apresentada como um requisito autónomo porque constitui a própria essência do crime que é sempre um facto punível. Essa característica identifica-se com a comprovação da tipicidade e a afirmação da ilicitude do facto constituindo por isso, tal como afirmavam Max Ernst Mayer e Mezger, uma *inutile repetizione*. Por outro lado, as figuras que dão normalmente suporte material a esta exigência dizem respeito não ao preceito primário, mas apenas ao preceito secundário: não condicionam a existência do crime, mas apenas o nascimento do direito de punir. Assim, para GRISPIGNI, as condições de punibilidade e as causas de exclusão da pena encontram o seu correcto enquadramento na teoria da pena.

Com uma formulação distinta e argumentos diversos, foi este também o caminho traçado por ALIMENA: as condições de punibilidade não seriam requisitos do crime, mas meras condições de aplicação da pena que acresciam ao crime como um pressuposto adicional da pena. Teríamos assim uma excepção pontual ao princípio *ubi crimen ibi poena* que se poderia formular através do brocardo *ubi crimen et conditio ibi poena*[119]. Esta tese acabou por ser seguida alguns sectores da doutrina italiana, encontrando eco por exemplo em ANTOLISEI ou BETTIOL[120].

---

[116] ZIMMERL, *Aufbau des Strafrechtssystems*, 1930, 291, invocando já não apenas o arrependimento activo mas também a desistência.

[117] MEZGER, *Strafrecht* (2ª edição, 1933), 496 (§ 73, IV) incluindo também a desistência e o arrependimento activo.

[118] GRISPIGNI, «La sistematica della Parte Generale del Diritto Penale», *R.d.pen.* (1934), vol. secondo, 1261 e ss, 1270 e ss. Posição que manteve mais tarde nas sucessivas edições do seu *Diritto Penale Italiano II*, reimpressão da 2ª edição, 1952, 9 a 18.

[119] ALIMENA, *Condizioni di punibilita*, 56-58.

[120] ANTOLISEI, *Manuale*, 644 e ss, BETTIOL, *Direito Penal II*, 52-55.

É ainda uma tendência desta natureza que surge recorrentemente no discurso da doutrina mais recente – como acontece em Espanha com Cobo del Rosal e Vives Antón – quando considera que a punibilidade não é um elemento ou uma característica do crime mas apenas «uma consequência» da sua prática[121]. Ou com Erika Mendes de Carvalho que, em dissertação recente sobre o tema[122], identifica os pressupostos autónomos da punibilidade com situações pontuais e excepcionais (em número reduzido e, também por isso, como uma categoria *accidental o circunstancial* sem vocação genérica, ao contrário da ilicitude e da culpabilidade) desvinculadas do facto e que apenas ganhariam sentido enquanto pressupostos negativos da pena, ou seja, enquanto elementos de um juízo excepcional (de possível negação da pena) subsequente ao facto e determinado por razões político-criminais (à luz de uma concepção prospectiva e preventiva da pena)[123]. Em sua opinião, estas razões político-criminais seriam pela sua natureza e finalidade estranhas às categorias dogmáticas do crime e apenas poderiam adquirir relevância no plano excepcional da não punição por razões de política criminal preventiva[124].

Uma via semelhante (mas com uma fundamentação mais elaborada) revela-se actualmente na proposta de Alberto Di Martino[125], para quem a categoria da punibilidade ganha na teoria da pena um significado que lhe escapa na teoria do crime[126]. A teoria da pena comporta na sua perspectiva três planos articulados entre si: o da ameaça legal (*comminatoria edittale*), o da aplicação judicial (*possibilità dell'inflizione, determinazione, concretizzazione giudiziale*) e o da execução da pena (*esecuzione*). Toda a dinâmica da pena deve ser perspectivada em conjunto, a partir da articulação destas três fases, pois a sanção vive da sua aplicação. A ameaça penal em si mesma integra dois momentos completamente diferentes: a decisão legislativa quanto à configuração da intervenção penal (um momento discricionário) e o momento da cominação normativa da sanção (um momento vinculado). O primeiro revela pouco interesse para oferecer conteúdo à categoria da punibilidade (limita-se ao uso de algumas figuras pelo legislador) e o segundo acaba por ser uma aplicação do princípio da legalidade na decisão judicial. Quando se fala da punibilidade como «possibilidade da sanção» (ameaça legal) isso por si só pouco nos diz quanto à dinâmica da pena, em especial num sistema em que a

---

[121] Acolhem esta posição, em Espanha, M. Cobo del Rosal, «La punibilidad en el sistema de la Parte general del Derecho penal» *Estudios Penales y Criminologicos*, VI, 1983, 47 e ss e 52-53; depois, Cobo del Rosal e Vives Anton, *Derecho Penal, Parte General*, 201-202.

[122] Erika Mendes de Carvalho, *Punibilidad y delito*, 2007, 53-57, e 401 e ss.

[123] Erika Mendes de Carvalho, *Punibilidad y delito* (2007), 56, 57, 401 e ss e 465 e ss.

[124] Erika Mendes de Carvalho, *Punibilidad y delito* (2007), 467e ss.

[125] Di Martino, *La sequenza infranta. Profili della dissociazione tra reato e pena*, 1998, 107 e ss.

[126] Di Martino, *La sequenza infranta* (1998), 115 e ss.

vinculação judicial ao princípio da legalidade exige como regra a aplicabilidade da pena pelo facto praticado. A ameaça penal deve ser compreendida apenas como uma primeira fase da «tripla cadência» incindível que corresponde à dinâmica da pena. As fases subsequentes, em especial a fase da determinação judicial da pena no processo, oferecem um conteúdo mais real à possibilidade de punir, pois aí se decide efectivamente sobre se e o como da punição. O juízo sobre a possibilidade de punir é nesta perspectiva um juízo de estrutura complexa que não se esgota num momento abstracto ou numa mera posssibilidade normativa de punir, antes exige uma dupla referência: um juízo sobre o facto (típico, ilícito e culposo) e um juízo sobre a finalidade da punição. Este juízo complexo estabelece a ligação entre a cominação legal originária e a finalidade da pena, o que passa pela ponderação da sua oportunidade e medida. Com isto se remete, em suma, o juízo sobre a punibilidade para o regime das consequências jurídicas do crime, em especial para o momento judicial da decisão sobre punir ou não punir (obstáculos à punibilidade).

3. Entre nós uma orientação desta natureza surgiu claramente nas primeiras Lições de CAVALEIRO DE FERREIRA (1940-41), por possível influência da doutrina italiana, e manteve-se até aos últimos trabalhos publicados pelo Autor em que se pronunciou sobre o tema (1989)[127], revelando-se igualmente em diferentes momentos do ensino de GOMES DA SILVA[128], ROBIN DE ANDRADE[129], JOSÉ DE OLIVEIRA ASCENSÃO[130] e GERMANO MARQUES DA SILVA[131].

Na sua dissertação de doutoramento (1934), CAVALEIRO DE FERREIRA admitiu a figura das condições objectivas de punibilidade, como condições adicionais e extrínsecas ao facto ilícito culposo. Seriam na sua concepção factos (ou mesmo actos do próprio agente) diversos do facto criminoso que, por serem estranhos a este, condicionavam a atribuição da pena, mas não tinham de ser objecto do dolo ou da culpa. A sua formulação poderia ser positiva ou negativa, designando-se nestes casos como condições impeditivas ou condições de não punibilidade[132]. Neste período não é completamente claro se para CAVALEIRO DE FERREIRA os pressupostos de punibilidade estranhos ao facto ilícito e culposo fazem ou não parte do conceito sistemático de crime. Em trabalhos posteriores as figuras da

---

[127] CAVALEIRO DE FERREIRA, *Lições* (1940-41), 424 e ss e *Lições II* (1989), 6-8.
[128] GOMES DA SILVA, *Direito Penal II* (1952), 6 e ss e 79 e ss.
[129] ROBIN DE ANDRADE, *Direito Penal II* (1972), 169 e ss.
[130] OLIVEIRA ASCENSÃO, *Direito Penal I, Roteiro*, 148-149.
[131] GERMANO MARQUES DA SILVA, *Direito Penal Português II*, 39.
[132] CAVALEIRO DE FERREIRA, *Da participação criminosa* (1934), 45-47 e 63-165, e, ainda, *A tipicidade* (1935), 44-45, notas 1 e 2, 86 e 91-92, nota 1.

punibilidade foram intencionalmente excluídas do conceito sistemático de crime e reconduzidas genericamente à teoria da pena[133].

Os elementos do crime eram, para CAVALEIRO DE FERREIRA, delimitados a partir da violação do preceito primário e, desse modo, identificados com a infracção penal. Contudo, nem toda a infracção penal conduz à aplicação da sanção penal, pois «a aplicação do preceito penal secundário pode ficar dependente da verificação de outro facto que condicione a sua aplicabilidade, que condicione, em consequência, o próprio direito de punir, o nascimento desse direito de punir». As circunstâncias que condicionam desta forma o preceito penal secundário são condições de punibilidade, mas, ao contrário do que havia sido sustentado por LISZT e BELING, para CAVALEIRO DE FERREIRA tais circunstâncias não condicionam a ameaça penal, pois esta consta do preceito penal primário[134]. Trata-se, assim, de circunstâncias que têm autonomia dogmática em relação a outras figuras, mas que não são nem elementos, nem características do crime. Em consequência, CAVALEIRO DE FERREIRA distingue as condições objectivas de punibilidade quer do evento material, quer dos pressupostos processuais: uma condição objectiva de punibilidade seria um «facto absolutamente estranho à esfera de actividade do sujeito activo do facto» (como a declaração judicial de falência nos crimes falenciais) ou circunstâncias que não tendo essa natureza seriam de todo estranhas à ilicitude e à culpabilidade do agente (como a condição de o agente que cometeu um crime ser encontrado em território nacional); seriam, por outro lado, figuras que condicionam a própria relação jurídica punitiva, o próprio direito do Estado punir, e não apenas condições de exercício de uma acção penal (como acontece com os pressupostos processuais)[135]. A par destas figuras, admitia ainda as causas de isenção da pena que se distinguiam das condições objectivas de punibilidade pela sua natureza e pelos seus efeitos: as condições objectivas de punibilidade teriam natureza objectiva e a sua ausência impedia o nascimento do direito de punir, sendo por isso constitutivas; diversamente, as causas de isenção da pena teriam natureza pessoal e funcionariam como factos impeditivos da responsabilidade criminal[136].

Para CAVALEIRO DE FERREIRA todas estas figuras têm uma natureza residual, surgindo de forma singular na Parte Especial. Correspondem à relevância de motivos de oportunidade e de política criminal, onde relevam nomeadamente a

---

[133] CAVALEIRO DE FERREIRA, *Lições* (1940), 424 e ss, e *Lições* (1945), 442 e ss, *Direito Penal II* (1961), 264-269 (apenas quanto às causas especiais de isenção da pena); *Direito Penal Português II* (1982), 205-215; *Lições II* (1989), 6-8.
[134] CAVALEIRO DE FERREIRA, *Lições* (1940), 424-425.
[135] CAVALEIRO DE FERREIRA, *Lições* (1940), 427-433.
[136] CAVALEIRO DE FERREIRA, *Lições* (1940), 424 e ss e *Lições II* (1989), 6-8.

finalidade das penas, como se torna evidente a propósito, por exemplo, da exigência de declaração judicial de falência nos crimes desta natureza: a aplicação prematura da pena poderia contrariar a finalidade da pena, por ser prejudicial ao interesse que se pretendia tutelar por via penal[137]. Contudo, todas as circunstâncias desta natureza são estranhas ao ilícito culposo e, por isso, não são «elementos do crime». A punibilidade significa somente «a aplicabilidade da pena ao crime» que funciona como condição da responsabilidade, isto é, a sujeição do delinquente à pena[138].

Uma fundamentação específica para este enquadramento das figuras da punibilidade foi apresentada por MANUEL GOMES DA SILVA (na década de 50) ao distinguir entre os *elementos* da infracção, as *características* da infracção e os *pressupostos da responsabilidade penal*. Para GOMES DA SILVA o crime consiste num facto humano (um comportamento exterior causado por uma atitude ou um comportamento psíquico) tipicamente ilícito e culposo. O facto tipicamente ilícito é a infracção, a contrariedade voluntária ao dever legalmente tipificado, que pode ser analisada a partir dos seus aspectos particulares que se designam como elementos. Os *elementos* surgem como «realidades que constituem como que coordenadas do facto criminoso, autonomizadas por abstracção», aspectos de pormenor referentes «à estrutura interna da infracção» apreensíveis através da sua decomposição lógica e analítica. Diversamente, a ilicitude e a culpabilidade são, características gerais da infracção penal, são «como que a cor jurídica do todo unitário que é a infracção». Para além dos elementos e das características da infracção, pode ainda individualizar-se os pressupostos da responsabilidade penal, isto é, «as condições exteriores indispensáveis para haver as características gerais da infracção criminosa, mas colocadas fora dela – são como que suportes externos do facto criminoso»[139]. Entre os pressupostos desta natureza inclui GOMES DA SILVA as condições positivas e negativas de punibilidade, figuras que abrangem circunstâncias heterogéneas como exigência de que o agente seja encontrado em território nacional em relação a certos factos cometidos fora dele ou o regime da desistência voluntária e do arrependimento activo[140]. As condições de punibili-

---

[137] CAVALEIRO DE FERREIRA, *Lições* (1940), 426 e *Direito Penal Português II* (1982), 211, quanto às causas de isenção da pena.
[138] CAVALEIRO DE FERREIRA, *Direito Penal Português II* (1982), 206-207.
[139] GOMES DA SILVA, *Direito Penal II* (1952), 6-7 e, em especial, 79 a 86, *maxime* 84-86. Em rigor, Gomes da Silva acrescentava ainda um requisito de carácter quantitativo, a necessidade de se verificar uma «suficiente gravidade criminal» (*loc. cit.* 237 e ss.) que poderia funcionar autonomamente para explicar certas figuras legais como o excesso culposo de legítima defesa ou como causas de restrição da tipicidade relativamente a agressões insignificantes. Para uma análise mais pormenorizada da teoria da infracção penal do Autor veja-se *supra* § 19, III.
[140] GOMES DA SILVA, *Direito Penal II* (1952), 6-7, 272 e 276.

dade são, neste contexto, «já não um momento do crime, mas um pressuposto da responsabilidade penal» – a sujeição imposta ao agente de uma conduta ilícita de sofrer uma pena (art. 27º do Código Penal)». Explicitando o seu pensamento, «a responsabilidade nasce de um facto complexo – a prática de um crime e a não existência de condições excepcionais que, embora o facto seja típico e ilícito, e o agente culpado, o isentem de pena»[141].

A concepção de GOMES DA SILVA sobre esta matéria assenta na dicotomia facto/consequência jurídica e na verificação metodológica de que a análise da infracção penal recorre a múltiplos elementos de natureza heterogénea. O enquadramento residual que encontrou para as condições objectivas de punibilidade e para as causas de isenção da pena consistiu em considerar estas figuras pressupostos da responsabilidade, estranhos à violação voluntária do dever penal, mas necessários para ponderar o efeito da prática da infracção, a *responsabilidade penal*.

Com outros desenvolvimentos, foi este o enquadramento acolhido depois por ROBIN DE ANDRADE[142], OLIVEIRA ASCENSÃO[143] e GERMANO MARQUES DA SILVA[144], que se traduz em enquadrar sitematicamente as figuras da punibilidade a partir dos seus efeitos na teoria da pena.

4. A ideia de integrar as condições objectivas de punibilidade e as causas de exclusão e anulação da pena não no sistema de análise do facto punível, mas sim na teoria das consequências jurídicas do crime, parte de alguns pressupostos metodológicos correctos e outros menos claros, conduzindo em todo o caso a conclusões inaceitáveis no plano da organização sistemática dos pressupostos do facto punível.

É possível afirmar que as condições de punibilidade (positivas ou negativas) não condicionam de forma exclusiva a ameaça penal na exacta medida em que a mesma não tem verdadeira autonomia normativa, pois surge sempre associada à proibição legal do facto. O elemento central de cada tipo incriminador é o facto lesivo e as demais circunstâncias são elementos acessórios[145] ou um suporte material para a valoração global do facto típico. A proibição penal, por seu turno, sub-

---

[141] GOMES DA SILVA, *Direito Penal II* (1952), 6. Noutra passagem (p. 78): «Não incluiremos no estudo da infracção a análise das condições de punibilidade, como por vezes se faz, por entendermos que pertence à teoria da responsabilidade criminal».

[142] ROBIN DE ANDRADE, *Direito Penal II* (1972), 169 e ss, enquadrando a matéria na teoria da pena, na linha de CAVALEIRO DE FERREIRA.

[143] OLIVEIRA ASCENSÃO, *Direito Penal I, Roteiro*, 148-149, remetendo o estudo destas matérias para a teoria da pena.

[144] GERMANO MARQUES DA SILVA, *Direito Penal Português II*, 39, afirmando que «a punibilidade não é característica geral do crime, elemento do crime, mas sua consequência...».

[145] CAVALEIRO DE FERREIRA, *Lições* (1940), 36 e ss.

siste independentemente destas circunstâncias e a vigência da norma de conduta não é afectada por elas. Não é, contudo, exacto concluir que por condicionarem «o preceito secundário» tais circunstâncias devem ser automaticamente reconduzidas à teoria da pena[146]. Se no preceito primário incluirmos a regra de conduta que o destinatário da norma está obrigado a respeitar, toda a valoração do facto pelo aplicador do direito é feita ao abrigo de normas de decisão que são dirigidas a este e não ao cidadão. A análise de uma situação de possível justificação, por exemplo, corresponde também nesse sentido à aplicação de um preceito secundário, isto é, à aplicação de uma regra de valoração ou, noutra terminologia, uma regra de decisão do caso[147]. Isso não significa que tais circunstâncias devam ser remetidas para a teoria da pena. A razão pela qual uma situação de justificação é analisada no âmbito dos pressupostos materiais do crime decorre da sua imediata conexão com o facto típico[148] que é, desse modo, valorado não apenas enquanto pura infracção (violação da regra de conduta contida no preceito primário) mas enquanto infracção tipicamente ilícita (culposa e punível).

O critério a seguir quanto à inserção sistemática das condições de punibilidade (em sentido amplo) deve ser equivalente: na medida em que se trate de aspectos do crime ainda em conexão imediata com o facto típico devem ser tratados a par dos demais pressupostos substantivos da responsabilidade penal; caso contrário, deverão ser remetidos para outro enquadramento sistemático, sendo a teoria da pena uma das hipóteses a ponderar. Mas em caso algum parece razoável afirmar que por se tratar de aspectos estranhos à violação da norma de conduta (à infracção do preceito primário) devem ser remetidos para a teoria da pena. Um entendimento desta natureza acabaria por confundir inevitavelmente as categorias dogmáticas de análise do crime com a teoria das consequências jurídicas do crime, matérias que a doutrina se esforça por manter autonomizadas[149]. Na falta de uma condição objectiva de punibilidade ou na hipótese de verificação de uma causa de exclusão da pena o facto (podendo ser ilícito e culposo) não é punível,

---

[146] CAVALEIRO DE FERREIRA, *Lições* (1940), 29 e ss, o *preceito primário* corresponde à regra de conduta, com validade absoluta, que o destinatário da norma deve acatar, e o *preceito secundário* corresponde a uma norma subordinada à primeira que comina a sanção para a violação do preceito primário.

[147] Sobre a dupla natureza das normas de determinação (enquanto normas de conduta, por um lado, e normas de valoração, por outro) AUGUSTO SILVA DIAS, *Delicta in se*, 677 e ss.

[148] SCHMIDHÄUSER, *ZStW* 71 (1959), 558; STRATENWERTH, *ZStW*, 71 (1959), 574; ROXIN, *Strafrecht*, AT, I (4.ª edição, 2006), § 23, n.º 51-53. Entre nós, FIGUEIREDO DIAS, *Direito Processual Penal I* (1974), 122.

[149] Para uma análise pormenorizada da relação entre as circunstâncias que relevam ao nível da análise do crime e as circunstâncias a ponderar na teoria das consequências jurídicas do crime, veja-se ANABELA MIRANDA RODRIGUES, *Medida da pena*, 611 e ss.

isto é, não pode (no plano normativo) ser objecto de uma sanção que o sistema associa exclusivamente a factos que constituem crime. Não sendo punível o facto não pode ser considerado um crime já que num Estado de Direito não há pena sem crime nem crime sem pena. Se o facto não é punível não se coloca sequer o problema de remeter a razão dessa não punibilidade para a teoria da pena porque o problema reside na configuração normativa do facto (enquanto facto punível) e não um problema de teoria da pena que, no caso, não pode sequer ser invocada por ficar precludida[150]. Deste ponto de vista é artificial e injustificada quer a concepção asséptica das categorias da teoria do crime como momentos estranhos à finalidade das penas (ERIKA MENDES DE CARVALHO), quer a sobrevalorização do juízo processual sobre a concreta punibilidade do facto em detrimento da sua configuração normativa (ALBERTO DI MARTINO). Todo o facto típico, ilícito culposo e punível deve ser construído e compreendido à luz da finalidade preventiva da intervenção penal e não como mera técnica jurídica desligada da opção punitiva. Também por isso mesmo qualquer juízo complexo sobre a posssibilidade prática de punição não pode inutilizar o momento normativo em nome da efectividade da decisão judicial sobre a pena. O problema é inequivocamente anterior ao processo e não depende em absoluto da sua existência. A própria lei processual corrobora esta leitura ao separar a «questão da culpabilidade» (onde inclui os pressupostos autónomos da punibilidade) da «questão da determinação da sanção» (artigos 368.º, n.º 2, al. e), e 369.º, do CPP). A primeira tem absoluta prioridade sobre a segunda: se o facto não é punível está resolvida a questão de mérito não há lugar a qualquer ponderação das consequências jurídico-penais do facto, porque, naquelas condições, o facto não é juridicamente um crime. O que afinal evidencia que os pressupostos autónomos da punibilidade fazem parte da teoria do crime (do juízo sobre o facto) e não da teoria da pena (do se e como punir o agente do facto).

Noutra linha de argumentação, afirma ainda CAVALEIRO DE FERREIRA que a ausência de uma condição de punibilidade impede «o nascimento do direito de punir». Estaríamos neste caso perante uma excepção ao princípio *nullum crimen sine poena* por se ter verificado um crime mas a sanção penal ter ficado condicionada[151]. Também esta cisão entre crime e pena não parece razoável à luz dos próprios pressupostos de que parte CAVALEIRO DE FERREIRA. Carece de sentido afirmar, no plano jurídico, que existe um crime sem existir direito de punir, nem possibilidade normativa de aplicar a pena. O crime não é apenas uma infracção ao dever penal: é infracção ao dever acompanhada da possibilidade de o agente ser objecto da pena estatal. Nesse exacto sentido se afirma que o crime é «um

---

[150] Neste sentido, categoricamente, PETROCELLI, «Reato e punibilità», *Ridpp* (1960), 681 e ss.
[151] CAVALEIRO DE FERREIRA, *Lições* (1940), 424 e ss; e *Direito Penal Português II* (1982), 206 e ss.

facto punível». A própria separação que o Autor ensaia entre «punibilidade» e «responsabilidade» sugere que as condições de punibilidade (em sentido amplo) dizem respeito ao crime, isto é, ao facto punível, e não à teoria da pena. Se por «punibilidade» entendermos com CAVALEIRO DE FERREIRA[152] a possibilidade de um facto conduzir à aplicação de uma pena e por «responsabilidade» o dever de o agente do crime suportar a pena, facilmente se verifica que estaremos perante duas realidades diferentes: a punibilidade é ainda uma característica do facto qualificado como crime, enquanto a responsabilidade é um efeito da prática de um facto qualificado como crime. A punibilidade antecede assim logicamente a atribuição da responsabilidade, funcionando como mais uma característica normativa do facto típico que incide sobre aspectos estranhos ao ilícito culposo, não podendo ser colocada no mesmo plano sistemático através da sua recondução à teoria da pena.

Tão pouco se pode ensaiar a diluição da categoria da punibilidade na teoria da pena (ou das consequências jurídicas do crime) como pretende ERIKA MENDES DE CARVALHO a partir da exiguidade ou excepcionalidade das figuras em causa: seja porque as condições objectivas de punibilidade são em número reduzido e apenas surgem em algumas incriminações, seja porque as causas de anulação da punibilidade são singulares e relativamente excepcionais. Como a própria Autora reconhece não se trata de uma questão de número e, mesmo nesse plano, a proliferação de causas de não punibilidade pela legislação especial se não põe em causa tal argumentação[153] também não a corrobora. Uma tal linha de argumentação olvida dois aspectos essenciais:

Se no plano normativo (independentemente do número de casos que se podem encontrar) um facto ilícito e culposo não é em abstracto punível sem que se verifique um elemento adicional, isso deveria alertar o intépreto para a existência de um espaço de valoração entre o facto e a posssibilidade de punição (e não entre o facto e a pena) logicamente anterior ao juízo sobre a responsabilidade do agente (porque o condiciona). De tal forma que, em função da ausência de tal elemento, torna-se possível nem chegar a haver processo e muito menos julgamento. O que sugere que o problema se reporta à configuração normativa do facto e não ao problema da pena a aplicar no processo.

Por outro lado, o argumento da exiguidade, singularidade ou excepcionalidade dos pressupostos autónomos da punibilidade esquece que se alguns desses elementos têm um alcance limitado a uma ou outra incriminação, noutros casos surgem associados a grupos de incriminações (como a exclusão da punibilidade por reparação posterior ao facto) ou têm mesmo uma vocação geral, como acon-

---

[152] CAVALEIRO DE FERREIRA, *Direito Penal Português II* (1982), 206-207.
[153] ERIKA MENDES DE CARVALHO, *Punibilidad y delito* (2007), 56-57.

tece com os regimes gerais de desistência e arrependimento activo. A ponderação conjunta do ilícito culposo e do acto contrário do agente permitem formular um juízo de valor adicional, dependente da conduta reparadora, sobre a adequação da eventual punição. E tal acontece de uma forma geral e abstracta em qualquer crime (que não seja incompatível com a desistência do autor), o que permite afirmar que o condicionamento normativo da punibilidade em caso algum se reduz a um conjunto limitado de crimes em especial. É um problema geral do facto punível e a existência de regimes gerais de desistência confirma-o no plano legal.

Em suma, procurar remeter a matéria dos pressupostos autónomos da punibilidade (no todo ou em parte) para o domínio das consequências jurídicas do crime implica incorrer num sério equívoco nos planos lógico, normativo e legal. Trata-se de uma perspectiva que acaba por confundir *punibilidade* do facto com *penalidade* a determinar para o agente do facto. A punibilidade traduz-se numa exigência normativa adicional do facto que permite que o mesmo seja considerado um crime no quadro das valorações dominantes do sistema penal, enquanto a penalidade é uma consequência de um facto que, à luz dessas valorações, tem a aptidão para ser considerado um crime[154]. Não há penalidade sem punibilidade do facto praticado.

IV. O círculo exterior ao facto: a integração nos pressupostos processuais

1. A negação da autonomia das figuras da punibilidade e, reflexamente, a inadmissibilidade da categoria dogmática que as poderia reunir de forma sistemática foi ainda reforçada com a proposta de alguns sectores doutrinários no sentido de conceber as condições de punibilidade, no todo ou em parte, fora da organização dos pressupostos materiais da responsabilidade penal, integrando-as na teoria dos pressupostos processuais. Esta via, ensaiada na Alemanha por SAUER, ainda na década de 20, foi assumida de forma clara por ARMIN KAUFMANN, em 1954, concretizada por BEMMANN, em 1957 e, a partir daí, retomada pontualmente por diversos autores. Em Itália, esta orientação adquiriu uma especial projecção a partir da proposta de BRICOLA (em relação a algumas das chamadas «condições extrínsecas») e da tese (mais radical) sustentada por GIULIANI nesse sentido, ambas formuladas na década de 60, tornando-se desde então um problema de referência na análise das condições objectivas de punibilidade e uma alternativa de enquadramento dogmático aceite por alguma doutrina italiana.

---

[154] Sobre esta distinção, POLAINO NAVARRETE, «La punibilidad en la encrucijada de la Dogmática juridicopenal y la Política criminal», *Criminalidad actual y Derecho penal*, 1988, 31 e ss, e o meu estudo «Justificação, não punibilidade e dispensa de pena», *Jornadas* (1998), 79-80.

A organização sistemática dos pressupostos da pena em torno do facto punível implicou, desde BINDING, LISZT ou BELING[155] até à doutrina mais recente[156], a delimitação intencional dos pressupostos materiais da responsabilidade penal relativamente aos pressupostos processuais[157]. A partir da reformulação normativa e teleológica das categorias do crime, realizada pelos penalistas neo-kantianos, o elenco dos pressupostos da punibilidade com autonomia material em relação ao ilícito culposo ficou consideravelmente limitado. Daí que a recondução das figuras restantes aos pressupostos processuais tenha sido quase inevitável, já que tais esses elementos residuais acabaram por ficar comprimidos entre o conteúdo material e normativo do ilícito culposo e a funcionalidade dos pressupostos processuais[158] perdendo espaço sistemático de afirmação. Esta linha de orientação foi ainda favorecida pela natureza heterogénea das diversas cláusulas legais habitualmente reconduzidas aos pressupostos autónomos da punibilidade e por alguma indefinição na delimitação conceitual dos pressupostos processuais, também identificados habitualmente por mera exclusão de partes (isto é, pela sua não pertença aos pressupostos materiais da pena).

Uma análise mais profunda desta problemática passa pelo debate sobre os critérios de delimitação entre os pressupostos materiais e os pressupostos processuais da responsabilidade penal e o estatuto sistemático destes em relação aos primeiros. Não é este o momento para realizar essa tarefa (veja-se, sobre este problema, *infra* § 38, II). Para entender a razão pela qual algumas concepções relativas à delimitação dos pressupostos processuais podem inutilizar, total ou parcialmente, o espaço dogmático necessário para a autonomia da categoria da punibilidade, basta por agora conhecer algumas das correntes de pensamento que preconizam expressamente essa orientação.

---

[155] BINDING, *Die Normen I* (4ª edição, 1922), 234-236; LISZT, *Deutsche Reichsstrafrecht* (1ª ed., 1881), 123-124 e *Lehrbuch* (21ª-22ª, ed. 1919), 181-185; BELING, *Lehre vom Verbrechen*, 68 e ss.

[156] Veja-se o essencial deste debate e respectivas referências em HILDE KAUFMANN, *Strafanspruch*, passim; VOLK, *Prozeßvoraussetzungen*, 11 e ss; ROXIN, *Strafrecht, AT I* (4.ª edição, 2006), § 23, n.º 41 e ss; ESER/BURKHARDT, *Strafrecht I*, 220-221; GEISLER, *Bedingungen der Strafbarkeit*, 234 e ss.

[157] Não sem que surjam vozes como a de NAUCKE, *Grundlinien*, 11, e *Strafrecht*, 240-241, e a de MARXEN, *Straftatsystem*, 129 e ss, invocando uma natureza constitutiva do processo penal relativamente ao próprio conceito de crime em função da sua essencialidade para debater a responsabilidade criminal. Também VOLK, *ZStW* 97 (1985), 905 e ss, sublinha, face a esta essencialidade, que carece de sentido negar a função constitutiva do processo penal e que, ademais, os pressupostos processuais regulam desde logo a «necessidade de procedimento». A questão será retomada *infra* § 38, II deste estudo.

[158] Veja-se, por exemplo, SAUER, *Grundlagen* (1921), 359 e ss, 356 e ss.

2. A tese da recondução das condições objectivas de punibilidade à teoria dos pressupostos processuais, tendo sido articulada por SAUER na década de 20 a par da reorganização dos pressupostos da pena em torno da estrutura bipartida da teoria do crime que defendia (ilicitude tipificada e culpabilidade), foi retomada na década de 50 por ARMIN KAUFMANN, a propósito da viabilidade da distinção, proposta por BINDING, entre elementos do delito e elementos da punibilidade. Defendeu então KAUFMANN, em tese geral, que «as chamadas condições de punibilidade eram, em parte, pressupostos da perseguibilidade, em parte, simples elementos do tipo (elementos da acção) e, em parte, «puros elementos do dever»»[159]. A neutralização sistemática das condições de punibilidade seria assim integral e uma parte desse empreendimento corresponderia à sua diluição nos pressupostos processuais.

O propósito era claro, mas continha os limites de uma mera linha programática. Com essa proposta pouco mais se avançava do que um programa classificatório ou, de forma mais exacta, apenas se sublinhava a necessidade de rever a classificação dos elementos dos tipos incriminadores à luz do sistema dogmático posterior ao neo-kantismo, num momento especialmente marcado pelos esforços de afirmação do finalismo.

Foi uma vez mais BEMMANN quem procurou dar consistência a esta orientação a partir de um conceito material de crime organizado em função do comportamento merecedor de pena[160], recorrendo para o efeito a uma distinção de BELING: pressupostos materiais seriam aqueles que se podiam integrar «no círculo da ideia de ser merecedor do mal da pena», devendo ser considerados pressupostos processuais os elementos que não comungavam desta valoração orientada pelo merecimento da sanção penal[161]. Para BEMMANN diversas figuras que habitualmente a doutrina classificava como condições objectivas de punibilidade (*v.g.* a consequência grave no crime de participação em rixa, a realização do duelo no crime de participação neste facto ou a declaração judicial de falência nos crimes desta natureza) teriam afinal uma relação com o desvalor objectivo do facto, devendo por isso ser integradas no tipo de ilícito. As figuras que não revelavam esta relação com o desvalor do facto (em sua opinião, a garantia de reciprocidade nos crimes contra interesses de Estados estrangeiros – § 104 a) do *StGB* – ou a dissolução do matrimónio e o divórcio nos crimes de fraude matrimonial e adultério, previstos no §§ 170 e 172, todos do *StGB* alemão de 1871) não teriam relação com o juízo substancial sobre o merecimento penal do facto, devendo ser consideradas meras condições de procedibilidade e remetidas para a teoria dos pressupostos

---

[159] ARMIN KAUFMANN, *Normentheorie*, 213.
[160] BEMMANN, *Bedingungen der Strafbarkeit*, 27 (em ligação com o que escreve p. 22 a 27).
[161] BEMMANN, *Bedingungen der Strafbarkeit*, 27.

processuais¹⁶². Deste modo, entre o ilícito culposo e os pressupostos processuais não existiria qualquer espaço dogmático que permitisse autonomizar outros pressupostos materiais da pena¹⁶³.

A tese de BEMMANN partia de um conceito material de crime para delimitar por exclusão de partes os elementos das normas penais que lhe seriam estranhos. Uma linha argumentativa semelhante é seguida actualmente por JAKOBS, invocando não um conceito material de carácter genérico, mas sim um conceito funcional que constitui uma referência para cada instituto individualmente considerado. Para delimitar os pressupostos materiais da pena dos pressupostos processuais, propõe JAKOBS um critério de conexão funcional com o objectivo político-jurídico que preside à identificação dos factos criminosos. Nesse sentido, pertencerão ao Direito substantivo os elementos que sejam relevantes para delimitar a «existência, a medida ou a eficácia da perturbação» provocada pela conduta punível¹⁶⁴.

Este critério, a par da restante concepção de JAKOBS sobre a suficiência do sistema tripartido de análise do crime, faz com que diversas figuras sejam integradas nas categorias do sistema tripartido e as demais sejam reconduzidas aos pressupostos processuais. Assim, algumas cláusulas legais que são por vezes designadas como condições objectivas de punibilidade pertencem para JAKOBS à configuração do tipo ou da ilicitude, como as diversas dirimentes moldadas sobre papéis ou funções desempenhadas por certos agentes ou um conjunto de figuras de natureza duvidosa¹⁶⁵. Para o Direito Processual são remetidos outros casos, como a queixa nos crimes semi-públicos, a cláusula de extraterritorialidade ou a imunidade constitucional dos titulares de cargos políticos¹⁶⁶.

3. Entre a doutrina italiana o problema assume contornos mais delicados em função da classificação das condições objectivas de punibilidade em «condições intrínsecas» e «condições extrínsecas». O critério que preside a esta distinção reporta-se à relação da condição de punibilidade com a lesão do interesse tutelado: as condições intrínsecas são todas aquelas que se relacionam com o interesse protegido na medida em que expressam, qualificam ou actualizam uma lesão (eventualmente mais intensa) desse interesse realizada pela conduta do

---

[162] BEMMANN, *Bedingungen der Strafbarkeit*, 28 e ss e 52-56.
[163] BEMMANN, *Bedingungen der Strafbarkeit*, 55-56.
[164] JAKOBS, *Strafrecht*, 341-342 (10/10-11).
[165] Veja-se o que se escreveu *supra* § 31, II, sobre o sistema de Jakobs e, ainda, a classificação a que sujeita diversas cláusulas legais de natureza duvidosa, inserindo-as no âmbito do tipo de ilícito ou da culpabilidade: *Strafrecht*, 343-346 (10/15-25).
[166] JAKOBS, *Strafrecht*, 342-343 (10/12-14).

agente; diversamente, as condições extrínsecas são circunstâncias estranhas ao círculo de tutela dos interesses penais agredidos pelo facto ilícito e, nesse sentido, mais não são do que elementos a que o legislador recorre por razões de «oportunidade» ou «conveniência» em iniciar um processo penal, sem relação com a lesão dos interesses tutelados. De forma mais sintética, usando a terminologia de FERRANDO MANTOVANI, as primeiras teriam um conteúdo ofensivo e as segundas seriam circunstâncias estranhas à ofensa ao bem jurídico. A título de exemplo, perante esta classificação serão condições intrínsecas a declaração judicial de falência nos crimes desta natureza ou a execução do suicídio no crime de incitamento a este facto e será uma condição extrínseca a exigência de presença do agente em território do Estado para que o crime praticado possa ser punido[167].

Esta classificação das condições objectivas de punibilidade tem dado origem a intensos debates na doutrina italiana, entre outros aspectos porque as condições intrínsecas são não raras vezes apresentadas como cláusulas de responsabilidade objectiva oculta incompatíveis com o princípio da culpa[168] e as condições extrínsecas se confundem facilmente com os pressupostos processuais[169]. Não falta também por isso quem proponha, em tese geral, uma reclassificação integral das diversas figuras, afectando as primeiras ao tipo de ilícito (e ao correspondente regime de imputação subjectiva) e as segundas à teoria dos pressupostos processuais, com o consequente esvaziamento material da categoria da punibilidade[170].

É esta «tese processualista» que de momento nos interessa, enquanto via doutrinária que reduz o espaço de autonomia de uma possível categoria da punibilidade. Nesse sentido, alguns sectores da doutrina italiana propõem a transformação das condições extrínsecas em condições de procedibilidade[171] e uma tese mais radical sugere, inclusivamente, a revisão classificatória de todas as condições de punibilidade enquadrando-as sistematicamente como condições de procedibilidade, sujeitando-as ao respectivo regime jurídico[172].

---

[167] Sobre esta classificação e os problemas de enquadramento sistemático das figuras, veja-se BRICOLA, *Novíssimo Digesto*, Vol. XIV, 593 e ss; RAMACCI, *Condizioni*, 161 e ss; PAGLIARO, *Principi*, 381-384; FIANDACA/MUSCO, *Diritto penale*, 729-730; FIORE, *Diritto Penale*, 384 e ss; F. MANTOVANI, *Diritto Penale*, 388-389.

[168] Pode ver-se este debate em BRICOLA, *Novíssimo Digesto*, Vol. XIV, 592-593 e 606-607, RAMACCI, *Condizioni*, 174 e ss; F. MANTOVANI, *Diritto Penale*, 389-390; FIANDACA/MUSCO, *Diritto penale*, 730-731, e, por último, ANGIONI, *Ridpp*, 1989, 1476 e ss. Sobre a questão da compatibilidade das condições objectivas de punibilidade com o princípio da culpa veja-se *infra* § 38, III, deste estudo.

[169] RAMACCI, *Condizioni*, 164; ANGIONI, *Ridpp*, 1989, 1473.

[170] ROMANO, *LH-Roxin*, 146.

[171] BRICOLA, *Novíssmo Digesto*, Vol. XIV, 607; ANGIONI, *Ridpp*, 1989, 1473-1476.

[172] GIULIANI, *Problema giuridico*, 119 e ss.

A classificação das condições extrínsecas como pressupostos processuais resultaria, na formulação de Bricola e, recentemente, de Angioni, da sua absoluta indiferença relativamente à ofensa ao bem jurídico tutelado e, por isso mesmo, da sua falta de conexão com a questão de mérito. A remissão destas figuras para a teoria dos pressupostos processuais acentuaria o facto de se tratar de circunstâncias explicáveis por simples considerações de oportunidade ou conveniência processual. Seriam, portanto, elementos que possuiriam uma natureza meramente instrumental em relação à apreciação judicial do facto lesivo. A sua ausência não seria equivalente a uma decisão de não querer punir, mas apenas expressão da falta de oportunidade em instaurar o processo nesses casos por o mesmo ser na prática inviável (o que acontece, por exemplo, quando o agente do facto cometido não se encontra em território do Estado) ou, inclusivamente, por dificuldades probatórias decorrentes da ausência da condição em causa (dificuldade a que obstaria por exemplo a exigência de flagrante delito em alguns crimes)[173]. Reflexamente, a limitação do número de figuras de natureza material redundaria numa maior homogeneidade das próprias condições objectivas de punibilidade (ou seja, as condições intrínsecas)[174].

Para Giuliani, diversamente, a tese processualista deve ser aplicada a todas as condições de punibilidade: quer as condições extrínsecas, quer as condições extrínsecas pertencem ao Direito processual e não ao Direito substancial[175]. A verificação ou ausência da condição respeita, em sua opinião, não ao problema material de saber se é legítimo punir o crime em causa, mas somente à questão de saber se é oportuno iniciar a acção penal. Não estaremos assim perante um elemento do crime, mas face a uma condição de procedibilidade da acção penal. Noutros termos: não está em causa o interesse do Estado em punir o ilícito cometido, mas sim o interesse do Estado em iniciar o procedimento na ausência da condição exigida por lei; antes de verificada a condição existe apenas um impedimento (especial) ao exercício da acção penal[176]. Assim, em todas as condições de punibilidade afectas pela doutrina maioritária ao conceito de crime se verificaria esta convolação: na declaração judicial de falência nos crimes falenciais, na exigência de escândalo no crime de incesto, na anulação do matrimónio celebrado por indução em erro, o flagrante delito nas incriminações que o exijam e a presença do agente do facto no território do Estado[177].

[173] Angioni, Ridpp, 1989, 1473-1474.
[174] Em pormenor, Angioni, Ridpp, 1989, 1473-1476, desenvolvendo uma proposta de Bricola, Novíssmo Digesto, Vol. XIV, 607, formulada há cerca de quatro décadas.
[175] Giuliani, Problema giuridico, 120, de forma sintética e clara, e 131 e ss, com mais desenvolvimentos.
[176] Giuliani, Problema giuridico, 124, 133, 144, 146.
[177] Giuliani, Problema giuridico, 131-132, 142 e ss.

Esta leitura, assente em diversas particularidades substantivas e processuais de cada figura em especial (como a eficácia pessoal de algumas condições ou a possibilidade legal de ser iniciada a acção penal antes de a condição se verificar em algumas modalidades de crimes falenciais), é para GIULIANI apoiada na evolução histórica do Direito Penal: as condições de punibilidade teriam surgido como elementos específicos exigidos por algumas incriminações de forma a evitar a discricionariedade no exercício da acção penal característica do Antigo Regime. Desta forma, se acentuaria a exigência de legalidade e obrigatoriedade na promoção da acção penal, evitando que o Ministério Público decidisse segundo critérios de oportunidade estranhos à vontade do legislador. Através da formulação específica das condições de punibilidade teria sido possível manter o respeito pelo primado da lei, num contexto político-jurídico marcado pelo princípio da separação de poderes, sendo o próprio legislador a delimitar as situações em que seria lícito ao Ministério Público abster-se de exercer a acção penal e, inversamente, o momento a partir do qual se deveria iniciar o procedimento[178].

4. A conversão das condições de punibilidade em pressupostos processuais é do ponto de vista prático mais consequente do que a tese que defende a integração daquelas figuras na tipicidade (veja-se *supra* § 31, II). Enquanto esta posição é, em regra, isenta de consequência práticas significativas (em especial porque os autores que reconduzem as condições objectivas de punibilidade ao tipo continuam a subtraí-las à imputação subjectiva) ou implica apenas, para alguma doutrina (BEMMANN ou, mais recentemente, ROXIN), a exigência mínima de consciência do agente quanto à posssibilidade de verificação da circunstância condicionante, a tese processualista adquire projecção em diversas matérias: diferente aplicação do princípio da legalidade, aplicação imediata da lei penal que preveja a condição, irrelevância da condição para a determinação do momento e local do crime, irrelevância para o momento da consumação e para a punibilidade do participante, não sujeição da condição ao regime da imputação (objectiva e subjectiva), não sujeição aos critérios de valoração da prova relativos ao facto criminoso, diferente regime de recurso, decisão de forma em caso de ausência da condição e não formação de caso julgado material, entre tantos outros aspectos relevantes[179].

---

[178] GIULIANI, *Problema giuridico*, 134-142, desenvolvendo uma ideia de ALIMENA, *Le condizioni di punibilità*, 28-32, formulada na década de 20.
[179] Veja-se, LISZT, *Lehrbuch* (21.ª-22.ª ed., 1919), 183-185; SCHMIDHÄUSER, *ZStW*, 71 (1959), 558-559; ROXIN, *Strafrecht, AT I* (4.ª edição, 2006), § 23, n.º 30; ESER/BRUCKHARDT, *Strafrecht*, I, 220-221; MAURACH/ZIPF, *Strafrecht AT I*, § 21, n.º 22; BRICOLA, *Novíssimo Digesto*, vol. XIV, 599, nota 7; ANGIONI, *Ridpp* (1989), 1447 e ss; DONINI, *Teoria del Reato*, 406 e ss. Alguns destes aspectos encontram-se tratados em COSTA PINTO, *Direito Processual Penal*, 8 e ss.

Perante consequências tão decisivas esta perspectiva processualista não pode em caso algum ser desconsiderada. Uma análise mais profunda depende em parte da configuração das diversas figuras em especial. Mas é igualmente possível fazer uma primeira apreciação no plano do sistema do facto punível e, nesta perspectiva, as construções que sustentam a conversão de algumas ou de todas as condições de punibilidade em pressupostos processuais merecem uma avaliação distinta, consoante os argumentos que as apoiam e os sistemas dogmáticos em que se inserem.

Contra a proposta formulada por BEMMANN, a partir do pensamento de BELING, afirma ROXIN que ela assenta numa ultrapassada concepção retributiva da pena e implica um alargamento exagerado dos pressupostos processuais à custa dos pressupostos materiais da responsabilidade penal. A retribuição da culpa – sublinha ROXIN – é condição necessária mas não suficiente da pena estatal, podendo considerações de outra natureza (critérios de Política Criminal ou interesses extra-penais) concorrer para fundamentar a necessidade da pena[180]. O argumento de ROXIN é relevante mas não é decisivo, pois reporta-se aos pressupostos de funcionamento do sistema penal e à sua configuração como um sistema fechado (assente na violação da norma de conduta e na retribuição da culpa) ou como um sistema aberto, permeável a critérios de natureza diversa em especial às finalidades da pena estatal. Assim, a doutrina que opte por acolher um sistema fechado de análise do crime tenderá a ser receptiva à perspectiva de BEMMANN, enquanto a aceitação de um sistema aberto, que antecipe critérios de política criminal e os previsíveis efeitos das penas na análise do facto punível, acabará por considerar que essa perspectiva é excessivamente limitada.

O enquadramento de JAKOBS, por seu turno, acaba por padecer do vício oposto: o critério funcional que propõe para delimitar os pressupostos materiais dos pressupostos processuais alarga de forma exagerada o âmbito dos primeiros relativamente aos segundos, que apenas são delimitados por exclusão de partes. Do ponto de vista metodológico, este é um procedimento típico dum sistema fechado: pressupõe que o Direito substantivo termina e se esgota com a retribuição merecida da culpa, sendo tudo o mais de natureza processual[181]. Os resultados que assim se obtêm para o próprio Direito substantivo são de fraco rigor sistemático. Se, desta forma, o elenco dos pressupostos processuais é relativamente limitado as categorias materiais do sistema de análise do crime acabam

---

[180] ROXIN, *Strafrecht AT I* (4.ª edição, 2006), § 23, n.º 47.
[181] VOLK, *ZStW* 97 (1985), 905-906, observando criticamente que «os extremos de um Direito penal retributivo e uma abordagem funcionalista baseada na prevenção geral tocam-se num ponto: a pretensão de exclusividade de uma teoria do crime que, para além da culpabilidade, apenas admite o Direito Processual».

por integrar realidades excessivamente heterogéneas, o que em nada contribui para a sua consistência dogmática. Juntado a estas observações as dúvidas sobre a legitimidade de se construir o fundamento da intervenção penal sobre um neo-retribucionismo de cunho normativista-simbólico, como aquele que é preconizado por Jakobs, é inevitável concluir que a delimitação proposta pouco permite avançar para uma melhor caracterização do sistema penal em tudo o que diga respeito aos pressupostos autónomos de punibilidade.

A delimitação dos pressupostos autónomos da punibilidade relativamente aos pressupostos processuais é uma tarefa imprescindível para se conseguir traçar de forma coerente as fronteiras materiais, funcionais e axiológicas da categoria da puniblidade[182]. Tanto mais que a desatenção a que estas figuras foram historicamente votadas, por se encontrarem na «periferia» do ilícito culposo, fez com que subsistisse uma perniciosa indefinição classificatória entre os pressupostos autónomos de punibilidade e os pressupostos processuais. Assiste por isso alguma razão à doutrina que, perante a multiplicidade de figuras que têm sido designada como condições objectivas de punibilidade, procura racionalizar a classificação relacionando-a com o facto lesivo para o bem jurídico ou com meras considerações de oportunidade processual, como acontece em parte, na doutrina alemã, com Bemmann ou Jakobs e, na doutrina italiana, em Bricola, Angioni ou Romano.

O que não se pode aceitar são os pressupostos de algumas destas concepções, em especial quando a remissão para o âmbito processual é apenas uma consequência formal de um sistema fechado de análise do crime (como acontece com Bemmann ou Jakobs) ou a aplicação cega dessa solução a todas as figuras indiferenciadamente (na linha defendida por Giuliani), o que equivale a deslocar para a teoria dos pressupostos processuais grande parte dos problemas associados ao elenco heterogéneo das condições objectivas de punibilidade[183]. A própria filiação histórica das condições de punibilidade apresentada por Giuliani, apesar de ter encontrado algum acolhimento doutrinário num primeiro momento[184], revelou-se infundada por ausência absoluta de suporte docu-

---

[182] Sublinhando esta necessidade metodológica para uma correcta delimitação da categoria da punibilidade, Figueiredo Dias, *RPCC* 2 (1992), 32-33. Para essa concretização veja-se, do mesmo Autor, *Direito Processual Penal* I (1974), 36 e ss e 122-123.

[183] Para uma crítica pormenorizada ao método e aos resultados da tese de Giuliani, veja-se Zanotti, *Arch. pen.*, 1984, 91 e ss. Em resposta, Giuliani Balestrino, «Le condizioni di punibilità sono istituti sostanziali o processuali?», *Arch. pen.*, 1986, 3 e ss.

[184] Bricola, *Novíssimo Digesto*, vol. XIV, 601 e nota 4; Neppi-Modona, *Ridpp,* 1971,185-190; Bettiol, *Diritto Penale*, 10.ª edição, 1978, 222-223, nota 44.

mental e histórico, sendo actualmente descrita por ZANOTTI como uma *intuizione storicamente indimonstrata*[185].

Em qualquer caso, a tese processualista das condições objectivas de punibilidade tem uma consequência genérica não negligenciável: ao desvincular as circunstâncias em causa do Direito substantivo permite a sua manipulação legislativa e a subtacção das mesmas ao sistema de garantias associado aos pressupostos

---

[185] Afirma ZANOTTI, *Arch. pen.*, 1984, 153 e ss, que, por um lado, carece de sentido invocar um alegado uso excessivo de critérios de oportunidade por parte do Procurador do Rei antes das reformas Iluministas, já que aquela entidade não possuía a exclusiva titularidade da acção penal; e, por outro, tão pouco se revela conforme à evolução da estrutura organizativa do Ministério Público falar de uma verdadeira obrigatoriedade do exercício da acção penal após o movimento codificador, pois a organização burocrática do Ministério Público sempre coexistiu com decisões de oportunidade de actuação. A pista seguida por GIULIANI é efectivamente sugestiva, mas sem adesão à realidade história, revelando-se uma aplicação deslocada do mito racionalista do Iluminismo e da sua estratégia de legitimação face às instituições jurídicas e políticas do Antigo Regime. A figura das condições objectivas de punibilidade surge no plano doutrinário na segunda metade do século XIX, nos trabalhos de FRANCKE e BINDING (cfr. *supra* § 24, I), mas a sua configuração legal é anterior e parece surgir, não tanto como uma consequência político-jurídica do princípio iluminista da separação de poderes, mas antes como uma consequência da organização legal dos tipos penais nas primeiras codificações (veja-se os elementos de Direito italiano invocados por ZANOTTI, *Arch. pen.*, 1984, 157-158, nota 151, a este propósito). Em alguns casos isso é particularmente evidente, como acontece com os crimes falenciais (matéria fundamental na argumentação de GIULIANI): em relação a eles o legislador medieval iniciou um processo de selecção em função das falências serem «fraudulentas, culposas ou casuais» (para um enquadramento histórico, PEDRO CAEIRO, *Comentário Conimbricense II*, nótula antes do artigo 227.º) adequando, desse modo, a pena à culpa do agente, como se pode ver nas Ordenações Filipinas (Livro V, Tit. LXVI). A comprovar esta tendência – que associa o surgimento legal das figuras não a uma intencionalidade político--jurídica das codificações penais do Iluminismo no sentido de afirmar a obrigatoriedade da acção penal e o princípio da separação de poderes, mas antes à organização legal (escrita) do tipos incriminadores – pode invocar-se a configuração do crime de falência fraudulenta nas citadas Ordenações Filipinas (Livro V, Tit. LXVI), onde o dever de iniciar a acção penal perante a notícia do crime surgia expressamente formulado para o julgador (Tit. LXVI, 9) muito antes da consagração do princípio da separação de poderes. A exigência da declaração judicial nos crimes falenciais nas codificações pós-iluministas parece ter a ver não com a contraposição entre oportunidade e obrigatoriedade no exercício da acção penal, mas antes com a herança da distinção da falência em fraudulenta, culposa ou casual, e com a correlativa necessidade de ver resolvidas algumas questões prejudiciais e problemas de prova, como a existência de alguma certeza comercial quanto à efectiva situação de bancarrota e a sua qualificação como fraudulenta, culposa, involuntária ou casual. O que, por seu turno, era tido como condição essencial para que pudesse ser iniciado o corpo de delito (como sublinha, em relação já ao regime oitocentista, SILVA FERRÃO, *Theoria do Direito Penal VIII*, 110).

materiais da pena. Noutros termos, a tese processualista das condições objectivas de punibilidade implica um *deficit* na componente de garantia do sistema penal[186].

§ 32. Elementos essenciais e circunstâncias acidentais do crime

1. Nas páginas anteriores foi possível verificar como diversas correntes doutrinárias negam a autonomia da categoria da punibilidade da teoria da infracção penal a partir da dissolução das diversas figuras no sistema tripartido de análise do crime, nos pressupostos processuais e na teoria da pena. Neste caso, a autonomia da categoria é contrariada por esvaziamento das realidades que, desde BINDING, têm justificado a ponderação de um momento autónomo de análise do crime após a comprovação do ilícito culposo.

Mas esta não é a única via para questionar a autonomia da categoria da punibilidade no sistema de análise do crime. Na verdade, uma parte significativa da doutrina admite algumas das figuras que integram os pressupostos autónomos da punibilidade sem reconhecer, contudo, a autonomização de uma nova categoria dogmática na estrutura metodológica do facto punível. Nestes casos, as condições objectivas de punibilidade e as causas de exclusão ou anulação da pena adquirem autonomia sistemática relativamente aos elementos do tipo, às causas de justificação ou às causas de desculpa, não são reconduzidas nem aos pressupostos processuais nem à teoria da pena, mas surgem apenas como figuras *residuais* ou *acidentais* (por vezes explicadas à luz de considerações político-criminais específicas) que não justificam nem consentem a construção de uma categoria dogmática com vocação geral.

Foi este o caminho que acabou por ser seguido na década de 50 por SAUER (na última fase do seu pensamento), GALLAS e WELZEL. Considera SAUER, neste período, que no conceito sistemático de crime se deve ter em conta, para além dos «conceitos centrais» da ilicitude (típica) e da culpabilidade, elementos indispensáveis na construção sistemática, os «pressupostos da pena» («a ameaça penal» ou as «condições da ameaça penal»)[187]. Sem ter uma centralidade equivalente às demais categorias, estas circunstâncias devem ser consideradas como «anexos aos elementos do crime» (*als Annex der Verbrechensmerkmale*) na sua construção a ilicitude (tipificada) e a culpabilidade. Nesse sentido, seriam «pressupostos da punibilidade» mas não características do crime equivalentes à ilicitude e culpabilidade. O que não impediu SAUER de procurar racionalizar e dar consistência dogmática a estes «pressupostos externos de punibilidade», à luz de critérios

---

[186] Neste sentido, ANGIONI, *Ridpp* (1989), 1451, afimando expressamente que «la tesi della natura sostanzialistica delle *cdp* è piu garantista».

[187] SAUER, *Allgemeine Strafrechtslehre*, 1955, 21-22 (§ 7, nº 4), *maxime* p. 22 (nº 4, c).

extra-penais e de política criminal, mas somente enquanto elementos acessórios em relação aos elementos essenciais do crime. Também GALLAS e WELZEL afirmam expressamente a autonomia das condições objectivas de punibilidade relativamente ao tipo, mas em função da sua singularidade não autonomizam um momento específico na análise do crime, seguindo basicamente uma sistemática tripartida (tipicidade, ilicitude, culpabilidade)[188].

Encontra-se em ENGISCH uma linha de fundamentação posterior (1974) desta tendência doutrinária. Considera ENGISCH que a definição de crime diz algo sobre a natureza e a essência do crime, isto é, trata-se não apenas de uma definição nominal, mas também de uma definição real através da qual se procura delimitar um objecto com um certo cariz. Por isso, a questão dos «elementos» ou «características» do conceito depende também do exacto respeito pelo âmbito do objecto definido. Nesse sentido, interroga-se sobre a questão de saber se a definição do crime deve integrar os pressupostos da punibilidade que apenas surgem esporadicamente, como as condições objectivas de punibilidade. A resposta deverá ser, em sua opinião, negativa: a organização pressupostos substantivos da pena deve corresponder a uma organização do essencial e uma característica da qual nem sempre se depende não poderá ser considerada essencial. Essenciais são apenas «as características do conceito cujo abandono altera o âmbito do objecto»; não essenciais serão por seu turno «aquelas que quando não são tidas em conta não alteram o âmbito do objecto e, quando muito, terão apenas a ver com uma descrição de pormenor do objecto do conceito». Exemplos de características não essenciais serão, para além das condições objectivas de punibilidade, os prazos de prescrição, as regras de punição da tentativa ou as isenções de pena em função das relações de parentesco (como acontecia no crime de furto). Essenciais serão a acção, a realização do tipo, a ilicitude e a culpabilidade. As condições objectivas de punibilidade apenas se podem tornar essenciais – escreve ainda ENGISCH – quando surgem expressamente no tipo (como elementos do chamado tipo de garantia)[189].

---

[188] GALLAS, «Zum gegenwärtigen Stand der Lehre vom Verbrechen», *ZStW* 67 (1955), 16-18 e *passim*; WELZEL, *Deutsche Strafrecht* (11ª edição, 1969), 30 e ss, desenvolve o sistema de análise do crime a partir da tipicidade, da ilicitude e da culpabilidade, mas autonomiza expressamente as figuras das condições objectivas de punibilidade (p. 58-59) e das causas de exclusão e anulação da pena (p. 199, a propósito da desistência) em relação ao sistema tripartido, sem autonomizar uma nova categoria dogmática a partir delas. Em sentido materialmente equivalente, podem invocar-se ainda os autores que, na linha de MEZGER, consideram as condições objectivas de punibilidade «anexos ao tipo» (mas fora do âmbito da imputação subjectiva), como acontece com HAFT, *Strafrecht AT*, 9.ª edição, 2004, 269 e ss, ou WESSELS/BEULKE, *Strafrecht AT* (41.ª edição, 2011), § 5, n.º 148.
[189] ENGISCH, *FS-Welzel*, 351 a 355.

Por vezes a articulação entre as figuras da punibilidade e o sistema tripartido é traçada a partir de critérios de política criminal que, sem justificar a autonomia de uma nova categoria dogmática, apoiam a singularidade dogmática das condições objectivas de punibilidade e das causas de exclusão da pena. Ou seja, trata-se de circunstâncias que nesta perspectiva não são recondutíveis ao tipo, à ilicitude ou à culpa, mas que se relacionam com estas categorias a partir de considerações de política criminal, sem que tal facto justifique a autonomização de uma nova categoria dogmática[190].

2. Na doutrina portuguesa esta parece ser uma tendência dogmática significativa, de acordo com a qual as figuras da punibilidade são elementos estranhos ao facto criminoso e, por isso, não devem ser referidos a par dos elementos essenciais do conceito de crime – a acção típica, ilícita e culposa – revelando-se antes como circunstâncias acidentais, residuais ou não essenciais, por vezes meras singularidades dos tipos em especial. É este o enquadramento que se encontra, a partir de perspectivas distintas, em Eduardo Correia[191], Maria Fernanda Palma[192] e Américo Taipa de Carvalho[193].

Reconhece Eduardo Correia a autonomia dogmática das condições objectivas de punibilidade relativamente aos «elementos constitutivos do tipo legal»[194] na exacta medida em que, seguindo Schmidhäuser, essas figuras se revelam condições não da dignidade penal do facto, mas apenas da exigência político-criminal da sua punição. Considera contudo que a sua enumeração é um aspecto

---

[190] Neste sentido, invocando razões de política criminal, de oportunidade ou utilidade para explicar algumas figuras legais, mas sem autonomizar uma categoria dogmática distinta do ilícito culposo a partir desses critérios, Eser/Burkhardt, *Strafrecht*, I, 222 e 224, nº marg. 12 e 21; Romano, *Ridpp*, 1990, 64-65 e, posteriormente, *LH-Roxin*, 148; Bustos Ramírez e Hormazábal Malarée, *Lecciones*, II, 20-21 e 235 e ss.

[191] Eduardo Correia, *Direito Criminal I* (1963), 370-371, nota 1.

[192] Maria Fernanda Palma, *Direito Penal* (1994), 10; *RFDUL* (1995), 406, nota 15, onde, sem defender expressamente a autonomia da categoria da punibilidade na teoria do crime, destaca a importância deste debate. Num trabalho mais recente – *RPCC*, 9 (1999), 587-589 – a Autora pronunciou-se expressamente contra a autonomização da punibilidade como característica geral do conceito sistemático de crime.

[193] Taipa de Carvalho, *Direito Penal* (2.ª edição, 2008), 262-272.

[194] Nas primeiras Lições, de 1949, Eduardo Correia admitiu a possibilidade de as condições objectivas de punibilidade serem integradas no tipo em sentido amplo, no tipo legal, o que não implicava a negação da sua autonomia em relação à ilicitude e à culpa (*Direito Criminal* (1949), 248, nota 1). Mais tarde reafirmou essa autonomia, mas acabou também por remeter o estudo das figuras para a Parte Especial (*Direito Criminal I*, 1963, 370-371, nota 1).

específico dos estudo dos crimes em especial e não um aspecto geral do crime[195], cuja estrutura é apresentada como uma acção tipicamente ilícita e culposa, onde o momento da punibilidade não é transformado em característica geral[196].

Recentemente, MARIA FERNANDA PALMA pronunciou-se de forma expressa contra a autonomização da categoria da punibilidade na estrutura sistemática de análise do crime, embora admita como figuras residuais as condições objectivas de punibilidade e as causas de exclusão da pena[197]. Em sua opinião, não se justifica autonomizar a categoria da punibilidade na teoria da infracção penal pois as valorações político-criminais a que a mesma poderia dar corpo revelam-se já no facto de a tipicidade «antecipar essa valoração político-criminal e de ela interferir, necessariamente, na ilicitude e na culpa»[198]. Por isso, a autonomização da punibilidade em relação ao tipo, à ilicitude e à culpa, seria «incongruente», tendo especialmente em conta a antecipação teleológica feita pelo tipo, e criaria ainda o risco de «mecanizar uma normal dialéctica entre a racionalidade comunicativa (não puramente uma racionalidade valorativa) e a racionalidade dos fins»[199]. Neste sistema a punibilidade é vista como uma característica com ubiquidade sistemática[200], podendo no entanto surgir como um «juízo específico» autónomo associado a razões político-criminais[201]. É neste caso que se revelam – com autonomia mas também com um estatuto residual – as condições objectivas de punibilidade e as causas de exclusão da pena. Em suma, para MARIA FERNANDA PALMA a punibilidade não deve ser autonomizada como uma categoria geral após a ilicitude e a culpabilidade. Os juízos sobre a adequação político-criminal da qualificação de um comportamento como criminoso antecipam-se no tipo e projectam-se na ilicitude e na culpabilidade; pode, no entanto, verificar-se «em certos casos, a necessidade de autonomizar razões político-criminais, enquadrando-as num juízo específico – a punibilidade – quando o legislador pretenda distinguir claramente o carácter proibido de um comportamento da sua efectiva aptidão para ser punido»[202].

---

[195] EDUARDO CORREIA, *Direito Criminal I* (1963), 370-371, nota 1, e II (1965), 235-236, quanto à qualificação sistemática da desistência como uma causa que atenua ou exclui apena.
[196] EDUARDO CORREIA, *Direito Criminal I* (1963), 231 e ss.
[197] MARIA FERNANDA PALMA, *RPCC* 9 (1999), 587-589.
[198] MARIA FERNANDA PALMA, *RPCC* 9 (1999), 588.
[199] MARIA FERNANDA PALMA, *RPCC* 9 (1999), 588.
[200] MARIA FERNANDA PALMA, *RPCC* 9 (1999), 588, com outra terminologia: «a adequação político-criminal é, deste modo, um elemento da ponderação que conduz à responsabilidade penal em cada elemento do juízo valorativo de aplicação da lei penal, não consubstanciando uma categoria autónoma».
[201] MARIA FERNANDA PALMA, *RPCC* 9 (1999), 589.
[202] MARIA FERNANDA PALMA, *RPCC* 9 (1999), 589.

Também para AMÉRICO TAIPA DE CARVALHO a possibilidade de identificação de alguns pressupostos adicionais da pubilidade (um elenco muito reduzido, já que em sua opinião a maior parte dessas figuras se podem integrar na tipicidade, na ilicitude ou nos pressupostos processuais[203]) não justifica pela sua singularidade a autonomização de uma nova categoria geral autonoma na teoria do crime, nem por razões lógicas nem por razões metodológicas[204].

3. As perspectivas como aquelas que acabaram de se apresentar procuram conciliar dois aspectos distintos do sistema penal: por um lado, a sua característica de generalidade e a sua vocação organizadora dos pressupostos da pena que se revelam comuns a todos os crime e, por outro, a necessidade de articular esses aspectos gerais com as particularidades de certos crimes em especial que, em nome da natureza fragmentária da intervenção penal, invocam elementos específicos que não se podem reconduzir de forma satisfatória ao tipo, à ilicitude ou à culpabilidade. Nesta exacta medida, trata-se de uma linha de orientação correcta embora, como se verá, insatisfatória.

A ideia fundamental subjacente a esta forma de articular as categorias gerais da teoria do crime com a singularidade de algumas figuras da punibilidade traduz-se em negar a vocação geral destas figuras, concebendo-as como particularidades não generalizáveis dos crimes em especial. Uma perspectiva mais ampla do problema revela que esta concepção das figuras da punibilidade não é exacta. Na verdade, em algumas ordens jurídicas, como a italiana, o problema das condições objectivas de punibilidade tem inequivocamente uma vocação geral, reconhecida expressamente na lei (art. 44. do *Codice Rocco*). Por outro lado, trata-se de uma perspectiva algo limitada que é apenas válida perante um número reduzido de condições objectivas de punibilidade e não tem em linha de conta a existência de outras figuras que possuem uma vocação geral mas são estranhas ao ilícito culposo. É o que se passa entre nós (e noutros ordenamentos jurídicos) com as cláusulas legais de desistência (artigos 24.º e 25.º do Código Penal) que têm uma vocação geral e, no Código Penal de 1982, podem ser invocadas em qualquer crime e por qualquer comparticipante até à consumação material do facto. Uma figura como esta, cujo enquadramento sistemático (sendo discutível) é maioritariamente reconduzido de forma decisiva a valorações estranhas ou posteriores ao ilícito culposo[205], em especial quando conduz a uma exclusão total da pena

---

[203] TAIPA DE CARVALHO, *Direito Penal* (2.ª edição, 2008), 262 e ss (§ 477 e ss).
[204] TAIPA DE CARVALHO, *Abuso de confiança fiscal* (2007), 33-34; *Direito Penal* (2.ª edição, 2008), 262 e ss (§ 477 e ss) e, na conclusão, 269-272 (§ 490-494).
[205] Como reconhece, em parte, MARIA FERNANDA PALMA, *Da «tentativa possível» em Direito Penal*, 2006, 154-158, e em síntese: «A qualificação da desistência como causa de exclusão da

e não a uma mera atenuação da mesma, põe em crise a ideia de que os problemas da punibilidade resultam apenas da configuração de alguns (poucos) tipos incriminadores em especial.

Noutro plano argumentativo, a aceitação pontual, residual ou casuística de certas figuras da punibilidade, longe de se traduzir numa mera especialidade não generalizável, pode confirmar que ao ilícito culposo se adiciona *em regra* uma valoração específica que, pontualmente, se revela de forma expressa em algumas incriminações como uma exigência adicional ou como uma circunstância que poderá conduzir à exclusão da pena em certos casos. Essa evidência pontual, longe de constituir um aspecto isolado é, diversamente, uma manifestação específica de um aspecto geral. Caso contrário, a punibilidade transformar-se-ia numa «característica fantasmagórica», negada em geral mas surgindo recorrentemente sempre que se manifestasse a insuficiência explicativa das categorias centrais da tipicidade, da ilicitude ou da culpabilidade[206].

Se a punibilidade do facto é pontual ou genericamente excluída através, respectivamente, da ausência de certas condições de punibilidade ou da admissibilidade geral da desistência do agente em relação a qualquer crime, essas hipóteses conduzem ao reconhecimento positivo da punibilidade como característica geral do facto criminoso. Isto é, como um juízo específico que acompanha o facto punível e que pode por isso ser posto em causa. Como refere ARMIN KAUFMANN, o juízo de valor positivo precede sempre o juízo de valor negativo[207]. Se a punibilidade é pontual ou genericamente excluída em certas circunstâncias isso apenas confirmará que, em regra, o ilícito culposo é também um ilícito punível: só se pode negar no plano da excepção aquilo que pode existir como regra (mesmo nos casos específicos da Parte Especial). O regime geral da desistência (arts 24.º e 24.º

culpa ou da punibilidade não é questão decisiva. A desistência voluntária reescreve a história inicial. Não a apaga, mas compensa-a. São, em conjunto, razões de redefinição do valor da acção, da modificação da culpa e de necessidade de pena que justificam ou impõem mesmo a impunidade. Porém, a necessidade de pena é o critério decisivo».

[206] Neste sentido, JIMÉNEZ DE ASÚA, *Princípios de derecho penal, La Ley e el delito*: 429, em crítica às oscilações sistemáticas e classificatórias de Mezger sobre esta matéria: «En suma: a penalidad resulta así el más acomodaticio de los requisitos. Cuando no la precisamos, se queda reducida a mera consecuencia. Cuando nos hace falta, reaciende a sua categoría de carcaterística específica. Esto puede ser muy hábil, pero no tiene la menor seriedad científica. Un elemento caracterítico de la infracción no puede cambiar de índole conceptual a mero efecto, para recuperar su puesto luego. Si es un *carácter* del delito ahora, es porque nunca dejó de serlo».

[207] ARMIN KAUFMANN, *Normentheorie*, 69, ao descrever a sequência ordenada de valorações do sistema penal, formulada a partir do bem jurídico: «A *primeira valoração é sempre positiva*; uma valoração negativa pressupõe sempre uma positiva que a precede, mesmo que ambas possam coincidir no tempo» (itálicos no original).

do Código Penal) comprova a bondade desta afirmação ao ser aplicável a todo e qualquer crime susceptível de se integrar numa das suas cláusulas[208]. Em suma, a hipótese de um ilícito penal ser não punível por força do regime geral de desistência sugere que se exclui uma *característica positiva genérica* desse ilícito penal.

4. Vista a questão nestes termos, o problema que subsiste traduz-se em saber se as valorações específicas da punibilidade são ou não antecipadas pelo legislador no tipo, na ilicitude e na culpa, o que, a ser exacto, colocaria em causa não a autonomia das valorações imanentes à punibilidade mas sim a sua autonomia sistemática.

Uma resposta adequada a este problema passa pela consideração de dois aspectos distintos: em primeiro lugar, a questão de saber existem elementos das normas penais que não possam ser reconduzidos às categorias do sistema tripartido. A ser afirmativa a resposta a este problema ficará indiciada a autonomia de um possível objecto específico de valoração; em segundo lugar, será necessário indagar se essas circunstâncias podem ser explicadas a partir de valorações específicas do sistema penal que ganhem autonomia em relação ao susbtrato axiológico do tipo, da ilicitude e da culpabilidade. Esta última questão depende das circunstâncias que forem autonomizadas e dos juízos de valor que forem invocados para lhe dar consistência sistemática. Não parece contudo razoável no plano metodológico defender a diluição das valorações político-criminais nas categorias do sistema tripartido e reconhecer simultaneamente que em alguns casos essas valorações têm de ser autonomizadas de forma específica.

Tão pouco pode ser argumento para negar a autonomia da punibilidade afirmar que se trata de valorações antecipadas pelo legislador no tipo porque não é isso que está em causa quando se debate a autonomização do momento da punibilidade como categoria sistemática da teoria do facto punível e esta destina-se a ser utilizada pelo intérprete em geral e não apenas pelo legislador. Neste sentido, não parece igualmente aceitável que se defenda a autonomia dogmática e axiológica das figuras da punibilidade, a partir de considerações de política-criminal, mas se negue a autonomia de uma categoria dogmática com esse objecto e com essa estrutura valorativa[209]. A partir do momento em que se aceita que as figuras da punibilidade não se reconduzem ao tipo, à ilicitude ou à culpa e que se explicam por considerações adicionais de natureza político-criminal (desig-

---

[208] Coincidente, na substância, JORGE RIBEIRO DE FARIA, *Sobre a desistência da tentativa*, 132, quando afirma que em todos os tipos penais o nascimento da pretensão penal está condicionado pela ausência de desistência.

[209] A título de exemplo, AMÉRICO TAIPA DE CARVALHO, *Direito Penal PG* (2.ª edição, 2008), 264 (§ 483), a propósito dos comportamentos reparadores que tornam desnecessária a pena, apesar da dignidade penal do facto.

nadamente, por falta de necessidade de pena) está-se a afirmar para todos os efeitos que existem critérios normativos específicos que impedem a decisão sobre a responsabilidade do agente. O regime geral da desistência (artigos 24.º e 25.º do Código Penal) confirma adicionalmente que isso pode acontecer em relação a qualquer incriminação. O que constitui, no fundo, um passo decisivo para a autonomização da categoria da punibilidade e não o oposto.

§ 33. Autonomia da categoria da punibilidade nos sistemas de análise do crime

I. Os limites do sistema tripartido e a autonomia da punibilidade

1. As razões que conduziram alguns sectores da doutrina a autonomizar o momento da punibilidade na estrutura metodológica da teoria do crime, apesar dos equívocos criados pelo sistema neo-kantiano, são diversas como se poderá ver na exposição que se segue. Mas todas elas têm um fundo comum que radica no reconhecimento de que o sistema tripartido de análise do crime (tipicidade, ilicitude e culpabilidade) não consegue integrar de forma satisfatória certos elementos legais relevantes para enquadrar a atribuição ou negação de responsabilidade penal.

Esta é a afirmação mais segura que se pode fazer relativamente às diversas figuras da punibilidade à luz do sistema da teoria do facto punível: as condições objectivas de punibilidade são, para um vasto sector da doutrina, elementos estranhos à acção típica ou ao tipo de ilícito, bem como à categoria da culpabilidade. Pela sua própria natureza funcionam objectivamente o que significa que não são objecto do dolo ou da negligência, nem em relação a elas funcionam as regras gerais do erro. Trata-se, em suma, de figuras que nesta perspectiva – não isenta de críticos, como se pôde ver no § 27, II deste estudo – são imunes às regras gerais do tipo subjectivo e que não têm enquadramento sistemático na tipicidade, na ilicitude ou na culpabilidade. Algo de equivalente se pode dizer das causas de não punibilidade (isto é, causas de exclusão ou anulação da pena) que desde cedo foram descritas como regras de não aplicação da pena caracterizadas por deixarem intacto o facto típico, ilícito e culposo, mas que, apesar disso, conduziam à não aplicação da pena e, em alguns casos, à exclusão da responsabilidade penal. Ou seja, para além das categorias dogmáticas básicas (tipicidade, ilicitude e culpabilidade) seria necessário ponderar, com maior ou menor importância sistemática, outros elementos que se caracterizavam por serem estranhos às demais categorias do sistema de análise do crime[210].

---

[210] Este é um entendimento que, apesar das reservas que lhe têm sido formuladas e das pontuais divergências de opinião, adquiriu projecção sistemática significativa desde Binding e Liszt e se manteve, com algumas reformulações, até à actualidade. A literatura sobre a

Trata-se de um enquadramento essencialmente negativo, isto é, basta-se com a verificação de que certas figuras não se podem integrar satisfatoriamente nas categorias da tipicidade, da ilicitude ou da culpabilidade. Uma perspectiva desta natureza não é suficiente para autonomizar uma nova categoria dogmática, pois a impossibilidade de recondução de certas figuras às categorias tradicionais do sistema tripartido não responde à questão de saber se as mesmas ainda dizem respeito aos pressupostos materiais da responsabilidade penal, nem permite identificar critérios consistentes que, nos planos axiológico e metodológico, possam justificar a autonomização de um momento específico no sistema de análise do crime. Neste sentido, torna-se necessário compreender as razões materiais que permitiram que alguma doutrina destacasse os pressupostos autónomos da punibilidade do sistema tripartido e, em alguns casos, criasse a partir deles uma categoria autónoma.

2. Por vezes, os elementos históricos longe de auxiliarem a procura de critérios legitimadores do momento da punibilidade apenas sugerem dúvidas e debilidades sistemáticas, mesmo entre a doutrina que sempre autonomizou o momento da punibilidade. Assim, por exemplo, as condições da ameaça penal têm em von Liszt não só autonomia sistemática, como integram um amplo leque de figuras legais. Uma leitura atenta revela contudo que essas diversas figuras (causas pessoais de exclusão da pena e condições objectivas da punibilidade) são reuni-

---

questão é quase inesgotável. Para uma perspectiva consistente desde os finais do século XIX até à actualidade, sigam-se as referências contidas no Capítulos III e IV deste estudo, e ainda Hass, *Wie entsthen Rechtsbegriffe?*, 15 e ss, com uma pormenorizada análise da evolução legal e doutrinária das condições objectivas de punibilidade, Bloy, *Strafaufhebungsgründe*, 32 e ss, sobre diversas causas de exclusão e anulação da pena, e, para uma visão de conjunto, Jescheck/ Weigend, *Lehrbuch*, 551-560 (§ 52 e 53). Na Áustria, Triffterer, *Österreichisches Strafrecht*, 101-103, 191-197. Em Itália, siga-se Delitala, *Il «fatto»*, 73 e ss (sobre as condições objectivas de punibilidade), Alimena, *Le Condizioni di Punibilità*, passim, Ramacci, *Condizioni*, 33 e ss e, mais recentemente, Angioni, *Ridpp*, 1989, 1440 e ss, Pioletti, *Digesto X*, 1995, 524 e ss (sobre as causas de exlusão da punibilidade) e, para uma visão de conjunto, Bricola, *Novíssimo Digesto*, vol. XIV, 1967, 588 e ss, e F. Mantovani, *Diritto Penale*, 813 e ss. Para uma perspectiva sobre o enquadramento destas figuras em Espanha, Mapelli Caffarena, *Condiciones Objetivas de Punibilidad*, passim, Martinez Perez, *Las condiciones objetivas de punibilidad*, passim, Higuera Guimera, *Las excusas absolutorias*, passim e, para uma visão de conjunto, García Pérez, *Punibilidad*, 33 e ss, e Cerezo Mir, *Curso de Derecho Penal Español, Parte General*, vol. II, 6.ª edição, 1998, 20-22, *maxime* nota 14. Entre nós, vejam-se os elementos reunidos *supra* Capítulo IV sobre o tema. Contra, entre outros (cfr. *supra* § 31), afirmando a suficiência do sistema tripartido ou bipartido, M. E. Mayer, *Allgemeiner Teil* (2ª edição, 1923), 13-14; Sauer, *Grundlagen* (1921), 207-217, Bemman, *Bedingungen der Strafbarkeit*, 52 a 56, e, mais recentemente, Jakobs, *Strafrecht*, 339 e ss (10/6 e ss).

das sem uma fundamentação positiva comum: as causas pessoais de exclusão da pena produzem os seus efeitos em função da «personalidade do autor» do ilícito culposo e apenas em relação a ele, enquanto as condições objectivas de punibilidade se caracterizam por serem circunstâncias exteriores e independentes em relação à acção[211].

Na realidade, von LISZT não relacionou expressamente as condições da ameaça penal com critérios materiais que explicassem de forma agregada o grande número de figuras legais que inclui na punibilidade. A invocação da personalidade do autor como fundamento das causas pessoais de exclusão da pena poderia estar em sintonia com as exigências de prevenção especial que perfilhava em sede de finalidade das penas. Contudo, como notou BACIGALUPO[212], essa via não estaria em total harmonia com uma parte do regime jurídico a que von LISZT sujeita estas figuras, em especial a absoluta irrelevância do erro sobre estes elementos, circunstância que, no plano da pura prevenção especial, poderia ter relevância dirimente da responsabilidade. Por outro lado, o princípio da necessidade da intervenção penal, que chegou a ser invocado por LISZT (embora de forma algo lacónica) pelo menos até à 8ª edição do seu *Lehrbuch*, na introdução ao regime das condições da ameaça penal, e que podia explicar as condições objectivas de punibilidade, desapareceu nas edições posteriores dos parágrafos introdutórios ao tema[213].

Em suma, von LISZT reconheceu a insuficiência dogmática da ilicitude e da culpabilidade para debater a atribuição legal da responsabilidade penal e apresentou inúmeros exemplos de cláusulas legais que corroboravam esta ideia, mas não desenvolveu um fundamento material comum às diversas figuras que integrou na categoria da ameaça penal. Perante isto, BACIGALUPO afirma que nada no sistema de von LISZT parece exigir que a punibilidade seja uma categoria autónoma, revelando-se antes um resquício da teoria das normas (da distinção entre violação da norma de dever (delito) e realização da lei penal (crime) defendida por BINDING[214]. A crítica pressupõe, no entanto, que deve existir uma relação necessária entre as finalidades das penas e a categoria da punibilidade, o que não é exacto (em especial no sistema de LISZT) senão como uma das perspectivas possíveis de enquadramento da matéria. Esta debilidade dogmática do modelo de análise do crime de von LISZT parece resultar igualmente de o seu sistema do facto punível ser essencialmente lógico-classificatório e não orientado teleologicamente. Por isso o rigor da classificação não era acompanhado

---

[211] LISZT, *Lehrbuch* (23ª edição, 1921), 191-192 (§ 44, II e III).
[212] BACIGALUPO, *Delito y Punibilidad*, 73 e ss.
[213] LISZT, *Lehrbuch* (8ª edição, 1897), 197 (§ 43, I).
[214] BACIGALUPO, *Delito y Punibilidad*, 76-77.

da enunciação dos critérios de valoração que poderiam dar consistência axiológica à categoria dogmática da ameaça penal, bastando para a afirmação da sua autonomia o exercício classificatório de delimitação das condições de ameaça penal relativamente à acção ilícita e culposa, por um lado, e aos pressupostos processuais, por outro.

Fundamental no sistema de von Liszt era, para além da classificação das figuras legais, a antecipação do seu regime quanto à possível influência na responsabilidade do agente. Regime esse que, no melhor espírito do positivismo de finais do século XIX, traçou com notável pormenor. Em síntese, as diversas condições objectivas de punibilidade eram estranhas ao regime do dolo e da negligência, a sua ausência impedia a punibilidade da tentativa e da participação, não permitia o início do procedimento criminal nem a aplicação de medidas objectivas de natureza cautelar (como o confisco ou a apreensão); a não verificação da condição objectiva de punibilidade não transformava uma denúncia em caluniosa, não condicionava a consumação, nem era relevante para a determinação do tempo e local do crime ou para a contagem dos prazos de prescrição. A sua vinculação aos pressupostos materiais da pena fazia ainda com que a decisão que conhecesse a sua falta exigisse uma maioria de dois terços e conduzisse a um arquivamento absolutório e não a uma mera suspensão da instância[215].

Apesar deste pormenorizado regime das condições de ameaça penal – o mais completo na literatura da época – a inexistência de critérios claros e persuasivos que permitissem agregar e autonomizar as diversas figuras facilitou a tarefa do normativismo neo-kantiano, quando autores como Max Ernst Mayer, Mezger ou Sauer procuraram, num esforço de simplificação, diluir as diversas condições da ameaça penal no resto do sistema. Fizeram-no, no entanto, desconsiderando alguns critérios materiais avançados por outros sectores da doutrina, como se verá nas páginas que se seguem.

Quando se procura identificar as razões que podem conduzir à possível autonomia de uma categoria dogmática que agregue os diversos pressupostos autónomos da punibilidade a linha de investigação tem portanto de ser outra: a verificação dos limites do sistema tripartido deve ser completada com a indagação positiva dos critérios materiais que podem explicar a existência e os efeitos das figuras da punibilidade. Estes critérios, apesar de serem tão heterogéneos quanto as próprias figuras que foram sendo historicamente integradas ou abando-

---

[215] Liszt, *Das Deutsche Reichsstrafrecht* (1ª edição, 1881), 123 (§ 30, II), de forma pormenorizada. Nas edições posteriores o significado jurídico das diversas condições de ameaça penal vai sendo aprofundado: veja-se, *Lehrbuch* (2ª edição, 1884), 169-172 (§ 42, II e III) e, finalmente, *Lehrbuch* (23ª edição, 1921), 192-194 (§ 44, III-IV).

nadas numa categoria residual posterior ao ilícito culposo[216], podem ser reconduzidos a alguns tópicos dominantes, com diferentes potencialidades explicativas.

II. Punibilidade, teoria das normas e interesse estadual na aplicação da pena

1. Caso se procure identificar a razão de ser da autonomia do momento da punibilidade por referência às origens históricas do conceito sistemático de crime verifica-se que a doutrina que está na sua origem enquadrava minimamente as figuras legais que condicionam a ameaça penal por referência a critérios materiais, ao contrário do que poderia sugerir o laconismo de von LISZT atrás referido.

Assim, observava BINDING que a pena é uma consequência do delito, mas não uma consequência necessária[217]. Esta relação de não obrigatoriedade entre delito e pena torna-se compreensível à luz dos interesses do próprio Estado, pois a pena não é, na sua concepção, apenas um mal para quem a sofre, mas também um mal para o Estado[218]. Uma perspectiva desta natureza ganha uma finalidade própria quando enquadrada num sistema orientado por uma concepção absoluta da pena de matriz retributiva[219]. O interesse do Estado na aplicação da pena poderia ser

---

[216] A heterogeneidade das diversas figuras que são remetidas para o momento posterior ao ilícito culposo tem constituído, ao longo dos tempos, outro ponto de consenso (demasiado acrítico) entre a doutrina. Já BELING, em 1906 (*Lehre vom Verbrechen*, 58), afirmava que «Der Katalog der Strafdrohungsbedingungen vereinigt in sich sehr heterogene Elemente», observação partilhada pouco depois por BAUMGARTEN, *Verbrechenslehre* (1913), 192 e 268. Recentemente, ROXIN, *Strafrecht AT I* (4.ª edição, 2006), § 23, n.º 6, considera a «quarta categoria» uma rubrica que integra um emaranhado de elementos tão heterogéneos que dificilmente consentem afirmações de carácter geral. Fazendo eco deste entendimento, DONINI, *L'indice penale* 3 (2001), 1044, e nota 20, afirma que a punibilidade tradicional seria uma «categoria troppo disomogenea e irreductibile a un'ideia conceptuale e organizzativa di tipo teleológico». Entre nós, a consciência dessa heterogeneidade dos pressupostos autónomos da punibilidade tem sido uma constante, desde CAVALEIRO DE FERREIRA, *A tipicidade*, 43-46, nota 2, a EDUARDO CORREIA, *Direito Criminal I*, 371, nota 1, passando por SOUSA E BRITO, *Sentido e Valor*, 126 e ss, notas 37 a e 37 b, com uma descrição que atesta a diversidade destas figuras, até TERESA BELEZA, *Direito Penal II*, 368, ou, mais recentemente, FIGUEIREDO DIAS, *RPCC* 2 (1992), 30-31, e *Direito Penal PG* (2.ª edição, 2007), 280-282 e 669 e ss. Igualmente esclarecedor, AMÉRICO TAIPA DE CARVALHO, *Direito Penal PG* (2.ª edição, 2008), 262-272.

[217] BINDING, *Die Normen I* (4.ª edição, 1922), 427-430 (§ 57). Com vários desenvolvimentos desta ideia, «Das bedingte Verbrechen» *in GS*, 1906, 2 e ss e *passim*.

[218] BINDING, *Die Normen I* (4.ª edição, 1922), 430 (§ 57), invocando os diversos custos de funcionamento do sistema penal.

[219] Sobre a relação entre a teoria absoluta da pena oitocentista e a separação dogmática entre norma e sanção em Binding, ARMIN KAUFMANN, *Normentheorie*, 3 e ss e, em especial, na perspectiva da autonomia da punibilidade, BACIGALUPO, *Delito y punibilidad*, 47 e ss. Uma análise sobre os «elementos dos delito» e os «elementos da punibilidade» em Binding encontra-se

ponderado sem que isso colocasse em causa o dever de retribuir o mal realizado pelo delinquente e sem que tal fosse equivalente a um «direito» do delinquente a uma isenção de pena[220]. Essa ponderação implicaria, por seu turno, um enquadramento estranho ao delito, isto é, à violação da norma de dever, podendo ser analisada no plano das condições e consequências da retribuição da pena (a teoria da lei penal). Vista a questão nestes termos isso significaria, no plano sistemático, que a punibilidade ou não punibilidade de um facto poderia ser ponderada por razões estranhas ao destinatário da norma penal (razões estranhas, portanto, aos *Deliktsmerkmale*) e enquadrada no regime das segundas condições da ameaça penal (*Strafbarkeitsmerkmale*), cujo destinatário é, já não o agente do crime, mas sim o aplicador do Direito. Desta ponderação de interesses do próprio Estado na aplicação da pena, à luz da teoria das normas, resultaria que o limite da renúncia à pena estatal se identificaria na possibilidade de a não punição poder implicar para o Estado um mal maior do que a punição[221]. Só nestes casos é que se poderia afirmar a existência de um dever do Estado punir o ilícito cometido. Se assim não fosse, não existiriam obstáculos à remissão da pena.

Esta concepção de BINDING sobre o interesse estadual na punição reflectiu-se ainda, embora de forma dogmaticamente menos intensa e sem a mesma lógica retributiva, no enquadramento sistemático que BELING deu às condições da ameaça penal (condições objectivas de punibilidade e causas de exclusão da pena)[222]: as diversas figuras que fazem com que um delito potencial se transforme ou não num crime fundam-se – de acordo com BELING – «na falta de interesse do Estado na punição ou num interesse em não punir»[223]. Os exemplos de cláusulas legais que expressam esta ponderação de interesses na (não) punição incluem figuras como a exigência de territorialidade do facto (ou, noutra formulação, as cláusulas negativas de extraterritorialidade), a morte na rixa, a

---

em RITTLER, *FS-Frank*, 12 e ss e, com mais profundidade, em HASS, *Die Entstehungsgeschiste der objektiven strafbarkeitsbedingungen*, 31 e ss e, do mesmo Autor, *Wie entstehen Rechtsbegriffe?*, 30 e ss. Entre nós, CAVALEIRO DE FERREIRA, *A tipicidade*, 58 e ss considera que a distinção feita por Binding entre antijurisdicidade e punibilidade foi «o maior serviço que o seu labor trouxe à doutrina penal» (veja-se, ainda, *op. cit.*, 85 e ss, onde confronta o pensamento de Binding e de Beling sobre esta matéria).

[220] BINDING, *Die Normen I* (4ª ed. 1922), 429 (§ 57), afirmando expressamente que esse direito não existe.

[221] BINDING, *Die Normen I* (4ª ed. 1922), 431 (§ 57), formulando este limite à renúncia do Estado à aplicação da pena nos seguintes termos: «Dado que o Estado pode aceitar um mal apenas para, através dele, afastar um mal maior, ele pode considerar-se obrigado a aplicar a pena apenas quando o mal da não punição seria, para o Estado, maior do que o mal da punição».

[222] BELING, *Lehre vom Verbrechen*, 51 e ss.

[223] BELING, *Lehre vom Verbrechen*, 58.

declaração judicial de falência na bancarrota, a garantia de reciprocidade ou o estado de necessidade[224].

2. Um enquadramento desta natureza possui algumas virtudes sistemáticas, desde logo pela relativização da pretensão punitiva do Estado mesmo num modelo retribucionista, embora seja materialmente insuficiente para agregar as diversas cláusulas legais numa categoria dogmática autónoma.

Apresentar as diversas figuras da punibilidade como elementos estranhos ao delito, isto é, ao acto de desobediência à norma, permite encontrar um ponto de partida minimamente consistente para uma leitura dogmática dos pressupostos autónomos da punibilidade: a razão pela qual o Estado renuncia à aplicação da pena por ausência de uma condição objectiva de punibilidade ou pela verificação de uma causa de exclusão ou anulação da pena não afecta a afirmação e subsistência da norma de dever contida no tipo de ilícito. Será portanto outra razão, ou uma razão de outra natureza, a que poderá explicar a renúncia à aplicação da pena, estranha ao dever contido na norma de ilicitude[225].

A identificação dessas razões que permitem ao Estado renunciar à aplicação da pena é pouco explorada nas construções de BINDING e BELING. Afirmar que a «não punibilidade» se pode dever a uma falta de interesse na punição ou a um interesse em não punir não constitui verdadeiramente um critério material, mas apenas a possível estrutura de um critério a desenvolver. O facto ilícito

---

[224] BELING, *Lehre vom Verbrechen*, 54 e ss.
[225] A relevância da teoria das normas para a teoria do crime nem sempre é devidamente considerada, embora, através do contributo de Binding, ela tenha sido um dos pontos de partida na formulação do sistema de análise do crime e se revele essencial para delimitar o âmbito do tipo de ilícito, do tipo de culpa e, reflexamente, do tipo de punibilidade. Na verdade, não há tipo de ilícito nem tipo de culpa senão a partir da violação de uma norma de conduta, necessária para identificar a contrariedade ao dever (ARMIN KAUFMANN, *Normentheorie*, 291-292) e, portanto, o núcleo essencial da infracção, mas a norma de conduta, por seu turno, pressupõe a existência de uma norma de valoração *(ibidem)* e, no caso do Direito Penal, uma norma de sanção. A própria sequência de juízos de valor que se formulam no sistema de análise do crime pressupõe a articulação de várias normas de valoração funcionalizadas à norma de sanção. Sobre esta questão veja-se o que se escreve *infra* § 36 e ss deste estudo. Diversos autores relacionam de forma consequente a teoria das normas com a teoria geral do crime, como por exemplo: RÖDIG, *FS-Lange*, 56 e ss, WOLTER, *Objective und personale Zurechnung von Verhalten, Gefahr und Verletzung in einem funktionalen Straftatsystems*, 1981, 25 e ss, MIR PUIG, *Derecho Penal*, 26 e ss, HAFFKE, *LH-Roxin*,129 e ss, SILVA SANCHEZ, *Aproximación al Derecho Penal Contemporáneo*, 1992, 376 e ss, LIPPOLD, *Reine Rechtslehre*, 42 e ss, FRISCH, *Vorsatz und Risiko*, 59 e ss, LAGODNY, *Strafrecht*, 80 e ss, KORIATH, *Strafrechtlicher Zurechnung*, 25 e ss. Sobre a relação da teoria das normas com diversos modelos da teoria do crime e as perspectivas de elaboração dogmática que a partir daí se identificam, SCHÜNEMANN, *Grundfragen*, 61-64.

e culposo pode não ser punível em função de uma ponderação de interesses do Estado na punição, mas essa afirmação não identifica quais os interesses que podem fundar a renúncia à pena, nem a forma como os mesmos se legitimam, se ponderam e contrapõem ao interesse estadual na punição do ilícito e culposo. Por isso mesmo, um enquadramento desta natureza – limitado à invocação do interesse do Estado na não punição sem identificar que interesses podem legitimar esse recuo na pretensão punitiva relativamente a outras circunstâncias dirimentes da responsabilidade com distinto enquadramento sistemático – é insuficiente: também nas hipóteses de exclusão da tipicidade, de justificação ou de desculpa se pode identificar um interesse do Estado em não punir aquele agente naquela situação, seja por razões de prevenção especial, seja por razões de prevenção geral.

Se quisermos retirar desta perspectiva histórica sobre a vertente material da não punibilidade elementos úteis para a compreensão actual do problema da fundamentação da categoria da punibilidade, devem ser sublinhados dois aspectos: no plano sistemático, as figuras da não punibilidade deixam intacto o ilícito culposo, o que significará, em termos deônticos, a subsistência do dever violado e o acto de desobediência à norma (os *Deliktsmerkmale* no sistema de Binding). Ou, noutra terminologia, um ilícito culposo não punível será um facto que transgride a norma, numa situação em que o dever de acatar o comando normativo não foi afastado pela invocação de uma excepção expressa ao dever, pela relevância de outro dever ou pela sobreposição de um direito exercido pelo agente. Por outro lado, no plano material, a renúncia à punição de um ilícito culposo deve corresponder um interesse específico que a legitime e se contraponha ao interesse geral em punir tais factos. Que interesses são esses não resulta claro dos elementos até aqui recolhidos, embora a doutrina posterior tenha apresentado algumas respostas a esta questão (veja-se, em especial, *infra* números III, VI e VII deste § 33).

III. Interesses extra-penais legitimadores da renúncia à punição

1. A dificuldade teórica em enquadrar as figuras da punibilidade no quadro da ilicitude e da culpa e a necessidade de obter referências mais específicas para fundamentar a não punição do ilícito culposo conduziu alguma doutrina explicar essas figuras por referência ao acolhimento de interesses extra-penais na teoria do crime. Por vezes esse critério é eleito isoladamente, embora noutros casos a sua invocação surja a par de considerações de natureza diversa, designadamente a partir das ideias de utilidade e oportunidade da punição face ao objectivo de preservar o interesse extra-penal em causa. Nestas situações acabam por surgir construções mistas em que a contraposição entre a tutela do interesse extra-

-penal e as reservas sobre a utilidade e oportunidade da punição se convertem em opções de política criminal.

Na doutrina mais antiga esta ideia foi defendida por GOLDSCHMIDT para quem as causas pessoais de exclusão da pena ganhavam o seu fundamento na relevância atribuída a interesses extra-penais, distinguindo-se desse modo quer das causas de justificação, quer das causas de desculpa[226]. HEGLER aprofundou esta perspectiva apresentando as condições objectivas de punibilidade em «agrupamentos teleológicamente orientados» e as causas de exclusão e anulação da pena como situações em que um forte interesse na não punição se contrapunha ao interesse estadual na punição, exemplificado (quanto às primeiras) com a preservação da família (no caso do furto familiar) e da vida parlamentar (no caso da imunidade parlamentar) ou inviolabilidade do monarca (no caso da imunidade da monarquia)[227], enquadramento aceite no essencial por RITTLER[228]. Também MAX ERNST MAYER procurou explicar algumas das causas pessoais de exclusão da pena em função de certas qualidades pessoais do autor que expressariam interesses de Direito Público e de Direito internacional ou meras razões de política jurídica geral. Deste modo procurava enquadrar algumas imunidades de Direito Público (como a imunidade de chefes de Estado, parlamentares ou membros do corpo de diplomático) ou a renúncia à pena no caso do furto entre cônjuges e no excesso de defesa[229]. No final da década de vinte, ZIMMERL explicava genericamente as «meras condições objectivas de punibilidade» a partir de considerações de natureza política ou motivos de oportunidade[230], enquanto RADBRUCH, pouco tempo depois (em 1930), propunha uma depuração da categoria da «punibilidade» (Strafbarkeit) onde se deveria apenas integrar as condições objectivas de

---

[226] GOLDSCHMIDT, Notstand, (1913), 8 e 34, justificando depois a autonomia dogmática das causas pessoais de exclusão da pena à luz da teoria do erro (p. 39-41), da teoria da tentativa (p. 41) e da teoria da participação (p. 43). O debate traçado por GOLDSCHMIDT, à luz da doutrina alemã e austríaca, partia das dúvidas sobre o enquadramento sistemático do estado de necessidade que, pelo menos desde Liszt e Beling, era enquadrado como uma causa pessoal de exclusão da pena. O conceito normativo de culpa, formulado a partir de critérios de exigibilidade e capacidade de motivação pela norma, alterou as perspectivas de enquadramento sistemático desta figura e tornou mais complexa a autonomização das causas pessoais de exclusão da pena (sobre a questão, veja-se o escrito histórico de FRANK, Über den Aufbau des Schuldbegriffs, 1907, 7 e ss).

[227] HEGLER, ZStW 36 (1915), 229-231, invocando ainda este referente em relação a uma parte das condições objectivas de punibilidade (cfr. p. 224-228).

[228] RITTLER, FG-Frank, 14 e 18.

[229] MAX ERNST MAYER, Algemeine Teil, 1915, 273-274.

[230] ZIMMERL, Lehre vom Tatbestand, 25.

punibilidade e as causas pessoais de exclusão da pena estranhas ao merecimento penal do facto e aos aspectos psicológicos do seu autor[231].

Na década de 50 esta perspectiva é retomada por SAUER que, contrariando em parte a sua posição anterior de reconduzir indiferenciadamente as condições objectivas de punibilidade ao ilícito tipificado, passou a defender a autonomia da figura sujeitando-a a uma apertada classificação dogmática. Neste período SAUER apresenta três conjuntos distintos de «pressupostos externos de punibilidade» (embora surjam no seu sistema como meros «anexos aos elementos do crime», a ilicitude tipificada e a culpabilidade), graduando-os em função do seu menor ou maior grau de eficácia objectiva e, por conseguinte, em função da sua maior ou menor proximidade com a culpabilidade do agente. No primeiro grupo («pressupostos externos de punibilidade de primeiro grau») incluiu diversas circunstâncias entre as quais as denominadas condições de maior punibilidade (que agravavam objectivamente um facto ilícito e culposo) e os acontecimentos posteriores estranhos à relação de culpabilidade (como a eventual dissolução do matrimónio devido a fraude ou adultério); no segundo grupo («pressupostos externos da punibilidade de segundo grau») integrou situações objectivas «fundamentadoras da pena», como o resultado grave na rixa, a realização efectiva do duelo no crime de incitamento a esse facto ou a comissão de um facto penalmente relevante no crime de embriaguez plena; no terceiro grupo («pressupostos externos de punibilidade de terceiro grau») reuniu as circunstâncias que possuíam uma natureza completamente objectiva (estranhas quer à causalidade, quer à culpabilidade), em função da sua natureza fáctica (entre outras, o tempo e o local do crime) ou normativa (como a garantia da reciprocidade nos crimes contra interesses de Estados estrangeiros). Para dar alguma consistência teórica a estes agrupamentos heterogéneos de figuras legais SAUER invocou considerações de natureza diversificada, entre as quais se incluíam aspectos sociológicos, político-jurídicos, de Direito internacional ou considerações ético-sociais. Em suma: «meras considerações político-jurídicas e político-estatais» que, associadas a uma conduta culposa e digna de pena, justificariam a ameaça penal. Na ausência desses pressupostos, concluía SAUER, o legislador poderia renunciar à ameaça penal, exactamente por razões político-jurídicas e político-sociais[232].

A relevância de interesses extra-penais (interesses políticos, sociais, familiares, etc.) como fundamento da não punição do ilícito culposo ganhou uma especial projecção dogmática quando foi acolhida, a partir de 1970, por ROXIN[233] que sobre ela construiu e desenvolveu a «quarta categoria» da teoria da infrac-

---

[231] RADBRUCH, *FG-Frank*, 161-163, e 170-171.
[232] SAUER, *Allgemeine Strafrechtslehre*, 3ª edição, 1955, 70-76.
[233] ROXIN, *Kriminalpolitik*, 36.

ção penal[234], tendo esse entendimento vindo a encontrar eco em diversas correntes do pensamento penal como em Jescheck[235], Lenckner[236], Bloy[237], Rudoplhi[238] ou Wolter[239]. Estes autores recorrem igualmente à ideia da relevância de interesses extra-penais para explicar uma parte das figuras que se integram nos pressupostos autónomos de punibilidade para além do ilícito culposo, embora nem todos autonomizem, com base nesse critério, uma nova categoria dogmática (caso de Bloy que lhe nega esse estatuto) ou considerem tal explicação por si só suficiente (por exemplo, Jescheck ou Wolter). Vejamos em que termos.

A reorganização da «quarta categoria» no sistema desenvolvido por Roxin constitui o culminar de uma reformulação mais profunda das categorias centrais da tipicidade, da ilicitude e da culpabilidade. O sistema de Roxin rompeu em definitivo com a rígida matriz lógico-classificatória da estrutura originária da teoria do facto punível, evoluindo para um sistema aberto à realidade social e às valorações político-criminais que dão sentido à pena estatal[240]. O conteúdo e alcance da «quarta categoria» (sistematicamente enquadrada após a tipicidade, a ilicitude e a culpabilidade – ou «responsabilidade» em algumas construções) são determinados por dois aspectos específicos: a reclassificação sistemática de alguns pressupostos autónomos de punibilidade e a integração da culpabilidade na categoria mais vasta da «responsabilidade», orientada por critérios preventivos do sistema penal.

Considera Roxin, com alguma razão, que na «quarta categoria» da teoria do crime se incluem elementos muito heterogéneos cuja integração sistemática carece de ser repensada. Nesse sentido procede a uma análise crítica de várias figuras reconduzindo algumas causas de não punibilidade ao regime das causas de justificação (como acontece com a divulgação da informações sobre sessões públicas do Parlamento), qualificando outras como causas de desculpa, à luz dos critérios preventivos que acolhe na categoria da responsabilidade (como diversas normas da Parte Especial que isentam de responsabilidade algumas pessoas em função do seu grau de parentesco com o agente de um crime). Também algumas

---

[234] Roxin, *Strafrecht AT I* (4.ª edição, 2006), § 23, n.º 21 e ss.
[235] Jescheck/Weigend, *Lehrbuch*, 551-552 (§ 52, I) usando o critério dos interesses estranhos ao Direito Penal a par de considerações político-criminais sobre a necessidade da pena.
[236] Lenckner, in Schönke/Schröder, *StGB*, vor § 13, n.º 124, e vor § 32, n.º 128.
[237] Bloy *Strafaufhebungsgründe*, 224 e ss, embora com um diferente enquadramento sistemático (adiante explicitado) que nega a autonomia da «quarta categoria» da teoria da infracção penal (veja-se *supra* § 31, II).
[238] Rudolphi, *Grundfragen*, 83-84.
[239] Wolter, *Strafrechtssystem*, 23 e ss, embora defenda outros critérios materiais para além da invocação de interesses extra-penais, como adiante se verá (*infra* § 33, VI).
[240] Roxin, *Strafrecht AT I*, § 7.

condições objectivas de punibilidade são reenquadradas (ou, numa perspectiva crítica, descaracterizadas) passando a estar sujeitas às regras mínimas do tipo subjectivo (como acontece com a morte ou ofensas graves na rixa e o facto ilícito no crime de embriaguez plena) e integradas na tipicidade. Finalmente, a nova categoria da «responsabilidade» revela no sistema de Roxin uma intensa força aglutinadora, absorvendo figuras que até aí a doutrina maioritária qualificava como «causas pessoais de isenção da pena» (caso dos regimes de desistência ou, em alguns crimes, as relações de parentesco atrás referidas)[241].

Com esta reorganização da teoria do crime a «quarta categoria» adquire um estatuto meramente residual, ao ponto de Roxin afirmar que ela não constitui um pressuposto geral da punibilidade no mesmo plano do tipo, da ilicitude e da responsabilidade[242]. No último nível de análise do crime (a referida «quarta categoria») Roxin integra algumas condições objectivas de punibilidade (a garantia de reciprocidade, a suspensão de pagamentos e a declaração judicial de falência nos crimes falenciais) e causas de exclusão da punibilidade (a isenção de responsabilidade dos parlamentares em alguns crimes associados à expressão das suas opiniões e à retórica política, bem como a isenção de pena prevista para alguns crimes patrimoniais em função do grau de parentesco, entretanto suprimida pelo legislador)[243]. O critério orientador destas figuras numa mesma categoria dogmática é, em sua opinião, a prevalência dada às finalidades extra-penais relativamente à necessidade de pena[244]: nestes casos a necessidade da pena é sacrificada em favor da prossecução de interesses extra-penais[245].

Esta ideia acabou por ser parcialmente acolhida por Jescheck que, a partir dela, explica alguns dos pressupostos da punibilidade estranhos ao ilícito culposo. Assim, a figura das causas de não punibilidade fundar-se-ia quer na relevância atribuída à protecção de interesses cuja natureza é alheia ao Direito Penal (como a protecção da liberdade parlamentar e a inviolabilidade dos deputados), quer em considerações especificamente jurídico-penais (como a recompensa oferecida ao agente que desiste voluntariamente)[246], integrando um momento específico na teoria do crime a par das condições objectivas de punibilidade (que, por seu turno, se orientam por considerações político-criminais relativas

---

[241] Roxin, *Strafrecht, AT I* (4.ªedição, 2006), § 23, n.º 6 a 20.
[242] Roxin, *Strafrecht, AT I* (4.ªedição, 2006), § 23, n.º 1.
[243] Roxin, *Strafrecht AT I* (4.ªedição, 2006), § 23, n.º 22 e ss.
[244] Roxin, *Strafrecht AT I* (4.ª edição, 2006), § 23, n.º 21, e n°. 22 e ss, documentando esta tese com os exemplos descritos. No essencial esta tese tem origem em escritos anteriores: *Kriminalpolitik*, 36 (de forma sintética) e *JuS*, 1988, 432-433 (com mais desenvolvimento).
[245] Roxin, *JuS*, 1988, 433. No mesmo sentido, Rudolphi, *Grundfragen*, 83-84.
[246] Jescheck/Weigend, *Lehrbuch*, 552 (§ 52, I).

à necessidade da pena)[247]. Nesta perspectiva os pressupostos de punibilidade estranhos ao ilícito culposo acolheriam figuras de natureza diversa a que corresponderiam igualmente valorações heterogéneas (interesses extra-penais e finalidades político-criminais, nas causas de exclusão e anulação da pena, e juízos de valor sobre a necessidade da pena, nas condições objectivas de punibilidade). Posição semelhante é defendida por LENCKNER que invoca a relevância de interesses extra-penais, a par de razões de política criminal, para explicar as figuras heterogéneas que surgem após o ilícito culposo no sistema do facto punível[248].

O reconhecimento da relevância dos interesses extra-penais nesta área nem sempre corresponde à aceitação de uma categoria dogmática autónoma. Neste sentido, considera BLOY que apenas algumas das figuras que são tradicionalmente qualificadas como causas de exclusão ou anulação da pena são verdadeiramente autónomas em relação às categorias da ilicitude e da culpa (categorias estas onde faz repercutir os juízos sobre o merecimento e a necessidade da pena) podendo, nesse caso, a não punibilidade ser explicada pela invocação de interesses extra-penais. Encontram-se nesta situação figuras como a extraterritorialidade, a inviolabilidade e a imunidade parlamentar, as situações do § 238 II do *StGB* e as manifestações de actos de graça em sentido material[249]. Nestes casos verifica-se uma colisão entre os interesses político-criminais na punição e interesses jurídico-políticos estranhos aos primeiros, podendo o sistema penal articular-se com outros sectores do ordenamento jurídico dando prevalência à prossecução de interesses que lhe são alheios[250]. Esta possibilidade não conduz, na opinião de BLOY, à autonomização de um novo elemento na teoria do crime após a ilicitude e a culpabilidade, mas apenas a uma limitação da punibilidade (*Einschränkung der Strafbarkeit*) que não altera o juízo de desvalor sobre o facto e o seu autor[251].

Em parte semelhante, mas distinta quanto à autonomização de um momento específico de análise do crime após o ilícito culposo, é posição dualista de WOLTER quando defende que na categoria da «punibilidade» se revelam duas ordens de valorações: finalidades políticas gerais (ou interesses extra-penais) e fins jurídico-constitucionais específicos, relacionados com objectivos político-criminais. Nos primeiros atribui relevância a interesses de política externa, de política económica, de política parlamentar e de política familiar; nos segundos

---

[247] JESCHECK/WEIGEND, *Lehrbuch*, 556 (§ 53, I).
[248] LENCKNER, *in* SCHÖNKE/SCHRÖDER, *StGB*, *vor* § 32, n.º 128.
[249] BLOY, *Strafaufhebungsgründe*, 213.
[250] BLOY, *Strafaufhebungsgründe*, 224 e ss.
[251] BLOY, *Strafaufhebungsgründe*, 226-227 e, em pormenor, *supra* § 31, II.

pondera hipóteses diversas onde invoca aquilo que designa como «causas de exclusão da pena de Direito Público»[252].

Numa outra versão desta tese sobre a relevância de interesses extra-penais, as diversas figuras da punibilidade são por vezes apresentadas como particularidades de alguns crimes em especial que conduzem à não aplicação da pena por *razões utilitárias*, também elas *estranhas aos fins do Direito penal,* ou por considerações de mera *oportunidade política.* Neste sentido, afirma-se que na punibilidade se reúnem «uma série de elementos ou pressupostos que o legislador, por razões utilitárias, diversas em cada caso e alheias aos fins próprios do Direito Penal, pode exigir para fundamentar ou excluir a imposição de uma pena e que só têm em comum o facto de não pertencerem nem à tipicidade, nem à ilicitude, nem à culpabilidade e o seu carácter contigente, quer dizer, só são exigidos em algum delitos em concreto»[253].

2. A invocação de interesses extra-penais, de Direito Público ou de política legislativa geral, como fundamento material da categoria da punibilidade não pode ser aceite, nem como tese geral, nem na específica formulação mais recente de Roxin, Jescheck, Leckner, Bloy, Rudopłhi ou Wolter.

Uma parte das dúvidas que esta via suscita foram directamente dirigidas por Bacigalupo ao enquadramento de Goldschmidt e M. E. Mayer. Não é evidente a relação estabelecida entre a ponderação de interesses extra-penais e a não punição de um facto ilícito e culposo. Com razão afirma Bacigalupo que não é compreensível que «os interesses extra-penais tenham apenas efeitos no campo do Direito Penal», em especial porque sempre subsistiria a o problema de saber se «a aplicação de uma pena não é uma questão exclusivamente penal»[254]. O que em última instância leva a questionar se os supostos interesses extra-penais que tornariam não punível um ilícito culposo são na realidade matéria estranha ao sistema penal. A partir do momento em que a teoria do crime é construída não como um sistema fechado mas como um sistema aberto à realidade, pode entender-se, com Volk, que se dilui a separação entre a função dogmática e política criminal, por um lado, e os interesses extra-penais por outro[255]. Por isso

---

[252] Wolter, *GA*, 1996, 216-220 e, ainda, *LH-Roxin,* 41. Como esta tese é no fundo de natureza dualista, isto é, os interesses extra-penais explicam uma parte das figuras da punibilidade, mas não todas, o pensamento de Wolter será retomado *infra* § 33, V.
[253] Muñoz Conde e García Aran, *Derecho Penal,* 416.
[254] Bacigalupo, *Delito y Punibilidad,* 90.
[255] Volk, *ZStW* 97 (1985), 888-893, *maxime* 892, questionando a razão que faz com que a renúncia à pena tenha uma natureza político-criminal quando formulada por referência às finalidades das penas e perca essa natureza quando se refira a considerações de política jurídica em geral.

mesmo, como refere FIGUEIREDO DIAS, a ponderação de intereses extra-penais não significa que não estejam em causa opções político-criminais[256]. Uma renúncia normativa à punição de ilícito penal culposo é na sua essência uma opção de política criminal. O que permite concluir, numa formulação positiva, que «qualquer critério que afecte a configuração das consequências jurídicas ou a decisão de recorrer à pena é um critério de política criminal»[257]. Em especial, quando a preservação dos interesses extra-penais é associado à desnecessidade de pena, como faz ROXIN.

No plano sistemático esta tese por si só dificilmente permitiria distinguir causas de justificação de causas de não punibilidade, já que as primeiras podem igualmente ser compreendidas à luz da ponderação de interesses[258]. Relativamente ao enquadramento de MAX ERNST MAYER, considera ainda BACIGALUPO que a associação entre o carácter pessoal destas cláusulas de não punibilidade e as razões de Direito público ou internacional não é correcta: «Se bem se vir, não é o carácter pessoal que ocorre por razões de Direito Público ou internacional senão a própria excepção à punibilidade», mas isso também acontece com as causas de justificação. Destes ramos do Direito não decorre, por exemplo, que quem preste ajuda a um parlamentar que beneficia de uma causa pessoal de isenção da pena deva ser punido. No caso dos representantes diplomáticos – continua BACIGALUPO – «é evidente que nem sequer se trata de uma causa que exclua a pena, mas sim que tais pessoas não estão sujeitas à jurisdição do Tribunal do Estado no qual se cometeu o facto punível» (ou seja, trata-se de um problema de extraterritorialidade como limite à aplicação da lei penal). Em síntese, para BACIGALUPO a construção de MAX ERNST MAYER não permite avançar na identificação do fundamento das causas de exclusão da pena. O que bem se compreende pois razões de política legislativa também estão subjacentes às causas de justificação e às causas de desculpa, em especial num sistema como o nosso em que a justificação pode (nos termos do art. 31º do Código Penal) ser proveniente de qualquer sector da Ordem Jurídica e onde não existe uma tipicidade fechada das causas de desculpa. A invocação de razões de política legislativa só seria procedente caso se identificassem diferentes razões para a fundamentação das causas de justificação e das causas de exclusão da pena[259]. Mas nesse caso a argumentação teria de ser mais extensa para permitir compreender a distinção referida.

Este debate tem o mérito de não aceitar como uma evidência inquestionável a simples invocação de interesses extra-penais para explicar a não punibilidade de

---

[256] FIGUEIREDO DIAS, *Direito Penal PG I* (2.ª edição, 2007), 675 (Cap. 26, § 12).
[257] GARCIA PEREZ, *Punibilidad*, 313.
[258] BACIGALUPO, *Delito y Punibilidad*, 90-91.
[259] BACIGALUPO, *Delito y Punibilidad*, 91-93.

um ilícito culposo. Um procedimento desta natureza oculta questões fundamentais que não podem ser iludidas, designadamente a de saber que relação existe entre esses interesses e o interesse geral na punição dos ilícitos culposos e o problema da própria legitimidade de, em nome desses interesses, o Estado renunciar à punição de um facto com tais características. Para além destes aspectos, a tese em apreço não possui consistência sistemática, pois acaba por dificultar a distinção entre causas de justificação e causas de não punibilidade, já que também aquelas podem ser legitimadas pelo critério da ponderação de interesses.

Tão pouco a explicação de ROXIN sobre o fundamento axiológico da «quarta categoria» da teoria da infracção penal se revela convincente.

A tese defendida por ROXIN implica, na realidade, a conjugação de três aspectos distintos: (1) a modificação do regime de algumas cláusulas legais sujeitando-as às regras mínimas do tipo subjectivo e inutilizando-as, portanto, como condições objectivas de punibilidade (como acontece com a cláusula de morte ou ofensa corporal grave na rixa ou a prática de um facto ilícito no crime de embriaguez plena); (2) a compreensão da categoria da culpa no quadro da categoria mais vasta da «responsabilidade», onde são acolhidos critérios de fundamentação e decisão que apelam às finalidades da pena estatal, o que faz com que, por seu turno, figuras que a doutrina qualifica de causas de anulação da pena (como a desistência) sejam enquadradas na categoria da responsabilidade; (3) finalmente, a tentativa de explicar as figuras remanescentes à luz de critérios extra-penais ou critérios de política legislativa. Cada um destes enquadramentos suscita, por si só, sérias reservas, tal como a proposta de ROXIN em geral.

O primeiro aspecto é em si mesmo questionável. É certo que a categoria da punibilidade (com essa designação ou outra equivalente) tem sido utilizada como uma categoria residual para onde foram remetidas, sem rigor dogmático, inúmeras figuras legais cujo enquadramento sistemático carece efectivamente de ser repensado. Esse facto não autoriza o intérprete a subverter a construção dos tipos legais, exigindo nexos de imputação subjectiva com certos eventos onde eles não estão expressamente previstos e onde são, aliás, de difícil aplicabilidade (como no caso da participação em rixa). Se o legislador adicionou a um tipo de ilícito uma condição objectiva de punibilidade fê-lo em princípio para que ela assumisse uma função dogmática específica e não para que fosse transformada doutrinariamente num resultado que terá de passar a ser objecto do tipo subjectivo. O que, aliás, faria com que o intérprete estivesse a criar uma modalidade de infracção não prevista pelo legislador e que consistira (no exemplo da participação em rixa) num tipo de perigo doloso com um resultado que não seria objecto do dolo, mas apenas da negligência (ou, mais grave, de um título de imputação subjectiva inexistente: a mera consciência da circunstância) sem que, por outro lado, se tratasse verdadeiramente de um caso de preterintencionalidade (art. 18º do Código Penal). A conjugação de todos estes aspectos acaba por subverter o tipo criado pelo legislador e a função normativa e político-criminal da condição objectiva de punibilidade, além de conduzir a uma modalidade de crime que mais não seria do que uma peculiar sobreposição de elementos distintos de diferente natureza jurídica.

Tal como já se ponderou a propósito de idêntica tese defendida na década de 50 por BEMMANN, a exigência de uma imputação negligente (ou uma mera «consciência do risco») da condição objectiva de punibilidade transforma-a em objecto do tipo subjectivo nos seus limites mínimos (consciência da possibilidade de dano); mas, assim sendo, no plano probatório estaria indiciada a existência de dolo eventual de dano, pois o agente representaria a verificação da condição e actuaria, sem que no contexto em causa se encontrassem indícios de contra-motivações que pudessem infirmar a existência de conformação com o resultado mais grave (no caso da rixa). Sempre que se colocasse a hipótese de aplicar um crime de perigo como o de participação em rixa existiriam indícios equivalentes e não contrariados de dolo de dano, o que, de acordo com as regras de concurso, levaria à aplicação desse crime de dano (ofensas corporais graves ou homicídio, na forma consumada ou tentada, a título de dolo eventual).

Em pontual consusão: a tese da sujeição das condições de punibilidade à exigência mínima do tipo subjectivo (consciência da possibilidade de verificação da condição) cria um título de imputação subjectiva estranho do Direito vigente, subverte os tipos incriminadores assim construídos pelo legislador e pode inutilizá-los judicialmente. Não se ignora que alguns tipos de ilícito e algumas condições objectivas de punibilidade possam ser repensadoss à luz do princípio da culpa (veja-se *infra* § 38, III). O que se questiona é a bondade da proposta de ROXIN para resolver esse problema.

O segundo aspecto (a transformação da categoria da culpabilidade na categoria mais vasta da responsabilidade onde, a par do conteúdo tradicional da culpabilidade, adquirem relevância critérios de fundamentação e decisão que apelam às finalidade da pena estatal) é igualmente questionável. Esta modificação na estrutura e no conteúdo deste momento da teoria do crime é, em si mesma, de alcance duvidoso quer pela dificuldade em agregar duas realidades distintas numa mesma categoria dogmática[260], quer pela reformulação do seu conteúdo que passará, assim, a incluir figuras tão diversas como as causas de exclusão da culpa, as causas de desculpa e algumas das tradicionais causas pessoais de isen-

---

[260] COSTA ANDRADE, *RPCC* 2 (1992), 204-205. Também FIGUEIREDO DIAS, *RPCC* 2 (1992), 34, considera desnecessária a reformulação da categoria da culpa à luz de considerações preventivas; agora, FIGUEIREDO DIAS, *Direito Penal PG I* (2.ª edição, 2007), 278-280 e 606 e ss (Cap. 10, § 72-73 e Cap. 22, § 7 e ss).

ção da pena, nomeadamente os regimes de desistência. Deste modo, a categoria da responsabilidade proposta por ROXIN torna-se vulnerável à crítica que o mesmo dirige à concepção tradicional dos pressupostos autónomos de punibilidade: nessa categoria reúnem-se realidades tão heterogéneas que dificilmente consentem afirmações de carácter geral comuns a todas elas. A sua unificação em torno das finalidades preventivas do sistema penal atinge um grau de generalidade que a torna, no plano metodológico, uma categoria incaracterística, já que é difícil encontrar uma circunstância que condicione a atribuição da pena que não tenha uma relação mais ou menos remota com as finalidades político-criminais do sistema, em especial com fins preventivos da pena estatal.

Por outro lado, no sistema de ROXIN, tal como na doutrina mais antiga e nas construções mais recentes (de JESCHECK, LENCKNER, BLOY ou WOLTER), a invocação de interesses extra-penais para fundamentar a não punibilidade de certos comportamentos não é, em rigor, um critério normativo mas apenas uma *verificação* fáctica de limitado alcance sistemático. Identificar um interesse extra-penal (as relações familiares, as relações entre Estados no Direito Internacional ou os interesses específicos da vida parlamentar) e relacioná-lo com a renúncia à pena estatal nada avança em termos de enquadramento sistemático ou de racionalização dos critérios de não punibilidade. Com este mesmo fundamento outros enquadramentos sistemáticos seriam igualmente legítimos, até a recondução das figuras invocadas aos pressupostos processuais. O inverso é igualmente válido: também certos pressupostos processuais, como por exemplo a queixa do ofendido, podem ser eleitos pelo legislador para proteger certos interesses, como se torna evidente na protecção dos interesses da vítima nos crimes sexuais quando o legislador lhes atribui natureza semi-pública ou os interesses na preservação de laços familiares em crimes contra o património.

O resultado da inserção destas figuras numa categoria autónoma organizada a partir de supostos interesses extra-penais tem, ademais, um fraco significado sistemático. Como reconhece VOLK com este enquadramento avança-se muito pouco relativamente às soluções mais antigas: a «quarta categoria» continua a ser apresentada como «um amontoado de *topoi* heterogéneos», o que sempre foi lamentado e criticado pela doutrina[261].

Não basta, pois, identificar um interesse extra-penal para legitimar a recondução de uma cláusula legal aos pressupostos materiais da pena ou a sua inserção nas categorias dogmáticas da teoria da infracção penal. Um enquadramento desta natureza não permite avançar na racionalização dogmática das diversas figuras da punibilidade, pois limita-se a invocar um interesse (extra-penal) sem que seja claro porque é que esse interesse faz com que um certo facto ilícito e

---

[261] VOLK, *ZStW* 97 (1985), 891.

culposo não seja um crime (isto é, não seja um facto punível). Afirmar que a pretensão punitiva do Estado decorrente da prática do ilícito culposo cede para que se possa afirmar a relevância do interesse em causa, é uma mera verificação (ou afirmação) e não um critério axiológico que possa ser transformado em elemento gregário de uma categoria sistemática. Se esse interesse pode ser invocado como elemento negador de um pressuposto geral do crime isso apenas é possível porque o interesse em causa possui alguma característica que legitima a sua invocação para esse efeito ou porque se encontra em alguma relação particular com valores do sistema penal que autorizam esse enquadramento. Mas, a ser assim, o fundamento da relevância desses interesses não reside tanto (ou tão só) no interesse em si mesmo, como na *característica* específica que legitima a sua invocação ou na *relação* desse interesse com valores do sistema penal. Aspectos que – esses sim – permitem ao intérprete afirmar que estamos (perante um interesse que pode ser reconduzido a) um pressuposto material da pena e da responsabilidade penal. Uma via como esta acaba por significar, como justamente aponta FIGUEIREDO DIAS, que «as tais imposições finais extra-penais, onde quer que existam, se transformam em opções político-criminais que, através da ideia de dignidade penal, são recebidas na categoria sistemática dos pressupostos da punibilidade»[262]. No confronto entre as finalidades extra-penais e as finalidades político-criminais, enquanto possíveis critérios orientadores da categoria da punibilidade[263], são estas que devem prevalecer por serem os únicos que podem funcionar como um critério axiológico verdadeiramente adequado ao problema, também político-criminal, da imposição da pena estatal.

A própria afectação das valorações materiais aos diversos níveis de análise do crime é feita no sistema de ROXIN com uma considerável dose de discricionariedade. Por que razão as finalidade preventivas da pena só adquirem relevância sistemática na categoria da responsabilidade e já não na exclusão da tipicidade, na justificação ou na não punibilidade, é um enigna não esclarecido na metodologia que segue. Tanto mais que o Autor se manifesta contra um sistema de análise do crime que se organize como um sistema estático de elementos sobrepostos e não se opõe à ubiquidade sistemática de algumas figuras (como o dolo, por exemplo, que pode ser captado por diversas categorias em distintas perspectivas). ALPETER vai ainda mais longe na crítica e afirma, com razão, que o sistema teleológico do facto punível proposto por ROXIN não assenta numa metodologia consequente, pois é incompreensível que figuras como as condições objectivas de punibilidade e as causas de exclusão e anulação da pena que, em última instância, acabam por

---

[262] FIGUEIREDO DIAS, *RPCC* 2 (1992), 39; depois, *Direito Penal PG I* (2.ª edição, 2008), 675 (Cap. 26, § 12).
[263] Sobre este confronto, DONINI, *Teoria del reato*, 419-421.

decidir sobre a aplicação de uma pena ao agente (matéria que ROXIN reconhece ser a questão político-criminal por excelência) sejam tratadas, não como uma manifestação de opções político-criminais, mas sim como aspectos estranhos a este tipo de considerações. Se através destas figuras se decide sobre a relevância penal do comportamento do agente, o que está no fundo em causa é o problema da pena como meio de reacção estatal contra o crime e não um conjunto de aspectos estranhos ao sistema penal[264].

Neste sentido, a perspectiva correcta de enquadramento e análise do problema da punibilidade deverá procurar identificar os fundamentos e os critérios que, tendo uma relação material com o problema da aplicação da pena estatal, possam explicar por que razão factos ilícitos e culposos podem não ser efectivamente punidos. O que implica usar outros referentes de valoração que não apenas a identificação de interesses extra-penais.

IV. Subsidiariedade e limitações à punibilidade: da ponderação de custos e benefícios à correcção assistemática do excesso punitivo

1. A heterogeneidade das diversas figuras da punibilidade e a diminuta capacidade explicativa das sucessivas construções analisadas têm contribuído para a afirmação de uma compreensão residual e essencialmente negativa da categoria da punibilidade, associando-a de forma expressa ao princípio da subsidiariedade da intervenção penal.

Uma perspectiva desta natureza começou por surgir a propósito das condições objectivas de punibilidade, figura que parte da doutrina procurou legitimar a partir de uma ideia restritiva da intervenção penal. As condições objectivas de punibilidade seriam admissíveis (e até desejáveis) na construção dos tipos legais na exacta medida em que funcionariam como uma técnica legislativa limitadora do âmbito da intervenção penal, em especial quando como uma exigência adicional ao tipo de ilícito nas incriminações de perigo. Procurar-se-ia, deste modo, contrariar as objecções dirigidas à antecipação da tutela penal através da criação de crimes de perigo (em especial, de perigo abstracto) já que, pela ponderação conjunta do ilícito de perigo e a exigência adicional de uma condição objectiva de punibilidade, se restringiria o âmbito da intervenção penal[265].

---

[264] ALTPETER, *Strafwürdigkeit*, 229 a 231
[265] Esta tendência surge no discurso doutrinário a propósito de figuras específicas (como as condições objectivas de punibilidade) e não como um critério de autonomização da categoria da punibilidade. Sobre esta delimitação negativa da punibilidade e a sua compatibilização com o princípio da culpa, STRATENWERTH, *ZStW* 71 (1959), 565 e ss e 569 e ss, com anotações críticas já que sustenta uma leitura material destas figuras à luz da contraposição entre me-

Em construções recentes, o princípio da subsidiariedade voltou a ser invocado – embora em perspectivas não totalmente coincidentes – para legitimar a autonomia de uma ampla categoria da punibilidade na teoria do crime (OCTAVIO GARCIA PEREZ) e para fundamentar uma categoria funcional (de não punibilidade) enquanto instrumento autónomo do sistema penal, com uma extensão material e processual (MASSIMO DONINI).

2. Em monografia especificamente dedicada ao tema, OCTAVIO GARCÍA PEREZ defendeu a autonomia da punibilidade na teoria geral o crime, nela integrando as condições objectivas de punibilidade, as causas de exclusão e anulação da pena e diversas causas de extinção da responsabilidade criminal de verificação posterior.

Considera GARCÍA PEREZ que a invocação de critérios de política criminal, de política jurídica (extra-penal) ou as valorações inerentes aos juízos sobre o merecimento penal e a necessidade da pena são insuficientes e demasiado inconsistentes para fundamentar a autonomia da categoria da punibilidade[266]. Em sua opinião, apenas o princípio da subsidiariedade da intervenção penal pode oferecer critérios satisfatórios para fundar a autonomia da punibilidade. O princípio da subsidiariedade implica, na sua concepção, a ponderação da relação entre *os custos* e *os benefícios* da intervenção penal, sendo apenas legítimo recorrer à pena estatal quando «a prevenção dos ataques aos bens jurídicos através da pena justifique os custos que esta implica»[267]. A comparação entre os custos e os benefícios será favorável à intervenção penal não só quando os meios menos lesivos são menos eficazes do que a intervenção penal, mas também quando se ponderam nesta relação «outros interesses distintos daqueles que estão directamente vinculados à pena»[268].

Para GARCÍA PEREZ a categoria da punibilidade abrange três grupos de circunstâncias que legitimam a restrição da intervenção penal fora dos quadros do ilícito culposo: em primeiro lugar, as circunstâncias que implicam uma restri-

recimento penal e necessidade de tutela penal da ordem jurídica (pp. 567 e ss e *passim*). Em sentido convergente, com muita informação, JESCHECK/WEIGEND, *Lehrbuch*, 555-556 (§ 53, I), relativamente às «condições de punibilidade próprias» (aquelas que não se relacionam com o tipo de ilícito, isto é, que não o fundamentam nem o agravam). Retomando esta perspectiva restritiva, recentemente, LAGODNY, *Strafrecht*, 233 e ss, contrapõe a norma de comportamento e a norma de sanção incluindo as condições objectivas de punibilidade nesta última com essa vocação limitadora da intervenção penal. Entre nós, FARIA COSTA, *Responsabilidade objectiva*, 16, nota 14, relaciona expressamente a figura das condições objectivas de punibilidade com o princípio da intervenção mínima.

[266] GARCÍA PEREZ, *Punibilidad*, 304-331.
[267] GARCÍA PEREZ, *Punibilidad*, 337.
[268] GARCÍA PEREZ, *Punibilidad*, 337 e 339.

ção da pena com a finalidade de proteger interesses que não estão directamente vinculados à sanção penal (como as cláusulas de reciprocidade ou as cláusulas de isenção de pena que visam facilitar a ruptura entre os agentes nos crimes de rebelião ou sedição); em segundo lugar, a restrição da pena a partir da verificação de que outros mecanismos que não a intervenção penal conseguem prosseguir as finalidades desta com menores custos em relação à sanção penal (cláusulas legais de desistência ou outros mecanismos de reparação da vítima); finalmente, identifica um conjunto residual de figuras que, não tendo ligação com os aspectos referidos, constituem ainda uma expressão do princípio da subsidiariedade (a prescrição do crime e da pena e o regime dos indultos)[269].

A categoria da punibilidade é nesta construção um momento estranho ao ilícito culposo fundamentado na exigência de que «a pena se justifique na perspectiva do Direito Penal no contexto do sistema de controlo social»[270], um momento autónomo na teoria do crime onde se pondera, em síntese, «a justificação social da pena»[271]. Na conclusão que o próprio Autor formula ao terminar a sua investigação, *se justifica y es necesaria una categoría distinta del injusto culpable en la que se recojan las consideraciones vinculadas al principio de subsidiariedad. Y ésta es una categoría com contenido material, puesto que capta los pressupuestos del delito ligados a una de las perspectivas desde las que necesariamente debe contemplarse la función del Derecho penal: su papel como instancia de control social*[272].

3. A tentativa de enquadrar a categoria da punibilidade a partir da ideia de restrição ao âmbito da punibilidade que decorreria de um ilícito culposo afigura-se genericamente correcta, pois respeita o lastro histórico das diversas figuras em causa[273], mas é insuficiente para fundar a sua autonomia dogmática na estrutura metodológica da teoria do crime. Desde logo pela ausência de especificidade relativamente aos demais pressupostos materiais da pena. Qualquer exigência adicional, positiva ou negativa, ao tipo, à ilicitude ou à culpabilidade tem um efeito restritivo da intervenção penal. O que significa que não será apenas pelo mero efeito restritivo que se poderá fundar a autonomia da categoria da punibilidade, mas sim e necessariamente a partir da natureza dos critérios usados na medida em que os mesmos sejam estranhos à tipicidade, à ilicitude e à culpabilidade.

---

[269] GARCÍA PEREZ, *Punibilidad*, 342-345.
[270] GARCÍA PEREZ, *Punibilidad*, 380.
[271] GARCÍA PEREZ, *Punibilidad*, 384.
[272] GARCÍA PEREZ, *Punibilidad*, 385.
[273] A ponderação de custos e benefícios tem sido por vezes expressamente associada à criação de condições objectivas de punibilidade: veja-se, SCHMIDHÄUSER, *ZStW* 71 (1959), 561; STREE, *JuS* (1965), 466 e nota 11; NEPPI MODONA, *Ridpp* (1971), 192-193.

Para o efeito, GARCÍA PEREZ atribui um conteúdo material específico ao princípio da subsidiariedade que se traduz na *ponderação dos custos e dos benefícios* da intervenção penal, enquanto subsistema de controlo social. Uma proposta atendível enquanto eventual critério racionalizador da *técnica de tutela* usada pelo legislador, mas que não corresponde ao conteúdo nuclear desse princípio[274] nem é facilmente aceitável para sustentar a autonomia de uma categoria dogmática no sistema de análise do crime. É legítimo e até desejável que o legislador penal faça uma ponderação de custos e benefícios quando decide intervir numa certa área. Mas essa ponderação não é decisiva e, uma vez feita, será tendencialmente vinculativa para o Juiz penal, que apenas poderá decidir não punir nos quadros do sistema de organização dos pressupostos materiais da punibilidade ou por razões processuais específicas[275]. Não é de todo evidente que se possa negar a atribuição da responsabilidade penal no processo ou mesmo depois do processo por mera invocação de uma relação entre os custos e os benefícios do exercício da acção penal.

A tese de GARCÍA PEREZ suscitou ainda a observação crítica de CEREZO MIR que considera inaceitável que o momento constitutivo do crime seja não o momento da prática do facto, mas sim o processo ou, inclusivamente, um momento posterior como o da recusa do indulto[276]. Uma reserva plenamente justificada, pois os pressupostos materiais da responsabilidade têm de ser aferidos por referência ao acontecimento fáctico que fundamenta a pretensão penal e não por vissicitudes posteriores que supõem – exactamente – que em momento anterior se confirmaram os pressupostos da responsabilidade penal (confirmação aliás necessária a diversas decisões processuais). Por isso, GARCÍA PEREZ acaba incompreensivelmente por tratar da mesma forma – isto é, na categoria da punibilidade (que se reporta ao facto e, portanto, aos pressupostos materiais da responsabilidade) – figuras tão distintas como as condições objectivas de punibilidade e o indulto, quando este último é um acto político que pressupõe o facto, o processo judicial e o trânsito em julgado da decisão condenatória. Um enquadramento desta natureza introduz na análise do crime (isto é, do facto punível) elementos de natureza política posteriores ao facto, ao processo e à sua decisão final, que são eventos aleatórios e procedimentos não judiciais sem conexão com

---

[274] Como nota MARIA FERNANDA PALMA, «Direito Penal e Constituição: as questões inevitáveis», *in* Jorge Miranda (org.), *Perspectivas Constitucionais II*, 1997, 223, não só a ponderação de custos benefícios é estranho à forma habitual de se ponderar a necessidade da pena, como pode subverter esse princípio enquanto crivo de racionalização da intervenção penal ao dispensar o Estado de «evitar restrições à liberdade onde existam alternativas provavelmente eficazes» por se supor que a gravidade da ameaça penal fará com que não se chegue à punição.
[275] Neste sentido, ANGIONI, *Ridpp* (1989), 1495-1496.
[276] CEREZO MIR, *Curso II*, 22-23, nota 19.

o objecto da valoração judicial. Não é possível tratar como elementos do facto punível figuras completamente estranhas ao facto e até à sua tramitação judicial.

Finalmente, a tese defendida revela debilidades no plano metodológico. Um princípio não pode ser directamente integrado e confundido com uma categoria dogmática do sistema de análise do crime (e, em especial, quando lhe é atribuído um conteúdo estranho à sua tradição jurídica). Os princípios são «mandatos de optimização», na terminologia de ALEXY, enquanto as categorias dogmáticas da teoria do crime são sínteses de aspectos materiais do facto com juízos de valor. Princípios e juízos de valor não coincidem nem no conteúdo, nem na estrutura metodológica: os primeiros têm um sentido deontológico, enquanto os segundos têm um sentido axiológico[277]. Não podendo invocar directamente um princípio para o tornar equivalente a uma categoria sistemática de análise do crime e da responsabilidade do agente, a tese de GARCÍA PEREZ fica reduzida à heterogeneidade de critérios que acaba por invocar e que se traduzem em elementos que o próprio Autor declara serem inconsistentes para autonomizar a punibilidade quando os analisa isoladamente: a relevância de interesses extra-penais e a necessidade da pena (eleição do meio menos grave).

Em suma, pelas possíveis distorções que implica ao princípio da legalidade e ao princípio da separação de poderes, pela sua desvinculação do facto punível e do próprio processo judicial, pela inclusão de elementos processuais e políticos estranhos à valoração do facto e, finalmente, pela debilidade metodológica e heterogeneidade de aspectos invocados, não é aceitável a proposta de OCTÁVIO GARCÍA PEREZ relativa à autonomização da categoria da punibilidade na teoria do crime.

4. À luz destas críticas, torna-se compreensível que MASSIMO DONINI formule uma tese equivalente – igualmente fundada no princípio da subsidiariedade e contemplando um elenco heterogéneo de figuras jurídicas – mas sugerindo uma desvinculação expressa da teoria do crime[278].

Para DONINI a categoria da punibilidade não deve ter uma formulação positiva (enquanto categoria dogmática da teoria do crime) por tal se revelar demasiado abstracto, por ter um diminuto alcance prático, evidenciar uma fraca homogeneidade e ser insusceptível de se reconduzir a um conceito organizativo de tipo teleológico. Pelo contrário, deve ser desenhada com uma formulação negativa, que se traduz na efectiva não punibilidade do facto. Trata-se, contudo, não já de um momento de análise do crime ou de uma categoria do sistema do facto puní-

---

[277] ALEXY, *Teoria de los Derechos Fundamentales*, 1993, 138 a 149.
[278] DONINI, «Non punibilità e idea negoziale», *L'Indice Penale* 3 (2001), 1035-1060.

vel, mas sim de uma pura categoria funcional autónoma, com vocação correctiva, um instrumento político-jurídico do sistema penal[279].

Para decidir da punibilidade de um facto o sistema penal deve contar, na sua complexidade, com três instrumentos distintos segundo DONINI: a teoria do crime, a teoria da pena e a não punibilidade[280]. Esta não é contudo uma categoria sistemática subsequente ao ilícito culposo, mas sim uma pura categoria funcional, externa à análise do crime, que integra critérios de merecimento e necessidade de pena que operam para além do edifício sistemático do crime[281]. Critérios teleológicos que permitem, em sistemas penais modernos e complexos, invocar não só os fins das penas tradicionais, mas também ponderar o interesse penal na punição à luz de outros interesses, inclusivamente interesses de natureza não penal[282].

A não punibilidade evidencia, assim, uma outra dimensão – igualmente legítima mas carente de controlo racional – da actuação do poder punitivo do Estado: o plano da não punição, enquanto degradação subsequente da resposta sancionatória – perfeitamente legítima pela quebra do nexo imperativo (e retributivo) entre o crime a pena (*nullum crimen sine poena*) – e uma forma de corrigir o excesso de criminalização em abstracto (agravado ainda pelo princípio da obrigatoriedade na promoção da acção penal) através de uma «desaplicação teleológica» (*disapplicazione finalizzata*) da pena legalmente cominada[283].

A não punibilidade, enquanto instrumento da justiça penal, não se limita a aspectos substantivos relativos à criminalização em abstracto (como condições objectivas de punibilidade ou causas de não punibilidade): inclui, além destes, também respostas de natureza processual e soluções que vão até ao momento de execução das sanções (soluções premiais, prescrições orientadas, retirada da queixa, improcedibilidade superveniente, mecanismos processuais de recomposição de interesses, etc.)[284]. Tais hipóteses podem agrupar-se segundo DONINI em duas grandes categorias: por um lado, neutralização do dano e, por outro, prossecução de finalidades ou exigências de economia processual ou de interesses extra-penais autónomos em relação ao ilícito culposo cometido. As respostas oferecidas pelo sistema penal para o efeito seriam legitimadas pelas próprias finalidades das penas e pelo papel do Estado na resolução de conflitos através do processo. Para o efeito, o Estado não poderá continuar a exercer o poder puni-

---

[279] DONINI, *L'Indice penale* 3 (2001), 1035, 1036, 1038, 1040, 1044-1045.
[280] DONINI, *L'Indice penale* 3 (2001), 1051.
[281] DONINI, *L'Indice penale* 3 (2001), 1043-1051.
[282] DONINI, *L'Indice penale* 3 (2001), 1044-1045, 1053, 1059.
[283] DONINI, *L'Indice penale* 3 (2001), 1048-1049, 1050, 1051, 1053, 1057.
[284] DONINI, *L'Indice penale* 3 (2001), 1036, 1040-1043, 1048-1051, 1056-1060.

tivo com uma postura autoritária e simplesmente punitiva em termos clássicos, deve antes e diversamente assumir uma posição mediadora, discursiva e dialéctica, naturalmente congruente com a matriz contratualista que o fundamenta[285].

5. A análise de DONINI assenta num diagnóstico lúcido e correcto sobre as funções actuais do Estado, o excesso de criminalização abstracta, a exigência de articulação entre instrumentos substantivos e respostas processuais e sobre a própria a necessidade de se proceder a um controlo racional e fundamentado das soluções de não punibilidade, sejam as soluções formalizadas sejam aquelas que se adoptam por vias informais. Um conjunto de exigências que constituem todo um programa político-criminal e que, para serem consequentes, implicam a reformulação de institutos e a articulação de soluções a um nível que transcende em muito o objecto da presente investigação. Não é, contudo, evidente que a autonomização formal e institucional da categoria da «não punibilidade» seja a via adequada para proceder à racionalização pretendida.

Desde logo, porque a proposta de DONINI implica alguma «esquizofrenia metodológica»: ela sugere, como ponto de partida, uma desvalorização sistemática dos pressupostos autónomos da punibilidade (condições objectivas de punibilidade, causas originárias de exclusão da punibilidade e causas pessoais de anulação da punibilidade) enquanto elementos de análise do crime (sistematicamente integrados na categoria da punibilidade, que igualmente desconsidera) para, afinal, os acabar por integrar e valorizar num momento extra-sistemático estranho ao ilícito culposo. Isto é, no plano da mera neutralização fáctica da pretensão punitiva do Estado (naquilo que designa por «desaplicação teleológica»). Não é de todo evidente a razão pela qual tais elementos cumpririam melhor a sua função e os objectivos político-criminais que os legitimam fora do sistema de análise do crime do que reunidos numa categoria dogmática que permitiria decidir sobre a relevância do facto punível. Tão pouco é evidente que tais elementos – que têm conexão com o acontecimento fáctico valorado no ilícito culposo – possam ser metodologicamente desvinculados deste e remetidos para fora do sistema do facto punível, onde seriam equiparados a figuras e elementos completamente distintos (queixa, prescrição, negociação processual, soluções premiais, etc.), cujo único elemento gregário acabaria por ser a correcção funcional da pretensão punitiva abstracta. Uma correcção empírica, dificilmente racionalizável perante a multiplicidade de figuras heterogéneas que integraria e cujo único mérito parece traduzir-se numa desconsideração das expectativas normativas a favor de um realismo funcionalista do sistema penal.

---

[285] DONINI, *L'Indice penale* 3 (2001), 1056-1060.

O próprio enquadramento orientador desta categoria instrumental da «não punibilidade» revela-se peculiar e ambivalente: começa por ser apresentado a partir do princípio da subsidiariedade da intervenção penal e integrado com critérios de merecimento e necessidade de pena (cujos conteúdos remetem para a teoria do crime e a teoria da pena) para terminar depois numa ideia puramente funcional (exterior à teoria do crime e à teoria da pena) de correcção negocial dos excessos abstractos do poder punitivo, à luz duma matriz contratualista do Estado que se pretende estender à resolução dos conflitos penais.

Finalmente, não se vislumbra que a proposta de DONINI consiga evitar a crítica que o próprio dirige às tentativas doutrinárias de construir uma categoria da punibilidade posterior ao ilícito culposo: se a «punibilità tradizionale» se revela «troppo disomogenea e irreducibile a un'idea concettuale e organizzativa di tipo teleológico»[286], uma categoria da «não punibilidade» com incidência substantiva, processual e política, reconduzida a uma ideia contratualista de gestão eficiente dos conflitos penais na sociedade moderna, só pode agravar a falta de homogeneidade, de consistência axiológica e a dificuldade de controlo racional de tais soluções.

A complexidade de problemas e a diversidade de respostas que se encontram nos sistemas penais actuais exigem soluções diferentes mas articuladas de natureza substantiva, processual e política, e não respostas uniformizadoras de carácter funcionalista. O sistema do facto punível garante um tratamento homogéneo, racional e teleologicamente orientado dos diversos pressupostos da punibilidade. Está por demonstrar que as condições objectivas de punibilidade e as causas de não punibilidade têm um tratamento jurídico mais coerente, consistente e racional – do ponto de vista das finalidades da punição – fora do sistema dogmático da teoria do crime. Dentro do sistema do facto punível existe método, racionalidade e orientação teleológica. Fora do sistema do facto punível existem incógnitas e espaços de arbitrariedade da decisão penal. O caminho terá por isso de ser outro, que não o da concepção puramente funcional, limitadora e assistemática da ideia de «não punibilidade»: o da integração dos elementos no sistema do facto punível, em harmonia com as estruturas dogmáticas de imputação e as categorias valorativas que o integram, de forma a controlar as condições que legitimam a aplicação da pena estatal ao agente em função do facto cometido.

---

[286] DONINI, *L'Indice penale* 3 (2001), 1044.

V. Reconstruir o sistema: punibilidade e legitimidade constitucional do poder punitivo

1. Mais longe na relevância atribuída aos interesses extra-penais na teoria da infracção penal foi JÜRGEN WOLTER que, a partir deste critério (mas não só), autonomizou expressamente um nível de análise do crime após as categorias tradicionais da ilicitude e da culpabilidade, objecto na sua construção de uma reformulação metodológica (feita com base na teoria das normas e em juízos de valor) que toca todos os momentos do sistema do facto punível.

O *Straftatsystem* desenvolvido por WOLTER estrutura-se em três níveis materiais que absorvem (sem uma correspondência exacta) as categorias dogmáticas tradicionais: no primeiro nível, designado como «o merecimento do ilícito culposo» (*Strafwürdigkeit des schuldhaften Unrechts*), decide-se sobre «a possibilidade da punição»; no segundo nível, designado como «a carência penal do ilícito culposo» (*Strafbedürfigkeit des schuldhaften Unrechts*) decide-se sobre a «responsabilidade» do agente à luz de critérios de necessidade punitiva preventiva; finalmente, no terceiro nível, designado como «a punibilidade do ilícito culposo» (*Strafbarkeit des schuldhaften Unrechts*) decide-se sobre a atribuição jurídico-política da pena (ou, noutros termos, da «autorização para punir»)[287]. Esta estrutura metodológica assenta em categorias materiais básicas apresentadas como uma sequência de níveis de análise (*Stufenfolge*) que não prescindem em absoluto das categorias tradicionais, antes as integra numa nova ordem sistemática onde assume especial relevância a teoria das normas[288]. Com esta via pretende WOLTER superar definitivamente a oposição (histórica) entre «um sistema de elementos» e um «sistema unitário» de análise do crime[289].

Na categoria da punibilidade (onde se debatem as condições da «autorização para punir»), WOLTER organiza diversas figuras que correspondem materialmente a duas ordens de valorações: *finalidades políticas gerais* (ou interesses extra-penais) e *fins jurídico-constitucionais específicos*, relacionados com objectivos político-criminais. Nos primeiros atribui relevância a interesses de política externa, de política económica, de política parlamentar e de política familiar; nos segundos pondera

---

[287] WOLTER, «Verfassungsrechtliche Strafrechts-,Unrechts-und Strafausschlussgründe im Strafrechtssystem von Claus Roxin», *GA*, 1996, 207 e ss, 211 e ss e 215 e ss, e *Strafrechtssystem*, 4-5 e 13 e ss. Em diálogo crítico com o sistema tradicional de análise do crime (que designa como um sistema retrógrado) veja-se «Strafwürdigkeit und Strafbedürftigkeit in einen neuen Strafrechtssystem. Zur Strukturgleichheit von Vorsatz-und Faherlässigkeitsdelikt», *in* Wolter (org), *140 Jahre Goltdammer's Archiv für Strafrecht*, 1993, 269 e ss; numa tentativa de projectar na teoria do facto punível aspectos constitucionais de tutela dos direitos humanos, WOLTER, *LH-Roxin*, 37 e ss, 41 e ss.

[288] WOLTER, *Zurechnung*, 51 e ss.

[289] WOLTER, *FS-GA 140 Jahre*, 302.

hipóteses tão diversas como a situação de o facto ter sido essencialmente praticado numa situação de provocação estatal (com recurso a um agente provocador), de as provas recolhidas terem sido conseguidas através de tortura ou com técnicas de descodificação realizadas por via da engenharia genética, a hipótese de a duração da prisão preventiva ter excedido a pena aplicável ao facto e as situações de danos diferidos no tempo[290]. Nestes últimos casos, o problema central da atribuição ou negação da responsabilidade penal só obtém uma resposta razoável se o intérprete recorrer ao que Wolter denomina de «causas de anulação da pena de origem pública»[291]. Através destas figuras ficam, em sua opinião, relativizados ou bloqueados os objectivos da tutela penal que cedem perante os interesses descritos[292]. No plano dogmático, a autonomização deste momento de análise do crime adquire relevância em sede de participação e erro[293].

2. Os casos apresentados por Wolter para ilustrar a necessidade de um momento específico na teoria da infracção em que se debata a subsistência ou degradação dos objectivos que presidem à tutela penal são muito controversos, quer em si mesmos quer à luz do objectivo para que são eleitos.

Uma parte deste nível de análise do crime é, em sua opinião, um espaço de relevância de interesses extra-penais. Em relação a este aspecto a tese de Wolter é passível de todas as críticas atrás formuladas ao sistema de Roxin. A outra dimensão da «punibilidade» reporta-se, segundo Wolter, ao acolhimento de finalidades político-criminais de cariz jurídico-constituicional na teoria da infracção penal, que no plano dogmático se traduzem na identificação de causas de anulação da pena de Direito Público. Esta segunda dimensão da categoria da punibilidade constitui uma inovação assinalável, embora a sua capacidade explicativa seja limitada, já que não resolve os problemas identificados quanto à fundamentação da autonomia deste nível de análise do crime, antes os agrava ao alargar o âmbito material da categoria.

As situações ponderadas por Wolter como «causas de anulação da pena de origem pública» merecem uma particular atenção pela originalidade do enquadramento. Contudo, a sua inserção dogmática entre os últimos pressupostos materiais da punibilidade é apresentada mais como uma evidência que prescinde de explicação do que uma solução apoiada em argumentação convincente. Os fundamentos constitucionais que invoca para atribuir relevância a estas figuras são pertinentes e, porventura, constituem uma referência axiológica

---

[290] Wolter, *GA*, 1996, 216-220 e, ainda, *LH-Roxin*, 41-42.
[291] Wolter, *LH-Roxin*, 41, e, ainda, *GA*, 1996, 217 e ss.
[292] Wolter, *GA*, 1996, 216.
[293] Wolter, *Strafrechtssystem*, 23.

inolvidável na estrutura dos mecanismos teóricos de atribuição da responsabilidade penal. Mas deles não decorre necessariamente uma inserção sistemática das figuras entre os pressupostos materiais da pena, nem tão pouco a razão pela qual elas não são circunstâncias com mera relevância processual. A título de exemplo, o excesso de duração da prisão preventiva relativamente à pena aplicável ao crime que a fundamenta tem respostas específicas no sistema penal que vão desde a revisão ou revogação da medida de coacção (arts 212º a 217º), ao regime de responsabilidade civil do Estado (cfr. art. 225º), passando pela figura do *habeas corpus* (cfr. art. 222º, todos do Código de Processo Penal). Por que razão o excesso de prisão preventiva (uma privação temporária da liberdade funcionalidade à protecção do processo) afectará um pressuposto material da responsabilidade penal por um facto distinto (e não, por exemplo, as condições processuais de debate da responsabilidade penal) não é no sistema de WOLTER algo evidente. Em especial, é incompreensível que uma delonga processual possa fundamentar uma absolvição material pelo mesmo facto que em parte fundamentou a prisão preventiva[294]. A diferença material e cronológica entre o facto punível e os pressupostos processuais da prisão preventiva não permitem valorar normativamente aquele com base nas vicissitudes desta, sob pena de o pressuposto da responsabilidade deixar de ser o facto e passar a ser o incidente processual.

Invocar uma degradação dos objectivos político-criminais, de raiz constitucional, que presidem à tutela penal constitui um enquadramento expressivo mas insuficiente. Quais são esses objectivos? Como é que se integram metodologicamente na teoria do crime? Que autonomia possuem relativamente aos meros pressupostos processuais? Negar num caso como este a atribuição de responsabilidade penal e obrigar o tribunal a lavrar uma decisão absolutória numa situação em que se imputa um ilícito culposo a um agente exige uma demonstração mais convincente, no plano material e no plano metodológico. A tese de WOLTER não permite identificar uma resposta precisa a estas interrogações, em parte por insuficiência de fundamentação. Este enquadramento poderá justificar-se, mas a partir de outros elementos que não apenas aqueles ponderados por WOLTER: a ponderação autónoma das finalidades da pena estatal[295].

---

[294] Coincidente na crítica, FRISCH, *Strafrechtssystem*, 160, afirmando que não se revela convincente negar nestes casos a existência de um crime (um facto punível) e que não é de todo evidente a razão pela qual se exluiria nestes casos a censura jurídico penal.

[295] Neste sentido, FRISCH, *Strafrechtssystem*, 161, sublinhando que aquilo que está afinal em causa é um problema de adequação da pena, ficando por demonstrar a razão que permite concluir que essa inadequação põe em causa a existência de um crime.

VI. Critérios de política criminal, utilidade e oportunidade da pena

1. Algumas correntes doutrinárias associam as condições objectivas de punibilidade e as causas de não punibilidade à relevância de critérios de política criminal na teoria do facto punível. Nesta perspectiva, um facto ilícito e culposo pode não gerar responsabilidade criminal por alguma circunstância (a falta de uma condição objectiva de punibilidade ou a ocorrência de uma causa de não punibilidade) estranha àqueles elementos implicar a reconsideração da pretensão punitiva do Estado à luz dos fundamentos e objectivos político-criminais que a orientam.

A par de razões gerais de política criminal, em alguns casos são invocados em especificamente critérios de *utilidade* ou de *oportunidade* que temperam a pretensão punitiva do Estado e permitem recuar legitimamente na intervenção penal. No discurso doutrinário estes critérios de utilidade e oportunidade da intervenção penal revestem uma natureza heterogénea, nem sempre clara, pois tanto surgem como uma manifestação específica de critérios gerais de política criminal ou como critérios autónomos que expressam a importância reconhecida pelo sistema penal a interesses extra-penais (como se viu no número III deste § 33).

Este enquadramento genérico é concretizado de forma distinta por diversos autores. A ideia de invocar certos interesses político-criminais para explicar a não punibilidade de um ilícito culposo foi particularmente desenvolvida pela doutrina francesa oitocentista que construiu a figura das *excuses absolutoires* a partir do labor exegético realizado sobre o *Code Pénal* de 1810 e de considerações muito heterogéneas, onde surgem também as ideias de utilidade e oportunidade da punição ilustradas, em alguns casos, com a relevância atribuída a finalidades político criminais e a interesses de natureza não penal. Assim, no século XIX ORTOLAN avançou duas possíveis explicações relacionadas com *ideias de justiça* e de *utilidade social* para não punir o agente de uma infracção culposa[296], conceitos que GARRAUD acabou por concretizar posteriormente agrupando as diversas figuras de acordo com as «ideias gerais» que as animavam: algumas das *excuses* relacionam-se com *serviços prestados* à sociedade (como no caso da isenção de pena na denúncia de crimes contra interesses públicos); outras ganham a sua justificação na ideia de que o mal causado tinha sido *reparado* pelo agente (exemplifica com a captura do fugitivo no crime de colaboração na evasão de cárcere); muitos casos têm a ver, numa terceira hipótese, com a existência de *laços de parentesco ou de afecto* entre o agente e a vítima do crime; finalmente, outras soluções surgem como uma forma de não pôr em causa *a autoridade hierárquica ou o dever*

---

[296] ORTOLAN, *Éléments I*, 484, § 1090, e 489, § 1102.

de obediência (não punido, por exemplo, o funcionário público que comete um crime por ordem de um superior, apesar de se punir o superior hierárquico)[297]. Em todos estes casos identificava-se um facto culposo do agente ao qual não era atribuída uma pena.

Com pequenas variações terminológicas este enquadramento diversificado das *excuses absolutoires*, onde se revelam pontualmente critérios de política criminal, de utilidade e oportunidade da punição e até a relevância de interesses extra-penais, continuou, no essencial, a ser dominante na doutrina francesa durante este século. Assim, PIERRE BOUZAT invoca «considerações de ordem utilitária», «a reparação do mal do crime» e a existência de «laços familiares ou sentimentos de afecto» que explicam a isenção de pena em diversos crimes; por seu turno, ANDRÉ DECOCQ enquadra estas diversas figuras num quadro heterogéneo de fundamentação, onde avultam «razões de decência» (não punição do furto entre parentes), mistos de justificação, não imputabilidade e clemência (caso das escusas dos subordinados a uma ordem hierárquica) ou razões de prevenção (como na revelação dos atentados contra o Estado); DONNEDIEU DE VABRES funda a figura das *excuses absolutoires* em «considerações diversas de política criminal», logo relativizando este enquadramento com a ressalva de que se trata de *une politique parfois fort utilitaire*[298]; já MERLE e VITU apresentam as diversas *excuses absolutoires* sob a ideia de relevância geral de «motivos de oportunidade» que se contrapõem às considerações de ordem pública que orientam a punição, concretizando esse critério em razões de «interesse social na denúncia de certos crimes» por compartícipantes, no «objectivo de prevenção de infracções» e no «interesse da paz das famílias». Na generalidade dos casos existia um interesse relevante a preservar com a renúncia à punição e a utilidade ou oportunidade desta afere-se por esse objectivo.

A ideia adquiriu projecção sistemática significativa quando a doutrina germânica e italiana a começou a invocar como fundamento residual para a não punição de um ilícito culposo, constituindo actualmente uma via de fundamentação das condições objectivas de punibilidade e das causas de exclusão e anulação da pena em diversos sectores da doutrina penal europeia. Mas uma vez mais sem

---

[297] GARRAUD, *Précis* (1881), 328 a 341 (n. marg. 535 a 551).
[298] BOUZAT, *Traité*, 1951, 392-393; ANDRÉ DECOCQ, *Droit Pénal Général*, 1971, 295 e 374; MERLE e VITU, *Traité*, 750-752; DONNEDIEU DE VABRES, *Précis*, 1946, 68 e 172-173. A diversidade de razões que podem ser invocadas para fundamentar as figuras em causa encontra-se documentada em BEKAERT, *Théorie Génerale de L'excuse*, 13 e ss. Especificamente sobre os diversos interesses familiares (manifestações de compropriedade, relações de família, segredos familiares, vínculos de parentesco, decência familiar, economia doméstica) que podem explicar, de forma mais ou menos convincente, estas diversas isenções de pena no Direito Penal francês, MOUSSERON, «Les immunités familiales», *RSC*, nº 2 (1998), 291 e ss.

que tal corresponda a concepções uniformes: em alguns casos, esses critérios são utilizados para fundamentar as figuras citadas, que mantêm o seu estatuto residual na teoria do crime, sem que seja autonomizado um momento de análise a par da tipicidade, da ilicitude e da culpabilidade[299]; noutros casos, os critérios de política criminal, de utilidade e oportunidade da pena estatal surgem não só com uma vocação gregária em relação a essas figuras, mas também como um momento específico no sistema do facto punível[300].

As formulações usadas são diversas, indo da invocação genérica de razões de política criminal até à sua descrição mais pormenorizada, identificando esse momento de análise do crime como um espaço reservado regras de oportunidade político-criminal (WALTER), a decisões político-criminais sobre «a oportunidade de uma efectiva punição» (MARINUCCI, DOLCINI), «a mera oportunidade prática de não castigar um facto» ou de «renunciar à pena» (ROMANO), ou «motivos de oportunidade e conveniência» (F. MANTOVANI)[301]. Entre nós, TERESA BELEZA invoca genericamente «motivos de política criminal» para caracterizar a generalidade dos pressupostos autónomos de punibilidade, embora admita como relevantes considerações de outra natureza, designadamente razões de eficácia no funcionamento dos tribunais ou razões de política geral[302].

2. Esta linha de fundamentação constitui um caminho substancialmente correcto, mas dogmaticamente insuficiente para se compreender e agregar axiologi-

---

[299] Neste sentido, por exemplo, ESER e BURKHARDT, *Strafrecht I*, 222 e 224, nº marg. 12 e 21; BUSTOS RAMÍREZ/HORMAZÁBAL MALARÉE, *Lecciones II*, 21 e 235-241; ROMANO, *Ridpp*, 1990, 64-65 e, posteriormente, *LH-Roxin*, 148.

[300] As formulações doutrinárias são muito diversificadas. A título de ilustração: JESCHECK/WEIGEND,*Lehrbuch*, § 52, I, e 53, I, invocando a ausência de necessidade de pena e razões político-criminais; BAUMANN, WEBER, MITSCH, *Strafrecht, AT*, 530 (reportando-se a aspectos de política criminal e interesses extra-penais); WESSELS/BEULKE, *Strafrecht, AT* (41.ª edição. 2011), § 5, n.º 148, § 12, n.º 494, alegando razões de adequação político-criminal e de necessidade de pena; KRAUSE, *Jura (1980)*, 451-455; SCHAAD, *Die objektiven Strafbarkeitsbedingungen*, 14-15 e 31 (a par de razões de economia processual); LACKNER/KÜHL, *StGB* (27.ª edição, 2011), vor § 13, nº 29; VASSALLI, *Enciclopedia VI* (1960), 618 e ss e 623 (oportunidade política, respeito por outros interesses prevalentes e cessação do interesse estadual na punição); ANGIONI, *Ridpp* (1989), 1520 e ss, e 1530-1531 (invocando com reservas críticas razões de oportunidade à luz dos valores e fins da intervenção penal); BUSTO RAMIREZ/HORMAZÁBAL MALARÉE, *Lecciones de Derecho Penal II* 235-237 (referindo-se à utilidade e conveniência em renunciar à pena para se preservarem valores inerentes às relações sociais).

[301] WALTER, *LK-StGB* (2007), vor § 13, n.º 194-195; MARINUCCI/DOLCINI, *Manuale* (3.ª edição, 2009), 351 e ss; ROMANO, *Ridpp*, 1990, 64-65, e *LH-Roxin*, 148; F. MANTOVANI, *Diritto Penale*, 251, 815, 817.

[302] TERESA BELEZA, *Direito Penal II*, 368-369.

camente os pressupostos autónomos da punibilidade. O significado da invocação de critérios de política criminal não é uniforme[303] e não é de todo claro o que significa a punição não se revelar útil ou oportuna[304]. As ideias de utilidade ou de oportunidade são por si só fórmulas sem um conteúdo material específico ou, pelo menos, suficientemente claro para poder explicar as diversas figuras em causa. Podem servir como uma síntese expressiva do quadro de possíveis valorações associado às figuras da punibilidade mas exigem um conteúdo adicional. A ideia de utilidade pode reportar-se à relevância de um interesse que é prosseguido com a não punição, no sentido de que a renúncia à punição se revela útil para o preservar. Mas, assim sendo, esta concepção reconduz-se à relevância de interesses penais como fundamento da categoria da punibilidade[305]. Caso se entenda, por outro lado, a utilidade reportada à pena estatal então o critério deixa de dizer respeito a finalidades extra-penais para se transformar num critério de política criminal, carecendo de um conteúdo efectivo adicional. Algo de semelhante se pode dizer da ideia de oportunidade, no sentido de se revelar inoportuno punir em função das consequências indesejadas que podem estar associadas à decisão punitiva. Um referente porventura mais vago e assistemático, pois também não se revela oportuno punir quem actua em erro invencível ou em legítima defesa e não é por isso que essas figuras passam a pertencer à categoria da punibilidade, podendo o mesmo raciocínio ser feito em relação a todos os crimes semi-públicos e particulares[306]. Em suma, a ambiguidade intrínseca dos conceitos de utilidade e oportunidade obsta a que os mesmos sejam usados por si só como uma forma lacónica para explicar a existência e funcionamento dos pressupostos autónomos de punibilidade.

As ideias de utilidade, oportunidade e objectivos político-criminais da punição não valem portanto por si, supõem referentes materiais mais específicos. Na doutrina penal do período do Direito comum e na teorização que os iluministas fizeram em torno da pena inútil a ideia de utilidade da punição funcionou como

---

[303] Sendo possível identificar pelo menos três dimensões distintas da política criminal: a decisão sobre a criminalização do facto, as condições de atribuição de responsabilidade e a adequação da pena estatal. Em pormenor, GARCÍA PÉREZ, *Punibilidad*, 304 e ss.

[304] BLOY, *Strafaufhebungsgründe*, 18, interrogando-se sobre o que significa afinal «não ser oportuno» punir perante o enquadramento doutrinário das causas de não punibilidade.

[305] O que se torna particularmente evidente na posição seguida por MARINUCCI/DOLCINI, *Manuale* (3.ª edição, 2009), 351-352, que apelam a um quadro de razões adicionais para explicar a falta de oportunidade da punição: política criminal em sentido estrito, políticas de clemência, política internacional e salvaguarda da unidade da família.

[306] Neste sentido, DONINI, *L'Indice penale* 3 (2001), 1041 afirmando que as razões de oportunidade e necessidade da pena têm a ver com todos aspectos do crime e, por isso, não conferem autonomia a nenhum especificamente.

um critério axiológico que filtrava a legitimidade da pena. Não se tratava de perceber qual o interesse que se preservava renunciando à pena, mas sim se a pena se poderia ainda legitimar pelos fins que em geral procurava atingir. O que exigia uma avaliação relativa à sua utilidade e oportunidade num horizonte mais vasto, articulando a razão de ser da pena com valores e fins a prosseguir através da mesma. Esta perspectiva revela-se mais consistente do que a simples invocação de uma ideia de utilidade ou de oportunidade sem referentes materiais precisos.

As ideias de utilidade e oportunidade da punição podem assim ter um papel a desempenhar na compreensão axiológica da categoria dogmática da punibilidade mas, para esse efeito, torna-se necessário identificar os referentes materiais que orientam e legitimam o recurso a esses critérios na teoria da infracção penal. O que passará pela demonstração das razões pelas quais a pena naqueles casos não é útil ou não é oportuna e isso conduzirá à invocação de outros referentes materiais para além da simples ideia de utilidade ou de oportunidade da intervenção penal. As finalidades da pena estatal são porventura o conteúdo mais adequado para avaliar a oportunidade e a utilidade da decisão punitiva e a possibilidade de renúncia à mesma. O que nos remeterá para conteúdos mais específicos articulam as finalidades da pena com a ponderação das suas circunstâncias e consequências.

VII. Merecimento penal, necessidade de pena e autonomia da punibilidade

1. Uma parte dos conteúdos dogmáticos acima expostos tem sido racionalizada pela doutrina através de dois conceitos fundamentais da moderna dogmática penal: o merecimento penal (ou dignidade penal, *Strafwürdikeit*) e a necessidade de pena (ou carência de pena, *Strafbedürftigkeit*). Apesar das variantes que envolvem o seu âmbito material, a sua designação, a relação entre ambos, as funções que desempenham e o respectivo enquadramento sistemático, neles reside uma das mais fecundas grelhas de análise para o problema da organização sistemática dos pressupostos autónomos da punibilidade[307]. Tanto mais que se trata de referências dogmáticas que têm sido expressamente associadas pela doutrina às

---

[307] Para uma perspectiva sobre estes temas, SCHMIDHÄUSER, *Lehrbuch*, 17-20, 382-392, e *Studienbuch*, 6-7, 67--68, 258-264; ZIPF, *Strafwürdikeit*, 7 e ss; OTTO, *Schröder-GedS*, 57 e ss; PROBST, «Überlegungen zu den Begriffen Strawürdikeit, Strafbedürftigkeit und Strafbedürfmis», *ÖRiZ*, 1978, 109 e ss; BLOY, *Strafaufhebungsgründe*, 227 e ss, 242 a 246, e, depois, *Die Beteiligungsform*, 30 e ss; ALWART, *Strafwürdiges Versuchen*, 21 e ss; VOLK, *ZStW* 97 (1985), 876 e ss e 894 e ss; COSTA ANDRADE, *RPCC* 2 (1992), 184 e ss, *maxime* 188 a 201; LUZON PEÑA, *LH-Roxin*, 115 e ss; ROMANO, *LH-Roxin*, 139 e ss. Uma exposição articulada e abrangente sobre a evolução dogmática dos conceitos e a sua configuração doutrinária encontra-se em ALTPETER, *Strafwürdigkeit und Stratatsystem*, 26 e ss e 49 e ss.

figuras das condições objectivas de punibilidade e às causas de exclusão e anulação da pena[308].

O discurso doutrinário sobre o merecimento penal das condutas e a necessidade da pena, remontando segundo VOLK à dogmática penal oitocentista[309], foi usado por von LISZT na legitimação material da intervenção penal[310], mereceu a atenção de MAX ERNST MAYER[311], tendo sido retomado no discurso penal

---

[308] Nesse sentido, afirma VOLK, *ZStW* 97 (1985), 875, que o tema do merecimento de pena «se reporta exactamente a esta problemática da quarta categoria. Que a tipicidade, ilícito e culpa têm algo a ver com o merecimento de pena é, em regra, algo que não se coloca em dúvida; interessante pode apenas ser a questão de saber se o quarto nível (uma vez reconsiderada a legitimidade da sua existência) representa critérios de merecimento de pena e se pode ainda acolher outros elementos». A associação entre as condições objectivas de punibilidade e as causas de não punibilidade e os critérios de merecimento e necessidade de pena é feita expressamente por diversos autores: veja-se, SCHULTHEISZ, «Ein neues Verbenchensmerkmal», *SchwZStr*, 64 (1949), 342 e ss; SCHWALM, *MDR* 11 (1959), 906; STRATENWERTH, *ZStW* 71 (1959), 567; SCHMIDHÄUSER, *Radbruch-GedS*, 279-280, e, depois, *Lehrbuch*, 382 e ss, e *Studienbuch*, 67-68 e 258 e ss; BLOY, *Strafaufhebungsgründe*, 227 e ss, e *Die Beteiligungsform*, 30 e ss; OTTO, *Schröder-GedS*, 61, 67-68, e, depois, *Grundkurs* (7.ª edição, 2004), § 7, n.º 79; ALWART, *Strafwürdiges Versuchen*, 21 e ss; ALTPETER, *Strafwürdigkeit*, 3-5, 39; LENCKNER, in SCHÖNKE/SCHRÖDER, *StGB, vor* § 13, n.º 13; RUDOPLHI, *Grundfragen*, 74, e, também, *SK-StGB*, 53 (*vor* § 1, n.º 83), e *vor* § 19, n.º. 12-14; DONINI, *L'Indice penale* 3 (2001), 1044-1045. Entre nós, a ligação entre os pressupostos autónomos de punibilidade e critérios de necessidade ou merecimento de pena encontra-se em SOUSA E BRITO, *Direito Criminal I* 1963) , 74 e ss, *II*, 113, 165-166, *Crime omissivo* (1965), 37 e nota 30, *Sentido e valor*, 126-127 e notas 37a a 37c, e, mais recentemente, *LH-Roxin*, 109-110; FIGUEIREDO DIAS, *Direito Penal* (1976), 32 e, de forma mais profunda, *RPCC* 2 (1992), 30 e ss, e agora *Direito Penal PG I* (2.ª edição, 2007), 671 e ss (Cap. 26, § 7 e ss); COSTA ANDRADE, *RPCC* 2 (1992), 200; JORGE RIBEIRO DE FARIA, *Sobre a desistência da tentativa*, 34-35, 131-135; FIGUEIREDO DIAS e COSTA ANDRADE, *Direito Penal*, 273-274 (§ 352); ANABELA MIRANDA RODRIGUES, *Medida da pena*, 640 e ss. Em AMÉRICO TAIPA DE CARVALHO, *Direito Penal PG* (2.ª edição, 2008), 264 (§ 483), e MARIA FERNANDA PALMA, *Da «tentativa possível»*, 154-158, revela-se decisiva a ideia de (des)necessidade da pena.

[309] VOLK, *ZStW* 97 (1985), 872, nota 2. No mesmo sentido, ALTPETER, *Strafwürdigkeit*, 26. Não é, no entanto, de excluir que os conceitos possam ter uma linha genealógica mais antiga dadas as afinidades semânticas e materiais com a «imputação do mérito e do demérito», conceitos usados pela neo-escolástica quinhentista, acolhidos pelos jusracionalistas e pela filosofia prática setecentista e aproveitados depois pelos criminalistas do Iluminismo.

[310] Von LISZT, *Lehrbuch* (18ª edição) § 14, III): «O Direito Penal tem como missão específica a defesa mais enérgica dos interesses especialmente dignos e carentes de protecção, por via da ameaça e execução da pena, considerada um mal imposto ao delinquente»; ou, ainda, *Lehrbuch*, (21ª/22ª ed., 1919), § 2, sobre a necessidade (*Bedürfnis*) de protecção de bens jurídicos através da pena.

[311] M. E. MAYER, *Allgemeiner Teil* (1915), 22–23, usando os critérios de «merecimento de tutela» e «necessidade de tutela» de bens jurídicos como critérios de legitimação material da intervenção penal.

do pós-guerra, entre outros, por GALLAS[312], SAUER[313], SCHMIDHÄUSER[314] e STRATENWERTH[315] que procuram desbravar os contornos e evidenciar a importância dogmática dessa *terra incognita*, para usar a expressiva designação de SCHULTHEISZ[316]. A partir da década de 70 diversos autores relacionam de forma consequente as exigências de merecimento e necessidade de pena com a estrutura metodológica de análise do crime, sugerindo a autonomização de momentos específicos distintos da tipicidade, da ilicitude ou da culpabilidade a partir da ideia do merecimento de pena ou da necessidade de tutela penal[317]. Alguma legislação penal faz inclusivamente apelo expresso ou implícito a esses conceitos[318]. Na doutrina posterior a invocação destas referências materiais tem surgido, com maior ou menor significado dogmático, nas construções teóricas desenvolvidas quer em sistemas fechados[319], quer em sistemas abertos teleologicamente orientados[320].

---

[312] GALLAS, *ZStW* 67 (1955), 16-18.

[313] SAUER, «Die beiden Tatbestandsbegriffe. Zur Lehre von den äusseren Strafbarkeitsvoraussetzungen» in *FS-Mezger*, 119-120, e *Allgemeine Strafrechtslehre*, 1955, 19 e ss (§ 7), considerando que na base de toda a teoria do crime se encontra o conceito de merecimento penal. SAUER distinguia o merecimento penal (*Strafwürdigkeit*) da punibilidade (*Strafbarkeit*), surgindo esta depois daquele. O merecimento penal era apresentado como «o conjunto de pressupostos normativos da pena que devem ser realizados na lei e na decisão judicial para que se prossiga a ideia de Direito» (a justiça e o bem comum, no seu enquadramento).

[314] SCHMIDHÄUSER, *Gesinnungsmerkmale im Strafrecht*, 1958, 210 e ss.

[315] STRATENWERTH, *ZStW* 71 (1959), 567-568 e 574-575.

[316] SCHULTHEISZ, *SchwZStR* 64 (1949), 342.

[317] SCHMIDHÄUSER, *Radbruch-GedS*, 276, *Studienbuch*, 67-68; LANGER, *Das Sonderverbrechen*, 273 e ss, *maxime* 327-338; ZIPF, *Strawürdigkeit*, 15; ZIELINSKI, *Handlungs-und Erfolgsunwert*, 205 e ss; TIEDEMANN, *ZRP*, 1975, 131-132; SAX, *JZ*,1976, 9 e ss, e 14-16 (em conexão com o tipo); STRATENWERTH, «Die Stufen des Verbrechensaufbaus» in LÜDERSSEN/SACK, *Seminar: Abweichendes Verhalten II*, Band 1, 1975, 263-264; SCHÜNEMANN, *ZSchwR*, 1978, 147 e ss. Já na década de 80, ALWART, *Strafwürdiges Versuchen*, 21 e ss.

[318] Pensa-se, em especial, no § 42 do *StGB* Austríaco, de 1975, reformulado em 1987, que permite a não punibilidade de alguma criminalidade bagatelar. De igual modo a questão surge associada ao regime de suspensão do processo previsto no § 153 da *StPO* alemão: sobre esta relação veja-se, por exemplo, WOLTER, *FS-GA 140 Jahre*, 270. O que, fundo, comprova a afirmação de ALWART, *Strafwürdiges Versuchen*, 26, quando refere que o problema do merecimento penal interessa tanto ao legislador como à doutrina.

[319] JAKOBS, *Strafrecht*, 407 e ss (10/5 e ss).

[320] ROXIN, *Kriminalpolitik*, 40 e ss, e *Strafrecht AT I* (4.ª edição, 2006), § 7, n. 26 e ss; FIGUEIREDO DIAS, *RPCC* 1 (1991), 15-22, e *RPCC* 2 (1992), 30 e ss; FIGUEIREDO DIAS e COSTA ANDRADE, *Direito Penal*, 26 e ss, 66 e ss, 242 e ss; SOUSA E BRITO, *LH-Roxin*, 109-110; MIR PUIG, *LH-Roxin*, 34-35; VOLK, *ZStW* 97 (1985), 240 e ss; OTTO, *Schröder-GedS*, 68-71; GÜNTHER, «Die Genese eines Straftatbestands. Eine Einführung in Fragen der Strafgesetzgebungslehre» *JuS*, 1978, 11-13 e *Strafrechtswidrigkeit*, 179 e ss, e 199 e ss; BLOY, *Strafaufhebungsgründe*, 227 e ss, 242 e

A relação entre os conceitos de merecimento de pena e necessidade de pena com o sistema do facto punível passa em grande medida pela compreensão material e teleológica das categorias dogmáticas, independentemente do estatuto sistemático que seja reconhecido aos dois conceitos. Os diversos níveis de análise do sistema do facto punível devem ser entendidos não apenas como categorias axiológicas mas também como categorias teleológicas, isto é, que expressam ou se relacionam com os objectivos de política criminal do sistema penal ou com as finalidades da pena estatal. Trata-se no fundo, usando uma síntese de WOLTER, de antecipar na sistemática do facto punível (e, portanto, na grelha de análise dos factos que conduzirá de forma invisível a decisão judicial do conflito) pelo menos uma parte do programa processual penal e do programa de determinação da pena[321]. Por isso, no debate sobre o conteúdo material e funcional destes conceitos convergem considerações diversas sobre os valores e os fins do sistema penal[322].

2. O conceito de merecimento de pena agrega os diversos critérios que podem expressar a natureza especialmente desvaliosa de um facto que, por essa razão, pode ser legitimamente usado pelo legislador penal como elemento central de um tipo de ilícito. Esses critérios são heterogéneos e incluem realidades como o bem jurídico a tutelar e intensidade da agressão que lhe é dirigida, as circunstâncias do facto ou do autor que tornam o acontecimento particularmente desvalioso, a

---

ss, e *Der Beteiligungsform*, 30 e ss; FRISCH, *Vosatz und Risiko*, 503, e *Strafrechtssystem*, 141 e ss; SCHÜNEMANN, *Grundfragen*, 8 e ss; WOLTER, FS-GA*140 Jahre*, 269 e ss, e *Strafrechtssystem*, 3 e ss. Não se encontra materialmente longe desta perspectiva, embora siga outro enquadramento teórico, MARIA FERNANDA PALMA, *RPCC* 9 (1999), 531 e ss, quando parte da formulação dos grandes problemas político-criminais e os procura resolver e fundamentar as soluções com uma «teoria da imputação». Para uma visão de conjunto sobre o funcionamento dos sistemas abertos, orientados pelas consequências, veja-se SCHÜNEMANN, *Grundfragen*, 8 e ss e 45 e ss, e FIGUEIREDO DIAS, *RPCC* 1 (1991), 20-21 e nota 30, com vastas referências bibliográficas.

[321] WOLTER, *FS- GA 140 Jahre*, 270.

[322] Sobre o significado, o conteúdo e o alcance destas referências na construção dogmática e, em especial, na teoria do crime, em pormenor, FIGUEIREDO DIAS, *RPCC* 1 (1991), 11-30 e, depois, FIGUEIREDO DIAS/COSTA ANDRADE, *Direito Penal*, 26 e ss, 66 e ss, 242 e ss. Actualmente, FIGUEIREDO DIAS, *Direito Penal PG I* (2.ª edição, 2007), 668 e ss (Cap. 26) identifica o fundamento axiológico da categoria da punibilidade com a ideia de dignidade penal do facto reportada às exigências preventivas da punição (Cap. 26, § 8, por exemplo), que articula com o conceito de carência de pena (p. 678, Cap. 26, § 15 e ss). Não é esta a terminologia e o enquadramento seguidos neste estudo, onde se apresentará de forma autónoma os dois conceitos (merecimento de pena e necessidade de pena) com conteúdos político-criminais distintos, mas ambos conexos com o facto penalmente relevante e integrados no sistema de análise do crime.

frequência e intensidade dos acontecimentos ou a percepção racionalizada das expectativas sociais quanto à reprovação de certas condutas[323].

A doutrina tem expresso esta ideia de desvalor do facto merecedor de pena de formas diversas. Assim, um ilícito culposo é merecedor de pena, seguindo a clássica definição de GALLAS, acolhida por BLOY, apenas nos casos em que, por se revelar «tão perigoso e censurável, tão inaceitável enquanto exemplo de um comportamento contrário à vida em sociedade, faz com que a pena, enquanto instrumento mais intenso da coacção estatal e expressão mais forte da desaprovação social, seja necessária e idónea para a protecção da comunidade»[324]. Já LANGER centra o essencial do conceito na danosidade do facto e na insuportabilidade da agressão: podemos dizer que um ilícito culpável é merecedor de pena quando consiste numa agressão destrutiva (de elevado «desvalor ético-social» que põe em causa fundamentos de uma sã convivência na sociedade) ao ponto de se tornar «insuportável pela comunidade jurídica»[325]. Os diversos aspectos do merecimento penal de um facto são reportados por JESCHECK à dignidade do bem jurídico, à especial perigosidade ou danosidade do ataque que lhe é dirigido e ao grau de distanciamento do agente relativamente aos valores básicos da convivência social[326]. Deste elenco destaca COSTA ANDRADE como referentes materiais da dignidade penal «a dignidade de tutela do bem jurídico e a potencial e gravosa danosidade social da conduta, enquanto lesão ou perigo para os bens jurídicos», em seu entender manifestações do princípio constitucional da proporcionalidade[327]. De forma mais sintética, GÜNTHER considera que são factores do merecimento de pena o desvalor da acção e o desvalor do resultado[328].

---

[323] Ilustrativo, COSTA ANDRADE, *RPCC* 2 (1992), 184-185, afirmando, em síntese, que a doutrina ao invocar o conceito de dignidade ou merecimento penal se reporta a «um limiar qualificado de danosidade ou de perturbação e abalos sociais». Ainda, ALTPETER, *Strafwürdigkeit*, 28 e ss, *maxime* 31; VOLK, *ZStW* 97 (1985), 894 e ss (e notas respectivas), onde se encontram elementos sobre as diversas formulações doutrinárias usadas para expressar o especial desvalor do facto merecedor de pena.

[324] BLOY, *Strafaufhebungsgründe*, 231.

[325] LANGER, *Sonderverbrechen*, 1972, 327.

[326] JESCHECK/WEIGEND, *Lehrbuch*, 50-52 (§ 7, I).

[327] COSTA ANDRADE, *RPCC* 2 (1992), 184.

[328] GÜNTHER, *JuS*, 1978, 13, e *Strafrechtswidrigkeit*, 238-240, 245-246. O enquadramento dado pelo Autor aos conceitos em causa não corresponde à orientação dominante na doutrina que, em regra, usa o merecimento de pena para delimitar o facto desvalioso e a necessidade de pena como um critério correctivo dessa intervenção. Para GÜNTHER, diversamente, o conceito de necessidade de pena ou, de forma mais exacta, «carência de tutela penal» (*Strafschutzbedürfnis*) constitui uma concretização do princípio constitucional da subsidiariedade (*ultima ratio*) devendo orientar o legislador na tipificação dos ilícitos, sendo depois essa esfera de tutela limitada pelo merecimento penal que, em sua opinião, se traduz na exigência constitucional

Mais pormenorizado é o enquadramento de HASSEMER, que decompõe o conceito de merecimento penal em critérios de justiça (*Gerechtigkeit*) e utilidade (adequação aos fins, *Zweckmäßikeit*) da intervenção jurídico-penal, recorrendo para o efeito à identificação de um bem jurídico que possa ser legitimamente tutelado (designadamente pela sua ressonância constitucional ou importância na realidade social), à necessidade dessa tutela em função da frequência com que o mesmo pode ser colocado em perigo ou lesado e à existência de sentimentos reais de ameaça na comunidade[329]. Para HASSEMER o conceito sistemático de crime reúne todos os elementos que fundam o merecimento penal de um comportamento, oferecendo-lhe uma ordem completa, precisa e uniforme. O sistema deve funcionar como um sistema aberto a novos critérios de merecimento de pena que o Direito Penal selecciona e concretiza. Nesta perspectiva, o merecimento penal não é em si mesmo uma categoria do sistema do facto punível, mas sim uma categoria superior que agrega os diversos elementos do merecimento penal de uma conduta (acção, tipicidade, ilicitude, culpabilidade, condições de punibilidade e pressupostos processuais). Cada um destes elementos «expressa critérios específicos que o conceito jurídico-penal de crime oferece para a determinação do merecimento de pena». As figuras das condições objectivas de punibilidade e das causas de exclusão e anulação da pena materializam também esta possibilidade de especificação do merecimento penal de um certo comportamento[330]. Elas permitem, entre outras coisas, afirmar que em Direito Penal nem toda a culpa é punível, o que acontece por razões de política criminal. De forma mais exacta, trata-se da demonstração de que «entre a culpabilidade e a consequência jurídico-penal existe um espaço reservado à decisão político-criminal»[331].

de proporcionalidade (*JuS*, 1978, 11-13 e, depois, *Strafrechtswidrigkeit*, 179 e ss, e 199 e ss). A incidência sistemática destes critérios faz-se sentir desde logo no tipo de ilícito (revelando, ademais, «ubiquidade sistemática») fazendo com que a ilicitude em causa seja uma ilicitude qualificada (ditada por uma necessidade de tutela e um especial merecimento penal, ou seja, uma ilicitude especificamente penal).

[329] HASSEMER, *AK-StGB*, *vor* § 1, n.º 192 e ss, expondo um elenco aberto de critérios de merecimento penal que vão desde os mecanismos de formalização da justiça penal até princípios fundamentais dos modernos sistemas penais (danosidade social, Direito Penal do facto, subsidiariedade, proporcionalidade e adequação da pena à culpa, *in dubio pro libertate*, dignidade da pessoa humana e exigência de lei certa e prévia). A estes diversos critérios de «justiça penal» adiciona ainda HASSEMER os «critérios de utilidade» (*AK-StGB*, *vor* § 1, n.º 212 e ss, de acordo com os quais se realiza uma filtragem crítica que se traduz em saber «se, em que medida e com que consequências secundárias, pode a Administração da Justiça Penal aceitar e executar na prática as decisões político-criminais sobre o merecimento de pena» (*op. cit.*, n.º marg. 212). Depois, HASSEMER/NEUMANN, *NK-StGB* (2005), *vor* § 1, n.º 58 e ss, 77 e ss.

[330] HASSEMER, *AK-StGB*, *vor* § 1, n.º 236-242.

[331] HASSEMER, *Einführung*, 243-244.

Dos diversos exemplos que oferece (situações de desistência da tentativa e uma perspectiva material sobre a prescrição) resulta que a invocação de critérios de política criminal é para Hassemer equivalente à ponderação das finalidades da pena, em especial a sua necessidade preventiva[332].

A ideia de necessidade de pena, diversamente, procura relacionar o desvalor do facto praticado com a finalidade da pena estatal de forma a que, numa lógica de subsidiariedade, nem todo o facto merecedor de pena pelo seu desvalor intrínseco seja imperativamente objecto das reacções do sistema penal, mas tão só aquele em relação ao qual a pena estatal possa cumprir adequadamente as suas finalidades[333]. No enquadramento de Bloy, a necessidade de pena afere-se a partir da relação meio/fim. Isto é, passa pela questão de saber se através da pena se conseguem atingir as finalidades político-criminais do sistema penal, o que pressupõe *três aspectos distintos*: a realização de um desvalor, a impossibilidade de as finalidades das penas se alcançarem de outro modo (que não através da pena) e a idoneidade da pena para a prossecução dos seus fins[334]. Nesta construção o merecimento de pena é condição essencial da necessidade de pena[335], mas este conceito não se limita ou reconduz àquele, nem no seu conteúdo, nem na sua função. A necessidade de pena teria a função específica de permitir ponderar e controlar as consequências da pena estatal quer no momento da tipificação legal dos crimes, quer no momento do debate judicial sobre a responsabilidade de um agente efectivado através do sistema de análise do crime[336].

Subsiste ainda a questão de saber com que critérios será possível proceder a essa antecipação e controlo.

Uma via possível reconduz esta necessidade de pena à identificação de situações de conflitos de interesses entre os fins da pena estatal e a prossecução de interesses extra-penais (de política jurídica em geral, de Direito internacional, etc.) cuja prevalência no caso concreto faria recuar a intervenção sancionatória do sistema penal. Necessidade de pena, nesta perspectiva, significa somente a

---

[332] Hassemer, *Einführung*, 244-245.
[333] Stratenwerth, *ZStW* 71 (1959), 567-568, e agora *Strafrecht, AT* (6.ª edição, 2011), § 7, n.º 4, 29, 30; Günther, *JuS*, 1978, 11-12; Rudolphi, *SK-StGB, vor* § 19, n.º 12; Otto, *Grundkurs* (7.ª edição, 2004), § 1, n.º 49-50; Roxin, *Strafrecht*, AT I (4.ª edição, 2006), § 23, n.º 37-40; Schmidhäuser, *Studienbuch*, 7 (1/ n.º 18); Lenckner, *in* Schönke/Schröder, *StGB, vor* § 13, n.º 124.
[334] Bloy, *Strafaufhebungsgründe*, 244, e *Die Beteiligungsform*, 35 e ss.
[335] Bloy, *Strafaufhebungsgründe*, 244. Neste sentido, também, Jescheck/Weigend, *Lehrbuch*, 51: «A necessidade de pena pressupõe, contudo, que o facto seja merecedor de pena».
[336] Sublinham esta função de controlo, entre outros, Bloy, *Die Beteiligungsform*, 36, e Hassemer, *AK-StGB, vor* § 1, n.º 183 e ss, *NK-StGB* (2005), *vor* § 1, n.º 49 e ss.

afirmação de um interesse não penal preponderante que faz com que a pena estatal seja tida como uma pena não necessária[337].

Uma perspectiva diferente, com maior adesão aos propósitos do sistema penal, relaciona o conceito de necessidade de pena com a possibilidade de serem prosseguidas as finalidades específicas da pena estatal (com expressão diferenciada consoante os autores, retribuição da culpa, prevenção geral e especial)[338]. Trata-se, no fundo, de reconhecer que a legitimidade da pena estatal não depende apenas do ilícito culposo; pelo contrário, «é legítimo perguntar – seguindo ZIELINSKI – se a pena fundamentada «em si mesma», isto é, em função do ilícito e da culpa, também deve ser imposta tendo em conta estas finalidades da pena»[339]. Na sintética formulação de SCHMIDHÄUSER, trata-se de compreender o conteúdo da necessidade de pena à luz das exigências de eficácia preventiva dos fins das penas[340].

Como refere HASSEMER[341], o problema desta perspectiva não está tanto na sua aceitação no plano dos princípios como na forma de concretizar os seus critérios. Por isso mesmo considera que as exigências de idoneidade, necessidade e proporcionalidade são apenas parte dos critérios de utilidade (adequação aos fins, *Zweckmäßigkeit*) que o conceito de merecimento penal (em sentido amplo) comporta. A exigência de «adequação aos fins» como critério legitimador da intervenção penal implica a ponderação das consequências da pena enquanto meio de combate à criminalidade. Desse ponto de vista, «uma concepção de merecimento de pena pode ser inútil, ainda que seja justa, por, nomeadamente, gerar mais consequências negativas do que positivas (*fiat iustitia pereat mundus*)». Estas consequências negativas podem resultar, ainda na opinião de HASSEMER, da adopção de meios inidóneos para a prossecução de fins legítimos, podem decorrer dos obstáculos criados pelo merecimento penal à prossecução de um fim a atingir ou podem, ainda, ser uma consequência dos elevados custos (político-jurídicos)

---

[337] ROXIN, *Kriminalpolitik*, 36, e *Strafrecht*, AT I (4.ª edição, 2006), § 23, n.º 21 e ss; JESCHECK / WEIGEND, *Lehrbuch*, § 52, I, usando o critério dos interesses estranhos ao Direito Penal a par de outras considerações político-criminais sobre a necessidade da pena; LENCKNER, *in* SCHÖNKE/SCHRÖDER, *StGB, vor* § 13, n.º 124, *vor* § 32, n.º 128; BLOY, *Strafaufhebungsgründe*, 224 e ss; RUDOLPHI, *Grundfragen*, 74, 83-84; WOLTER, *Strafrechtssystem*, 23 e ss, embora defenda outros critérios materiais para além da invocação de interesses extra-penais (*supra* § 33. VI).
[338] SCHULTHEISZ, *SchwZStR* 64 (1949), 346; STRATENWERTH, *ZStW* 71 (1959), 567-568; SCHMIDHÄUSER, *Studienbuch*, 7 (1/ n.º 18).
[339] ZIELINSKI, *Handlungs- und Erfolgsunwert*, 206, nota 22.
[340] SCHMIDHÄUSER, *Studienbuch*, 7 (1/ n.º marg. 18).
[341] HASSEMER, *AK-StGB, vor* § 1, n.º 212-220, HASSEMER/NEUMANN, *NK-StGB* (2005), *vor* § 1, n.º 77 e ss, sobre a exposição que se segue.,

que essa via comporta para atingir os fins em causa[342]. Esta «adesão à realidade» projecta-se também na relação entre o Direito material e o Direito processual já que aquele, por razões de eficácia, não pode nem deve ser concebido independentemente da forma como vai ser efectivado: através de um processo, de regras de prova específicas e de uma dimensão temporal limitada. Esta via de ponderação das consequências da intervenção penal é para HASSEMER uma condição essencial para garantir os objectivos de prevenção geral do sistema penal, pois como afirma «uma política que no momento de determinar o merecimento de pena não produza efeitos sobre as pessoas, nem no plano cognitivo, nem no plano emocional, pode ser justa mas em caso algum será útil»[343].

Articulando os dois conceitos pode, com COSTA ANDRADE, definir-se o merecimento de pena (dignidade penal, na terminologia que utiliza) como «a expressão de um *juízo qualificado de intolerabilidade social*, assente na valoração ético-social de uma conduta, na perspectiva da sua criminalização e punibilidade»[344]. Por seu turno, a necessidade de pena (ou a «carência de tutela penal») constitui uma concretização do princípio da subsidiariedade e da *ultima ratio* da intervenção penal. «A carência de tutela penal – escreve ainda COSTA ANDRADE – analisa-se, assim, num duplo e complementar juízo: em primeiro lugar um juízo de necessidade (*Erfdorderlichkeit*), por ausência de alternativa idónea e eficaz de tutela penal; em segundo lugar, um juízo de *idoneidade* (*Geeignetheit*) do direito penal para assegurar a tutela, e para o fazer à margem de custos desmesurados no que toca ao sacrifício de outros bens jurídicos, maxime a liberdade»[345].

3. Nem sempre a utilização dos conceitos de merecimento penal e necessidade de pena conduz a doutrina a autonomizar uma categoria dogmática com esse conteúdo. As divergências doutrinárias nesta matéria permitem identificar duas grandes orientações, para além das diferenças pontuais de enquadramento e de terminologia que se identificam de autor para autor[346].

---

[342] Exemplifica com o facto de o controlo jurídico-penal da propagação da sida implicar a supressão da necessária cooperação do doente e com as consequências colaterais de uma proibição do aborto demasiado ampla que tem como efeito indirecto o aumento do aborto clandestino com as graves consequências para a vida e saúde das mulheres (*AK-StGB, vor* § 1, n.º 214).
[343] HASSEMER, *AK-StGB, vor* § 1, n.º 212-220, e HASSEMER/NEUMANN, *NK-StGB* (2005), *vor* § 1, n.º 77 e ss. Semelhante, quanto à conclusão, GÜNTHER, *JuS*, 1978, 13. Sobre esta concepção da pena, a sua vinculação a critérios de utilidade social e o consequente debate crítico sobre a legitimidade da intervenção do Direito Penal, FIGUEIREDO DIAS, *RPCC* 1 (1991), 17 e ss.
[344] COSTA ANDRADE, *RPCC* 2 (1992), 184.
[345] COSTA ANDRADE, *RPCC* 2 (1992), 186.
[346] Sobre as diferenças e divergências doutrinárias em torno do conteúdo e significado dos conceitos de merecimento e necessidade de pena, ALWART, *Strafwürdiges Versuchen*, 30 e ss;

Uma corrente significativa da doutrina nega qualquer autonomia sistemática aos conceitos de merecimento penal e necessidade de pena, considerando que os mesmos possuem ubiquidade sistemática e que, por isso, se reflectem e se esgotam em algumas ou mesmo em todas as categorias do sistema de análise do crime, sem pertencerem a um momento específico e, muito menos, um momento autónomo na estrutura metodológica da teoria da infracção penal. Os critérios de política criminal que poderiam ser reunidos sob estes conceitos projectam-se desde logo na configuração do tipo, na compreensão material da ilicitude (e da justificação) e na categoria dogmática da culpabilidade. O ilícito culposo seria assim, desde a opção legislativa que o tipificou, um ilícito merecedor e necessitado de pena, não existindo espaço dogmático significativo para considerar autonomamente tais conceitos, nem para separar, na análise do crime e da responsabilidade penal, o ilícito culposo da adequação político-criminal da pena[347].

Volk, *ZStW* 97 (1985), 872 e ss; Costa Andrade, *RPCC* 2 (1992), 188 e ss; Altpeter, *Strafwürdigkeit*, 24 e ss e *passim*.

[347] Com pontuais divergências, esta é uma tendência importante entre a doutrina. Assim, Gallas, *ZStW* 67 (1955), 16-18, associa um conceito unitário de merecimento penal à tipicidade do facto, sublinhando que a individualização feita pelo tipo é necessária «pois nem todo o ilícito culpável é crime, apenas aquele que se revela merecedor de pena...» e, ainda (a p. 17 quando afirma) que «o tipo constitui o elemento portador do conteúdo da referida qualidade merecedor de pena própria da espécie de infracção em causa...»; de forma conclusiva: «O crime é assim, por um lado, «antes de mais», ilícito culpável e, por outro, típico, ou seja, um ilícito culpável considerado merecedor de pena em função da sua relação com finalidades específicas e valorações ético-sociais» (p. 18). Alguns autores projectam os conceitos de merecimento e necessidade de pena em uma ou mais categorias específicas. Em Roxin, *Strafrecht, AT I* (4.ª edição, 2006), § 23, n.º 39, o conceito de necesidade de pena, entendido como a possibilidade de a pena prosseguir os efeitos de prevenção geral e especial a que se propõe, adquire projecção na categoria da responsabilidade. Já em Günther, *JuS*, 1978, 11-13, e *Strafrechtswidrigkeit*, 179 e ss e 199 e ss, a «carência de tutela penal» (*Strafschutzbedürfnis*) e o «merecimento penal» (*Strafwürdigkeit*) modelam a compreensão do tipo de ilícito e toda a teoria da justificação. Algumas constuções pretendem fazer repercutir os conceitos em causa em todas as categorias dogmáticas, desde o tipo, à ilicitude e à culpabilidade. Assim, para Otto, *Schröder-GedS*, 61, o tipo descreve a lesão de um bem jurídico merecedora de pena e o merecimento de pena reparte-se pelo tipo de ilícito (*Schröder-GedS*, 61) e pela culpabilidade (*Schröder-GedS*, 67) na exacta medida em que também se pode falar de um merecimento de pena não só do facto mas também do autor. Numa linha equivalente, pode ainda invocar-se Volk, *ZStW* 97 (1985), 898-905 (embora com posições pontualmente diferentes assumidas em trabalho posterior publicado em Itália: *Introduzione*, 107 a 109); Bloy, *Beteiligungsform*, 30 e ss; Lenckner, *in* Schönke/Schröder, *StGB, vor* § 13, n.º marg. 13, Wolter, *Strafrechtssystem*, 4 e 13 e ss. Na doutrina italiana, Romano, *LH-Roxin*, 144 e ss. Em Espanha, Mir Puig, *LH-Roxins*, 35; Silva Sanchez, *Aproximación*, 407-408; Luzon Peña, *LH-Roxin*, 135. Entre nós, seguem posições próximas desta, que acentuam a ubiquidade sistemática dos conceitos de

O merecimento e a necessidade de pena funcionam nestes casos como critérios de legitimação material das decisões do legislador penal, como referências materiais na elaboração conceitual e na interpretação dos elementos integrados nas diversas categorias dogmáticas[348]. Nestas construções[349], as figuras das condições objectivas de punibilidade e as diversas causas de não punibilidade não têm em regra autonomia sistemática na arquitectura metodológica da teoria geral da infracção penal: surgem diluídas nas demais categorias do sistema de análise do crime ou revelam uma incidência residual e específica que não consente a sua autonomização como aspectos gerais da infracção penal[350].

Uma corrente distinta pretende manter relativamente intacta a configuração básica dos pressupostos materiais da pena em torno do ilícito culposo, sem prejuízo da sua compreensão teleológica, mas considera que se deve ponderar, com autonomia sistemática, alguns critérios distintos dos elementos reunidos sob os conceitos de ilicitude do facto e culpabilidade do agente. Neste sentido, embora se possa reconhecer ubiquidade sistemática aos juízos de valor sobre o merecimento penal do facto e a necessidade da pena, existiriam elementos que, não sendo recondutíveis à ilicitude típica e à culpabilidade, apenas se explicariam satisfatoriamente por via da adequação político-criminal da pena ou, de outra forma, por via de critérios autónomos de merecimento e necessidade de pena. Sob estes conceitos seriam organizados diversos elementos das normas penais, entre os quais as denominadas condições objectivas de punibilidade e as causas de exclusão ou anulação da pena, quer as que possuem uma natureza material, quer as que estão configuradas com uma natureza pessoal.

A importância destas figuras na arquitectura metodológica do sistema de análise do crime não é uniforme na doutrina, mas podem identificar-se claramente duas tendências distintas: uma delas considera que os pressupostos autónomos

---

merecimento penal e necesidade de pena, COSTA ANDRADE, RPCC 2 (1992), 195-196 e 200, e MARIA FERNANDA PALMA, RPCC 9 (1999), 588.

[348] VOLK, ZStW 97 (1985), 873-874.

[349] VOLK, ZStW 97 (1985), 881 e ss, descreve esta corrente como uma concepção «apócrifa» do conceito de merecimento penal. No mesmo sentido, ALTPETER, Strafwürdigkeit, 47.

[350] Sirva de ilustração a posição de GALLAS, ZStW 67 (1955), 16-18, para quem as condições objectivas de punibilidade são elementos estranhos ao tipo que não justificam a criação de uma categoria dogmática com vocação geral posterior ao ilícito e à culpabilidade. Para OTTO (Schröder-GedS, 61, 67-68, e Grundkurs, 90) as condições objectivas de punibilidade integram-se no tipo de ilícito, como elementos do merecimento de pena, subsistindo com autonomia as causas de exclusão da pena que, no entanto, tão pouco justificam a existência de uma nova categoria dogmática no sistema de análise do crime. A necessidade de pena apenas adquire alguma autonomia para OTTO não no sistema do facto punível, mas sim nas considerações judiciais relativas à medida da pena (Schröder-GedS, 68, e Grundkurs, 265, invocando razões de política criminal para fundamentar essas figuras).

de punibilidade (condições objectivas de punibilidade e causas de exclusão e anulação da pena) possuem autonomia sistemática sem que tal signifique o reconhecimento e, em especial, a autonomia, de uma categoria geral equivalente à ilicitude ou à culpabilidade[351]; outro sector da doutrina afirma não só a autonomia sistemática dos pressupostos autónomos de punibilidade como procura, através da invocação de critérios materiais, autonomizar um nível ou um momento específico no sistema de análise do crime que agregue axiologica e sistematica-

---

[351] Assim, por exemplo, JESCHECK/WEIGEND, *Lehrbuch*, 512, nota 3, afirmam que o merecimento penal não constitui uma categoria autónoma no sistema de análise do crime, a par da tipicidade da ilicitude ou da culpabilidade, mas sim elementos materiais que decidem sobre o fundamento da punibilidade; com esse alcance, autonomizam na análise do facto punível os «pressupostos da punibilidade estranhos ao ilícito e à culpa» (*Lehrbuch*, § 52). Em termos equivalentes, LENCKNER, *in* SCHÖNKE/SCHRÖDER, *StGB, vor* § 13, n.º 13. Também HASSEMER, *NK-StGB, vor* § 1, n.º 236-242, *maxime* 241, autonomiza no plano sistemático as condições objectivas de punibilidade e as causas de exclusão e anulação da pena, relacionando-as de forma não exclusiva com o conceito de merecimento penal, mas não considera que este possa ser reconduzido a uma categoria autónoma da teoria do crime: trata-se apenas, em sua opinião, «de uma categoria superior que agrega todas as características do facto punível» (n.º 241, em ligação com o n.º marg. 190). Afirma ainda HASSEMER que as condições objectivas de punibilidade podem ser integradas na tipicidade sem grande inconveniente, desde que se esclareça a sua específica independência perante a imputação subjectiva (*Einführung*, 244, nota 165). Esta proposta de HASSEMER corresponde apenas a uma integração formal ou ordenadora das condições objectivas de punibilidade no momento da tipicidade, já que as continua a usar como critérios autónomos de merecimento de pena em relação ao ilícito culposo. Noutros termos, na leitura que faço desta questão HASSEMER não procede à diluição sistemática das condições objectivas de punibilidade no tipo (como propõem, por exemplo, BEMMANN ou JAKOBS para algumas das figuras), mas apenas sugere que o momento de análise destas figuras seja o da tipicidade. Entre nós, uma posição semelhante a esta foi apresentada por EDUARDO CORREIA, *Unidade e pluralidade de infracções*, 90, nt. 1, incluindo as condições de punibilidade no tipo legal mas com expressa desvinculação da culpa do agente. Nesta linha, actualmente FARIA COSTA, *O perigo*, 439-440, nota 168, aceita a inclusão das condições objectivas de punibilidade no tipo, em nome de um *Typenstrafrecht*, embora as destaque do «ilícito-típico» (na sua terminologia, «o núcleo duro da tipicidade»). Em Espanha, uma posição equivalente a esta é sustentada por LUZON PEÑA, para quem os pressupostos adicionais de punibilidade têm autonomia sistemática em relação ao ilícito culposo, mas a punibilidade tem uma vocação residual, podendo a falta ou a verificação de certas circunstâncias excluir a responsabilidade penal em função da ponderação de critérios de merecimento e necessidade de pena, sem que tal signifique a autonomização duma nova categoria dogmática no sistema do facto punível. Para a exacta compreensão do pensamento do Autor, vejam-se os seguintes trabalhos: *LH--Roxin*, 126; *Curso I*, 224; *Enciclopédia*, 5424. Em Itália, DONINI, *L'Indice penale* 3 (2001), 1040 e ss, apresenta as condições objectivas de punibilidade como elementos externos ao facto (no sentido sistemático) que completam o tipo penal mas que estão subtraídos às regras de imputação.

mente as diversas figuras que se podem identificar na lei penal, mas que não se integram no denominado sistema tripartido.

Esta última tendência (que sustenta a autonomia de uma nova categoria dogmática no sistema do facto punível) encontra-se em algumas constuções de matriz finalista da década de 50 e, especialmente, nos sistemas pós-finalistas que surgiram a partir da década de 70. Nestes casos, a autonomia de um momento específico de análise do crime após o ilícito culposo já não é, como em LISZT, RADBRUCH ou BELING, uma mera consequência residual do sistema lógico-classificatório e da sua pretensão de integrar todas as cláusulas legais através da progressão lógico-conceitual fundada na identificação de uma «diferença específica», mas antes a abertura (mais ou menos intensa, consoante as construções em causa) da teoria do facto punível a critérios de Política Criminal, utilizados para valorar aspectos do facto, para agregar cláusulas legais estranhas ao ilícito culposo e para decidir da atribuição da responsabilidade penal. Entre esses critérios, assume especial relevância, em algumas construções, a possibilidade teórica e prática de prosseguir em cada caso tipicamente seleccionado as legítimas finalidades da pena estatal.

A associação entre as finalidades das penas e uma categoria autónoma no sistema de análise do crime foi expressamente formulada por SCHULTHEISZ, em 1949[352]. Fundando-se na construção teleológica dos elementos do conceito de crime, em especial no pensamento de HEGLER e RADBRUCH da década de 30, SCHULTHEISZ defendeu a autonomia de um «quarto elemento teleológico do conceito de crime» com uma vocação organizadora das condições objectivas de punibilidade e das causas de anulação da pena, axiologicamente agrupadas em torno dos fins das penas (na sua construção, prevenção geral, prevenção especial, reparação da ofensa e pacificação da comunidade). Os critérios axiológicos desta nova concepção do conceito de crime seriam, exactamente, o «merecimento de pena» (*Strafwürdikeit*) e a «aptidão da pena» (*Strafeignung*). Cada conjunto de figuras que normalmente se reconduzem aos pressupostos autónomos de punibilidade era susceptível de ser explicado e sistematicamente integrado no conceito de crime (ou facto punível) em função da relação entre a possibibilidade legal de punir o facto ilícito e culposo e a prossecução das finalidades das penas. Assim, a ausência de uma condição objectiva de punibilidade (como a morte ou ofensa grave na participação em rixa) faria com que a pena prevista carecesse de fundamento ou que, noutros casos, pusesse em perigo ou provocasse um dano maior no bem jurídico tutelado do que o próprio facto ilícito e culposo (como aconteceria com a punição do adultério antes de se verificar que este conduzia à dissolução do casamento); na mesma linha, em alguns casos (como o da isenção de pena por desistência ou arrependimento activo) a não punição revelar-se-ia uma

---

[352] SCHULTHEISZ, *SchwZStR* 64 (1949), 338-354, *maxime* 340 e ss.

melhor solução de tutela para os interesses em causa do que a própria punição; de igual modo, a pretensão penal poderia sempre recuar quando outros interesses de nível superior pudessem ser prosseguidos com a não punição (o que incluiria diversas isenções de pena de Direito Público, imunidades e até a própria queixa em crimes semi-públicos e particulares); finalmente, seria de incluir ainda nesta categoria as figuras legais que permitiriam dizer que o fim da pena já havia sido atingido (como a retrosão em crimes contra a honra ou ofensas à integridade física) ou já não se poderia atingir (caso da prescrição)[353]. A partir deste enquadramento, conclui que crime *ist jene Handlung, die tatbestandmässig, rechtswidrig und schulhaft ist und jene Eigenschaft besitzt, zufolge derer im Falle ihrer Bestrafung alle Zwecke der Strafe sich verwiklichen können*[354].

A doutrina posterior não desenvolveu de forma tão pormenorizada e genérica a relação entre as diversas figuras da punibilidade e os fins da pena estatal (com a excepção de BLOY que seguiu exactamente essa via, mas não autonomizou uma categoria dogmática após o ilícito e a culpabilidade, como se viu *supra* § 31, II), optando antes por formulações mais sintéticas, mas de significado político-criminal equivalente. Nesse sentido se afirma que a realização de um comportamento ilícito e culposo funda o merecimento de pena, enquanto as condições objectivas de punibilidade e as causas de exclusão e anulação da pena se explicam em nome de uma específica necessidade de pena, com autonomia sistemática e político-criminal em relação às categorias valorativas anteriores. As condições objectivas de punibilidade seriam, deste modo, «pressupostos especiais de punibilidade» que reforçariam a necessidade da tutela penal, enquanto as causas de exclusão e anulação da pena, a verificarem-se, afastariam a necessidade de pena indiciada pela prática do ilícito culposo. Ilicitude e culpa seriam nesta perspectiva pressupostos necessários mas não suficientes da pena estatal. Com formulações diversas, é esta ideia fundamental reportada à necessidade de pena que orienta a autonomização de um momento específico no sistema do crime em autores como STRATENWERTH, JESCHECK, ZIELINSKI, VOLK e, entre nós, SOUSA E BRITO e, com outros desenvolvimentos, DAMIÃO DA CUNHA[355].

---

[353] SCHULTHEISZ, *SchwZStR* 64 (1949), 342-353.
[354] SCHULTHEISZ, *SchwZStR* 64 (1949), 354.
[355] STRATENWERTH, *ZStW* 71 (1959), 567-568, 571, 572, 575 e, ainda, em escritos posteriores, *Seminar II*, 263 e 264, e *Strafrecht, AT*, § 7, n.º 29-30; JESCHECK/WEIGEND, *Lehrbuch*, 551-552, 556; ZIELINSKI, *Handlungs- Erfolgsunwert*, 204 e ss; VOLK, *Introduzione*, 107 a 109 autonomiza igualmente a «quarta categoria» que reúne os «pressupostos de punibilidade estranhos à culpa», explicando-a a partir da falta de necessidade de pena (isto, apesar de ter, em 1985, posto em causa esta autonomia). Entre nós, SOUSA E BRITO autonomiza no sistema do facto punível, desde a década de 60, uma categoria específica após o ilícito culposo nos seguintes termos: «A punibilidade é medida pela culpa, mas nem toda a culpa é punível. A punibilidade é aquela

A ideia ganha diferentes contornos em Schünemann, para quem o merecimento de pena de um facto é expresso pela ilicitude e pela culpabilidade, pois só factos com estas características têm aquela qualidade em função do perigo ou lesão que provocam no bem jurídico tutelado. Mas para que um facto merecedor de pena seja também necessitado de pena «a tutela penal deve ser idónea, necessária e não deve produzir consequências secundárias danosas e desproporcionadas (*unverhältnismäßig schädlichen Nebenfolgen*)». De forma mais específica, afirma que «idoneidade, necessidade e proporcionalidade da tutela penal são os três elementos da necessidade de pena que, a par do merecimento de pena expresso pela ilicitude e pela culpa, constitui um pressuposto material autónomo do crime (*eine selbständige materielle Verbrechensvoraussetzung*) e que, em consequência, deve ser integrado sistematicamente no conceito de crime»[356].

Um enquadramento nominalmente distinto, mas materialmente coincidente quanto à repercussão de conteúdos de política priminal na teoria do facto punível, é seguido por autores como Schmidhäuser, Zipf, Langer e, entre nós, Figueiredo Dias e Ribeiro de Faria, que autonomizam (embora de forma não coincidente quanto ao conteúdo) uma categoria dogmática específica após o ilícito culposo a partir do conceito de «merecimento penal» ou «dignidade penal»[357]. Schmidhäuser concebe os «pressupostos adicionais do merecimento penal» como limitações à punibilidade que têm de ser compatíveis com os fins da pena estatal. As figuras integradas nesta categoria dogmática corresponderiam a limitações à punibilidade por falta de interesse político-criminal na punição, isto é, por a pena não se revelar necessária perante as circunstâncias do caso (podendo concorrer igualmente razões de economia processual)[358]. O que na formulação de Figueiredo Dias se traduz em organizar as diversas circunstâncias do facto que, sendo estranhas ao ilícito e à culpa, «são portadoras de neces-

---

valoração política do facto ilícito e culposo que determina a necessidade da pena» (*Direito Criminal II*, 1963, 165-166); depois, *Crime omissivo*, 1966, 37-38, nota 30, 221-222, *Sentido e valor*, 1989, 114-115, 126-127, e *LH-Roxin*, 1995, 109-110. Em parte, também Damião da Cunha, RPCC 15 (2005), 248, 255 (sobre esta posição veja-se *infra* § 38, IV). Recentemente, na doutrina espanhola, Moreno Torres-Herrera, *Erro sobre la punibilidad*, 2004, 22-23, 62 e ss, *maxime* 64-65, e Ferrè Olivè, «Punibilidad y Processo Penal», *RGDP* 10 (2008), 5, 7 e 8.

[356] Schünemann, *SchwZStR* 97 (1978), 147-148.

[357] Schmidhäuser, *Gesinnungsmerkmale*, 210 e ss, *ZStW* 71 (1959), 561-562, *Lehrbuch*, 382-392 (Cap. 12 e 13) *Studienbuch*, 67-68 (4/30) e 258-264 (Cap. 9); Zipf, *Strafwürdigkeit*, 15; Langer, *Sonderverbrechen*, 273 e ss, 327-338; entre nós, Figueiredo Dias, *RPCC* 2 (1992), 30-44, e *Direito Penal PG I* (2.ª edição, 2007), 671 e ss; Ribeiro de Faria, *Desistência da tentativa*, 117-135. Depois, Paulo Pinto de Albuquerque, *Código Penal* (2.ª edição, 2010), nota prévia ao art. 10.º, anotação 7.

[358] Schmidhäuser, *ZStW* 71 (1959), 561-562.

sidades preventivas»³⁵⁹. Para o efeito autonomizou LANGER, desenvolvendo o pensamento de SCHMIDHÄUSER, o conceito de «tipo de merecimento penal» (*Strafwürdigkeitstatbestand*) que, a par do tipo de ilícito e do tipo de culpa, permitiria decidir de forma completa e politico-criminalmente orientada sobre a atribuição da pena estatal, reunindo os elementos usados pelo legislador que, adicionados ao ilícito culposo, caracterizam especificamente certo tipo de agressões especialmente graves contra os saudáveis fundamentos da vida em sociedade. O tipo de merecimento penal integraria duas modalidades de *Strafwürdigkeitselemente* em função da sua conexão imediata e da sua autonomia em relação ao ilícito culposo e, tal como as categorias citadas, abrangeria elementos de natureza positiva (*v.g.* cláusula de habitualidade em diversos crimes) e elementos de natureza negativa (*v.g.* isenções de pena no furto entre cônjuges). Tal como as categorias da ilicitude e da culpa, o tipo de merecimento penal seria graduável³⁶⁰.

Por vezes, e de forma mais consistente, a categoria é enquadrada a partir dos dois conceitos – o merecimento e a necessidade de pena – embora a sua intencionalidade político-criminal seja equivalente. Em momentos diferentes, foi esta a linha seguida por POLAINO NAVARRETE (em Espanha, 1988) e por WOLFGANG FRISCH (na Alemanha, 1996). Para POLAINO NAVARRETE «a punibilidade deve ser entendida como aquela qualidade, integrante de uma característica essencialmente configuradora do conceito penal de crime, que expressa o merecimento de pena e a exigência de necessidade da resposta penal que corresponde à acção ilícita e culpável, em virtude das exigências político-criminais de prevenção geral e de prevenção especial»³⁶¹. A categoria da punibilidade permitiria projectar no sistema do facto punível, como critério autónomo de decisão sobre a responsabilidade criminal de alguém, os critérios político-criminais de necessidade e adequação da pena às finalidades de prevenção geral e prevenção especial e as consequências da pena, decorrentes da Constituição material. Na sua opinião, a punibilidade sistematicamente integrada na teoria do crime «desenvolve a transcendente missão de relacionar de forma congruente as exigências inerentes aos fins da pena com os pressupostos e fundamentos normativos da mesma...»³⁶².

Por seu turno, WOLFGANG FRISCH centrou o sistema do facto punível no ilícito e na culpabilidade, enquanto categorias essenciais mínimas, mas completadas com uma categoria adicional autónoma de «adequação da pena» (*Strafadäquität*).

---

³⁵⁹ FIGUEIREDO DIAS, *RPCC* 2 (1992), 39 (em ligação com o que escreve a pp. 30 e ss); agora, *Direito Penal PG I* (2.ª edição, 2007), 671 e ss (Cap. 26, § 6 e ss).
³⁶⁰ LANGER, *Sonderverbrechen*, 360-363, em ligação com o que escreve a pp. 274 e ss e 327 e ss.
³⁶¹ POLAINO NAVARRETE, no já citado estudo «La punibilidad en la encrucijada de la Dogmática juridicopenal y la Política criminal», *Criminalidad actual y Derecho penal*, 1988, 28.
³⁶² POLAINO NAVARRETE, *Criminalidad actual*, 28 (em ligação o que escreve de p. 26 a 31).

Esta deverá reunir as condições objectivas de punibilidade, algumas cláusulas mistas de diminuição simultânea da ilicitude e culpabilidade (defesa excessiva e estado de necessidade desculpante), os casos de desistência e arrependimento activo e outras causas de não punibilidade com fundamento em considerações de merecimento e necesidade de pena exteriores ao tipo[363]. As condições objectivas de punibilidade constituem a representação ideal (*Idealtypus*) dos elementos positivos do merecimento penal e carência de pena autónomos em relação ao tipo. As cláusulas de diminuição simultânea da ilicitude e culpabilidade diminuem drasticamente o merecimento e a necessidade de pena para níveis que dificilmente justificam a intervenção penal. As hipóteses de desistência e arrependimento activo atenuam globalmente o desvalor associado ao ilícito culpável, tornam desncessária a reafirmação da vigência da norma perante o agente e geram uma inadequação da pena em geral e para aquele agente em concreto (a inevitabilidade do castigo levaria a uma desvalorização da conduta reparadora do agente). Finalmente, algumas cláusulas (como a imunidade parlamentar ou condições objectivas de punibilidade como a declaração judicial de falência) visam evitar que o sistema penal ponha em causa interesses relevantes integrados noutros sub-sistemas[364].

Concluindo, com as expressivas palavras de FIGUEIREDO DIAS, a «punibilidade» seria em qualquer uma destas construções «a última pedra do edifício do conceito de crime e da respectiva doutrina geral».[365]

4. O conteúdo material da categoria em causa não é uniforme entre a doutrina que autonomiza o momento da punibilidade na teoria geral do crime, antes varia de acordo com o sistema dogmático seguido por cada Autor. Os elementos reunidos permitem afirmar que tal categoria tendencialmente integra em termos nucleares as condições objectivas de punibilidade e as causas de exclusão e anulação da pena enquanto manifestações de critérios de necessidade de pena ou de um específico juízo de merecimento penal do facto[366]; com alargamentos

---

[363] FRISCH, *Strafrechtssystem*, 164 e ss.
[364] FRISCH, *Strafrechtssystem*, 164-166.
[365] FRISCH, *Strafrechtssystem*, 164-166.
[366] SCHULTHEISZ, *SchwZStR* 64 (1949), 348-353; STRATENWERTH, *ZStW* 71 (1959), 576 e ss, *Seminar II*, 264, *Strafrecht, AT* (6.ª edição, 2011), § 7, n.º 29-30; JESCHECK/WEIGEND, *Lehrbuch*, 551-560; VOLK, *Introduzione*, 107-109; SCHMIDHÄUSER, *ZStW* 71 (1959), 559-560, *Lehrbuch*, 382-392, *Studienbuch*, 67-68 (4/30) e 258-264; LANGER, *Sonderverbrechen*, 334 e ss; POLAINO NAVARRETE, *Criminalidad actual*, 32-38; Entre nós, FIGUEIREDO DIAS, *RPCC* 2 (1992), 30-44; SOUSA E BRITO *Direito Criminal II*, 1963, 165-166, *Crime omissivo*, 1966, 37-38, nota 30, *Sentido e valor*, 1989, 114-115, 126-127, e *LH-Roxin*, 1995, 109-110; RIBEIRO DE FARIA, *Sobre a desistência da tentativa*, 117-135. Actualmente, FIGUEIREDO DIAS, *Direito Penal PG I* (2.ª edição, 2007),

pontuais a elementos de outra natureza como cláusulas expressivas de uma especial danosidade ético-social do facto ilícito e culposo (*v.g.* as cláusulas de habitualidade em certos crimes)[367], elementos diversos dos tipos em especial (como as cláusulas que expressam uma forma específica de agressão, que delimitam objectivamente o círculo de autores em função de certas qualidades ou os elementos correspondentes a intenções específicas, finalidades, tendências e ânimos do agente, entre outras)[368], figuras de dúbia inserção sistemática, como a prescrição, a queixa ou autorizações de órgãos políticos[369], o indulto e a amnistia[370] ou o próprio resultado nos crimes materiais, quando concebido, não como um elemento integrador do ilícito, mas como condição objectiva de punibilidade[371]. O âmbito material da categoria é, porventura, um dos aspectos mais duvidosos das construções apresentadas, como se verá de seguida.

As críticas que se podem dirigir a esta forma de compreender e explicar a «quarta categoria» do sistema de análise do crime estão, em parte, condicionadas pelo específico enquadramento que cada autor dá ao tema. Uma reflexão desse tipo, casuística e assistemática, pouco interesse tem para o presente estudo. Mas dessa análise pode resultar um conjunto de elementos que, por serem generalizáveis, revestem interesse para o debate sobre a autonomia da categoria da punibilidade na teoria da infracção penal.

O problema deve ser colocado a dois níveis distintos: em primeiro lugar, o conteúdo material da categoria e, em segundo lugar, o fundamento da sua autonomia. A primeira questão interroga-se sobre a autonomia sistemática de certas figuras e cláusulas legais que, por não se reconduzirem à tipicidade, à ilicitude ou à culpabilidade, suscitam dúvidas quanto ao seu enquadramento sistemático; a segunda questão traduz-se na identificação dos critérios e juízos de valor que podem explicar a inserção dessas figuras de forma sistematicamente articulada

---

671 e ss (Cap. 26, § 6 e ss), delimita a categoria da punibilidade em função das necessidades preventivas da punição nela incluindo as condições objectivas de punibilidade, diversas causas de não punibilidade (em especial os regimes de desistência) e alguma criminalidade bagatelar.

[367] SCHMIDHÄUSER, *Lehrbuch*, 385-386 (nº marg. 8), *Studienbuch*, 260; LANGER, *Sonderverbrechen*, 334 e ss.

[368] SCHÜNEMANN, *SchwZStR*, 149 e ss; apontou já neste sentido, embora com um elenco mais limitado, SCHMIDHÄUSER, *Gesinnungsmerkmale*, 210 e ss.

[369] SCHULTHEISZ, *SchwZStR* 64 (1949), 348, 351; POLAINO NAVARRETE, *Criminalidad actual*, 33; FERRÈ OLIVÈ, *RGDP* 10 (2008), 5 e ss, 12 a 16, incluindo na categoria as condições objectivas de punibilidade, as causas de não punibilidade e vários pressupostos processuais.

[370] GARCIA PEREZ, *Punibilidad*, 342-345.

[371] ZIELINSKI, *Handlungs- und Erfolgsunwert*, 204 e ss, defendendo – sem razão – que o resultado nos crimes materiais constitui uma mera condição objectiva de punibilidade, isto é, um critério de necessidade de pena que acresce ao ilícito praticado.

com os demais presupostos da punibilidade. É evidente que a primeira questão pode condicionar a segunda: caso se admita que tais elementos não têm autonomia dogmática em relação ao tipo, à ilicitude ou à culpabilidade fica esvaziado o espaço dogmático dessa eventual categoria. Caso a resposta seja afirmativa o problema que então se coloca é de natureza diferente: traduz-se em saber se tais elementos são ou não pressupostos materiais da pena e qual a sua unidade axiológica e sistemática. Por isso parece conveniente estabelecer em primeiro lugar a delimitação sistemática dos pressupostos autónomos da punibilidade e só num segundo momento indagar sobre a sua consistência axiológica e a sua inserção sistemática na teoria geral do crime. É a essa tarefa que será dedicado o Capítulo VII deste estudo, que fará a síntese construtiva da análise até aqui realizada. De momento apenas se poderá antecipar, na linha do que tem sido realizado até aqui, algumas dúvidas sobre as construções apresentadas.

Por um lado, é duvidoso que se justifique alargar o âmbito material de uma categoria da punibilidade a elementos tão heterogéneos, para além das condições objectivas de punibilidade e causas de exclusão e anulação da pena. Por outro, as objecções ou reservas que se podem identificar quanto à utilização dos conceitos de merecimento e necessidade de pena na análise do crime situam-se no plano da estrutura metodológica da teoria da infracção penal e do significado dogmático da quarta categoria que é autonomizada por alguns sectores da doutrina. Deve, desde logo, ser tida em linha de conta uma crítica dirigida por VOLK ao pensamento de LANGER: é estranho que nos quadros de um sistema teleológico o único momento dessa natureza surja apenas na quarta categoria, fazendo com que ilícito e culpabilidade sejam categorias compreendidas sem relação com a consequência jurídica que é a pena. Significa isto uma «renúncia a tratar a ilicitude e a culpabilidade, desde o início, como níveis de imputação construídos segundo critérios de política criminal». Desde modo, o principal erro desta construção traduz-se (ainda na opinião de VOLK) em autonomizar o merecimento de pena à custa do esvaziamento da tipicidade, da ilicitude e da culpabilidade[372].

Noutra formulação desta crítica considera VOLK,[373] reflectindo sobre a proposta de SCHÜNEMANN, que a recondução dos critérios de necessidade de pena a uma categoria autónoma posterior à ilicitude e culpabilidade faz com que o

---

[372] VOLK, ZStW 97 (1985), 877-879.
[373] VOLK ZStW 97 (1985), 886-888. Uma parte da argumentação de VOLK está limitada pelo próprio enquadramento de SCHÜNEMANN, que usa os critérios de necessidade de pena para explicar cláusulas legais que surgem nos tipos de crime em especial, resolvendo dessa forma diversos problemas que o sistema alemão suscita relativamente à comparticipação em crimes especiais e ao critério da acessoriedade limitada (problemas entre nós ultrapassados, em parte, pelo regime de comunicação da ilicitude estabelecido no art. 28º do Código Penal – sobre ele, TERESA BELEZA, Ilicitamente comparticipando, 5 e ss).

ilícito culposo se limite a um perigo ou lesão para o bem jurídico e, em consequência, que o facto criminoso, por si só, sem as considerações de necessidade de pena, seria já merecedor de pena[374]. Dessa forma se alargaria desnecessariamente o âmbito da intervenção penal, objecto de uma posterior restrição pelos critérios de necessidade de pena. Um tal procedimento é inaceitável pois em sua opinião a idoneidade, necessidade e proporcionalidade da tutela penal devem ter relevância desde logo na delimitação do núcleo essencial da matéria da proibição, entre outras razões pelo facto de serem princípios fundamentais do poder punitivo estatal acolhidos na Constituição[375].

Os argumentos de VOLK perdem a sua força persuasiva quando se aceita que as categorias da tipicidade, da ilicitude e da culpabilidade possuem uma estrutura bipartida, isto é, uma dimensão axiológica e uma dimensão teleológica, como sustenta BLOY e como, aliás, defendem igualmente LANGER e SCHÜNEMANN. Num sistema teleológico orientado por valores e fins os níveis do sistema de análise do crime devem expressar estas duas dimensões.

O problema que então se coloca será apenas o de saber se, neste contexto, subsistirá algum espaço dogmático para afirmar com autonomia o merecimento e a necessidade da pena. A resposta é não raras vezes negativa: nesse sentido, sugere ROXIN que a utilização do conceito de merecimento de pena nos momentos da tipicidade, da ilicitude e da culpa o esgota para qualquer momento posterior do sistema do facto punível e, por outro lado, a ideia de necessidade de pena teria relevância já na categoria da responsabilidade e não em momento autónomo posterior[376]. Em sentido equivalente, para GARCÍA PÉREZ a incidência dos conceitos de merecimento e necessidade de pena em toda a estrutura do crime faria com que perdessem consistência para fundar a autonomia da categoria da punibilidade[377].

Este é, no entanto, um enquadramento equívoco e dificilmente aceitável, pois assenta em afirmações de alcance indemonstrado ou em premissas discutíveis. Não se compreende por que razão os conceitos de merecimento e necessidade de pena se esgotam obrigatoriamente nas categorias do sistema tripartido, pois

---

[374] Argumento igualmente ponderado por ROMANO, *LH-Roxin*, 146-147, que o desconsidera.
[375] VOLK, *ZStW* 97 (1985), 887: «É questionável, no plano material, o facto de os imperativos constitucionais de idoneidade, necessidade e proporcionalidade da tutela penal nada terem que ver com a descrição nuclear da matéria da proibição. Neste sistema – o de Schünemann – eles apenas se tornam efectivos depois de identificados «os pressupostos mínimos», quando deveriam ser usados como elementos de controlo e de crítica dessas condições mínimas. Esses pressupostos fundamentais não podem ser pensados sem se reportarem à Constituição e não podem ser estranhos às valorações polítco-criminais».
[376] ROXIN, *Strafrecht AT I* (4.ª edição, 2006), § 23, n.º 35 e 39.
[377] GARCÍA PÉREZ, *Punibilidad*, 330.

o que está em causa, em primeiro lugar, é exactamente a existência de figuras legais que não se podem reconduzir dogmaticamente a essas três categorias e que podem ser objecto dessa explicação material. A serem utilizados esses juízos de valor na «quarta categoria» eles seriam formulados *sobre um objecto parcialmente diferente*, o que constituiria uma singularidade suficiente para justificar a distinção em relação aos juízos feitos em sede de tipo de ilícito e tipo de culpa. Por outro lado, é evidente que a limitação quanto ao recurso às finalidades das penas por o mesmo ter enformado a categoria da responsabilidade é, em si mesma, uma limitação específica do sistema de Roxin, que não se repercute nas construções que não aceitam a substituição da categoria da culpa pela categoria da responsabilidade[378].

Pelo contrário, quando se coloca a questão de saber se a compreensão teleológica das categorias da teoria da infracção penal, à luz dos conceitos de merecimento e necessidade de pena, deixa algum espaço para uma categoria autónoma, a resposta deve ser afirmativa em função dos elementos materiais que suportam os juízos de valor e das considerações teleológicas que se realizam em cada uma das categorias dogmáticas. Como foi já demonstrado por Figueiredo Dias, a ubiquidade sistemática do conceito de merecimento de pena, enquanto princípio regulativo, em nada se opõe à sua utilização como elemento gregário dos pressupostos autónomos da punibilidade (sistematicamente estranhos ao ilícito culposo)[379]. Dito de outra forma: a comprovação da possibilidade de em certas circunstâncias serem ou não cumpridas as finalidades de prevenção geral e especial em relação ao autor de um facto ilícito e culposo através da pena estatal pode ser realizada com autonomia valorativa em relação ao ilícito e à culpa. É o que basta para se poder afirmar a autonomia sistemática desses juízos de valor, através dos quais se procura articular a tutela normativa de bens jurídicos com as possíveis consequências e fins da pena estatal.

É evidente que esta via pode conduzir, pelo menos num primeiro momento da construção sistemática, a uma situação igualmente criticada por Volk que observa, em relação ao enquadramento dado por Schmidhäuser aos elementos autónomos do «acontecimento fáctico global», ser essa uma forma essencialmente negativa de construir a «quarta categoria» do sistema de análise do crime que não revela potencialidades para consentir a autonomização de um momento conceptual distinto do ilícito culposo[380]. Mas esta é uma crítica parcelar e precipitada, pois apenas subsiste enquanto e se o enquadramento da «quarta categoria» for

---

[378] Demonstra-o a posição de Figueiredo Dias, *RPCC* 2 (1992), 34, sobre a matéria.
[379] Figueiredo Dias, *RPCC* 2 (1992), 35-36. Agora, *Direito Penal PG I* (2.ª edição, 2007), 671 e ss (Cap. 26, § 7 e ss).
[380] Volk, *ZStW* 97 (1985), 881.

de natureza negativa. Por outro lado, uma delimitação negativa em relação aos elementos que poderão ser reconduzidos ao tipo, à ilicitude e à culpabilidade é sempre necessária no processo de construção sistemática. Trata-se de uma exigência mínima da ideia de sistema como um conjunto organizado e sequencial de elementos que suportam juízos de valor sobre um acontecimento criminalmente relevante que, para manter a sua consistência lógica e axiológica, não comporta repetições ou redundâncias; noutro plano, a própria estrutura metodológica da teoria da infracção penal exige essa delimitação, pois as categorias do sistema de análise do crime são conceitos funcionais com uma densidade axiológica e teleológica, mas os juízos de valor que comportam não surgem de forma arbitrária, pois são determinados pela ponderação de distintos elementos materiais do acontecimento desvalioso ou por aspectos ou parcelas desse acontecimento. Por tudo isto, uma delimitação negativa dos elementos ou aspectos que serão objecto de valoração numa categoria autónoma tem de ser realizada[381]. Apenas se concede que esta delimitação negativa, sendo necessária para autonomizar a «quarta categoria» do sistema de análise do crime, não é por si só suficiente para legitimar esse empreendimento.

Uma objecção decorrente destas consiste, seguindo ainda o pensamento de VOLK[382], em afirmar que a separação sistemática entre o merecimento de pena e a ponderação residual da necessidade da pena se traduz numa organização relativamente arbitrária dos pressupostos da responsabilidade. Na prática isso equivaleria a funcionar com duas estruturas teóricas distintas: por um lado, a imputação da culpa (a retribuição da pena merecida pela culpa) e, por outro, a ponderação das consequências da pena. Nesse sentido, afirmar que o facto culposo pode não necessitar de pena, como faz um amplo sector da doutrina, equivale a manter uma estrutura de imputação da responsabilidade impermeável à necessidade político-criminal da pena ou, por outras palavras, a um sistema retribuição da culpa. Uma tal perspectiva é para VOLK inaceitável, pois o sistema deve ser construído desde o início a partir das finalidades político-criminais do Direito Penal.

A crítica de VOLK é mais um receio, do que um argumento convincente[383]. É certo que pode existir uma aparente discricionariedade dogmática na sepa-

---

[381] FIGUEIREDO DIAS, *RPCC* 2 (1992), 33, sublinha igualmente a necessidade desta delimitação negativa em relação ao tipo de ilícito e ao tipo de culpa, bem como aos pressupostos processuais.
[382] VOLK, *ZStW* 97 (1985), 902 a 905.
[383] Na verdade, VOLK não se opõe ao uso de critérios de merecimento e necessidade de pena: limita-se a não aceitar uma compartimentação sistemática dos dois conceitos, sublinhando a sua ubiquidade e a sua polivalência. Em sua opinião, a política criminal deve ser transportada para o interior do sistema do facto punível, reconhecendo-se que desde a tipificação legal até ao processo penal se efectivam os critérios de merecimento e necessidade de pena (cfr.

ração entre o facto especialmente desvalioso e, por isso, merecedor de pena, da necessidade de a mesma ser aplicada ao agente. Mas tal resulta apenas de ser em si mesma artificial a análise parcelar de uma realidade una e complexa como um facto criminoso[384]. Essa análise é contudo imprescindível como pressuposto de um debate racional e condição essencial para viabilizar esse debate nos limites dum processo penal. Por outro lado, as diferentes valorações que se fazem deixam de ser «arbitrárias», como receia VOLK, quando têm um suporte material, isto é, quando correspondem a juízos de valor sobre diferentes objectos ou sobre diferentes aspectos de uma realidade material. E nesse sentido a pergunta que se deve fazer, em jeito de crítica, é a de saber se elementos distintos que surgem em tipos legais de crime, como por exemplo um resultado ilícito e uma condição objectiva de punibilidade, devem ser sujeitos ao mesmo quadro de valorações. Ou se, diferentemente, distinções materiais na realidade a analisar devem conduzir à formulação de diferentes juízos de valor. Correcta parece ser apenas esta última via, por ser a que melhor se adequa à função sistemática do conceito de crime e aquela que, simultaneamente, se releva adequada para estabelecer a ponte entre a vocação racionalizadora da teoria da infracção penal e as finalidades da pena estatal.

§ 34. Conclusões

1. O sistema clássico de análise do crime utilizava uma categoria autónoma distinta da tipicidade, da ilicitude e da culpabilidade que, com designações diferentes («ameaça penal» em Liszt, «punibilidade» em Radbruch ou «condições da ameaça penal» em Beling), reunia as condições objectivas de punibilidade e (com diferenças entre os Autores) algumas causas de exclusão ou anulação da pena. Essa categoria autónoma constituía o último momento de análise material do

---

VOLK, *ZStW* 97 (1985), 898 a 912). Mas esta compreensão dos problemas não parece ser a mais adequada para prosseguir as diversas funções da teoria da infracção e do processo penal, pois VOLK acaba por tratar sob a mesma designação critérios que reconhece serem distintos não apenas no plano semântico, mas também no plano material. E fá-lo com uma insistente recusa que mais se assemelha a uma simples fobia ideológica ao conceptualismo ou à organização das matérias através do pensamento sistemático. Como sublinha FIGUEIREDO DIAS, *RPCC* 1 (1991), 16-17, mesmo num sistema aberto em que as diversas categorias dogmáticas funcionem como tópicos argumentativos, a *ideia de sistema* é indispensável por razões de segurança, mas, acima de tudo, «porque fora do sistema ou independentemente dele não haveria nunca garantia de ser encontrada a solução *justa* e *adequada* para o caso jurídico penal». E, por isso mesmo, conclui que o pensamento do problema tem de «coexistir forçosamente como o pensamento do sistema».

[384] FIGUEIREDO DIAS, *RPCC* 2 (1992), 36.

crime e conduzia a um regime específico em sede de erro, de comparticipação, de tentativa, de contagem da prescrição e, a ausência ou verificação de um desses elementos, consoante a sua natureza, implicava uma decisão judicial (materialmente) absolutória.

2. A autonomização desse elemento do conceito de crime foi posta em causa pelo normativismo neo-kantiano que, sensivelmente a partir de 1915, com Hegler, Sauer e Max Ernst Mayer, entre outros, se fez sentir em diversas construções da doutrina penal alemã. A normativização do conceito de tipo, a construção teleológica dos elementos integrados no conceito sistemático de crime, a importância assumida pelo conceito de bem jurídico na reformulação da tipicidade e da ilicitude, a superação do conceito psicológico de culpa e a sua reconstrução à luz da ideia de exigibilidade fizeram com que as categorias da tipicidade da ilicitude e da culpabilidade se tornassem o epicentro do sistema do facto punível, em detrimento da autonomia anteriormente reconhecida, por um lado, ao conceito de acção e, por outro, às condições da ameaça penal. Desta forma, o conceito sistemático de crime foi simplificado na sua topografia básica e reduzido ao habitualmente designado sistema tripartido (tipicidade, ilicitude e culpabilidade) ou ao sistema bipartido (ilícito e culpa).

3. O conteúdo material da cada categoria do sistema (tripartido ou bipartido) foi enriquecido e passou a absorver elementos diversos que antes lhe eram estranhos, nomeadamente as condições de punibilidade e as causas de exclusão e anulação da pena. Em linhas gerais, as primeiras foram integradas no tipo ou reconduzidas por exclusão de partes aos pressupostos processuais, enquanto as segundas foram dispersas pela categoria da culpa ou mesmo remetidas para a teoria da pena (embora tal não se tenha verificado no sistema de Hegler). A partir desta reformulação iniciada pelos penalistas que consumaram a ruptura com o positivismo naturalista, em especial por Max Ernst Mayer, Sauer e Mezger, criou-se o mito da suficiência do sistema tripartido (ou bipartido, no caso de Sauer) que prevaleceu na dogmática penal como a matriz essencial do sistema de análise do crime.

4. A negação da autonomia do momento da punibilidade no sistema de análise do crime tem assentado basicamente em duas grandes linhas de argumentação: por um lado, o facto de os pressupostos autónomos da punibilidade surgirem na estrutura metodológica da teoria do crime como um corpo estranho que não poderia ser descrito como uma «característica da acção» (Hegler) e, por outro lado, o facto de a normativização das categorias da tipicidade, da ilicitude e da

culpabilidade ter absorvido, com maior ou menor rigor dogmático, as figuras em causa (Max Ernst Mayer, Sauer, Mezger, Bruns, Armin Kaufmann, Bemmann, Jakobs, entre outros). A par destas duas linhas de argumentação adquire ainda eficácia, embora de forma implícita, um pressuposto metodológico característico dos sistemas fechados de análise do crime: a ideia de que este se esgota nas categorias da tipicidade, da ilicitude e da culpabilidade, sendo certo que, para além delas, mas já fora da teoria do facto punível, apenas se encontrarão os pressupostos processuais e a teoria das consequências jurídicas do crime.

5. O primeiro dos argumentos é o único que possui alguma força argumentativa: os pressupostos autónomos da punibilidade não podem ser transformados em categoria sistemática de análise do crime se não se integrarem harmoniosamente na sua estrutura metodológica, a partir da identificação de juízos de valor que lhes atribuam consistência e singularidade e possam contribuir para caracterizar o acontecimento desvalioso tipicamente descrito em função da eventual aplicação da pena estatatal. A preocupação lógico-classificatória do positivismo naturalista desconsiderou este aspecto e, por isso, reuniu as diversas condições da ameaça penal apenas em função da sua delimitação negativa em relação ao ilícito culposo, o que se revela necessário mas é insuficiente.

6. A autonomia sistemática da categoria da punibilidade só se pode ensaiar se os elementos que nela serão reunidos, apesar de estarem em conexão com o facto típico, tiverem autonomia sistemática em relação ao tipo de ilícito e ao tipo de culpa (delimitação negativa) e, simultaneamente, corresponderem a uma valoração (ou um conjunto de valorações) que os agregue material e funcionalmente em harmonia com a estrutura metodológica do sistema de análise do crime.

7. A diluição das diversas figuras da punibilidade nas categorias da tipicidade, da ilicitude ou da culpabilidade ou, ainda, a sua recondução aos pressupostos processuais, tal como a sua inserção na teoria da pena não podem ser pacificamente aceites quer pela sua falta de rigor dogmático, quer pelas consequências que daí resultam para o funcionamento do sistema penal.

8. A inserção das condições objectivas de punibilidade (e, inclusivamente, algumas causas de exclusão da pena) no tipo ou no tipo de ilícito (como expressão de uma especial gravidade do facto ou sua ausência) gera sempre o problema da sua sujeição ou imunidade ao regime da imputação objectiva e subjectiva. A atenção da doutrina penal tem-se centrado essencialmente no segundo aspecto (embora, na verdade, o âmbito da imputação objectiva condicione a imputa-

ção subjectiva) pela sua conexão com o problema da responsabilidade objectiva oculta. Nesse sentido, as respostas têm sido basicamente duas: a aceitação da incongruência entre o tipo objectivo e subjectivo e, portanto, a imunidade de tais circunstâncias em relação ao regime do dolo, negligência e erro; ou, inversamente, a sujeição de tais circunstância a um limite mínimo de imputação subjectiva, que passaria pela exigência de consciência do agente relativamente à possibilidade de verificação do elemento em causa.

9. A aceitação da incongruência entre o tipo objectivo e o tipo subjectivo evidencia a natureza artificial da recondução de tais figuras à tipicidade. A opção por esse enquadramento terá de ser sempre acompanhada da distinção entre tipo de ilícito e tipo legal, de forma a justificar o tratamento diferenciado de elementos de natureza diversa integrados na mesma categoria dogmática. O que, na prática, implica o reconhecimento da autonomia sistemática e axiológica de tais figuras em relação ao tipo de ilícito e sugere a necessidade, não de uma forçada fusão sistemática, mas antes do seu tratamento diferenciado. Mesmo posições (como a de Mezger, por exemplo) que concebem as condições objectivas de punibilidade como «anexos ao tipo» acabam por indiciar a necessidade da sua autonomização em relação ao tipo de ilícito.

10. A sujeição das condições de punibilidade a um limiar mínimo de imputação subjectiva (consciência da sua possível verificação ou consciência do risco) – que se encontra em autores como Land e Bemmann ou, mais recentemente, em Bricola, Angioni e Roxin – é inaceitável por várias razões: adultera o tipo incriminador construído pelo legislador, cria um título de imputação subjectiva que não está previsto na lei (pois não é verdadeiramente nem um caso de dolo, nem um caso de negligência) e, quando confrontado com o regime do dolo eventual, acaba por inutilizar a aplicação do tipo incriminador em causa por força das regras do concurso de infracções: sempre que a consciência da possibilidade de verificação da circunstância seja seguida de actuação do agente estará indiciado sem elementos probatórios de sentido contrário a existência de dolo eventual em relação a tal circunstância. E quando o dolo eventual de lesão incida sobre uma condição de punibilidade que noutro tipo incriminador seja um resultado ilícito, como acontece com a participação em rixa do artigo 151º do Código Penal, isso implicará a não aplicação do crime de perigo no qual se integra a condição de punibilidade, que cede perante a aplicação do crime de lesão. Deste modo, a tese em apreço acaba por inutilizar não só a condição objectiva de punibilidade como o próprio tipo incriminador onde ela se insere, o que se revela contrário ao princípio da legalidade.

11. A revisão do conceito de ilicitude tem provocado igualmente oscilações sistemáticas nas condições objectivas de punibilidade. Primeiro, com o conceito material de ilicitude dos neo-kantianos que alargou o âmbito do tipo de ilícito e, mais recentemente, com a defesa de um conceito de ilicitude especificamente penal, nas propostas de Günther e Bloy e, em Espanha, de Mir Puig. Neste último contexto, as condições de punibilidade e, inclusivamente, algumas causas de exclusão e anulação da pena são reportadas à ilicitude especificamente penal, esvaziando materialmente o espaço dogmático dos pressupostos autónomos de punibilidade. O resultado que se atinge por esta via não é especialmente satisfatório, pois a doutrina acaba por ter de realizar diversas distinções entre as várias «causas de justificação» assim identificadas, agrupadas em conjuntos de figuras excessivamente heterogéneas que descaracterizam a teoria da justificação. Adaptando uma provocação de Bemmann, «causas de exclusão da ilicitude penal» é algo que não existe. É preferível nesta matéria continuar a trabalhar autonomamente com as categorias da justificação e da não punibilidade, em vez de as fundir materialmente numa única categoria excessivamente complexa, heterogénea e difícil adesão às valorações legais. Entre nós uma concepção desta natureza implicaria inclusivamente uma restrição *in malam partem* do regime previsto no artigo 16.º, n.º 2, do Código Penal. Não se nega a hipótese de algumas cláusulas da parte especial poderem ser consideradas causas de justificação, o que não se pode aceitar é a adulteração do conteúdo e âmbito da categoria decorrente do conceito de ilicitude especificamente penal sobre as dirimentes específicas que a partir daí se identificariam.

12. A integração de algumas causas de não punibilidade na categoria da culpa justifica-se materialmente sempre que, à luz de uma concepção tradicional de culpa, estejam em causa circunstâncias que afectam a capacidade de motivação do agente, mas nos demais casos é de rejeitar. O que implica, entre outros aspectos, que não é de aceitar a reformulação da categoria da culpabilidade à luz da teoria dos fins das penas transformando-a numa categoria mais vasta, a da responsabilidade, como acontece na construção de Roxin. A categoria da responsabilidade revela-se excessivamente heterogénea pela diversidade de circunstâncias que, na formulação de Roxin, pretende integrar. O que equivale, na prática, a deslocar o problema da habitual heterogeneidade da categoria da punibilidade para outro momento do sistema de análise do crime sem qualquer vantagem dogmática significativa.

13. Afigura-se igualmente essencial repensar a afectação sistemática das figuras da punibilidade confrontando-as não só com a tipicidade, a ilicitude e a culpa-

bilidade, mas também com a teoria dos pressupostos processuais e com a teoria da pena. Não parece contudo possível integrar circunstâncias que ainda caracterizam o facto típico na teoria da pena, como propõem, Grispini, Alimena, e actualmente Di Martino ou Erika Mendes de Carvalho e, entre nós, Cavaleiro de Ferreira, Gomes da Silva, Robin de Andrade, Oliveira Ascensão e Germano Marques da Silva.

14. Mais problemática é a delimitação dessas figuras em relação aos pressupostos processuais que terá ainda de ser retomada, designadamente pela riqueza de consequências práticas que a envolve. Seguramente de rejeitar é a proposta, mais radical (defendida, na doutrina italiana, por Giuliani) de reconduzir todas as condições de punibilidade à teoria dos pressupostos processuais, pois nessa deslocação sistemática estariam abrangidas diversas circunstâncias que se encontram relacionadas com o facto típico. Já outras soluções mais moderadas, como as defendidas em parte por Bemmann e Jakobs e, noutro contexto, por Bricola, Angioni ou Romano, que entendem ser necessário confrontar algumas das condições de punibilidade com a sua eventual recondução à teoria dos pressupostos processuais, carecem de uma especial atenção, embora condicionada à análise de cada uma das figuras individualmente consideradas.

15. Uma corrente significativa da dogmática penal reconhece autonomia sistemática aos pressupostos autónomos da punibilidade, articulando-os com a tipicidade, a ilicitude e a culpabilidade, mas não os transforma numa categoria autónoma no sistema de análise do crime. Foi esta a via seguida por Sauer (na década de 50), Gallas, Welzel ou Engisch e, entre nós, por Eduardo Correia e, mais recentemente, por Maria Fernanda Palma e Américo Taipa de Carvalho. Esta corrente funda-se basicamente na ideia de que as diversas figuras da punibilidade não correspondem a uma estruturação essencial do crime, antes se revelam como particularidades específicas de alguns tipos incriminadores da Parte Especial. Por isso, não poderiam ser transformados em categoria geral. Sendo menos criticável do que as teses que simplesmente diluem os pressupostos autónomos de punibilidade noutras categorias dogmáticas, esta concepção não pode igualmente ser aceite. Os pressupostos autónomos de punibilidade surgem de forma positiva em algumas figuras da Parte Especial, mas isso não significa que não concretizem uma valoração genérica intrínseca ao facto declarado criminoso pelo legislador penal. Confirma-o, exactamente, a sua consideração em especial: a hipótese de excluir uma característica em função de uma valoração singular supõe a sua verificação positiva como um aspecto axiológico do facto criminoso. Por outro lado, existem figuras de carácter geral que negam a

bondade desse pressuposto, como a existência de regimes gerais de desistência aplicáveis a qualquer incriminação e a qualquer modalidade de comparticipação (arts. 24º e 25º do Código Penal). Sempre que um facto é praticado até um certo momento (o da consumação material) e em certas condições (*v.g.* impedimento da consumação, formal ou material, esforço sério e voluntariedade) pode ser excluída a punibilidade do mesmo. O que vale por dizer que a punibilidade é uma característica genérica de qualquer facto criminoso e não apenas uma singularidade de algumas infracções em especial. O regime geral da desistência comprova-o adicionalmente.

16. A autonomia sistemática dos pressupostos autónomos da punibilidade relativamente aos elementos do tipo de ilícito e do tipo de culpa é essencial para delimitar um possível objecto de valoração da categoria da punibilidade. Por isso, uma primeira delimitação terá de ser sempre negativa: a categoria da punibilidade reunirá elementos das normas penais que, estando ainda relacionadas com o facto típico, não podem ser integrados nem na tipicidade, nem na ilicitude, nem na culpabilidade. Foi essa delimitação negativa que conduziu Liszt a autonomizar a ameaça penal, em função de critérios meramente classificatórios dos elementos das normas penais. Conseguiu desse modo isolar um regime jurídico específico, mas não autonomizou uma categoria dogmática a partir de critérios materiais e sistemáticos. Para além desta autonomia sistemática de cada figura isoladamente considerada, só será possível e justificável autonomizar um novo momento na teoria do facto punível se tais elementos forem agregados com critérios e juízos de valor que lhes atribuam unidade sistemática e sentido funcional na teoria do crime. A procura deste conteúdo axiológico tem conduzido a doutrina à identificação de diferentes fundamentos materiais para a «quarta categoria» do sistema de análise do crime.

17. Na doutrina mais antiga (por exemplo, em Binding ou Beling) associava-se as condições de ameaça penal (as segundas condições, na terminologia de Binding) ao interesse do Estado em punir ou à ausência desse interesse. Tratava-se, no fundo, de seguir um critério de ponderação de interesses, embora não fossem pormenorizados os interesses que podiam conflituar com a pretensão punitiva do Estado e, em especial, não se esclarecesse por que razão a pretensão punitiva do Estado poderia recuar. Mais segura era a fundamentação sistemática para considerar tais elementos estranhos à infracção penal: tratava-se de elementos que, na teoria das normas de Binding, eram estranhos ao delito (isto é, à violação da norma de dever pelo cidadão) embora integrassem o crime (as «segundas condições da ameaça penal») como critérios dirigidos ao aplicador do Direito.

18. Alguma doutrina nesse mesmo período começou a identificar os interesses em causa como «interesses extra-penais» (de política geral, de Direito internacional, de natureza familiar, etc.) explicando, desse modo, a existência de condições da ameaça penal estranhas ao ilícito culposo. Essa ideia surge no início do século em Goldschmidt, Hegler, Max Ernst Mayer e, já na década de 30, em Rittler, Zimmerl e Radbruch. Na década de 50, é invocada por Sauer e, a partir dos anos 70, surge, nomeadamente, em Roxin, Lenckner, Jescheck, Rudophi, Bloy, Muñoz Conde ou Wolter. A ideia fundamental consiste em afirmar que os pressupostos autónomos de punibilidade (cuja extensão varia de sistema para sistema) se explicam pelo acolhimento de interesses estranhos ao Direito Penal que determinariam a não punibilidade do ilícito culposo cometido pelo agente.

19. Esta forma de compreender a «quarta categoria», apesar de acolhida por sectores muito significativos da doutrina penal, é insuficiente e inadequada à natureza e função do sistema de análise do crime. Insuficiente porque não é verdadeiramente um critério, mas apenas a estrutura de um possível critério. Insuficiente ainda porque não introduz qualquer crivo selectivo na escolha dos interesses preponderantes e, em especial, porque não explica por que razão pode nesses casos ser afastada a punibilidade em nome do interesse em causa. É, por outro lado, um fundamento estranho à natureza e finalidade do sistema de análise do crime, através do qual se procura debater as condições de atribuição ou negação da pena estatal e não a prevalência de interesses extra-penais. Finalmente, num sistema aberto de análise do crime dilui-se a contraposição entre fins político-criminais e fins extra-penais, sendo certo que o acolhimento destes em detrimento da atribuição da responsabilidade criminal é, por excelência, uma questão de política criminal e não uma realidade que lhe seja estranha.

20. A insatisfação provocada por este enquadramento, tem conduzido outros sectores da doutrina penal a completá-lo com critérios adicionais ou, inclusivamente, a identificar critérios alternativos para explicar a não punibilidade de um ilícito culposo no sistema de análise do crime. Assim, na Alemanha, Wolter procura explicar a categoria da punibilidade (onde debate as condições da «autorização para punir») a partir de duas ordens de valorações: finalidades políticas gerais (ou interesses extra-penais) e fins jurídico constitucionais específicos, relacionados com objectivos político-criminais. Nos primeiros, Wolter atribui relevância a interesses de política externa, de política económica, de política parlamentar e de política familiar; nos segundos pondera situações diversas como o facto ter sido praticado numa situação de provocação estatal (com recurso a

um agente provocador), de as provas recolhidas terem sido conseguidas através de tortura ou com técnicas de descodificação realizadas por via da engenharia genética, a hipótese de a duração da prisão preventiva ter excedido a pena aplicável ao facto e as situações de danos diferidos no tempo. Nestes últimos casos, Wolter autonomiza a figura das «causas de anulação da pena de origem pública». Através destas cláusulas ficariam relativizados ou bloqueados os objectivos da tutela penal que cedem perante os interesses descritos. No plano dogmático, a autonomização deste momento de análise do crime adquire relevância em sede de participação e erro.

21. A parte mais original da construção da punibilidade em Wolter reside na figura das «causas de anulação da pena de origem pública», na medida em que, através delas, se procura tornar consequente o programa político-criminal do Estado de Direito em sentido material e as valorações constitucionais dominantes na matéria. A debilidade da construção exposta resulta, em especial, da insuficiente fundamentação com que Wolter apoia a sua proposta e, reflexamente, da ausência de um teste sistemático sobre a viabilidade de tais figuras em relação ao Direito vigente. Uma parte significativa dos problemas equacionados por Wolter tem natureza processual e motiva uma resposta igualmente processual. Nesta perspectiva, é dificilmente compreensível que se pondere na teoria do crime uma absolvição pelo facto em função de problemas processuais subsequentes. Mas através da autonomização dessas cláusulas e do reconhecimento da sua necessidade obtém-se um resultado importante: fica indiciada a insuficiência do sistema tripartido (ou bipartido) para cumprir integralmente o programa político-criminal do Estado de Direito em sentido material. E esse é já um passo importante para a construção de um sistema aberto de análise do crime que antecipe (pelo menos) uma parte do programa político-criminal do Estado de Direito em sentido material, reflectindo-o de forma consequente nas categorias dogmáticas de análise e atribuição da responsabilidade criminal.

22. Alguns sectores da doutrina penal procuram relacionar os pressupostos autónomos de punibilidade com o princípio da subsidiariedade da intervenção penal e, a partir daí, identificam um momento específico no sistema de análise do crime. Esta via, subjacente à função restritiva que habitualmente é reconhecida aos pressupostos autónomos de punibilidade, foi recentemente ensaiada em Espanha por García Pérez, para quem a invocação do princípio da subsidiariedade se traduz na ponderação da relação entre *os custos* e *os benefícios* da intervenção penal, sendo apenas legítimo recorrer à pena estatal quando a prevenção dos ataques aos bens jurídicos através da pena justifique os custos

que esta implica. A comparação entre os custos e os benefícios será favorável à intervenção penal quando os meios menos lesivos sejam menos eficazes do que a intervenção penal, mas também quando se ponderam nesta relação outros interesses distintos daqueles que estão directamente vinculados à pena. Neste enquadramento, a categoria da punibilidade abrangerá três grupos de circunstâncias que legitimam a restrição da intervenção penal fora dos quadros do ilícito culposo: as circunstâncias que implicam uma restrição da pena com a finalidade de proteger interesses que não estão directamente vinculados à sanção penal (*v.g.* cláusulas de reciprocidade, cláusulas de isenção de pena que visam facilitar a ruptura entre os agentes nos crimes de rebelião ou sedição); a restrição da pena a partir da verificação de que outros mecanismos que não a intervenção penal conseguem prosseguir as finalidades desta com menores custos em relação à sanção penal (*v.g.* as cláusulas legais de desistência ou outros mecanismos de reparação da vítima); finalmente, um conjunto residual de figuras que, sem dizerem respeito aos aspectos anteriores, constituem ainda uma expressão do princípio da subsidiariedade (por exemplo, a prescrição do crime e da pena e o regime das amnistias e dos indultos). Em suma, a categoria da punibilidade seria, nesta construção, um momento autónomo na teoria do crime onde se ponderaria «a justificação social da pena».

23. O esforço de teorização da categoria da punibilidade nesta construção é assinalável, mas insuficiente e, em boa parte, inaceitável. Um princípio geral (da subsidiariedade da intervenção penal) não pode substituir directamente uma categoria valorativa da teoria do crime, pela diferente natureza e função de cada uma dessas figuras. Não é, igualmente, pacífico o conteúdo material que García Pérez atribui ao princípio da subsidiariedade, reconduzindo-o a uma ponderação entre custo e benefícios. Tão pouco é adequado à estrutura metodológica do sistema de análise do crime invocar a relação entre os custos e os benefícios da intervenção penal como matriz axiológica da categoria da punibilidade, pois essa parece ser a operação típica do legislador ao seleccionar as condutas puníveis e as circunstâncias em que o faz, mas não a operação hermenêutica do aplicador do Direito quando usa a teoria do crime como instrumento de análise e valoração dos factos que integram o objecto do processo. O resultado desta forma de conceber o momento da punibilidade é uma categoria ainda mais heterogénea do que o habitual, que inclui tanto condições objectivas de punibilidade e causas de exclusão e anulação da pena, como factos extintivos da responsabilidade criminal (prescrição, indultos e amnistias) sem relação com o facto típico. Em última instância, esta compreensão da categoria da punibilidade pode colidir com o princípio da separação de poderes, por permitir ao juiz penal uma decisão com base em critérios que são próprios do legislador penal.

24. A função restritiva do princípio da subsidiariedade é retomada por Massimo Donini como ponto de partida para reflectir sobre o problema da categoria da punibilidade, não para lhe conferir uma autonomia positiva (enquanto categoria dogmática da teoria do crime) mas para lhe reconhecer uma formulação funcional negativa extra-sistemática que se traduz na efectiva não punibilidade do facto. Para decidir da punibilidade de um facto o sistema penal deve em sua opinião contar com três instrumentos distintos: a teoria do crime, a teoria da pena e a não punibilidade. Esta não é uma categoria sistemática subsequente ao ilícito culposo, mas sim uma pura categoria autónoma e funcional, externa à análise do crime, que integra critérios de merecimento e necessidade de pena que operam para além do edifício sistemático do crime. Critérios teleológicos que permitem invocar não só os fins das penas tradicionais, mas também ponderar o interesse penal na punição à luz de outros interesses, inclusivamente interesses de natureza não penal. A não punibilidade constitui assim uma forma de corrigir o actual excesso de criminalização em abstracto (agravado ainda pelo princípio da obrigatoriedade na promoção da acção penal) através de uma «desaplicação teleológica» (*disapplicazione finalizzata*) da pena legalmente cominada que dá cumprimento ao princípio da subsidiariedade. A não punibilidade não se limita a aspectos substantivos relativos à criminalização em abstracto (como condições objectivas de punibilidade ou causas de não punibilidade): inclui, além destes, também respostas de natureza processual e soluções que vão até ao momento de execução das sanções (soluções premiais, prescrição, retirada da queixa, improcedibilidade superveniente, mecanismos processuais de recomposição de interesses, etc.). Tais hipóteses podem agrupar-se segundo Donini em duas grandes categorias: neutralização do dano e prossecução de finalidades ou exigências de economia processual ou de interesses extra-penais autónomos em relação ao ilícito culposo cometido. As respostas oferecidas pelo sistema penal para o efeito seriam legitimadas pelas próprias finalidades das penas e pelo papel do Estado na resolução de conflitos através do processo. Para o efeito, o Estado não poderá continuar a exercer o poder punitivo com uma postura autoritária clássica, deve antes assumir uma posição mediadora, discursiva e dialéctica, congruente com matriz contratualista que o fundamenta.

25. O diagnóstico de Massimo Donini sobre a evolução dos sistemas penais actuais é lúcido, correcto e adequado à realidade. A solução que propugna suscita contudo sérias reservas. Não é claro que a autonomização formal desta categoria extravagante da «não punibilidade» seja a via adequada para proceder à racionalização do excesso de poder punitivo do Estado. A proposta de Massimo Donini implica uma assimetria metodológica incompreensível: ela sugere, como ponto de partida, uma desvalorização sistemática dos pressupostos autónomos da puni-

bilidade (condições objectivas de punibilidade, causas originárias de exclusão da punibilidade e causas pessoais de anulação da punibilidade) enquanto elementos de análise do crime (sistematicamente integrados na categoria da punibilidade, que igualmente desconsidera) para os acabar por valorizar num momento extra-sistemático estranho ao ilícito culposo, isto é, no plano da mera neutralização fáctica da pretensão punitiva do Estado (naquilo que designa por «desaplicação teleológica»). Não é de todo evidente a razão pela qual tais elementos cumpririam melhor a sua função e os objectivos político criminais que os legitimam fora do sistema de análise do crime do que reunidos numa categoria que permitiria decidir sobre a relevância do facto punível. Tão pouco é evidente que tais elementos – que têm conexão com o acontecimento fáctico valorado no ilícito culposo – possam ser metodologicamente desvinculados deste e remetidos para fora do sistema do facto punível, onde seriam equiparados a figuras e elementos completamente distintos (queixa, prescrição, negociação processual, soluções premiais, etc.), cujo único elemento gregário acabaria por ser a correcção funcional da pretensão punitiva abstracta. Uma correcção empírica, dificilmente racionalizável perante a multiplicidade de figuras heterogéneas que integraria e cujo único mérito parece consistir numa desconsideração das expectativas normativas a favor do realismo no funcionamento do sistema penal.

26. A proposta de Donini acaba por se expor à crítica que o próprio dirige às tentativas doutrinárias de construir uma categoria da punibilidade posterior ao ilícito culposo: se a categoria tradicional da punibilidade é pouco consistente e não homogénea, uma categoria da «não punibilidade» com incidência substantiva, processual e política, reconduzida a uma ideia contratualista de gestão eficiente dos conflitos penais na sociedade moderna, só pode agravar a falta de homogeneidade, de consistência axiológica e da dificuldade de controlo racional de tais soluções.

27. Uma linha bastante divulgada na doutrina penal europeia associa os pressupostos autónomos de punibilidade à relevância de critérios de política criminal, utilidade e oportunidade da pena na teoria do crime. As formulações usadas para expressar esta ideia são diversas, mas todas obedecem ao princípio de que a responsabilidade penal pode ser excluída quando, por falta de uma condições objectiva de punibilidade ou pela verificação de uma causa de exclusão ou anulação da pena, a atribuição da pena estatal se revelar inútil ou inoportuna do ponto de vista político-criminal. Posições nesta linha de orientação, encontram-se com incidências distintas na doutrina francesa que, desde o início do século XIX, desenvolveu a figura da *excuses absolutoire,* como Ortolan ou Garraud e, já

no século XX, Bouzat, Decoqc, Donnedieu de Vabres ou Merle e Vitu. Na Alemanha, em Itália e Espanha a invocação deste fundamento surge por exemplo em Jescheck, Eser e Burkhardt, Schaad, Wessels, Marinucci, Dolcini, F. Mantovani, Romano ou Bustos Ramírez, e, entre nós, em Teresa Beleza. Nem sempre a invocação deste fundamento conduz a doutrina a autonomizar uma categoria na teoria do crime: por vezes ele surge apenas como uma explicação pontual para a configuração de uma incriminação em especial. Noutros casos, estes critérios são invocados a par dos interesses extra-penais, da necessidade da pena ou de considerações de economia processual.

28. O acolhimento de critérios de política criminal, de utilidade e oportunidade da pena estatal para explicar os pressupostos autónomos de punibilidade constitui um caminho adequado à moderna configuração da teoria do crime como um sistema aberto, mas pela sua excessiva generalidade releva-se insuficiente para autonomizar uma nova categoria dogmática. A invocação de critérios dessa natureza deixa por esclarecer em que consistem os motivos de política criminal e por que razão será inútil ou inoportuna a pena estatal. Em alguns autores é possível verificar que os critérios em causa se reportam à prossecução das finalidades preventivas da pena estatal, o que constitui uma via especialmente fértil para a construção dogmática do momento da punibilidade no sistema (aberto) da teoria do crime. Mas, assim sendo, parece preferível invocar expressamente esses conteúdos político-criminais sob a designação conceptual de merecimento e necessidade de pena, por se tratar de conceitos com um conteúdo material mais rico e partilhado por diversos sectores da doutrina penal.

29. Na moderna construção da teoria do crime surgem com especial importância os conceitos de merecimento e necessidade de pena, a diversos níveis: como princípios fundadores e orientadores das categorias dogmáticas, como critérios materiais que orientam o legislador e o aplicador do Direito na criação e interpretação dos tipos penais ou, inclusivamente, como momentos autónomos de análise do crime. Nem todas estas funções se revelam adequadas ao conteúdo dos conceitos em causa. É preferível conceber o merecimento e a necessidade de pena como princípios regulativos que se projectam, no todo ou em parte, nas categorias dogmáticas em função de parcelas do acontecimento desvalioso que são seleccionadas como objecto de valoração. Através do merecimento de pena organiza-se um conjunto de critérios materiais que permitem seleccionar os factos penalmente relevantes e interpretar os tipos penais, identificando a componente de desvalor de cada facto e a razoabilidade de o mesmo integrar uma solução jurídico-penal. O conceito de necessidade de pena, por seu turno, per-

mite aferir criticamente a relação entre os meios e os fins no processo de análise e atribuição da responsabilidade penal: permite um controlo especificamente dirigido sobre a adequação político-criminal do recurso à ameaça penal.

30. A doutrina não é unânime nem quanto à terminologia nem quanto ao significado e conteúdo que tais conceitos possuem na teoria do crime. Algumas correntes utilizam os conceitos de merecimento e necessidade de pena para conferir autonomia a uma nova categoria sistemática. Assim, autores como Schmidhäuser, Zipf, Langer e, entre nós, Figueiredo Dias e Ribeiro de Faria autonomizam um momento específico de análise do crime sob o conceito de merecimento penal (ou dignidade penal) que reúne aspectos diversos, em especial as finalidades preventivas da pena estatal. Já em Hassemer, Frisch ou Polaino Navarrete essas ponderações são reconduzidas à ideia de adequação da pena, como categoria subsequente ao ilícito culposo. Com esse mesmo conteúdo, Schultheisz, Stratenwerth, Jescheck, Zielinski, Schünemann, Volk e, entre nós, Sousa e Brito ou Damião Cunha, invocam o conceito de necessidade de pena (ou carência de pena) como um momento autónomo no sistema de análise do crime.

31. Mais importante que as divergências nominais e classificatórias em torno do merecimento e da necessidade de pena é a sua efectiva autonomização a partir da articulação entre um objecto de valoração que não se reconduz ao tipo de ilícito e ao tipo de culpa (as condições objectivas de punibilidade e as causas de exclusão e anulação da pena) e um conjunto de valorações materiais orientadas pelas finalidades da pena estatal. Neste sentido, a invocação de critérios de merecimento e necessidade de pena permite ponderar de forma específica e autónoma a adequação político-criminal das sanções penais à luz das finalidades (preventivas e retributivas) da pena estatal (o que é bem documentado no sistema proposto por Frisch, por exemplo). Sendo certo que não existe pena sem crime mas também não existe crime sem pena, a análise da responsabilidade penal deve conjugar os critérios de merecimento penal (do facto e do autor) e de necessidade da pena estatal. Estes dois crivos de análise e valoração devem articular-se de forma a que toda a pena estatal seja simultaneamente justa e útil, à luz das finalidades que a legitimam.

32. Os conceitos de merecimento e necessidade de pena possuem funções polivalentes no sistema penal. Funcionam como crivos de legitimação crítica da intervenção legislativa, como referentes materiais para a interpretação da lei e construção dos conceitos jurídico-penais e como juízos de valor sobre aspectos materiais do facto (ou circunstâncias imediatamente conexas com o facto

típico) sistematicamente articulados na teoria do crime. As condições objectivas de punibilidade e as causas de exclusão e anulação da pena, pela sua autonomia dogmática em relação ao ilícito culposo, constituem um suporte específico desses juízos de valor que num sistema aberto de análise do crime podem atravessar todas as categorias dogmáticas, mas se podem igualmente autonomizar em função de um objecto de valoração estranho ao tipo de ilícito e ao tipo de culpa.

33. Desse modo se poderá projectar num sistema aberto de análise do crime um momento específico de valoração que pondere a adequação político criminal da pena estatal e a relação entre os meios eleitos e os fins a prosseguir (Hassemer, Schünemann, Frisch, Figueiredo Dias, Costa Andrade). Esse momento autónomo implica sempre a articulação entre um objecto de valoração e juízos de valor: o primeiro, por razões sistemáticas, terá sempre de ser estranho mas conexo com o ilícito culposo, o que o limitará, contra a opinião de alguma doutrina (Schmidhäuser, Langer, Schünemann) a certas figuras (condições objectivas de punibilidade e causas de exclusão e anulação da pena); os segundos são frequentemente reportados à necessidade de pena, mas o seu conteúdo material pode ser mais rico e diferenciado, pois a pena pode ser questionada na sua necessidade em função de critérios diversos.

Capítulo VII
Estrutura da teoria do crime
e autonomia da categoria da punibilidade

§ 35. Razão de ordem

1. Os capítulos anteriores permitiram avançar significativamente na compreensão do problema da autonomia da categoria da punibilidade na teoria do crime, em função dos elementos histórico-dogmáticos que se foram reunindo e da análise dos diversos argumentos que têm orientado as propostas de enquadramento sistemático das figuras em causa. Por essa via foi possível testar a consistência argumentativa das soluções que se encontram relativamente à autonomia da categoria da punibilidade. Em grande medida o capítulo VI constituiu uma «placa giratória» na economia deste estudo, já que permitiu, por um lado, organizar as diversas soluções sobre o tema e, por outro, a sua consideração crítica foi simultaneamente o esboçar de um mapa onde se encontram os caminhos possíveis para responder ao problema colocado.

Esse percurso crítico-construtivo foi então realizado em função das grandes linhas de argumentação que se têm identificado na evolução da teoria do crime. Uma outra perspectiva, diferente mas igualmente necessária, traduz-se em analisar o problema a partir da estrutura interna do sistema do facto punível (isto é, da sua arquitectura metodológica) e, nesse contexto, comprovar a necessidade de autonomizar a categoria, identificando o seu fundamento, as suas linhas de fronteira e o seu regime jurídico-penal. Será este o objecto essencial do presente capítulo.

A categoria da punibilidade não pode surgir como um corpo estranho na estrutura metodológica do sistema do facto punível. Pelo contrário, a ser autonomizada terá de se integrar e coordenar no plano material e funcional com os demais níveis de análise. Estes, por seu turno, surgem no discurso dogmático com uma aparência de homogeneidade enganadora. A sequência metodológica que descreve o crime como um facto típico, ilícito, culposo e punível sugere um nivelamento estrutural entre os diversos momentos e uma equivalência de procedimentos metodológicos que não correspondem à realidade. Na teoria do crime convergem desde a sua origem (por sucessiva incorporação histórica) diferentes estruturas metodológicas de análise e valoração da realidade criminalmente relevante e distintas tradições dogmáticas, o que faz com que a sequência descrita seja consideravelmente heterogénea. A comprovação da tipicidade, os critérios de imputação do acontecimento desvalioso, a análise da ilicitude e da culpabilidade, bem como das causas de justificação, desculpa ou não punibilidade, revelam procedimentos diversos no plano metodológico. A ponderação de um nível distinto de análise, autónomo em relação ao tipo de ilícito e ao tipo de culpa, pressupõe o esclarecimento da natureza desses momentos e a sua articulação com essa estrutura dogmática.

Todos estes aspectos implicam a caracterização metodológica dos diversos níveis usados no sistema do facto punível, sendo certo que tal empreendimento está condicionado por um problema básico: como se relaciona a teoria do crime com a lei penal? Apesar de vigorar no sistema penal o princípio da legalidade, as respostas a esta interrogação não são uniformes. As perspectivas que se encontram na doutrina interferem significativamente com a configuração dum nível específico de análise do crime como a punibilidade. Assim, quem conceba a teoria do crime como uma estrutura hermenêutica deduzida da lei vigente tenderá aceitar a autonomia de uma nova categoria dogmática na exacta medida em que tal corresponda a uma necessidade de leitura e organização decorrente do próprio Direito positivo (isto é, do Direito legislado). Diversamente, quem considere a sua estrutura metodológica se desenvolve de forma independente em relação à lei pode enfrentar o problema da autonomia de uma nova categoria dogmática sem estar absolutamente condicionado pela concreta configuração da lei penal.

Equacionado o problema a partir da relação entre a lei penal e a estrutura metodológica da teoria da infracção, outros aspectos devem ser ponderados, quer ao nível do *conteúdo* (como por exemplo a relação entre valor, norma e dever ou a inserção metodológica dos critérios de imputação na teoria do crime) quer ao nível da sua *função* (designadamente, o cumprimento de princípios básicos do sistema penal, como o princípio da responsabilidade pessoal ou a sua manifestação processual ao serviço do princípio do contraditório).

2. A autonomia de uma categoria dogmática no sistema de análise do crime pressupõe pelo menos duas coisas: um objecto distinto do ilícito culposo e, em ligação com ele, juízos de valor que racionalizem a aplicação da lei e a atribui-

ção de responsabilidade penal. *Matéria* e *valoração* são os pilares das categorias dogmáticas que integram o sistema do facto punível.

A individualização destes elementos em relação ao ilícito culposo exige o enquadramento da punibilidade na estrutura metodológica da teoria do crime. Nesse sentido, começa-se (§ 36) por se analisar neste capítulo um conjunto de elementos que contribuem para legitimar material e funcionalmente o recurso à teoria do crime (como a sua relação com a lei penal), o que permitirá avançar para o esclarecimento de algumas estruturas dogmáticas, como a exigência de violação de um dever legal ou a separação metodológica entre os critérios de imputação do facto, a relevância da norma penal de comportamento e os juízos de valor formulados sobre aspectos do facto imputado ao agente. Todo o crime pressupõe a violação dum dever contido numa lei penal, mas nem toda a violação de um dever é necessariamente um crime. Essa qualificação depende da realização do tipo e da imputação desse facto a um agente (no âmbito dum tipo incriminador) e da valoração que o sistema penal realize sobre facto (e suas circunstâncias). Estas valorações são não apenas ordenadoras, mas também constitutivas e legitimadoras da decisão penal.

A teoria do crime constitui um meio privilegiado de concretização pessoal da responsabilidade penal, acolhe e desenvolve as valorações dominantes no sistema que orientam a atribuição da pena estatal e revela-se um instrumento essencial para o exercício do contraditório do processo penal. Os elementos apresentados irão clarificar dois aspectos importantes: a natureza de sistema aberto e a heterogeneidade das diversas estruturas metodológicas que a integram, onde se realizam operações de imputação do facto, de subsunção e de valoração do acontecimento, em ordem a decidir da atribuição ou negação da pena estatal. É neste contexto metodológico que se pode identificar com mais rigor a singularidade dogmática da categoria da punibilidade: o seu objecto, a sua natureza metodológica e a relevância sistemática da sua autonomização no sistema de análise do crime.

Feito este percurso, estaremos em condições de apresentar um esquema de reorganização dos diversos momentos da teoria do crime em função do seu objecto, da natureza dos elementos que integram e das valorações que lhe dão consistência (§ 37). Cada nível de análise do crime revela-se uma síntese de aspectos materiais e juízos de valor funcionalizados à atribuição ou negação da pena estatal. O debate sobre a responsabilidade jurídico-penal de alguém deve realizar-se numa sequência de três momentos essenciais: a comprovação do *tipo de ilícito*, do *tipo de culpa* e do *tipo de punibilidade*. Esses momentos são apresentados nos quadros dum pensamento tipológico, em que o tipo de punibilidade reúne elementos materiais e juízos de valor que têm como função restringir o âmbito da intervenção penal em harmonia com as finalidades da pena estatal e os crivos de aferição da sua legitimidade constitucional. O tipo de punibilidade é assim composto por circunstâncias materiais e por juízos de valor que reforçam as condições de merecimento e necessidade de pena (adequação, proporcionalidade e necessidade preventiva da pena) do facto imputado a um agente como ilícito culposo (§ 37, III). Este enquadramento ganha a sua legitimidade material no princípio da proporcionalidade enquanto limite de qualquer restrição a direitos, liberdades e garantias fundamentais e matriz essencial do conceito material crime (§ 37, IV).

O presente capítulo continuará (§ 38) com a identificação dos critérios dogmáticos que podem clarificar a linha delimitadora entre as figuras que integram o tipo de punibilidade, autonomizando os aspectos materiais em relação aos aspectos processuais (§ 38, II) e os elementos do facto ilícito e culposo em relação aos pressupostos da punibilidade, na sua dimensão positiva e na sua vertente negativa (§ 38, III e IV). Procurar-se-á deste modo clarificar a separação entre pressupostos materiais e pressupostos processuais da responsabilidade penal (§ 38, II), delimitar as condições objectivas de punibilidade em relação ao facto e ao resultado, a partir da compreensão do facto ilícito em função da norma de comportamento e da capacidade de domínio do agente (§ 38, III). Uma vez clarificada a sua autonomia avalia-se a possibilidade de o legislador recorrer à figura das condições objectivas de punibilidade num sistema penal orientado pelo princípio da culpa (§ 38, III). Uma delimitação sistemática equivalente terá de ser feita perante outras figuras, como as causas de justificação e a dispensa de pena, em relação às causas de não punibilidade (§ 38, IV). Termina-se esta parte com uma análise sobre a extensão material do tipo de punibilidade, isto é, o conjunto de figuras ou situações que o devem integrar ou que o podem afastar (§ 38, V).

§ 36. Estruturas, elementos e funções da dogmática penal

I. A construção dogmática e a lei penal

1. A ampla divulgação do modelo sistemático de análise do crime e a estabilidade da sua estrutura nominal básica durante o século XX não permitem ignorar um problema de fundo que este modelo suscita. A questão foi já enunciada no início deste estudo (§ 1): como se relaciona o esquema metodológico de aplicação da lei e análise da responsabilidade penal (a teoria do crime ou o sistema do facto punível), que implica também a classificação e aplicação do Direito vigente, com a própria lei?

A resposta a esta questão não tem sido evidente, nem uniforme. Para o positivismo naturalista o conceito geral de crime correspondia a uma generalização sistemática realizada sobre as incriminações em especial (LISZT), através de um processo de análise que progredia de conceitos genéricos para conceitos específicos[1]. Por isso, para RADBRUCH (na sua tese de habilitação, de 1904) a relação entre a lei penal e o sistema de análise do crime não se revelava problemática. A estrutura metodológica da teoria do crime decorria da aplicação das estruturas da lógica formal cognitiva aos mecanismos de compreensão da lei penal e, em especial, da progressão analítica com base nos conceitos de «género próximo» e «diferença específica». Este percurso não era em si mesmo questionado. Tratava-se de um método de determinar o conteúdo da «acção punível», conceito que a própria lei utilizava ao longo do Código Penal. Desse modo, a teoria do facto punível estava em harmonia com a lei penal vigente, sendo apresentada como uma técnica de concretização do conceito legal referido através da organização de um sistema de conceitos[2].

Esta via de legitimação metodológica que sublinha a coincidência entre o conteúdo da lei penal e a teoria do crime subsiste de forma expressa ou implícita até à actualidade. Ela está presente quando a teoria do crime é apresentada como um processo de generalização realizado a partir dos diversos tipos de crime em especial, como sugeriu TERESA BELEZA (na década de 80). A teoria do crime seria um esquema metodológico a seguir pelo juiz no momento de aplicar a lei penal a um caso concreto. Esse esquema corresponderia aos «traços comuns de todos os tipos de crime que existem na parte especial do Código Penal, para, por abstracção, chegar a uma definição teórica de crime – não uma definição legal e normativa». O objecto da teoria da infracção seria, assim, a análise dos elementos comuns a todos os tipos de crime[3]. Com outros contornos, ela está igualmente subjacente à afirmação de JESCHECK de que teoria do facto punível decorreria da lei penal vigente, o que seria evidenciado pela coincidência conceitual entre a teoria geral do crime e as disposições da lei penal acolhidas na Parte Geral[4].

A ideia de que a teoria do crime se traduz num conjunto organizado de elementos retirados ou deduzidos da lei penal constitui uma forma aparentemente simples de legitimar este procedimento metodológico face ao princípio da legalidade criminal. O modelo de teoria do crime que resulta destas concepções assenta numa articulação lógica de conceitos gerais que facilitam a compreen-

---

[1] LISZT, «Rechtgut und Handlungsbegriff im Bindingschen Handbuche», *ZStW* 6 (1886), 666 e 686 e ss.
[2] RADBRUCH, *Handlungsbegriff*, 71-76.
[3] TERESA PIZARRO BELEZA, *Direito Penal II*, 13 e ss, *maxime* 15 e 16.
[4] Na última edição do seu manual, JESCHECK/WEIGEND, *Lehrbuch*, § 21, II, 1: «A teoria geral do crime deve deduzir-se da *lei* ou, pelo menos, ser compatível com ela» (itálico no original). A segunda alternativa formulada apenas foi aditada na penúltima edição (a 4.ª) do *Lehrbuch*. Agora, em termos semelhantes, FRISTER, *Strafrecht AT* (5.ª edição, 2011), 79. Sobre a evolução do pensamento de Jescheck nesta matéria, TORÍO LOPEZ, *ADPCP* (1989), 491.

são e aplicação do Direito positivo, organizados num sistema tendencialmente fechado e historicamente dependente do Direito legislado. Assim entendida, a sua capacidade crítico-construtiva é relativamente limitada. Este caminho acabaria por obscurecer os aspectos mais problemáticos da questão, designadamente o facto de a leitura das normas penais à luz das categorias sistemáticas da teoria do facto punível poder implicar uma reconstrução do Direito legislado (que lhe pode alterar o sentido e o alcance) ou o facto de não existir uma exacta coincidência entre a lei penal e o conteúdo das estruturas metodológicas de análise da responsabilidade penal.

Na realidade, a teoria do crime não se limita a organizar elementos usados pelo legislador na Parte Especial ou na Parte Geral. A sua natureza e alcance são mais vastos e heterogéneos. Uma perspectiva desta natureza não descreve de forma completamente exacta a natureza, a origem e as funções da teoria do crime. Para ser adequada à realidade a que se refere deveria existir uma coincidência entre os elementos dos crimes em especial e os elementos da teoria do facto punível, o que não se verifica. Quando se aceita que é pressuposto da imputação do facto ao autor o domínio do facto típico, este elemento tal como as próprias estruturas e critérios de imputação não decorrem da lei. De igual modo, quando se afirma (em algumas perspectivas) que a exigibilidade constitui um pressuposto da culpa do agente, esse elemento não se infere, nem remotamente, da descrição típica das normas incriminadoras em especial. Quando se reconhece que o agente pode ser isento de pena e absolvido porque impediu voluntariamente a consumação do crime ou se esforçou seriamente nesse sentido (arts 24º e 25º do Código Penal) estamos a valorar elementos que condicionam a atribuição da responsabilidade penal que também não são inferidos do texto das incriminações em especial. O que facilmente se compreenderá caso se aceite que a teoria do crime integra, ordena e dá significado não apenas aos elementos dos tipos incriminadores da Parte Especial, mas sim e também às normas que constam da Parte Geral do Código Penal e a estruturas de imputação historicamente sedimentadas que não decorrem necessariamente de lei expressa.

No plano metodológico, a sequência da análise do crime e o significado sistemático dos seus diversos níveis tão pouco resultam de uma generalização dos elementos que integram os singulares tipos de crime[5]. A ordem sequencial que

---

[5] Neste sentido, NAUCKE, *Straftatlehre*, 12-13. Coincidente, TORÍO LÓPEZ, *ADPCP* (1989), 491-492: «O que parece assente actualmente é que a vinculação da construção jurídico-penal à base legislativa positivada se debilitou. As propostas metodológicas da orientação técnico--jurídica, com a sua aspiração de neutralidade valorativa, pertencem ao passado. O sistema conceptual do Direito Penal não se limita a reflectir o positivamente dado, articulando-o num quadro lógico, fechado, de conceitos. Isto impediria a diversidade das teorias do crime. Antes pelo contrário, o sistema incorpora na investigação critérios teleológicos, que, pela

parte da acção típica para a ilicitude, a culpabilidade e punibilidade não pode ser descrita como uma abstracção generalizada a partir das incriminações em especial. Distinções sistemáticas como a possibilidade de existir legítima defesa contra um facto ilícito não culposo ou a sua inadmissibilidade em relação a factos justificados também não decorrem da configuração dos ilícitos.

É certo que a lei penal reconhece algumas distinções sistemáticas como a exigência de uma *acção* ou *omissão* (artigos 1.º, 2.º, 3.º, 7.º, 10.º, n.º 1), a necessidade de subsunção a um *tipo legal* (artigos 1.º, n.º 1, 2.º, n.º 1, 10.º, n.º 1, art. 14.º, 16.º, n.º 1, 22.º, nº 2 al. a), a distinção entre *ilicitude* (artigos 28.º, 29.º, 31.º, 32.º, 34.º, 36.º), *culpabilidade* (artigos 17º, 29º, 35º, 37º, 40º, nº 2) e *não punibilidade* (artigos 23.º, 24.º, 25.º, todos do Código Penal), esta de contornos dogmáticos mais fluidos. Mas estas distinções e a terminologia que lhes está subjacente constituem uma manifestação da influência da doutrina sobre a lei e nem sempre revelam uma intencionalidade sistemática consequente por parte do legislador. A coincidência conceitual entre a lei e as categorias sistemática não é de forma alguma significativa para o problema em causa, apenas revela que os esquemas de análise e os conceitos desenvolvidos pela doutrina têm sido progressivamente acolhidos pelo legislador[6]. O que numa perspectiva histórica evidencia que tais elementos são construídos antes das soluções legais e não dependem da concreta configuração da lei penal.

Esta antecipação doutrinária corresponde a uma função de criação e experimentação de soluções que caracteriza a teoria do crime e, de forma mais vasta, a actividade dogmática desenvolvida pela doutrina[7]. Uma parte significativa dos conceitos, critérios e soluções que no seu conjunto compõem o sistema de análise do crime foi desenvolvida *extra legem* ou *praeter legem*, por via doutrinária ou jurisprudencial, sendo por vezes acolhidos pela lei que, noutros casos, mantém sobre essas matérias um evidente laconismo, embora não possa ser devidamente

---

sua própria natureza, não possuem rigidez, antes se encontram dotados de elasticidade» (p. 492). Noutra passagem: «A orientação global da teoria do crime, e não apenas os problemas particulares da parte especial ou da parte geral, tão pouco está pré determinada no Direito positivo» (*ADPCP*, 1989, 506, com mais desenvolvimentos). Ainda, ROBLES PLANAS, *ZIS* 2 (2010), 136, 137: «a elaboração das categorias dogmáticas da ilicitude e da culpabilidade ou a separação entre imputação e valoração como pressupostos do crime são processos sistemáticos que pouco têm a ver com alguns elementos positivos, se não antes com teorias sobre a essência do delito e sobre a legítima classificação de um acontecimento como delito».

[6] Neste sentido, ROXIN, *Strafrecht*, AT I (4ª edição, 2006), § 7, n.º 13; MAURACH/ZIPF, *Strafrecht, AT I*, § 14, I, 1; JESCHECK/WEIGEND, *Lehrbuch*, § 21, II; TORÍO LOPEZ, *ADPCP* (1989), 491; SANTIAGO NINO, *Consideraciones sobre la dogmática jurídica*, 108.

[7] DONINI, *Teoria del reato*, 1.

aplicada sem tais elementos[8]. O que acaba por confirmar a ideia expressa por NAUCKE no sentido de a teoria do facto punível ser «um programa anterior à lei», ao qual a própria lei se deve adaptar[9]. Noutros termos: a história da dogmática penal antecipa em parte a história da legislação penal.

Em sentido exactamente oposto às concepções que vinculam o sistema do facto punível ao Direito legislado, afirma HRUSCHKA que o sistema de análise do crime nada tem a ver com a lei penal. A teoria do crime é, em sua opinião, «algo completamente diferente do Código Penal e, por isso, as determinações da lei, consciente ou inconscientemente, de forma suficiente ou insuficiente, são orientadas no próprio objecto da doutrina penal»[10]. O problema de que se ocupa a teoria do crime é uma questão com um lastro histórico que transcende e ofusca a formulação contingente de uma certa concepção metodológica ou de um acidente legislativo. Trata-se da questão de saber (ainda na formulação de HRUSCHKA) quando e em que condições a violação de um dever pode ser imputável a alguém[11]. Com essa formulação, o problema é na verdade intemporal: remonta à antiguidade clássica, é objecto das Sagradas Escrituras, foi estudado pela teologia medieval e desenvolvido pela neo-escolástica, mereceu a atenção do humanismo renascentista e da filosofia prática setecentista, foi recebido pelos criminalistas do Iluminismo, passou através deles para as codificações penais liberais (veja-se Capítulos II e III deste estudo) e, desde aí, o Direito escrito tem expressado, de forma mais ou menos limitada, algumas das dimensões desse problema. A sua relação com a lei penal escrita é assim relativamente recente.

Uma via intermédia reconhece, com ENGISCH, que cabe à Dogmática decidir o âmbito do conceito de crime, embora essa tarefa deva ser realizada a partir (*auf Grund*) da vontade do legislador[12]. A lei não é a origem da teoria do crime nem uma realidade que lhe seja completamente estranha, mas sim como um dos

---

[8] Pense-se, por exemplo, nos critérios que permitem determinar a causalidade, a imputação objectiva ou a delimitação dos deveres de garante nos crimes comissivos por omissão. Assim, TORIO LOPEZ, *ADPCP* (1989), 500 e ss; BALDÓ LAVILLA, *Homenaje-Roxin*, 380-381.

[9] NAUCKE, *Straftatlehre*, 13. Em sentido equivalente, TORÍO LÓPEZ, *ADPCP* (1989), 501: «A legislação caminha atrás da teoria, como mostra a história da codificação em Itália, Suíça, Alemanha, Áustria ou Portugal nas últimas décadas. A construção dos sistemas penais baseia-se, assim, no conhecimento científico e em países com uma razoável cultura jurídica nos pareceres dos peritos. Na realidade, é a legislação penal que se deduz da teoria do crime. Não se passa o contrário, como sustentava o positivismo jurídico. E isto revela-se com clareza na evolução dos dogmas mais característicos da parte geral» (com mais desenvolvimentos, ainda pp. 506 e ss e 513 e ss). No mesmo sentido, ROBLES PLANAS, *ZIS* 2 (2010), 136.

[10] HRUSCHKA, *JZ* (1985), 8. Coincidente, ROBLES PLANAS, *ZIS* 2 (2010), 136 e 142.

[11] HRUSCHKA, *JZ* (1985), 8-9.

[12] ENGISCH, *Logische überlegungen zur Verbrechensdefinition*, 354-355, 365, sobre a relativa in-depen-dência do conceito de facto punível relativamente à lei.

referentes da construção dogmática. A forma como a lei é considerada na construção do sistema de análise do crime revela-se susceptível de graduação: pode ser apresentada como um dos fundamentos usados pela dogmática (ENGISCH), como um meio, vinculativo para a dogmática, de selecção da realidade a valorar (ROXIN) ou, de forma mais débil, como um mero limite (e nunca como um fundamento) da construção do sistema de análise do crime (FIGUEIREDO DIAS, HASSEMER ou FRISCH)[13].

A fórmula usada por ENGISCH não esclarece em que aspectos a vontade do legislador condiciona a construção dogmática. Mais longe na concretização dessa relação vai ROXIN que a estabelece em vários planos: seria o próprio legislador a fornecer à dogmática a selecção do material ôntico, ético e social juridicamente relevante; nas suas palavras, «depende do arbítrio do legislador e dos seus critérios valorativos qual das diversas configurações prévias que estão à sua disposição quer transformar na base da sua regulação»[14], cabendo ao intérprete extrair da lei (da Parte Geral e dos tipos em especial) os critérios valorativos determinantes e as diferenciações axiológicas que orientam o Direito legislado[15]. No campo da construção dos conceitos jurídico-penais e da aplicação da lei, à Dogmática apenas será lícito desenvolver politico-criminalmente o sistema penal no âmbito da lei, ou seja, nos limites da interpretação[16]. Para além disso, à Dogmática estará vedada a construção *contra legem*, a partir de meras convicções pessoais ou com um sentido correctivo das opções legislativas vigentes, sendo apenas legítimo, em caso de discordância relativamente ao Direito legislado, elaborar propostas para o legislador[17].

A esta limitação forte da Dogmática pelo Legislador preconizada por ROXIN, contrapõe FIGUEIREDO DIAS uma concepção minimalista, basicamente recondutível ao cumprimento do princípio da legalidade criminal. Sendo a lei um limite inequívoco da actividade dogmática, esse limite rege apenas «um momento inicial» de mera subsunção formal. A partir daí «toda a construção da doutrina do crime não se encontra submetida a qualquer limitação ou exigência de ordem formal-subsuntiva»[18]. A lei não é nesta perspectiva o fundamento da construção dogmática: «A «matéria» da regulamentação jurídica e de consideração dogmática – escreve o Autor – não retira o conteúdo de sentido da valoração do legislador ou do aplicador, antes é «previamente dada» através de princípios e de

---

[13] Para uma perspectiva da relação entre os aspectos legais e extra-legais na construção dogmática, ROXIN, *Täterschaft*, 19-25 (§ 5).
[14] ROXIN, *Täterschaft*, 20.
[15] ROXIN, *Täterschaft*, 22.
[16] ROXIN, *Strafrecht, AT I* (4.ª edição, 2006), § 7, n.º 76-78.
[17] ROXIN, *Strafrecht, AT I* (4.ª edição, 2006), § 7, n.º 78-79.
[18] FIGUEIREDO DIAS, *RPCC* 1 (1991), 15-16.

estruturas de desenvolvimento ônticas, éticas e – sobretudo – sociais»[19]. Deste modo, afirma FIGUEIREDO DIAS a «autonomia da valoração» como matriz da construção dogmática (distinta da mera subsunção formal), orientada pelas finalidades valorativas e ordenadoras de natureza político-criminal»[20]. Em sentido substancialmente equivalente, considera HASSEMER que «o conceito jurídico-penal de crime não pode ser contrário ao do legislador; mas também não pode, em caso algum, ser apenas deduzido da lei; pelo contrário, trata-se antes (...) de um produto sistematicamente elaborado pela Ciência jurídico-penal que completa o conceito político criminal de crime a partir de outro ponto de vista»[21]. Se assim não for, as categorias dogmáticas acabam por ser determinadas por uma espécie de «arbitrariedade positivista», na contundente expressão de FRISCH, quando na realidade as opções do legislador são condicionadas por factores de consenso pré-legislativo[22].

2. Apenas estas últimas perspectivas respeitam a história dogmática de construção das categorias do sistema do facto punível e se adequam à sua função, sem o subjugar a matrizes teóricas do positivismo legalista. A lei é apenas um dos muitos elementos a ter em conta na elaboração e desenvolvimento da teoria do crime. Numa certa perspectiva político-jurídica, a lei pode ser um limite, em alguns momentos, da análise da responsabilidade penal, mas não o fundamento único das valorações do sistema de análise do crime.

A teoria do crime não extrai portanto a sua legitimidade da lei (ou de uma particular relação com a lei) mas da especial autoridade que lhe advém do facto de permitir encontrar soluções materialmente justas que pressupõem «um consenso de fundo», «uma linguagem comum» e um «entendimento científico consolidado»[23]. Soluções equacionadas dentro do sistema, mas formuladas antes

---

[19] FIGUEIREDO DIAS, *RPCC* 1 (1991), 13-14.
[20] FIGUEIREDO DIAS, *RPCC* 1 (1991), 14 e, sobre toda a questão, 13-16. Depois, Direito Penal PG I (2.ª edição, 2007), 27 e ss (Cap. 3.º, § 15 e ss). Coincidente, AUGUSTO SILVA DIAS, *Delicta in se*, 556, quando afirma (em crítica a Welzel e Jakobs) que «a dogmática jurídico-penal é um saber cujo objecto se encontra impregnado de referências morais universais e de um «ethos» político que colhem num determinado mundo da vida o seu sentido mais profundo».
[21] HASSEMER, *NK-StGB, vor* § 1, n.º 235, e agora HASSEMER/NEUMANN, *NK-StGB* (2005), *vor* § 1, n.º 93. Neste sentido, também AUGUSTO SILVA DIAS, *Delicta in se*, 543 e ss, 555 e ss, e notas; depois, ROBLES PLANAS, *ZIS* 2 (2010), 136, 141, 142.
[22] FRISCH, *Strafrechtssystem*, 155, em ligação com o que escreve a p. 139-140, 154, 157-159, criticando a forma de construção das categorias dogmáticas por Wolter. Coincidente, creio, AUGUSTO SILVA DIAS, *Delicta in se*, 376 e ss, 551, 561, referindo-se a um consenso racional como pressuposto da validade das soluções dogmáticas.
[23] DONINI, *Teoria del reato*, 23.

do processo penal concreto onde se discute a responsabilidade de um arguido específico[24]. É deste consenso historicamente construído, do seu rigor científico, do distanciamento em relação ao caso concreto e da adequação aos valores e fins da vida em sociedade e do sistema penal que a teoria do crime retira a sua legitimidade material e a sua autoridade científica. A exigência de «subsunção formal» não se limita aliás à integração do facto no tipo de garantia, podendo reflectir-se, por outras razões, na recondução dos acontecimentos penalmente relevantes a tipos justificadores, a tipos de desculpa e a tipos específicos de punibilidade (v.g. a cláusulas legais de não punibilidade). Isto não faz da teoria do crime um mero esquema de subsunção progressiva[25], sendo apenas uma exigência básica de respeito por algumas opções do legislador penal manifestadas nas normas que possuam as funções descritas.

Uma exigência de integração do acontecimento no tipo que terá de ser feita em nome dos valores e fins do sistema acolhidos pelo legislador e não apenas por respeito a uma vontade legislativa superior formalmente expressa nas normas legais. A função crítica da teoria do crime exige esse distanciamento da lei[26]. A autonomia das valorações, por outro lado, implica uma selecção crítica e funcional dos valores relevantes, sujeita a um ónus de argumentação racional que obste ao mero subjectivismo: não é legítimo eleger uma qualquer valoração ética ou social para enquadrar a responsabilidade penal, mas apenas e só aquelas valorações que estejam em sintonia com os valores político-criminais do sistema e que expressam uma ordem de preferências funcionalmente orientada por critérios de intervenção penal e pelas finalidades da pena estatal, sem contradição axiológica com os valores e interesses tutelados pelo sistema. Um quadro de valorações desta natureza não pode derrogar a axiologia constitucional, devendo respeitar os princípios estruturantes do Estado de Direito em sentido material

---

[24] NAUCKE, *Straftatlehre*, 34, e, depois, *Brigham Young University Law Review* (1984), 315-316.

[25] Ao contrário do que sugere a terminologia usada por SOUSA E BRITO, *Sentido e Valor* (separata de *Direito e Justiça*, IV, 1989/1990) 113 e ss, e, mais recentemente, *LH-Roxin*, 101 e ss. A apresentação da teoria do crime como um esquema de subsunção progressiva (assente na comparação e diferença entre os factos e a lei) pode sugerir erradamente que a sua estrutura metodológica se limita a uma operação de recondução interpretativa do acontecimento às diversas cláusulas legais que lhe dizem respeito, o que remeteria para uma concepção neo-positivista da teoria do crime. Não é este, contudo, o sentido que Sousa Brito dá ao sistema de análise do crime, pois essa subsunção está na sua concepção ao serviço da valoração sucessiva do facto nos seus diversos aspectos; valoração que arranca da subsunção indiciária ao tipo e confirma, no final, após as sucessivas etapas desenvolvidas em espiral hermenêutica, a plena realização do tipo incriminador (claramente, SOUSA E BRITO, *LH-Roxin*, 105-106 e 111). Mas, por isso mesmo, a expressão «subsunção», quando usada para descrever a articulação metodológica de todas as etapas do sistema de análise do crime, pode ser equívoca.

[26] NAUCKE, *Straftatlehre*, 30 a 33, e ainda *Brigham Young University Law Review* (1984), 315-319.

(*v.g.* o elenco dos direitos fundamentais, o pluralismo moral, ético, religioso e político, bem como toda a «Constituição Penal»)[27].

Esses crivos materiais funcionam quer para os mecanismos de criminalização, quer para as estruturas teóricas de neutralização da responsabilidade penal. Numa lógica de subsidiariedade da intervenção penal (que, entre nós, adquire expressão no art. 18º, nº 2, da Constituição) nem toda a agressão a interesse relevantes merece tutela penal, assumindo os pressupostos autónomos de punibilidade – tal como as demais causas de exclusão da responsabilidade penal – uma função de delimitação racional do âmbito da intervenção punitiva. De igual modo, também no tema da punibilidade não é legítimo invocar um qualquer aspecto (ôntico, ético ou social) para limitar o âmbito da tutela penal legislativamente tipificada. O que para a construção material das causas de não punibilidade, em sentido estrito, ou para os elementos positivos autónomos (as condições objectivas de punibilidade) significa uma exigência de não contradição entre as diversas valorações que podem conduzir à não punibilidade de um ilícito culposo e a Constituição material do Estado, para além da adequação do seu conteúdo às finalidades da pena estatal. De forma sintética, as condições de punibilidade ou de não punibilidade de um ilícito culposo não podem colidir com as valorações constitucionais vigentes e devem ser adequadas à prossecução dos fins legítimos da pena estatal[28].

II. Análise, contraditório e processo

1. A análise jurídica do crime adquire plena eficácia quando realizada no processo legalmente previsto. O seu desenvolvimento doutrinário é fundamental para criar, aprofundar e estabilizar as estruturas de imputação e valoração da responsabilidade, mas a sua aplicação real é feita no processo. Nos Estados de Direito o processo penal tem uma natureza constitutiva relativamente à res-

---

[27] Sobre as dimensões problemáticas desta relação, MARIA FERNANDA PALMA, *Direito Constitucional Penal*, 2006, 13 e ss. Para ROBLES PLANAS, *ZIS* 2 (2010), 141, «os limites e sujeições da dogmática jurídico-penal não são outros que não os que decorrem das próprias ideias de justiça e direito e as suas competências terminam onde começa a irracionalidade das premissas».

[28] Não pode por exemplo existir uma cláusula de não punibilidade que viole o princípio da igualdade perante a lei. Sobre a necessidade de controlo constitucional da não punibilidade, BRICOLA, *Commentario della Costituzione*, 1981, art. 25., 275 e ss; STORTONI, «Profili constituzionali della non punibilità», *Ridpp* (1984), 626 e ss, e depois DONINI, *L'Indice penale* 3 (2001), 1052 e ss. Com mais informação, o meu estudo anterior *A relevância da desistência*, 125 e ss. Para um enquadramento mais amplo, alargado à legitimação e imposição constitucional de outras dirimentes, MARIA FERNANDA PALMA, *O princípio da desculpa*, 162 e ss (designadamente, por referência ao conceito material de «Estado de Justiça»).

ponsabilidade penal, pois é a única via legítima para derrogar juridicamente a presunção constitucional de inocência do arguido (consagrada no artigo 32.º, n.º 2, da Constituição) de que beneficia qualquer pessoa investida processualmente nessa qualidade[29]. Assim é também entre nós, já que a Constituição desenha o modelo de Estado vigente sobre a dignidade da pessoa humana e os direitos fundamentais (nomeadamente, a liberdade e a segurança – artigos 1.º, 2.º e 27.º) e afirma o princípio da presunção de inocência do arguido (artigo 32.º, n.º 2), apenas admitindo a restrição de natureza penal a direitos, liberdades e garantias através de decisões processuais de natureza judicial (artigos 27.º, n.º 2, 28.º, n.º 1, e 32.º, n.º 2, todos da Constituição).

Qualquer estrutura de análise da responsabilidade criminal, como a teoria do crime, possui uma especial autoridade científica por ser antecipadamente formulada em relação aos processos a que pode ser aplicada[30]. Por isso é em regra imune aos condicionalismos do caso concreto e às estratégias processuais, designadamente as que passam pela manipulação das soluções dogmáticas. Mas, em função da natureza constitutiva do processo penal, a teoria do crime torna-se particularmente consequente ao ser usada no processo penal. Não se trata, como adverte BOTTKE, de uma «varinha mágica», mas sim de «uma plataforma na qual o diálogo científico pode progredir»[31].

A utilização da teoria do crime no processo permite destacar as suas funções práticas[32]. Para o tribunal constitui um esquema de análise que permite

---

[29] VOLK, *ZStW* 97 (1985), 905 e ss. Também NAUCKE, *Straftatlehre*, 11, e *Strafrecht*, 240-241. Ainda, MARXEN, *Straftatsystem*, 129 e ss, invocando uma natureza constitutiva do processo penal relativamente ao próprio conceito de crime em função da sua essencialidade para debater a responsabilidade criminal. Sobre a necessidade de articulação entre o sistema penal substantivo e o sistema processual, FRISCH, *Strafrechtssystem*, 199 e ss.

[30] NAUCKE, *Straftatlehre*, 34.

[31] BOTTKE, *Methodik und Systematic*, 573.

[32] Em pormenor, SCHILD, *Straftat*, 46 e ss, e ROXIN, *Strafrecht, AT I* (4.ª edição, 2006), § 7, n.º 37 e ss. Entre nós, AUGUSTO SILVA DIAS, *Delicta in se*, 542 e ss e 564, refere-se a «um discurso aplicativo de imputação», e MARIA FERNANDA PALMA, *RPCC* 9 (1999), 533-535, a uma «teoria da decisão sobre a imputação penal, num sistema jurídico aberto à consideração de outras linguagens». Para uma perspectiva processualista (mas, por isso mesmo, limitada) da teoria do crime, HALL, «Entwicklung des Verbrechensbegriffes aus dem Geist des Prozesses», *FS- Hellmuth Mayer*, 1966, 35 e ss, sugerindo uma associação – que não é historicamente comprovável – sobre superação do causalismo em função da transição processual dos modelos inquisitórios para os modelos acusatórios do processo penal. Neste sentido, KAI AMBOS, «100 Años de la «Teoria del Delito» de Beling: renacimiento del concepto causal de delito en el âmbito internacional?», in *RECPC* 09-05 (2007), 8-9, fazendo notar que o modelo causalista de compreensão do ilícito penal é adoptado em sistemas acusatórios como o inglês e norte-americano.

(auto) disciplinar o processo de formação da decisão e controlar a sua evolução com critérios selectivos, racionais e antecipadamente conhecidos. Desse modo, é possível eliminar do processo decisório os aspectos do acontecimento isentos de significado e ordenar a relevância dos que devem ser tidos em conta[33]. Para os demais sujeitos processuais, a teoria do crime permite uma comunicação eficaz e um controlo sobre o processo de formação da decisão judicial, quer ao nível da dinâmica do processo anterior à decisão judicial, quer ao nível do recurso da decisão final. A antecipação das consequências jurídicas de cada um dos aspectos do acontecimento desvalioso que integra o objecto do processo é igualmente possível pelo uso (expresso ou implícito) de um esquema de análise e comunicação como o da teoria do crime[34]. Através da teoria do crime consegue-se separar o essencial do acessório e, dessa forma, dirigir a investigação criminal, a defesa ou a audiência para os aspectos mais importantes e consequentes. Se, por exemplo, se aceitar que o erro do agente sobre as condições objectivas de punibilidade não tem relevância jurídica na nossa lei, por ser estranho ao regime do art. 16º e do art. 17º do Código Penal (o que é discutível), é possível evitar realizar diligências de investigação nesse sentido ou, na perspectiva da defesa, evitar diligências probatórias ou incidentes de argumentação centrados sobre esse aspecto do caso (por se revelarem inúteis para a decisão material). O que se afirma para a investigação ou para a defesa, pode igualmente estender-se à dinâmica da instrução ou da audiência de julgamento. Em qualquer caso, o tribunal e os demais sujeitos processuais podem dirigir o debate instrutório ou a audiência em função do que se revele essencial para a decisão da causa, eliminando os aspectos que não têm essa relevância.

A teoria do crime permite assim um diagnóstico rápido sobre o essencial para a investigação e para o debate num processo penal (função de eliminação de problemas), funciona como um método de formação e controlo da decisão judicial (função de controlo do processo de decisão) e, do ponto de vista da dinâmica judicial, permite que os sujeitos processuais disponham de uma grelha comum para

---

[33] RÖDIG, *FS-Lange*, 62, nota 48, fala a este propósito de «rigor lógico» e de «economia do pensamento» permitidos pela estrutura de análise do crime. Ainda, MARIA FERNANDA PALMA, *RPCC* 9 (1999), 534.

[34] Por isso mesmo é exacto associar a teoria do crime e a antecipação que permite em relação às consequências jurídicas dos factos ao princípio da segurança jurídica (veja-se *supra* § 2 deste estudo). Neste sentido, expressamente, BALDÓ LAVILLA, *Homenage-Roxin*, 369, relacionando o desenvolvimento das estruturas de imputação que através da teoria do crime se têm afirmado na Parte Geral do Direito Penal, nos seguintes termos: «... no âmbito da Parte Geral, induz mais «segurança jurídica» uma construção dogmática bem desenvolvida pelos teóricos, bem difundida entre os aplicadores do Direito e bem conhecida dos destinatários das normas primárias, do que qualquer determinação pretensamente exaustiva do legislador».

desenvolver a sua argumentação e fundamentar as suas pretensões (e decisões) no processo de forma racional, comunicativa e controlável (função argumentativa)[35]. Trata-se, portanto, de um método de conhecimento, um método de argumentação e um método de organização da fundamentação das decisões penais, que realiza postulados essenciais do Estado de Direito (SCHILD): objectividade, uniformidade e controlabilidade das decisões tomadas no processo penal[36].

2. A racionalização e economia do debate entre os diversos sujeitos processuais são enquadradas pelo *sistema invisível* (na expressiva designação de RADBRUCH) que constitui a teoria do crime e os seus diversos níveis de análise, imputação e valoração. Desta forma, acaba por ser algo mais do que uma estrutura teórica valiosa pela economia, racionalidade e possibilidades de comunicação que oferece aos diversos sujeitos processuais. É, verdadeiramente, um instrumento essencial para o exercício do contraditório no processo penal. Só se pode falar de contraditório real se, para além da possibilidade de se pronunciarem no processo sobre questões de facto ou de Direito, os sujeitos processuais o fizerem em circunstâncias que permitam uma comunicação jurídica efectiva e consequente entre si. A estrutura acusatória do processo e a imparcialidade do tribunal pressupõem essa comunicação eficaz entre os sujeitos processuais como forma de influenciar e controlar legitimamente uma decisão que só deve surgir em função do conteúdo da audiência. Essa comunicação não é garantida apenas pela lei. Está previamente configurada pelo *sistema invisível* da teoria do crime que constitui a grelha comum de análise, imputação e valoração dos factos que integram o objecto do processo. Em última instância, a teoria do crime constitui uma plataforma de comunicação sobre uma parte do processo judicial decisório. Dito de forma mais categórica: sem a teoria do crime (ou um esquema teórico que cumpra funções equivalentes) não existe um contraditório efectivo e consequente no processo penal.

Perspectivada neste contexto processual, a racionalização dos diversos elementos relevantes para a análise da responsabilidade penal deve ser plena e completa. Não devem existir aspectos do acontecimento desvalioso que, sendo relevantes para a responsabilidade penal, possam ficar subtraídos aos crivos de

---

[35] SCHILD, *Straftat*, 46 e ss, *maxime* 54 a 77 e 87 a 99; BURKHARDT, *Die Deutsche Strafrechtswissenschaft*, 117-119; MARIA FERNANDA PALMA, *RPCC* 9 (1999), 534; AUGUSTO SILVA DIAS, *Delicta in se*, 542-543 e ss e 564.

[36] SCHILD, *Straftat*, 57-60, e ROXIN, *Strafrecht, AT I* (4.ª edição, 2006), § 7, n.º 39 e ss, apreciando as vantagens e riscos do pensamento sistemático. Entre nós, FIGUEIREDO DIAS, *RPCC* 1 (1991), 16-22, e, depois, *Direito Penal*, PG I (2.ª edição, 2007), 27 e ss. MARIA FERNANDA PALMA, *RPCC* 9 (1999), 531 e ss; AUGUSTO SILVA DIAS, *Delicta in se*, 542 e ss; TAIPA DE CARVALHO, *Direito Penal PG* (2.ª edição, 2008), 243. Também ROBLES PLANAS, *ZIS* 2 (2010), 139.

análise, imputação e valoração que se desenvolvem através da teoria do crime[37]. Se a categoria dogmática da punibilidade permitir organizar e racionalizar elementos que, de outra forma, ficariam remetidos para «zonas francas» imunes aos crivos de racionalidade da teoria do crime, estará não só a reforçar a consistência sistemática da teoria do crime, como também a alargar o alcance do contraditório no processo penal.

A legitimação duma categoria da punibilidade é assim dupla: ela afere-se no plano substantivo, em função do rigor com que organiza axiologicamente os aspectos do acontecimento desvalioso que, não sendo objecto das demais categorias dogmáticas, são importantes para a sua adequada valoração à luz possível aplicação da pena estal e das suas finalidades; e, no plano processual, pelo controlo que permite exercer sobre o processo de formação das decisões processuais, isto é, pelo alcance que dessa forma adquire o contraditório no processo penal.

III. Dever, norma, valor

1. A teoria do crime é um método de análise e de imputação da responsabilidade penal que, como se referiu, não resulta directamente da lei através de operações de natureza dedutiva. O método de aplicação das normas e de construção das decisões penais constitui uma síntese de aspectos materiais, lógicos e axiológicos que integram todo o sistema jurídico numa progressiva sedimentação histórica e, nesse sentido, não pode ser objecto de uma apropriação (ou mesmo regulamentação) pelo legislador penal, por se tratar de matéria que transcende a contingência da decisão legislativa e a natureza efémera do mandato representativo[38].

O ordenamento jurídico-penal é um sistema de normas que se funda num sistema de valorações[39]. A teoria do crime é um instrumento de compreensão e aplicação das normas penais e um veículo de desenvolvimento do sistema penal. Deve, por isso, estar em harmonia com a teoria as normas (que através dele se aplicarão), acolher (ou estar em harmonia com) os desenvolvimentos político-criminais do sistema penal e permitir uma ponderação consequente sobre a

---

[37] Neste sentido, MARINUCCI/DOLCINI, *Manuale* (3.ª edição, 2009), 168.

[38] Noutros termos, mas neste sentido, BALDÓ LAVILLA, *Homenage-Roxin*, 369: «... o sistema da teoria do crime é uma «construção» histórica à qual o legislador dificilmente se pode sobrepor». Coincidente, com outros fundamentos, HRUSCHKA, *Rechtstheorie* 22 (1991), 460, considerando que as estruturas de imputação de responsabilidade se fundam na lógica da linguagem e, por isso, são prévias ao Direito legislado. Veja-se ainda *supra* § 2.

[39] Sobre esta articulação, ZIELINSKI, *Handlungs-und Erfolgsunwert*, 123 (em ligação com p. 120 e ss), e ARMIN KAUFMANN, *Normentheorie*, 69 e ss. Agora, MIR PUIG, «Norma de determinación, valoración de la norma y tipo penal», *Estudios penales en homenaje a Enrique Gimbernat*, Tomo II, 2008, 1307 e ss, 1317 e ss.

prossecuação das finalidades da pena estatal[40]. Neste contexto, não pode deixar de concretizar e dar expressão a valores do sistema penal, incluindo os que são reflectidos nas leis penais.

A pena estatal não se legitima por si, sendo apenas um meio usado pelo Estado para a prossecução de fins político-criminais. O sistema penal visa realizar através da ameaça de pena uma protecção preventiva de bens jurídicos. Para efeito, o legislador cria normas de conduta (normas de comportamento ou normas primárias) orientadas por essa finalidade, cuja vigência é reforçada por normas de sanção (normas secundárias). A legitimidade e a eficácia dessas normas é politicamente condicionada ao respeito pelo conteúdo axiológico do princípio da intervenção mínima: os meios usados devem ser idóneos, necessários e proporcionais para garantir a protecção antecipada dos bens jurídicos e, uma vez violada a norma de conduta, deve a norma de sanção possuir idênticas qualidades para poder reforçar a vigência da violada[41].

A norma de conduta expressa ou implícita no tipo tem de ser identificável e susceptível de ser cumprida pelo destinatário. Se tal não acontecer a norma de conduta será inútil e a norma de sanção perde legitimidade e razão de ser. Nesse sentido, existem não só limitações políticas, como também limitações ôntico--sociais à intervenção penal que se projectam quer na norma de conduta, quer na norma de sanção[42].

---

[40] Sobre estes referentes na construção da teoria do crime, RUDOLPHI, *Grundfragen*, 69-80 e *passim*. A teoria do crime deve portanto ser construída a partir da organização de várias estruturas teóricas e metodológicas e não apenas, de forma unilateral, a partir de um único referente. Sublinhando este aspecto (concretamente, estabelecendo uma articulação entre a teoria do bem jurídico e a teoria das normas), AUGUSTO SILVA DIAS, *Delicta in se*, 692 e ss.
[41] Assim, RUDOLPHI, *Grundfragen*, 69-72 e, com mais desenvolvimentos, *SK-StGB, vor* § 1, n.º 1 a 16. Depois, em relação com a teoria das normas, FREUND, «Zur Legitimationsfunktion des Zweckgedankens im gesamten Strafrechtssystem» *in* Wolter/Freund (org.), *Straftat, Strafzumessung und Strafprozeß im gesamten Strafrechtssystem*, 1996, 43.
[42] Sobre a classificação normas de conduta e normas de sanção, ARMIN KAUFMANN, *Normentheorie*, 3 e ss e *passim*; KINDHÄUSER, *Gefährdung als Straftat*, 29 e ss, 336 e ss, 349 e ss, *Strafrecht AT*, 35-39 e, em especial, «Zur Logik des Verbrechensaufbau», *Herausforderung an das Recht*, 1997, 80 e ss; ROXIN, *Strafrecht*, AT (4.ª edição, 2006), § 10, n.º 93; também LAGODNY, *Strafrecht*, 80 e ss, TOBIAS RUDOLPH, *Korrespondenzprinzip*, 29-32, e, em expressa articulação com a teoria do crime, SCHÜNEMANN, *Grundfragen*, 61-64, usando a distinção entre norma de conduta, norma de valoração e norma de sanção, mas manifestando reservas expressas quanto ao âmbito real e ao alcance sistemático da argumentação fundada na norma de conduta (norma de determinação, *Bestimmungsnorm*); em sentido diferente e mais amplo, quanto ao alcance da norma de conduta, FREUND, *Strafrecht AT*, 1998, 3 e ss, e *Strafrechtssystem*, 6 e ss, MIR PUIG, *Derecho Penal, PG*, 36 e ss, SILVA SANCHEZ, *Aproximación*, 378 e ss, PABLO SÁNCHEZ–OSTIZ, *Imputatión y teoria del delito*, 388 e ss; entre nós, AUGUSTO SILVA DIAS, *RPCC* 11 (2001),

As normas penais incriminadoras prevêem factos cominados com penas que, por serem acontecimentos desvaliosos domináveis por uma pessoa, são proibidos pelo sistema penal. As proibições assim formuladas dirigem-se a certos destinatários contendo, expressa ou implicitamente, normas de conduta. Cada tipo incriminador contém uma norma de conduta (uma regra de comportamento ou uma norma primária) que estrutura ou se infere da descrição do comportamento proibido (consoante se trate de um crime por omissão ou por acção). As normas de conduta, por seu turno, têm como destinatários todos os cidadãos que vivem em sociedade ou, entre eles, certos grupos específicos delimitados pelo legislador. É a eles que, em primeira linha, se dirigem. As normas de conduta têm uma dupla dimensão: por um lado, vinculam um concreto destinatário a um padrão de comportamento e, por outro lado, geram uma legítima expectativa social de comportamento sobre o padrão de conduta a respeitar. A efectividade empírica da norma de conduta quanto aos destinatários concretos reforça as expectativas sociais quanto à adopção do comportamento devido. Diversamente, a violação reiterada da norma de conduta pelos seus destinatários torna-se erosiva para as expectativas sociais de comportamento, sendo necessário a reafirmação contra-fáctica da sua vigência através das normas de sanção. A tutela de expectativas de comportamento social através do sistema penal faz-se assim duplamente: através do acatamento efectivo das normas de conduta e do reforço oferecido pela aplicação das normas de sanção quando aquelas são violadas[43]. Como refere FREUND, a norma de conduta garante uma protecção imediata do bem jurídico, enquanto a norma de sanção garante a vigência da norma de conduta[44]. Neste sentido, a norma de sanção também confere uma protecção mediata aos bens jurídicos tutelados.

332-334, associando a delimitação da norma de comportamento às funções do Direito Penal (e, depois, com maior desenvolvimento, *Delicta in se*, 694 e ss).

[43] Neste sentido, AUGUSTO SILVA DIAS, *RPCC* 11 (2001), 332-334: «Na medida em que sustenta ou promove, ao nível da acção, os valores que tutela, a norma de comportamento desempenha desde logo uma importante função político-criminal. A preservação de expectativas é realizada através da condução social do comportamento: normativamente esperados são os comportamentos que se não traduzam numa ofensa grave ou insuportável de bens jurídicos tidos como fundamentais». E logo conclui que «é na norma de comportamento e na compreensão do seu destinatário como cidadão, titular de direitos (individuais e sociais) ou de bens jurídicos e participante no discurso racional sobre a positivação de normas destinadas à protecção dos mesmos, que as funções da intervenção penal e a reconstrução do sistema de imputação jurídico-penal devem ser legitimadas». E depois, em diálogo crítico com o funcionalismo sistémico, AUGUSTO SILVA DIAS, *Delicta in se*, 696 e ss e notas.

[44] FREUND, *Strafrecht AT*, 3-10 e, também, *Strafrechtssystem*, 48. Ainda, LAGODNY, *Strafrecht*, 533, e depois TOBIAS RUDOLPH, *Korrespondenzprinzip*, 32.

Compreender e desenvolver a teoria do crime a partir do dualismo norma de comportamento e norma de sanção, sobrevalorizando uma em detrimento da outra, não é isento de consequências. Seguindo SILVA SANCHEZ, uma teoria do crime centrada na norma de comportamento é, no essencial, uma teoria da infracção que apresenta características distintas duma teoria do crime centrada sobre a norma de sanção, que se transforma em regra numa pura teoria da imputação. No primeiro caso a teoria do crime funda-se na infracção da norma, a vinculação a estruturas ôntico-subjectivas é mais intensa, a ilicitude surge como elemento central e o apelo a aspectos subjectivos do agente será mais comum; no segundo caso, em que se sobrevaloriza a norma de sanção, a teoria do crime tende a desenvolver-se como uma teoria da imputação, potencia uma normativização extrema das categorias dogmáticas, integra mais dados sistémicos em detrimento de aspectos subjectivos e corre o risco de ser desenvolvida como simples instrumento do poder[45].

A tutela preventiva de bens jurídicos concretiza-se, como se referiu, quer ao nível da norma de comportamento (pelo seu acatamento efectivo), quer pelo reforço oferecido pelas normas de sanção. O âmbito da norma de comportamento corresponde ao núcleo essencial do ilícito culposo e este coincide com o

---

[45] SILVA SANCHEZ, «Directivas de conducta o expectativas institucionalizadas? Aspectos de la distinción actual sobre la teoria de las normas», *Modernas tendencias en la ciencia del derecho penal y en la criminologia*, 2001, 571-573, em ligação com o que escreve a pags 561 e ss, acrescentando ainda que os modelos fundados na norma de comportamento tendem a ser fechados enquanto os modelos centrados na norma de sanção tendem a ser abertos. Contraposição que não se afigura completamente exacta pois assenta numa comparação de modelos puros que não existem, podendo perfeitamente uma teoria do crime ser desenvolvida com base na norma de comportamento e integrar igualmente aspectos da norma de sanção, como acontece com a concepção perfilhada neste estudo. Um modelo centrado sobre a norma de sanção (em que a norma de conduta é apenas um limite à imputação da sanção, uma simples «questão-de-facto») pode identificar-se em KELSEN, *Teoria pura do direito*, 6.ª edição, 1984, 137 e ss. Para a sua análise crítica, PAULO DE SOUSA MENDES, *O torto intrinsecamente culposo*, 398-424 (e 507-522), que entre outros aspectos a descreve com um modelo de «execução tecnocrática da ameaça legal» (p. 412 e ss) assente num «conceito pobre» de imputação, uma mera «fórmula enunciativa», «um invólucro vazio de conteúdo» (p. 408, em ligação com p. 402 e ss.). Um modelo igualmente baseado na norma de sanção foi agora desenvolvido por LESCH, *Verbrechensbegriff*, 175 e ss, 213 e ss e 276-280, que concebe a teoria do crime a partir duma concepção retributiva da pena de inspiração hegeliana, como uma simples ordem de subsunção orientada pela realização do tipo e pelo objectivo de reafirmação da vigência simbólica da norma violada. Uma proposta que relaciona indevidamente os fins da punição com as estruturas de imputação e em que estas são subordinadas àqueles, destruindo-se o património histórico da teoria da imputação moral enquanto condição de aplicação da lei. Para uma exposição e crítica sobre o pensamento de Lesch, AUGUSTO SILVA DIAS, *RPCC* 11 (2001), 332 e ss, e *supra* Capítulo IV, § 15, III.

âmbito da imputação pessoal. Nesse sentido, norma de determinação, norma de ilicitude e norma de valoração são três dimensões da norma de comportamento, como sublinha Augusto Silva Dias[46].

As normas penais incriminadoras ao delimitarem o âmbito do que é proibido demarcam reflexamente o que é permitido num Estado de Direito. As normas penais seleccionam assim comportamentos, em primeira linha todos os que se integram no âmbito da proibição e que, por isso, podem ser cominados com uma pena. Assim, uma norma pode ser para o seu destinatário uma pauta de conduta (norma primária) mas funcionar para o aplicador do Direito como uma norma de decisão (norma secundária). A teoria do crime integra também as normas que organizam, valoram e decidem aspectos parcelares do acontecimento que constituem pressupostos da punibilidade do facto, genericamente designadas como normas de decisão (por vezes designadas sob diferentes perspectivas como normas de imputação ou normas de sanção). As normas de decisão são simultaneamente normas de valoração e critérios de decisão para o aplicador do Direito, mas o seu objecto, o seu conteúdo e a sua função são estranhos ao destinatário da norma de comportamento (da norma de ilicitude). Seguindo Kindhäuser, as normas de comportamento orientam-se pela tutela de bens jurídicos, enquanto as normas de imputação (que se traduzem em regras de decisão) se orientam pelas finalidades das penas[47]. No sistema de análise do crime qualquer norma de decisão só existe em conexão com uma norma de comportamento (substrato mínimo do ilícito). Na formulação de Freund, a protecção penal de bens jurídicos através das normas de sanção é impensável sem a prévia infracção a uma norma de conduta[48]. Por isso, a teoria do crime deve integrar e articular a norma de comportamento com a norma de sanção, sem abdicar das funções que esta última assume na decisão sobre a responsabilidade penal do destinatário da norma de comportamento. Sem norma de comportamento não existe dever e sem dever não é possível a imputação. Em suma, sem norma de conduta não existe norma de decisão nem norma de sanção que sejam legítimas.

2. A selecção dos comportamentos relevantes faz-se em função do merecimento penal das condutas e da necessidade de tutela de valores ou de interesses com expressão constitucional. Isto mesmo é reconhecido pelo texto constitucional ao vincular genericamente a privação dos direitos, liberdade e garantias ao estritamente necessário para tutelar certos valores (artigo 18.º, n.º 2, da Consti-

---

[46] Augusto Silva Dias, *Delicta in se*, 696.
[47] Kindhäuser, *Herausforderung an das Recht*, 83. Também Lagodny, *Strafrecht*, 145 e ss, 289 e ss, 533 e 534.
[48] Freund, *Strafrechtssystem*, 46.

tuição). A selecção das condutas proibidas pelas normas penais incriminadoras é estabelecida a partir da hierarquia de valores a proteger pelo sistema e em função da necessidade dessa tutela[49]. O segundo aspecto pode relativizar o primeiro.

Ao seleccionar comportamentos criminalmente relevantes as normas penais organizam os actos humanos em duas grandes categorias: os que agridem valores ou interesses merecedores de tutela penal e os que não o fazem (pelo menos, não o fazem ao ponto de justificar a intervenção penal). Para tutelar esses valores ou interesses as normas criam deveres que quando violados (e uma vez realizado integralmente o tipo legal de infracção) podem dar origem a sanções. Ao punir os comportamentos que violam os deveres e agridem valores ou interesses o sistema dá preferência aos que não revestem estas características, já que eles estão em sintonia com as finalidades últimas das normas penais: a tutela de valores e interesses fundamentais das pessoas e da sociedade. Esta selecção de comportamentos e a preferência teleológica por uns em relação aos outros correspondem a uma hierarquia básica de valores: são criminalmente desvaliosos os comportamentos que, violando os deveres criados pelas normas, agridem valores ou interesses tutelados pelo sistema e não são valorados dessa forma todos os demais[50].

As normas penais têm assim implícita uma valoração básica que conduz a uma hierarquização de comportamentos em função da sua relação com a pretensão de tutela do sistema. Não são, contudo, as normas penais que criam os juízos de valor que através de si se revelam. Os valores antecedem a norma penal, ou seja, a sua existência não tem apenas origem nas normas. Eles já existem socialmente antes das normas criadas pelo legislador[51]. A esta verificação está subjacente a distinção básica, apontada por HABERMAS, entre *norma* e *valor*: a norma, nomeadamente enquanto regra de acção, «obriga todos os seus destinatários a actuarem de forma semelhante para satisfazer as expectativas generalizadas de comportamento»; diversamente, «os valores são compreendidos intersubjectivamente enquanto preferências partilhadas»[52]. Uma valoração, seguindo KORIATH, pressupõe assim dois aspectos: componentes materiais de carácter neutro e a

---

[49] Sobre os critérios de selecção dos factos criminalmente relevantes, HASSEMER, *NK-StGB*, vor § 1, n.º 183 e ss, e depois HASSEMER/NEUMANN, *NK-StGB* (2005), vor § 1, n.º 49 e ss.
[50] SOUSA E BRITO, *Direito Criminal*, 1963, 24 e ss.
[51] ARMIN KAUFMANN, *Normentheorie*, 67 e ss, com diversas perspectivas sobre o tema. Coincidente, NAUCKE, *Brigham Young University of Law* (1984), 317: as categorias da tipicidade, ilicitude e culpa «visam antes afirmar certos valores materiais no processo de decisão concreto – valores que não estão necessariamente contidos nas leis penais específicas que serão aplicadas». Depois, MIR PUIG, *Estudios penales en homenaje a Enrique Gimbernat*, Tomo II, 1317 e ss. Desenvolvimentos em AUGUSTO SILVA DIAS, *Delicta in se*, 372 e ss, e 543 e ss.
[52] HABERMAS, *Between Facts and Norms*, 1996, 255-256.

identificação de características específicas que são predicados de valor[53]. A valoração destaca essas características específicas e distintivas dos objectos. Ao serem adoptados por um sector do sistema jurídico e, em especial, ao adquirirem uma materialização enformadora da Constituição material do Estado, os valores adquirem um nível de objectivização que permite a sua utilização racional e argumentativa[54], como critérios de valoração[55].

Normas e valores são, portanto, realidades que não se confundem. Seguindo uma vez mais HABERMAS, *normas* e *valores* apresentam algumas diferenças essenciais: as normas possuem um sentido deontológico, enquanto os valores possuem um sentido teleológico; as normas assentam num código binário de validade (a conduta é ou não contrária à norma ou conforme à norma), enquanto os valores estabelecem relações de preferência entre certos bens; as normas permitem identificar deveres de conduta iguais para todos, sendo nesse sentido absolutas, enquanto os valores implicam uma ponderação relativa da ordem de preferências onde esse sentido de absoluto se esbate; finalmente, dentro do mesmo círculo de destinatários as normas não podem estar em contradição, enquanto os valores afirmam a sua prioridade de forma casuística e nos limites do reconhecimento intersubjectivo[56].

Na teoria do crime a distinção entre dever, norma e valor está presente de forma decisiva[57]. A impossibilidade de afirmar a violação do dever (*v.g.* devido a uma impossibilidade geral ou específica de o cumprir) impede que se considere o facto conforme ao tipo. Por outro lado, a distinção permite compreender que nem toda a infracção ao dever contido na norma seja valorada como um crime (nos casos de justificação, de desculpa ou de não punibilidade) e que o significado da infracção a uma norma (violação do dever) possa ser depois no plano das valorações relativizada sem contradição para o sistema, podendo mesmo conduzir a uma decisão judicial absolutória (por exemplo, uma absolvição por desistência de um dos comparticipantes na prática de um crime apesar de o mesmo ter

---

[53] KORIATH, *Zurechnung*, 81 e ss, com uma concepção racionalista da teoria dos valores.
[54] Veja-se, LARENZ, *Metodologia*, 139 e ss, sobre a racionalização e objectivização que deve orientar uma jurisprudência da valoração.
[55] ALEXY, *Derechos fundamentales*, 143 e ss.
[56] HABERMAS, *Between Facts and Norms*, 255 e ss.
[57] MIR PUIG, *Derecho Penal, PG*, 36: «valorar não é normar. Convém distinguir entre valorações e normas. O Direito é integrado por ambas as coisas, além de incluir também princípios». Para uma análise de todos estes elementos e a sua relevância para a construção das estruturas de imputação, ARMIN KAUFMANN, *Normentheorie*, 17 e ss, e, mais recentemente, KORIATH, *Zurechnung*, 25 e ss. Entre nós, FIGUEIREDO DIAS, *Direito Penal PG I* (2.ª edição, 2007), 27-32, MARIA FERNANDA PALMA, *RPCC* 9 (1999), 552 e ss; AUGUSTO SILVA DIAS, *Delicta in se*, 543 e ss e 6 77 e ss (em ligação, designadamente, com o que escreve a p. 372 e ss).

sido consumado, conforme previsto no artigo 25.º do Código Penal). O sistema de análise do crime articula estas diferentes dimensões que vão da infracção à norma de conduta e respectiva imputação desse facto até à valoração do acontecimento (através das normas de decisão) funcionalizada ao debate sobre a atribuição da responsabilidade penal. Sem infracção a um dever contido numa norma de conduta não existe o substrato mínimo para analisar a responsabilidade penal de alguém, mas a mera infracção à norma constitui apenas um indício primário da possível prática de um crime.

A teoria do crime não se limita a retribuir uma culpa pela violação de um dever, antes organiza elementos diversos que vão da violação do dever à sua compreensão no âmbito da tutela pretendida pela norma penal, incluindo a imputação e a valoração jurídica e político-criminal desse acontecimento em ordem a decidir da atribuição ou negação da responsabilidade. As diversas circunstâncias do acontecimento desvalioso valorado vão para além do domínio da norma incriminadora estruturada sobre a violação do dever (como acontece quando se invoca a legítima defesa, a falta de consciência da ilicitude ou a desistência do agente). Não há crime sem violação de um dever jurídico-penal, não há crime sem subsunção desse facto a uma norma penal, mas não há igualmente crime se a infracção do dever contido na norma penal não satisfizer os crivos de imputação e valoração desse acontecimento que orientam teleologicamente o tipo e os diversos momentos de análise que delimitam o âmbito da tutela penal. A exigência da violação primária de um dever contido nas normas penais corresponde, por outro lado, à função preventiva das normas de conduta. Mas, como escreve MIR PUIG, «a função preventiva das normas que impõem penas há-de estar limitada pelos valores a cuja protecção se subordinam. A teoria do crime deve reflectir também estes valores»[58].

Em suma, a infracção à norma quando valorada por crivos distintos da mera violação do dever pode confirmar ou negar a atribuição de responsabilidade penal. Essa valoração actualiza relações de preferência entre certos bens, interesses ou valores, podendo ser realizada em oposição a outras valorações sem qualquer contradição sistemática: uma conduta típica pode ser valorada como lícita, uma conduta ilícita pode ser considerada desculpável, uma conduta ilícita e culposa pode ser valorada como não punível.

IV. Imputação e valoração

1. A realização dum tipo incriminador pressupõe a verificação do acontecimento desvalioso que o sistema penal pretende evitar. Esse acontecimento encon-

---

[58] MIR PUIG, *Derecho Penal*, PG, 38 (nº marg. 41).

tra-se descrito como um facto que, sendo integrado numa norma penal, não é um qualquer acontecimento, mas sim um acontecimento desvalioso dependente da vontade do destinatário da norma. Desta forma, «realizar um tipo de crime» não é apenas verificar a ocorrência do facto que integra a sua previsão. Como os tipos de crime descrevem sempre um comportamento proibido ao destinatário da norma esse facto tem de ser um facto do destinatário da norma penal. Ou seja, comprovar a realização dum crime não se traduz apenas numa operação de subsunção do facto aos conceitos usados na lei; implica também uma operação de imputação do facto a um agente, um juízo que nos Estados de Direito se realiza por referência a uma lei e no âmbito de um processo.

A afirmação da relação entre o facto e o destinatário da norma penal corresponde – como acima se referiu – à aplicação de regras de decisão pelo aplicador do Direito, distintas da regra de conduta violada pelo agente do facto, e não é estabelecida através da mera interpretação dos tipos[59]. As regras de interpretação permitem a recondução dos factos aos conceitos usados na previsão normativa através de uma sucessiva comparação e distinção entre as duas realidades. Nesse sentido, a interpretação das normas penais constitui um instrumento de uma técnica de subsunção. Diversamente, a relação entre o facto e o agente é uma relação de imputação dos factos, pressuposta pela norma mas construída pelo aplicador do Direito, e não uma mera interpretação das normas. Trata-se de saber em que medida o acontecimento desvalioso é um acontecimento de uma certa pessoa cuja responsabilidade criminal pode por isso ser debatida no processo.

Os tipos incriminadores exigem que se estabeleça esta conexão porque relacionam normativamente um sujeito e um facto. Por outro lado, o princípio da responsabilidade pessoal, o princípio da culpa e o princípio da pessoalidade das penas (manifestação específica do princípio da responsabilidade pessoal) exigem igualmente que a relação entre o agente e o facto esteja previamente estabelecida (para além de qualquer dúvida razoável) antes de se proceder à escolha e determinação da sanção[60]. Significa isto que o crime no sentido jurídico da

---

[59] Sobre a contraposição entre regras de conduta e regras de decisão, FLETCHER, *Basic Concepts of Criminal Law*, 166; LAGODNY, *Strafrecht*, 6 e ss, e 80 e ss; KINDHÄUSER, *Herausforderung an das Recht*, 79 e ss; TOBIAS RUDOLPH, *Korrespondenzprinzip*, 31-32; MARIA FERNANDA PALMA, *RPCC* 9 (1999), 534-535, refere-se a «critérios de decisão»; ainda AUGUSTO SILVA DIAS, *Delicta in se*, 677. Agora, PABLO SÁNCHEZ-OSTIZ, *Imputación y teoria del delito*, 387 e ss.

[60] Trata-se de princípios fundamentais do sistema penal acolhidos pela Constituição portuguesa: o princípio da responsabilidade pessoal (artigo 30.º, n.º 3, da Constituição), o princípio da culpa (inferido da dignidade da pessoa humana, artigos 1.º, n.º 1 e 13.º, n.º 1, da Constituição, do respeito pela integridade moral, art. 25º, n.º 1 da Constituição, e do reconhecimento da liberdade do cidadão, artigo 27.º, n.º 1, da Constituição) e o princípio da pessoalidade das penas (manifestação específica do princípio da responsabilidade pessoal, do artigo 30.º,

expressão não existe em si mesmo, como uma realidade autónoma em relação ao sujeito, mas apenas e só enquanto se traduzir num facto imputado (ou imputável) a uma pessoa. Sem imputação do facto ao agente o crime tipicamente descrito não existe juridicamente, sendo apenas um acontecimento desvalioso ou um acidente lamentável. É o juízo de imputação que converte o acontecimento empírico num facto típico susceptível de responsabilizar o seu autor. Por isso, ao nível das estruturas de análise da responsabilidade penal os critérios de imputação do facto ao agente assumem um papel essencial, quer para a compreensão e aplicação da lei penal, quer, mais especificamente, para a valoração judicial dos factos através da estrutura metodológica da teoria do crime. Numa palavra, *nullum crimen sine imputatione*.

As regras de imputação do facto são elementos essenciais da concretização das normas incriminadoras, mas o seu conteúdo não decorre expressamente dessas normas. Os critérios de imputação são o resultado de um labor histórico-dogmático sobre a responsabilidade humana e não objecto de uma decisão conjuntural do legislador penal. No plano histórico, a identificação das regras de imputação precedeu a construção das regras de interpretação das normas penais. As primeiras foram, sem recuar ao pensamento clássico, juridicamente desenvolvidas a partir da teorização da escolástica sobre a teoria da culpa precedente como pressuposto da pena, tendo conduzido à formulação dos critérios de imputação na vontade (e à ausência de imputação como um problema de insuficiência ou deficiência de vontade). As segundas, embora se identificassem no período do Direito comum, apenas começaram a adquirir uma configuração e um significado próximo do actual a partir do movimento codificador em Direito Penal, nos finais do século XVIII.

As operações de imputação podem incluir critérios acolhidos na lei ou critérios extra-legais, desde que não sejam absolutamente incompatíveis com as opções da lei penal. Nesse sentido, as definições de dolo e de negligência, bem como o regime do erro que exclui o dolo, no Código Penal de 1982 (artigos 14.º, 15.º e 16.º) são uma forma de regular legislativamente a estrutura e o conteúdo de uma parte dos critérios de imputação do facto à vontade do agente.

A teoria do crime organiza também os diversos critérios de imputação do facto ao agente (tenham ou não acolhimento legal expresso) que serão aplicados no processo penal. Mas esses critérios são, por seu turno, apenas uma parte

n.º 3, da Constituição). Noutras passagens resulta do próprio texto constitucional a ideia de «imputação do facto ao agente», nomeadamente pelo facto de a responsabilidade penal estar constitucionalmente dependente da prática de um acto ou de uma omissão do agente previstas na lei (artigos 27.º, n.º 2, 29.º, n.º 1 e 2 da Constituição). A imputação é assim um pressuposto da responsabilidade penal constitucionalmente garantido.

das estruturas de atribuição da responsabilidade penal que na teoria do crime se podem encontrar. A teoria do crime integra e organiza estruturas de imputação, mas não é apenas composta por essas estruturas de imputação.

2. A forma linear e sequencial como o sistema de análise do crime é normalmente apresentado, descrevendo-o como um facto típico, ilícito, culposo e punível, sugere uma homogeneidade entre os diversos momentos de análise da responsabilidade criminal que na realidade não existe. Os diversos momentos da teoria do crime possuem uma natureza heterogénea: o conceito de facto é em parte de natureza ôntica ou em algumas construções, de alcance mais exacto, um conceito ôntico-normativo[61]. O conceito de tipicidade é essencialmente sócio-normativo e com referência a ele realiza-se a operação de subsunção do facto aos conceitos usados na previsão legal, de modo a dar cumprimento ao princípio da legalidade e a seleccionar os acontecimentos criminalmente relevantes com segurança. Essa operação de recondução dos factos ao tipo é realizada através de sucessivas etapas metodológicas de natureza distinta, que devem ser autonomizadas entre si, e que abrange operações de interpretação dos conceitos usados pela lei, operações de imputação jurídica e de integração teleológica dos factos no tipo (realização do tipo)[62]. A ilicitude, a culpabilidade ou a punibilidade possuem uma natureza distinta dos elementos anteriores, pois integram essencialmente conceitos com densidade axiológica[63]: trata-se de juízos de valor sobre aspectos do facto, como é evidente quanto à ilicitude e à culpabilidade e se procurará demonstrar quanto à punibilidade.

A teoria do crime é no plano material e no plano metodológico um conjunto organizado de valorações sobre um acontecimento imputado a alguém no âmbito de um tipo legal que condicionam a atribuição da pena. Nesse sentido, está em harmonia com as próprias normas que serão aplicadas e que contêm, indiciam

---

[61] Menos incisivo, afirma KORIATH, *Zurechnung*, 23, a este propósito, que as acções têm um contexto ontológico. Na classificação seguida por ALEXY, *Teoria de los derechos fundamentales*, 139-141, que segue basicamente von Wright, o conceito de acção é um conceito antopológico. Crítico, KINDHÄUSER, *Herausforderung an das Recht*, 93 e ss.

[62] Sobre a natureza, relação e limites da tipicidade, MARIA FERNANDA PALMA, *RPCC* 9 (1999), 533: «a tipicidade pressupõe sempre o conhecimento dos limites do mundo ou da realidade no sistema da vida e a compreensão comunicativa das ideias. A tipicidade é o «intervalo» imposto ao sistema penal, à sua lógica intrínseca, pelos sentidos da realidade ainda não jurídicos». Desenvolvimentos, ainda, em AUGUSTO SILVA DIAS, *Delicta in se*, 392 e ss (em ligação designadamente com o que escreve a p. 372 e ss).

[63] ALEXY, *Teoria de los derechos fundamentales*, 139-140, designa-os como «conceitos axiológicos». Sobre a diversidade de elementos organizados na teoria do crime, DONINI, *Teoria del reato*, 15.

ou espelham as valorações básicas do sistema penal. Os juízos sobre o facto típico não são meros juízos de conhecimento da realidade mas sim juízos de valor sobre o significado dessa realidade. Independentemente do reflexo que isso tenha sobre as normas penais, a organização das estruturas de imputação e dos juízos de valor sobre o acontecimento imputado a alguém é o objecto imediato da teoria do crime. Esta consiste numa estrutura organizada de juízos de valor e de critérios de imputação e não numa mera organização de enunciados gerais elaborados a partir de normas penais. O primeiro aspecto reflecte-se no segundo mas é em relação a ele autónomo[64].

A concepção da teoria do crime como uma estrutura organizada de valorações sobre um acontecimento (imputado a alguém no âmbito de um tipo) decorre em primeira linha da sua evolução histórica.

No modelo de análise do positivismo naturalista a teoria do facto punível constituía, como se referiu, uma forma de conhecimento da realidade. Tratava-se de identificar a «acção punível» numa análise progressiva da acção com as suas qualidades, determinadas pela *differentia specifica* em relação ao conceito anterior. Nesta perspectiva a teoria do facto punível seria uma sequência de elementos progressivamente destacada (isto é, partes integrantes relacionadas entre si) do conceito de crime (acção punível)[65]. Esses elementos eram apresentados como «conceitos jurídicos», com uma pretensa neutralidade normativa que sempre foi mais aparente do que real. Na verdade, a componente classificatória da teoria do facto punível modificava de forma consequente o alcance das normas penais, embora a sua estrutura metodológica continuasse a ser apresentada como um mero sistema de conceitos organizado de acordo com a lógica formal cognitiva. No modelo positivista de análise do crime as valorações materiais subjacentes à sequência de conceitos que integravam a teoria do facto punível ficavam diluídas no cripto-conceptualismo que o caracterizava.

Abandonada esta concepção naturalista e descritiva do crime (em rigor, falsamente descritiva) a partir da década de 20, por influência do pensamento neo-kantiano, a teoria do crime deixou de ser apenas uma forma descritiva de conhecimento da realidade, passando a ser concebida como valoração de uma

---

[64] Esta perspectiva da teoria do crime, como uma estrutura organizada de critérios de imputação e de valorações, decorre, entre outros aspectos, do facto de a teoria do crime ser um instrumento do sistema penal e do próprio sistema jurídico, em geral, se poder conceber desta forma. Neste sentido, já RADBRUCH, *Handlungsbegriff*, 15. Sobre a autonomia dos juízos de imputação e valoração no processo de atribuição de responsabilidade, PABLO SÁNCHEZ--OSTIZ, *Imputácion y teoria del delito*, 462 e ss e 471 e ss.

[65] Para uma síntese desta perspectiva, SCHILD, *Straftat*, 7-12 e, na perspectiva do juízo de culpa, ACHENBACH, *Historiche und dogmatische Grundlagen*, 38-43. Criticamente, ROXIN, *Kriminalpolitik*, 42 e, depois, *Strafrecht*, *AT* I (4.ª edição, 2006), § 7, n.º 82 e ss.

realidade. É nesse sentido, por exemplo, que a afirmação de um conceito normativo de culpa se faz, no plano metodológico, distinguindo o objecto da valoração (as formas psicológicas de culpa) da valoração do objecto (o juízo normativo de censurabilidade)[66]. É ainda esta a estrutura fundamental que revela actualmente: trata-se de um conjunto organizado de estruturas de imputação e de valorações relativas a um acontecimento que poderá gerar responsabilidade penal para uma pessoa.

Esta concepção decorre também da forma como a doutrina apresenta as diversas categorias, níveis ou momentos de análise que a mesma comporta. Na literatura os momentos de análise do crime são normalmente descritos como níveis de valoração ou juízos negativos de valor[67], como valorações[68] ou como sínteses de

---

[66] Veja-se, por exemplo, MAURACH/ZIPF, *Strafrecht, AT I*, § 14, n.º 13. Para uma descrição deste problema siga-se ACHENBACH, *Schuldlehre*, 97 e ss. Uma análise completa desta transformação encontra-se em JESCHECK/WEIGEND, *Lehrbuch*, § 22, III, 2), e ROXIN, *Strafrecht AT I* (4.ª edição, 2006), § 19, n.º 10-14.

[67] WELZEL, *Deutsche Strafrecht* (11.ª edição, 1969), 48 e ss, e 138 e ss.

[68] Em breve ilustração, GRAF ZU DOHNA, *Aufbau der Verbrechenslehre*, 1941, 2: «Quando a lei coloca uma acção sob uma pena, submete-a a uma valoração jurídica». Depois: «A natureza do objecto e a modalidade da sua valoração oferecem, em conjunto, as características de cada delito em particular». São essas características que designamos como elementos do crime»; «Do ponto de vista da valoração do objecto, apresentar-se-á como segunda característica geral do crime a ilicitude e como terceira a culpa. Com isto chegaremos ao seguinte resultado sintético: um crime é uma acção ilícita e culposa» (p. 3); «.. o objecto que nos temos ocupado na secção A, está sujeito a uma dupla valoração (*doppelten Wertung*): por um lado, a das normas que determinam objectivamente o comportamento humano e, por outro lado, as normas que imputam a acção ao seu autor» (p. 19). Também LARENZ, *Hegels Zurechnungslehre*, 90 (§ 11), distingue o juízo teleológico sobre o facto (que o permite delimitar como objecto de análise) do juízo normativo sobre o valor do facto (*ein normatives Urteil über den Wert der Tat*), correspondente às valorações da ilicitude e culpabilidade. Mais recentemente, concluía ROXIN, *Strafrecht, AT I* (4.ª edição, 2006), ao analisar a natureza dos juízos sobre o facto objecto da teoria da infracção: «os conceitos penais sistemáticos de «antijurisdicidade» e de «ilícito» distinguem-se, pois a antijuridicidade designa uma propriedade da acção típica, a saber, a sua contradição com as proibições e mandatos do Direito Penal, em que por ilícito se entende a própria acção típica e antijurídica, ou seja, o objecto da valoração da antijurisdicidade juntamente com o seu predicado de valor» (§ 14, n.º 3); «a responsabilidade designa uma valoração ulterior, após a antijuridicidade» (§ 19, n.º 1); noutra passagem e de forma mais genérica, ROXIN descreve as diversas categorias dogmáticas da teoria do crime como momentos do acontecimento que se tornam penalmente relevantes em função de certos aspectos axiológicos (AT I, § 7, n.º 83). Em sentido equivalente, SCHÜNEMANN, *Grundfragen*, 55-56, referindo-se às categorias dogmáticas como «predicados de valor».

juízos de valor com elementos materiais[69]. Como os juízos de valor têm sempre um objecto, as valorações feitas na teoria do crime constituem uma síntese entre o objecto (ou um aspecto do objecto) que suporta o juízo de valor e a valoração em si mesma. Neste sentido, é essencialmente correcta a configuração metodológica da teoria do crime que se afirmou a partir do finalismo: as distinções valorativas correspondem a distintos aspectos do facto destacados através da análise e a sequência tipicidade, ilicitude e culpabilidade pode ser descrita como uma sucessão organizada de valorações formuladas sobre distintos aspectos do acontecimento típico imputado a uma pessoa. A distinção entre o elemento material que suporta o juízo de valor (objecto da valoração) e a valoração em si mesma (valoração do objecto) é processualmente relevante, pois apenas os elementos materiais são objecto de prova (e estão sujeitos, nomeadamente, ao princípio da livre convicção do Tribunal e à incidência da dúvida razoável, por estar em causa um juízo de conhecimento), enquanto os juízos de valor são estranhos a essa exigência e motivam erros de direito ou erros na apreciação da prova. As categorias básicas da teoria do crime são assim «categorias valorativas» (*Wertungskategorien*) que incidem sobre os «elementos da imputação» (*Zurechnungselemente*)[70], integrando-os na valoração global do facto com a finalidade de atribuir ou não a pena estatal.

[69] ROXIN, «Culpabilidad» y «responsabilidad» como categorias sistemáticas jurídicopenales», in *Problemas básicos del derecho penal*, 1976, 200: «... a categoria da culpabilidade não constitui um mero juízo de valor (por muito específico que seja), antes inclui também elementos de carácter material subjectivo e objectivo (como por exemplo a consciência da ilicitude ou determinadas situações de estado de necessidade)». MAURACH/ZIPF, *Strafrecht, AT I*, § 14, n.º 12-13, 18, § 24, n.º 7 e ss, e § 39, n.º 1 e ss, concebem a ilicitude e a «atribuibilidade» como juízos de valor respectivamente sobre o facto e sobre o agente (veja-se *supra* § 14). Em termos equivalentes, LANGER, *Sondervebrechen*, 276 e ss. Por seu turno, MARIA FERNANDA PALMA, *RPCC* 9 (1999), 533, usa a expressão «juízos valorativos», respeitando a distinção entre objecto da valoração e valoração do objecto. AUGUSTO SILVA DIAS, *Delicta in se*, 542, descreve a teoria do crime como «um complexo de elementos seleccionados segundo valorações jurídicas respeitantes à atribuição da responsabilidade».

[70] PERRON, *Rechtsfertigung und Entschuldigung im deutschen und spanischen Recht*, 1988, 67 e ss (e ainda, noutro texto parcialmente sobre o mesmo tema, «Justificación y exclusión de la culpabilidad a la luz del derecho comparado», *ADPCP*, 1988, 139 e ss) descreve a sequência metodológica que corresponde ao sistema de análise do crime e concebe a ilicitude, a culpabilidade e a «política criminal» como categorias valorativas (*Wertungskategorien*), decorrentes do sistema de valores constitucional e das finalidades das penas, que incidem sobre as «unidades básicas de imputação» ou «elementos da imputação» (*Zurechnungselemente*) (tipo, causas de justificação, causas de exclusão da culpa e pressupostos especiais da punibilidade, como sejam as condições objectivas da punibilidade).

Para debater a responsabilidade criminal de alguém não basta identificar um facto, atribuí-lo a uma pessoa e integrá-lo num tipo de crime previsto na lei, pois outras circunstâncias que transcendem o facto desvalioso proibido por lei podem ter de ser valoradas. A teoria do crime permite a valoração destas circunstâncias (que não se confundem com o facto proibido embora possam constituir um aspecto do mesmo ou uma elemento com ele conexo) para efeito da valoração global do comportamento e decisão sobre a eventual aplicação de uma pena estatal. Nesse sentido, uma vez imputado o comportamento típico ao agente segue-se a valoração do facto para efeito da decisão sobre a atribuição da responsabilidade criminal. Essas valorações sobre os diversos aspectos descritos realizam-se sobre elementos materiais, pelo que a sua ponderação na estrutura da teoria do crime corresponde a uma síntese de elementos materiais e juízos de valor realizados sobre os mesmos. Apenas neste exacto e limitado sentido se pode dizer que a teoria do crime consiste numa subsunção progressiva realizada em «espiral hermenêutica»[71].

Em suma, a teoria do crime organiza um conjunto diversificado de operações jurídicas. Por isso não é exacto descrever de forma unilateral sua estrutura metodológica: a teoria do crime não é apenas uma teoria da interpretação da lei, não é apenas uma teoria da imputação, nem é apenas um sistema de valorações, mas sim um conjunto sistematicamente articulado (com ordem, significado e finalidade) de todas estas operações.

3. Sendo um conjunto sistematicamente organizado de juízos de valor sobre um acontecimento típico imputado a uma pessoa, a teoria do crime assenta numa matriz bipartida: identifica um objecto e valora esse objecto. Identificar o objecto da valoração e realizar a valoração do objecto são, como notou GRAF ZU DOHNA[72], os dois passos metodológicos essenciais, mas autónomos, realizados na teoria do crime. É esse também, segundo LARENZ, o sentido da distinção histórica entre *imputatio facti* e *imputatio iuris*, que corresponde no fundo à distinção, nem sempre compreendida, entre facto e valor do facto[73]. É em parte também essa distinção que está em causa quando a filosofia prática dos séculos XVII e XVIII distingue entre a imputação e o mérito (ou demérito) do facto, para decidir da censura ou do louvor, da atribuição da pena ou da recompensa.

---

[71] SOUSA E BRITO, *LH-Roxin*, 102 e ss. Sobre os limites da subsunção e a necessidade da sua articulação com juízos valorativos, através dos quais se estabelece a ligação entre o sistema penal e os sistemas da realidade social, MARIA FERNANDA PALMA, *RPCC* 9 (1999), 533.
[72] GRAF ZU DOHNA, *Aufbau der Verbrechenslehre*, 1941, 2 e ss e 19 e ss.
[73] LARENZ, *Hegels Zureschnungslehre*, 70 (§ 8).

A distinção entre objecto da valoração e valoração do objecto não corresponde à sequência estrutural da teoria do crime se for apresentada de forma estática e rígida, pois – como bem nota ROXIN – também na ilicitude e na culpabilidade se tem de realizar a coordenação entre factos e normas penais (tipos justificadores e tipos de desculpa) e identificar, por isso, o objecto de valoração da categoria dogmática em causa[74]. Mas é uma descrição adequada se for utilizada para apresentar a forma como os juízos de valor que se formulam, se sucedem e se relacionam com um certo objecto (com partes, aspectos ou circunstâncias do facto). Nesta perspectiva, a identificação do objecto da valoração precede logicamente a formulação dos juízos de valor. Por outro lado, o objecto da valoração não é estático e uniforme na sequência de análise do crime, pois se começa por ser o facto típico, a dado momento podem adicionar-se outros aspectos relevantes para a formação do juízo de ilicitude (*v.g.* uma situação de legítima defesa), do juízo de culpabilidade (a idade do agente ou o seu estado psicológico) ou do juízo de punibilidade (por exemplo, o impedimento da consumação por desistência voluntária do agente). A ordenação sequencial de distintas valorações sobre o facto torna facilmente concebível que um ilícito possa não ser culposo e que um ilícito culposo possa não ser punível.

A própria autonomia material dos juízos de valor pressupõe uma variação ainda que parcial do objecto a valorar, por adição ou invocação sucessiva de circunstâncias relevantes que vão permitindo desencadear distintos juízos de valor. A separação entre o objecto da valoração e a valoração do objecto não pode portanto ser entendida de forma rígida e estática, como acontecia em GRAF ZU DOHNA, mas sim como uma estrutura dinâmica de compreensão metodológica do crime como valoração de um todo nos sucessivos aspectos considerados juridicamente relevantes[75].

Qualquer juízo de valor assenta na relação de um objecto com certas qualidades abstractamente identificadas, que permitem sublinhar os traços distintivos

---

[74] ROXIN, «Contribuição para a crítica da teoria finalista da acção», *Problemas fundamentais de Direito Penal*, 1986, 118-119.

[75] Neste sentido, SCHILD, *Straftat*, 25, 34, 45 e 132, concluindo: «As características do facto punível não têm de ser encaradas como suas partes, antes podem ser pensadas como momentos do todo e no todo (a unidade) do facto punível; são destacadas como aspectos sempre sob um determinado ponto de vista metodológico». Indo mais longe, MARIA FERNANDA PALMA, *RPCC* 9 (1999), 533-534, considera que «um sistema bidimensional em que seja plenamente respeitada a distinção entre objecto da valoração e valoração do objecto e em que a definição do objecto da valoração parta dos sentidos possíveis da realidade» constitui uma forma de superar o conflito entre um sistema de base subsuntiva e um sistema de critérios valorativos.

desse objecto[76]. Nessa medida, existe uma precedência lógica e metodológica da identificação do objecto da valoração sobre os momentos de valoração do objecto. Para valorar uma realidade temos de a identificar primeiro. Como afirma LARENZ, a propósito da relação entre imputação e responsabilidade: «ser responsável significa ter de responsabilizar-se pelo seu facto. O juízo que torna alguém responsável por um acontecimento qualquer pressupõe portanto o juízo de que este acontecimento é o seu facto. Sem imputação ao facto não há responsabilidade»[77]. A mesma ideia estava subjacente à construção de ROMAGNOSI quando afirmava que a imputação precede sempre a responsabilidade (*supra* § 8, n.º 3) e é retomada por HRUSCHKA que, recuperando os conceitos e o método da filosofia prática pré-iluminista e as estruturas lógicas da linguagem, afirma que a imputação de primeiro nível (através da qual se identifica o autor do facto) precede a aplicação das regras legais de comportamento, na sua função de barómetro de medição do facto imputado, e a imputação de segundo nível (o juízo sobre o mérito do facto)[78]. O que, em termos mais genéricos, equivale a dizer – seguindo ainda o pensamento de HRUSCHKA – que a delimitação lógico-analítica precede sempre a valoração, sendo ilegítimo o aplicador do Direito inverter esta sequência[79].

Neste exacto sentido, a sequência que se deve observar na análise do crime não é irrelevante, completamente livre ou aleatória: é, no mínimo, uma ordenação racional[80], senão mesmo uma sequência lógica e axiológica imperativa[81]. Num sistema orientado pelo facto e pela sua danosidade a componente material

---

[76] Sobre a estrutura e conteúdo dos juízos de valor, veja-se, em diferentes perspectivas, KORIATH, *Zurechnung*, 69 e ss.

[77] LARENZ, *Hegels Zureschnungslehre*, 90 (§ 11).

[78] HRUSCHKA, *Rechtstheorie* 22 (1991), 452, 453 e 460, para quem a imputação de primeiro nível (a determinação de que uma pessoa é autor do facto que se reconduz à lei) precede a invocação das normas de conduta na sua função retrospectiva (de avaliação do facto) e a imputação de segundo nível (juízo sobre um demérito do facto e seu autor).

[79] HRUSCHKA, *Strafrecht*, XVI e ss. SCHILD, *Straftat*, 85, por seu turno, fala-nos de uma «vinculação material do método jurídico»; noutra passagem, afirma ainda que «o Direito para ser aplicado precisa sempre de um ponto exterior de referência» (*op. cit.*, p. 88).

[80] NAUCKE, *Straftatlehre*, 13.

[81] MARINUCCI/DOLCINI, *Manuale* (3.ª edição, 2009), 167, afirmam que a sequência de excepções do sistema de análise do crime corresponde a uma ordem lógica, normativamente fundada no art. 129.º do Código do Processo Penal italiano, que, por essa via, constitui uma sequência vinculativa para o intérprete e sobretudo para o juiz. Deve, contudo, distinguir-se a sequência lógico material substantiva da sua regulação processual, como adiante se verá. Também ZIELINSKI (*Handlungs-und Erfolgsunwert*, 204) identifica uma ordem sistemática na sequência ilícito, culpa, punição (*Unrecht, Schuld, Bestrafung*) em que cada nível é pressuposto do que se lhe segue, sem que a passagem por um implique necessariamente que o próximo tem de se verificar. AUGUSTO SILVA DIAS, *Delicta in se*, 542, refere-se às categorias dogmáticas

e objectiva precede a componente subjectiva[82] e a imputação do facto ao agente antecede qualquer valoração parcial sobre o acontecimento em causa[83]. O confronto entre o facto (enquanto acontecimento social) e a sua descrição legal é o primeiro passo de análise. Segue-se a imputação do facto ao agente no âmbito do tipo legal. A integral comprovação da tipicidade, por seu turno, antecede sempre qualquer juízo sobre a ilicitude, seja por força do princípio da legalidade[84], seja por essa antecedência constituir um postulado lógico e axiológico da teoria da justificação (que pressupõe um tipo de ilícito que serve de apoio ao juízo de ilicitude que se poderá excluir com o tipo justificador)[85]. A antecedência da ilicitude em relação à culpabilidade decorre igualmente da precedência do facto (ilícito) sobre os demais momentos de análise e valoração e do condicionamento da materialidade objectiva do facto sobre os aspectos pessoais do agente (desse facto), em especial num sistema em que a culpa se afere por referência ao facto e não isoladamente. Qualquer valoração específica sobre a possibilidade ou adequação de pena supõe uma materialidade subjacente e uma orientação por fins sendo, por isso, posterior ao ilícito culposo que poderá legitimar o recurso à pena estatal.

Esta ordenação substantiva antecede e não se confunde com a sequência a que deve obedecer a sentença penal. Os artigos 368.º, 369.º, 374.º a 377.º do Código de Processo Penal tornam evidente, como se referiu no Capítulo I deste estudo, que a organização da decisão judicial não é subjectivamente livre e que o Tribunal deve seguir uma certa ordem. Esta não é contudo uma ordem material, mas antes uma sequência formal de análise (que pressupõe uma ordenação material das matérias). É uma ordem que visa conciliar uma padronização judicial mínima na decisão penal (especialmente necessária num sistema em que os tribunais têm independência horizontal e vertical) com exigências de clareza, uniformidade e funcionalidade processual. Por isso mesmo, não é possível retirar das regras processuais ilações necessárias sobre a legitimidade material da estrutura metodológica de análise do crime[86].

---

do crime como um complexo de elementos e valorações «ordenados segundo um código que institui uma regra de precedência teleológica (tipicidade, ilicitude, culpa)».
[82] SCHILD, *Straftat*, 57 e 61, evoca uma hierarquia, no plano metodológico, das sequências de análise «facto/autor» e «aspectos externos/aspectos internos do comportamento», bem como o valor prático de uma sequência de progressão da regra para a excepção (pp. 92 e 93).
[83] PABLO SÁNCHEZ-OSTIZ, *Imputación y teoria del delito*, 497: «a imputação do facto é condição para a valoração deste como contrário ao direito».
[84] MARIA FERNANDA PALMA, *Direito Penal*, PG II (fascículos, 2001), 18 a 27.
[85] ARMIN KAUFMANN, *Normentheorie*, 254-256.
[86] O que significa que a al. e) do n.º 2 do artigo 368.º do CPP não pode, por isso mesmo, ser sobrevalorizada no debate sobre o tema da autonomia da categoria da punibilidade no sistema (material) de análise do crime, como acaba por acontecer na argumentação de DAMIÃO

A ordem processual de análise dos pressupostos da responsabilidade penal não coincide necessariamente com a sua organização substantiva. Na ordem processual de análise as excepções processuais têm prevalência sobre as questões materiais, pois tudo o que impede o conhecimento de mérito tem precedência sobre este por a instância se revelar inútil para tal efeito. Assim, por razões de economia processual, as causas de extinção do procedimento criminal (*v.g.* morte do arguido ou prescrição) têm precedência absoluta sobre os elementos materiais da responsabilidade, o mesmo acontecendo com os pressupostos processuais. A natureza constitutiva do processo penal em relação à responsabilidade criminal faz com que os impedimentos processuais sejam excepções fortes que impedem ou tornam inútil a análise processual da questão material. Nesse sentido, a ordem processual de análise é a inversa da ordem material: começa-se pela análise das questões prévias relativas à legalidade do processo que podem obstar ao conhecimento de mérito e só depois se entra no conhecimento deste. Mas resolvidas as questões prévias a sequência de análise do n.º 2 do artigo 368.º do CPP corresponde, no essencial, à ordenação substantiva do sistema histórico-dogmático de análise do facto punível.

Ao ser ponderada à luz da estrutura e da finalidade das normas penais, a teoria do crime comporta sempre dois momentos fundamentais: a *imputação do facto* (típico) e a *valoração do facto*. A responsabilidade criminal só existe ou se nega depois de completado integralmente este percurso. A heterogeneidade das estruturas organizadas na teoria do crime tem correspondência em diferentes normas que a integram. Às normas de conduta dirigidas ao cidadão correspondem também normas de decisão dirigidas ao aplicador do direito que têm diversas dimensões: consoante a sua natureza, objecto e função, podem ser normas de imputação, normas de valoração e normas de sanção. A atribuição, graduação ou negação da pena, por seu turno, são consequências possíveis das operações anteriores de imputação do facto e atribuição de responsabilidade. Por isso, a decisão sobre a pena a atribuir ao agente em função do facto praticado é necessariamente uma operação lógica e cronologicamente posterior à imputação do facto e sua valoração sucessiva. O que, por seu turno, condiciona o campo de relevância da categoria punibilidade quanto ao seu objecto, às valorações que desencadeia e às operações hermenêuticas que contempla.

DA CUNHA, *RPCC* 15 (2005), 231-233. A autonomia da categoria da punibilidade tem uma sedimentação histórica e fundamentos dogmáticos que não se deduzem nem sequer estão expressos num preceito como o artigo 368.º do CPP. Pelo contrário, o regime descrito deve ser entendido em função do lastro histórico-metodológico subjacente à descrição formal do processo a plasmar na sentença penal.

V. Valoração e punibilidade

1. A imputação do facto ao agente e a subsunção do facto (imputado) na lei penal são duas das operações hermenêuticas que se realizam no âmbito da teoria do crime, mas que não esgotam o seu conteúdo metodológico. A estas acresce um conjunto de valorações jurídicas, sociais e político-criminais sobre o facto tipicamente imputado ao agente. Estas valorações estão igualmente presentes em todas as categorias dogmáticas: na tipicidade, na ilicitude, na culpabilidade e (como veremos) na punibilidade. O seu conteúdo varia em função do objecto da valoração e das finalidades que presidem à organização dos diversos elementos em torno de uma valoração comum. Na organização desses critérios de valoração podem ser tidos em linha de conta elementos do Direito positivo e elementos que transcendem o Direito positivo.

Em cada nível de análise do crime as valorações formuladas organizam circunstâncias do facto em função de certas qualidades materiais das mesmas, em regra reconhecidas como relevantes pelo legislador, cuja integral verificação legitima o recurso à pena estatal. Essas valorações sobre aspectos do facto típico não se formulam, portanto, em função da sua importância intrínseca, mas sim porque – e na medida em que – são reconhecidas pela doutrina, pelo aplicador do direito ou pelo legislador como aspectos relevantes no processo de atribuição da responsabilidade penal a alguém. Uma relevância dessa natureza decorre da prossecução dos valores e fins que orientam o sistema penal, ou seja, seguindo SCHÜNEMANN, de objectivos reconhecidos como valiosos e, por isso mesmo, dignos de serem prosseguidos[87]. Essas «valorações orientadoras» (*Leitwertungen*) encontram-se «no merecimento e carência de pena e esta, por seu turno, na adequação, necessidade e proporcionalidade da protecção penal...»[88]. Nesse sentido, os conceitos que integram as categorias sistemáticas de análise do crime são também «conceitos funcionais»[89]: o seu conteúdo é determinado não apenas pelo objecto da valoração e pelas valorações sobre esse objecto, mas também pelas finalidades a que estão adstritos. Usando a terminologia de LARENZ, trata-se de «conceitos determinados pela função»[90], pois a teoria do crime ao articular diferentes categorias dogmáticas de valoração do facto revela uma estrutura

---

[87] SCHÜNEMANN, *Grundfragen*, 55; RUDOLPHI, *Grundfragen*, 69-70.
[88] SCHÜNEMANN, *Grundfragen*, 60. Para uma concretização destes conceitos na formulação da teoria do crime, HASSEMER, *NK-StGB, vor* § 1, n.º 183 e ss, e HASSEMER/NEUMANN, *NK-StGB* (2005), *vor* § 1, n.º 49 e ss.
[89] BUCHETMANN, *Die Abgrezung der Verbrechensmerkmale nach Belings Lehre vom Tatbestand veranschaulicht am Hausfriedensbruch*, 1934, 28-51, *maxime* 32, 36, 37.
[90] LARENZ, *Metodologia*, 586 e ss, usando como exemplo o conceito de ilicitude.

orientada pelos fins da punição. Na síntese de KINDHÄUSER, «existe um facto punível quando se verificam as condições necessárias e suficientes para que uma pena possa ser legitimamente imposta»[91].

Na afectação dos diversos aspectos do acontecimento desvalioso às categorias dogmáticas de análise e valoração do crime, pode identificar-se em princípio uma precedência lógica e axiológica do tipo de ilícito e do tipo de culpa em relação ao juízo final de punibilidade. Essa precedência resulta de duas ordens de factores: por um lado, a punibilidade constitui uma valoração secundária no sistema de análise do crime, na exacta medida em que pressupõe necessariamente um ilícito culposo, base essencial da imputação de um acontecimento desvalioso a alguém[92], indiciador de uma necessidade de punição que se pode confirmar ou excluir. Trata-se de uma consequência determinada pelo princípio da tipicidade, pelo princípio da danosidade e pelo princípio da culpa. Por outro lado, pelo espectro de efeitos sobre a responsabilidade do arguido e em nome do princípio da presunção de inocência, a afectação dos diversos aspectos do acontecimento desvalioso deve ser feita em primeira linha no campo das excepções fortes à responsabilidade (exclusão típica, justificação e exclusão da culpa) e, em segunda linha, às excepções de incidência mais condicionada (por juízos de valor específicos, como por exemplo o da censurabilidade) e menos abrangente (desculpa e não punibilidade superveniente).

À luz destes elementos podemos encontrar no âmbito da punibilidade circunstâncias que funcionam a dois níveis, isto é: circunstâncias que constituem excepções fortes à eventual responsabilização e circunstâncias que constituem excepções fracas (nos termos referidos) à eventual atribuição de responsabilidade do arguido. Excepções fortes serão aquelas que determinam a não punibilidade originária do facto praticado, como a falta de uma condição objectiva de punibilidade ou a verificação de uma causa de exclusão da pena. Como excepções fracas podem invocar-se as causas de anulação da pena, na medida que se trata de circunstâncias supervenientes em relação ao ilícito culposo e, portanto, só eventualmente podem neutralizar uma necessidade de punição já indiciada. No plano processual as excepções fortes podem ser conhecidas independentemente do mérito da causa, enquanto as excepções fracas exigem em regra a uma ponderação conjunta com o mérito da causa.

2. Deste enquadramento retiram-se algumas indicações relevantes para a construção da categoria da punibilidade:

---

[91] KINDHÄUSER, *Herausforderung an des Recht*, 79.
[92] FRISCH *Strafrechtssystem*, 163 e ss.

A ser autonomizada na teoria do crime, a punibilidade deverá possuir uma natureza equivalente às categorias que a antecedem (ilicitude e culpabilidade), de forma a constituir um momento de análise e valoração em harmonia com os demais que se integram na estrutura metodológica em causa. Isto é, deverá acolher uma valoração (ou um conjunto de valorações) sobre aspectos do acontecimento tipicamente imputado ao agente ou certas circunstâncias do mesmo que estejam relacionadas com o facto típico e a atribuição da pena estatal[93]. A punibilidade terá de ser, neste contexto, uma valoração adicional que, em função do seu objecto, conteúdo e finalidade, não se confunde com as anteriores.

A autonomização de uma categoria da punibilidade na estrutura da teoria do crime depende do conteúdo atribuído às categorias que a precedem e da sua natureza dogmática. Esta dependência resulta da forma de relacionamento metodológico entre os diversos momentos do sistema. As categorias que cumprem funções de valoração da realidade não se repetem integralmente, por desnecessidade e em nome da ideia de sistema. Sendo o âmbito da imputação delimitado pelo ilícito culposo, a categoria da punibilidade tem necessariamente um objecto estranho aos elementos da imputação, num duplo sentido: o que é objecto da imputação pessoal não deverá ser matéria da punibilidade (enquanto categoria autónoma) e na punibilidade não se podem realizar operações de imputação pessoal características da ilicitude e da culpabilidade[94].

Por outro lado, a autonomização de um momento específico em relação à ilicitude e à culpabilidade deverá integrar-se harmoniosamente na estrutura da teoria da infracção e não constituir um corpo estranho em relação a ela. Para tal deve assentar numa estrutura equivalente às categorias anteriores. Nesse sentido, a categoria da punibilidade terá de acolher uma valoração (ou um conjunto de valorações) que permita um entendimento coerente e unitário das diversas figuras materiais que poderá agrupar racionalmente (função classificatória da teoria da infracção) e a exclusão daquelas que se revelarem estranhas à sua natureza e finalidade (função de eliminação de problemas).

Com base nestes referentes consegue-se uma articulação razoável entre uma sistemática classificatória, cujos efeitos mais imediatos se fazem sentir sobre a leitura e a organização das normas penais, e uma sistemática teleológica, que acolha na sua organização interna as valorações político-criminais associadas às finalidades da pena estatal. A sistemática classificatória garante a previsibilidade das decisões judiciais e funciona com uma grelha básica de comunicação entre os sujeitos processuais, permitindo uma argumentação racional e o exercício

---

[93] Neste sentido, LANGER, *Sonderverbrechen*, 280.
[94] DONINI, *Teoria del reato*, 408, quanto às condições objectivas de punibilidade; depois, no mesmo sentido, *L'Indice penale* 3 (2001), 1040-1041, notas 11 e 12.

pleno do contraditório no processo. A sistemática teleológica permite construir as soluções materiais para a resolução dos conflitos à luz das valorações do sistema e das finalidades da pena estatal. A contraposição entre as duas vias, como modelos opostos de pensar o sistema penal, apenas tem razão de ser em termos de evolução histórica, já que nada obriga a que se excluam reciprocamente. Uma sistemática classificatória pode desconsiderar a perspectiva teleológica, mas não o inverso: uma sistemática teleológica não pode deixar de ser também, em parte, uma sistemática classificatória, pois uma das suas funções consiste em organizar os diversos elementos legislativos e, para essa tarefa ter consistência, não pode abdicar da componente classificatória[95].

§ 37. A categoria da punibilidade no sistema de análise do crime

I. A pretensão de vigência do tipo legal

1. O objecto essencial da valoração jurídico-penal é uma conduta típica, isto é, uma conduta contemplada na descrição legal feita num tipo de crime (que pode integrar um facto mais complexo) e imputável a uma pessoa (destinatário da norma). Sem conduta não há facto tipicamente ilícito e sem imputação não existe responsabilidade. A imputação do acontecimento na lei precede a imputação do facto ao agente[96], pois sendo operação da imputação moral um indício da responsabilidade criminal só se deve realizar quando o acontecimento é pre-

---

[95] Sobre a articulação dos sistemas classificatório e dedutivo, RADBRUCH, *Handlungsbegriff*, 9 e ss, e depois «Zur Systematik der Verbrechenslehre», *in FG-Frank*, 159 e ss, quanto à modelação teleológica do sistema, que frisa a possibilidade de articulação dum sistema classificatório e categorial com um sistema teleológico, admitindo uma alternância entre a perspectiva categorial e a orientação teleológica a partir de uma fundamentação diferenciada, na teoria das normas e na teoria da pena: *So hat auch die Strafrechtsystematik eine doppelte Grundlegung: Die Lehre vom Strafzweck als teleologische, die Normentheorie als kategoriale Grundlegung* (p. 160). Recentemente, MARIA FERNANDA PALMA, *RPCC* (1999), 533-534, ensaia uma articulação equivalente entre um sistema subsuntivo e um sistema valorativo. Sobre a construção de um sistema penal teleologicamente orientado pela atribuição da pena ou pelas suas finalidades, SCHMIDHÄUSER, «Zur systematik der Verbrechenslehre», *GedS-Radbruch* (1969), 276-277, e *Strafrecht, AT*, 57 e ss; ROXIN, *Kriminalpolitik*, 10 e ss; MIR PUIG, *Función de la pena y Teoria del Delito*, 1982, 41 e ss e *Derecho Penal, PG*, 108 e ss; SILVA SANCHEZ, *Aproximación*, 362 e ss. Em textos recentes, numa concepção amplamente partilhada neste estudo, FIGUEIREDO DIAS, *RPCC* 1 (1991), 11 e ss, e *Direito Penal*, PG I (2.ª edição, 2007), 113 e ss e, 262 e ss e 668 e ss; DONINI, *Teoria del reato*, 402 e ss; HASSEMER, *AK-StGB, vor* § 1, n.º 212 e ss, e HASSEMER/NEUMANN, *NK-StGB* (2005), *vor* § 1, n.º 77 e ss; ainda, ROXIN, *Strafrecht, AT I* (4.ª edição, 2006), § 7, n.º 26 e ss, 57 e ss e 82 e ss. Para uma visão de conjunto, SCHÜNEMANN, *Grundfragen*, 45 e ss.
[96] Sobre a distinção entre imputação da acção na lei e imputação da acção ao agente *supra* § 8.

visto pelo legislador como um facto penalmente relevante[97]. Nisto se traduz a primeira função básica da tipicidade: eliminar do processo de imputação os acontecimentos que não têm correspondência num tipo legal (factos atípicos). Não se exclui a possibilidade de uma vez realizada a imputação do facto ao agente se voltar a questionar subsunção do facto ou até a realização do tipo (imputação na lei), pois essa necessidade pode decorrer da complexidade do caso ou da própria descrição do tipo legal[98].

Por força do princípio da legalidade o sistema penal assenta num conjunto de normas penais e estas dirigem-se a certos destinatários com uma intencionalidade básica: os destinatários das normas devem fazer (nos crimes omissivos) ou não fazer algo (nos crimes por acção) de forma a garantir a preservação dos bens jurídicos protegidos pelo sistema penal[99]/[100]. Se as normas penais são normas de comportamento orientadas pela necessidade de preservação de bens jurídicos, então aquilo que em primeira linha elas valoram são exactamente condutas dos destinatários das normas[101]. O objecto da valoração das normas penais é, pela sua

---

[97] A complexidade dos casos da vida real pode fazer com que esta ordem não seja absolutamente imperativa. O que se pretende destacar é o valor do *tipo* e dos conceitos legais nele utilizados enquanto ponto de apoio para o juízo de eliminação que se refere e o facto de não ser nem útil nem correcto proceder a uma imputação objectiva e subjectiva do acontecimento ao agente se o facto não constituir um crime à luz da descrição feita no tipo.

[98] Neste sentido, também, HRUSCHKA, *Rechtstheorie* 22 (1991), 454 (invocando ENGISCH): «com efeito deve distinguir-se, por princípio, entre a questão lógica dos distintos sistemas de regras a aplicar e a questão hermenêutica de saber se na constituição do caso jurídico não seria necessário «um ir e vir da perspectiva» entre a *lex* e o *factum*, o estado de coisas da vida, para que o julgador possa ser justo no seu labor». Coincidente, MARIA FERNANDA PALMA, *RPCC* 9 (1999), 532: «a adequação da conduta concreta ao tipo de ilícito não é juridicamente uma sotoposição lógica, mas, antes, uma tarefa complexa de decisão sobre a qualificação de um caso (conduta) de acordo com determinados critérios valorativos».

[99] Assim, já GRAF ZU DOHNA, *Aufbau der Verbrechenslehre*, 2-3. Por isso, quando se valora criminalmente *a conduta humana* esta é já considerada intrinsecamente como decisão de uma pessoa por um comportamento proibido por um tipo legal (*idem*, pp. 4-5 e 19). Depois, ZIELINSKI, *Handlungs- und Erfolgsunwert*, 121-122.

[100] Seguindo LARENZ, *Hegels Zurechnungslehre*, 91-92 (§ 11), a vontade das pessoas é o objecto essencial das normas jurídicas: «apenas para a vontade é que as normas valem e apenas a vontade pode ser valorada de acordo com a norma, seja na sua dimensão subjectiva, como determinação interior do sujeito, seja na sua dimensão objectiva, como vontade realizada e executada». A Constituição parece confirmar esta linha entendimento ao enunciar o princípio da legalidade criminal por referência a condutas, por acção ou amissão (artigo 29.º). O texto do Código Penal alarga o campo de incidência do princípio reportando-se não apenas à conduta mas sim ao facto (artigo 1.º).

[101] Sobre a relação entre a teoria das normas e o conceito de acção na teoria do crime, RUDOLPHI, *Grundfragen*, 69-72 e *passim*; MIR PUIG, *Derecho Penal*, *PG*, 151 e ss, *maxime*, 159-165

pretensão de eficácia sobre as condutas dos destinatários, o comportamento dessas pessoas. Sendo em regra o destinatário das normas penais (no Direito Penal nuclear) uma pessoa (art. 11º do Código Penal) o objecto central de valoração do sistema penal é uma conduta humana que colide com a proibição contida na norma. Todos os factos típicos integram uma conduta do destinatário da norma penal. Quando outras entidades que não pessoas humanas sejam destinatárias das normas penais, o objecto de valoração e os próprios critérios de imputação podem ser eventualmente construídos sobre outras realidades[102].

e, depois, *Estado, Pena y Delito*, 2006, 115 e ss; TOBIAS RUDOLPH, *Korrespondenzprinzip*, 29-32. O problema acaba por ser revelar uma questão de fundo sobre a concepção do sistema penal, pois – como bem nota HASSEMER, *AK-StGB, vor* § 1, n.º 220 – trata-se de uma condição associada à realização das expectativas criadas em torno das teorias preventistas do Direito Penal e, por isso, «uma política de merecimento penal que não tenha uma influência cognitiva ou emocional sobre as pessoas pode ser justa mas não será útil».

[102] No caso de uma pessoa colectiva adstrita a certos deveres criados por lei e tutelados por via penal, pode ser suficiente para constituir o objecto da valoração a verificação fáctico-jurídica de que foi violado o dever e realizado dessa forma o tipo, sem ser necessário identificar outro suporte ôntico para os juízos de valor através dos quais se atribui a responsabilidade penal; ou, em alternativa exactamente oposta, exigir sempre esse suporte ôntico em relação a uma pessoa física que se relacione funcionalmente com a pessoa jurídica. A afirmação pressupõe a possibilidade de uma evolução diferenciada da dogmática da imputação em função dos destinatários das normas e o sector do sistema penal em causa, o que é discutível (veja-se, AUGUSTO SILVA DIAS, *Delicta in se*, 548 e ss e 558 e ss, sobre tal possibilidade em algumas áreas). O que significa que uma matriz comum da teoria do crime pode concidir com diferentes estruturas de imputação, diferentes categorias dogmáticas e distintos conteúdos de categorias equivalentes em áreas específicas do Direito sancionatório público. Assim, por exemplo, o modelo de atribuição de responsabilidade a entes colectivos não tem de ser necessariamente o mesmo no Direito Penal e no Direito de Mera Ordenação Social, podem existir causas de justificação, de desculpa e de não punibilidade específicas de um sector do Direito Penal Económico (FARIA COSTA, *Direito Penal Económico*, 127-128) ou o conteúdo da categoria da culpa pode ser distinto consoante a natureza do destinatário da norma e o sector do sistema penal em que surja (uma culpa de conteúdo ético ou motivacional pode ter adesão à realidade do Direito Penal nuclear, com pessoas físicas como destinatários das normas, mas não quanto a pessoas colectivas no Direito Penal Económico ou no Direito de Mera Ordenação Social). A título de ilustração, sobre os modelos de imputação de responsabilidade penal aos entes colectivos, FIGUEIREDO DIAS, *Direito Penal PG I* (2.ª edição, 2007), 295-303 (Cap. 11, §§ 22-33). Para uma análise destas opções no âmbito do Direito de Mera Ordenação Social (cfr. art. 7º, do Dec.-Lei nº 433/82, de 27 de Outubro), veja-se o meu estudo «A tutela dos mercados de valores mobiliários e o ilícito de mera ordenação social» in *Direito dos Valores Mobiliários*, Vol. I, 1999, 312-317, e, ainda, *O novo regime dos crimes e contra-ordenações no Código dos Valores Mobiliários*, 2000, 23-24, onde se procura sustentar o modelo da atribuição autónoma da responsabilidade pela prática de contra-ordenações. Em sentido contrário, TERESA SERRA, «Contra-ordenações: responsabilidade de entidades colectivas», *RPCC*, 9 (1999), 189-191,

2. O conceito de acção deve permitir delimitar o acontecimento a subsumir aos conceitos expressos no tipo, excluindo dessa operação um conjunto de realidades que não devem sequer corresponder ao facto típico que o legislador pretende evitar. Um conceito jurídico-penal de acção (em sentido amplo, abrangendo o fazer e o omitir) não vale por si mas por referência ao tipo e à sua pretensão de vigência, enquanto ponto de conexão entre a realidade e a norma típica de conduta[103]. A conduta humana com relevância para o tipo constitui sempre uma manifestação evitável da vontade de uma pessoa, exigência que corresponde à pretensão de vigência do tipo. A exigência de uma conduta nos termos descritos permite enquadrar como acontecimentos necessariamente atípicos os casos de *vis absoluta*, os actos reflexos e os actos inconscientes desde que não domináveis pelo agente, insusceptíveis por isso de conexão com a norma típica de conduta (ou seja, como realidades estranhas ao objecto das normas)[104].

defende o modelo da responsabilidade conjunta entre pessoas colectivas e pessoas singulares nesta mesma área jurídica, em que a imputação a um ente colectivo depende necessariamente da imputação a uma pessoa singular que nele se integra. O modelo da imputação autónoma pressupõe que podem existir diferenças significativas nas estruturas metodológicas de atribuição da responsabilidade penal consoante os destinatários das normas em causa. A análise da responsabilidade de entes colectivos pode no plano teórico iniciar-se pela comprovação da violação do dever legal, ou seja, pela realização do tipo de infracção, e não necessariamente pela identificação de uma conduta que se irá subsumir no tipo. A imputação jurídico-penal a uma pessoa física é sempre um juízo de imputação moral, mas a um ente colectivo só pode ser uma imputação funcional. No texto do Código Penal, após a revisão de 2007, a imputação jurídico-penal à pessoa colectiva (artigo 11.º, n.º 2 a 6) está sempre dependente da actuação de uma pessoa singular com uma posição de liderança que comete ou permite o facto de conexão, depois limitada por vários critérios de imputação (*v.g.* n.º 4 e 6, além das exigências das alíneas do n.º 2, do artigo 11.º). Desse ponto de vista o legislador optou – pelo menos para o Direito Penal nuclear – por um modelo substantiva e processualmente exigente de atribuição de responsabilidade penal a entes colectivos. A complexidade que estes elementos vão trazer à investigação, à acusação e ao julgamento de tais casos e a falta de sedimentação doutrinária do regime criado não permitem ver tal opção como uma matriz essencial a seguir.

[103] No sentido da autonomia conferida ao conceito de acção na teoria do crime, MIR PUIG, *Derecho Penal, PG*, 165; ROXIN, *Strafrecht, AT I* (4.ª edição, 2006), § 8, n.º 44 e ss. Entre nós, com grande pormenor, MARIA FERNANDA PALMA, *Direito Penal PG II* (fascículos, 2001), 53 a 64. Em sentido diferente (dando primazia clara o tipo e integrando neste a teoria da acção), FIGUEIREDO DIAS, *RPCC* 1 (1991), 38-40 e, agora, *Direito Penal PG I* (2.ª edição, 2007), 259 e ss.

[104] Para uma perspectiva sobre estas funções negativas do conceito de acção, FIGUEIREDO DIAS, *Direito Penal PG I*, 288-289. Sobre o sentido e os limites destas restrições, MARIA FERNANDA PALMA, *Direito Penal PG II* (fascículos 2001), 62 e ss, associando alguns comportamentos automáticos ou imperfeitamente conscientes à necessidade de prevenir riscos para os bens jurídicos, concluindo assim pela sua relevância jurídico-penal, eventualmente condicionada a critérios de exigibilidade (eventual exclusão da culpa).

Significa isto que o legislador penal não proíbe acontecimentos, apenas proíbe condutas desvaliosas. Não proíbe a morte, proíbe o homicídio e outros comportamentos perigosos para a vida. A pretensão de eficácia das normas penais em relação aos seus destinatários faz com que as suas proibições se limitem àquilo que é dominável pela vontade humana. Se um acontecimento é desvalioso mas não é evitável ou realizável pela vontade humana, por não estar na sua esfera de influência ou de domínio, estamos fora do âmbito da proibição penal[105]. Em relação a casos desta natureza a norma não tem qualquer função de prevenção geral ou especial[106] e, por isso, a sua reafirmação contra-fáctica não é necessária e a existir será inadequada. Podem ser incluídos nesta situação alguns casos equivocamente debatidos pela doutrina como problemas de adequação social que restringem o tipo ou como problemas de causalidade. O caso do sobrinho que querendo herdar a fortuna do tio lhe oferece uma viagem aos Alpes na esperança de que este tenha um acidente na neve e morra, o que vem efectivamente a acontecer, não pode ser tratado como um caso de falta de causalidade, de distinção entre dolo e desejo ou de mera restrição do tipo de crime, mas antes, como propõe Wolter, como uma realidade alheia ao tipo que não chega a ser integrada na proibição do legislador penal[107]. O momento de domínio que o sobrinho possui não é proibido (oferecer a viagem) e o momento desvalioso (o acidente do tio) não é evitável para o sobrinho (pois envolve um conjunto de factores de perigo que estão completamente fora da sua esfera concreta de influência). O âmbito de domínio, a proibição e o acontecimento desvalioso não coincidem e, por isso, carece de sentido o legislador pretender proibir este facto enquanto tal e o intérprete procurar excluir do tipo algo que não pode lá estar. O que não é evitável ou dominável não pode ser objecto de uma norma de conduta e, assim sendo, nunca integra o tipo de ilícito criado pelo legislador penal. Não se trata de uma exclusão da tipicidade, mas sim de uma ausência de tipicidade por o acontecimento não poder ser objecto de uma norma de conduta. O tipo penal não revela uma pretensão de vigência em relação a tais casos.

---

[105] Coincidente, Otto, *FS-Maurach*, 91-93 e 96 e ss, Frisch, *Strafrechtssystem*, 162, Schild, «Strafbegrif und Grundgesetz», *FS-Lenckner*, 1998, 306 e ss. Também, Pablo Sánchez-Ostiz, *Imputación y delito*, 426-431, exigindo como pressupostos da imputação o domínio sobre o acontecimento e o conhecimento das circunstâncias relevantes (cfr. ainda p. 408 e ss, 418, 480). Pode assim afirmar-se com Freund, *Strafrechtssystem*, 46-47, que também a norma de comportamento (e não apenas a norma de sanção) tem de ser sujeita aos crivos de necessidade, adequação e proporcionalidade.

[106] Rudolphi, *Grundfragen*, 72.

[107] Wolter, *140 Jahre*, 288, defendendo um espaço jurídico anterior ao tipo, que por sua vez deverá apenas abarcar as acções objectivamente domináveis, reconhecíveis e exigíveis. Com um fundamento mais profundo, Frisch, *Strafrechtssystem*, 158-159.

Em síntese, a conduta do destinatário da norma é parte essencial do facto típico a valorar. A imputação da conduta (imputação no tipo e imputação ao agente) precede a valoração da conduta. Realizada a primeira seguem-se sobre esse objecto as valorações subsequentes que correspondem a momentos de análise do crime: realização do tipo, ilicitude, culpabilidade e punibilidade.

3. O objecto da valoração para a teoria do crime é um acontecimento (tipicamente) desvalioso atribuído a uma pessoa através da análise do seu comportamento. A conexão entre o acontecimento e a pessoa faz-se através da relação existente entre, por um lado, o facto desvalioso e a pessoa e, por outro, o facto desvalioso e a decisão da pessoa pelo comportamento proibido através da sua vontade. Esta análise corresponde ao que actualmente se designa como imputação objectiva e imputação subjectiva, que podem ser agregadas unitariamente sob o conceito superior de domínio do facto enquanto pressuposto material da autoria. O que transforma uma pessoa no autor de um facto é o domínio que exerce sobre uma situação de perigo integrada na esfera de proibição de uma norma penal. Esse domínio implica um controlo objectivo e subjectivo sobre factores de perigo tipicamente relevantes, ou seja, sobre a evolução da agressão típica ao bem jurídico protegido. O que não é dominável pelo destinatário das normas não pode lhe pode ser imputado, nem pode constituir um fundamento positivo da sua responsabilidade penal (*impossibilium nulla obligatio est*)[108]. Em rigor, tal conteúdo é estranho à norma típica de conduta.

O facto tipicamente desvalioso pode integrar apenas uma conduta ou uma conduta e um resultado. A imputação do acontecimento desvalioso baseia-se, no primeiro caso, na relação entre a conduta e o agente, o que é habitualmente feito através da análise da vontade: importa saber se o acontecido foi querido pelo agente. Quando o acontecimento é mais complexo, como no segundo caso, e comporta um resultado autónomo em relação à conduta (crimes comissivos por acção e por omissão), a imputação é feita primeiro no plano objectivo, relacionando o resultado com a conduta, e depois no plano subjectivo, relacionando todo o acontecido (conduta e resultado) com a vontade do agente (a partir da

---

[108] Este é um legado da Filosofia Prática que a dogmática penal deve respeitar. Veja-se, por exemplo, PUFENDORF, *Elementorum Jurisprudentiae Universalis* (1ª ed. 1660), Livro II, Axioma I); BURLAMAQUI, *Principes du Droit Naturel*, 285 (Parte II, Cap. XI, § II, 4). Actualmente, HRUSCHKA, *Rechtstheorie* 22 (1991), 453-454; FRISCH, *Strafrechtssystem*, 162; PABLO SÁNCHEZ-OSTIZ, *Imputación y delito*, 408; RUDOLPHI, *Grundfragen*, 72, relacionando este aspecto com os fins de prevenção geral e especial, que só podem ser prosseguidos se o destinatário da norma puder evitar o comportamento proibido. Em pormenor, debatendo várias situações duvidosas, JAKOBS, *Strafrecht*, 136 e ss (*maxime* 139-141 e 144-148).

decisão consciente pela conduta perigosa)[109], o que, na totalidade, corresponde à delimitação da autoria a partir do conceito de domínio do facto.

[109] O facto perigoso constitui o objecto nuclear do dolo e a realidade empírica dominável pelo destinatário das normas, através da qual se pode controlar a produção do resultado danoso. A construção tradicional do dolo organiza este elemento subjectivo em duas componentes: o elemento intelectual e o elemento volitivo. Esta concepção revela-se por vezes em algumas construções excessivamente dependente de factores mecânicos e psicológicos, em alguns casos de difícil prova e estranhos à função das normas de comportamento. Para uma revisão do conceito de dolo, entendido alternativamente como consciência do risco típico de lesão dos bens jurídicos, associada ao comportamento que viola a norma de conduta, FRISCH, *Vorsatz und Risiko*, 345 e ss. Depois, com mais informação, LUIS GRECO, «Dolo sem vontade», *LA-Sousa e Brito*, 889 e ss. Pode duvidar-se (com fundamento) da conformidade desta construção com a solução legal vigente entre nós, que parece afastar-se duma concepção intelectualista (sobre o tema, RUI PEREIRA, *O dolo de perigo*, 40 e ss e 83 e ss). Ela constitui no entanto um ponto de partida possível para a compreensão do dolo no plano substantivo e no processo penal. O respeito pela opção legal bipartida não pode estar em causa. Mas a exigência de um elemento intelectual e um elemento volitivo para a afirmação do dolo não deve conduzir à sua separação artificial e à sua prova atomizada, como se se tratasse de realidades completamente independentes. Pelo contrário, o que está em causa na prova do dolo é a relação do facto típico com a vontade do agente (no plano da imputação) e essa relação é necessariamente estabelecida a partir da consciência da perigosidade da conduta como condição essencial da existência e prova da vontade relativa a esse facto (neste sentido, quanto a este ponto, MARIA FERNANDA PALMA, *RPCC* 9 (1999), 567, quando afirma que «premissa intransponível do conhecimento da «consequencialidade» é o conhecimento do risco concreto ou, pelo menos, a impossibilidade de um seu desconhecimento»). A perigosidade da conduta é a realidade imediatamente controlável pelo destinatário da norma e o meio de atingir o resultado lesivo. Pela sua dimensão ôntica é o perigo que se revela objecto do domínio do agente, pois o resultado será necessariamente subsequente ao perigo e (para ser imputado) deverá ser a sua concretização. Perspectivado o problema no plano da prova, uma vez demonstrada a consciência da perigosidade típica do comportamento, o elemento volitivo pode estar indiciado (à luz dos critérios do art. 127.º do CPP) se tais indícios não forem contrariados com outros elementos ou se sobre eles não incidir uma dúvida razoável. As dificuldades de delimitação entre o dolo eventual e a negligência consciente não residem tanto no plano substantivo (pois é inequívoco que o dolo eventual exige não só consciência como aceitação) como na sua compreensão probatória (embora o conteúdo substantivo do dolo condicione obviamente a prova a realizar). O que não impede a ponderação de elementos volitivos e emocionais na comprovação do dolo – pelo contrário – apenas evidencia a essencialidade da prova a realizar no conhecimento do risco como base para a comprovação probatória do elemento volitivo. Assim, pode existir consciência do risco sem que exista dolo, sempre que a prova existente permita concluir que o agente não aceitou a consequência da conduta apesar de ter consciência do risco da mesma. Sobre o problema do conteúdo do dolo, RUI PEREIRA, *Dolo de perigo*, 117 e ss, e MARIA FERNANDA PALMA, *RPCC* 9 (1999), 562-570, criticando a concepção do dolo como simples consciência do risco concreto (pag. 568 e ss) e evidenciando os problemas dogmáticos de uma concepção

O âmbito do ilícito penal é o acontecimento desvalioso que, por se situar na sua esfera de domínio, é evitável ou realizável pelo agente. É sobre o acontecimento desvalioso que o agente pode exercer o seu domínio, quando tal acontecimento se revelar evitável ou realizável (e, portanto, objectivamente controlável) por essa pessoa. Este entendimento adquire relevância jurídica na teoria do crime a diversos níveis: na relação entre a conduta e o tipo e na compreensão dos critérios de imputação objectiva nos crimes materiais.

Quanto ao primeiro aspecto, pode identificar-se um momento preliminar de selecção negativa: o que não for evitável ou, mais genericamente, dominável por uma pessoa não pode fazer parte dum tipo de ilícito, porque em tais casos não se consegue formular uma norma de conduta adequada. Sem essa possibilidade não se pode afirmar a existência de um dever jurídico concretamente vinculante e, reflexamente, também não é possível concluir pela sua violação[110]. A capacidade de domínio do agente sobre o facto proibido é portanto um pressuposto da imputação (desenvolvimentos, *infra* § 38, III). O que exige ao destinatário da norma uma capacidade mínima de entendimento e de actuação que, a não existir, impede a imputação jurídico-penal do facto concreto (como acontece na demência profunda ou nas limitações físicas que impedem o cumprimento de deveres de assistência ou socorro)[111]. Quando uma norma penal de conduta não se pode afirmar perante um possível destinatário cessa a sua pretensão de vigência e não é possível a imputação jurídico-penal.

Nos crimes materiais o nexo de imputação entre o resultado e a conduta do agente deve ser estabelecido não a partir de matrizes causalistas estranhas à realidade descrita no tipo, mas sim a partir da própria vigência e alcance da norma de conduta. O problema central traduz-se em saber quando é que uma acção do

---

dessa natureza. Depois, AUGUSTO SILVA DIAS, *Ramos emergentes do direito penal relacionados com a protecção do futuro*, 2008, 26-27, nt 41. Agora, MARIA FERNANDA PALMA, «O dolo e o erro: novas leituras do elemento intelectual do dolo», *HViseu-JFDias*, 2011, 75 e ss, concebendo o elemento intelectual do dolo não como uma consciência reflexiva mas antes como uma possibilidade de controlo do desenvolvimento da conduta típica pela consciência do agente (p. 81), com consequências ao nível do alcance do erro intelectual (designadamente, em função da distinção – fundada na capacidade de motivação pela norma – entre consciência dos factos e consciência do significado dos factos).

[110] RÖDIG, *FS-Lange*, 59, nota 44, sublinhando que no primeiro nível de análise este aspecto é fundamental, pois onde não é possível ao legislador dar uma instrução de comportamento a conduta não pode ser ilícita. Em termos equivalentes, RUDOLPHI, *Grundfragen*, 72.

[111] Veja-se ARMIN KAUFMANN, *Nornemtheorie*, 102 e 108 e ss. Para uma análise das matrizes de compreensão do problema do sistema do facto punível com um agente com anomalia psíquica, MARIA JOÃO ANTUNES, *Medida de segurança de internamento e facto de inimputável em razão de anomalia psíquica*, 2002, 200 e ss e passim. Sobre o problema, ainda, FIGUEIREDO DIAS, *Direito Penal PG I* (2.ª edição, 2007), 577 e ss.

agente e suas consequências devem ser vistas como uma unidade (como um facto típico) independentemente da sua separação lógica, ontológica e cronológica.

A impossibilidade de tal unidade se verificar poderia conduzir à afirmação dum conceito monista de ilicitude, centrado exclusivamente no desvalor de acção e na infracção ao dever contido na norma[112]. Contudo, a compreensão do ilícito penal a partir da esfera de domínio do destinatário da norma não conduz necessariamente a uma concepção dessa natureza, pois admite perfeitamente que o facto ilícito se estenda à consequência da conduta. Usando um exemplo de LARENZ[113], a questão traduz-se em saber quando é que a acção de incendiar uma tábua de madeira numa casa e as consequências desse acto (o incêndio de toda a casa) devem ser consideradas como um único facto. A resposta de LARENZ, formulada sobre o pensamento de Hegel, consistiu em afirmar que a fragmentação sequencial dos factos (o fogo na tábua, a sequência intermédia de acontecimentos relativa à propagação do incêndio e o fogo na totalidade da casa) não vale por si, pois os fragmentos deveriam ser considerados «não como uma sequência causal indiferente, mas como uma totalidade». Essa unificação é estabelecida em sua opinião por referência ao domínio da finalidade da acção: «na medida em que as consequências são dominadas pelo fim da acção e na medida em que formam um todo são de imputar»[114].

Relevante, portanto, para imputar as consequências duma acção a essa acção é identificar o factor que permite considerar esses dois aspectos como uma unidade (um facto típico). A resposta de LARENZ (domínio da finalidade da acção) aponta um caminho satisfatório[115] que, sujeito a crivos mais objectivos centrados sobre o domínio do perigo típico, permite uma exacta compreensão do ilícito penal (que inclui quer o desvalor da acção quer o devalor do resultado). Para esse efeito assume especial relevância o conceito superior de domínio do facto. Este deve ser entendido como o controlo exercido (por um ou mais agentes) sobre a evolução do perigo típico para o bem jurídico tutelado[116]. A afirmação desse

---

[112] ZIELINSKI, *Handlungs-und Erfolgsunwert*, 136 e ss.

[113] LARENZ, *Hegels Zurechnungslehre*, 50 e ss (§ 6), nomeadamente 54 e ss.

[114] LARENZ, *Hegels Zurechnungslehre*, 55, sublinhando que não é necessário o conhecimento de todas as possibilidades específicas da acção, bastando apenas o conhecimento da natureza geral da acção.

[115] Reservas em CURADO NEVES, *Comportamento lícito alternativo*, 74, nota 26.

[116] Sobre as diversas formas de construir o conceito de domínio do facto, ROXIN, *Täterschaft*, 107 e ss. Entre nós, CONCEIÇÃO VALDÁGUA, *Tentativa do co-autor*, 93 e ss, 147 e ss, 151-153. Segue-se no texto um conceito misto de domínio do facto (objectivo e subjectivo) que incide sobre a única realidade típica que, sendo proibida, pode ser controlada: o perigo. O objecto do domínio do facto não é assim a consumação mas sim o perigo, uma realidade ôntico--normativa, comum a todos os tipos penais e susceptível de ser controlada pelos destinatários

domínio exige a previsibilidade objectiva dos acontecimentos e o controlo sobre as condições de evolução do perigo para o bem jurídico tutelado («factores típicos de perigo»[117]). O agente que domine os factores típicos de perigo, isto é, que tenha a possibilidade de controlar (manter, dirigir ou neutralizar) os factos ou situações que, de acordo com «o conhecimento empírico do nosso tempo»[118] a partir de um juízo de previsibilidade formulado *ex ante*, são aptos para produzir o resultado em causa, responderá pelas consequências dessa conduta, na medida em que sejam esses factores de perigo (e não outros) a concretizarem-se na lesão. A possibilidade objectiva de se exercer um domínio sobre o resultado através do domínio sobre os factores de perigo significa que o desvalor do resultado integra a estrutura do ilícito penal e faz parte da matéria da norma, contrariamente ao que pretendeu ZIELINSKI[119].

Uma norma penal pode por isso proibir resultados [120], na exacta medida em que os mesmos estejam na esfera de domínio do destinatário e resultem da infracção a uma norma de conduta. O legislador não pode proibir resultados por si só, mas pode proibir resultados na medida em que os mesmos sejam a concretização de factores de perigo domináveis pelo destinatário da norma penal. Para estabelecer a imputação do resultado à conduta e a realização do tipo objectivo não basta portanto criar, aumentar ou não diminuir um risco proibido[121], exige-se,

---

das normas (em pormenor, FARIA COSTA, *O perigo em Direito Penal*, 1992, 316 e ss e *passsim*). Neste sentido me pronunciei já em texto anterior: *A relevância da desistência*, nomeadamente 201-204, 261-269, 277-289 (e nota 287).

[117] Por «factores típicos de perigo» entendo a pluralidade de situações com potencialidade lesiva que o legislador penal quer evitar que se verifiquem por estarem associadas, de acordo com a experiência comum (corrigida pelos conhecimentos científicos) à produção de resultados danosos. Este conceito é tributário da ideia de «modelo de perigo», defendida entre nós por CURADO NEVES, *Comportamento lícito alternativo*, 163-177, como crivo de delimitação das possibilidades de imputação objectiva do resultado dentro do âmbito dos tipos incriminadores. Para o Autor cada tipo incriminador contém um ou mais modelos de perigo, descrito nos seguintes termos: «certas condutas são proibidas devido à existência de uma possibilidade, objectivamente verificável no momento da acção, de estas virem a desencadear um determinado processo, que normalmente conduzirá à lesão de um bem que a lei tutela. Um tal curso de eventos é susceptível de tipificação numa sucessão normal de acontecimentos, a que chamaremos modelo de perigo ou tipo de perigo» (*op. cit.* p. 167).

[118] RUDOLPHI, *Grundfragen*, 81.

[119] ZIELINSKI, *Handlungs-und Erfolgsunwert*, 136 e ss e 143-144.

[120] Contra, ZIELINSKI, *Handlungs-und Erfolgsunwert*, 138.

[121] Em rigor, a teoria do risco, com esta configuração básica, é inapta para relacionar de forma isenta de dúvida uma conduta e um resultado, pois a sua formulação apenas demonstra que a conduta é perigosa e não que esse perigo e o evento estão relacionados. Para uma exposição crítica da teoria do risco, CURADO NEVES, *Comportamento lícito alternativo*, 301 e ss.

para além disso, o exercício dum domínio sobre os factores de perigo que (num juízo de experiência comum, corrigido *in bonam partem* por um juízo de perícia) se concretizaram no dano. *Previsibilidade* e *domínio* sobre as condições de evolução do perigo típico podem existir quer nos crimes comissivos por acção, quer nos crimes comissivos por omissão[122]. Nos crimes materiais negligentes passa-se algo equivalente na medida em que a própria ideia de «diligência devida» supõe a previsibilidade dos acontecimentos e o domínio de alguns factores típicos de perigo que não foram controlados pelo agente apesar de o poder e dever fazer. Em termos negativos, a imputação do resultado deve ser excluída sempre que a concretização do evento decorra de factores típicos de perigo não controláveis em algum momento pelo agente ou que se traduzam na concretização de factores de perigo estranhos ao modelo de perigo criado pelo agente em infracção à norma de conduta[123].

[122] TERESA QUINTELA DE BRITO, *A tentativa nos crimes comissivos por omissão: um problema de delimitação da conduta típica*, 2000, 23 e ss.

[123] A ideia de estabelecer a imputação dos crimes materiais aos agentes que exercem uma posição de domínio sobre a evolução do perigo típico afasta-se quer do modelo causalista de compreensão do tipo objectivo dos crimes materiais (seja a causalidade concebida naturalisticamente, seja concebida normativamente com base na ideia de previsibilidade), quer da denominada teoria da imputação objectiva assente em diversos critérios formulados sobre a ideia de risco. Os critérios da teoria do risco são insuficientes para relacionar uma conduta com um resultado num processo penal em que não pode haver imputação com dúvida razoável ou, noutro plano, não são na sua grande maioria verdadeiros critérios de imputação objectiva (do resultado à acção), mas sim critérios de interpretação do âmbito do tipo (como acontece com os princípios da esfera de protecção da norma ou a diminuição do risco que não relacionam um facto com um resultado, mas apenas limitam o alcance do tipo) (coincidente, PABLO SÁNCHEZ-OSTIZ, *Imputación y delito,* 482-489). A doutrina penal revela, aliás, alguma ambiguidade metodológica nesta matéria da delimitação dos fundamentos e âmbito do ilícito penal, pois quando analisa um tipo incriminador realizado por um autor singular utiliza critérios de causalidade naturalística, de previsibilidade ou de risco, mas quando está perante uma situação de comparticipação parte de um conceito restritivo de autoria (assente no domínio do facto) que implica um conceito de ilícito muito mais limitado. Estando sempre perante o mesmo ilícito típico não se justifica que nuns casos tenha um âmbito mais amplo e noutros revele um âmbito mais restrito. Na história dogmática, a construção exposta no texto (capacidade de domínio do agente sobre os factores de perigo que se concretizam no dano) filia-se parcialmente na teoria da imputação de LARENZ (*Hegels Zurechnungslehre, maxime* 50 a 75, §§ 6 a 9), concretamente na crítica que dirigiu à concepção naturalista da causalidade e aos limites da teoria da adequação, acentuando diversamente a necessidade de se recorrer à dicotomia «capacidade de prever» e «capacidade de intervir» para delimitar a imputação do facto; depois, à normativização a que HÖNIG sujeitou esta construção («Kausalität und objektive Zurechnungs», *FG-Frank* (1930), 174 e ss, *maxime* 181-188), delimitando a imputação em função da capacidade objectiva do destinatário da norma de produzir ou evitar o resulta-

O que está fora desta esfera de domínio não pode ser objecto da vontade relevante e por isso também não pode ser objecto de uma proibição dirigida a uma pessoa. Noutros termos, o que está fora da esfera de domínio do agente não pode ser objecto da norma de conduta que integra um tipo de ilícito penal. Pode, no entanto, ser um acontecimento ou uma circunstância usada pelo legislador penal para decidir sobre a punição de condutas, dentro do respeito pelos princípios fundamentais do sistema penal (*v.g.* proibição da responsabilidade objectiva em Direito Penal, natureza pessoal da responsabilidade e princípio da igualdade).

É nesta perspectiva e com estes limites que, por exemplo, o legislador pode usar a figura das condições objectivas de punibilidade: não como elementos integrantes de um tipo de ilícito, sujeitos por isso às regras de imputação, mas como acontecimentos que visam restringir o alcance do tipo legal e, desse modo, limitar o âmbito da intervenção penal (em pormenor *supra* §§ 24 e 26 e *infra* § 38, III, quanto à cisão entre ilícito e punibilidade).

II. Tipo de ilícito, tipo de culpa e tipo de punibilidade

a) *A realização do tipo e a espiral valorativa: desaprovação do facto e adequação da ameaça penal*

1. Nos Estados de Direito em sentido material (fundados na dignidade da pessoa humana e nos direitos fundamentais) o crime é necessariamente mais do que a violação culposa da proibição: é a realização de um facto especialmente desvalioso que só pode ser preventivamente evitado através da proibição penal da conduta e da ameaça com a pena estatal. O recurso à proibição penal só é legítimo (artigo 18.º, n.º 2, da Constituição) se for acompanhado da necessidade de pena (em sentido amplo). O crime não é apenas um facto desvalioso previsto

do que o legislador descreve, mais precisamente no domínio sobre a possibilidade objectiva do acontecer; essencial, ainda, o reforço dado pelo contributo da análise de NAUCKE para a compreensão da «proibição de regresso» à luz da capacidade de domínio (*Beherrschbarkeit*) da pessoa como limite à sua responsabilização («Über das Regressverbot im Strafrecht», *ZStW* 76 (1964), 408 e ss, *maxime* 428, que, aceitando as conclusões no essencial, as filia contudo não numa concepção hegeliana da imputação, mas directamente no respeito constitucional da dignidade humana, da pessoa e da liberdade pessoal; OTTO exige, para além da previsibilidade do acontecimento, a «dirigibilidade» (*Steuerbarkeit*) do mesmo pelo autor como pressuposto da imputação e critério para estabelecer a relação entre o evento e a conduta (cfr. «Kausaldiagnose und Erfolgszurechnung im Strafrecht», *FS-Maurach* (1972), *maxime* p. 92 e 95 e ss e, depois, *Grundkurs* (2004), § 6, n.º 43 e ss63 e ss). Também KÖHLER, *Strafrecht AT,* 143 e ss, recorre a esta ideia de possibilidade real de controlo pelo autor como critério de delimitação do tipo de ilícito. Por último, com mais referências, LUIS GRECO, *LA-Sousa e Brito,* 891 e ss e notas.

na lei, mas sim um facto em relação ao qual a ameaça penal se revela necessária, adequada e proporcional[124]. Facto e pena não podem ser vistos isoladamente e sem articulação entre si. Num direito penal do facto, os fins das penas não se prosseguem sem o facto que a fundamenta e, por isso, as finalidades das penas estão primariamente associadas ao facto punível[125]. A adequação da pena estatal não pode ser desligada do facto e a desaprovação penal do facto só pode ser feita com o recurso à ameaça penal[126]. Sem uma relação de congruência entre o desvalor do facto e a idoneidade preventiva da ameaça penal a decisão de criminalizar não é legítima. Como refere FRISCH, a necessidade de correspondência entre o delito e a pena constitui um imperativo de justiça que não tem só relevância para a medida da pena: «o facto punível só pode ser aquilo a que, em função da importância da pena, se afigura justo reagir com ela»[127]. A delimitação de um facto punível pelo legislador implica assim, como condição de legitimidade material da decisão legislativa, um juízo sobre a adequação, necessidade e proporcionalidade da pena cominada para tal situação. Ao merecimento penal do

---

[124] Com diferentes formulações, a exigência de adequação ou necessidade da pena criminal constitui uma referência essencial na legitimação da intervenção penal, associada ou não ao problema da autonomia da punibilidade enquanto categoria da teoria do crime. Para uma ilustração abrangente, SCHULTHEISZ, *SchwZStR* 64 (1949), 340 e ss; STRATENWERTH, *ZStW* 71 (1959), 567-568, 571-572, e *Strafrecht, AT,* I, 95-96 (n.º marg. 29-30); SCHMIDHÄUSER, *ZStW* 71 (1959), 561-562, *Lehrbuch*, 382-392, *Studienbuch*, 67-68 e 258-264; LANGER, *Sonderverbrechen*, 273 e ss e 327-338; SCHÜNEMANN, *SchwZStR* 97 (1978), 147-148; JESCHECK/WEIGEND, *Lehrbuch*, 551-552, 556; ZIELINSKI, *Handlungs- und Erfolgsunwert*, 204 e ss; VOLK, *Introduzione*, 107 a 109. HASSEMER, *AK-StGB, vor* § 1, n.º 212-220; HASSEMER/NEUMANN, *NK-StGB* (2005), *vor* § 1, n.º 77 e ss; BLOY, *Strafaufhebunbsgründe*, 244, e *Beteiligungsform*, 35 e ss; SCHILD, *FS-Lenckner*, 297 e ss; FRISCH, *Straftatsystem*, 141 e ss e 164 e ss. Entre nós, SOUSA E BRITO, *Direito Criminal II*, 1963, 165-166; *Sentido e valor*, 1989, 114-115, 126-127, e *LH-Roxin*, 109-110. RIBEIRO DE FARIA, *Sobre a desistência da tentativa*, 117-135; COSTA ANDRADE, RPCC (1982) 184-186; FIGUEIREDO DIAS, *RPCC* 2 (1992), 30-44, e agora *Direito Penal PG I* (2.ª edição, 2007), 127 e ss e 671 e ss; DAMIÃO DA CUNHA, RPCC 15 (2005), 248, 255; MARIA FERNANDA PALMA, *Direito Penal PG* (fascículos, 1994), 52-68, e agora *Direito Constitucional Penal*, 65 e ss, 104 e ss, 114 e ss, e 119-121; AUGUSTO SILVA DIAS, *Delicta in se*, 385-386, 746 e ss e 758-759; TAIPA DE CARVALHO, *Direito Penal PG* (2.ª edição, 2008), 47 e ss e 52-53. Na doutrina espanhola, a propósito do problema específico da autonomia da punibilidade, e com mais referências, POLAINO NAVARRETE, *Criminalidad actual*, 26 e ss; MORENO TORRES-HERRERA, *Erro sobre la punibilidad*, 22-23, 64-65; e FERRÈ OLIVÈ, *RGDP* 10 (2008), 5, 7 e 8.
[125] SCHILD, *FS-Lenckner*, 300 e ss. FRISCH, *Strafrechtssystem*, 141-149, designadamente sobre a necessidade de preservar a conexão entre delito e pena (p. 148).
[126] Na doutrina italiana esta conexão entre o facto e a ameaça penal é descrita como uma relação de incindibilidade entre a norma e a sanção ou o crime e a punibilidade (cfr. PETROCELLI, *Ridpp* (1960), 669 e ss, e depois ANGIONI (1989), 1529).
[127] FRISCH, *Strafrechtssystem*, 149.

facto, determinado em congruência com a Constituição material, deve adicionar-se um momento de filtragem crítica sobre o recurso à tutela penal e respectivas técnicas – ou seja, sobre a legitimidade da ameaça penal – como forma de antecipar na teoria do crime os pressupostos básicos da pena estatal e os objectivos político-criminais do sistema penal.

Essa ponderação não se realiza numa sequência rígida de elementos, mas antes numa progressão valorativa que evolui em espiral hermenêutica através da qual se iluminam, destacam e valoram aspectos axiologicamente relevantes do acontecimento desvalioso, em ordem a decidir da eventual sujeição de uma pessoa à pena estatal. A plena conformidade do acontecimento ao tipo incriminador determina a sua relevância enquanto objecto da valoração. As etapas posteriores visam controlar e confirmar o desvalor do facto indiciado pela realização do tipo e, portanto, o seu efectivo merecimento penal e a eventual necessidade de pena.

Os momentos ou níveis dessa progressão valorativa podem ser agrupados em unidades de análise e valoração de acordo com o pensamento tipológico. Cada categoria valorativa é assim uma unidade funcional (de aspectos materialmente relevantes do acontecimento desvalioso e de juízos de valor) com a qual se ilumina juridicamente a realidade complexa que pode integrar o objecto do processo. As categorias dogmáticas da teoria do crime adequam as exigências político-criminais de merecimento e necessidade de pena aos quadros de racionalidade argumentativa do contraditório exercido no processo penal. A confirmação do desvalor do facto típico é necessária, mas não suficiente para decidir da atribuição da pena estatal. Usando a terminologia de FRISCH, carecem de legitimação quer «a desprovação da conduta» quer a sua «sujeição à pena» estatal[128]. Por exigência constitucional a pena cominada para um facto tem de ser adequada, necessária e proporcional. O legislador só pode recorrer à ameaça penal se o facto e a pena o justificarem. Todas as incriminações criadas pelo legislador têm de respeitar estas exigências quanto ao facto e quanto à ameaça de pena. Todos os tipos legais têm por isso (de forma expressa ou implícita) um tipo de punibilidade, uma parte do *Tatbestand* através do qual se legitima (no plano do reforço do merecimento penal e da necessidade de pena) o recurso à ameaça de pena estatal para o facto seleccionado pelo legislador (adequação e necessidade da pena)[129]. Por isso, à confirmação de que foi realizado um tipo de ilícito e um

---

[128] FRISCH, «Bien jurídico, derecho, estructura del delito e imputación en el contexto de la legitimación de la pena estatal», Hefendehl (ed.), *La teoria del bien jurídico*, 2007, 309 e ss, *maxime* 320, 331 e 332, concluindo: «Este trânsito da desaprovação de determinadas condutas à *admissão do seu castigo sujeita a pena* constitui na actualidade o problema menos superado do ponto de vista teórico no panorama gral da pena legítima».

[129] De outra forma, mas em sentido aparentemente coincidente, afirma FIGUEIREDO DIAS, *Direito Penal PG* (2.ª edição, 2007), 678 (§ 15) que uma vez verificados os pressupostos de

tipo de culpa deve adicionar-se a exigência de realização do *tipo de punibilidade*, através do qual se confirma ou nega a adequação, necessidade e proporcionalidade da ameaça de pena para o ilícito culposo[130].

A plena realização de um tipo desencadeia assim três quadros distintos de valorações, através dos quais se analisa o facto punível em aspectos que transcendem a simples violação da proibição penal: a ilicitude, a culpabilidade e a punibilidade. A conformidade dos factos ao tipo legal é controlada pela sua sujeição no plano sistemático aos crivos axiológicos do *tipo de ilicitude*, do *tipo de culpa* e do *tipo de punibilidade*, de forma a decidir sobre a atribuição da responsabilidade penal. Cada um destes momentos de análise e valoração do facto integra aspectos materiais relativos ao acontecimento típico e juízos de valor relativos a esses aspectos, teleologicamente orientados pelas finalidades da pena estatal. Esses aspectos materiais podem surgir com uma formulação positiva ou com uma formulação negativa, isto é, respectivamente, como uma condição adicional (à proibição) para a realização do tipo de ilicitude, do tipo de culpabilidade ou do tipo de punibilidade ou, diversamente, como circunstâncias que a verificarem-se neutralizam os juízos de valor que se formulam em cada um destes momentos de valoração do facto típico. Condições de valoração destes aspectos em cada uma destas cate-

punibilidade «se perfecciona o *Tatbestand* (no sentido da Teoria Geral do Direito) que faz entrar em jogo a consequência jurídica». Em termos equivalentes, LANGER, *Sonderverbrechen*, 276, quanto ao «Strafwürdigkeitstatbestand».

[130] A expressão «tipo de punibilidade» inspira-se num termo equivalente usado por LANGER, *Sonderverbrechen*, 274-276, 360 e ss (em ligação com o que escreve a p. 327 e ss) no início da década de 70, «tipo de merecimento penal» (*Strafwürdigkeitstatbestand*), uma categoria autónoma no sistema de análise do crime a par do tipo de ilícito e do tipo de culpa. Coincidente na substância, SAX, *JZ* (1976), 14-15, ao autonomizar os «pressupostos objectivos do merecimento penal» que corresponda à lesão tipicamente merecedora de pena. ZIELINSKI, *Handlung-und Erfolgsunwert*, 204 e ss, desenvolveu também um sistema tripartido organizado com base no ilícito, na culpa e na punição (*Unrecht, Schuld, Bestrafung*), que distinguia da pena ou *Strafe*. A expressão foi retomada por WOLTER, *FS-GA 140 Jahre*, 270, 273, que contrapõe o tipo de punibilidade (*Strafbarkeitstypus*) e as limitações à punibilidade (*Strafbarkeitsschranken*) às categorias dogmáticas tradicionais para, essencialmente através das limitações à punibilidade, enquadrar sistematicamente diversas situações em que um ilícito culposo não deve ser punível. VIVES ANTON, *Fundamentos del Sistema Penal*, 1996, 487 refere-se, por seu turno, com um alcance equivalente à pretensão de necessidade de pena. Entre nós, DAMIÃO DA CUNHA, RPCC 15 (2005), 233 usa pontualmente a expressão «tipo de não punibilidade», para designar, no entanto, uma realidade que – ao contrário do presente estudo – reconduz à «dispensa de pena» (cfr. pags. 236, 243, 255, 256). Para uma exposição e análise do conceito de tipo na dogmática penal, veja-se, por todos, MANUEL DA COSTA ANDRADE, *Consentimento e acordo*, 245, AUGUSTO SILVA DIAS, *Delicta in se*, 392-419, e JOSÉ LOBO MOUTINHO, *Da unidade à pluralidade dos crimes*, 152 e ss e 410 e ss, com grande pormenor e amplas referências. Sobre a importância do «pensamento em tipos», SCHILD, *Straftat*, 111 e 118-120.

gorias são, por um lado, a relação de congruência entre o objecto da valoração e os juízos de valor que nessa categoria se formulam e, por outro, o respeito pelas características mínimas do sistema: completude, não contradição e independência[131]. Por isso a integração de uma circunstância numa ou noutra categoria dogmática não é arbitrária: ela depende da necessidade de valoração desse elemento, da não contradição com a outra categoria e da autonomia desse elemento (bem como do critério valorativo que lhe for associado) em relação aos demais.

2. Comprovada a subsunção do facto aos conceitos legais usados no tipo e realizada a imputação do facto ao agente (no âmbito do tipo) as etapas subsequentes traduzem-se em valorar aspectos e circunstâncias desse facto típico.

O primeiro crivo dessa valoração é a própria realização do tipo. Deve a este propósito distinguir-se a subsunção dos factos aos conceitos legais da realização do tipo[132]. A operação de subsunção dos factos aos conceitos legais é condição essencial para a realização do tipo, mas pode haver subsunção sem que o tipo esteja realizado. O tipo corresponde a uma imagem sócio-normativa dos factos relevantes que o legislador quer proibir através da intervenção penal. Decisivo para aferir da sua realização é, por um lado, a sua «conexão à realidade concreta» (LARENZ) e, por outro, a orientação valorativa que tendo determinado a construção do tipo deve também orientar a sua aplicação. A subsunção dos factos aos conceitos usados no tipo é uma aproximação interpretativa ao tipo legal. A realização do tipo é uma sequência complexa de operações de interpretação, imputação e valoração dos aspectos materialmente relevantes. Por isso a realização do tipo é algo mais do que a mera soma de conceitos usados para o construir: é uma afirmação de conformidade axiológica e teleológica do acontecimento da vida com a imagem normativa da decisão do legislador penal.

O quadro de valorações que orienta a realização de um tipo pode ser heterogéneo quando às técnicas argumentativas utilizadas, mas é consideravelmente homogéneo quanto ao quadro material de valores que o enforma. Apenas realizam o tipo os factos (condutas perigosas e domináveis pelo agente) que, à luz dos valores e fins do sistema penal, sejam merecedores de pena e para os quais a pena estatal se revele necessária (adequada, proporcional e necessária)[133]. Correspondem a crivos desta natureza a determinação da «esfera de protecção da norma», as cláusulas de «adequação social», as situações de «risco permitido» e

[131] SCHÜNEMANN, *Grundfragen*, 6-7 e ss.
[132] LARENZ, *Metodologia*, 260 e ss, usando a expressão «coordenação ao tipo».
[133] Sobre o conteúdo destes conceitos, HASSEMER, *NK-StGB, vor* § 1, n.º 183 a 220), e depois HASSEMER/NEUMANN, *NK-StGB* (2005), *vor* § 1, n.º 49 e ss. e, ainda, desenvolvimentos no Capítulo VI, § 33, VII. Entre nós, COSTA ANDRADE, *RPCC* 2 (1992) 184-186.

de «diminuição do risco», a eliminação do tipo de comportamentos socialmente insignificantes (à luz do princípio da danosidade social dos factos) ou a sua restrição teleológica em nome do princípio da subsidiariedade da intervenção penal[134].

b) *Tipo de ilícito e justificação*

3. A realização de um tipo incriminador indicia a ilicitude do facto praticado, pois a comprovação da tipicidade implica, pelo menos, a violação da proibição penal através de um acto de vontade do destinatário da norma. A ilicitude indiciada articula aspectos do facto com um juízo de desvalor sobre ele formulado, que se fundamenta na contrariedade desse facto à ordem jurídico-penal (infracção à norma de conduta) e na danosidade social do comportamento (agressão intolerável à ordem de bens jurídicos). A ilicitude comporta por isso um desvalor de acção (infracção ao dever) e, em função do facto concreto e do tipo incriminador, um desvalor do resultado (perigo ou lesão para o bem jurídico tutelado)[135]. Não há ilicitude penal sem realização do tipo, mas pode haver realização do tipo sem que o facto seja considerado ilícito. Assim acontecerá quando o agente realizar o tipo e, simultaneamente, a sua conduta for amparada por uma causa de exclusão da ilicitude (*v.g.* arts 31º, 32º, 34º e 36º, n.º 1, do Código Penal) que compense o desvalor do facto típico[136].

O tema dos fundamentos da justificação não pode, na economia deste estudo, ser senão objecto de uma referência pontual na exacta medida em que se revela necessário para delimitar o espaço da não punibilidade. A relação entre tipo incriminador e tipo justificador passa, em primeiro lugar, pela sua compreensão no âmbito da teoria das normas, como relação entre uma proibição abstracta

---

[134] Esta última hipótese pode ser ilustrada com a restrição doutrinária ao âmbito do crime de furto de uso de veículo (art. 208º do Código Penal). Neste tipo incriminador devem ser apenas integradas as situações mais graves e que se restringem aos casos de subtracção sem intenção de apropriação, seguida de uso temporário (*furto de uso*). Do âmbito do tipo excluem-se outras situações de utilização ilegítima de veículos, como os casos de *abuso de uso* ou de *excesso de uso* (que podem ser resolvidos de forma adequada como recurso à intervenção de outros ramos de Direito, *maxime* do Direito Civil). Sobre esta leitura do crime em causa, veja-se o meu estudo anterior *Furto de uso de veículo*, reimpressão 1999 (1ª edição, 1987), 43 e ss.
[135] Por todos, FIGUEIREDO DIAS, *Direito Penal PG I* (2.ª edição, 2007), 284 (Cap. 11, § 6 e ss).
[136] Para uma perspectiva de conjunto sobre os fundamentos da justificação, FIGUEIREDO DIAS, *Direito Penal PG I* (2.ª edição, 2007), 387 e ss; COSTA ANDRADE, *Consentimento e acordo*, 147 e ss, MARIA FERNANDA PALMA, *A justificação por legítima defesa*, 752 e ss; TAIPA DE CARVALHO, *A legítima defesa*, 409 e ss; JESCHECK/WEIGEND, *Strafrecht, AT*, 325 e ss; MAURACH/ZIPF, *Strafrecht AT I*, 341 e ss; ROXIN, *Strafrecht, AT I* (4.ª edição, 2006), § 14, n.º 38 e ss.

e uma permissão concreta, verificados os pressupostos estabelecidos na lei[137]. A exclusão da ilicitude, enquanto juízo de valor formulado sobre um facto típico, exige a articulação entre o facto que pode ser ilícito e a permissão distinta desse facto que permite modificar o juízo de ilicitude associado à realização do tipo[138]. Sendo a ilicitude uma valoração negativa sobre o facto, a exclusão, neutralização ou compensação jurídica desse desvalor só pode ter origem em circunstâncias de sentido oposto, isto é, em aspectos valiosos do facto cometido. Por isso, os tipos justificadores contêm igualmente uma norma de conduta e uma norma de valoração adstritas à finalidade de protecção preventiva de bens jurídicos. A compensação do desvalor do facto que resulta da realização do tipo pode ser assim completa, porque o agente que actua amparado por uma causa de justificação se comporta de acordo com uma norma de conduta orientada por um fim valioso. A conjugação dos dois aspectos pode alterar a valoração do facto proibido, mas esse efeito depende de uma especial relação entre a proibição violada e a permissão realizada, pois é sabido que nem todo o cumprimento do dever justifica e nem toda a permissão exclui a ilicitude do facto cometido. Isto é especialmente evidente nos casos em que a justificação exige uma ponderação de bens e em que o bem sacrificado e o bem protegido têm o mesmo valor (vida contra vida, integridade física contra integridade física)[139]. Por isso afirma, com razão, MARIA FERNANDA PALMA que «a ponderação de valores, em si mesma, tanto permite chegar a um resultado como outro – ela não é critério, mas sim aquilo a que se apela para chegar ao resultado preferido»[140]. A simples contraposição entre um e outro é insuficiente para considerar justificado o facto, pois na ponderação de interesses equivalentes o bem sacrificado (com o facto ilícito) e o bem tutelado (pela causa de justificação) têm o mesmo valor para o sistema penal, por força da sua densidade axiológica e do princípio da igualdade. O que significa que a

---

[137] ARMIN KAUFMANN, *Normentheorie*, 248-253, ZIELINSKI, *Handlungs-und Erfolgsunwert*, 224 e ss.
[138] A proibição e a permissão não se confundem nem a segunda substitui a primeira (em sentido contrário, PABLO SÁNCHEZ-OSTIZ, *Imputación y teoria del delito*, 462-467). Sobre o tema veja-se, entre nós, MARIA FERNANDA PALMA, *A justificação por legítima defesa*, 695 e ss, sobre as hipóteses de articulação entre a proibição e a permissão, defendendo (*cfr.* RPCC (1999), 584-585) um conceito de justificação alargado à mera não proibição do facto. Contudo, um conceito de justificação com este conteúdo acaba por se reconduzir à ausência de tipicidade porque sem a vigência da proibição (a «mera não proibição») não existe ilícito penal a justificar.
[139] Para uma análise do significado e limites da ponderação de interesses na teoria da justificação, LENCKNER, «The Principle of Interest Balancing as a General Basis of Justification» *in* Eser/Fletcher (org.), *Rechtferigung und Entschuldigung*, I, 1987, 493 e ss.
[140] MARIA FERNANDA PALMA, *A justificação por legítima defesa*, 759.

pretensão abstracta de tutela penal é idêntica em relação a ambos[141]. Assim sendo, a mera ponderação de interesses pode ser parte de um critério justificador mas não o critério único da justificação.

Sem ponderação de interesses não há justificação, por faltar o substrato material que pode atribuir valor jurídico-penal ao facto cometido, mas não basta realizar uma ponderação de interesses para fundamentar o efeito justificador. O que muda qualitativamente após a invocação de uma causa de justificação não é apenas a identificação de um interesse que prevalece perante outro que é sacrificado. Por si só esta contraposição não é axiologicamente decisiva, como se viu, sendo na generalidade dos casos mais uma verificação do que um critério valorativo. O sacrifício de um bem jurídico só pode ser valioso para o sistema penal quando essa opção se revelar a única forma de salvaguardar um outro interesse merecedor de tutela. Caso contrário, não é possível atribuir valor jurídico-penal a um facto intrinsecamente desvalioso (realização do tipo com perigo ou lesão do bem jurídico). O impasse axiológico decorrente da contraposição de bens equivalentes só é ultrapassado perante a verificação de que não é possível preservar todos os bens jurídicos em confronto. Se assim não for a agressão a um bem jurídico não pode ser considerada valiosa ao ponto de compensar o desvalor do facto praticado, pois valiosa seria a hipótese negada pelo ilícito: a preservação quer do bem protegido, quer do bem sacrificado.

A valoração sobre a realização do facto típico só se altera se a sua prática se revelar *necessária* para cumprir o dever ou para prosseguir o fim da permissão[142].

---

[141] É esta verificação que, entre outros aspectos, conduz MARIA FERNANDA PALMA, *A justificação por legítima defesa*, 755-763, a encontrar outro fundamento para o «merecimento justificador» que passa, na sua tese, pela ponderação conjunta da defesa e da agressão que a origina de forma a se tornar axiologicamente seguro a «insuportabilidade da não defesa». O que leva a Autora a rejeitar a validade absoluta do dogma da proibição de legítima defesa contra legítima defesa, aceitando, em casos específicos, a possibilidade do agressor inicial usar de legítima defesa contra o defendente com uma eficácia limitada ao efeito justificador (exclusão da responsabilidade criminal) e com a exclusão da proibição de defesa que é normalmente associada ao funcionamento de um tipo justificador (prova da legítima defesa) (veja-se, *A justificação por legítima defesa*, 747 e ss e, nas conclusões, 831 e ss).

[142] Sobre o princípio da necessidade enquanto elemento estruturante da justificação, ARMIN KAUFMANN, *Normentheorie*, 253-256; depois, ZIELINSKI, *Handlungs-und Erfolgsunwert*, 226-227 e 235-252. Também ROXIN, *Strafrecht*, AT I (4.ª edição, 2006), § 10, n.º 21, recorre ao princípio da necessidade associado à ponderação de interesses em dois planos: por um lado, para explicar a estrutura complexa da justificação e, dessa forma, delimitá-la da mera exclusão da tipicidade (§ 10, n.º marg. 21); e usando-o, por outro lado, como critério de concretização negativa do que seja uma «regulação socialmente correcta dos interesses conflituantes», afirmando que a opção por uma medida não necessária que sacrifique um bem tipicamente lesado «na generalidade dos casos não pode corresponder a uma regulação socialmente correcta do conflito»

A ponderação de interesses não é assim o fundamento único da justificação, mas apenas uma parte da estrutura que orienta a teoria da justificação em Direito Penal. Toda a justificação assenta numa ponderação de interesses conjugada com o princípio da necessidade de tutela. A exigência de necessidade implica a comparação, por um lado, entre os interesses sacrificados e aqueles prosseguidos e, por outro, entre os meios usados e os fins a atingir. Justificado está o facto que se revela necessário (por falta de alternativa equivalente) para atingir um fim tutelado pelo Direito (através de um dever ou de uma permissão) que corresponda à tutela de um valor ou interesse merecedor de tutela jurídica. Só perante um comportamento necessário para atingir um fim valioso é que se pode, correlativamente, criar uma situação de sujeição para o titular de outros bens jurídicos que serão dessa forma sacrificados. Perspectiva que, noutro plano, está em harmonia com as finalidades preventivas do sistema penal, pois só o sacrifício necessário de um bem jurídico permite considerar desnecessária a reposição contrafáctica da vigência das normas violadas. Nos demais casos, isto é, quando se sacrifica desnecessariamente um interesse tutelado, o desvalor do facto que viola a proibição mantém-se e a norma de conduta contida na proibição carece de ver a sua vigência reconfirmada.

A relação de exclusão recíproca entre exclusão da ilicitude e exclusão da punibilidade (e a precedência metodológica daquela sobre esta) torna aquela decisiva para a compreensão do alcance desta. Uma parte dos equívocos dogmáticos que hoje existem em torno da categoria da (não) punibilidade resulta de uma perniciosa confusão ou, pelo menos, da falta de clareza quanto aos critérios da justificação, que tornam as causas de justificação uma amálgama heterogénea de realidades muito diferentes. Um conceito claro e consistente de justificação como o que aqui se apresenta permite clarificar reflexamente o conteúdo e o âmbito da não punibilidade (veja-se ainda *infra* § 38).

c) *Tipo de culpa e desculpa*

4. A realização de um tipo legal incriminador implica uma decisão do agente pela conduta penalmente proibida. Nessa infracção à norma de conduta jurídico-penal está já integrado o conteúdo mínimo da relação entre o agente e o facto típico que permite formular um juízo indiciário de culpa. Numa concepção pessoal da ilicitude o princípio da culpa começa a ser cumprido no momento da imputação do facto típico ao agente. Nesse sentido, o facto típico é condição de acesso ao tipo de culpa e a culpabilidade será a que se manifesta nesse facto. Este

(§ 14, n.º 41). Entre nós refere-se ao princípio da necessidade enquanto fundamento a ponderar na justificação, Manuel Cortes Rosa, *LH-Roxin*, 278, nota 104.

juízo sobre a culpabilidade do agente depende adicionalmente da verificação de pressupostos específicos que garantam a capacidade do agente se motivar pelas normas de conduta jurídico-penais. Para poder ser atribuída responsabilidade criminal o agente tem de ser capaz de culpa (arts 19º e 20º do Código Penal), tem de poder conhecer a norma e de actuar em conformidade com a exigência de comportamento que a mesma comporta. Faltando algum destes pressupostos não pode ser formulado o juízo de censura jurídico-penal. Para além disso, o agente não pode desconhecer de forma não censurável a ilicitude penal do facto (art. 17º do Código Penal). Outras circunstâncias exteriores ao agente podem afectar a sua capacidade de motivação pelas normas penais, como acontece nas situações de necessidade desculpante (art. 34º do Código Penal) ou de perturbação da capacidade de reacção no excesso de defesa não censurável (art. 33º, n.º 2 do Código Penal). Nestes casos, existe capacidade de culpa do agente, mas a sua capacidade de motivação pela norma de conduta violada está concretamente afectada e, sendo essa perturbação não censurável, o facto é desculpado.

Este é basicamente o mapa legal dos pressupostos da culpa e das causas de desculpa. Por detrás deste quadro normativo, subsiste o debate sobre o conteúdo e os critérios da culpa que, entre outros aspectos, funcionam como pressuposto material da pena e crivo de aplicação das causas de desculpa[143]. A doutrina nacional tem assumido a defesa de um conceito material de culpa com diferentes conteúdos, que vão desde a sua concepção como uma vontade má contrária ao dever (CAVALEIRO DE FERREIRA), à culpa pela formação não conveniente da sua personalidade (EDUARDO CORREIA) ou pelas qualidades desvaliosas da personalidade do agente documentadas no facto (FIGUEIREDO DIAS), à sua construção como um momento de «deslealdade comunicativa» (AUGUSTO SILVA DIAS), no quadro selectivo duma «ética das emoções» (MARIA FERNANDA PALMA) ou por referência à relação entre o facto e as responsabilidades sociais assumidas pelo agente à luz das necessidades de punição (JOÃO CURADO NEVES)[144].

---

[143] Para um balanço sobre a evolução da categoria dogmática da culpabilidade, a sua importância e o seu conteúdo na teoria do crime, por todos, FIGUEIREDO DIAS, *Direito Penal PG* (2.ª edição, 2007), 510 e ss (Cap. 19).

[144] Para CAVALEIRO DE FERREIRA a culpabilidade assenta em uma corrupção do processo de formação da vontade, que contraria o dever moral ou jurídico do homem (*Lições*, I, 1992, p. 261); a culpa é vontade má, contrária ao dever (*Direito Penal*, 1982, I, 415-418). Em EDUARDO CORREIA a culpa penal é censura pela não formação conveniente da sua personalidade, pela omissão do dever de orientar a formação ou a preparação da sua personalidade de modo a torná-la apta a respeitar os valores jurídico-criminais (*Direito Criminal*, I, 325). Diversamente, para FIGUEIREDO DIAS a culpa consiste em responder por uma personalidade formada na liberdade existencial, como «violação pelo homem do dever de conformar a sua existência por tal forma que, na sua actuação na vida, não lese ou ponha em perigo bens juridicamente

Com excepção da última, todas as outras construções vão longe de mais no juízo implícito de conformidade aos valores do sistema penal que dirigem aos destinatários das normas penais[145]. O conceito jurídico-penal de culpabilidade deve ser limitado ao seu sentido funcional na teoria do crime (o debate sobre a eventual responsabilidade penal do agente) e o critério material que acolhe deve cingir-se ao quadro de valores que norteiam a relação entre um Estado de Direito em sentido material e qualquer cidadão. Por outro lado, o juízo de culpa que se formula na teoria do crime não deve ser descaracterizado em relação ao seu lastro histórico. Deve manter-se como juízo de censura pessoal, dirigido a um agente pelo facto que praticou quando poderia ter, numa perspectiva socio-normativa, acatado as exigências de um comportamento conforme ao Direito. Não se trata de invocar um «poder actuar de outro modo» ético-filosófico ou excessivamente ontológico, um e outro claramente vulneráveis às exigências processuais de prova, mas sim de acentuar uma exigibilidade normativamente modelada pela vida em sociedade e uma censurabilidade adequada aos valores do Estado de Direito, funcionalmente orientada pelos fins da pena estatal.

A culpabilidade enquanto categoria da teoria do crime é também um conceito funcional e, nessa medida, concorrem para a sua formulação aspectos de natureza diversa: trata-se de debater a eventual responsabilidade criminal de alguém pelo facto que lhe é imputável e, dessa forma, a sua eventual sujeição à pena estatal. Por isso, existe uma primeira delimitação negativa a fazer: o conceito de culpabilidade jurídico-penal não se deve construir a partir de critérios estranhos à relação entre o poder punitivo estadual e o cidadão. O Estado de Direito em sentido material, que se funda na dignidade da pessoa humana e no respeito pelos direitos fundamentais, que se orienta pela liberdade e pelo pluralismo moral, não pode exigir a cada cidadão o respeito por um modelo unívoco de personalidade ou opções éticas que funcionem como padrões normativos de censura ao desvio revelado pelo facto. Apenas lhe pode exigir o respeito por um corpo de valores e interesses essenciais para a vida em sociedade e, por isso, tute-

---

(jurídico-penalmente) protegidos» (*Consciência da ilicitude,* 188, em itálico no original); é a projecção no facto de qualidade jurídicas pessoalmente desvaliosas da personalidade que o agente formou ou, de forma mais sintética, «é ter de responder pela personalidade que fundamenta o ilícito-típico» (*Consciência da ilicitude,* 183-190 e, depois, *Liberdade, Culpa e Direito Penal,* 1983, 260-261; mais recentemente, *RPCC* 2 (1992), 11-14, e *Direito Penal Português PG* (2.ª edição, 2007), 522-526 (Cap. 19, § 20 e ss). Augusto Silva Dias, *Delicta in se,* 700 e ss; Maria Fernanda Palma, *Princípio da desculpa,* 167 e ss e 225 e ss; João Curado Neves, *Crimes passionais,* 471, em ligação com o texto anterior.

[145] Para uma análise crítica das diversas concepções da culpa acolhidas na doutrina nacional, João Curado Neves, *Crimes passionais,* 284 e ss, 296 e ss, 390 e ss, 457 e ss, 659 e ss, 708 e ss, e em síntese Figueiredo Dias, *Direito Penal PG I* (2.ª edição, 2007), 526 e ss (Cap. 19, § 27 e ss).

lados juridicamente independentemente do seu concreto titular ou portador. Para tanto não necessita (*rectius*, não pode) exigir a conformação da personalidade de cada cidadão pelos valores assumidos pelo Estado. Por outro lado, a culpa penal só se pode debater no processo, única forma legítima num Estado de Direito de elidir a presunção constitucional de inocência do arguido, o que faz com que os critérios de culpa tenham de ser minimamente adequados ao debate judicial que aí se fará e à necessidade de controlar o processo material de decisão, como forma de garantir o contraditório e a legitimidade processual da decisão judicial. Esse debate judicial enquadrado pelo sistema de análise do crime destina-se avaliar a eventual responsabilidade criminal do arguido pelo facto praticado. Numa formulação positiva, a categoria da culpabilidade deve integrar critérios de valoração adequados aos fins específicos da teoria do crime. Entre esses critérios assumem especial relevância aspectos individuais do agente a quem o facto é imputado e aspectos sócio-normativos relacionados com as circunstâncias em que o facto foi cometido, que permitem valorar a relação dessa pessoa com as expectativas socio-jurídicas de comportamento em sociedade e cumprir, desse modo, as finalidades preventivas da pena estatal.

A responsabilidade pressupõe a liberdade e a sujeição à pena pressupõe uma culpa pessoal formulada a partir da negação dessa liberdade. O que está em causa no juízo de culpabilidade é a valoração negativa (censura ou reprovação) feita a partir de uma conduta de alguém que o Estado de Direito, pelos seus próprios fundamentos materiais, considera um cidadão livre. Não se trata construir uma «ficção necessária ao Estado» ou uma «ficção favorável ao arguido»[146], mas sim de invocar um princípio fundante do Estado de Direito e um valor fundamental para cada cidadão. A liberdade que a prática do crime põe em causa é um elemento fáctico-jurídico básico da relação entre as diversas pessoas que vivem em sociedade. Ao fundar-se sobre o princípio da liberdade, o Estado assume o compromisso de respeitar esse valor fundamental da vida em sociedade e cada um dos cidadãos assume idêntico compromisso perante os demais. Com o comportamento que agride os interesses tutelados, o autor do facto rompe os laços de confiança que o ligam aos demais cidadãos que, tal como ele, têm a pretensão de ver respeitado um corpo de valores e de interesses que, pela sua essencialidade para a vida em sociedade e para a afirmação e desenvolvimento da personalidade de cada cidadão, são juridicamente protegidos. Valores e interesses que o sistema tutela em relação a qualquer pessoa e de que beneficia, portanto, o próprio autor do facto criminalmente relevante. Ao usar a liberdade que lhe é reconhecida para sobrepor contra a lei vigente os seus valores e interesses pessoais aos de outras pessoas ou aos da sociedade em geral, o autor do facto punível faz um

---

[146] SCHÜNEMANN, *Grundfragen*, 160 e ss.

uso abusivo da liberdade que organiza a vida num Estado de Direito. Esse abuso traduz-se no facto de o agente enquanto cidadão livre beneficiar, por um lado, da tutela jurídica de valores e interesses que também são seus (vida, integridade física, saúde, património, segurança) enquanto, simultaneamente, viola idêntica pretensão de respeito dos outros cidadãos ou da sociedade em que se insere. A culpa jurídico-penal é, assim, censura normativa formulada pela ordem jurídica relativamente a um agente que sendo considerado no plano político-jurídico como um cidadão livre faz um uso erróneo dessa liberdade agredindo os valores e interesses fundamentais da vida em sociedade tutelados pelo sistema penal. Para o efeito não interessa tanto saber se o homem é ou não essencialmente livre ou existencialmente livre, como o facto de o Estado de Direito o tratar efectivamente como um cidadão livre no plano político-jurídico.

O juízo de censura jurídico-penal é, nestes termos, uma contrapartida do estatuto de liberdade político-jurídica reconhecida pelo Estado de Direito a qualquer cidadão, por força do princípio da igualdade perante a lei. Materialmente essa censura consiste na desaprovação pessoal, efectivada através do poder judicial, relativamente a um cidadão pelo uso erróneo da liberdade existencial de que cada um beneficia na vida em sociedade. Valor politicamente reconhecido pela ordem jurídica que orienta não só a relação do cidadão com o Estado, mas também as relações dos cidadãos entre si.

5. A realização de um tipo incriminador gera um indício de culpa material pelo facto, pois a realização do tipo pressupõe a imputação pessoal do facto ao agente e essa operação é um primeiro passo para individualizar a existência duma culpa penal. Ao contrário do que supõe o funcionalismo radical não basta essa verificação, é também necessário identificar a relação entre o agente em concreto e o uso erróneo da liberdade para poder formular um juízo de culpa por um facto cometido. A liberdade exigida como pressuposto e fundamento da responsabilidade penal comporta sempre duas referências: aspectos individuais do autor do facto e expectativas legítimas de comportamento social formuladas por comparação com a conduta das demais pessoas em circunstâncias equivalentes. O juízo de culpabilidade assim formulado deve articular aspectos individuais do autor do facto com juízos normativos de exigibilidade de uma conduta distinta que passem pela comparação entre o comportamento do autor do facto e a conduta em sociedade das demais pessoas em circunstâncias idênticas (conceito social de culpa)[147].

---

[147] Sobre o conceito social de culpa enquanto critério da culpabilidade jurídico-penal, veja--se JESCHECK/WEIGEND, *Lehrbuch*, § 39, III. A posição defendida no texto afasta-se daquela defendida por estes autores em dois aspectos: quanto ao objecto do juízo de culpa, já que estes

Existem pressupostos mínimos para o exercício da liberdade de cada cidadão em sociedade que o Direito reconhece serem limitações próprias de cada um e que não podem ser avaliadas senão em si mesmas, isto é, sem comparação com os demais. Esses aspectos individuais são «as limitações corporais, as deficiências mentais e as deficiências de uma experiência de vida»[148] não controláveis pelo agente. Cada um destes aspectos pode valer por si sem qualquer comparação com o padrão médio do cidadão destinatário das normas penais. Integram este conjunto de circunstâncias as causas de inimputabilidade em razão da idade (art. 19º do Código Penal) e a anomalia psíquica (art. 20º, nº 1, do Código Penal). A exclusão da culpa nestas situações está em sintonia com as finalidades de prevenção geral e especial do sistema penal, pois a vigência das normas de conduta não é posta em causa de uma forma geral pelo agente que actua nestas circunstâncias. Perante as limitações concretas que o afectam é desnecessária e inútil e reconfirmação contrafáctica das normas violadas. Assim não será, no entanto, quando o agente em concreto assumir voluntariamente o controlo de factores de perigo incompatíveis com as limitações pessoais que o afectam. Nestes casos o agente exerce a sua liberdade de uma forma incompatível com as limitações pessoais que possui, assumindo riscos que estão fora do circuito social em que as suas limitações são aceites, sendo legítimo formular um juízo de censura em função das expectativas sociais de comportamento.

Não se verificando a ocorrência de um destes aspectos individuais, a apreciação sobre o uso da liberdade do agente é feita por comparação com o que se pode esperar de um cidadão médio, nesse círculo da vida social em que ocorreu o facto penalmente relevante[149]. Essa comparação é realizada entre o que o autor do facto fez no caso concreto e aquilo que se pode esperar que um cidadão em circunstâncias equivalentes fizesse (um condutor diligente, um engenheiro competente, etc.). Integram estes conjunto de circunstâncias o regime do nº 2 e 3 do artigo 20.º do Código Penal, da *actio libera in causa* (artigo 20.º, n.º 4), a falta de consciência da

---

defendem que é a atitude interna do agente perante as exigências da ordem jurídica e neste estudo se defende que é o uso erróneo da liberdade que se censura; e quanto à relevância dos aspectos individuais, pois, ao contrário do que defendem JESCHECK e WEIGEND, não se atribuem efeitos automáticos a esses aspectos, sendo necessário verificar se o agente entrou em circuitos da vida social para os quais não estava preparado ou cujos riscos não poderia controlar de forma competente em função dessas suas limitações individuais.

[148] JESCHECK/WEIGEND, *Lehrbuch*, § 39, III.
[149] Com razão afirmam JESCHECK/WEIGEND, *Lehrbuch*, § 39, III, 1 que «a comunidade não pode aceitar que o autor se ajuste aos seus próprios critérios na realização do facto. A individualização do delinquente não impede que o Direito Penal lhe exija o que outro poderia fazer na mesma situação». A individualização do juízo de culpa não é incompatível com a sua normativização a partir dum conceito matriz de exigibilidade social.

ilicitude (artigo 17.º), as situações de estado de necessidade desculpante (artigo 35.º) e, em geral, as situações de inexigibilidade normativamente aferidas (*v.g.* a defesa excessiva quando sujeita ao crivo da censurabilidade, do artigo 33.º, n.º 2, todos do Código Penal). Nem se diga contra esta formulação, como faz ROXIN, que «numa perspectiva indeterminista é impossível fundar uma censura moral contra uma pessoa individual em capacidades que outras pessoas tenham, mas que faltam precisamente ao autor»[150]. Através do conceito social de culpa não se exige ao autor qualidades morais de outras pessoas, mas sim as qualidades que se exigem a qualquer pessoa que se integre no circuito social em que o facto foi cometido pelo autor, em função dos riscos que esse sector da vida comporta para os bens jurídicos tutelados. A exigibilidade (normativa e não empírica) de uma conduta distinta da que foi praticada respeita as limitações individuais do autor dentro de alguns parâmetros e é confirmada pela experiência de vida em sociedade, pelo facto de em circunstâncias equivalentes a generalidade dos cidadãos actuar de uma certa forma no círculo socio-profissional em que ocorreu o facto criminalmente relevante. Aspecto que se acaba por ter em linha de conta quando se pondera a necessidade preventiva da pena e se recorre para o efeito a critérios de prevenção geral. A concretização judicial deste critério corresponde ao recurso genérico que o tribunal faz das regras da experiência comum para decidir sobre a prova dos factos relevantes e à aplicação de padrões normativos de comportamento para, dessa forma, valorar o comportamento desviado em relação a esse padrão. A aferição de qualquer juízo de culpa pelo facto (incluindo as situações de desculpa) implica sempre o confronto de uma referência pessoal e concreta com um padrão normativo objectivado. E neste exacto ponto é possível identificar diferenças quanto ao juízo (objectivo) de não punibilidade, como veremos.

d) *Tipo de punibilidade e exclusão da punibilidade*

6. Neste contexto metodológico, é possível traçar as condições de inclusão do tipo de punibilidade no sistema de análise do crime.

A teoria do crime destina-se, entre outros aspectos, a controlar a actividade legislativa e a contrariar (num quadro de racionalidade argumentativa) os riscos do subjectivismo na decisão judicial. A autonomia da categoria da punibilidade está sujeita aos mesmos crivos sistemáticos que os demais níveis de análise e valoração. A sua diluição no sistema bipartido ou tripartido de análise do crime tem de ser confrontada com o rigor, a coerência e as consequências práticas de uma tal composição das categorias dogmáticas. Não se trata apenas de um tópico isolado de argumentação sobre a responsabilidade do destinatário da proibição

---

[150] ROXIN, *Strafrecht*, AT I (4.ª edição, 2006), § 19, n.º 22.

penal que a violou através de um comportamento que se pode reconduzir ao tipo. É um momento de análise e valoração de aspectos do acontecimento desvalioso, inserido num sistema lógico-material, orientado pelas finalidades últimas da pena estatal e pela prossecução dos objectivos político-criminais do sistema penal. A sua autonomia depende por isso da necessidade dogmática dessa mesma autonomização. Nesse sentido, a categoria da punibilidade está sujeita a uma delimitação negativa: só pode integrar aspectos do facto na medida em que os mesmos não possam ser integralmente reconduzidos a outros momentos específicos na teoria do crime.

Por outro lado, a teoria do crime deve ter uma incidência abrangente sobre todas as circunstâncias conexas com o facto que sejam relevantes para a eventual atribuição de responsabilidade penal, não podendo admitir «peças soltas» ou «zonas francas» imunes à racionalidade argumentativa decorrente do sistema. Esse momento terá de manter a sua singularidade material e axiológica em relação aos demais níveis de análise, mas a sua integração terá de ser harmoniosa e sem contradições em relação às demais categorias sistemáticas. Em suma, a categoria da punibilidade deve integrar-se no sistema aberto de análise do crime respeitando as características fundamentais do sistema: necessidade, plenitude e não contradição.

Enquanto categoria sistemática da análise jurídica do crime a punibilidade só pode ser um juízo de valor específico, formulado sobre circunstâncias conexas com o facto ilícito e culposo que, não tendo sido valoradas nestes termos nas demais categorias dogmáticas, podem condicionar legitimamente a atribuição da pena estatal. A punibilidade deve surgir como um conjunto de elementos materiais agregados por um juízo de valor (ou por um conjunto articulado de juízos de valor) e não como um conjunto disperso de figuras jurídicas delimitadas pela negativa, isto é, cujo denominador comum seria apenas o facto de não se integrarem na ilicitude ou na culpabilidade, pois a delimitação negativa de uma realidade não lhe confere por si só conteúdo, autonomia ou coerência. Tão pouco se pode identificar o momento da punibilidade apenas com um princípio político-criminal, pois os princípios são «mandatos de optimização» que, podendo funcionar como crivos de legitimação das categorias dogmáticas, não se confundem com as categorias valorativas que cumprem a função metodológica de organização dos pressupostos da pena[151].

A categoria da punibilidade será necessariamente constituída por *matéria* e *juízos de valor*, numa relação de congruência axiológica e funcional. Tal como as demais categorias do sistema de análise do crime a punibilidade será uma sín-

---

[151] Neste sentido, ALEXY, *Teoria de los derechos fundamentales*, 138-141, sublinhando que os princípios têm uma natureza deontológica e os valores uma natureza axiológica.

tese de aspectos materiais e juízos de valor funcionalizados ao debate sobre a responsabilidade de alguém. Os juízos de valor têm, por seu turno, de ser adequados à matéria que é destacada através da análise (princípio da adequação ao substrato)[152] e à função genérica da teoria do crime (debater a eventual sujeição à pena estatal enquanto meio de reconfirmar a vigência da norma violada). É desta articulação entre os aspectos materiais que suportam um juízo de valor, distinto do que se formula na ilicitude e na culpabilidade, e da valoração que lhes dá coerência axiológica, que pode resultar a autonomia de um tipo de punibilidade no sistema de análise do crime e a clarificação axiológica das diversas situações em que a punibilidade do ilícito culposo é excluída.

III. Tipo de punibilidade e legitimidade da ameaça penal

1. Os elementos que integram as categorias dogmáticas do sistema de análise do crime constituem uma unidade axiológica e funcional[153]. Enquanto categoria dogmática o tipo de punibilidade tem de possuir uma estrutura equivalente. Para o efeito tem de respeitar o princípio da adequação ao substrato e ser congruente no plano metodológico: as valorações que o orientam e os elementos materiais que o compõem devem estar em harmonia entre si e com as restantes etapas de análise e valoração da teoria do crime.

Os elementos materiais que podem integrar autonomamente o tipo de punibilidade são estruturalmente heterogéneos (pelo menos, condições objectivas de punibilidade e cláusulas de não punibilidade), mas todos eles têm em comum o facto de serem exteriores ao ilícito e de restringirem o campo de intervenção penal. O fundamento do tipo de punibilidade tem de conseguir abranger todas as figuras e possuir uma natureza igualmente restritiva. Não fazendo parte do facto, tais elementos são estranhos ao processo de imputação do ilícito penal e, por isso, não podem fundamentar autonomamente uma pena. A sua função só pode, portanto, ser negativa: só podem confirmar ou restringir o campo da intervenção penal decorrente do ilícito culposo e só o podem fazer à luz de critérios legítimos de (não) intervenção penal. Por outro lado, a dogmática penal (como a Ciência, em geral) é também legitimada pelo consenso científico e, nesse sentido, deve averiguar-se que aspectos da tradição dogmática podem ter relação com o tipo de punibilidade.

---

[152] SCHÜNEMANN, «Strafrechtssystem und Kriminalpolitik», *in Festschrift für Rudolf Schmitt*, 1992, 133, invocando este princípio a propósito da relação entre a concepção preventiva do sistema penal e a exigência de culpa.
[153] De forma mais geral, a própria sistematização das categorias «pressupõe uma determinada concepção acerca da legitimidade do Direito Penal» (ROBLES PLANAS, *ZIS* 2 (2010), 139).

Os elementos da punibilidade são historicamente filtros da legitimidade do exercício do poder punitivo. Esses filtros têm surgido a propósito da distinção entre declaração de culpa e isenção de pena (ou débito da culpa e renúncia à pena) racionalizada historicamente através da teoria da pena inútil. É neste lastro histórico reportado às situações de renúncia à pena por razões de *utilidade, oportunidade e adequação* – que encontramos na segunda escolástica (Alfonso de Castro), no jusracionalismo iluminado (Grotius, Wolff, Pufendorf), no iluminismo de matriz católica (Lardizabal) ou no liberalismo utilitarista (Bentham) – que se deve filiar o tipo de punibilidade[154]. Aspectos que na doutrina mais recente surgem em construções doutrinárias que procuram tornar consequentes na teoria do crime as ideias de *dignidade punitiva* e *necessidade de pena* (*v.g.* Schmidhäuser, Langer, Frisch, e, entre nós, Figueiredo Dias, Ribeiro de Faria, Sousa e Brito ou, com outro enquadramento, Schünemann, Bloy, Donini, Costa Andrade, Maria Fernanda Palma ou Damião Cunha), de *política criminal, de utilidade ou de oportunidade da punição* (entre outros, Ortolan, Garraud, Merle e Vitu, mais recentemente Marinucci, Dolcini, Romano, Mantovani, Sainz Cantero, Muñoz Conde, Jescheck, Teresa Beleza) ou mecanismos diversos de *controlo da legitimidade constitucional do poder punitivo* (Hassemer e, com outro enquadramento, Wolter)[155].

Perante isto, o que se deve é perguntar que fundamento pode actualmente funcionar como critério organizador dos diversos elementos materiais que podem integrar o tipo de punibilidade?

---

[154] As concepções relativas da pena sempre mitigaram a legitimidade da mesma com critérios que no plano material correspondiam (com outra formulação) à adequação, necessidade e proporcionalidade. A neo-escolástica peninsular (*v.g.* ALFONSO DE CASTRO) e os jusracionalistas do século XVII e XVIII (*v.g.* GROTIUS, PUFENDORF e WOLFF) utilizaram critérios de decisão sobre a atribuição da pena, para além daqueles que se traduziam na imputação do facto na vontade livre e esclarecida do agente, por vezes agrupados sob o conceito de merecimento do castigo. E relativizaram a decisão punitiva em função de a pena poder cumprir os seus fins. Os criminalistas do Iluminismo, por seu turno, mantiveram a ponderação das consequências da pena como um processo decisório distinto da imputação do facto na vontade do agente. Ou seja, identifica-se uma linha de argumentação que incide não já na imputação do crime ao agente, mas sim em razões autónomas de atribuição ou negação da pena. Essa linha de argumentação, herdeira da teoria da pena de TIRAQUEAU e da tradição neo-escolástica, encontra-se claramente na teoria das *circunstâncias extrínsecas* ao delito, desenvolvida por LARDIZABAL (na esteira de GROTIUS) e na teorização das penas inúteis feita por BENTHAM. Ponderação que noutro contexto BINDING reflectiu no sistema de análise do crime, ao conceber o dever estadual de punir (mesmo numa concepção retributiva da pena) não como uma consequência necessária do delito, mas apenas (numa concepção autoritária da pena) quando o mal da renúncia à punição fosse para o Estado maior do que o mal da punição, e que BELING posteriormente reformulou (*supra* § 33, II).
[155] Em pormenor, Capítulo VI, § 33.

2. A resposta remete-nos para o crivo material de aferição da legitimidade de qualquer decisão estadual restritiva de direitos fundamentais: o princípio da proporcionalidade da intervenção penal. Só o princípio da proporcionalidade (em sentido amplo) pode fornecer, de forma completa e congruente, os critérios materiais para agregar metodologicamente os diversos pressupostos autónomos da punibilidade estranhos ao ilícito culposo (mas ainda integradas nos pressupostos materiais da responsabilidade criminal): pela adequação das suas valorações à natureza dos elementos materiais em causa, pela relação que permite estabelecer entre o sistema de análise do crime e os critérios constitucionais de aferição da legitimidade do poder punitivo estatal e, finalmente, pela harmonia metodológica que consegue criar entre o tipo de punibilidade e as restantes categorias do sistema dogmático.

Para o efeito, a categoria da punibilidade deve acolher, como momento autónomo de análise e valoração de aspectos conexos com o facto tipicamente ilícito e culposo, os juízos de valor que orientam e limitam toda a intervenção estatal restritiva de direitos, liberdades e garantias: a adequação, a necessidade e a proporcionalidade dessa restrição[156]. Não se trata de integrar um princípio constitucional na teoria do crime (embora ele possa constituir um fundamento legitimador da categoria em causa) mas sim de organizar circunstâncias do acontecimento a partir dos juízos de valor que orientam e limitam a finalidade da pena estatal.

---

[156] Sobre o conteúdo, alcance e limites deste conteúdo do princípio da proporcionalidade e a sua aplicação ao Direito Penal, FIGUEIREDO DIAS, *Direito Penal, PG I* (2.ª edição, 2007), 127 e ss e, depois, 626-628, FARIA COSTA, *O Perigo*, 252 e ss, e MIR PUIG, «O princípio da proporcionalidade enquanto fundamento constitucional de limites materiais do Direito Penal», *RPCC* 19 (2009), 7 e ss. Inserindo-o numa teorização sobre o impulso legiferante em matéria penal, GOMES CANOTILHO, «Teoria da legislação geral e teoria da legislação penal», in *Estudos em Homenagem ao Professor Eduardo Correia*, vol. I, 1984, 827 e *maxime* 854 e ss. Ainda, com extensa informação, MARIA DA CONCEIÇÃO FERREIRA DA CUNHA, *Constituição e crime*, 115 e ss, e, depois, TERESA AGUADO CORREA, *El Principio de Proporcionalidad en Derecho Penal*, 1999, 67 e ss, 151 e ss, 214 e ss e 275 e ss. Sobre a origem e evolução do princípio da proporcionalidade, VITALINO CANAS, «O princípio da proibição do excesso na Constituição: arqueologia e aplicações», *in* Jorge Miranda (org.), *Perspectivas Constitucionais*, vol. II, 1997, 322 e ss. Para uma exposição pormenorizada do seu conteúdo e alcance, JORGE REIS NOVAIS, *As restrições aos direitos fundamentais não expressamente autorizadas pela Constituição*, 2.ª edição, 2010, 729 e ss, e JORGE BACELAR GOUVEIA, *Manual de Direito Constitucional II*, 4.ª edição, 2011, 839 e ss (que o descreve a p. 841 como um «elemento decisivo do princípio do Estado de Direito»). Desenvolvimentos ainda em ANDRÉ FIGUEIREDO, «O princípio da proporcionalidade e a sua expansão para o Direito Privado», *Estudos-10 anos FDUNL*, II, 2008, 23 e ss. Para uma articulação entre os diversos princípios constitucionais em matéria penal, incluindo o princípio da proporcionalidade, SOUSA E BRITO, «A lei penal na Constituição», *Estudos sobre a Constituição*, 2.º volume, 1978, 197 e ss.

Desta forma, garante-se uma articulação material e funcional entre os pressupostos materiais da responsabilidade e as consequências penais. Um facto que corresponde a um tipo de crime só legitima uma restrição de direitos fundamentais quando, sendo ilícito e culposo, é cometido em circunstâncias que tornam a ameaça de pena estatal a reacção adequada, necessária e proporcional para proteger bens jurídicos essenciais e reafirmar, por essa via, a vigência da norma violada através duma resolução adequada do conflito em causa. Por isso não há pena sem culpa, mas nem toda a culpa é punível[157].

O tipo de punibilidade obtém o seu fundamento dogmático e constitucional no princípio da proporcionalidade (artigo 18.º, n.º 2, CRP), tornando consequente através da teoria do crime a aplicação das valorações que integram este princípio: *adequação, necessidade e proporcionalidade* (estrita) da pena estatal[158], aspectos

---

[157] Assim, FIGUEIREDO DIAS, *Direito Penal PG I* (2.ª edição, 2007), 47, SOUSA E BRITO, *Estudos sobre a Constituição*, 200, AUGUSTO SILVA DIAS, *Delicta in se*, 754. No mesmo sentido, ZIELINSKI, *Handlungs- und Erfolgsunwert*, 204. Também, DONINI, *L'Indice penale* 3 (2001), 1045 e ss.

[158] Esta construção apresenta elementos comuns e outros distintos em relação à tese perfilhada por FIGUEIREDO DIAS sobre a autonomia da punibilidade (cfr. *Direito Penal*, PG I (2.ª edição, 2007), 674 e ss e 678 e ss), para quem tal categoria dogmática assenta na ideia de «dignidade punitiva do facto» (e nesse sentido a categoria integra várias condições objectivas de punibilidade e causas de não punibilidade), dela se devendo distinguir (cfr. p. 678-680) o conceito de «carência punitiva» que operaria ao nível da consequência jurídica, «ligado que está às ideias de necessidade, da subsidiariedade e da proporcionalidade em sentido estrito, ou se quisermos, numa palavra ao princípio da proporcionalidade em sentido amplo» (cfr. pag. 680). Uma distinção rígida entre dignidade punitiva e carência de pena, incluindo a primeira no sistema de análise do crime e a segunda na teoria das consequências jurídicas, não parece contudo justificar-se (nem parece estar verdadeiramente pressuposta na concepção do Autor): o juízo de valor sobre a carência de punição baseado nos elementos do princípio da proporcionalidade é ainda e também um juízo sobre a dignidade punitiva do facto e sobre a adequação da pena para prosseguir os fins do sistema penal (em relação a esse facto e ao seu agente) pois ambos concorrem para a delimitação material do facto punível. Mal se perceberia, designadamente no plano das consequências jurídicas, que a falta de dignidade punitiva do facto pudesse gerar um caso de absolvição por não punibilidade e a carência punitiva (relativamente ao facto) tivesse apenas consequências ao nível da escolha e determinação da pena, apesar de estarem em causa o facto, a pena e problemas de adequação, necessidade e proporcionalidade. Por isso mesmo, tais valorações devem integrar a categoria da punibilidade e não ser remetidas para a teoria das consequências jurídicas do crime, o que FIGUEIREDO DIAS parece também admitir quando relaciona os dois conceitos a propósito da desistência da tentativa, sublinhando a necessidade de ambos se reportarem ao facto (*op. cit.*, p. 673, § 5). Se assim não fosse, aliás, dificilmente se conseguiria manter o privilégio da desistência no âmbito do facto punível. Por estas razões, não pode ser acolhido o enquadramento desenvolvido a partir deste, mas mais radical e sistematicamente mais complexo, de DAMIÃO DA CUNHA, RPCC 15 (2005), 230 e ss, quando associa (p. 236 e ss) não punibilidade com dispensa de pena remetendo a matéria

que alguns sectores da doutrina reúnem igualmente sob os conceitos de merecimento e necessidade de pena[159]. No tipo de punibilidade reúnem-se assim critérios de adequação político-criminal relativos à legitimidade e finalidade do poder punitivo do Estado que (a partir de elementos distintos dos que se integram no ilícito culposo) racionalizam critérios de justiça material que orientam a intervenção sancionatória do Estado na área criminal.

Desta forma controla-se a legitimidade material da decisão penal à luz do princípio da proporcionalidade e com técnicas legislativas autónomas em relação ao ilícito culposo. A legitimidade punitiva é adicionalmente filtrada por elementos materiais exteriores ao ilícito culposo que permitem o legislador prosseguir de forma adequada certos fins ou evitar algumas consequências da intervenção penal. Esse controlo procura tornar congruente e eficaz a articulação entre uma racionalidade de valores e uma racionalidade de fins, sem subalternizar uma em relação à outra, e articular (usando a terminologia de FRISCH) a *desaprovação do facto* com a *decisão de o sujeitar à ameaça penal*. Adquirem assim particular relevo na teoria do crime considerações político-criminais sobre a legitimidade do poder punitivo estatal, em particular a forma e as condições de prosseguir as finalidades da pena, de atingir os objectivos político-criminais do sistema penal, de evitar consequências indesejáveis associadas à decisão punitiva e de articular os interesses associados à perseguição penal com outros interesses igualmente relevantes para o sistema jurídico. Ou seja, o que nas concepções de HASSEMER e FRISCH se traduz numa exigência sinteticamente formulada de «adequação aos fins» ou de «adequação da pena»[160].

---

para um «momento intermédio» entre a questão da culpabilidade e a determinação da pena (p. 255) mas que, aparentemente, não seria de absolvição do arguido (p. 233). O facto não punível não pode ter o mesmo valor juridico penal do facto punível acompanhado da mera renúncia à pena efectiva. Sobre esta orientação veja-se ainda *infra* § 38, IV.

[159] Como SCHÜNEMANN, *Grundfragen*, 60 (que associa tais elementos ao conceito de necessidade de pena e apela à função correctiva dessas valorações orientadoras (*Leitwertungen*) para conseguir uma desnormativização que adeque o âmbito das normas penais ao efectivamente danoso no plano social). Ou COSTA ANDRADE, *RPCC* 2 (1992), 186 e ss (em ligação com o que escreve a p. 184 e ss), embora não autonomize dogmaticamente uma quarta categoria a partir de tais juízos de valor. Ainda, SAX, *JZ* (1976), 11 e ss, GÜNTHER, *Strafrechtswidrigkeit*, 226 e ss, FRISCH, *Strafrechtssystem*, 164-166. Associando de forma explícita o último nível de análise do crime (a pretensão de punibilidade) ao princípio da proporcionalidade, VIVES ANTÓN, *Fundamentos*, 487. Deve notar-se, com FARIA COSTA, *O Perigo*, 205-206, nota 7, que a proporcionalidade (estrita) não se confunde antes acresce à aferição da necessidade de pena.

[160] Para HASSEMER (*Ak-StGB, vor* § 1, n.º 212-220, *NK-StGB, vor* § 1, n.º 212 e ss, e depois HASSEMER/NEUMANN, *NK-StGB* (2005), *vor* § 1, n.º 77 e ss) a exigência de *Zweckmäßigkeit*, como critério legitimador da intervenção penal, implica a ponderação das consequências da pena e que «uma concepção de merecimento de pena pode ser inútil, ainda que seja justa,

Uma ponderação com este alcance revela-se essencial para a configuração e desenvolvimento do moderno Direito Penal[161]: num Estado de Direito em sentido material não existe apenas um interesse em punir factos merecedores e carentes de pena, como também um interesse equivalente ou mesmo superior em não punir factos que não revelem tais características. Bem como em evitar consequências indesejáveis e contrárias aos objectivos político-criminais do sistema. Uma exigência desta natureza constitui uma instância de controlo crítico-construtivo da expansão do sistema penal, um crivo de racionalidade e adequação dos movimentos neo-criminalizadores e das tendências de descriminalização e, ainda, um referente essencial para a adequação da decisão penal concreta. Por isso, hoje (tanto ou mais do que no passado) revela-se imprescindível actualizar e incorporar no sistema de análise do crime uma parte do ideário do jusracionalismo iluminado sobre as condições da intervenção penal: só a pena necessária é útil e só a pena útil é materialmente legítima pelo sacrifício intrínseco que

por, nomeadamente, gerar mais consequências negativas do que positivas». As consequências negativas podem resultar, na análise de HASSEMER, da adopção de meios inidóneos para a prossecução de fins legítimos, podem decorrer dos obstáculos criados pelo merecimento penal à prossecução de um fim a atingir ou podem, ainda, ser uma consequência dos elevados custos (político-jurídicos) que essa via comporta para atingir os fins em causa (sobre estas perspectivas, veja-se ainda *supra* Cap. V, § 33, VII). Também FRISCH, *Strafrechtssystem*, 164-166, faz apelo a uma categoria adicional ao ilícito e à culpa que permita ponderar «a adequação da pena (*Strafadäquität*) (no sentido do merecimento e necessidade penal) assim com os factos materiais que nela se enquadram». A posição de Frisch passa aliás por um controlo dogmático e político-criminal apertado quer da matéria da proibição (as proibições ou mandatos de conduta) quer da sua eleição com objecto da norma de sanção: «Coloca-se ademais a questão – a que não se pode responder de forma prévia ao Direito Penal – de saber se a lesão daquelas proibições ou mandatos dever ser *castigada com pena*, questão que de novo torna imprescindível a realização de considerações sobre a necessidade o adequação da pen do ponto de vista da própria pena, quer dizer, à luz das teorias da pena» (*in* Hefendehl (ed.), *La teoria del bien jurídico*, 320).

[161] Sobre a relação entre a legitimidade da intervenção penal e a subordinação teleológica do sistema penal, exactamente e também à luz do princípio constitucional da proporcionalidade, FIGUEIREDO DIAS *Direito Penal PG I* (2.ª edição, 2007), 81 e s e 127 e ss, e COSTA ANDRADE, *RPCC* 2 (1992), 173-183 e 185 e ss (sobre a articulação entre a legitimação da intervenção penal e as técnicas de tutela). Depois, DAMIÃO DA CUNHA, *RPCC* 15 (2005), 239 e ss e 255, relacionando a legitimidade da pena com situações de desnecessidade punitiva (por realização do fim visado) ou situações de possível excesso punitivo. Em sentido coincidente, quanto à ponderação de não punibilidade, DONINI, *L'Indice penale*, 3 (2001), 1051 e ss, e depois KINDHÄUSER, *Herausforderung*, 79 e ss. Sobre a vinculação constitucional do conceito de «facto punível», SCHILD, *FS-Lenckner*, 298 e ss.

implica para os direitos fundamentais[162]. Só é útil a pena que se revela um instrumento adequado para a prossecução dos fins do sistema penal, designadamente para evitar preventivamente a lesão de bens jurídicos fundamentais e para repor a vigência da norma de comportamento quando violada (e reforçar, também por essa via, a tutela preventiva de bens jurídicos essenciais). Uma pena que não consiga atingir esses fins é inadequada ou desnecessária e, como tal, inútil, porque dá origem a uma série de consequências negativas que não são compensadas por qualquer vantagem político-jurídica. Por outro lado, a pena estatal que não é necessária nem adequada é intrinsecamente violadora do princípio da proporcionalidade, pois impõe sacrifícios de direitos fundamentais e dá origem a custos sociais sem qualquer justificação equivalente. Em suma, a pena inadequada é inútil, a pena desnecessária é inútil e a pena excessiva é inútil. Uma pena que produz mais consequências negativas do que positivas para o sistema jurídico é uma pena ilegítima num Estado de Direito em sentido material e exige a reponderação ou mesmo o recuo da pretensão punitiva estatal.

Longe de se revelar uma patologia, a possibilidade normativa de não punição constitui com uma realidade perfeitamente integrada no complexo teleológico do sistema penal[163]. Num sistema jurídico em que a intervenção penal é materialmente condicionada pela adequação, necessidade e proporcionalidade, o recuo da pretensão punitiva do Estado por falência de uma das exigências constitucionalmente formuladas constitui uma decisão congruente com os objectivos que se prosseguem. Se a intervenção penal só é legítima (pelos sacrifícios de direito fundamentais que comporta) se for adequada, necessária e proporcional a evitar a lesão de um interesse constitucionalmente relevante (e, por isso, todos os tipos incriminadores contêm um tipo de punibilidade) quando se revelar incapaz de o conseguir, a decisão de não punir deve prevalecer sobre a decisão oposta[164]. Deste ponto de vista, a não punibilidade por tais motivos constitui um imperativo constitucional implícito no princípio da proporcionalidade acolhido no artigo 18.º, n.º 2, da Constituição e uma forma de tornar consequente este regime. O legislador está assim obrigado a criar soluções normativas que contemplem a

---

[162] Neste sentido, por exemplo, VIVES ANTÓN, *Fundamentos*, 487: «Donde la pena resulta innecesaria es, a su vez, injusta: por eso el sistema penal ha de contar con posibilidades de gracia, que evitem la injusticia en el caso concreto». Também AUGUSTO SILVA DIAS, *Delicta in se*, 746 e ss e 758-759, quanto à necessidade de juízos relativos à utilidade da pena.

[163] Sublinha-o DONINI, *L'Indice penale* 3 (2001) 1051.

[164] Segue-se como pressuposto deste enquadramento uma formulação normativa (ou «modificada») dos fins das penas, no sentido referido por ROXIN, *Strafrecht AT II*, § 30, n.º 4.

hipótese de um ilícito penal ser não punível por a ameaça penal incorporada na lei se revelar inadequada, desnecessária ou manifestamente desproporcional[165].

3. Estes aspectos podem ser ponderados quer na decisão legislativa, quer na decisão judicial de aplicação do Direito. O princípio da proporcionalidade e as valorações que o mesmo acolhe possuem uma incidência abrangente e ubiquidade sistemática, podendo ter relevância quanto à decisão de conferir tutela penal a certos interesses relevantes (impulso legislativo), quanto ao âmbito e intensidade dessa tutela (o que abrange aspectos tão diversos, como a configuração dos tipos de ilícito e dos tipos de culpa, a escolha das penas abstractas ou a opção por soluções processuais específicas) ou, ainda, quanto à extensão da intervenção penal (*v.g.* articulando os pressupostos positivos da intervenção penal com causas diversas de exclusão da responsabilidade)[166]. Tal como pode adquirir relevância em todos os momentos ou categorias de análise do crime e na escolha e determinação da medida da pena[167]. No âmbito do tipo de punibilidade essas valorações têm um traço distintivo, pois reportam-se à legitimidade da ameaça penal e incidem sobre elementos materiais específicos, adicionados ao ilícito culposo mas autónomos em relação a este.

Os elementos do tipo de punibilidade valorados com o conteúdo axiológico do princípio da proporcionalidade tanto consentem uma ponderação abstracta como uma avaliação concreta sobre a relação entre os meios e os fins a atingir com o exercício do poder punitivo[168]. A avaliação tanto pode assentar numa *prognose* como numa *diagnose,* como pode ser formulada *ex ante* ou usar um referente *ex post.* Num sistema penal orientado por uma concepção preventiva da pena a avaliação realizada para aferir o cumprimento do princípio da proporcionalidade nunca pode ser exclusivamente retrospectiva, sob pena de se limitar a um juízo

---

[165] Nem todos os ordenamentos jurídicos contêm regras que garantem este objectivo. Entre nós, assume em parte esta função o regime geral de desistência (artigos 24.º e 25.º do Código Penal) que, na falta de solução específica, garante que a punição não constitui uma inevitabilidade normativa, que é possível ponderar a necessidade de pena para o caso concreto e que uma conduta reparadora terá sempre uma valoração positiva, congruente com as finalidades de prevenção geral e especial do sistema penal.

[166] FIGUEIREDO DIAS, *Direito Penal, PG I* (2.ª edição, 2007), 127 e ss, sobre a relação entre a delimitação do comportamento criminal e a necessidade de tutela penal. Ainda, COSTA ANDRADE, RPCC 2 (1992), 176-177, 184 e ss e 200, identificando um extenso campo de aplicação do princípio por referência ao conceito de carência de tutela penal. Depois, com vasta informação, MARIA CONCEIÇÃO FERREIRA DA CUNHA, *Constituição e crime,* 195 e ss.

[167] Em pormenor, MARIA CONCEIÇÃO FERREIRA DA CUNHA, *Constituição e crime,* 212, em ligação com o que escreve a p. 195 e ss.

[168] TERESA AGUADO CORREA, *Proporcionalidad,* 282 e ss e 314 e ss.

que apenas afere a razoabilidade da retribuição cominada para o facto; tem igualmente de assumir uma dimensão prospectiva (inerente ao juízo de adequação) pois essa é a matriz de articulação entre meios e fins e o horizonte de qualquer avaliação sobre a prossecução dos objectivos de prevenção geral que legitimam a intervenção penal[169]. Os dados empíricos e o facto concreto praticado podem oferecer elementos a ponderar num juízo de prognose (*v.g.* como exemplo, padrão, confirmação ou evidência de repetição) mas não podem limitar o horizonte da avaliação a uma mera apreciação retrospectiva. Deste ponto de vista, o tipo de ilícito e o tipo de culpa têm um horizonte necessariamente restrospectivo, mas o tipo de punibilidade assume uma dimensão prospectiva.

A articulação entre os dois juízos não pode ter um efeito expansivo do âmbito da intervenção penal, mas apenas um efeito restritivo[170]. Os elementos valorados no tipo de punibilidade só podem confirmar ou restringir a incidência das valorações feitas *ex ante* a partir do tipo de ilícito e do tipo de culpa e em caso algum podem ampliar o campo da responsabilidade criminal, sob pena de a esfera da imputação jurídico-penal ser estranha ao facto e à norma de conduta que o integra e assumir uma matriz objectiva derrogadora do princípio da culpa.

A sua relevância a estes diferentes níveis pode por isso materializar-se quer ao nível da *decisão legislativa* (*v.g.* na eleição das técnicas de tutela penal, como a articulação de tipos de ilícito com condições objectivas de punibilidade ou na relevância dirimente a reconhecer a mecanismos de reparação de danos) quer ao nível da *decisão judicial* (atribuição concreta de relevância a um elemento da punibilidade para excluir a aplicação da pena).

Para conseguir estabelecer uma relação de congruência entre os meios e os fins, adequando os primeiros aos segundos, o legislador pode recorrer a diversas técnicas legislativas. É possível, por um lado, reforçar as exigências legais da incriminação adicionando condições objectivas de punibilidade ao ilícito culposo, restringindo o campo de aplicação do tipo incriminador. Isto pode acontecer essencialmente por razões de necessidade e proporcionalidade, em especial quando sem o elemento da punibilidade a intervenção penal pudesse revelar-se desproporcionada pela sua excessiva abrangência (ou seja, a lei acabaria por contemplar casos de duvidosa necessidade de intervenção). As condições objectivas de punibilidade podem ser usadas, de forma geral, para limitar o âmbito da inter-

---

[169] MIR PUIG, RPCC 19 (2009), 16 e ss. Contra, IRENE NAVARRO FRIAS, «El princípio de proporcionalidad en sentido estricto: principio de proporcionalidad entre delito y pena o balance global de costes y benefícios?, *InDret* 2 (2010), 5 e ss, que por isso limita consideravelmente o conteúdo possível do princípio da proporcionalidade (ao seu núcleo essencial de comparação entre a gravidade do facto e a gravidade da sanção).

[170] NAUCKE, *Straftatlehre*, 11:«Diese Teile haben eine beschränke Bedeutung».

venção penal e, de forma mais específica, para tornar mais exigentes as incriminações de perigo[171]. Por outro lado, o legislador pode criar uma proibição penal dela excluindo *ab initio* um grupo de casos de menor gravidade através de diferentes técnicas jurídicas, incluindo as que apelam a critérios exteriores ao ilícito culposo (causas de exclusão da punibilidade). Finalmente, criar uma proibição penal genérica excluindo alguns grupos de casos *a posteriori* por razões também de proporcionalidade (através da previsão ou invocação de causas de anulação ou extinção da punibilidade)[172].

[171] Assim, OTTO, *ZStW* 96 (1984), 366, e *Grundkurs AT*, § 7, n.º 79. Depois, LAGODNY, *Strafrecht*, 233, 237, 238. Ainda, de forma mais genérica, TERESA AGUADO CORREA, *Proporcionalidad*, 259-263. Também FARIA COSTA, *Responsabilidade objectiva*, 16, nota 14, sublinha a função restritiva das condições de punibilidade em relação à intervenção penal, associando-as expressamente ao princípio da intervenção mínima. Coincidente, RAMACCI, *Condizioni*, 204, quando afirma que «as condições objectivas de punibilidade representam assim uma objectiva determinação de limites à punibilidade, de acordo com uma regra de juízo antecipada ao nível normativo e não deferida ao momento do processo». Em sentido equivalente (mas mais amplo e sistematicamente distinto), DONINI, *L'Indice penale* 3 (2001), 1048, referindo a uma «disapplicazione finalizzata della pene cominata» como forma de equilibrar (fora do sistema do crime, em sua opinião) um excesso de criminalização abstracta.

[172] Sobre a relação entre as condições objectivas de punibilidade, as causas pessoais de exclusão da pena e algumas soluções processuais com a ideia de carência de tutela penal, COSTA ANDRADE, *RPCC* 2 (1992), 200. A relação destas figuras com o conceito de concreta dignidade punitiva do facto é, por seu turno, estabelecida por FIGUEIREDO DIAS, *Direito Penal*, PG I (2.ª edição, 2007), 668 e ss. Em alguns sectores da doutrina alemã, a invocação analógica das figuras da desistência e do arrependimento activo tem sido usada como forma de limitar o alcance das incriminações de perigo e das presunções de perigosidade a elas associadas (em particular, através de comportamentos assumidos pelo agente no momento do facto ou depois da sua consumação formal que neutralizem o perigo ou impeçam a verificação de danos), ou seja, como um correctivo dogmático ao excesso punitivo do legislador manifestado nas formas de tipificar penalmente o perigo (veja-se, KINDHÄUSER, *Gefährdung als Straftat*, 345-347 e 355, GRAUL, *Abstrakte Gefährdungsdelikte und Präsumtionen im Strafrecht*, 1991 358). As limitações do regime alemão da desistência e do arrependimento activo não existem no Direito português. Entre nós, o problema está resolvido com o amplo regime de desistência previsto nos artigos 24.º e 25.º do Código Penal e com a sua aplicabilidade não só às incriminações de perigo, como também aos casos de neutralização precoce do perigo e impedimento do resultado que o legislador pretendia evitar com a incriminação do facto. Sobre o alcance deste amplo regime geral de desistência, pode ver-se o meu trabalho anterior, *A relevância da desistência*, 28 e ss e 197 e ss; recentemente, com extensão e profundidade, FIGUEIREDO DIAS, *Direito Penal PG I* (2.ª edição, 2007), 727 e ss e 845 e ss. Correcto é, no entanto, distinguir as situações de *controlo do perigo pelo agente* que, não chegando a consubstanciar a violação dum dever de cuidado ou neutralizado o substrato material da ofensividade, *impedem a realização típica* (assim interpreto o pensamento de FARIA COSTA, *O perigo*, 644-645, nota 179, quando apela à «controlabilidade do meio empregue») daquelas em que *o perigo chega a ser criado com*

Os problemas que a incidência do princípio da proporcionalidade suscita num ou noutro caso são em parte comuns e em parte distintos: no plano da decisão e técnica legislativas está essencialmente em causa um problema de legitimidade material da decisão penal, da sua adequação aos fins do sistema e da legitimação político-jurídica dos espaços da não punibilidade; no plano da decisão penal concreta, a ponderação consequente das valorações materiais do princípio da proporcionalidade tem ainda de ser coerente com outros princípios constitucionais em causa, como seja o princípio da legalidade criminal e o princípio da separação de poderes. A filiação constitucional do tipo de punibilidade (em especial, a articulação entre as cláusulas legais e o princípio da proporcionalidade acolhido no artigo 18.º da Constituição) permite resolver estes dois problemas de forma satisfatória: o princípio da legalidade é respeitado na medida em que os elementos materiais relevantes são criados pelo legislador (sem prejuízo de eventuais soluções de não punibilidade *praeter legem*), e, por essa via, respeita-se também o princípio da separação de poderes e a subordinação dos tribunais à lei. Ou seja, em regra a não punibilidade declarada no caso concreto corresponde ao funcionamento de um elemento do tipo de punibilidade criado de forma geral e abstracta pelo legislador penal e concretiza, por essa via, critérios constitucionais de legitimidade material do poder punitivo. Mas se tal não acontecer, pode a decisão penal concreta corrigir o âmbito da decisão penal abstracta, pois se o legislador não orientou a sua decisão pelas valorações constitucionais, pode o tribunal, enquanto órgão de soberania, adequar o campo de aplicação da lei às valorações constitucionais e à prossecução das finalidades legítimas da intervenção penal do Estado, para garantir que as opções constitucionais não são frustradas[173]. As desigualdades toleráveis que se podem verificar neste domínio são as que resultam, por um lado, das diferentes situações concretas submetidas a julgamento e, por outro, da própria autonomia e independência dos tribunais, só corrigíveis pela intervenção dos tribunais superiores em sede de recurso.

violação do dever e, por isso, o facto atinge o limiar mínimo do substrato material e normativo da ofensividade, mas *a continuidade ou evolução do perigo são neutralizadas voluntariamente pelo agente,* caso em que o ilícito culposo é não punível à luz das regras dos artigos 24.º ou 25.º do Código Penal.

[173] Mesmo num sistema de fiscalização difusa e concreta da constitucionalidade, a margem de liberdade reconhecida ao legislador na conformação da solução normativa torna raros os casos em que o Tribunal assume um protagonismo decisório desta natureza. Um caso com estes contornos encontra-se no campo do Direito de Mera Ordenação Social no Ac. do Tribunal da Relação de Coimbra, de 9-12-2010 (proc. 274/10.9TBCBR.C1) que considerou inconstitucional por violação do princípio da proporcionalidade uma coima mínima elevada (30.000 Euros) para a violação do dever de facultar imediatamente ao consumidor do livro de reclamações do estabelecimento (in *www.dgsi.pt,* em 3 de Fevereiro de 2011).

Todos os tipos legais incriminadores integram um tipo de punibilidade que decorre da intervenção legislativa (o recurso à ameaça penal) ser orientada e limitada pelo conteúdo do artigo 18.º da Constituição. Qualquer tipo legal incorpora assim (de forma explícita ou implícita) um tipo de punibilidade que acolhe um juízo de adequação, necessidade e proporcionalidade da ameaça penal relativa ao facto previsto pelo legislador. Esta asserção é confirmada no plano sistemático pela vigência legal de um amplo regime de desistência (artigos 24.º e 25.º do Código Penal): a possibilidade oferecida pelo legislador ao agente de qualquer crime de não ser punido pelo facto punível praticado sugere que todos os tipos incriminadores integram um tipo de punibilidade que pode ser posto em causa pela desistência voluntária ou pelo esforço sério do agente em impedir a consumação material do crime[174].

Tornam-se assim claras as funções que o tipo de punibilidade pode desempenhar na criação, organização e aplicação do Direito Penal: constitui um ponto de referência quer para o legislador (para construir, delimitar e fundamentar soluções no plano legislativo), quer para aplicador do Direito (para analisar, valorar e decidir o caso concreto) e permite estabelecer, através do sistema de análise do crime, uma ponte entre as opções legislativas e a valoração da situação concreta na decisão judicial (e que funciona tanto como instância crítica-construtiva, como critério de decisão para o caso concreto).

IV. *O tipo de punibilidade e o conteúdo da proporcionalidade*

1. O tipo de punibilidade agrega três juízos de valor formulados sobre elementos materiais. Esses juízos de valor são, como se referiu, as exigências adequação, necessidade e proporcionalidade relativos à ameaça de pena estatal e os elementos materiais são circunstâncias estranhas ao facto ilícito mas relacionados com o mesmo (pelo menos, como ponto de partida, condições objectivas de punibilidade, causas de exclusão e de anulação da punibilidade). A avaliação realizada através articulação entre juízos de valor e os elementos materiais referidos pode incidir sobre a aptidão dos meios para prosseguir os fins, sobre o fim visado em si mesmo, sobre a relação entre os meios e os fins ou sobre as consequências provocadas por aquele meio para atingir um certo fim.

a) Para cumprir as exigências de *adequação*, a decisão penal tem de ser apta a prosseguir os fins constitucionalmente legítimos (tutela preventiva dos bens jurídicos e reposição da vigência da norma que a garante) ou, pelo menos, deve

---

[174] Em sentido próximo, RIBEIRO DE FARIA, *Sobre a desistência da tentativa*, 131-135, *maxime* 132.

auxiliar a prossecução de tais fins[175]. A partir desta referência primária é possível identificar algumas constelações de casos em que a adequação da ameaça penal pode ser posta em causa.

Em primeiro lugar, a decisão penal não é adequada quando visar um fim que não é (ou já não é) realizável. Uma situação desta natureza pode acontecer, por exemplo, com o decurso do prazo de prescrição, em que a dilação temporal em relação à data dos factos motiva uma presunção do legislador sobre a falta de oportunidade da punição (designadamente por o tempo decorrido diminuir a necessidade de reafirmação da vigência da norma) e não permite assegurar de forma minimamente segura as suas finalidades preventivas e a adequada resolução de conflitos sociais (por diluição da memória social dos mesmos)[176].

Em segundo lugar, a decisão penal não é adequada quando em nada contribuir para prosseguir o fim que visa atingir[177]. Essa absoluta inadequação pode resultar de uma prognose, eventualmente corroborada por um diagnóstico documentado com os elementos históricos da solução. Neste caso, é a aptidão do meio eleito que está em causa e não o fim visado. Por exemplo, a proibição penal do consumo de droga não consegue evitar nem o tráfico nem o consumo, o que se pode verificar em abstracto, mas adquire uma especial consistência perante os dados empíricos do funcionamento do sistema policial e judicial. O que permite pelo menos pôr em causa a opção pela dupla via incriminatória (tráfico e consumo) que coloca no mesmo plano realidades criminológicas distintas (designadamente quanto à sua danosidade social). Considerações desta natureza tanto devem limitar as opções do legislador penal, como podem ser usadas para orientar a solução penal do caso concreto. Na primeira hipótese, permitem reforçar (ao nível da punibilidade) argumentos de sentido descriminalizador do consumo que em regra se centram no tipo de ilícito e no tipo de culpa. Na segunda, o tipo de punibilidade pode ser usado com uma função correctiva em situações concretas em que declarar a punibilidade de um ilícito culposo seria isento de qualquer valor preventivo e a não punibilidade, pelo contrário, criaria um espaço de oportunidade para se atingirem (pelo menos em parte) as finalidades da lei penal[178].

---

[175] BLOY, *Strafaufhebungsgründe*, 244 e ss; GÜNTHER, *Strafrechtswidrigkeit*, 183 e ss; JORGE REIS NOVAIS, *Restrição de direitos fundamentais*, 736.

[176] SCHULTHEISZ, *SchwZStR* 64 (1949), 351, 353.

[177] Em termos semelhantes, BLOY, *Strafaufhebungsgründe*, 246 e ss; GÜNTHER, *Strafrechtswidrigkeit*, 184. Sobre os limites de uma prognose desta natureza, JORGE REIS NOVAIS, *Restrição de direitos fundamentais*, 739 e ss.

[178] Pense-se, por exemplo, na articulação entre uma solução criminalizadora restritiva do consumo de drogas duras de elevado grau de dependência, como a que foi aventada em tempos por FIGUEIREDO DIAS, associada a um perigo concreto para bens jurídicos fundamentais de terceiros, com uma isenção de responsabilidade por sujeição voluntária a tratamento dessa

Em terceiro lugar, a decisão penal não é (concretamente) adequada quando o fim visado já tiver sido atingido por outra via. Neste caso não se estabelece a relação entre o meio em causa e o fim, pois o fim visado atinge-se por outro meio. O meio pode inclusivamente ser em abstracto adequado (e, desse ponto de vista, a ameaça penal é legítima), mas não revela adequação concreta, pois o fim que se visava já foi atingido com recurso a outro meio ou por outra via. Pode também afirmar-se que nesta hipótese a punição deixa de ser necessária. Pense-se nos casos de isenção de pena por retorsão, por desistência, arrependimento activo ou por reparação integral[179]. Nestas hipóteses a não punição realiza os fins do sistema penal e consegue manter a paz jurídica (em especial, consegue pacificar um conflito ou mesmo garantir *in extremis* a tutela do bem jurídico agredido ou a reconstituição da situação de forma satisfatória para a vítima), enquanto a punição pode revelar-se inoportuna por surgir num momento em que o conflito social está tendencialmente pacificado ou a danosidade material do facto foi eliminada[180].

Em quarto lugar, a decisão penal é inadequada quando produzir concretamente resultados estranhos aos seus fins e, em especial, quando produzir consequências nefastas para os direitos fundamentais ou para o sistema penal sem conseguir promover também os fins que a legitimam[181]. Numa situação desta natu-

---

dependência (cfr. «Uma proposta alternativa ao discurso da criminalização/ descriminalização das drogas» in *Droga: situação e novas estratégias,* 1998, 95 e ss, *maxime* 107 e 109).

[179] SCHULTHEISZ, *SchwZStR* 64 (1949), 349, 351, 353. BLOY, *Strafaufhebungsgründe,* 246. Em termos semelhantes, DAMIÃO DA CUNHA, *RPCC* 15 (2005), 239 e ss (mas com conclusões quanto à desistência e à dispensa de pena que não se subscrevem). Entre nós a retorsão está prevista para as ofensas à integridade física e para as injúrias, conduzindo em ambos os casos, depois da revisão do Código Penal de 1995, a uma dispensa de pena facultativa (arts 143.º, n.º 3 e 186.º, n.º 3 do Código Penal). Antes disso, o legislador permitia que a retorsão funcionasse como causa de isenção da pena facultativa (arts. 147.º, n.º 2 e 172.º do Código Penal). A não punibilidade por desistência voluntária resulta do amplo regime geral consagrado os artigos 24.º e 25.º do Código Penal (e de algumas normas em especial) e a relevância isentadora de pena por força da reparação resulta do artigo 206.º do Código Penal e de legislação penal especial (veja-se *supra* Capítulo V, § 27). Trata-se, portanto, ao contrário do que aparentemente defende DAMIÃO DA CUNHA, de figuras com diferente natureza e regimes distintos. Sobre os conceitos implicados neste debate e o alcance da conversão de várias causas de isenção da pena em outros institutos, veja-se *infra* § 38, IV deste estudo.

[180] Em algumas situações concretas pode estar em causa não a exclusão absoluta da pena, mas sim a sua diminuição em função da realização de alguns dos fins visados, como a ponderação das consequências sofridas por um agressor em função de uma defesa excessiva ou mesmo legítima. Sobre esta constelação de hipótese, DAMIÃO DA CUNHA, *RPCC* 15 (2005), 247.

[181] Sobre esta forma de inadequação, ao nível da decisão legislativa, FIGUEIREDO DIAS, *Direito Penal, PG I* (2.ª edição, 2007), 127-129, exemplificando com vários casos de crimes sem vítima (consumo de drogas ou álcool, prostituição, pornografia, etc.). Para uma racionalização da

reza verifica-se um desfasamento entre os fins visados e as consequências produzidas. A decisão é duplamente inadequada pela incapacidade que revela para a prossecução de fins legítimos e pela sua aptidão para produzir consequências indesejáveis. Sirva de exemplo a punição do aborto realizado por jovens adolescentes ou a punição do aborto ético fora do prazo legal: um entendimento estrito da lei pode conduzir à não aplicação das causas de exclusão da responsabilidade do artigo 142.º do Código Penal, mantendo-se integralmente a pretensão punitiva fundada na norma incriminadora do artigo 140.º do mesmo diploma. Numa hipótese desta natureza, a legitimidade da lei geral e abstracta é confrontada com problemas de legitimidade específica que podem ditar a não punibilidade do facto (no processo) como forma de evitar consequências mais graves para a mulher decorrentes duma aplicação cega da lei.

Finalmente, a decisão é inadequada quando os seus contributos para alcançar o fim pretendido acabam por dificultar a possibilidade de o atingir. E será especialmente inadequada quando a execução da intervenção trouxer mais perigos para o bem jurídico tutelado do que o seu abandono[182]. Assim, por exemplo, a punição indiscriminada do consumo de droga impede (quer em abstracto, quer em concreto) a execução de medidas legítimas de redução de danos, sem conseguir realizar as finalidades de prevenção geral e especial. Neste caso o meio eleito para atingir o fim cria também e necessariamente obstáculos à prossecução desse objectivo por outras vias.

b) A decisão penal legítima é aquela que, além de adequada, é também *necessária*. Neste plano, a decisão penal deve revelar-se, entre as escolhas que estão à disposição do legislador ou do aplicador do direito, como aquela que, sendo adequada, é também a menos gravosa entre os meios equivalentes à disposição para atingir os fins visados[183].

---

idoneidade quanto ao controlo dos fins, JORGE REIS NOVAIS, *Restrição de direitos fundamentais*, 737-739.

[182] SCHULTHEISZ, *SchwZStR* 64 (1949), 348, 349; GÜNTHER, *Strafrechtswidrigkeit*, 184.

[183] Em pormenor, GÜNTHER, *Strafrechtswidrigkeit*, 189 e ss, que afere essa menor gravidade em função da menor gravidade dos meios usados e dos resultados que os meios permitem alcançar (p. 190). O princípio da necessidade é o fundamento do princípio da intervenção mínima do direito penal (também designado princípio da subsidiariedade) (sobre esta associação, GÜNTHER, 189 e ss e 192 e ss que o considera (p. 191) expressão duma racionalidade utilitarista orientada por fins, livre de aspectos ético-valorativos). Para JORGE MIRANDA «a necessidade supõe a existência de um bem juridicamente protegido e de uma circunstância que imponha intervenção ou decisão» (*Constituição Anotada I*, 162, anot. XVIII ao art. 18.º da CRP). Sobre as dificuldades inerentes à avaliação da necessidade do meio (ou da sua indispensabilidade), JORGE REIS NOVAIS, *Restrição de direitos fundamentais*, 741 e ss. TERESA AGUADO

O meio não é necessário quando a sua adopção não se impõe como *ultima ratio* da tutela sancionatória pública (isto é, as circunstâncias não impõem a eleição daquele meio ou daquela decisão). Por exemplo, seria provavelmente desnecessário (e por isso ilegítimo) punir todas as rixas independentemente das suas consequências ou do seu grau de perigosidade, isto é, sem se exigir a verificação de uma condição objectiva de punibilidade como a que consta do artigo 151.º do Código Penal. Sem este elemento, o tipo incriminador abrangeria casos muito diversos, uns revelando dignidade e merecimento de pena, outros suscitando sérias dúvidas sobre a legitimidade da punição. Uma casuística tão diversificada e axiologicamente assimétrica poderia pôr em causa os princípios da igualdade e da danosidade do facto quando sujeita aos crivos judiciais, com prejuízo para a própria vigência da incriminação. A exigência da condição objectiva de punibilidade no artigo 151.º do Código Penal vem nestes casos limitar – de forma geral e abstracta – o alcance do tipo incriminador aos casos mais graves que podem ser objecto da sanção penal[184]. Num plano mais concreto condiciona de forma significativa o próprio exercício da acção penal.

Algo de equivalente se pode dizer da cláusula de execução do suicídio no art. 135.º do Código Penal. Se a lei punisse o auxílio ao suicídio sem exigir que o mesmo fosse efectivamente executado abrangeria três grupos de factos com um grau de danosidade muito diferente: o incitamento ou auxílio (i) sem qualquer continuidade pelo potencial suicida, (ii) com início de execução do suicídio e (iii) com o suicídio consumado. Os casos em que o potencial suicida revelou uma vontade contrária ao apoio ou sugestão que recebeu tornam desnecessária a punição por diminuta ou nula ofensividade do facto e por a pena, em tais casos e por essa razão, se poder revelar desproporcionada. Por isso, a cláusula de execução do suicídio é uma condição objectiva de punibilidade que restringe o âmbito da intervenção penal em nome da necessidade e proporcionalidade da mesma[185].

O meio não é ainda necessário quando por outra via já se prosseguiu o fim do legislador, o que pode acontecer nos exemplos já apresentados de desistência, restituição, reparação da vítima, recomposição dos interesses lesados. Nestes casos, o meio era necessário quando eleito, mas revelou-se *a posteriori* concretamente desnecessário (e por isso, também, inadequado, como atrás se referiu, pois não é a decisão penal que está a produzir concretamente efeitos que prosseguem os

CORREA, *Proporcionalidad*, 321-322, sublinha o facto de, no plano da decisão judicial concreta, o princípio da proporcionalidade não impedir, pelo contrário, que se renuncie à pena por razões de prevenção especial (para impedir a dessocialização ou para facilitar a ressocialização), concluindo que em tais casos «a finalidade de tutela da pena fica satisfeita com uma pena menor ou mesmo sem pena alguma».

[184] Em pormenor, *supra* Capítulo V, § 27, II, a).
[185] Em pormenor, *supra* Capítulo V, § 27, II, b).

fins visados), quer do ponto de vista da tutela dos interesses protegidos pelo sistema penal, quer no plano dos objectivos de prevenção geral e especial das sanções penais[186].

c) A *proporcionalidade* em sentido estrito implica uma ponderação entre a gravidade do crime e a gravidade da pena. Mas no plano da legitimidade material da decisão punitiva essa ponderação deve ser alargada às consequências da ameaça penal que acrescem à gravidade abstracta da pena. Assim, os danos causados pela decisão penal não podem ser manifestamente superiores às vantagens que a mesma consegue atingir, o que torna a ameaça penal em si mesma desproporcionada[187]. Neste sentido, a pena inadequada pode ser desproporcionada e a pena desnecessária é sempre desproporcionada. A produção de consequências negativas que superam claramente as vantagens que se visam atingir implica uma alteração da exigência tradicional da proporcionalidade, aferida apenas entre a gravidade do facto e a gravidade da pena, mas só por essa via se consegue racionalizar o uso da ameaça penal enquanto instrumento de política criminal. Quando a lei penal produz consequências sociais negativas que acrescem à ameaça penal as mesmas não podem ser ignoradas, pois a lei penal não vale por si mas pelos objectivos que visa prosseguir e pelos sacrifícios que implica para o efeito.

A pena é desproporcionada quando (apesar da sua idoneidade para prosseguir os fins visados) põe em perigo a tutela do bem jurídico ou quando lhe pode

---

[186] Neste sentido, quanto à desistência da tentativa, FIGUEIREDO DIAS, *Direito Penal, PG I* (2.ª edição, 2007), 673 e 730 e ss, sublinhando que tais casos traduzem «a falta de exigências preventivas que poderia justificar que o efeito ou consequência jurídica se desencadeasse», destacando os diversos aspectos de natureza político-criminal que concorrem para fundamentar a não punição por desistência. Também FRISCH, *Strafrechtssystem*, 166 e 210, quanto à desistência e arrependimento activo, situações em que reconhece existir uma redução do ilícito culpável, globalmente considerado, acrescido de uma limitação do merecimento penal e uma redução da necessidade de pena. Considera ainda relevante a «ausência de necessidade de reforço da norma do ponto de vista do regresso à legalidade do autor» que desistiu; ou a «inadequação da pena ou da probabilidade da sua imposição», para não criar para o autor a ideia de uma inevitabilidade de punição que tornaria a sua desistência irrelevante.

[187] Articulando esta matriz de ponderação consequencialista com a finalidade preventiva da lei penal, MIR PUIG, *RPCC* 19 (2009), 16-23, recusando a ponderação tradicional limitada à comparação da gravidade do crime com a gravidade da pena. No mesmo sentido, JORGE BACELAR GOUVEIA, *Manual de Direito Constitucional II*, 842-843. Por seu turno, HASSEMER, *AK-StGB, vor* § 1, n.º 212 e *NK-StGB, vor* § 1, n.º 212, integra este aspecto no conceito de «adequação aos fins» (depois HASSEMER/NEUMANN, *NK-StGB* (2005), *vor* § 1, n.º 77 e ss.). Neste sentido, já SCHULTHEISZ, *SchwZStR* 64 (1949), 348-349. Sobre a proporcionalidade enquanto princípio regulativo aberto, GÜNTHER, *Strafrechtswidrigkeit*, 226 e ss. Desenvolvimentos, ainda, em TERESA AGUADO CORREA, *Proporcionalidad*, 282-322.

provocar um dano maior do que o ilícito culposo do agente. Diversas condições objectivas de punibilidade cumprem esta função de garantir o respeito pela proporcionalidade da intervenção penal. Declarar punível a insolvência sem exigir uma sentença judicial prévia que a declare (artigo 227.º do Código penal) poderia constituir um factor agravante (ou mesmo indutor) da débil situação patrimonial do arguido (antes ou independentemente de estar decidida a questão cível) e reflexamente dos interesses patrimoniais de todos os que se relacionam com ele. Se a lei penal não acautelasse esta possível consequência acabaria por frustrar a tutela dos interesses que se propõe defender[188].

Por outro lado, a pena é desproporcionada quando (apesar da sua idoneidade) lesa interesses superiores aos que protege que não podem ser garantidos a não ser com a renúncia à pena. É o que acontece, por exemplo, com as isenções de direito público, com as imunidades, com a não punibilidade do favorecimento pessoal de familiares ou mesmo com o condicionamento do impulso processual a queixa do ofendido[189]. Insistir na efectividade da pretensão penal em tais hipóteses acabaria por pôr em causa interesses que o sistema jurídico não pode sacrificar sem que ponha igualmente em causa aspectos fundamentais da sua organização e funcionamento (v.g. a liberdade de expressão política e parlamentar, as relações diplomáticas entre Estados, as relações familiares e a autonomia moral do agente, o respeito pela vontade e opções da vítima).

Finalmente, a pena manifestamente desproporcionada em relação à diminuta gravidade do facto é ilegítima (proibição do excesso) e deve por isso ser negada (em abstracto e em concreto). É o que se verifica com os casos de criminalidade bagatelar e insignificante (que não possa ser excluída do âmbito do tipo de ilícito

---

[188] A ponderação das finalidades politico-criminais da pena estatal na análise da responsabilidade e enquanto fundamento da renúncia estatal à punição associada a elementos da punibilidade não é uma realidade estranha à doutrina penal portuguesa. Já em 1940, escrevia CAVALEIRO DE FERREIRA, Lições (1940), 426: «O direito penal, como é sabido, pretende tutelar certos bens ou interesses mais importantes, de maior relêvo na vida social. Pode, contudo, acontecer que a sanção penal, pretendendo garantir ou proteger bens ou interêsses jurídicos, represente, no momento da sua aplicação e em face de determinadas circunstâncias concretas, mais um mal do que um bem para tais interesses jurídicos; e em tal caso a aplicação da sanção contrariaria o próprio fim da pena, porque seria prejudicial ao interêsse que se pretendia proteger com a cominação da mesma». Apresenta como exemplo a condição de punibilidade de declaração judicial da falência.

[189] SCHULTHEISZ, *SchwZStR* 64 (1949), 350. Agora, também FRISCH, *Strafrechtssystem*, 166, para quem a punição se revela «inadequada em tais casos porque o Direito Penal, enquanto subsistema do Direito, deve ser construído de forma a não colidir com outros interesses relevantes situados fora do seu âmbito».

por outras vias)¹⁹⁰, como, por exemplo, situações de mero excesso de uso ou de mero abuso de uso em relação ao crime de furto de uso de veículo (artigo 208.º, n.º 1, do Código Penal), ou o caso de objectos sem valor patrimonial ou de valor muito diminuto, como acontece com pequenos furtos em super-mercados (art. 203.º do Código Penal)¹⁹¹. Nestes casos o tipo de punibilidade terá autonomia sempre que o tipo de ilícito não consinta uma interpretação restritiva. O que constituirá uma forma de retirar da esfera de valoração do tipo incriminador um facto típico que não deve ser tratado como um facto punível por razões de proporcionalidade da intervenção penal.

2. Deste primeiro ensaio de organização dos diversos elementos materiais da punibilidade – a partir da relação entre as valorações imanentes ao princípio da proporcionalidade e a legitimidade político-criminal da ameaça penal – resulta que os mesmos não estão condenados a ser um conjunto disperso e assistemático de figuras. Pelo contrário, podem ser agregados com consistência axiológica, uma função dogmática construtiva e coerência teleológica. Do ponto de vista sistemático, tais elementos são sempre estranhos à norma de ilicitude, enquanto norma de conduta, e funcionam ao nível da norma de sanção (enquanto norma de decisão), racionalizando o campo da intervenção penal em nome das valorações constitucionais que a condicionam. A sua organização sistemática permite que no processo de decisão penal (seja a decisão legislativa abstracta, seja a decisão judicial concreta) exista um nível autónomo de argumentação e valoração que acresce aos problemas de configuração do ilícito, de imputação do facto ou de ponderação da culpa do agente. Esse nível não fundamenta a atribuição de responsabilidade penal (como acontece com o tipo de ilícito e o tipo de culpa) ou qualquer processo autónomo de imputação. O tipo de punibilidade apenas confirma ou restringe a esfera de responsabilidade decorrente do ilícito culposo e, por isso, tem sempre uma natureza limitadora da responsabilidade criminal.

Entendida desta forma, a categoria da punibilidade possui relevância sistemática, pois através dela consegue-se clarificar o âmbito de relevância dos pressupostos autónomos da punibilidade e determinar soluções com autonomia material. Acresce ainda uma função dogmática, já que ao delimitar as fronteiras do tipo

---

[190] Neste sentido, embora fazendo apelo ao conceito de concreta dignidade punitiva do facto (e não ao princípio da proporcionalidade), FIGUEIREDO DIAS, *Direito Penal*, PG I, 2.ª edição, 2007, 676-677. Em termos semelhantes, associando a pena manifestamente excessiva ao juízo sobre a legitimidade da punição, DAMIÃO DA CUNHA, *RPCC* 15 (2005), 239 e ss, 245 e ss e 255.

[191] Para uma fundamentação destas soluções, à luz dos tipos incriminadores e das valorações político-criminais do sistema, vejam-se os meus trabalhos anteriores: *Furto de uso de veículo*, 43 e ss, e *A tutela penal do património*, 1998, 11-12.

de ilícito e do tipo de culpa são organizados pressupostos da pena estatal no sistema do facto punível e delimitados regimes jurídicos, como seja o âmbito da imputação objectiva e subjectiva, das causas de justificação, do concurso de normas ou da aplicação das medidas de segurança. Finalmente, a autonomia da categoria da punibilidade pode cumprir importantes funções político-criminais no debate sobre a responsabilidade criminal pois, constituindo um momento específico de argumentação sobre o processo de decisão (a legitimidade da ameaça penal), reforça a componente de garantia do sistema, acentua o controlo sobre o processo legislativo e permite avaliar o significado da ameaça penal quanto aos seus pressupostos e às suas consequências.

§ 38. Autonomia dogmática da categoria da punibilidade

I. Diferenciação e autonomia dos elementos do tipo de punibilidade

1. Qualquer reflexão actual sobre a intervenção penal do Estado não se pode limitar ao Direito material e, muito menos, ao sistema de análise do crime. Pelo contrário, deve incluir uma ponderação sobre as estratégias diversificadas de controlo social e utilizar o sistema de análise do crime (quer para melhorar a forma de intervenção legislativa, quer para induzir rigor e clareza na aplicação do Direito), mas tem de contar também com os institutos processuais e a teoria das consequências jurídicas para executar políticas penais modernas, reformistas, justas e socialmente adequadas. O diálogo entre a política criminal e o sistema penal não se pode, portanto, estabelecer apenas entre aquela e as categorias do facto punível, deve estender-se ao processo penal e à teoria da pena (ou melhor, das consequências jurídicas do crime). O que passa pelo reconhecimento de que soluções justas e adequadas num sistema penal não têm necessariamente apenas uma resposta ao nível substantivo, mas também ao nível das estratégias sobre as formas de punição (ou renúncia à punição) e das soluções de diversão processual. Num sistema aberto de análise do crime estes diferentes pontos de contacto e comunicação são essenciais. E, entre eles, o relacionamento entre as categorias dogmáticas que organizam os pressupostos da pena e os elementos de concretização e viabilização ao nível processual[192].

---

[192] Como nota VOLK, *ZStW* 97 (1985), 905, os limites de um sistema aberto de análise do crime não estão irreversivelmente fixados, existindo intercâmbios e deslocações. Sobre o tema, FRISCH, *Strafrechtssystem*, 199 e ss, HASSEMER, *AK-StGB, vor* § 1, n.º 336 e ss, e HASSEMER/ NEUMANN, *NK-StGB* (2005), *vor* § 1, n.º 196. Entre nós, com vários desenvolvimentos, FIGUEIREDO DIAS, *Direito Penal PG I* (2.ª edição, 2007), 8 e ss e passim.

O reconhecimento destas linhas de orientação não impede que os elementos do tipo de punibilidade sejam delimitados em relação a outras figuras jurídicas para, desse modo, se estabelecer a sua singularidade e autonomia. A necessidade dessa delimitação resulta não de uma qualquer proximidade «topográfica» na sequência organizativa dos pressupostos da pena estatal, mas sim dos contornos pouco nítidos de alguns dos elementos em causa e, particularmente, da flutuação doutrinária que se verifica na sua classificação dogmática, em especial da imprecisão dos critérios utilizados para o efeito. Ao ponto de se atribuir a tal operação uma dose de considerável arbitrariedade camuflada pela autoridade científica de quem a executa[193]. A função racionalizadora da teoria do crime exige portanto essa clarificação.

2. Para respeitar o objecto deste estudo, essa clarificação deve centrar-se sobre a delimitação dos elementos materiais do tipo de punibilidade em relação a outras figuras jurídicas. O que implica recortar os pressupostos autónomos de punibilidade em relação aos pressupostos processuais e traçar idêntica delimitação em relação ao ilícito culposo[194]. De forma mais específica, as condições objectivas de punibilidade e as causas de não punibilidade (em sentido amplo) têm de ser autonomizadas em relação aos pressupostos processuais e em relação ao facto ilícito. O que, neste último aspecto, passa por evidenciar a razão pela qual as condições objectivas de punibilidade (ou algumas delas) não são elementos integrantes do ilícito típico e traçar a autonomia das causas de não punibilidade em relação à exclusão da ilicitude e da culpa. Isto sem esquecer que a afectação sistemática dos elementos das normas penais não se faz apenas em função da dicotomia Direito material/Direito processual, mas sim e também, pelo menos para um sector relevante da doutrina nacional, pela articulação desses elementos com uma teoria da lei penal e com a teoria das consequências jurídicas do crime[195]. Um primeiro ensaio desta natureza foi realizado no Capítulo V deste estudo, em função do conteúdo histórico das figuras, das soluções legais vigentes e da análise da doutrina sobre as mesmas. Essa incursão permitiu identificar as clivagens mais significativas na compreensão das diversas figuras legais e evidenciar algumas estruturas dogmáticas que podem estar subjacentes à distinção entre ilícito, culpa e punibilidade. Importa agora retomar o problema e estabelecer os critérios de diferenciação sistemática. Questões que, para além

---

[193] Sobre este problema, veja-se *supra* §§ 2 e 3 do Capítulo I.
[194] Por todos, FIGUEIREDO DIAS, *Direito Penal PG I* (2.ª edição, 2007), 669.
[195] Assim, FIGUEIREDO DIAS, *Direito Penal PG I* (2.ª edição, 2007), 669-670 e 673 e ss. Ainda, DAMIÃO DA CUNHA, *RPCC* 15 (2005), 229 e ss.

do rigor exigível, são consequentes em termos de regime e de efeitos jurídicos, como se verá[196].

II. Pressupostos materiais e processuais: integração com diferenciação

1. A autonomização histórica do Direito Penal em relação ao processo[197] demonstra que a distinção entre pressupostos materiais e processuais do crime não só é possível, como corresponde a um necessário avanço das ciências penais. A teoria do crime pressupõe essa separação (mais ou menos acentuada consoante as construções dogmáticas) que, por seu turno, se revela essencial para a autonomia da categoria da punibilidade[198]. Mal se compreende, por isso, que se conclua hoje que tal distinção não é possível, na medida em que haveria institutos nos

---

[196] Exactamente e também por isso, não se pode acompanhar VOLK, ZStW 97 (1985), 905, quando sugere que, perante os diversos enquadramentos dogmáticos possíveis num sistema aberto, não tem assim tanta importância integrar o merecimento penal na estrutura do crime.
[197] Primeiro com a desvinculação das causas de atenuação ou exclusão da pena ordinária em relação às vicissitudes processuais e, depois, com a formulação dum conceito geral de crime que adquiriu prioridade metodológica relativamente à pena e ao processo (*supra* § 8 e 9).
[198] A delimitação entre pressupostos materiais e processuais da responsabilidade criminal constitui um problema comum a qualquer tendência da teoria do crime, independentemente de se reconhecer ou negar autonomia ao momento da punibilidade. Também os modelos teóricos que diluíram as condições objectivas de punibilidade e as causas de exclusão ou anulação da pena nas categorias essenciais do sistema da teoria da infracção ou na teoria da pena – como aconteceu com o normativismo neo-kantiano (M. E. MAYER, SAUER, MEZGER, entre outros), como algumas tendências recentes do funcionalismo político-criminal (BLOY, SAX, GÜNTHER) ou com o funcionalismo radical (JAKOBS) (*supra* Capítulo VI, § 31) – são confrontados com o problema da delimitação dos pressupostos processuais relativamente aos pressupostos substantivos da responsabilidade criminal. Entre nós, TAIPA DE CARVALHO, *Direito Penal PG* (2.ª edição, 2008), 262, apesar de negar relevância autónoma à categoria da punibilidade afirma a necessidade de delimitação em relação aos pressupostos processuais. O que de específico existirá quanto a esta questão numa construção com aquela aqui seguida (que reconhece a autonomia dogmática dos pressupostos autónomos da punibilidade e a necessidade de os mesmos serem organizados numa categoria autónoma) reside apenas na extensão e na relevância do problema. Uma exposição sobre o conceito de pressupostos processuais na literatura penal germânica, de finais do século XIX a meados do século XX, encontra-se em BEMMANN, *Bedingungen der Strafbarkeit*, 22-27. Para uma visão de conjunto, mais recente, ROXIN, *Strafrecht AT I* (4.ª edição, 2006), § 23, n.º 41 e ss, e, depois, GEISLER, *Bedingungen der Strafbarkeit*, 232-261; num plano mais analítico, VOLK, *Prozessvoraussetzungen im Strafrecht*, 1978, 11 e ss e, depois, *Strafprozeßrecht*, 1999, 112 e ss. Na doutrina penal italiana, BRICOLA, *Novíssimo Digesto* XIV (1967), 593-585, e ANGIONI, *Ridpp* (1989), 1469-1476.

dois ramos do Direito que corresponderiam aos mesmos critérios[199], ou mesmo que, perante a dificuldade em criar conceitos gerais delimitadores, melhor seria resolver as questões pragmaticamente em função das suas consequências[200].

Um cepticismo desta natureza potencia uma indesejável confusão classificatória – designadamente entre condições objectivas de punibilidade e pressupostos processuais – que, não raras vezes, redunda na inutilização das primeiras e em erros na aplicação dos institutos processuais. A remissão para as consequências práticas da distinção também não permite avançar o que quer que seja na delimitação dos conceitos ou na resolução de casos duvidosos[201], além de revelar uma peculiar inversão metodológica[202]: seria a consequência a determinar a classificação e não a classificação a determinar a consequência. Em si mesmo, esta forma de procedimento impede qualquer previsão sobre as decisões materiais e processuais, redundando num puro casuísmo opinativo, mais próximo da arbitrariedade do que da ideia de Direito. Exactamente por isso, acaba por constituir um retrocesso em relação à compreensão do Direito legislado, já que nega uma distinção aceite pela lei processual e pela doutrina: decisões que conhecem de mérito e decisões que têm apenas como objecto circunstâncias que obstam ao conhecimento de mérito. A falta de um pressuposto processual impede o conhecimento de mérito (arts. 311.º, n.º 1, 338.º e 368.º, n.º 1), enquanto a falta dum pressuposto autónomo da punibilidade (art. 368.º, n.º 2, al. e)) é uma etapa do conhecimento de mérito que conduz a uma sentença absolutória (art. 376.º, todos do CPP)[203]. É neste exacto ponto que a doutrina filia o conceito de pressupostos processuais, reportando-o – com EDUARDO CORREIA – aos «requisitos indispensáveis para que o juiz possa decidir sobre o mérito da causa» ou, de forma mais ampla – com CAVALEIRO DE FERREIRA –, aos «requisitos que devem verificar-se para que possa proferir-se no processo ou uma decisão de mérito, ou

---

[199] GARCIA PEREZ, *Punibilidad*, 66-67. Neste sentido, já ARTHUR KAUFMANN, *Schuldprinzip*, 249, e depois HASS, *Wie entstehen Rechtsbegriffe*, 12, partilhando a ideia de que os elementos que são indiferentes ao ilícito não fundamentam a pena e, por isso, acabam por não se distinguir dos pressupostos processuais. Agora, ÉRIKA MENDES DE CARVALHO, *Punibilidad y Delito*, 247-246, apesar de ensaiar a distinção das figuras.

[200] STRATENWERTH/KUHLEN, *Strafrecht AT* (6.ª edição, 2011), § 7, n.º 31.

[201] HILDE KAUFMANN, *Strafanspruch*, 112 e ss; ROXIN *Strafrecht AT* (4.ª edição, 2006), § 23, n.º41 e ss.

[202] Assim, ANGIONI, *Ridpp* (1989), 1470.

[203] Também assim, GEISLER, *Bedingungen der Strafbarkeit*, 232-233. O que não se confunde, nem é por isso posto em causa, com o facto de no nosso sistema penal uma dispensa de pena conduzir a uma decisão condenatória (art. 375.º do CPP), pois, nesse caso, ao contrário do que acontece com a falta de um pressuposto de punibilidade, estamos no domínio da penalidade (isto é, das consequências jurídicas do crime) através de uma renúncia à pena efectiva. Em sentido aparentemente diferente, DAMIÃO DA CUNHA, RPCC 15 (2005), 232-235.

uma decisão meramente processual»[204]. Também esta, obviamente, estranha ao mérito da questão material controvertida.

A distinção projecta-se num conjunto muito significativo de matérias, em que o facto de se estar perante um pressuposto material ou um pressuposto processual da decisão se torna juridicamente relevante. Em breve síntese, os pressupostos materiais são elementos de conexão para determinar a vigência temporal ou espacial da lei penal (artigos 3.º e 7.º do Código Penal), sendo para o efeito irrelevantes os pressupostos processuais; as leis novas que alterem pressupostos materiais do crime estão sujeitas ao regime de retroactividade da lei penal (proibição de retroactividade em geral e imposição de retroactividade favorável: artigo 2.º do Código penal), enquanto a lei nova relativa a pressupostos processuais segue um regime distinto em que o critério geral é o da sua aplicação imediata e os limites a esse critério de vigência são processuais (artigo 5.º do CPP); a interpretação *praeter legem* das normas processuais e a integração de lacunas neste domínio não estão sujeitas às proibições vigentes no Direito material (cfr. artigo 4.º CPP); ao conhecimento factual e probatório de pressupostos materiais têm aplicabilidade as regras de valoração da prova (*v.g.* livre convicção e *in dubio pro reo*) que não valem do mesmo modo e com o mesmo alcance para a comprovação dos pressupostos processuais; o momento e forma de conhecimento das questões em causa é distinto, pois os pressupostos processuais podem ser conhecidos a qualquer momento, oficiosamente e por despacho (*v.g.* no artigo 311.º, n.º 1, do CPP, bastando um despacho do presidente), o que já não vale para as questões de mérito; os pressupostos materiais estão abrangidos pelo efeito preclusivo do caso julgado quanto a processos futuros com o mesmo objecto (a absolvição por falta de um pressuposto material forma caso julgado material), o que não acontece com os pressupostos processuais (cuja ausência reconhecida em certo momento não preclude necessariamente a instauração futura de novo processo); finalmente, os pressupostos processuais relativos ao facto do autor principal não são suficientes para o participante[205].

---

[204] EDUARDO CORREIA, *Processo Criminal*, 1954, 40; CAVALEIRO DE FERREIRA, «Os pressupostos processuais» (1958), *Obra Dispersa I*, 371-372. Actualmente, GERMANO MARQUES DA SILVA, *Curso de Processo Penal III*, 2009, 33 e ss, distinguido – na esteira da doutrina portuguesa que o antecede – entre *pressupostos processuais* (cuja ausência põe em causa a existência ou validade do processo como um todo) e *meros pressupostos dos actos processuais* (cujas vicissitudes põem apenas em causa o acto a que dizem respeito). Coincidente, ainda, DAMIÃO DA CUNHA, *RPCC* 15 (2005), 236-237, sublinhando, com razão, que em qualquer caso a verificação da falta de um pressuposto processual implica uma renúncia ao juízo.

[205] O elenco de efeitos atribuídos à distinção varia pontualmente na doutrina: veja-se, por exemplo, FIGUEIREDO DIAS, *Direito Processual Penal* (1974), 33-34 e, depois, *Direito Penal PG I* (2.ª edição, 2007), 7; DAMIÃO DA CUNHA, «A participação dos particulares no exercício da

A separação entre pressupostos materiais e pressupostos processuais da responsabilidade penal tão pouco deve ser posta em causa pela natureza constitutiva do processo para o juízo sobre a responsabilidade penal do agente[206] ou pela necessidade, recentemente sublinhada, de se articularem todos os elementos relevantes numa perspectiva integral do sistema penal, garantindo a continuidade processual das opções substantivas de política criminal[207]. A essencialidade do processo penal para o juízo formal sobre a responsabilidade do arguido é questão distinta da natureza dos elementos de que depende a efectivação de tal juízo, pelo que de uma não decorre a solução da outra; e, noutro plano, a importância de serem tidas em conta na análise dogmática os institutos de natureza processual não exige nem consente que estejam sujeitas ao mesmo regime decisões que conheçam o mérito da causa e aquelas em que isso não acontece. Levadas às últimas consequências, estas perspectivas poderiam conduzir ao renascimento das soluções monistas[208] que, seja pela pretensão dum pensamento unitário que nega a separação entre Direito material e Direito processual, seja sob a ambição de valorizar diversas figuras tradicionalmente limitadas ao processo, acabam por nivelar funcionalmente elementos de natureza radicalmente distinta. O crime é um facto lesivo intolerável que pode ser evitado através de uma ameaça penal adequada, necessária e proporcional. Qualquer impedimento funcional estranho ao círculo material da ofensa e a este quadro de valores deve ser colocado noutro plano que não o dos pressupostos materiais da responsabilidade penal[209].

Torna-se, assim, essencial delimitar os elementos materiais que podem integrar o tipo de punibilidade daqueles que, por revelarem natureza meramente

---

acção penal (Alguns aspectos)», *RPCC* 8 (1998), 613; Roxin, *Strafrecht AT*, § 23, n.º 41 e ss; Schmidhäuser, *ZStW* 71 (1959), 554-555 e 558-559; Maurach/Zipf, *Strafrecht AT I*, § 21, n.º 22; Volk, *Prozessvoraussetzungen*, 54 e ss; Krause, *Jura* (1980), 453-454; Geisler, *Bedingungen der Strafbarkeit*, 233; Bricola, *Novíssimo Digesto* XIV (1967), 559 e nota 7.

[206] Naucke, *Straftatlehre*, 11, e *Strafrecht AT*, 240-241; Zielinski, *GS-H.Kaufmann*, 875 e ss; Marxen, *Sraftatsystem*, 129 ess; Volk, *ZStW* 97 (1985), 905.

[207] Veja-se Wolter, Freund e Frisch em *Strafrechtssystem*, 9 e ss, 44 e ss e 63 e ss, 154 e ss, respectivamente. Coincidente, Donini *L'Indice penale* 3 (2001), 1056 e ss.

[208] Exposição e crítica em Hilde Kaufmann, *Strafanspruch*, 3 e ss. Depois, Bloy, *Strafaufhebungsgründe*, 21 e ss. Agora, Geisler, *Bedingungen der Strafbarkeit*, 240 e ss.

[209] Convergente, Érika Mendes de Carvalho, «Las condiciones de procedibilidad y su ubicación sistemática: Una crítica al sistema integral del derecho penal» *RECPC*, 7-10 (2005), 27-28, na crítica ao funcionalismo inerente ao sistema integral de Direito Penal traçado por Frisch, Freund e Wolter. Pelas mesmas razões não se pode acolher a proposta de Ferrè Olivè, *RGDP* 10 (2008), 11, 12 e 15, de integrar os pressupostos processuais num «terceiro escalão» da punibilidade por os mesmos se relacionarem com a ideia de que uma pena merecida não se chega a impor.

processual, são estranhos ao âmbito material do crime e ficam sujeitos, por isso, a outro regime.

2. Na génese dos equívocos decorrentes do cepticismo atrás referido está em parte um preconceito teórico que consiste em associar exclusivamente ao Direito substantivo a prossecução dos fins do sistema penal. Na realidade, os objectivos político-criminais do sistema penal tanto podem ser prosseguidos por via substantiva, como por via processual, em especial num sistema em que a submissão do caso ao processo penal é condição essencial para ilidir a presunção constitucional de inocência do arguido (artigo 32.º, n.º 2, da Constituição)[210]. Não significa isto que seja indiferente ou equivalente a eleição de uma ou de outra solução, mas não se pode negar que ambém no sistema penal existem vários meios para se atingirem os mesmos fins[211]. As diversas técnicas jurídicas existentes para o efeito têm contudo pressupostos, filiações e consequências distintas. O propósito de restringir o campo da intervenção penal tanto se pode conseguir pela adição de uma condição punibilidade ao tipo de ilícito, como condicionando a abertura do processo à apresentação de queixa pelo ofendido[212]. Mas o significado, o alcance e o regime de cada uma das soluções é diferente. A limitação decorrente da exigência de uma condição punibilidade é genérica e abstracta, enquanto o condicionamento processual é específico, concreto e casuístico: a primeira vale para toda uma categoria de factos, de forma igual, enquanto a segunda vale apenas para o caso concreto e comporta, por isso, a possibilidade de factos normativamente equivalentes serem tratados de forma distinta quanto à sua relevância jurídico-penal em função apenas da vontade dos ofendidos[213]. No primeiro caso, a valoração penal do facto é traçada pelo legislador (pelo que os seus pressupostos, motivos e fins podem ser genericamente conhecidos), enquanto no segundo caso fica ao critério do ofendido desencadear ou não a intervenção penal (e os

---

[210] MARXEN, *Straftatsystem*, 345.
[211] Coincidente, quanto à importância funcional da articulação entre aspectos materiais e processuais ligados ao conceito de crime, FRISCH, *Strafrechtssystem*, 154 e ss, em ligação com o que escreve antes sobre o conceito legal e material de crime e os «correctivos» existentes para controlar a expansão exagerada da intervenção penal. Também, DONINI, *L'Indice penale* 3 (2001), 1035 e 1056 a 1060.
[212] Assim, RAMACCI, *Condizione*, 204-205. Entre nós, a reforma do Código Penal de 1995 introduziu uma série de soluções desta natureza em que várias causas de isenção da pena foram substituídas pela exigência de queixa do ofendido. Sobre o alcance e significado destas alterações designadamente quanto ao sentido neo-criminalizador desta opção, permito-me remeter para o meu estudo «Justificação, não punibilidade e dispensa de pena» in *Jornadas*, 82 e ss.
[213] Assim, NEPPI MODONA, *Ridpp* (1971), 224 e ss; depois, RAMACCI, *Condizione*, 204.

pressupostos, motivos ou fins que prossegue tornam-se irrelevantes)[214]. O que evidencia também que o objecto da decisão é distinto num caso e no outro: na primeira decide-se sobre a relevância penal do facto normativo (um juízo do legislador sobre o facto punível), na segunda decide-se sobre a intervenção das instâncias penais numa concreta agressão, através duma decisão do ofendido, autónoma em relação ao juízo normativo sobre o facto. A simples decisão sobre a possibilidade ou impossibilidade de promover um processo para o caso concreto nada diz sobre a valoração de um acontecimento como facto punível, apenas nos permite concluir sobre a possibilidade de o sujeitar ao processo.

Neste primeiro confronto identificam-se alguns aspectos que contribuem para esboçar a linha de separação entre os pressupostos materiais e os pressupostos processuais. Como ponto de partida, pode inferir-se que os pressupostos materiais da pena reúnem elementos que contribuem para valorar (de forma genérica e abstracta) o facto, a sua dignidade penal ou a necessidade de pena a ele associada. Diversamente, os pressupostos processuais não interferem nem com o facto nem com os critérios da sua valoração legal, mas apenas e só com a concreta viabilidade de o mesmo ser objecto de um processo penal[215]. Se quisermos enunciar um enquadramento dogmático subjacente a este ponto de partida podemos afirmar, num primeiro momento, com BELING ou BEMMANN, que pertencem aos pressupostos materiais os institutos que se podem associar «ao âmbito da ideia do merecimento do mal da pena», ficando de fora os que não partilhem desta densidade axiológica[216]. Ou, de forma mais exacta, com STRATENWERTH, pertencerão aos pressupostos materiais os elementos que dão origem à pretensão punitiva do Estado e aos pressupostos processuais os elementos que apenas condicionam a realização dessa pretensão[217]. Ideia que se revela congruente com o pensamento de FIGUEIREDO DIAS quando afirma que a diferença fundamen-

---

[214] Em termos semelhantes, NEPPI MODONA, *Ridpp* (1971), 223-224.
[215] Seguindo VOLK, *ZStW*, 97 (1985), 907, os pressupostos processuais regulam em primeira linha a «necessidade do procedimento» (*Verfahrensbedürftigkeit*).
[216] CFR. BEMANNN, *Bedingungen der Strafbarkeit*, 27. E, exactamente por isso, a doutrina penal alemã de finais do século XIX, início do século XX (Liszt, Finger, Blume, Beling, Baumgarten ou Köhler) destacava as condições objectivas de punibilidade da acção do agente e do tipo subjectivo, mas mantinha-as integradas no conceito de crime como «elementos acessórios» do facto típico (em pormenor, *supra* § 12 e § 24 deste estudo). O que implica uma *diferenciação* mas também uma *relação* com o facto típico do agente. Esta linha de entendimento, que se afigura correcta, foi depois retomada por autores como SCHMIDHÄUSER e STRATENWERTH e teve uma profunda influência entre nós.
[217] STRATENWERTH, *ZStW* 71 (1959), 572 e ss.

tal há-de ser determinada «pelos diferentes círculos (espaços) da vida sobre os quais actuam as normas respectivas»[218].

A questão consiste em saber como identificar a conexão de um ou outro elemento com o merecimento e necessidade de pena do facto ou com a realização do processo. A resposta a este problema só se pode encontrar a partir não da singularidade das diversas figuras, mas sim da sua articulação com o sistema do facto punível.

A identificação dos pressupostos processuais da responsabilidade criminal deve estar em harmonia com o critério delimitador da realidade que integra o objecto do processo e, por isso, depende, em primeira linha, do próprio objecto da teoria do crime. A afectação sistemática das diversas realidades a momentos substantivos ou processuais é condicionada pelo critério básico com que se delimita a realidade material que constituirá o pressuposto central da responsabilidade criminal. Essa realidade é um *facto típico*, ou seja, uma conduta realizada por acção ou omissão com a amplitude e relevância que o tipo incriminador lhe confere (delimitando normativamente um facto a partir dessa conduta). Sendo este o objecto essencial da análise e da valoração na teoria do crime a distinção entre pressupostos materiais e pressupostos processuais da responsabilidade criminal há-de ser congruente com tal opção. Assim sendo, o elenco dos pressupostos materiais incluirá elementos relacionados com o facto típico e os pressupostos processuais integrarão realidades estranhas ao facto, mas essenciais para sujeitar o facto ao processo. Por outro lado, os pressupostos materiais estão metodologicamente integrados em categorias dogmáticas e, por isso, para resolver cabalmente o problema colocado é necessário ter em conta a estrutura destas categorias. Estas são compostas por *matéria* e *valor* e as alterações nos juízos de valor correspondem a variações nos aspectos da matéria destacados pela análise. Não há juízos de valor sem objecto e não há na teoria do crime variações nos juízos de valor que não correspondam a distintos aspectos do substrato material que é valorado, ou seja, a distintos aspectos do facto (em sentido amplo). Por isso, a inclusão ou exclusão de certos elementos das normas penais nos pressupostos substantivos depende não apenas duma certa identidade ou afinidade axiológica (dizerem respeito ao merecimento e à necessidade de pena), mas sim da sua *concreta relação com o facto* (ou com elementos ou aspectos do facto) enquanto suporte material das valorações substantivamente relevantes.

Para esse efeito, revelam fraca consistência as soluções que procuram traçar a delimitação a partir de simples raciocínios contra-fácticos, com base em critérios puramente axiológicos ou a partir de caracterizações teleológicas dos elementos em causa, pois quer uns quer outros não têm em linha de conta um aspecto

---

[218] FIGUEIREDO DIAS, *Direito Processual Penal* (1974), 36.

essencial: a concreta relação do elemento em causa com o objecto essencial da valoração do sistema de análise do crime (o facto). Dificilmente se poderá, por exemplo, recorrer a um método como o proposto por HILDE KAUFMANN, para quem decisivo seria saber «se aplicação da pena estaria ou não condicionada por tal elemento de natureza jurídica duvidosa caso fosse possível aplicar a sanção sem processo ou se, diversamente, essa circunstância era irrelevante para o efeito». Trata-se, segundo a Autora, de utilizar um mero «princípio cognitivo», num contexto análogo ao do Direito Civil, para verificar se a eficácia da circunstância em causa depende ou não em absoluto do processo. Se, mesmo sem processo, tal elemento produzisse os seus efeitos seria de natureza substantiva, mas se tal não acontecesse teria natureza processual[219]. A proposta, além de não estabelecer qualquer relação com o facto punível, traduz-se, por um lado, num método sem verdadeiro critério delimitador[220] e, por outro, pressupõe uma situação (aplicação duma pena sem processo judicial) que não se verifica na prática[221] e que é mesmo repudiada nos Estado de Direito que acolhem o princípio da jurisdicionalidade em matéria penal. Ao que acresce uma ampliação excessiva do campo dos pressupostos materiais que passaria a integrar a queixa, a prescrição, a amnistia, o indulto, a garantia de reciprocidade em certos crimes e a irresponsabilidade parlamentar noutras incriminações[222].

Tão pouco se avança na resolução do problema da delimitação entre pressupostos materiais e pressupostos processuais da responsabilidade penal quando se concebem os pressupostos processuais, como propõe VOLK, à luz da finalidade do processo («garantir a paz jurídica») e se apresentam os mesmos como «pressupostos tipificados de garantia da paz jurídica»[223]. Um enquadramento tão correcto quanto genérico e incaracterístico, pois todos os elementos do sistema penal (desde os pressupostos materiais, ao processo penal e à execução da pena) se articulam funcionalmente para garantir tal objectivo, que mais não é do que a reconfirmação da vigência do Direito violado com a sua aplicação nas diferentes dimensões referidas. Uma função dificilmente pode ser convertida em critério,

---

[219] HILDE KAUFMANN, *Strafanspruch*, 133-136.
[220] Reservas semelhantes em BLOY, *Strafaufhebungsgründe*, 29 e ss.
[221] Quer porque o Direito Penal «se aplica no processo e só no processo se aplica» (VOLK, *Prozessvoraussentzugen*, 11-12), quer porque – como sublinhou FIGUEIREDO DIAS, *Direito Processual Penal*, 35-36 – tal implica no fundo conceber o processo como pura tramitação.
[222] ROXIN, *Strafrecht AT I* (4.ª edição, 2006), § 23, n.º 49-50, acrescentando de forma incisiva que esta construção implicaria, no caso da queixa do ofendido, que «a punibilidade não estaria determinada no momento da prática do facto, antes dependeria de circunstâncias que se produzem posteriormente e que se baseiam numa decisão arbitrária de particulares, o que violaria o art. 103, II da Constituição».
[223] VOLK, *Prozessvoraussentzugen*, 204 e ss (em ligação com o que escreve a pp. 173 e ss).

em especial quando é partilhada pelo que se pretende delimitar (direito material e direito processual)[224]. O caminho para elucidar a separação entre pressupostos materiais da pena e os pressupostos processuais tem, por isso, de ser outro.

3. Para relacionar o elemento em causa com o facto punível e integrá-lo nesse círculo valorativo não se pode prescindir, em primeira linha, da conexão do elemento com o facto material praticado pelo agente, pois é ao facto (típico) ou em aspectos do facto (típico) que reportam todas as valorações do sistema penal e se fundamenta a pena legalmente prevista.

Um critério desta natureza foi traçado inicialmente por GALLAS para delimitar o campo de incidência do princípio da legalidade criminal[225], mas foi depois modificado e desenvolvido por SCHMIDHÄUSER (que passou a relacionar o elemento com o facto e não com a sua valoração[226]), tendo por essa via adquirido um grau muito significativo de aceitação entre a doutrina[227]. SCHMIDHÄUSER ensaiou a distinção entre condições objectivas de punibilidade e pressupostos processuais em função da ligação revelada pelo elemento em causa ao «acontecer fáctico» e à sua materialização. Na sua formulação a conexão imediata existirá quando «a circunstância em questão pertencer à situação fáctica ou se deveria qualificar como um resultado caso fosse objecto da culpa do agente»[228]. O critério pode ainda ser objecto de uma outra concretização, ensaiada por FIGUEIREDO DIAS ao propor que se considerem estranhos ao conceito os elementos que, por estarem fora do facto, «nada têm a ver com o comportamento violador dos bens fundamentais da comunidade, com a sua existência material, antes só com o problema prático da punição»[229].

---

[224] Igualmente crítico, GEISLER, *Bedingugen der Strafbarkeit*, 237 e ss.
[225] *Niederschriften*, vol. 5 (1958), 104.
[226] Sobre esta diferença, GARCIA PEREZ, *Punibilidad*, 63 e nota 179.
[227] SCHMIDHÄUSER, *ZStW* 71 (1959), 558 e ss; STRATENWERTH, *ZStW* 71 (1959), 574 e, agora, sobre a relevância da distinção entre pressupostos materiais e pressupostos processuais da pena, STRATENWERTH/KUHLEN, *Strafrecht AT* (6.ª edição, 2011), § 7, n.º 31. Entre nós, FIGUEIREDO DIAS, *Direito Processual Penal* (1974), 122; e, aparentemente, COSTA ANDRADE, *RPCC* 2 (1992) 194; MARIA FERNANDA PALMA, *Crimes contra as pessoas*, 95, nota 1, e 96, nota 1. Para uma visão de conjunto, GEISLER, *Bedingungen der Strafbarkeit*, 232 e ss, e ROXIN, *Strafrecht AT* I (4.ª edição, 2006), § 23, n.º 51 e ss. WOLTER, *Strafrechtssystem*, 25 e ss, parte igualmente deste critério para delimitar os pressupostos materiais dos pressupostos processuais, mas acaba por o relativizar a favor de sucessivas ponderações materiais e processuais (como forma de preservar o conteúdo que atribui à categoria da punibilidade) que o inutiliza completamente.
[228] SCHMIDHÄUSER, *ZStW* 71 (1959), 557-558; e, depois, *Strafrecht AT*, 258-260 (9/5-12).
[229] FIGUEIREDO DIAS, *Direito Processual Penal* (1974), 122.

A pertença à situação fáctica (ou a conexão imediata com o facto) como ponto de partida deste critério não é um referente material tão vago ou impreciso, como parece sugerir VOLK[230]. Mas os dois conceitos envolvidos na sua formulação – o «acontecer fáctico» e «imediata conexão» do elemento com o mesmo – podem ser aprofundados com um referente distinto dos critérios normativos usados por SCHMIDHÄUSER.

O apelo ao acontecer fáctico corresponde à utilização do facto tipicamente ilícito como referente do acontecimento desvalioso, articulando os demais elementos relevantes por referência a essa peça central[231]. Mas não se limita ao facto ilícito nem com ele se confunde, pois isso seria, desde logo, a própria negação dos pressupostos autónomos da punibilidade pela sua diluição no ilícito penal, antes se terá de reportar «ao concreto acontecimento histórico» que será objecto do processo[232]. O (facto) ilícito é parte desse acontecimento histórico, depois recortado pelo tipo, mas o acontecimento factual é sempre mais vasto do que o ilícito. E, nesse exacto sentido, o «acontecer fáctico» corresponde antes à unidade historico-social de acontecimentos (ligados numa sequência de espaço, tempo e agentes envolvidos) que tem correspondência no objecto do processo. É um «facto global» e não apenas um facto tipicamente ilícito[233]. Ora, assim sendo, um elemento em conexão imediata com o facto integra o acontecimento histórico levado para o processo ou, noutras palavras, faz parte do complexo fáctico relevante para delimitar o objecto do processo. O que implica a integração do elemento em causa no complexo de acontecimentos históricos realmente acontecido

---

[230] VOLK, *Prozessvoraussentzugen*, 33 e ss, que procura traçar uma evolução histórico-metodológica que permita clarificar o conceito. Mas sem grande sucesso, diga-se, porque a sua atenção é excessivamente centrada sobre a evolução do conceito de facto típico.

[231] Por isso SCHMIDHÄUSER, *ZStW* 71 (1959), 558, fala de uma ligação entre a circunstância em causa e o facto ilícito. Para ROXIN, *Strafrecht AT* (4.ª edição, 2006), § 23, n.º 53, secundado por GEISLER, *Bedingungen der Strafbarkeit*, 258, a exigência de conexão com o facto constitui – também nesta matéria de delimitação entre pressupostos materiais e pressupostos processuais – uma manifestação da configuração constitucional do princípio da legalidade criminal (que se reporta ao facto).

[232] Sobre o papel deste conceito na aferição a identidade do objecto do processo, ROXIN/ /SCHÜNEMANN, *Strafverfarensrecht* (26.ª edição, 2009), § 20, n.º 5 e ss. Depois, VOLK, *Strafprozeßrecht*, 103 e ss (distinguindo claramente o *Tat*, enquanto acontecimento histórico processualmente relevante, do *Straftat*). Sobre a relação entre o facto punível e o acontecer fáctico relevante para a delimitação do objecto do processo, entre nós, FREDERICO ISASCA, *Alteração substancial dos factos*, 1992, 61 e ss, *maxime* 79 a 97.

[233] ANGIONI, *Ridpp* (1989), 1474, afirma expressivamente a este propósito que as condições objectivas de punibilidade participam da *offensività complessiva del reato*, enquanto as condições de procedibilidade são estranhas a esse perfil ofensivo (e, com isto, acaba por reconduzir as denominadas «condições extrínsecas de punibilidade» ao direito adjectivo).

e depois parcialmente subsumido ao tipo legal de crime (ao tipo de ilícito, mas também ao tipo de culpa e ao tipo de punibilidade). Esse elemento pode expressar uma particular forma de comprovação ou eliminação da danosidade do facto ilícito[234] (como acontece em diversas condições objectivas de punibilidade ou com causas de anulação da pena assentes em condutas reparadoras) ou ser um elemento estruturalmente estranho a essa dimensão normativa de danosidade, mas com ela relacionada (por exemplo, certas condições objectivas de punibilidade no âmbito da criminalidade económico-patrimonial, como na emissão de cheque sem provisão ou no crime de insolvência fraudulenta). Em qualquer um dos casos, trata-se de um elemento adicional e exterior ao facto ilícito, usado para restringir o campo da intervenção penal.

A razão pela qual tal elemento se encontra fora do facto ilícito depende do fundamento e do âmbito do ilícito penal, como se verá na parte seguinte deste estudo (§ 38, III). Por agora interessa estabelecer o tipo de conexão entre esse elemento e o círculo valorativo do facto punível para o autonomizar em relação aos pressupostos processuais. A relação entre esse elemento e o complexo fáctico poderá traduzir-se na identificação de uma conexão material (o elemento em causa será parte da sequência real do acontecimento histórico, põe fim a uma situação de incerteza sobre o mesmo e, nessa medida, estará directamente relacionado com o facto ilícito), de uma conexão temporal (o elemento surge no momento do facto ou em estreita ligação temporal com ele) ou de uma conexão subjectiva (em alguns casos, pode mesmo estabelecer-se uma relação entre o agente e verificação desse elemento). Pode igualmente tratar-se da decisão autónoma de uma entidade estranha à concreta factualidade histórica mas que toma o complexo fáctico ou o elemento com ele conexo como centro de uma declaração qualificada que (entre outros aspectos) induz segurança jurídica à intervenção do legislador penal quando ao conteúdo e significado do facto (por exemplo, a certificação formal do não pagamento do cheque sem provisão, na declaração judicial de insolvência ou na surpresa em flagrante delito de jogo ilícito). Deste modo, pode perceber-se se existe ou não uma relação entre o elemento duvidoso e o ilícito culposo do agente que permita afirmar que, afinal, é ainda o facto punível (em algum dos seus aspectos) que está a ser penalmente valorado ou se, diversamente, se trata de um elemento exterior (ou mesmo autónomo ou estranho) ao concreto acontecimento histórico e ao círculo valorativo que se traça sobre o mesmo. E, por isso mesmo, a falta de tal elemento em imediata conexão com o

---

[234] STRATENWERTH, *ZStW* 71 (1959), 573-574, identifica neste ponto (na amplitude da contrariedade à ordem jurídica que pode decidir de uma especial carência de pena) a imediata conexão das condições objectivas de punibilidade com o facto ilícito. Numa linha equivalente, na doutrina italiana, ANGIONI, *Rippp* (1989), 1473, 1474, 1476.

facto pode conduzir a um juízo de absolvição, enquanto a verificação da falta de um elemento exterior a esse círculo representa apenas o reconhecimento de um possível obstáculo ao desenrolar do processo ou ao conhecimento de mérito[235]. O que bem se compreende porque na primeira situação está em causa o conteúdo da pretensão punitiva do Estado e na segunda apenas e só o dever de iniciar ou continuar um procedimento.

Adicionalmente, pode a natureza do elemento em causa ser confirmada com um teste de eliminação hipotética que incida não sobre o processo (como pretendeu HILDE KAUFMANN) mas sim sobre o próprio elemento em si mesmo. Isto é, se sujeitássemos o elemento em causa a uma eliminação hipotética isso impediria o tribunal de aplicar a pena pelo facto praticado? Sendo a resposta negativa (não impediria a aplicação da pena) confirma-se que o elemento em causa é estranho ao círculo valorativo da punibilidade do facto, pois só assim se compreende que mesmo sem ele o tribunal pudesse aplicar a pena; se, diversamente, a resposta fosse positiva (a inexistência do elemento impediria a aplicação da pena) estaria confirmada a essencialidade do elemento para o juízo de punibilidade em causa[236]. Na primeira hipótese estaríamos provavelmente perante um mero pressuposto processual; na segunda hipótese perante um pressuposto material da pena.

Em suma, os pressupostos materiais da pena são elementos que integram o facto tipicamente ilícito ou que estão em imediata conexão com ele (conexão factual) e que, por isso mesmo, concorrem para valorar o facto e o conteúdo da pretensão punitiva em relação ao mesmo (conexão axiológica) com generalidade e abstracção (contribuem para valorar da decisão puntiva quanto a toda uma categoria de factos). Diversamente, os pressupostos processuais são elementos estranhos ao facto e sem imediata conexão com o mesmo que, por isso, não concorrem para valorar o facto e a pretensão punitiva com generalidade e abstracção, mas decidem apenas e só da concreta possibilidade de desencadear os mecanismos processuais punitivos em relação a um certo facto específico. Não valoram toda uma categoria de factos, abstractamente delimitada de forma imperativa, apenas permitem decisões concretas e casuísticas sobre a possibilidade de sujeitar ao processo um certo facto específico[237]. De forma mais linear, um pressuposto autónomo da punibilidade decide sobre a valoração do facto punível, enquanto

---

[235] Como nota GEISLER, *Bedingungen der Strafbarkeit*, 233, ao contrapor o conhecimento da falta de pressupostos processuais ao reconhecimento da falta de um pressuposto da punibilidade, «um arquivamento bloqueia, uma absolvição liberta».

[236] SCHMIDHÄUSER, *ZStW* 71 (1959), 558, usa igualmente um critério desta natureza para confirmar que o elemento em causa se encontra em conexão imediata com o facto ilícito.

[237] Por isso mesmo é possível afirmar, com DAMIÃO DA CUNHA, *RPCC* 15 (2005), 237, nota 12, que as circunstâncias que podem produzir efeitos antes do trânsito em julgado implicam, como tal, uma renúncia ao juízo de mérito e, por isso, não podem ser consideradas causas de

um pressuposto processual decide sobre a possibilidade dar sequência a um processo para o efeito.

4. O enquadramento traçado permite uma primeira síntese conclusiva quanto à relação entre alguns elementos analisados e o facto punível.

Pode, por um lado, afirmar-se à luz dos critérios expostos que fazem ainda parte do facto punível (por fazerem parte do «complexo fáctico» ou estarem em imediata conexão com o facto ilícito) as condições objectivas de punibilidade (como a morte ou a ofensa grave na rixa, a execução do suicídio no auxílio ou incitamento a tal facto ou, com outra configuração, a certificação bancária da falta de provisão ou a declaração judicial de insolvência), as causas de exclusão da punibilidade e as causas de anulação da punibilidade. As primeiras são circunstâncias em imediata conexão com o facto ilícito e, em alguns casos, documentam o potencial de danosidade do mesmo[238]. As causas de exclusão da punibilidade (como a indemnidade parlamentar) são igualmente circunstâncias exteriores ao ilícito que se verificam no momento da sua prática, pelo que a sua conexão com o complexo fáctico está igualmente garantida. As causas de anulação da punibilidade (designadamente, os regimes de desistência e os comportamentos reparadores com eficácia dirimente) verificam-se em momento posterior ao ilícito, mas, em regra, acolhem condutas reparadoras posteriores ao facto que neutralizam a perigosidade do mesmo ou eliminam o dano provocado. Tendo como limite a consumação material do facto o seu horizonte vai da perigosidade típica ao impedimento do resultado lesivo exterior ao tipo legal (o «resultado não compreendido no tipo»). Por essa razão têm uma conexão temporal ou material com o ilícito e fazem ainda parte do complexo fáctico relevante.

Por outro lado, devem ficar fora dos pressupostos materiais da responsabilidade penal figuras debatidas na doutrina como a queixa (artigos 113.º e ss do Código Penal e 49.º e 50.º do Código de Processo Penal), a prescrição do procedimento criminal (artigo 118.º e ss do Código Penal) ou a presença do arguido no território nacional em casos de extra-territorialidade (artigo 5.º, n.º 1, al. e), i), do Código Penal). Trata-se de elementos que não têm uma conexão imediata com a situação fáctica e são estranhos ao círculo de valoração do concreto acon-

---

não punibilidade (tanto mais que algumas – como a desistência da queixa – dependem da concordância do arguido).

[238] Devem assim ser integradas no sistema de análise do crime as denominadas condições objectivas de punibilidade impróprias, associadas à documentação da danosidade do facto, pois é exactamente este grupo de figuras que faz sentir afectar aos pressupostos materiais da pena pela sua relação com o merecimento penal e necessidade de pena. Assim, em momentos distintos, mas coincidentes na conclusão, STRATENWERTH, *ZStW* 71 (1959), 573-574. Depois, FRISCH, *Strafrechtssystem*, 205. Na doutrina italiana, ANGIONI, *Ridpp* (1989), 1474 e 1476.

tecimento desvalioso[239]. A queixa do ofendido é um acto de vontade autónomo manifestado num momento distinto do momento da ocorrência do facto, não valora com generalidade e abstracção um aspecto do mesmo, é uma vontade individual de uma pessoa e não um juízo do legislador, sendo por isso casuístico, assistemático e inclusivamente permeável a valorações não eleitas pelo legislador penal. A prescrição do procedimento criminal é igualmente estranha ao momento em que ocorre o complexo fáctico, é necessariamente posterior e, para ser eficaz, corresponde a uma decisão de uma autoridade judiciária tomada no âmbito de um processo penal, posterior ao facto e em que se poderia valorar o facto. O seu objecto não é o facto punível mas sim o período de tempo decorrido desde o facto punível que impede a sua perseguição e, como tal, não se pode confundir com o mesmo[240]. Em termos equivalentes, a presença do arguido no território nacional é autónoma, aleatória e distinta em relação ao facto ilícito praticado, pelo que não condiciona a valoração material do facto. A presença do arguido no território nacional em caso de comissão do crime fora do mesmo foi uma das figuras recorrentemente classificada como condição objectiva de punibilidade, mas a doutrina actual contraria com razão tal solução pela diferente natureza da cláusula e pela total desvinculação dessa circunstância em relação ao facto praticado[241]. O mesmo se diga, por maioria de razão, relativamente a causas extintivas da responsabilidade criminal, como o indulto ou a amnistia, que têm uma natureza político-jurídica, enquanto soluções excepcionais de equilíbrio do sistema penal, mas que são em absoluto estranhas ao complexo fáctico que delimita o facto punível.

O facto de se reconhecer que algumas destas figuras cumprem funções político criminais relevantes (como a queixa)[242] ou, inclusivamente, que podem fundamentar-se numa diminuição significativa da necessidade de punição (como a prescrição) não determina a sua inclusão nos pressupostos materiais da responsabilidade penal, nem sequer como figuras mistas (de natureza substantiva e

---

[239] Neste sentido quanto à queixa e à prescrição, WOLTER, *Strafrechtssystem*, 27, por serem ambas «estranhas ao complexo fáctico e, ainda que falte a queixa ou se verifique a prescrição, não desaparecem por complexo as razões do Estado para punir».
[240] FRISCH, *Strafrechtssystem*, 208-209.
[241] Assim, FIGUEIREDO DIAS, *Direito Penal PG I* (2.ª edição, 2007), 218, rejeita tal enquadramento e classifica tal cláusula como «uma condição de aplicação no espaço da lei penal portuguesa»; TAIPA DE CARVALHO, *Direito Penal PG* (2.ª edição, 2008), 262, considera que se trata de «uma condição de procedibilidade»; PEDRO CAEIRO, *Jurisdição Penal do Estado*, 222-223, nota 601, designa-a como um «pressuposto da jurisdição judicativa do Estado Português».
[242] Por todos, FIGUEIREDO DIAS, *As consequências jurídicas do crime*, 663, quanto à relevância político criminal dos crimes semi-públicos e particulares.

processual)²⁴³. O processo penal pode (e deve) acolher soluções específicas fundadas em critérios materiais de política criminal, mas isso não transforma tais figuras em pressupostos materiais da responsabilidade penal. Uma tal afectação sistemática depende sempre da existência ou da ausência de conexões estruturais e axiológicas com o acontecimento fáctico, no qual se insere o facto punível tipicamente recortado, que vai delimitar a esfera dos pressupostos materiais da responsabilidade. Existem portanto vários meios para atingir os mesmos fins, mas a identidade dos fins não altera a natureza dos meios usados para os prosseguir. Trata-se de vias processuais adoptadas para prosseguir fins político-criminais, congruentes e articuladas com os pressupostos materiais da pena, que devem manter a sua autonomia em relação aos mesmos por serem estruturalmente estranhos ao facto punível.

III. Ilícito e punibilidade: norma de comportamento, capacidade de domínio e princípio da culpa.

1. O tipo de punibilidade pressupõe a singularidade dogmática das diversas circunstâncias que apoiam a formulação de juízos de valor distintos da ilicitude e da culpabilidade. Nesse sentido, é necessário demonstrar que as circunstâncias em causa, estando relacionadas com o facto (nos termos da análise que se fez no § 38, II), são simultaneamente elementos que não integram o ilícito cometido[244].

Esta exigência, linear na sua formulação, oculta delicados problemas que passam pela delimitação das condições objectivas de punibilidade relativamente ao resultado ilícito ou, de forma mais genérica, pela afirmação da sua autonomia em relação aos elementos do tipo de ilícito. A dificuldade decorre de o resultado ilícito e as condições objectivas de punibilidade serem em regra acontecimentos posteriores à acção do agente, de natureza objectiva e verificação condicional; e agrava-se em relação às denominadas condições intrínsecas, pois estas revelam alguma afinidade axiológica com os elementos do ilícito já que podem evidenciar a danosidade do facto ou a sua magnitude. Com estes contornos, a questão já foi analisada no Capítulo V deste estudo (§ 24, II) quando se apresentaram os critérios delimitadores das condições objectivas de punibilidade em relação ao facto ilícito. Importa agora retomá-la num plano mais genérico de contrapo-

---

[243] Sobre a tese da dupla natureza destas figuras, FIGUEIREDO DIAS, *Direito Penal PG I* (2.ª edição, 2007), 7, e *As consequências jurídicas do crime*, 700, quanto à prescrição; na literatura alemã, pode encontrar-se esse debate em VOLK, *Prozessvoraussetzung*, 19 e ss, e depois *ZStW* 97 (1985), 905 e ss Contra, com razão, WOLTER, *Strafrechtssystem*, 27.

[244] Sobre a necessidade desta delimitação, por todos, FIGUEIREDO DIAS, *Direito Penal*, PG I (2.ª edição, 2007), 669.

sição entre o tipo de ilícito e o tipo de punibilidade, identificando as estruturas dogmáticas que lhe estão subjacentes.

O problema pode ser em parte condicionado pela concreta configuração dos tipos incriminadores, isto é, pela forma como nestes o facto surge descrito[245], mas essa dependência não deve obstar a que se tente ensaiar uma distinção a partir de critérios gerais. A necessidade de delimitação entre o que seja um resultado ilícito (isto é, integrador do tipo de ilícito) e uma condição objectiva de punibilidade não se reduz apenas a um problema de interpretação dos tipos de crime em especial. Trata-se, pelo contrário, de uma questão da Parte Geral do Direito Penal e do sistema de análise do crime em particular, pois da sua correcta resolução depende a delimitação do âmbito do tipo de ilícito e a sua sujeição a diferentes regimes substantivos e processuais. Pense-se na questão de saber quando e onde o facto foi praticado, para efeito do âmbito de vigência temporal e espacial da lei penal (artigos 1.º a 7.º), no problema de saber se a omissão pode ser equiparada à acção por se tratar de um resultado compreendido num tipo legal de crime (artigo 10.º), na exigência e delimitação do tipo subjectivo que se estende ao facto e, portanto, também ao resultado que integra a descrição do facto, mas não a elementos exteriores ao mesmo (cfr. artigos 14.º, 15.º e 18.º), ou no próprio conceito de consumação e de resultado típico de que depende a configuração da tentativa (artigo 22.º), a admissibilidade das formas de desistência (arts 24.º e 25.º) e os critérios de contagem dos prazos de prescrição (artigo 119.º, todos do Código Penal). Em todos estes casos revela-se fundamental a distinção entre elementos do ilícito e pressupostos autónomos da punibilidade[246], seja para orientar algumas decisões dos sujeitos processuais (a investigação, a acusação, o julgamento e a promoção da prova dos factos) seja para a atribuição da responsabilidade penal.

A questão deve ser, portanto, formulada com um outro grau de generalidade, como um problema do sistema do facto punível (o que vale por dizer, simultaneamente, como um problema subjacente às estruturas gerais de imputação que se pode reflectir na compreensão dos tipos incriminadores): quando é que uma circunstância descrita num tipo penal como possível consequência de uma conduta deve ser considerada um elemento do ilícito (*v.g.* um resultado ilícito) ou, diversamente, um elemento do tipo de punibilidade (*v.g.* uma condição objectiva de punibilidade)?

2. O âmbito do tipo de ilícito e do tipo de punibilidade estão numa relação de condicionamento recíproco: os elementos que integrarem o tipo de ilícito estão excluídos do âmbito material do tipo de punibilidade e o âmbito do tipo de puni-

---

[245] FIGUEIREDO DIAS, *Direito Penal, PG I* (2.ª edição, 2007), 669-670.
[246] Em KRAUSE, *Jura* (1980), 453 e ss, encontra-se uma síntese deste assunto.

bilidade só pode integrar elementos estranhos ao tipo de ilícito, sob pena de contradição sistemática e de eventual derrogação do princípio da culpa.

Na história da teoria do crime a relação entre o tipo de ilícito e os elementos da punibilidade é mais profunda do que esta simples articulação sistemática. Verifica-se inclusivamente uma relação (nem sempre evidente e, por vezes, mesmo algo invisível) entre o fundamento do ilícito penal e o âmbito material do tipo de punibilidade. Uma parte da confusão dogmática que se faz ciclicamente sentir em torno dos «pressupostos autónomos da punibilidade» resulta da vulnerabilidade destes elementos às oscilações que ocorrem nas estruturas teóricas de compreensão do facto ilícito, particularmente evidente na transição do positivismo naturalista para o normativismo neo-kantiano e deste para a afirmação dum conceito de ilícito pessoal com origem no finalismo.

Alterações ao fundamento da autoria, ao conteúdo do ilícito penal e à forma de estabelecer a relação de imputação no âmbito do facto típico condicionam a qualificação sistemática dos elementos usados pelo legislador para descrever o crime e interferem directamente com o âmbito material do tipo de punibilidade. Assim, num conceito extensivo ou unitário de autoria o âmbito do facto ilícito (delimitado pela relevância causal das condutas para o resultado) será formalmente mais vasto por comparação com a esfera do ilícito num conceito restritivo de autor. O mesmo se verificará com as diferentes matrizes teóricas usadas para estabelecer a relação entre a conduta do agente e o resultado no âmbito do tipo: num conceito de ilícito marcado pela compreensão naturalística ou normativa da causalidade o âmbito do tipo objectivo é mais vasto do que em matrizes mais restritivas, como a da teoria do risco ou do domínio do facto. Por isso, numa concepção causalista do ilícito penal o tipo de punibilidade tenderá a ser reflexamente mais limitado por comparação com as demais matrizes teóricas, onde tem um campo de potencial aplicação mais vasto[247]. A leitura do artigo 151.º n.º 1, do Código Penal com uma matriz causalista do facto ilícito, à luz da causalidade naturalisticamente concebida ou mesmo da teoria da adequação, pode levar a qualificar a morte ou a ofensa grave como resultados (efeitos) causados pela participação na rixa (condição *sine qua non* do efeito ou comportamento adequado a produzi-lo). Diversamente, um conceito restritivo de autoria baseado no domínio do facto limitará o âmbito do ilícito à participação na rixa (a única parcela do facto sobre a qual o agente exerce um domínio pessoal), sendo a morte ou ofensa

---

[247] Sobre os conceitos usados neste enquadramento, por todos, Roxin, *Strafrecht AT II*, § 25. Entre nós, Maria da Conceição Valdágua, *Tentativa do co-autor*, 18 e ss, e Figueiredo Dias, *Direito Penal PG I* (2.ª edição, 2007), 285-288, 323 e ss, 759 e ss. Uma síntese sobre «a extensão» do conceito de ilícito e a evolução dos seus fundamentos é ensaiada por Frisch, *Die deutsche Strafrechtswissenschaft*, 169-171.

grave um elemento necessariamente exterior a esse ilícito e associado não a uma conduta individual mas a um facto colectivo (a rixa).

A própria estrutura básica do ilícito penal interfere directamente com o alcance do tipo de punibilidade: numa concepção monista, exclusivamente centrada no desvalor da acção, como defendeu ZIELINSKI, o resultado deixa de integrar o ilícito e passa a ser considerado uma condição objectiva de punibilidade, funcionando como um simples critério da necessidade de pena[248]. Diversamente, uma concepção dualista do ilícito que integre o desvalor de acção e o desvalor de resultado limitará reflexamente o campo de incidência do tipo de punibilidade, reconduzindo necessariamente para fora do espaço normativo do resultado ilícito.

A delimitação do facto ilícito condiciona não só o âmbito do tipo de punibilidade, como também a incidência do tipo subjectivo. Num sistema penal em que a responsabilidade e os limites da culpa do agente se reportam ao facto, não podem existir elementos do facto tipicamente ilícito subtraídos ao título de imputação subjectiva, pois isso corresponderia à aceitação de uma responsabilidade (parcialmente) objectiva.

A centralidade do facto para delimitar estes dois aspectos (âmbito do tipo de punibilidade e o âmbito da imputação subjectiva) faz com que o ponto de partida na análise dos elementos dos tipos e a identificação das condições objectivas de punibilidade tenha de ser necessariamente estrutural: só circunstâncias estranhas ao facto podem ser condições objectivas de punibilidade. Para determinar se uma circunstância é ou não estranha ao facto nem todos os critérios apresentam o mesmo valor dogmático. Os critérios puramente axiológicos não podem ter relevância autónoma em relação aos critérios estruturais. Não é correcto afirmar que por uma circunstância ser axiologicamente relevante, nomeadamente por se relacionar com a lesão do bem jurídico tutelado, é necessariamente um elemento do tipo de ilícito. Desde logo porque é difícil encontrar elementos que surjam descritos nos tipos incriminadores que não tenham, pelo menos indirectamente, relevância axiológica, já que delimitam uma opção de tutela penal. Para além disso, existe uma imprecisão imanente a tal critério: se as circunstâncias em causa são apenas «relevantes para o ilícito» (*unrechtsrelevant*) isso significa

---

[248] ZIELINSKI, *Handlungs-und Erfolgsunwert*, 136 e ss e 204 e ss. Contra, por todos, ROXIN, *Strafrecht AT I*, § 10, n.º 94-101, e JAKOBS, *Strafrecht*, 6/72 e ss. Entre nós, FIGUEIREDO DIAS, *Direito Penal, PG I*, 2.ª edição, 286-288 e 867-868; COSTA ANDRADE, *Consentimento e acordo*, 343 e ss; JOÃO CURADO NEVES, *Comportamento lícito alternativo*, 55 e ss; HELENA MONIZ, *Agravação pelo resultado*, 62 e ss e 453 e ss. Estendendo a análise crítica não só à estrutura do ilícito mas também ao conceito de justificação, MARIA FERNANDA PALMA, *A justificação por legítima defesa*, 670 e ss. Por seu turno, RUI PEREIRA, «Justificação do facto e erro em Direito Penal», *Jornadas de Homenagem ao Professor Doutor Cavaleiro de Ferreira*, 1995, 32-33, sublinha com razão a incompatibilidade da tese de Zielinski com o regime do erro do artigo 16.º, n.º 2, do Código Penal.

que não fazem parte do mesmo (que não o integram)[249]. Assim sendo, essencial é perceber por que razão sendo supostamente relevantes não integram o ilícito em causa. Afirmar que as circunstâncias são relevantes para o ilícito por se relacionarem com a lesão do bem jurídico é, no fundo, incorrer em dois erros: primeiro, não se demonstra o essencial (o fundamento de tais circunstâncias não integrarem o ilícito) e, segundo, estabelece-se uma afinidade equívoca entre tal circunstância e o facto ilícito com base num vago critério axiológico que acaba por ser fonte de novos problemas.

Para resolver adequadamente o problema, o que importa é perceber a forma como os elementos se organizam e articulam na descrição típica em função da sua natureza, da técnica de tutela adoptada e dos objectivos do legislador, pois são estes aspectos que condicionam o âmbito da imputação (cf. *supra* § 24, II). O percurso correcto para identificar e classificar os elementos das normas penais passa assim pela delimitação estrutural do âmbito do facto tipicamente ilícito e só em segunda linha se devem usar critérios axiológicos. O facto típico integra necessariamente um comportamento proibido e as circunstâncias que com o mesmo se relacionem, que nos crimes materiais implica um evento autónomo no tempo, no espaço e na dimensão lesiva do bem jurídico tutelado[250]. É na relação entre o âmbito normativo da norma de comportamento e o facto descrito que se deve delimitar o conceito de facto típico e, reflexamente, as circunstâncias que lhe podem ser estranhas.

3. A forma como a doutrina da primeira metade do século XX procurou sublinhar esta autonomia das condições objectivas de punibilidade em relação ao facto típico permite identificar algumas linhas de resolução do problema.

Num contexto teórico marcado pelo causalismo naturalista, von Bar[251] concebia as condições objectivas de punibilidade como circunstâncias estranhas ao nexo de causalidade da acção do agente, pois dependiam do facto ou da vontade de um terceiro. O que se afigurava substancialmente correcto pois, desse modo, o âmbito do facto ilícito terminava onde uma vontade autónoma de ter-

---

[249] A própria lei contraria a ideia de associar a lesão do bem jurídico ao resultado ilícito quando contempla situações de lesão do bem jurídico exteriores ao tipo (através do conceito de «resultado não compreendido no tipo», usado por exemplo nos artigos 24.º, 25.º e 119.º do Código Penal). Sobre a relação entre o conceito de resultado e a lesão do bem jurídico, Helena Moniz, *Agravação pelo resultado*, 62 e ss.

[250] Sobre a configuração do resultado, Figueiredo Dias, *Direito Penal PG I* (2.ª edição, 2007), 306 e ss, sublinhado a sua autonomia no espaço e no tempo. Depois, Curado Neves, *Comportamento lícito alternativo*, 19 e ss, Augusto Silva Dias, *Delicta in se*, 780 e ss, e Helena Moniz, *Agravação pelo resultado*, 62 e ss, com desenvolvimentos sobre o tema.

[251] Cfr. von Bar, *Gesetz und Schuld*, II, 423.

ceiro quebrava o nexo causal, solução em si mesma congruente com a «proibição de regresso». Por outro lado, BLUME partiu de uma ideia semelhante, acolhida também por FRANK (num primeiro momento, embora tenha sido abandonada posteriormente) que procurava distinguir as circunstâncias integradas no tipo e das condições objectivas de punibilidade em função a realização da circunstância «estar ou não nas mãos do autor» (BLUME)[252] ou, noutros termos, de lhe ser ou não «acessível causar (produzir) o facto descrito na lei» (FRANK)[253]. Ou seja, os elementos do facto típico seriam circunstâncias que podiam ser realizadas (literalmente, causadas) pelo autor do facto; diversamente, as condições objectivas de punibilidade estariam fora dessa possibilidade de realização causal e, consequentemente, fora do tipo.

Duas décadas depois, ERICH LAND procurou resolver o problema a partir dos critérios mínimos de imputação ou, na sua terminologia, a partir das «relações internas» (no âmbito do tipo de ilícito) entre a acção e a circunstância condicional: uma circunstância que fosse uma consequência previsível do facto do agente e que este conhecesse ou pudesse conhecer seria, não uma condição objectiva de punibilidade, mas sim um resultado ilícito. Com base num juízo (alternativo) de previsibilidade objectiva e subjectiva, LAND delimitou de forma ampla o tipo de ilícito, passando a incluir no mesmo alguns eventos que a doutrina anterior apresentava como condições objectivas de punibilidade. Deste modo, seriam resultados ilícitos a ofensa grave ou a morte na participação em rixa, a realização do duelo no crime de incitamento ao mesmo e a suspensão de pagamentos e abertura de concurso no crime de bancarrota[254]. Neste caso a previsibilidade alargou o âmbito do ilícito causalmente concebido e, com isso, diminui o campo das condições de punibilidade.

A via seguida por LAND afigura-se metodologicamente correcta, ou seja, é essencial determinar as relações internas entre a conduta do agente e o resultado ilícito, para desse modo delimitar o âmbito do facto tipicamente ilícito. O que, aliás, correspondia também ao percurso seguido pela doutrina que o antecedeu,

---

[252] BLUME, *Tatbestandskomplemente* (1906), 16, em ligação com o que escreve a p. 12 e ss.
[253] Cfr. FRANK, *Strafgesetzbuch* (8.ª-10.ª edição, 1911), 113. O abandono da solução de BLUME por parte de FRANK (cfr. *Strafgesetzbuch*, 17.ª edição, 1926, 140) parece ter-se devido apenas à crítica que lhe foi dirigida por RITTLER (*OJZ*, 1920, 325-326), quando este demonstrou a existência de elementos do facto típico (como o objecto da acção) que também não eram causados pelo autor. Mas a crítica de Rittler era na verdade excessiva e não se centrava no essencial, pois o seu argumento reportava-se a um pressuposto do facto típico e a tese de Blume incidia sobre a produção de uma circunstância posterior à conduta do agente, para a distinguir do resultado ilícito enquanto parcela do facto. Sobre o debate desta matéria veja-se *supra* § 24, II.
[254] LAND, *Strafbarkeitsbedingungen*, 20 e ss, 23, 26, 74, 79. Uma exposição da tese de Land encontra-se *supra* § 24, II, n.º 4 do texto.

embora noutro contexto teórico: se o facto ilícito se delimitava por referência à causalidade, então as condições objectivas de punibilidade deveriam ser estranhas ao encadeamento causal.

Mas o critério adoptado por LAND, a previsibilidade objectiva ou subjectiva, revela-se insuficiente para delimitar o âmbito do ilícito. Um resultado para integrar um ilícito penal tem de estar efectivamente numa relação com a acção do agente, mas não é suficiente estabelecer essa relação a partir da mera previsibilidade do evento. A previsibilidade é um requisito mínimo mas não suficiente para imputar uma consequência desvaliosa a alguém como um resultado ilícito. O valor hermenêutico desse juízo é essencialmente negativo: o que não se pode prever não se pode evitar e o que não se pode evitar não se pode imputar a alguém. Noutra perspectiva, o que não se pode evitar não pode ser objecto de uma norma de comportamento legítima, por ser nulo o seu valor preventivo e carecer de destinatário efectivo. Por outro lado, o que é previsível pode em princípio ser imputado porque, ao ter essa característica, pode ser evitado pela conduta voluntária do agente e tal exigência pode legitimamente ser formulada por uma norma jurídico-penal ou como pressuposto da valoração judicial. A previsibilidade pode assim funcionar como uma regra orientadora da conduta dos destinatários das normas penais e como um critério de delimitação do comportamento tipicamente proibido (no sentido do art. 22.º, n.º 2, al. b) do Código Penal), pois é um juízo que permite antecipar as consequências de uma conduta de forma a que a mesma seja evitada pelo destinatário da norma. Nesse sentido, será um pressuposto da evitabilidade e do juízo de adequação da conduta que, por seu turno, constituem pressupostos mínimos da imputação jurídico-penal. Não se deve contudo identificar na previsibilidade nem o fundamento delimitador do ilícito penal, nem o critério definitivo da relação de imputação no âmbito desse ilícito: só o que é previsível pode ser imputado a uma pessoa, mas nem tudo o que é previsível lhe pode ser imputado. A previsibilidade das consequências permite caracterizar a aptidão lesiva da conduta (e por isso também a sua evitabilidade), mas já não a relação entre esta e o evento lesivo subsequente. Dentro do que for previsível só o que for evitável ou efectivamente realizado por essa pessoa é que lhe pode ser atribuído como facto seu. O que, em suma, vale por dizer que a previsibilidade dos acontecimentos por si só não pode ser usada para delimitar positivamente o âmbito total do facto ilícito[255].

---

[255] Neste sentido, OTTO, *FS-Maurach*, 96, afirmando que a exigência de previsibilidade é demasiado imprecisa para delimitar um tipo e que perante a exigência de dolo acaba por ser secundária, pois é substituída pela necessidade de o agente realizar uma previsão actual. Em sua opinião, a previsibilidade só se torna relevante porque é uma fórmula de acesso ao aspecto essencial do tipo: a dirigibilidade do acontecer (*Steuerbarkeit des Geschehens*) pelo autor. O que,

Já o enquadramento dado por von BAR, BLUME e FRANK ao problema possui mais virtualidades dogmáticas do que as críticas que lhe foram dirigidas. As estruturas dogmáticas então dominantes (na transição do causalismo naturalista para o normativismo neo-kantiano) não permitiam ir mais longe na elaboração de um critério normativo desvinculado da matriz causalista. Por outro lado, a substituição da causalidade naturalística pela teoria da adequação fez com que o juízo de previsibilidade se transformasse no critério central de delimitação do ilícito penal, remetendo para o esquecimento as sugestões doutrinárias de delimitação das condições objectivas de punibilidade elaboradas a partir da causalidade naturalista. Ao apelar à possibilidade de a circunstância ser ou não causada pelo autor, mais precisamente de «estar ou não na sua mão» realizar esse elemento, BLUME fez implicitamente apelo a um critério de delimitação do tipo de ilícito que, em bom rigor, ultrapassa a matriz causalista de delimitação do facto. Nesta construção, o facto típico não reunia apenas a acção e o resultado, unidos pelo nexo causal. A sequência causal era objecto duma segunda filtragem que permitia nela incluir ou excluir outras circunstâncias em função de outro critério. Ou seja, o facto típico não era delimitado apenas pelo encadeamento causal, mas também pela possibilidade de o agente ter uma influência relevante sobre uma parte desse processo causal. Onde cessava a possibilidade de influência do agente terminava o facto ilícito. Um critério desta natureza supunha a aferição da possibilidade de essa circunstância ser ou não realizada pelo agente, como condição de integração da mesma no facto que lhe seria imputável. O que se afigura substancialmente correcto, como veremos de seguida.

4. É sintomático que a doutrina posterior e actual recorra por vezes a formulações equivalentes a esta, fazendo apelo à ideia de impossibilidade de con-

para OTTO, se demonstra (p. 96-97) quando a doutrina aplica a proibição de regresso e quebra o nexo de imputação com um facto doloso de terceiro que aproveita a actuação prévia outro agente: «a possibilidade de controlo de um agente originário termina onde outra pessoa – livre no sentido jurídico do termo – configura o acontecer conscientemente de acordo com os seus próprios planos ou quando exclui o agente anterior do âmbito de influência sobre o risco» (p. 97). Contra, entre nós, CURADO NEVES, *Comportamento lícito alternativo*, 67, nota 20, afirmado – mas, ao que julgo, sem razão – que na autoria singular o domínio do facto não acrescenta nada ao juízo de previsibilidade objectiva. Afirmação que não parece ser completamente exacta: em qualquer modalidade de facto penalmente ilícito (por acção ou omissão, por dolo ou negligência) o exercício positivo do domínio do facto não só acrescenta uma exigência mista (objectiva/subjectiva) à previsibilidade, como permite resolver de forma congruente os problemas de concurso de riscos, de interferência de terceiros, de relevância de fontes de perigo autónomas e as dúvidas razoáveis no processo de imputação objectiva.

trolo das condições objectivas de punibilidade pelo autor do facto[256]. É este na verdade o caminho mais fértil. Mas para delimitar com rigor o âmbito do tipo de punibilidade é necessário clarificar primeiro o fundamento do ilícito penal e identificar depois os critérios que permitem estabelecer a relação de imputação no seu âmbito.

Um resultado penalmente ilícito é uma consequência de uma conduta proibida não desejada pelo legislador. Para que o resultado forme com a conduta uma unidade jurídica (o facto típico) esse resultado tem não apenas de ser previsível como também evitável e/ou realizável pelo agente. Só desta forma se torna consequente um conceito pessoal de ilicitude que simultaneamente respeite a finalidade preventiva das normas de conduta e a «proibição de regresso». Para o efeito, a distinção entre resultado ilícito e condição objectiva de punibilidade não poderá residir na previsibilidade (objectiva ou subjectiva) do acontecimento, mas sim na própria possibilidade de integrar esse acontecimento na estrutura fáctico-normativa da norma de ilicitude (no desvalor da acção e, em conexão com ele, no desvalor de resultado). A violação da norma de ilicitude, por seu turno, fundamenta a pena e por isso as circunstâncias por ela abrangidas têm de ser pessoalmente imputadas ao agente. Um acontecimento desvalioso que não seja pessoalmente evitável ou realizável pelo destinatário da norma penal nunca pode fundar a ilicitude penal do facto, sob pena de a responsabilidade penal se transformar em responsabilidade objectiva (ou por facto alheio) ou, inclusivamente, numa pura retribuição isenta de qualquer significado preventivo. Também por esta razão,

---

[256] Por exemplo, entre nós, CAVALEIRO DE FERREIRA, *Lições* (1940), 428 e ss, centrou a sua atenção na relação entre a esfera de actividade do agente e a circunstância condicional (veja-se *supra* § 24, II, n.º 6 e 7 do texto). Por seu turno, MARIA FERNANDA PALMA, *RFDUL* (1995) 416, usa a expressão «fora do poder causal do agente» para fundamentar a classificação da declaração judicial de falência como condição objectiva de punibilidade. PEDRO CAEIRO, *Comentário Conimbricense II*, art. 227, § 49, descreve a declaração de falência como um acto judicial de terceiro (que agrava a responsabilidade do agente). AUGUSTO SILVA DIAS, *Crimes contra as pessoas*, 71, afirma que a realização do suicídio «está fora da estrutura do ilícito» e que a sua realização está dependente da vontade de outra pessoa e, por isso, a sua falta nenhuma influência tem na configuração do ilícito típico. Em Itália, MARINUCCI e DOLCINI, *Manuale* (3.ª edição, 2009), 352-352, usam argumentos semelhantes para explicar a exclusão das condições objectivas de punibilidade do âmbito da imputação subjectiva e para, desse modo, defenderem a sua compatibilidade com o princípio da culpa. Nesse sentido escrevem que a declaração judicial de falência no crime de bancarrota se torna relevante não só quando o agente não a havia pensado, mas também quando não podia razoavelmente contar com a dissolução da empresa por a mesma resultar de factores «não previsíveis nem domináveis», como uma improvável crise económica, o encerramento de um mercado externo ou o incumprimento de um importante credor. Coincidente, de forma genérica, para todas as condições objectivas de punibilidade, RAMACCI, *Condizioni*, 206, e, depois, DONINI, *Teoria del reato*, 412-413.

tão pouco é suficiente para resolver o problema da distinção entre resultado ilícito e condição objectiva de punibilidade reportar o critério ao conhecimento do acontecimento desvalioso: nem tudo o que é conhecido pelo agente lhe pode ser imputável[257]. Essa imputação depende, em primeira linha, da possibilidade de integrar o acontecimento na sua esfera de domínio, isto é, da capacidade de influência ou realização do acontecimento típico pelo destinatário da norma[258].

Estas exigências podem não coincidir. É concebível que uma consequência seja previsível, mas não dependa do agente a sua realização. No crime de incitamento ao suicídio, por exemplo, o autor do crime domina a influência que exerce sobre o potencial suicida, mas esse domínio não se estende à execução do próprio suicídio que, para nos mantermos no âmbito do art. 135º, n.º 1, do Código Penal, terá de corresponder a uma auto-lesão da vida do suicida controlada por este. Se, diversamente, o domínio da lesão da vida do suicida pertencer ao autor do incitamento estaremos fora do âmbito do crime do art. 135º, n.º 1, e passaremos para a esfera de valoração do homicídio, eventualmente em autoria mediata. O que significa que a delimitação entre o homicídio em autoria mediata e o incitamento ao suicídio apenas se conseguirá traçar com rigor em função de saber quem é que domina a execução da morte: aquele que incita ou próprio suicida? Em ambos os casos, contudo, o suicídio é previsível: quer na hipótese de incitamento, quer na hipótese de execução de um homicídio em autoria mediata, instrumentalizando a vontade da própria vítima.

Algo de equivalente se pode dizer relativamente a outras circunstâncias que são habitualmente consideradas condições objectivas de punibilidade ou que vêem questionada essa natureza pela sua especial relação com a acção típica. No crime de participação em rixa (art. 151º do Código Penal) a consequência grave (morte ou ofensa corporal grave) pode ser previsível para cada um dos

---

[257] Esta afirmação é ainda confirmada pelo facto de entre nós a hipótese de se conhecer ou mesmo presenciar a prática de um crime não transformar essa pessoa em cúmplice, já que o art. 27.º do Código Penal exige não só o dolo como também a prestação efectiva de auxílio material ou moral à execução do facto. E não podendo ser considerado participante por maioria de razão não poderá ser autor (nem por omissão negligente) de um facto integralmente imputável a título doloso a outra pessoa.

[258] Neste sentido, OTTO, *FS-Maurach*, 92: «Porque toda a exigência de dever – por contraposição à mera arbitrariedade – pressupõe que a conduta seja humanamente possível, tem de se estabelecer, antes de mais, ao julgar penalmente a conduta de uma pessoa, se ela, em relação a um tipo determinado, teve a possibilidade de influenciar o acontecer, de dirigir o curso do acontecer e, com isso, configurar a situação controlando-a, evitando desse modo o resultado». Coincidente, depois, KÖHLER, *Strafrecht AT*, 143, ao delimitar o tipo objectivo nos crimes materiais por referência à possibilidade real de controlo objectivo pelo autor dos processos causais lesivos e acontecimentos perigosos.

intervenientes na rixa ou para um observador externo. Mas, simultaneamente, trata-se de um acontecimento que, no âmbito desse tipo incriminador, não se imputa a cada um desses participantes individualmente, antes resulta da dinâmica perigosa da rixa enquanto facto colectivo. Se a morte ou ofensa corporal grave for realizada por um dos agentes individualmente ser-lhe-á imputada como um crime autónomo. Este aspecto não invalida a afirmação anterior: enquanto nos mantivermos no âmbito da simples participação em rixa esse facto mais grave (morte ou ofensa grave) não está na esfera pessoal de domínio de cada um dos participantes na rixa individualmente considerados.

Os dados do problema não se alteram substancialmente no caso do facto negligente. Regressando aos limites mínimos da imputação subjectiva (a negligência inconsciente), provocar a morte de uma pessoa com violação inconsciente de um dever de cuidado (artigos 137º e 15º, al. b), do Código Penal) só pode ser penalmente ilícito na medida em que a morte da vítima decorra da violação pessoal de uma regra de conduta (que delimite o cuidado devido). Onde não existir violação de uma regra de conduta não há imputação[259]. Diversamente, um resultado pode ser imputado a uma conduta inconscientemente negligente quando a esfera de domínio do destinatário da norma permitia que ele evitasse concretamente esse resultado. A razão pela qual o resultado é ilícito e permite que o legislador comine uma pena com fundamento na sua verificação deve-se ao facto de a sua realização ser dominável pelo destinatário da norma de conduta, mesmo que não tenha sido efectivamente previsto ou querido. O que significa que o resultado nos crimes negligentes não pode, em caso algum, ser considerado uma simples condição objectiva de punibilidade, mas sim parte da estrutura desse ilícito penal[260].

A qualificação de um acontecimento desvalioso como um resultado ilícito não depende exclusivamente da previsão nem do conhecimento ou da vontade de que esse acontecimento ocorra, mas sim da capacidade objectiva do destinatário da norma penal o evitar ou realizar e daquilo que efectivamente faça para o efeito[261]. A *capacidade de domínio* do destinatário da norma penal sobre o acon-

---

[259] Por todos, FIGUEIREDO DIAS, *Direito Penal PG I (*2.ª edição, 2007), 867-868, sobre a estrutura da conduta ilícita no facto negligente.

[260] FIGUEIREDO DIAS, *Direito Penal PG I (*2.ª edição, 2007), 867 (Cap. 35, § 3). Depois, HELENA MONIZ, *Agravação pelo resultado*, 73 e ss. Informação relevante ainda em ÉRIKA MENDES DE CARVALHO, *Punibilidad y Delito*, 260 e ss.

[261] Tinha por isso razão LARENZ, *Hegels Zurechnungslehre*, 75, quando defendia que para se afirmar o juízo de imputação (que passava necessariamente pela relação entre o facto e a vontade) era necessário identificar o domínio da vontade sobre o processo causal, que existiria na medida em que este era dirigido pela vontade para servir certos fins. Os dois momentos que tornavam possível esta «causalidade da vontade» eram a *capacidade de prever* e a *capacidade de intervir* sobre um processo causal, mais especificamente «a capacidade do sujeito de prever um

tecimento desvalioso – que Otto designa por «dirigibilidade» (*Steuerbarkeit*) e Larenz, Honig e Naucke descreviam com o conceito de «dominabilidade» (*Beherrschbarkeit*), subjectivamente delimitada em Larenz e com uma conotação objectiva em Hönig[262] – é assim um pressuposto da imputação e, simultaneamente, um critério de delimitação do tipo de ilícito[263]. Carece de fundamento e sentido a duplicação de estruturas de imputação que a doutrina utiliza quando realiza uma leitura causalista dos tipos de ilícito na autoria singular e recorre depois ao critério do domínio do facto perante uma situação de comparticipação, fazendo-o para delimitar o mesmo facto do autor só porque este é apoiado por um participante que não tem o controlo do facto principal, mas apenas e só do seu contributo. A matriz teórica de compreensão e delimitação da estrutura do ilícito e da imputação na autoria devem coincidir num caso e noutro. Tanto mais que as normas penais incriminadoras não descrevem factos ou acontecimentos em si mesmo ou por si só, mas sim factos proibidos a círculos de destinatários. Ou seja, contêm sempre normas de conduta, um autor e a necessidade de um juízo de imputação. Para a proibição do facto ser legítima tem de se poder relacionar com a capacidade de intervenção do agente no mundo real. Caso contrário a norma será desde a sua criação um vazio simbólico sem destinatário que a acate.

Um Direito Penal do facto fundado na exigência de danosidade social dos comportamentos e na tutela preventiva de bens jurídicos não pode delimitar o ilícito penal apenas em função da *possibilidade de previsão* dos acontecimentos, mas sim e também em função da *capacidade de intervenção* efectiva do destinatário da norma sobre o acontecimento desvalioso. Sem capacidade de domínio não há imputação e sem possibilidade de imputação não podemos estar no âmbito do ilícito culposo. Se uma consequência do facto praticado pelo destinatário da norma estiver fora da sua esfera de domínio (isto é, da normal capacidade de realização

---

percurso causal e de o reconhecer os efeitos de determinadas causas: o momento de saber da previsão; e a capacidade de intervir no processo causal com base nesses dois reconhecimentos e de se converter em si próprio em causa para dar aos percursos causais a direcção desejada: o momento de causalidade da vontade».

[262] Veja-se, Larenz, *Hegels Zurechnungslehre*, maxime 50 a 75, (§§ 6 a 9); Hönig *FG-Frank* (1930), maxime 181-188; Naucke, *ZStW* 76 (1964), 427 e ss; Otto, *FS-Maurach* (1972), maxime 92 e 95 e ss e, depois, *Grundkurs AT* (2004), 63 e ss. Recentemente, Pablo Sánchez-Ostiz, *Imputación y teoria del delito*, 408 e ss e 425 e ss, ensaia uma reconstrução do conteúdo da imputação realizada no âmbito da teoria do crime à luz do seu lastro histórico, exigindo para o efeito o domínio concreto do facto como pressuposto essencial da imputação (domínio da situação e conhecimento das circunstâncias relevantes).

[263] Otto, *FS-Maurach*, 92 e ss e 95 e ss e, depois, *Grundkurs AT* (2004), 63-64, com mais referências. Os critérios remontam a Larenz e Honig (veja-se a exposição, crítica, de Curado Neves, *Comportamento lícito alternativo*, 74, nota 26, e ainda *supra* § 37 I, pag. 1129, nota 123).

do destinatário da norma penal) essa consequência não pode ser considerada um resultado (ou seja, não é uma parcela do seu facto ilícito) apenas poderá ser, se respeitadas outras características, uma condição objectiva de punibilidade. Esse acontecimento, por estar fora da esfera de domínio do destinatário da norma, não lhe pode ser imputado como um acontecimento desvalioso[264] – apenas pode ser usado para limitar o campo da responsabilidade por outro acontecimento desvalioso. Na síntese de Otto: «um resultado é imputado a um autor quando este estava obrigado a evitá-lo. Evitáveis são os resultados cuja produção ou eliminação o autor pode dirigir através da sua influência sobre o processo causal. Esta possibilidade de dirigir (*Steuerungsmöglichkeit*) fundamenta a conexão do que é evitável para o autor»[265].

O âmbito do ilícito penal corresponde portanto à esfera objectiva de domínio do destinatário da norma. O destinatário da norma penal pode responder por um evento enquanto resultado ilícito quando o mesmo está dentro da sua esfera de domínio e, além disso, essa pessoa controlou (isoladamente ou em conjunto) os factores típicos de perigo que se concretizaram nesse evento danoso[266]. O controlo sobre os factores típicos de perigo permite o controlo sobre a verificação do dano, que, por isso mesmo, não pode ser considerado um fruto do acaso mas sim obra do autor[267]. A relação de imputação entre a conduta e o resultado no âmbito dum tipo de ilícito é, em primeira linha, delimitada pela esfera de domínio do destinatário da norma penal e, num segundo momento, pelo controlo exercido por este sobre os factores típicos de perigo que se concretizam no dano. O que estiver descrito numa norma legal e que não esteja dentro da esfera de domínio do seu destinatário não faz parte do facto ilícito, mas pode integrar o tipo de punibilidade.

---

[264] Por isso mesmo, pode afirmar-se com Donini, *Teoria del reato*, 408, que as condições objectivas de punibilidade não se imputam ao agente. Ou, de forma mais precisa, são externas ao facto, completam a tipicidade e não se imputam ao agente (Donini, *L'Indice penale* 3 (2001), 1040-1041, e notas 11-12).

[265] Otto, *FS-Maurach*, 100.

[266] É o perigo (ou melhor, os factores típicos de perigo) e não o resultado que são imediatamente controláveis pelo agente que domina o acontecimento. Coincidente, Otto, *Grundkurs AT* (2004), 64, com mais referências. Sobre esta relação entre autoria, facto e objecto de domínio do agente, veja-se ainda *supra* § 37, I, a) e b).

[267] O que vale por dizer, uma vez mais, que nos crimes materiais o ilícito penal é composto não só por um desvalor de acção, como também por um desvalor do resultado. O facto de o desvalor do resultado se inserir na esfera de domínio destinatário da norma penal impede que se possam aceitar construções, como a de Zielinski (*Handlungs-und Erfolgsunwert*, 204 e ss), que configuram o ilícito penal como um momento exclusivo de desvalor da acção e o resultado uma simples condição objectiva de punibilidade. Veja-se *supra* § 37, I, b).

À mesma conclusão se chegará quando se procure responder à seguinte questão: a circunstância em causa poderia ser integrada na formulação de uma norma de conduta sem alterar o significado do acontecimento tipicamente descrito? A resposta negativa constitui um forte indício de que essa circunstância é *ab initio* usada pelo legislador como uma circunstância estranha ao facto tipicamente ilícito, que é necessariamente moldado sobre a violação de uma norma de comportamento dirigida ao destinatário da norma penal. A declaração judicial de falência (artigos 227.º, n.º 1, 228.º ou 229.º, do Código Penal), as relações diplomáticas ou a reciprocidade de tratamento entre Estados (art. 324.º, n.º 2, do Código Penal) são circunstâncias que, pela sua natureza, não podem ser objecto de uma norma penal de comportamento por estarem fora da esfera de domínio dos destinatários das normas penais. Outros acontecimentos em que esse distanciamento em relação à esfera de domínio do agente não é tão evidente não podem igualmente ser objecto de uma norma de comportamento sem se inutilizar o tipo incriminador em que surgem. É o que acontece com a execução do suicídio (art. 135.º, n.º 1) ou com a consequência grave na rixa (art. 151.º). Se procurarmos formular uma norma de comportamento dirigida ao destinatário das normas penais que integre o resultado grave descrito na previsão da rixa teremos necessariamente de incluir estas realidades na esfera de domínio do agente. Mas, assim sendo, os tipos incriminadores em que tais circunstâncias surgem deixam de ter autonomia porque a norma de comportamento em causa equivale à proibição de matar ou de ofender gravemente a integridade física de outrem. Ou seja, corresponde à norma de comportamento do homicídio e das ofensas à integridade física, inutilizando os demais tipos incriminadores referidos. A modificação que se verifica no título de imputação jurídico-penal ao reformular o enquadramento desse elemento confirma que o mesmo é estranho à matéria da norma de ilicitude em que surge e isso é condição da autonomia do tipo incriminador que contempla tal hipótese.

5. As condições objectivas de punibilidade são circunstâncias que, por serem estranhas à esfera de domínio do destinatário da norma penal em que surgem, não podem ser integradas como tal no âmbito da norma de comportamento. São circunstâncias necessariamente estranhas à norma de ilicitude que apenas podem ser devidamente compreendidas no âmbito da norma de sanção (enquanto norma de decisão)[268]. O que é congruente com o facto de as considerações de

---

[268] Coincidente, LAGODNY, *Strafrecht*, 233, 253. Também ZANOTTI, *Digesto X* (1985), 547, quando afirma que «a condição é portanto estranha à relação entre a norma e o destinatário, mas tal não acontece na relação entre a norma e o juiz».

natureza «utilitária» sobre a intervenção penal terem o seu lugar privilegiado na norma de sanção[269].

A partir deste enquadramento perde algum significado uma parte das suspeitas de derrogação do princípio da culpa que um sector da doutrina associa à figura das condições objectivas de punibilidade, e que incide ora sobre a figura em si mesma (quer pela sua inutilidade, quer por revelar uma utilidade contrária ao princípio da culpa)[270], ora sobre algumas das suas modalidades, como sejam as condições objectivas de punibilidade que se revelam «relevantes para o ilícito»[271] ou, dentro destas, as ditas «condições impróprias», que mais não seriam do que elementos do facto ilícito indevidamente convertidos pelo legislador em condições objectivas de punibilidade para as subtrair às exigências do tipo subjectivo[272].

O princípio da culpa exige uma capacidade mínima de entendimento do destinatário da norma penal e uma relação de congruência (material e temporal) entre o âmbito do ilícito e o âmbito da vontade do agente: o facto ilícito deve ser objecto da culpa e a culpa incide (apenas) sobre o facto ilícito[273]. A vontade

---

[269] HAFFKE, *LH Roxin*, 133-134.

[270] Na doutrina mais antiga, M. E. MAYER, *Der Allgemeine Teil* (2.ª edição, 1923), 13-14; SAUER, *Grundlagen* (1921), 207-217, 350-366; LAND, *Strafbarkeitsbedingungen*, 1927, nomeadamente 23 e 26; KANTAROWIKZ, *Tat und Schuld*, 242 e ss. Depois, BEMMANN, *Bedingungen der Strafbarkeit*, 27 e 55; ARTHUR KAUFMANN, *Schuldprinzip*, 148 e 248 e ss; HASS, *Wie entstehen Reschtsbegriff*, 76 e ss. Ainda, quanto a alguns casos específicos, ROXIN, *Strafrecht AT* (4.ª edição, 2006), § 23, 7-12; LAGODNY, *Strafrecht*, 233-238, 444-445, 484-485; FRISTER, *Schuldprinzip*, 47 a 52, 59 e ss e 131. Em Itália, ANGIONI, *Ridpp* (1989), 1499-1500. Entre nós, TERESA QUINTELA, *Inimputabilidade auto-provocada*, 108, 136-138, 183 e ss. Para mais referências, *supra* Capítulo V, § 27, I.

[271] Na doutrina alemã este é o ponto de partida dominante para aferir a compatibilidade da figura com o princípio da culpa: por todos, com extensas referências, GEISLER, *Bedingungen der Strafbarkeit*, 130 e ss,. Em Itália, BRICOLA, *Novíssimo Digesto*, Vol. XIV, 592-593 e 606-607, RAMACCI, *Condizioni*, 174 e ss; F. MANTOVANI, *Diritto Penale*, 389-390; FIANDACA/MUSCO, *Diritto penale*, 730-731, e, por último, ANGIONI, *Ridpp* (1989), 1476 e ss. Ainda *supra* § 27, I.

[272] Reservas quanto ao uso de condições objectivas de punibilidade impróprias encontram-se em STREE, *JuS*, 1965, 466; TIEDMANN, *ZRP*, 1975, 132; JESCHECK/WEIGEND, *Lehrbuch*, 556 (§ 53, I, 2 a); TRIFTTERER, *Strafrecht*, AT, 194; KRAUSE, *Jura*, 1980, 451-452; WESSELS/BEULKE, *Strafrecht*, AT (41.ª edição, 2011), § 5, n.º 149; GEISLER, *Bedingungen der Strafbarkeit*, 133-134; DONINI, *Teoria del reato*, 406 e ss. Entre nós, RUI PEREIRA, *RMP* 65 (1996), 63-64. Radicalmente crítico, HASS, *Rechtstheorie* 3 (1972), 31-32, afirmando que a finalidade histórica da figura é exactamente a quebra de conexão de alguns elementos com as exigência da culpabilidade (decorrentes do § 59 do *StGB* de 1871).

[273] Em pormenor, FIGUEIREDO DIAS, *Direito Penal PGI* (2.ª edição, 2007) 82 e ss, 351 e ss, quanto princípio da congruência entre o tipo objectivo e o tipo subjectivo. Sobre as exigências do princípio da culpa e, em particular, a sua relação entre a imputação subjectiva e as condições objectivas de punibilidade, BEMMANN, *Bedingungen der Strafbarkeit*, 19; ARTHUR KAUFMANN, *Schudprinzip*, 17 e ss, 247 e ss; HASS, *Entstehungsgeschichte*, 1969, 3 e ss, e

penalmente relevante é, assim, a vontade realizada ou associada ao facto tipicamente ilícito do agente. Isso significa que a vontade do agente tem referentes e limites ôntico-normativos de que não se pode prescindir quando se analisa a relação entre o facto ilícito e a culpa. Mas significa ainda que nem todos os elementos necessários para aplicar uma pena estão sujeitos à exigência de culpa subjectiva: os elementos que não integrem o facto típico estão fora da exigência da culpa subjectiva (art. 14.º do Código Penal).

A suposta incompatibilidade entre as condições objectivas de punibilidade e o princípio da culpa resulta não tanto de um problema dogmático indissociável de tais elementos ou de uma vocação ilegítima dos mesmos, como de um alargamento impreciso do tipo de ilícito que, com base em vagos critérios axiológicos, acaba por ser indevidamente relacionado com essas circunstâncias. A ideia de que algumas condições objectivas de punibilidade seriam «expressão da ilicitude do facto» (por evidenciarem a lesão ou a magnitude da lesão do bem jurídico tutelado) fez com que o tipo de ilícito fosse artificialmente estendido a algumas condições objectivas de punibilidade e estas vistas, em consequência, como elementos do ilícito indevidamente subtraídos à incidência do tipo subjectivo. A tentativa de reafirmação do princípio da culpa através da sujeição de tais elementos ao tipo subjectivo (ou a versão modificadas dos títulos de imputação subjectiva) constitui uma manifestação actual desta forma de perspectivar as condições objectivas de punibilidade.

Um enquadramento desta natureza é uma sequela histórica da normativização extrema a que os neo-kantianos sujeitaram o conceito de tipo (submetendo-o nas primeiras décadas a uma sobrevalorização do conceito de bem jurídico) que não respeita a estrutura factico-normativa da norma de comportamento e o seu real alcance do ponto de vista do destinatário da mesma. O tipo de ilícito é constituído por matéria e valor, como todas as categorias da teoria do crime. Tem, por isso, os seus limites (estruturais e axiológicos) no âmbito do facto dominável pelo destinatário da norma penal, em que a resistência da matéria constitui um limite ao construtivismo dogmático, e não pode ser alargado apenas com base em juízos de valor ou considerações axiológicas. Quando o legislador identifica um momento de desvalor que está para além do tipo faz apelo a «um centro de ilicitude imaginado» (FINKE)[274], mas que, por definição, é um elemento puramente referencial situado fora do tipo de ilícito: na terminologia da nossa lei, um «resultado não compreendido no tipo» (artigo 24.º do Código Penal). Resultado

---

75 e ss; GEISLER, *Bedingungen der Strafbarkeit*, 130 e ss; STREE, *JuS* (1965), 466; KRAUSE, *Jura* (1980), 449-450; FRISTER, *Schuldprinzip*, 46 e ss. Ainda, ANGIONI, *Ridpp* (1989), 1476-1500, e VENEZIANI, *Spunti*, 71 e ss.

[274] FINCKE, *Das Verhältnis des Allgemeinen zum Besondereren Teil des Strafrechts*, 1975, 38 e 59.

esse que tanto pode ser um evento lesivo, não integrado no facto tipicamente ilícito, como uma condição objectiva de punibilidade. Essencial é que se trate de um elemento que não seja constitutivo da estrutura do facto tipicamente ilícito, que, por seu turno, deve ser delimitado nos termos atrás expostos: em função da esfera de domínio do destinatário da norma e da sua capacidade de controlo sobre os factores típicos de perigo.

O facto ilícito não corresponde à descrição que o legislador faz no tipo incriminador. É necessário distinguir para esse efeito entre a *matéria da proibição* contida do tipo e a *técnica de tutela* usada pelo legislador. A matéria da proibição fundamenta a responsabilidade penal do agente e delimita o facto imputável. Só haverá uma violação do princípio da culpa se uma parcela do facto (ilícito) imputável estiver subtraído às exigências de imputação subjectiva. Tal não acontece, no entanto, se o elemento em causa não for usado pelo legislador como fundamento da responsabilidade, mas antes como forma de delimitar o exercício da pretensão punitiva do Estado. Ou seja, como uma técnica delimitadora do âmbito da intervenção jurídico-penal legislativamente decidida.

Um entendimento diferente, como aquele sustentado por FRISTER, a propósito da relação entre as condições objectivas de punibilidade e uma concepção preventiva da culpa, não é procedente. Para FRISTER o perigo para a aceitação da norma (um elemento da prevenção geral) tem de resultar de uma situação imputável ao seu autor, pois «o interesse público na punição só pode estar associado a circunstâncias abarcadas pela culpa do autor»; donde resultaria que algumas condições objectivas de punibilidade não passariam afinal de «elementos do ilícito camuflados»[275]. FRISTER parte de uma premissa questionável e retira uma conclusão forçada, de natureza diferente da premissa de que partiu. Não é de todo evidente que o perigo para a aceitação da vigência da norma tenha de resultar exclusivamente de elementos imputáveis ao autor. O núcleo do ilícito culposo tem de lhe ser pessoalmente imputável, mas não resulta nem das estruturas dogmáticas de aplicação do Direito Penal, nem da ideia de Estado de Direito, nem tão pouco do princípio da culpa que o mesmo tenha de acontecer com outros elementos que se possam relacionar com a função estabilizadora da vigência das normas penais. Não é igualmente exacto supor que o interesse público na punição só possa ser delimitado por referência a circunstâncias que sejam objecto da culpa do agente. Nada o exige e tudo aponta em sentido diferente. O interesse público na punição resulta da conjugação de múltiplos aspectos relativos ao merecimento e necessidade de pena do acontecimento desvalioso (gravidade do facto,

---

[275] FRISTER, *Schuldprinzip*, 46-52 (e nota 8 da p. 47), 59, 61, 66 (sobre algumas figuras em especial) e 129-131, concluindo que se deve excluir do âmbito da culpa apenas as circunstâncias isentas de significado para a decisão sobre a carência de pena.

tipo de interesses lesados, consequências penais e extra-penais do facto e da sua criminalização, perspectiva da vítima, contexto social do acontecimento, frequência social do crime, articulação com outros interesses sócio-jurídicos, etc.) e, em caso algum, se pode reduzir ou limitar ao ilícito culposo do autor. Nesta matéria FRISTER acaba, na verdade, por confundir a premissa com a conclusão que pretende obter. Concluir, ainda, que as condições objectivas de punibilidade são afinal e na maior parte dos casos (com excepção da declaração de falência na bancarrota) elementos do ilícito camuflados é também retirar uma conclusão não legitimada pela premissa de que se parte: os elementos do ilícito não têm esta natureza por se poderem relacionar com a vigência da norma penal e nem todos os elementos que podem influir nas condições de aceitação da vigência da norma são necessariamente elementos do ilícito. Como refere acertadamente JAKOBS, o perigo para a aceitação da norma decorre (cumulativamente) de um facto com certas características e das condições de compreensão da generalidade das pessoas: o primeiro aspecto (o facto) é um assunto do autor, mas não as condições de compreensão do mesmo. Pode acontecer que sem a condição de punibilidade o perigo de se questionar a vigência da norma seja maior e não menor. Por isso, sem as condições objectivas de punibilidade acabaria por se «expor o autor, com alguma facilidade, à suspeita infundada de que se havia comportado perigosamente de modo não permitido»[276].

A culpa do agente deve, assim, abranger os elementos materiais que fundamentam a responsabilidade penal e que são imputáveis ao destinatário da norma, mas não se estende (nomeadamente) aos elementos usados pelo legislador para organizar a forma de intervenção penal. Trata-se de aspectos distintos: a determinação do fundamento da responsabilidade penal e a forma de exercício da pretensão punitiva[277]. O tipo de ilícito e o tipo de culpa fundamentam a desaprovação penal do facto e devem ser congruentes entre si; o tipo de punibilidade regula o exercício da pretensão punitiva do Estado (a adequação da ameaça penal) e está fora dessa relação de congruência. Por isso o tipo de punibilidade não integra elementos que façam parte da matéria da proibição, mas apenas e só elementos que aquirem relevância na norma de sanção[278].

Um entendimento desta natureza não exclui nem é incompatível com a ideia de que subjacente à conjugação pelo legislador de um tipo de ilícito com uma condição objectiva de punibilidade pode estar o reconhecimento de que a conduta em

---

[276] JAKOBS, *Strafrecht*, 336 nota 1 a. Risco particularmente evidente no crime de jogo ilícito.
[277] RAMACCI, *Condizioni*, 174.
[278] Em sentido diferente, HELENA MONIZ, *Agravação pelo resultado*, 468-469, em ligação com o que escreve a pag. 453 e ss, quando associa as condições objectivas de punibilidade ao fundamento da pena e o resultado agravante ao perigo típico.

causa envolve o agente em particulares riscos ou se revela especificamente perigosa, o que seria presumido pelo agente e comprovado com a verificação subsequente da circunstância condicional. Esta perspectiva, que encontramos autores tão distintos como SCHWEIKERT, HARDWIG, JESCHECK, JAKOBS ou PUPPE[279], não deve ser convertida em critério de identificação ou de legitimação das condições objectivas de punibilidade, pois diz respeito não à materialidade destas, mas sim ao merecimento penal da conduta proibida. Ou seja, não é pelo facto de a conduta implicar certos riscos que a condição objectiva de punibilidade é estranha ao ilícito, legítima ou compatível com o princípio da culpa. A técnica legislativa em causa é legítima porque – como sublinha FARIA COSTA – recorre a elementos que restringem a intervenção penal e estão fora do âmbito do ilícito típico[280]. E é exactamente por isso que o recurso a tal técnica legislativa é compatível com o princípio da culpa: porque se trata de elementos exteriores ao ilícito típico do destinatário da norma, estando como tal fora da exigência de congruência entre o tipo de ilícito e o tipo de culpa.

Tentar determinar se o tipo de ilícito por si só legitimaria a intervenção penal ou, noutros termos, se o facto sem a condição objectiva de punibilidade seria merecedor e carente de pena, tão pouco resolve o problema de saber se é ou não compatível com o princípio da culpa o uso de tal circunstância pelo legislador. Um raciocínio desta natureza[281] dá como demonstrado o que se deveria demonstrar: que o elemento em causa é estranho ao facto e que este, por isso, pode ser valorado do ponto de vista político criminal abstraindo de tal circunstância. Trata-se, em bom rigor, de um crivo de apreciação da legitimidade do tipo de ilícito criado[282] e não um critério adequado a demonstrar a compatibilidade da circunstância (mentalmente eliminada) com o princípio da culpa. O que vale por dizer que o critério da eliminação hipotética da condição objectiva de punibilidade é

---

[279] SCHWEIKERT, *ZStW* 70 (1958), 394 e ss; HARDWIG, *FS-Ebr. Schmidt*, 460 e ss; JAKOBS, *Strafrecht*, 337; JESCHECK/WEIGEND, *Lehrbuch*, 558-559; PUPPE, *NK-StGB* (2005), § 15, n.º 10. Exposição e crítica desta orientação *supra* Capítulo V, § 26, IV.

[280] FARIA COSTA, *Responsabilidade objectiva*, 15 e ss e nota 14.

[281] Cuja origem remonta a VANNINI (*Studi Senesi*, XLIII (1929), 55-57), mas que é agora acolhido por GEISLER (*Bedingungen der Strafbarkeit*, 131 e ss, 211 e ss, 585-586) como elemento nuclear da sua tese (exactamente para a comprovação da compatibilidade do princípio da culpa com as condições objectivas de punibilidade) e que, entre nós, foi usado (a par de outros critérios) por CAVALEIRO DE FERREIRA (*Lições*, 1940, 431), e, actualmente, por RUI PEREIRA, *RMP* 65 (1996), 63-64, nota 14.

[282] Coincidente, LAGODNY, *Strafrecht*, 233 e ss, quando centra a sua atenção na análise da norma de comportamento sem condição objectiva de punibilidade como critério autónomo de aferição da legitimidade da matéria da proibição (o que permite, depois, avaliar a legitimidade do uso da condição objectiva de punibilidade num certo tipo incriminador).

um mero auxiliar de aferição da compatibilidade da matéria da proibição com o princípio da necessidade da pena (enquanto crivo de legitimação material da intervenção penal) e não um critério apto a demonstrar a compatibilidade da técnica legislativa utilizada (e que agrega uma condição objectiva de punibilidade a um tipo de ilícito) com o princípio da culpa. O princípio da culpa não passa a ser respeitado só porque o facto ilícito a que o legislador adiciona uma circunstância condicional já é por si merecedor e carente de pena: se a circunstância em causa não for autonomizada do tipo de ilícito haverá sempre uma derrogação parcial do princípio da culpa. Só com a desvinculação de tal elemento da estrutura do ilícito típico é que se pode aferir o respeito por tal exigência. Uma delimitação desta natureza não é realizável com base em valorações contra-fácticas que incidam sobre o facto ilícito, mas apenas e só com a delimitação factico-normativa do seu âmbito, como se defendeu nos parágrafos anteriores.

6. O princípio da culpa exige, portanto, uma congruência entre o tipo objectivo e o tipo subjectivo. O primeiro delimita-se no essencial pelo âmbito do facto ilícito e o segundo incide sobre este. A imputação tem igualmente estes limites: é a realização do facto ilícito que se imputa ao agente e os elementos exteriores ao ilícito podem ter outra função na arquitectura da incriminação, mas não se imputam ao agente da mesma forma. O âmbito do facto ilícito é delimitado pela descrição típica e pela esfera de domínio do destinatário da norma penal. Este é pessoalmente responsável pelo perigo que cria com a sua conduta e pelo dano que resulte dos factores típicos de perigo sobre os quais exerceu o seu controlo (ressalvados, obviamente, os casos de quebra relevante do nexo de imputação). Os elementos assim delimitados fundamentam a pena e não devem existir agravações na pena legal (abstracta) que não tenham correspondência numa maior gravidade do facto ilícito imputável ao agente[283].

Relevante para aferir a compatibilidade de um certo elemento usado pelo legislador numa incriminação com o princípio da culpa é saber se esse elemento integra ou não o facto ilícito e se, em consequência, tem de ser pessoalmente imputado porque fundamenta a pena legalmente cominada para tal facto. Foi este o ponto de partida da análise ensaiada por CAVALEIRO DE FERREIRA quando, na década de 40, autonomizou os elementos em causa em relação à actividade típica do agente consoante fossem factos distintos dessa actividade (*v.g.* factos de terceiro – e, por isso, necessariamente diferentes do facto típico do agente – ou factos do agente, mas diferentes do facto típico) ou factos que, podendo ser

---

[283] Sobre o tema, HELENA MONIZ, *Agravação pelo resultado*, 713 e ss e *passim*.

ainda causados pela actividade do agente, não integrariam o tipo de ilícito[284]. A análise estrutural a fazer deve, no entanto, ir mais longe: é necessário que se determine a natureza do elemento em causa e se estabeleça a relação entre este e a conduta ilícita (núcleo essencial do facto típico) por referência ao destinatário da norma penal. Desse modo se garante uma compreensão do ilícito penal adequada às finalidades preventivas da norma de comportamento e a subordinação da norma de sanção aquela delimitação primária.

O ponto de partida consiste em distinguir os elementos integrados na esfera de domínio do destinatário da norma daqueles outros elementos cuja realização está fora dessa esfera de domínio. Os elementos cuja realização é directa ou indirectamente controlada pela conduta do destinatário da norma são em princípio elementos do ilícito, integradores do facto típico e imputáveis ao agente que controlou os factores típicos de perigo e, através desse domínio, controlou a produção do evento danoso. Estes elementos fundamentam positivamente a pena e por isso, na ausência de um domínio de terceiro ou outra vicissitude que exclua a sua imputação ao agente, são-lhe imputáveis como parcela do facto ilícito típico realizado. Diversamente, os elementos cuja realização está fora da esfera de domínio do destinatário da norma penal não são em princípio elementos do ilícito, não integram o facto típico e não se imputam ao agente como parcela do seu facto. Trata-se de elementos estranhos à norma de comportamento integrada na matéria da proibição e só podem ser enquadrados na norma de sanção, se tiverem carácter material, ou nas condições legais para o exercício da acção penal, se tiverem relação com o processo. São apenas elementos usados para delimitar a intervenção penal tornando-a mais exigente em nome do princípio da proporcionalidade, em sentido amplo, ou por razões associadas a um juízo sobre a viabilidade processual do caso.

Os elementos cuja realização está fora da esfera de domínio do destinatário da norma penal podem ter uma conexão forte ou fraca com o facto típico ou não ter qualquer conexão com o facto típico. Quando essa conexão é imediata (por referência ao tempo, lugar, matéria ou sujeito) a circunstância em causa faz parte do complexo histórico-social em que ocorre o facto penalmente relevante (o concreto acontecimento histórico), pelo que podemos estar perante um elemento material, estranho ao ilícito, mas usado pelo legislador para delimitar o âmbito material da incriminação. Nos casos em que, diversamente, tal conexão imediata com o facto tipicamente ilícito não exista estamos perante elementos que não têm natureza material, mas que, por condicionarem o exercício da acção penal, podem ser ou pressupostos processuais (cuja verificação é condição de existência de um

---

[284] Para uma exposição mais pormenorizada do pensamento de Cavaleiro de Ferreira sobre esta matéria, veja-se *supra* Capítulo V, § 24, II.

processo) ou condições da prática de um certo acto processual (cuja existência é apenas condição da regularidade da prática de um certo acto no processo).

A ausência de conexão imediata com o facto tipicamente ilícito permite uma clarificação negativa do âmbito do tipo de punibilidade: não fazem parte do tipo de punibilidade elementos que não têm qualquer conexão material, temporal, espacial ou subjectiva com o facto ilícito cometido, como por exemplo a presença do autor do facto em território nacional (art. 5.º, n.º 1), a decisão sobre a prescrição do procedimento criminal (artigo 118.º e seguintes) ou a queixa do ofendido (arts 113.º e ss, todos do Código Penal). Trata-se de elementos completamente autónomos em relação ao facto concreto do destinatário da norma penal, que o pressupõem mas que são acontecimentos distintos no tempo, no espaço, na matéria ou pelas pessoas que envolvem. Não são elementos materiais da punição, não delimitam substancialmente a técnica de intervenção penal, apenas decidem sobre o juízo de oportunidade ou conveniência quanto ao eventual exercício da acção penal.

Os elementos com uma conexão imediata com o facto ilícito mas que estão fora da esfera de domínio do destinatário da norma penal podem ser factos próprios mas autonomizados do facto tipicamente ilícito (caso do ilícito subsequente no crime de embriaguez ou intoxicação); podem ser factos de terceiros cuja realização está na dependência da vontade destes e não no domínio do destinatário da norma penal (caso do suicídio da vítima, da declaração judicial de falência, da apresentação tempestiva do cheque a pagamento, da surpresa em flagrante delito no crime de jogo ilícito, por exemplo); ou podem, finalmente, ser factos com uma conexão forte com o facto tipicamente ilícito, ao ponto de expressarem a sua potencialidade lesiva, mas que – pela forma que assumem no tipo incriminador – estão fora da realização individual do destinatário da norma, sendo antes consequências de factos colectivos não realizadas individualmente por este (como a consequência grave na rixa, por exemplo). Estes elementos têm uma natureza material e expressam uma particular dimensão da danosidade do facto ou clarificam as condições do juízo de danosidade sobre o facto. Mas não são elementos do ilícito pois continuam a estar fora da esfera de domínio do destinatário da norma, sendo por isso forçado e inadequado procurar enquadrá-los como se se tratasse de elementos individualmente imputáveis a um agente. Tais elementos estão fora da incidência do tipo subjectivo e por isso não podem ser associados a uma derrogação do princípio da culpa[285].

---

[285] Neste sentido, claramente, FARIA COSTA, *Responsabilidade objectiva*, 16, nota 14, sublinhando não só a sua compatibilidade com o princípio da culpa, como também a exigência de que este se articule com outras categorias dogmáticas.

7. As condições objectivas de punibilidade não são portanto incompatíveis com o princípio da culpa. Problemas podem no entanto existir em duas situações distintas:

Quando o legislador delimita um tipo de ilícito que não contempla um facto merecedor e carente de pena, adicionando àquele uma condição objectiva de punibilidade. O problema reside tanto na condição objectiva de punibilidade como no facto de esta ser utilizada para tornar mais exigente um tipo incriminador em que o facto descrito não justifica a intervenção penal. Ou seja, o problema está não propriamente na condição objectiva de punibilidade mas num *deficit* de legitimação material da decisão legislativa que optou por criminalizar um certo facto ilícito[286]. Nestes casos, a incriminação pode suscitar dúvidas quanto ao cumprimento das exigências do art. 18.º, n.º 2, da Constituição, enquanto crivos materiais da decisão legislativa em matéria penal.

Podem surgir igualmente problemas quando o legislador converte certos factos que em algumas incriminações têm a natureza de condição objectiva de punibilidade em cláusulas de agravação dum crime base. Tal acontece quando o legislador usa como agravantes de alguns crimes o suicídio da vítima ou as consequências sócio-económicas do facto que são, como se referiu, aspectos dificilmente controláveis pela vontade e actuação do agente[287]. Tais tipos incriminadores são dificilmente compatíveis com o princípio da culpa, pois prevêem ilícitos que comportam momentos de potencial responsabilidade objectiva. A racionalização destes elementos não pode, no entanto, passar apenas pela exigência de imputação subjectiva de tais agravantes, pois isso representaria uma redundância dogmática em relação à exigência do art. 18.º do Código Penal e não resolveria o verdadeiro problema que é, na realidade, anterior ao tipo subjectivo. Só com um reforço das exigências dogmáticas do tipo objectivo e dos nexos de imputação entre o facto base e o resultado agravante (*v.g.* exigência de especiais factores de perigo associados à conduta e domínio exclusivo pelo agente) é que se consegue respeitar cabalmente as exigências do princípio da culpa nesta matéria. Mas tal acontecerá por reforço do tipo objectivo sobre o qual se aplicarão depois as exigências do tipo subjectivo.

Facilmente se conclui então, quanto ao tema que nos ocupa, que as condições objectivas de punibilidade, pela sua natureza e funções que cumprem nas técnicas legislativas de intervenção penal, são figuras legítimas, com um significativo relevo dogmático e político criminal e não são, em si mesmas, incompatíveis com o princípio da culpa. Os problemas que neste domínio se podem encontrar resul-

---

[286] Coincidente, LAGODNY, *Strafrecht*, 444-445.
[287] Veja-se *supra* Capítulo V, § 26, II, c) e II, a) e b).

tam sempre de debilidades na construção e legitimação do tipo de ilícito que não devem ser acriticamente projectadas no tipo de punibilidade.

IV. Ilícito culposo, não punibilidade e dispensa de pena

1. A delimitação de alguns elementos do tipo de punibilidade em relação ao facto ilícito (§ 38, III) e aos pressupostos processuais (§ 38, II) constitui um ponto de partida para um ensaio consequente que procure realizar a classificação de cláusulas legais de equívoca inserção sistemática. Traçada a distinção no plano dogmático, importa agora retomar o problema de forma mais específica e proceder a um confronto de figuras, de forma a saber se as condições objectivas de punibilidade devem ou não ser entendidas como elementos da tipicidade (correspondendo a sua falta a uma ausência de tipo) e se algumas possíveis causas de exclusão ou anulação da punibilidade não deverão antes ser reconduzidas a causas de justificação ou causas de desculpa, perdendo desse modo a sua autonomia. Idêntico exercício se deve fazer para indagar se existe ou não uma diferença entre não punibilidade e dispensa de pena, conceitos fundamentais que têm um especial significado na legislação em vigor, de forma a determinar o seu tratamento conjunto ou separado na teoria do crime.

No plano histórico esta questão tem sido tudo menos pacífica e o Direito legislado nem sempre oferece respostas inequívocas na matéria. Contudo, se nos detivermos no texto do Código Penal podemos verificar que o legislador pressupôs não raras vezes uma possível clivagem dogmática entre ilicitude e punibilidade, enquanto momentos de qualificação do facto relevante. Com a reforma penal de 1995[288], em particular, a distinção conquistou um renovado sentido em diversas normas quer da Parte Geral, quer da Parte Especial: o legislador substituiu a expressão «crime», que surgia em vários artigos do texto antigo, pelo conceito de «facto ilícito típico»[289], mantendo a distinção até à actualidade. Uma tal alteração é visível em inúmeros preceitos do Código Penal[290].

---

[288] Para uma análise da reforma de 1995 neste domínio, veja-se o meu estudo anterior, agora parcialmente retomado: «Justificação, não punibilidade e dispensa de pena na revisão do Código Penal», *Jornadas sobre a revisão do Código Penal*, 1998, 53 e ss.

[289] Sobre o sentido deste conceito na teoria do facto punível, FIGUEIREDO DIAS, *RPCC*, 1 (1991), 46, e, depois, *Direito Penal*, PG I (2.ª edição, 2007) 265 e 267 e ss. Agora, AUGUSTO SILVA DIAS, *Delicta in se*, 408, nota 941.

[290] O conceito surge como pressuposto das medidas de segurança aplicáveis a inimputáveis (artigo 91º); no regime de cassação de licença de condução de veículos motorizados (artigo 101º, nº 2, al. d)); como pressuposto da perda de instrumentos, produtos ou vantagens relacionadas com o ilícito cometido (artigos 109º, nº 1, 110º, nº 3, 111º, nºs 1, 2 e 3). Na Parte Especial, integra um dos pressupostos possíveis da não punibilidade de certos casos de coacção (artigo 154º,

Estas modificações não foram isentas de consequências. No plano dogmático tiveram dois significados imediatos: por um lado, ultrapassou-se alguma imprecisão conceitual na delimitação das soluções legais, já que se abandonou um conceito excessivamente amplo (o de «crime» ou «facto criminalmente ilícito») para servir de pressuposto à aplicação de diversas normas penais, evitando desse modo dúvidas quanto à qualificação dogmática do facto em causa; por outro lado, utilizaram-se as categorias da teoria do facto punível para delimitar os pressupostos de aplicação de várias figuras jurídico-penais. Subjacente a tal mudança existe uma opção dogmática do legislador que confirma o ilícito penal (tipificado) como centro axiológico da teoria do crime e à sua tradição junta-se agora a consagração no direito positivo.

2. Por muito que a configuração da lei possa auxiliar o intérprete, a correcta análise do problema não pode ser limitada à consideração de algumas particularidades do Direito positivo. Este pode ser indiciador de distinções dogmáticas a respeitar pelo intérprete, mas não a sua fonte última, pois as categorias sistemáticas de análise do crime não se fundam na lei, mas sim na tradição metodológica e no consenso da doutrina, e apenas têm de respeitar uma relação de congruência com a lei escrita (em pormenor, § 2 a 5 e § 36, I). A simples referência legal à «não punibilidade» pode ser um indicador formal, mas não determina por si só a natureza jurídica das cláusulas previstas na lei[291]. Estas têm sempre de ser sujeitas a uma análise que evidencie a sua estrutura dogmática e as valorações materiais que lhes estão associadas. Na verdade, algumas situações descritas como situações de não punibilidade podem corresponder materialmente a a tipos justificadores ou de causas de desculpa expressas na norma. Situações deste tipo ocorrem quando o Código enuncia as causas de exclusão da ilicitude (artigo 31.º) ou na tipificação do excesso de legítima defesa (artigo 33.º, nº 2). O mesmo acontece na Parte Especial, em algumas cláusulas de interrupção voluntária da gravidez (artigo 142.º), em casos específicos de intervenção numa rixa (artigo 151.º, nº 2), no caso de intervenções e tratamentos médicos realizadas excepcionalmente sem consentimento (artigo 156.º, n.º 2), em algumas situa-

---

nº 3, al. b); é um elemento dos tipos de ilícito de receptação (artigo 231º, n.º 1, 2 e 3 al. b)) e de auxílio material (artigo 232.º, n.º 1) e funciona ainda como qualificação do facto precedente no branqueamento (artigo 368.º- A) e como condição de punibilidade do crime de embriaguez e intoxicação (artigo 295º, n.ºs 1, 2 e 3, todos do Código Penal).

[291] Coincidente quanto a este ponto de partida, mas não quanto aos resultados, DAMIÃO DA CUNHA, *RPCC* 15 (2005), 230 e 238 e ss. TAIPA DE CARVALHO, *Direito Penal* PG (2.ª edição, 2008), 263 (§§ 481-482) sublinha, com razão, a imprecisão literal e dogmática das normas penais neste domínio.

ções de coacção (artigo 154.º, 3) e de devassa da vida privada (art. 192.º, n.º 2) ou na omissão de auxílio (art. 200.º, n.º 3).

Nestes casos o legislador prevê situações de conflitos de interesses em que opta pela tutela de um deles quando para tal se revela necessário o sacrifício do outro ou casos em que o agente não se encontra em situação de normal permeabilidade à conduta devida ou às valorações jurídicas do sistema penal. Por outras palavras, estamos em princípio perante possíveis casos de justificação e de desculpa. Não se trata, pois, de afirmar que o facto é ilícito e culposo só que não punível, mas sim e apenas uma forma genérica de o legislador exprimir a ausência de responsabilidade penal nas situações que descreve.

Já noutras situações, a não punibilidade foi mantida no novo texto do Código Penal sem essa dependência, surgindo como um possível juízo adicional, autónomo e negador da responsabilidade penal, para além dos momentos de ilicitude e de culpa. Assim acontece, de forma mais ou menos clara perante as categorias da ilicitude e da culpa, no regime geral da desistência (artigos 24.º e 25.º), em casos de reparação por meios específicos no crime de usura (artigo 226.º, n.º 5), na desistência de actos preparatórios puníveis (artigo 271.º, n.º 3), no abandono e arrependimento activo em relação à associação criminosa e à sua actividade (art. 299.º, n.º 4), na desistência de actividades terroristas (art. 301.º, n.º 2), no abandono da participação no motim (art. 302.º, n.º 3[292], e art. 303.º, n.º 5) e na retractação em ilícitos de falsificação que afectem a realização da justiça (art. 362.º). As diversas situações de não punibilidade nestes casos apresentam duas características: por um lado, prevêem elementos materiais autónomos em relação ao ilícito culposo cometido pelo agente, cujos referentes axiológicos remetem para os critérios de legitimidade da pena anteriormente expostos (§ 37, III); por outro lado, apesar de a formulação ser semelhante (a simples referência literal à «não punibilidade») umas vezes o legislador reporta a valoração ao facto e outras ao agente, o que pode indiciar uma diferente extensão dos seus efeitos em casos de comparticipação[293].

3. Não significa isto que na ausência de uma referência à punibilidade todos os elementos que constem da descrição legal sejam elementos do ilícito típico. A integração das condições objectivas de punibilidade na tipicidade sugerida por

---

[292] Embora a Comissão Revisora de 1993 tivesse aprovado para este caso uma «dispensa de pena» (*Actas*, 1993, 378).
[293] Sobre a distinção, PETROCELLI, *Ridpp* (1960), 688 e ss; BRICOLA, *Novissimo Digesto* XIV (1967), 592 e ss; RUGGIERO, «Punibilità» in *Enciclopedia del Diritto*, XXXVII, 1988, p. 1123 nt. 15, e 1126-1127.

alguns sectores da doutrina[294] é, em regra, traçada com base num equívoco, que consiste em confundir a tipicidade (categoria sistemática) com descrição global dos pressupostos da punição (com o tipo legal ou o tipo total)[295]. Nesse sentido, tão amplo quanto impreciso, tudo seria afinal tipicidade e esta seria o resultado de qualquer análise sistemática[296]. Não é esta a forma correcta de colocar o problema quando está em causa a afectação e delimitação de certos elementos às categorias sistemáticas de análise do crime. As condições objectivas de punibilidade surgem na descrição legal dos tipos incriminadores ou de normas penais complementares, para desse modo cumprirem a sua função restritiva do âmbito da intervenção penal. A questão sistemática relevante consiste, contudo, em saber se tais elementos integram o facto tipicamente ilícito (ou se são exteriores ao mesmo) e não se fazem parte da tipicidade enquanto simples descrição legal selectiva (tipo de garantia).

O problema não se resolve invocando apenas a descrição legal ou o efeito preclusivo da ausência de tal elemento (em relação à análise da ilicitude ou da culpabilidade) como sugere DAMIÃO DA CUNHA[297], pois esses são meros critérios formais ou cruzamentos dificilmente aceitáveis entre a ordem material de análise e a ordem processual de decisão. Também alguns elementos especiais da ilicitude ou da culpa surgem na descrição legal sem que isso afecte a sua inserção sistemática. Por seu turno, o efeito preclusivo da ausência de um elemento essencial verifica-se em relação a qualquer pressuposto material ou processual da análise do crime. Tão pouco se pode invocar a precedência da análise processual para daí retirar uma indicação categórica sobre a inserção substantiva de tal elemento. A ordem de análise processual é ditada por razões de economia processual da decisão judicial e de racionalização da fundamentação como condição de um exercício adequado do contraditório (nomeadamente, para efeito do eventual recurso da decisão) – e não por razões materiais. Por isso mesmo, o primeiro crivo de análise no processo consiste na comprovação da existência dos pressupostos processuais (artigos. 311.º, n.º 1, e 368.º, n.º 1, do CPP) sem que isso os converta em elementos da tipicidade.

---

[294] Sobre as propostas dogmáticas que apontam neste sentido, veja-se, em pormenor, *supra* Capítulo VI, § 31, II, em ligação com o Capítulo V, § 24.

[295] Para uma análise deste conceito e da flutuação terminológica que o envolve, na doutrina e na lei, siga-se, primeiro, FIGUEIREDO DIAS, *Consciência da ilicitude*, 66 e ss e 93, nota 93; depois, com muitas referências, AUGUSTO SILVA DIAS, *Delicta in se*, 407 e ss; agora, LOBO MOUTINHO, *Da unidade à pluralidade dos crimes*, 152 e ss.

[296] Sobre a relação entre tipicidade e punibilidade e a sua diferenciação material e metodológica, SOUSA E BRITO, *LH-Roxin* 109-111.

[297] DAMIÃO DA CUNHA, *RPCC* 15 (2005), 238.

Algo de equivalente se passa com as condições objectivas de punibilidade: a possibilidade de comprovação processual da sua ausência num momento anterior à análise da imputação subjectiva, da ilicitude ou da culpabilidade resulta do facto de se tratar de um elemento de natureza objectiva de fácil comprovação (como também acontece com os pressupostos processuais) e sem o qual o ilícito não atinge o limiar mínimo que justifica a intervenção penal legítima[298]. Mas tal não decorre de uma inserção sistemática ao nível do tipo ou, pelo menos, ao nível do tipo de ilícito, nem de uma inserção na tipicidade enquanto categoria do sistema de análise do crime. As condições objectivas de punibilidade são pressupostos autónomos da punibilidade do facto, situados fora do âmbito do ilícito culposo, por serem elementos estranhos à esfera de domínio do destinatário da norma penal (cfr. *supra* § 38, III), mas – por razões práticas e de economia de análise – podem ser conhecidas no momento de comprovação do tipo legal[299], dada a facilidade de aferição objectiva da sua verificação ou ausência. Desse modo, a falta de uma condição objectiva de punibilidade permite um diagnóstico rápido e seguro sobre a insuficiência dos demais elementos para fundamentar a perseguição penal, tornando desnecessário (e mesmo ilegítimo) um conhecimento de mérito mais profundo. Contudo, a funcionalidade do procedimento não altera o seu estatuto sistemático: uma condição objectiva de punibilidade, podendo ver a sua existência ser negada ou comprovada antes da análise dos elementos do ilícito culposo, continua a ser um elemento exterior ao facto do agente, mas em conexão imediata com o ilícito praticado.

4. Tendo o legislador acentuado a separação formal entre factos ilícitos e factos puníveis, com a natural repercussão nas circunstâncias que excluem a responsa-

---

[298] Neste sentido – e apenas neste sentido – se pode falar em tais casos de crimes sujeitos a «uma dupla tipicidade», como faz MAPELLI CAFFARENA, *Condiciones objetivas de punibilidad*, 143, em que «à compreensão dos elementos do tipo de ilícito acresce a necessidade de comprovação dos outros elementos (condicionantes) descritos no tipo legal».

[299] Em termos equivalentes, HASSEMER, *NK-StGB*, *vor* § 1, n.º 236-242, *maxime* 241, quando entende que as condições objectivas de punibilidade podem ser integradas na tipicidade sem grande inconveniente, desde que se esclareça a sua independência perante a imputação subjectiva (ainda, *Einführung*, 244, nota 165). Posição semelhante é sustentada por FIGUEIREDO DIAS, *Direito Penal PG I* (2.ª edição, 2007), 675 (§ 11), propondo um tratamento dogmático ao nível do tipo objectivo, e por FARIA COSTA, *O perigo*, 439-440, nota 168, ao incluir as condições objectivas de punibilidade no tipo, em nome de um *Typenstrafrecht*, mas sublinhando a sua autonomia relativamente ao «ilícito-típico» (na sua terminologia, «o núcleo duro da tipicidade»). Ainda, com base em considerações de economia de análise, ESER/ BURKHARDT, *Strafrecht* I 222 (n.º 12-13). Também, OTTO, *Shröder-Geds*, 54 e ss, 64-66, e JAKOBS, *Strafrecht*, 336 e ss. Depois, com outras distinções, GEISLER, *Bendingungen der Strafbarkeit*, 570-578.

bilidade por justificação e não punibilidade, importa agora considerar a vertente material da distinção. A questão é particularmente relevante quando o espaço dogmático da não punibilidade é negativamente delimitado pela justificação e pela desculpa[300]. Com base em que elementos será então possível traçar a distinção entre estas circunstâncias e as cláusulas autónomas de não punibilidade?

A um nível mais imediato, a delimitação pode assentar em indícios formais decorrentes da configuração legislativa das diversas figuras, mas revela-se fundamental ter em conta as características estruturais das mesmas, o objecto de cada uma e as valorações que lhes estão subjacentes. Nem todos estes elementos têm o mesmo valor dogmático e argumentativo mas nenhum deles deve ser ignorado.

A possibilidade de se conseguirem reunir elementos para delimitar as situações de justificação das situações de não punibilidade a partir do texto da lei afigura-se relevante, mas tem limitações significativas. Por um lado, o preceito que enuncia algumas das causas de exclusão da ilicitude (o art. 31º) não fornece em si mesmo qualquer critério inequívoco para, a partir dele, se delimitar a justificação do facto[301]. O que significa que o conceito de justificação não nos é dado directamente pelo Código Penal, mas antes construído no contexto do sistema penal, como decorre da sua história dogmática. Tão pouco se pode ceder ao vício metodológico de partir das figuras que se supõe serem causas de justificação para delas se extrair o que se pretende demonstrar: o princípio justificador que levará a que essas figuras sejam, exactamente, classificadas como causas de justificação. Quando muito tais figuras poderão ser um hipotético mapa legal da justificação e, quanto às cláusulas com maior estabilização histórica, fonte de características comuns dos tipos justificadores.

O debate sobre o fundamento e os critérios classificatórios das diversas cláusulas dirimentes da responsabilidade penal tem por isso que ser traçado em função do seu objecto, da sua natureza e funções e das valorações que lhes estão associadas[302]. As causas de não punibilidade distinguem-se das causas de justificação e das causas de desculpa em função desses referentes. Na perspectiva subjacente a este estudo, a justificação penal corresponde a uma tutela forte do sistema penal sobre certas situações, descritas pelo legislador de forma funcional em tipos justificadores, com normas de conduta autónomas em relação ao tipo

---

[300] FIGUEIREDO DIAS, *Direito Penal PG I* (2.ª edição, 2007), 669-670.
[301] CAVALEIRO de FERREIRA, *Lições I* (1992), 167.
[302] A questão liga-se ao fundamento da justificação e ao conteúdo material da culpabilidade. As opções essenciais nestas matérias que estão subjacentes a este estudo foram já assumidas no § 37, II. Sobre as diversas orientações subjacentes à compreensão dogmática destas figuras, por todos, FIGUEIREDO DIAS, *Direito Penal*, PG I (2.ª edição, 2007) 384 e ss e 510 e ss.

incriminador[303], que apresentam três características: são condutas aprovadas ou toleradas pelo sistema, pelos valores que são prosseguidos com a sua realização[304]; em segundo lugar, trata-se de condutas juridicamente preservadas pelo sistema que, para o efeito, não admite interferência nas mesmas[305]; em terceiro lugar, são circunstâncias concomitantes à execução do ilícito e não anteriores ou posteriores ao mesmo[306]. O primeiro aspecto legitima um controlo racional e

[303] Sobre a articulação funcional entre tipos incriminadores e tipos justificadores, veja-se FIGUEIREDO DIAS, *Direito Penal*, PG I, 2.ª edição, 269-270 e 385 e ss (mas já em *O problema da consciência da ilicitude*, 404, e *RPCC* 1 (1991), 45). Apesar dessa articulação funcional, as causas de justificação não são elementos do facto, como sublinha SCHMIDHÄUSER, *Studienbuch* AT, 132 (6/8), mas sim circunstâncias autónomas com um significado negativo para a confirmação do ilícito penal. Quanto ao significado dogmático da autonomia dos tipos justificadores, em pormenor, MARIA FERNANDA PALMA, *Justificação por legítima defesa*, 697-708, e, depois, TAIPA DE CARVALHO, *Direito Penal PG* (2.ª edição, 2008), 332 e ss, sublinhando com razão a importância das normas de conduta inerentes às causas de justificação.

[304] Em termos próximos, TAIPA DE CARVALHO, *Direito Penal PG* (2.ª edição, 2008), 331 e ss, mas configurando a justificação apenas como «aprovação jurídica da conduta». Em sentido diferente, aceitando que a justificação não depende da associação a um facto valioso, mas que pode ser vista em si mesma como uma conduta não desvaliosa, MARIA FERNANDA PALMA, *Justificação por legítima defesa*, 758-764 (em ligação com pp. 697 e ss, 714 e ss, 719 e ss, 727, 747 e ss), identificando-a designadamente como «uma conduta que assegura bens da dignidade da pessoa humana». É certo – e neste ponto concorda-se com Maria Fernanda Palma – que a justificação não significa necessariamente aprovação da conduta. Mas já não parece possível identificar um caso de «merecimento justificador» («que depende, em suma, da aptidão de uma conduta para a realização de uma ordem baseada no respeito mútuo pela dignidade da pessoa humana» – p. 764) e tal conduta ser desprovida de valor. A própria ideia de «insuportabilidade da não defesa» que a Autora usa como critério para a ponderação de casos supõe que a defesa é um valor a preservar pelo sistema penal no caso concreto.

[305] Sobre este ponto, CORTES ROSA, *LH-Roxin*, 248-249, 262 e ss e 265-278. Em termos parcialmente distintos, MARIA FERNANDA PALMA, *Justificação por legítima defesa*, 740 e ss, e 747 e ss e 837, distinguindo, por um lado, entre permissões fortes e permissões fracas e invocando, por outro, critérios normativos (insuportabilidade da não defesa e a legitimação da justificação por critérios de igualdade de protecção jurídica) que conduzem a conclusões distintas da generalidade da doutrina quanto à admissibilidade de legítima defesa contra legítima defesa. Crítico, TAIPA DE CARVALHO, *Direito Penal PG* (2.ª edição, 2008), 358 e ss (§ 650 e ss).

[306] Sobre este último ponto, ROXIN, *Strafrecht AT* (4.ª edição, 2006), § 14, n.º 39, seguindo SCHMIDHÄUSER, *Studienbuch* AT, 130 (6/1), que, por sua vez, entende as causas de justificação como «fragmentos do acontecimento fáctico». No mesmo sentido, PATRÍCIA FARALDO CABANA, *Causas de levantamiento de la pena*, 79, 80, 92, e ADELA ASÚA BATARRITA, *Libro Homenaje al Profesor Doctor Don Ángel Torío López*, 226-227. Em sentido próximo deste, FARIA COSTA, *Direito Penal Especial*, 124, embora usando o conceito de consumação e não o conceito de execução do ilícito (que não são coincidentes, para este efeito, pois a desistência, por exemplo, é posterior à execução do ilícito, mas pode ser anterior ou posterior à consumação).

político-criminal das opções feitas nesta sede pelo legislador e permite perceber por que razão as causas de justificação podem ter origem em qualquer ramo do direito, enquanto as causas de não punibilidade são especificamente penais[307]. O segundo é uma exigência lógica, axiológica e sistemática: se a conduta permitida ao agente apresenta aspectos valiosos ao ponto de neutralizar o juízo de ilicitude penal é merecedora de tutela jurídica, não se admitindo como legítima uma actuação contrária à mesma. O terceiro aspecto evidencia uma característica estrutural das circunstâncias justificadoras que as permite distinguir de outras figuras legais com efeitos dirimentes da responsabilidade penal do agente: o âmbito do ilícito culposo está cronologicamente limitado às circunstâncias contemporâneas da infracção à norma de ilicitude; diversamente, a punibilidade pode atender a factos anteriores ou circunstâncias posteriores que, mesmo sem alterarem o conteúdo da ilicitude e da culpa pelo facto, podem pôr em causa a legitimidade e a prossecução dos fins da pena estatal[308].

As valorações associadas às causas de justificação e de desculpa, por um lado, e às causas de não punibilidade, por outro, são igualmente distintas. Nos casos de justificação penal existe sempre um conflito de interesses em que um deles é afirmado e o outro sacrificado e sem esse conflito não há justificação legítima[309]. Mas tal não basta, pois, como já se referiu (*supra* § 37, II) só há justificação quando o sacrifício de um interesse é necessário para a salvaguarda do outro[310]. Por outro lado, o legislador não oferece a mesma tutela ou a mesma intensidade de tutela à resolução de todos os conflitos de interesses com relevância penal. Para resolver alguns conflitos de interesses o legislador pode limitar-se a não punir, já que num sistema penal constitucionalmente orientado pela mínima intervenção deve, em casos de assimetria axiológica de bens conflituantes, ser também ponderado o interesse na não punição[311]. Este é, no fundo, um dos critérios da

---

[307] DONINI, *Teoria del reato*, 218.
[308] Por isso mesmo SCHMIDHÄUSER, *Studienbuch AT*, 259-260 (9/5), apresenta as causas de não punibilidade como momentos exteriores ao acontecer fáctico, relacionados com o merecimento penal do facto. Depois, ainda, JESCHECK/WEIGEND, *Lehrbuch*, 551 e ss.
[309] Sobre o princípio da ponderação de interesses na justificação, FIGUEIREDO DIAS, *Direito Penal*, PG I (2.ª edição, 2007), 390-391. Depois, TAIPA DE CARVALHO, *Direito Penal PG* (2.ª edição, 2008), 335 e ss. Embora se deva reconhecer, seguindo MARIA FERNANDA PALMA, *Justificação por legítima defesa*, 759, que a identificação de um conflito de interesses não é um critério de justificação, mas apenas a revelação da possível estrutura dos casos de justificação.
[310] Sobre esta exigência enquanto requisito da justificação penal, ARMIN KAUFMANN, *Normentheorie*, 253-256; ZIELINSKI, *Handlungs-und Erfolgsunwert*, 226-227 e 235-252. Concordante, ROXIN, *Strafrecht AT* (4.ª edição, 2006), § 14, n.º 41, associado o princípio da necessidade à regulação socialmente correcta do conflito, por considerar que uma medida não necessária (*ex ante*) não satisfaz esta formulação. Entre nós, MANUEL CORTES ROSA, *LH-Roxin*, 278, nota 104.
[311] BACIGALUPO, *Delito y punibilidad*, 130 e 140.

necessidade de pena: sempre que os fins da punição se possam atingir sem a pena ou esta não possa prosseguir tais fins, o legislador deve permitir que o Estado renuncie à aplicação da pena por enfraquecimento da sua legitimidade punitiva. Estaremos nestes casos perante conflitos de interesses que, em circunstâncias específicas, o sistema penal reconhece que não pode resolver adequadamente. Tal impossibilidade pode decorrer do facto de o sistema penal não poder tomar facilmente partido pela conduta que sacrifica um dos interesses em conflito, por o interesse prosseguido, sendo respeitável pelo sistema penal, não ter dignidade suficiente para ser acolhido a par da aceitação da lesão de um outro ou porque o seu sacrifício não é condição necessária da tutela do outro interesse em conflito. Um possível critério de identificação daqueles casos reporta-se à contraposição de bens que não têm perante a Constituição material uma equivalência axiológica, em termos que permitam ao legislador penal optar pela tutela de um deles sacrificado assumidamente o outro. Devem para além disto, como se referiu, ser igualmente ponderadas as possíveis consequências da penalização da conduta, na medida em que possam ser expressão ou negação de um juízo sobre a adequação, necessidade ou carência de pena.

A autonomia das cláusulas de não punibilidade em relação às causas de desculpa é menos complexa, já que têm um objecto material e valorações muito distintas: as causas de desculpa organizam circunstâncias que interferem com a concreta capacidade de motivação ou percepção do agente no momento da prática do facto e o seu funcionamento é em regra filtrado por critérios de censurabilidade pessoal. A verificação destes aspectos exclui a hipótese de a cláusula legal em análise ter apenas a ver com o tipo de punibilidade. Mas a configuração objectiva de uma cláusula legal com aparentes elementos de desculpa cuja aplicação seja indiferente à sua concreta influência sobre o agente será um indício de que o legislador acolheu uma causa de não punibilidade, como acontece com o favorecimento pessoal de parentes ou familiares (art. 367.º, n.º 5, al. b), do Código Penal)[312]. A desculpa é sempre pessoal, concreta e aferida pelo seu efeito real sobre o agente. Diversamente, a não punibilidade pode ser objectiva, não condicionada pela concreta capacidade de culpa do agente e orientada por uma prognose de adequação às finalidades da punição.

---

[312] Considerando que se trata de causas de exclusão da pena, MEDINA DE SEIÇA, *Comentário Conimbricense III*, artigo 367.º, embora identifique o seu fundamento por referência a critérios de «inexigibilidade» (§§ 50, a) e 53, b)) e situações de constrangimento que colocam o agente numa posição análoga à do estado de necessidade desculpante (§ 52). Diversamente, PAULO PINTO DE ALBUQUERQUE, *Código Penal* (2.ª edição, 2010), artigo 365.º, anotação 27, considera que se trata de uma causa de exclusão da culpa.

A delimitação entre justificação e desculpa, por um lado, e não punibilidade, por outro, é ainda particularmente consequente, em especial quanto à primeira, podendo identificar-se diferentes soluções consoante esteja em causa uma ou outra figura em matéria de erro, comparticipação, responsabilidade civil ou aplicação de medidas de segurança, por exemplo. Ao tema será dedicado o § 42, IV, deste estudo.

5. As fronteiras da punibilidade exigem igualmente uma delimitação em relação a outras figuras que lhe sucedem no plano lógico e que, em rigor, já não consubstanciam uma valoração inerente ou decorrente do facto penalmente relevante. Concretamente, a categoria da punibilidade e as figuras que a integram devem ser delimitadas em relação à *dispensa de pena*, com a qual se envolvem por vezes numa confusão semântica, quando não também numa perniciosa confusão dogmática, qualquer uma injustificável. Para o efeito, importa saber, em primeiro lugar, como distinguir no plano substancial, para além das diferenças meramente literais, uma situação de não punibilidade de um caso de dispensa de pena, já que a delimitação das demais situações se torna clara[313]. Em segundo lugar, impõem-se um esclarecimento sobre a natureza e efeitos das duas figuras.

Para resolver a primeira questão deve partir-se do objecto das valorações do sistema penal. A não punibilidade expressa um juízo de valor do sistema penal ainda reportado ou com incidência *no facto* cometido, sendo um dos seus elementos ou atributos relevantes em termos de constituição da responsabilidade penal dos agentes. A dispensa de pena não caracteriza axiologicamente o facto, nem decide sobre a questão fundamental da constituição da responsabilidade penal dos agentes. Pelo contrário: é antes, e apenas, uma escolha dentro das respostas sancionatórias para aquele facto que se valorou como um crime. Seguindo FIGUEIREDO DIAS, pode dizer-se que a impunibilidade «radica na falta de

---

[313] A não punibilidade consiste na possibilidade abstracta de ausência de sanção penal para um ilícito penal, o que se traduz numa alteração jurídico-penal qualitativa do facto punível cometido que obsta a qualquer punição concreta, enquanto a atenuação especial da pena pressupõe que o facto é punível e a pena aplicável, mas modificada quantitativamente nos termos dos artigos 72º e 73º do Código Penal. Por outro lado, quando o facto que no texto anterior (à reforma de 1995) podia ser objecto de uma «isenção de pena» passou agora a depender de queixa ou acusação, tal alteração não incide na valoração abstracta do facto, mas apenas na natureza do crime, que deixa de ser público e passa a semi-público ou particular.

elementos que digam respeito ao facto, por exemplo a desistência da tentativa, e a dispensa de pena será uma declaração de culpabilidade sem fixação de pena»[314]/[315].

Os casos de não punibilidade estão associados a efeitos político-criminais úteis do recuo do poder punitivo do Estado, numa óptica de legitimidade material da punição, por referência às finalidades e consequências das penas. A conduta que fica impune ainda prossegue um interesse que o sistema penal respeita ou valora positivamente ou, noutro caso, o agente recompôs a situação criada com o ilícito anterior, removendo um perigo ou evitando a veirificação ou subsistência dum dano. O que, por seu turno, implica uma reconsideração sobre a legitimidade da punição por referência às finalidades do sistema punitivo, já que declarar como não punível um ilícito culposo prossegue igualmente um interesse legítimo do Estado (um interesse político-criminal na não punição). Assim, as figuras da não punibilidade reportam-se a um momento valorativo na estrutura da teoria do crime –a categoria da punibilidade – onde se ponderam (por referência ao facto e às circunstâncias imediatamente conexas com ele) as exigências da necessidade punitiva, os fins das penas e os efeitos previsíveis destas. Numa palavra, onde se filtra a legitimidade da ameaça penal, articulando elementos materiais conexos com o facto ilícito, as finalidades das penas e as consequências previsíveis das mesmas. Diferentemente, a dispensa de pena é uma forma característica da resposta sancionatória do Estado, que não se traduz numa renúncia ao concreto exercício do poder punitivo mas sim numa forma específica de o exercer, e que apenas tem a ver com a penalidade ou as consequências jurídicas do facto[316]. A falta do tipo de punibilidade torna ilegítima a punição. A ocorrência duma dispensa de pena não colide com a legitimidade da punição nem com a declaração de culpabilidade do arguido, mas só com a adequação da concreta da mesma ao agente.

Por isso mesmo, as duas figuras têm de ser claramente separadas, quer em termos substantivos, quer em termos processuais, não podendo em caso algum, ao contrário do que parece sugerir DAMIÃO DA CUNHA, ser objecto de um tratamento dogmático conjunto numa única categoria ou momento sistemático que

---

[314] Cfr. *Actas* (1993), 459. Depois, neste mesmo sentido, o meu texto sobre o tema em Jornadas, 79. Concordante, LOBO MOUTINHO, *Da unidade à pluralidade dos crimes*, 764-766.
[315] Para uma análise da dispensa de pena, FIGUEIREDO DIAS, *As consequências jurídicas do crime*, 314 e ss. Depois, com algumas divergências, DAMIÃO DA CUNHA, *RPCC* 15 (2005), 234 e ss.
[316] Categórico, FIGUEIREDO DIAS, *Direito Penal PG I* (2.ª edição, 2007), 281. Sobre a distinção entre punibilidade e penalidade, MIGUEL POLAINO NAVARRETE, *Criminalidad actual e Derecho penal*, 1988, 31 e ss. Na doutrina italiana uma distinção paralela é traçada por referência aos conceitos de punibilidade abstracta e punibilidade concreta (por exemplo, RUGGIERO, *Enciclopedia del Diritto* XXXVII (1988), 1122 e ss).

as reúna[317]. Figuras distintas, com um lastro histórico claramente diferenciado, com diferente conexão com o facto, distinta materialidade e consequências processuais opostas não podem ser tratadas em conjunto[318]. De forma sintética: a dispensa de pena não integra o tipo de punibilidade.

A autonomia das figuras da não punibilidade em relação à dispensa de pena tem apoio no direito substantivo e no direito processual. Desde logo, no Código Penal onde a propósito do conhecimento público da sentença condenatória nos crimes contra a honra (artigo 189.º) se faz notar que mesmo quando existe dispensa de pena a decisão é condenatória[319]. Solução corroborada no plano processual com o disposto no artigo 375.º do CPP. A versão do artigo 375.º introduzida em 1995 fez desaparecer a referência à isenção de pena, mantendo a natureza condenatória da sentença aplique uma dispensa de pena. O que permite concluir que a sentença que conheça da não punibilidade (num caso de desistência voluntária, por exemplo) tem natureza absolutória no novo texto da lei processual penal e aquela que conheça da dispensa de pena possui natureza condenatória[320]. Numa palavra, pode afirmar-se com FIGUEIREDO DIAS que a *dispensa de pena* se situa ainda no âmbito da determinação da pena, «tendo algo de uma pena de substituição»[321].

---

[317] DAMIÃO DA CUNHA, *RPCC* 15 (2005), 230, 234-236, 240, 243-244, 255. Também MARIA FERNANDA PALMA, *RPCC* 9 (1999), 589, numa referência pontual, parece perspectivar em conjunto a dispensa de pena e a exclusão da pena.
[318] A esta luz, algumas soluções acolhidas na reforma de 1995 são passíveis de crítica, quando, para condutas de desistência voluntária activa, nomeadamente em crimes de perigo, em vez de consagrar a não punibilidade se passou a estatuir a dispensa de pena. É o que acontece com o disposto nos artigos 286º, previsto para os crimes de perigo comum, quando aplicável aos crimes de perigo concreto previstos nos artigos 287º a 291º. Tratou-se de um alargamento do espaço da punibibilidade por referência ao texto anterior.
[319] Cfr. *Actas* (1993), 277. O preceito do texto anterior (art. 175º) não fazia referência nem à isenção, nem à dispensa de pena.
[320] Posição que remonta ao meu texto anterior incluído nas *Jornadas,* 79-81 e ss. Depois, LOBO MOUTINHO, *Da unidade à pluralidade dos crimes,* 766. Em sentido diverso, DAMIÃO DA CUNHA, *RPCC* 15 (2005), 243-244, defendendo inclusivamente a utilização desse facto como antecedente do arguido (mas reconhecendo, a pag. 248, a necessidade de se fazer uma distinção entre alguns casos de não punibilidade que antes trata em conjunto). Em relação ao inquérito criminal, o entendimento sustentado no texto significa que um caso de não punibilidade dá origem a um arquivamento (artigo 277.º, n.º 1, CPP) e não permite o recurso ao arquivamento em caso de dispensa de pena (artigo 280.º, CPP), como sublinha de forma exacta PAULO PINTO DE ALBUQUERQUE, *Código de Processo Penal* (4.ª edição, 2011), artigo 280.º, anotação 4.
[321] FIGUEIREDO DIAS, *As consequências,* 316-317. Para um confronto com outras figuras e interessantes linhas de reflexão, DAMIÃO DA CUNHA, *RPCC* 15 (2005), 251 e ss.

Daqui resultam consequências importantes quanto à articulação das duas figuras: primeiro, a comprovação do tipo de punibilidade é sempre necessária e anterior a qualquer hipótese de dispensa de pena; e, segundo, a ausência do tipo de punibilidade prevalece sobre a hipótese de dispensa de pena. Assim, se num crime que permite dispensa de pena se verificar a falta de uma condição objectiva de punibilidade ou tiver ocorrido um caso de desistência voluntária, a ausência do tipo de punibilidade preclude a hipótese de dispensa de pena, porque esta é ainda uma forma de resposta sancionatória do Estado, uma forma de exercer o poder punitivo estadual, cuja legitimidade cessa perante a ausência do tipo de punibilidade[322].

V. *Âmbito material do tipo de punibilidade*

1. Os elementos até aqui reunidos permitem traçar o âmbito material do tipo de punibilidade – ou seja, o conjunto de figuras que o mesmo pode abranger ou situações relevantes para a sua subsistência, comprovação ou exclusão – e que, de resto, se foi indiciando paulatinamente ao longo do texto.

A delimitação em causa tem uma vertente negativa e uma outra positiva. A precedência sistemática do tipo de ilícito e do tipo de culpa em relação ao tipo de punibilidade implica um efeito negativo daqueles em relação a este: só podem integrar o tipo de punibilidade os elementos que não sejam exclusivamente afectos à estrutura material do ilícito culposo (e respectivas causas de exclusão da tipicidade, da ilicitude ou da culpa). De forma idêntica, a clivagem entre os pressupostos materiais e os pressupostos processuais da responsabilidade penal induz também uma depuração do conteúdo material da punibilidade, pois os elementos que não tenham uma conexão imediata com o facto ilícito não podem constituir pressupostos materiais da responsabilidade criminal, apesar de

---

[322] Por esta razão, e ao contrário do que sugere DAMIÃO DA CUNHA, *RPCC* 15 (2005), 231 e ss e 255, no que parece ser acompanhado por PAULO PINTO DE ALBUQUERQUE, *Código de Processo Pena* (4.ª edição, 2011), artigo, 368.º, anotação 6 (cfr. contudo artigo 369.º, anotação 2, em que inclui a dispensa de pena no processo de determinação da sanção), a figura da dispensa de pena não é realmente parte do processo decisório previsto no artigo 368.º, n.º 2, al. e), do CPP, que diz nuclearmente respeito à relevância excludente da falta do tipo de punibilidade. Só comprovada a realização do tipo de punibilidade se pode debater a determinação da pena concreta ou a sua renúncia. Deste ponto de vista, a possibilidade de dispensa de pena supõe que a análise realizada no artigo 368.º, n.º 2, al e), do CPP esteja concluída e que não existam obstáculos (nem ao nível do tipo de punibilidade) à determinação da sanção. A figura da dispensa de pena não se inclui portanto neste preceito, surgido antes como um primeiro momento (negativo) do processo de determinação da sanção (artigo 369.º): como uma renúncia legalmente possível à determinação de uma pena efectiva.

poderem condicionar o processo e, por essa via, a sua atribuição nesse contexto. O facto ilícito típico constitui o centro de referência da teoria do crime e todos os pressupostos materiais da responsabilidade carecem de estar associados ao mesmo. Se tal não acontecer, estaremos perante possíveis obstáculos processuais ao conhecimento de mérito, isto é, questões prévias que impedem o conhecimento da questão substantiva controvertida (para efeito, nomeadamente, dos artigos 311.º, n.º 1 e 368.º, n.º 1 e 2, do CPP), como as causas de extinção da responsabilidade (amnistia, perdão, morte e prescrição), o efeito forte de algumas provas proibidas, as nulidades (absolutas e mistas arguidas em tempo) ou a falta de pressupostos processuais específicos nos crimes semi-públicos e particulares.

Para este efeito, importa igualmente separar os aspectos relativos ao facto (elementos do facto ou em conexão imediata com o facto que, por isso, podem ser usados na sua valoração) daqueles que se referem exclusivamente à determinação e escolha da reacção sancionatória, que devem ser tratados ao nível da teoria da pena (ou das consequências jurídico-penais do facto) e não ao nível da teoria do crime. Inclui-se neste caso a dispensa de pena[323] que expressa apenas um juízo de inadequação relativo à hipótese de efectiva punição concreta e não um juízo sobre a punibilidade do facto. A renúncia à pena efectiva pressupõe implicitamente a possibilidade de punir e tal só é possível se o aplicador do direito estiver perante um facto punível. Na ausência de um facto punível não é legítimo recorrer a uma dispensa de pena. Esta é matéria da penalidade (renúncia à pena efectiva) e não da punibilidade do facto e, por isso, não pode ser tratada na teoria do crime (enquanto a mesma tiver como referência essencial o facto punível).

A delimitação positiva do âmbito material do tipo de punibilidade não é de todo consensual entre a doutrina que reconhece a autonomia dos elementos em causa na estrutura da teoria do crime[324]. O seu conteúdo varia de acordo com o sistema dogmático seguido. Em algumas construções a categoria da punibilidade integra as condições objectivas de punibilidade e as causas de exclusão e anulação da punibilidade enquanto manifestações de critérios de necessidade de pena ou de um específico juízo de merecimento penal do facto[325]. Noutras propostas

---

[323] Artigos 74.º, 35.º, n.º 2, 143.º, n.º 3, 148.º, n.º 2, 186.º, 250.º, n.º 3, 286.º e 294.º, 359.º, 360.º, 361.º, 364.º, todos do Código Penal.

[324] Para uma visão de conjunto sobre a autonomia da categoria da punibilidade, o seu conteúdo e a sua negação por parte da doutrina, veja-se Capítulo VI deste estudo.

[325] SCHULTHEISZ, *SchwZStR* 64 (1949), 348-353; STRATENWERTH, *ZStW* 71 (1959), 576 e ss, *Seminar II*, 264, *Strafrecht, AT* (6.ª edição, 2011), § 7, n.º 29-30; JESCHECK/WEIGEND, *Lehrbuch*, 551-560; VOLK, *Introduzione*, 107-109; SCHMIDHÄUSER, *ZStW* 71 (1959), 559-560, *Lehrbuch*, 382-392 (Capítulos 12 e 13) *Studienbuch*, 67-68 (4/30) e 258-264 (Capítulo 9); LANGER, *Sonderverbrechen*, 334 e ss; POLAINO NAVARRETE, *Criminalidad actual*, 32-38; Entre nós, FIGUEIREDO DIAS, *RPCC* 2 (1992), 30-44; SOUSA E BRITO *Direito Criminal II*, 1963, 165-166, *Sentido*

a categoria é alargada a elementos de natureza distinta, como cláusulas expressivas de uma especial danosidade ético-social do facto ilícito e culposo (v.g. as cláusulas de habitualidade em certos crimes)[326], elementos diversos dos tipos em especial (como as cláusulas que expressam uma forma específica de agressão, que delimitam objectivamente o círculo de autores em função de certas qualidades ou os elementos correspondentes a intenções específicas, finalidades, tendências e ânimos do agente, entre outras)[327], figuras de dúbia inserção sistemática, como a prescrição, a queixa ou autorizações de órgãos políticos[328], o indulto e a amnistia[329] ou o próprio resultado nos crimes materiais, quando concebido, não como um elemento integrador do ilícito, mas como condição objectiva de punibilidade[330]. O âmbito material da categoria é, portanto, um dos aspectos mais duvidosos da sua autonomia sistemática na teoria do crime.

2. Ultrapassando os particularismos de cada construção dogmática, podemos identificar três grandes linhas de orientação neste domínio: uma proposta minimalista adopta um *conceito restrito de punibilidade*, onde apenas se integram, numa hipótese, as condições objectivas de punibilidade e as causas de exclusão da pena[331]

---

e valor, 1989, 114-115, 126-127, e *LH-Roxin*, 1995, 109-110; Ribeiro de Faria, *Sobre a desistência da tentativa*, 117-135. Actualmente, Figueiredo Dias, *Direito Penal PG I* (2.ª edição, 2007), 671 e ss (Cap. 26, § 6 e ss), delimita a categoria da punibilidade em função da dignidade penal do facto, nela incluindo as condições objectivas de punibilidade, diversas causas de não punibilidade (em especial os regimes de desistência e arrependimento activo) e alguma criminalidade bagatelar.

[326] Schmidhäuser, *Lehrbuch*, 385-386 (nº marg. 8), e *Studienbuch*, 260; Langer, *Sonderverbrechen*, 334 e ss.

[327] Schünemann, *SchwZStR*, 97 (1978), 149 e ss. Com um elenco mais limitado, Schmidhäuser, *Gesinnungsmerkmale*, 210 e ss.

[328] Schultheisz, *SchwZStR* 64 (1949), 348, 351; Polaino Navarrete, *Criminalidad actual*, 33; Ferrè Olivè, *RGDP* 10 (2008), 5 e ss, 12 a 16, incluindo na categoria as condições objectivas de punibilidade, as causas de não punibilidade e vários pressupostos processuais.

[329] Garcia Perez, *Punibilidad*, 342-345. Em parte, com uma formulação apenas negativa e extra-sistemática, Donini, *L'Indice Penal* 3 (2001), 1040-1043, 1048-1051, 1056-1060.

[330] Zielinski, *Handlungs- und Erfolgsunwert*, 204 e ss.

[331] Nesta solução as causas de anulação da pena (ou seja, condutas posteriores ao facto) são em regra remetidas para a teoria das consequências jurídica do crime. A solução remonta a Liszt, *Lehrbuch* (21º e 22ª edição, 1919), 181-185 (§ 44) e 271-273 (§ 74) e tornou-se significativa em Espanha. Veja-se, por exemplo, Vitor Remensal, *El comportamiento postdelictivo*, 344-345. Depois, Patricia Faraldo Cabana, *Causas de levantamiento de la pena*, 177-178, designando-as com «outros pressupostos da pena alheios ao delito».

ou, noutra variante, apenas as causas de não punibilidade[332]; uma *via intermédia* é seguida pelos autores que acolhem na categoria da punibilidade todas estas figuras[333]; finalmente, algumas construções adoptam um *conceito amplo de punibilidade*, onde se atribui relevância a um elenco mais vasto de figuras (*v.g.* prescrição, queixa, indulto, dispensa de pena, autorizações políticas ou excesso de prisão preventiva) que, em última instância, podem ter em comum apenas o facto de não permitirem a efectiva atribuição de responsabilidade criminal ao agente, apesar da prática de um ilícito culposo[334].

Apenas a solução intermédia se revela legítima para determinar com unidade axiológica e congruência material o conteúdo do tipo de punibilidade.

---

[332] Ficando as condições objectivas de punibilidade integradas na tipicidade. Sobre esta corrente doutrinária, Sax, *JZ* (1976), 12 e 15-16; Otto, *Schröder-Geds*, 54 e ss e 64 e ss, e, depois, *Grundkurs AT* (2004), 95-96; Jakobs, *Strafrecht*, 336 e ss; Eser/Burkhardt, *Strafrecht I*, 222. Em parte, também Geisler, *Bedingungen der Strafbarkeit*, 570-578 e 587-590, quando propõe a integração na tipicidade das condições de punibilidade que demonstrem a perigosidade do facto.

[333] Jescheck/Weigend, *Lehrbuch*, 551 e ss e 556; Roxin, *Strafrecht AT I* (4.ª edição, 2006), § 23, n.º 22;. Rudolphi *SK-StGB, vor* § 19, n.º 12; Lenckner, Schönke/Schröder, *StGB, vor* § 13, n.º 124 e *vor* § 32, n.º 127 e ss. Stratenwerth, *ZStW* 71 (1959), 576 e ss, *Seminar II*, 264, *Strafrecht, AT,* I, 95-96 (n. marg. 29-30); depois, Stratenwerth/Kuhlen *Strafrecht, AT I* (6.ª edição, 2011), 71-72 (§ 7, n.º 29 e ss); Volk, *Introduzione*, 107-109; Naucke, *Strafrecht*, 244 e ss; Wessels/Beulke, *Strafrecht AT* (41.ª edição, 2011), 47, § 5, n.º 148 a 150, e § 12, n.º 493-495; Baumann/Weber/Mitsch, *Strafrecht AT*, 182-183, 524-531 (§§ 12, 24 e 25); Kindhäuser, *Strafrecht AT* (5.ª edição, 2011), 57-59. Em Espanha, recentemente, Pérez Alonso/Espinosa Ceballos/Ramos Tapia, *Fundamentos de Derecho Penal, PG*, 2010, 359-373. Entre nós, seguem esta linha de orientação, com pequenas divergências entre si, Figueiredo Dias, *Direito Penal PG I* (2.ª edição, 2007) 263 (§ 46), 668 e ss (*v.g.* §§ 1, 9, 10) (com referências que vêm dos seus trabalhos anteriores: *Relatório*, 38; depois *RPCC* 1 (1991), 31, 40, nota 92, e *RPCC* 2 (1992), 30 e ss); Sousa e Brito, *Direito Criminal II* (1963), 113 e 165-166, *Estudos para a dogmática do crime omissivo* (1965), 37-38, mais recentemente, *Sentido e valor*, 122 e 126-127, e *LH-Roxin*, 109; Teresa Beleza, *Direito Penal*, 2º vol., 27, 29, 367-372; Ribeiro de Faria, *Sobre a desistência da tentativa*, 131 a 135; Costa Andrade, *RPCC* 2 (1992), 200; Faria Costa, *O Perigo*, 439-440, nota 168, *Responsabilidade objectiva*, 16-18, nota 14, *Direito Penal Especial*, 100 e ss e 121 e ss; Anabela Miranda Rodrigues, *Medida da pena*, 638 e ss, e notas respectivas.

[334] Acolhem uma concepção ampla e heterogénea da punibilidade, Schultheisz, *SchwZStR* 64 (1949), 348-353; Schmidhäuser, *ZStW* 71 (1959), 559-560, *Lehrbuch*, 382-392 (Capítulos 12 e 13), *Studienbuch*, 67-68 (4/30) e 258-264 (Capítulo 9); Langer, *Sonderverbrechen*, 334 e ss; Polaino Navarrete, *Criminalidad actual*, 32-38. Mais recentemente, Wolter, *GA* (1996), 216-220, e *LH-Roxin*, 41, Garcia Perez, *Punibilidad*, 342-345, Wolter, *LK-StGB* (2007), *vor* § 13, n.º 189-191; Ferrè Olivè, *RGDP* 10 (2008), 5 e ss, 12 a 16. Entre nós, aproxima-se de uma concepção ampla, embora com um conteúdo distinto dos autores citados, Damião da Cunha, *RPCC* 15 (2005), 239 e ss.

Na verdade, o conceito restrito de punibilidade apresenta pouca consistência dogmática e diminuta utilidade prática. Por um lado, a sua concretização implica o recurso a duvidosas operações de integração sistemática: a recondução das condições de punibilidade à tipicidade não é sustentável[335], a não ser com uma forçada equiparação a elementos do ilícito ou com o apelo a distinções que conduzem à clara separação entre o tipo de ilícito e o tipo de punibilidade ou, inclusivamente, à criação de vários perímetros de tipicidade. Em tal caso, perde-se a função prática do conceito de tipicidade e fica obscurecida a sua relevância sistemática. Por isso será preferível autonomizar os conceitos à partida, quer no plano da sua formulação, quer no plano da sua articulação metodológica, mantendo uma separação rigorosa entre os elementos do ilícito e os elementos da punibilidade.

A inclusão das condições objectivas de punibilidade no tipo implica uma de duas consequências: ou tais elementos continuam a ser estranhos ao tipo subjectivo, o que se torna incompreensível perante o princípio da culpa; ou passam a ser objecto de imputação subjectiva, o que adultera a sua natureza (não sendo elementos do facto passam a ser tratados como parte do facto) e implica o recurso a crivos de imputação subjectiva sem correspondência na lei. A tentativa de diluir as condições objectivas de punibilidade na tipicidade ou é inútil (porque continua a exigir a distinção entre tipo de ilícito e tipo de punibilidade) ou, então, contraria a intenção do legislador, o âmbito das normas de conduta integradas no tipo de ilícito e o próprio conceito de facto.

A recondução das causas de anulação da pena à teoria das consequências jurídicas do crime (com a consequente desvinculação destas figuras do facto e dos pressupostos materiais do crime) não pode ser aceite apenas em função da identificação da figura em si mesma: ou bem que existe uma conexão imediata dessa circunstância com o facto e, em tal caso, estamos perante parcelas do complexo fáctico e não perante meros pressupostos da pena; ou, diversamente, não existe tal conexão e, por esse motivo, não estamos perante elementos materiais que possam integrar o conceito jurídico de crime. Em qualquer caso, deve ser o critério de delimitação material do acontecimento fáctico criminalmente relevante a determinar a solução sistemática e não a pura qualificação dogmática da figura ou uma arbitrária organização dos elementos em causa.

O conceito amplo de punibilidade não é igualmente aceitável porque integra nos elementos do crime figuras diversificadas e acentua a heterogeneidade da categoria ao colocar no mesmo plano valorativo institutos de origem e natureza muito distintas. Tais elementos têm inclusivamente regimes próprios estranhos à valoração do facto, designadamente a declaração de prescrição ou o excesso

---

[335] Contra a inclusão das condições objectivas de punibilidade na tipicidade, veja-se *supra* § 24, § 26, § 31, II e § 38, III e IV.

de prisão preventiva[336]. Em alguns casos – como a amnistia e o indulto – o juízo sobre a existência jurídica do crime acabaria por ser remetido para um momento processual posterior ao facto ou para decisões políticas estranhas ao facto e ao próprio processo, que poderiam inclusivamente ter lugar depois de atribuída a responsabilidade criminal. Afigura-se assim contraditório questionar a punibilidade do facto e a existência jurídica do crime depois de ter sido imputada efectivamente a responsabilidade no processo. Em tais casos não se questiona verdadeiramente se o facto é punível, mas sim se a punição efectiva pode ser aplicada ou alterada. Estamos por isso inequivocamente fora do horizonte dogmático do facto punível. O conceito amplo de punibilidade acaba, no fundo, por sobrevalorizar o plano empírico e processual da ausência de punição efectiva à custa da decomposição da estrutura metodológica da teoria do crime. Esta deixa de ser um conjunto organizado de valorações sobre aspectos do facto punível para passar a ser uma estrutura funcional meramente orientada pela concreta punição ou não punição do agente.

O tipo de punibilidade deve abranger apenas os conteúdos relevantes para delimitar o facto punível que sejam estranhos ao ilícito culposo mas que tenham uma conexão imediata com o facto. Só isso legitima o seu tratamento como parte do *Tatbestand*, a par do tipo de ilícito e do tipo de culpa. Esta perspectiva leva a incluir na categoria da punibilidade as condições objectivas de punibilidade, pois constituem elementos exteriores ao ilícito do autor e contribuem para delimitar o alcance do merecimento e a necessidade de pena de um ilícito culposo, elevando o patamar de legitimidade material da intervenção penal. Tal como deve integrar as causas de exclusão e anulação da pena que contemplem circunstâncias imediatamente conexas com o facto que, por isso, sejam ainda uma base material para a sua valoração. Num caso e noutro, é ainda a valoração do facto criminoso e das circunstâncias que o mesmo ocorre que está em causa. Isto não impede que se reconheça a possibilidade de expansão da não punibilidade – que se revela desejável, em nome da natureza aberta do sistema – mas esta só é legítima se respeitar algumas condições essenciais que se foram identificando ao longo deste estudo.

Devem, em síntese, ser circunstâncias imediatamente conexas com o facto do agente, mas distintas dos elementos que se integram no ilícito culposo, que correspondam à estrutura axiológica do tipo de punibilidade: tem de se tratar de *matéria* relativa ao complexo fáctico que seja congruente com as *valorações* que restringem a punibilidade do ilícito culposo (adequação, necessidade e proporcionalidade da punibilidade do facto). Só assim a categoria da punibilidade

---

[336] Com pormenor, veja-se *supra* Capítulo VI, § 33, IV e V, onde se analisam as propostas de Garcia Perez, Donini e Wolter.

possuirá consistência sistemática para poder constituir uma etapa na análise e valoração do crime em harmonia com as restantes categorias.

3. O tipo de punibilidade organiza elementos diversos de conteúdo positivo ou negativo (incluindo portanto as circunstâncias que concorrem para a possibilidade da sua negação) que se podem reconduzir a quatro grupos de situações fundamentais:

a) Em primeiro lugar, contempla cláusulas legais exteriores ao facto que visam *limitar a intervenção penal a casos de dignidade e carência de pena mais elevadas*, tipificando situações em que se justifica efectivamente a intervenção penal e dela excluindo casos que não revelam de forma inequívoca uma gravidade minimamente equivalente. Incluem-se neste grupo a generalidade das condições objectivas de punibilidade que, associadas a um ilícito culposo merecedor e carente de pena, restringem a punibilidade do facto previsto no tipo de ilícito. Assim, por exemplo, o legislador considera ilícita a participação numa rixa mas só declara punível tal envolvimento em rixas mais graves em função de algumas das suas consequências (artigo 151.º, n.º 1); de igual modo, proíbe o incitamento ou auxílio ao suicídio mas só pune tal facto quando o suicida pratica actos perigosos para a sua vida (artigo 135.º, n.º 1); proíbe a prática de actos patrimonialmente danosos que visem prejudicar credores, mas só declara tal facto punível quando e se a insolvência for judicialmente reconhecida (artigo 227.º, n.º 1, todos do Código Penal); considera ilícita a emissão de cheque sem provisão, mas só tutela os interesses patrimoniais do tomador do cheque durante um prazo legal para a sua apresentação a pagamento (artigo 11.º, n.º 1, do Decreto-Lei n.º 316/97); considera ilícita a não entrega da prestação tributária no prazo legal, mas só a declara punível decorrido um período adicional de tempo ou em função de uma notificação da administração tributária para o efeito e findo o prazo fixado (artigo 105.º n.º 1 e 4 do RGIT). Nestes casos, o tipo de punibilidade não delimita a conduta proibida ao destinatário da norma, mas condiciona a relevância penal do facto pela exigência de circunstâncias exteriores ao mesmo.

O aditamento das condições objectivas de punibilidade limita o campo da incriminação, torna-a mais selectiva (*v.g.* no caso da rixa, do incitamento ao suicídio, no caso do cheque em provisão, na presença em locais de jogo ilícito), salvaguarda interesses relevantes no sector de actividade em causa (*v.g.* nas insolvências e na emissão de cheque sem provisão) e cria espaços de oportunidade para a resolução do conflito antes de se poder desencadear a pretenção punitiva do Estado (designadamente, permitindo o abandono do agente na rixa antes de verificada a condição de punibilidade, o pagamento da quantia a descoberto antes de o facto ser punível ou a entrega da prestação tributária antes de esgotado o prazo para o efeito).

b) Em segundo lugar, o tipo de punibilidade pode acolher *cláusulas de protecção de interesses juridicamente relevantes* acolhidos em sectores da vida com os quais o sistema penal tem de se articular[337], de forma a minimizar conflitos entre os diversos sistemas ou possíveis consequências nefastas da intervenção penal. O juízo sobre a adequação e a necessidade da ameaça penal é reforçado em função dos interesses que a decisão punitiva pode pôr em causa. Nestes casos o legislador identifica situações em que um ilícito culposo não é punível como forma de preservar interesses relevantes noutros sectores da vida social, seja a liberdade de actuação político-parlamentar (artigo 157.º, n.º 1, da Constituição), sejam as relações familiares (*v.g.* matrimoniais, de parentesco ou análogas, como as previstas no artigo 367.º, n.º 5, al. b), do Código Penal). Integram-se neste grupo cláusulas destinadas a evitar a violentação moral do destinatário da norma (inexigibilidade objectiva) que se revelem indiferentes ao concreto estado do agente (e que por isso não podem verdadeiramente ser consideradas causas de desculpa) e que acolhem possíveis situações de conflito interior configuradas normativamente como situações de não punibilidade.

c) Em terceiro lugar, podem ser ponderados ao nível do tipo de punibilidade comportamentos que se traduzam na *reparação (voluntária e tempestiva) do mal do crime* (comportamento reparador do dano subsistente e reversível associado ao ilícito culposo). As condutas reparadoras podem adquirir relevância no horizonte de utilidade político-criminal traçado pelo regime geral de desistência (artigos 24.º e 25.º do Código Penal): desde o momento em que se identifica um perigo tipicamente punível até à verificação do «resultado não compreendido no tipo», que corresponde à lesão material do bem jurídico que o legislador pretende evitar.

Através do comportamento reparador do agente é neutralizado o perigo típico, evitada a consumação ou impedida a subsistência do dano (quer o dano típico, quer o dano extra-típico cuja ocorrência representa contudo um preenchimento intensificado do tipo). A reparação pode por isso consistir na neutralização do perigo, no impedimento do dano ou na remoção de danos ocorridos mas reversíveis. A reparação tempestiva diminui o grau de ilicitude do facto (por eliminação de uma parte da danosidade material do mesmo) e a voluntariedade da conduta diminui o grau de censura pela infracção, através da reafirmação pessoal da vigência da norma pela adopção da conduta conforme à sua intencionalidade normativa (tutela de bens jurídicos fundamentais). A relevância puramente objectiva da reparação é igualmente atendível em circuitos económicos onde a utilidade patrimonial da eliminação do dano é sobrevalorizada ao ponto de se prescindir da voluntariedade da conduta. A ponderação conjunta destes aspectos

---

[337] FRISCH, *Strafrechtssystem*, 166.

diminui o merecimento e a necessidade de pena do facto, ao ponto de a ameaça penal abstracta inerente ao tipo incriminador se revelar inadequada ao caso concreto, pois foi formulada apenas para a matéria da proibição penal que não contempla a conduta reparadora.

Nestas situações o sistema pode reconhecer, sem contradições, que está perante um ilícito culposo não punível na exacta medida em que dessa forma prossegue os objectivos que o legitimam: a tutela de bens jurídicos e as finalidades preventivas da punição. A sua realização através da oportunidade criada com a hipótese de não punibilidade constitui uma garantia jurídica de que a pena não é uma consequência inevitável para o agente[338], o que se revela coerente com as finalidades de prevenção especial que também orientam o sistema penal.

Incluem-se neste grupo os regimes de abandono e desistência activa (artigos 24.º e 25.º) os regimes de restituição e reparação em crimes contra o património (artigo 206.º)[339], formas específicas de reparação na usura (artigo 226.º, n.º 5), modalidades específicas de abandono, desistência activa ou colaboração com autoridades em crime que punem actos preparatórios de crimes de falsificação (artigo 271.º, n.º 3) ou de associação criminosa (artigo 299.º, n.º 4), o abandono tempestivo do envolvimento em factos colectivos perigosos como a participação em motim (artigos 302.º, n.º 2 e 303.º, n.º 5) e a retractação voluntária e eficaz (artigo 362.º) em crimes contra a realização da justiça (artigos 359.º, 360.º e 361.º, todos do Código Penal).

Em circuitos económicos específicos adquirem ainda particular relevância dirimente as formas especiais de impedimento ou reparação tempestiva do prejuízo causado, como acontece com a regularização da situação a descoberto no regime de emissão do cheque sem provisão (artigo 11.º, n.º 1 e artigo 1.º-A do Decreto-Lei n.º 316/97, de 19 de Novembro), a entrega da prestação tributária, com juros e pagamento de coima, no prazo legal no crime de abuso de confiança fiscal (artigo 105.º, n.º 4, al. a), *a contrario*, do RGIT), o impedimento da continuação da associação criminosa destinada à prática de crimes tributários, o esforço sério nesse sentido ou a comunicação às autoridades da existência de tal entidade (artigo 89.º, n.º 4, do RGIT).

---

[338] Como sublinha FRISCH, *Strafrechtssystem*, 166.
[339] Este regime possui uma esfera normativa muito vasta, pois é aplicável a uma multiplicidade de crimes contemplados no Código Penal, designadamente ao furto e abuso de confiança (artigos 204.º, 205.º, n.º 4), à apropriação ilegítima (artigo 209.º), aos danos (artigo 212.º e 213.º. 3, 4), à alteração de marcos (artigo 216.º), às várias modalidades de burla (artigo 217.º, 218.º, 3, 219.º, 5, 220.º, n.º 3, 221.º, n.º 6, 222.º, n.º 3), à infidelidade (artigo 224.º, n.º 4), ao abuso de cartão de garantia ou de crédito (artigo 225.º, n.º 6), à receptação e ao auxílio material (artigos 231.º, n.º 3, e 232.º, n.º 2, todos do Código Penal).

Os regimes especiais de desistência criados de forma fragmentária pelo legislador não devem agravar as condições de relevância do comportamento reparador em relação ao regime geral previsto nos artigos 24.º e 25.º do Código Penal. Em especial quando tais soluções especiais surgem associadas à antecipação da intervenção penal como acontece na punição de actos preparatórios, nas incriminações de perigo, nos crimes de mera posse ou nas associações criminosas. No plano da oportunidade político-criminal e à luz de uma exigência de proporcionalidade, a antecipação da intervenção penal a momentos de perigo, preparação ou posse justifica em regra o alargamento da relevância do privilégio da desistência e não o oposto. Torna-se por isso dificilmente compreensível que alguns dos regimes especiais da desistência exijam mais ao desistente do que os regimes gerais ou que convertam a não punibilidade do facto (e a possibilidade de absolvição) em meras atenuações da pena ou em dispensas de pena (ou seja, em possibilidade de condenação) sem um fundamento inequívoco para o efeito.

d) Em quarto lugar, podem contemplar-se ainda neste nível sistemático hipóteses de *falta de congruência entre a situação típica e a adequação da ameaça penal*. Trata-se de situações que podendo ser subsumidas à previsão típica (correspondendo a um possível ilícito típico culposo) não revelam a mesma dignidade e necessidade de pena ou nas quais a ameaça penal é inadequada, por se tratar de situações qualitativamente distintas daquelas a que normalmente está associado o tipo de punibilidade criado pelo legislador. O que se pode tentar ilustrar com duas grandes constelações de casos:

i) Por ou lado, situações que correspondam a *patamares insignificantes de ilicitude e culpabilidade*[340] que, por comparação com os casos nucleares previstos no tipo, tornam a ameaça penal necessariamente desproporcionada (*v.g.* furtos de objectos sem valor económico relevante, danos insignificantes, abuso de confiança fiscal por valores irrisórios) para o facto concreto que realiza do tipo de ilícito e o tipo de culpa. Um juízo desta natureza só pode ter uma vocação residual e subsidiária em relação à eventual exclusão da tipicidade com outro fundamento.

ii) Por outro lado, casos em que se torna possível questionar a *subsistência do tipo de punibilidade em situações limite* em relação às quais, não podendo ser aplicadas as cláusulas de exclusão da responsabilidade legalmente previstas (exclusão da tipicidade, da ilicitude ou da culpa), se pode verificar uma degradação significativa do tipo de punibilidade inerente à incriminação aplicável. E, por isso, a ameaça penal inerente ao tipo revela-se inadequada ao caso específico ou torna-

---

[340] FIGUEIREDO DIAS, *Direito Penal PG I* (2.ª edição, 2007), 676 (Cap. 26, § 13). Sobre a necessidade (e o dever) de encontrar respostas não só processuais mas também materiais para tais casos casos bagatelares, LAGODNY, *Strafrecht*, 458 e ss e 464 e ss e, em tese, 535.

-se necessário recorrer a juízos correctivos de adequação para evitar consequências indesejáveis decorrentes de uma simples decisão de subsunção formal. Num sistema aberto de análise do crime só uma casuística com vocação residual (em relação à negação da tipicidade, à justificação e à desculpa que, por esta ordem, têm sempre precedência) pode ilustrar o possível campo de aplicação desta ideia:

Pense-se, por exemplo, em casos de estado de necessidade (artigo 35.º do Código Penal) em que o perigo de ruína patrimonial absoluta ou perda de bens patrimoniais que constituam manifestações da personalidade do agente (um acervo de obras de arte de sua autoria ou informação científica irrepetível) poderia aconselhar (porque mais próxima da situação do n.º 1 do que da situação referida no n.º 2 do artigo 35.º) a renúncia à punibilidade do facto por duvidosa idoneidade preventiva da ameaça penal (solução rejeitada, contudo, pela delimitação legal do círculo de interesses traçado no n.º 1 do artigo 35.º para efeitos de desculpa do agente)[341]. Em hipóteses desta natureza, a não punibilidade poderia ser uma alternativa à invocação de uma causa de desculpa por analogia (e aos limites de tal solução) ou o seu complemento argumentativo para fundamentar uma decisão absolutória (desculpa material *praeter legem* acompanhada de um juízo de não punibilidade);

Podem ser igualmente objecto desta correcção os factos cometidos por provocação estatal, em que as necessidade preventivas são artificialmente criada com a intervenção do agente provocador quando este actua sob reserva de desistência. Nestes casos a não punibilidade refere-se quer ao provocado quer ao agente provocador;

Noutra hipótese, pode equacionar-se o problema relativamente a casos de interrupção voluntária da gravidez em que estejam reunidos alguns pressupostos materiais das cláusulas previstas no artigo 142.º, n.º 1, do Código Penal (consentimento e indicações) mas não se consiga cumprir os prazos legais ou, noutra hipótese, quando faltem requisitos formais ou procedimentais exigidos por lei (natureza do estabelecimento, forma do consentimento ou forma de certificação das circunstâncias relevantes)[342];

---

[341] Sobre o alcance do estado de necessidade desculpante, FIGUEIREDO DIAS, *Direito Penal PG I*, 2.ª edição 2007, 611-617. Depois, MARIA FERNANDA PALMA, *O princípio da desculpa*, 154 e ss, e CURADO NEVES, *Crimes passionais*, 712 e ss e passim. Ainda, testando os limites da solução acolhida no artigo 35.º, n.º 2, do Código Penal (antes da reforma de 1995), FARIA COSTA, «O Direito Penal Económico e as causas implícitas de exclusão da ilicitude» in *IDPEE I*, 426 e ss.

[342] A questão é muito controvertida na doutrina nacional e é condicionada à possibilidade de não poder substir a justificação do facto. Uma perspectiva muito rigorosa e documentada das diversas posições assumidas sobre o tema sobre o tema encontra-se em TERESA QUINTELA DE BRITO, *Direito Penal Parte Especial* (2007), 478-482, que entende que a preterição das formalidades ou regras legais de controlo das indicações e prazos não exclui a justificação;

A mesma ideia pode ser invocada como forma de correcção de injustiças materiais ou de desigualdades em períodos transitórios de sucessão de leis, como aconteceu entre nós com a descriminalização do consumo de droga cuja eficácia legal ficou dependente da aprovação de regulamentação subsequente realizando-se entretanto os julgamentos agendados perante leis formalmente em vigor que declaravam tal facto como punível[343];

Finalmente, podem ter para o efeito relevância situações extremas de conflito de deveres ou situações de necessidade que, podendo gerar actuações com uma culpa atenuada (mas não completamente excluída perante as exigências das causas de desculpa), correspondem a situações sociais concretas pouco comuns, para as quais a ameaça penal do facto não foi pensada e em relação às quais não pode prosseguir de forma satisfatória as suas finalidades de prevenção geral e especial. Pensa-se por exemplo em condutas criminalmente relevantes de reacção a situações extremas relativas ao salvamento de reféns, de pessoas raptadas (caso *Dashner*) ou ao impedimento de atentados com sacrifício de vidas de terceiros inocentes insusceptíveis de serem salvas (caso do abate de aviões de passageiros sequestrados por terroristas e usados como «míssil» num atentado em curso)[344].

§ 39. Conclusões

1. A teoria do crime é um instrumento hermenêutico de conhecimento selectivo da realidade que integrará o objecto do processo, de organização da lei, de imputação do acontecimento desvalioso ao agente e de valoração desse acontecimento, de forma a debater a eventual atribuição da responsabilidade penal.

---

no mesmo sentido, RUI PEREIRA, *Crime de aborto*, 107. Em sentido diferente, DAMIÃO CUNHA *Comentário Conimbricense I*, artigo 140.º, § 35 e FIGUEIREDO DIAS, *Comentário Conimbricense I*, artigo 142.º, §§ 49 e 57, c); depois, PAULO PINTO DE ALBUQUERQUE, *Código Penal* (2.ª edição, 2010), 434-435 (artigo 142.º, anotações 12 e 18), considerando que em tal caso fica preterida a justificação e existe crime. Como nota FIGUEIREDO DIAS a consequência é muito grave (*op. cit*, p. 196, § 57 c). Também por isso, não tendo sido usadas pelo legislador cláusulas com um maior grau de indeterminação como o Autor sugere, o recurso à não punibilidade residual sugerido no texto parece uma solução possível e adequada. Sobre o tema, *supra* § 28, II.

[343] GUILHERME DA FONSECA, «A descriminalização e a aplicação da lei no tempo (um caso de injustiça)», *RMP* 89 (2002), 135 e ss.

[344] Neste sentido, da utilização de uma causa de não punibilidade, PÉREZ ALONSO/ESPINOSA CEBALLOS/RAMOS TAPIA, *Fundamentos de Derecho Penal*, 368-369. Ilustrativo das dificuldades do sistema dogmático nestes casos, AUGUSTO SILVA DIAS, «Torturando o inimigo ou libertando da garrafa o génio do mal? Sobre a tortura em tempos de terror», *EH-Jorge Figueiredo Dias*, 207 e ss, com uma análise depurada e ampla informação sobre o tema. A não punibilidade poderia nestes casos ser o complemento de uma situação de diminuição significativa da ilicitude e da culpa, caso não fossem aplicáveis as causas de justificação e de desculpa legalmente previstas.

2. O sistema do facto punível permite organizar de forma racional o Direito legislado mas não decorre da lei, sendo antes o resultado de uma progressiva sedimentação histórica de diversos métodos de análise, valoração e atribuição da responsabilidade criminal e de aplicação da lei penal. A sua autoridade resulta do consenso historicamente formado sobre as categorias valorativas que integram o sistema e do distanciamento histórico em relação ao processo concreto em que podem ser aplicadas. A sua legitimidade decorre da organização historicamente sedimentada pelo debate crítico, informado e rigoroso sobre os meios, valores e fins do sistema penal, apto a gerar tendências que se traduzem num reconhecimento científico legitimador das propostas doutrinárias. A sua função crítica exige um relativo distanciamento em relação ao legislador e à lei.

3. A teoria do crime organiza diversas estruturas dogmáticas que permitem compreender e aplicar o Direito legislado de uma forma racional, objectiva e uniforme, designadamente as estruturas de imputação e valoração do acontecimento desvalioso que integrará o objecto do processo.

4. Todo o crime pressupõe a violação culposa de um dever jurídico-penal, mas o crime, no sentido jurídico do termo, é mais do que a violação de um dever, sendo necessário imputar o acontecimento ao agente e valorá-lo em ordem a decidir da atribuição da responsabilidade penal.

5. A sequência que habitualmente descreve o conceito sistemático de crime (um facto típico, ilícito, culposo e punível) sugere uma homogeneidade metodológica entre as diversas categorias que não é real. Na teoria do crime realizam-se operações distintas que vão da subsunção dos factos aos conceitos legais usados no tipo, à imputação do facto ao agente (no âmbito desse tipo), até às sucessivas valorações formuladas nos diversos níveis do sistema. A teoria do crime é, deste modo, um conjunto organizado de critérios de análise, imputação e valoração sobre um acontecimento previsto na lei penal. A imputação precede a valoração e esta ordem não pode ser alterada porque através dela se delimita o objecto que será valorado e porque a valoração sem imputação pode ser uma operação desnecessária e perigosa.

6. Nos diversos níveis de análise do crime relacionam-se aspectos materiais do facto com juízos de valor formulados sobre aspectos desse facto. Os diversos níveis de análise do crime têm a função específica organizar momentos de análise e valoração de aspectos do acontecimento desvalioso para debater a eventual sujeição de alguém à pena estatal. Nesse sentido, podem ser descritos como

conceitos funcionais, cujo conteúdo se determina pela realidade que integram e pelas funções que cumprem no âmbito do sistema penal.

7. Cada nível ou categoria dogmática de análise e valoração do facto destaca aspectos penalmente significativos da unidade complexa que é o crime, sujeitando esses aspectos a critérios de valoração funcionalmente orientados. As distinções que formula são transitórias e constituem perspectivas axiológicas do acontecimento total submetido às instâncias penais. São valorações jurídicas sobre aspectos do todo, formuladas em espiral hermenêutica, e não uma sequência rígida de elementos.

8. A teoria do crime deve ser construída como um sistema aberto de matriz teleológica em que, por um lado, o material dogmático é organizado segundo critérios lógicos e axiológicos de necessidade, plenitude e não contradição, mas por outro a sua organização revela elasticidade e abertura a novos critérios socio-jurídicos de merecimento penal e necessidade de pena. As soluções que se atingem para os grupos de casos tratados em cada categoria valorativa não decorrem de uma pura dedução formal, sendo legitimadas pelos valores que realizam e pela relação com as finalidades da pena estatal.

9. O sistema do facto punível constitui um instrumento essencial do Estado de Direito, pois garante o cumprimento do princípio da responsabilidade pessoal e o respeito por níveis básicos de igualdade perante a lei. Permite ainda o desenvolvimento dos valores e finalidades do sistema penal e revela-se um instrumento essencial do contraditório no processo penal, pelas diversas funções que cumpre: eliminação de problemas, controlo do processo de decisão e comunicação argumentativa.

10. À luz dos seus fundamentos e das funções que cumpre, a teoria do crime não pode comportar «zonas francas» imunes à racionalidade argumentativa que a orienta. Deve por isso abranger todos os aspectos relevantes do facto ou em imediata conexão com o facto que possam condicionar a ameaça de pena estatal.

11. A teoria do crime não deve ser construída a partir de fundamentos unívocos, como uma pura concepção ontológica do facto ou uma única finalidade da pena estatal. A sua heterogeneidade e a sua funcionalidade exigem que integre materiais de natureza diversa, como aspectos ôntico-normativos, elementos da teoria das normas, conceitos jurídicos, critérios de valoração e ponderações sobre as finalidades da pena estatal.

12. A análise do crime realiza-se numa sequência de três operações distintas: coordenação do facto com o tipo, imputação do facto ao agente e valoração sucessiva do facto.

13. O sistema do facto punível organiza um conjunto de valorações a que correspondem um conjunto de normas articuladas entre si. Os tipos incriminadores contêm normas de conduta dirigidas aos cidadãos e normas de decisão dirigidas ao aplicador do direito. As normas de decisão correspondem à natureza e função dos elementos a que respeitam, podendo ser normas de imputação, normas de valoração ou normas de sanção.

14. A delimitação do objecto da valoração precede sempre a formulação dos juízos de valor, pois estes destacam qualidades de um objecto. Por isso, a primeira etapa da teoria do crime consiste em delimitar o acontecimento a valorar. Essa primeira delimitação deve ser feita a partir da intencionalidade político-criminal da lei penal e do âmbito literal do tipo incriminador. As normas penais visam evitar comportamentos socialmente desvaliosos dos seus destinatários através da ameaça de uma sanção. O objecto primário da valoração penal é, assim, um comportamento do destinatário da norma que é, em regra, uma pessoa. A realidade que será eventualmente subsumida aos conceitos legais usados no tipo é um comportamento do destinatário da norma penal, uma manifestação evitável da vontade dessa pessoa. Sem infracção à norma de comportamento ou na impossibilidade de formular uma norma dessa natureza não existe um facto com idoneidade para ser integrado num tipo. Tais casos estarão fora da pretensão de vigência do tipo ou, noutra perspectiva, o próprio tipo revela-se nessa dimensão materialmente ilegítimo por não comportar normas de conduta susceptíveis de serem cumpridas pelo destinatário. Assim, a selecção dos comportamentos penalmente relevantes pode iniciar-se com a identificação das situações que não são sequer idóneas a integrar um tipo incriminador e que, por isso, justificam a sua redução normativa.

15. A recondução de um facto a um tipo de crime não ocorre enquanto um puro acontecimento da natureza, mas sim enquanto realidade normativa que se pode imputar ao destinatário da norma penal. Sem imputação do acontecimento ao agente não há facto típico e sem possibilidade de imputação cessa a pretensão de vigência do tipo. A imputação do facto ao destinatário da norma deve ser desenvolvida a partir do conceito superior de domínio do facto. É autor dum facto típico quem exerce um controlo sobre os factores típicos de perigo para o bem jurídico tutelado. A partir desta referência básica deve desenvolver-

-se a imputação objectiva e subjectiva em função das particularidades do tipo incriminador. A capacidade de domínio do destinatário da norma sobre o facto contemplado no tipo é um pressuposto da imputação e esta é delimitada pela esfera de domínio do destinatário da norma. Fora da esfera de domínio do destinatário da norma não existe imputação, mas apenas a possibilidade de confirmar ou restringir uma imputação anterior.

16. No plano metodológico, uma vez imputado o facto ao agente no âmbito do tipo seguem-se os juízos de valor sobre aspectos desse acontecimento típico: a realização do tipo, a comprovação da ilicitude, da culpabilidade e da punibilidade.

17. Deve separar-se claramente a subsunção do facto aos conceitos legais usados no tipo da conclusão sobre a realização do tipo. Não há tipo sem subsunção mas pode haver subsunção sem realização do tipo, como acontece nos casos de exclusão da tipicidade por força dos princípios da esfera de protecção da norma, de adequação social, de risco permitido, de diminuição do risco ou do princípio da insignificância.

18. A ilicitude pressupõe a infracção voluntária à norma penal (desvalor da acção) e a danosidade social do comportamento materializada num resultado lesivo imputável ao agente (desvalor do resultado). As normas penais podem proibir condutas ou resultados, mas não podem proibir resultados sem proibir condutas. Um resultado faz parte do facto ilícito imputável ao destinatário da norma quando se encontra na sua esfera de domínio. O domínio sobre o resultado lesivo é mediado pelo controlo dos factores típicos de perigo que se concretizam no dano. O juízo de ilicitude, enquanto juízo de desvalor sobre um acontecimento, é indiciado pela realização do tipo. Esse desvalor pode ser compensado, neutralizado ou excluído pela ponderação e circunstâncias distintas da realização do facto proibido que revelam aptidão para contrariar um juízo de desvalor sobre o facto típico imputado ao agente. Pela sua própria função essas circunstâncias só podem ser aspectos valiosos para o sistema penal. A teoria da justificação fundamenta-se no princípio da ponderação de interesses conjugado com o princípio da necessidade. Sem necessidade do sacrifício dos interesses relevantes não há justificação do facto.

19. Na culpabilidade ponderam-se as circunstâncias que envolveram o agente na prática do facto e a sua concreta capacidade de motivação pelas normas penais. O juízo de culpa deve ser construído como uma censura normativa do sistema penal ao cidadão (que é considerado, no plano político-jurídico, como uma pessoa

livre) pelo uso errado da liberdade que o sistema jurídico lhe reconhece. Na formulação do juízo de culpa concorrem aspectos individuais e expectativas legítimas de comportamento que a sociedade pode formular e dirigir ao agente em concreto (através dos tribunais) em função do círculo da vida social em que o facto ocorreu.

20. A punibilidade só pode ser uma valoração (ou um conjunto de juízos de valor) formulada sobre aspectos do acontecimento típico imputado ao agente que, não tendo sido ponderados dessa forma nas categorias da tipicidade, da ilicitude e da culpabilidade, podem condicionar a eficácia preventiva da ameaça penal. Tal como as demais categorias valorativas da teoria do crime, a punibilidade integra juízos de valor funcionalmente orientados pelos fins da pena estatal e aspectos materiais relativos ao acontecimento desvalioso. É imprescindível respeitar uma relação de congruência entre o objecto da valoração e a valoração do objecto em todas as categorias dogmáticas da teoria do crime (princípio da adequação ao substrato) e também no momento de comprovação da punibilidade.

21. A criação de um tipo incriminador pelo legislador só é legítima se o desvalor do facto e a culpa do agente o justificarem e se o recurso à ameaça penal em tal caso se revelar adequado, necessário e proporcional para a prossecução dos fins do sistema penal (tutela preventiva de bens jurídico, através da ameaça penal e da reafirmação contrafáctica da vigência da norma penal violada).

22. Todos os tipos incriminadores contêm de forma explícita ou implícita um juízo de adequação, necessidade e proporcionalidade da ameaça penal cominada para o facto, que garante a sua conformidade às exigências do artigo 18.º, n.º 2, da Constituição. Deste preceito decorre uma exigência implícita de não punibilidade sempre que a ameaça penal se revelar inadequada, desnecessária ou manifestamente desproporcionada. O legislador ordinário está por isso vinculado a manter e a criar soluções normativas que contemplem a possibilidade de não punir quando a ameaça penal abstracta tiver tais características que a tornam ilegítima perante o regime constitucional referido. Tal função é garantida entre nós através designadamente dos regimes gerais da desistência previstos nos artigos 24.º e 25.º do Código Penal.

23. Cada tipo legal de crime articula sistematicamente um tipo de ilícito, um tipo de culpa e um tipo de punibilidade. O tipo de punibilidade corresponde à síntese normativa entre os aspectos materiais relativos ao facto (ou conexos com o facto) e os juízos de valor que, de forma específica e autónoma, condicionam a legitimidade material da ameaça penal.

24. Todos os tipos incriminadores contêm um tipo de ilícito, um tipo de culpa e um tipo de punibilidade.

25. A existência de um tipo de punibilidade em cada tipo legal incriminador resulta da necessidade da sua legitimação constitucional perante o artigo 18.º da Lei Fundamental e da articulação entre o facto e a ameaça penal, sendo ainda comprovada pelo regime geral da desistência e arrependimento activo que permitem anular a punibilidade do facto praticado.

26. O tipo de punibilidade delimita e restringe o campo de intervenção do Direito Penal em nome do princípio da proporcionalidade e da prossecução das finalidades da pena estatal enquanto instrumentos de Política Criminal do Estado de Direito em sentido material. O tipo de punibilidade reforça as condições de merecimento penal do facto e decide da necessidade de pena para casos específicos. Não há crime nem responsabilidade penal sem realização do tipo de punibilidade.

27. Na atribuição judicial de responsabilidade criminal, o tipo de ilícito e o tipo de culpa têm necessariamente um horizonte restrospectivo, mas o tipo de punibilidade assume também um horizonte prospectivo. Nos primeiros decide-se da imputação dum facto desvalioso e reprovável e no segundo decide-se da legitimidade da ameaça penal à luz da prossecuação das finalidades da pena estatal. A compreensão do tipo de punibilidade nestes termos é congruente com o lastro histórico que distingue a isenção de culpa da isenção de pena, admitindo a posssibilidade desta sem aquela, e com os critérios de renúncia à pena por razões de utilidade, oportunidade e adequação, que com formulações diferentes se encontram na segunda escolástica (ALFONSO DE CASTRO), no jusracionalismo iluminado (GROTIUS, PUFENDORF, WOLFF), no iluminismo de matriz católica (LARDIZABAL) ou no liberalismo utilitarista (BENTHAM). Aspectos que na doutrina mais recente surgem em construções doutrinárias que procuram tornar consequentes na teoria do crime as ideias de dignidade punitiva e necessidade de pena, de política criminal, de utilidade ou de oportunidade da punição ou mecanismos diversos de controlo da legitimidade constitucional do poder punitivo.

28. O tipo de punibilidade garante a congruência da decisão punitiva pela conexão entre o tipo de ilícito e o tipo de culpa com as finalidades preventivas da pena estatal, através as exigências de adequação, necessidade e proporcionalidade da ameaça penal cominada para o facto.

29. Os elementos do tipo de punibilidade são por isso estranhos à norma de comportamento que integra o tipo de ilícito e estão fora do âmbito da imputação. O tipo de punibilidade só pode ser usado para confirmar ou restringir o âmbito da responsabilidade penal decorrente do tipo de ilícito e do tipo de culpa, não o pode alargar nem fundamentar autonomamente.

30. Só elementos que pertençam ao acontecimento fáctico descrito no tipo podem ser valorados no sistema de análise do crime. Esses elementos podem ser parte do facto típico ou podem ser elementos que se encontram em imediata conexão com o mesmo. O tipo de punibilidade só pode integrar elementos autónomos que não surjam no tipo de ilícito e no tipo de culpa. Os elementos que possuem tais características (autonomia categorial e conexão com o acontecimento fáctico) são as condições objectivas de punibilidade, as causas de exclusão da punibilidade, as causas de anulação da punibilidade e alguns casos de comportamento reparador posterior ao facto que, por vezes, são designados como causas de extinção da responsabilidade (extinção da punibilidade). Estes elementos são condições de legitimidade da ameaça penal cominada para o facto.

31. Os pressupostos processuais (como a queixa nos crimes semi-públicos ou a prescrição do procedimento criminal) podem prosseguir finalidades politico--criminais mas não integram o sistema de análise do crime por falta de conexão imediata com o facto, embora se devam articular com os pressupostos substantivos. De igual modo, estão fora do âmbito dos pressupostos materiais do crime a morte do agente, a amnistia e o indulto.

32. Os pressupostos processuais são autónomos em relação à questão material e a sua falta equivale em regra a uma proibição de conhecer o mérito da causa. A falta do tipo de punibilidade não impede o conhecimento de mérito porque integra o círculo dos pressupostos materiais da pena estatal.

33. As condições objectivas de punibilidade são elementos de natureza objectiva, em imediata conexão com o facto típico do agente, mas que se encontram fora da sua esfera de domínio. Não podem por isso ser equiparadas ao resultado ilícito, nem tratadas com os mesmos critérios dogmáticos de imputação do ilícito culposo.

34. As condições objectivas de punibilidade são compatíveis com o princípio da culpa. Situações de derrogação do princípio da culpa em tipos incriminadores que contém condições objectivas de punibilidade são normalmente consequên-

cia da criação legislativa de tipos de ilícito que por si não cumprem as condições de merecimento e necessidade de pena.

35. As causas de exclusão, anulação ou extinção da punibilidade reúnem elementos relevantes exteriores ao facto tipicamente ilícito. Articulam interesses conflituantes com a pretensão punitiva do Estado. Distinguem-se das causas de justificação porque não se fundamentam na necessidade de sacrifício de um interesse para prosseguir outro, mas antes na utilidade e adequação de tal opção do ponto de vista dos objectivos político-criminais da intervenção penal. As causas de justificação são sempre concomitantes com o facto e as causas de não punibilidade podem ser posteriores ao facto.

36. As causas de exclusão, anulação e extinção da punibilidade têm um objecto e um conteúdo distinto das causas de desculpa, pois estas organizam circunstâncias que interferem com a capacidade de percepção ou motivação do agente no momento da prática do facto e a sua relevância é filtrada por critérios de censurabilidade. A desculpa é sempre pessoal, concreta e aferida pelo efeito de certas circunstâncias sobre o agente. A não punibilidade pode ser objectiva, não é condicionada pela concreta capacidade de culpa do agente e é orientada por uma prognose de adequação às finalidades da ameaça penal.

37. A não punibilidade do facto constitui um juízo material sobre a relevância penal do mesmo e, por isso, não se confunde com a dispensa de pena que é um juízo sobre a determinação e escolha da sanção aplicável. O facto não punível não é crime, mas o facto para o qual se preveja uma dispensa de pena é um crime. A não punibilidade tem sempre precedência lógica e metodológica sobre a ponderação duma dispensa de pena, sendo esta prejudicada por aquela.

38. O conceito amplo e o conceito restrito de punibilidade não podem ser acolhidos. Só um conceito intermédio de punibilidade revela congruência com os demais pressupostos materiais do crime. Neste sentido, podem integrar o tipo de punibilidade (como condições específicas da ameaça penal) as condições objectivas de punibilidade, as causas exclusão e anulação da punibilidade e as causas de extinção da punibilidade (em alguns casos designadas como causas de extinção da responsabilidade).

39. O tipo de punibilidade consegue reunir elementos materiais que se podem reconduzir a quatro grupos fundamentais: elementos exteriores ao facto que visam limitar a intervenção penal, tornando mais exigentes as condições de mere-

cimento e necessidade de pena; cláusulas de protecção de interesses juridicamente relevantes acolhidos em sectores da vida com os quais o sistema penal tem de se articular; comportamentos reparadores do dano subsistente e reversível associado ao ilícito culposo; hipóteses de falta de congruência entre a situação típica e a idoneidade político-criminal da ameaça penal, designadamente casos de ilicitude e culpabilidade insignificantes e casos limites para os quais a ameaça penal se revela concretamente inadequada.

Capítulo VIII
Estatuto substantivo e processual
do tipo de punibilidade

§ 40. Razão de ordem

1. A autonomia de uma categoria dogmática depende pelo menos (seguindo uma referência de Sauer, *FS-Mezger*, 118) da singularidade dos seus pressupostos e das consequências jurídicas que lhes podem ser associadas. No capítulo anterior demonstrou-se a autonomia do objecto e das valorações que integram a categoria da punibilidade (§ 36, V, § 37 e § 38). No presente capítulo apresentam-se as consequências jurídicas mais significativas da autonomização da punibilidade no sistema de análise do crime.

O tipo de punibilidade é um instrumento de controlo e racionalização da legitimidade do poder punitivo estatal, cujo conteúdo articula elementos materiais e técnicas legislativas autónomas em relação ao ilícito culposo que, por seu turno, dão expressão a juízos de adequação, necessidade e proporcionalidade da intervenção penal. Este filtro da legitimidade punitiva permite prosseguir de forma mais adequada os fins do sistema sancionatório, evitar algumas consequências indesejáveis da intervenção penal contrárias a essas finalidades e conciliar a tutela de interesses associados à perseguição penal com outros interesses igualmente relevantes para o sistema jurídico. Tem uma vocação restritiva da intervenção penal, em harmonia com o lastro histórico das figuras com as quais mantém alguma linha de continuidade, reunindo elementos autónomos em relação à imputação do ilícito culposo que condicionam e limitam a esfera de legitimidade da pena estatal. De forma coerente com esta origem, no tipo de punibilidade não se imputam factos, mas confirma-se ou restringe-se o resultado da imputação pessoal realizada no âmbito do ilícito culposo, em harmonia com as valorações fundamentais inerentes ao princípio da intervenção mínima.

Todos os elementos do tipo de punibilidade possuem uma função primária de bloqueio sobre a possibilidade de punição (aqui designado como *efeito obstrutor do tipo de punibilidade*) tornando a realização integral dos pressupostos do crime e da pena mais exigentes. Um efeito desta natureza interfere com a punibilidade da tentativa, a punição dos participantes e a aplicabilidade de medidas de segurança (§ 41 deste capítulo). As funções secundárias do tipo de punibilidade variam depois de elemento para elemento, em função do tipo incriminador em que surgem ou da natureza da cláusula que lhes atribui relevância: podem ter uma *função de demonstração da perigosidade* do facto cometido (*v.g.* a consequência grave na rixa, a execução do suicídio no incitamento ou auxílio a esse facto, o ilícito penal subsequente à embriaguez ou intoxicação), uma *função de consolidação das condições de intervenção penal* (como acontece com o prazo de apresentação do cheque a pagamento e sua certificação formal, a surpresa em flagrante delito no crime de jogo ilícito ou a declaração judicial da falência) ou uma *função de permitir a recomposição dos interesses agredidos* com o facto ilícito (caso dos regimes de desistência, outros comportamentos reparadores e algumas condições objectivas de punibilidade que, ao retardar a punição, criam uma oportunidade para a auto-recomposição de interesses) (*supra* §§ 26 a 28 do Capítulo V).

A identificação dos pressupostos autónomos da punibilidade e a sua inserção metodológica na teoria do crime reforçam a componente de garantia do sistema penal (§ 43, deste capítulo). A racionalização a que, por esta via, as diversas figuras são sujeitas permite uma clarificação sobre o âmbito dos pressupostos materiais da responsabilidade e facilita a sua delimitação em relação a outras figuras que, em rigor, lhe são estranhas, como os pressupostos processuais ou as meras condições de aplicação da lei penal (*supra* § 38, do Capítulo VII).

A *função de garantia* do tipo de punibilidade manifesta ainda as suas potencialidades relativamente à compreensão crítica das opções feitas pelo legislador. A existência de crivos sistemáticos completos e abrangentes para a leitura das normas penais permite determinar o alcance das cláusulas legais, antecipar o seu regime e aferir a sua conformidade com os princípios enformadores do sistema penal. Assim, torna-se, por exemplo, possível identificar uma circunstância de uma norma penal como sendo um elemento do facto previsto no tipo de ilícito, sujeitando-a consequentemente ao regime do dolo, da negligência e do erro, ou, em alternativa, verificar que o elemento em causa se encontra ilegitimamente subtraído ao regime do tipo subjectivo, por ser uma condição objectiva de punibilidade, quando tal designação apenas serve para ocultar um verdadeiro resultado fundamentador do tipo de ilícito e da pena cominada.

Ao facilitar a compreensão das opções legislativas e ao enquadrar sistematicamente uma parte das cláusulas das normas penais, o tipo de punibilidade permite que se antecipem com mais segurança os regimes aplicáveis a casos concretos, o que facilita a prognose sobre a decisão judicial das matérias. Deste modo, reforça-se a componente de garantia do sistema penal na exacta medida em que se aumenta a previsibilidade da solução judicial.

Não menos importante é a *função argumentativa* do tipo de punibilidade, uma dimensão ou um instrumento das exigências de segurança jurídica e da tutela da confiança do cidadão perante o exercício do poder punitivo do Estado. Enquanto as figuras da punibilidade subsistirem como elementos estranhos aos quadros metodológicos de aplicação da lei, vagueando de categoria em categoria na estrutura da teoria do crime ou sendo remetidas para fora das mesmas, estará em boa parte hipotecado o diálogo judicial entre os diversos sujeitos processuais e o alcance real do princípio do contraditório. Pelo contrário, a integração sistemática dos diversos pressupostos autónomos de punibilidade (a que corresponde uma *função classificatória* do tipo de punibilidade) significa que em sede de responsabilidade penal não existem zonas francas, imunes ao sistema de análise e à argumentação racional. A existência de uma categoria da punibilidade que agregue figuras até aqui dispersas e de enquadramento duvidoso diminui reflexamente a esfera de arbítrio técnico-jurídico do poder judicial, o que se traduz igualmente num reforço da segurança face ao funcionamento dos tribunais e à necessária previsibilidade da realização da justiça penal.

2. O tipo de punibilidade cumpre ainda diversas funções ao nível processual, quer quanto à promoção do processo e às decisões que para o efeito têm de ser tomadas, quer quanto às exigências processuais associadas aos seus elementos.

A função substantiva de bloqueio da punibilidade tem reflexos consequentes ao nível processual, o que bem se compreende pois todo o processo está adstrito a uma vinculação legal decisória. Assim, a ausência do tipo de punibilidade impede algumas decisões processuais (*efeito obstrutor do exercício da acção penal*), como a dedução de acusação e a possibilidade de serem aplicadas medidas de coacção (cfr. § 41, V). Para além disso, o conteúdo do tipo de punibilidade deve ser tido em conta na aferição da litispendência, na delimitação do caso julgado e na proibição do duplo julgamento pelo mesmo facto (§ 41, VI).

A necessidade de realização do tipo de punibilidade cumpre uma função de consolidação da intervenção penal através do processo (*função racionalizadora da promoção do processo*). A exigência de elementos adicionais de natureza objectiva (*v.g.* declaração judicial da falência, execução do suicídio, surpresa em fragrante no jogo ilícito ou certificação bancária do não pagamento do cheque num certo prazo legal) permite evitar a promoção do processo em situações dúbias ou ainda não claramente definidas. As condições objectivas de punibilidade revelam-se aliás exigências mais seguras e claras para delimitar as condições de intervenção penal. Mais seguras do que os eventos de perigo nas incriminações de perigo concreto, pois a ausência deste evento, os problemas de percepção do perigo ou as dúvidas sobre a sua verificação não impedem a promoção da acção penal. Os elementos do tipo de punibilidade tendo uma natureza substantiva revelam assim uma consistente função racionalizadora na promoção do processo (§ 41, V).

3. A autonomia do tipo de punibilidade em relação ao ilícito culposo implica que os seus elementos não sejam sujeitos às regras de imputação do facto ilícito, o que permite identificar um conjunto de soluções específicas associadas ao tipo de punibilidade em diversas matérias, designadamente (cfr. § 42 deste capítulo) na forma de relação entre o tipo de ilícito e o conteúdo do tipo de punibilidade (a conexão normativa entre os dois níveis sistemáticos), na delimitação da omissão impura, na concretização do âmbito do erro relevante e do problema da consciência da punibilidade (cujo enquadramento está longe da irrelevância a que a doutrina tradicional a sujeitava), na neutralização de possíveis concursos pela consumpção da pluralidade de factos no tipo de punibilidade e na necessidade de diferenciação do conteúdo do tipo de punibilidade numa incriminação do seu tratamento autónomo como facto ilícito distinto em processos diferentes.

A integração dos elementos do tipo de punibilidade nos pressupostos materiais do crime determina uma opção consequente relativamente ao sistema de garantias que lhes está associado. Assim, algumas matérias que envolvem o tipo de punibilidade ficam necessariamente sujeitas ao acervo de garantias substantivas do sistema penal (legalidade, vigência temporal e territorial, sucessão de leis, regras de interpretação, admissibilidade da analogia), sem prejuízo das garantias processuais a aplicar em função das vicissitudes que envolvam os elementos associados ao tipo de punibilidade (*v.g.* estabilidade e variação do objecto do processo, regras de prova e incidência da prescrição) (cfr. § 43 deste capítulo)

É perante este mapa de possível relevância do tipo de punibilidade que se passa a ilustrar o alcance dos diversos efeitos materiais e processuais que lhe podem ser associados.

§ 41. O efeito obstrutor do tipo de punibilidade e o exercício da acção penal

I. Âmbito do efeito obstrutor do tipo de punibilidade

A principal consequência associada ao tipo de punibilidade é o efeito obstrutor da sua ausência sobre a qualificação do ilícito culposo como crime, impedindo dessa forma as consequências sancionatórias associadas a tal hipótese. A falta do tipo de punibilidade altera qualitativamente o valor jurídico-penal do facto praticado, não permite a sua qualificação como um crime e impede que o seu autor seja punido. Essa situação pode dever-se à falta de uma condição objectiva de punibilidade ou à ocorrência de uma causa de não punibilidade (concomitante ou posterior à comissão do ilícito) que, em qualquer caso, enfraquece ou exclui a legitimidade punitiva do Estado perante o facto concreto avaliado, pois sem o tipo de punibilidade a ameaça penal não é adequada, necessária ou proporcional ao facto cometido.

A ausência do tipo de punibilidade pode ser originária ou superveniente relativamente à comissão do facto: na primeira hipótese o tipo de punibilidade não se chega a realizar; na segunda hipótese surge associado ao ilícito culposo mas é posteriormente neutralizado. Embora quanto a alguns efeitos práticos os dois casos se possam equiparar, o efeito obstrutor é mais intenso no primeiro caso do que no segundo, pois naquele o tipo de punibilidade não chega a existir (o que vale por dizer que o facto nunca chega a ser crime) e o efeito obstrutor subsiste para todos os intervenientes enquanto o tipo de punibilidade não for realizado, o que não acontece no segundo caso. É também por esta razão que a doutrina reconhece efeitos diferenciados à falta de uma condição objectiva de punibilidade e à verificação de uma causa de anulação da pena: a primeira impede a punibilidade do autor e dos participantes, enquanto a segunda pode ter um alcance mais limitado, beneficiando apenas o agente que realiza a previsão da causa de anulação da pena e não os demais (em relação aos quais subsiste o tipo de punibilidade)[1]. Assim, por exemplo, a não verificação das condições objectivas de punibilidade nos crimes de incitamento e auxílio ao suicídio (artigo 135.º), de participação em rixa (artigo 151.º), de insolvência dolosa (artigo 227.º, todos do Código Penal) ou de emissão de cheque sem provisão (artigo 11.º do Dec-Lei n.º 316/97, de 19 de Novembro, com as alterações posteriores) impede a punibilidade pelos ilícitos descritos nos respectivos tipos incriminadores. O mesmo efeito obstrutor se produz quando a lei atribui relevância a uma causa de anulação da punibilidade como a desistência voluntária (artigos 24.º e 25.º do Código Penal) ou a outro comportamento reparador com idêntica natureza e eficácia jurídica (como o pagamento posterior ao facto, designadamente o pagamento da quantia a descoberto na emissão de cheque sem provisão ou a prestação tributária em dívida no abuso de confiança fiscal) que neutraliza a realização do tipo de punibilidade indiciada pela prática do ilícito culposo. O tipo de punibilidade pode

---

[1] Por todos, JESCHECK/WEIGEND, *Lehrbuch*, § 53, I, 2, a); ROXIN, *Strafrecht AT I* (4.ª edição, 2006), § 23, n.º 4; FIGUEIREDO DIAS, *Direito Penal* (2.ª edição, 2007), 755 (Cap. 29/§ 47) e 830 (Cap. 32/§ 16).

assim verificar-se com a prática do facto (que é ilícito, culposo e punível) sendo neutralizado posteriormente por um acto contrário do autor. De forma abreviada e em qualquer um dos casos: não há crime nem pena sem tipo de punibilidade.

O alcance do efeito obstrutor do tipo de punibilidade não se limita, contudo, a esta formulação genérica. No plano substantivo, pode ser especificamente equacionado em relação às situações de tentativa, à participação de vários agentes no facto e à eventual aplicabilidade de medidas de segurança. No plano processual, a sua incidência determina várias decisões relacionadas com a promoção do processo e permite questionar a razoabilidade de outras. A singularidade de cada um destes temas justifica a sua análise individualizada.

II. *O problema da tentativa em crimes com condições objectivas de punibilidade*

1. Uma primeira resposta ao problema colocado sobre a punibilidade da tentativa em factos associados a condições objectivas de punibilidade pode ser relativamente linear: se o facto completo não é punido por falta de uma condição objectiva de punibilidade um facto incompleto será igualmente impune. O que implica a não punibilidade da mera tentativa sempre que falte a condição objectiva de punibilidade exigida pelo tipo legal.

A este nível a questão não é efectivamente problemática, pois existe um amplo consenso doutrinário no sentido de não punir a tentativa sem a verificação da condição objectiva de punibilidade exigida pelo tipo incriminador[2]. O problema só se torna realmente fonte de divergências significativas quando se questiona se é possível punir a tentativa caso se verifique também a condição objectiva de punibilidade. As respostas a esta questão não são convergentes nem nas soluções, nem nos fundamentos.

Facilmente se identificam duas correntes opostas quanto ao problema da admissibilidade da tentativa em crimes sujeitos à verificação de uma condição objectiva de punibilidade: por um lado, os que – como NUVOLONE e ANGIONI – sustentam que em tais incriminações do legislador pretende punir apenas o facto

---

[2] LISZT, *Lehrbuch* (21.ª-22.ª edição, 1919), 184 (§ 44, III, 2); WELZEL, *Das deutsche Strafrecht* (11.ª edição, 1969), 58-59; KRAUSE, *Jure* 9 (1980), 454; MARTINEZ PEREZ, *Condiciones objetivas de punibilidad*, 131; MAPELLI CAFFARENA, *Condiciones objetivas de punibilidad*, 144; VENEZIANI, *Spunti*, 67-68. Menos claro, contudo, BRICOLA, *Novíssimo Digesto*, Vol. XIV (1967), 606, que, ao equacionar e admitir a punibilidade da tentativa em relação a factos previstos em tipos incriminadores sujeitos a condições objectivas de punibilidade intrínsecas, não exclui peremptoriamente a punibilidade da tentativa por ausência da condição, mas apenas porque, supostamente, se traduziria na punição do perigo de um perigo, o que considera – sem razão, contudo, como se verá – uma impossibilidade lógica. Entre nós, AUGUSTO SILVA DIAS, *Crimes contra a vida*, 71, 73.

consumado, a que acresce a verificação da condição objectiva de punibilidade, existindo por isso uma impossibilidade de tornar relevante a simples tentativa[3]; por outro lado, aqueles que – como BRICOLA ou RAMACCI – admitem a punibilidade da tentativa, considerando ser exactamente essa a função da norma geral que alarga a punibilidade a meras fracções do *iter criminais* anteriores à consumação, pelo que não existiria uma verdadeira impossibilidade de punir o mero facto tentado, mas sim uma desconsideração inaceitável da função punitiva da norma geral sobre a tentativa[4]. Qualquer limite à relevância desta só podia existir se a estrutura do facto típico descrito fosse em si mesma incompatível com a tentativa ou em função das características de algumas condições objectivas de punibilidade. O que significaria que se estava afinal perante um falso problema[5], a ser resolvido através de uma análise casuística dos tipos incriminadores[6]: a tentativa seria então perfeitamente admissível nos tipos incriminadores com condições intrínsecas[7], nos casos em que a condição se verificasse antes (ou, em algumas opiniões, mesmo depois) da comissão da tentativa[8] ou se o fraccionamento do facto sendo possível não implicasse necessariamente a ausência de condição objectiva de punibilidade[9].

O confronto entre estas duas grandes linhas de análise do problema revela-se decisivo para a delimitação da intervenção penal: da primeira orientação decorre um efeito obstrutor absoluto do tipo de punibilidade sobre a relevância penal do facto tentado, susceptível de ser identificado em abstracto perante a estrutura do tipo incriminador; efeito esse mitigado pela segunda perspectiva que, a partir de fundamentos diversos, admite a punibilidade do facto tentado em algumas situações. Justifica-se aprofundar as linhas de argumentação que apoiam cada uma das perspectivas em causa.

Afirma-se que as chamadas condições objectivas de punibilidade intrínsecas, por fazerem parte da agressão ao bem jurídico tutelado, não impedem a punição

---

[3] NUVOLONE, *Diritto penale del fallimento*, 481, sublinhando que isso equivaleria a punir um facto diverso daquele que a lei contempla; agora, ANGIONI, *Ridpp* (1989), 1468-1469, nt. 110.
[4] BRICOLA, *Novíssimo Digesto*, Vol. XIV (1967), 606.
[5] RAMACCI, *Condizioni*, 223, nota 62; depois, *Corso*, 457.
[6] MAPPELI CAFFARENA, *Condiciones Objetivas de Punibilidad*, 143, rejeitando soluções unitárias e gerais para o problema, valorizando antes o caso concreto e a morfologia de cada tipo de crime.
[7] BRICOLA, *Novíssimo Digesto*, Vol. XIV (1967), 606, mas com limitações de outra natureza, de que adiante se dará conta.
[8] LISZT, *Lehrbuch* (21ª-22.ª edição, 1919), 196 (§ 46, V, 1) e, em Itália, VANNINI, *Il problema giuridico del tentativo*, 1943, 135 e ss, apresentando tal solução como excepcional em relação à regra da não punibilidade da tentativa em tais casos. Depois, em Espanha, MARTINEZ PEREZ, *Condiciones objetivas de punibilidad*, 133 (em ligação com o que escreve a pp. 81 e ss).
[9] RAMACCI, *Corso*, 457; MAPPELI CAFFARENA, *Condiciones objetivas de punibilidade*, 143 e 149 e ss.

da tentativa. Segundo BRICOLA, a função da norma que pune a tentativa é a de estender o âmbito da punibilidade a fragmentos do *iter criminis* anteriores à consumação do crime. Nas condições de punibilidade intrínsecas estamos perante elementos associados à agressão ao bem jurídico que, por isso mesmo, fazem ainda parte da consumação do facto. Assim sendo, de acordo com a sua construção, a tentativa de comissão do facto será punível enquanto tentativa, isto é, enquanto etapa ou fragmento de uma agressão ao bem jurídico que apenas se completará com a ocorrência da condição objectiva de punibilidade. Apenas raciocinando por equiparação aos crimes de perigo se poderia concluir, em sua opinião, pela não punibilidade da tentativa em crimes que integrassem uma condição objectiva de punibilidade, na exacta medida que tal se traduziria na «inaceitável punição do perigo de um perigo»[10].

Numa outra linha de entendimento, não será a natureza da condição de punibilidade a revelar-se decisiva para resolver o problema da punibilidade da tentativa, mas sim a necessidade de comprovação simultânea da tentativa e da condição objectiva de punibilidade. Nesta perspectiva, o facto tentado por si só, isto é, desacompanhado da condição objectiva de punibilidade, não tem qualquer relevância e, normalmente, a condição não se verifica com a mera tentativa. Como a generalidade das condições objectivas de punibilidade contempla factos futuros e incertos isso significa que, em regra, quando executada a tentativa falta a condição objectiva de punibilidade, o que impede a sua relevância penal. Este limite resulta no entanto de o conceito de condição objectiva de punibilidade ter sido desenvolvido por uma parte da doutrina (italiana) com base no conceito civilista de condição, ou seja, como facto futuro e incerto. Tal conteúdo não se revela exacto, pois uma condição objectiva de punibilidade não tem obrigatoriamente de ser um facto futuro, mas sim e apenas um elemento de verificação necessária para se afirmar a punibilidade do facto. Assim, numa solução antecipada por von LISZT[11], os tipos incriminadores que contemplem condições objectivas de punibilidade admitem a tentativa desde que a condição se verifique antes daquela ou sobrevenha à execução do ilícito. Desse modo ficaria garantida a relação entre o facto tentado e a verificação da condição. Tal solução seria de acolher para uma parte da doutrina espanhola pelo menos nas condições que surjam antes ou durante o momento em que a tentativa é executada[12].

---

[10] BRICOLA, *Novissimo Digesto* vol. XIV (1967), 606. Concordante, MAPELLI CAFFARENA, *Condiciones objetivas de punibilidad*, 149. Na doutrina italiana esta matriz de argumentação é mais antiga: veja-se, para o efeito, VANNINI, *Tentativo*, 80 e ss.
[11] LISZT, *Lehrbuch* (21ª-22.ª edição, 1919), 184 e 196 (§ 44, III, 2, e § 46, V, 1).
[12] MARTINEZ PEREZ, *Condiciones objetivas de punibilidad*, 133-135.

Numa concepção mais ampla (que encontra eco em BRICOLA, RAMACCI, ZANOTTI OU MAPELLI CAFFARENA) defende-se que a não punibilidade da tentativa pode resultar não tanto de um efeito genérico associado à condição objectiva de punibilidade, mas antes da sua inadmissibilidade estrutural em alguns crimes, por a conduta típica não ser compatível com a fragmentação do facto[13]. Mas, excluídas estas hipótese, será de admitir genericamente a sua relevância (RAMACCI)[14] ou, de forma mais limitada, admitir a sua punibilidade em função da natureza da condição e dos bens jurídicos tutelados pelos tipos incriminadores: a tentativa será neste caso punível (numa proposta, mais elaborada, de MAPELLI CAFFARENA) se o facto tentado for acompanhado de uma condição extrínseca de punibilidade e, ainda, se o facto tentado for acompanhado de uma condição intrínseca de punibilidade que proteja um bem jurídico diferente do que é tutelado com a previsão do facto consumado[15].

2. Os argumentos apresentados não se revelam convincentes e, por isso, as propostas que admitem a punibilidade da tentativa quando o tipo legal exige a verificação de uma condição objectiva de punibilidade não podem ser aceites.

A ideia de que a ausência da condição impede a punição de qualquer forma de tentativa – aceite de forma pacífica entre a doutrina – é sintomática da singularidade daquele elemento na estrutura dogmática do tipo incriminador em que surge. Na verdade, tal solução não seria nada evidente nas condições objectivas de punibilidade que surgem nos tipos como consequência do facto do agente (por exemplo, o evento grave na rixa ou a execução do suicídio no incitamento a este facto), sendo em tais casos concebível uma relação empírica entre ambos, semelhante à que se verifica entre conduta típica e resultado. O que levaria à punição da tentativa e não à solução oposta. Contudo, admitir que a ausência das condições objectivas de punibilidade pudesse não obstar à punibilidade da tentativa nos crimes que as contemplem acabaria por sujeitar tais elementos a uma espécie de «bipolaridade sistemática» pois seriam tratados como uma modalidade atípica de evento ilícito[16] que, para uns efeitos, seguiria o regime de uma condição objectiva de punibilidade (designadamente, na sua imunidade ao tipo subjectivo) e, para outros, seria na prática considerado como um resultado característico dos crimes materiais (exactamente para a identificação da tentativa punível). Uma

---

[13] BRICOLA, *Novíssimo Digesto XIV* (1967), 606. Também ZANOTTI, *Arch. pen.* (1984), 122-125, e depois *Digesto X* (1995), 550.
[14] RAMACCI, *Corso*, 457.
[15] MAPPELI CAFFARENA, *Condiciones objetivas de punibilidad*, 151-152.
[16] Assim, com razão, RAMACCI, *Condizioni*, 223, nota 62, afirmando que a doutrina nestes casos trata a condição objectiva de punibilidade como um evento lesivo adicional e subsidiário.

via desta natureza implicaria uma séria incongruência e a doutrina não a aceita. O que acaba por evidenciar que as condições objectivas de punibilidade – mesmo estando imediatamente conexas com o facto do autor e podendo ser vistas como uma consequência do mesmo – não são normativamente consideradas parte do processo lesivo que se imputa ao agente, pois se o fossem a sua ausência não implicaria a não punibilidade da tentativa. Neste exacto sentido, o tratamento dogmático de uma condição objectiva de punibilidade pode e deve (para todos os efeitos) ser distinto daquele que se dá ao resultado lesivo nos crimes materiais.

Assim sendo, a singularidade dogmática de tais elementos tem de ser levada às últimas consequências: não se revela convincente a hipótese de punir a tentativa uma vez verificada a condição objectiva de punibilidade. Na verdade, a solução é essencialmente formal: porque se verifica um ilícito culposo tentado e uma condição objectiva de punibilidade estariam (aritmeticamente) realizados os pressupostos da punição. Ignora-se, contudo, que em tais casos o legislador não considerou suficiente por si só o ilícito culposo consumado para desencadear a punibilidade do facto. Se nestas incriminações o patamar mínimo da dignidade penal do facto foi configurado através da conjugação de um ilícito consumado com uma condição objectiva de punibilidade não se pode sem mais prescindir de nenhum deles para delimitar a intervenção penal, exactamente porque o facto que o legislador pretende declarar punível é o que articula aqueles elementos e não variantes imperfeitas do mesmo. O alargamento da punibilidade da tentativa operado pelas normas gerais não confere dignidade penal a um ilícito que na forma consumada não a teria para justificar por si só a intervenção penal. E, por isso mesmo, é questionável que a legitimidade da intervenção exista perante um ilícito qualitativa e quantitativamente diferente daquele contemplado no tipo incriminador. Deste ponto de vista, carece igualmente de sentido a utilização de um simples critério cronológico que tornaria punível a tentativa se a condição de punibilidade se verificasse antes ou durante a execução, mas não no caso de a mesma ser posterior ao facto tentado[17]. Sendo o ilícito culposo o fundamento da pena é inexplicável que, perante o mesmo facto, a solução seja radicalmente distinta consoante o momento de verificação da condição objectiva de punibilidade, elemento que não fundamenta a pena aplicável[18].

Não se exclui que a natureza do facto previsto em alguns tipos incriminadores possa ser estruturalmente incompatível com a mera tentativa. Mas quando tal acontece a solução é determinada pela natureza do ilícito e não pela neces-

---

[17] MARTINEZ PEREZ, *Condiciones objetivas de punibilidad*, 134-135.
[18] Em termos semelhantes, MAPELLI CAFFARENA, *Condiciones objetivas de punibilidad*, 148, afirmando que em coerência a solução deveria ser a mesma, pois a condição objectiva de punibilidade decide apenas da necessidade de pena.

sidade de comprovação do tipo de punibilidade[19]. Assim, se o tipo incriminador do artigo 295.º, n.º 1, do Código Penal exige uma auto-colocação do agente num estado de inimputabilidade transitória a mera tentativa de o agente se colocar nessa situação é insuficiente e irrelevante. O que não pode proceder para esse efeito é a argumentação algo vaga – avançada por Bricola – de que o facto de se estar em tal caso a punir o perigo de um perigo seria, nas suas palavras, «logicamente absurdo». Na verdade, o perigo do perigo é uma forma de perigo[20] que pode justificar a intervenção penal. A própria configuração legal da tentativa, entre nós, declara punível momentos de perigo que antecedem outros momentos de perigo, como acontece na al. c) do artigo 22.º, n.º 2, do Código Penal. O que evidencia ser perfeitamente possível punir o perigo de um perigo, embora a progressão nesse sentido tenha de ser limitada por razões de Política Criminal (respeito pelo princípio da intervenção mínima e pela exigência de necessidade de punição). A antecipação da intervenção penal a situações de perigo é em abstracto legítima na exacta medida em que o mero perigo represente ainda um grau de merecimento e de necessidade de pena que justifiquem a sua punibilidade autónoma, designadamente pela potencialidade lesiva do facto (a sua capacidade de expansão e incontrolabilidade) e pela concreta vulnerabilidade e carência de protecção do bem jurídico em causa.

Alguns autores atribuem uma especial relevância à relação entre a natureza da condição e os interesses tutelados. Assim, Mapelli Caffarena admite a punição por tentativa quando esta concorre com a verificação de uma condição extrínseca ou com uma condição intrínseca que visa proteger um bem jurídico diferente[21]. Esta solução acaba por tornar decisiva a natureza e relevância do bem jurídico tutelado, pois o que procura salientar como critério distintivo é a subsistência de um ilícito que põe em perigo um bem jurídico distinto daquele tutelado pela condição objectiva de punibilidade, por a condição ser estranha ao círculo de interesses protegidos (condição extrínseca) ou por tutelar um bem diferente daquele que é posto em perigo com o facto tentado (condição intrínseca).

Um critério desta natureza e alcance assenta em diversos equívocos que o tornam inaceitável. O bem jurídico a tutelar é agredido pelo facto ilícito e, por isso, constitui um elemento não escrito do tipo incriminador. A autonomia da condição objectiva de punibilidade em relação ao ilícito não permite identificar bens jurídicos autónomos a tutelar pelo tipo incriminador que tenham relevância para a resolução do problema da punibilidade da tentativa, pois o tipo de

---

[19] Neste sentido, Zanotti, *Digesto X* (1995), 550.
[20] Sobre as dificuldades do conceito de «perigo do perigo», Rui Pereira, *Dolo de perigo*, 80 e ss. Criticamente, Zanotti, *Arch.pen* (1984), 132 e ss.
[21] Mapelli Caffarena *Condiciones objetivas de punibilidad*, 151-152.

punibilidade não efectiva uma tutela material de bens jurídicos relevante para decidir autonomamente sobre a punibilidade de um ilícito, apenas delimita a esfera legítima da intervenção penal à luz de outros critérios. Noutros termos: as condições objectivas de punibilidade não fazem parte do processo lesivo imputável ao agente e, por isso, não podem ser tidas em conta para identificar o *iter criminis* e a sua relevância penal[22]. É na «dimensão da ofensividade do ilícito», para usar a terminologia de MARIA FERNANDA PALMA[23], que se deve encontrar o fundamento da punibilidade e não em elementos que lhe são exteriores. Fazer depender a relevância da tentativa do bem jurídico alegadamente tutelado pela condição objectiva de punibilidade equivale a tratar este elemento para alguns efeitos como um segundo resultado lesivo, o que se afigura estranho à sua natureza e função (racionalizar a legitimidade da intervenção penal à luz de critérios de proporcionalidade). É este âmbito que está em causa com a adição da condição objectiva de punibilidade ao tipo incriminador e não a delimitação de novos bens jurídicos dessa forma tutelados.

Não são apenas os critérios doutrinários apresentados que se revelam pouco convincentes. Também os exemplos usados pela doutrina para ilustrar as hipóteses de tentativa punível em crimes que contemplem condições objectivas de punibilidade assentam em diversos equívocos. Nuns casos trata-se de falsas condições objectivas de punibilidade, como a presença do agente em território nacional: elemento que surge sem conexão com o facto cometido, que pode existir antes e independentemente desse facto e que, por isso, não é uma condição objectiva de punibilidade. Noutros casos, os exemplos desconsideram as regras gerais de imputação e valoração dos factos, como a hipótese de punir a tentativa do comerciante que tenta subtrair ou desviar um bem depois de reconhecida judicialmente a insolvência[24]. Solução que não parece admissível como tentativa punível de insolvência, pois constitui apenas um facto posterior não punível em relação ao crime que já lhe é imputável: o desvalor do ilícito pelo qual responde pessoalmente já se esgotou e o acto subsequente à declaração judicial de falência apenas acrescenta danosidade concreta ao crime anteriormente praticado; se, por outro lado, estiver em causa um facto de terceiro estaremos perante um crime comum (*v.g.* um furto ou um dano) estranho à tipicidade do crime de insolvência fraudulenta. Assim, a tentativa de insolvência fraudulenta nunca será punível porque,

---

[22] MARTINEZ PEREZ, *Condiciones objetivas de punibilidad*, 132.
[23] MARIA FERNANDA PALMA, *Da «tentativa possível» em Direito Penal,* 2006, 159, em ligação com o que escreve a p. 132 e ss, e que, aplicado de forma consequente ao regime legal dos artigos 22.º e 23.º do Código Penal, implica a distinção consequente entre várias modalidades de tentativa e sua punibilidade (ou não punibilidade).
[24] MARTINEZ PEREZ, *Condiciones objetivas de punibilidad*, 133.

por um lado, na ausência da condição de punibilidade se verifica um efeito obstrutor absoluto decorrente da falta do tipo de punibilidade e, por outro, após o reconhecimento judicial da insolvência o facto tentado do autor perde autonomia em relação ao crime consumado que cometeu, revelando-se um mero facto posterior não punível[25].

Finalmente, em algumas incriminações a possibilidade de verificação simultânea da tentativa e da condição objectiva de punibilidade implica a ausência de qualquer conexão material entre ambas, o que significa que a verificação da condição – a ter lugar – será completamente estranha ao facto tentado. Se por exemplo uma pessoa tentar participar numa rixa e alguém morrer em consequência dessa rixa (artigo 151.º do Código Penal) – em que o agente procurou participar mas não conseguiu (porque alguém o impediu, por exemplo) – a ocorrência da condição objectiva de punibilidade nenhuma relação tem com a tentativa do agente, relacionando-se apenas com o facto colectivo (a rixa) dos demais autores. Independentemente das regras de punição da tentativa associadas à medida da pena (artigo 23.º n.º 1, do Código Penal), considerar punível a tentativa de alguém quando a condição objectiva de punibilidade tem conexão apenas com o facto em que o agente não conseguiu participar acabaria por redundar numa inadmissível forma de responsabilidade por facto alheio, sem que o facto do agente revelasse suficiente dignidade penal ou envolvimento efectivo na situação ilícita[26]. Algo equivalente se pode afirmar quanto à eventual punição da tentativa de incitamento ou de auxílio ao suicídio (artigo 135.º do Código Penal): se o agente tentou incitar ou auxiliar o potencial suicida (mas este não ouviu as mensagens que o autor lhe deixou no gravador do telefone ou não recebeu a substância letal que aquele lhe enviou) e, sem ligação com tal facto, ocorre a tentativa de suicídio que realiza a condição objectiva de punibilidade, esta não tem, como bem nota MARIA FERNANDA PALMA, qualquer conexão com a conduta do agente, pelo que não pode fundamentar a necessidade da sua punição[27].

---

[25] No sentido da não punibilidade da tentativa por ausência da condição objectiva de punibilidade, MARIA FERNANDA PALMA, *RFDUL* (1995), 409, nota 20. Em sentido oposto, PAULO PINTO DE ALBUQUERQUE, *Código Penal* (2.ª edição, 2010), artigo 227.º, anotação 18.

[26] Isto mesmo acaba por reconhecer FREDERICO ISASCA, *Participação em rixa*, 121-124 e nota 1, que, apesar de conceber dogmaticamente uma hipótese de tentativa neste caso, termina a questionar a sua dignidade penal, cuja punição considera desaconselhada à luz do princípio da subsidiariedade. Mas, assim sendo, o que se deve reconhecer é exactamente que (em nome desses princípios) o tipo de punibilidade obsta à punição do mero facto tentado em tais crimes.

[27] MARIA FERNANDA PALMA, *Crimes contra as pessoas*, 95 e nota 1, quando afirma que a condição objectiva de punibilidade «só se compreende desde que esteja conexionada com o facto típico, o que não sucederá quando não se efectivar a contribuição para o suicídio ou tentativa de suicídio». Chega a também a este resultado MANUELA VALADÃO E SILVEIRA,

Nestes tipos incriminadores a verificação da condição objectiva de punibilidade está portanto associada ao facto consumado e não tem qualquer conexão com a hipótese de se verificar uma simples tentativa. A fragmentação do facto, apesar de ser lógica e ontologicamente possível, faz com que o mesmo surja desligado da condição objectiva de punibilidade, o que permite concluir que estará fora da esfera de protecção da norma punir comportamentos sem conexão concreta com o acontecimento que integra a condição objectiva de punibilidade.

3. Todos os elementos reunidos apontam para que se considere que não é punível a tentativa sempre que o tipo incriminador exija a verificação de uma condição objectiva de punibilidade, *quer esta ocorra* (antes ou depois do facto tentado) *quer não se verifique*. Esta solução genérica associada ao efeito obstrutor do tipo de punibilidade é determinada por razões lógicas, hermenêuticas e político-criminais.

No plano lógico, um elemento autónomo em relação ao ilícito que condiciona a punibilidade do facto principal projecta-se necessariamente no facto secundário que àquele se reporta e do qual depende a sua relevância jurídica. Assim, se o facto principal não é punível sem uma condição objectiva de punibilidade tal efeito faz-se necessariamente sentir em formas imperfeitas (ou distintas) de execução do ilícito. Caso contrário, chegar-se-ia a um resultado logicamente absurdo que se traduzia em punir em algumas situações a tentativa de um facto que, por si só (sem o tipo de punibilidade), não é considerado um crime[28]. O efeito obstrutor do tipo de punibilidade é assim absoluto caso a condição não se verifique, o que já evidencia que o alargamento da intervenção penal por força da norma geral que pune a tentativa não vale por si ou independentemente da configuração do tipo incriminador principal. E, assim sendo, também punibilidade da «fragmentação do ilícito» pode e deve ser questionado mesmo que a condição ocorra.

No plano hermenêutico, é este o resultado a que se chega quando se verifica que as condições objectivas de punibilidade que surgem nos tipos incriminado-

---

Incitamento ou ajuda ao suicídio, 129-130, embora a solução que acolhe seja estranha ao quadro dogmático que segue na análise da incriminação: ao aceitar que o acto suicida é um resultado típico no artigo 135.º do Código Penal (p. 128) deveria, em coerência, considerar punível a criação dolosa do perigo da sua verificação, hipótese que acaba por rejeitar com base noutra linha de argumentação, designadamente em função de uma analogia com a não punição da tentativa de instigação e de cumplicidade (argumento que havia sido também invocado por Maria Fernanda Palma, *op. cit.*, 95 e nota 1). Sobre as soluções da doutrina quanto à tentativa no crime de incitamento e auxílio ao suicídio, MANUEL DA COSTA ANDRADE, *Comentário Conimbricense I*, artigo 135.º, § 55.

[28] ZANNOTTI, *Arch. pen.* (1984), 132.

res em especial se relacionam com o facto ilícito consumado neles descritos[29] e não com a mera tentativa, que não consta desse tipo incriminador mas sim de outras normas legais. O argumento, longe de constituir uma simples desconsideração da função das normas gerais de punibilidade da tentativa, como sugeria BRICOLA, invoca aspectos relevantes da técnica de construção dos tipos e a relação interna entre os seus elementos. Em cada tipo incriminador existe uma conexão entre a condição de punibilidade e o ilícito consumado do autor do facto (destinatário da norma penal de conduta) conexão essa que é um elemento essencial da tipicidade do crime e, por isso, parte do tipo de garantia. O respeito pelo princípio da legalidade não permite delimitar a punibilidade do facto descrito sem a conexão entre essas duas realidades: a função de garantia do princípio da legalidade impede que se delimite a punibilidade na ausência de conexão entre o ilícito consumado do autor e a condição de punibilidade, seja associando-a artificialmente ao facto meramente tentado, seja atribuindo relevância à tentativa sem verificação da condição de punibilidade. Nos tipos incriminadores em que o legislador criou um tipo autónomo de punibilidade (através da exigência expressa de uma condição objectiva de punibilidade) o âmbito da intervenção penal fica assim cristalizado a essa única configuração legalmente prevista, que conjuga o facto ilícito do autor com o tipo de punibilidade, não consentindo alargamentos por aplicação das regras gerais de punibilidade da tentativa. Nestes tipos incriminadores só o facto ilícito consumado em conjunto com a condição objectiva de punibilidade legitima a intervenção penal. A mera tentativa, por um lado, não atinge o limite mínimo do merecimento e dignidade de pena traçado pelo legislador para as situações que justificaram a intervenção penal, mesmo que ocorra a condição objectiva de punibilidade; e, por outro, nas situações mais significativas o facto tentado não tem sequer conexão com a condição objectiva de punibilidade. As regras de punição da tentativa permitem fragmentar *o facto* (punir uma conduta ilícita com danosidade intrínseca, desacompanhada do resultado que consuma o crime) mas não fragmentar *o tipo legal* em que esse facto surge, desconsiderando a conexão típica entre a condição objectiva de punibilidade e a forma específica do facto que orientaram a intervenção penal.

No plano político-criminal, quando a legitimidade punitiva do Estado é limitada pela exigência da condição objectiva de punibilidade (a adicionar ao facto principal) esse limite traduz-se numa opção quanto ao âmbito da intervenção penal, a qual deve ser usada como referência para as demais situações. Como sublinha ANGIONI, não faria sentido o legislador considerar o facto mais grave

---

[29] Neste sentido aponta uma parte da doutrina italiana: NUVOLONE, *Diritto penale del fallimento*, 481. VENEZIANI, *Spunti*, 66 e ss. Em sentido contrário, mas sem razão, BRICOLA, *Novissimo Digesto* XIV (1967), 606.

como não punível (o ilícito consumado sem a condição objectiva de punibilidade) e punir o facto menos grave (a mera tentativa desse ilícito) por a condição objectiva de punibilidade se verificar, pois o desvalor do ilícito reside no facto e não na condição[30]. Se o facto consumado não é punível por ausência de uma condição objectiva de punibilidade, seria inverter toda a lógica da proporcionalidade punir a mera tentativa desse facto, mesmo que se verificasse a condição objectiva de punibilidade (associada à mera tentativa), pois a danosidade que fundamenta a pena reside no facto e não na condição.

A conexão entre o facto consumado e a condição objectiva de punibilidade é, assim, condição necessária para se atingir o limiar mínimo da necessidade de tutela penal. A não punição da tentativa quando o tipo incriminador exige expressamente a realização de um certo tipo de punibilidade é também uma decorrência do princípio da proporcionalidade, que fundamenta este elemento do conceito de crime.

As afirmações feitas quanto à tentativa valem em boa parte para a delimitação da punibilidade da tentativa inidónea. A não verificação de uma condição objectiva de punibilidade impede a punição da tentativa, incluindo da tentativa inidónea. Mesmo que o agente suponha erradamente que a condição objectiva de punibilidade se verificou, o seu facto não é punível na ausência daquela[31]. As razões apontadas para não punir a tentativa valem por maioria de razão para a tentativa inidónea (cuja danosidade real é menor porque, ao contrário da tentativa idónea, não pode progredir para a lesão do bem jurídico)[32]. Para além disso, o princípio da legalidade não permite substituir a falta da condição objectiva de punibilidade pela convicção errada sobre a sua ocorrência, pois trata-se de elementos não só diferentes mas com uma natureza antagónica: a condição objectiva de punibilidade criada pelo legislador refere-se a um facto concreto e a representação errada da sua verificação é um mero facto psicológico que se refere a uma realidade inexistente exterior ao agente; finalmente, esta é a única solução congruente com o facto de a condição objectiva de punibilidade ser imune ao

---

[30] ANGIONI, *Ridpp* (1989), 1468-1469, nota 110, que, por essa razão, entende que as tentativas de crimes que integrem condições objectivas de punibilidade não são puníveis, mesmo que a condição se verifique. Exemplifica com o crime de incesto: se este quando consumado não é punido caso não ocorra o escândalo público, não faria sentido punir um facto ilicitamente menos grave, a mera tentativa de incesto, mesmo que esta fosse seguida de escândalo público.

[31] Assim, JESCHECK/WEIGEND, *Lehrbuch*, 555 (§ 53, I); ROXIN, *Strafrecht AT I* (4.ª edição, 2006), § 23, n.º 30; MAURACH/GÖSSEL/ZIPF, *Strafrecht AT 1*, § 23, n.º 6. Depois, MARTINEZ PEREZ, *Condiciones objetivas de punibilidad*, 131; MAPELLI CAFFARENA, *Condiciones objetivas de punibilidad*, 144.

[32] Dúvidas sobre a legitimidade material e constitucional de equiparar danosidade e «aparência de danosidade» em MARIA FERNANDA PALMA, *Da «tentativa possível»*, 147 e ss e 150 e ss.

tipo subjectivo. O que, no fundo, confirma o efeito obstrutor absoluto das condições objectivas de punibilidade sobre a hipótese de relevância da mera tentativa.

Em conclusão: quando um tipo incriminador articula um facto ilícito com uma condição objectiva de punibilidade esse crime não admite a punibilidade da tentativa quer a condição não se verifique, quer na hipótese de esta se verificar mas o facto não se chegar a consumar. Estamos perante uma técnica de intervenção penal específica de acordo com a qual o legislador só pune o facto ilícito que descreve na forma em que surge no tipo incriminador e em conexão com a condição objectiva de punibilidade. A técnica legislativa usada (previsão do facto e adição da condição objectiva de punibilidade) cristaliza o fundamento da intervenção penal a essa forma de acontecimento e é incompatível quer com a fragmentação do ilícito quer com a fragmentação do restante tipo legal. A configuração legal do tipo de punibilidade obsta à relevância de outras formas do facto punível e tem nestes casos um efeito obstrutor absoluto sobre a aplicação das regras gerais da tentativa.

III. A punição dos participantes e os elementos do tipo de punibilidade

1. O efeito obstrutor do tipo de punibilidade faz-se sentir não só em relação ao facto do autor como também em relação à eventual responsabilidade dos participantes. Sempre que se verifica um efeito obstrutor do tipo de punibilidade em relação ao autor do facto principal ele repercute-se em regra no facto (secundário) dos participantes, excepto quando os elementos do tipo de punibilidade em causa tenham na sua configuração legal uma conotação pessoal que limite a incidência da sua relevância jurídica[33]. Neste domínio a distinção entre causas materiais e pessoais de não punibilidade é relevante, pois as primeiras têm as mesmas consequências jurídicas que as condições objectivas de punibilidade: se aquela se verificar elimina o tipo de punibilidade associado à prática do ilícito culposo e, em consequência, não há crime; se faltar a condição objectiva de punibilidade não se realiza o tipo de punibilidade e, por isso, não chega a existir juridicamente um crime. Pode ilustrar o primeiro caso a regularização da situação a descoberto no crime de emissão de cheque sem provisão (artigo 11.º, n.º 5, do Dec.-Lei n.º 454/91, de 28 de Dezembro) e o segundo caso a falta da consequência grave na rixa (artigo 151.º, n.º 1, do Código Penal).

Assim, a falta de uma condição objectiva de punibilidade ou a ocorrência de uma causa material de não punibilidade relativamente ao facto do autor impe-

---

[33] Neste sentido, FIGUEIREDO DIAS, *Direito Penal, PG I* (2.ª edição, 2007), 830 (§ 16), avançando esta mesma solução em relação ao que designa de «condições subjectivas de punibilidade» e «causas pessoais de exclusão da pena». Sobre esta classificação, *supra* Capítulo V, § 25, I, 3.

dem não só a sua punição, como também a punição de qualquer participante[34]. A solução é determinada por duas razões fundamentais: por um lado, se o facto do autor nestes casos – sem a condição objectiva de punibilidade ou ponderado em conjunto com a causa de não punibilidade – não é para o legislador fundamento suficiente para legitimar por si só uma pretensão punitiva (por falta de dignidade penal do facto e necessidade da sua punição, à luz das exigências de proporcionalidade inerentes à legitimidade punitiva do Estado) por maioria de razão um facto dependente deste e menos grave não possui tais características; e, por outro lado, não faria sentido à luz dos princípios da proporcionalidade, da igualdade perante a lei penal e da acessoriedade da participação que a responsabilidade penal do participante se pudesse iniciar antes de se iniciar (ou na impossibilidade de se verificar) a responsabilidade penal do autor do facto principal.

Estas mesmas razões permitem também afirmar que não existe qualquer responsabilidade penal para os participantes se o facto do autor corresponder a uma tentativa não punível por falta de conexão com a condição objectiva de punibilidade, de acordo com a solução atrás defendida. O que evidencia ainda que nos crimes em que o tipo de punibilidade está formulado de forma positiva, condicional e categórica (através do aditamento de uma condição objectiva de punibilidade ao ilícito culposo) ou em que o legislador contemplou uma forma específica de o neutralizar (através da previsão de uma causa material de não punibilidade) a acessoriedade da participação é mais exigente, pois não se limita ao ilícito antes se estende aos pressupostos especiais de punibilidade. Nestes casos o fundamento da punibilidade do participante reporta-se a uma *acessoriedade limitada reforçada*[35], que exige para a punição do participante não só o tipo de ilícito como também o tipo de punibilidade do facto do autor[36].

---

[34] Assim, FIGUEIREDO DIAS, *Direito Penal, PG I* (2.ª edição, 2007), 675 (Cap. 26/§ 11), propondo na participação um tratamento dogmático dos pressupostos autónomos de punibilidade equiparado a elementos objectivos do tipo. Equiparação que, de forma mais geral, se revela também em EDUARDO CORREIA, *Unidade e pluralidade de infracções*, 90, nota 1, por referência ao conceito mais vasto de tipo legal. Em sentido convergente, HASSEMER, *Einführung*, 244, nota 165, TERESA BELEZA, *Direito Penal*, vol. II, 367, FARIA COSTA, *O Perigo*, 439-440, nota 168, LOBO MOUTINHO, *Da unidade à pluralidade dos crimes*, 382, TAIPA DE CARVALHO, *Sucessão de leis penais* (3.ª edição, 2008), 236.

[35] Expressão que se inspira na designação «acessoriedade limitada modificada» usada por FIGUEIREDO DIAS, *Direito Penal*, PG I (2.ª edição, 2007) 831 (Cap. 32/§ 17) para descrever o fundamento da punição do participante nestes casos.

[36] Apesar disto os elementos do tipo de punibilidade mantêm a sua autonomia em relação ao tipo de ilícito para todos os efeitos, incluindo a delimitação do campo de aplicação do artigo 28.º do Código Penal (que, como tal, não se aplica aos elementos que integram o tipo de punibilidade).

2. As soluções apresentadas valem para qualquer modalidade de condição objectiva de punibilidade não havendo que proceder a distinções designadamente entre condições extrínsecas ou intrínsecas, pois nenhuma delas faz parte do processo lesivo (o facto ilícito) que pode fundamentar a pena do autor ou dos participantes. E, por isso mesmo, a participação dum cúmplice no facto dum autor cuja punibilidade esteja dependente da verificação de uma condição intrínseca é igualmente impune enquanto a mesma não se verificar[37].

Sugere-se por vezes um tratamento distinto do efeito obstrutor consoante a condição objectiva de punibilidade diga respeito ao facto ou ao autor: no primeiro caso o participante não seria punível se o autor do facto também o não fosse; no segundo caso, em que a condição diria respeito ao autor, o participante seria punível embora o autor não o fosse[38]. Uma solução desta natureza não é contudo aceitável, nem na classificação dogmática que pressupõe, nem nos efeitos que acarreta em sede de punibilidade dos participantes.

Não é claro, desde logo, o conceito de «condições objectivas de punibilidade relativas ao autor», pois os casos que se podem apresentar não são isentos de dúvidas: a presença do arguido em território nacional, a cláusula de flagrante delito em alguns crimes, a irresponsabilidade parlamentar dos deputados e a declaração judicial de falência ou insolvência, são as hipóteses normalmente apresentadas para ilustrar uma suposta dimensão pessoal da condição de punibilidade que, por isso, perderia a sua natureza objectiva[39]. Mas para além de se poder duvidar dos exemplos referidos, o próprio conceito de condições objectivas de punibilidade relativa ao autor é em si mesmo questionável, pois – como sublinha ZANOTTI – se o elemento em causa tem uma natureza pessoal é possível que não tenha conexão com o facto praticado, podendo ser estranho ao mesmo[40].

A presença do arguido em território nacional, apresentada como um exemplo de condição relativa ao autor, não pode assumir a natureza de pressuposto material da punibilidade por ausência de conexão imediata com o facto tipicamente ilícito. Como se viu no § 26, VIII deste estudo, contrariamente à doutrina e jurisprudência dominantes entre nós, não estamos neste caso perante uma condição objectiva de punibilidade[41]. A diferença de soluções entre autor e participante

---

[37] MAPELLI CAFFARENA, *Condiciones objetivas de punibilidad*, 158.
[38] FREDERICO ISASCA, *Participação em rixa*, 130, nota 7.
[39] O tema encontra-se particularmente tratado na doutrina italiana: GIULIANI, *Condizioni di punibilità*, 80 e ss, e ZANOTTI, *Arch.pen* (1984), 135 e ss, relacionando-o com o problema da comparticipação.
[40] ZANOTTI, *Arch.pen* (1984), 138.
[41] Também FIGUEIREDO DIAS, *Direito Penal PG I* (2.ª edição, 2007), 218 e 670 (Cap. 9, § 23, e Cap. 26, § 3) nega que seja uma condição objectiva de punibilidade, considerando que estamos perante «uma condição de aplicação da lei no espaço». No sentido de se tratar de uma

resultará assim da existência ou não de impedimentos processuais à promoção do processo, embora no plano substantivo seja dificilmente concebível o julgamento de participantes sem julgamento do autor.

De igual modo, não parece adequado conceber a declaração judicial de insolvência como uma condição de natureza pessoal. É certo que o seu âmbito de incidência é pessoal pelo facto de se tratar de um crime específico (o autor é um devedor insolvente) e por existirem limites subjectivos à declaração judicial de insolvência. Mas não é por isso que a condição assume uma natureza pessoal sem efeitos objectivos, pois se tal acontecesse também se deveria reconhecer que o crime não admitiria participação, o que não acontece: as qualidades típicas são exigidas para o autor do facto e não para os participantes, o que vale quer para os tipos incriminadores quer para as causas de exclusão da responsabilidade. Os participantes têm de ter consciência do contributo que prestam ao autor, mas não têm de possuir tais qualidades típicas porque não são responsáveis pela comissão do crime (apenas pela participação no mesmo). Assim, o que está em causa uma vez mais é o condicionamento da punibilidade de um facto (a ocorrência da situação de insolvência criada de forma típica pelo devedor) a uma decisão judicial posterior ao mesmo (o reconhecimento judicial da situação) o que tem uma natureza objectiva e não meramente pessoal.

Já algumas causas de exclusão da punibilidade (que funcionam como o reverso das condições objectivas de punibilidade) podem ser por vezes reportadas ao autor. Assim a qualidade de «deputado» para efeito de funcionamento da irresponsabilidade por votos e opiniões expressas no exercício das dessas funções (artigo 157.º, n.º 1, da Constituição) assume aparentemente uma natureza pessoal; pelo que, acolhendo a doutrina referida, o parlamentar não seria punível mas os eventuais participantes (um assessor ou um conselheiro político, por exemplo) não beneficiariam de tal efeito.

A doutrina maioritária rejeita contudo tal solução, mesmo que para tal assuma tacitamente uma suposta distorção aos efeitos habituais de uma causa pessoal de não punibilidade. Para o efeito, Jakobs e Roxin invocam a *ratio* da figura da «imunidade» parlamentar para estender o privilégio da não punibilidade a terceiros, pois de outra forma a liberdade de expressão e de opinião tutelada seria igualmente lesada se os colaboradores do deputado fossem punidos apesar de este não ser responsabilizado[42]. Não existe contudo qualquer distorção dogmática

---

condição de procedibilidade, Taipa de Carvalho, *Direito Penal PG* (2.ª edição, 2008), 262 (§ 479), Paulo Pinto de Albuquerque, *Código Penal* (2.ª edição, 2011), artigo 6.º, anotação n.º 18. Para uma revisão crítica do tema, agora, Pedro Caeiro, *Jurisdição penal do Estado*, 222 e ss. Mais informação *supra* Cap. V, § 26, VIII.

[42] Jakobs, *Strafrecht*, 343 (10/16); Roxin, *Strafrecht AT I* (4.ª edição, 2006), § 23, n.º 26.

na solução proposta, nem tão pouco se revela necessário inverter a metodologia de análise da lei e condicionar a classificação da cláusula aos efeitos da solução adoptada em matéria de participação, como chega a propor Roxin[43]. A qualidade de deputado para efeitos do artigo 157.º, n.º 1, da Constituição, é apenas exigida para autor do facto que poderia ser eventualmente responsabilizado criminalmente por votos ou opiniões manifestadas no exercício das suas funções. Para beneficiar do efeito isentador desta causa de exclusão da punibilidade o participante não tem de possuir tal qualidade, porque ele não pratica o facto eventualmente criminoso, da mesma forma que não poderá ser ele a exercer as funções em causa. Para beneficiar da causa de exclusão da pena tem somente de participar no facto cometido nessas circunstâncias (ter um contributo de apoio ao facto não punível por ter sido cometido no exercício das funções parlamentares), pois qualquer outra intervenção mais activa lhe estará vedada por não ser deputado.

É pois uma falsa questão, a da suposta limitação subjectiva da causa de exclusão da punibilidade prevista no artigo 157.º, n.º 1, da Constituição. A cláusula legal não está delimitada em função duma qualidade pessoal (que por si só não é relevante) antes se reporta ao exercício de funções parlamentares. Noutros termos, não é o deputado que pessoalmente beneficia de uma causa de exclusão da punibilidade, mas sim o exercício de funções de deputado que tem associada essa garantia como condição da liberdade de expressão no debate político. O que oferece uma base factual e objectiva para a delimitação da causa de exclusão da punibilidade. Trata-se de uma qualidade associada a um facto praticado no exercício de funções parlamentares e é esse facto praticado (que só pode ser cometido por deputados) que não é punível. Assim, uma vez que cláusula de não punibilidade se verifique associada à prática de um facto ilícito e culposo mas não punível, qualquer participante no facto cometido beneficiará igualmente da exclusão da punibilidade pelo contributo que tenha dado ao deputado no e para o exercício de tais funções. Numa outra linha de argumentação, deve-se sublinhar que as consequências que uma tal distinção implicaria se revelam inaceitáveis, pois a responsabilidade do participante começaria antes da responsabilidade do autor e, como tal, poderia existir mesmo que este não fosse criminalmente responsabilizado (por a condição de punibilidade não se chegar a verificar).

Em suma, não existem verdadeiramente condições objectivas de punibilidade de natureza pessoal. Quando o legislador relaciona elementos pessoais do autor do facto com uma circunstância condicional que limita a punibilidade do mesmo, está ainda delimitar o facto punível e, por isso, a verificação dessa circunstância não perde a sua natureza, sendo necessária para a punibilidade não só do autor do facto como também de qualquer participante no mesmo.

---

[43] Roxin, *Strafrecht AT I* (4.ª edição, 2006), § 23, n.º 26.

3. O tipo de punibilidade interfere ainda com os limites temporais da participação criminosa. O instigador ou o cúmplice respondem criminalmente pela participação no facto do autor através dum facto próprio, descrito nos tipos dependentes que prevêem as modalidades de participação (artigos 26.º, parte final, e 27.º do Código Penal). A participação é em regra anterior ou concomitante à execução do ilícito pelo autor e tem, como tal, limites materiais e temporais que condicionam a relevância do contributo do participante à sua repercussão no ilícito do autor. Os elementos do tipo de punibilidade estão fora desses limites pela sua autonomia em relação ao ilícito. Por isso, qualquer forma de intervenção de um terceiro após a consumação do ilícito do autor não constitui uma forma de participação nesse facto e carece de ser considerada autonomamente, isto é, como facto próprio a subsumir a um tipo autónomo, caso o mesmo exista.

Um apoio posterior à execução do ilícito e anterior à verificação da condição objectiva de punibilidade pode ser considerado como uma modalidade de encobrimento ou de auxílio ao criminoso, em função da concreta configuração do tipo incriminador aplicável (*v.g.* artigos 231.º ou 232.º do Código Penal), mas não uma forma de participação criminosa no facto que antecede a verificação da condição. Será portanto um crime autónomo e não uma forma de participação no ilícito cuja punibilidade se encontra condicionada. A própria possibilidade de o agente contribuir apenas para a realização da condição sem ter contribuído para o ilícito ou é uma forma de autoria autónoma (por exemplo, alguém estranho a uma rixa atropela um dos rixantes que vem a morrer) ou fica impune, por força desta solução, pois a participação tipicamente relevante reporta-se sempre ao facto ilícito do autor e não a circunstâncias posteriores que se verificam apenas quando aquele já está consumado[44]. Em suma, enquanto elemento estranho ao ilícito a condição objectiva de punibilidade não alarga as possibilidades temporais de participação num crime. O comportamento do participante será atípico, excepto se puder ser valorado por um tipo incriminador especial (encobrimento ou auxílio ao criminoso) ou se corresponder a uma forma de autoria de outro crime.

Algo de equivalente se pode dizer quanto à hipótese de desistência do autor do facto (artigos 24.º e 25.º). Enquanto acto contrário ao ilícito a desistência não integra a matéria da proibição, é estranha ao ilícito cometido e não alarga os limites da participação criminosa. Por isso, qualquer acto de terceiro no momento da desistência do autor carece de ser valorado autonomamente: assim, aquele que tenta convencer o desistente a não salvar a vítima não está a participar no ilícito

---

[44] A hipótese é colocada por ANGIONI, *Ridpp* (1989), 1449, a partir do seguinte exemplo (sem correspondência legal entre nós, actualmente): alguém divulga a notícia de um incesto contribuindo assim para o «escândalo público» (condição de punibilidade do facto).

do autor, pois no momento em que o faz o autor não está a executar o ilícito mas apenas a tentar motivar uma desistência da desistência. Tal comportamento não está contemplado nas regras de punição da participação nem em nenhum tipo incriminador em especial, sendo portanto atípico. Apenas pode ganhar relevância criminal se o agente exercer uma influência no facto ilícito, designadamente através duma inversão do domínio do facto, por o participante interromper o acto de salvamento em que se consubstancia a desistência ou adquirir o domínio do perigo por acto próprio. Se um terceiro impedir o desistente de levar a vítima ao hospital (tirando-lhe as chaves da viatura, por exemplo) ou der uma indicação errada ao desistente quando ao percurso a fazer, para que aquele se perca e a vítima da tentativa de homicídio venha a morrer, esse terceiro cria novos factores de risco e induz o desistente em erro, pelo que o seu comportamento quebra o nexo de imputação do resultado com a tentativa inicial do desistente. O que faz com que esse terceiro passe a responder como autor de um homicídio se a morte da vítima ocorrer por esta impossibilidade de salvamento que lhe é imputável.

4. A solução apresentada quanto aos limites temporais da participação em crimes com condições objectivas de punibilidade não é contudo pacífica. Alguns sectores da doutrina italiana e espanhola consideram que os limites da participação se aferem pelo ilícito do autor apenas nos casos das condições objectivas de punibilidade próprias e extrínsecas, o que já não se passaria nas condições impróprias e intrínsecas. Nestas, o participante poderia ser punido se prestasse o seu contributo depois da comissão do ilícito pelo autor mas antes da verificação da condição objectiva de punibilidade: estando a agressão ainda em curso e não se tendo esgotado (o que, nesta perspectiva, apenas acontecerá com a verificação da condição objectiva de punibilidade) será possível a participação também entre o momento de execução do ilícito e a verificação da condição objectiva de punibilidade. Nos demais casos, isto é, nas condições próprias e extrínsecas de punibilidade, a participação posterior à consumação do facto do autor apenas será punível a título de encobrimento ou auxílio, se tais tipos incriminadores existirem e forem ao caso aplicáveis[45].

A distinção não é, contudo, aceitável. A punibilidade dos participantes não depende da natureza da condição, nem do suposto prolongamento do ilícito que a mesma representa. Em rigor, nenhuma condição objectiva de punibilidade pode

---

[45] Paradigmático o caso de BRICOLA, *Novissimo Digesto*, XIV (1967), 606, para quem as condições intrínsecas fazem parte do conceito de consumação do crime; MAPELLI CAFFARENA, *Condiciones objetivas de punibilidad*, 158, defendendo o alargamento das possibilidades de participação nas condições intrínsecas e impróprias; MARTINEZ PEREZ, *Condiciones objetivas de punibilidad*, 130.

manter essa qualificação se implicar um prolongamento temporal e material do facto lesivo. As condições objectivas de punibilidade impróprias, a existirem, são na verdade elementos do ilícito e têm de ser tratadas dogmaticamente dessa forma para todos os efeitos legais, desde logo para ser respeitado o princípio da culpa. Mas quando tal acontece perdem a sua natureza de condições objectivas de punibilidade e passam a ser elementos do facto tipicamente ilícito. Por outro lado, a equiparação das condições intrínsecas às condições impróprias, para este ou outro efeito, é dogmaticamente abusiva, já que as primeiras são elementos do ilícito camuflados e as segundas são elementos exteriores ao facto ilícito que apenas documentam a intensidade ou extensão da lesão causada por aquele, sem fundamentarem o merecimento penal do facto (que resultará integralmente do ilícito culposo). Tais condições, porque estão fora da esfera de domínio do agente, não fazem parte do ilícito imputado, nem do processo lesivo que lhe é inerente. Reportando-se o momento temporal da participação criminosa à prática do ilícito pelo autor, uma vez este consumado fica preterida a possibilidade de existir em tal facto participação de terceiros.

IV. O efeito obstrutor do tipo de punibilidade e as medidas de segurança

1. A terceira questão sobre a dimensão substantiva do tipo de punibilidade consiste em saber se o efeito obstrutor decorrente da sua ausência, incidindo sobre a punibilidade do facto, impede ou não a aplicabilidade de medidas de segurança de internamento[46]. Uma análise elementar dos pressupostos básicos desta medida permitiria uma conclusão simples: se um dos pressupostos da sua aplicabilidade é legislativamente configurado como um facto ilícito-típico (artigo 91.º do Código Penal) os problemas jurídicos da culpabilidade e da punibilidade do facto não constituiriam obstáculos à aplicação da medida de segurança ao agente[47]. Uma resposta desta natureza e com este alcance seria essencialmente formal, acabando por ignorar o essencial do problema em causa. Uma correcta análise do problema tem necessariamente de se inserir, por um lado, no quadro jurídico-penal que delimita o regime das medidas de segurança (a sua concreta configuração legislativa e princípios enformadores) e deve ser articulada, por

---

[46] O problema coloca-se quanto ao internamento de inimputáveis em que o legislador pressupõe a prática de um facto ilícito típico (artigo 91.º e ss); nas demais medidas exige-se a condenação pela prática de um crime (artigos 100.º e ss, e 104.º e ss, do Código Penal) o que é incompatível com a falta do tipo de punibilidade, cuja ausência implica uma absolvição do agente.

[47] Uma ilustração do problema da relação entre a classificação sistemática da desistência e os pressupostos da medida de internamento encontra-se em BLOY, *Strafaufhebungsgründe,* 166 e ss, para quem a desistência não é obstáculo à aplicação da medida de segurança (p. 173-174).

outro, com a natureza e função que o facto do agente representa neste domínio. Para além disso, torna-se necessário aferir especificamente a compatibilidade dos pressupostos de aplicação das medidas de segurança com os efeitos da falta do tipo de punibilidade (por falta de uma condição objectiva de punibilidade ou por funcionamento de uma causa de exclusão ou de anulação da punibilidade).

2. As medidas de segurança estão previstas no Código Penal (cfr. artigos 91.º a 108.º) a par das penas criminais (artigos 41.º a 90.º-M). Não surgem como uma simples alternativa às penas, em função da inexistência de culpa do agente, mas sim como uma reacção criminal possível a par das penas aplicáveis, com pressupostos e finalidades específicas, em parte antecipadas pelo artigo 40.º do código: as penas e as medidas de segurança têm em comum a finalidade de proteger bem jurídicos e visam a reintegração social do agente (artigo 40.º, n.º 1), mas enquanto a pena tem como fundamento e limite a culpa do agente (artigo 40.º, n.º 2) a medida de segurança prescinde desse referente sendo aplicável em função da *perigosidade do agente*, limitada pela exigência de *proporcionalidade* em relação à gravidade do facto cometido (artigo 40.º, n.º 3)[48]. Por outro lado, as medidas de segurança, mesmo aquelas privativas da liberdade, aplicam-se não só a inimputáveis (artigo 91.º e ss) como, em casos muito específicos, também a imputáveis (artigo 104.º e ss). Finalmente, a pena de prisão sendo em regra determinada na decisão judicial condenatória pode ser «relativamente indeterminada» no caso dos delinquentes por tendência (imputáveis perigosos) condenados em prisão efectiva superior a dois anos de prisão por crime doloso, se tiverem sofrido anteriormente duas ou mais condenações desta natureza e gravidade. Em tais casos, se o agente, numa avaliação conjunta de todos os factos, revelar a persistência de «uma acentuada inclinação para o crime» a pena será relativamente indeterminada, o que significa um agravamento de dois terços na pena mínima e um acréscimo de seis anos à pena máxima, sem que se ultrapasse, de qualquer modo, o limite máximo (25 anos) da pena de prisão (artigo 83.º). A pena relativamente indeterminada é assim «um misto de pena e de medida de segurança»[49].

Com estes contornos, o sistema penal português adopta não apenas uma solução dualista (prevê, como reacções criminais, penas para imputáveis e medidas de segurança para inimputáveis) como permite a aplicação pelo mesmo facto ao

---

[48] Para uma leitura rica e profunda sobre o tema, designadamente à luz da tradição dogmática e político-criminal portuguesa, FIGUEIREDO DIAS, *Direito Penal, PG I*, (2.ª edição, 2007), 86 a 105, e, do mesmo Autor, *As consequências jurídicas do crime* (1993), 409 e ss. A evolução histórica desta matéria encontra-se ainda em MARIA JOÃO ANTUNES, *Medida de segurança de internamento e facto de inimputável em razão de anomalia psíquica*, 2002, 49 e ss, *maxime* 139 a 219.
[49] FIGUEIREDO DIAS, *Direito Penal, PG I* (2.ª edição, 2007), 105.

mesmo agente, imputável mas especialmente perigoso, de uma pena e de uma medida de segurança, não em regime de mera adição mas integradas numa figura específica. Questão distinta é a de saber se com isto o sistema português se deve apresentar, como parece correcto, como um sistema tendencialmente monista[50] ou, antes, como um verdadeiro sistema de dupla via ou de duplo binário[51]. Trata-se, de qualquer modo, de um sistema ainda temperado por um regime de vicariato na execução que privilegia a finalidade da socialização do agente dando primazia à execução da medida de segurança, ao ponto de tornar desnecessária outra reacção criminal ou induzir alterações significativas na execução da pena subsequente (nomeadamente, pela ponderação das medidas de substituição) (artigo 99.º)[52].

O regime das medidas de segurança está sujeito ao núcleo essencial de garantias fundamentais do Estado de Direito. Vigoram neste domínio as exigências próprias da legalidade criminal (lei formal expressa e prévia, embora a doutrina não tenha sido sempre unânime quanto a este último ponto) e da sua sujeição a decisão judicial[53]. A lei delimita ainda os pressupostos de aplicação das medidas de segurança, fazendo depender a sua aplicação não apenas do diagnóstico sobre a perigosidade do agente, mas antes de uma perigosidade concretamente associada à prática de um crime ou, na medida de internamento de inimputáveis, de um facto que deve ser tipicamente ilícito[54]. O crime cometido e o facto ilícito-típico, no caso do internamento de inimputáveis, são pressupostos essenciais da aplicação das medidas de segurança[55]. Finalmente, as medidas comungam igualmente da função de protecção de bens jurídicos e são, tal como as penas, racionalizadas pelo princípio da proporcionalidade, designadamente pela exigência de uma correspondência entre a gravidade do facto pressuposto e a gravidade da medida aplicável[56].

---

[50] FIGUEIREDO DIAS, *Direito Penal, PG I* (2.ª edição, 2007), 105, em ligação com p. 100 e ss.
[51] TAIPA DE CARVALHO, *Direito Penal, PG I* (2.ª edição, 2008), 75, em ligação com p. 70 e ss.
[52] FIGUEIREDO DIAS, *Direito Penal, PG I* (2.ª edição, 2007), 103-105.
[53] Cfr. artigos 29.º, 30.º e 165.º, n.º 1, al. c), da Constituição. Na doutrina, FIGUEIREDO DIAS, *Direito Penal, PG I* (2.ª edição, 2007), 95-96, e *As consequências jurídicas do crime* (1993), 435 e ss.
[54] Sobre o significado garantístico desta exigência, FIGUEIREDO DIAS, *As consequências jurídicas do crime* (1993), 438-440, e, depois, MARIA JOÃO ANTUNES, *Medida de segurança*, 452 e ss.
[55] Em pormenor, JORGE DE FIGUEIREDO DIAS, *As consequências jurídicas do crime* (1993), 438.
[56] Cfr. artigo 40.º, n.º 1 e 3, do Código Penal e, depois, no mesmo diploma, as diversas exigências traçadas para cada figura em especial, *v.g.* artigos 83.º e 91.º e ss. Sobre o tema, sigam-se as exposições, nem sempre totalmente coincidentes, de FIGUEIREDO DIAS, *As consequências jurídicas do crime* (1993), 446 e ss e, em texto mais recente, *Direito Penal, PG I* (2.ª edição, 2007), 90 e ss, e 95 e ss, e MARIA JOÃO ANTUNES, *Medida de segurança*, 147 e ss.

Em breve síntese: no sistema penal português as medidas de segurança orientam-se por uma finalidade primária de prevenção especial, funcionalmente vinculada à co-protecção de bens jurídicos, fundada (cumulativamente) no facto ilícito típico cometido e na perigosidade do agente revelada nesse mesmo facto, acompanhada por uma finalidade secundária de prevenção geral, em qualquer caso e sempre enformadas por uma exigência de proporcionalidade, essencial para preservar a compatibilidade destas medidas com a ideia de Estado de Direito em sentido material.

3. A partir do momento em que a matéria está integrada no sistema penal com estes contornos coloca-se a questão de saber se os instrumentos dogmáticos e metodológicos a utilizar são ou não os mesmos. Em particular, se o facto do inimputável constitui uma variante do facto punível ou se, diversamente, deve ser visto como uma realidade distinta e, portanto, como «um outro tipo de facto» (por contraposição ao sentido metodológico da teoria do crime)[57].

Na primeira perspectiva, defendida por FIGUEIREDO DIAS, o facto pressuposto da medida de segurança tem de constituir um *ilícito típico*, sujeito às mesmas exigências básicas de imputação (objectiva e subjectiva), de subsunção ao tipo e de formulação do juízo de ilicitude formal e material. Mas porque de intervenção penal se trata apenas se prescindiria da comprovação da culpabilidade, sendo de exigir a realização do tipo de ilícito e dos pressupostos autónomos de punibilidade[58]. Nas suas palavras, os pressupostos das medidas de segurança ao nível do facto exigiriam um «facto ilícito-típico, eventualmente acrescido dos supostos adicionais de punibilidade que ao facto se refiram»[59].

Na segunda perspectiva, avançada recentemente entre nós por MARIA JOÃO ANTUNES, o «facto concreto praticado» pelo inimputável deveria ter apenas correspondência num tipo legal de crime – algo equivalente, se bem descrevo, a uma elementar coordenação ao tipo objectivo, como garante de uma legalidade mínima – sem qualquer outra exigência categorial, própria da análise do facto punível cometido pelo agente imputável[60]. Neste exacto sentido seria ilegítima a transposição da análise categorial do facto punível para o facto do inimputável, bem como o debate dos problemas jurídico-penais de imputação e valoração do

---

[57] Para uma rigorosa apresentação do problema, FIGUEIREDO DIAS, *Direito Penal, PG I* (2.ª edição, 2007) 90 (§§ 9 a 11). Desenvolvimentos e muita informação em MARIA JOÃO ANTUNES, *Medida de segurança*, 297 e ss.
[58] FIGUEIREDO DIAS, *Direito Penal, PG I* (2.ª edição, 2007), 90, e, *As consequências jurídicas do crime*, (1993) 440 e 467, em ligação com o que escreve a p. 458 e ss.
[59] FIGUEIREDO DIAS, *Direito Penal, PG I* (2.ª edição, 2007), 91.
[60] MARIA JOÃO ANTUNES, *Medida de segurança*, 374 e ss, e 433 e ss, em ligação com o rico acervo dogmático que expõe, analisa e debate, designadamente a p. 189 e ss, 199 e ss, e 222 e ss.

facto cometido. E, embora os elementos autónomos da punibilidade não mereçam na economia da sua investigação uma análise específica, pode concluir-se (por maioria de razão e à luz da crítica metodológica que desenvolve) que a falta dos elementos que integram o tipo de punibilidade não deve impedir a aplicação de uma medida de segurança ao agente inimputável[61].

Uma e outra perspectiva expressam diferentes concepções das medidas de segurança e, em especial, do confronto entre a solução penal e a solução administrativa (ou, pelo menos, da via não penal). Mas, independentemente disso, a questão adquire uma relevância prática muito significativa: na primeira perspectiva, a função obstrutora do tipo de punibilidade faz-se sentir de forma plena, não sendo possível aplicar uma medida de segurança ao autor de um ilícito típico se o tipo incriminador exigir uma condição objectiva de punibilidade e esta não se verificar ou se for aplicável uma causa de anulação que neutralize o tipo de punibilidade; na segunda perspectiva, este aspecto não carece sequer de ser considerado, razão pela qual será perfeitamente possível aplicar a medida de segurança apesar de o facto em causa não ser punível.

O problema adquire assim contornos teóricos e práticos de grande relevância, que se podem tentar ilustrar com dois casos específicos: primeiro, será possível aplicar uma medida de segurança de internamento a um inimputável que participe numa rixa em que não se verifique a consequência grave que constitui uma condição objectiva de punibilidade (artigo 151.º, n.º 1, do Código Penal)? Segundo, será possível aplicar a medida de segurança a um inimputável que, tendo cometido uma tentativa punível de um crime, desiste voluntariamente de o consumar (artigo 24.º, n.º 1, do Código Penal)?

4. A resposta aos dois problemas formulados, não sendo uniforme na doutrina, deve contudo ser negativa: a falta do tipo de punibilidade (por ausência de uma condição objectiva de punibilidade ou verificação de uma causa superveniente de não punibilidade) impede a aplicação quer da pena legal, quer de qualquer medida de segurança. Solução que se impõe quer no plano dos pressupostos, fundamentos e funções do tipo de punibilidade na teoria do crime, quer no da necessária coerência das soluções obtidas com as diversas componentes do regime legal das medidas de segurança. Comecemos por este último aspecto.

---

[61] É o que decorre da crítica que a Autora dirige às orientações que laboram com base na «transposição» do facto do imputável para o facto do inimputável e, especificamente, das reservas dirigidas ao pensamento de Figueiredo Dias sobre a matéria, aliadas à posição por si defendida: MARIA JOÃO ANTUNES, *Medida de segurança*, 222 e ss, 332 e nota 255, 433 e ss e 452 e ss.

Numa solução minimalista – que recolhe adeptos como Bricola e Prosdocimi (em Itália) e Geilen e Bloy (na Alemanha) – a falta de punibilidade do facto pode fundamentar um juízo diferente ou uma dúvida razoável sobre a perigosidade do agente ou sobre a gravidade do próprio facto, com as devidas consequências quanto à aplicabilidade da medida de segurança[62], mas não conduz a uma impossibilidade genérica de aplicação de tais medidas.

Diversamente, a ponderação específica das finalidades politico-criminais subjacentes a algumas causas de não punibilidade (em especial comportamentos positivos posteriores à prática do ilícito) justifica que Patrícia Faraldo Cabana (em Espanha) seja mais categórica, considerando que a afirmação da perigosidade criminal exigida pelas medidas de segurança é dificilmente compatível com as razões de prevenção especial que levam à não punibilidade do agente por funcionamento de algumas causas de anulação da pena[63].

Sendo estes pontos de partida válidos para estabelecer um primeiro enquadramento do problema, eles acabam por se revelar insuficientes para identificar uma solução adequada e justa quanto ao efeito da ausência do tipo de punibilidade relativamente a agentes inimputáveis. A relação entre a não punibilidade do facto e o juízo de perigosidade revela-se congruente com vários elementos que

---

[62] Assim, Bricola, *Fatto del non imputabile e pericolosità*, 1961, 144 e ss, 149 e ss e 170-171, considerando «uma feliz intuição» (que faz remontar a Messina e Ranieri) associar a voluntariedade da desistência e do arrependimento activo ao juízo sobre a perigosidade do agente. Neste sentido, depois, Geilen, «Sukzessive Zurechnungsunffähigkeit, Unterbrigung und Rücktritt», *JuS* (1972), 78, 79, Bloy, *Strafaufhebungsgründe*, 174 e ss, e Prosdocimi, *Postfatto*, 112, quando, com pequenas diferenças de formulação mas de forma mais restritiva que o resto da doutrina, configuram a desistência voluntária apenas como uma oportunidade de o agente inimputável demonstrar que não possuiu uma perigosidade que justifica a aplicação de uma medida de segurança de internamento. Para o efeito, pode ser particularmente relevante ponderar o carácter definitivo ou não definitivo da renúncia do agente ao plano criminoso, pois a probabilidade de uma repetição do facto caso a renúncia não seja definitiva deve ser ponderada como factor de perigosidade do agente (assim, Prosdocimi, *Postfatto*, 112). Aparentemente no mesmo sentido, de admissibilidade de medidas de segurança mesmo na falta de um pressuposto de punibilidade, quer pela alternativa entre punibilidade e sujeição a medidas de segurança (Ruggiero, «Punibilità», *Enciclopedia del Diritto*, XXXVII (1988), 1127 e ss), quer pela amplitude da letra da lei em Itália, que para além da perigosidade exige apenas um facto previsto na lei como crime (Pioletti, *Digesto X* (1995), 527; Ramacci, *Corso*, 644). Para uma perspectiva do tema na doutrina italiana, com mais referências, Angioni, *Ridpp* (1989), 1447-1448, e nota 29.

[63] Patricia Faraldo Cabana, *Causas de levantamiento de la pena*, 196-199, concluindo por isso: «seria contraditório afirmar, por um lado, que o CPP [comportamento postdelictivo positivo] realizado pelo autor expressa o seu retorno ao ordenamento jurídico e, por outro, considerar que existem elementos suficientes para afirmar um prognóstico de perigosidade criminal».

podem integrar o tipo de punibilidade: algumas condições objectivas de punibilidade confirmam ou documentam *ex post* a perigosidade do ilícito cometido e, portanto, na sua ausência a subsistência dessa perigosidade não é sequer um dado inequívoco; e algumas causas de anulação da punibilidade, como a desistência voluntária ou outros comportamentos reparadores, implicam uma neutralização voluntária da perigosidade do facto ou dos seus efeitos, permitindo ainda uma diferente avaliação da necessidade de pena para o desistente em concreto, à luz de critérios de prevenção geral e especial. O que interfere quer com a formulação do juízo de perigosidade, quer com a comprovação da exigência de proporcionalidade, também para efeitos das medidas de segurança.

A solução minimalista (de Bricola, Prosdocimi, Geilen e Bloy) é, na verdade, insatisfatória a vários níveis. Uma leitura sistemática do regime geral da responsabilidade criminal sugere, contrariamente àquela orientação, que a falta do tipo de punibilidade implica um limite à aplicabilidade da medida de segurança de internamento a um inimputável. Apontam neste sentido a necessidade de respeitar a coerência intrínseca do sistema legal, o significado garantista do princípio da igualdade do cidadão perante o poder punitivo do Estado e a própria exigência de relação entre a proporcionalidade das medidas de segurança e o significado material da ausência do tipo de punibilidade.

Constitui um dado seguro perante a lei vigente que o funcionamento de uma parte significativa das causas de extinção da responsabilidade criminal impede quer a aplicação de uma pena, quer de uma medida de segurança. Assim, a prescrição, a morte do agente e a amnistia (artigos 118.º e ss e 127.º e 128.º do Código Penal) obstam em definitivo à continuação do processo e à aplicação de penas e de medidas de segurança (ao contrário do perdão e do indulto que, por limitação legal, não se aplicam às medidas de segurança). Sendo este o regime quanto a institutos que se aplicam quando estamos perante um facto punível e, em alguns casos, mesmo depois de atribuída responsabilidade criminal ao agente, então por maioria de razão se deveria concluir no mesmo sentido quando o facto do agente nem sequer chega a ser punível por falta de elementos do tipo de punibilidade[64]. E, para o efeito, não se torna sequer necessário invocar o fundamento misto (material e processual) a que alguns sectores da doutrina recorrem para caracterizar estas figuras[65]. Como se referiu no § 28, III deste estudo, as causas de extinção da responsabilidade criminal não se relacionam imediatamente com o facto: são dele distintas, autónomas e por isso (apesar de poderem prosseguir fins equivalentes) não podem ser nem integradas nem equiparadas aos pressu-

---

[64] Contra esta equiparação pronuncia-se contudo uma parte da doutrina italiana: Ziccone, *Causa «sopravvenute» di non punibilità*, 78 e ss, e com mais referências, Prosdocimi, *Postfatto*, 112.
[65] Jescheck/Weigend, *Lehrbuch*, 553 e nota 10 (§ 52, II, 2).

postos materiais da punibilidade do facto. Para quem defenda esta posição, a associação entre os efeitos dos dois institutos (não punibilidade e extinção da responsabilidade) pode ser mais imperativa. Mas a rejeição desta perspectiva não impede que se reconheça força persuasiva ao argumento apresentado: se perante um facto punível uma parte das causas de extinção da responsabilidade impede a aplicabilidade de medidas de segurança, então, por maioria de razão, tal efeito obstrutor deve ser reconhecido à falta do tipo de punibilidade, que torna o facto ilícito não punível e, como tal, insusceptível de gerar responsabilidade criminal.

Por outro lado, seria dificilmente sustentável num Estado de Direito em sentido material e, especificamente, perante o princípio da igualdade, que a falta do tipo de punibilidade tivesse um efeito obstrutor absoluto se o facto fosse cometido por um imputável, mas tal efeito desaparecesse se o mesmo facto fosse cometido por um inimputável. Esta diferenciação não poderia ser facilmente aceite num quadro legal em que, por um lado, as medidas de segurança estão integradas no sistema penal e, por outro, o facto do inimputável não constitui apenas um indício do juízo de perigosidade, mas funciona igualmente um pressuposto essencial da aplicabilidade daquelas, com uma inequívoca função garantista. Também por isso perdem significado os argumentos que pretendam desvalorizar a desigualdade decorrente deste tratamento diferenciado com base na ideia de que a situação seria sempre diferente quando um dos agentes é imputável e o outro inimputável perigoso, o que poderia justificar um tratamento distinto nos exemplos descritos. O argumento não procede, pois a igualdade ou a diferenciação nesta matéria não se pode fazer no nosso sistema legal apenas perante a qualidade do agente e a sua perigosidade, antes carece de ser reportado ao facto praticado. Como sublinha FIGUEIREDO DIAS, o facto do agente «vem a assumir valor constitutivo da aplicação da medida de segurança e a conformar, ao lado da perigosidade, um dos dois fundamentos da sua aplicação».[66] E, por isso mesmo, não pode ser substancialmente diferente para os dois grupos de agentes (um facto ilícito e punível, num caso, e um facto ilícito não punível, no outro caso), pelo menos enquanto as medidas de segurança estiverem integradas no sistema penal e sujeitas à sua componente de garantia. Nem o sistema penal pode permitir que uns agentes desistam voluntariamente do facto ficando isentos de responsabilidade criminal, negando essa possibilidade a outros no mesmo quadro legal. Considera por isso FIGUEIREDO DIAS, com toda a razão, que perguntar neste caso por uma eventual perigosidade do inimputável «significaria violar os pressupostos da estadualidade do direito que aqui devem se irrestritamente mantidos».[67]

---

[66] FIGUEIREDO DIAS, *Direito Penal, PG I* (2.ª edição, 2007), 90.
[67] FIGUEIREDO DIAS, *As consequências jurídicas do crime* (1993), 466 (§ 734).

Finalmente, esta é ainda a solução que se impõe quando se articula a função do facto cometido pelo inimputável, o regime legal das medidas de segurança e o fundamento do tipo de punibilidade. O tipo de punibilidade é parte da norma de sanção configurada pelo legislador em cada incriminação que, através dele, regula a legitimidade punitiva do Estado em nome e em cumprimento do princípio da proporcionalidade e das valorações que lhe são imanentes (adequação, necessidade e justa medida)[68]. A sua falta implica por isso um juízo de insuficiência do ilícito para legitimar as consequências jurídicas típicas da sua prática: a responsabilidade criminal, seja pela aplicação de uma pena, seja pela aplicação de uma medida de segurança. Desta forma, a falta do tipo de punibilidade interfere directamente com a exigência do artigo 40.º, n.º 3, do Código Penal: sem tipo de punibilidade a medida de segurança não é proporcional à gravidade do facto praticado pelo agente e a intervenção penal não é legítima.

Só pode por isso concluir-se, com FIGUEIREDO DIAS, que «o pressuposto de aplicação de uma medida de segurança de internamento é a prática, pelo inimputável, não de um mero ilícito-típico, mas de um facto criminoso, com ressalva de todos os elementos que pertença, à categoria da culpa ou dela decorram»[69]. Ou, na formulação de JESCHECK, que a aplicabilidade de uma medida desta natureza «pressupõe uma acção plenamente punível, com excepção da capacidade de culpa do autor»[70]. O que significa que a ausência do tipo de punibilidade, por falta de uma condição objectiva de punibilidade[71] ou verificação de uma causa de anulação ou exclusão da pena[72], impedem a aplicação da medida de interna-

---

[68] Com outro enquadramento, mas coincidente no resultado, FIGUEIREDO DIAS, *As consequências jurídicas do crime* (1993), 466 (§ 734), quando afirma que «se o facto não atinge aquele limiar mínimo [de dignidade sancionatória], porém, a aplicação de uma medida de segurança seria tão injustificável quanto a de uma pena».

[69] FIGUEIREDO DIAS, *As consequências jurídicas do crime* (1993), 466-467 (§§ 734-735). Coincidente, depois, em *Direito Penal, PG I* (2.ª edição, 2007), 582 (Cap. 21/§ 42).

[70] JESCHECK/WEIGEND, *Lehrbuch*, 808 (§ 77, II, 2 a).

[71] FIGUEIREDO DIAS, *As consequências jurídicas do crime* (1993), 466-467 (§ 734-735) e, depois, *Direito Penal PG I*, 2.ª edição (2007), 675; PAULO PINTO DE ALBUQUERQUE, «O regime da medida de segurança de internamento no Código Penal de 1982-1995», *EH-Jorge de Figueiredo Dias II* (2009), 18, e *Código Penal* (2.ª edição, 2010) artigo 91.º, anotação 8. Em Itália, ANGIONI, *Ridpp* (1989), 1447, e DONINI, *Teoria del Reato*, 406; contra, no entanto, BRICOLA, *Fatto del non imputabile*, 144.

[72] FIGUEIREDO DIAS, *As consequências jurídicas do crime* (1993), 466 (§ 734), referindo-se à desistência eficaz. Assim também uma parte significativa da doutrina alemã, em especial quanto à desistência voluntária: STREE, *in* SCHÖNKE/SCHRÖDER, *StGB*, § 63, n.º 6; MAURACH/GÖSSEL/ZIPF, *Strafrecht AT 2*, § 68, n.º 7; DREHER/TRÖNDLE, *StGB*, § 63, n.º 2 a), HANACK, *LK-StGB* (1992), § 63, n.º 34, SCHÖCH, *LK-StGB* (2008), § 63, n.º 54 e BÖLLINGER, *NK-StGB* (2005), § 63, n.º 71 (incluindo não só a desistência, mas todas as causas pessoais de exclusão

mento a inimputáveis. Em suma, existe um efeito obstrutor absoluto da falta do tipo de punibilidade sobre a possibilidade de aplicação de (qualquer uma das) medidas de segurança.

V. Dimensões processuais do efeito obstrutor do tipo de punibilidade

1. As soluções materiais associadas ao tipo de punibilidade, em particular o efeito obstrutor, adquirem uma dimensão particularmente consequente no âmbito do processo. Verifica-se um amplo consenso doutrinário sobre o significado processual da falta em julgamento de uma condição objectiva de punibilidade ou da existência de uma causa de exclusão ou anulação da pena: o tribunal deverá nesse caso proferir uma sentença absolutória[73]. O que bem se compreende pois na falta do tipo de punibilidade o ilícito culposo não é um crime, isto é, um facto punível apto a gerar responsabilidade criminal para o arguido.

O reconhecimento deste efeito obstrutor no julgamento permite-nos ir mais longe e indagar sobre a relevância da falta do tipo de punibilidade em momentos processuais anteriores (concretamente, no inquérito e na instrução). A previsibilidade do efeito obstrutor do tipo de punibilidade no julgamento (com a consequente absolvição) e o facto de a lei usar este momento como referente material em actos processuais anteriores conduzem a uma solução genérica que, a benefício da clareza, se antecipa: a sua falta no final do inquérito impede a dedução de acusação (artigo 283.º), conduzindo ao arquivamento do processo (artigo 277.º), e se tal acontecer na instrução deverá ser proferido um despacho de não pronúncia (artigo 308.º, n.º 1, todos do CPP). Noutros termos, na ausência do tipo de punibilidade não se verificam os pressupostos legais mínimos da dedução de acusação ou de prolação duma pronúncia, por falta de elementos que permitam considerar razoavelmente provável a atribuição de responsabilidade criminal ao arguido.

A solução avançada carece de ser confrontada com o regime legal da acusação e da pronúncia, pois a concretização processual da suficiência dos indícios entre a doutrina e a jurisprudência nacionais é atravessada por divergências

---

e anulação da pena). Ainda, HORN, *SK-StGB*, § 63, n.º 3, 8 e 9 (ponderando o efeito quanto à desistência, à queixa e à prescrição), FISCHER, *StGB* (58.ª edição, 2011), § 63, n.º 3 (incluindo a desistência, as causas de exclusão e anulação da pena e a queixa), LACKNER/KÜHL, *StGB* (27.ª edição, 2011), § 63, n.º 2 (alargando o efeito também à falta de pressupostos processuais, como a queixa do ofendido)

[73] ROXIN, *Strafrecht AT I* (4.ª edição, 2006), § 23, n.º 43; JESCHECK/WEIGEND, *Lehrbuch*, 555 (§ 53, I); ESER/BURKHARDT, *Strafrecht I*, 221; BAUMANN/WEBER/MITSCH, *Strafrecht AT*, 525, § 24, I n.º 2.

significativas[74] que, numa primeira leitura, poderiam relativizar o alcance do entendimento apresentado. O conceito processual de indícios suficientes, enquanto pressuposto mínimo da acusação e da pronúncia (artigos 283.º, n.º 1 e 2, e 309.º), tem um conteúdo funcionalmente orientado: visa fundamentar uma imputação indiciária de um crime a um arguido para submeter o caso a julgamento (cfr. artigo 286.º, n.º 1, do CPP). Para concluir a fase preliminar do processo penal (com acusação ou pronúncia) a lei não considera necessário obter prova completa, nem uma certeza probatória imune à dúvida. Mas exige uma prognose fundamentada de possibilidade de condenação a partir dos elementos recolhidos: é necessário que, dos elementos já reunidos, resulte uma possibilidade razoável de vir ser aplicada ao arguido uma pena ou uma medida de segurança. A suficiência dos indícios para efeitos de acusação e de pronúncia não se traduz, portanto, numa qualificação ou numa graduação probatória expressa da prova indiciária (ao contrário do que acontece com os «fortes indícios» exigidos como pressuposto das medidas de coacção mais graves), mas antes num juízo funcional de completude (literalmente, de «suficiência») sobre o fundamento da prognose condenatória quanto à prova disponível no momento da acusação ou da pronúncia. A solução acolhida no código exige que essa prognose resulte dos indícios obtidos e não, entenda-se, da sua conjugação com eventual prova a produzir em fases subsequentes. Implicitamente isso exige também uma suficiência material dos indícios que permita fundamentar a prevalência da prognose quanto à eventual condenação. Neste exacto sentido, a lei em vigor não parece oferecer acolhimento à tese mais rigorosa sobre a graduação dos indícios exigidos para a acusação e pronúncia, de acordo com a qual só uma *elevada probabilidade* de ocorrência de uma condenação (próxima da certeza exigida em julgamento) legitimaria a sujeição do caso a julgamento. A prevalência da prognose condenatória basta-se na verdade com uma possibilidade razoável de condenação formulada com base nos elementos recolhidos. A afirmação desta «possibilidade razoável» de condenação só parece compatível com uma prognose de acordo

---

[74] Sobre o tema, em pormenor, JORGE DE NORONHA E SILVEIRA, «O conceito de indícios suficientes no processo penal português», *Jornadas de Direito Processual Penal e Direitos Fundamentais*, 2004, 155 e ss, *maxime* 160 e ss, que identifica basicamente três linhas de orientação na doutrina e na jurisprudência nacionais sobre o tema: uma solução minimalista, assente numa similitude entre a falta de indícios suficientes e o conceito de acusação manifestamente infundada; uma solução intermédia que exige uma probabilidade dominante de condenação, para que se possa afirmar a suficiência dos indícios; e, finalmente, uma solução mais rigorosa, que exigiria uma elevada probabilidade de condenação como requisito material mínimo do despacho acusatório.

com a qual a condenação surja como mais provável do que a absolvição (*teoria da probabilidade dominante*)[75].

A lei exige indícios que apontem para uma possibilidade fundamentada de condenação, com base nos elementos já reunidos no inquérito ou na instrução. O que significa que os elementos obtidos e os elementos em falta podem interferir com a prognose condenatória a dois níveis: podem pôr em causa a própria possibilidade de condenação (esta não se pode razoavelmente formular por falta de pressupostos) ou podem afectar o juízo de probabilidade de condenação, sem chegar a pôr em causa a possibilidade da mesma. A primeira hipótese corresponde a um impedimento absoluto à dedução de acusação, enquanto a segunda implica uma apreciação da prova indiciária disponível e só funcionará como obstáculo à dedução de acusação se puser em causa a hipótese de condenação enquanto probabilidade dominante fundamentada na prova recolhida[76].

À luz deste enquadramento, a falta de um pressuposto material da punibilidade do facto (seja qual for a categoria dogmática a que pertença), a existência de um impedimento processual não ultrapassável (por exemplo, um prazo de prescrição do procedimento criminal já claramente esgotado) ou, de forma mais genérica, qualquer questão processual que impeça o conhecimento de mérito, afecta sempre a possibilidade de condenação e não apenas o juízo de probabilidade a formular sobre a mesma[77]. Na realidade, a falta do tipo de punibilidade

---

[75] Neste sentido, o meu texto anterior: *Direito Processual Penal* (Curso semestral), 1998, 128-129. No mesmo sentido, com mais informação, PAULO PINTO DE ALBUQUERQUE, *Código de Processo Penal* (4.ª edição, 2011), artigo 127.º, anotação 10 e ss. Para um enquadramento desta posição no debate sobre o tema, JORGE NORONHA E SILVEIRA, *Jornadas* (2004), 164 e nota 22, que defende uma solução mais exigente para o conteúdo da acusação, em linha com a solução acolhida por MARIA FERNANDA PALMA, «Acusação e pronúncia num direito processual penal de conflito entre a presunção de inocência e a realização da justiça punitiva» in *I Congresso de Processo Penal – Memórias*, 2005, 121-123: os indícios da acusação devem ser necessariamente graves ou fortes («uma inferência de tipo probabilístico de elevada intensidade»).

[76] Esta distinção não é completamente clara no regime legal da acusação, que se centra no conceito de indícios suficientes (artigo 283.º, n.º 1 e n.º 2) e que, para o efeito, carece de ser completado com o regime do arquivamento (art. 277.º); mas já surge de forma expressa no regime do despacho de pronúncia, onde os indícios suficientes se reportam à verificação dos pressupostos de aplicabilidade de uma pena ou de uma medida e segurança, acrescentando-se depois o critério de aferição da suficiência desses indícios (artigo 308.º, n.º 1, e n.º 2, todos do CPP).

[77] Assim, ZANOTTI, *Arch. pen.* (1984), 145: «non vediamo com il procedimento potrebbe progredire dalla fase dell'instrutoria a quella del giudizio sensa il verificarsi della condizioni». Coincidente, WALTER, *LK-StGB* (2007), *vor* § 13, n.º 184, associando as condições objectivas de punibilidade a um duplo efeito processual, por serem necessárias para a prossecução processual e a sua falta impedir a continuação do processo. No mesmo sentido, já von LISZT,

não interfere com a qualificação dos indícios nem com a mera graduação da probabilidade de condenação no plano probatório, mas antes com a própria possibilidade de ser aplicada ao arguido uma pena ou uma medida de segurança. Assim, a conclusão de que a vítima de um incitamento ao suicídio não chegou a executar tal acto (artigo 135.º), de que a rixa não chegou a provocar ofensas graves à integridade física de alguém (artigo 151.º) ou de que o agente, apesar de embriagado e inimputável, não executou o facto ilícito típico subsequente (artigo 295.º todos do Código Penal) impedem a dedução de acusação pelos crimes citados. A possibilidade que decorre da falta do tipo de punibilidade nestes casos é exactamente no sentido oposto, ou seja, de que o arguido será absolvido, o que legitimará processualmente a não dedução de acusação e o consequente arquivamento do inquérito (artigo 277.º do CPP). Se o problema for suscitado na instrução, a solução deve ser a mesma: apesar da eventual comprovação da prática do ilícito culposo, a falta do tipo de punibilidade é incompatível com a verificação dos pressupostos de atribuição da responsabilidade, o que determina a prolação de um despacho de não pronúncia nos termos do n.º 1 do artigo 308º do CPP[78].

Na linha da solução proposta, a falta do tipo de punibilidade no inquérito ou na instrução não suscita, portanto, um problema de mera graduação dos indícios obtidos, mas sim a conclusão de que faltam pressupostos necessários para a aplicação de uma pena ou de uma medida de segurança. O que vale por dizer que se trata de uma solução que não depende do conteúdo atribuído ao conceito de indícios suficientes: trata-se, antes, de um problema da falta de pressupostos da punibilidade (da possibilidade da condenação) e não de uma questão de graduação da prova indiciária (da probabilidade da condenação).

Uma acusação desta natureza, omissa quanto ao tipo de punibilidade exigido expressamente pelo tipo incriminador aplicável, é no mínimo nula por falta de um facto essencial para a atribuição de responsabilidade criminal ao arguido (artigo 283.º, n.º 3, al. b), do CPP)[79], embora tal nulidade careça de ser arguida

---

Lehrbuch (21.ª, 22.ª edição, 1919) 184 (§ 44) sublinhava que a falta de uma condição objectiva de punibilidade impedia o exercício da pretensão penal.

[78] Em sentido diferente, ZANOTTI, *Arch. pen.* (1984), 146-147, admitindo a reabertura de instrução perante novas provas (verificação da condição), em função do apoio expresso da lei a tal hipótese (art. 402 cpp, vigente à data). Contudo, a lei portuguesa não contempla a hipótese de reabertura de instrução (COSTA PINTO, *Direito Processual Penal*, 163-164) e viola o princípio da legalidade das fases processuais (decorrente do artigo 2.º do CPP) pretender aplicar à instrução a norma do artigo 279.º do CPP, que contempla o regime de reabertura do inquérito (como pretende GERMANO MARQUES DA SILVA, *Curso III* (3.ª edição, 2009), 197).

[79] Neste sentido se pronuncia o Ac. do Tribunal da Relação de Lisboa, de 24-09-2009 (proc. 27/09.7TOLSB.L1, 9.ª secção) (sumário acessível em www.pgdlisboa.pt, em 20-01-2010), a propósito das condições objectivas de punibilidade do crime de emissão de cheque sem provisão

para que o tribunal a possa conhecer (artigo 120.º, n.º 1, do CPP). Independentemente deste vício, se a falta do tipo de punibilidade for verificada no momento do saneamento do processo, a acusação pode ainda ser recusada por ser «manifestamente infundada», já que sem tal elemento o facto imputável ao agente não é juridicamente um crime (artigo 311.º, n.º 2, al. a), e n.º 3, al. d)). Caso tenha existido instrução e pronúncia, mas falte o tipo de punibilidade do facto imputável ao agente, a lei não permite que o juiz de julgamento conheça no saneamento a falta desse elemento enquanto parte de uma «pronúncia manifestamente infundada», mas pode conhecer a nulidade por omissão dum facto essencial para a responsabilização do arguido (artigo 283.º, n.º 3, al. b), *ex vi* artigo 308.º, n.º 2) se a mesma tiver sido arguida (artigo 120.º, n.º 1). Caso tal não aconteça, só poderá vir a ser proferida uma sentença absolutória por falta de um pressuposto essencial à punibilidade do facto (artigo 368.º, n.º 2, al. e), todos do CPP).

Se estivermos perante uma situação em que seja apenas duvidosa a subsistência do tipo de punibilidade pode acontecer que não seja o juízo de possibilidade de condenação a ser posto em causa, mas sim o grau de probabilidade da condenação a ficar diminuído. Nestas hipóteses, a dedução de acusação é possível enquanto resultar dos indícios recolhidos uma probabilidade dominante de condenação. Assim, por exemplo, a existência de dúvidas sobre se a desistência foi ou não voluntária (artigo 24.º, n.º 1 do Código Penal) ou se o esforço do comparticipante foi ou não sério (artigo 25.º do Código Penal) não afectam a existência do tipo de punibilidade de forma categórica[80], pelo que não constituem obstáculos absolutos à dedução de acusação. Esta poderá ter o seu fundamento na prática de um facto típico, ilícito culposo e punível, cuja punibilidade não se encontra afastada por falta de prova sobre um elemento essencial de uma causa de não punibilidade. É contudo possível defender-se que, neste caso, é legítimo arquivar o processo ou proferir um despacho de não pronúncia, mas a imperatividade da solução depende do valor que se reconheça ao efeito do princípio *in dubio pro reo* sobre os pressupostos do tipo de punibilidade em fases preliminares do processo (veja-se *infra* § 43, IV). Nesta situação não se pode por isso identifi-

---

e dos crimes fiscais (quanto à necessidade de constar na acusação a referência à notificação prevista no artigo 105.º, n.º 4, al. b) do RGIT). Coincidente quanto ao resultado, Roxin/Schünemann, *Straverfahrensrecht* (26.ª edição, 2009), 296-297 (§ 40, n.º 12), quando afirmam que uma descrição incompleta do facto constitui um impedimento processual.

[80] Um exemplo interessante de um caso desta natureza encontra-se na situação julgada pelo Ac. do STJ, de 14 de Dezembro de 1995. O caso que chegou a julgamento e que foi objecto de recurso traduziu-se num assalto a uma residência que havia sido cometido por duas pessoas, em que uma delas abandonou o local a meio do assalto por verificar (através das fotografias dispersas pelo apartamento) que a casa pertencia a alguém que era seu conhecido. Sobre este caso, pode ver-se o meu comentário à decisão em *RPCC* 7 (1997), 301 e ss.

car um efeito obstrutor absoluto no plano processual, a não ser por uma aplicação consequente do princípio *in dubio pro reo*, como se referiu.

Podemos assim retirar as seguintes conclusões sobre a relação entre a falta do tipo de punibilidade e a tramitação do processo nas fases preliminares:

O efeito obstrutor do tipo de punibilidade é absoluto se este não subsistir no momento da acusação ou da pronúncia, o que acontecerá sempre que falte uma condição objectiva de punibilidade ou se verifique a existência de uma causa de exclusão ou anulação da pena. Nestes casos não pode ser deduzida acusação nem proferida uma pronúncia, impondo-se o arquivamento do processo (artigo 277.º, n.º 1) ou a prolação de um despacho de não pronúncia (artigo 308.º, n.º 1, *in fine*), consoante se esteja no fim do inquérito ou da instrução. A violação deste regime gera uma nulidade da acusação ou da pronúncia, por falta de um facto essencial para a responsabilização do arguido (artigos 283.º, n.º 3, al. b), e 308.º, n.º 2), nulidade essa dependente de arguição (artigo 120.º, n.º 1). Um despacho com uma omissão dessa natureza revela ainda uma pretensão acusatória «manifestamente infundada», susceptível de ser controlada no saneamento do processo, pois o facto imputável ao agente nesse acto processual não é juridicamente um crime (artigo 311.º, n.º 2, al. a), e n.º 3, al. d), todos do CPP)[81];

A dúvida sobre a verificação de elementos do tipo de punibilidade tem um efeito diferente consoante os mesmos tenham uma formulação positiva ou negativa: a dúvida sobre a existência de um elemento positivo da punibilidade (como uma condição objectiva de punibilidade) equivale processualmente à sua ausência, pelo que em tal caso não pode haver nem acusação nem pronúncia por falta de um pressuposto da punibilidade do facto. Diversamente, a dúvida sobre a existência de um elemento negativo da punibilidade pode ter um efeito processual mais fraco: não afasta categoricamente o tipo de punibilidade indiciado pela prática do ilícito culposo, mas pode gerar uma dúvida razoável susceptível de pôr em causa a exigência de probabilidade dominante da hipótese de condenação. Nos primeiros casos é a possibilidade de condenação que é posta em causa. No último caso é apenas a probabilidade da mesma que pode ser afectada

---

[81] A existência de uma nulidade ou de uma questão prévia teria sempre prevalência sobre a análise da questão de fundo. Contudo, se a questão fosse apenas suscitada na fase de julgamento, a omissão do facto que constitui a condição objectiva de punibilidade determinaria sempre uma sentença absolutória, nos termos referidos, e o seu surgimento em tal momento implicaria sempre uma alteração substancial de factos potencialmente geradora de uma nulidade da decisão (artigos 358.º e 379.º, n.º 1, al. b), do CPP). No sentido desta última conclusão, quanto à alteração substancial de factos determinada pela pretensão de aditar ao objecto do processo na fase de julgamento uma condição objectiva de punibilidade, o Ac. do Tribunal da Relação de Lisboa, de 24-09-2009 (proc. 27/09.7TOLSB.L1, 9.ª secção) (*in* www.pgdlisboa.pt)

na sua graduação. Se a dúvida sobre a verificação de tal elemento negador do tipo de punibilidade for intensa (razoável e insuperável) aumenta a probabilidade de absolvição, pelo que em tal caso existe fundamento para não ser deduzida acusação, nem proferida uma pronúncia;

Na falta do tipo de punibilidade existe fundamento para o tribunal de julgamento recusar a acusação no momento do saneamento do processo, pois sem aquele elemento o facto não é um crime e a acusação é por isso manifestamente infundada (artigo 311.º, n.º 2, al. a), e n.º 3.º, al. d), do CPP);

Finalmente, a verificação da falta do tipo de punibilidade no julgamento determina a prolação duma decisão absolutória por falta de pressupostos essenciais do crime (artigos 368.º, n.º 2, al. e), 376.º do CPP).

2. Mais controvertida pode ser a questão de saber se a falta do tipo de punibilidade impede ou não a abertura de inquérito criminal (artigo 262.º e ss, do CPP). Noutros termos, será possível abrir inquérito quando existam suspeitas da prática de um facto penalmente ilícito mas, no momento, falte a condição objectiva de punibilidade ou o agente possa ter actuado ao abrigo de uma causa de exclusão ou anulação da pena? Tal poderá acontecer designadamente perante uma denúncia de incitamento ao suicídio, sem que no momento da sua recepção se saiba se a vítima chegou realmente a tentar executar o facto (artigo 135.º, n.º 1 do Código Penal), ou de que devedor insolvente praticou actos tipicamente lesivos do seu património, sem que tenha ainda sido reconhecida judicialmente a insolvência (artigo 227.º, n.º 1, do Código Penal); tal como pode suceder perante uma tentativa de um crime em que este não se consumou por eventual desistência do agente (artigos 24.º ou 25.º do Código Penal).

Numa primeira análise seria pensável que a inadmissibilidade de deduzir acusação na falta do tipo de punibilidade poderia igualmente determinar a impossibilidade de abertura de inquérito, pois o fundamento seria equivalente: a falta de um pressuposto essencial para a punibilidade do facto. Mas uma conclusão desta natureza seria algo precipitada e carente de fundamento legal, por desconsiderar a diferente natureza dos dois momentos processuais em causa: a abertura e o encerramento do inquérito. Não existe norma legal expressa que impeça a abertura de inquérito na falta de pressupostos autónomos da punibilidade. O inquérito destina-se exactamente a averiguar a possível existência de um crime, determinar os seus autores e recolher as provas necessárias para apoiar a imputação dos factos, pelo que a conclusão sobre a existência ou não de um crime (incluindo a verificação integral de todos os seus elementos essenciais) se obtém em regra no final e não antes de o inquérito ser aberto ou no início do mesmo. A notícia do crime que fundamenta a abertura de inquérito constitui apenas uma informação minimamente plausível sobre a hipótese de ter sido cometido um crime que o Ministério Público tem, em regra, o dever de investigar[82]. A notícia do crime e a abertura de inquérito, por si só, não constituem ninguém como arguido, pois correspondem apenas ao início de uma fase processual e não a um acto de imputação indiciária de responsabilidade penal a alguém, ao contrário do que acontece com a acusação. Por isso o regime da abertura de inquérito é distinto do regime de dedução de acusação: o primeiro depende da existência da notícia de um crime e o segundo da existência de indícios suficientes da sua prática por alguém. A notícia do crime em si mesma é uma informação e não uma prova dos factos para os mesmos serem imputados ao arguido e, também por isso, não se exige que no momento da sua recepção estejam efectivamente comprovados todos os pressupostos de punibilidade do crime.

A questão que se pode colocar é a de saber se, apesar de ser este o regime vigente, a falta do tipo de punibilidade pode ou não interferir com a própria existência da notícia de um crime. Em situações mais claras e categóricas, a falta do tipo de punibilidade permite dizer que existe notícia de um ilícito penal mas não de um crime, por aquele não ser por si só um facto punível. Em tais situações pode ser relativamente inútil abrir inquérito que, ademais, implicaria uma antinomia prático-jurídica relativamente ao regime da contagem do prazo de prescrição: estaria a ser formalmente investigado um caso sem que estivesse a correr o prazo de prescrição do procedimento criminal (que, em tais casos, apenas se inicia com a verificação da condição exterior ao ilícito, nos termos do artigo 119.º, n.º 4 do Código Penal)[83].

Tudo ponderado, a falta do tipo de punibilidade pode constituir fundamento para não ser aberto inquérito mas não impede em absoluto a sua abertura[84]. Caso exista abertura de inquérito não parece, no entanto, legítimo constituir um suspeito como arguido enquanto não se verificar ou se comprovar o tipo de punibilidade, pois sem este elemento o facto não é juridicamente um crime e o regime de constituição de arguido pressupõe a suspeita da prática de um crime (artigos 58.º, n.º 1, 59.º, n.º 1, al. a) e d), 59.º, n.º 1 e 2, do CPP). Esta é a solução que melhor harmoniza o regime legal do inquérito com os interesses que o sistema penal pretende salvaguardar através do tipo de punibilidade, em especial o cuidado a ter para que a intervenção penal através do processo antes de verificado o tipo de punibilidade não possa ser um factor adicional de risco para os interesses tutela-

---

[82] Sobre a notícia do crime e seus limites, GERMANO MARQUES DA SILVA, *Curso III* (3.ª edição, 2009), 55 e ss.
[83] O problema da relação entre a contagem do prazo de prescrição e os elementos do tipo de punibilidade será analisado *infra* § 43, III.
[84] Coincidente, creio, MARIA FERNANDA PALMA, *RFDUL* (1995), 404, nota 11.

dos (o que se pode documentar, por exemplo, no caso do incitamento ou auxílio ao suicídio ou no caso da insolvência criminalmente relevante).

3. O estatuto material reconhecido ao tipo de punibilidade, enquanto pressuposto essencial da existência jurídica do crime, determina igualmente uma solução clara quanto à possibilidade de, na sua falta, existir um arquivamento do processo em caso de dispensa de pena (artigo 280.º do CPP) ou de ser promovida a suspensão provisória do processo (ao abrigo e com os efeitos previstos no artigo 281.º do CPP).

A falta do tipo de punibilidade implica a ausência de um pressuposto essencial do crime (enquanto facto punível) que, por isso, adquire uma precedência lógico-valorativa sobre qualquer consequência jurídica do mesmo, quer ao nível substantivo quer ao nível processual. Assim, se o facto ilícito investigado não constitui um crime por falta do tipo de punibilidade não pode a autoridade judiciária promover o arquivamento em caso de dispensa de pena nem a suspensão provisória do processo. Estas soluções pressupõem que a prática de um crime (um facto punível) seja imputável ou imputada a um agente e, por isso, o processo poderia continuar a sua tramitação (com a dedução de acusação). O que não acontece no caso descrito pois dum ilícito não punível não se podem retirar consequências jurídico-penais[85]. Numa situação desta natureza só parece possível o arquivamento do inquérito, com fundamento no n.º 1 do artigo 277.º do CPP.

4. A falta do tipo de punibilidade impede ainda que sejam aplicadas ao arguido medidas de coacção e de garantia patrimonial (artigos 191.º e ss do CPP). Em rigor, como atrás se defendeu, a falta do tipo de punibilidade deveria obstar desde logo à constituição de arguido no âmbito do inquérito em curso e, sendo este um pressuposto fundamental da aplicação de tais medidas (artigo 192.º, n.º 1 do CPP), as mesmas estariam inviabilizadas pela sua falta. Mas, para além disto, o sistema processual penal contempla um limite expresso à aplicabilidade de medidas de coacção ou de garantia patrimonial se existirem «fundados motivos para crer na existência de causas de isenção da responsabilidade ou de extinção do procedimento criminal» (artigo 192.º, n.º 2 do CPP). A primeira cláusula do artigo 192.º, n.º 2, do CPP abrange genericamente a falta de qualquer pressuposto material do crime que, pela sua ausência, possa impedir a atribuição da responsabilidade

---

[85] Sobre o efeito preclusivo da falta do tipo de punibilidade sobre a possibilidade de dispensa de pena, veja-se *supra* Capítulo VII, § 38, IV, n.º 5 do texto.

penal, independentemente da categoria sistemática a que diga respeito, incluindo portanto a falta do tipo de punibilidade[86].

Assim, a falta de uma condição objectiva de punibilidade ou a verificação de uma causa de exclusão ou de anulação da punibilidade impedem a aplicação de medidas de coacção e de garantia patrimonial. Caso tais circunstâncias sejam conhecidas apenas depois da aplicação da medida e durante a vigência desta (o que pode acontecer com uma causa de anulação da punibilidade, como a desistência ou o esforço sério que possam isentar de pena), tal facto constitui fundamento para a sua revogação oficiosa imediata (artigo 212.º, n.º 1, al. b), do CPP).

5. Uma última questão de grande relevância prática tem sido equacionada pela jurisprudência portuguesa. Traduz-se o problema em saber se, de uma forma genérica, pode haver recurso de uma decisão absolutória por falta de uma condição objectiva de punibilidade ou por verificação de uma causa de exclusão ou de anulação da pena e, de forma mais específica, se a legitimidade processual do assistente para a interposição do recurso pode ou não ser afectada com aquele fundamento da decisão.

Perante o regime de recursos em processo penal e o efeito obstrutor da falta do tipo de punibilidade não parece existirem dúvidas que, por um lado, falta norma expressa que declare a irrecorribilidade de tal decisão e, por outro, que a mesma, sendo de natureza absolutória, pode contrariar a pretensão punitiva manifestada no processo por alguns dos sujeitos processuais (Ministério Público e assistente). Pelo que valerá em tal hipótese o princípio geral da recorribilidade dos actos processuais (artigo 399.º do CPP). Este tem no entanto sido limitado pela jurisprudência nacional quando se trata de saber se o assistente tem legitimidade para recorrer autonomamente, desacompanhado do Ministério Público, de uma sentença que isente o arguido de pena e, ainda, nos casos em que a sentença termine com uma dispensa de pena. As duas situações têm tido uma resposta negativa, oferecida quer pela Relação do Porto, quer pelo Supremo Tribunal de Justiça, sendo que este equipara para o efeito em causa a isenção de pena à dispensa de pena[87]. A ilegitimidade para o recurso autónomo residiria no

---

[86] Neste sentido, PAULO PINTO DE ALBUQUERQUE, *Código de Processo Penal* (4.ª edição, 2011), artigo 192.º, anotação 3. Também, MAIA GONÇALVES, *Código de Processo Penal*, 17.ª edição, artigo 192.º, anotação 3, interpreta o preceito desta forma ampla, afirmando que o mesmo cria «um obstáculo à aplicação de medidas de coacção quando não há elementos para a punição do agente».

[87] A ideia foi afirmada no Ac. do STJ n.º 8/99 (fixação de jurisprudência), de 30 de Outubro de 1997 (in *DR I-A*, de 10-08-99), n.º 13 do texto (com importantes votos de vencido). Mais recente, o Ac. do Tribunal da Relação do Porto, de 13 de Outubro de 1999 (proc. 9940461). Sobre o tema da limitação dos poderes de recurso do assistente, criticamente e com razão,

entendimento de que tais decisões não se poderiam considerar proferidas contra o assistente, como exige o artigo 401.º, n.º 1, al. b), do CPP. Reproduzindo o argumento da Relação do Porto: uma decisão que isente o arguido de pena não é proferida contra o assistente pois não atinge verdadeiramente os seus direitos e posição, estando apenas em causa o «jus puniendi» do Estado.

O entendimento descrito não pode ser acolhido quer quando procede à equiparação entre isenção de pena e dispensa de pena (para efeitos de negação da possibilidade de recurso), quer quanto ao fundamento apresentado para restringir a legitimidade do assistente. Não se pode, desde logo, estabelecer uma equiparação entre isenção de pena e dispensa de pena quando a natureza das figuras é distinta e dá origem a diferentes sentenças: a isenção de pena implica a prolação de uma decisão absolutória, por falta de um pressuposto material do facto punível, enquanto a decisão que aplique uma dispensa de pena tem uma natureza condenatória, pois implica uma declaração de culpa pelo ilícito penal imputado, desacompanhada de pena efectiva (artigo 375.º, n.º 3, do CPP). Por outro lado, e ao contrário do que afirma a Relação do Porto, a não efectivação do *jus puniendi* pelo Estado quando um tribunal profere uma decisão absolutória por isenção de pena corresponde a uma decisão contrária aos interesses dos sujeitos processuais que manifestaram uma pretensão punitiva nos autos. O que significa que uma decisão absolutória tem um significado jurídico e social que implica a negação da pretensão do assistente. Não se pode por isso negar o seu interesse no recurso quando a decisão é materialmente oposta à sua pretensão processual. Podendo a questão ser discutível quanto à decisão que aplique uma dispensa de pena (à luz da jurisprudência restritiva que afecta a legitimidade do assistente neste domínio), pois a decisão é condenatória em tal hipótese, não parece de todo possível tratar uma decisão absolutória por falta do tipo de punibilidade como um problema de determinação e escolha de medida da pena. O facto não punível não é juridicamente um crime e se o tribunal o declarar numa decisão isso afectará a pretensão acusatória do assistente, devendo como tal reconhecer-se ao mesmo legitimidade para interpor autonomamente recurso de tal decisão.

PAULO PINTO DE ALBUQUERQUE, *Código de Processo Penal* (4.ª edição, 2011), artigo 69.º, anotação 11, e artigo 401.º, anotação 11 c), que considera, em sintonia com o voto de vencido lavrado na decisão do STJ, que a mesma é pouco esclarecedora e, em sua opinião, inconstitucional, por violação da tutela do ofendido (artigo 32.º, n.º 7, da Constituição). A revisão de 2010 do CPP veio contrariar parcialmente a jurisprudência do STJ com a nova redacção dada ao artigo 69.º, n.º 2, al. c) do código.

VI. Delimitação da litispendência, caso julgado e bis in idem

1. A conexão do tipo de punibilidade com o facto ilícito, no âmbito do tipo legal, faz com que os seus elementos pertençam inequivocamente aos pressupostos materiais da responsabilidade penal. Significa isto que as decisões judiciais que sobre o mesmo sejam proferidas devem ser consideradas decisões de mérito sobre a questão penal controvertida e não meras decisões de forma, sobre aspectos da validade processual da condução da causa, como poderia resultar da tentativa (de uma parte da doutrina alemã e italiana) de afectação sistemática de alguns dos seus elementos (as condições objectivas de punibilidade) aos pressupostos processuais[88]. Que assim é resulta não só da natureza dogmática dos elementos que integram o tipo de punibilidade e da sua ligação normativa ao facto: é também confirmado pela lei processual ao incluir a matéria na «questão da culpabilidade do arguido», ou seja, como parte do mérito da causa e não como mera questão incidental (artigo 368.º, n.º 1, al. e), do CPP, em contraposição ao seu n.º 1)[89].

A natureza substantiva do tipo de punibilidade adquire particular relevância na aferição da litispendência, na delimitação do caso julgado e, reflexamente, na proibição de repetição de julgados *(ne bis in idem)*[90]. Nestes casos o efeito obstrutor adquire uma relevância processual decisiva. O tema não pode ser tratado em toda a sua extensão e complexidade, por transcender o objecto deste estudo. Importa centrar a análise nas implicações específicas decorrentes da autonomia substantiva do tipo de punibilidade na análise jurídica do crime. Questão que se traduz em saber se os elementos do tipo de punibilidade devem ou não ser tidos em conta (e de que forma) para a aferição da identidade do objecto dos processos e qual a sua relevância para a delimitação do efeito preclusivo do caso julgado.

Em tese geral, uma decisão judicial que verse sobre o tipo de punibilidade associado a um facto ilícito impede a sua reapreciação enquanto tal em processos

---

[88] Veja-se *supra* Capítulo VI, § 31, IV.

[89] Neste sentido, Liszt, *Lehrbuch* (21.ª/22.ª edição), 184 (§ 44). Também Krause, *Jura* (1980), 454, enquadra as figuras nestes termos, para confirmar a sua natureza substantiva. Entre nós, Germano Marques da Silva, *Curso III* (3.ª edição, 2009), 283, contrapondo os pressupostos substantivos aos obstáculos ao conhecimento de mérito.

[90] Sobre a aferição da litispendência e do âmbito do caso julgado por referência ao objecto do processo veja-se, por todos, Roxin/Schünemann, *Strafverfahrensrecht* (26.ª edição, 2009), § 20, § 40, D, § 52). Em sentido coincidente, Frederico Isasca, *Alteração substancial de factos*, 220-221, nota 1, Para uma análise do tema entre nós, Germano Marques da Silva, *Curso III* (3.ª edição, 2009), 38-52. Com novas perspectivas de compreensão do problema, Damião Cunha, *O caso julgado parcial*, 2002, 140 e ss, 157 e ss, 468 e ss.

criminais concomitantes ou subsequentes[91]. Em rigor, deverá impedir não apenas a sujeição do mesmo arguido a um novo julgamento, mas sim a própria promoção do processo[92]. Para este efeito é indiferente que a primeira decisão seja condenatória ou absolutória, embora os casos mais debatidos na doutrina digam normalmente respeito a estas últimas. Neste sentido, uma decisão judicial absolutória por falta do tipo de punibilidade (pela ausência de uma condição objectiva de punibilidade ou verificação de uma causa de exclusão ou de anulação da pena) impedirá a abertura ou tramitação de um outro processo que contemple o mesmo facto ilícito a que o tipo de punibilidade diz respeito[93], incluindo a reformulação factual subsequente do tipo de punibilidade. A mesma conclusão deve valer para a hipótese de a decisão do primeiro processo ter sido condenatória[94].

A afirmação pode ser ilustrada através de uma simples casuística: proferida em julgamento uma absolvição pela prática de um crime de insolvência, por falta de sentença de reconhecimento judicial da mesma, ficará precludida a abertura de um segundo processo em função de uma nova sentença judicial que reconheça posteriormente o estado de insolvência; se num primeiro processo por crime de

---

[91] Mas já não impede a cumulação de efeitos distintos da imputação de infracções de natureza diversa, designadamente de natureza contra-ordenacional, disciplinar ou cível. Nestes casos, a autonomia de cada subsistema jurídico conduz a um concurso de infracções, a não ser que outra seja a solução adoptada pelo legislador.

[92] DAMIÃO CUNHA, *Caso julgado parcial*, 157 e ss, e nota 169, e 459 e ss.

[93] Neste sentido, BRICOLA, *Novíssimo digesto* XIV (1967), 599-560, e notas 9 e 10; ROMANO, *Comentario sistematico del Codice Penale*, vol I, 1987, 405 (art. 44, anot. 16); ZANOTTI, *Arch. Pen.* (1984), 142 e ss. Em sentido oposto, defendendo uma concepção processualista das condições objectivas de punibilidade, GIULLIANI, *Il problema giuridico delle condizioni di punibilità*, 15 e ss, que permitiria a reabertura de um segundo processo em que já se verificasse a condição objectiva de punibilidade. A crítica e refutação desta posição encontra-se nos estudos citados de BRICOLA e ZANOTTI.

[94] Por facilidade de expressão o problema é enquadrado, como é habitual na doutrina, em relação sentença final (absolutória ou condenatória). Mas o efeito preclusivo do caso julgado decorre não apenas das decisões finais proferidas no final do julgamento, mas em relação a todas as decisões materialmente jurisdicionais que fixem um objecto de processo. O que inclui a decisão final de arquivamento em caso de dispensa de pena e de suspensão provisória do processo e o despacho de não pronúncia (artigos 280.º a 282.º e 308.º do CPP). Coincidente, DAMIÃO CUNHA, *Caso julgado parcial*, 166, preconizando a partir do princípio *ne bis in idem* uma concepção mais ampla que alarga o efeito preclusivo da fixação do objecto do processo a momentos anteriores a uma intervenção jurisdicional, incluindo o arquivamento do inquérito, pelo menos no plano da auto-vinculação do MP (*op. cit.*, p. 159 e ss, e nota 170, e com mais desenvolvimentos p. 485 e ss). Concepção que configura a proibição de *bis in idem* como um «impedimento à renovação de um processo sobre uma questão decidida» (*op. cit.* p. 490). Coincidente no essencial, PAULO PINTO DE ALBUQUERQUE, *Código de Processo Penal* (4.ª edição, 2011), artigo 279.º, anotação 1 a 3.

participação em rixa não se provar a ocorrência de ofensas graves, não se poderá instaurar um segundo processo para documentar a condição objectiva de punibilidade através das lesões sofridas por outra vítima; absolvido o arguido num primeiro processo pela prática como co-autor de um crime de furto qualificado por desistência voluntária (esforço sério para evitar a consumação), não poderá ser depois acusado da prática do mesmo crime na forma tentada em autoria singular. Em todas estas hipóteses será invocável no segundo processo o efeito preclusivo do caso julgado anterior ou a litispendência, consoante o estado dos autos. Mas a solução não é unânime entre a doutrina que se tem pronunciado sobre o tema.

Um entendimento diferente foi defendido por uma parte da doutrina italiana com base na ideia de que não existiria verdadeiramente identidade de factos quando num primeiro processo fosse proferida uma absolvição por falta de uma condição de punibilidade e num segundo processo o facto ilícito fosse acompanhado da verificação da condição. A verificação da condição no segundo processo permitiria afirmar que não era o mesmo facto que estava a ser julgado[95].

A distinção não é contudo aceitável, não só porque a identidade de factos para a doutrina italiana maioritária se afere essencialmente pela identidade da conduta típica[96], como para todos os efeitos é o mesmo crime e, em especial, é o mesmo acontecimento histórico[97] que se pretendem imputar ao arguido num e noutro processo: no primeiro com a falta dum pressuposto material (pelo que a acusação nunca deveria ter sido sequer deduzida[98]), no segundo com todos os pressupostos exigidos para o efeito. Mesmo que se pretenda aferir a identidade objectiva dos factos com referentes mais completos do que a simples conduta típica (designadamente, em função da estrutura do facto típico, do bem jurídico agredido, da esfera normativa do potencial concurso ou das possibilidades lógicas de conhecimento judicial) [99] a resposta continuará a ser afirmativa.

---

[95] ALIMENA, *Condizione obiettive di punibilità*, 137-139.
[96] BRICOLA, *Novissimo digesto* XIV (1967), 599-560, e nota 10; ZANOTTI, *Arch. Pen.* (1984), 143. Sobre a evolução e âmbito do conceito de identidade de facto para efeito do *ne bis in idem*, CORDERO, *Procedura penale*, 1043-1058. Na Alemanha, PETERS, *Strafprozess*, 506 e ss, e ROXIN/ SCHÜNEMANN, *Strafverfahrensrecht* (26.ª edição, 2009), § 52, n.º 10 e ss.
[97] FREDERICO ISASCA, *Alteração substancial de factos*, 221, nota 1, e 229, delimitando o objecto do processo e o âmbito do caso julgado ao comportamento, ao facto, ao acontecimento histórico e, em última instância, ao acontecimento da vida levado para o processo.
[98] DAMIÃO CUNHA, *Caso julgado parcial*, 158-159.
[99] Sobre os referentes usados para aferir a identidade do facto, EDUARDO CORREIA, *Caso Julgado*, 304 e ss, e CAVALEIRO DE FERREIRA, *Curso de Processo Penal III*, 1958, 39 a 55. Agora, GERMANO MARQUES DA SILVA, *Curso III* (3.ª edição, 2009), 48, que assume um critério misto que integra cumulativamente o facto histórico e o bem jurídico em causa, para concretizar o conceito (não de identidade de factos mas sim) de identidade de crimes, usado no artigo 29.º, n.º 5, da Constituição.

As exigências legais da acusação e a necessidade de a mesma identificar quer a factualidade relevante quer o tipo incriminador aplicável (artigo 283.º, n.º 3, alíneas b) e c), do CPP) evidenciam que existirá repetição de julgados sempre que, pelo menos, o facto ilícito seja o mesmo[100], o que será ainda reforçado pela invocação do mesmo tipo legal de crime para valorar essa factualidade.

Por outro lado, a conexão legal entre o tipo de ilícito e o tipo de punibilidade não consente a fragmentação axiológica do juízo judicial que verse sobre ambos: trata-se, em qualquer caso, de um juízo não só sobre o mesmo facto, como também sobre o mesmo crime que se pretendeu imputar ao arguido[101]. Nem o tipo de ilícito é suficiente para a punição do facto, nem o tipo de punibilidade tem valor jurídico-penal autónomo desvinculado do tipo de ilícito (e do tipo de culpa). Tanto é assim que o julgamento do primeiro processo abrange necessariamente as mesmas realidades que o segundo: o mesmo autor, o mesmo facto ilícito, o mesmo tipo incriminador de referência e, inclusivamente, a mesma condição objectiva de punibilidade, sendo que no primeiro processo se declara a sua falta e no segundo a sua verificação. Para todos os efeitos, os dois julgamentos incidem sobre a mesma realidade jurídica, quer no plano factual quer no plano normativo[102].

---

[100] CAVALEIRO DE FERREIRA, *Curso de Processo Penal III*, 1958, 54, considerava que existia repetição de julgados caso variassem apenas as circunstâncias, os elementos acidentais, o evento ou os elementos subjectivos, mas não a própria acção.

[101] Esta conexão permite estender o efeito preclusivo do caso julgado ao próprio tipo de punibilidade, não permitindo a repetição de julgamentos pelo mesmo ilícito com variações factuais no conteúdo do tipo de punibilidade. Assim, por exemplo, a um primeiro julgamento por crime de participação em rixa, em que o tipo de punibilidade é realizado com uma ofensa grave, não se pode seguir outro julgamento em que o tipo de punibilidade seja integrado pela morte de algum dos rixantes. As possibilidades lógico-jurídicas de conhecimento judicial que delimitam o âmbito objectivo do caso julgado abrangem, assim, não apenas a factualidade a integrar no tipo de ilícito, como também a factualidade relevante para realizar o tipo de punibilidade.

[102] Do enquadramento assumido decorrem ainda consequências relevantes para a própria dinâmica do processo. O tipo de punibilidade é integrado por matéria e valoração e aquela comporta factualidade que pode variar ao longo do processo. Contudo, a inclusão do tipo de punibilidade na dimensão substantiva do crime implica que a factualidade que o compõe ficará necessariamente sujeita ao regime legal que garante a estabilidade do objecto do processo. E, por isso, a factualidade relevante para comprovar tipo de punibilidade pode variar até ao momento da acusação mas a partir daí está sujeita aos limites da vinculação temática e da variação do objecto do processo. Uma concepção normativista do objecto do processo poderia tolerar variações factuais no tipo de punibilidade como consequência do seu efeito consumptivo e das possibilidades normativas de conhecimento judicial. Mas a base empírica do objecto do processo adoptada pelo legislador é incompatível com tal concepção: a variação no objecto do processo será sempre reportada a «factos diversos» (artigo 379.º, n.º 1 do CPP)

Por isso a conclusão relativamente ao caso que motiva mais divergências entre a doutrina só pode ser uma: a absolvição por falta do tipo de punibilidade forma caso julgado material e impede a reabertura do processo para se demonstrar a verificação do tipo de punibilidade anteriormente em falta (efeito obstrutor absoluto)[103]. Em última instância, o juízo absolutório reportou-se ao crime imputado efectivamente julgado, sendo este o referente constitucional para delimitar a proibição de *bis in idem* (artigo 29.º, n.º 5, da Constituição).

2. O efeito preclusivo do caso julgado opõe-se à repetição do julgamento (e ao exercício da acção penal) quer em função do tipo de ilícito quer em função do tipo de punibilidade, mas é discutível se está ou não no âmbito desse efeito a utilização do facto que integra o tipo de punibilidade num outro processo, desde que lhe seja atribuída uma natureza jurídico-penal distinta. Concretizando: a morte de uma pessoa funciona como condição objectiva de punibilidade na rixa, mas poderá surgir num processo subsequente como um homicídio imputado pessoalmente a um arguido, mesmo que este tenha participado na rixa e sido condenado (ou absolvido) por este facto? O que se traduz, no fundo, em saber se um elemento usado num processo como parte do tipo de punibilidade pode ser usado noutro processo como elemento de um tipo de ilícito.

Uma análise superficial levaria a afirmar que o acontecimento histórico em que a morte ocorreu havia sido já apreciado no primeiro processo. Mas a afirmação

que, por não estarem anteriormente descritos na acusação ou pronúncia, não permitiram o contraditório quanto aos mesmos. Um limite desta natureza vale igualmente para a factualidade que integra o tipo de punibilidade. Significa isto que será sempre uma alteração de factos o aparecimento no julgamento de ofensas graves ou mortes não descritas na acusação ou pronúncia pelo crime de participação em rixa (artigo 151.º CP) ou a revelação de factos ilícitos subsequentes à embriaguez ou intoxicação (artigo 295.º CP) diferentes daqueles indiciariamente imputados nas fases preliminares do processo. Dito de forma sintética: os elementos do tipo de punibilidade integram o objecto do processo e a variação factual dos mesmos é limitada pelo regime da alteração de factos (e, portanto, pelo conceito de «factos diversos», do artigo 379.º, n.º 1, al. b) do CPP). Neste sentido, creio, GERMANO MARQUES DA SILVA, *Curso III* (3.ª edição, 2009), 269, ao incluir no conceito de crime, para efeito da aferição da identidade do objecto do processo, também as condições objectivas de punibilidade e as causas pessoais de exclusão da pena.

[103] ROXIN/SCHÜNEMANN, *Strafverfahrensrecht* (26.ª edição, 2009), § 52, n.º 8, descrevem este efeito como a *função sancionatória do caso julgado*: «o risco de ficar excluída a possibilidade de um esclarecimento posterior dos factos através de investigações complementares deve levar os órgãos de perseguição penal a uma investigação meticulosa e a uma correcta valoração do facto». A afirmação vale de forma reforçada num processo penal em que vigora na fase de julgamento um princípio da investigação, complementar da estrutura acusatória.

não seria exacta nem no plano jurídico-factual, nem no plano hipotético[104]. Ao apreciar a responsabilidade dos arguidos no crime de participação em rixa o Tribunal não avalia nem imputa qualquer responsabilidade pessoal pela morte da vítima, mas sim a participação num facto colectivo (a rixa) do qual decorre a morte da vítima. Significa isto que no processo que tem como objecto a participação em rixa a morte da vítima não é imputada individualmente como um ilícito pessoal a um arguido. Nem, em rigor, tal poderia acontecer, em função dos limites do objecto do processo. Se a acusação imputava indiciariamente aos arguidos a participação em rixa, o eventual homicídio cometido por um deles nunca poderia ser conhecido nesse processo, porque no mínimo representaria uma alteração substancial dos factos contidos na acusação (artigo 359.º do CPP) e, provavelmente, estaria fora da competência material do Tribunal (*ex vi* artigo 14.º, n.º 2, al. a), do CPP). Isto evidencia que o objecto do processo no crime de participação em rixa e no crime de homicídio não é o mesmo, pois o primeiro processo deveria autonomizar o homicídio e enviar os factos para novo processo exactamente porque não os poderia conhecer (artigo 359.º, n.º 2, do CPP). Tão pouco é evidente que exista entre ambas as incriminações uma relação de concurso aparente, embora a questão seja discutível na doutrina e na jurisprudência portuguesas[105]. Por estas razões, não se pode de forma alguma concluir que o conhecimento hipotético do homicídio estivesse já contido no campo de possibilidades lógicas de apreciação jurisdicional no primeiro processo.

Para além disto, não parece existir efectivamente uma identidade de factos entre a participação em rixa e o homicídio individualmente imputado a um arguido. Quer o tipo de ilícito, quer o tipo de culpa, quer o tipo de punibilidade são diferentes nas duas incriminações. O tipo de ilícito no crime do artigo 151.º, n.º 1, do Código Penal consiste em participar dolosamente num conflito (a rixa) que é intrínseca e particularmente perigoso para uma pluralidade de bens jurídicos pessoais; diversamente, no crime de homicídio (artigo 131.º do Código Penal) traduz-se matar uma pessoa de forma dolosa, pelo que a conduta é diferente, o dolo do agente não é o mesmo e as vítimas que são colocadas em perigo não coincidem. O tipo de culpa é distinto nos dois crimes: no primeiro é uma censura pelo envolvimento doloso num facto perigoso (a rixa) e no segundo uma censura pela lesão (dolosa ou negligente) do bem jurídico vida de uma pessoa concreta. O tipo de punibilidade é também diferente nos dois casos: no crime de homi-

---

[104] Sobre a complexidade e divergências em torno destes casos, ROXIN/SCHÜNEMANN, *Strafverfahrensrecht* (26.ª edição, 2009), § 52, n.º 10 e ss.
[105] Veja-se *supra* § 26, II, a). Caso existisse uma situação de concurso aparente – que deve ser negada – ficaria preterido o crime de perigo (participação em rixa) e não o crime de lesão (homicídio).

cídio a necessidade de pena fundamenta-se essencialmente no ilícito culposo que, por si só, legitima a intervenção penal, pelo que o tipo de punibilidade está implícito no tipo legal (e só pode ser neutralizado por desistência voluntária do agente); diversamente, no crime de participação em rixa o ilícito culposo é por si só insuficiente para legitimar o recurso aos meios penais e o legislador criou um tipo de tipo de punibilidade autónomo, com uma formulação positiva, que integra factos objectivos que documentam o potencial de perigo do conflito desenvolvido pelos rixantes. O confronto normativo das duas incriminações sugere que não estamos perante o mesmo facto, nem sequer em termos de conduta do agente e de acontecimento histórico: no primeiro caso o arguido envolve-se num conflito com um potencial de danosidade elevado, enquanto no segundo caso lesa pessoalmente a vida de uma pessoa. A rixa é assim apenas o contexto em que o homicídio ocorre, mas os dois factos não se confundem nem no plano empírico nem no plano normativo. Em suma, num caso desta natureza não estamos perante um duplo julgamento pelo mesmo crime: é possível um elemento do tipo de punibilidade de um crime que é objecto de um processo (morte ou ofensa grave na rixa) vir a ser integrado noutro processo como parte do tipo de ilícito (homicídio doloso) imputado ao mesmo arguido.

§ 42. Autonomia do tipo de punibilidade relativamente ao facto ilícito: consequências dogmáticas

I. A dogmática da imputação e as consequências do tipo de punibilidade

O tipo de punibilidade integra elementos fáctico-normativos que estão fora do campo de incidência da norma de conduta que é parte essencial do tipo de ilícito. Trata-se de elementos exteriores ou acessórios ao *facto* ilícito previsto nos tipos incriminadores. Neste exacto sentido se tem afirmado ao longo deste estudo que estamos perante elementos que delimitam o campo da intervenção penal legítima (em nome do princípio da proporcionalidade da pena estatal) mas que estão fora da matéria da proibição. Por isso mesmo tais elementos não se imputam aos agentes no âmbito do tipo de ilícito ou do tipo de culpa, mas são usados pelo legislador no âmbito do tipo de punibilidade para restringir a intervenção penal[106].

---

[106] Neste sentido, RAMACCI, *Condizioni,* 206, afirmando que a previsão de uma condição não visa imputar objectivamente algum elemento do crime, mas exactamente o oposto: precluir a imputação em si mesma, que tem sempre como objecto exclusivo o crime (*reato*). Coincidente, DONINI, *Teoria del reato,* 412-413. Ainda, Cap. VII, § 37 e 38, em ligação com o Cap. V, § 24 e 25.

Esse efeito limitador da intervenção penal acontece com as condições objectivas de punibilidade e as causas de exclusão da pena. Figuras que reúnem elementos exteriores ao ilícito que funcionam como uma exigência adicional positiva ou como uma delimitação negativa de um grupo de situações que (directa ou indirectamente) se pretende excluir da esfera de intervenção penal. Em qualquer caso, o âmbito da potencial responsabilidade criminal não é apenas o que resulta do tipo de ilícito e do tipo de culpa, mas sim e também da delimitação normativa feita adicionalmente através do tipo de punibilidade.

Algo de equivalente se pode afirmar quanto às causas de anulação da punibilidade (como as cláusulas de desistência e outros comportamentos reparadores) que estão necessariamente fora do facto ilícito pois representam um acto contrário àquele que realiza o tipo de ilícito: um comportamento posterior à execução do ilícito que visa não agredir o bem jurídico tutelado, mas sim evitar a sua lesão efectiva ou a subsistência do estado lesivo criado. Quando se verifica a causa de anulação da punibilidade o ilícito culposo já está praticado e o facto é em princípio punível. Só assim faz, aliás, sentido afirmar que o comportamento reparador anula a punibilidade do facto. Um comportamento desta natureza, com uma função de tutela dos interesses colocados em perigo ou de reparação tempestiva dos danos causados, não pode integrar a matéria da proibição. Trata-se, a todos os títulos, de uma conduta oposta ao comportamento violador do dever que integra o facto penalmente proibido em relação à qual, por isso, não existe qualquer possibilidade de subsunção à previsão normativa contida no ilícito típico.

Apesar desta relevância prática e teórica, as estruturas dogmáticas de compreensão do facto punível estão na sua maior parte historicamente construídas para delimitar o âmbito do ilícito culposo e realizar a sua imputação aos agentes. Elementos que sejam exteriores ao ilícito culposo estão à partida subtraídos aos crivos dogmáticos de imputação e têm por isso merecido pouca atenção da doutrina. Os elementos do tipo de punibilidade não delimitam o âmbito do facto ilícito, não integram o processo de imputação e não delimitam o âmbito da autoria do facto. Pelo contrário, pressupõem um ilícito culposo imputável ao agente. A ponderação tais elementos pode ter reflexos na imputação, mas não são nem estruturas nem critérios de imputação do facto (ilícito e culposo). Elementos desta natureza fazem parte do complexo histórico-factual considerado relevante pelo legislador para delimitar a esfera de intervenção penal mas, pela sua distinta natureza e função, não estão em princípio sujeitos ao mesmo regime dos elementos que integram o facto ilícito típico imputável ao agente.

A autonomia dos elementos que condicionam a punibilidade do facto em relação ao ilícito culposo conduz a consequências jurídicas relevantes em diversas matérias, designadamente: na articulação entre o facto ilícito e as condições objectivas de punibilidade; na possibilidade de construção das situações de omissão; na incidência do tipo subjectivo, na relevância do erro e relevância da falta de consciência da punibilidade; na ponderação dos efeitos de causas de justificação e da pluralidade de factos potencialmente geradora de concursos de crimes.

II. A conexão entre o tipo de ilícito e o tipo de punibilidade

1. A história da teoria do crime evidencia que a relação entre o facto ilícito e as condições objectivas de punibilidade nem sempre obedece a um padrão de clareza dogmática: por um lado, aceita-se que as condições objectivas de punibilidade contemplam acontecimentos exteriores e autónomos em relação ao facto ilícito; mas, por outro, concebe-se por vezes a relação entre ambos com base num nexo de causalidade, apesar de este elemento corresponder normalmente a um critério de delimitação (interna e externa) do facto ilícito imputável ao agente, estranho por isso mesmo a elementos exteriores ao facto. Assim, num entendimento acolhido por sectores significativos da doutrina, as condições objectivas de punibilidade seriam elementos exteriores ao facto ilícito, estranhos ao nexo de imputação subjectiva mas ainda numa relação de causalidade com aquele facto[107].

Um enquadramento desta natureza não é inequívoco. Ele suscita em si mesmo três questões distintas que devem ser autonomizadas: a primeira consiste em saber se a realização de um tipo incriminador que contenha uma condição objectiva de punibilidade exige a demonstração de um nexo de causalidade entre esta e o facto ilícito do agente; caso a resposta seja negativa, pode ainda perguntar-se se não sendo necessário o estabelecimento dessa relação causal a mesma pode ser utilizada para delimitar o âmbito do tipo ou se, diversamente, existe alguma incompatibilidade entre a natureza desse elemento e as condições objectivas de punibilidade; finalmente, caso se aceite que entre o facto e a condição do agente não se estabelece um nexo de causalidade, em sentido próprio, cabe então per-

---

[107] Ilustrativa das divergências doutrinárias sobre a relação entre o facto ilícito e a condição objectiva de punibilidade é a síntese de PAEFFGEN, *NK-StGB* (2005), § 323 a), n.º 71, a propósito do crime de embriaguez plena. De grande interesse também, TIEDMANN, *LK-StGB*, *vor* § 283, n.º 91 e ss. Na doutrina italiana mais recente, siga-se ANGIONI, *Ridpp* (1989), 1457, ZANOTTI, *Digesto X*, 537 e ss, e VENEZIANI, *Spunti*, 19 e ss. Em Espanha, por todos, MARTINEZ PEREZ, *Condiciones objetivas de punibilidad*, 76 e ss. Entre nós, AUGUSTO SILVA DIAS, *Crimes contra a vida*, 72 e 125, invoca expressamente um nexo de imputação objectiva que ligará as condições objectivas de punibilidade aos comportamentos típicos. Reservas a uma conexão causal entre o facto e a condição objectiva de punibilidade encontra-se, porém, em MARIA FERNANDA PALMA, *RFDUL* (1995), 406-407. Para uma perspectiva geral sobre o tema, GEISLER, *Bedingungen der Strafbarkeit*, 443 e ss, e, entre nós, PEDRO CAEIRO, *Crimes falenciais*, 262-264 e notas.

guntar que tipo de relação se verifica entre estes dois elementos que careça de ser demonstrada ou que possa ser negada no âmbito do processo penal.

2. A primeira questão é aquela que tem tido uma resposta mais pacífica: os tipos incriminadores que prevêem para além do facto ilícito uma condição objectiva de punibilidade não exigem, para o seu integral preenchimento, que se demonstre a existência de uma relação causal (nem naturalística, nem normativa) entre esses dois elementos[108]. Mas a partir deste ponto já não é fácil identificar um consenso equivalente. Um sector da doutrina considera, respondendo à segunda questão, que as condições objectivas de punibilidade podem estar numa relação de causalidade com o facto ilícito, embora tal relação não seja necessária[109], enquanto outra corrente considera que isso é incompatível com a natureza das condições objectivas de punibilidade, cuja autonomia passaria exactamente por estarem fora do encadeamento causal do facto típico[110].

Basta uma leitura dos tipos incriminadores para se perceber que alguma associação se tem de estabelecer entre os dois elementos que estão semanticamente relacionados no tipo legal[111], mas que tal relação seja de natureza causal afigura-se

---

[108] STRATENWERTH, ZStW 71 (1959), 574; TIEDMANN, LK-StGB, vor § 283, n.º 92; KRAUSE, Jura (1989), 455; BRICOLA, Novissimo Digesto XIV (1967), 593; VENEZIANI, Spunti, 20; MARTINEZ PEREZ, Condiciones objetivas de punibilidad, 78.

[109] Assim, RITTLER, FG-Frank, 4-5, ao criticar a tese oposta de Blume, tornando-se comum a partir daí entre a doutrina apresentar as condições objectivas de punibilidade como elementos subtraídos ao dolo e à negligência, mas não necessariamente ao nexo de causalidade com o facto do agente. Depois, em diferentes contextos de argumentação e debate, BRICOLA, Novissimo Digesto XIV (1967), 593; VENEZIANI, Spunti, 20; ANGIONI, Ridpp (1989), 1459; MARTINEZ PEREZ, Condiciones objetivas de punibilidad, 78; DONINI, L'Indice penale 3 (2001), 1041, nt. 12 (aceitando uma causalidade naturalística entre facto e condição).

[110] Nesse sentido, uma corrente da doutrina alemã com raízes na teorização de FINGER, GA (1903), 45, 51, 52, e BLUME, Tatbestandkomplement (1906), 16; depois, KRAUßE, Jura (1989), 454-455, contrapondo as condições objectivas de punibilidade à tipicidade do facto. Na doutrina italiana, DELITALA, Il «fatto«, 73 e ss e, na conclusão, 97-98 (fazendo depender a autonomia da figura da inexistência cumulativa de ligação causal culposa); BELLINI, Condizioni Obiettive di Punibilità, 14; RAMACCI, Condizioni, 191-194, a propósito do escândalo público em condutas obscenas; BETTIOL/ MANTOVANI, Diritto Penale, 255; FIANDACA-MUSCO, Diritto penale, PG (3.ª ed.), 728. Para o enquadramento desta orientação na história das condições objectivas de punibilidade, supra § 24, II.

[111] Sobre a importância desta relação com o acontecimento fáctico, para a compreensão material das condições objectivas de punibilidade, SCHMIDHÄUSER, ZStW 71 (1959), 558-559. No mínimo, pode dizer-se com DONINI, L'Indice penale 3 (2001), 1041, nt. 12, que as condições objectivas de punibilidade pressupõem necessariamente um ilícito. Contudo, como adiante se verá, o tipo de garantia exige igualmente a conexão entre os dois elementos.

duvidoso. Se as condições objectivas de punibilidade não fazem parte do facto (ilícito) não podem estar numa verdadeira relação de causalidade com o comportamento do agente, pois a causalidade é um critério normativo através do qual se delimita o âmbito do facto ilícito. Facto esse que integra não apenas a conduta, mas esta e uma parte das suas consequências empíricas normativamente delimitadas, que são, deste modo, unificadas num facto típico, como expressamente afirma o artigo 10.º, n.º 1, do Código Penal. O estabelecimento de um nexo de causalidade será, assim e em regra, um procedimento hermenêutico intra-típico através do qual se delimita o facto ilícito imputável ao autor que não pode, sem justificação plausível, ser estendido a elementos exteriores a essa realidade[112].

A solução oposta aplicada acriticamente poderia gerar uma antinomia insuperável e converter as condições objectivas de punibilidade em elementos do ilícito, equiparadas na prática ao resultado, contrariando a sua natureza e função: se essas figuras se adicionam ao facto ilícito para restringir o campo de intervenção penal não podem passar a ser tratadas como obra do agente, pois quando isso acontece deixam de ser elementos exteriores ao facto e passam a fazer parte integrante do ilícito imputável ao autor[113]. O autor de um ilícito culposo cuja relevância penal esteja dependente da verificação de uma condição objectiva de punibilidade não responde pelo conteúdo desta como um facto seu, ou seja, como um facto próprio que lhe é juridicamente imputado. Em suma, a relação entre o facto ilícito e a condição objectiva de punibilidade não pode ser concebida como parte dum processo de imputação de elementos típicos ao agente.

Em alguns casos a natureza de algumas condições afigura-se mesmo dificilmente compatível com a sua integração causal num ilícito pessoalmente imputável a um autor, porque se prevêem actos autónomos de terceiros ou mesmo decisões de entidades públicas que não podem ser juridicamente concebidas como obra do autor ou parte do seu facto[114]. Pense-se no suicídio da vítima de um auxílio a esse facto, nas operações bancárias de apresentação do cheque a pagamento (e certificação da insuficiência de fundos para o efeito) ou na sentença judicial de reconhecimento da insolvência. Quando, ademais, estamos perante actos de terceiros que não são ilícitos e que, em alguns casos, são mesmo actos lícitos (uma operação bancária ou uma sentença judicial) não podem tais elementos passar a fazer parte de um facto ilícito por incompatibilidade axiológica extrema entre

---

[112] KRAUSE, *Jura* (1989), 454-455. Ilustrativo quanto à rixa, PAEFFGEN, *NK-StGB* (2005), § 231, n.º 21.
[113] DONINI, *Teoria del reato*, 417, em ligação com o que escreve a p. 408 e 412.
[114] FIANDACA-MUSCO, *Diritto penale*, 728.

ambos[115]. Para além disto, a ser ensaiada a relação causal entre o facto ilícito e o elemento condicional em alguns casos isso poderia alterar a natureza jurídica de ambos ao ponto de inutilizar tipicamente cada um deles. Se, por exemplo, o suicídio da vítima ou a morte de um dos participantes na rixa fosse vista como obra do autor do ilícito passaríamos a estar perante uma morte pessoalmente imputável a um autor, ou seja, no quadro de valoração dos homicídios e não apenas do incitamento ao suicídio ou da participação numa rixa.

Finalmente, a sujeição das condições objectivas de punibilidade a uma relação causal com o facto ilícito do agente poderia dar origem a uma assimetria inexplicável entre o âmbito do facto e a incidência do tipo subjectivo. De acordo com as regras legais do dolo e da negligência (artigos 14.º, 15.º e 18.º do Código Penal) a incidência do tipo subjectivo é delimitado pelo âmbito do facto, existindo em regra uma coincidência ou simetria entre o facto objectivo e a culpa subjectiva. O alargamento do facto ilícito aos eventos condicionais através da afirmação de um nexo de causalidade teria uma de duas consequências: ou tais elementos passariam a ficar sujeitos às regras de imputação do tipo subjectivo ou continuariam a ser elementos de natureza objectiva imunes ao tipo subjectivo. No primeiro caso, o alargamento do facto e da incidência do tipo subjectivo acabaria por converter plenamente as condições objectivas de punibilidade em elementos do facto ilícito, como parte do facto e da imputação subjectiva do mesmo, inutilizando a sua singularidade dogmática específica e criando, ademais, as incongruências axiológicas referidas. No segundo caso, deixaria de existir uma simetria entre o âmbito do facto e a imputação subjectiva, o que redundaria na violação dos artigos 14.º, 15.º e 18.º do Código Penal e, dessa forma, numa derrogação do princípio da culpa, pois esta é a forma como a doutrina concebe os casos de responsabilidade penal objectiva: um evento pelo qual o agente responde (como obra sua) no plano da causalidade objectiva, mas não no plano da imputação subjectiva[116]. Nenhuma das consequências descritas é por isso aceitável[117]. Como afirma de

---

[115] Sobre este argumento, VENEZIANI, *Spunti*, 24 Também PAEFFGEN, *NK-StGB*, § 323 a), n.º 71, afasta a natureza causal da relação entre a embriaguez e o *Rauschtat* em função da natureza dos elementos em causa, destacando antes a relação psicodinâmica na sequência do acontecimento.

[116] Incisivo sobre este ponto, D'ASCOLA, *Ridpp* (1993), 660-663, deste modo distinguindo entre os casos de responsabilidade objectiva (ao abrigo do art. 44.º do Código Penal italiano) e os casos de sujeição de um ilícito culposo a uma condição objectiva de punibilidade.

[117] Acabam por ser estas as consequências, por exemplo, da proposta de ROXIN, *Strafrecht AT* (4.ª edição, 2006), § 23, n.º 12, quando (na linha do que havia sido já defendido primeiro por M. E. MAYER e SAUER e, depois, por LAND e BEMMANN) adultera o estatuto da consequência grave na rixa, integrando-a no facto ilícito e sujeitando-a a uma exigência de previsibilidade das consequências (sem acompanhar tal enquadramento da plena sujeição ao tipo subjectivo).

forma exacta SCHMIDHÄUSER, «no âmbito do ilícito tipificado não existe espaço para as condições objectivas de punibilidade»[118].

3. O recurso ao nexo de causalidade para estabelecer uma relação entre o facto e uma condição objectiva de punibilidade não pode, assim, realizar-se com a finalidade que aquele elemento normalmente possui na comprovação da tipicidade do ilícito penal – isto é, como critério de delimitação do facto ilícito e de imputação do resultado à conduta do agente – e, em caso algum, pode significar a conversão de elementos do tipo de punibilidade em eventos imputáveis ao agente.

Essa impossibilidade é corroborada pela teoria das normas. A norma de ilicitude imanente ao facto tem como destinatário primário o potencial agente e orienta-se pela necessidade de tutela preventiva do bem jurídico em causa. Por isso o evento material que agride o bem jurídico é normativamente integrado no facto através da delimitação causal do mesmo e imputado ao agente no âmbito do tipo como obra sua. Diversamente, a norma de sanção é uma norma de decisão criada pelo legislador, tem como destinatário o aplicador do direito e orienta-se pelas finalidades das penas[119]. A norma de sanção deve estar numa relação de congruência com a norma de ilicitude, mas não tem nem o mesmo conteúdo, nem o mesmo destinatário, nem a mesma finalidade desta.

No plano histórico, a afirmação de que entre o facto ilícito e uma condição objectiva de punibilidade prevista na lei não poderia existir uma relação de causalidade teve essencialmente como objectivo excluir a aplicação da teoria da *conditio sine qua non*, pois esta conduzia à negação da responsabilidade em situações de concurso de riscos: a supressão intelectual do comportamento do agente nestes casos não era acompanhada da falta de verificação da condição, o que faria com que se excluísse a sua responsabilidade por falta de realização do tipo objectivo. Solução dificilmente aceitável no campo da rixa, dos crimes falenciais ou mesmo da embriaguez plena, quando se identificava uma conduta perigosa e ilícita do agente surgida com contexto geral de perigo (ou de pluralidade de riscos) ou, mesmo, quando a verificação da condição se continuasse a produzir por outro facto hipotético do autor que não o facto ilícito (num exemplo de CRAMER, se o agente não embriagado praticasse igualmente o facto subsequente)[120].

Sobre estas perspectivas e sua crítica, veja-se *supra* § 24, II, § 31, II (n.º 3 e 4 do texto) e § 38, III (n.º 6 a 8 do texto, sobre a relação deste problema com o princípio da culpa).
[118] SCHMIDHÄUSER, *ZStW 71*(1959), 548.
[119] Sobre esta contraposição, KINDHÄUSER, *Herausforderungen an das Recht*, 82 e ss.
[120] CRAMER, *Vollrauschtatbestand*, 117 e ss. No mesmo sentido, a propósito do reconhecimento judicial da falência, FORNASARI, *Rivista trim. d.p.e.*, 1-2 (2003), 152-153.

As formulações alternativas usadas pela doutrina para estabelecer a relação entre o facto ilícito e a condição objectiva de punibilidade são, não raras vezes, qualificadas como imprecisas[121], vagas e pouco claras[122] ou mesmo algo obscuras[123]. Apesar de a doutrina usar critérios nominalmente distintos para descrever essa ligação, é seguro que se trata apenas de estabelecer uma genérica relação circunstancial entre as duas realidades e não uma relação de sequência causal ou de imputação material. Uma relação entre a condição e o facto e não uma relação interna (ao facto) entre conduta e resultado. A título de ilustração, exige-se para os tipos que incluem uma condição objectiva de punibilidade uma «conexão imediata com o facto»[124], um «nexo externo, factual e cronológico»[125], uma «conexão externa» ou uma «ligação fáctica»[126] ou, então, uma «conexão histórica com os actos típicos»[127], de forma a excluir a relevância da sua conexão com causas fortuitas[128].

4. Os aspectos referidos permitem compreender a origem do problema e os limites da solução mais adequada. O tipo de punibilidade tem autonomia enquanto objecto da teoria do crime (quer no plano da matéria, quer no plano das valorações) mas deve articular-se de forma consistente com o tipo de ilícito e o tipo de culpa. Nesse exacto sentido, faz parte do tipo de garantia e, como tal, tem de manter uma relação congruente com o ilícito culposo do agente. Essa relação exige que a conexão das condições objectivas de punibilidade com o facto ilícito não seja meramente formal ou circunstancial, mas antes uma relação de congruência material: o tipo de punibilidade tem de estar em conexão com o tipo de ilícito no âmbito do tipo de garantia, o que significa que não pode integrar nem atribuir relevância a acontecimentos absolutamente estranhos ou sem conexão com o facto do agente[129].

[121] OTTO, *Grundkurs Strafrecht, Die einzelnen Delikte*, 290.
[122] VOLK, *Prozeßvoraussetzung*, 33, 48.
[123] FORNASARI, *Rivista trim. d.p.e.*, 1-2 (2003), 152.
[124] SCHMIDHÄUSER, *ZStW* 71 (1959), 558; STRATENWERTH, *ZStW* 71 (1959), 574; JESCHECK/WEIGEND, *Lehrbuch*, 555 (§ 53, I). Depois, por todos, FIGUEIREDO DIAS, *Direito Processual Penal*, 122, e ROXIN, *Strafrecht AT I* (4.ª edição, 2006), § 23, n.º 50-52.
[125] FORNASARI, *Rivista trim. d.p.e.*, 1-2 (2003), 152.
[126] TIEDMANN, *LK-StGB, vor* § 283, n.º 92; LACKNER/KÜHL (27.ª edição, 2011), *StGB*, § 283, n.º 29; PEDRO CAEIRO, *Crimes falenciais*, 263.
[127] PAULO PINTO DE ALBUQUERQUE, *Código Penal* (2.ª edição, 2010), artigo 227.º, anotação 12.
[128] TIEDMANN, *LK-StGB, vor* § 283, n.º 92; PEDRO CAEIRO, *Crimes falenciais*, 263; PAULO PINTO DE ALBUQUERQUE, *Código Penal* (2.ª edição, 2010), artigo 227.º, anotação 12.
[129] Sobre a necessidade e significado desta conexão, escreve STRATENWERTH, *ZStW* 71 (1959), 574: «A exigência de conexão imediata não pode significar que as condições objectivas de

Podem identificar-se algumas situações em que os elementos aptos a realizar formalmente o tipo de punibilidade não estão em conexão com o tipo de ilícito: apesar de o agente fornecer um meio para o potencial suicida cometer o facto, este executa o suicídio por influência e com meios de terceiro (art. 135.º, n.º 1); durante uma rixa um dos participantes morre em virtude de uma bala perdida disparada pela polícia ou por um terceiro estranho ao conflito (artigo 151.º, n.º 1); a sentença judicial que reconhece a insolvência associa-a a outros factos geradores da situação de crise que não o ilícito praticado pelo arguido (art. 227.º); o agente profundamente embriagado pratica um facto ilícito por provocação de terceiro e não por sua iniciativa (art. 295.º, todos do Código Penal).

Em todos estes casos a condição objectiva de punibilidade ocorre por factores estranhos à realização do tipo de ilícito. Factores que se forem tidos em conta para a atribuição de responsabilidade ao autor inicial implicam a violação da proibição de regresso ou a aplicação do tipo incriminador a situações estranhas à sua esfera de protecção. A função de garantia do tipo e a natureza pessoal da responsabilidade criminal são incompatíveis com soluções desta natureza, quer as mesmas surjam no âmbito do tipo de ilícito, quer se revelem na conexão deste com o tipo de punibilidade, pois em qualquer uma destas hipóteses está em causa a atribuição de responsabilidade criminal ao autor do facto. Só articulado materialmente o conteúdo do tipo de ilícito com o conteúdo do tipo de punibilidade é possível evitar situações ocultas de responsabilidade por causa fortuita ou por facto alheio no âmbito destas incriminações.

Nesta perspectiva, não existe um impedimento absoluto a que o conceito de «conexão imediata» com o facto seja densificado com recurso a critérios e elementos de juízos de imputação (embora, como se verá, se possa duvidar da necessidade e adequação destas soluções), desde que tais operações respeitem a natureza e função das condições objectivas de punibilidade, tornem a aplicação do tipo incriminador mais rigorosa (afastando situações de caso fortuito ou

---

punibilidade possam ser consideradas modalidades ou consequências do facto, mas sim e apenas que – tal como a sentença judicial ou a abertura de concurso de credores nos crimes falenciais – têm de ser vistas como pressupostos sob os quais o facto, por seu turno, através das suas modalidades ou consequências, se manifesta contrário à ordem jurídica. Finalmente, verifica-se mais uma vez a razão pela qual, num quadro de relação com a proibição de retroactividade, se deve ler a natureza jurídico-material das condições objectivas de punibilidade: apesar de estarem em relação com a contrariedade do comportamento à ordem jurídica, não podem no entanto depender de circunstâncias que sejam estranhas ao facto e seus efeitos na ordem jurídica. Em tal caso devem antes ser consideradas pressupostos processuais». A falta de conexão imediata entre a condição e o facto em regra indicia que o caso em apreço pode estar fora da esfera de protecção da norma (para uma análise destes casos, quanto à rixa, PAEFFGEN, *NK-StGB* (2005), § 231, n.º 21).

intervenções de terceiros) e não conduzam à recuperação de modelos causalistas estranhos à articulação entre a norma de ilicitude e a norma de sanção.

É, em grande medida, esta a linha de entendimento subjacente, por exemplo, às propostas de Otto, Kindhäuser e Geisler que recorrem a conteúdos parciais da imputação objectiva para determinar o âmbito de alguns tipos com condições objectivas de punibilidade. Na sua dissertação, Geisler faz depender a natureza da conexão entre o facto ilícito e a condição objectiva de punibilidade da função que esta desempenha no tipo incriminador. Assim, as condições objectivas de punibilidade com uma função de demonstração da perigosidade do facto ilícito (como as que surgem, designadamente, na participação em rixa ou nos crimes falenciais) estariam numa «conexão de perigosidade» com o facto, o que já não aconteceria com as condições objectivas de punibilidade que teriam uma simples função político-criminal de travão da punibilidade[130]. A forma de estabelecer esta conexão de perigosidade adquire formulações materialmente equivalentes nos diversos autores. Ela passaria, ainda na perspectiva de Geisler, por o facto que realiza a condição objectiva de punibilidade ser uma manifestação do risco inerente à conduta proibida[131]; na sugestão de Otto, pela exigência de a condição objectiva de punibilidade realizar o perigo do facto ilícito[132]; ou, segundo Kindhäuser, pela admissão da condição objectiva de punibilidade ser a realização da ilicitude material do facto (no caso, da bancarrota)[133].

A resposta ao problema não depende tanto, ao contrário do que sugere Geisler, da função da condição objectiva de punibilidade no âmbito de um certo tipo incriminador (pois essa é apenas uma qualificação doutrinária) como da natureza do facto típico e da condição potenciarem a intervenção oculta de causas fortuitas ou factos de terceiros que devem ser eliminadas de qualquer nível sistémico de análise do crime. É, por isso, efectivamente necessário que se verifique uma congruência material entre o tipo de ilícito e o tipo de punibilidade que possa garantir o respeito pela proibição de regresso, mas não é evidente que tal articulação passe necessariamente por uma relação material de imputação.

Contrariamente ao que habitualmente se afirma, a conexão imediata entre a condição objectiva de punibilidade e o facto típico não pode ser meramente for-

---

[130] Geisler, *Bedingungen der Strafbarkeit*, 483 e ss e, em síntese, 516-517.
[131] Geisler, *Bedingungen der Strafbarkeit*, 485, 489 e ss e 517. Sobre esta «conexão de perigosidade» – entre o perigo abstracto do facto e a função indiciadora dessa perigosidade da condição objectiva de punibilidade – veja-se, com uma perspectiva crítica a propósito da estrutura dogmática do crime de embriaguez plena, Neumann, *Vorverschulden*, 74 e ss.
[132] Otto, *Grundkurs Strafrecht, Die einzelnen Delikte*, 290, a propósito do crime de falência fraudulenta. Coincidente, quanto à rixa, Geisler, *Bedingungen der Strafbarkeit*, 304 e ss e 361. Crítico, Paeffgen, *NK-StGB* (2005), § 231, n.º 21.
[133] Kindhäuser, *NK-StGB* (2005), *vor* § 283, n.º 102.

mal, pois reporta-se a elementos materiais concretos que integram quer o facto ilícito, quer o tipo de punibilidade. Por isso, a verificação da existência dessa conexão também não pode ser apenas externa, circunstancial ou temporal: tem de se aferir pela concreta relação existente entre o conteúdo dos elementos em causa e não pela mera articulação formal dos pressupostos legais da incriminação. Só assim se poderá estabelecer com rigor a existência ou a ausência de tal conexão.

Para o efeito, deve exigir-se nestes tipos incriminadores uma relação de correspondência entre os diversos factores de perigo na realização do tipo de ilícito e o preenchimento dos elementos do tipo de punibilidade, não numa matriz de causalidade (ou de imputação) mas sim numa relação de correspondência (comparação e confirmação) apta a evidenciar a concreta conexão entre o tipo de ilícito e a realização do tipo de punibilidade. Assim, os elementos que realizam a condição objectiva de punibilidade têm de corresponder a factores de perigo criados pelo autor e não podem ser estranhos ao facto ilícito deste. Adaptando a formulação do princípio da correspondência[134], o resultado a que se chega *ex post* através da norma de decisão contida no tipo de punibilidade deve ser materialmente coincidente com o conteúdo inerente ao tipo de ilícito. Os factores de perigo criados pelo agente no âmbito do facto ilícito têm corresponder, no todo ou em parte, a factores de perigo que se revelam na realização do tipo de punibilidade. Só neste sentido existirá uma «conexão histórica» com o conteúdo do facto ilícito e se respeitará a esfera de protecção da norma. Se tal não acontecer estará indiciada a falta de conexão entre o tipo de ilícito e o tipo de punibilidade.

Uma verificação desta natureza não se traduz em imputar o elemento do tipo de punibilidade ao facto do agente, mas antes num mero juízo (formulado *ex post* no âmbito da norma de sanção) de verificação da correspondência entre o conteúdo do facto e a realização da condição objectiva de punibilidade. A exigência de uma relação de correspondência entre o conteúdo do facto e a verificação da condição objectiva de punibilidade garante a congruência material e político-criminal entre todos os elementos da incriminação. Ela resulta, desde logo, da essencialidade e precedência do tipo de ilícito em relação ao tipo de punibilidade e, por outro, de as funções do tipo de punibilidade no âmbito de cada crime só se poderem prosseguir se o seu conteúdo não for estranho ao facto e, portanto, à esfera de protecção da norma penal em causa. Se tal não acontecer, isto é, se a condição objectiva de punibilidade for realizada com elementos estranhos ao facto ilícito do agente não existe conexão com este e falta, por isso, o tipo de punibilidade relativamente ao facto concreto que preencheu a previsão do tipo de ilícito. Em tal hipótese, o tipo de punibilidade não cumpre a sua função de reforço do princípio da proporcionalidade e não pode prosseguir adequada-

---

[134] TOBIAS RUDOLPH, *Korrespondenzprinzip*, 13-17.

mente as finalidades da pena, pois se os elementos que o realizam são estranhos ao facto do autor verifica-se uma cisão absoluta entre o merecimento e a necessidade de pena: o primeiro funda-se num facto do autor, que não é suficiente para fundamentar a punibilidade; a segunda funda-se num facto estranho ao facto do autor, pelo que teríamos afinal uma necessidade de pena sem merecimento penal e um merecimento penal sem necessidade de pena. Num Direito Penal do facto a necessidade de pena não se pode fundamentar em elementos dessa natureza, estranhos ao autor do ilícito penal em causa e sem conexão com o facto merecedor de pena. A esfera de protecção do tipo penal e o objectivo de prossecução das finalidades da pena estatal exigem, por isso, a comprovação de uma concreta relação de correspondência material entre o tipo de ilícito e a realização do tipo de punibilidade.

Para garantir a congruência entre a realização do tipo de ilícito e do tipo de punibilidade não basta a formulação de um juízo negativo, que apenas operaria quando se comprovasse a ausência de conexão[135]. Um juízo negativo é relevante para evidenciar a falta de realização do tipo de punibilidade, mas a comprovação tem de ser feita através da demonstração positiva da conexão entre as duas realidades, dada a natureza dos elementos e a essencialidade do tipo de punibilidade. As condições objectivas de punibilidade e a respectiva conexão com o facto ilícito no âmbito do tipo de garantia constituem pressupostos positivos da responsabilidade penal e, por isso, têm de merecer referência expressa nos actos processuais que os invoquem com essa função (na acusação, pronúncia, decisão final ou no despacho de aplicação de medidas de coacção) sob pena de se estar a retirar efeitos jurídicos de factos que as decisões não referem de forma completa à luz do tipo de garantia e que, por isso, podem não ter sequer relevância criminal.

Em suma, os tipos incriminadores que contêm condições objectivas de punibilidade exigem que os elementos que as realizam tenham uma conexão imediata com o facto ilícito do autor. Essa conexão não é meramente formal, externa ou temporal, mas também uma relação de correspondência material entre o conteúdo do facto ilícito e os elementos do tipo de punibilidade: os factores de perigo ou o dano criados pelo agente no âmbito do facto ilícito têm corresponder, no todo ou em parte, aos elementos que se revelam no conteúdo do tipo de punibilidade e não podem, em caso algum, ser factores estranhos àquele. Uma exigência desta natureza decorre da função de garantia do tipo legal, do conteúdo e finalidade do tipo de punibilidade e da esfera de protecção do tipo incriminador à luz das finalidades da pena estatal. Uma solução diferente além de ser meramente formal implicaria a possibilidade de uma cisão entre o facto merecedor de pena e o juízo de necessidade de pena, que surgiriam assim de forma desconexa e insuficiente,

---

[135] Sobre este ponto, PEDRO CAEIRO, *Crimes falenciais*, 263 e nt. 624.

cada um por si, para fundamentar a pretensão penal no caso concreto. Na falta de conexão imediata entre o conteúdo do tipo de ilícito e o conteúdo do tipo de punibilidade não existe juridicamente crime e os elementos que o realizam não podem fundamentar a necessidade de pena para o autor do facto.

III. Irrelevância na equiparação da omissão à acção.

1. A desvinculação dos elementos do tipo de punibilidade em relação ao facto tipicamente ilícito é ainda consequente na delimitação do crime omissivo.

A omissão impura no nosso sistema penal é construída com base em três referências essenciais: um resultado, a omissão de uma conduta adequada a evitá-lo e um dever pessoal de o impedir (artigo 10.º, n.º 1 e 2, do Código Penal). Só a conjugação destes três elementos permite equiparar nos crimes materiais a omissão à acção tipicamente descrita e, simultaneamente, justificar a extensão da punibilidade ao facto omissivo por equiparação do seu desvalor pessoal e social ao crime por acção descrito no tipo incriminador[136].

Apesar de exigir diversos elementos a tipicidade da omissão impura estrutura-se por referência ao conceito de resultado que assume uma tripla função: como elemento constitutivo do tipo omissivo, como referente do juízo de adequação a formular e como ponto de apoio na delimitação dos deveres de actuação. O que seja um resultado para este efeito não é um dado pacífico entre a doutrina, que ora o identifica com o efeito sobre o objecto da acção, com a erosão para o bem jurídico tutelado ou mesmo com a realização do acontecimento típico[137]. A questão que se coloca consiste em saber se, para efeito do artigo 10.º, n.º 1 e 2, os elementos materiais do tipo de punibilidade podem ou não ser tidos em conta como resultados que legitimem a equiparação da omissão à acção.

Respondendo directamente à questão: a natureza e autonomia dos elementos da punibilidade relativamente ao facto ilícito impedem que os mesmos sejam usados como pressuposto material do crime omissivo impróprio. O conteúdo de uma condição objectiva de punibilidade (enquanto facto subsequente à conduta do agente) não permite que se equipare a omissão à acção expressamente pre-

---

[136] Sobre a estrutura fáctico-normativa da omissão impura, por todos, FIGUEIREDO DIAS, *Direito Penal PG I* (2.ª edição, 2007), 927 e ss.

[137] Elementos para a compreensão do conceito de resultado na omissão impura encontram-se em ANDRÉ LAMAS LEITE, *As «posições de garantia» na omissão impura*, 2007, 64 e ss, e 313 e ss. Sobre o conceito de resultado ilícito, nas suas diversas acepções, HELENA MONIZ, «Aspectos do resultado no Direito Penal», *Liber Disciputorum para Jorge de Figueiredo Dias*, 2003, 541 e ss, e, depois, *Agravação pelo resultado?*, 2009, 62 e ss, e 453 e ss. Sobre as funções e o papel do resultado na estrutura do ilícito penal, JOÃO CURADO NEVES, *Comportamento lícito alternativo*, 19 e ss, 27 e ss, 46 e ss e 55 e ss.

vista no tipo em função do não impedimento da verificação da condição, pois em tal situação não está em causa o impedimento de um resultado ilícito mas sim um elemento exterior ao facto tipicamente ilícito. O resultado relevante para delimitar o âmbito da omissão impura é elemento constitutivo do facto ilícito típico e, por isso, só pode ser integrado por efeitos materiais típicos sobre o objecto da conduta, lógica e cronologicamente autonomizáveis em relação a esta, que se revelam socialmente danosos para o bem jurídico tutelado (porque o colocam em perigo ou porque o lesam efectivamente) e que se encontram na esfera de domínio do destinatário da norma penal. Não basta para o efeito um qualquer evento material subsequente à conduta, sendo necessária uma relação do mesmo com o âmbito de tutela material do tipo de ilícito (perigo ou lesão do bem jurídico)[138] e com a esfera de domínio do agente que pode responder pelo facto. Na omissão impura o garante domina os factores de neutralização do perigo – o que é uma forma de dominar o perigo para o bem jurídico tutelado – que podem evitar o resultado ilícito. Este está por isso na sua esfera de domínio, é evitável através da sua actuação e pode ser imputado ao garante como parte do facto ilícito pelo qual responde.

O problema é particularmente relevante nas condições de punibilidade intrínsecas que, por terem uma associação axiológica mais evidente ao facto ilícito, facilmente se poderiam confundir com um evento lesivo, mas o regime deve ser o mesmo para todas as modalidades de condições. Não fazendo as condições objectivas de punibilidade (extrínsecas ou intrínsecas) parte do facto ilícito, não podem ser usadas como referente de posições de garante que alarguem a punibilidade ao abrigo do artigo 10.º do Código Penal[139]. A omissão impura não pode ter um âmbito material mais vasto do que o crime por acção a que é equiparada. Por isso, o resultado que pode ser tido em conta para delimitar a omissão impura nunca poderá ser um evento exterior ao facto ilícito previsto no tipo que contempla o crime por acção. O facto típico só poderá nesses casos ter a estrutura que o tipo incriminador lhe conferiu: se este não contemplar expressamente uma omissão (equiparada na descrição típica à acção) ou se não for um crime material que admita que a omissão seja construída por referência ao artigo 10.º do Código Penal em função do evento que contempla (como parte o facto ilícito típico)[140] a omissão não será punível. Assim, não existe no

---

[138] Neste sentido, TERESA QUINTELA E BRITO, *A tentativa nos crimes comissivos por acção*, 147 e ss, (usando para o efeito um conceito material de resultado típico que integra o perigo ou a lesão do bem jurídico); depois, mas com uma concepção potencialmente mais ampla quanto ao âmbito da omissão impura, ANDRÉ LAMAS LEITE, *Omissão impura*, 68, 78, 313-314.
[139] Neste sentido, AUGUSTO SILVA DIAS, *Crimes contra a vida*, 73.
[140] É o que acontece com algumas modalidades de insolvência que, por serem infracções materiais, admitem a punibilidade por omissão impura fundada no artigo 10.º do Código Pe-

nosso sistema legal incitamento ou auxílio ao suicídio por omissão ou participação em rixa por omissão[141].

Esta solução restritiva é congruente com o regime de punição excepcional da omissão e com a função do tipo de punibilidade na teoria do crime. A omissão não tem no Direito Penal uma relevância genérica, sendo a sua equiparação à acção específica, excepcional e reforçada por elementos típicos singulares (*v.g.* deveres pessoais de actuação, juízo de adequação, possibilidade concreta de actuar). Por outro lado, o tipo de punibilidade na estrutura da teoria do crime e no processo de atribuição da responsabilidade criminal pressupõe o tipo de ilícito e o tipo de culpa, podendo confirmar ou restringir mas não alargar o âmbito da responsabilidade que deles resultaria. Assim sendo, nunca o tipo de punibilidade poderia fundamentar autonomamente a criação de um facto ilícito distinto daquele contemplado expressamente no tipo incriminador.

O facto que surge como condição objectiva de punibilidade numa incriminação (*v.g.* as consequências da rixa, o suicídio no incitamento ou auxílio a tal facto ou o ilícito subsequente na embriaguez e intoxicação) não pode constituir o referente da posição de garante de uma omissão impura a equiparar à acção descrita nesse tipo, mas tal não impede que funcione como resultado ilícito para outro tipo incriminador autónomo, incluindo um tipo omissivo impróprio, desde que a tutela desse bem jurídico esteja pessoalmente a cargo de alguém. A natureza de um facto como condição objectiva de punibilidade resulta, portanto, na concreta configuração do tipo incriminador e, por isso, o mesmo facto pode surgir com diferentes conotações normativas em diferentes tipos incriminadores.

2. As condições objectivas de punibilidade podem ser usadas pelo legislador para limitar o alcance de qualquer modalidade de crime (de perigo, de dano, por acção ou por omissão)[142]. Neste caso as condições objectivas de punibilidade podem ser adicionadas quer a tipos que contemplem uma omissão pura, quer a tipos construídos sob a forma de omissão impura.

nal. Nestes casos a estrutura da omissão não se funda na condição objectiva de punibilidade, mas sim no não impedimento do evento lesivo típico (a situação de crise patrimonial ou de insolvência). A condição objectiva de punibilidade nestes casos limita o alcance do crime por acção e por omissão.

[141] Assim, quanto ao incitamento ao suicídio, PAULO PINTO DE ALBUQUERQUE, *Código Penal* (2.ª edição, 2010), artigo 135.º, n.º 12, não sendo por isso legítimo neste caso distinguir a relevância da omissão consoante se trate de incitamento ou de auxílio.

[142] Veja-se, por exemplo, LAGODNY, *Strafrecht*, 233 e ss, e, entre nós, JOSÉ FARIA COSTA, *Responsabilidade objectiva*, 16, nota 14. Sobre estas funções restritivas dos pressupostos autónomos da punibilidade veja-se *supra* Cap. V, §§ 24 e 25, e Cap. VII, § 37, III.

Particularmente debatidas são as situações em que o legislador utiliza como evento condicional numa norma incriminadora um crime cometido por outro agente. É o que se passa, por exemplo, no âmbito da comunicação social em que os quadros superiores com funções de direcção (*v.g.* directores, directores adjuntos, sub-directores ou editores) respondem por não impedir (podendo fazê-lo) a prática de um crime cometido por terceiro através da imprensa[143]. Casos que têm merecido particulares reservas da doutrina italiana, que vão do fundamento da responsabilidade em tais situações até aos receios de manipulação dos elementos do crime (conversão de um resultado ilícito em condição objectiva de punibilidade) com a transformação de crimes materiais em crimes de perigo[144].

A forma como esses tipos incriminadores estão actualmente construídos entre nós (uma vez abandonado o modelo de responsabilidade sucessiva nos crimes de imprensa) exige uma clarificação relativamente ao regime da omissão e ao papel do crime cometido através da imprensa na técnica de atribuição de responsabilidade aos agentes com funções de direcção em órgãos de comunicação social.

A comissão do crime através da imprensa (a divulgação ou publicação de textos ou imagens ofensivas) não fundamenta a omissão criminalmente relevante do titular de cargo de direcção: este não responde pelo crime cometido, nem sequer a título de comparticipação (que, a existir, consumiria o facto omissivo que lhe é pessoalmente imputável) mas sim por facto omissivo próprio (não se opor adequadamente à prática do crime)[145]. Não se trata por isso de uma omissão impura construída com base no artigo 10.º do Código Penal, mas antes duma omissão pura prevista num tipo autónomo, com um desvalor jurídico-penal específico (permitir ou facilitar o uso instrumental da imprensa para a prática dum crime) que não se confunde com o crime cometido através da imprensa.

Assim, o crime cometido através da imprensa não é para o titular do cargo de direcção um resultado ilícito (que integre o facto que lhe é imputável e funcione como referente para a construção jurídica da omissão) mas sim uma condição

---

[143] Veja-se artigos 31.º, n.º 3, da Lei n.º 2/99, de 13 de Janeiro (Lei de imprensa), artigo 71.º, n.º 3, da Lei n.º 27/2007, de 30 de Julho (Lei da Televisão), e artigo 65.º, n.º 2, da Lei n.º 54/2010, de 24 de Dezembro (Lei da Rádio).

[144] VENEZIANI, *Spunti*, 58 a 66, sobre os problemas suscitados pelas técnicas de tutela nos crimes de imprensa e o recurso a condições objectivas de punibilidade.

[145] A autonomia da omissão nestes casos não permite afirmar que os directores (ou outros responsáveis) são autores do crime cometido por quem assume a publicação ou divulgação do facto ofensivo, contrariamente ao que sugerem HELENA LEITÃO e PACHECO FERREIRA, *in Comentário das leis penais extravagantes*, vol. I, 2010, 535. Correcto é dizer-se, como referem no mesmo local, que se trata de «responsabilidades autónomas», pois o autor da publicação ilícita responde por esse facto mas o director responde (não por esse facto) por não se opor à publicação, podendo fazê-lo.

objectiva de punibilidade que limita o alcance da omissão pura (que se traduz em não controlar uma fonte de perigo que está ao seu cuidado) pela qual o titular do cargo de direcção responde pessoalmente.

IV. *Imputação subjectiva e erro sobre a punibilidade*

1. Questão essencial que recorrentemente se suscita quanto aos elementos da punibilidade consiste em saber se os mesmos têm ou não alguma relevância quer para o processo de imputação subjectiva, quer para o problema da formação da culpabilidade do agente. As respostas que se encontram na doutrina actual sobre este problema podem ser agrupadas em duas grandes tendências:

Uma linha de orientação claramente dominante, com origem na teoria das normas de BINDING e na diferença sistemática entre infracção à norma (delito) e elementos da lei penal (crime) imunes à culpa do agente, considera os pressupostos autónomos da punibilidade subtraídos a qualquer modalidade de imputação subjectiva e de erro relevante[146]. A autonomia dogmática das condições objectivas de punibilidade e das causas de exclusão ou anulação da punibilidade em relação ao facto ilícito implicaria necessariamente a sua indiferença ao tipo subjectivo e a irrelevância das representações do agente sobre a verificação ou a ausência desses elementos. A intenção do legislador ao desvincular tais elementos do facto seria a de permitir exactamente um funcionamento objectivo e linear, sem fazer depender a sua aplicabilidade das vicissitudes associadas ao processo cognitivo do agente quanto à sua identificação ou compreensão. Estaríamos, assim, perante elementos de comprovação necessária para decidir da

---

[146] ROXIN, *Strafrecht AT* I (4.ª edição, 2006), § 12, n.º 149; JESCHECK/WEIGEND, *Lehrbuch*, 315-316 (§ 29, V, n.º 7), 553-554 (§ 52, III, 1) 555 (§ 53, I, 1); HIRSCH, *LK-StGB* (1994), *vor* § 32, n.º 228; MAURACH/ZIPF, *Strafrecht AT I*, § 23, n.º 6, e § 38, n.º 7 e 11; BAUMANN/WEBER/MITSCH, *Strafrecht AT*, § 24, n.º 5-6, § 25, n.º 4-5). Para uma perspectiva sobre a doutrina mais antiga, FRANK, *StGB* (17.ª edição, 1926), 141, e BEMMANN, *Bedingungen der Strafbarkeit*, 5-6. A imunidade ao tipo subjectivo implica igualmente a não aplicabilidade do regime de imputação subjectiva das agravações pelo resultado, previstas no artigo 18.º do Código Penal, pois as condições objectivas de punibilidade não agravam a pena do facto base sendo por isso incompatíveis com a letra da lei (assim, PAEFFGEN, *NK-StGB*, § 18, n.º 3). Entre nós, FIGUEIREDO DIAS, *Direito Penal, PG I* (2.ª edição, 2007), 674-675 (Cap. 26, § 11), embora com uma posição distinta quando ao problema do erro sobre a punibilidade (de que adiante se dará conta). Ainda, em diferentes momentos da doutrina nacional, EDUARDO CORREIA, *Direito Criminal I* (1963), 370; CAVALEIRO DE FERREIRA, *Lições PG I* (1992), 332; TERESA BELEZA, *Direito Penal* vol. II, 367; PAULO PINTO DE ALBUQUERQUE, *Código Penal* (2.ª edição, 2010), artigo 16.º, anotação 18. No mesmo sentido, Ac. STJ n.º 6/2008, de 9 de Abril (*DR-I*, 94, de 15 de Maio de 2008, p. 2677).

punibilidade do facto, mas estranhos ao facto e ao processo de imputação do ilícito culposo. O que significaria igualmente a absoluta irrelevância do erro sobre a punibilidade, pois a consciência da ilicitude, enquanto elemento da culpabilidade, incidiria sobre o conhecimento (ou possibilidade de conhecimento) da proibição do facto e não sobre as condições de punibilidade do mesmo. Nesta concepção o conhecimento da proibição seria por si suficiente para motivar o agente a não praticar o facto. A falta de consciência da ilicitude não teria assim aplicabilidade aos casos em que o agente conhecendo a proibição (sabendo, portanto, que o facto era ilícito) estaria em erro sobre as condições em que a mesma seria apta a desencadear a punibilidade do facto[147].

É este também o entendimento que aparentemente estaria subjacente ao regime dos artigos 16.º e 17.º do Código Penal, que nunca se referem a qualquer modalidade de erro sobre a punibilidade do facto ou sobre os seus pressupostos autónomos. Inclusivamente, quando as soluções legais quebram o rigor formal do sistema em nome de considerações materiais sobre a adequação do título de responsabilidade imputada ao agente, como acontece nos casos previstos no artigo 16.º, n.º 2, do Código Penal, os limites do erro são claramente traçados por referência aos pressupostos objectivos das causas de exclusão da ilicitude e da culpa, sem qualquer referência a idênticos elementos das causas de não punibilidade. Se a omissão for considerada sistematicamente significativa, isso poderá indicar que o legislador considerou irrelevante qualquer modalidade de erro sobre a punibilidade ou sobre os seus pressupostos autónomos.

Em suma, de acordo com a concepção dominante os elementos autónomos da punibilidade estariam subtraídos à imputação subjectiva, ao regime do erro e seriam de todo irrelevantes para a formação da consciência da ilicitude do agente, que se deveria aferir apenas pelo conhecimento (ou possibilidade de conhecimento) da norma de proibição.

Esta orientação tem sido questionada nas últimas décadas essencialmente em dois planos: por um lado, admitindo a hipótese de em casos específicos se atribuir relevância ao erro sobre alguns pressupostos da punibilidade; por outro, pondo em causa a concepção da consciência da ilicitude fundada de forma exclu-

---

[147] Por todos, com ampla informação, ROXIN, *Strafrecht AT I* (4.ª edição, 2006), § 12, n.º 149, § 21, n.º 13, JESCHECK/ WEIGEND, *Lehrbuch*, 316 (§ 29, V, n.º 7), 453 (§ 41 I, 3, a), MAURACH/ZIPF, *Strafrecht AT* I, § 38, n.º 11, e ESER/BURKHARDT, *Strafrecht I*, 175 (14/51). Especificamente sobre o tema, negando também relevância ao erro sobre a punibilidade, GARCIA PEREZ, *Punibilidad*, 387-391, para quem a irrelevância do erro decorre da natureza funcional e utilitária da categoria da punibilidade, em si mesma estranha a problemas de motivação do agente. Depois, no mesmo sentido, mas com outro fundamento, ÉRIKA MENDES DE CARVALHO, *Punibilidad y Delito*, 291 e ss, nega qualquer relevância ao erro sobre a punibilidade por incidir sobre elementos estranhos ao crime, que apenas são relevantes para a atribuição da pena (p. 465 e ss).

siva sobre a proibição, admitindo deste modo a hipótese de ser igualmente relevante em alguns casos a falta ou errónea consciência da punibilidade do facto. Cada uma das possibilidades enunciadas assenta em fundamentos dogmáticos e político-criminais distintos. Assim, por exemplo, a densificação dogmática do tipo, com a inclusão no mesmo das condições objectivas de punibilidade, é por vezes acompanhada pelo reconhecimento da relevância do erro do agente, como acontece na concepção de Sax, que configura tais casos como hipóteses especiais de erro (de proibição) sobre os pressupostos do merecimento de pena[148]. Noutro plano, em algumas construções dogmáticas, como as de Wessels, Lenckner ou Cramer, o erro sobre pressupostos objectivos de causas de não punibilidade tem sido considerado relevante quando as mesmas têm subjacentes situações equivalentes ao estado de necessidade desculpante[149].

A falta de consciência da punibilidade tem, por seu turno, surgido no horizonte da dogmática penal por duas vias: associada, por um lado, à afirmação de uma concepção da ilicitude especificamente penal (Figueiredo Dias, José António Veloso, Otto, Mir Puig, Silva Sanchez)[150] ou, pelo menos, à necessidade de revisão do objecto e conteúdo da consciência da ilicitude no sentido de a mesma não se limitar ao conhecimento da simples contrariedade genérica do facto em relação à ordem jurídica (Stratenwerth, Jakobs, Neumann)[151]; e, de forma mais radical, questionando a congruência de um sistema que reconhece à pena estatal finalidades preventivas (quer de prevenção geral, quer de prevenção especial), o que supõe uma relação entre a pena e a capacidade de motivação dos destinatários da norma, mas que ignora tal relação quando se trata de atribuir relevância à errada representação do agente sobre a punibilidade do facto em causa (F.C- Schroeder, Bacigalupo)[152].

Contrariamente ao que supõe a doutrina tradicional, a autonomia do tipo de punibilidade em relação ao tipo de ilícito e ao tipo de culpa não significa que os elementos materiais e as valorações que o integram sejam realidades completamente estranhas ao processo de motivação do agente. Na verdade, só à luz

---

[148] Sax, *JZ* (1976), 429 e ss.
[149] Wessels/Beulke, *Strafrecht AT* (41.ª edição, 2011), § 12, n.º 498-501; Cramer, *in* Schönke/Schröder, *StGB*, § 16, n.º 32-34; Lenckner, *in* Schönke/Schröder, *StGB, vor* § 32, n.º 132.
[150] Figueiredo Dias, *Direito Penal PG I* (2.ª edição, 2007), 551-552 (Cap. 20/§ 37); José António Veloso, *Erro em Direito Penal*, 1993, 21 e ss; Otto, *Strafrecht AT* (7.ª edição, 2004), 220; Mir Puig, *Derecho Penal* PG, 4.ª edição, 560; Silva Sanchez, «Observaciones sobre el conocimiento «eventual» de la antijuridicidad» *in ADPCP* (1987), 648, nota 3.
[151] Stratenwerth/Kühlen, *Strafrecht* AT (6.ª edição, 2012), § 10, n.º 63; Jakobs, *Strafrecht*, 552 (19/23-24); Neumann, *NK-StGB* (2005), § 17, n.º 21-22. Para uma visão de conjunto, Vogel, *LK-StGB* (2007), § 17, n.º 13 e ss.
[152] F.C- Schroeder, *LK-StGB*, § 17, n.º 7; Bacigalupo, *Delito y Punibilidad*, 159 e ss.

de uma concepção puramente retributiva da pena estatal faria sentido desconsiderar em absoluto o problema do erro sobre elementos da punibilidade. No plano da prevenção geral e, particularmente, da prevenção especial é difícil aceitar que a crença errónea do agente sobre as condições fáctico-normativas em que actua seja completamente indiferente no momento de determinação da sua responsabilidade, pois tal situação interfere pelo menos com a capacidade de motivação e com a prossecução das finalidades preventivas das penas. Numa correcta avaliação do problema, a tese da irrelevância destes elementos para a imputação da culpa assenta em pressupostos dogmáticos que em parte são de manter, mas noutra parte carecem de uma revisão crítica. Para o efeito torna-se essencial determinar o objecto, a natureza e os efeitos do erro, confrontando depois estes elementos com o regime legal vigente e com as finalidades preventivas da pena estatal.

2. A indiferença das condições objectivas de punibilidade em relação ao tipo objectivo e tipo subjectivo deve ser mantida, sob pena de se adulterar a estrutura e âmbito do facto ilícito, o significado da imputação subjectiva e a intencionalidade do legislador quanto à natureza da incriminação em que tais elementos surgem. Neste domínio as soluções doutrinárias têm de respeitar a lógica e os limites legais do sistema de análise do crime. No nosso regime de imputação da responsabilidade penal, o dolo e a negligência aferem-se necessariamente pelo âmbito do facto típico e este é igualmente o campo de incidência do erro relevante ao nível do tipo que pode excluir o dolo[153]. O erro de tipo (artigo 16.º, n.º 1, do Código Penal) assenta numa deficiência meramente cognitiva do agente relativamente ao facto concreto e por isso a sua relevância não depende de critérios de exigibilidade, mas da sua verificação efectiva. A motivação do agente e o respectivo processo, por seu turno, não relevam para a formação do dolo do facto típico, mas para o processo de atribuição da culpabilidade. Assim, a falta ou a deficiente de capacidade de motivação do agente pode impedir, num segundo nível de imputação, a atribuição do facto à sua culpa ou, noutra terminologia, pode impedir quer a formação da culpa, quer a formulação do juízo de censura pelo facto praticado designadamente por erro (artigo 17.º do Código Penal).

Um enquadramento desta natureza determinaria por si só a imunidade das condições objectivas de punibilidade ao regime do erro: a sua autonomia em relação ao facto significaria que estaríamos perante um elemento estranho ao erro de tipo (pois o objecto do dolo é o facto típico) e a autonomia em relação ao ilí-

---

[153] FIGUEIREDO DIAS, *Direito Penal, PG* (2.ª edição, 2007), 351, invoca a este propósito um princípio da congruência entre o tipo objectivo e o tipo subjectivo.

cito significaria a sua indiferença para a formação da consciência da ilicitude, já que esta se funda em regra no conhecimento da proibição legal e as condições objectivas de punibilidade estariam fora do seu âmbito.

Cada uma destas conclusões tem sido posta em causa por diferentes entendimentos doutrinários. Desde logo, pelas propostas que – de BRICOLA a ANGIONI[154] ou de LAND a BEMMANN e deste a ROXIN[155] – procuram sujeitar algumas condições objectivas de punibilidade a regras de imputação subjectiva, designadamente a uma «conexão mínima» traduzida na consciência ou na previsibilidade subjectiva da verificação do elemento condicionante. A sujeição de condições objectivas de punibilidade a crivos mínimos de imputação subjectiva implica em coerência atribuir relevância à ignorância ou errada representação do agente sobre tal facto, embora os autores nem sempre o assumam expressamente. De forma mais explícita, foi já sustentado por MAPELLI CAFFARENA que o erro sobre as condições objectivas de punibilidade pode ser tratado como um erro de tipo. Para o efeito, será necessário distinguir entre as condições objectivas de punibilidade extrínsecas e intrínsecas: enquanto as primeiras são exteriores ao ilícito e, por isso, revelam-se completamente estranhas ao regime do erro, as condições intrínsecas – ao expressarem a danosidade material do facto – relacionam-se com o ilícito, integram o tipo e, para respeitarem o princípio da culpa, exigem pelo menos que o agente represente o risco da sua verificação. Por isso, «esta conexão mínima – consciência do risco – permitiria aplicar as regras do erro de tipo invencível»[156].

A sujeição das condições objectivas de punibilidade (no todo ou em parte) a regras de imputação subjectiva e consequentemente ao regime do erro do tipo é inaceitável e em caso algum é exigida pelo princípio da culpa. A indiferença (quantitativa e qualitativa) das condições objectivas de punibilidade e dos elementos que as integram evidencia a sua autonomia em relação ao ilícito e, como tal, a todo o processo de imputação (subjectiva) delimitado pelo facto. Essa indiferença material e axiológica é incompatível com a integração de tais elementos no tipo de ilícito e com a sua sujeição à imputação subjectiva: num sistema penal que funda a sua legitimidade na tutela de bens jurídicos, a pluralidade e a diversidade de bens jurídicos em perigo ou efectivamente lesados nunca pode ser indiferente para o âmbito do facto ilícito e para o processo de imputação jurídico-penal. Tal só pode acontecer fora do tipo de ilícito e com uma função objectivamente

---

[154] BRICOLA, *Novissimo Digesto* XIV (1967), 607 e nota 3; mais radical ainda, advogando a total sujeição ao princípio da culpabilidade, ANGIONI, *Ridpp* (1989), 1476, 1499-1500.
[155] LAND, *Strafbarkeitsbedingungen* (1927), 23, 26, 74, 79; BEMMANN, *Bedingungen der Strafbarkeit* (1957), 42-45; ROXIN, *Strafrecht AT I* (4.ª edição, 2006), § 23, n.º 11-12. Agora, também FREUND, *MK-StGB* (2003), *vor* § 13, n.º 354, para as condições objectivas de punibilidade que sejam indiciadoras da perigosidade do facto (*v.g.* na rixa e na embriaguez plena).
[156] MAPELLI CAFARENA, *Condiciones objetivas de punibilidad*, 132.

utilitária e restritiva, ou seja, no tipo de punibilidade (como acontece designadamente nos crimes previstos nos artigos 135.º, 151.º, 227.º ou 295.º do Código Penal). Mas em tal caso os elementos que o integram são estranhos à norma de conduta inerente ao facto ilícito e, como tal, estão fora do âmbito da imputação à vontade do agente. Significa isto que pretender sujeitar as condições objectivas de punibilidade a um regime de imputação subjectiva implica substituir a norma de valoração criada pelo legislador por uma norma de conduta criada pelo intérprete. Este procedimento é ilegítimo no plano hermenêutico pois adultera a estrutura normativa essencial do tipo legal.

A sujeição das condições objectivas de punibilidade a crivos de imputação subjectiva implica ainda uma adulteração das regras legais que a delimitam e a criação de títulos de imputação atípicos. O dolo e a negligência não podem ter como objecto elementos exteriores ao facto ilícito, sob pena de se subverter o seu conteúdo legal (artigos 14.º e 15.º do Código Penal) e de se converterem em elementos subjectivos autónomos que incidem sobre resultados não compreendidos no tipo. Quando o legislador pretende quebrar a simetria entre o facto ilícito e a incidência do tipo subjectivo deve criar elementos subjectivos especiais, paralelos ao tipo subjectivo fundamental, que a ele acrescem mas com o qual não se confundem. Não o fazendo, não pode o intérprete adulterar a estrutura do tipo e a congruência entre a componente objectiva e subjectiva do ilícito, criando uma matriz de imputação subjectiva (a consciência do risco)[157] que não se reconduz nem ao dolo, nem à negligência, nem à estrutura legal da preterintencionalidade. O regime do erro de tipo (artigo 16.º, n.º 1, do Código Penal), por seu turno, tem o mesmo objecto que o dolo (artigo 14.º do Código Penal) reportando-se ao facto descrito no tipo. E essa correspondência pode ser criticada mas não pode ser quebrada por construções doutrinárias. Não há em regra erro de tipo relevante onde não existe imputação subjectiva. Só uma solução excepcional como a do n.º 2 do artigo 16.º do Código Penal o pode fazer, com fundamento numa equiparação material de situações adequada aos objectivos político-criminais do sistema. O que vale por dizer, em suma, que as condições objectivas de punibilidade, enquanto elementos materiais exteriores ao facto ilícito, mas em conexão imediata com o mesmo, não são objecto nem do dolo, nem da negligência e, como tal, são irrelevantes para a delimitação do erro de tipo.

Uma avaliação diferente deve fazer-se quanto à relação entre tais elementos e o processo de motivação do agente. Vai neste sentido, embora com uma fundamentação específica, a proposta desenvolvida por SAX sobre a integração sistemática e o regime do erro sobre elementos da punibilidade. Para SAX as

---

[157] Para uma crítica à consciência do risco enquanto matriz exclusiva da imputação dolosa, MARIA FERNANDA PALMA, *Direito Penal PG, II* (fascículos, 2001), 103 e ss.

condições objectivas de punibilidade fazem parte do tipo de ilícito que, na sua concepção, integra não apenas o facto previsto no «tipo legal» mas também os «pressupostos objectivos do merecimento penal», nos quais se incluem as condições objectivas e subjectivas de punibilidade. As condições objectivas de punibilidade contemplam elementos que contribuem para fundamentar o ilícito e por isso pertencem à tipicidade. A sua falta corresponde, reflexamente, à «ausência de um dano merecedor de pena no fim de protecção da norma». Nesta construção a tipicidade tem dois escalões diferenciados: o «tipo legal», que contempla a descrição do comportamento e é objecto da culpabilidade do agente, e o «tipo de ilícito» que vai para além da descrição daquele e reúne as condições sob as quais uma lesão de um bem jurídico é merecedora de pena. O tipo não é apenas o tipo de ilícito ou ilicitude tipificada, mas antes «o tipo de agressão ao bem jurídico merecedora de pena»[158].

A integração de todos estes elementos na tipicidade não significa contudo que o seu regime seja exactamente o mesmo. Para SAX as condições objectivas de punibilidade continuam a estar subtraídas à imputação subjectiva (por razões de eficácia na aplicação da lei penal) e não lhes é aplicável o regime do erro de tipo, mas sim o do erro de proibição[159]. O erro sobre uma condição objectiva de punibilidade traduz-se, em sua opinião, num «erro sobre o dano merecedor de pena no fim de protecção da norma», e assume a natureza de um erro especial sobre a proibição. Na realidade, apesar de se tratar de um erro sobre a proibição do § 17 do *StGB*, segundo SAX o seu regime deve seguir por generalização o modelo (estruturalmente semelhante mas, em sua opinião, mais adequado a este tipo de situações) do § 113, IV, do *StGB* (que prevê a errada suposição da falta de legitimidade jurídica da ordem no crime de resistência a funcionário). Para o efeito não é relevante qualquer modalidade de erro, pois o regime citado contempla apenas a errada representação (erro) do agente, mas não a ausência de representação (ignorância). Só esta convicção efectiva (embora errónea) do agente sobre a falta de legitimidade jurídica da ordem do funcionário pode permitir a eventual desculpa numa situação em que o facto previsto no tipo legal foi cometido de forma consciente. Por isso não bastará a simples ignorância, pois o agente assumiu o risco de estar a praticar um facto lesivo do bem jurídico[160]. Assim, o facto não será punível se a errada representação do agente sobre a não

---

[158] SAX, *JZ* (1976), 9, 12, 14-16. Sobre a construção de Sax, veja-se ainda *supra* Capítulo VI, § 31, II.
[159] SAX, *JZ* (1976), 429 e ss. Concordante, depois, NEUMANN, *NK-StGB*(2005), § 17, n.º 50, quanto ao erro sobre condições objectivas de punibilidade que participem do merecimento penal do facto.
[160] SAX, *JZ* (1976), 430 e ss.

punibilidade do facto se verificou e o agente não a podia evitar. Diversamente, se o agente podia evitar o erro haverá lugar a uma atenuação facultativa da pena ou inclusivamente, se a culpa for diminuta, a uma renúncia à aplicação da sanção.

A proposta de Sax, embora não seja aceitável na sua totalidade (designadamente) pela heterogénea densificação do tipo de ilícito que implica[161], evidencia a importância das condições objectivas de punibilidade para a delimitação da intervenção penal e a necessidade de não se desconsiderar a errada representação do agente sobre tais elementos. É na verdade essencial separar claramente o comportamento proibido e as suas circunstâncias (que integram o que designa por «tipo legal») dos elementos exteriores ao mesmo que delimitam o campo da lesão merecedora de pena e, portanto, a esfera da intervenção penal. Os primeiros são objecto da imputação subjectiva, enquanto os segundos – ao contrário do que sugere a doutrina maioritária – são objecto de um regime específico: fundamentam positivamente a pena e podem na perspectiva de Sax ser objecto de um «erro positivo» (errónea representação sobre as condições do merecimento penal da agressão ao bem jurídico) que deve ser sujeito ao regime da evitabilidade[162]. Esta cisão é fundamental: o erro sobre as condições objectivas de punibilidade não pode ser tratado como um erro de tipo, mas pode influenciar de forma significativa a motivação do agente para o facto. O seu tratamento só pode, por isso, corresponder a critérios de evitabilidade do erro que se utilizam fora

[161] Para uma crítica à concepção de tipicidade de Sax veja-se *supra* Capítulo VI, § 31, II. A sobreposição que propõe de um tipo de ilícito mais amplo (que integra os pressupostos de merecimento penal para além da conduta) ao tipo legal, com a sujeição dos elementos deste ao tipo subjectivo o mesmo não acontecendo com parte do tipo de ilícito, acaba por confirmar, por outra via, a necessidade de articular estruturas diferentes de compreensão e aplicação dos tipos penais. Estruturas essas que, na tese aqui defendida, correspondem ao tipo de ilícito e ao tipo de punibilidade (que de forma aproximada, embora não coincidente, correspondem respectivamente ao tipo legal e aos pressupostos do merecimento penal de Sax). Os vários escalões de tipicidade que Sax utiliza devem por isso ser separados e não reunidos no tipo de ilícito, pois se integram elementos diferentes e se seguem regimes distintos não devem pertencer à mesma categoria dogmática de análise da responsabilidade criminal.

[162] Embora o exemplo escolhido por Sax para a matriz do erro relevante sobre condições objectivas de punibilidade não seja o mais adequado: é profundamente duvidoso que a «legitimidade da ordem do funcionário» seja uma condição objectiva de punibilidade, pois a sua relação com a ordem e com o facto do agente permitem dizer que estamos perante um pressuposto essencial da ilicitude do facto (resistência ilícita) e não perante um elemento estranho a este. Nesta perspectiva, o regime do § 113, IV funcionará antes como uma excepção (desfavorável ao arguido) em relação ao regime do erro de tipo. Sobre as divergências na doutrina alemã quanto à classificação sistemática deste elemento e ao respectivo regime do erro veja-se, por todos, Paeffgen, *NK-StGB*, § 113, n.º 63-70 e 75-80.

do âmbito do facto ilícito: quem supõe que um comportamento não é punível por ter uma convicção errónea sobre uma condição objectiva de punibilidade está em erro sobre as condições de legitimidade do exercício do poder punitivo estatal e, como tal, sobre o significado jurídico-penal do seu comportamento. Este erro não pode excluir o dolo porque incide sobre uma realidade exterior ao facto e à norma de conduta inerente ao tipo de ilícito. Tão pouco é um simples erro sobre a ilicitude, caso se entenda – como é habitual na perspectiva da doutrina maioritária – que este não existe (e, portanto, não pode sequer ser ponderado) quando o agente conhece uma proibição legal de comportamento. Assim, a única configuração dogmaticamente possível e adequada à realidade consiste em reconhecer que estamos perante uma consciência errónea da punibilidade do facto: o agente pratica um ilícito culposo mas supõe (erradamente) que o mesmo não é punível.

Pode ter alguma razão Sax quando sugere que não bastará a mera ignorância do agente para criar o substrato relevante do erro. Contudo, a ignorância e a representação errónea estão implicitamente equiparadas no sistema penal português e não existe uma base legal expressa (semelhante ao § 113, IV do *StGB*) que permita de forma segura limitar o erro sobre condições objectivas de punibilidade à errada convicção do agente. Assim, a relevância da distinção (entre a simples ignorância e a convicção errónea sobre a punibilidade do facto) apenas poderá incidir sobre a consistência da situação material de erro e respectiva prova dos seus efeitos sobre o processo de motivação do agente. Verificando-se uma situação em que o agente tem consciência da proibição legal, uma convicção errónea sobre a não punibilidade do facto pode revelar elementos mais seguros para se estabelecer claramente a cisão entre consciência da ilicitude e o erro sobre a punibilidade, de forma a questionar de forma plausível a evitabilidade do mesmo. Aquele que é movido por uma convicção errónea sobre a punibilidade do facto pode ter menos condições concretas para evitar o erro e actuar de outra forma. Assim, seja a ignorância seja a errada convicção do agente sobre a punibilidade do facto não são irrelevantes (como adiante se verá com mais pormenor) ao contrário do que a doutrina dominante normalmente afirma.

3. O mesmo problema deve agora ser colocado relativamente ao erro sobre os pressupostos de causas de exclusão ou de anulação da pena.

a) Uma resposta imediata ditaria a solução já referida para as condições objectivas de punibilidade: tratando-se de situações de erro sobre um objecto estranho ao tipo de ilícito e ao tipo de culpa, a errada representação do agente não deveria ter qualquer relevância ao nível da imputação dolosa. Assim, a suposição errónea do agente sobre a verificação dos pressupostos de não punibilidade do facto não teria qualquer relevância se os mesmos efectivamente não se verificassem e se, inversamente, tal acontecesse as causas de não punibilidade produziriam os seus efeitos mesmo que o agente ignorasse a sua realização. As causas de exclusão e anulação da punibilidade teriam um funcionamento estritamente objectivo, imune às vicissitudes da representação do agente sobre os seus pressupostos[163].

Uma solução deste teor é coerente com a natureza das normas que em regra surgem no tipo de punibilidade: enquanto normas de valoração são dirigidas ao aplicador do direito e, por isso, funcionam em relação ao agente da infracção de uma forma estritamente objectiva. A solução não pode, contudo, ser tão linear, quer pela existência de doutrina de sentido oposto que introduz diferenciações que carecem de ser ponderadas, quer pelo facto de a lei portuguesa atribuir relevância não só ao erro de tipo, como também a situações diversas exteriores ao tipo que lhe são equiparadas (artigo 16.º, n.º 2, do Código Penal). Por isso, a bondade deste ponto de partida deve ser questionada à luz da doutrina que tem sugerido a necessidade de uma diferenciação entre as diversas causas de não punibilidade para efeito do regime do erro.

b) Na doutrina italiana, alemã e espanhola têm surgido diversas linhas de análise que, apelando a fundamentos distintos, têm como objecto situações de erro sobre as causas de não punibilidade.

Na doutrina italiana, onde predomina igualmente a tese da irrelevância do erro sobre a verificação de elementos das causas de não punibilidade[164], VASSALLI e FIORI admitem a possibilidade de ponderar o erro sobre causas de exclusão da pena, negando-o nas causas de anulação da punibilidade. As primeiras, segundo VASSALI, sendo concomitantes ao facto determinam uma não punibilidade originária do mesmo, enquanto as segundas, por surgirem depois do facto, correspondem a casos de não punibilidade subsequente (de um crime já cometido) e, como tal, seriam estranhas ao regime da imputação. A solução apontada funda-se na generalidade da lei italiana e num argumento cronológico: por um lado, o regime legal do erro (art. 59, ult. com. do *Codice penale*) refere-se genericamente às circunstâncias que excluam a pena sem o limitar às causas de justificação (*«se l'agente retiene per errore che esistano circostanze di esclusione della pena, questo sono sempre valutate a favore di lui»*, ressalvando depois a responsabilidade a título de

---

[163] Assim, ROXIN, *Strafrecht AT I* (4.ª edição, 2006), § 12, n.º 149, § 23, n.º 30; JESCHECK/WEIGEND, *Lehrbuch AT*, 315-316 (§ 29, V, 7); MAURACH /ZIPF, *Strafrecht AT 1*, § 38, n.º 7.
[164] ROMANO, *Ridpp* (1990), 71; PISAPIA, «Fondamento e limiti delle causa di esclusione della pena», *Ridpp* (1952), 46; ZICCONE, *Cause «sopravvenuta» di non punibilità*, 33-34; PIOLETTI, «Causa di esclusione della punibilità», *Digesto X* (1995), 530; MARINUCCI/DOLCINI, *Manuale* (3.ª edição, 2009), 354.

negligência); e, por outro, as causas de exclusão da pena seriam, tal como as causas de justificação e desculpa, concomitantes ao facto não podendo por isso o seu regime deixar de ser o mesmo[165].

Nenhum dos argumentos é por si decisivo para atribuir relevância ao erro sobre causas de exclusão da pena. A letra da lei é demasiado genérica e equívoca, sendo por isso duvidoso que possa contemplar figuras tão distintas (causas de exclusão da ilicitude, da culpa e da punibilidade) sujeitando-as ao mesmo regime. Por isso mesmo o texto legal não dispensa uma concretização doutrinária que lhe atribua coerência dogmática e esta tende a limitar o seu campo de relevância ao erro sobre pressupostos das causas de justificação e, eventualmente, das causas de desculpa[166]. A coincidência temporal das causas de exclusão da pena com o momento da prática do facto por si só também não justifica que o erro deva ter o mesmo tratamento que é concedido à defesa putativa, pois ficaria sempre por demonstrar a razão material de tal equiparação que, ao não ser explicitada, suscita sérias dúvidas sobre a sua legitimidade material. A razão avançada por FIORI para atribuir relevância ao erro parece aliás mais adequada ao regime do erro de proibição, pois apela ao seu efeito sobre a motivação do agente[167].

O privilégio do erro sobre causas de justificação é aceitável porque a suposição de actuar licitamente condiciona de forma essencial a decisão de o agente praticar o facto e revela inclusivamente um propósito de actuar de acordo com o Direito. Nas causas de desculpa o conflito interior do agente é equivalente quer se verifiquem ou não seus os pressupostos objectivos e, por isso, a desculpa putativa pode fundar uma solução forte de privilegiamento (seja pela via do erro, seja por via da própria desculpa). Mas tal não acontece ao mesmo nível nas situações de não punibilidade putativa, em que o facto doloso, a ilicitude da conduta e (pelo menos em parte) a culpabilidade do agente se mantêm. Ademais, as causas de não punibilidade têm em regra um valor objectivo que, relacionado com a prática de um facto doloso efectivamente ilícito, não pode ser substituído na decisão penal pelo efeito dirimente da errónea convicção do agente sobre os seus pressupostos. Se a não punibilidade radica, por exemplo, numa relação de parentesco entre o agente e a vítima (em crimes contra o património ou no favorecimento pessoal, por exemplo) que o agente supõe existir mas que não se verifica, o inte-

---

[165] VASSALLI, «Causa di non punibilitá», *Enciclopedia VI* (1960), 623-625, filiando-se em boa parte no pensamento de Frosali (cfr. pag. 624, nota 57). Depois, FIORE, *Diritto Penale PG I* (1993), 414, que se limita a invocar a ampla previsão da lei italiana, exemplificando com o furto a um pai putativo ou o falso testemunho para proteger um suposto irmão que afinal não o era. Expressamente contra, ROMANO, *Ridpp* (1990), 71.
[166] Neste sentido, MARINUCCI/DOLCINI, *Manuale* (3.ª edição, 2009) 354. Também, ZICCONE, *Cause «sopravvenuta» di non punibilità*, 22 a 34. Coincidente ainda, ROMANO, *Ridpp* (1990), 71.
[167] FIORE, *Diritto Penale PG I* (1993), 414.

resse que poderia fazer recuar a pretensão punitiva do Estado não está presente (a protecção dos laços familiares entre as pessoas) e não existe um conflito interior equivalente que permita outra conclusão que não seja apenas a de estarmos perante um facto punível. Acrescentar a esta situação uma alteração do título da responsabilidade a imputar ao agente pelo ilícito culposo praticado carece de fundamento aceitável, quer à luz do regime do erro, quer à luz da legitimidade da punição. Tanto mais que o erro nestas propostas funcionará por si só, sem qualquer filtragem em função da sua evitabilidade, e a responsabilidade a título de negligência só existirá se a lei contemplar essa forma de responsabilidade para o facto em causa. Em suma, não existem motivos plausíveis para excluir ao nível do erro de tipo a responsabilidade por facto doloso do agente que actua efectivamente com dolo, praticando um facto ilícito e culposo supondo uma situação inexistente que excluiria a punibilidade.

Mais recentemente, ANGIONI veio sugerir uma outra versão da solução diferenciadora quanto ao erro sobre causas de exclusão da punibilidade[168]. Na sua perspectiva, será necessário sujeitar as condições objectivas de punibilidade ao título mínimo de imputação subjectiva (negligência) como forma de as compatibilizar com o princípio da culpa. Sendo as causas de exclusão da pena o reverso das condições objectivas de punibilidade deveria quanto a elas ser adoptada *mutatis mutandis* uma solução equivalente, que se traduziria em atribuir relevância ao erro não culposo (inevitável) sobre pressupostos de facto de causas de não punibilidade. Uma solução, no fundo, intermédia entre a irrelevância absoluta do erro nestes casos (solução maioritária) e a sua eficácia dirimente total com exclusão da imputação de um crime doloso (solução minoritária). Assim, a evitabilidade do erro faria subsistir a culpa negligente e, portanto, a punibilidade do facto, enquanto a inevitabilidade do erro teria um efeito dirimente sobre a responsabilidade dolosa do agente.

A proposta de ANGIONI, sendo razoável quanto a alguns dos resultados a que chega, não pode ser aceite nos seus fundamentos sem uma completa subversão dos pressupostos autónomos da punibilidade. Ela implica, em primeiro lugar, uma adulteração dos tipos legais em que surgem condições objectivas de punibilidade, ao converter elementos objectivos exteriores ao facto ilícito em estruturas de imputação da culpa negligente, criando por via doutrinária casos de preterintencionalidade contra a opção do legislador; mas conduz ainda, em segundo lugar, à construção de um regime sem qualquer base legal para as cau-

---

[168] ANGIONI, *Ridpp* (1989), 1532-1533. Em Espanha, uma posição semelhante foi depois assumida por MAPELLI CAFARENA, *Condiciones objetivas de punibilidad*, 132, considerando que a aplicabilidade do regime do erro é uma decorrência da necessidade de se exigir a consciência do risco nas condições intrínsecas, como forma de respeitar o princípio da culpa.

sas de não punibilidade e para o erro sobre os seus pressupostos, equiparando para efeitos de não punição a verificação da causa da não punibilidade e o erro não evitável sobre sua existência.

Não é desde logo evidente que se possa atribuir relevância ao erro sobre pressupostos das causas de não punibilidade ao nível da imputação subjectiva quando o legislador optou por configurar tais cláusulas de forma objectiva e as desvinculou do ilícito culposo. Tão pouco se revela coerente sujeitar elementos da punibilidade a regras de tipo subjectivo (directa ou reflexamente) e adoptar depois um regime de erro que não é o do erro de tipo: ou os elementos em causa são imunes ao tipo subjectivo e o erro de tipo é inaplicável ou, diversamente, são sujeitos a regras de imputação subjectiva, mas então não se percebe por que razão o seu regime não é o do erro de tipo, mas uma solução equivalente à do erro de proibição (com a filtragem da relevância do erro através do critério da sua evitabilidade). A eventual necessidade de ser ponderado o erro do agente exige portanto outra fundamentação que não pode passar pela sujeição *contra legem* dos pressupostos autónomos de punibilidade aos crivos do tipo subjectivo.

Na doutrina alemã encontram-se pelo menos duas linhas de orientação distintas para atribuir relevância a estes casos de erro: a que resulta, na tese de Günther, da integração sistemática das «causas próprias de exclusão da ilicitude penal», e a que decorre da solução diferenciada, acolhida (entre outros) por Wessels, Lenckner e Cramer, para as cláusulas legais que contemplem soluções equivalentes ao estado de necessidade desculpante.

A conversão proposta por Günther das causas de não punibilidade em «causas próprias de exclusão da ilicitude penal» tem consequências relevantes ao nível do erro[169]. Admite Günther à partida que o erro sobre «causas próprias da exclusão da ilicitude penal» possa incidir sobre pressupostos de facto ou sobre aspectos de direito. No primeiro caso, aceita a equiparação ao erro de tipo, de forma semelhante ao que acontece, com fundamento na teoria limitada da culpa, no erro sobre causas de exclusão da ilicitude (causas impróprias, na sua designação). Em ambos os casos o agente comporta-se de uma forma subjectivamente adequada ao Direito, embora possam existir diferenças quanto à consciência da ilicitude do facto praticado (que nas «causas próprias de exclusão da ilicitude penal» se pode limitar à convicção de que o facto não é penalmente desaprovado apesar de existir consciência da ilicitude). Mas, em sua opinião, a relação entre os pressupostos do tipo legal e o dolo permitem que este seja excluído.

---

[169] Sobre o conceito de ilicitude penal e o sistema de causas de exclusão da ilicitude (próprias e impróprias) no pensamento de Günther veja-se *supra* Capítulo VI, § 31, II, n.º 6 do texto.

No segundo caso, em que o erro incide sobre aspectos de direito, Günther admite a aplicação do regime do erro de proibição[170].

A solução de Günther não se revela convincente, nem nos fundamentos de que parte nem no regime que propõe para estas situações de erro. É desde logo forçada a equiparação entre o regime do erro sobre causas (impróprias) de justificação e «causas próprias de exclusão da ilicitude penal». Nas primeiras o erro é um obstáculo decisivo à formação da consciência da ilicitude, pois o agente tem efectivamente a convicção de actuar conforme ao direito e isso legitima um tratamento material distinto da simples imputação de uma culpa dolosa. Tal não acontece verdadeiramente nos casos de erro sobre pressupostos das «causas próprias de exclusão da ilicitude penal» em que o agente pode ter consciência da ilicitude mas está em erro sobre os pressupostos de «não desaprovação penal da conduta», pois estas cláusulas assentam também nessa estrutura axiológica: não excluem a ilicitude na perspectiva do ordenamento jurídico globalmente considerado, mas sim e apenas a desaprovação penal do facto. Tanto mais que para Günther existe uma diferença assinalável entre as causas (impróprias) de exclusão da ilicitude (que têm como fonte o ordenamento jurídico) e as causas (próprias) de exclusão da ilicitude penal (que são cláusulas especificamente penais): aquelas constituem excepções à norma primária contida no tipo de ilícito, enquanto estas são uma excepção à norma secundária (relativa à imposição da pena)[171]. Mas assim sendo a solução que propõe é ainda mais incompreensível: o erro sobre pressupostos fácticos de uma causa própria de exclusão da ilicitude penal incide sobre pressupostos uma norma de valoração (renúncia à desaprovação penal do facto) que não se dirige à vontade do agente, e não sobre a norma de conduta integrada na proibição penal (ou sobre uma norma permissiva que se lhe sobreponha determinando o comportamento do agente). Por isso mesmo, o caso revela na verdade mais afinidades com o erro de proibição do que com as situações de erro de tipo[172]. Aliás, só com uma argumentação verdadeiramente mais próxima da teoria dos elementos negativos do tipo (apelo ao conceito de elementos do tipo legal) do que da teoria limitada da culpa é que Günther consegue invocar o regime do § 16 do StGB. Em suma, o conteúdo do erro sobre pressupostos fácticos de uma causa de exclusão da ilicitude penal ao incidir sobre uma norma secundária ou de valoração (que regula, na sua terminologia, as condições específicas de desaprovação penal do facto) não pode ser tratado ao nível do erro de tipo, mas apenas e eventualmente ao nível do erro de proibição.

---

[170] Günther, *Strafrechtswidrigkeit*, 386-388 e 388-389, respectivamente.
[171] Günther, *Strafrechtswidrigkeit*, 257-258 (em ligação com o que escreve a p. 154-157).
[172] Hipótese de enquadramento que Günhter rejeita expressamente ao afastar-se de idêntica solução proposta por Sax (cfr. *Strafrechtswidrigkeit*, 388, nt. 8).

Uma linha de orientação diferente procura filiar o regime do erro no conteúdo material das causas de não punibilidade. Na formulação de WESSELS[173], as causas de não punibilidade podem repartir-se por dois grandes grupos: por um lado, aquelas que têm o seu fundamento exclusivo na protecção de interesses político--estatais (como o regime de irresponsabilidade das afirmações parlamentares) ou em finalidades de política criminal (como o privilégio da idade em alguns crimes sexuais) e que, por isso, têm um funcionamento exclusivamente objectivo, sendo irrelevante o erro do agente sobre a verificação dos seus pressupostos; a par destas existem, por outro lado, causas de exclusão da punibilidade que assentam em primeira linha numa motivação equivalente ao estado de necessidade desculpante e que, por isso, implicam também uma diminuição da culpabilidade do agente (como por exemplo a relação de parentesco no favorecimento pessoal). Nestes casos a suposição errónea de uma relação de parentesco que leva à não punibilidade será equivalente à sua efectiva verificação do ponto de vista dos efeitos sobre a motivação do agente, pelo que deverá ser aplicado (analogicamente) o regime do erro sobre pressupostos do estado de necessidade previsto no § 35, II do *StGB* (o agente é punido apenas se o erro for evitável, podendo de qualquer modo beneficiar duma atenuação da pena). Reflexamente, ainda para WESSELS, a verificação objectiva dos pressupostos da não punibilidade (relação de parentesco) ignorada pelo agente deveria conduzir à responsabilidade por crime consumado, por ausência do conflito interior que em parte fundamenta a não punibilidade do facto. Com excepção desta última consequência, manifestamente incompatível com o princípio da legalidade, é no essencial esta também a posição seguida por um amplo sector da doutrina alemã[174].

Em Espanha a solução diferenciada foi precocemente introduzida por BACIGALUPO para quem as causas de não punibilidade com ligação à culpabilidade (diminuída) do agente deveriam em regra ser tratadas com a solução germânica do estado de necessidade putativo (§ 35, II do *StGB*) e os demais casos, residualmente, ao nível do erro sobre punibilidade (seguindo o regime do erro de proibição)[175]. A proposta não tem merecido total adesão da doutrina espanhola

---

[173] WESSELS/BEULKE, *Strafrecht AT I* (41.ª edição, 2011), § 12, n.º 498-501.
[174] CRAMER, *in* SCHÖNKE/SCHRÖDER, *StGB*, § 16, n.º 34; LENCKNER, *in* SCHÖNKE/SCHRÖDER, *StGB, vor* § 32, n.º 132; HIRCH, *LK-StGB, vor* § 32, n.º 228; ESER/BURKHARDt, *Strafrecht I*, 224-225 (19/n.º 22 a 31); BAUMANN/WEBER/MITSCH, *Strafrecht AT*, 526-527 (§ 24, n.º 6), partem de uma concepção objectiva das causas de não punibilidade pontualmente corrigida pela aplicação analógica do regime do estado de necessidade putativo às situações de erro sobre os pressupostos daquela.
[175] BACIGALUPO, «El error sobre las escusas absolutórias», *CPC* 6 (1978), 20-21, e, depois, *Delito y punibilidad*, 105 e ss e 158 e ss. Acolhe parcialmente esta solução, HIGUERA GUIMERA,

que quando aceita (excepcionalmente) a relevância do erro sobre causas de não punibilidade o sujeita à aplicação analógica do regime do erro de proibição[176].

Contra a solução de equiparar alguns casos de erro sobre causas de não punibilidade ao estado de necessidade putativo pode argumentar-se que ela trata de forma igual situações que o legislador configurou intencionalmente de forma distinta. Como refere PATRÍCIA FARALDO CABANA, nas situações de inexigibilidade subjacentes ao estado de necessidade o intérprete tem de aferir concretamente o conflito interior a que o agente está sujeito, tornando consequente o processo anormal de motivação decorrente do mesmo. Diversamente, quando o legislador cria uma cláusula legal de não punibilidade, por a situação em causa poder gerar um conflito interior ao agente, essa solução vale por si (enquanto situação objectiva) e não pode ser relativizada pelo conhecimento ou desconhecimento do agente relativamente à mesma[177]. Dito de outra forma: em princípio o funcionamento das causas de não punibilidade é objectivo, a não ser que da sua concreta configuração legal resulte o contrário. Condicionar a sua aplicação ao conhecimento do agente terá por isso um efeito incriminador reflexo sem base legal (será uma restrição *contra legem* e *in malam partem*) que o apoie e tornar relevante o erro sobre os seus pressupostos constitui um privilégio sem fundamento material que aparentemente o sustente.

Tão pouco a tese do fundamento misto de algumas causas de não punibilidade se revela rigorosa ou permite justificar o privilégio do erro. Na verdade, a aplicação analógica do § 35, II do *StGB* a tais casos é algo forçada e contrária à opção legislativa, pois se não estamos perante uma situação de necessidade que fundamente a desculpa do agente o erro sobre tais situações estará intencionalmente fora do âmbito do regime legal citado e não existirá qualquer lacuna que legitime o recurso à analogia. Em suma, se o legislador não considerou que a

---

Las excusas absolutórias, 159, que, na falta de um regime legal sobre o estado de necessidade putativo (equivalente ao § 35, II, do *StGB* alemão), reconduz os casos ao erro de proibição.

[176] Veja-se, LUZON PENA, *Enciclopedia* IV (1995), 5429. Para MORENO-TORRES HERRERA, *El error sobre la punibilidad*, 99 e ss, trata-se simplesmente de um erro sobre a proibição: «não sobre o se da proibição, nem sobre o quantum, mas sim sobre a existência da ameaça penal inerente à infracção da proibição» (p. 100). Discrepante, mas de forma isolada, MARCELO SANCINETTI, *Teoria del Delito y disvalor de acción*, 1991, 800-802, após ponderar a proposta de Bacigalupo, defende que as causas de exclusão da punibilidade são elementos negativos do tipo objectivo, devendo por isso ser sujeitos ao regime do erro de tipo (p. 801). Para uma visão de conjunto, PATRÍCIA FARALDO CABANA, *Causas de levantamiento de la pena*, 180-191, que defende a irrelevância do erro por se tratar de matéria estranha ao fundamento das causas de anulação da pena (prossecução dos fins das penas) (p. 190-191).

[177] PATRÍCIA FARALDO CABANA, *Causas de levantamiento de la pena*, 190-191, em ligação com o tratamento do tema que faz a p. 180 e ss.

situação de em causa era suficiente para excluir a culpa do agente (ao ponto de criar uma outra figura: uma causa de não punibilidade) não é claro que se possa recorrer ao regime do erro aplicável a situações de necessidade.

c) No Código Penal português o erro sobre pressupostos das causas de desculpa não segue a solução acolhida pelo legislador alemão, no § 35, II do *StGB*, pelo que a solução terá de assentar noutros referentes normativos. Importa por isso ponderar a possibilidade de o erro sobre elementos das causas de não punibilidade poder ser equiparado ao regime previsto no artigo 16.º, n.º 2, do Código Penal, que contempla o regime do erro sobre pressupostos fácticos de causas de justificação e de desculpa.

A natureza intelectual do erro, a situação material em causa e a atitude do agente, a par das finalidades das penas, conduziram a que o erro intelectual sobre pressupostos da justificação ou da desculpa (artigo 16.º, n.º 2, do Código Penal) tivesse um tratamento jurídico-penal equivalente (no plano das consequências jurídicas) ao erro sobre elementos do tipo que exclui a imputação dolosa. A responsabilidade do agente que erra sobre a verificação de pressupostos de causas de justificação e de desculpa – e que, por isso, pensa estar a actuar em conformidade com o direito ou isento de censura do sistema penal – não deve ser em abstracto a mesma que é aplicável a quem actua de forma consciente e intencional contra o direito. Deve antes centrar-se sobre a falta de cuidado devido que gerou o erro e o levou a praticar o facto (artigo 16.º, n.º 3, do Código Penal)[178]. Apesar de o erro sobre pressupostos objectivos das causas de justificação ou de desculpa incidir sobre aspectos exteriores ao facto típico, a natureza intelectual do erro, a justiça material da situação e as finalidades das penas determinaram a sua assimilação ao regime do erro de tipo, conduzindo à exclusão da responsabilidade por facto doloso. Assim, a natureza do erro em que o agente incorre – erro intelectual ou erro de valoração – sobrepõe-se à rigidez do sistema classificatório e constitui a linha decisiva e orientadora do regime legal do erro. No erro intelectual ponderam-se os aspectos cognitivos que condicionam a compreensão intelectual do facto. No erro de valoração adquirem relevância os aspectos motivacionais que

---

[178] Sobre os fundamentos e limites desta solução, FIGUEIREDO DIAS, *Direito Penal PG I* (2.ª edição, 2007), 397-400; ROXIN, *Strafrecht AT I* (4.ª edição, 2006), § 14, n.º 64); RUI PEREIRA, *JH-Cavaleiro de Ferreira*, 26 e ss; MANUEL CORTES ROSA, *LH-Roxin*, 252-255; agora, NUNO BRANDÃO, «O erro sobre pressupostos das causas de justificação: um erro que pode excluir a ilicitude?, *EH-Jorge de Figueiredo Dias,* volume II, 2009, 172 e ss.

interferem com a assimilação axiológica do facto e, reflexamente, com a concreta possibilidade de orientação do comportamento do agente[179].

A equiparação quanto às consequências entre o erro de tipo e o erro sobre os pressupostos de uma causa de justificação é hoje maioritariamente aceite, independentemente do fundamento invocado para o efeito. Existe uma afinidade estrutural entre as duas modalidades de erro quanto à sua natureza (intelectual) e no plano material seria injusto e inadequado à prossecução das finalidades das penas tratar da mesma forma o autor de um facto doloso que visa de forma consciente actuar contra o ordenamento jurídico e o agente que por desatenção supõe e quer actuar de acordo com as regras desse ordenamento. Já a progressão dessa mesma solução para os casos de erro sobre pressupostos de uma causa de exclusão da culpa é feita a partir de um menor grau de afinidade entre as situações em causa, não tendo por isso o mesmo grau de acolhimento na doutrina[180].

Saber se o regime do artigo 16.º, n.º 2, do Código Penal pode ser invocado para resolver os casos de erro sobre pressupostos das causas de exclusão e anulação da pena pode depender, em boa medida, da perspectiva que se tenha sobre a bondade e as condições de aplicação do regime legal. Para quem considere, como MANUEL CORTES ROSA, que a aplicação da solução da exclusão da responsabilidade por dolo ao erro sobre pressupostos de uma causa exclusão da culpa é inaceitável[181] a progressão do regime em relação a outras situações não contempladas expressamente deverá, por maioria de razão, ser contida. E, em coerência, nesse pressuposto não haverá lugar à sua aplicação ao erro sobre pressupostos das causas de não punibilidade. Para quem entenda, como JORGE DE FIGUEIREDO DIAS, que a solução é materialmente correcta, a aplicação do regime aos casos de erro sobre causas de não punibilidade deve depender apenas da existência de uma afinidade estrutural quanto à espécie de erro (intelectual), da relação dos elementos com o facto e de uma adequação material ao caso concreto, em função designadamente dos resultados obtidos. Contudo, mesmo nesta última perspectiva, a progressão no âmbito do regime do artigo 16.º, n.º 2, não é linear, pois a relevância do erro fica dependente de ser ou não exigível ao agente outro comportamento. Se tal acontecer o erro será irrelevante e mantém-se a punição a título doloso. Se, diversamente, não for exigível ao agente outro comportamento, a aplicabilidade do regime do artigo 16.º, n.º 2, dependerá da natureza do erro:

---

[179] Sobre a importância da natureza do erro (erro intelectual – ou de conhecimento – e erro de valoração) para a compreensão, delimitação e aplicação do regime legal, por todos, FIGUEIREDO DIAS, *Direito Penal PG I* (2.ª edição, 2007), 543-549.

[180] A favor da equiparação FIGUEIREDO DIAS, *Direito Penal PG I*, 2.ª edição, 2007, 396-400 e 619-622; contra a extensão do regime de exclusão da imputação dolosa ao erro sobre pressupostos de causas de exclusão da culpa, MANUEL CORTES ROSA, *LH-Roxin*, 252-255.

[181] MANUEL CORTES ROSA, *LH-Roxin*, 253-254.

se o erro for de natureza intelectual exclui-se a responsabilidade a título doloso e pondera-se a punição do agente a título de negligência[182].

Em nenhuma das perspectivas apresentadas a progressão do regime do erro sobre pressupostos de uma causa de justificação para o erro sobre pressupostos das causas de desculpa é directa, sendo sempre filtrada por critérios de exigibilidade: ou porque – numa perspectiva crítica – tal erro não deveria excluir o dolo, mas apenas (eventualmente) a culpa; ou porque tal erro podendo excluir o dolo é ainda um problema de culpa dolosa, devendo primeiro aferir-se a exigibilidade de o agente adoptar outra conduta e depois a censurabilidade do erro.

A possibilidade de aplicar o regime do erro previsto no artigo 16.º, n.º 2, do Código Penal, aos casos de erro sobre pressupostos das causas de não punibilidade só será defensável em função de eventuais afinidades materiais entre os dois grupos de situações e da necessidade político-criminal de lhes estender a solução contemplada na lei. A afinidade entre os vários casos existirá se, por um lado, o erro tiver uma natureza meramente intelectual (excluindo-se, desde logo, deste âmbito o erro de valoração sobre pressupostos autónomos da punibilidade) e se, por outro, revelar alguma proximidade material quanto à vigência das normas, à sua relação com a formação da consciência da ilicitude do agente e com as condições de motivação pela conduta devida.

Analisado o problema neste plano só se pode concluir que são maiores as diferenças do que as afinidades entre as diversas situações em causa. Aliás, a própria singularidade da solução legal dificulta a sua extensão outras modalidades de erro não reguladas. Os casos de erro sobre o tipo e de erro sobre pressupostos das causas de justificação impedem que a norma de conduta inerente ao tipo cumpra a sua função de motivar uma conduta conforme ao direito: ou porque o agente não tem uma exacta percepção da situação fáctico-normativa que é pressuposto da normal relação entre a norma e o seu destinatário (desde logo estaria em causa a pretensão de vigência da norma de conduta numa situação ignorada pelo agente) ou porque a errónea suposição dos pressupostos de uma norma permissiva se sobrepõe à relação entre a norma típica de conduta e o agente. Estes casos têm ainda em comum – como nota RUI PEREIRA – o facto de a errada percepção da situação (erro intelectual) constituir um impedimento decisivo à formação da consciência da ilicitude do agente[183] que, por essa razão, em tais situações tem uma diminuta capacidade de adoptar o comportamento devido correspondente à norma de conduta inerente ao tipo de ilícito. A reduzida capacidade de acatamento da norma de conduta pode legitimar – quer no erro de tipo, quer no erro sobre pressupostos fácticos de causas de justificação

---

[182] FIGUEIREDO DIAS, *Direito Penal PG* (2.ª edição, 2007), 621-622 (Cap. 22, § 31-32).
[183] RUI PEREIRA, *JH-Cavaleiro de Ferreira*, 33-34.

– a não punição a título de culpa dolosa e, simultaneamente, permite explicar a punição a título de culpa negligente, quando esta se verifique no caso concreto.

Diversamente se passam as coisas no erro sobre pressupostos da não punibilidade: nestes casos o agente tem uma exacta consciência da situação fáctica que é pressuposto da vigência da norma típica de conduta e o objecto do erro não interfere de forma decisiva na relação entre a norma (de conduta) e o agente. Verificam-se as condições que tornam exigível que agente adopte a conduta devida. Não existe por isso fundamento material para excluir a imputação da culpa dolosa nos casos de erro sobre pressupostos da não punibilidade quando se comparam estas situações com as de erro sobre pressupostos fácticos da justificação.

Noutro plano, mesmo que se aceite a progressão do erro sobre pressupostos das causas de justificação para os casos de erro sobre pressupostos de uma causa de exclusão da culpa (tal como se encontra acolhido na segunda parte do n.º 2 do artigo 16.º do Código Penal) isso não afasta uma diferença essencial entre os dois casos: no primeiro o agente julga que actua licitamente o que não acontece no segundo caso. O que significa que a norma típica de conduta pode cumprir a sua função nos casos de erro sobre pressupostos de causas de desculpa, embora em condições putativas de não culpabilidade – o que condiciona qualquer juízo de censura jurídico-penal que se pretenda fazer ao agente, pois no plano da culpabilidade os efeitos de uma situação putativa de desculpa sobre o agente são equivalentes a uma situação real. As necessidades de punição ao nível da prevenção geral e da prevenção especial nestes casos são por isso completamente distintas das que se fazem sentir em relação ao agente que revela uma culpa dolosa pela prática de um facto ilícito. Por isso, o problema desta modalidade de erro é essencialmente (desde a sua origem à solução a encontrar) um problema de culpa, sendo no limite aceitável que a imputação feita ao agente seja equiparada não a uma culpa dolosa mas antes a uma culpa negligente, cujo fundamento residirá falta de cuidado devido na compreensão da situação em que actuou.

Assim sendo, a exclusão de responsabilidade por culpa dolosa nas situações de desculpa putativa é em si mesma singular e, por isso, dificilmente pode ser alargada aos casos em que o agente actua de forma consciente contra a norma sem que se verifique uma exigibilidade diminuída pela errónea suposição dos pressupostos de uma causa de desculpa. Também não parece existir uma significativa afinidade material entre o erro sobre pressupostos de uma causa de desculpa e o erro sobre pressupostos de uma causa de não punibilidade que justifique a extensão do regime do artigo 16.º, n.º 2, do Código Penal, a estes casos. Seria aliás dificilmente compreensível que se excluísse a imputação da culpa dolosa ao agente quando este realiza conscientemente o tipo de ilícito e não se verifica uma situação putativa que afecte a sua capacidade de culpa pelo facto doloso.

Nestes casos não se pode negar de forma segura a necessidade de pena ao nível da prevenção geral e especial.

Em suma, também não existe um mínimo de identidade material entre as situações de erro sobre pressupostos de uma causa de desculpa e de erro sobre pressupostos da não punibilidade que legitime a aplicação da solução contida no n.º 2 do artigo 16.º do Código Penal a esta última modalidade de erro. O caminho para se apurar a eventual relevância do erro nestes casos terá por isso de ser outro.

d) Se pretendermos encontrar um denominador comum a todas as situações de erro previstas no artigo 16.º do Código Penal (ou seja, que abranja também o erro sobre pressupostos fácticos de uma causa de desculpa) ele encontra-se não no obstáculo à formação da consciência da ilicitude, mas sim na falta de consciência da punibilidade. Nos casos de erro de tipo e erro sobre pressupostos fácticos de uma causa de justificação o agente não tem consciência da ilicitude e, em coerência, supõe que não será objecto de uma reacção penal do Estado; nos casos de erro sobre pressupostos fácticos de uma causa de desculpa o agente tem consciência da ilicitude do seu acto, mas pensa que actua numa situação que não motivará uma reacção sancionatória do Estado. De forma equivalente se passam as coisas nas situações de erro sobre pressupostos de causas não punibilidade do facto: o erro não afecta a vigência da norma e a sua relação com o agente, não impede a formação da consciência da ilicitude do facto que pratica, mas leva o agente a supor (erroneamente) que em tais casos o Estado não terá uma reacção punitiva. O que significa que tal como o erro sobre pressupostos de uma causa de desculpa o erro sobre pressupostos da não punibilidade do facto pode gerar situações de falta de consciência da punibilidade. Assim sendo, o tratamento destas situações no âmbito do artigo 16.º, n.º 2, do Código Penal não se justifica: ao contrário dos casos de desculpa putativa que afectam a exigibilidade de conduta diversa antes mesmo de o problema se configurar ao nível da consciência da punibilidade, as hipóteses de erro sobre pressupostos das causas de não punibilidade não têm tal efeito sobre as condições de formação da culpabilidade do agente. E, para além disso, contemplam casos axiologicamente muito diferentes das situações nucleares (erro sobre elementos de facto do tipo e de causas de justificação) previstas no artigo 16.º do Código Penal que legitimam a exclusão da imputação da responsabilidade por facto doloso.

Esta compreensão do problema permite a sua reformulação, colocando-o ao nível da possível relevância da consciência da punibilidade: quem supõe erroneamente que se verificam os pressupostos de uma causa de não punibilidade realiza o tipo de ilícito e o tipo de culpa, mas por falta de informação ou compreensão adequadas está pelo menos em erro sobre a punibilidade do facto. Ou seja, o agente erra sobre condições fácticas que permitem a renúncia à pena estatal.

Só um eventual erro inevitável sobre a punibilidade do facto poderá neste caso ter efeitos isentadores de responsabilidade. O que será suficiente para pôr em causa o dogma da irrelevância absoluta deste tipo de erro.

Em suma, um erro desta natureza não exclui a responsabilidade por facto doloso, não sendo em princípio aplicável o regime do artigo 16.º, n.º 2, do Código Penal, mas apenas e só o regime da falta de consciência da punibilidade[184]. Tendo estes casos acolhimento no artigo 17.º do Código Penal, como adiante se verá, a existência de uma solução com base legal expressa deve prevalecer sobre a construção de soluções doutrinárias por analogia.

4. Importa agora questionar a suposta irrelevância da falta de consciência da punibilidade para o processo de atribuição de responsabilidade penal que adquiriu uma posição maioritária na dogmática penal das últimas décadas. Na economia desta dissertação o tema não pode ser debatido em toda a sua extensão, mas justifica-se que se pondere o problema do objecto da consciência da ilicitude e, em especial, a ideia – comum entre a doutrina tendencialmente maioritária – de que a culpabilidade do agente não exige a consciência da punibilidade do facto e que, por isso, um erro sobre a punibilidade é pura e simplesmente irrelevante. A desconsideração da falta de consciência da punibilidade, por tal supostamente se revelar matéria estranha à consciência da ilicitude (geral), assenta em pressupostos e critérios que não se revelam totalmente convincentes e que, em alguns casos, evidenciam debilidades dogmáticas assinaláveis.

A primeira questão a formular consiste em saber se revela alguma adesão à realidade conceber a possibilidade de o agente ter consciência de que o facto é proibido, mas desconhecer que o mesmo é criminalmente punível. Ou seja, se é plausível que na consciência do agente o facto possa ser proibido mas não constitua um crime. À luz das concepções dominantes sobre o objecto da consciência da ilicitude essa cisão entre consciência da ilicitude e falta de consciência da punibilidade é perfeitamente plausível. Perante a pluralidade de formas de intervenção jurídica do Estado, o conhecimento da proibição jurídica ou da ilicitude do facto não são na verdade sinónimos de consciência da punibilidade. É perfeitamente possível o agente supor que o facto em causa constitui um ilícito civil, administrativo, disciplinar, laboral ou de mera ordenação social e ignorar a relevância criminal desse facto.

---

[184] Também Sax, *JZ* (1976), 430, como se viu, sujeita o erro sobre pressupostos das causas de não punibilidade ao regime do erro de proibição do § 17 do *StGB*. Idêntica solução é acolhida em Espanha por Moreno-Torres Herrera, *Error sobre la punibilidad*, 99 e ss e 106-108, para as causas de exclusão da pena (mas não para as causas de anulação da pena, por estas serem posteriores ao facto praticado).

Uma casuística sumária pode ilustrar o alcance prático do problema: *(i)* um advogado realiza operações sobre divisas com o estrangeiro ignorando que o facto constitui um crime e supondo que se trata de uma mera contra-ordenação[185]; *(ii)* o dono de uma oficina utiliza ao fim-de-semana as viaturas dos clientes que tem para reparação, sabendo que está a usar indevidamente os veículos (no mínimo, os proprietários nunca o autorizariam) mas ignorando que tal facto pode ser criminalmente punido como um furto de uso de veículo (artigo 208.º do Código Penal)[186]; *(iii)* um empresário autorizado por alvará municipal a efectuar dragagens de inertes em rios e leitos marinhos exerce a actividade numa zona fora do âmbito da concessão na qual já não está autorizado a operar, sabendo que não o pode fazer e que isso pode dar origem a um processo de contra-ordenação (como lhe aconteceu noutras situações) mas é surpreendido com uma acusação por furto na forma qualificada[187]; *(iv)* um conjunto de pessoas angaria investidores e quantias avultadas para uma empresa estrangeira investir em produtos financeiros no âmbito de mercados internacionais, sabendo que não o podem fazer por falta de autorização para tal, mas ignorando que a captação de fundos e depósitos sem autorização pode também ser criminalmente punível (art. 200.º do RGICSF)[188]; *(v)* um condutor conduz um ciclomotor na via pública habilitado com uma carta de condução que não foi renovada no prazo legalmente exigido julgando que por esse facto pode incorrer numa contra-ordenação, ignorando que pratica um crime (condução sem habilitação legal)[189].

---

[185] Caso descrito e analisado por FIGUEIREDO DIAS, *Direito Penal PG I* (2.ª edição, 2007), 550-551.

[186] Caso descrito, a par de outros equivalentes, em COSTA PINTO, *Furto de uso de veículo*, 43 e ss e 56-57, objecto do Ac. do Tribunal da Relação de Coimbra, de 31.03.1978 (in *BMJ* 278: 307), mas por razões de tipicidade e não pelo problema da eventual falta de consciência da punibilidade que aqui se apresenta.

[187] Caso analisado no Acórdão do Tribunal Judicial de Viana do Castelo, de 5 de Fevereiro de 2010 (processo comum colectivo 1080/02.OTAVCT, texto não publicado, gentilmente facultado pelo Dr. Ricardo Sá Fernandes), p. 15, 37, 46, 47, que reconheceu relevância dirimente a «um erro de valoração no que toca à qualificação da sua conduta» (convicção de que o facto correspondia a uma contra-ordenação comum na actividade exercida pelo agente e ignorância completa quanto à possibilidade de o mesmo poder ser qualificado como crime), considerando que o mesmo afastava a culpa do agente no âmbito do artigo 17.º do Código Penal.

[188] Caso que foi objecto da Sentença do 2.º Juízo Criminal de Lisboa, de 01.02.2010 (texto não publicado), embora no caso concreto a defesa não tenha suscitado o problema da falta de consciência da punibilidade aqui referido.

[189] Caso adaptado a partir do acórdão do Tribunal da Relação de Coimbra, de 5 de Maio de 2010, (relatora: Isabel Valongo, proc. 239/08.0GTSTR.C1), in *www.dgsi.pt*, consultado em 08.06.2010, no qual ficou provado que o arguido não sabia que deveria proceder à troca de licença de condução de velocípede com motor por licença de ciclomotor, para poder conduzir

Em todos os casos descritos o agente tem consciência (mais precisa ou mais difusa) de que existe uma proibição de conduta (social, civil, contratual, disciplinar ou contra-ordenacional) mas ignora a punibilidade do facto ao nível do Direito Criminal ou supõe mesmo, erroneamente, que o mesmo não é crime. Na perspectiva da doutrina maioritária, a consciência da ilicitude do facto (ainda que aferida pelo conhecimento de proibições de outros sectores do ordenamento jurídico) seria suficiente para fundamentar a culpabilidade do agente e a inexistência de erro[190]. Existindo consciência da ilicitude (assim aferida) estaria excluída a existência de um erro sobre a ilicitude e, portanto, nem sequer se deveria aferir a censurabilidade das equívocas representações do agente.

O problema do objecto da consciência da ilicitude é, assim, distinto do problema da relevância do erro, mas o primeiro pode prejudicar o segundo: aceitando-se que a consciência da ilicitude pode radicar no conhecimento de uma (qualquer) proibição jurídica não existirá sequer erro sobre a ilicitude se o agente conhecer essa proibição, mas ignorar que o facto é punível como crime. Diversamente, aceitar que pode existir um erro quando o agente sabe que o facto é proibido mas supõe não ser punível como crime não significa necessariamente excluir a culpa do agente, mas apenas que tal erro pode ser avaliado para aferir a sua culpabilidade.

Uma outra dimensão do problema consiste em saber se a falta de consciência da punibilidade do facto revela algum aspecto materialmente relevante para a decisão sobre a responsabilidade do agente. A resposta só pode ser uma vez mais afirmativa. Apesar de se poder aceitar, com F.-C. SCHROEDER e NEUMANN, que a consciência da ilicitude acompanhada de um erro sobre a punibilidade acabará por se traduzir na generalidade dos casos num problema de erro evitável[191], quem desconhece ou está em erro sobre as consequências jurídicas do seu comporta-

---

em via pública. Ao caso era aplicável o artigo 3.º, n.º 1, do Decreto-Lei n.º 2/98, de 3 de Janeiro, que previa o crime de condução de veículo a motor sem habilitação legal para «quem conduzir veículo a motor na via pública ou equiparada sem para tal estar habilitado nos termos do Código da Estrada». O tribunal absolveu o arguido por considerar que se tratava de um erro não censurável sobre a ilicitude, tendo sido relevantes para o efeito o facto de a nova lei (que obrigava à troca de licenças) não ter sido amplamente divulgada e o facto de o arguido ter estado ausente do país durante um largo período de tempo.

[190] Paradigmático, ROXIN, *Strafrecht AT I* (4.ª edição, 2006), § 21, n.º 13. Ainda, a título ilustrativo, MAURACH/ZIPF, *Strafrecht* AT 1, § 38, n.º 10-11; RUDOLPHI, *SK-StGB*, § 17, n.º 3; JESCHECK/WEIGEND, *Lehrbuch*, 453-454 (§ 41, I, 3 a); CRAMER, in SCHÖNKE/SCHRÖDER, *StGB*, § 17, n.º 5; DREHER/TRÖNDLE, *StGB*, § 17, n.º 3; LACKNER/KÜHL, *StGB* (27.ª edição, 2011), § 17, n.º 2; FISCHER, *StGB* (58.ª edição, 2011), § 17, n.º 3.

[191] F.-C. SCHROEDER, *LK-StGB*, § 17, n.º 7, e NEUMANN, *NK-StGB* (2005), § 17, n.º 84. Do conhecimento da proibição jurídica retira VOGEL, *LK-StGB* (2007), § 17, n.º 19, a possibilidade de o agente aceder ao conhecimento de que a sua acção é um ilícito merecedor de pena.

mento pode não ter na realidade uma plena consciência da ilicitude do facto e, em especial, pode ignorar aspectos essenciais para o processo de motivação e orientação da sua conduta. Mesmo que a aplicação de tal critério seja residual, o sistema penal deve poder contar com ele para avaliar de forma adequada os casos em que, tendo o agente consciência da ilicitude (geral), a mesma é acompanhada de um erro (evitável ou inevitável) sobre a punibilidade do facto[192].

Existem consequências diferentes consoante se considere absolutamente irrelevante o erro sobre a punibilidade ou, diversamente, se pondere a sua relevância: no primeiro caso, o erro sobre a punibilidade é isento de efeitos jurídicos significativos; no segundo caso, mesmo que se conclua que o erro é evitável ou censurável, o agente pode beneficiar de uma atenuação especial facultativa da pena (artigo 17.º, n.º 2, do CP). Assim, atribuir relevância ao problema do erro sobre a punibilidade em vez de o desconsiderar é juridicamente consequente e alarga as possibilidades de adequação da decisão judicial ao caso concreto, independentemente do juízo sobre a evitabilidade de tal erro e dos seus concretos efeitos.

5. A negação da existência de um erro sobre a ilicitude pelo facto de o agente saber que o seu comportamento é de alguma forma proibido não é de todo evidente. É esta, não obstante, a linha de entendimento aparentemente dominante na doutrina sobre a matéria. As formulações e o grau de exigência variam de autor para autor, mas têm em comum o facto de, em regra, considerarem suficiente para se aferir a culpa do agente a consciência da violação de uma norma jurídica, ou seja, de que a conduta é legalmente proibida, sem exigir a consciência de que essa norma tenha natureza penal. Quando se aprofunda a análise do problema torna-se claro que a negação do erro sobre a ilicitude a partir do conhecimento de uma proibição não é tão linear quanto sugere, assentando em várias distinções e características que devem ser tidas em conta.

A proibição em causa não pode ser apenas de natureza moral ou social, carece de ter natureza jurídica[193], pois, como referem NEUMANN e FIGUEIREDO DIAS, a

---

[192] Contra, ROXIN, *Strafrecht AT I* (4.ª edição, 2006), § 21, n.º 3.

[193] Esta é a linha de orientação dominante também entre nós, desde que perdeu terreno a equiparação entre imoralidade (social) e ilegalidade da conduta, aceite na década de 30 por BELEZA DOS SANTOS, *RLJ* 67 (1934), 161-163, e 177. A doutrina posterior passou a identificar o objecto da consciência da ilicitude com normas jurídicas ou com a lei: cfr. EDUARDO CORREIA, *Direito Criminal* (1949), 345 e ss, *Direito Criminal I* (1963), 408 e ss. Em sentido parcialmente distinto, contudo, CAVALEIRO DE FERREIRA, *Lições I* (1992), 338, reporta a consciência da ilicitude relevante para o artigo 17.º do Código Penal ao significado social e moral implícito no facto. Para uma análise actual do problema da dicotomia entre conhecimento da lei e formação da consciência da ilicitude, FIGUEIREDO DIAS, *Direito Penal PG I* (2.ª edição 2007), 553 e ss (Cap. 20, § 39 e ss).

separação entre Moral e o Direito e o pluralismo moral das sociedades modernas não permitem que as normas morais sejam fonte da consciência da ilicitude[194], podendo apenas a consciência da norma moral ser um elemento a ter em conta na evitabilidade do erro[195]. Algo de semelhante acontece com a percepção da danosidade social da conduta que, por falta de congruência com os critérios da intervenção penal, não permite fundar nesse aspecto a consciência da ilicitude relevante para a atribuição da pena, constituindo quando muito mais um factor de evitabilidade do erro[196].

As concretas formulações adoptadas pela doutrina maioritária para enunciar o conteúdo mínimo da consciência da ilicitude revelam, contudo, que esta não é verdadeiramente aferida pelo conhecimento formal de uma norma jurídica, mas sim através da sua conjugação com elementos materiais (doutrinariamente formulados) que, no plano empírico, permitem ter acesso ao desvalor associado à proibição jurídica ou, noutra formulação, «ao juízo de valor que o legislador faz»[197]. O ilícito que constitui o objecto da consciência do agente não é compreendido apenas como um ilícito formal, mas, por exemplo, como «a valoração negativa da sua acção pelo ordenamento jurídico global» (MAURACH/ZIPF)[198], «o conhecimento e a compreensão da ilicitude do comportamento do autor no seu elevado desvalor global» (RUDOLPHI)[199] ou, de forma mais sintética, o «conhecimento da ilicitude material» (JESCHECK/WEIGEND)[200]. Apesar de estas formulações não serem completamente claras, a doutrina maioritária aceita que basta o agente saber que uma norma legal proíbe o facto por o mesmo ser desvalioso, não sendo necessário para fundamentar a sua culpabilidade que tenha consciência da sua punibilidade. Existindo consciência da ilicitude determinada dessa forma ficaria excluída a possibilidade de se identificar um erro de proibição.

---

[194] NEUMANN, *NK-StGB* (2005), §17, n.º 13. Concordante, VOGEL, *LK-StGB* (2007), § 17, n.º 13. Em sentido oposto, ARTHUR KAUFMANN, *Filosofia do Direito*, 3.ª edição, 2009, 192 e 196, com referências ao seu pensamento anterior sobre o tema.

[195] NEUMANN, *NK-StGB* (2005), §17, n.º 14; FIGUEIREDO DIAS, *Direito Penal PG I* (2.ª edição, 2007), 550 (Cap. 20, § 35).

[196] NEUMANN, *NK-StGB* (2005), § 17, n.º 15 e 16.

[197] MARIA FERNANDA PALMA, *O princípio da desculpa*, 210.

[198] MAURACH/ZIPF, *Strafrecht AT 1*, § 38, n.º 10, sublinhando de seguida a irrelevância de qualquer modalidade de erro sobre a punibilidade (n.º 11 do texto).

[199] RUDOLPHI, *SK-StGB*, § 17, n.º 3, não sendo contudo necessária, em sua opinião, a consciência da natureza penal da norma.

[200] JESCHECK/WEIGEND, *Lehrbuch*, 453-454 (§ 41, I, 3a), sublinhando, contudo, que não se trata nem do conhecimento da norma nem do conhecimento da punibilidade, mas apenas do conhecimento da ilicitude material enquanto conhecimento de um leigo. Na concretização, acabam por reconduzir tal situação ao conhecimento da violação de uma norma penal, civil ou administrativa.

A aceitação generalizada deste entendimento oculta problemas e divergências significativas, tornando compreensível a reserva de STRATENWERTH quando, perante a doutrina maioritária, afirma que um tal enquadramento «é menos óbvio do que poderia parecer»[201]. Dúvidas precocemente traçadas por FIGUEIREDO DIAS quando, no final da década de sessenta, manifestando uma reserva subtil em relação à doutrina dominante, considerava que a dependência que o juízo de culpa tinha em relação ao facto ilícito típico (facto esse que poderia revelar a culpabilidade do agente) implicava que a ilicitude relevante para o efeito não seria qualquer uma (e, decididamente, não qualquer uma em abstracto) mas apenas aquela «concretamente referida à qualidade ilícita do facto», sem que isso implicasse – contudo – a exigência de uma consciência da punibilidade[202]. A evolução mais recente do seu pensamento tem sido no sentido de atribuir relevância à consciência da ilicitude penal[203].

A confirmar o desconforto sentido pela doutrina actual nesta matéria, têm surgido propostas diferentes quanto ao conteúdo da consciência da ilicitude que fundamenta a culpa penal. Propostas essas cujo fundo comum se traduz em exigir não o conhecimento de uma qualquer proibição, mas sim a consciência de uma proibição que fundamente o exercício de poderes coactivos do Estado, negando desse modo a identificação entre a consciência da ilicitude (geral) e a consciência da ilicitude que é elemento da culpa penal. Perante a multiplicidade e a imprecisão das formulações ensaiadas pela doutrina, que acrescentam (não sem alguma arbitrariedade) elementos materiais de difícil concretização judicial ao conhecimento da norma jurídica, o tipo de sanção cominado para o facto poderia aparentemente ser – como refere uma vez mais STRATENWERTH – o único critério fiável para delimitar o objecto relevante do erro: «para ter consciência do ilícito, deve o autor saber que o facto pode desencadear coacção *estatal,* independentemente da sua forma (seja por decisão judicial, intervenção policial ou outras medidas de autoridade)»[204]. O que, de qualquer modo, não significaria que, dessa forma, se estivesse a regressar à teoria da coacção psicológica de FEUERBACH[205], pois,

---

[201] STRATENWERTH/KÜHLEN, *Strafrecht AT* (6.ª edição, 2011), § 10, n.º 61, comentando o entendimento tradicional de que a consciência da ilicitude não exige nem o conhecimento da punibilidade, nem o conhecimento do preceito legal que contém a proibição.
[202] FIGUEIREDO DIAS, *Consciência da ilicitude,* 246-247 e nota 12. Afirmação que, entendida de forma consequente, se reporta no fundo à possibilidade de se enquadrar a falta de consciência da ilicitude como uma falta da consciência da ilicitude penal do facto concretamente praticado.
[203] FIGUEIREDO DIAS, *Direito Penal, PG I* (2.ª edição, 2007), 550 (Cap. 20, § 36 e ss).
[204] STRATENWERT/KUHLEN, *Strafrecht AT* (6.ª edição, 2011), §10, n.º 63 (itálicos no original).
[205] Para uma inserção da consciência da punibilidade no sistema de Feuerbach veja-se *supra* Capítulo II, § 8, V. Sobre a relação entre a teoria da coacção psicológica de Feuerbach e o conteúdo da consciência da ilicitude, FIGUEIREDO DIAS, *Consciência da ilicitude,* 42 e nota 47;

entre outros aspectos relevantes, esta estendia-se ao tipo e à medida da pena e recorria a presunções de dolo, o que sempre estaria fora de causa[206].

As possibilidades de revisão do objecto da consciência da ilicitude não se reconduzem necessariamente à consciência da punibilidade do facto enquanto tal, no sentido histórico do termo, podendo ter outros fundamentos e contornos. A fundamentação duma linha de solução alternativa é ensaiada por NEUMANN à luz da diferente finalidade que pode presidir à intervenção jurídica do Estado. A intervenção de alguns sectores do ordenamento jurídico tem apenas a pretensão de corrigir a situação ilícita criada, eliminando a situação anti-jurídica e repondo os direitos postos em causa com aquela (*rechtliche Korrigierbarkeit*). Diversamente, nos ramos do direito que têm uma componente sancionatória a finalidade da intervenção jurídica não se limita a corrigir a situação, mas sim em desaprovar o facto praticado, censurar o agente e impor uma sanção (*rechtliche Sanktionierbarkeit*). Para existir consciência da ilicitude neste último caso seria necessário o agente ter consciência de estar a violar uma norma que poderia desencadear uma resposta sancionatória estatal. A consciência da ilicitude relevante para a culpabilidade do agente será a consciência de actuar não contra uma proibição jurídica, mas sim contra uma proibição que possui tutela sancionatória do Estado[207]. O que, de forma mais específica, é reforçado por FIGUEIREDO DIAS em função da singularidade do ilícito penal e da descontinuidade normativa e axiológico-material entre os diversos ilícitos e o ilícito penal: à mera proibição legal de conduta acresce no ilícito penal o carácter fundamental dos bens jurídicos e a intolerabilidade social dos factos, sem que esteja assegurada qualquer continuidade entre as demais formas de ilícitos (civil, administrativo, contra-ordenacional) e o ilícito penal[208].

Para que não se verificasse uma situação de erro (independentemente, portanto, da sua relevância ou irrelevância) seria necessário que existisse *consciência de uma reacção estatal coactiva* (STRATENWERTH, JAKOBS)[209] ou, noutra formulação,

---

CAVALEIRO DE FERREIRA, *Direito Penal Português* I (1982), 472-474 e 555; BACIGALUPO, *Delito y punibilidad*, 160-165. Agora, LUIS GRECO, *Feuerbachs Straftheorie*, 60 e ss.

[206] Assim, NEUMANN, *NK-StGB* (2005), § 17, n.º 23. E também F.-C. SCHROEDER, *LK-StGB*, § 17, n.º 7, sublinhando que o que está em causa quando se exige a consciência da ilicitude penal é, no fundo, não atribuir relevância a um erro sobre a consequência jurídica, mas eventualmente a um erro sobre a danosidade ético-social do facto.

[207] NEUMANN, *NK-StGB* (2005), § 17, n.º 21, ficando excluído deste âmbito o ilícito disciplinar.

[208] FIGUEIREDO DIAS, *Direito Penal PG I* (2.ª edição, 2007) 551 (Cap. 20, § 37). Sobre os fundamentos desta descontinuidade em geral, AUGUSTO SILVA DIAS, *Delicta in se*, 283 e ss, 583 e ss.

[209] STRATENWERTH/KUHLEN, *Strafrecht AT* (6.ª edição, 2011), § 10, n.º 63; JAKOBS, *Strafrecht*, 552-553 (19/23-24).

um pouco mais restritiva, *consciência de uma reacção estatal sancionadora* (consciência de que o facto seria crime ou contra-ordenação, mas não ilícito disciplinar) (NEUMANN)[210]. Numa linha de orientação que remonta a FIGUEIREDO DIAS[211], F.-C. SCHROEDER[212] e BACIGALUPO[213] e que, cruzada com a afirmação do conceito de ilicitude penal, tem sido sufragada por outros sectores da doutrina[214], seria necessário a consciência da punibilidade do facto, ou seja, de que se estaria a praticar um ilícito penal. E mesmo que tal só se verifique em alguns casos, existem situações em que só a consciência da ilicitude penal pode realizar de forma satisfatória as exigências da culpa penal pela dimensão qualitativa do ilícito penal associado à conduta do agente[215].

Apesar de terem formulações distintas e diferentes fundamentos, existe uma coincidência significativa de resultados entre estas construções: todas consideram insuficiente para existir consciência da ilicitude (apta a excluir a existência de um erro relevante para a aferição da culpabilidade do agente) a mera consciência da violação de contratos (incluindo contratos com entidades públicas) ou de normas de Direito Civil ou, de forma mais ampla, normas que não pertençam ao Direito sancionatório público. A consciência da ilicitude relevante para o Direito Penal exigiria assim, nesta versão actualizada da «consciência da punibilidade» (*Sanktionierbarkeit der Handlung*, na terminologia de NEUMANN, e

---

[210] NEUMANN, *NK-StGB* (2005), § 17, n.º 21-29.
[211] FIGUEIREDO DIAS, *Consciência da ilicitude*, 246-247 e nota 12. Agora, FIGUEIREDO DIAS, *Direito Penal, PG I*, 2.ª edição, 550 (Cap. 20, § 36 e ss.).
[212] F.-C. SCHROEDER, *LK-StGB*, § 17, n.º 7 e 8.
[213] BACIGALUPO, *Delito y punibilidad*, 164 e ss, em ligação com o que escreve a p. 159 e ss, defendendo a necessidade da consciência da punibilidade («conhecimento da ameaça penal»), em função dum modelo de relação entre o Estado e o cidadão, a exigência de legalidade (quer dos crimes quer das penas) e as suas finalidades quanto aos destinatários das normas e, finalmente, a relação entre os fins das penas e o princípio da culpa. Ainda, do mesmo Autor, *Principios de Derecho Penal PG*, 2.ª edição, 177-178, 180-181.
[214] No início da década de 90, de forma clara e categórica, JOSÉ ANTÓNIO VELOSO, *Erro em Direito Penal*, 21: «Ilicitude, neste contexto, significa ilicitude *criminal*, ou punibilidade, É a sujeição do facto praticado a uma sanção criminal – nos limites do conhecimento que disso têm os cidadãos comuns; não é a espécie e a medida da pena, não é a fonte normativa, nem qualquer outro pormenor de Direito, e também não é a ilicitude jurídica à face de normas não penais, v.g. a ilicitude civil ou disciplinar, e muito menos a ilicitude moral, por intensa que esta seja na consciência colectiva». Veja-se ainda, OTTO, *Grundkurs AT*, 220 e nota 27 (§ 13, n.º 41); JOECKS, *MK-StGB*, § 17, n.º 13-15. Em Espanha, para além de Bacigalupo, MIR PUIG, *Derecho Penal PG*, 4.ª edição, 560 e, depois, *Estado, Pena y delito* (2006), 151 e nt. 57; SILVA SANCHEZ, *ADPCP* (1987), 648, nota 3; MORENO-TORRES HERRERA, *Error sobre la punibilidad*, 99 e ss.
[215] FIGUEIREDO DIAS, *Direito Penal PG I* (2.ª edição, 2007), 551 (Cap. 20, § 37).

staatlichen Zwang, nas palavras de STRATENWERTH)[216], a consciência de que o facto poderia gerar uma reacção sancionatória estatal, sem que isso implicasse uma consciência exacta da norma violada, do tipo concreto de sanção ou da gravidade da mesma. Mas o desvalor do facto, aquele que permitiria motivar o agente pela recta actuação exigida pelo ordenamento jurídico, seria no fundo apreendido não pelo facto em si ou pela possibilidade de o mesmo contrariar a ordem jurídica em abstracto, mas antes pela consciência da existência de uma resposta estatal sancionatória. As divergências envolvem, portanto, essencialmente a questão de saber se a consciência da ilicitude enquanto elemento da culpa penal pode resultar da violação consciência de uma norma de Direito Disciplinar[217] ou da violação de uma norma Direito de Mera Ordenação Social[218].

6. A ideia de que a consciência da ilicitude relevante para o sistema penal se pode bastar com o conhecimento de uma proibição legal de conduta, independentemente da sua natureza e origem, não é aceitável à luz do princípio da subsidiariedade da intervenção penal, do princípio da culpa e do princípio da legalidade dos crimes e das penas.

A singularidade da intervenção penal nas sociedades modernas, fundada numa lógica de *ultima ratio* e em especiais exigências materiais sobre o merecimento penal do facto e a necessidade de pena, não permite aceitar que a consciência da ilicitude penal do facto se fundamente exclusivamente no conhecimento – ou possibilidade de conhecimento – de proibições de outros sectores do ordenamento jurídico, ao ponto de negar em absoluto a existência de um caso de erro.

---

[216] NEUMANN, *NK-StGB* (2005), § 17, n.º 21-22; STRATENWERTH/KUHLEN, *Strafrecht AT* (6.ª edição, 2011), § 10, n.º 63.

[217] Admitindo fundar a consciência da ilicitude no conhecimento de uma norma de Direito disciplinar, STRATENWERTH/KÜHLEN, *Strafrecht AT*, § 10, n.º 63; contra, com razão, NEUMANN, *NK-StGB* (2005), § 17, n.º 29, e SCHROEDER, *LK-StGB*, § 17, n.º 7 (em ligação com n.º 8 e em função do seu entendimento sobre o conteúdo da consciência da ilicitude). Neste sentido também, rejeitando aquela hipótese, JOSÉ ANTÓNIO VELOSO, *Erro em Direito Penal*, 21. Coincidente no resultado mas com uma formulação mais moderada («não deverá valer, pelo menos forçosa e imediatamente, como consciência do ilícito») FIGUEIREDO DIAS, *Direito Penal PG I*, 551 (Cap. 20, § 37). Também ROXIN, *Strafrecht AT* (4.ª edição, 2006), § 21, n.º 12, exclui o direito disciplinar porque este não tem normas específicas genéricas, mas sim destinatários e âmbitos de aplicação institucionais específicos.

[218] A favor, STRATENWERTH/KÜHLEN, *Strafrecht AT* (6.ª edição, 2011), § 10, n.º 63, e NEUMANN, *NK-StGB* (2005), § 17, n.º 27, sublinhando que actualmente se esbateu a diferença qualitativa entre crimes e contra-ordenações (n.º 28) ; contra, SCHROEDER, *LK-StGB*, § 17, n.º 8. Razoável é a posição de FIGUEIREDO DIAS, *Direito Penal PG I*, 2.ª edição, 551 (Cap. 20, § 37), quando considera que a convicção de que o facto é uma contra-ordenação não pode significar automaticamente que existe consciência da ilicitude para o Direito Penal.

Numa sociedade complexa como a actual, em que se cruzam e sobrepõem vários sistemas e sub-sistemas de regulação, controlo e sanção dentro do mesmo ordenamento jurídico[219], o conhecimento genérico da ilicitude dum facto não implica necessariamente a consciência da punibilidade desse mesmo facto. Em alguns casos, a criação de ilícitos de natureza não penal (designadamente, ilícitos disciplinares ou ilícitos de mera ordenação social) corresponde inclusivamente a uma opção do legislador pela não criminalização das condutas ou mesmo pela descriminalização de factos anteriormente tratados como crimes. Até o ilícito civil e o ilícito administrativo podem mesmo desacompanhados de qualquer tutela sancionatória cumprir uma função político-criminal de descriminalização integrada, se tornarem desnecessária a opção pela via penal. Para além disto, a regulação jurídica sectorial é em regra autónoma em relação à intervenção penal, sem qualquer linha de conexão ou continuidade entre os vários sectores em causa. A subsidiariedade da intervenção penal implica necessariamente uma diferenciação dos ilícitos. O que torna perfeitamente plausível que também na consciência do destinatário das normas se verifique a cisão entre a contrariedade ao ordenamento jurídico e a punibilidade do facto, já que essa é uma matriz de intervenção do sistema penal: todo o crime é um ilícito, mas nem todo o ilícito é um crime. Assim, pretender fundar a consciência da ilicitude relevante para o problema da atribuição da responsabilidade penal em normas estranhas ao sistema penal, sem que existam linhas de articulação e continuidade entre os diversos sectores do ordenamento jurídico[220], traduz-se em criar um objecto artificial para um pressuposto essencial da pena estatal, através de um procedimento hermenêutico duvidoso, cujo efeito jurídico mais relevante acaba por ser a exclusão de qualquer relevância do erro sobre a punibilidade.

Quem sabe que a sua conduta é genericamente proibida pelo Direito, mas ignora que o facto em causa pode ser punível com sanções criminais não sabe verdadeiramente que tal facto é um crime[221]. Numa ordem jurídica em que o sistema penal tenha uma vocação minimalista qualquer cidadão pode legitimamente esperar que a opção do legislador por uma via não penal signifique que a esse facto não é atribuída relevância criminal. Em alguns casos, só com informação específica e adicional é possível ir além do que resulta do princípio da confiança decorrente do normal funcionamento dum sistema jurídico com esta matriz.

---

[219] Sublinhando o aumento da complexidade, os desafios que isso coloca ao sistema penal e a necessidade de (para o efeito) se trabalhar com categorias abertas, Augusto Silva Dias, *Delicta in se*, 547, em ligação com o que escreve a p. 541 e ss.

[220] Assim, Figueiredo Dias, *Direito Penal PG I* (2.ª edição, 2007), 551 (Cap. 20, § 35).

[221] Silva Sanchez, *ADPCP* (1987), 647, nota 3; Neumann, *NK-StGB* (2005), § 17, n.º 20-21.

Assim, ao contrário do que afirma ROXIN[222], a consciência da ilicitude exigida para a sujeição de uma pessoa à pena estatal não se pode limitar a um conhecimento genérico de uma proibição (ou imposição) jurídica, deve antes traduzir-se, pelo menos, numa consciência da ilicitude penal do facto. Caso contrário, a pena estatal pode revelar-se inesperada para o agente e mesmo para a comunidade, não podendo cumprir adequadamente as suas finalidades legítimas: uma pena inesperada é inadequada às exigências de prevenção geral e previsivelmente desproporcionada do ponto de vista da prevenção especial.

A ilicitude penal não se caracteriza apenas pela forma especial de selecção típica das condutas proibidas, pela densidade axiológica do facto ou pela importância dos bens jurídicos tutelados – o que, de qualquer modo, a ser tido em conta para delimitar o objecto da consciência da ilicitude já lançaria sobre a doutrina maioritária sérias dúvidas. O ilícito penal é apenas aquele que para além destes aspectos se revela merecedor e carente de pena, por esta constituir o meio adequado, necessário e proporcional para garantir a tutela preventiva dos bens jurídicos essenciais em causa. Nem todo o ilícito é punível, mas todo o ilícito penal tipificado pelo legislador é em princípio punível, se forem também realizados o tipo de culpa e o tipo de punibilidade. Assim, quando o artigo 17.º do Código Penal trata a matéria do erro sobre a ilicitude fá-lo, por um lado, em função de um facto tipicamente ilícito pelo qual o agente responde criminalmente e, por outro, perspectivando-o como um problema de culpa penal, por esse facto, em ordem a decidir sobre a sujeição do agente à pena estatal. Não tem por isso grande significado o argumento de que a lei exige na sua literalidade a consciência da ilicitude e não a consciência da punibilidade[223]. A consciência da ilicitude relevante para a sujeição à pena estatal traduz-se no conhecimento de um ilícito penal realizado pelo agente (um facto tipicamente ilícito) ou, pelo menos, no conhecimento de um ilícito que pode ser criminalmente punível[224]. Assim, a consciência da ilicitude criminalmente relevante, aquela que é objecto de tratamento legal no artigo 17.º do Código Penal, implica necessariamente a consciência da eventual punibilidade do facto, pois é de ilicitude penal que se trata (enquanto pressuposto da pena aplicável ao autor de um ilícito penal) e não de contrariedade genérica à ordem jurídica.

---

[222] ROXIN, *Strafrecht AT* (4.ª edição, 2006), § 21, n.º 13: «a irrelevância da consciência da punibilidade resulta de dever ser suficiente, em todos os casos, o conhecimento da proibição para motivar o agente a ter uma conduta fiel ao direito».

[223] Coincidente, NEUMANN, *NK-StGB* (2005), § 17, n.º 23. Contra, ROXIN, *Strafrecht AT* (4.ª edição, 2006), § 21, n.º 13.

[224] FIGUEIREDO DIAS, *Direito Penal PG I* (2.ª edição, 2007), 551 (Cap. 20, § 35); JOSÉ ANTÓNIO VELOSO, *Erro em Direito Penal*, 21.

É aliás metodologicamente estranho que estando em causa a aferição da culpa do agente por um facto criminalmente ilícito a consciência da ilicitude possa ser aferida e realizada pela consciência da contrariedade a uma qualquer norma jurídica e não, necessariamente, a uma norma jurídico-penal. As normas de conduta inerentes a cada tipo de ilícito criado pelo legislador penal têm uma pretensão de vigência autónoma, mas que é garantida e reforçada pela norma de sanção. Esta oferece um reforço dissuasor, não a qualquer norma do ordenamento jurídico, mas apenas à norma de ilicitude contida no tipo incriminador. Por isso, coerentemente, a pena estatal é legitimada pelas finalidades de prevenção geral e especial, o que sugere que o sistema penal supõe a capacidade de motivação dos destinatários pelo mal da pena e não apenas pelo significado axiológico ou teleológico das normas de conduta. Para um Estado de Direito assente no princípio da liberdade e da não interferência na esfera íntima dos cidadãos isso deveria ser suficiente, não sendo legítimo distinguir os casos consoante o destinatário da norma actua movido pelo dever ou pela mera ameaça da pena, como sublinha BACIGALUPO[225]. Noutros termos, o Estado não pode ignorar a falta de consciência da punibilidade se pretende usar a pena como instrumento de *ultima ratio* para garantir a tutela preventiva de bens jurídicos essenciais, orientando-a por finalidades de prevenção geral e especial.

Acresce ainda que o princípio da legalidade criminal implica uma exigência de conexão necessária entre a norma de ilicitude e a norma de sanção[226]. O tipo de punibilidade está sempre conexo com um tipo de ilícito e um tipo de culpa e estes só formam uma norma incriminadora plena em conexão com aquele. Que essa conexão possa ser substituída para efeitos da consciência da ilicitude do agente por uma norma de outro sector do sistema jurídico, com outra natureza e com outra finalidade que não a que preside à norma de ilicitude inerente ao tipo penal, é algo dificilmente explicável[227]. A norma de conduta que deve motivar o agente para assegurar a tutela preventiva de bens jurídicos é a norma expressa

---

[225] BACIGALUPO, *Delito y Punibilidad*, 160-165.
[226] BACIGALUPO, *Delito y Punibilidad*, 167-168, associando o princípio da culpa ao princípio da legalidade, em especial, à exigência constitucional de determinação legal da punibilidade, que implicaria o reconhecimento do interesse do cidadão em conhecer a ameaça penal cominada: «se este se refere – como ninguém nega – às consequências jurídicas, então a culpabilidade deveria ter em conta a consciência da punibilidade».
[227] ROXIN, *Strafrecht AT I* (4.ª edição, 2006), § 21, n.º 12, considera, no entanto, que tal é possível porquanto o § 17 do *StGB* não exclui o dolo e, assim sendo, se pode manter sem reparos a proibição ou mandato legal como referência da consciência da ilicitude. Mas o argumento não convence: também a culpa penal (e não apenas o dolo) se reportam ao facto típico, razão pela qual o que seria decisivo para a aferição do dolo se pode tornar igualmente decisivo para a culpa, na exacta medida em que esta emana e é limitada pelo facto praticado pelo agente.

ou implícita no tipo de ilícito. A ilicitude e a culpa do agente que constituem pressupostos da pena decorrem necessariamente a violação de normas jurídico--penais. A culpa jurídico-penal é sempre a culpa por um facto que constitui um ilícito penal. A culpabilidade revelada pelo agente será sempre aquela revelada no concreto facto subsumível ao tipo de ilícito, como sublinhou de forma exacta Figueiredo Dias[228]. Por isso, a consciência da ilicitude relevante para a culpa jurídico-penal não pode assim ter outro objecto que não o ilícito penal típico, o único que permite a realização do tipo enquanto etapa essencial da aferição da responsabilidade criminal. É possível inferir a consciência da punibilidade do conhecimento do ilícito penal e, inclusivamente, formar o juízo de culpabilidade pela sua ausência ou representação censurável. Mas num sistema jurídico complexo, diversificado e fragmentário, em que os vários subsistemas têm autonomia e não assentam em linhas de continuidade entre si, não é inequívoco que se possa fazê-lo a partir do mero conhecimento de uma proibição de actuar contra o Direito. Os sistemas penais actuais não podem exigir ao cidadão uma fidelidade geral ao Direito[229], mas apenas e só o respeito pela ordem de bens jurídicos tutelados através das normas de conduta que integram o tipo de ilícito. É isto que resulta do princípio da subsidiariedade da intervenção penal na sua configuração constitucional (artigo 18.º, n.º 2, da Constituição) e do princípio da liberdade, enquanto direito fundamental e base material do Estado (*v.g.* artigo 2.º, da Constituição).

A consciência de que o agente viola uma norma jurídica acompanhada da falta de consciência da punibilidade do facto (isto é, de que se trata de um ilícito penal com possíveis consequências a esse nível) não é, portanto, suficiente para respeitar o princípio da culpa penal[230], nem para prosseguir adequadamente as finalidades legítimas da pena estatal. A necessidade de pena de um agente que viola a lei consciente de estar a praticar um ilícito penal e daquele que ignora que o ilícito que pratica tem natureza penal é distinta e não pode ser tratada do ponto de vista da culpa da mesma forma[231]. No primeiro caso existe necessidade de pena em função da indiferença ostensiva face ao sistema penal e aos bens

---

[228] Figueiredo Dias, *Consciência da ilicitude*, 246-247.
[229] Coincidente sobre os limites desta exigência de fidelidade ao direito, com repercussões ao nível do juízo de censurabilidade da falta de consciência da ilicitude, Maria Fernanda Palma, *O princípio da desculpa*, 212 e ss.
[230] Neste sentido, Bacigalupo, *Delito y Punibilidad*, 167-168. Ainda, Stratenwerth/Kühlen, *Strafrecht AT* (6.ª edição, 2011), §10, n.º 61. Depois, Silva Sanchez, *ADPCP* (1987), 647, nota 3: «... solo tal tesis permite una realización del principio de culpabilidad en sentido amplio. Pues, evidentemente, difícilmente puede afirmarse que conoce el significado antijurídico de su conducta a los efectos del Derecho Penal...»
[231] Bacigalupo, *Delito y punibilidad*, 169 e ss.

jurídicos tutelados, enquanto no segundo existe essencialmente necessidade de informação sobre a punibilidade do facto que, por si, seria suficiente para motivar o agente a não o praticar. Considerar que num caso desta natureza não existe sequer um erro, significa que a imputação da culpa será realizada a um agente que, em consciência, não violou uma proibição penal, mas apenas uma proibição de outra natureza. A pena aplicável a tal agente não terá pleno apoio da culpa revelada (acaba por ultrapassar o limite da culpa) e, por isso, dificilmente será capaz de cumprir de forma legítima as exigências e prevenção geral e especial que a legitimam. Será, em parte, uma mera retribuição objectiva pelo facto praticado.

Na generalidade dos casos o conhecimento da ilicitude do facto pode tornar evitável a falta de consciência da punibilidade[232]. Mas quando tal não acontecer, designadamente por falta de condições concretas para o agente se esclarecer que não lhe sejam imputáveis, pela ausência de um motivo plausível para o realizar, pela obtenção de informação errada de um terceiro de quem legitimamente se poderia esperar um informação fiável ou pelos esforços na obtenção da informação correcta não alterarem em nada a errada convicção de partiu[233], ou seja, quando tal não se deva nem a uma desobediência consciente ao ordenamento jurídico nem a uma desatenção evitável do agente, a pena estatal pode ser ilegítima. Se a falta de consciência da punibilidade (de que o facto corresponde a um ilícito penal) não for evitável a pena estatal não se pode aplicar, porque isso equivaleria a negar os fins de prevenção geral e especial que a legitimam e assumir que, pelo menos em parte, a pena seria uma mera retribuição estatal pelo facto praticado, sem correspondência na culpa concreta e pessoal do agente. O Estado de Direito em sentido material, fundado na dignidade da pessoa humana e no respeito pelos direitos fundamentais, que usa a pena estatal como um mal (estritamente) necessário para garantir a tutela de bens jurídicos fundamentais, não pode punir da mesma forma o agente que tem plena consciência da punibilidade e o agente que erra de forma não evitável sobre a punibilidade do facto.

7. Em breve síntese: a consciência da punibilidade é um elemento do juízo de culpa jurídico-penal (culpa pelo facto penalmente ilícito concretamente praticado) e pode ser objecto de um erro que tanto pode incidir sobre a proibição da conduta (falta de consciência da ilicitude) como sobre a ameaça penal cominada para a mesma (falta de consciência da punibilidade).

---

[232] F.-C. SCHROEDER, *LK-StGB*, § 17, n.º 7.
[233] A multiplicidade de critérios e fundamentos sobre a evitabilidade do erro não pode ser aqui objecto de uma análise mais desenvolvida. Para uma visão de conjunto, veja-se ROXIN, *Strafrecht AT I* (4.ª edição, 2006), § 21, n.º 52 e ss, e NEUMANN, *NK-StGB* (2005), § 17, n.º 53 e ss.

O princípio da legalidade dos crimes e das penas não permite que se limite o objecto da consciência da ilicitude à proibição jurídica, pois, entre outros aspectos, a ameaça penal é parte incindível de qualquer proibição penal e pode ser legitimamente usada num Estado de Direito material para garantir a tutela preventiva de bens jurídicos essenciais. Para prosseguir esta finalidade no quadro de um sistema penal de *ultima ratio* é irrelevante se os cidadãos respeitam os bens jurídicos tutelados em função da empatia com a proibição de conduta ou por receio da ameaça da pena, pois uma das funções da norma de sanção é a de reforçar a vigência das normas de conduta acolhidas nos tipos de ilícito. Para além disso, num direito penal do facto a culpa do agente é apenas e só aquela revelada no concreto facto que pratica e este, por força do princípio da tipicidade, é um ilícito típico punível.

Assim, a falta de consciência da punibilidade é uma modalidade da falta de consciência da ilicitude (penal) que se traduz em o agente ignorar que o facto praticado é um ilícito punível que, por isso mesmo, pode ter consequências desta natureza. Tal erro não sendo evitável pelo agente impede a formulação de um juízo de censura jurídico-penal (artigo 17.º, n.º 1, do Código Penal) e sendo evitável pode conduzir à aplicação da atenuação prevista para a falta de consciência da ilicitude censurável (n.º 2 do mesmo preceito). O erro inevitável sobre a punibilidade impede o juízo de censura jurídico-penal sobre o agente e põe em causa a necessidade da pena no plano da prevenção especial (integração social do agente) e da prevenção geral (dissuasão social pelo mal da pena).

O objecto desse erro tanto pode ser a ameaça penal em si mesma (ignorar que o facto proibido é punível) como os seus pressupostos específicos (elementos de uma condição objectiva de punibilidade ou uma causa de exclusão ou anulação da punibilidade). Para o efeito, é necessário que se possa estabelecer uma conexão temporal e material entre o erro e a decisão de praticar o facto, razão pela qual mesmo o erro sobre causas de anulação da punibilidade pode ser relevante se surgir no momento da prática do facto, mas já não se ocorrer em momento posterior à sua prática[234].

---

[234] Em sentido oposto, a doutrina que admite a relevância do erro sobre a punibilidade considera, contudo, que o erro sobre causas de anulação da punibilidade é sempre irrelevante porque incide sobre elementos posteriores ao facto. Assim, na literatura específica sobre o tema, BACIGALUPO, *Delito y punibilidad*, 40-41; PATRÍCIA FARALDO CABANA, *Causas de levantamiento de la pena*, 185-191; MORENO-TORRES HERRERA, *Error sobre la punibilidad*, 106-107.

V. Imunidade à justificação

1. A autonomia do tipo de punibilidade em relação ao facto ilícito permite identificar dois aspectos particulares do seu regime: por um lado, a cisão entre ilicitude e punibilidade autoriza em regra uma reacção justificada perante um ilícito não punível, normalmente referida como «possibilidade de legítima defesa»; por outro, o facto que integre a condição objectiva de punibilidade pode em função da sua configuração legal revelar-se imune à justificação e permitir por isso a aplicabilidade do tipo incriminador apesar de uma parte do acontecimento poder ser objecto de uma causa de exclusão da ilicitude. Cada um destes aspectos suscita problemas distintos.

A possibilidade de ser invocada uma causa de justificação para reagir contra um ilícito não punível é uma consequência da autonomia sistemática do tipo de punibilidade em relação ao tipo de ilícito e da configuração legal dos pressupostos da justificação. As causas de justificação exigem que o facto que motiva a reacção seja ilícito, sendo para o efeito irrelevante a culpa do agente e o juízo sobre a punibilidade do facto[235]. Este entendimento pode valer como um efeito habitual da cisão entre a ilicitude e a punibilidade, mas um alcance diferente pode resultar da concreta configuração da causa de não punibilidade.

Em algumas causas de não punibilidade o legislador declara um ilícito não punível em certas circunstâncias e a regulação que faz da situação não é incompatível com a intervenção de terceiros que pretendam pôr fim ao ilícito (não punível). Um terceiro pode actuar de forma justificada para pôr fim ao auxílio prestado à ocultação de alguém que praticou um crime e a não punição do parente que presta o auxílio (artigo 367.º, n.º 5, al. b) do Código Penal) não é incompatível com o reconhecimento dessa possibilidade de intervenção. A possibilidade de intervenção justificada de terceiro também não é contrariada por nenhum elemento da causa de não punibilidade e não inutiliza a opção de o legislador renunciar à punibilidade do auxílio em relação a algumas pessoas em função da preservação de laços de relacionamento familiar ou equiparados.

---

[235] Sobre a possibilidade de legítima defesa em função da autonomia sistemática da ilicitude, MARIA FERNANDA PALMA, *Justificação*, 724 e ss; MANUEL CORTES ROSA, *LH-Roxin*, 263 e ss; FIGUEIREDO DIAS, *Direito Penal PG I* (2.ª edição, 2007), 417 e ss (Cap. 15, § 20); PAULO PINTO DE ALBUQUERQUE, *Código Penal* (2.ª edição, 2010), artigo 32, anotações 10-13). A doutrina que se tem pronunciado sobre a questão admite de forma unânime legítima defesa contra um ilícito não punível: JESCHECK/WEIGEND, *Lehrbuch*, 341 (§ 32, II, c); DREHER/TRONDLE, *StGB*, vor § 32, n.º 17; BACIGALUPO, *Delito y Punibilidad*, 41-42; GARCIA PEREZ, *La Punibilidad*, 93 e 399; PATRICIA FARALDO CABANA, *Causas de levantamiento*, 84-85, 195-196. ÉRIKA MENDES DE CARVALHO, *Punibilidad y Delito*, 343-345. Sobre os efeitos dogmáticos da distinção entre justificação e não punibilidade, veja-se o meu estudo anterior: COSTA PINTO, *Jornadas* (1998), 63 e ss.

Noutros casos, a regulação que o legislador faz dos pressupostos de não punibilidade do facto é incompatível com a intervenção de terceiros (quer se qualifiquem como causas de justificação ou como causas de desculpa ou de não punibilidade)[236] porque a forma como as cláusulas legais estão configuradas é incompatível com a sua legitimidade para intervir no facto. É o que acontece em algumas causas de não punibilidade do aborto organizadas a partir do sistema das indicações e prazos, no artigo 142.º do Código Penal. Na perspectiva de GÜNTHER estas cláusulas (que na sua construção são apresentadas como «causas próprias de exclusão da ilicitude penal») excluem a possibilidade de defesa privada por se tratar de uma situação em que o Estado tolera a agressão ao bem jurídico, opção que deve prevalecer por a defesa privada ser subsidiária em relação à intervenção estadual[237]. Independentemente das reservas que merecem as «causas próprias de exclusão da ilicitude penal»[238], o argumento tem alguma razão de ser. Através de tais cláusulas o Estado regula situações delicadas, em que a renúncia antecipada à punição visa evitar consequências nefastas e excessivas da genérica criminalização da conduta e, por isso, não faria sentido permitir uma intervenção privada de terceiro que, longe de repor o direito e pacificar a situação, iria inutilizar a solução legislativa e aumentar a conflitualidade social em torno desse mesmo caso. Permitir comportamentos de interferência de terceiros seria portanto contrário à intencionalidade político-criminal que orienta a renúncia à pena estatal e aumentaria previsivelmente a conflitualidade social em torno do caso, o que estaria igualmente fora da *ratio* da justificação (protecção individual, reposição do direito e pacificação do conflito). A lei portuguesa condiciona a não punibilidade do facto à vontade exclusiva da mulher grávida, através do consentimento e da cláusula de opção, articulados com as indicações e/ou com os prazos. A vontade da mulher grávida é assim elemento essencial das causas de exclusão da responsabilidade previstas no artigo 142.º do Código Penal, independentemente da classificação sistemática de cada uma delas. O que significa que o legislador teve o propósito inequívoco de excluir a relevância de qualquer outra vontade incompatível com a vontade da mulher grávida, incluindo a de terceiros que discordassem da prática do facto e lhe quisessem por termo (excepto, obviamente, nos casos de menoridade ou de incapacidade psíquica, regulados no n.º 5 do artigo 142.º do Código Penal). Assim, mesmo classificando algumas

---

[236] No sentido de se tratar de causas de justificação especiais, veja-se *supra* Capítulo V, § 28, II.
[237] GÜNTHER, *Strafrechtswidrigkeit*, 384-385, usando ainda o argumento – demasiado formal e, de qualquer modo, não decisivo senão mesmo erróneo – de que o nascituro não pode ser considerado «um outro» para efeito de legitima defesa.
[238] Para uma crítica incisiva, MARIA FERNANDA PALMA, *Justificação*, 709 e ss, e MANUEL CORTES ROSA, *LH-Roxin*, 269-278. Ainda, *supra* Capítulo VI, § 31, II.

cláusulas de não punibilidade do aborto como causas de desculpa ou como causas de não punibilidade (o que foi rejeitado no Capítulo V, § 28, II deste estudo) deve admitir-se que o legislador ao reconhecer relevância autónoma à vontade exclusiva da mulher (consentimento e opção) negou, reflexamente, o direito de interferência de qualquer outra vontade dirigida ao ilícito não punível.

Em conclusão, a admissibilidade de legítima defesa (ou de outra causa de justificação) contra um facto ilícito não punível é em regra possível, excepto nos casos em que a concreta configuração da cláusula legal de não punibilidade exclua (de forma expressa ou implícita) a intervenção de terceiros. Assim será, por maioria de razão, nos casos em que a intervenção de terceiros seja contrária à finalidade político-criminal da renúncia estatal à punição e aos próprios objectivos da justificação penal.

2. O tipo de punibilidade em regra não condiciona nem limita a possibilidade de reagir justificadamente perante o ilícito em curso, designadamente através de legítima defesa, desde que o facto ilícito se mantenha actual. É a actualidade do ilícito que determina a possibilidade de reacção justificada e não a verificação do tipo de punibilidade. Assim, é por exemplo possível exercer legítima defesa durante uma rixa, quer antes de se verificar a lesão de algum bem jurídico pessoal (ofensa grave ou morte) quer inclusivamente depois de se verificar alguma das ofensas que integram o tipo de punibilidade: se a rixa continuar depois de verificada a condição, a agressão ilícita não se esgota e mantém-se actual, pois essa actualidade afere-se pela realização do tipo de ilícito e não pela verificação do tipo de punibilidade.

Significa isto, por outro lado, que o facto contra o qual o defendente pode reagir é o facto que integra um tipo de ilícito e não o facto que integra o tipo de punibilidade, podendo existir uma diferença cronológica a axiológica decisiva entre um e outro. Assim, a reacção contra uma tentativa de homicídio pode ser justificada, mas a reacção contra um comportamento de desistência posterior à execução o homicídio tentado está fora dos limites cronológicos e do objecto da legítima defesa. Apesar da subsistência do perigo para a vida da vítima, a adopção de um comportamento voluntário do agente no sentido de evitar a consumação do crime faz cessar a actualidade da agressão e a interrupção da desistência por um terceiro pode revelar-se um aumento ilícito do risco de lesão do bem jurídico.

3. A imunidade da condição objectiva de punibilidade em relação à exclusão da ilicitude tem uma especial relevância prática no caso da ofensa grave ou da morte que surgem como parte do tipo de punibilidade na participação em rixa (artigo 151.º, n.º 1 do Código Penal). Sendo o acontecimento integrado na con-

dição objectiva de punibilidade estranho por definição ao conteúdo do ilícito e podendo constituir autonomamente um crime, não deve o mesmo ser objecto das normas de exclusão da ilicitude (que pressupõem ser o facto indiciariamente ilícito) para efeito da aplicabilidade do tipo incriminador da rixa. Desta forma se resolve o problema, debatido pela doutrina e pela jurisprudência, de saber se é possível continuar a aplicar o tipo da participação em rixa quando se prova, simultaneamente, que a consequência grave (a morte ou a ofensa grave à integridade física de alguém) foi produzida em legítima defesa[239]. A resolução desta questão depende em grande medida da compreensão que se tenha quanto à estrutura do ilícito e à sua relação com a condição objectiva de punibilidade. Podem traçar-se duas grandes linhas de orientação nesta matéria:

Caso se entenda que a consequência grave na rixa é um resultado ilícito ou a documentação de um perigo concreto tipicamente relevante ou um prolongamento da ilicitude (designadamente por ser uma «condição imprópria»), será de aceitar que aquele acontecimento é, em maior ou menor medida, uma parcela do ilícito típico. E, assim sendo, quando o mesmo se produza numa situação que legitime a aplicação de uma causa de exclusão da ilicitude, existirá uma justificação (pelo menos parcial) do facto e, em consequência, a não punibilidade do mesmo[240]. Mesmo que se pudesse defender a subsistência do desvalor da acção da participação na rixa, a conclusão seria semelhante já que é clara a intenção do legislador em não punir em tal caso o mero desvalor da acção por si só. À mesma conclusão deveriam chegar, em coerência, todos aqueles autores (como LAND, BEMMANN, ROXIN, BRICOLA ou ANGIONI) que estendem a imputação subjectiva à consequência grave na rixa, pois implicitamente estão a integrar esses elementos no facto ilícito através de uma forma atípica de imputação subjectiva.

Diversamente, quem sustente que a incriminação tem uma natureza de perigo abstracto ou (como aqui se defendeu) de perigo abstracto-concreto poderá concluir que é irrelevante (para a aplicabilidade do tipo de participação em rixa) que a consequência grave seja produzida numa situação de justificação[241]. Isto porque

---

[239] GEISLER, *Bedingungen der Strafbarkeit*, 331 e ss, suscitando o problema perante uma decisão do *Bundesgerichtshof* de 1993. Não está em causa a situação descrita no n.º 2 do art. 151.º, mas sim outra distinta que se traduz em – durante a rixa – um dos participantes ver-se obrigado a matar ou ferir gravemente outrem para, dessa forma, afastar uma agressão ilícita contra a sua vida ou de outro participante na rixa. Sobre a possibilidade de se invocarem causas de justificação neste contexto, TAIPA DE CARVALHO, *Comentário Conimbricense II*, artigo 151.º, § 28 e ss.
[240] Em pormenor, RÖNNAU/BRÖCKERS, *GA* (1995), 562 e ss.
[241] STREE in SCHÖNKE/SCHRÖDER, *StGB*, § 227, n.º. 13; DREHER/TRÖNDLE, *StGB*, § 227, n.º marg. 6; FISCHER, *StGB* (58.ª edição, 2011), § 231.º, n.º 6; LACKNER/KÜHL, *StGB* (27.ª edição, 2011), § 231, n.º 5; MAURACH/ SCHRÖDER/ MAINWALD, *Strafrecht BT I*, § 11, n.º 9; WESSELS/ HETTINGER, *Strafrecht, BT/I*, 88-89 (n.º marg. 355); e aparentemente GEISLER, *Bedingungen*

a consequência grave, sendo estranha ao ilícito típico, não seria nesse contexto valorável como ilícita (ou como parcela dum facto ilícito) e, assim sendo, seria necessariamente matéria estranha à própria justificação. Ao não fazer parte do facto ilícito não estaria associada a tal circunstância um desvalor do resultado susceptível de ser afastado através da aplicação dum tipo justificador. Por outro lado, a hipótese de aplicar ao caso uma causa de justificação exigiria que se determinasse o autor do facto, por força de alguns dos pressupostos do tipo justificador (*v.g.* a agressão ilícita, a necessidade e a consciência do acto de defesa). A verificar-se tal situação a aplicação do tipo justificador afastaria apenas a responsabilidade pessoal do defendente pela comissão do homicídio (ou ofensa grave) que lhe seria individualmente imputável e, em regra, o tipo incriminador da participação em rixa continuaria a ser aplicável aos agentes envolvidos no conflito já que a causa de justificação incide sobre uma realidade normativamente estranha ao ilícito previsto no art. 151.º, n.º 1, do Código Penal.

A cisão entre a punição da participação em rixa (o ilícito do artigo 151.º, n.º 1) e a justificação do facto previsto noutro tipo legal, mas integrado objectivamente na condição de punibilidade daquela, é materialmente fundada. A cisão ganha a sua legitimidade na distinção entre a imputação do perigo associado à participação no facto colectivo (a rixa) e a verificação dum elemento que comprova a perigosidade intrínseca dessa rixa. A comprovação da especial perigosidade da rixa não é excluída pela justificação do facto que a documenta. Só o ilícito pessoal, imputado autonomamente como homicídio ou ofensas graves à integridade física, pode estar justificado, não o ilícito colectivo em que participam as demais pessoas. A autonomia estrutural e axiológica entre a participação no facto colectivo e o facto individual que realiza a condição de punibilidade permite aceitar que perigo associado ao facto colectivo não seja compensado pela causa de justificação invocável por um dos agentes. O desvalor da conduta perigosa dos participantes na rixa mantém-se intacto, pois o valor do acto de defesa individual é estranho ao desvalor de perigo inerente ao facto colectivo e aos contributos que o mesmo agrega.

Este efeito não ocorre em relação a todos os elementos que integram o tipo de punibilidade pois depende da sua concreta configuração legal. O mesmo só se verifica quando o elemento corresponda a um facto penalmente ilícito (que pode por isso ser objecto de uma causa de justificação) e quando a lei não exigir para a sua caracterização típica a ilicitude. A primeira observação leva a excluir do âmbito deste efeito a cláusula legal de execução do suicídio, condição objectiva de punibilidade no tipo incriminador do artigo 135.º do Código Penal. A

der Strafbarkeit, 331 e 336, embora de forma pouco coerente com o regime que traça para estas condições.

segunda pode ser documentada com o facto subsequente no crime de embriaguez plena, que funciona como condição de punibilidade num dos tipos incriminadores contido no artigo 295.º do Código Penal. Aqui a lei exige que o facto subsequente seja um «ilícito típico», o que impede por opção do legislador que a condição objectiva de punibilidade seja realizada com um facto justificado[242]. A qualificação deste elemento na condição objectiva de punibilidade (tal como no resultado que integra as formas de *actio liber in causa* que a incriminação acolhe) torna-a no fundo mais exigente, o que diminui reflexamente o âmbito da incriminação.

VI. *Efeito consumptivo e negação do concurso*

Um dos efeitos da cisão entre o tipo de ilícito e o tipo de punibilidade faz-se sentir sobre a pluralidade de factos que o podem integrar. Em regra, uma pluralidade de factos pode gerar uma pluralidade de crimes em concurso, mas tal só se verifica se ocorrer no âmbito do tipo de ilícito. Quando a pluralidade de factos surge no tipo de punibilidade os mesmos não fundamentam a pena, não se imputam individualmente ao autor do ilícito culposo e são sujeitos a um nivelamento funcional que neutraliza o seu significado axiológico. Tais factos passam a corresponder às funções (político-criminais e utilitárias) do tipo de punibilidade (limitação, adequação e consolidação da intervenção penal) e não permitem as diferenciações axiológicas que motivariam se fizessem parte do tipo de ilícito. Esses elementos acabam por revelar uma indiferença quantitativa e qualitativa ao ilícito imputável ao agente, exactamente porque não fazem parte do ilícito culposo e do processo de imputação do facto, mas sim e apenas das condições de intervenção do sistema penal em função do facto imputado.

Um efeito desta natureza pode ser documentado com o conteúdo de quase todas a condições objectivas de punibilidade. Assim, o crime de incitamento ao auxílio ao suicídio (artigo 135.º) é aplicável quer o suicida tenha tentado, quer

---

[242] CRAMER, in SCHÖNKE/SCHRÖDER, *StGB*, § 323 a, n.º 15. No sentido do texto, TAIPA DE CARVALHO, *Comentário Conimbricense II*, artigo 295.º, § 33; depois, PAULO PINTO DE ALBUQUERQUE, *Código Penal* (2.ª edição, 2010), artigo 295.º, anotação 12. Em rigor, o n.º 2 do artigo 295.º permite uma conclusão mais forte sobre o conteúdo da condição objectiva de punibilidade: ao criar um limite de pena para a embriaguez e intoxicação em função da pena que caberia ao facto subse-quente supõe implicitamente que este deve ser um facto punível. Por isso, se a punibilidade do facto subsequente for excluída por uma causa de desculpa (que não a própria embriaguez) ou por uma causa de não punibilidade (como uma desistência eficaz) deve entender-se, por maioria de razão, que o artigo 295.º não é aplicável. Se assim não for, estar-se-á a punir a embriaguez por si só. A questão é profundamente controvertida: por todos, PAEFFGEN, *NK-StGB*, § 323.º, n.º 69-80.

tenha consumado o suicídio (indiferença qualitativa); e a multiplicação das tentativas de suicídio não gera qualquer pluralidade crimes imputáveis ao autor do incitamento ou do auxílio (indiferença quantitativa). O crime de participação em rixa (artigo 151.º) está realizado quer tenha ocorrido a morte, quer tenham ocorrido apenas ofensas graves na integridade física de alguém (indiferença qualitativa) e continua a existir apenas um crime mesmo que a rixa tenha provocado vários mortos e feridos graves (indiferença quantitativa). Nos crimes de insolvência (artigo 227.º e ss) o reconhecimento judicial desta pode estar associado a um ou a vários factos erosivos do património geradores de diversas situações de insuficiência patrimonial que perdem, contudo, autonomia infraccional para efeito da declaração judicial que as reconheça (indiferença quantitativa). Finalmente, no crime de embriaguez e intoxicação (artigo 295.º, todos do Código Penal) o ilícito típico é – no segmento que representa uma condição objectiva de punibilidade adicionada a um crime de perigo abstracto-concreto – qualitativa e quantitativamente indiferente ao ilícito: tanto faz que seja cometido um crime de homicídio ou um crime contra o património, um facto tentado ou consumado e tanto pode ser realizado por um crime ou por três crimes, iguais ou diferentes[243].

Em qualquer um destes casos existe uma «força consumptiva» da condição objectiva de punibilidade que faz com que a pluralidade de factos subsequentes não seja equivalente a pluralidade de crimes. A indiferença qualitativa e quantitativa dos elementos do tipo de punibilidade em relação ao ilícito evidencia a sua autonomia em relação a este e constitui um obstáculo decisivo a todas as construções dogmáticas (como as de LAND, BEMMANN, ROXIN, BRICOLA ou ANGIONI) que adulteram o âmbito do facto ilícito ao pretenderem estender formas atípicas de imputação subjectiva aos elementos que integram o tipo de punibilidade.

Esta característica das condições objectivas de punibilidade faz ainda com que as mesmas sejam indicadas para restringir a punibilidade em crimes de perigo comum e em infracções de massa. Do ponto de vista processual, esta técnica legislativa pode ainda facilitar a prova e diminuir o risco de insucesso probatório por comparação com uma pluralidade de imputações individuais, pois a falta

---

[243] Este pode ser o exemplo mais discutível. No sentido de que não existe nestes casos concurso de crimes, SPENDEL, *LK-StGB*, § 323 a), n.º 326; HAFT, *Strafrecht BT*, n.º 286; KINDHÄUSER, *Lehrbuch, BT I*, 416 (§ 71, n.º 30). Sobre a relevância quer da tentativa quer da consumação no facto subsequente, PAULO PINTO DE ALBUQUERQUE, *Código Penal* (2.ª edição, 2010), artigo 295.º, anotação 13. Uma solução diferente encontra-se em TAIPA DE CARVALHO, *Comentário Conimbricense II*, artigo 295.º, § 46, que atribui relevância à pluralidade de factos ilícitos como uma forma de concurso de crimes (excepto se entre esses mesmo factos se verificar uma relação de concurso aparente).

de prova de um dos elementos que integrem o tipo de punibilidade não impede que outros o realizem sem que se altere o ilícito imputado ao agente.

§ 43. Tipo de punibilidade e garantias penais

I. Os elementos do tipo de punibilidade e os sistemas de garantias

1. A história da categoria da punibilidade evidencia uma curiosa singularidade quando se confrontam as divergências doutrinárias em torno das figuras que a integram com o problema das garantias penais: à multiplicidade de dúvidas, críticas, reservas e discordâncias sobre os pressupostos autónomos da punibilidade e respectiva integração sistemática segue-se uma assinalável convergência quanto à sua sujeição à componente de garantia do sistema penal. Assim, por exemplo, no final da década de cinquenta, pouco tempo depois de BEMMANN ter provocatoriamente afirmado que «condições objectivas de punibilidade é algo que não existe»[244] SCHMIDHÄUSER reconhecia-lhes autonomia conceptual e sistemática e preconizava de forma linear a sujeição de tais figuras a praticamente todas as garantias penais, substantivas e processuais[245], marcando desse modo uma tendência que no essencial se manteve na doutrina posterior[246].

A delimitação das garantias associadas ao tipo de punibilidade depende em parte da inserção sistemática que lhe seja reconhecida: uma concepção material do tipo de punibilidade, que o associe ao facto ilícito e culposo, enquanto pressuposto autónomo do juízo sobre o merecimento e necessidade de pena, permite estender-lhe toda componente de garantia do sistema penal desenhada para o facto criminalmente relevante. A deslocação sistemática dos elementos da punibilidade para a teoria da pena, por seu turno, implicará em coerência a inaplicabilidade das garantias exclusivamente formuladas para o facto. E a diluição

---

[244] BEMMANN, *Bedingungen der Strafbarkeit* (1957), 56.
[245] SCHMIDHÄUSER, *ZStW* 71 (1959), 559.
[246] Veja-se, em diferentes momentos e perspectivas, WELZEL, *Das deutsche Strafrecht* (11.ª edição, 1969), 58-59; JESCHECK/WEIGEND, *Lehrbuch*, 136 e 560 (§ 15, III, 2 c), e § 53, III, 3); ESER/BURKHARDT, *Strafrecht I*, 220 (19/6); ROXIN, *Strafrecht AT I* (4.ª edição, 2006), § 5, n.º 41; WALTER, *LK-StGB* (2007), *vor* § 13, n.º 181; MORMANDO, *Ridpp* (1996), 631; TERESA BELEZA, *Direito Penal*, vol. I (2.ª edição, 1998), 439, vol. II, 367-368; CASTANHEIRA NEVES, *EH-Eduardo Correia*, 310-311; MARIA FERNANDA PALMA, *Direito Penal PG* (fascículos, 1994), 94; FIGUEIREDO DIAS, *Direito Penal, PG I* (2.ª edição, 2007), 193, 267 e 284. Na jurisprudência, a sujeição dos elementos da punibilidade à vertente de garantia do sistema penal é expressamente afirmada (a propósito das condições objectivas de punibilidade) no Acórdão do STJ de uniformização de jurisprudência n.º 6/2008, de 9 de Abril (in *DR* I, 15 de Maio de 2008, p. 2672 e ss) *maxime* p. 2676 e 2677.

sistemática de alguns pressupostos da punibilidade nos pressupostos processuais deverá conduzir a uma concepção processualista das garantias aplicáveis[247].

Na economia deste estudo o tipo de punibilidade é considerado parte integrante do tipo legal de incriminação (do *Tatbestand* ou, na sua função sistemática, do tipo-de-delito) e reúne elementos em conexão imediata com o facto, que reforçam as condições de merecimento e necessidade de pena e confirmam ou restringem o âmbito da intervenção penal (fundada no tipo de ilícito e no tipo de culpa) de forma a prosseguir adequadamente as finalidades político-criminais do sistema. Enquanto parte do tipo legal, o tipo de punibilidade delimita normativamente o campo da intervenção penal e a legitimidade punitiva do Estado. É por isso um pressuposto material da pena sujeito às garantias substantivas do sistema penal, designadamente ao princípio da legalidade criminal.

A *ratio* do princípio da legalidade reside na protecção do cidadão contra o exercício do poder punitivo estatal, através da eliminação da possibilidade de uma punição inesperada, do arbítrio e do casuísmo subjectivista na determinação dos factos e das sanções criminais. O seu fundamento geral radica assim na essência do Estado de Direito: o princípio da confiança, enquanto critério regulador da segurança jurídica do cidadão[248].

---

[247] É por isso correcta a avaliação de ANGIONI, *Ridpp* (1989), 1451, quando afirma a propósito das condições objectivas de punibilidade que a tese substantiva quanto à natureza destes elementos é inequivocamente mais garantista do que a tese processualista sobre a mesma. Sobre o significado destas perspectivas na afirmação ou negação da autonomia da categoria da punibilidade consulte-se o Capítulo VI, § 31, IV. Para um confronto entre pressupostos materiais e pressupostos processuais, Capítulo VII, § 38, II.

[248] Assim, SOUSA E BRITO, *Estudos sobre a Constituição II*, 214 e ss; depois, com muitos elementos históricos, MARIA TERESA BELEZA, *Direito Penal* vol. I (2.ª edição, 1998), 325 e ss e 404 e ss; MARIA FERNANDA PALMA, *Direito Penal PG* (fascículos, 1994), 88-89, invoca a protecção das expectativas individuais, a separação de poderes e o controlo democrático das interferências na liberdade individual; FIGUEIREDO DIAS, *Direito Penal PG I* (2.ª edição), 179-180, identifica fundamentos externos (princípio liberal, princípio democrático e princípio da separação de poderes) e fundamentos internos (finalidades de prevenção e princípio da culpa) para o princípio da legalidade; CASTANHEIRA NEVES, *EH-Eduardo Correia*, 311-314, articula a segurança jurídica (previsibilidade e confiança jurídica) com o princípio democrático e a separação de poderes; FARIA COSTA, *Noções fundamentais* (2.ª edição, 2009), 24-26, sublinha a importância da garantia de segurança enquanto condição do desenvolvimento da personalidade humana; COSTA ANDRADE, «O princípio constitucional «nullum crimen sine lege» e a analogia no campo das causas de justificação», *in RLJ* 134 (2001), 76, sintetiza o seu fundamento na tutela da confiança, da liberdade e da segurança e, no plano da legitimidade punitiva, no princípio da separação de poderes; TAIPA DE CARVALHO, *Direito Penal PG* (2.ª edição, 2008), 154-155, reporta a matriz essencial do princípio da legalidade à garantia do cidadão frente ao poder punitivo do Estado, reforçando-o com o princípio da separação de poderes e com a finalidade de prevenção geral (associada ao efeito de orientação e motivação da norma penal); GOMES

A sujeição do tipo de punibilidade ao princípio da legalidade criminal implica, desde logo, que a configuração dos seus elementos se integra na reserva de competência legislativa do Parlamento (artigo 165.º, n.º 1, al. c), da Constituição). A exigência de reserva de lei reforça o princípio da confiança através do princípio democrático e associa, no nosso sistema, a delimitação da intervenção penal a uma fonte directa de legitimidade democrática[249], a um processo legislativo específico[250] e a um horizonte político criminal que, em princípio, deveria ser mais amplo e menos determinado pelo casuísmo mediático que hoje em dia condiciona severamente a actuação de qualquer poder executivo[251]. O que bem se compreende se tivermos em conta, por um lado, que o tipo de punibilidade enquanto pressuposto do crime contribui para traçar a esfera da intervenção punitiva do Estado e, por outro, que a reserva de lei se estende não só à definição dos pressupostos do crime mas também à definição de penas, medidas de segurança e regime do processo penal. Dificilmente se aceitaria por isso que elementos do tipo legal – que podem condicionar de forma decisiva o seu âmbito – fossem estranhos à exigência de reserva de lei formal.

O facto de o tipo de punibilidade contemplar elementos limitadores da intervenção penal, incluindo normas favoráveis ao arguido (como as cláusulas de desistência ou outros comportamentos reparadores) não exclui por si essa matéria da reserva relativa de competência da Assembleia[252], pois não é só a compressão da liberdade individual que justifica a intervenção do Parlamento[253], mas sim a própria delimitação político-criminal da esfera de intervenção penal. As competências positivas do Parlamento em matéria penal ficariam parcialmente inuti-

---

CANOTILHO, *Direito Constitucional* (7.ª edição, 2003), 257 e ss, para quem o princípio geral da segurança jurídica, abrangendo a protecção da confiança, é um princípio concretizador do Estado de Direito. Para uma visão de conjunto, ROXIN, *Strafrecht* AT I (4.ª edição, 2006), § 5, n.º 20 e ss.

[249] Assim, MARIA FERNANDA PALMA, *Direito Penal PG* (fascículos, 1994), 89 e 90 e ss, referindo-se a este propósito a «um controlo democrático nas interferências na liberdade individual».

[250] JORGE REIS NOVAIS, *As restrições aos direitos fundamentais*, 839 e ss, concluindo (depois de sujeitar os argumentos democráticos que procuram fundamentar a reserva de lei a uma incisiva depuração dogmática) que a dimensão essencial para compreender e justificar a reserva de lei se reporta às «qualidades intrínsecas do processo legislativo parlamentar» (*v.g.* publicidade, transparência e pluralismo).

[251] Para uma exposição sobre os referentes axiológicos da reserva de lei e, em particular, da reserva de parlamento e os seus limites, GOMES CANOTILHO, *Direito Constitucional* (7.ª edição, 2003), 724 e ss. Depois, com muitas referências e precisões fundamentais, JORGE REIS NOVAIS, *As restrições aos direitos fundamentais*, 823 e ss.

[252] Sobre o tema, MARIA FERNANDA PALMA, *Direito Penal PG* (fascículos, 1994), 90 e ss.

[253] MARIA FERNANDA PALMA, «Constituição e Direito Penal. As questões inevitáveis» in *Perspectivas Constitucionais*, vol. II, 1997, 230-231.

lizadas se o Governo dispusesse autonomamente de competências negativas no mesmo domínio, através das quais poderia reformular ou contrariar as decisões da Assembleia[254]. As competências positivas inerentes ao princípio da reserva de lei formal comportam todas as competências negativas relativas aos pressupostos da punibilidade, às penas, às medidas de segurança e ao processo penal[255].

Tão pouco é evidente que se deva estabelecer uma associação directa entre a possibilidade de recurso à analogia na aplicação do direito e o âmbito da reserva de lei, não exigindo lei do parlamento onde a analogia seja admissível[256]. A associação não pode ser consequente devido à diferente natureza e finalidade das matérias em causa. O recurso à analogia visa estender uma solução normativa a um caso específico em função de uma omissão contrária à pretensão normativa do legislador e o seu valor é limitado à decisão proferida, enquanto a reserva de lei abrange a delimitação da intervenção penal de forma geral e abstracta. Ou seja,

---

[254] Neste sentido, TAIPA DE CARVALHO, *Direito Penal PG* (2.ª edição, 2008), 157-158.

[255] Com um entendimento diferente (favorável à competência autónoma do governo para descriminalizar e crítico quanto à invocação do princípio da legalidade como fundamento para limitar tal competência), FIGUEIREDO DIAS, *Direito Penal PG I* (2.ª edição, 2007), 184 e nota 11, onde se encontra recenseada a jurisprudência constitucional sobre o tema, iniciada com o Ac. TC n.º 56/84, de 12 de Junho. No sentido do texto, PAULO PINTO DE ALBUQUERQUE, *Comentário do Código Penal* (2.ª edição, 2010), 51 (art. 1.º, n.º 2). Coincidente, quanto ao resultado, FARIA COSTA, *Noções fundamentais* (2.ª edição, 2009), 129-131, invocando um diferente fundamento: o princípio da identidade quanto aos modos de legislar (na criminalização e na descriminalização). Para uma aplicação do princípio das competências negativas à criação, alteração e eliminação de normas de desistência, veja-se o meu estudo anterior: *A relevância da desistência*, 134 e ss, *maxime* 136-137. No mesmo sentido apontam os constitucionalistas: JORGE MIRANDA, «Sobre a reserva constitucional da função legislativa» *in Perspectivas Constitucionais*, volume II, 1997, 887-888, e *Constituição Portuguesa Anotada II*, 535 (artigo 165.º, anotação III); GOMES CANOTILHO/VITAL MOREIRA, *Constituição da República Portuguesa Anotada*, Volume II, 4.ª edição (2010), 328 (anot. IX ao artigo 165.º). Na formulação de JORGE MIRANDA (*Perspectivas Constitucionais II*) «quando um órgão especificamente recebe competência para fazer leis sobre certa matéria, também só ele as pode interpretar (autenticamente), modificar, suspende ou revogar, bem como nová-las e alargar ou restringir o seu âmbito de aplicação, pois poder legislativo abrange todas estas faculdades, e não só a faculdade positiva originária». Sobre o conteúdo da reserva de lei e a sua relação histórica com o modelo de Estado, MARIA LÚCIA AMARAL, «Reserva de lei», *in Polis* 5 (1987), 427 e ss. Para uma delimitação recente do princípio da reserva de lei, em especial da reserva legislativa do Parlamento, PAULO OTERO, *Direito Constitucional Português II*, 2010, 315-321, e JORGE BACELAR GOUVEIA, *Manual de Direito Constitucional II*, 2011, 1250 e ss.

[256] MARIA FERNANDA PALMA, *Direito Penal PG* (fascículos, 1994), 93 ensaia esta associação («onde a analogia não é proibida não deverá valer a reserva de lei»), embora também lhe coloque reservas (pag. 91-92) de forma a acautelar o valor normativo da intervenção penal (que, ao contrário das decisões judiciais, não vale apenas para o caso concreto).

no recurso à analogia está em causa a adequação das soluções normativas ao caso concreto e na reserva de lei formal a organização do poder político-legislativo em matéria criminal, razão pela qual a admissibilidade da analogia ao nível judicial não pode legitimar uma diferente compreensão da extensão da reserva de lei.

A reserva de lei formal contempla qualquer forma de intervenção legislativa sobre o tipo de punibilidade que passe pela sua criação, extinção ou modificação. O que significa que uma vez definidos legalmente os pressupostos de um crime pelo Parlamento não pode o Governo autonomamente criar condições objectivas de punibilidade ou causas de exclusão ou anulação da punibilidade, através das quais se reformule o âmbito da intervenção penal associado a tais incriminações. O mesmo vale para a alteração ou eliminação de elementos do tipo de punibilidade: a modificação do conteúdo de uma condição objectiva de punibilidade ou a sua eliminação do tipo legal, bem como a reformulação ou extinção de causas de exclusão ou anulação da punibilidade só podem ser realizadas através de Lei do Parlamento ou de Decreto-Lei autorizado[257]. Assim, por exemplo, a reformulação de condições objectivas de punibilidade nos crimes fiscais (matéria consideravelmente volúvel)[258] está sujeita à reserva de competência do Parlamento. De igual modo, a criação de mecanismos de isenção da responsabilidade criminal por comportamento reparador concomitante ou posterior ao facto ou, noutro caso, a conversão de causas de isenção da pena em cláusulas de dispensa de pena (bem como o oposto) só podem ser realizadas com intervenção parlamentar[259].

2. O referente normativo essencial para a aplicação das garantias penais associadas ao tipo de punibilidade é o texto legal. A publicação oficial do texto legal constitui um critério de estabilização do seu conteúdo para todos os destinatários do mesmo, uma forma de delimitação clara da sua vigência e uma condição essencial da exigibilidade do conhecimento da lei. A publicação oficial legitima uma presunção de conhecimento da lei (ou pelo menos dessa possibilidade) que revela, contudo, consequências directas mais claras para o destinatário da norma de decisão do que para o destinatário da norma de conduta inerente ao tipo de ilícito. Para este a não publicação impede a exigibilidade de conhecimento da lei e a publicação constitui uma condição de acesso à mesma. Contudo, nas socieda-

---

[257] Veja-se FREDERICO DA COSTA PINTO, *A relevância da desistência*, 136-137, relativamente às cláusulas de desistência com efeitos isentadores de pena.
[258] Siga-se, para o efeito, MANUEL DA COSTA ANDRADE/SUSANA AIRES DE SOUSA, *RPCC* 17 (2007), 55 e ss e 59 e ss; AMÉRICO TAIPA DE CARVALHO, *O crime de abuso de confiança fiscal*, 19 e ss; ISABEL MARQUES DA SILVA, *Regime Geral das Infracções Tributárias*, 47 e ss e 228 e ss; TIAGO MILHEIRO, *Julgar* 11 (2010), 59 e ss. Veja-se ainda *supra* Capítulo V, § 26, V.
[259] Cfr. FREDERICO DA COSTA PINTO, *Jornadas* (1998), 72-85, para uma ilustração deste tipo de alterações na reforma penal de 1995.

des complexas actuais, marcadas por uma notória inflação legislativa e por algum distanciamento do poder político-legislativo em relação ao cidadão, a publicação oficial da lei não equivale ao seu conhecimento efectivo e automático pelos destinatários das normas de conduta, torna apenas exigível o seu conhecimento. A publicação do texto legal por si não exclui a relevância do erro: é, aliás, um pressuposto fáctico do mesmo, pois sem publicação nem sequer se coloca o problema da responsabilidade do destinatário da norma de ilicitude e, portanto, um problema de erro por um facto punível imputável ao agente. Para o destinatário da norma de decisão (desde logo, para as autoridades judiciárias) a publicação da lei fundamenta uma obrigação de conhecimento incompatível com a ignorância do texto legal (sob pena de a sua decisão ser viciada por erro de direito) e um dever de respeitar o seu alcance no momento da sua aplicação.

A lei penal não se reduz ao texto que expressa a decisão do legislador, mas o texto legal constitui o referente básico que estabiliza para todos os intervenientes o âmbito da intervenção penal legítima e o espaço decisório da actividade judicial. O respeito pelo «sentido possível das palavras» usadas no texto legal é um pressuposto essencial da separação entre o poder legislativo e o poder judicial, um crivo de controlo da produção legislativa e das opções político-criminais do legislador e uma garantia para o cidadão contra o exercício ilegítimo do poder punitivo estatal (garantia legal) [260]. Dentro desse espaço hermenêutico traçado

---

[260] Não o significado das palavras em si mesmas e isoladamente consideradas, mas sim o sentido do texto legal, como sublinha MARIA FERNANDA PALMA, *Direito Penal PG* (fascículos, 1994), 114, em ligação com a análise das opções nesta matéria que traça a pag. 94 e ss. Critério que constitui, no panorama das propostas doutrinárias, como demonstra de forma convincente COSTA ANDRADE, *RLJ* (2001), 73 (pp. 72-74), o mais seguro, fecundo e adequada a garantir a protecção dos valores imanentes ao princípio da legalidade criminal. No mesmo sentido, FIGUEIREDO DIAS, *Direito Penal PG I* (2.ª edição, 2007), 187 e ss, TAIPA DE CARVALHO, *Direito Penal PG* (2.ª edição, 2008), 165 e ss, TERESA BELEZA, *Direito Penal*, vol. I (2.ª edição, 1998), 426 e ss, ROXIN, *Strafrecht AT* (4.ª edição, 2006), § 5, n.º 26 e ss. Crítico da sobrevalorização do texto legal como objecto e limite da interpretação em Direito Penal, apelando antes para a sua compreensão normativa em detrimento da relevância semântico-formal da linguagem, AUGUSTO SILVA DIAS, *Delicta in se*, 409-410, nota 944, e 416: «O sentido normativamente dado pelo «Delikttypus» traça a fronteira até onde a interpretação, conforme aqui entendemos, pode ir». Uma tal compreensão das fronteiras da interpretação legítima não é aceitável. Os limites semântico-formais do texto legal têm de corresponder às fronteiras da incriminação, só podendo as suas deficiências ser ultrapassadas (*in malam partem*) por nova intervenção legislativa. Por razões materiais (de segurança jurídica perante uma decisão legislativa incriminadora) e por razões processuais (de efectividade do contraditório). Nesse sentido, o alcance normativo do *Tatbestand* pode ser confirmado ou limitado pelo *Typus*, mas não pode o aplicador do direito ultrapassar o texto legal em nome da prossecução da ideia normativa decorrente do *Typus*. Como afirma Karl LARENZ, *Metodologia*, 387, «uma interpretação que

pelo significado do texto legal, o poder judicial aplica, desenvolve e adequa de forma legítima a decisão do legislador ao acaso concreto. Para além desse limite, o poder judicial poderá estar a criar direito para o caso concreto sem referente legislativo, o que violará regras essenciais do Estado de Direito.

O desenvolvimento judicial do direito é inerente à própria actividade de aplicação da lei penal, estabiliza o âmbito de vigência material das soluções normativas e constitui a única forma legítima de elidir a presunção constitucional de inocência do arguido (garantia judicial). Antes de a lei ser aplicada o seu âmbito de vigência material é hipotético e o arguido presume-se inocente. Mas depois de transitada em julgado, a decisão judicial cria um referente (argumentativo e persuasivo) sobre o âmbito de aplicação da lei, densifica a sua pretensão de vigência material e consolida um juízo de culpabilidade ou inocência do arguido, ao ponto de a primeira afastar a presunção de inocência e o segundo impedir a reabertura de processos com o mesmo objecto (proibição de *bis in idem*). Assim, em síntese, as decisões judiciais delimitam o círculo de expectativas sobre o âmbito de vigência material da lei penal, realizam uma parte do princípio da confiança e prosseguem objectivos político-criminais do sistema jurídico-constitucional.

A aplicação judicial do direito não se pode por isso reduzir a uma mera actividade mecânica de prova dos factos e aplicação da lei[261]: a decisão judicial é a única forma legítima de elidir a presunção de inocência do arguido (artigo 32.º, n.º 2 da Constituição) e, por isso, o processo penal tem natureza constitutiva da responsabilidade criminal e é um meio essencial para prosseguir os fins do sistema penal. A adequação dos meios aos fins no sistema penal passa assim necessariamente pelo poder judicial e o processo pode realizar ou frustrar os fins que determinaram o legislador. O desenvolvimento judicial do direito é desejável e necessário, sendo apenas de repudiar quando for *contra legem*, isto é, quando for absolutamente estranho ou desrespeitar a decisão do legislador expressa no

---

não se situe já no âmbito do sentido literal possível, já não é interpretação mas modificação de sentido». Isto não obsta, pelo contrário, à compreensão normativa do texto legal e à interpretação dos conceitos legais no contexto social a que a norma se reporta para proibir o facto (LARENZ, *Metodologia*, 390 e ss, depois TERESA BELEZA, *Direito Penal*, vol. I (2.ª edição, 1998), 431 e ss, e agora HESPANHA, «Ideias sobre a interpretação», *LA-José de Sousa e Brito*, 30 e ss), mas impede que a compreensão normativa do texto incriminador vá para além da opção nele expressa semanticamente pelo legislador. De forma sintética: *o Typus* não pode fundamentar uma punição para além do sentido literal possível do texto usado no *Tatbestand*.

[261] Neste sentido, LARENZ, *Metodologia*, 443 e ss. Especificamente quanto ao Direito Penal, FIGUEIREDO DIAS, *Direito Penal PG I* (2.ª edição, 2007), 187, CASTANHEIRA NEVES, *EH-Eduardo Correia*, 329 e ss, ROXIN, *Strafrecht AT*, § 5, n.º 26 e ss e, com mais desenvolvimento, BALDÓ LAVILLA, *Homenage-Roxin*, 361-363, TERESA BELEZA, *Direito Penal*, vol. I (2.ª edição, 1998), 408 e ss, e MARIA FERNANDA PALMA, *Direito Penal PG* (fascículos, 1994), 59 e ss.

texto legal e, desse modo, frustrar, impedir ou dificultar a prossecução dos fins do sistema penal. Numa fórmula sintética: a garantia judicial não pode frustrar a garantia legal. Mas o desenvolvimento de direito *praeter legem* é legítimo se adequar a decisão legislativa expressa num texto legal imperfeito ou incompleto à prossecução dos fins do sistema penal. A garantia judicial pode e deve aprofundar e completar a garantia legal. Sendo o princípio da confiança o fundamento da exigência de legalidade criminal a actividade judicial *praeter legem* tem um limite em regra intransponível na criação do direito *in malam partem*, isto é, encontrando soluções desfavoráveis ao arguido sem apoio textual expresso[262], pois desse modo a garantia judicial estaria a ser usada para frustrar a garantia legal. Na síntese de Maria Fernanda Palma, «a selecção da conduta incriminadora é uma decisão legislativa inimitável pelo julgador através do recurso à analogia»[263].

Esta compreensão da legalidade criminal decorre entre outros aspectos da configuração constitucional das garantias penais. O texto constitucional exclui de forma inequívoca a hipótese de a punibilidade ter outro fundamento que não a lei, pois veda a punição sem lei ou para além da lei. Tais limites vigoram assim para a aplicação *praeter legem* ou *contra legem in malam partem*. Neste domínio da garantia de legalidade a Constituição e o Código Penal não colocam no mesmo plano as soluções favoráveis ao arguido. Quanto a estas o texto constitucional não cria limites equivalentes ou determina mesmo a sua aplicação fora dos pressupostos normais de vigência da lei, como acontece com o dever de aplicar retroactivamente as leis penais favoráveis ao arguido (artigo 29.º, n.º 4, *in fine* da Constituição), apesar de a vigência destas não ter conexão com o facto usado como critério de vigência temporal (artigo 3.º do Código Penal). Deste regime resulta que uma norma favorável aplicada retroactivamente não funciona como norma de conduta para o cidadão, mas apenas como norma de valoração e norma de decisão para o Tribunal. Generalizado este entendimento, decorre da axiologia constitucional a possibilidade de aplicar normas penais favoráveis como normas de valoração a casos que estariam em princípio fora da vigência material da lei. Isto mesmo é confirmado pelo disposto no n.º 3 do artigo 1.º do Código Penal que *a contrario sensu* autoriza o recurso à analogia favorável ao arguido[264].

Em suma, o desenvolvimento judicial do direito é legítimo se for *praeter legam* (e não *contra legem*) e *in bonam partem*, na exacta medida em que respeita a *ratio* do

---

[262] Taipa de Carvalho, *Direito Penal PG* (2.ª edição, 2008), 166-167.
[263] Maria Fernanda Palma, *Direito Penal PG* (fascículos, 1994), 98.
[264] Figueiredo Dias, *Direito Penal PG I* (2.ª edição, 2007), 193 (Cap. 8, § 30); Maria Fernanda Palma, *Direito Penal PG* (fascículos, 1994), 102; Teresa Beleza, *Direito Penal vol II* (2.ª edição, 1998), 437 e ss; Taipa de Carvalho, *Direito Penal PG* (2.ª edição, 2008), 168.

princípio da legalidade, a axiologia do sistema constitucional de garantias penais e constitui uma forma de prosseguir objectivos do sistema penal.

3. Sendo o tipo de punibilidade uma parte explícita ou implícita do tipo legal, com uma função restritiva da intervenção penal e incidência não na norma de conduta (inerente ao tipo de ilícito) mas na norma de decisão (que funciona como quadro de valoração para o aplicador do Direito) estamos à partida no âmbito de pressupostos da pena que podem, por um lado, consentir uma aplicação *praeter legem* favorável ao arguido e, por outro, motivar uma interdição de aplicação *in malam partem*.

O que seja criação do direito *in malam partem* no âmbito do tipo de punibilidade depende da natureza dos elementos que o integram e dos resultados obtidos com a operação hermenêutica. A formulação legal dos elementos que integram o tipo de punibilidade pode ser positiva ou negativa: no primeiro caso o legislador cria no tipo legal um pressuposto adicional ao tipo de ilícito e ao tipo de culpa, de cuja realização efectiva depende o juízo sobre a relevância penal do facto, como acontece com as condições objectivas de punibilidade. No segundo, o tipo de punibilidade está implícito no tipo legal e o legislador cria cláusulas legais autónomas que uma vez verificadas excluem ou afastam o tipo de punibilidade implícito na incriminação em causa.

A operação hermenêutica que pode lesar a garantia de legalidade é assim inversa nos dois casos: nas condições objectivas de punibilidade a violação da legalidade consiste em incluir na sua previsão casos não expressamente contemplados no texto legal, o que terá um efeito directo no alargamento da punibilidade, como acontecerá caso se pretenda equiparar ofensas qualificadas (artigo 145.º) às ofensas graves (artigo 144.º) na condição de punibilidade da participação em rixa (artigo 151.º, n.º 1, todos do Código Penal) ou, num caso relativamente recente e não isento de dúvidas, aceitar que para efeito de abuso de confiança fiscal (artigo 105.º, n.º 4 al. b) do RGIT) a notificação do contribuinte pela administração fiscal e a concretização do montante em dívida, estando em falta, possa ser feita pelo Ministério Público ou pelo Tribunal[265]. Já a aplicação analógica de

---

[265] Siga-se para o efeito Isabel Marques da Silva, *Regime Geral das Infracções Tributárias*, 228-231. Depois, com pormenor, Tiago Milheiro, *Julgar* 11 (2010), 70 e ss, aceitando a notificação pelo Tribunal mas não a concretização dos montantes em dívida. O Ac. do Tribunal Constitucional n.º 409/2008, de 31 de Julho, aceitou, contudo, tal solução como sendo conforme ao princípio da legalidade, contrapondo para o efeito a letra do n.º 4, al. b) ao artigo 105.º do RGIT ao n.º 6 do mesmo artigo. No mesmo sentido, o Ac. do STJ n.º 6/2008, de 9 de Abril de 2008 (in DR I, de 15 de Maio de 2008, pp. 2672 e ss), onde se encontra recenseada a jurisprudência nacional sobre a matéria. Esta possibilidade não é contudo aceitável, porque, em rigor, equivale a tratar processualmente como crime (para vários efeitos) um facto que

uma condição objectiva de punibilidade a um tipo legal que não a contempla terá o efeito *in bonam partem* (restringe o campo de aplicação da incriminação), mas poderá ser proibida por não se justificar ou por adulterar o âmbito da incriminação a que é aplicada. Tais casos corresponderão a situações em que dificilmente se verifica o pressuposto do recurso à analogia, pois a ausência dessa solução é normalmente equivalente a uma decisão legislativa e não a uma omissão indevida de regulação[266]. Assim não será nos casos em que perante elementos históricos, sistemáticos e teleológicos for possível afirmar a existência não de uma decisão legislativa por omissão, mas sim de um erro de técnica legislativa, caso em que a aplicação analógica de uma condição objectiva de punibilidade não parece estar categoricamente vedada[267]. Nas causas de exclusão ou anulação da punibilidade é a restrição do seu campo de aplicação em relação ao texto legal (redução teleológica) que gera um efeito incriminador indirecto (ou reflexo)[268]: a exclusão de casos inequivocamente abrangidos pelas cláusulas legais ou a formulação de

---

na altura em que o problema se suscita só o pode ser depois do não pagamento posterior à notificação do contribuinte. Por isso tal solução não poderia sem mais ser adoptada na fase de julgamento, o que parece pelo artigo 42.º, n.º 4 do RGIT, ao não permitir o encerramento do inquérito enquanto não for determinada a situação tributária ou contributiva da qual dependa a qualificação criminal dos factos. Contra a possibilidade de ser o tribunal e não a administração fiscal a proceder à notificação e ao cálculo dos valores a entregar, MANUEL DA COSTA ANDRADE/SUSANA AIRES DE SOUSA, *RPCC* 17 (2007), 67-69, invocando razões de legalidade e de igualdade contra a hipótese de se verificar tal substituição.

[266] Assim, por exemplo, tendo em conta a natureza e a intencionalidade normativa do crime de propaganda do suicídio (artigo 139.º do Código Penal) a punibilidade do facto ilícito que o mesmo contempla não pode ser condicionada pela exigência da cláusula de efectiva execução do suicídio, prevista no artigo 135.º, n.º 1, do Código Penal (já conclusão diferente pode ser admitida quanto à limitação do crime agravado previsto no n.º 2 do mesmo artigo 135.º pela condição objectiva de punibilidade descrita no n.º 1).

[267] O Ac. STJ n.º 8/2010, de 14.07.2010 (uniformização de jurisprudência) (in *DR I* n.º 186, de 23.09.2010) enfrentou um problema semelhante quanto a saber se os limites quantitativos mínimos do crime de abuso de confiança fiscal (artigo 105.º, n.º 1 do RGIC) eram ou não aplicáveis ao crime de abuso de confiança contra a segurança social (artigo 107.º do RGIT). Antes da questão de saber se a natureza do elemento em causa consentia ou não o uso da analogia (questão que ficou em segundo plano em função da tese que fez vencimento), importa determinar se existe ou não no RGIT uma lacuna por omissão não deliberada do legislador, ao não referir expressamente na remissão do artigo 107.º limites equivalentes aos que usa no artigo 105.º do RGIT (opinião que se evidencia em alguns dos votos de vencido, em especial nos elementos históricos apresentado pelo Conselheiro Santos Cabral, que qualifica tal omissão como «uma clara inépcia legislativa») ou se, diversamente, tal omissão corresponde a uma intenção legislativa que, por isso, excluirá a existência de uma alegada lacuna a integrar pelo aplicador do direito.

[268] CASTANHEIRA NEVES, *EH-Eduardo Correia I*, 309-310, nota 8.

exigências sem apoio legal expresso para condicionar a aplicação de uma causa de exclusão ou anulação da punibilidade limitam a sua aplicação e impedem a neutralização do tipo de punibilidade[269].

Numa conclusão sintética: o alargamento de um pressuposto positivo da punibilidade ou a restrição de um pressuposto negativo da punibilidade que estendam para, além da opção expressamente traçada pelo legislador no texto legal, o campo da intervenção penal efectiva constituem operações hermenêuticas proibidas.

II. Vinculação à lei e analogia nas causas de não punibilidade

1. O problema de saber se é ou não possível usar analogia no âmbito do tipo de punibilidade tem sido suscitado pela doutrina a propósito das causas de não punibilidade (em sentido amplo). A ausência de referências equivalentes à possibilidade de alargamento do âmbito de condições objectivas de punibilidade por analogia deve ser entendida como indício de uma recusa tácita da mesma, devido ao seu efeito incriminador directo[270]. Relativamente às causas de exclusão ou anulação de punibilidade a questão será diferente pois a sua aplicação analógica *in bonam partem* alargaria o espaço da não punibilidade sendo por isso favorável ao arguido.

A questão tem tido uma resposta em dois planos distintos: num plano mais específico, quando se considera a hipótese de uma causa de não punibilidade ser aplicada por analogia a casos que o seu texto não contempla, e num plano mais geral, quando se pondera a possibilidade de recurso à analogia em relação às diversas dirimentes (causas de justificação, de desculpa ou de não punibilidade). As soluções que se encontram num e noutro caso não são exactamente coincidentes.

A resposta que se encontra de forma recorrente em especial na doutrina italiana e espanhola que sobre a matéria se tem especificamente pronunciado é em regra de sentido negativo: o poder judicial não poderá aplicar analogicamente causas de exclusão ou anulação da pena[271]. Uma linha divergente tem-se afirmado,

---

[269] Coincidente, ROXIN, *Strafrecht AT I* (4.ª edição, 2006), § 5, n.º 41, ao relacionar o princípio da legalidade com as condições objectivas de punibilidade e as causas de não punibilidade. Sobre as formas de redução teleológica em dirimentes, COSTA ANDRADE, *RLJ* (2001), 74-76, e 130 e ss.

[270] Recusa que, no caso de MARTINEZ PEREZ, *Condiciones objetivas de punibilidad*, 120, é expressa, ao sustentar a aplicação às condições objectivas de punibilidade de todas as garantias associadas ao tipo (designadamente a proibição de analogia e a proibição de retroactividade). Coincidente, entre nós, o Ac. STJ n.º 6/2008, de 9 de Abril de 2008 (*in DR I* n.º 94, de 15 de Maio de 2008, p. 2677).

[271] Veja-se por exemplo VASSALLI, *Enciclopedia VI* (1960), 623; ZICCONE, *Le causa «sopravvenute» di non punibilità*, 35-36; MARINUCCI/DOLCINI, *Manuale* (3.ª edição, 2009), 60-61. PATRÍCIA

contudo, numa parte da doutrina portuguesa e alemã, a partir da admissibilidade da aplicação analógica de (todas ou algumas) circunstâncias dirimentes, por se tratar de analogia *in bonam partem*[272]. Uma e outra solução assentam em perspectivas diferentes sobre o significado das causas de não punibilidade.

A linha restritiva sobre o uso da analogia nas causas de não punibilidade revela alguma continuidade histórica[273], sendo hoje apoiada essencialmente por dois argumentos: por um lado, seriam situações excepcionais traçadas pelo legislador e, por isso, não seriam aplicáveis senão aos casos expressamente previstos, pois só estes poderiam justificar a renúncia à pena tendo sido cometido um ilícito culposo[274]. Por outro lado, não seria legítimo invocar simplesmente o efeito

---

FARALDO CABANA, *Causas de levantamiento de la pena*, 199-203. Mas também na doutrina alemã, MAURACH/ZIPF, *Strafrecht AT 1*, § 35, n.º 33.

[272] FIGUEIREDO DIAS, *Direito Penal PG I* (2.ª edição, 2007), 193 (Cap. 8, § 30); TAIPA DE CARVALHO, *Direito Penal PG* (2.ª edição, 2008), 332 e 493; FARIA COSTA, *Noções fundamentais* (2.ª edição, 2009), 144; PAULO PINTO DE ALBUQUERQUE, *Código Penal* (2.ª edição, 2010) artigo 1.º, anotações 8 e 9. Na doutrina alemã, por todos, JESCHECK/ WEIGEND, *Lehrbuch*, 136 (§ 15, III, 2 d), e ESER/BURKHARDT, *Strafrecht AT I*, 23 e ss (2/28 e ss).

[273] Verifica-se na realidade a partir do século XIX uma clara e progressiva limitação da possibilidade de o juiz decidir autonomamente uma renúncia à pena, condicionando-a à existência de uma expressa previsão da lei penal. Tendência a que não será estranho o pensamento legalista inerente ao movimento codificador e o propósito de controlar a liberdade do poder judicial a partir do período do Iluminismo. Não surpreende por isso que CARRARA excluísse o recurso a critérios de utilidade e de ordem geral, afirmando que as diversas causas de exclusão da responsabilidade funcionavam como um catálogo fechado (*Programma I*, § 53). E que a doutrina francesa que defendia a autonomia das *excuses absolutoire* relativamente aos *faits justificatifs* e às *causes de non imputabilité* – como ORTOLAN, TISSOT e GARRAUD – sublinhasse que as mesmas (ao contrário das meras circunstâncias atenuantes) eram previstas pelo legislador penal de forma expressa e abstracta (ORTOLAN, *Éléments I*, § 1080 ; TISSOT, *Le Droit Pénal I*, 71-72 ; GARRAUD, *Précis* (1º edição, 1881), 329 (§ 528)). O que, de resto, correspondia genericamente à doutrina consagrada no art. 65 do *Code Pénal* de 1810 (veja-se, CHAUVEAU e HÉLIE, *Théorie du Code Pénal I*, 475 e ss.).

[274] Em Espanha, QUINTERO OLIVARES, MORALES PRATS e PRATS CANUT, *Manual de Derecho Penal*, PG, 1999, 446, defendem expressamente esta posição de estrita vinculação à lei: «É pois importante advertir que no nosso Direito não existe uma cláusula aberta e geral que permita aos Tribunais considerar livremente a oportunidade de impor a pena em função de critérios de conveniência, de necessidade preventiva ou de política criminal. Os casos em que um facto típico, ilícito e culpável não é castigado – por falta de pressupostos de punibilidade, estão legalmente «taxados». Fora deles, a possível inconveniência de impor uma pena não teria outra via para resolver-se que a do indulto através do processo previsto para a sua concessão». No mesmo sentido, em Itália, RAMACCI, *Corso*, 642-643, defendendo a impossibilidade de aplicação analógica das causas de não punibilidade devido à sua natureza excepcional (*carattere eccezionale*). Ainda, FIANDACA/MUSCO, *Diritto Penale*, 96 e, depois, MARINUCCI/DOLCINI,

favorável ao arguido para legitimar o recurso à analogia em causas de não punibilidade, porque tal operação seria equivalente à criação judicial de direito e estaria por isso vedada[275].

Nenhum dos argumentos constitui na verdade um obstáculo decisivo em relação à extensão do campo de aplicação de causas de não punibilidade por analogia. A excepcionalidade da não punição de um ilícito culposo perde a sua força persuasiva se for vista no plano da prossecução dos fins do sistema penal e do cumprimento das condições do recurso à analogia. Nesta perspectiva, não estamos verdadeiramente perante uma excepção a uma regra geral que veria a não punibilidade como excepção à punibilidade associada ao ilícito culposo, mas antes no plano da articulação dos pressupostos da responsabilidade criminal que, no plano funcional, são equivalentes entre si e contribuem cumulativamente para delimitar a esfera de intervenção penal. O tipo de punibilidade não representa assim o funcionamento de uma regra excepcional em relação ao ilícito culposo, mas um elemento necessário para legitimar o recurso à pena estatal em cada caso.

Num Estado de Direito fundado sobre o princípio da liberdade, em que o recurso à pena estatal é orientado pelo princípio da subsidiariedade e só é legítimo se a pena for adequada, necessária e proporcional, a não punibilidade por falta carência punitiva não pode ser considerada uma excepção mas uma forma de prosseguir os fins do sistema punitivo. O que existe de característico numa causa de não punibilidade não é por isso a sua excepcionalidade mas sim a sua singularidade em função das circunstâncias que contempla. Essa singularidade não se opõe por si à extensão analógica de uma causa de não punibilidade se tal se revelar necessário para prosseguir de forma adequada e sistematicamente congruente os fins da pena estatal, apenas exige a demonstração da equivalência ou proximidade de situações para legitimar tal decisão. A solução contrária corresponde à aceitação implícita de que na generalidade das matérias se poderia identificar uma intervenção imperfeita do legislador que, por razões não facilmente explicáveis, beneficiaria de uma infalibilidade extraordinária no domínio das causas de não punibilidade.

A possibilidade de ser invocada uma causa de não punibilidade para valorar casos não contemplados na lei só terá fundamento material se tal for necessário para prosseguir de forma adequada os fins do sistema penal, que poderiam ser postos em causa com a não aplicação de tal solução ao caso omisso. Trata-se, portanto, de um processo hermenêutico controlado, controlável e orientado por fins legítimos. Seguindo ESER e BURKHARDT, esse processo supõe três passos

---

Manuale (3.ª edição, 2009), 60, pronunciam-se em sentido equivalente proibido a analogia nas causas de não punibilidade em função da sua natureza excepcional.
[275] PATRÍCIA FARALDO CABANA, *Causas de levantamiento de la pena*, 199-203.

essenciais: a comprovação da lacuna (uma omissão normativamente inaceitável), a comprovação da semelhança (entre o caso omisso e o caso regulado) e a comprovação da identidade axiológica (uma coincidência no essencial entre os casos que reclama a mesma solução jurídica)[276]. O que vale por dizer que a aplicação analógica da causa de não punibilidade só será material e teleologicamente legítima se for o meio adequado para prosseguir tais fins, postos em causa com a recusa de tal solução. Assim, quando por exemplo a doutrina alemã estende a aplicação das normas (gerais e especiais) de desistência a crimes de empreendimento que literalmente não autorizam sua aplicação[277] não está a alargar o âmbito de uma excepção, mas sim a encontrar espaço normativo para uma solução que (por comparação com os demais casos de não punibilidade do desistente) se justifica no plano dos fins das penas, do interesse político-criminal na tutela dos bens jurídicos ameaçados e da igualdade entre os agentes. A alternativa será negar o privilégio da desistência e aplicar a pena, eventualmente atenuada, o que não se justifica nem do ponto de vista das exigências de prevenção geral e especial, nem no plano da tutela dos bens jurídicos em causa nem no plano da justiça material.

O recurso à analogia em casos desta natureza será sempre uma solução teleologicamente orientada para a prossecução dos fins político-criminais do sistema: trata-se de não punir um caso concreto que não se revela carente de punição por as suas circunstâncias serem materialmente mais próximas da situação de não punibilidade expressamente regulada do que o oposto. Reduzir a questão à natureza excepcional da norma é ignorar toda a materialidade subjacente ao problema. Fundamental é por isso demonstrar a pertinência da norma de valoração em relação ao caso que a mesma não contempla e a carência de tal solução por semelhança estrutural, axiológica e teleológica. A singularidade do caso regulado não constitui assim fundamento para negar a aplicação analógica da causa de não punibilidade, pois as condições de recurso à analogia (existência duma omissão contrária ao plano do legislador, semelhança entre o caso omisso e o caso regulado e identidade axiológica que justifica a mesma resposta jurídica) são garantia suficiente de que o aplicador do Direito se situa ainda no âmbito material da solução jurídica congruente com a decisão legislativa e não para além dela ou contra ela.

Era por isso perfeitamente pensável, antes da reforma penal de 2007, aplicar a indicação ética da interrupção voluntária da gravidez em casos de violação a situações semelhantes (à gravidez resultante de uma inseminação artificial não

---

[276] ESER/BURHARDT, *Strafrecht I*, 25 (2/38), que seguem no essencial o pensamento de Engisch e Larenz sobre a matéria.
[277] JESCHECK/WEIGEND, *Lehrbuch*, § 51, V, 3; ESER/BURKHARDT, *Strafrecht I*, 23 (2/28); ROXIN, *Strafrecht AT I* (4.ª edição, 2006), § 5, n.º 44, com referências a mais casos.

consentida) mas não contempladas na letra da lei[278]; ou, actualmente, aplicar o regime de desistência do comparticipante (artigo 25.º do Código Penal) a tipos incriminadores realizados em autoria singular mas em que o autor (tal como o mero participante nas situações de desistência em comparticipação) não exerce o domínio da acção lesiva (*v.g.* no crime de incitamento ou auxílio ao suicídio)[279].

A soluções desta natureza não se pode opor simplesmente que se traduzem em momentos de criação de Direito, não só por isso não ser completamente exacto (tratando-se da extensão normativa de direito expresso) como também pelo facto de essa recusa implicar o retorno a uma solução insatisfatória e incompatível com os valores e fins do sistema penal no caso concreto. É duvidoso, desde logo, que se possa falar de criação jurisprudencial de Direito quando um Tribunal determina uma solução que vale não no plano normativo (isto é, de forma geral e abstracta, para o futuro) mas apenas para o caso concreto[280] (incidindo portanto sobre o passado) e cuja subsistência fica sujeita ao contraditório e depende também da concordância das instâncias de recurso, incluindo o eventual controlo da constitucionalidade. Por outro lado, identificar uma solução adequada por analogia não é pura e simplesmente equivalente à criação de direito, porque se trata ainda da decisão legislativa que é estendida (na sua vigência material) a um outro caso carente dessa mesma solução. Uma decisão desta natureza não tem valor normativo mas apenas valor decisório e persuasivo, no plano da conformidade da decisão judicial aos fins do sistema e, em especial, da justiça do caso concreto. Se for inadequada ou intolerável tal decisão não subsistirá em recurso e esse é um controlo racional preferível à elementar lógica formal de negação da solução por não estar expressamente contemplada no texto legal.

Quando o problema do recurso à analogia é perspectivado no plano geral da sua utilização em relação a circunstâncias dirimentes da responsabilidade penal, verifica-se uma maior abertura da doutrina à sua aplicabilidade, quer em relação a causas de justificação ou, de forma mais ampla, em relação também a causas de desculpa e de não punibilidade. Apesar da diversidade de opiniões sobre os

---

[278] O exemplo é de MARIA FERNANDA PALMA, *Direito Penal PG* (fascículos, 1994), 118, que considera tal cláusula legal não uma causa de não punibilidade mas sim uma causa de justificação, enquadramento que não altera no entanto o essencial do problema da sua aplicação analógica (apenas o pode densificar, pelo problema da permissão de actuar contra outro bem jurídico merecedor de tutela penal).

[279] FREDERICO COSTA PINTO, *A relevância da desistência*, 290. Agora, no mesmo sentido, AUGUSTO SILVA DIAS, *Crimes contra as pessoas*, 79-80. Em sentido contrário, exigindo o impedimento efectivo da consumação, PAULO PINTO DE ALBUQUERQUE, *Código Penal* (2.ª edição, 2010), artigo 135.º, anotação 17.

[280] GOMES CANOTILHO/VITAL MOREIRA, *Constituição anotada I* (4.ª edição, 2007), artigo 29.º, anot. IV.

limites do uso da analogia nestes casos[281], o ponto de partida é comum: o fundamento básico do princípio da legalidade não pode sem mais ser invocado para proibir o recurso à analogia em normas favoráveis, porque isso seria contrário à própria finalidade do princípio em causa[282].

O recurso à analogia em causas de justificação afigura-se, aliás, mais complexo do que idêntica operação em causas de não punibilidade, pois no primeiro caso cria-se (num momento *ex post*) uma norma de conduta e uma norma de valoração não escritas e um possível efeito de sujeição da contra-parte do agente que beneficia da justificação supra-legal. Mesmo que este efeito seja limitado interpretativamente[283] ele começa por existir no plano sistemático o que não acontece com a analogia nas causas de não punibilidade: esta afasta o tipo de punibilidade, pelo que o seu efeito se faz sentir apenas no plano da norma de valoração a aplicar (retroactivamente) pelo intérprete e não no plano intersubjectivo das normas de conduta que regulam relações sociais conflituantes (e que, por isso, devem em regra existir no momento da actuação dos agentes). O alargamento da não punibilidade por analogia não afasta o tipo de ilícito e o tipo de culpa, razão pela qual não exclui o direito de legítima defesa de quem é agredido nem a possibilidade de funcionarem os mecanismos da responsabilidade civil ou disciplinar, podendo uma parte dos objectivos do sistema serem prosseguidos por esta via (reparação de danos ou sanções alternativas de natureza profissional)[284].

---

[281] Sobre o tema, MARIA FERNANDA PALMA, *A justificação por legítima defesa*, designadamente pag. 772 e ss. Depois, COSTA ANDRADE, *RLJ* (2001), 130 e ss. Sobre os cuidados e limites quanto ao uso de analogia nos tipos de desculpa, AUGUSTO SILVA DIAS, *EH- JFD*, 248-253, e CURADO NEVES, *Crimes passionais*, 648 e ss, 719 e ss.

[282] SOUSA E BRITO, *Estudos sobre a Constituição II*, 233-234; FIGUEIREDO DIAS, *Direito Penal PG I* (2.ª edição, 2007), 192-193; COSTA ANDRADE, *RLJ* (2001), 131 e 136. Mais desenvolvimentos em MARIA FERNANDA PALMA, *Direito Penal PG* (fascículos, 1994), 116 e ss, por referência às normas permissivas, afirmando que o recurso à analogia é possível na medida em que «tais normas não são descrições típicas das condutas permitidas, mas mero afloramento dos princípios ou critérios gerais de solução de conflitos de interesses ou direitos». Por isso, conclui, «nelas o texto jurídico não é pré-determinante como nas normas incriminadoras». Expressamente a favor da analogia nos âmbito dos pressupostos autónomos da punibilidade, PAULO PINTO DE ALBUQUERQUE, *Código Penal* (2.ª edição, 2010), nota prévia ao artigo 19.º, anotação 9.

[283] FIGUEIREDO DIAS, *Direito Penal PG I* (2.ª edição, 2007), 463 (Cap. 16, § 37); MARIA FERNANDA PALMA, *A justificação por legítima defesa*, 777 e ss; COSTA ANDRADE, *RLJ* (2001), 136 e ss.

[284] Este regime poderia, em si mesmo, tornar menos problemática a admissão de cláusulas supra legais de não punibilidade por contraposição às causas de justificação e desculpa dessa natureza, mas a doutrina em regra não o aceita pacificamente. Sirva de exemplo a resposta, tão peremptória quanto lacónica, de MAURACH e ZIPF a esta possibilidade: não são admissíveis causas supra legais de não punibilidade (*Strafrecht AT I*, § 35, n.º 33). É compreensível que num sistema fundado na legalidade e na separação de poderes a hipótese de invocar direc-

2. Tudo ponderado, existem boas razões para admitir a analogia *in bonam partem* no âmbito de causas de exclusão e anulação da punibilidade, oferecendo ao Tribunal essa possibilidade de decisão teleologicamente orientada no contexto dum sistema aberto de análise do crime e da responsabilidade criminal. O procedimento está naturalmente sujeito aos crivos de qualquer progressão analógica por via judicial: comprovação da lacuna, da semelhança e da identidade axiológica quanto à decisão a tomar, concretamente a necessidade de adoptar para o caso

tamente as valorações imanentes ao tipo de punibilidade para legitimar uma decisão penal absolutória sem lei expressa seja dificilmente aceitável. O que não significa, contudo, que no plano material uma hipótese dessa natureza não se pudesse justificar perante a necessidade extrema e residual de evitar uma injustiça intolerável na decisão do caso por aplicação formal da lei. De qualquer modo, o facto de o sistema dogmático contemplar causas de justificação e de desculpa, de admitir o seu alargamento por via da analogia e (com particulares reservas) aceitar por vezes a invocação de cláusulas supra legais e de prever ainda soluções específicas de atenuação efectiva da responsabilidade torna naturalmente limitada a esfera de incidência de causas de não punibilidade sem previsão legal expressa. O que no plano sistemático é ainda reforçado pela prevalência da justificação e da desculpa sobre a não punibilidade. Neste contexto, a não punibilidade poderia ter uma vocação correctora quando a solução alternativa (condenação) se afigurasse (sempre por referência ao facto e às suas circunstâncias) materialmente inaceitável e contrária às próprias finalidades do sistema punitivo. Na falta de lei expressa, os referentes legitimadores de uma decisão judicial absolutória nestes casos só se poderiam reconduzir à necessidade de pena, à diferença decorrente do princípio da igualdade e ao contraditório processual sobre tal decisão. Através do primeiro aspecto o aplicador do direito tornaria consequente no caso concreto as valorações constitucionais que legitimam a pena estatal (artigo 18.º, n.º 2, da Constituição), questionando em particular a sua adequação ou necessidade perante as circunstâncias concretas em que o facto foi praticado. O que equivaleria, por seu turno, a reconhecer diferenças essenciais entre os casos nucleares abrangidos pelo *Tatbestand* e o caso específico em apreço que impediriam, pela singularidade deste, a sujeição ao tipo de punibilidade que aquele integra. O último aspecto – contraditório no processo – limitaria as possibilidades de decisão arbitrária, pelo controlo horizontal e vertical da decisão judicial (isto é, o controlo recíproco entre os diversos sujeitos processuais e o controlo exercido pelos poderes de cognição do tribunal superior), e acabaria por oferecer uma forma de legitimação específica para tal caso: a decisão judicial (emanação específica de um órgão de soberania) seria vinculativa apenas para o caso concreto e meramente persuasiva quanto aos demais. O dever de fundamentar a decisão (e, por isso, de identificar a diferença e as razões que justificam a não punibilidade) e a possibilidade de contraditório (e de recurso) seriam a única forma de garantir uma parte dos objectivos visados com a legalidade criminal, concretizando o princípio da igualdade (pela justificação da diferença) e tornando consequente o princípio da proporcionalidade e da necessidade da pena. O que vale por dizer que em tais casos não se estaria perante problemas estritos de legalidade, mas sim de eventual conflito entre princípios constitucionais (LARENZ, *Metodologia*, 490 e ss; GOMES CANOTILHO, *Direito Constitucional*, 1182 e ss): por um lado, o princípio da legalidade e, por outro, os princípios da necessidade punitiva e da igualdade.

omisso a mesma solução criada para o caso regulado como forma de prosseguir o fim legítimo que orienta o legislador e que deve igualmente orientar o aplicador do direito. Para o efeito este irá adoptar uma norma de decisão para o caso concreto que dará corpo às valorações imanentes ao tipo de punibilidade, negando a atribuição de responsabilidade (por falta do tipo de punibilidade) sempre que a solução oposta se revelar inadequada, desnecessária ou desproporcionada.

Esta hipótese pode ser ilustrada com a aplicação analógica dos regimes gerais de desistência (artigos 24.º e 25.º do Código Penal) a situações que os mesmos expressamente não contemplam: desistência em crimes negligentes de perigo, desistência ineficaz por facto de terceiro e desistência eficaz por actuação da vítima.

Os regimes gerais de desistência estão formulados em regra para factos dolosos, como resulta da sua referência à tentativa e à comparticipação que têm no nosso sistema essa natureza. Trata-se de um resquício histórico do regime nuclear da desistência da tentativa (suspensão da execução e impedimento da consumação). Não existe contudo qualquer razão materialmente relevante para negar o privilégio da desistência previsto no artigo 24.º do Código Penal aos autores de crimes de perigo negligentes (por exemplo, no domínio dos crimes de perigo comum[285]) que, apesar da consumação formal do facto, impeçam a verificação do resultado materialmente lesivo (aquele que a própria lei pretende evitar com a incriminação). Pelo contrário: se tal pode acontecer em factos mais graves (dolosos) por maioria de razão se deve admitir em facto menos graves (negligentes) em que o agente, apesar da consumação formal e da verificação do perigo, impede através de uma conduta voluntária a verificação do dano[286].

Corrobora este entendimento o fundamento da desistência, os efeitos da mesma sobre o tipo de punibilidade e a finalidade do sistema penal. A conduta voluntária do agente que se traduz num acto contrário ao facto praticado diminui consideravelmente as exigências de prevenção especial. A natureza reparadora do seu comportamento possui um elevado efeito de prevenção geral e o impedimento da lesão do bem jurídico prossegue por acto próprio a finalidade de

---

[285] No capítulo dos crimes de perigo comum estão previstas diversas incriminações de perigo negligente, como os incêndios, explosões e outras condutas especialmente perigosas (artigo 272.º, n.º 3), energia nuclear (artigo 273.º, n.º 3), incêndio florestal (artigo 274.º, n.º 4 e 5), infracção de regras de construção, dano em instalações e perturbação de serviços (artigo 277.º, n.º 3), danos contra a natureza (artigo 278.º, n.º 3), poluição (artigo 279.º, n.º 2), perigo relativo a animais ou vegetais (artigo 281.º, n.º 3), corrupção de substâncias alimentares ou medicinais (artigo 282.º, n.º 3) e propagação de doença, alteração de análise ou de receituário (artigo 283.º, n.º 3, todos do Código Penal).

[286] Para um primeiro enquadramento destes casos, veja-se o meu estudo anterior *A relevância da desistência*, 54-55 e 289.

preservação dos interesses materiais cuja tutela justifica a incriminação. O tipo de punibilidade implícito em cada uma das incriminações (a específica necessidade de pena para o caso concreto) é assim neutralizado por facto voluntário do agente. O que corresponde – por outra via e numa situação extrema, de iminência lesiva dos bens jurídicos tutelados – aos objectivos que o próprio sistema penal visa prosseguir com a ameaça abstracta da pena para tal facto, cuja necessidade no caso concreto depois da desistência do agente é drasticamente questionada.

A esta solução não se opõe o facto de existir uma norma especial de desistência para estes crimes, prevista no artigo 298.º do Código Penal, por duas razões: por um lado, o regime especial aplica-se a partir do momento em que existindo um dano (consumação material) este ainda não é considerável (e a conduta reparadora do agente evita que o dano adquira tal dimensão), enquanto o regime geral de desistência se aplica em momento posterior à consumação formal do perigo mas anterior à verificação do dano[287]; por outro, a exclusão da punibilidade tem precedência material e metodológica sobre qualquer ponderação das consequências jurídicas do facto (seja uma dispensa de pena, seja uma atenuação da pena) já que estas supõem integralmente realizado o crime (o tipo de ilícito, o tipo de culpa e o tipo de punibilidade)[288].

De igual modo torna-se necessário aplicar o regime do artigo 25.º a situações em que, apesar de não existir comparticipação, um terceiro consuma o crime e impede a eficácia da desistência de um agente que está a tentar evitar a lesão do bem jurídico ou que actuou em momento anterior. A aplicação literal do artigo 24.º não contempla esta hipótese, mas apenas as situações em que a desistência é bem sucedida (artigo 24.º, n.º 1) e a situação inversa (no n.º 2 do preceito) em que apesar do esforço sério do agente um facto independente (designadamente a conduta de um terceiro) impede a consumação do crime[289]. Nos casos em apreço acontece o oposto: um terceiro não comparticipante consuma o crime interrompendo o nexo de imputação deste com a conduta do desistente. Se não for atri-

---

[287] Neste sentido, o meu texto anterior *A relevância da desistência*, 55-56, nota 124. Depois, coincidente, DAMIÃO DA CUNHA, *Comentário Conimbricense II*, 1039 (artigo 286.º, §§ 17-19).
[288] Sobre a precedência da não punibilidade relativamente à dispensa de pena, *supra* § 38, IV.
[289] Em sentido aparentemente diferente, FIGUEIREDO DIAS, *Direito Penal PG I* (2.ª edição, 2007), 740 (Cap. 29, § 22), aplicando a uma parte destes casos o art. 24.º, n.º 1, negando assim a necessidade de analogia. Tem razão o Autor quando se trata de uma tentativa (inacabada) seguida de abandono (suspensão da execução): nestes casos quando o terceiro intervém a desistência já produziu os seus efeitos, razão pela qual o preceito se aplica directamente e não por analogia. Contudo, a lei não contempla os casos de tentativa acabada seguida de um esforço sério para impedir a consumação que se vem a verificar por facto de terceiro. Neste caso só a analogia proposta com o artigo 25.º permite chegar a uma solução materialmente adequada (não punibilidade do agente inicial).

buída relevância dirimente ao esforço sério do agente o terceiro que quebra o nexo de imputação controla parte da responsabilidade do desistente, impedindo que este beneficie do esforço sério para impedir a consumação do facto. Numa palavra, o terceiro com a sua conduta consumará o crime e acabará por frustrar a desistência que está em curso. Uma situação equivalente a esta (concurso de riscos, com actuações de desistência e eventuais quebras no nexo de imputação) está prevista no artigo 25.º, mas apenas para os casos de comparticipação, aos quais devem ser equiparadas por analogia as hipóteses em que o terceiro não comparticipante consuma o crime quebrando o nexo de imputação com o desistente e frustra a actuação contrária que este desenvolvia para tutelar o bem jurídico em perigo. Assim, o desistente que desenvolveu um esforço sério para impedir a consumação ou o resultado não compreendido no tipo (até ao momento da interrupção do nexo de imputação) deve beneficiar do privilégio da desistência quanto à tentativa ou ao crime formalmente consumado subsistentes, por aplicação analógica do regime de desistência contemplado no artigo 25.º do Código Penal.

Finalmente, deve ser ponderada a possibilidade de aplicação do privilégio da desistência voluntária previsto no artigo 24.º, n.º 2, do Código Penal aos casos em que se verifica um esforço sério e voluntário do agente mas a consumação é impedida dolosamente pela própria vítima (caso que literalmente não se encontra previsto no n.º 1, sendo para uma parte da doutrina duvidosa a sua inclusão directa na previsão do n.º 2 do preceito)[290].

A Parte Especial do Código Penal revela-se igualmente terreno fértil para se identificar a necessidade de eventual extensão de algumas causas de não punibilidade a casos semelhantes omissos. Pense-se na possibilidade de aplicação do regime da retractação (artigo 362.º) à denúncia caluniosa (artigo 365.º)[291], no regime da reparação (artigo 206.º) à administração danosa (artigo 235.º), à semelhança do que acontece com a infidelidade (artigo 224.º, n.º 6)[292], ou, eventualmente, o regime de não punibilidade do favorecimento pessoal (artigo 367.º, n.º 5) ao favorecimento de funcionário (artigo 368.º)[293], à denegação de justiça (artigo 369.º) ou mesmo a alguns casos de violação de segredo (artigo 383.º ou 371.º) destinados a proteger relações de parentesco ou equivalentes.

---

[290] FIGUEIREDO DIAS, *Direito Penal PG I* (2.ª edição, 2007), 743 (Cap. 29, § 28).
[291] COSTA ANDRADE, *Comentário Conimbricense III*, artigo 365.º, § 89; PAULO PINTO DE ALBUQUERQUE, *Código Penal* (2.ª edição, 2010), artigo 365.º, anotação 26.
[292] COSTA ANDRADE, *Comentário Conimbricense II*, artigo 235.º, § 46; PAULO PINTO DE ALBUQUERQUE, *Código Penal* (2.ª edição, 2010), artigo 235.º, anotação 15.
[293] MEDINA DE SEIÇA, *Comentário Conimbricense III*, artigo 368.º, § 10; PAULO PINTO DE ALBUQUERQUE, *Código Penal* (2.ª edição, 2010), artigo 368.º, anotação 12.

III. Âmbito de vigência da lei penal, sucessão de leis e prescrição

1. Uma das dimensões mais consequentes da legalidade criminal reporta-se à vigência da lei penal, isto é, à possibilidade de a mesma ser invocada pelo aplicador do direito para valorar um caso concreto. Essa possibilidade é material e juridicamente condicionada por três aspectos: pela conexão (*v.g.* temporal, material, ou territorial) da lei penal com o facto a valorar, pelos limites e vicissitudes da sua vigência temporal (proibição de retroactividade, ultra-actividade, retroactividade favorável ou cessação de vigência) e pela possibilidade de se promover o processo em função do tempo decorrido desde o acontecimento desvalioso (decurso do prazo para apresentação da queixa, se for o caso, e do prazo de prescrição).

A questão que agora suscita traduz-se em saber se os elementos do tipo de punibilidade têm ou não relevância para decisão jurídica sobre estes aspectos: para estabelecer a conexão com a vigência territorial e temporal da lei penal, para determinar a lei mais favorável em caso de sucessão de leis penais e para a contagem dos prazos legais de queixa e de prescrição do procedimento criminal. Em qualquer um destes temas revela-se um aspecto decisivo que, em última instância, se traduz em saber se uma certa lei penal pode ou não ser invocada para valorar certos factos e para decidir sobre a responsabilidade penal de alguém[294].

O problema assume uma relevância diferente consoante estejam em causa elementos que impedem que surja a punibilidade do facto ou elementos que anulam a punibilidade já existente. No primeiro caso (que abrange a falta de uma condição objectiva de punibilidade ou a verificação de uma causa de exclusão da punibilidade, ou seja, concomitante com o facto) o facto não é punível enquanto no segundo caso acontece o oposto (o facto é punível, mas a sua punibilidade é afastada por uma circunstância posterior). O que torna os primeiros elementos decisivos para a delimitar a vigência da lei penal, pois sem os mesmos faltam pressupostos essenciais para a vigência material da própria lei, o que não acontece com os elementos posteriores que podem anular uma punibilidade já existente.

Para além disto, nos tipos incriminadores com condições objectivas de punibilidade a estrutura do tipo legal permite uma separação temporal e geográfica (mais ou menos significativa, consoante os tipos em causa) entre a prática do facto ilícito e a verificação do elemento que condiciona a punibilidade do mesmo. O que suscita diversas questões, designadamente a de saber se a conexão da lei penal se deve estabelecer com o facto ilícito ou com a condição objectiva de punibilidade, se esta conexão é ou não relevante para aferir a retroactividade da nova lei, se a eliminação, modificação ou criação da condição pela lei nova tem ou não relevância para o problema de sucessão de leis ou se a contagem do

---

[294] Assim, STRATENWERTH/KUHLEN, *Strafrecht AT* (6.ª edição, 2011), § 4, n.º 2-3.

prazo de apresentação da queixa (nos crimes semi-públicos e particulares) e do prazo de prescrição se faz a partir da data do facto ilícito ou da data de verificação da condição. As causas de anulação da punibilidade, por seu turno, supõem a existência de um facto punível e, por isso, estando completo o crime existirá uma conexão já estabelecida entre a lei penal e o facto anterior, pelo que suscitam essencialmente problemas de sucessão de leis no tempo quando são criadas, modificadas ou eliminadas por uma lei nova.

A perspectiva da doutrina sobre estas matérias oscila em função de algumas particularidade do direito positivo de cada ordenamento jurídico[295], mas é possível identificar duas grandes linhas de orientação: por um lado, aqueles que de uma forma geral consideram os elementos da punibilidade irrelevantes para determinar o tempo ou local do crime[296] (sem prejuízo de os terem em linha de conta para determinar a lei penal mais favorável em situações de sucessão de leis ou, por vezes, o início da contagem do prazo de prescrição do procedimento criminal); e, por outro, os autores que atribuindo uma maior importância a tais elementos[297] questionam cada um destes aspectos, admitindo a sua relevância para determinar a conexão com a lei penal, para seleccionar a lei penal mais favorável e para determinar o início da contagem do prazo de prescrição. Cada uma das questões deve ser ponderada autonomamente, em função da natureza e finalidade dos elementos envolvidos e dos problemas que os mesmos suscitam.

---

[295] Na maior parte dos casos, a lei não contempla normas sobre estes aspectos, com excepção do direito italiano (cfr. artigo 158 do *Codice penale*) e, em parte, do direito português (cfr. artigos 7.º, sobre a conexão de territorialidade, e 119.º, n.º 4, do Código Penal, sobre a contagem do prazo de prescrição). O § 78 a do *StGB* alemão, sobre o início da contagem do prazo de prescrição, é por vezes interpretado como abrangendo as condições objectivas de punibilidade (como veremos), mas, na verdade, a norma não se lhes refere de forma expressa e inequívoca, pois reporta em regra a contagem da prescrição à consumação do facto (primeira parte) e acrescenta uma regra especial (segunda parte) para os casos em que sobrevém «um resultado pertencente ao tipo» (*ein zum Tabestand gehörender Erfolg erst später ein*), contando-se então a partir daí o início do prazo de prescrição.

[296] Já neste sentido Liszt, *Lehrbuch* (21.ª, 22.ª edição, 1919), 184 (§ 44). Paradigmático, Roxin, *Strafrecht AT I* (4.ª edição, 2006), § 23, 30: «as condições objectivas de punibilidade são totalmente irrelevantes quanto à determinação do momento e do lugar do crime». Depois, com variações de pormenor, Stree, *JuS* (1965), 473, Krause, *Jura* (1980), 449, Jakobs, *Strafrecht*, 340 (10/8); Jescheck/Weigend, *Lehrbuch*, § 53, III, 2; Lenckner, *in* Schönke/ Schröder, *StGB, vor* § 13, 126. Em Espanha, por todos, Garcia Perez, *Punibilidad*, 90-91, 397-398, Entre nós, Ac. STJ n.º 6/2008, de 9 de Abril (in *DR I*, n.º 94, de 15 de Maio de 2008, p. 2677)

[297] Assim, Schmidhäuser, *ZStW* 71 (1959), 559. Depois, por exemplo, Eser, *in* Schönke/ Schröder, *StGB*, § 9, n.º 7, e Jescheck/Weigend, *Lehrbuch*, § 18, IV, 2, ambos para efeitos da vigência espacial da lei penal.

2. A vigência temporal e territorial da lei penal pode numa primeira aproximação estabelecer-se a partir da pretensão de vigência das normas que a integram.

A norma de ilicitude de cada tipo incriminador visa, enquanto norma de conduta apoiada por uma norma de sanção, dissuadir os destinatários da prática do facto desvalioso, garantindo dessa forma a tutela preventiva dos bens jurídicos que pretende salvaguardar. Por isso mesmo o início da conexão temporal da lei penal deve estabelecer-se com a conduta proibida e não com elementos exteriores ao tipo de ilícito, pois isso seria estranho e ineficaz relativamente à sua pretensão de vigência e aos fins de prevenção do sistema penal. É esta a solução que resulta de forma inequívoca do artigo 3.º do Código Penal. O princípio da culpa confirma-a ao reportar a culpa ao facto que a pode revelar e ao seu núcleo essencial que é comportamento do agente[298].

O que vale igualmente por dizer que qualquer lei penal posterior à conduta do agente será materialmente retroactiva caso se pretenda aplicar a comportamentos anteriores à data da sua entrada em vigor, mesmo que exista uma conexão temporal com um elemento do tipo de punibilidade posterior ao facto. Será o caso, por exemplo, de uma lei penal que não esteja vigente à data do facto patrimonialmente danoso, mas já esteja em vigor no momento em que ocorre o reconhecimento judicial da insolvência[299]. Não fazendo os elementos do tipo de punibilidade parte do facto ilícito toda a lei posterior à conduta do agente será uma lei penal retroactiva se pretender estender-lhe a sua vigência material. Dito de outra forma: a conexão apenas com elementos do tipo de punibilidade não exclui a existência de retroactividade da lei penal em relação à conduta ilícita do agente. A aplicação da lei nova a essa conduta só se poderá assim verificar ao abrigo do regime de aplicação retroactiva da lei penal mais favorável (artigo 2.º, n.º 4, do Código Penal), isto é, se existir uma situação de sucessão de leis, ambas potencialmente aplicáveis ao facto, e a nova lei contiver um regime concretamente mais favorável. Neste caso a lei penal aplica-se não como norma de conduta, mas como pura norma de valoração e, por isso, pode-se prescindir da conexão com o comportamento do agente.

Enquanto norma de valoração, por outro lado, a norma de ilicitude tem a pretensão de valorar elementos que evidenciem a danosidade do facto que legitima a intervenção penal. Para este efeito, quer a conduta quer o resultado que integram o facto ilícito podem ser relevantes para estabelecer a conexão legitimadora da vigência da lei, pois cada um expressa por si uma parte da danosidade do facto que fundamenta a pena.

---

[298] Por todos, TAIPA DE CARVALHO, *Sucessão de leis penais* (3.ª edição, 2008), 112 e ss.
[299] Neste sentido, BRICOLA, *Novissimo Digesto* XIV (1967), 604.

Os elementos do tipo de punibilidade são exteriores ao facto ilícito e, por isso, não fundamentam a pena cominada, apenas podem confirmar ou restringir o âmbito da punibilidade que decorre do ilícito culposo cometido pelo agente. Nesta perspectiva, os elementos do tipo de punibilidade não teriam aparentemente relevância para determinar por si só a conexão temporal e territorial com a lei penal. Tratando-se de realidades exteriores ao facto eles seriam sempre elementos inadequados (no caso determinação da vigência temporal) e eventualmente insuficientes (no caso da vigência territorial) de conexão com a lei penal. Na primeira hipótese, sendo os elementos da punibilidade estranhos à conduta proibida, a norma penal seria inútil na sua finalidade de motivar condutas e, na segunda hipótese, a pretensão punitiva iria afirmar-se não em função de um facto punível mas apenas por referência a um elemento – estranho ao facto danoso e à sua imputação – que permite considerar o facto como punível.

Contudo, a razão de ser e os fins associados a cada um destes aspectos não são coincidentes e a estrutura material dos crimes contemplados pode exigir respostas específicas dos Estados para determinar o alcance da sua pretensão punitiva. A lei penal não pode prescindir da conexão com a conduta do agente para delimitar a sua vigência temporal, pois isso inutilizaria a função preventiva da norma e constituiria uma violência para o seu destinatário que afectaria o princípio da confiança e frustraria o princípio da culpa. Mas a conexão legitimadora da pretensão de vigência territorial pode e deve realizar-se com diferentes aspectos do crime, pois o que está aqui em causa é a possibilidade de expressar a soberania do Estado através do exercício do poder punitivo[300] ou, noutra perspectiva, a responsabilidade perante uma comunidade[301], relativamente a alguém envolvido na prática de um crime e evitar lacunas de punibilidade. Para o efeito pode à partida estabelecer-se a conexão legitimadora com qualquer elemento material do crime, mas já não com meros pressupostos processuais pois estes são, por definição, isentos de conexão com o facto e com a sua valoração legal. Por isso, a lei portuguesa adopta um conjunto amplo de critérios alternativos entre si (ubiquidade reforçada): a conexão legitimadora da pretensão punitiva tanto se pode estabelecer em função do local da conduta ou do local em que se produz o resultado típico, enquanto parcela do facto ilícito, como também (desde a reforma de 1998) em função do local em que se verifique o resultado não compreendido no tipo (artigo 7.º, n.º 1 do Código Penal). Este constitui um evento exterior ao facto ilícito mas que corresponde ao resultado que o legislador pretende evitar porque

---

[300] Taipa de Carvalho, *Direito Penal PG* (2.ª edição, 2008), 273-274.
[301] Pedro Caeiro, *Jurisdição penal do Estado*, 47 e ss, 320 e ss e, na conclusão, 553-554.

se traduz na lesão do bem jurídico tutelado[302]. Apesar de a sua realização estar fora da esfera de domínio individual do agente, esse evento extra-típico pode, como se referiu, expressar ou confirmar a danosidade do facto tipicamente ilícito. O que significa que o legislador não quis limitar a conexão legitimadora da vigência territorial à consumação formal reportada à mera realização do tipo; pelo contrário, visou intencionalmente transcendê-la por referência a um momento de consumação material. A amplitude dogmática do conceito de «resultado não compreendido no tipo», ao reportar-se a um centro de ilicitude material exterior à consumação formal do crime, permite abranger quer a figura dos crimes tipicamente formais mas substancialmente materiais, quer as condições objectivas de punibilidade[303]. Estas podem e devem por isso ser usadas no nosso sistema como elemento de conexão territorial entre a lei penal portuguesa e o crime praticado.

Para delimitar a vigência territorial da lei penal nem todas as condições objectivas de punibilidade parecem ser relevantes: apenas podem justificar a conexão aquelas condições que sejam conformes à *ratio* do artigo 7.º do Código Penal, isto é, seguindo o pensamento de Figueiredo Dias, as condições que descrevam um evento exterior ao ilícito que, por documentar a lesão do bem jurídico tutelado, o legislador pretende em última instância evitar que se verifique. O que abrange as condições objectivas de punibilidade que confirmem a danosidade material da conduta, como acontece com a execução do suicídio (artigo 135.º), a morte ou a ofensa grave na rixa (artigo 151.º) ou a prática do ilícito típico subsequente à embriaguez ou intoxicação (artigo 295.º, todos do Código Penal), ou seja, as chamadas condições intrínsecas[304]. Só assim a lesão material extra-típica do bem

---

[302] Figueiredo Dias, *Direito Penal, PG I* (2.ª edição, 2007), 212, 686-687 (Cap. 9, § 10 e 27, § 12); Jorge Fonseca, *Crimes de empreendimento*, 160, Frederico Costa Pinto, *A relevância da desistência*, 43-51. Mesmo antes da redacção do artigo 7.º oferecido pela reforma de 1998, Maria Fernanda Palma, *Direito Penal PG (fascículos*, 1994), 144-145, chegava a idêntica solução considerando que a conexão territorial se poderia estabelecer também com o dano extra-típico no bem jurídico tutelado (enquanto intensificação ou desenvolvimento do evento típico), pois «embora esse evento não seja necessário para a tipicidade, porque o resultado típico pode corresponder a uma fase menos concretizada e avançada da lesão do bem jurídico, todo o dano pressupõe, nos crimes de resultado, uma manutenção do resultado típico ou a sua intensificação».

[303] Figueiredo Dias, *Direito Penal, PG I* (2.ª edição, 2007), 212-213 (Cap. 9, § 10); Taipa de Carvalho, *Direito Penal PG* (2.ª edição, 2008), 274 e nota 27; Paulo Pinto de Albuquerque, *Código Penal* (2.ª edição, 2010), artigo 7.º, anotações 6-7.

[304] Neste sentido, Figueiredo Dias, *Direito Penal, PG I* (2.ª edição, 2007), 213, mas por referência ao conceito de condições impróprias de Jescheck/Weigend, *Lehrbuch*, § 18, IV, 2 b)(aquelas que fixam «o sentido antijurídico do facto») que não corresponde exactamente ao conceito de condições intrínsecas. Coincidente, mas com uma concepção mais ampla, que se traduz em estabelecer a conexão territorial com uma maior número de condições, Angioni,

jurídico tutelado pode fundamentar uma pretensão mínima de vigência territorial da lei penal relativamente a crimes em que o facto ilícito do autor ocorre integralmente fora do seu espaço geográfico.

Contra esta solução não se pode objectar, como faz STREE, que estabelecer a conexão da pretensão penal com um elemento da punibilidade significaria na prática usá-lo para ampliar o poder punitivo de um Estado, quando a sua função é a de restringir a intervenção penal[305]. A observação não procede porque relaciona indevidamente a função das condições objectivas de punibilidade no tipo legal com a pretensão de vigência territorial da lei penal, realidades normativas distintas que, como sublinha de forma exacta PEDRO CAEIRO, não se podem confundir[306]. A função restritiva das condições objectivas de punibilidade só diz especificamente respeito ao alcance das incriminações em que surgem e não à delimitação da pretensão punitiva dos Estados no plano internacional, pois esta orienta-se por critérios diferentes, designadamente pela máxima extensão da sua soberania (ou pelos deveres de protecção de uma comunidade) e pelo objectivo de evitar lacunas de punibilidade[307]. As normas de conexão não delimitam o facto desvalioso mas sim (seguindo ainda PEDRO CAEIRO) «o domínio da aplicabilidade das normas que conformam esse facto». Trata-se por isso de «normas sobre normas»[308]. Assim, cada Estado é soberano na delimitação da sua esfera de jurisdição penal, embora a exigência de uma conexão legitimadora com o seu ordenamento jurídico (território, pessoas ou interesses) constitua uma garantia objectiva de não intervenção relativamente crimes que lhe são estranhos e que podem, por isso, ser objecto da pretensão penal de outros Estados. Em suma, da restrição do alcance de um certo tipo incriminador não se pode deduzir uma

---

Ridpp (1989), 1449. O problema da separação geográfica entre o facto e a condição objectiva de punibilidade também adquire relevância ao nível interno, para efeito de determinação da competência territorial do tribunal (artigo 19.º e ss do CPP). Neste domínio deve ser seguido o critério do local da verificação da condição objectiva de punibilidade, pois só com ela é que o facto se torna punível e equiparável a um facto consumado (o que, segundo BRICOLA, *Novissimo Digesto* XIV (1967), 603, se compreende para permitir uma actuação eficiente da investigação e prova dos factos), excepto quando da lei resulta a necessidade de adoptar um critério diferente como acontece com o n.º 2 do artigo 19.º que, aplicado às condições objectivas de punibilidade que contemplem a morte de uma pessoa (*v.g.* artigos 135.º ou 151.º do Código Penal), determina que o tribunal competente será o do local em que o agente actuou.
[305] STREE, *JuS* (1965), 473-474.
[306] PEDRO CAEIRO, *Jurisdição penal do Estado*, 221 e ss, *maxime* 223 a 229.
[307] TAIPA DE CARVALHO, *Direito Penal PG* (2.ª edição, 2008), 272-274.
[308] PEDRO CAEIRO, *Jurisdição penal do Estado*, 223, no contexto da crítica que desenvolve (a p. 221 a 226) à doutrina alemã que considera os elementos de conexão como elementos do tipo ou como condições objectivas de punibilidade.

necessidade de restrição da pretensão punitiva estatual no plano das relações entre Estados por falta de conexão entre as duas matérias.

Como refere MARIA FERNANDA PALMA, a determinação da vigência territorial da lei penal portuguesa não exclui a aplicação das garantias penais, designadamente os critérios de aplicação da lei no tempo ou a proibição da analogia incriminadora[309]. Problemas podem, contudo, suscitar-se quando o facto sendo ilícito à luz do ordenamento jurídico nacional através duma conexão geográfica com o tipo de punibilidade não é penalmente ilícito à luz do ordenamento estrangeiro em que a conduta é praticada. Pense-se, por exemplo, na hipótese de o incitamento ao suicídio ocorrer num país que não pune tal facto e a execução do suicídio ocorrer em Portugal. À luz dos critérios expostos, existe uma conexão geográfica com o ordenamento jurídico nacional que faz com que o crime se considere praticado em Portugal (artigo 7.º, n.º 1, *in fine*, do Código Penal). E, assim sendo, não há lugar à aplicação das restrições dos artigos 5.º e 6.º do Código Penal quanto à punibilidade do facto pelo ordenamento estrangeiro. O problema não parece ser, portanto, uma questão de vigência da lei penal mas sim um eventual problema material de culpabilidade do agente. A lei penal portuguesa pode aplicar-se a tal facto, podendo suscitar-se uma questão de possível falta de consciência da ilicitude por (eventual) conhecimento do direito estrangeiro e desconhecimento do direito nacional, eventualmente reforçado pela decisão autónoma do suicida quanto ao local em que praticará o facto auto-lesivo.

Em síntese, a *conexão temporal* da lei penal faz-se apenas com a conduta ilícita do agente e não com qualquer outro elemento (do tipo de ilícito, do tipo de culpa ou do tipo de punibilidade) que pode ser relevante apenas para determinar em caso de sucessão de leis aquela que se revela concretamente mais favorável. A *conexão territorial* da lei penal pode fazer-se com qualquer elemento do crime referido no artigo 7.º: a conduta, o resultado ilícito ou o resultado não compreendido no tipo, cláusula que abrange – enquanto potencial elemento de conexão – as condições objectivas de punibilidade que constituam eventos posteriores ao facto ilícito que documentem a danosidade deste (condições intrínsecas) e se traduzam num evento lesivo que o legislador pretende evitar que ocorra ao criar a incriminação.

3. A cisão entre o tipo de ilícito, o tipo de culpa e o tipo de punibilidade permite facilmente conceber casos de sucessão de leis penais em que apenas elementos de uma ou de outra dimensão sistemática sejam alterados pela lei nova. Interessa-nos particularmente a hipótese de a lei nova introduzir, modificar ou eliminar elementos materiais do tipo de punibilidade, o que tanto se pode verifi-

---

[309] MARIA FERNANDA PALMA, *Direito Penal PG* (fascículos, 1994), 143.

car relativamente a condições objectivas de punibilidade como a causas de exclusão ou anulação da punibilidade.

Pense-se, por exemplo, na hipótese de ser alterado o conteúdo de uma condição objectiva de punibilidade já existente num crime (*v.g.* alargamento do elenco de facto graves na participação em rixa, incluindo ofensas qualificadas ou danos patrimoniais de valor elevado), de ser criada uma nova condição objectiva de punibilidade para um crime de perigo que até ai não a contemplava (por exemplo, a lei nova passar a exigir que no crime de propaganda ao suicídio do artigo 139.º do Código Penal se verificassem situações concretas de suicídio tentado) ou de ser eliminada uma condição objectiva de punibilidade anteriormente prevista na lei (*v.g.* supressão das ofensas graves à integridade física na participação em rixa, a eliminação da exigência de suicídio tentado no incitamento a este facto ou a revogação da cláusula de surpresa em flagrante delito no jogo ilícito).

De igual modo, é perfeitamente concebível a alteração legislativa subsequente de causas de exclusão ou de anulação da punibilidade, quer ao nível dos seus pressupostos quer ao nível dos seus efeitos jurídicos. É possível uma lei nova eliminar ou criar uma causa de não punibilidade (*v.g.* um regime especial de desistência ou de reparação posterior ao facto) ou tornar mais ou menos exigentes as condições do seu funcionamento, designadamente alterando prazos de relevância de uma conduta reparadora, estabelecendo requisitos de relevância distintos ou modificando os efeitos legais de uma causa existente (através da conversão, por exemplo, de uma causa de não punibilidade obrigatória numa causa facultativa de não punibilidade ou numa mera causa de atenuação da pena).

Hipóteses desta natureza podem ainda ser ilustradas com algumas situações verificadas no nosso sistema jurídico. Sirva de exemplo o aditamento (pela Lei de Orçamento de Estado para 2007 – cfr. artigo 95.º da Lei n.º 53-A/2006, de 29 de Dezembro) ao tipo incriminador de abuso de confiança fiscal (artigo 105.º do RGIT) da exigência de notificação do contribuinte pela Administração Fiscal para que aquele entregue a quantia em dívida no prazo de 30 dias. O que se traduziu na criação de uma nova condição objectiva de punibilidade (a notificação da Administração Fiscal) para o tipo incriminador anteriormente vigente, seguida de um prazo que permite a reparação isentadora da punibilidade, tornando desse modo mais limitado o campo de aplicação do crime em causa[310]. Ou, num outro exemplo, quando a reforma penal de 1998 converteu vários casos de «isenção de pena» previstos no Código Penal em situações de dispensa de pena

---

[310] Manuel da Costa Andrade/Susana Aires de Sousa, *RPCC 17 (2007)*, 55 e ss; Taipa de Carvalho, *O crime de abuso de confiança fiscal*, 13 e ss; Isabel Marques da Silva, *Regime Geral das Infracções Tributárias*, 228 e ss; Tiago Milheiro, *Julgar* 11 (2010), 63 e ss. De grande interesse para o tema, o Ac. do STJ n.º 6/2008, de 9 de Abril (*in DR I*, n.º 94, de 15 de Maio de 2008).

ou em crimes semi-públicos (passando, nesta última hipótese, a exigir a apresentação de queixa do ofendido, em substituição de uma não punibilidade declarada para certos casos)[311].

A questão que se coloca consiste em saber se as modificações legislativas em elementos do tipo de punibilidade devem ou não ser tidos em conta no âmbito da sucessão de leis penais e ao abrigo de que regime legal (isto é, do regime de descriminalização ou do regime de selecção da lei penal mais favorável).

A resposta à primeira parte deste problema é necessariamente afirmativa, o que se revela congruente com o enquadramento substantivo do tipo de punibilidade sustentado neste estudo. A ausência do tipo de punibilidade desencadeia um efeito obstrutor da punibilidade do facto e a sua verificação implica, pelo contrário, que se está perante um facto punível. Sendo o tipo de punibilidade uma parte essencial de cada tipo legal que contempla uma incriminação, não existe crime se o mesmo não se verificar e não subsiste um crime se o tipo de punibilidade for excluído por um comportamento reparador de sentido oposto ao facto ilícito. No primeiro caso não pode haver responsabilidade criminal (nem a promoção do processo nesse sentido, isto é, a dedução de acusação) enquanto no segundo tal é possível. Estes dois efeitos de sentido oposto evidenciam que os elementos do tipo de punibilidade podem decidir da relevância criminal do facto no plano da atribuição ou negação da responsabilidade criminal e, por isso, essencial é determinar se o resultado da nova intervenção legislativa tem como consequência uma alteração do direito vigente a benefício ou em desfavor do arguido.

A aferição desse efeito depende da natureza do elemento do tipo de punibilidade alterado pela lei nova e do conteúdo da intervenção legislativa. A criação de elementos positivos da punibilidade não exigidos pela lei anterior (designadamente, a criação de uma condição objectiva de punibilidade nova ou o alargamento do conteúdo de uma condição anterior a novas realidades) traduz-se na exigência de novas condições de incriminação do facto. Estas são igualmente alteradas na hipótese de a lei nova eliminar uma parte do conteúdo de uma condição objectiva de punibilidade exigida pela lei anterior. A questão que se suscita consiste em saber se intervenções legislativas desta natureza implicam uma descriminalização (ou despenalização) do facto anterior cuja punibilidade não dependia da nova condição criada (artigo 2.º, n.º 2, do Código Penal) ou se estamos, diversamente, perante uma situação de sucessão de leis penais, em que o aplicador do direito terá apenas de seleccionar o regime que se revele concretamente mais favorável (artigo 2.º, n.º 4, do Código Penal). Para este efeito é necessário ponderar as consequências materiais e processuais da aplicação de cada uma das causas de não punibilidade, os seus requisitos e os seus efeitos. Algumas

---

[311] FREDERICO DA COSTA PINTO, *Jornadas* (1998), 72 e ss e *supra* Cap. VII, § 38, IV.

dimensões desta questão podem ser objecto de uma resposta mais consensual, enquanto outras revelam fracturas na sua compreensão doutrinária. Os problemas mais delicados têm surgido a propósito da criação alteração ou eliminação de condições objectivas de punibilidade e, por isso, serão esses a justificar uma análise mais atenta.

Se o legislador atribuir um conteúdo materialmente novo a uma condição objectiva de punibilidade existente em lei anterior (por exemplo, acrescentando no tipo incriminador da participação em rixa a hipótese de resultarem desta danos patrimoniais elevados em bens públicos ou particulares) estaremos perante a criação de uma nova incriminação (uma nova modalidade de rixa punível) que só pode valer para o futuro e que nunca se poderá aplicar retroactivamente. Ao abrigo da lei antiga aquela concreta modalidade de rixa não era um facto punível passando a sê-lo com a lei nova. Como a conexão da vigência temporal se realiza com a conduta do agente, a lei nova será sempre retroactiva caso se pretenda aplicar a situações de participação numa rixa ocorrida antes da sua entrada em vigor. E por isso mesmo a sua aplicação está claramente abrangida pela proibição de retroactividade da lei nova desfavorável ao agente.

A hipótese de eliminação pela lei nova de uma condição objectiva de punibilidade exigida pela lei antiga implica uma punibilidade do ilícito culposo em condições menos exigentes do que acontecia anteriormente (a título de exemplo, a eliminação da consequência grave na rixa ou da execução do suicídio no crime de incitamento a este facto). O que se traduz num alargamento da esfera da intervenção penal e numa menor exigência processual para a atribuição de responsabilidade (tais acontecimentos deixam de ser objecto de prova essencial para a atribuição de responsabilidade penal). A casos verificados antes da entrada em vigor da lei nova deverá continuar a aplicar-se a lei antiga porque, sendo mais exigente, é aquela que se pode revelar concretamente mais favorável (a não ser que nesta selecção da lei aplicável interfiram outros critérios, designadamente uma pena legal mais favorável, sendo o facto igualmente punível por qualquer uma das leis em causa). Mas a lei nova (que contempla a rixa sem condição objectiva de punibilidade) não se poderá aplicar a rixas ocorridas antes da sua entrada em vigor das quais não tenha resultado consequências graves previstas na anterior condição objectiva de punibilidade (morte ou ofensa grave)[312].

A criação de uma condição objectiva de punibilidade para um facto cuja relevância penal ao abrigo da lei anterior não dependia de um elemento dessa natureza é vista por TAIPA DE CARVALHO como um problema de descriminalização ou despenalização operada pela lei nova, sujeito portanto ao regime do artigo 2.º, n.º 2, do Código Penal. O que terá como consequência – escreve – «a descri-

---

[312] Coincidente, TAIPA DE CARVALHO, *Sucessão de leis penais* (3.ª edição, 2008), 240.

minalização/despenalização retroactiva de todas as condutas praticadas antes da entrada em vigor da Lei Nova (em relação às quais não se verifique a respectiva condição objectiva de punibilidade), mesmo que tais condutas já tenham sido objecto de condenação transitada em julgado»[313].

Um caso desta natureza pode ser documentado com o aditamento em 2007 ao crime de abuso de confiança fiscal da notificação do contribuinte para liquidar a prestação tributária no prazo de 30 dias. Antes da lei nova a punibilidade do abuso de confiança fiscal não dependia desta condição (notificação para entrega da prestação num certo prazo) passando tal elemento a ser necessário para a punibilidade do facto. Ao abrigo da lei nova a ausência de entrega da prestação devida só tem relevância criminal se ocorrer depois do prazo de 30 dias após a notificação da administração fiscal. Antes desses dois factos (notificação e decurso integral do prazo sem entrega da prestação) a omissão de entrega da prestação devida não constitui crime.

Não é linear que se deva enquadrar uma situação desta natureza como um caso de descriminalização ou despenalização, ao abrigo do artigo 2.º, n.º 2, do Código Penal. Este regime supõe uma ruptura axiológica entre a lei antiga e a nova intervenção do legislador, o que de todo não acontece no caso em apreço. A criação de uma condição objectiva de punibilidade adicionada ao facto ilícito não altera a matéria da proibição, mas apenas as condições de intervenção penal exteriores ao ilícito culposo. O facto ilícito é o mesmo ao abrigo da lei antiga e da lei nova existindo uma plena continuidade no tipo de ilícito e no tipo de culpa. O legislador não altera a valoração sobre o desvalor do facto (não põe em causa o seu merecimento penal), nem o elimina enquanto infracção (conduta contrária ao dever jurídico-penal) mas sim e apenas as condições em que o ilícito e culposo é punível, em função de uma circunstância exterior ao mesmo que constitui, simultaneamente, uma oportunidade de reparação da danosidade do ilícito (pagamento da dívida fiscal) pelo próprio agente. Assim, trata-se não de um problema de descriminalização ou despenalização, mas antes de uma questão de sucessão de regimes penais (modificação do tipo de punibilidade de um ilícito penal) sujeito ao crivo de selecção do artigo 2.º, n.º 4, do Código Penal[314].

É, contudo, evidente que no caso em apreço sem a condição exigida pela lei nova o facto não é punível e que, por outro lado, a sucessão de leis não pode ser

---

[313] TAIPA DE CARVALHO, Sucessão de leis penais (3.ª edição, 2008), 238. Coincidente, ANGIONI, Ridpp (1989), 1449, considerando que enquadrar o fenómeno como um caso de descriminalização corresponde à solução adequada à integração material das condições objectivas de punibilidade no crime.
[314] Neste sentido, o Ac. do STJ n.º 6/2008 (uniformização de jurisprudência) (in DR I, n.º 94, de 15 de Maio de 2008, pp. 2677-2678).

ignorada, pois isso implicaria uma violação directa do regime legal sobre a matéria, designadamente do princípio constitucional de aplicação retroactiva da lei penal de conteúdo mais favorável (artigo 29.º, n.º 4, *in fine*, da Constituição, e artigo 2.º, n.º 4, do Código Penal) que obriga o aplicador do direito a analisar o caso e a comparar as soluções decorrentes das leis vigentes desde o momento da conduta ao momento da decisão. Na comparação entre as soluções decorrentes das duas leis o novo regime revela-se concretamente mais favorável ao agente, pois as condições de intervenção penal são mais exigentes no plano substantivo e na falta desse elemento não pode o processo continuar (devido ao efeito obstrutor – da ausência – do tipo de punibilidade em sentido material e processual). Não se verificando a condição, será em princípio a nova lei a ser aplicada pois a sua falta determina uma decisão absolutória por ausência de um pressuposto essencial para a punibilidade do facto.

Enquadrado o problema nestes termos suscita-se a questão de saber se é ou não possível promover ao abrigo da lei nova a realização da condição que não era exigida pela lei antiga e que, no processo em curso, se encontra em falta, contrariando dessa forma a falta de um pressuposto da punibilidade do facto exigido pela lei nova. O problema não se coloca da mesma forma se a condição estiver realizada e já integrar no plano factual o objecto do processo, apesar de não ser necessária ao abrigo da lei antiga para a punibilidade do facto. Neste caso o processo contempla todos os elementos materiais de que depende a realização do tipo incriminador quer ao abrigo da lei antiga quer ao abrigo da lei nova. Mas o problema pode suscitar-se se a condição não estiver realizada (por a lei antiga não a exigir) e tal se revelar ainda possível no momento processual em que a lei nova surge. Nem todas as condições pela sua natureza permitem facticamente esta possibilidade, mas tal pode acontecer em condições objectivas de punibilidade que se traduzam na prática de actos de terceiros autónomos em relação ao facto ilícito. O problema tem uma dimensão substantiva e outra processual, devendo ambas ser convocadas para se poderem traçar os caminhos de uma possível solução.

Admitir a realização da condição em falta na vigência da lei nova seria claramente incompatível com a solução da descriminalização (artigo 2.º, n.º 2, do Código Penal): esta, a existir, produziria os seus efeitos com a entrada em vigor da nova lei e, por isso, a autoridade judiciária só teria de a declarar, não podendo realizar a condição para «repristinar» por via judicial uma incriminação revogada legalmente. Mas tratando-se de um caso de sucessão de leis a continuidade entre o facto ilícito previsto na lei antiga e na lei nova permitiria aparentemente perspectivar o problema de uma forma distinta. O regime de selecção da lei penal mais favorável não pareceria impedir de uma forma absoluta (existindo continuidade no tipo de ilícito e no tipo de culpa) a realização da condição ao abrigo da lei nova para declarar o facto punível. Contudo, isso implicaria em boa verdade uma iniciativa processual destinada a converter ao abrigo da lei nova um facto não punível num facto punível, através do alargamento factual do objecto do processo como forma de realizar pressupostos materiais da punibilidade criados pela lei nova. É duvidoso que tal procedimento seja permitido pelo regime de aplicação retroactiva da lei penal favorável (embora fosse desejável que a lei nova contivesse normas de direito transitório sobre o tema) pois a promoção processual teria como finalidade inutilizar uma solução legal mais favorável que ditaria a absolvição do arguido.

De qualquer modo, a hipótese de realização da condição por promoção da autoridade judiciária só parece possível, no plano processual, numa fase do processo penal compatível com a reformulação unilateral do seu objecto[315]. O que só pode acontecer antes de o objecto do processo estar cristalizado e, portanto, só parece possível durante o inquérito antes de ser deduzida acusação (artigo 283.º do CPP). Em momento posterior o conteúdo factual da condição será sempre, para todos os efeitos, o aditamento de «um facto diverso» ao ilícito culposo que consta dos autos (artigo 379.º, n.º 1, alínea b), do CPP) que alterará substancialmente o objecto do processo, pois permitirá uma pronúncia num caso em que a falta de um pressuposto da punibilidade ditaria uma não pronúncia e, em julgamento, viabilizará uma decisão condenatória em função do enriquecimento do objecto do processo com um facto cuja ausência determinaria uma decisão absolutória. Assim, quer na instrução quer no julgamento (e também no recurso) a realização da condição objectiva de punibilidade, exigida pela lei nova e em falta no processo, por decisão unilateral da autoridade judiciária competente constituirá, para todos os efeitos, uma «alteração substancial de factos» destinada a viabilizar uma condenação em detrimento de uma absolvição[316].

---

[315] Por isso, embora não enquadrem o problema desta forma, por referência à alteração processualmente ilícita do objecto do processo, a conclusão de MANUEL DA COSTA ANDRADE e SUSANA AIRES DE SOUSA, *RPCC* 17 (2007), 69, é em tudo semelhante quanto ao resultado a que se chega: «Tudo, pelo contrário, parece sugerir que, face aos processos pendentes, o Tribunal deva remeter o processo à administração tributária, para efeitos de notificação e (sendo caso disso) decidir da coima aplicável. Um procedimento que, como facilmente se intui, equivale a sobrestar na perseguição criminal do agente e, mesmo, à definitiva exclusão da sua responsabilidade criminal».

[316] Em sentido convergente, o Ac. do Tribunal da Relação de Lisboa, de 24.09.2010 (sumário em *www.pgdlisboa.pt*, em 03.01.2011) relativamente ao caso de a acusação omitir o facto que realiza a condição objectiva de punibilidade no crime de abuso de confiança fiscal e de o tribunal poder ou não promover a sua inclusão no processo nessa fase do mesmo. O Ac. do STJ n.º 6/2008 (uniformização de jurisprudência) (in *DR* I, n.º 94, de 15 de Maio de 2008, p. 2672 e ss) aponta aparentemente em sentido diverso (pp. 2677-2678), mas na verdade não analisa o problema do ponto de vista da variação factual do objecto do processo.

E, por isso, corresponderá a uma decisão judicial proibida sob cominação de nulidade[317].

Sendo tal reformulação unilateral do objecto do processo proibida pela lei processual, só poderá o intérprete retirar a conclusão substantiva correspondente à ausência da condição objectiva de punibilidade: ao abrigo da lei nova o facto não é punível e, por isso, é esta a lei que concretamente se revela mais favorável (artigo 2.º, n.º 4, do Código Penal). Se, diversamente, o facto que realiza a condição já estiver integrado no objecto do processo, cabe ao intérprete retirar do mesmo as consequências jurídicas que antes da lei nova não eram exigidas, o que implicará a sujeição da questão ao regime do contraditório por alteração da qualificação jurídica dos factos[318].

A análise realizada permite formular algumas conclusões parciais com um maior grau de generalização. Por um lado, a simples alteração do tipo de punibilidade de uma incriminação através de uma lei nova não põe em causa o juízo sobre o merecimento de pena do facto ilícito e culposo já incriminado pela lei antiga e, por isso, em tais hipóteses estamos perante uma verdadeira sucessão de leis no tempo e não perante casos de descriminalização, que supõem uma ruptura axiológica e não um plano de continuidade. Mas a falta do tipo de punibilidade exigido pela lei nova pode determinar a absolvição do agente em processos iniciados anteriormente quando o mesmo não era um pressuposto da punibilidade do facto e, por isso, será esta a lei a revelar-se concretamente mais favorável. Em tal hipótese deve a lei nova ser aplicada retroactivamente como norma de valoração *in bonam partem*. Por outro lado, tendo o tipo de punibilidade sempre uma base factual (pois é composto por matéria e valor) uma alteração legal do tipo de punibilidade inerente a um tipo legal já em vigor pode implicar a necessidade processual de factos que suportem a nova valoração legislativa. Se tais factos não estiverem já no processo eles serão «factos diversos» dos que já integram o objecto do processo e, nessa medida, não pode a autoridade judiciária promover unilateralmente a sua realização para legitimar uma condenação ao abrigo da lei nova, pois isso implicaria uma violação do regime de alteração substancial de factos e seria uma forma de contornar judicialmente o princípio de aplicação retroactiva da lei penal mais favorável. Se, diversamente, tais factos já fizerem parte do objecto do processo eles podem ser usados para confirmar a realização da condição de punibilidade exigida pela lei nova, devendo ser dada oportunidade aos sujeitos processuais para se pronunciarem sobre o novo enquadramento jurídico dos factos, ao abrigo do regime legal de alteração da qualificação jurídica.

[317] Cfr. artigos 1.º, alínea f), 303.º, n.º 3, 309.º, n.º 1, 359.º, n.º 1, e 379.º, n.º 1, alínea b), do CPP.
[318] Cfr. artigos 303.º, n.º 5, e 358.º, n.º 3, do CPP, respectivamente na instrução e no julgamento ou no recurso.

4. A possibilidade de cisão cronológica entre o tipo de ilícito e o tipo de punibilidade acima identificada suscita ainda um problema específico de vigência temporal de leis penais, que se traduz em saber se a amnistia publicada depois da prática do facto ilícito e antes da verificação da condição objectiva de punibilidade pode ou não produzir efeitos sobre aquele facto num momento em que o mesmo não é ainda um facto punível.

A questão tem motivado particulares divergências na doutrina italiana[319] em relação à incriminação que permite maiores desfasamentos temporais entre o tipo de ilícito e o tipo de punibilidade: a falência fraudulenta. Nestes crimes pode existir um hiato significativo entre o facto patrimonialmente lesivo e a data de declaração judicial da falência, pela natural morosidade do processo que permite realizar esta condição. Mas o problema adquire relevância em relação a qualquer crime cuja estrutura do tipo legal permita tais desfasamentos temporais, o que pode igualmente acontecer nos crimes fiscais ou mesmo no incitamento e auxílio ao suicídio. Se uma lei de amnistia entrar em vigor depois do facto ilícito ter sido praticado mas antes de realizada a condição objectiva de punibilidade pode ou não aplicar-se tal lei a este crime? Na resposta a esta questão têm sido apontadas pelo menos três soluções distintas.

A primeira linha de orientação, tendencialmente dominante em Itália entre a doutrina e a jurisprudência[320], considera que se a amnistia entra em vigor depois de o facto ilícito ter sido praticado e antes de a condição se verificar não terá aplicabilidade a tal caso. Verificando-se a condição em momento subsequente à amnistia o crime só existirá fora do horizonte de vigência daquela. Sendo a condição objectiva de punibilidade um elemento essencial do crime só existiria uma responsabilidade a extinguir uma vez verificada a condição, o que seria sempre algo posterior entrada em vigor da lei de amnistia. Noutra formulação, a amnistia não deverá ser aplicada a tais casos porque, por um lado, para todos os efeitos a consumação do crime será posterior e, por outro, a amnistia não incide sobre a componente lesiva do facto mas sobre a sua efectiva punibilidade. Não havendo ainda um facto punível, conclui de forma linear ZANOTTI, a amnistia não será aplicável[321].

---

[319] Para um panorama sobre o problema, veja-se BRICOLA, *Novíssimo Digesto* XIV (1967), 604; RAMACCI, *Condizioni*, 225 e ss; ANGIONI, *Ridpp* (1989), 1448; ZANOTTI, *Digesto X* (1995), 549.

[320] Trata-se da solução dominante na jurisprudência da *Corte di Cassazione*, seguindo a informação registada em diferentes momentos por BRICOLA, *Novíssimo Digesto* XIV (1967), 604; RAMACCI, *Condizioni*, 225 e ss e notas, e ANGIONI, *Ridpp* (1989), 1448, nt. 31.

[321] ZANOTTI, *Digesto X* (1995), 549, considerando ainda que esta tese é a que se revela compatível com a letra da lei, concretamente com o 3.º parágrafo do artigo 151 do *Codice penale*, que dispõe o seguinte: «L'estinzione del reato per effetto dell'amnistia è limitata ai reati

Uma segunda linha de orientação aceita mas mitiga a solução exposta, distinguindo consoante as condições objectivas de punibilidade sejam intrínsecas ou extrínsecas. Nas primeiras a condição expressa a lesão do bem jurídico e, por isso, se ocorre depois de publicada a amnistia o crime não estará completo antes disso e o efeito da amnistia não o abrange. Diversamente, nas condições extrínsecas não se deveria limitar o efeito da amnistia pela verificação subsequente da condição, porque o essencial do crime ocorreu antes da entrada em vigor da amnistia, pelo que esta lhe será aplicável[322].

Numa perspectiva radicalmente oposta[323], sublinha-se que as teses apresentadas assentam numa «distorção lógica» e numa «incongruência jurídica»: as condições objectivas de punibilidade são elementos cuja ausência visa impedir a atribuição de responsabilidade penal, mas nestas construções isso é usado para obter o efeito oposto (permitir a atribuição de responsabilidade) ao fundar-se na ausência da condição a preclusão do acto de clemência. Bem vistas as coisas, escreve RAMACCI, o que temos na data de entrada em vigor da lei de amnistia é antes um concurso de causas de impedimento da responsabilidade (a ausência de condição e a amnistia) o que não pode ser usado para transformar uma acção ilícita não punível num facto punível (pelo afastamento da lei de amnistia)[324].

Apenas esta última orientação parece adequar-se à lei portuguesa e à correcta compreensão da figura da amnistia. A amnistia constitui um «obstáculo à efectivação da punição», que opera através do seu conhecimento no processo como causa de extinção do mesmo ou, caso a decisão condenatória tenha transitado em julgado, da consequência jurídica que está a ser executada (artigo 128.º, n.º 2, do Código Penal)[325]. A amnistia não supõe assim necessariamente uma pena aplicada, sendo suficiente a possibilidade de atribuição de responsabilidade pela prática de um crime. Por outro lado, ao ser configurada como uma causa de extinção da responsabilidade criminal a amnistia só se aplica a factos passados e nunca a factos futuros (proibição para futuro). Só este entendimento é compatível com a natureza e efeitos da amnistia, que ao pôr em causa a

---

commessi a tutto il giorno precedente la data del decreto». No mesmo sentido, ANGIONI, *Ridpp* (1989), 1448.

[322] É o resultado a que chega, designadamente, BRICOLA, *Novissimo Digesto* XIV (1967), 604 e nota 9, louvando-se no pensamento de NUVOLONE, *Diritto penale del fallimento*, 502-503.

[323] Assumida por RAMACCI, *Condizioni*, 234 e ss, em ligação com a análise crítica que faz a p. 225 e ss, acrescentando ainda (p. 229) que a tese da inaplicabilidade da amnistia pode induzir o empresário a acelerar o processo de falência, para a situação ser abrangida pela lei de amnistia, em prejuízo da sua defesa.

[324] RAMACCI, *Condizioni*, 236, em ligação com o que escreve a p. 227 e ss.

[325] FIGUEIREDO DIAS, *As consequências jurídicas do crime*, 691 e ss (§§ 1110, 1111)

efectividade da pena pressupõe pelo menos verificado o facto que a legitima[326]. A sua extensão a factos futuros equivaleria à derrogação da lei penal vigente durante um período de tempo, à inutilização da norma de conduta que a mesma integra e à desprotecção programada de bens jurídicos tutelados por lei[327]. Em suma, uma amnistia é um acto de perdão de factos passados que não pode ser convertido numa forma atípica de descriminalização de uma lei em vigor, pretendendo produzir efeitos quanto a factos que ainda não ocorreram[328].

Daqui resulta que a proibição para futuro que limita toda e qualquer amnistia visa essencialmente evitar que os destinatários da lei penal a possam desrespeitar com fundamento no potencial acto de graça. Para o efeito, a lei de amnistia deverá conter um perdão quanto a factos passados e não pode prejudicar a vigência da lei penal que os incrimina. Assim perspectivada, a proibição de as amnistias disporem para o futuro significa, por um lado, que as mesmas se devem aplicar a factos que, dependendo da vontade do destinatário da norma penal, já se tenham verificado; e ainda que, por outro, não podem abranger factos cuja ocorrência dependa de uma vontade do agente actualizada depois da aprovação parlamentar da lei amnistiante. Assim sendo deve excluir-se da proibição de disposição para futuro a ocorrência de condições objectivas de punibilidade posteriores à aprovação da lei de amnistia, pois tais elementos, pela sua natureza e função, são estranhas à esfera de domínio efectivo do destinatário da norma penal, estão fora do facto ilícito e não se imputam à vontade do agente como um facto seu. O que só nos pode conduzir à conclusão de que uma amnistia posterior ao facto ilícito do agente mas anterior à verificação da condição objectiva de punibilidade exigida por lei não deixa de se aplicar ao facto cometido. A lei portuguesa não o determina e a adopção de tal solução seria injustificada perante a razão de ser da proibição para futuro e teria efeitos *in malam partem* sem base legal expressa. É o ilícito enquanto facto dependente da vontade do destinatário da norma penal que deve estar consumado para legitimar a aplicação da lei de amnistia e não a verificação da condição de punibilidade. Se a realização desta não depende da vontade do destinatário da norma não existe o perigo de se pôr em causa a vigência

---

[326] E por isso FIGUEIREDO DIAS, *As consequências jurídicas do crime*, 691, 692, 697 (§ 1110, 1111, 1121) sublinha de forma exacta que se trata de matéria que diz respeito às consequências jurídicas do crime e não à valoração do facto.
[327] Sobre a «proibição de efeito para diante» na aprovação das leis de amnistia, FRANCISCO AGUILAR, *Amnistia e Constituição*, 2004, 107 e ss, que, na ausência de norma legal ou constitucional expressa sobre o problema, reporta o limite da proibição para futuro ao dia anterior à data da aprovação da votação final global do respectivo projecto ou proposta de lei (pag. 112). Se a lei de amnistia pretender abranger factos posteriores a essa data estará a dispor para o futuro.
[328] PAULO PINTO DE ALBUQUERQUE, *Código Penal* (2.ª edição, 2010), artigo 1288.º, anotação 3.

da lei penal que se pretende garantir com a proibição de disposição para futuro da lei de amnistia. Seria aliás incompreensível, no plano da igualdade material, que o mesmo crime (por exemplo, um abuso de confiança fiscal ou um crime de insolvência) praticado na mesma altura pudesse ser amnistiado num caso porque a condição (a notificação da administração fiscal para entrega da prestação tributária ou o reconhecimento judicial da insolência) se verificou antes da lei da amnistia ter sido aprovada e noutro caso tal não acontecesse por a condição se verificar depois. Uma amnistia com tal diferença de soluções colocaria em causa a igualdade perante a lei, poderia hipotecar os objectivos legítimos do acto de graça e geraria uma distorção perniciosa no cumprimento das finalidades preventivas do sistema penal. Em suma: se a lei de amnistia abrange um ilícito culposo punível integralmente verificado antes da sua aprovação parlamentar deve por maioria de razão abranger o ilícito culposo que se verifica nessa data mas que, por facto independente da vontade do agente, só se torna punível (através da realização posterior da condição objectiva de punibilidade) depois de a lei de amnistia ter sido aprovada.

Esta conclusão não prejudica a prevalência lógica e metodológica da (não) punibilidade do facto em relação à extinção da responsabilidade por amnistia. A ausência de uma condição objectiva de punibilidade ou a verificação de uma causa de anulação da punibilidade, dizendo respeito ao facto, têm sempre prioridade sistemática sobre uma lei de amnistia (que se refere às consequências do facto) mesmo que a sua comprovação judicial seja posterior. A falta do tipo de punibilidade impede a qualificação do facto como crime e, por isso, o seu efeito obstrutor antecipa-se a qualquer outra causa de extinção da responsabilidade como a amnistia, o perdão genérico ou a prescrição. Assim, se no processo que contemple o facto ilícito e a amnistia que o abrange se verificar que não chegou produzir-se a condição objectiva de punibilidade (ou que falta a conexão do facto que a realiza com o ilícito do agente, o que será equivalente à sua ausência normativa) o aplicador do direito deve invocar a falta do tipo de punibilidade e não a amnistia para pôr fim ao processo em curso[329].

---

[329] O que pode ter efeitos não despiciendos quanto a consequências secundárias do crime, como a devolução de bens apreendidos ou a aferição da reincidência (artigo 75.º, n.º 4 *a contrario*, do Código Penal). Veja-se para o efeito FIGUEIREDO DIAS, *As consequências jurídicas do crime*, 697 (§ 1121), sublinhando que o efeito da amnistia é processual e não «apaga» o crime enquanto tal; e, depois, MAIA GONÇALVES, *Código Penal Português*, 2001, artigo 128.º, anotação 2, e PAULO PINTO DE ALBUQUERQUE, *Comentário do Código Penal* (2.ª edição, 2010), artigo 128.º, anotação 3, com um elenco de consequências relevantes que não são afectadas pela amnistia.

5. Importa finalmente analisar um último problema que se traduz em saber se o tipo de punibilidade tem ou não alguma relevância para a contagem do prazo de prescrição e para a contagem do prazo de caducidade para o exercício do direito de queixa.

A questão tem uma vez mais a sua origem na possibilidade de em algumas incriminações existir um hiato temporal entre a realização do tipo de ilícito e a verificação do tipo de punibilidade. Esta cisão temporal suscita o problema de saber se o início da contagem do prazo de prescrição se faz a partir da data do facto ilícito ou se, diversamente, se faz a partir da data em que se verifica o elemento que permite considerar tal facto como punível. *Mutatis mutandis* a questão ganha igualmente relevância quanto à determinação do momento a partir do qual se conta o prazo de caducidade do direito de queixa, nos crimes semi-públicos e particulares: se tal contagem se faz a partir da data em que foi praticado o facto ilícito ou da data de verificação da condição de punibilidade. Colocado nestes termos o problema só tem pertinência quanto aos elementos positivos da punibilidade (condições objectivas de punibilidade) pois os elementos negadores do tipo de punibilidade pressupõem que o facto sobre o qual incidem já é punível e, como tal, já se pode sem qualquer dúvida iniciar a contagem dos prazos referidos.

Nesta matéria o legislador nacional adopta no artigo 119.º, n.º 4, do Código Penal, com outra técnica jurídica, uma solução equivalente à que resulta do artigo 158, segunda parte, do Código Penal italiano[330], para o início da contagem do prazo de prescrição: sendo relevante um resultado não compreendido no tipo o prazo de prescrição conta-se a partir da data da sua verificação. A doutrina nacional aceita sem divergências assumidas que a cláusula de resultado não compreendido no tipo inclui, também neste caso, as condições objectivas de punibilidade[331],

---

[330] A lei italiana (artigo 158 do *Codice penale*) usa como critério geral para o início da contagem do prazo de prescrição o momento da consumação do crime e depois adapta-o à estrutura das diversas incriminações (tal como a lei portuguesa, no artigo 119.º, n.º 1 e 2, do Código Penal). Mas o citado artigo 158 contém na segunda parte uma regra específica sobre a contagem do prazo de prescrição em incriminações cuja punibilidade dependa da verificação de uma condição, nos seguintes termos: «Quando la legge fa dipendere la punibilità del reato dal verificarsi di una condizioni (c.p.44), il termine della prescrizione decorre dal giorno in cui la condizione si è verificata».No sentido da sua aplicação às condições objectivas de punibilidade, contando-se o início do prazo de prescrição a partir da data da verificação da condição, MANTOVANI, *Diritto Penale* (3.ª edição, 1992), 830; PAGLIARO, *Principi* (4.ª edição, 1993), 720; PADOVANI, *Diritto Penale* (6.ª edição, 2002), 336; RAMACCI, *Corso* (2.ª edição, 2001), 390.
[331] FIGUEIREDO DIAS, *As consequências jurídicas do crime*, 705-706 (§ 1137). PAULO PINTO DE ALBUQUERQUE, *Comentário do Código Penal* (2.ª edição, 2010), artigo 119.º, anotação 10 (com jurisprudência coincidente).

pois estas são relevantes (para declarar o facto com punível) e constituem em muitos casos resultados extra-típicos, no sentido de serem eventos exteriores à consumação do facto tipicamente ilícito. Também uma parte significativa da doutrina alemã considera que nos crimes que contemplam uma condição objectiva de punibilidade o início do prazo de prescrição se conta apenas da data da sua verificação[332]. Desse ponto de vista seria contrário à lei aceitar a sugestão, que remonta a LISZT, de o prazo de prescrição se contar da data do facto ilícito[333].

A necessidade de se contar o início do prazo de prescrição da data de verificação da condição objectiva de punibilidade – e não da data do facto ilícito – resulta ainda de forma mais clara da sua articulação com o *efeito obstrutor* da ausência do tipo de punibilidade. O normal decurso do prazo de prescrição pressupõe a possibilidade de exercício da acção penal que o aplicador do direito não promoveu em tempo útil, de forma a garantir a prossecução das finalidades preventivas do sistema penal e a minimizar os riscos processuais (*maxime* probatórios) de decisões cronologicamente distantes dos factos. Deste ponto de vista não faria qualquer sentido estar a decorrer o prazo de prescrição enquanto se verificasse o efeito obstrutor (da ausência) do tipo de punibilidade. Mesmo que se considere como argumento *ad absurdum* a alegação de STREE no sentido de que, se assim não fosse, poderia estar prescrito o procedimento antes de o mesmo se poder iniciar[334], passaria a existir pelo menos um encurtamento significativo do prazo de prescrição quando durante um período de tempo não poderia ser exercida de forma consequente a acção penal. O que só poderia significar que seria a própria lei a hipotecar as condições da sua potencial aplicabilidade. A lei portuguesa evita este resultado ao garantir a existência de uma relação de congruência entre o início da contagem do prazo de prescrição e a possibilidade de

---

[332] MAURACH/ZIPF, *Strafrecht* AT I, § 21, n.º 22, § 75 n.º 24; LENCKNER, *in* Schönke/Schröder, *StGB*, § 13, n.º 126; STREE, *in* Schönke/Schröder, *StGB*, § 78 a), n.º 13; LEMKE, *NK-StGB* (2005), § 78 a), n.º 2; KINDHÄUSER, *NK-StGB* (2005), § 283, n.º 115. MIR PUIG, *Derecho Penal PG*, 768 e 776. Divergente, JAKOBS, *Strafrecht*, 340 (10/8), que, no entanto, acaba por chegar a um resultado equivalente ao contar a prescrição apenas do exaurimento do crime por aplicação do § 78 b) do *StGB*.

[333] LISZT, *Lehrbuch* (21.ª, 22.ª edição, 1919), 184 e 279 (§§ 44 e 77), afirma que o prazo se conta da data da acção por ser decisivo o momento da vontade do agente, mas acaba por chegar a um resultado equivalente quando defende que a ausência de condição pode suspender a contagem do prazo de prescrição. Tese acolhida pela doutrina maioritária em Espanha, designadamente: MAPPELI CAFARENA, *Condiciones objetivas de punibilidad*, 157-158; PATRICIA FARALDO CABANA, *Causas de levantamiento de la pena*, 97; HUIGERA GUIMERA, *Las escusas absolutórias*, 140; GILI PASCUAL, *La prescripción*, 161-163; ÉRIKA MENDES DE CARVALHO, *Punibilidad y delito*, 358. Contra, no entanto e com razão, MIR PUIG, *Derecho Penal PG*, 768 e ss.

[334] STREE, *JuS* (1965), 473.

se exercer de forma consequente a acção penal, levando um caso a julgamento através da dedução de acusação.

Deste ponto de vista, não há que limitar a solução da contagem do prazo de prescrição a partir do momento de verificação da condição objectiva de punibilidade apenas às condições extrínsecas[335]. Todas as condições objectivas de punibilidade estão associadas a um efeito obstrutor no plano material e processual e, por isso, qualquer modalidade de condição é relevante para o início da contagem do prazo de prescrição, de forma a evitar o decurso do prazo sem que seja possível exercer de forma consequente a acção penal. Se o tipo legal contemplar a hipótese de se verificarem facticamente várias condições (como acontece com as ofensas graves ou a morte na participação em rixa – artigo 151.º do Código Penal – ou várias tentativas de suicídio – no crime previsto no artigo 135.º do Código Penal) basta a verificação de uma condição para se excluir o efeito obstrutor do tipo de punibilidade e, em consequência, para se iniciar a contagem do prazo de prescrição, mesmo que sobrevenham outros factos que realizem intensa ou extensivamente a condição de punibilidade[336].

Apesar de não existir uma norma equivalente para o início da contagem do prazo para a apresentação de queixa nos crimes semi-públicos e particulares deve ser adoptada a mesma solução: se o crime em causa contiver uma condição objectiva de punibilidade[337], o início do prazo para apresentação de queixa (artigo 115.º, n.º 1, do Código Penal) só se deve contar da data de realização da condição. O citado artigo 115.º apenas se refere ao facto, mas – como nota Bricola – a natureza e função da queixa (iniciar um procedimento criminal consequente) exige que tal facto seja punível[338].

---

[335] Ensaia esta distinção, Martinez Perez, *Condiciones objetivas de punibilidad*, 138-140, para contar o início do prazo de prescrição a partir da data do facto e não da data de verificação das condições objectiva de punibilidade: se a prescrição pode operar relativamente a um facto merecedor e carente de pena por maioria de razão, afirma, deveria operar em relação a um facto só merecedor de pena. Coincidente, depois (à luz de um fundamento subjectivista da prescrição), Mapelli Caffarena, *Condiciones objetivas de punibilidad*, 156-158. O argumento não convence porque não explica como é possível decorrer o prazo de prescrição sem que o facto seja ainda crime e sem que possa ser exercida de forma consequente a acção penal.

[336] Stree, in Schönke/Schröder, *StGB*, § 78 a), n.º 13.

[337] Assim, por exemplo, no caso do crime de emissão de cheque sem provisão que tem condições objectivas de punibilidade e, nos termos do artigo 11.º-A do Dec.-Lei n.º 316/97, de 19 de Novembro, é um crime semi-público.

[338] Bricola, *Novíssimo Digesto* XIV (1967), 605, afirmando em consequência que a renúncia (a que poderia acrescentar-se a desistência) anterior à verificação da condição objectiva de punibilidade não pode valer como renúncia para os respectivos efeitos legais. Solução que, apesar de olvidada pela doutrina, remonta a Liszt, *Lehrbuch* (21.ª, 22.ª edição, 1919), 184 (§ 44, III, 3).

IV. *Regras de prova e «in dubio pro reo» no âmbito do tipo de punibilidade*

1. Sendo o tipo de punibilidade composto por matéria e valor, como as demais categorias dogmáticas do sistema de análise do crime, a comprovação processual dos factos que o realizam (ou da sua ausência) está sujeita às regras de obtenção, produção e valoração da prova que se aplicam em geral aos pressupostos materiais da responsabilidade criminal.

A matriz desta solução foi precocemente cunhada por von LISZT ao incluir as condições da ameaça penal na «questão da culpabilidade»[339] e é reforçada pela doutrina actual quando esta sublinha a natureza material dos pressupostos autónomos da punibilidade[340]. A lei processual vigente confirma-o ao incluir expressamente tais elementos no artigo 368.º, n.º 2, al. e), do CPP, ou seja, no âmbito da questão de mérito. O que vale, em suma, por dizer que a prova dos elementos materiais do tipo de punibilidade segue os critérios gerais de legalidade (artigo 125.º e 126.º CPP), de valoração da prova (artigo 127.º CPP) e de fundamentação dos juízos que os documentam (artigos 374.º, n.º 2, CPP).

Um enquadramento desta natureza foi contudo posto em causa em Itália pela jurisprudência da *Corte di Cassazione* a partir de uma diferente compreensão das exigências de prova das circunstâncias dirimentes da responsabilidade penal quando confrontadas com a prova dos elementos constitutivos do crime. A *Sezione Unite* daquele Tribunal considerou que estando as causas de não punibilidade (em sentido amplo, isto é, abrangendo causas de justificação, de desculpa ou de não punibilidade) fora da estrutura do crime, este deve considera-se perfeito uma vez realizado os seus elementos objectivos e subjectivos («dei suoi elementi constitutivi (materiale e psichico)»)[341]. O que implicaria reflexamente uma maior exigência de prova para as circunstâncias dirimentes: estas exigiriam uma prova plena para se poderem contrapor à realização do crime e para poderem produzir os seus efeitos. Nas palavras do Supremo Tribunal italiano, «di conse-

---

[339] LISZT, *Lehrbuch* (21.ª, 22.ª edição, 1919), 184-185 (§ 44).
[340] Veja-se, para além da doutrina citada no Capítulo VII, § 38, II, SCHMIDHÄUSER, *ZStW* 71 (1959), 558; STRATENWERTH/KUHLEN, *Strafrecht AT* (6.ª edição, 2011), § 7, n.º 31; FIGUEIREDO DIAS, *Direito Penal PG I* (2.ª edição, 2007), 669 e ss; JESCHECK/WEIGEND, *Lehrbuch*, § 52, III, 3 e § 52, III, 3. Neste sentido, também, categoricamente, o Ac. do STJ n.º 6/2008, de 9 de Abril (*DR I*, n.º 94, de 15 de Maio, pp. 2676-2677).
[341] Extracto da decisão da *Corte di Cassazione, Sezione Unite*, 29 maggio 1972, *Mass. dec. pen.* 1972, 701, parcialmente reproduzido em RIZ, *Ridpp* (1981), 609-610, onde se identifica como uma tendência jurisprudencial significativa (*loc. cit.* pag. 609, notas 8 e 9) a favor do sistema bipartido italiano com exclusão das dirimentes da estrutura do crime. E que, nas palavras do próprio Tribunal, é apresentada como «la giurisprudenza prevalente e, per cosí dire, tradizionale».

guenza, ponendosi come cause esterne al reato, impeditive della punibilità, sono operanto unicamente se sai stata raggiunta la prova piena della loro sussistenta».

A tese em causa não é exclusiva da jurisprudência italiana: ela revelou-se igualmente na jurisprudência alemã e portuguesa, ao exigir-se no primeiro caso que os pressupostos fácticos de uma causa de exclusão ou anulação da pena fossem objecto de um juízo de certeza para poderem produzir os seus efeitos[342] e, no segundo caso, associando-a a uma distribuição formal do ónus da prova a cargo do arguido relativamente a circunstâncias dirimentes ou impeditivas da atribuição de responsabilidade, designadamente quanto a causas de justificação ou de desculpa por si invocadas[343].

A solução mereceu a crítica da doutrina por colocar em causa os princípios da presunção de inocência e *in dubio pro reo*[344]. Mas a rejeição de tal diferenciação probatória deve incidir não apenas nos efeitos de tal entendimento sobre estes princípios, como também – e em especial – nos pressupostos que a decisão revela sobre o objecto do processo e o funcionamento das regras de prova relativamente aos diversos elementos do crime.

A especial exigência probatória para o funcionamento das dirimentes formulada pela jurisprudência supõe que os elementos constitutivos do crime, uma vez provados, passam a integrar o objecto do processo com um estatuto diferenciado relativamente aos elementos que podem fazer funcionar as diversas causas de exclusão da responsabilidade. Esta diferenciação tem implícita uma hierarquia funcional entre os diversos factos que integram o objecto do processo. O facto e a vontade do agente (que equivalem à realização do tipo objectivo e subjectivo), pilares do sistema bipartido italiano, assumiriam uma centralidade no objecto da causa que relegaria para segundo plano a comprovação das dirimentes ditas «exteriores ao crime», vistas por isso como aspectos secundários ou periféricos, com repercussões imediatas ao nível da prova exigível para contrariar a imputação do crime ao seu autor. A prova dos elementos constitutivos do crime determinaria assim a necessidade de uma prova plena das diversas dirimentes, não

---

[342] PETERS, *Strafprozess* (4.ª edição, 1985), 289; STREE, *In dubio pro reo*, 22 e ss.
[343] Em pormenor, JORGE DE FIGUEIREDO DIAS, «Ónus de alegar e de provar em processo penal?», *RLJ* 105 (1972-1973), 125 e ss, *maxime* p. 141 e ss; e depois, com mais informação, em *Direito Processual Penal* (1974), 215-216, e notas 78 e 79. Ainda, CASTANHEIRA NEVES, *Sumário de processo criminal* (1967-68), 59-60. GERMANO MARQUES DA SILVA, *Curso de processo penal II* (5.ª edição, 2011), 155, associa esta solução a uma influência doutrinária francesa.
[344] RIZ, *Ridpp* (1981), 610-611. Depois, SCHÜNEMANN, *LH-Roxin*, 207. Entre nós, CAVALEIRO DE FERREIRA, *Curso de processo* penal II (1956), 312-313; JORGE DE FIGUEIREDO DIAS, *Direito Processual Penal* (1974), 215-216. Ainda, CASTANHEIRA NEVES, *Sumários de processo criminal* (1967-68), 59-60. GERMANO MARQUES DA SILVA, *Curso de processo penal II* (5.ª edição, 2011), 156.

bastando por exemplo meros indícios da mesma ou a sua prova acompanhada de uma dúvida razoável sobre algum aspecto relevante.

Uma tal equivalência, simetria ou exigência reflexa entre o grau de prova dos elementos constitutivos do crime e as dirimentes que podem excluir a responsabilidade (dependendo a exigência de prova destas do grau de prova daqueles) não tem qualquer apoio no sistema legal português. Ela implica desde logo uma cisão funcional entre os factos, que se revela contrária ao princípio da indivisibilidade do objecto do processo e ao seu estatuto legal unitário, designadamente para efeitos de prova (artigo 124.º do CPP). Os diversos elementos positivos e negativos da responsabilidade criminal estão no mesmo plano e a falta de qualquer um deles tem o mesmo valor para a decisão, como resulta da sua inclusão processual não hierarquizada na questão de mérito (artigo 368.º, n.º 2, do CPP). Nada na lei processual permite, por outro lado, exigir uma prova plena (ou inequívoca) para dirimentes porque se encontra provada a realização do tipo: a prova dos elementos constitutivos do crime e a prova das circunstâncias que podem excluir a imputação ou a responsabilidade estão sujeitas às mesmas regras, desde logo porque uma diferenciação dessa natureza não é contemplada pelo regime legal de prova. Mas também porque a prova das circunstâncias dirimentes vale por si e não em função da erosão que provoca sobre a prova dos elementos constitutivos do crime. Confirma-o ainda no nosso sistema o facto de bastarem «fundados motivos» para crer na existência de uma causa de exclusão ou de extinção da responsabilidade para isso impedir legalmente a aplicabilidade de medidas de coacção (artigo 194.º, n.º 2, do CPP) e de a decisão final do processo só poder ser condenatória ou absolutória (artigos 375.º e 376.º do CPP). O que evidencia a equivalência funcional entre todas as dirimentes independentemente do seu nível sistemático (e que se estende aliás às próprias causas de extinção da responsabilidade).

Tão pouco se pode tentar legitimar uma cisão material no princípio *in dubio pro reo* em função de o mesmo ser por vezes apresentado como uma consequência do princípio da culpa, com base na ideia de que, sendo os pressupostos autónomos da punibilidade elementos fora do âmbito da culpa do agente uma vez demonstrada esta só poderia ser afastada com a prova inequívoca (e nunca perante uma prova dúbia) da verificação de uma causa de não punibilidade[345]. Desde logo porque o que está em causa neste problema não é a culpa enquanto categoria sistemática da análise do crime, mas antes o juízo sobre a responsabilidade

---

[345] Sobre esta cisão sistemática, ROXIN/SCHÜNEMANN, *Strafvehrfarensrecht* (26.ª edição, 2009), § 45, n.º 61 e ss, que justamente a rejeitam.

criminal de alguém[346]. Mas também porque o princípio *in dubio pro reo* é uma consequência do princípio da presunção de inocência do arguido e, nesse sentido, uma manifestação da forma e dos limites da justiça penal no Estado de Direito em sentido material[347].

Uma diferenciação entre elementos constitutivos do crime e circunstâncias que excluem a responsabilidade implicaria assim uma subversão material e processual do sistema de análise do crime e da sua realização adjectiva (com uma sobrevalorização do tipo em relação à justificação, desculpa ou não punibilidade), recuperando para o processo penal continental a lógica inerente ao processo de partes distribuição do ónus da prova, em que o risco de insucesso de uma «defesa» depende da prova que a parte que a invoca conseguir fazer para contrariar a prova da acusação. Esta «processualização» das causas de justificação, de desculpa e de não punibilidade[348], sujeitando-as à dinâmica processual do dispositivo, característica de um modelo de acusatório puro, implicaria para o processo penal da Europa continental um retrocesso de dois séculos e adulteraria a sua natureza e matriz de funcionamento (procura da verdade material a partir da presunção de inocência do arguido, em todas as fases processuais). Mas, acima de tudo, acabaria por significar uma subversão das categorias materiais do sistema do facto punível pela via do processo e de uma reorganização ilegal das exigências de prova a partir de uma matriz sistemática infundada (centralidade da realização do tipo e secundarização das causas de exclusão da responsabilidade penal).

Com isso acabaria – recuperando agora a conclusão de Riz e de Schünemann e, entre nós, de Cavaleiro de Ferreira, Figueiredo Dias e Castanheira Neves – por se agredir a presunção de inocência e limitar inevitavelmente o alcance do princípio *in dubio pro reo*. Na realidade, se um sistema penal admitir uma condenação por existir prova plena da realização do facto típico e mera prova indiciária ou uma prova não isenta de dúvidas de uma causa de justificação, de desculpa ou de não punibilidade não deixará com tal solução de con-

---

[346] O que se evidencia, entre nós, uma vez mais, com a inclusão dos pressupostos autónomos da punibilidade no elenco de matérias do artigo 369.º, n.º 2 do CPP.

[347] Convergente, Stree, *In dubio pro reo*, 15. Sobre os fundamentos possíveis do princípio, Cristina Líbano Monteiro, *Perigosidade de inimputáveis e «in dubio pro reo»*, 1997, 54 e ss.

[348] Que é uma consequência assumida da simplicidade do modelo bipartido de análise do crime (*actus reus, mens rea*) quando aplicada no modelo processual acusatório seguido nos sistemas anglo-americanos: veja-se Fletcher, *The Grammar of Criminal Law*, volume one, 2007, 43-46, caracterizando por isso este modelo como sendo parcialmente de direito privado, em função do qual existirá um ónus da prova e da persuasão sobre o funcionamento das defesas processuais. Mais elementos, ainda, *supra* § 2 deste estudo. Uma análise crítica contundente encontra-se em Schünemann, *InDret* 1 (2008), 6 e ss.

denar o arguido apesar de subsistir uma dúvida sobre um aspecto que poderia determinar a sua absolvição[349]. Como o funcionamento de causas de exclusão da responsabilidade pressupõe sempre a realização do tipo (para além de qualquer dúvida razoável) – cuja falta determinará a inexistência de crime – tal situação corresponde afinal ao padrão geral de análise da responsabilidade criminal: a realização do tipo antecede a análise da ilicitude, da culpabilidade e da punibilidade do facto. Exigir prova plena para as dirimentes em função da prova dos elementos constitutivos do crime equivale a condicionar probatoriamente o funcionamento daquelas sem base legal e a ignorar ostensivamente o princípio *in dubio pro reo*[350]. Um processo que funcione com tal matriz de assimetria quanto à exigência de prova interiorizada no sistema de análise do crime admite necessariamente que pode estar a condenar um inocente por sobrevalorização probatória da realização do tipo incriminador. O que, em última instância, se revela incompatível com a articulação material dos elementos do sistema de análise do crime, com a exigência da sua sujeição a um «processo justo» e com a presunção de inocência do arguido.

2. A presunção de inocência do arguido constitui um princípio político-jurídico do Estado de Direito, com assento no artigo 32.º, n.º 2, da Constituição, que obriga o legislador e o aplicador do direito a tratar qualquer arguido num processo como inocente até prova definitiva da sua «culpabilidade» indiciada na acusação e determinada em sentença judicial condenatória[351]. O dever de fundamentar a

---

[349] Assim, GERMANO MARQUES DA SILVA, *Curso de processo penal II* (5.ª edição, 2011), 156.

[350] Sobre a prevalência do *in dubio pro reo* em caso de incerteza quanto à prova de factos impeditivos, extintivos ou modificativos da responsabilidade criminal, CAVALEIRO DE FERREIRA, *Curso de processo penal II* (1956), 312-313. JORGE DE FIGUEIREDO DIAS, *Direito Processual Penal*, 215-216. Convergente, CASTANHEIRA NEVES, *Sumários de processo criminal* (1967-1968), 59-60, afirmando quanto a causas de justificação (como a legítima defesa) que não se deve exigir «prova inequívoca» da sua verificação, bastando que tal dirimente «não seja seguramente excluída». Ainda, STREE, *In dubio pro reo*, 23.

[351] O seu conteúdo e as suas consequências dizem respeito à preservação sócio-jurídica desse estatuto e incluem, nomeadamente, a proibição de inversão de ónus da prova, a inadmissibilidade de presunções de culpa, a prevalência da absolvição material sobre decisões de forma, a inexistência de consequências jurídicas definitivas em relação a quem não seja condenado por uma sentença transitada em julgado, a proibição de penas automáticas, a exigência da excepcionalidade das medidas de coacção, a garantia do segredo de justiça em fases preliminares do processo ou o princípio *in dubio pro reo*. Veja-se, por exemplo, GOMES CANOTILHO/VITAL MOREIRA, *Constituição Anotada* (4.ª edição, 2007), 518. Sobre a relação com o estatuto do arguido no processo penal, FIGUEIREDO DIAS, «Sobre os sujeitos processuais no novo Código de Processo Penal», *in* CEJ (org.) *Jornadas de Direito Processual Penal*, 1988, 26 e ss. Um elenco de consequências do princípio encontra-se em HELENA BOLINA, *Razão de ser,*

imputação do crime aos arguidos, com indicação especificada da prova e exame crítico da mesma (artigos 374.º, n.º 1 e 2, e 379.º, n.º 1, al. a), CPP) garantem no plano decisório o cumprimento judicial do princípio[352]. A sua vigência efectiva implica a prova da «culpabilidade» do arguido como pressuposto essencial de qualquer condenação. Uma decisão desta natureza é incompatível com a subsistência de qualquer dúvida razoável sobre os pressupostos da responsabilidade do arguido e, por isso, o princípio *in dubio pro reo* funciona como limite de qualquer decisão condenatória tornando efectivo no processo o princípio da presunção da inocência[353]. Esta só é judicialmente afastada com a prova da responsabilidade do arguido para além de qualquer dúvida razoável. O princípio *in dubio pro reo* constitui assim uma garantia processual de efectividade da presunção de inocência do arguido e do princípio da culpa, num Estado de Direito em sentido material[354].

Trata-se, contudo, não de um princípio de obtenção e valoração da prova, mas antes de um princípio de valoração da dúvida depois de esgotada a prova[355]. Por isso a sua intervenção no processo decisório é subsidiária do princípio da investigação[356] e das regras de valoração da prova. Só depois de obtida, valorada e esgotada a prova é que pode ser invocado legitimamente o princípio *in dubio pro reo*, que, por isso mesmo, não funciona como critério decisório geral, mas apenas como critério de decisão perante a dúvida pertinente, razoável e não resolúvel[357].

significado e consequências do princípio da presunção de inocência (separata do BFDUC, vol LXX), Coimbra, 1994, pp. 437 e ss e 446 e ss. Desenvolvimentos e um tratamento da doutrina nacional e estrangeira, em ALEXANDRA VILELA, *Considerações acerca da presunção de inocência em Direito Processual Penal*, 2000.

[352] Neste sentido, CRISTINA LÍBANO MONTEIRO, *Perigosidade de inimputáveis*, 78-79, que – de forma expressiva – descreve o dever de fundamentar a sentença como «a função de contraforte do princípio «in dubio pro reo»».

[353] Sobre a associação entre o princípio *in dubio pro reo* e o princípio da culpa (sendo aquele o correlativo processual deste), JORGE DE FIGUEIREDO DIAS, *RLJ* 105 (1972-1973), 125 e ss, *maxime* p. 141, nota 1.

[354] Neste sentido o fundamento do *in dubio pro reo* não se limita a dar expressão ao princípio da culpa, surgindo antes como uma garantia inerente ao Estado de Direito em sentido material. CRISTINA LÍBANO MONTEIRO, *Perigosidade de inimputáveis*, 63 e ss e, na conclusão, 166, associa-o com razão ao próprio exercício da acção penal («à perseguibilidade do agente»).

[355] Coincidente, ROXIN/SCHÜNEMANN, *Straverfahrensrecht* (26.ª edição, 2009), § 45, n.º 56; VOLK, *Strafprozessrecht*, 145; JORGE DE FIGUEIREDO DIAS, *Direito Processual Penal* (sumários, 1988), 143 e ss; PAULO PINTO DE ALBUQUERQUE, *Código de Processo Penal* (4.ª edição, 2011), artigo 4.º, anotação 50.

[356] Em pormenor, JORGE DE FIGUEIREDO DIAS, *RLJ* 105 (1972-1973), 127 e ss e 142-143.

[357] Para este efeito, é *pertinente* a dúvida que, pelo menos, diz respeito à existência ou inexistência de crime, à punibilidade ou não punibilidade do arguido ou a factos relevantes para a determinação da pena ou da medida de segurança legalmente aplicáveis (artigo 124.º do CPP).

Com este enquadramento o princípio *in dubio pro reo* aplica-se necessariamente aos elementos materiais do tipo de punibilidade[358], pois estes incluem-se na «questão da culpabilidade» (como resulta do artigo 368.º, n.º 2, al. e), do CPP) e podem ser concretamente decisivos para a punibilidade ou não punibilidade do agente (como refere o artigo 124.º do mesmo diploma). São assim objecto de prova e isso significa que se lhes aplica todo o regime relativo a esta matéria, incluindo o princípio de valoração da dúvida (pertinente, razoável e irresolúvel) a favor do arguido. Deste ponto de vista, não há que proceder a qualquer distinção que limite a aplicabilidade do princípio *in dubio pro reo* consoante os elementos da punibilidade tenham uma formulação positiva ou uma formulação negativa[359]. Quer uns quer outros assentam em elementos materiais que são objecto de prova e constituem por isso um espaço eventual de dúvida razoável depois de esgotada a prova. Um entendimento diferente implicaria uma fractura no princípio *in dubio pro reo* e a sua inaplicabilidade parcial a uma parte dos pressupostos materiais da responsabilidade, o que é inaceitável. Generalizando uma afirmação de Cavaleiro de Ferreira[360], a dúvida sobre a existência de uma causa de justificação é necessariamente uma dúvida sobre o facto ilícito, a dúvida sobre uma causa de desculpa é uma dúvida sobre a culpa pelo facto e a dúvida sobre um elemento que exclua a punibilidade é ainda uma dúvida sobre o facto punível. O que vale, em suma, por dizer que estamos sempre perante uma dúvida sobre os pressupostos materiais da responsabilidade penal do agente (ou seja, para todos os efeitos, sobre a existência jurídica do crime).

É *razoável* a dúvida que é formulada com respeito pelas regras de valoração da prova (artigo 127.º do CPP), incluindo no confronto com a restante prova existente no processo. Constitui, finalmente, uma dúvida *irresolúvel* aquela que não é respondida com a prova existente nos autos, nem pode ser objecto de diligências adicionais de investigação ao alcance do titular do processo (artigo 340.º do CPP).

[358] Neste sentido, de forma geral, Cavaleiro de Ferreira, *Curso de processo penal II* (1956), 312-313. Depois, claramente, Figueiredo Dias, *RLJ* 105 (1972-1973), 141, e *Direito Processual Penal* (1974), 215, 216, referindo-se expressamente à sua aplicabilidade às causas de exclusão da ilicitude, de exclusão da culpa e de exclusão da pena (como a desistência da tentativa) e ainda às condições objectivas de punibilidade. Ainda, Hirsch, *LK-StGB* (1994), vor § 32, n.º 227; Stree, *In dubio pro reo*, 23 e 32; Lenckner, in Schönke/Schröder, *StGB*, vor § 32, n.º 134; Roxin/ Schünemann, *Stravafahrensrecht* (26.ª edição, 2009), § 45, n.º 56.
[359] Cavaleiro de Ferreira, *Curso de processo penal II* (1956), 312; Stree, *In dubio pro reo*, 22-23, 29-32. Jescheck/Weigend, *Lehrbuch*, § 52, III, 3 e § 53, III, 3.
[360] Cavaleiro de Ferreira, *Curso de processo penal II* (1956), 312: «os factos ou elementos impeditivos nada mais são que elementos negativos dos factos constitutivos ou extintivos. Por isso, a dúvida sobre a existência daqueles é também uma dúvida sobre a existência destes. A dúvida sobre a existência de legítima defesa é também necessariamente uma dúvida sobre o facto penalmente ilícito, sobre a ilicitude».

Para que se respeite o significado e alcance do princípio, os efeitos a reconhecer ao *in dubio pro reo* dependem da natureza dos elementos em causa: uma dúvida razoável e irresolúvel sobre a verificação de uma condição objectiva de punibilidade de que depende a relevância criminal do facto (ou uma dúvida sobre a *conexão imediata* entre aquela e o facto ilícito) deve ter como resultado a ausência de prova desse elemento e a consequente produção do efeito obstrutor por falta do tipo de punibilidade; já uma dúvida razoável sobre as condições de desistência do arguido (ou genericamente sobre uma causa de não punibilidade) deve ter como efeito a comprovação da causa de anulação da punibilidade e o respectivo efeito negador sobre o tipo de punibilidade[361].

§ 44. Conclusões

A análise das implicações substantivas e processuais do tipo de punibilidade, da sua relação com o tipo de ilícito no sistema de análise do crime e da sua inserção na esfera de garantias penais permitiu chegar a diversas conclusões ao longo do texto, que agora se reproduzem de forma sintética e articulada.

1. O tipo de punibilidade é parte integrante de cada tipo legal de incriminação (do *Tatbestand* ou, na sua função sistemática, do tipo-de-delito) e reúne elementos em conexão imediata com o facto que condicionam a ameaça penal, reforçam as condições de merecimento e necessidade de pena e confirmam ou restringem o âmbito da intervenção penal de forma a prosseguir adequadamente as finalidades político-criminais do sistema. Enquanto parte do tipo legal, o tipo de punibilidade delimita normativamente o campo da intervenção penal e a legitimidade punitiva do Estado. É por isso um pressuposto material responsabilidade penal, que integra inequivocamente a questão de mérito, sujeito às garantias substantivas do sistema penal, designadamente ao princípio da legalidade criminal.

2. A principal consequência associada ao tipo de punibilidade é *o efeito obstrutor* da sua ausência sobre a qualificação do facto ilícito e culposo como crime. A falta do tipo de punibilidade altera qualitativamente o valor jurídico-penal do facto praticado, não permite a sua qualificação como crime e impede que o seu autor seja punido. Essa situação pode dever-se à não verificação de uma condição objectiva de punibilidade ou à ocorrência de uma causa de não punibilidade

---

[361] Neste sentido, quanto à forma de fazer funcionar o *in dubio pro reo* em relação a circunstâncias negadoras da responsabilidade criminal, CASTANHEIRA NEVES, *Sumários de processo criminal* (1967-1968), 57, 59 e 60; FIGUEIREDO DIAS, *Direito Processual Penal* (1974), 215. Agora, PAULO PINTO DE ALBUQUERQUE, *Código de Processo Penal* (4.ª edição, 2011), artigo 127.º, anotação 25.

(concomitante ou posterior à comissão do ilícito) situações que, em qualquer caso, enfraquecem ou excluem a legitimidade punitiva do Estado perante o facto concreto avaliado, pois sem o tipo de punibilidade a reacção penal não é proporcional ao facto cometido.

3. Não é punível *a tentativa* de um crime sempre que o tipo incriminador exija a verificação de uma condição objectiva de punibilidade, quer esta ocorra (antes ou depois do facto tentado) quer não se verifique. Esta solução genérica associada ao efeito obstrutor do tipo de punibilidade é determinada por razões lógicas, hermenêuticas e político-criminais.

4. No plano lógico, um elemento autónomo em relação ao ilícito que condiciona a punibilidade do facto principal projecta-se necessariamente no facto secundário que àquele se reporta e do qual depende a sua relevância jurídica. Assim, se o facto principal não é punível sem uma condição objectiva de punibilidade tal efeito faz-se necessariamente sentir em formas imperfeitas de execução do ilícito. Caso contrário, chegar-se-ia a um resultado logicamente absurdo que se traduzia em punir em algumas situações a tentativa de um facto que, por si só (sem o tipo de punibilidade) não é um crime. O efeito obstrutor do tipo de punibilidade é absoluto caso a condição não se verifique, o que já evidencia que o alargamento da intervenção penal por força da norma geral que pune a tentativa não vale por si, independentemente da configuração do tipo incriminador principal. E, assim sendo, também punibilidade da fragmentação do ilícito pode e deve ser questionada mesmo que a condição ocorra.

5. No plano hermenêutico, é este o resultado a que se chega quando se verifica que as condições objectivas de punibilidade que surgem nos tipos incriminadores em especial se relacionam com o facto ilícito consumado neles descritos e não com a mera tentativa, que não consta desse mesmo tipo incriminador, mas sim de outras normas legais. Em cada tipo incriminador existe uma conexão normativa entre a condição de punibilidade e o ilícito consumado do autor do facto (destinatário da norma penal de conduta), conexão essa que é um elemento essencial da tipicidade do crime e, por isso, parte do tipo de garantia. O respeito pelo princípio da legalidade não permite delimitar a punibilidade do facto descrito sem a conexão entre essas duas realidades. A função de garantia do princípio da legalidade impede que se delimite a punibilidade na ausência de conexão entre o ilícito consumado do autor e a condição de punibilidade, seja associando-a artificialmente ao facto meramente tentado, seja atribuindo relevância à tentativa sem verificação da condição de punibilidade. Nos tipos incriminadores em

que o legislador criou um tipo autónomo de punibilidade (através da exigência expressa de uma condição objectiva de punibilidade) o âmbito da intervenção penal fica assim cristalizado a essa forma única legalmente prevista, que conjuga o facto ilícito do autor com o tipo de punibilidade, não consentindo alargamentos por aplicação das regras gerais de punibilidade da tentativa com as quais se pretenda atribuir relevância apenas ao facto ilícito tentado. Nestes tipos incriminadores só o facto ilícito consumado em conjunto com a condição objectiva de punibilidade legitima a intervenção penal. A mera tentativa, por um lado, não atinge o limite mínimo do merecimento e dignidade de pena traçado pelo legislador para as situações que justificaram a intervenção penal, mesmo que ocorra a condição objectiva de punibilidade, e, por outro, nas situações mais significativas o facto tentado do agente não tem sequer conexão com a condição objectiva de punibilidade. As regras de punição da tentativa permitem fragmentar o facto (punir uma conduta desacompanhada do resultado que consuma o crime) mas não permitem fragmentar o tipo legal em que esse facto surge, desconsiderando a conexão típica entre a condição objectiva de punibilidade e uma forma específica do facto que presidiram e orientaram a intervenção penal.

6. No plano político-criminal, quando a legitimidade punitiva do Estado é limitada pela exigência da condição objectiva de punibilidade (a adicionar ao facto principal) esse limite traduz-se numa opção quanto ao âmbito da intervenção penal, a qual deve ser usada como referência para as demais situações. Se o facto consumado não é punível por ausência de uma condição objectiva de punibilidade, seria inverter toda a lógica da proporcionalidade punir a mera tentativa desse facto, mesmo que se verificasse a condição objectiva de punibilidade (associada à mera tentativa), pois a danosidade que fundamenta a pena reside no facto e não na condição. A conexão entre o facto consumado e a condição objectiva de punibilidade é, assim, condição necessária para se atingir o limiar mínimo da necessidade de tutela penal. A não punição da tentativa quando o tipo incriminador exige expressamente a realização do tipo de punibilidade é também uma decorrência do princípio da proporcionalidade, que fundamenta este elemento do conceito de crime.

7. As afirmações feitas quanto à tentativa valem para a delimitação da punibilidade da *tentativa inidónea*. A não verificação de uma condição objectiva de punibilidade impede a punição da tentativa, incluindo da tentativa inidónea. Mesmo que o agente suponha erradamente que a condição objectiva de punibilidade se verificou, o seu facto não é punível na ausência daquela. As razões apontadas para não punir a tentativa valem por maioria de razão para a tentativa

inidónea (cuja danosidade real é menor porque, ao contrário da tentativa idónea, não pode progredir para a lesão do bem jurídico). Por força do princípio da legalidade, não se pode substituir a falta da condição objectiva de punibilidade pela errada convicção da sua ocorrência, pois trata-se de elementos diferentes e com uma natureza antagónica: a condição objectiva de punibilidade criada pelo legislador é um facto material concreto e a representação errada da sua verificação é um mero facto psicológico inexistente na realidade exterior ao agente. Esta afigura-se ser a única solução congruente com o facto de a condição objectiva de punibilidade ser imune ao tipo subjectivo. O que confirma o efeito obstrutor absoluto das condições objectivas de punibilidade sobre a hipótese de relevância da mera tentativa.

8. Em suma, quando um tipo incriminador articula um facto ilícito com uma condição objectiva de punibilidade esse crime não admite a punibilidade da tentativa, quer a condição não se verifique, quer na hipótese de esta se verificar mas o facto não se consumar. O tipo de punibilidade tem nestes casos um *efeito obstrutor absoluto* sobre a aplicação das regras gerais da tentativa.

9. O efeito obstrutor do tipo de punibilidade faz-se sentir não só em relação ao *facto do autor* como também em relação à eventual *responsabilidade dos participantes*. Sempre que se verifica um efeito obstrutor do tipo de punibilidade em relação ao autor do facto principal ele repercute-se em regra no facto (secundário) dos participantes, excepto quando os elementos do tipo de punibilidade em causa tenham na sua configuração legal uma conotação pessoal que limite a incidência da sua relevância jurídica.

10. Assim, a falta de uma condição objectiva de punibilidade ou a ocorrência de uma causa material de não punibilidade relativamente ao facto do autor *impedem não só a sua punição*, como também *a punição de qualquer participante*. A solução é determinada por duas razões fundamentais: por um lado, se o facto do autor nestes casos – sem a condição objectiva de punibilidade ou ponderado em conjunto com a causa de não punibilidade – não é para o legislador fundamento suficiente para legitimar por si só uma pretensão punitiva (por falta de dignidade penal do facto e necessidade da sua punição, à luz das exigências de proporcionalidade inerentes à legitimidade punitiva do Estado) por maioria de razão um facto dependente deste e menos grave não possui tais características; e, por outro lado, não faria sentido à luz dos princípios da proporcionalidade, da igualdade perante a lei penal e da acessoriedade da participação que a responsabilidade penal do participante se pudesse iniciar antes

de se iniciar (ou na impossibilidade de se verificar) a responsabilidade penal do autor do facto principal.

11. Nos crimes em que o tipo de punibilidade está formulado de forma positiva, condicional e categórica (através do aditamento de uma condição objectiva de punibilidade ao ilícito culposo) ou em que o legislador contemplou uma forma específica de o neutralizar (através da previsão de uma causa material de não punibilidade) *a acessoriedade da participação* é mais exigente, pois não se limita ao ilícito antes se estende aos pressupostos especiais de punibilidade. Nestes casos o fundamento da punibilidade do participante reporta-se a uma *acessoriedade limitada reforçada*, que exige para a punição do participante não só a realização do tipo de ilícito como também do tipo de punibilidade do facto.

12. As soluções apresentadas valem para qualquer modalidade de condição objectiva de punibilidade, não havendo que proceder a distinções designadamente entre condições extrínsecas ou intrínsecas, próprias ou impróprias, pois nenhuma delas faz parte do processo lesivo (o facto ilícito) que sendo objecto da imputação pode fundamentar a pena do autor ou dos participantes.

13. O tipo de punibilidade é relevante para delimitar negativamente *os limites temporais da participação criminosa*. O instigador ou o cúmplice respondem criminalmente pela participação no facto do autor através dum facto próprio, descrito nos tipos dependentes que prevêem as modalidades de participação (artigos 26.º, parte final, e 27.º do Código Penal). A participação é em regra anterior ou concomitante à execução do ilícito pelo autor e tem, como tal, limites materiais e temporais que condicionam a relevância do contributo do participante à sua repercussão no ilícito do autor. Os elementos do tipo de punibilidade estão fora desses limites, pela sua autonomia em relação ao ilícito. Qualquer forma de intervenção de um terceiro após a consumação do ilícito do autor não constitui uma forma de participação nesse facto e carece de ser considerada autonomamente, isto é, como facto próprio a subsumir a um tipo autónomo, caso o mesmo exista.

14. A punibilidade dos participantes não depende da natureza da condição, nem do suposto prolongamento do ilícito que a mesma representa. Em rigor, nenhuma condição objectiva de punibilidade pode manter essa qualificação se implicar um prolongamento temporal e material do facto lesivo imputável ao autor. As condições objectivas de punibilidade impróprias, a existirem, são na verdade elementos do ilícito e têm de ser tratadas dogmaticamente dessa forma para todos os efeitos legais, para que seja respeitado o princípio da culpa. Quando

tal acontece perdem a sua natureza de condições objectivas de punibilidade e passam a ser elementos do facto tipicamente ilícito. A equiparação das condições intrínsecas às condições impróprias, para este ou outro efeito, é abusiva, já que as primeiras são (na perspectiva de uma parte da doutrina) elementos do ilícito camuflados e as segundas são elementos exteriores ao facto ilícito que apenas documentam a intensidade ou extensão da lesão causada por aquele, sem fundamentarem o merecimento penal do facto (que resultará integralmente do ilícito culposo). Tais condições, porque estão fora da esfera de domínio do agente, não fazem parte do ilícito imputado, nem do processo lesivo que lhe é inerente. Reportando-se o momento temporal da participação criminosa à prática do ilícito pelo autor, uma vez este consumado fica preterida a possibilidade de existir em tal facto participação de terceiros.

15. A falta do tipo de punibilidade (por ausência de uma condição objectiva de punibilidade ou de verificação de uma causa superveniente de não punibilidade) *impede a aplicação quer da pena legal, quer de qualquer medida de segurança*. Solução que se impõe quer no plano dos pressupostos, fundamentos e funções do tipo de punibilidade na teoria do crime, quer no da necessária coerência das soluções obtidas com as diversas componentes do regime legal das medidas de segurança.

16. Existe um *efeito obstrutor absoluto* da falta do tipo de punibilidade sobre a possibilidade de aplicação de (qualquer uma das) *medidas de segurança*.

17. As soluções materiais associadas ao tipo de punibilidade, em particular o efeito obstrutor, adquirem uma dimensão particularmente consequente no *âmbito do processo penal*.

18. Caso falte em *julgamento* uma condição objectiva de punibilidade ou se verifica a existência de uma causa de exclusão ou de anulação da pena o tribunal deverá proferir uma *sentença absolutória*. Na falta do tipo de punibilidade o ilícito culposo não é um crime, isto é, um facto punível apto a gerar responsabilidade criminal para o arguido (artigos 368.º, n.º 2, al. e), 376.º, do CPP).

19. A previsibilidade do efeito obstrutor do tipo de punibilidade no julgamento (com a consequente absolvição) e o facto de a lei usar este momento como referente material em actos processuais anteriores conduzem às seguintes consequências: a sua falta *no final do inquérito* impede a dedução de acusação (artigo 283.º do CPP), conduzindo ao arquivamento do processo (artigo 277.º do CPP), e se tal acontecer na *instrução* deverá ser proferido um despacho de não pronún-

cia (artigo 308.º, n.º 1, do CPP). Assim, na ausência do tipo de punibilidade não se verificam os pressupostos legais mínimos da dedução de acusação ou de prolação de uma pronúncia, por falta de elementos que permitam considerar razoavelmente provável a atribuição de responsabilidade criminal ao arguido.

20. O efeito obstrutor do tipo de punibilidade é absoluto se este não subsistir no momento da acusação ou da pronúncia, o que acontecerá sempre que falte uma condição objectiva de punibilidade ou se verifique a existência de uma causa de exclusão ou anulação da pena. A violação deste regime gera uma nulidade da acusação ou da pronúncia, por falta de um elemento essencial para a responsabilização do arguido (artigos 283.º, n.º 3, al. b), e 308.º, n.º 2 do CPP), nulidade essa dependente de arguição (artigo 120.º, n.º 1 do CPP).

21. Um despacho com uma omissão dessa natureza revela ainda uma pretensão acusatória «manifestamente infundada», susceptível de ser controlada no saneamento do processo, pois o facto imputável ao agente nesse acto processual não é juridicamente um crime (artigo 311.º, n.º 2, al. a), e n.º 3, al. d) do CPP);

22. A *dúvida* sobre a verificação de elementos do tipo de punibilidade nas fases preliminares do processo penal (inquérito e instrução) tem um efeito diferente consoante esses elementos tenham uma formulação positiva ou negativa: a dúvida sobre a existência de um elemento positivo da punibilidade (como uma condição objectiva de punibilidade) equivale processualmente à sua ausência, pelo que em tal caso *não pode haver nem acusação nem pronúncia* por falta de um pressuposto da punibilidade do facto. Diversamente, a dúvida sobre a existência de um elemento negativo da punibilidade pode ter um efeito processual mais fraco: não afasta categoricamente o tipo de punibilidade, mas pode gerar uma *dúvida razoável* susceptível de *pôr em causa a exigência de probabilidade dominante* da hipótese de condenação. Nos primeiros casos é a possibilidade de condenação que é posta em causa. No último caso é apenas a probabilidade da mesma que pode ser afectada na sua graduação. Se a dúvida sobre a verificação de tal elemento negador do tipo de punibilidade for insuperável aumenta a probabilidade de absolvição, pelo que em tal caso existe fundamento para não ser deduzida acusação, nem proferida uma pronúncia.

23. A falta do tipo de punibilidade pode constituir *fundamento para não ser aberto inquérito,* mas não impede a sua abertura. Caso exista abertura de inquérito não é legítimo constituir um suspeito como arguido enquanto não se verificar ou se comprovar o tipo de punibilidade, pois sem este elemento o facto não

é juridicamente um crime e o regime de constituição de arguido pressupõe a suspeita da prática de um crime (artigos 58.º, n.º 1, 59.º, n.º 1, al. a) e d), 59.º, n.º 1 e 2, do CPP). Esta é a solução que melhor harmoniza o regime legal do inquérito com os interesses que o sistema penal pretende salvaguardar através do tipo de punibilidade, em especial o cuidado a ter para que a intervenção penal através do processo antes de verificado o tipo de punibilidade não possa ser um factor adicional de risco para os interesses tutelados.

24. Se o facto ilícito investigado não constitui um crime por falta do tipo de punibilidade não pode a autoridade judiciária promover *o arquivamento em caso de dispensa de pena nem a suspensão provisória do processo* (artigos 280.º e 281.º do CPP). Estas soluções pressupõem que a prática de um crime (um facto punível) é imputável ou foi imputada a um agente e que, por isso, o processo poderia continuar a sua normal tramitação (com a dedução de acusação). O que não acontece no caso descrito, pois de um ilícito não punível não se podem retirar consequências jurídico-penais. Numa situação desta natureza só parece possível o arquivamento do inquérito, com fundamento no n.º 1 do artigo 277.º do CPP.

25. A falta de uma condição objectiva de punibilidade ou a verificação de uma causa de exclusão ou de anulação da punibilidade *impedem a aplicação de medidas de coacção e de garantia patrimonial*. Caso tais circunstâncias sejam conhecidas apenas depois da aplicação da medida e durante a vigência desta tal facto constitui fundamento para a sua revogação oficiosa imediata (artigo 212.º, n.º 1, al. b), do CPP).

26. Uma decisão absolutória tem para efeito do recurso um significado jurídico e social que se traduz na negação da pretensão do assistente. Não se pode por isso negar o seu interesse no recurso quando a decisão é materialmente oposta à sua pretensão processual. Podendo a questão ser discutível quanto à decisão que aplique uma dispensa de pena (à luz da jurisprudência restritiva que afecta a legitimidade do assistente neste domínio), pois a decisão é condenatória em tal hipótese, não é possível tratar uma decisão absolutória por falta do tipo de punibilidade como um problema de determinação e escolha de medida da pena. O facto não punível não é juridicamente um crime e se o tribunal o declarar numa decisão isso afectará a pretensão acusatória do assistente. Deve por isso reconhecer-se ao assistente em tal caso legitimidade para interpor autonomamente recurso de tal decisão.

27. Uma decisão judicial absolutória por falta do tipo de punibilidade (seja pela ausência de uma condição objectiva de punibilidade, seja pela verificação de uma causa de exclusão ou de anulação da pena) *impedirá a abertura ou tramitação*

de um outro processo que contemple o mesmo facto ilícito a que o tipo de punibilidade diz respeito, incluindo a reformulação factual subsequente do tipo de punibilidade. A mesma conclusão deve valer para a hipótese de a decisão do primeiro processo ter sido condenatória.

28. A absolvição por falta do tipo de punibilidade forma caso *julgado material e impede a reabertura do processo* sob qualquer forma para se demonstrar a verificação do tipo de punibilidade anteriormente em falta (efeito obstrutor absoluto). Em última instância, o juízo absolutório reportou-se ao crime imputado efectivamente julgado, sendo este o referente constitucional para delimitar a proibição de *bis in idem* (artigo 29.º, n.º 5, da Constituição).

29. É pontualmente possível um elemento do tipo de punibilidade de um crime que é objecto de um processo (*v.g.* morte ou ofensa grave na rixa) vir a ser integrado noutro processo como parte do tipo de ilícito (homicídio doloso ou ofensas graves à integridade física) imputado ao mesmo arguido, sem estar a ser violado a proibição constitucional de *bis in idem*.

30. Os tipos incriminadores que contêm condições objectivas de punibilidade exigem que os elementos que as realizam tenham uma *conexão imediata* com o facto ilícito do autor. Essa conexão imediata não é meramente formal, externa ou temporal, mas também uma relação de correspondência material (comparação e confirmação) entre o conteúdo do facto ilícito e os elementos do tipo de punibilidade: os factores de perigo ou o dano criados pelo agente no âmbito do facto ilícito têm corresponder, no todo ou em parte, aos elementos que concretamente se revelam no conteúdo do tipo de punibilidade e não podem, em caso algum, ser factores estranhos àquele. Uma exigência desta natureza decorre da função de garantia do tipo legal, do conteúdo e finalidade do tipo de punibilidade e da esfera de protecção do tipo incriminador à luz das finalidades da pena estatal. Uma solução diferente implicaria a possibilidade de uma cisão material e absoluta entre o facto merecedor de pena e o juízo de necessidade de pena, que surgiriam assim de forma desconexa e insuficiente, cada um por si, para fundamentar a pretensão penal no caso concreto. Na falta de conexão imediata entre o tipo de ilícito e o conteúdo do tipo de punibilidade não existe juridicamente crime e os elementos que o realizam não podem fundamentar a necessidade de pena para o autor do facto.

31. A natureza e autonomia dos elementos da punibilidade relativamente ao facto ilícito *impedem que os mesmos sejam usados como pressuposto material do crime*

omissivo impróprio e referente da posição de garante. O conteúdo de uma condição objectiva de punibilidade (enquanto facto subsequente à conduta do agente) não permite que se equipare a omissão à acção expressamente prevista no tipo em função do não impedimento da verificação da condição, pois em tal situação não está em causa o impedimento de um resultado ilícito mas sim um elemento exterior ao facto tipicamente ilícito. Assim, não fazendo as condições objectivas de punibilidade (extrínsecas ou intrínsecas) parte do facto ilícito, *não podem ser usadas como referente de posições de garante* que alarguem a punibilidade ao abrigo do artigo 10.º do Código Penal.

32. A sujeição das condições objectivas de punibilidade a *crivos de imputação subjectiva* implica uma adulteração das regras legais que a delimitam e a criação de títulos de imputação atípicos. O dolo e a negligência não podem ter como objecto elementos exteriores ao facto ilícito, sob pena de se subverter o seu conteúdo legal (artigos 14.º e 15.º do Código Penal) e de se converterem em elementos subjectivos autónomos que incidem sobre resultados não compreendidos no tipo. Quando o legislador pretende quebrar a simetria entre o facto ilícito e a incidência do tipo subjectivo tem de criar elementos subjectivos especiais, paralelos ao tipo subjectivo fundamental, que a ele acrescem mas com o qual não se confundem. Não o fazendo, não pode o intérprete adulterar a estrutura do tipo e a congruência entre a componente objectiva e subjectiva do ilícito, criando uma matriz de imputação subjectiva (a consciência do risco) que não se reconduz nem ao dolo, nem à negligência, nem à estrutura legal da preterintencionalidade.

33. O regime do erro de tipo (artigo 16.º, n.º 1, do Código Penal) tem o mesmo objecto que o dolo (artigo 14.º do Código Penal) reportando-se ao facto descrito no tipo, e essa correspondência não pode ser quebrada pela doutrina. Não há em regra erro de tipo relevante onde não existe imputação subjectiva. As condições objectivas de punibilidade, enquanto elementos materiais exteriores ao facto ilícito, mas em conexão imediata com o mesmo, não são objecto nem do dolo, nem da negligência e, como tal, são irrelevantes para a delimitação do erro de tipo.

34. Uma avaliação diferente deve, contudo, fazer-se quanto à relação entre tais elementos e o *processo de motivação do agente*. Quem *supõe erroneamente que se verificam os pressupostos de uma causa de não punibilidade* (causa de exclusão ou de anulação da punibilidade) realiza o tipo de ilícito e indiciariamente o tipo de culpa, mas, por falta de informação ou compreensão adequadas, está pelo menos em erro sobre a punibilidade do facto. O agente erra sobre condições fácticas que permitem a aplicação ou renúncia à pena estatal cominada para o ilícito culposo.

Só um eventual erro inevitável sobre a punibilidade do facto poderá neste caso ter efeitos isentadores de responsabilidade.

35. Um erro desta natureza não exclui a responsabilidade por facto doloso, não sendo aplicável o regime do artigo 16.º, n.º 2, do Código Penal, mas apenas e só o regime da falta de consciência da punibilidade. Tendo estes casos acolhimento no artigo 17.º do Código Penal, a existência de uma solução com base legal expressa deve prevalecer sobre a construção de soluções doutrinárias por analogia.

36. A ideia de que a consciência da ilicitude relevante para o sistema penal se pode bastar com o conhecimento de uma proibição legal de conduta, independentemente da sua natureza e origem, não é aceitável à luz do princípio da subsidiariedade da intervenção penal, do princípio da culpa e do princípio da legalidade dos crimes e das penas.

37. A ilicitude penal não se caracteriza apenas pela forma especial de selecção típica das condutas proibidas, pela densidade axiológica do facto ou pela importância dos bens jurídicos tutelados. O ilícito penal é apenas aquele que, para além destes aspectos, se revela merecedor e carente de pena, por esta constituir o meio adequado, necessário e proporcional para garantir a tutela preventiva dos bens jurídicos essenciais em causa. Nem todo o ilícito é punível, mas todo o ilícito penal tipificado pelo legislador é em princípio punível, se forem também realizados o tipo de culpa e o tipo de punibilidade. Quando o artigo 17.º do Código Penal trata a matéria do erro sobre a ilicitude fá-lo em função de um facto tipicamente ilícito pelo qual o agente responde criminalmente, perspectivando-o como um problema de culpa penal, por esse facto, em ordem a decidir sobre a sujeição do agente à pena estatal. Não tem por isso significado o argumento de que a lei exige na sua literalidade a consciência da ilicitude e não a consciência da punibilidade. A consciência da ilicitude relevante para a sujeição à pena estatal traduz-se no conhecimento de um ilícito penal realizado pelo agente (um facto tipicamente ilícito) ou, pelo menos, no conhecimento de um ilícito que pode ser criminalmente punível. Assim, a consciência da ilicitude criminalmente relevante, aquela que é objecto de tratamento legal no artigo 17.º do Código Penal, implica a consciência da eventual punibilidade do facto, pois é de ilicitude penal que se trata (enquanto pressuposto da pena aplicável ao autor de um ilícito penal) e não de contrariedade genérica à ordem jurídica.

38. A *consciência da punibilidade* é um elemento do juízo de culpa jurídico-penal (culpa pelo facto penalmente ilícito concretamente praticado) e pode ser objecto

de um erro que tanto pode incidir sobre a proibição da conduta (falta de consciência da ilicitude) como sobre a ameaça penal cominada para a mesma (falta de consciência da punibilidade).

39. O princípio da legalidade dos crimes e das penas não permite que se limite o objecto da consciência da ilicitude à proibição jurídica, pois, entre outros aspectos, a ameaça penal é incindível de qualquer proibição penal e só pode ser legitimamente usada num Estado de Direito material para garantir a tutela preventiva de bens jurídicos essenciais. Para prosseguir esta finalidade no quadro de um sistema penal de *ultima ratio* é irrelevante se os cidadãos respeitam os bens jurídicos tutelados em função da proibição de conduta ou da ameaça da pena. Uma das funções da norma de sanção é a de reforçar a vigência das normas de conduta acolhidas nos tipos de ilícito. Num Direito Penal do facto a culpa do agente é apenas e só aquela revelada no concreto facto que pratica e este, por força do princípio da tipicidade, é um ilícito típico punível.

40. A falta de consciência da punibilidade é uma modalidade da falta de consciência da ilicitude (penal) que se traduz em o agente ignorar que o facto praticado é um ilícito penal que, por isso mesmo, pode ter consequências desta natureza. Tal erro não sendo evitável pelo agente impede a formulação de um juízo de censura jurídico-penal (artigo 17.º, n.º 1 do Código Penal) e sendo evitável pode conduzir à aplicação da atenuação prevista para a falta de consciência da ilicitude censurável (n.º 2 do mesmo preceito).

41. O erro inevitável sobre a punibilidade impede o juízo de censura jurídico-penal sobre o agente e põe em causa a necessidade da pena no plano da prevenção especial (ressocialização do agente) e da prevenção geral (dissuasão social pela ameaça do mal da pena).

42. O *objecto desse erro* tanto pode ser a ameaça penal em si mesma (ignorar que o facto proibido é punível) como os seus pressupostos específicos (elementos de uma condição objectiva de punibilidade ou uma causa de exclusão ou anulação da punibilidade). Para o efeito, é necessário que se possa estabelecer uma conexão temporal e material entre o erro e a decisão de praticar o facto. O erro sobre causas de anulação da punibilidade pode ser relevante se surgir no momento da prática do facto, mas já não se ocorrer em momento posterior à sua prática.

43. A autonomia do tipo de punibilidade em relação ao facto ilícito permite identificar dois aspectos particulares do seu regime: por um lado, a cisão entre

ilicitude e punibilidade autoriza em regra uma reacção justificada perante um ilícito não punível, normalmente referida como «possibilidade de legítima defesa»; por outro, o facto que integre a condição objectiva de punibilidade pode, em função da sua configuração legal, revelar-se imune à justificação e permitir por isso a aplicabilidade do tipo incriminador apesar de uma parte do acontecimento poder ser objecto de uma causa de exclusão da ilicitude. Estas conclusões não prejudicam a hipótese de se excluir a legítima defesa contra um facto ilícito não punível sempre que o regime legal criado for incompatível com a intervenção de terceiros naqueles termos.

44. Um dos efeitos mais característicos da cisão entre o tipo de ilícito e o tipo de punibilidade faz-se sentir sobre a *pluralidade de factos* que o podem integrar. Em regra, uma pluralidade de factos tem potencial para gerar uma pluralidade de crimes em concurso, mas tal só se verifica se ocorrer no âmbito do tipo de ilícito. Quando a pluralidade de factos surge no tipo de punibilidade os mesmos não fundamentam a pena, não se imputam individualmente ao autor do ilícito culposo e são sujeitos a um nivelamento funcional que neutraliza o seu possível significado axiológico. Tais factos passam a corresponder às funções (político-criminais e utilitárias) do tipo de punibilidade e não permitem as diferenciações axiológicas que motivariam se fizessem parte do tipo de ilícito. Tais factos revelam uma indiferença quantitativa e qualitativa ao ilícito imputável ao agente, exactamente porque não fazem parte do ilícito culposo e do processo de imputação do facto. Uma pluralidade de factos no tipo de punibilidade não gera qualquer concurso de infracções, mas sim uma pluralidade de alternativas probatórias quanto à realização do tipo de punibilidade (isto é, basta provar uma ofensa entre uma pluralidade de ofensas para estar realizado o tipo de punibilidade).

45. O tipo de punibilidade reúne pressupostos materiais da responsabilidade criminal e por isso está sujeito à *componente de garantia do sistema penal*, designadamente ao princípio da legalidade em sentido amplo.

46. Os elementos do tipo de punibilidade integram a reserva de competência legislativa do Parlamento (artigo 165.º, n.º 1, al. c), da Constituição). A reserva de lei formal contempla qualquer forma de intervenção legislativa sobre o tipo de punibilidade que passe pela sua criação, extinção ou modificação. Uma vez definidos legalmente os pressupostos de um crime pelo Parlamento não pode o Governo autonomamente criar condições objectivas de punibilidade ou causas de exclusão ou anulação da punibilidade, através das quais se reformule o âmbito da intervenção penal associado a tais incriminações. O mesmo vale para

a alteração ou eliminação de elementos do tipo de punibilidade: a modificação do conteúdo de uma condição objectiva de punibilidade ou a sua eliminação do tipo legal, bem como a reformulação ou extinção de causas de exclusão ou anulação da punibilidade só podem ser realizadas através de Lei do Parlamento ou de Decreto-Lei autorizado.

47. Sendo o tipo de punibilidade uma parte (explícita ou implícita) do tipo legal de crime, com uma função restritiva da intervenção penal e incidência não na norma de conduta (inerente ao tipo de ilícito) mas na norma de valoração (que funciona como quadro de decisão para o aplicador do Direito), estamos no âmbito de pressupostos da responsabilidade penal que podem, por um lado, consentir uma aplicação *praeter legem* favorável ao arguido e, por outro, motivar uma interdição categórica de aplicação *in malam partem*.

48. O alargamento sem base legal expressa de um pressuposto positivo da punibilidade ou a restrição de um pressuposto negativo da punibilidade contido em lei expressa estendem para, além da opção do legislador, o campo da intervenção penal efectiva e constituem por isso operações hermenêuticas proibidas.

49. É admissível a analogia *in bonam partem* no âmbito de causas de exclusão e anulação da punibilidade. O procedimento em causa fica sujeito aos crivos de qualquer progressão analógica por via judicial: comprovação da lacuna, da semelhança e da identidade axiológica quanto à decisão a adoptar, concretamente a necessidade de aplicar ao caso omisso a solução criada para o caso regulado como forma de prosseguir o fim legítimo que orienta o legislador e que deve igualmente orientar o aplicador do direito.

50. A aplicação analógica de condições objectivas de punibilidade de um tipo incriminador a outro tipo incriminador não é em princípio admissível, a não ser nos casos de comprovado erro de técnica legislativa (a demonstrar com base nos elementos históricos, sistemáticos e teleológicos). É sempre necessário comprovar o concreto efeito *in bonam partem* de tal operação hermenêutica.

51. A *conexão* necessária para determinar a *vigência temporal da lei penal* faz-se apenas com a conduta ilícita do agente (acção ou omissão) e não com qualquer outro elemento (do tipo de ilícito, do tipo de culpa ou do tipo de punibilidade), que pode ser relevante apenas para determinar em caso de sucessão de leis aquela que se revela concretamente mais favorável.

52. Se uma lei nova estiver em conexão apenas com um elemento do tipo de punibilidade e não com a conduta inerente ao tipo de ilícito será sempre, para todos os efeitos, uma lei penal retroactiva quanto a tal facto passado. Como tal só poderá ser invocada ao abrigo do regime de aplicação retroactiva da lei penal mais favorável (artigo 2.º, n.º 4, do Código Penal) e estará sujeita à proibição de retroactividade *in malam partem*.

53. A *conexão territorial* da lei penal pode fazer-se com qualquer elemento do crime referido no artigo 7.º, respeitando a *ratio* do regime que acolhe: a conduta, o resultado ilícito ou o resultado não compreendido no tipo, cláusula que abrange enquanto potencial elemento de conexão as condições objectivas de punibilidade que constituam eventos posteriores ao facto ilícito que documentem a danosidade deste (condições intrínsecas) e se traduzam num evento lesivo que o legislador pretende evitar que ocorra ao criar a incriminação.

54. A simples alteração do tipo de punibilidade de uma incriminação através de uma lei nova não põe em causa o juízo sobre o merecimento de pena do facto ilícito e culposo já incriminado pela lei antiga e, por isso, em tais hipóteses estamos perante uma verdadeira *sucessão de leis no tempo* (artigo 2.º, n.º 4, do Código Penal) e não perante casos de descriminalização (artigo 2.º, n.º 2, do Código Penal) que supõem uma ruptura axiológica e não um plano de continuidade. A falta do tipo de punibilidade exigido pela lei nova (resultante por exemplo de uma condição objectiva de punibilidade exigida por lei) pode determinar a absolvição do agente em processos iniciados anteriormente quando o mesmo não era um pressuposto da punibilidade do facto e, por isso, será esta a lei a revelar-se concretamente mais favorável. Em tal hipótese deve a lei nova ser aplicada retroactivamente como norma de valoração *in bonam partem*.

55. Tendo o tipo de punibilidade sempre uma base factual (pois é composto por matéria e valor) uma alteração legal do tipo de punibilidade inerente a um tipo legal já em vigor pode implicar a *necessidade processual de factos* que suportem a nova valoração legislativa. Se tais factos não estiverem já nos autos eles serão «factos diversos» relativamente aos que já integram o objecto do processo e, nessa medida, não pode a autoridade judiciária promover unilateralmente no julgamento a sua realização para legitimar uma condenação ao abrigo da lei nova, pois isso implicaria uma violação do regime de alteração substancial de factos e seria uma forma de contornar judicialmente o princípio de aplicação retroactiva da lei penal mais favorável. Se, diversamente, tais factos já fizerem parte do objecto do processo eles podem ser usados para confirmar a realização da condição de

punibilidade exigida pela lei nova, devendo ser dada oportunidade aos sujeitos processuais para se pronunciarem sobre o novo enquadramento jurídico dos factos, ao abrigo do regime legal de alteração da qualificação jurídica.

56. Esta limitação processual relativa ao objecto do processo não pode ser desconsiderada pela simples comparação abstracta de regimes entre a lei antiga e a lei nova, pois uma solução determinada pela lei nova mais favorável que não tenha base factual no processo não pode ser invocada para contornar os limites processuais da variação do objecto do processo.

57. Uma *amnistia* posterior ao facto ilícito do agente mas anterior à verificação da condição objectiva de punibilidade exigida por lei não deixa de se aplicar ao facto cometido. A lei portuguesa não impede tal aplicação e a adopção de tal solução seria injustificada perante a razão de ser da proibição para futuro e teria efeitos *in malam partem* sem base legal expressa. É o ilícito enquanto facto dependente da vontade do destinatário da norma penal que deve estar consumado para legitimar a aplicação da lei de amnistia e não a verificação da condição de punibilidade. Se a realização desta não depende da vontade do destinatário da norma não existe o perigo de se pôr em causa a vigência da lei penal que se pretende garantir com a proibição de disposição para futuro da lei de amnistia.

58. Se a lei de amnistia abrange um ilícito culposo punível integralmente verificado antes da sua aprovação parlamentar deve por maioria de razão abranger o ilícito culposo que se verifica nessa data mas que, por facto independente da vontade do agente, só se torna punível (através da realização posterior da condição objectiva de punibilidade) depois de a lei de amnistia ter sido aprovada.

59. Esta conclusão não prejudica a prevalência lógica e metodológica da (não) punibilidade do facto em relação à extinção da responsabilidade por amnistia. A ausência de uma condição objectiva de punibilidade ou a verificação de uma causa de anulação da punibilidade, dizendo respeito ao facto, têm sempre prioridade sistemática sobre uma lei de amnistia (que se refere às consequências do facto) mesmo que a sua comprovação judicial seja posterior.

60. O início da contagem do prazo de prescrição deve ser relacionado com o efeito obstrutor do tipo de punibilidade devendo existir uma relação de congruência entre ambos. Para tal, enquanto subsistir o efeito obstrutor do tipo de punibilidade não deve correr o prazo de prescrição. A lei portuguesa (artigo 119.º, n.º 4, do Código Penal) garante uma relação de congruência entre o início da conta-

gem do prazo de prescrição e a possibilidade de se exercer de forma consequente a acção penal, levando um caso a julgamento através da dedução de acusação.

61. Não se pode limitar a solução da contagem do prazo de prescrição a partir do momento de verificação da condição objectiva de punibilidade apenas às condições extrínsecas ou às condições próprias. Todas as condições objectivas de punibilidade estão associadas a um efeito obstrutor no plano material e processual e, por isso, qualquer modalidade de condição é relevante para o início da contagem do prazo de prescrição, de forma a evitar o decurso do prazo sem que seja possível exercer de forma consequente a acção penal.

62. Se o tipo legal contemplar a hipótese de se verificarem facticamente várias condições objectivas de punibilidade (como acontece com as ofensas graves ou a morte na participação em rixa ou várias tentativas de suicídio) basta a verificação de uma condição para se excluir o efeito obstrutor do tipo de punibilidade e, em consequência, para se iniciar a contagem do prazo de prescrição, mesmo que sobrevenham outros factos que realizem intensa ou extensivamente a condição de punibilidade. Esta conclusão vale apenas para as condições objectivas de punibilidade e não para resultados ilícitos exteriores ao tipo que correspondam a uma consumação material e progressiva do facto dependente da vontade do autor.

63. Apesar de não existir uma norma equivalente para o início da contagem do prazo para a apresentação de queixa nos crimes semi-públicos e particulares deve ser adoptada a mesma solução: se o crime em causa contiver uma condição objectiva de punibilidade, o início do prazo para apresentação de queixa (artigo 115.º, n.º 1, do Código Penal) só se deve contar da data de realização da condição.

64. Sendo o tipo de punibilidade composto por matéria e valor, como as demais categorias dogmáticas do sistema de análise do crime, a comprovação processual dos factos que o realizam (ou da sua ausência) está sujeito às regras de obtenção, produção e valoração da prova que se aplicam em geral aos pressupostos materiais da responsabilidade criminal.

65. O sistema de análise do crime cria um nivelamento funcional entre todos os pressupostos materiais da responsabilidade. Não se podem introduzir exigências distintas de prova consoante se tratem de pressupostos positivos ou negativos da responsabilidade criminal. O princípio *in dubio pro reo* pode e deve ser invocado para decidir uma dúvida (razoável, pertinente e irresolúvel) sobre qualquer elemento fáctico do tipo de punibilidade, sejam condições objectivas de punibi-

lidade sejam causas de exclusão ou anulação da punibilidade. Uma dúvida desta natureza sobre elementos do tipo de punibilidade traduz-se numa dúvida sobre se o facto em causa é um facto punível.

66. Os efeitos a reconhecer à aplicação do princípio *in dubio pro reo* ao tipo de punibilidade dependem da natureza dos elementos em causa: uma dúvida razoável e irresolúvel sobre a verificação de uma condição objectiva de punibilidade de que depende a relevância criminal do facto (ou uma dúvida sobre a conexão imediata entre aquela e o facto ilícito) deve ter como resultado a ausência de prova desse elemento e a consequente produção do efeito obstrutor por falta do tipo de punibilidade; já uma dúvida razoável sobre uma causa de não punibilidade (designadamente, as condições de desistência de um arguido) deve ter como efeito a comprovação probatória da causa de anulação da punibilidade e o respectivo efeito negador sobre o tipo de punibilidade. Qualquer outra solução fragmenta e derroga o princípio *in dubio pro reo* na determinação do facto punível.

Teses

1. O crime é um facto punível e as categorias necessárias para a sua análise sistemática são a tipicidade, a ilicitude, a culpa e a punibilidade.

2. As categorias sistemáticas de análise do crime são sínteses de aspectos materiais e juízos de valor, construídas e consensualizadas pelo debate da doutrina, através das quais se racionaliza a intervenção legislativa e a aplicação judicial do Direito e se contribui para o aprofundamento da autonomia dos tribunais perante o poder legislativo.

3. A legitimação científica das categorias do sistema do facto punível não decorre da lei mas sim da sua adequação à realidade, da história dogmática, da consistência das soluções e da coerência do discurso, aspectos que contribuem para sedimentar os consensos doutrinários que filtram a relevância das construções dogmáticas.

4. O sistema do facto punível articula operações de natureza heterogénea, designadamente de interpretação, subsunção, imputação e valoração.

5. A análise da responsabilidade criminal com recurso ao sistema do facto punível segue uma sequência de três momentos distintos: coordenação do facto com o tipo, imputação do facto ao agente e valoração do acontecimento para decidir sobre a eventual punição. Coordenação típica, imputação e valoração são três operações distintas que se realizam no sistema do facto punível.

6. A estrutura legal de uma incriminação integra sempre um facto e uma ameaça penal como elementos essenciais em conexão normativa.

7. A valoração do acontecimento que conduz à decisão sobre a atribuição da responsabilidade não se deve limitar à valoração retrospectiva do facto ilícito e da culpa do agente. Deve incluir uma valoração prospectiva sobre a possibilidade de, no caso em apreço, se prosseguirem de forma adequada as finalidades das penas que legitimaram a adopção da ameaça penal abstracta cominada na lei.

8. Enquanto categoria do sistema do facto punível, a punibilidade tem uma legitimação histórica, dogmática e político-criminal.

9. A cisão entre o facto e a ameaça penal tem antecedentes na distinção argumentativa entre culpa e pena – e expiação da culpa e isenção de pena – usada pela neo-escolástica peninsular e na diferença traçada pelos jusracionalistas entre imputação da acção à vontade do agente e renúncia à punição por desnecessidade desta em relação aos fins que a legitimam.

10. A teoria da necessidade e da utilidade pena dos iluministas reunia critérios autónomos sobre a decisão punitiva que, com pontuais excepções, foram em regra dirigidos ao legislador e não ao juiz, em função dos objectivos de racionalizar a intervenção legislativa e de limitar a autonomia decisória do poder judicial. O princípio da utilidade da pena na generalidade dos iluministas teve um reduzido valor prático para a decisão sobre a atribuição de responsabilidade criminal.

11. A necessidade de critérios decisórios sobre a responsabilidade penal distintos daqueles que integram as causas de justificação e desculpa tem como exemplos expressivos no século XIX a teoria das «escusas absolutórias» desenvolvida pela doutrina francesa e a distinção entre elementos do delito e elementos da punibilidade, formulada com intencionalidade sistemática e classificatória pela doutrina germânica oitocentista.

12. A autonomia da categoria da punibilidade e a sua extensão material têm sido condicionadas pelo fundamento do ilícito penal e pela relevância atribuída ou negada à teoria das normas.

13. A evolução do sistema do facto punível evidencia a existência de uma relação implícita entre o conteúdo do ilícito e o âmbito da categoria da

punibilidade. O fundamento e a estrutura do ilícito penal delimitam o círculo da imputação e condicionam reflexamente o âmbito material da punibilidade, que tem uma extensão potencialmente menor em modelos de matriz causalista e normativista e maior em modelos assentes num conceito de ilícito pessoal.

14. O sistema desenvolvido pelo positivismo naturalista, ao incorporar de forma não assumida algumas consequências sistemáticas da teoria das normas na execução do seu programa lógico-classificatório, criou um limite metodológico intrínseco, paralelo à concepção causal do ilícito, deixando claro que o problema da punibilidade era necessariamente autónomo em relação ao âmbito do facto e à imputação da culpa.

15. O normativismo neo-kantiano com o seu programa de redução ao essencial esvaziou o conteúdo das condições da ameaça penal ao centrar a análise do crime na imputação (do ilícito e da culpa) através de categorias normativamente densificadas que absorveram os elementos da punibilidade ou os excluíram do sistema do facto punível.

16. O modelo finalista recuperou um espaço para a utilização sistemática de critérios político-criminais na teoria do crime ao limitar o círculo interior da imputação a um conceito de ilícito pessoal, clarificando reflexamente o círculo exterior a essa imputação como o domínio do juízo autónomo relativo à necessidade de pena.

17. A densificação extrema e artificial do conceito de ilicitude especificamente penal em alguns modelos funcionalistas inutiliza a autonomia de uma parte das figuras da punibilidade, ao associar a ilicitude e a justificação a conteúdos classificatórios que as transcendem e lhes são estranhos.

18. As estruturas de imputação do facto e a ponderação das finalidades das penas constituem no plano histórico-material critérios autónomos de decisão sobre a responsabilidade criminal que condicionam o conteúdo, o âmbito de vigência e os efeitos da lei penal. As estruturas de imputação não são historicamente derivações lógicas das finalidades das penas, não podem ser exclusivamente compreendidas em função destas e muito menos a elas reduzidas, contrariamente ao que sugere a metodologia do funcionalismo sistémico que sobrevaloriza uma compreensão simbólica das normas e uma concepção majestática das penas, em ruptura histórica com as estruturas de imputação moral do facto punível.

19. As metodologias orientadas pelas consequências político-criminais da decisão punitiva permitem articular de forma congruente em sistemas abertos a imputação do facto, a valoração dos aspectos relevantes do acontecimento, as finalidades das penas e a ponderação das consequências da intervenção penal sobre interesses penais e extra penais.

20. O reconhecimento de um espaço de valoração e argumentação autónomo relativo à punibilidade, integrado no sistema do facto punível, é consequência da existência de critérios de decisão que não têm correspondência directa em normas de conduta dirigidas ao cidadão e que, por isso, contemplam elementos que não se imputam como parte do seu facto.

21. O espaço material da decisão autónoma sobre a não punibilidade é historicamente o limite exterior à imputação do facto e, como tal, é matéria da norma de decisão do aplicador do Direito e não da norma de conduta inerente ao ilícito típico, que é dirigida ao cidadão.

22. Deve existir uma relação de congruência material entre o âmbito do ilícito penal e o critério delimitador da autoria por esse mesmo facto.

23. Num conceito restritivo de autoria, a capacidade de domínio do destinatário da norma de conduta sobre a realização do facto proibido é um pressuposto da imputação e da pretensão de vigência das normas penais.

24. O âmbito do facto ilícito não pode exceder a esfera de domínio do destinatário da norma penal. Elementos estranhos à esfera de domínio do destinatário da norma não se imputam ao agente e, sob pena de violação do princípio da culpa, não podem fundamentar nem agravar a pena estatal. Tais elementos só podem confirmar ou restringir a esfera de intervenção penal decorrente da realização de um ilícito culposo.

25. O âmbito material da categoria da punibilidade esgota os pressupostos materiais da punição e integra as condições objectivas de punibilidade, as causas de exclusão e de anulação da punibilidade e algumas cláusulas de isenção ou extinção da responsabilidade por reparação tempestiva do dano subsistente e reversível.

26. Todos os tipos incriminadores contemplam um facto e uma ameaça penal e, por isso, integram no tipo legal um tipo de ilícito, um tipo de culpa e um tipo de punibilidade.

27. O tipo de punibilidade tem objecto próprio e autonomia axiológica.

28. Os elementos materiais do tipo de punibilidade são exteriores ao ilícito culposo, estão em imediata conexão com o facto, têm autonomia sistemática e não fazem parte do processo de imputação do facto ao agente.

29. O tipo de punibilidade condiciona a legitimidade da pretensão punitiva inerente à ameaça penal e é expressão sistemática das valorações imanentes ao princípio da proporcionalidade: a ameaça penal cominada para o facto deve ser adequada, necessária e proporcional.

30. A vinculação da intervenção penal a estes critérios legitima que o interesse estadual na punição seja preterido pelo interesse estadual em não punir quando a ameaça penal se revelar inadequada, desnecessária ou manifestamente desproporcionada.

31. Os elementos materiais reunidos no tipo de punibilidade podem ser reconduzidos a quatro grupos fundamentais: elementos exteriores ao facto que visam limitar o alcance da intervenção penal, tornando mais exigentes as condições de merecimento e necessidade de pena; cláusulas de protecção de interesses juridicamente relevantes acolhidos em sectores da vida com os quais o sistema penal tem de se articular e que interferem com a adequação da ameaça penal; comportamentos reparadores do dano potencial ou subsistente e reversível associado ao ilícito culposo que permitem reponderar a proporcionalidade e a necessidade de pena; hipóteses de falta de congruência entre a situação típica e a idoneidade político-criminal da ameaça penal, designadamente casos de ilicitude e culpabilidade insignificantes e casos-limite para os quais a ameaça penal se revela concretamente inadequada.

32. A coordenação sistemática entre o tipo de ilícito, o tipo de culpa e o tipo de punibilidade permite uma articulação consequente do sistema de valorações inerente à teoria do crime: nem todo o ilícito penal é culposo e nem todo o ilícito culposo é punível.

33. O tipo de punibilidade tem uma vocação restritiva da intervenção penal, garante a adequação da ameaça penal cominada para o facto aos fins da punição, permite ao legislador penal adoptar técnicas de tutela menos rígidas mas mais seguras e, na sua função negativa, legitima-se no imperativo constitucional de não punibilidade em caso de inadequação, desnecessidade ou manifesta desproporção da decisão punitiva.

34. A ausência do tipo de punibilidade gera um efeito obstrutor com incidência material e processual.

35. A autonomia do tipo de punibilidade (em relação ao tipo de ilícito) e o efeito obstrutor que lhe está associado têm diversas consequências dogmáticas:

36. A falta do tipo de punibilidade ou a ausência de conexão com o facto ilícito implica a irrelevância da tentativa, a não punibilidade da participação em alguns casos e a inexistência de um crime para todos os efeitos legais, designadamente quanto à identificação de casos de concurso;

37. Os tipos legais que integram condições objectivas de punibilidade não permitem punir o facto tentado;

38. Os elementos materiais do tipo de punibilidade são indiferentes à imputação subjectiva e ao erro de tipo, mas a sua eventual incidência sobre motivação do agente permite configurar a admissibilidade de um erro relevante sobre a punibilidade facto;

39. A autonomia material do tipo de punibilidade determina a imunidade das circunstâncias que o integram à justificação, a sua inidoneidade para fundamentar um ilícito de omissão impura e a produção de um efeito consumptivo sobre a pluralidade de factos que contempla (o que impede situações de concurso de crimes com base em tais elementos).

40. Na ausência do tipo de punibilidade não pode haver constituição de arguido, nem aplicação de medidas de coacção e não pode ser deduzida acusação ou acto equivalente que suponha a prática de um crime.

41. A falta do tipo de punibilidade não permite aplicar penas nem medidas de segurança e, revelando-se no julgamento, determina uma decisão absolutória que, uma vez transitada em julgado, impede a reapreciação judicial do caso.

42. O tipo de punibilidade faz parte do tipo de garantia e está sujeito no plano material e processual a todas as garantias penais do Estado de Direito, designadamente à exigência de reserva de lei formal, aos limites da interpretação, às condições de admissibilidade da analogia, aos critérios de vigência temporal das leis penais e às regras de prova judicialmente aplicáveis aos pressupostos materiais da responsabilidade criminal.

Resumo

A tese fundamental desta dissertação é a defesa da autonomia da categoria da punibilidade no sistema do facto punível. Nesta perspectiva, o crime é um facto típico, ilícito, culposo e punível. Cada nível de análise nesta sequência metodológica corresponde à articulação entre elementos materiais e juízos de valor que permitem decidir sobre a existência ou não de responsabilidade criminal (*Capítulos I e VII*).

Todos os tipos incriminadores contemplam um facto e uma ameaça penal em conexão normativa. O círculo da imputação delimita-se pela descrição do facto típico e pela esfera de domínio do destinatário da norma. A aferição da legitimidade da pena estatal exige a ponderação conjunta do facto e da ameaça penal. A categoria da punibilidade organiza elementos materiais em imediata conexão com o facto que constituem condições da legitimidade da ameaça penal legalmente cominada (*Capítulo VII*).

A autonomia da categoria da punibilidade é congruente com a existência de cláusulas legais que não se conseguem reconduzir ao tipo de ilícito e ao tipo de culpa. A sua fonte de legitimidade não é contudo a lei, mas sim a actividade dogmática sobre as estruturas de análise e atribuição da responsabilidade penal (*Capítulos I e VII*). A autonomia da categoria da punibilidade funda-se em razões históricas, metodológicas e materiais.

No plano histórico encontra-se a distinção, relevante durante o período do direito comum, entre imputação da acção moral e a razão da pena (*Capítulo II*). A esta distinção correspondia a diferenciação entre expiação da culpa e isenção de pena, que adquiriu particular relevância no tratamento das indulgências. A imputação moral constituía uma categoria prévia à lei. Sem imputação da acção a lei não se aplicava ao agente e a isenção de pena pressupunha que a lei lhe fosse aplicável. As primeiras codificações liberais centraram a organização das estruturas de imputação da responsabilidade numa depuração das dirimentes relacionadas com ausência ou vícios da vontade do agente, limitando o elenco de circunstâncias relevantes. Mas tornaram também evidente que algumas cláusulas legais careciam de uma explicação autónoma em relação ao problema da sua culpabilidade. A figura das «excuses absolutoires» desenvolvida pela doutrina francesa oitocentista confirma-o claramente, tal como o labor da dogmática alemã sobre o Código Penal de 1872 que permitiu identificar as condições objectivas de punibilidade. O sistema de análise do crime do positivismo naturalista alemão integrou e organizou as condições da ameaça penal, que a partir da normativização induzida pelos neo-kantianos passou a ser uma categoria instável e por vezes sem reconhecimento doutrinário (*Capítulos III, IV e VI*). Estudos recentes comprovam este lastro de instabilidade quando, tratando as figuras citadas e a categoria dogmática que as pode integrar, chegam a conclusões opostas sobre o seu conteúdo, autonomia e legitimidade (*Capítulo VI*).

No plano metodológico a distinção histórica entre imputação do facto e renúncia à pena evidencia ainda a existência de diferentes normas subjacentes ao sistema do facto punível: por um lado, normas de conduta dirigidas ao cidadão (normas primárias) e, por outro, normas de decisão (que integram normas de imputação, de valoração e de sanção) dirigidas ao aplicador do direito (normas secundárias) (*Capítulos I, V e VII*). Esta distinção usada pela dogmática alemã oitocentista tem raízes na segunda escolástica e no jusracionalismo iluminado do século XVII. Os elementos da categoria da punibilidade são exteriores ao ilícito penal. A capacidade de domínio do destinatário da norma sobre o facto ilícito é um pressuposto da imputação. Os elementos da categoria da punibilidade não fundamentam a imputação e são estranhos ao âmbito da norma de conduta. Fazem parte da norma de decisão e através deles decide-se da legitimidade da ameaça penal à luz de critérios de adequação, necessidade e proporcionalidade da pena estatal. A história dogmática das estruturas de imputação evidencia que a teoria do crime não se deve desenvolver exclusivamente a partir da norma de sanção e que as estruturas de imputação não são meras derivações lógicas das finalidades das penas, ao contrário do que pretendem algumas correntes radicais do funcionalismo sistémico (*Capítulo VII*, em articulação com o *Capítulo III*).

No plano material, as condições da ameaça penal contemplam realidades materiais distintas do facto ilícito e juízos de valor autónomos que se orientam não pela imputação do facto mas pela adequada prossecução das finalidades das penas. As figuras legais que podem integrar a punibilidade são apenas as condições objectivas de punibilidade e as causas de exclusão e anulação da punibilidade (*Capítulos V, VI e VII*).

Todos os tipos legais de incriminação articulam sistematicamente um tipo de ilícito, um tipo de culpa e um tipo de punibilidade. Este tem um objecto próprio e valorações autónomas que o orientam. A sua existência bem como a sua ausência geram consequências jurídicas específicas ao nível substantivo e processual (*Capítulo VIII*). Os elementos do tipo de punibilidade não se imputam pessoalmente ao autor, mas podem impedir as consequências da imputação. Nisto se traduz genericamente o efeito obstrutor do tipo de punibilidade. O tipo de punibilidade não fundamenta a responsabilidade criminal, apenas pode confirmar ou restringir o âmbito da responsabilidade fundada no tipo de ilícito e no tipo de culpa e decidir da adequação, necessidade e proporcionalidade da pena estatal. O regime geral de desistência voluntária confirma que todos os tipos legais contêm um tipo de punibilidade que pode ser neutralizado através da aplicação daquele regime. Não há juridicamente um crime se não se verificar o tipo de punibilidade (*Capítulos VII e VIII*).

Palavras-chave: teoria do crime, sistema do facto punível, história da teoria do crime, categoria da punibilidade, tipo de ilícito, tipo de culpa, tipo de punibilidade, imputação, ameaça penal, norma de conduta, norma de decisão, condições objectivas de punibilidade, causas de não punibilidade, fins das penas.

Abstract

This dissertation argues in favour of the autonomy of a dogmatic category regarding punishment admissibility within the system of crime analysis. According to this system, crime is an act forbidden by law, guilty and punishable. Each level of analysis within this system combines empirical elements and value assessments which ground the decision about criminal responsibility (*Chapters I and VII*).

All the legal provisions establishing a crime comprehend the definition of an act and of the possibility of punishment and both elements are normatively connected to each other. The limits of the conduct's imputation are established by the legal definition of the conduct, considering the agent's ability to control the event. The assessment of the penalty's legitimacy has to take into account, not only the conduct, but also the reasons for punishment. The category of punishment admissibility organizes several circumstances in close connection with the forbidden conduct that constitute legitimacy conditions of the legal punishment (*Chapter VII*).

The autonomy of this level of analysis is evidenced by the existence of legal clauses, which can be classified, neither as elements of the forbidden conduct, nor as circumstances defining guilt. However, the source of their legitimacy is not the law itself but rather the theoretical activity over the structures of imputation and responsibility (*Chapters I and VII*). The autonomy of this category is grounded on historical, methodological and material reasons.

During the Common Law period, a distinction may be found between the moral imputation and the reasons for punishment (*Chapter II*). This corresponded to the differentiation between the expiation of guilt and the exemption from penalty, which was of significant relevance in the question of indulgences. The moral imputation would precede the application of the law. Without moral imputation the law would not be applicable to the agent and the penalty exemption presupposes the application of the law. The first Liberal Codes organized the imputation structures as diriment circumstances relating to either the absence or defect of the agent's will, thus limiting the list of relevant circumstances but also evidencing that some legal clauses needed an autonomous explanation. This is confirmed by the concept of «*excuses absolutoires*» developed by the French doctrine of the Eighteen-hundreds, as well as by the work of the German doctrine on the Criminal Code of 1872, which identified additional objective conditions for punishment. The system of crime analysis of the German positivism integrated and organized all the conditions for punishment. When the Neo-Kantians introduced value assessments in the crime analysis, the category became unstable and lost doctrinal acknowledgement (*Chapters III, IV and VI*). This lack of stability became evident in recent studies, which reach opposite conclusions regarding the content, autonomy and legitimacy of the same circumstances (*Chapter VI*).

On a methodological level, the historical distinction between moral imputation and penalty exemption reveals the existence of different rules underlying the system of crime analysis: on the one hand, conduct rules addressed at the citizen (primary rules); on the other hand, decision rules (which comprehend imputation, assessment and sanction) addressed at the law enforcer (secondary rules) (*Chapters I, V and VII*). This distinction used by the German doctrine of the Eighteen-hundreds has its roots on the Second Scholasticism and on the Enlightened Rationalism of the seventeenth century. The reasons for punishment are external elements to the criminal act. The agent's ability to control the conduct is a condition for imputation whereas the elements relevant to decide whether the punishment is both useful and necessary are outside the scope of the conduct rule. They operate within the decision rule and they ground the legitimacy of the penalty, which is determined according to adequacy, necessity and proportionality criteria. The history of imputation structures shows that the crime theory is not a simple logical derivation from aims of punishment, unlike some radical schools of thought (*v.g.* Functionalism based on the Theory of Systems) have sustained (*Chapter VII* in connection with *Chapter III*).

On a material level, the reasons for punishment comprehend circumstances outside the definition of the forbidden act and autonomous assessments which concern the aims of punishment rather than the conduct's imputation to the agent. The legal concepts that may be included in this category are limited to objective conditions of punishment admissibility (other than *actus reus*) and the circumstances that exclude punishment (*Chapters V, VI and VII*).

All the provisions establishing a crime connect the description of a forbidden act, guilt and the admissibility of punishment. The latter has a specific object, as well as autonomous evaluation criteria, and triggers specific consequences regarding the application of criminal law and criminal procedure (*Chapter VIII*). The elements pertaining to this category are not relevant to the act's imputation but they may impair its consequences, thus having an obstructive effect on punishment. Punishment admissibility does not ground criminal responsibility. It may only confirm or narrow the scope of responsibility, by deciding whether punishment is adequate, necessary and proportionate. The legal defence of voluntary withdrawal confirms that the legal description of criminal offenses includes the element of punishment admissibility, which may be neutralized through that defence (*Chapters VII and VIII*). There is not such a thing as a crime without the assertion of punishment admissibility (*Chapters VII and VIII*).

Keywords: elements of crimes, system of crime analysis, moral imputation theory, reasons and aims of state punishment, criminal liability methodology, wrongful and forbidden acts, personal guilt, justification, excuses, grounds for excluding punishment, conduct rules, decision rules, withdrawal defence, utility, necessity and proportionality of punishment.

Zusammenfassung

Die vorliegende Arbeit vertritt die Eigenständigkeit der Kategorie der Strafbarkeit (bzw. der Bedingungen der Strafandrohung) innerhalb des Straftatsystems. Aus dieser Sicht ist die Straftat eine tatbestandsmäßige, rechtswidrige, schuldhafte sowie strafbare Handlung. Jede einzelne analytische Stufe im Rahmen dieser methodologischen Abfolge beinhaltet ein Inverbindungbringen von materiellen Elementen und Werturteilen, die es erlauben, über das Vorhandensein oder Fehlen einer strafrechtlichen Verantwortlichkeit zu entscheiden (s. Kapitel I und VII).

Alle belastenden Tatbestände berücksichtigen eine Tatsache und eine Strafandrohung im normativen Zusammenhang. Der Zurechnungskreis ist durch die Beschreibung der tatbestandsmäßigen Handlung und durch den Einflussbereich des Normadressaten abgegrenzt. Die Bewertung der Legitimität der staatlichen Strafe macht die gemeinsame Abwägung der Tatsache und Strafandrohung erforderlich. Die materiellen Elemente, die innerhalb der Kategorie der Strafbarkeit in unmittelbarer Verbindung mit der Tatsache geordnet werden, stellen Legitimitätsbedingungen der gesetzlich festgelegten Strafandrohung dar (Kap. VII).

Die Eigenständigkeit der Strafbarkeit geht mit dem Vorhandensein rechtlicher Klauseln einher, welche sich nicht auf den Unrechtstypus oder Schuldtypus zurückführen lassen. Sie schöpft ihre Legitimität jedoch nicht aus dem Gesetz, sondern aus einer dogmatischen Auseinandersetzung um die analytischen Strukturen und Zumessung der strafrechtlichen Verantwortung (Kap. I und VII).

Auf historischer Ebene findet sich die Unterscheidung zwischen Zurechnung der moralischen Handlung und dem Strafgrund (Kapitel II), welche während der Gültigkeit des allgemeinen Rechtes bedeutsam war. Dieser Unterscheidung entsprach die Differenzierung in Schuldsühnung und Straffreiheit, welche im Zusammenhang mit dem Ablasswesen besondere Bedeutung erlangte. Die moralische Zurechung war eine dem Gesetz vorausgehende Kategorie. Ohne Zurechung einer Handlung war es nicht möglich, das Gesetz auf den Handelnden anzuwenden, und die Straffreiheit setzte die Anwendbarkeit des Gesetzes voraus. Die ersten liberalen Kodifikationen legten den Schwerpunkt der Strukturierung der Zurechung von Verantwortlichkeit auf sich auf fehlendem Willen oder Willensmängel beziehende Strafausschließungsgründe, womit die Anzahl relevanter Umstände beschränkt blieb. Doch machten sie gleichzeitig deutlich, dass einige rechtliche Klauseln einer eigenständigen Erklärung in Bezug auf das Problem ihrer Straffälligkeit entbehren. Das Konzept der *excuses absolutoires* (Strafausschließungs- und Strafaufhebungsgründe), das von der französischen Lehrmeinung des 19. Jahrhunderts entwickelt wurde, belegt dies eindeutig, ebenso wie die Anstrengungen der deutschen Lehrmeinung zum Strafgesetzbuch von 1872, die es ermöglichten, die objektiven Bedingungen der Strafbarkeit zu identifizieren. Die Methode der Verbrechensanalyse des deutschen naturalistischen Positivismus vereinigte und organisierte die Bedingungen der Strafandrohung, die, ausgehend von der durch die Neukantianer eingeleiteten Normativierung, zu einer unbeständigen Kategorie wurde, die gelegentlich in der Lehrmeinung keine Anerkennung fand (Kapitel III, IV und VI). Neuere Untersuchungen belegen die Bürde dieser Unstetigkeit, wenn sie, anlässlich der Behandlung der genannten Konzepte und der dogmatischen Kategorie, welche selbige zu vereinigen geeignet ist, zu gegensätzlichen Schlüssen bezüglich des Inhaltes, der Eigenständigkeit und Legitimität.

Auf methodologischer Ebene stellt die historische Unterscheidung zwischen Tatzurechnung und Strafaufhebung außerdem das Vorhandensein von unterschiedlichen, dem Straftatsystem zugrunde liegenden Normen heraus: auf der einen Seite die an Bürger gerichteten Verhaltensnormen (primäre Normen) und, auf der anderen Seite, Entscheidungsnormen (welche Zurechnungs-,

Bewertungs- und Sanktionsnormen beinhalten), die sich an den Rechtsanwender richten (Kapitel I, V und VII). Diese, von der deutschen Dogmatik des 19. Jahrhunderts angewandte Unterscheidung wurzelt in der zweiten Scholastik (spanische Spätscholastik) und im Rechtsrationalismus des 17. Jahrhunderts. Die sonstigen Voraussetzungen der Strafbarkeit stehen außerhalb des Unrechts. Die Fähigkeit des Normadressaten, die unrechtmäßige Tatsache zu beherrschen, ist Voraussetzung der Zurechnung. Die Elemente der Kategorie der Strafbarkeit begründen die Zurechnung nicht und gehören nicht zum Geltungsbereich der Verhaltensnorm, sondern sind Teil der Entscheidungsnorm, wobei mit ihrer Hilfe über die Rechtmäßigkeit der Strafandrohung anhand von Kriterien der Angemessenheit, Notwendigkeit und Proportionalität der staatlichen Strafe entschieden wird. Die Geschichte der Zurechnungsstrukturen aus dogmatischer Sicht verdeutlicht, dass die Verbrechenstheorie nicht ausschließlich auf Grundlage der Sanktionsnorm entwickelt werden sollte, und ebenso, dass die Zurechungsstrukturen nicht lediglich logische Ableitungen der Strafzwecke sind, im Gegensatz zu dem, was einige weniger gemäßigt Strömungen, die dem Funktionalismus zugehören, anstreben (Kapitel VII, in Verbindung mit Kapitel III).

Auf materieller Ebene sehen die Bedingungen der Strafandrohung materielle, der Straftat außen stehende Realitäten sowie eigenständige Werturteile vor, welche sich nicht an der Zurechnung der Tat, sondern an einer angemessenen Verfolgung der Strafzwecke ausrichten. Nur objektive Bedingungen der Strafbarkeit sowie Strafausschließungs- und Strafaufhebungsgründe (Kap. V, VI und VII) sind Rechtsfiguren, die Bestandteil der Strafbarkeitsstufen sein können.

Alle belastenden Tatbestände bringen systematisch einen Unrechtstypus, einen Schuldtypus und einen «Strafbarkeitstypus» miteinander in Bezug. Letzterer hat einen eigenen Gegenstand sowie eigenständige, ihn orientierende Bewertungen. Sowohl sein Vorhandensein als auch sein Fehlen rufen in materieller und prozessualer Hinsicht spezifische rechtliche Konsequenzen hervor (Kap. VIII). Die Elemente des Strafbarkeitstypus werden nicht dem Täter persönlich zugerechnet, können jedoch die Folgen der Zurechnung verhindern. Hierin zeigt sich im Allgemeinen der die Bestrafung behindernde Effekt des Strafbarkeitstypus. Der Strafbarkeitstypus begründet nicht die strafrechtliche Haftbarkeit, er kann lediglich den Umfang der Verantwortung, die auf dem Unrechtstypus und dem Schuldtypus fußt, bestätigen oder einschränken und über Angemessenheit, Notwendigkeit und Proportionalität der staatlichen Strafe befinden. Die allgemeine Regelung des Rücktritts vom Versuch bestätigt, dass alle Tatbestände einen Strafbarkeitstatbestand beinhalten, der durch die Anwendung dieser Regelung neutralisiert werden kann. Rechtlich betrachtet gibt es kein Verbrechen, ohne dass ein Strafbarkeitstatbestand nachgewiesen werden kann (Kap. VII und VIII).

Stichworte: Verbrechensbegriff, Straftatsystem, Geschichte des Straftatsystems, Strafbarkeitsstufen, Unrechtstypus, Schuldtypus, Strafbarkeitstypus, Strafbarkeitsschranken, Imputationslehre, Bedingungen der Strafandrohung, Verhaltensnormen, Bewertungsnormen, Entscheidungsnormen, sonstigen Voraussetzungen der Strafbarkeit, Strafbarkeitsbedingungen, Strafausschließungsgründe, Strafaufhebungsgründe, Strafzwecke.

Bibliografia

ABEGG, Julius Friedrich Heinrich – *Lehrbuch der Strafrechts-Wissenschaft*, J.K.G. Wagner, Neustadt a.d. Orla, 1836, reimpressão anastática de Keip Verlag, Godlbach, 1996

ACHENBACH, Hans - *Historische und dogmatische Grundlagen der Strafrechtssystematischen Schuldlehre*, J. Schweitzer Verlag, Berlin, 1974 (citado *Schuldlehre*)

ACTAS E PROJECTO da Comissão de Revisão, Ministério da Justiça, Rei dos Livro, Lisboa, 1993

AGUADO CORREA, Teresa – *El Principio de Proporcionalidad en Derecho Penal*, Edersa, Madrid, 1999 (citado *Proporcionalidad*)

AGUILAR, Francisco – *Amnistia e Constituição*, Almedina, Coimbra, 2004
- «Imunidades de titulares de órgãos políticos de soberania», in Maria Fernanda Palma (coord.), *Jornadas de Direito Processual Penal e Direitos Fundamentais*, Almedina, Coimbra, 2004, p. 335 e ss

ALBUQUERQUE, Martim de - *Para uma distinção do erro sobre o facto e do erro sobre a ilicitude*, Ciência e Técnica Fiscal, Lisboa, 1968

ALBUQUERQUE, Martim/ALBUQUERQUE, Ruy – *História do Direito Português*, Vol. I, 10.ª edição, Pedro Ferreira, Lisboa, 1999
- *História do Direito Português*, Vol. I, Tomo II, e Vol. II, AAFDL, Lisboa, 1983

ALBUQUERQUE, Paulo PINTO – *Comentário do Código de Processo Penal*, 4.ª edição, Universidade Católica Editora, Lisboa, 2011
- *Comentário do Código Penal*, 2.ª edição actualizada, Universidade Católica Editora, Lisboa, 2010
- «O regime da medida de segurança de internamento no Código Penal de 1982-1995», *Estudos em Homenagem ao Prof. Doutor Jorge de Figueiredo Dias*, volume II, Coimbra Editora, Coimbra, 2009, p. 13 e ss.

ALEXY, Robert - *Teoria de la Argumentación Jurídica*, tradução de Manuel Atienza e Isabel Espejo, CEC, Madrid, 1997
- *Teoria de los Derechos Fundamentales*, tradução de Ernesto Garzón Valdés a partir da edição alemã de 1986, CEC, Madrid, 1993

ALLFELD, Philipp – *Lehrbuch des Deutschen Strafrechts*, 9.ª edição, A. Deichertsche Verlagsbuchhandlung. Leipzig, 1934

ALMEIDA, Carlota Pizarro de - *Modelos de inimputabilidade*, Almedina, Coimbra, 2000

ALMEIDA, José Carlos Moitinho de – «Algumas considerações sobre o crime de emissão de cheque sem provisão», *SJ* XVIII (1969), p. 125-148

ALVES, Sílvia - «O *Espírito das Leis* – para uma teoria da interpretação da lei no século XVIII», *RFDUL*, XLII, 1 (2001), p. 105-200

ALIMENA, Francesco - «La dichiarazione di fallimento come condizione di punibilità nel reati di bancarotta», *Ridpp*, 1939, p. 47-57

– *Le condizioni di punibilità*, Giuffrè, Milano, 1938

ALTPETER, Frank - *Strafwürdigkeit und Straftatsystem*, Peter Lang, Frankfurt, 1990 (citado *Strafwürdigkeit*)

ALTAVILLA, Enrico - «La più tipica condizione di punibilità: la sorpresa in flagranza» *in Riv. pen.*, 1940, p. 1379-1390

ALWART, Heiner - *Zurechnen und Verurteilen*, Boorberg, Stuttgart, 1998

– *Strafwürdiges Versuchen* (*Eine Analyse zum Begriff der Strawürdigkeit und zur Struktur der Versuchsdelikts*), Duncker & Humblot, Berlin, 1982

AMARAL, António Cardoso do - *Liber utilissimus judicibus et advocatis*, Josephum Ferreyra, Universitatis Typographum, Conimbricae, 1695 (1ª ed. com o título *Summa seu praxis iudicum*, Ulyssipone, 1610)

AMARAL, Maria Lúcia - «Reserva de Lei», *in Polis, Enciclopedia Verbo da Sociedade e do Estado*, vol. 5, Verbo, Lisboa/S.Paulo, 1987, p. 427-434

AMBOS, Kai – «Observaciones a la doctrina francesa del hecho punible desde la perspectiva alemana», *InDret* (2008), p. 1-19.

– «Towards a Universal System of Crime: Comments on George Fletcher's *Grammar of Criminal Law*», *Cardozo Law Review* 28 (2007), p. 2647 e ss.

– «100 Años de la «Teoría del Delito» de Beling. Renascimiento del concepto causal de delito en el ámbito internacional?, *RECPC* 09-05 (2007), p. 1-15

AMELUNG, Knut - «Zur Kritik des kriminalpolitischen Strafrechtssystems von Roxin» *in* Schünemann (org.), *Grundfragen des modernen Strafrechtssystems*, W. de Gruyter, Berlin, New York, 1984, p. 85-102 (citado *Grundfragen*)

ANDRADE, Abel de - «Novo Direito Penal» (Última lição do Prof. Abel de Andrade na FDUL, em 30 de Maio de 1936) *in Três Estudos de Direito e Processo Penal*, separata da RFDUL, 1968, p. 75-83 (citado *Três Estudos*, 1936)

– *Sumário das Lições Magistrais nos Cursos de 1931 a 1932*, Tip. da Emprêsa do Anuário Comercial, Lisboa, 1932 (citado *Sumários 1932*)

– *Sumário das Lições Magistrais nos Cursos de 1929 a 1930*, Tip. da Emprêsa do Anuário Comercial, Lisboa, 1932 (citado *Sumários 1931*)

– *Crítica dos processos de diferenciação do ilícito penal*, Tipografia da Cadeia Nacional, Lisboa, 1929 (incluído na compilação *Três Estudos de Direito e Processo Penal*, separata da RFDUL, 1968, p. 19-35) (citado *Crítica* 1929)

– *Estudos de Direito Penal* (lições recolhidas e publicadas por Abel de Andrade filho, a partir de apontamentos do Professor Abel de Andrade), Tipografia Ingleza, Lisboa, 1925 (citado *Estudos* 1925)

– *Direito Penal* (Lições dactilografadas do Snr. Doutor Abel de Andrade na Faculdade de Direito de Lisboa, no ano lectivo de 1924-1925, recolhidas e organizadas por V. J. Esteves Cardoso), 2 volumes, Lisboa, 1925 (citada *Direito Penal I e II*, 1925)

ANDRADE, Manuel da COSTA – «A fraude fiscal – dez anos depois, ainda um «crime de resultado cortado»?», *RLJ* 135 (2006), p. 326 e ss

- «O abuso de confiança fiscal e a insustentável leveza de um acórdão do Tribunal Constitucional», *RLJ* 134 (2002), p. 300 e ss.
- «O princípio constitucional «nullum crimen sine lege» e a analogia no campo das causas de justificação», *RLJ* 134 (2001), p. 72-77 e p. 130-138
- Anotação aos artigos 135.º, 213.º, *Comentário Conimbricense do Código Penal*, dir. Jorge de Figueiredo Dias, Tomo I e II, Coimbra Editora, Coimbra, 1998, 1999
- *Sobre as proibições de prova em processo penal*, Coimbra Editora, Coimbra, 1992
- «A «dignidade penal» e a «carência de tutela penal» como referências de uma doutrina teleológico-racional do crime», *RPCC* 2 (1992), p. 173-205
- *Consentimento e acordo em direito penal*, Coimbra Editora, Coimbra, 1991
- «Contributo para o conceito de contra-ordenação (A experiência alemã)» *RDE* 6/7 (1980-1981), p. 81-121

ANDRADE, Robin de – *Direito Penal*, volume II, fascículos policopiados contendo os apontamentos das lições proferidas ao 5.º ano jurídico de 1971-72, pelo Senhor Dr. Robin de Andrade, coligidos por António Baptista de Sousa, António Penalva, Fernando Fonseca Santos, João Seabra, e Maria Leonor Beleza, AAFDL, Lisboa, 1972

ANDRADE, Manuel da Costa/ SOUSA, Susana Aires de - «As metamorfoses e desventuras de um crime (abuso de confiança fiscal) irrequieto», *RPCC* 17 (2007), p. 53 e ss

ANGIONI, Francesco - «Condizioni di punibilitá e principio di colpevolezza», *Ridpp*, 1989, p. 1140-1533

ANTOLISEI, Francesco – *Manuale di Diritto penale*, Parte generale, Dezima edizione (organizada e actualizada por L. Conti), Giuffrè, Milano, 1987

- «Lo studio analítico del reato» in *Problema Penali Odierni*, Giuffrè, Milano, 1940, p. 106-160

ANTÓN ONECA, José– *Derecho penal*, 2.ª edição, Akal, Madrid, 1986

ANTONINI, Elisabetta - *Contributo alla dommatica delle causa estintive del reato e della pena*, Giuffrè, Milano, 1990

ANTUNES, Maria João – *Medida de segurança de internamento e facto de inimputável em razão de anomalia psíquica*, Coimbra Editora, Coimbra, 2002
- Anotações aos artigos 177.º, 244.º *Comentário Conimbricense do Código Penal*, dir. Jorge de Figueiredo Dias, Tomo I e II, Coimbra Editora, Coimbra, 1998, 1999

AQUINO, S. Tomás de - *Suma de Teología*, Partes I-II e II-II, vol. II e III, trad. de Ol. Calle Campo e outros, BAC, Madrid, 1989 e 1995

ARAÚJO, Fernando – *Adam Smith, O conceito mecaniscista de liberdade*, Almedina, Coimbra, 2001

ARISTÓTELES – *Ética a Nicómano*, tradução, prefácio e notas de António de Castro Caeiro, 3.ª edição, Quetzal, Lisboa, 2009
- *Ética a Nicómano*, tradução castelhana Ética Nicomáquea, introdução de Emilio Lledó Iñigo, tradução e notas de Jullio Pallí Bonet, 3.ª reimpressão, Editorial Gredos, Madrid, 1995
- *Ética a Eudémio*, tradução castelhana Ética Eudémia, introdução de Emilio Lledó Iñigo, tradução e notas de Jullio Pallí Bonet, 3.ª reimpressão, Editorial Gredos, Madrid, 1995

ARTZ, Gunther /WEBER, Ulrich - *Strafrecht Besonderer Teil*, 3.ª edição, 1988

ASCENSÃO, José de OLIVEIRA – *Roteiro, Direito Penal 1* (1995/96), AAFDL, Lisboa, 1996
- *Acção finalista e nexo causal*, dissertação de pos-graduação apresentada à Faculdade de Direito da Universidade de Lis-

boa, texto dactilografado, não publicado, 1956

D'Ascola, Vicenzo Nico - «Punti fermi e aspetti problematici delle condizioni obiettive di punibilità», *Ridpp*, 1993, p. 652-681

Asúa Batarrita, Adela - «Causas de exclusión o de restricción de la punibilidade de fundamento jurídico constitucional», *El nuevo Código Penal: pressupuestos y fundamentos, Libro Homenaje al Profesor Doctor Don Ángel Torío López*, Editorial Comares, Granada, 1999, p. 221 e ss

Bacigalupo, Enrique - «Sui dogmi della dogmatica penale» in *Dei Delitti e delle pene*, 1983, p. 245-267

– *Delito y Punibilidad*, Civitas, Madrid, 1983
– *Principios del Derecho Penal, Parte general*, 2.ª edição, Akal, Madrid, 1990
– «El error sobre las escusas absolutórias», *CPC* 6 (1978), p. 3 e ss

Bajo, Miguel/ Bacigalupo, Silvina - *Derecho Penal Económico*, 2.ª edição, Editorial universitária Ramón Areces, Madrid, 2010

Bajo Fernandez, M. – *El parentesco en el Derecho penal*, Bosch, Barcelona, 1973

Baldó Lavilla, Francisco – «Observaciones metodológicas sobre la construcción de la teoria del delito» in Silva Sánchez (ed.), *Política criminal y nuevo Derecho Penal, Libro Homenaje a Claus Roxin*, Bosch, Barcelona, 1997, p. 357-385 (citado *Homenaje-Roxin*).

Bar, Karl Ludwig von – *Geschichte des deutschen Strafrechts und der Strafrechtstheorien*, Weidmannsche Buchhandlung, Berlin, 1882

Baratta, Alessandro - *Positivismo giuridico e scienza del diritto penale* (Aspetti teoretici e ideologici dello sviluppo della scienza penalistica tedesca dall'inizio del secolo al 1933), Giuffrè, Milano, 1966 (citado *Positivismo giuridico*).

– «Filosofia e diritto penale. Note su alcuni aspetti dello sviluppo del pensiero penalistico in Italia da Beccaria ai nostri giorni», *Rivista internazionale di filosofia del diritto*, XLIX (1972), p. 29 e ss

Barbosae, Agostinii - *Tractatus Varii*, Anisson, & Posuel, Lugduni, (1ª ed. 1699), 1743

Barbosa, Emmanvel - *Remissiones Doctorum de Officis Publicis Ivrisdictione et Ordine Iudiciario* (1ª edição de 1618), Regia Typographia Antonij Craesbeeck á Mello ejus & Antonij Leite sumptu, Ulyssipone, 1681

Barbosa, Petro - *Comentarii ad interpretationem titvli ff. De Iudicis*, Officina Petri Crasbeeck, Vlysopone, 1613

Barthel, Claus - *Bestrafung wegen Vollrauchs trotz Rücktritts von der versuchten Rauschtat?*, Duncker & Humblot, Berlin, 2001 (citado *Vollrauch*)

Battaglini, Giulio - *Diritto penale, Teoria Generale*, Nicola Zanichelli, Bologna, 1937

Baumann, J. /Weber, U. /Mitsch, W. - *Strafrecht, Allgemeiner Teil*, 10.ª edição, Gieseking, Bielfeld, 1995

Baumgarten, Arthur - *Der Aufbau der Verbrechenslehre*, J.C.B. Mohr, Tübingen, 1913 (citado *Verbrechenslehre*)

Beccaria, Cesare – *Dos delitos e das penas* (1.ª edição, 1764), tradução de José de Faria Costa, da edição de 1766, Gulbenkian, Lisboa, 1998

Bekaert, Hermann - *Théorie Génerale de L'excuse en Droit Pénal*, Émile Bruylant, Bruxelles, 1957

Beleza, Teresa Pizarro – «A revisão da Parte Especial na reforma do Código Penal: legitimação, reequilíbrio, privatização, «individualismo», *in* Maria Fernanda Palma/Teresa Pizarro Beleza (org.), *Jornadas sobre a revisão do Código Penal*, AAFDL, Lisboa, 1998, p. 90 e ss

- *Direito Penal*, vol. I (2.ª edição) e vol. II, AAFDL, Lisboa, 1984 e 1983
- *Ilicitamente comparticipando - o âmbito de aplicação do art. 28.º do Código Penal*, separata do BFDUC (*Estudos em Homenagem ao Prof. Eduardo Correia*), 1988

BELING, Ernst - *Die Lehre vom Tatbestand*, J. C. B. Mohr, Tübingen, 1930
- *Grundzüge des Strafrechts*, 11.ª edição, J. C. B. Mohr, Tübingen, 1930
- *Grundzüge des Strafrechts*, 10.ª edição, *J. C. B. Mohr, Tübingen*, 1928
- *Grundzüge des Strafrechts*, 8.ª e 9.ª edição, J. C. B. Mohr, Tübingen, 1925
- *Grundzüge des Strafrechts*, 6.ª e 7.ª edição, J. C. B. Mohr, Tübingen, 1920
- *Grundzüge des Strafrechts*, 4.ª edição, J. C. B. Mohr, Tübingen, 1912
- *Die Lehre vom Verbrechen*, J. C. B. Mohr, Tübingen, 1906
- *Grundzüge des Strafrechts*, 3.ª edição, J. C. B. Mohr, Tübingen, 1905
- *Grundzüge des Strafrechts*, 2.ª edição, Verlag von Gustav Fischer, Jena, 1902
- *Grundzüge des Strafrechts*, 1.ª edição, Verlag von Gustav Fischer, Jena, 1899

BELLINI, Federico - *Le condizioni obiettive di punibilità*, G. Giappichelli Editore, Torino, 1988

BEMMANN, Günter - «Welche Bedeutung hat das Erfordernis der Rauschtat im § 330 a StGB» in *GA*, 1961, p. 65-74
- *Zur Frage der objektiven Bedingungen der Strafbarkeit*, Verlag Otto Schwartz & Co, Göttingen, 1957 (citado *Bedingungen der Strafbarkeit*)

BENTHAM, Jeremy - *Traité de Législation Civile et Pénale* in *Ouevre de J. Bentham*, vol. I, Trad. de Ét. Dumont, Louis Hauman et Compagnie, Libraires, Bruxelles, 1829 (citado *Traité de Législation Civile et Pénale*)
- *Theorie des Peines et des Récompenses*, 2 tomos, tradução francesa de Et. Dumont, 3ª edição, Bossange Frères, Libraires, Paris, 1825 e 1826
- *An Introduction to The Principles of Morals and Legislation* (1.ª edição: Oxford, 1789), reimpressão de Hafner Press, New York, 1948

BERNER, Albert Friedrich - *Lehrbuch des Deutschen Strafrechts*, 18º edição, Verlag von Bernhard Tauchnitz, Leipzig, 1898, (reimpressão de Scientia Verlag Aalen, Darmstadt, 1986)
- *Lehrbuch des Deutschen Strafrechts*, 13ª edição, Leipzig, 1884
- *Lehrbuch des Deutschen Strafrechts*, 5ª edição, Verlag von Bernhard Tauchnitz Leipzig 1871, reimpressão anastática Keip Verlag, Goldbach, 1996
- *Lehrbuch des Deutschen Strafrechts*, 1ª edição, Verlag von Bernhard Tauchnitz, Leipzig, 1857
- *Die Lehre von der Theilnahme am Verbrechen*, Heymann, Berlin, 1847
- *Grundlinien der criminalistischen Imputationslehre*, Berlin, 1843, reimpressão anastática de Sauer & Auvermann, Frankfurt, 1969 (citado *Imputationslehre*)

BERNSMANN, Klaus – «*Entschuldigung» durch Notstand*, Carl Heymanns Verlag, Köln, 1989 (citado *Notstand*)

BETTIOL, Giuseppe – *Direito Penal, Parte Geral*, 4 volumes, tradução de Fernando de Miranda (I a III) e Taipa de Carvalho (IV), Coimbra Editora Coimbra, 1970 e (tomo IV) 1977
- -*Diritto Penale*, decima edizione, CEDAM, Padova, 1978

BINDING, Karl – *Die Normen und ihre Übertretung*, reimpressão da 4.ª edição de Leipzig, 1922, Scientia Verlag Aalen, Darmstadt, 1965 (citado *Die Normen*, 4ª edição, 1922)
- «Das bedingte Verbrechen», *GS*, 1906, p. 1-26
- *Die Normen und ihre Übertretung*, Erster

Band, 1ª edição, Verlag von Wilhelm Engelmann, Leipzig, 1872 (citado *Die Normen*, 1ª edição, 1872)

BLACKSTONE, William - *Commentaries on the Laws of England*: in four books, edição fac-similada da 1.ª edição de 1765-1769, University of Chicago Press, Chicago, London, 1979

BLEI, Hermann -*Strafrecht II, Besonderer Teil*, 12.ª edição, Beck, München, 1983

BLOY, René - «Die Rolle der Strafausschliessungs-und Strafaufhebungsgründe in der Dogmatik und im Gutachten» *in JuS*, 5/1993, p. 33-36

- *Die Beteiligungsform als Zurechnungstypus im Strafrecht*, Duncker & Humblot, Berlin, 1985 (citado *Beteiligungsform*)
- *Die dogmatische Bedeutung der Strafausschliessungs-und Strafaufhebungsgründe*, Duncker & Humblot, Berlin, 1976 (citado *Strafaufhebungsgründe*)

BLUM, Andreas-M. - *Strafbefreiungsgründe und ihre kriminalpolitischen Begründungen*, Verlag Dr. Kovac, Hamburg, 1996 (citado *Strafbefreiungsgründe*)

BLUME, Ernst - *Tatbestandskomplemente*, Schletter'sche Buchhandlung, Breslau, 1906

BOLINA, Helena Magalhães - *Razão de ser, significado e consequências do princípio da presunção de inocência* (separata do BFDUC, vol LXX), Coimbra, 1994

BÖLLINGER, Lorenz - Anotação ao § 63, *Nomos Kommentar zum Strafgesetzbuch*, 2.ª edição, Nomos, Baden-Baden, 2005 (citado *NK-StGB*, 2005)

BÖHMER, Johann Samuel Friedrich von– *Meditationes in Constitvtionem Criminalem Carolinam*, Impensis Vidvae Gebaveri et Filii, Halae Magdebvrgicae, 1774

- *Observationes selectae ad Benidicti Carpzovii Practicam Novam Rerum Criminalium*, Pars Prima, Franciscum Varrentrapp, Franckfurt, 1758

- *Elementa Ivrisprvdentiae Criminalis*, Editio quarta, Svmtibvs Orphanotrophel, Halae, 1749

BOLDT, Gottfried - *J.S.F. von Böhmer und die gemeinsrechtliche Strafrechtsdoktrin*, Berlin/Leipzig, 1936

BOTTKE, Wilfried - *Strafrechtswissensschaftliche Methodik und Systematik bei der Lehre vom strafbefreienden und strafmildernden Täterverhalten*, Verlag Rolf Gremer, Ebelsbach, 1979 (citado *Methodik und Systematik*)

BOUZAT, Pierre – *Traité Théorique e Pratique de Droit Pénal*, Librairie Dalloz, Paris, 1951

BRANDÃO, Nuno - «O erro sobre pressupostos das causas de justificação: um erro que pode excluir a ilicitude?», *Estudos em Homenagem ao Professor Doutor Jorge de Figueiredo Dias*, volume II, Coimbra Editora, Coimbra, 2009, p. 171 e ss

BRAUNS, Uwe - *Die Wiedergutmachung der Folgen der Straftat durch den Täter*, Duncker & Humblot, Berlin, 1996

BRICOLA, Franco – Anotação ao artigo 25., 2 e 3 da Constituição, *in* G. Branca (ed.), *Commentario della Constituzione*, Zanichelli Editore, Bologne, 1981, p. 227 a 236

- «Punibilità (Condizioni obiettive di)» in *Novissimo Digesto Italiano*, Vol. XIV, UTET, Torino, 1967, p. 588-607
- *Fatto del non imputabile e pericolosità*, Giuffrè, Milano, 1961

BRINGEWAT, Peter - *Funktionales Denken im Strafrecht* (*Programmatische Vorüberlegungen zu einer funktionalen Methode der Strafrechtswissenschaft*), Duncker & Humblot, Berlin, 1974 (citado *Funktionales Denken*)

BRISSOT (DE WARVILLE), J. P. - *Theorie des loix criminelles*, Tomo I, Chez Desauges, Neuchatel, Paris, 1781

BRITO, Ana Bárbara Sousa e - «A delimitação entre o incitamento ao suicídio e a autoria mediata de homicídio de menores de 16 anos», *O Direito* 133 (2001), p. 615 e ss

BRITO, José de SOUSA E - «La inserción del sistema de Derecho penal entre una jurisprudência de conceptos y una (di) solución funcionalista» *in* Silva Sánchez/ Figueiredo Dias (coords), *Fundamentos de un Sistema Europeo del Derecho Penal*, Bosch, Barcelona, 1995, p. 99-111 (citado *LH-Roxin*)

– *Sentido e valor da análise do crime*, separata da revista *Direito e Justiça*, IV, 1989/1990, p. 109-144

– «Sobre a amnistia» *in RJ*, nº 6, 1986, p. 15-47

– *Direito Penal II, Crimes contra o património*, fascículos policopiados, FDUL, 1982

– «A lei penal na Constituição» *in* Jorge Miranda (coord.), *Estudos sobre a Constituição*, 2º vol., Petrony, Lisboa, 1978, p. 197 a 254 (citado *Estudos sobre a Constituição*).

– *Estudos sobre a dogmática do crime omissivo*, I (Dissertação apresentada ao Curso Complementar da FDUL, não publicada), 1965 (citado *Crime omissivo*).

– *Direito Criminal* (lições policopiadas), 2 volumes, ISCPU, 1963

BRITO, Teresa Quintela de – *A tentativa nos crimes comissivos por omissão: um problema de delimitação da conduta típica*, Coimbra Editora, Coimbra, 2000

– *Crime praticado em estado de inimputabilidade auto-provocada, por via do consumo de álcool ou drogas*, AAFDL, Lisboa, 1991

BRITO, Teresa Quintela de (*et al.*) - *Direito Penal, Parte Especial* (Lições estudos e casos), Coimbra Editora, Coimbra, 2007

BRUNS, Hermann - *Kritik der Lehre vom Tatbestand*, Ludwig Röhrscheid Verlag, Bonn, Köln, 1932 (citado *Kritik*)

BUCHETMANN, Franz – *Die Abgrezung der Verbrechensmerkmale nach Belings Lehre vom Tatbestand veranschaulicht am Hausfriedensbruch*, dissertação, Graphischen Kunstanstalt A. Huber, München, 1934 (citado *Abgrezung der Verbrechensmerkmale*)

BUBNOFF, Eckhart von - *Die Entwicklung des strafrechtlichen Handlungsbegriffes von Feuerbach bis Liszt unter besonderer Berucksichtitung der Hegelschule*, Carl Winter, Heidelberg, 1966 (citado *Handlungsbegriff*)

BURKHARDT, Björn - «Geglückte und folgenlose Strafrechtdogmatik», *in* Eser/Hassemer/ Burkhardt, *Die deutsche Strafrechtswissenschaft vor der Jahrtausendwende*, Rückbesinnung und Ausblick, C.H. Beck, München, 2000, p. 111 e ss

BURLAMAQUI, Jean-Jaques - *Principes du Droit Naturel* (1.ª edição francesa de 1748), reedição de Guillaume Júnior, Paris, 1791

– *Elementos do Direito Natural*, traduzidos por Jozé Caetano de Mesquita, Officina de Miguel Rodrigues, Lisboa, 1768

BUSCH, Richard – *Moderne Wandlungen der Verbrechenslehre*, J. C. B. Mohr, Tübingen, 1949

BUSTOS RAMÍREZ, Juan J./HORMAZÁBAL MALARÉE, Hernán - *Lecciones de Derecho Penal*, vol. II, Editorial Trotta, 1999

– *Manual de Derecho Penal Español, Parte generale*, Ariel, Barcelona, 1984

CABEDO, Georgio de - *Praticarvm observationvm, sive Decisionum Supremi Senatvs Regni Lusitanae*, (1ª ed. em 1602, Lisboa), Joannem Baptistam Verdussen, Antverpiae, 1684

CABRAL, Antonio Vanguerve - *Pratica judicial, muyto útil, e necessária para os que principião os officios de julgar, e advogar* (...), Officina Carlos Esteves Mariz, Coimbra, 1740

– *Epilogo Juridico de varios casos civeis, e crimes concernentes ao especulativo, & pratico*, Offi-

cina de Antonio Pedro Ogalram, Lisboa Occidental, 1729
CADOPPI, Alberto - «Il problema delle definizioni legali nel diritto penale. Presentazione», *in* A. Cadoppi (coord.), *Il problema delle definizioni legali nel diritto penale*, Cedam, Padova, 1996, p. 1 e ss
– «Mens rea» *in Digesto delle discipline penalistiche*, Vol.VII, Utet, Torino, 1993, p. 618 e ss
CAEIRO, Pedro – *Fundamento, conteúdo e limites da jurisdição penal do Estado, O caso português*, Coimbra Editora/Wolters Kluwer, 2010 (citado *Jurisdição Penal do Estado*)
– Anotação aos artigos 227.º (e nota prévia), 231.º (nota prévia), *in Comentário Conimbricense ao Código Penal*, Parte Especial, dir. Jorge Figueiredo Dias, Tomo II, Coimbra Editora, Coimbra, 1999
– *Sobre a natureza dos crimes falenciais*, Coimbra Editora, Coimbra, 1996
– «Levy Maria Jordão, Visconde de Paiva Manso. Notas Bio-bibliográficas», *BFDUC* 71 (1995), p. 347-371
CAETANO, Marcello – *Apontamentos para a história da Faculdade de Direito de Lisboa*, separata da RFDUL, vol. XIII, 1961
– *Lições de Direito Penal*, súmula das prelecções feitas ao curso do 4.º ano jurídico no ano lectivo de 1938-1939, Jornal do Comércio, Lisboa, 1939
– *História do Direito Português (1140-1495)*, 3.ª edição, Verbo, Lisboa, 1992
CALDAS (Pereyra y Castro), Francisci de - *Comentarius analyticus ad titulum instit. de Inoficioso Testamento: et ad Leg. Unic. C. ex Delict. Defunctor*, operum tomus septimus (1ª ed. 1660), Fratrum de Tornes, Coloniae Allobrogum, 1745
CALISSE, Carlo – *Svolgimento storico del diritto penale in Italia, dalle invasioni barbariche alle riforme del secolo XVIII*, *in* Pessina (org.), *Enciclopedia del diritto penale italiano, Raccolta di monografie*, Volume II, Societá Editrice Libraria, Milano, 1906, p. 1 a 538
CALKER, Fritz van – *Strafrecht*, 4.ª edição, Schweitzer Verlag, München, Berlin und Leipzig, 1933
CAMELI, Vittore - *Le condizioni obiettive di punibilità e la sfera dei principi penali*, Morano Editore, Napoli, 1961
CANARIS, Claus-Wilhelm – *Pensamento sistemático e conceito de sistema na Ciência do Direito*, tradução portuguesa de António Menezes Cordeiro, a partir da 2ª edição alemã (1983), Gulbenkian, Lisboa, 1989 (citado *Pensamento sistemático*)
CANAS, Vitalino - «O princípio da proibição do excesso na Constituição: arqueologia e aplicações» *in* Jorge MIRANDA (org.), *Perspectivas Constitucionais*, volume II, Coimbra Editora, Coimbra, 1997, p. 322 e ss.
CANOTILHO, José Joaquim Gomes – *Direito Constitucional e Teoria da Constituição*, 3.ª edição, Almedina, Coimbra, 1999
– «A concretização da Constituição pelo Legislador e pelo Tribunal Constitucional», *in Nos dez anos da Constituição*, org. Jorge Miranda, Imprensa Nacional-Casa da Moeda, Lisboa, 1987, p. 347 e ss
– «Teoria da legislação geral e teoria da legislação penal» *in Estudos em Homenagem ao Professor Eduardo Correia*, vol. I, Coimbra Editora, Coimbra, 1984, pp. 827 e ss (citado *EH-Eduardo Correia I*)
CANOTILHO, J.J. Gomes/MOREIRA, Vital – *Constituição da República Portuguesa Anotada*, 4.ª edição revista, Vols. I e II, Coimbra Editora, Coimbra, 2007 e 2010 (citado *Constituição Anotada*)
CARBASSE, Jean-Marie – *Introduction historique au droit penal*, PUF, Paris, 1990
CARMIGNANI, Giovanni – *Elementi di Diritto Criminale*, trad. Fillipo Ambrosoli da 5.ª

ed. (1833), Francesco Sanvito Editore, Milano, 1865
- *Juris Criminalis Elementa*, editio quinta, Excud. Nistri Fratres Eorumque Socii, Pisis, 1833
CARPINTERO BENÍTEZ, Francisco - «Imputatio», *Revista internazionale di filosofia del diritto* 1 (2004), p. 25 e ss
CARPZOV, Benedicto - *Practica Nova Imperialis Saxonica Rerum Criminalium* (1.ª ed. 1635), cita-se a edição de Balthasaris Cristophori Wustii, Francofurti, 1677
CARRARA, Francesco - *Programma del Corso di Diritto Criminale*, Tip. Canevetti, Lucca, 1863
CARSTENS, Thomas - «Schutzgesetz und objektive Strafbarkeitsbedingung», *MDR* 1974/12, p. 983-985
CARVALHO, Américo Taipa de - *Direito Penal, Parte Geral*, 2.ª edição, Coimbra Editora, Coimbra, 2008
- *Sucessão de leis penais*, 3.ª edição, Coimbra Editora, Coimbra, 2008
- *O crime de abuso de confiança fiscal*, Coimbra Editora, Coimbra, 2007
- Anotações aos artigos 151.º, 155.º, 158.º, 162.º, 229.º e 295.º, *in Comentário Conimbricense do Código Penal, Parte Especial*, dir. Jorge Figueiredo Dias, Tomo I e II, Coimbra Editora, Coimbra, 1998 e 1999
- *Crimes de emissão de cheque sem provisão*, Coimbra Editora, Coimbra, 1998
CARVALHO, Érika Mendes de - *Punibilidad y delito*, Reus, Madrid, 2007
- «Las condiciones de procedibilidad y su ubicación sistemática: Una crítica al sistema integral del derecho penal» *RECPC*, 7-10 (2005), p. 1 a 29
CARMIGNANI, Giovanni – *Elementi di Diritto Criminale*, traduzione italiana sulla quinta edizione di Pisa (1833), de Caruana Dingli, Francesco Sanvito Editore, Milano, 1865
CASSIRER, Ernst – *Filosofia de la Ilustración*, tradução de Eugenio Ímaz, a partir da primeira edição alemã de 1932 (*Philosophie der Aufklarung*), 3.ª edição, reimpressão, Fondo de Cultura Económica, Madrid, 1993
CASTILLO HERNÁNDEZ, Santiago - *Alfonso de Castro y el problema de las leys penales*, Publicaciones de la Universidad de Salamanca, Salamanca, 1941
CASTRO, Alfonso de - *La Fuerza de la Ley Penal*, 2 volumes, trad. de Laureano Sanchez Gallego (1ª ed. 1550, Salamanca), Sucesores de Nogués, Murcia, 1931 e 1933
CASTRO, Emmanuele Mendes de - *Practica Lusitana*, (a 1ª edição de 1619), Typog. Antonii Simoens Ferreyra, Universitatis Typog, Conimbricae, 1739
CATTAENO, Mario - «La legislazione Penale nell'Iluminismo Tedesco» in Cattaneo, *Illuminismo e Legislazione Penale*, Ed. Universitarie di Lettere Economia Diritto, Milano, 1993, p. 345 e ss.
- «I Principi dell'Illuminismo Giuridico Penale» in Vinciguerra, S. (org.), *Diritto Penale dellottocento. I Codici Preunitari e il Codice Zanardelli*, Cedam, Milano, 1993, p. 3 e ss.
- *Delitto e pena nel pensiero de Christian Thomasius*, Giuffrè, Milano, 1976
- *Iluminismo e Legislazione*, Edizioni di Comunità, Milano, 1966
CAVALIERE, Antonio - «Riflessioni dommatiche e politico-criminali sulle cause soggetive di exclusione della responsabilità nello schema di delega legislativa per la riforma del Codice Penale», *Ridpp*, 1994, p. 1478-1520
CEREZO MIR, José – *Curso de Derecho Penal Español, Parte General*, vol I, 5.ª edição, vol. II, 6.ª edição, Tecnos, Madrid, 1996 e 1998
CHAUVEAU, Adolphe/HÉLIE, Faustin - *Théorie du Code Pénal*, 4.ª edição (1.ª edi-

ção de 1834), LGJ, Cosse et Marchal, Paris, 1861

CHIAROTTI, Franco - *Le cause speciali di non punibilità*, Edizioni della Bussola, Roma, 1946

CLARO, Julio - *Practica Criminalis* (1.ª ed. 1550), incluída na *Opera Omnia*, Tomo segundo, Haeredum Cramer et Fratrum Philibert, Geneve, 1749

CLASS, Wilhelm - *Grenzen des Tatbestandes: Versuch eines Abrisses der Tatbestandstheorie. 1. (einziger) Teil: Die Lehre vom Tatbestand (Strafrechtliche Abhandlungen)*, Breslau, 1933, reimpressão Scientia Verlag Aalen, Darmstadt, 1977

COBO DEL ROSAL, Manuel – «La punibilidad en el sistema de la Parte general del Derecho penal» in *Estudios Penales y Criminologicos*, VI, Universidad de Santiago de Compostela, 1983, p. 9-53

COBO DEL ROSAL, M./VIVES ANTON, T.S. - *Derecho Penal. Parte General*: II, Universidad de Valencia, 1981

CODICE *Generale Sopra i Delitti e la Pene*, Apresso Giovanni Vitto, In Venezia, 1787 (citado *Leopoldina*)

COELHO, Eduardo Lucas – *Problemas penais dos cheques sem cobertura*, Petrony, Lisboa, 1979

COELHO, Nuno Miguel Ribeiro – «Crime de emissão de cheque sem provisão», *CJ* XVII (1992) T. III, p. 85-92.

COING, Helmut - «L'insegnamento del diritto nell'Europa dell'Ancien Régime», *Studi Senesi*, LXXXII (1970), p. 179-193

COMPENDIO HISTÓRICO *do Estado da Universidade de Coimbra no tempo da sua invasão dos denominados Jesuitas e dos Estragos feitos nas Sciencias e nos Professores, e Directores que a Regiam pelas Maquinações, e Publicações dos Novos Estatutos por Elles Fabricados*, Regia Officina Typografica, Lisboa, 1772

CONTENTO, Gaetano - *La condotta susseguente al reato*, Leonardo da Vinci Editrice, Bari, 1965

CORDERO, Franco – *Procedura Penale*, Terza edizione, Guiffrè, Milano, 1995

CORDEIRO, António Menezes – «Introdução» a CANARIS, *Pensamento sistemático e conceito de sistema na Ciência do Direito*, Gulbenkian, Lisboa, 1989, pp. VII a CXIV

– *Da boa fé no Direito Civil*, 2 volumes, Almedina, Coimbra, 1984

CORREIA, Eduardo H. S. - *A influência de Franz v. Liszt sobre a reforma penal portuguesa* (separata do BFDUC), Coimbra, 1971

– *Direito Criminal* (com a colaboração de Jorge Figueiredo Dias), volumes I e II, Almedina, Coimbra, 1963 e 1965

– *Processo Criminal*, Lições policopiadas, Coimbra, 1954

– *Direito criminal, Tentativa e frustração, comparticipação criminosa, pena conjunta e pena unitária*, Arménio Amado, Coimbra, 1953

– *Direito Criminal*, volume I, Lições do Prof. Dr. Eduardo Correia ao Curso do IV Ano Jurídico, recolhidas por Francisco Pereira Coelho e Manuel Rosado Coutinho, Atlântida, Coimbra, 1949

– «Les preuves en droit pénal portugais», *RDES* (1967), p. 1 e ss

– «Prof. Doutor José Beleza dos Santos» (discurso proferido na cerimónia da sua jubilação), *BFDUC* 31 (1955), p. 411-422

– *Unidade e pluralidade de infracções* (1.ª edição, Livraria Atlântida Coimbra, 1945), reproduzido em *A teoria do concurso em Direito Criminal*, Almedina, Coimbra, 1983

– *Caso julgado e poderes de cognição do juiz* (1.ª edição Coimbra, 1945), reproduzido em *A teoria do concurso em Direito Criminal*, Almedina, Coimbra, 1983

– «A teoria do tipo normativo de agente», *BFDUC* (1943), p. 11 e ss

COSTA, Affonso – *Commentário ao Codigo Penal Portuguez, I, Introducção, Escolas e Princípios de Criminologia Moderna*, Manuel Almeida Cabral, Editor, Coimbra, 1895

COSTA, António M. de ALMEIDA E - *Sobre o crime de corrupção* (separata do BFDUC – E.H. Eduardo Correia, 1984), 1987
- Anotações aos artigos 200.º, 218.º, *Comentário Conimbricense do Código Penal*, dir. Jorge de Figueiredo Dias, Tomo II, Coimbra Editora, Coimbra 1999
- *Aborto e Direito Penal*, separata da ROA 44, Lisboa, 1984

COSTA, Fausto – *Delitto e pena nella storia del pensiero umano*, Fratelli Bocca Editori, Torino, 1928

COSTA, José de FARIA – *Noções Fundamentais de Direito Penal* (Fragmenta iuris poenalis), 2.ª edição, Coimbra Editora, Coimbra, 2009
- *Direito Penal Especial (contributo para uma sistematização dos problemas «especiais» da Parte Especial)*, Coimbra Editora, Coimbra, 2004
- *Direito Penal Económico*, Quarteto, Coimbra, 2003
- «O Direito Penal e o Tempo (algumas reflexões dentro do nosso tempo e em redor da prescrição)», *BFDUC* (2003), p. 1139 e ss
- «Imunidades parlamentares e Direito Penal», *BFDUC* 76 (2000), p. 35 e ss
- Anotação aos artigos 202.º, 203.º, 204.º, 207.º, 218.º, *Comentário Conimbricense do Código Penal*, dir. Jorge de Figueiredo Dias, Parte Especial, Tomo II, Coimbra Editora, Coimbra, 1999
- Anotação ao artigo 180.º, *Comentário Conimbricense do Código Penal*, dir. Jorge de Figueiredo Dias, Parte Especial, Tomo I, Coimbra Editora, Coimbra, 1998
- «O Direito Penal Económico e as causas implícitas de exclusão da ilicitude» (inicialmente publicado em CEJ (org.), *Ciclo de Estudos de Direito Penal Económico*, 1985, p. 43 e ss), reproduzido em *IDPEE* (org.) *Direito Penal Económico e Europeu: Textos Doutrinários*, Vol. I, Coimbra Editora, Coimbra, 1998, p. 413 e ss
- «Le definizioni legali del dolo e della colpa quali esemplificazioni delle norme definitorie nel diritto penale», in A. Cadopi (coord.), *Il problema delle definizioni legali nel diritto penale*, Cedam, Padova, 1996, p. 247 e ss
- «Relações entre a Parte Geral e a Parte Especial do Código Penal», *BFDUC* 71 (1995), p. 117 e ss
- *O Perigo em Direito Penal*, Coimbra Editora, Coimbra, 1992 (citado *O Perigo*)
- *Aspectos fundamentais da problemática da responsabilidade objectiva no Direito Penal português* (separata do BFDUC, Estudos em Homenagem ao Prof. Doutor Joaquim Teixeira Ribeiro), Coimbra, 1981 (citado *Responsabilidade objectiva*)

COSTA, Mário Júlio de Almeida - *História do Direito Português*, 2.ª edição, Almedina, Coimbra, 1996
- «Apontamento sobre a Autonomização do Direito Criminal no Ensino Universitário Português», *Direito e Justiça* II (1981-1986), p. 57 e ss

COVARRVVIAS, Didaci - *Opera Omnia*, 2 Tomos, Joannem Keerbergivm, Abtverpiae, 1610

CRAMER, Peter - *Der Vollrauschtatbestand als abstraktes Gefährdungsdelikt*, J.C.B. Mohr, Tübingen, 1962 (citado *Vollrauschtatbestand*)
- Anotação aos § 16, § 17, § 18, § 323 a), in Schönke/Schröder, *Strafgesetzbuch, Kommentar*, 25.ª edição, C.H. Beck, München, 1997

CRAMER, P./STENBERG-LIEBEN – Anotação ao § 323 a), in Schönke, A./Schröder, H. - *Strafgesetzbuch. Kommentar*, 26. Auflage, Beck, München, 2001

CREMANI, Aloysi - *De Iure Criminali Libri Tres*, Petri Galeatti, Ticini, 1791

CUELLO CONTRERAS, Joaquín - «Sobre los Orígens y Principios del Método Dogmático en la Teoría del Delito» in *Gedächtnisschrift für Armin Kaufmann*, Carl Heymanns Verlag, Köln, 1989, p. 113-129 (citado *Arm. Kaufmann-GedS*).

– *Derecho Penal Español, Curso de iniciacion, Parte general, Teoria del delito*, 1, Civitas, Madrid, 1996

CUNHA, Conceição Ferreira da – Anotação ao artigo 324.º, *Comentário Conimbricense do Código Penal*, dir. Jorge de Figueiredo Dias, Tomo III, Coimbra Editora, Coimbra, 2001

– *Constituição e crime*, Universidade Católica Editora, Porto, 1995

CUNHA, José Damião da – «Não punibilidade e dispensa de pena. Breve contributo para a integração dogmática da não punibilidade à luz de uma perspectiva processual penal», *RPCC* 15 (2005), p. 229-256

– *O caso julgado parcial - Questão da culpabilidade e questão da sanção num processo de estrutura acusatória*, Publicações Universidade Católica, Porto, 2002

– «A participação dos particulares no exercício da acção penal (Alguns aspectos)», *RPCC* 8 (1998), p. 593 e ss

– «Tentativa e comparticipação nos crimes preterintencionais», RPCC 2 (1992), p. 561-584

– Anotações aos artigos 140.º, 285.º, *Comentário Conimbricense do Código Penal*, dir. Jorge de Figueiredo Dias, Tomos I e II, Coimbra Editora, Coimbra, 1998, 1999

CURATOLE, Pasquale - «Condizioni objettive di punibilità» in *Enc. dir*, vol. VIII, Giuffrè, Milano, 1981, p. 807-815

DAHM, George - *Das Strafrecht Italiens im ausgehenden Mittelalter*, Walter de Gruyter, Berlin und Leipzig, 1931

DARIES, Ioach. Georgii - *Institutiones Iurisprudentiae Universalis* (1.ª edição, 1740), 4.ª edição, Apud Christ. Henr. Cvno, Ienae, 1784

DECIANI, Tiberii - *Tractatus criminalis*, 2 Tomos (1.ª edição, 1590), Impensis Haeredum Christiani Egenolphi, Francofvrti ad Moenvm, 1641

DECOCQ, André - *Droit Pénal Général*, Armand Colin, Paris, 1971

DELGADO, Abel - *Cheques sem provisão*, Petrony, Lisboa, 1993

DELITALA, Giacomo - *Il «fatto» nella teoria generale del reato*, CEDAM, Milano, 1930

DESPORTES, Fréderic/LE GUNEHEC, Francis – *Le Noveau Droit Penal*, Tome 1, Droit pénal général, Economica, Paris, 1994

DIAS, Augusto SILVA – «Torturando o inimigo ou libertando da garrafa o génio do mal? Sobre a tortura em tempos de terror», *Estudos em Homenagem ao Prof. Doutor Jorge de Figueiredo Dias*, volume I, Coimbra Editora, Coimbra, 2009, p. 207 e ss

– «*Delicta in se*» e «*Delicta Mere Prohibita*». *Uma análise das descontinuidades do ilícito penal moderno à luz da reconstrução de uma distinção clássica*, Coimbra Editora, Coimbra, 2008 (citado *Delicta in se*)

– *Ramos emergentes do direito penal relacionados com a protecção do futuro*, Coimbra Editora, Coimbra, 2008 (citado *Ramos emergentes*)

– *Crimes contra a vida e a integridade física*, 2.ª edição, revista e actualizada, AAFDL, Lisboa, 2007 (citado *Crimes contra a vida*)

– «O retorno ao sincretismo dogmático: uma recensão a Heiko Lesch, *Der Verbrechensbegriff – Grundlinien einer funktionalen Revision*, ed Carl Heymanns, Köln-München, 1999», *RPCC*, 11 (2001), p. 323-339

– «Entre «comes e bebes»: debate de algumas questões polémicas no âmbito da

protecção jurídico-penal do consumidor», *RPCC* 8 (1998), p. 515 e ss, e *RPCC* 9 (1999), p. 45 e ss
- «Os crimes de fraude fiscal e de abuso de confiança fiscal: alguns aspectos dogmáticos e político-criminais», *Ciência e Técnica Fiscal* 349 (1999), p. 43 e ss
- *Alguns aspectos do regime jurídico dos crimes de difamação e injúrias*, Lisboa, AAFDL, 1989 (citado *Difamação e injúrias*)

DIAS, Jorge de FIGUEIREDO – *Direito Penal, Parte Geral*, Tomo I, 2.ª edição, Coimbra Editora, Coimbra, 2007.
- (org.), *Comentário Conimbricense do Código Penal*, Tomo I, II e III, Coimbra Editora, Coimbra, 1998, 1999 e 2001
- Anotações aos artigos 142.º e 206.º, *Comentário Conimbricense do Código Penal*, dir. Jorge de Figueiredo Dias, Tomos I e II, Coimbra Editora, Coimbra, 1998, 1999
- «Uma proposta alternativa ao discurso da criminalização/descriminalização das drogas» *in* Presidência da República (org.), *Droga: situação e novas estratégias*, INCM, Lisboa, 1998, p. 95 e ss
- *Direito Penal Português. As consequências jurídicas do crime*, Aequitas/Editorial Notícias, Lisboa, 1993 (citado *Consequências jurídicas do crime*)
- «Sobre o estado actual da doutrina do crime, 1ª parte (Sobre os fundamentos da doutrina e a construção do tipo-de--ilícito)», *RPCC* 1 (1991), p. 9 a 53 e «2ª parte (Sobre a construção do tipo-de--culpa e os restantes pressupostos da punibilidade)», *RPCC* 2 (1992), p. 7 a 44.
- «Crime de emissão de cheque sem provisão» (parecer) *in CJ* XVII (1992) T. 2, p. 65-72
- «Sobre os sujeitos processuais no novo Código de Processo Penal», *in* CEJ (org.) *Jornadas de Direito Processual Penal*, Almedina, Coimbra, 1988, p. 3 e ss

- *Direito Processual Penal*, Lições coligidas por Maria João Antunes, fascículos policopiados, Coimbra, 1988
- «Pressupostos da punição e causas que excluem a ilicitude e a culpa» *in* CEJ (org.), *Jornadas de Direito Criminal*, Coimbra, 1983, p. 39 e ss
- *Liberdade, Culpa e Direito Penal*, 2.ª edição, Coimbra Editora, Coimbra, 1983
- «Lei criminal e controlo da criminalidade. O processo legal-social de criminalização e de descriminalização» *in ROA*, 1976, p. 69-96
- *Relatório* (Programa, conteúdo e métodos de ensino teórico e prático da disciplina de Direito Penal, a infracção penal), apresentado nas provas de concurso para professor catedrático, policopiado, Coimbra, 1976 (citado *Relatório, 1976*)
- *Direito Processual Penal*, Primeiro volume, reimpressão da 1.ª edição de 1974, Coimbra Editora, Coimbra, 1984
- «Ónus de alegar e de provar em processo penal?», *RLJ* 105 (1972-1973), p. 125 e ss
- *Crime preterintencional, causalidade adequada e questão de facto* (separata da RDES, ano 17, n.º 2), 1971
- *O problema da consciência da ilicitude em Direito Penal*, Almedina, Coimbra, 1969
- *Responsabilidade pelo resultado e crimes preterintencionais* (trabalho apresentado para exame do Curso Complementar de Ciências Jurídicas na Faculdade de Direito de Coimbra, no ano lectivo de 1960-61), policopiado, Coimbra, 1961 (citado *Crimes preterintencionais*).

DIAS, Jorge de FIGUEIREDO/ANDRADE, Manuel da COSTA – *Direito Penal, Questões fundamentais, A doutrina geral do crime*, fascículos policopiados, Faculdade de Direito, Coimbra, 1996
- «O crime de fraude fiscal no novo direito penal tributário português (considera-

ções sobre a factualidade típica e o concurso de infracções)», *RPCC* 6 (1996), p. 71 e ss
- *Criminologia: o homem delinquente e a sociedade criminógena*, Coimbra Editora, Coimbra, 1984

DÍAZ-RONCERO, M.ª José/COMES RAGA, Ignacio - «El arrepentimiento postdelictual en España: un ensayo acerca de su viabilidad como instrumento combativo del crimen organizado», *Revista Penal* 28 (2011), p. 67 e ss

DOHNA, Alexander GRAF ZU - *Der Aufbau der Verbrechenslehre*, 2ª edição, Ludwig Röhrscheid Verlag, Bonn, 1941 (citado *Aufbau der Verbrechenslehre*)
- «Zur Systematik der Lehre vom Verbrechen», *ZStW* 27 (1907), p. 329-349

DONINI, Massimo - «Non punibilità e idea negoziale», *L'Indice penale* 3 (2001), p. 1035-1061
- *Teoria del reato, Una introduzione*, CEDAM, Milano, 1996

DREHER, Eduard/TRÖNDLE, Herbert - *Strafgesetzbuch und Nebengesetz (StGB)*, 47.ª edição, Beck, München, 1995

DRESSLER, Joshua - *Understanding Criminal Law*, Matthew Bender, New York, 1994

DUARTE, Rui Pinto - «O Jogo e o Direito», *Themis III* (2001), p. 69 e ss

ELORDUY, Eleutério – «El concepto suareciano de imputación» in *Actas del IV Centenário del Nascimento de Francisco Suarez (1548-1948)*, vol. II, Dirección General de Propaganda, Madrid, 1949, p. 75-127

ENGAV, Io. Rvdolph – *Elementa Ivris Criminalis*, Svmtilvs Vidvae Croekerianae, Ienae, 1738

ENGELMANN, Woldemar - *Die Schuldlehre der Postglossatoren und ihre Fortentwicklung*, K. F. Koehler, Leipzig, 1895, reimpressão Scientia Verlag Aalen, Darmstadt, 1965

ENGISCH, Karl – «Logische überlegungen zur Verbrechensdefinition» in *Festschrift für Hans Welzel*, Walter de Gruyter, Berlin, New York, 1974, p. 343-378 (citado *FS-Welzel*)
- *Introdução ao pensamento jurídico*, tradução e prefácio de J. Baptista Machado, 3.ª edição, Gulbenkian, Lisboa, 1977

ENTSCHEIDUNGEN des *Bundesverfassungsgerishcts*, «Urteil vom 28 Mai 1993 (2 BvF 2/90 und 4, 5/92)», 88. Band, J.C.B. Mohr, Tübingen, 1993

ESER, Albin – Anotação aos § 9, § 104 a), § 218 a), *in* Schönke/Schröder, *Strafgesetzbuch, Kommentar*, 25.ª edição, C.H. Beck, München, 1997

ESER, Albin/BURKHARDT, Björn - *Strafrecht I, Schwerpunkt allgemeine Verbrechenselemente*, 4ª edição, Beck, München, 1992
- Anotação ao § 104 a), *in* Schönke, A./Schröder, H. - *Strafgesetzbuch. Kommentar*, 26. Auflage, Beck, München, 2001

ESTATUTOS da Universidade de Coimbra (...) do anno de 1772, 3 volumes, Regia Officina Typografica, Lisboa, 1773

FARALDO CABANA, Patrícia – *Las causas de levantamiento de la pena*, Tirant lo blanch, Valencia, 2000

FARIA, Jorge Ribeiro de - *Sobre a desistência da tentativa* (separata do BFDUC, LVII, 1981), Coimbra, 1982

FARIA, Mário Alberto dos Reis – «Notas bibliográficas do Doutor José Beleza dos Santos», *in Estudos in Memoriam» do Professor Doutor José Beleza dos Santos* BFDUC, suplemento XVI, 1966, p. 469 e ss

FARIA, Paula RIBEIRO DE – *A adequação social da conduta no direito penal*, Publicações Universidade Católica, Porto, 2005
- Anotação ao artigo 145.º *in Comentário Conimbricense do Código Penal, Parte Especial*, dir. Jorge Figueiredo Dias, Tomo I, Coimbra Editora, Coimbra, 1998

FARINACII, Prosperi - *Praxis, et Theorichae Criminalis*, Iuntas, Mediolani, 1605

FASSÒ, Guido - *Storia della filosofia del diritto*, 3 vols, Il Mulino, Bologna, 1968
FAVEIRO, Vítor A. Duarte - «Melo Freire e a Formação do Direito Público Nacional» *Ciência e Técnica Fiscal*, n.º 109 (1968), p. 7-69, e n.º 110 (1968), p. 71-97
FERNANDES, Plácido Conde – Anotações ao Dec.-Lei n.º 422/89, de 2 de Dezembro, *in* Paulo Pinto de Albuquerque e José Branco (orgs), *Comentário das leis penais extravagantes*, volume II, Universidade Católica Editora, Lisboa, 2011, p. 349 e ss
FERRÃO, António - *A reforma pombalina da Universidade de Coimbra e a sua apreciação por alguns eruditos espanhóis*, Imprensa da Universidade, Coimbra, 1926
FERRÃO, F. A. F. da SILVA - *Theoria do Direito Penal applicada ao Codigo Penal Portuguez*, 8 volumes, Typographia Universal (vols I-III) e Imprensa Nacional (vols IV-VIII), 1856-1857
FERRÈ OLIVÈ, Juan Carlos - «Punibilidad y Processo Penal», *RGDP* 10 (2008), p. 1-16
FERREIRA, Manuel CAVALEIRO DE – *Lições de Direito Penal, Parte Geral*, vol. I, 4.ª edição, vol. II, Verbo, Lisboa, 1992 e 1989 (citado *Lições I*, 1992, *e II*, 1989)
– *Curso de Processo Penal*, volume 1.º, Danúbio, Lisboa, 1986
– *Direito Penal*, Vol. I e II, fascículos policopiados, Universidade Católica Portuguesa, Faculdade de Ciências Humanas, Lisboa, 1984/1985 e 1985
– -*Direito Penal Português, Parte Geral*, Vols I e II, Verbo, Lisboa, 1982
– *Direito Penal* (apontamentos recolhidos por vários alunos e parcialmente revistos pelos assistentes da cadeira Licenciados Robin de Andrade e Marques da Silva), fascículos policopiados, AAFDL, Lisboa, 1972-73
– *Direito Penal* (Parte III, O Delinquente, Parte IV, Penas e Medidas de Segurança), fascículos policopiados, Edição dos Serviços Sociais da Universidade de Lisboa, Lisboa, 1970
– *Direito Penal* (apontamentos recolhidos e organizados pelos alunos Carlos Francisco Rego e Maria Helena Silva de Almeida), fascículos policopiados, AAFDL, Lisboa, 1969 (citado *Direito Penal* 1969)
– *Direito Penal*, volume II, fascículos policopiados, reedição das Lições proferidas em 1940-41, revistas e actualizadas por Luís Brito Correia, AAFDL, Lisboa, 1962
– *Direito Penal*, volume II, (s.e), Lisboa, 1961
– *Curso de Processo Penal*, 3 volumes, Oficinas gráficas Gomes e Rodrigues, Lisboa, 1955, 1956, 1958
– «Os pressupostos processuais» *in Scientia Iuridica* (1958), p. 193 e ss e 298 e ss, reproduzido na *Obra Dispersa I (1933/1959)*, Universidade Católica Editora, Lisboa, 1996, p. 369 e ss
– *Lições de Direito Penal* (organizadas por Carmindo Ferreira e Henrique Lacerda, de harmonia com as prelecções do Exmo Professor Doutor Cavaleiro de Ferreira ao curso do IV ano da Faculdade de Direito da Universidade de Lisboa: ano lectivo de 1940-1941), s.e., Lisboa, 1945 (citado *Lições* 1945)
– *Lições de Direito Penal* (5.º ano), Segundo as prelecções feitas pelo Exm.º Sr. Prof. Dr. Cavaleiro de Ferreira, coligidas por J. Salcêdas e T. Marques, fascículos policopiados, s.e., s.l., 1940-1941
– *Lições de Direito Penal* (organizadas por Carmindo Rodrigues Ferreira e Henrique Vaz de Lacerda, de harmonia com as prelecções do Exmo Professor Doutor Cavaleiro de Ferreira ao curso do IV ano da Faculdade de Direito da Universidade de Lisboa: ano lectivo de 1940-1941), Faculdade de Direito da Universidade e Lisboa, Lisboa, 1940 (citado *Lições* 1940)

- «A Reforma do Direito Penal Alemão» in *O Direito* (1939), p. 258 e ss, reproduzido na *Obra Dispersa* I (1933/1959), Universidade Católica Editora, Lisboa, 1996, p. 69 e ss
- *A tipicidade na técnica do Direito Penal*, Imprensa Lucas & C., Lisboa, 1935 (citado *A tipicidade*)
- *Da participação criminosa*, Oficinas Gráficas, Lisboa, 1934

FERREIRA, Manuel Lopes - *Pratica Criminal Expendida na Forma da Praxe* (1.ª edição, 1730), 3.ª edição, Officina de Antonio Alves Ribeyro Guimaraens, Porto, 1767
- *Pratica Criminal Expendida na Forma da Praxe* (...), 2.ª edição, 4 tomos, Tomo I e II, Carlos Esteves Mariz, Lisboa, 1741, Tomo III e IV, Officina Ferreiriana, Lisboa Occidental, 1733
- *Pratica Criminal Expendida na Forma da Praxe* (...), 1.ª edição, Officina Ferreiriana, Lisboa Occidental, 1730 e 1731

FERRI, Enrico - *Princípios de Direito Criminal, O Criminoso e o Crime*, tradução de Luiz Lemos d'Oliveira, prefácio de José Beleza dos Santos, Arménio Amado Coimbra, 1931
- *La Sociologie Criminelle* (1ª edição de 1880), 2ª edição, traduzida por Terrier, Fèlix Alcan, Editeur, Paris, 1905

FERRINI, Contardo - «Esposizione storica e dottrinale del diritto penale romano», republicado *in* Pessina (org.), *Enciclopedia del diritto penale italiano, Raccolta di monografie*, Volume I, Società Editrice Libreria, Milano, 1905, p. 1 e ss

FEUERBACH, Paul Johann Anselm Ritter von - *Revision der Grundsätze und Grundbegriffe des positiven peinlichen Rechts*, Band I, 1799, e Band II, 1800, reprodução anastática da Scientia Verlag Aalen, Darmstadt, 1966 (citado *Revision I e II*)
- *Lehrbuch des gemeinen in Deutschland gültingen peinlichen Rechts* (1ª edição, Giessen 1801), 13ª edição, organizada por C.J. A. Mittermaier, Georg Friederich Heyer, Vater, Giessen, 1840 (citado *Lehrbuch*)

FIANDACA, Giovanni - «Fatto nel diritto penale» in *Digesto*, vol. V, Utet, Torino, 1991, pp. 152-160.

FIANDACA, G./MUSCO, E. – *Diritto penale. Parte generale*, 3ª edição, Zanichelli Editore, Bologna, 1995

FIGUEIREDO, André - «O princípio da proporcionalidade e a sua expansão para o Direito Privado», *Estudos Comemorativos dos 10 anos da FDUNL*, II, Almedina, Coimbra, 2008, 23 e ss

FILANGIERI, Gaetano - *La Scienza della Legislazione*, Tomo I a V (1ª ed. 1782-1785), Stampe dell'Accd. Etnea, 1799

FINGER, August - «Thatbestandsmerkmale und Bedingungen der Strafbarkeit», *GA*, 1903, p. 32-59

FINCKE, Martin - *Das Verhältnis des Allgemeinen zum Besonderen Teil des Strafrechts*, J. Schweitzer Verlag, Berlin, 1975

FIORE, Carlo - *Diritto Penale, Parte Generale*, volume primo, UTET, Torino, 1993

FIORILLO, Vanda - «Delitto e peccato nel giusnaturalismo di Samuel Pufendorf», *Rivista Internazionale di filosofia del diritto*, Vol. LXII, 1995, p. 3 a 24

FISCHER, Hans - *Die Reschtswidrigkeit*, Sauer & Auvermann, Frankfurt, 1966

FISCHER, Thomas – *Strafgesetzbuch und Nebengesetz*, 58.ª edição, Beck, München, 2011

FISCHL, Otto - *Der Einfluss der Aufklärungsphilosophie*, 1ª edição 1913, reimpressão Scientia Verlag Aalen, Darmstadt, 1973

FLOR, Roberto - «Le ipotesi di false comunicazioni social: natura, rilevanza ed operatività delle soglie di punibilità», *Riv. trim. Dpe* 1-2 (2010), p. 83 e ss

FLETCHER, George - *The Grammar of Criminal Law*, Volume One: Foundations,

Oxford University Press, Oxford/New York, 2007
- *Rethinking Criminal Law,* Oxford University Press, New York, 2000
- *Basic Concepts of Criminal Law,* Oxford University Press, New York, 1998
- «Criminal Theory as an International Discipline», *in* Eser/Fletcher (ed.), *Rechtsfertigung und Entschuldigung,* Band II, Max-Planck-Institut, Freiburg, 1988, p. 1595 e ss (citado *Rechtsfertigung II- -MPI*)

FLORA, Giovanni - *Il Ravvendimento del Concorrente,* CEDAM, Padova, 1984

FONSECA, Guilherme da - «A descriminalização e a aplicação da lei no tempo (um caso de injustiça)», *RMP* 89 (2002), 135 e ss

FONSECA, Jorge - *Crimes de empreendimento e tentativa,* Almedina, Coimbra, 1986

FORMEY, J.H.S. - «Introduction» a *Principes du Droit de La Nature et des Gens,* Amsterdam, Marc Michel Rey, 1758

FORNASARI, Gabriele – «Cenni sulla disciplina dei reati fallimentari in Germania», *Rivista Trimestrale di Diritto Penale dell'Economia,* 1-2 (2003), p. 145-159
- *Il principio di inesigibilità nel Diritto Penale,* CEDAM, Padova, 1990

FRAGOSO, Baptista - *Regiminis Reipublicae Christianae, in três tomus divisium,* Lavrentii Anisson, Lvgdvni, 1667

FRAGOSO, Heleno Cláudio - «Pressupostos do crime e condições objectivas de punibilidade» *in Estudos de Direito e Processo Penal em Homenagem a Nélson Hungria,* Forense, Rio/São Paulo, 1962, p. 158- -179

FRANCO, Manoel da Costa – *Tractado Practico, Juridico, Civel e Criminal* (...), João António da Costa, Coimbra, 1765

FRANK, Reinhard - *Das Strafgesetzbuch für das Deutsche Reich,* 17.ª edição, J.C.B. Mohr, Tübingen, 1926

- *Das Strafgesetzbuch für das Deutsche Reich,* 8.ª-10.ª edição, J.C.B. Mohr, Tübingen, 1911
- *Über den Aufbau des Schuldbegriffs,* Alfred Töpelmann, Giessen, 1907

FRANCKE - «Das Deutsche Strafgesetzbuch und die Strafsachen aus Handlungen der Zeit vor dessen Gesetzeskraft», *GA,* 20 (1872), p. 14 e ss

FREIRE, Pascoal José de MELO - *O Novo Código do Direito Público de Portugal, com as provas,* Imprensa da Universidade, Coimbra, 1844
- *Institutiones Juris Criminalis Lusitani,* Liber singularis, Ex Typographia Regalis Academiae, Olisipone, 1794 (confrontada com a tradução de Miguel Pinto de Meneses *in BMJ,* 155 e 156) (citado *Institutiones*)
- *Ensaio de Código Criminal a que mandou proceder a Rainha Fidelissima D. Maria I* (...),oferece e dedica Miguel Setáro, Typographia Maigrense, Lisboa, 1823
- *Código Criminal intentado pela Rainha D. Maria I., com as Provas,* terceira edição, Imprensa da Universidade, Coimbra, 1844
- *História do Direito Civil Português* (1777), tradução de Miguel Pinto de Meneses, separata do BMJ, 1968, n.º 173 a 175

FREUND, Georg – *Strafrecht, Allgemeiner Teil, Personale Straftatlehre,* Springer, Berlin, 1998
- «Zur Legitimationsfunktion des Zwecksgedankens im gesamten Strafrechtssystem» *in* Wolter/Freund (org.), *Straftat, Strafzumessung und Strafprozeß im gesamten Strafrechtssystem,* C.F.Müller, Heidelberg, 1996, p. 43-97 (citado *Strafrechtssystem*)
- Anotação prévia ao § 13, *Münchener Kommentar zum Strafgesetzbuch,* Band 1, C. H. Beck, München, 2003 (citado *MK- -StGB*)

FRISCH, Wolfgang – «Zur Bedeutung der Rechtsdogmatik für die Entwicklung des Strafrechts», *in* Stürner (hrg.), *Die Bedeutung der Rechtsdogmatik für die Rechtsentwicklung*, Tübingen, 2009, p. 169-187 (citado *Die Bedeutung der Rechtsdogmatik*)
- «Wesenzüge rechtswissenchaftlichen Arbeitens – am Beispiel und aus der Sicht des Strafrechts», *in* Engel/Schön (hrg), *Das Proprium der Rechtswissenschaft*, Mohr Siebeck, Tübingen, 2007, p. 156 e ss (citado *Das propium der Rechtswissenschaft*)
- «Bien jurídico, derecho, estructura del delito e imputación en el contexto de la legitimación de la pena estatal», Roland Hefendehl (ed.), *La teoria del bien juridico*, Marcial Pons, Madrid, 2007, p. 309 a 339 (citado *La teoria del bien jurídico*)
- «Geglückte und folgenlose Strafrechtdogmatik (Kommentar)», *in* Eser/Hassemer/ Burkhardt, *Die deutsche Strafrechtswissenschaft vor der Jahrtausendwende*, Rückbesinnung und Ausblick, C.H. Beck, München, 2000, p. 159 e ss (citado *Die deutsche Strafrechtswissenschaft*)
- «Straftat und Straftatsystem» *in* Wolter/ Freund (org.), *Straftat, Strafzumessung und Strafprozeß im gesamten Strafrechtssystem*, C.F.Müller, Heidelberg, 1996, p. 135-210 (citado *Strafrechtssystem*)
- «Le definizioni legali nel diritto penale tedesco», *in* A. Cadopi (coord.), *Il problema delle definizioni legali nel diritto penale*, Cedam, Padova, 1996, p. 191 e ss
- *Vorsatz und Risiko,* Carl Heymanns Verlag, Köln, 1983

FRISTER, Helmut –*Strafrecht Allgemeiner Teil*, 5.ª edição, Beck, München, 2011
- *Schuldprinzip, Verbot des Verdachtsstrafe und Unschuldsvermutung als materielle Grundprinzipien des Strafrechts,* Duncker & Humblot, Berlin, 1988 (citado *Schuldprinzip*).

GALLAS, Wilhelm – «Zum gegenwärtigen Stand der Lehre vom Verbrechen», *ZStW* 67 (1955), p. 1-47

GAMA, Antonii - *Decisionum Supremi Senatus Lusitaniae,* Joannem Baptistam Verdussen, Antuerpiae, 1735

GARCIA, Manuel Emygdio – *Apontamentos de algumas prelecções no curso de Sciencia Política e Direito Político,* coligidos pelos alunos P. A. Camelo e Abel d'Andrade, Typ. de Luiz Cardoso, Sophia, Coimbra, 1893 (citado *Apontamentos*)

GARCÍA PÉREZ, Octavio – *La Punibilidad en el Derecho Penal,* Aranzadi, Pamplona, 1997

GARGANI, Alberto – *Dal* Corpus Delicti *al* Tatbestand. *Le origini della tipicità penale,* Giuffrè, Milano, 1997 (citado *Corpus Delicti*)

GAROFALO, Rafael – *Criminologia* (1ª edição 1885), tradução de Júlio de Matos, 4ª edição, Livraria Clássica Editora, Lisboa, 1925

GARRAUD, René – *Précis de Droit Criminel,* L. Larose, Paris, 1881

GEILEN, Gerd – «Sukzessive Zurechnungsunfähigkeit, Unterbringung und Rücktritt», *JuS* (1972), p. 73 e ss

GEISLER, Claudius – «Objektive Strafbarkeitsbedingungen und «Abzugsthese» – Methodologische Vorüberlegungen zur Vereinbarkeit objektiver Strafbarkeitsbedingugen mit dem Schuldprinzip» *in GA* (2000), p. 166-179
- *Zur Vereinbarkeit objektiver Bedingungen der Strafbarkeit mit dem Schuldprinzip* (Zugleich ein Beitrag zum Freiheitsbegriff des modernen Schuldstrafrechts), Duncker & Humblot, Berlin, 1998 (citado *Bedingungen der Strafbarkeit*)

GIL, Fernando – *Provas,* Imprensa Nacional--Casa da Moeda, Lisboa, 1986

GILI PASCUAL, Antonio – *La prescripción en Derecho penal,* Aranzadi, Pamplona, 2001

GIMBERNAT ORDEIG, Enrique - «Tiene un futuro la dogmática juridicopenal?» in *Estudios de Derecho Penal*, 3.ª edición, Tecnos, Madrid, 1990, p. 140-161

GIOFFREDI, Carlo – *I principi del diritto penale romano*, Giappichelli, Torino, 1970

GIULIANI (BALESTRINO), Ubaldo - «Le condizioni di punibilità sono istituti sostanziali o processuali?», *Arch.pen.*, 1986, p. 3-26.

– *Il problema giuridico delle condizioni di punibilità*, CEDAM, Padova, 1966

GOLDSCHMIDT, James - *Der Notstand, ein Schuldproblem*, separata da ÖJZ, Wien, 1913

GOMES, Alexandre Caetano - *Manual prático judicial, civel e criminal*, Officina de Caetano Ferreira da Costa, Lisboa, 1766

GOMES, Carla Amado - *As imunidades parlamentares no Direito Português*, Coimbra Editora, Coimbra, 1998

GOMES, Júlio M. Vieira – *A Desistência da Tentativa: Novas e Velhas Questões*, Editorial Notícias, Lisboa, 1993

GÓMEZ, António - *Variae Resolutiones Juris Civilis, Communis, et Regii, Tomis Tribus Distintae, Editio Novissima, Cui praeter Annotationes Emanuelis Soarez A Ribeira (...)* (1.ª edição Salamanca, 1552), Petri Bruyset, & Sociorum, Lugduni, 1744

GÓMEZ ORBANEJA, Emilio - «Condiciones de Punibilidad y Condiciones de Procedibilidad» in *Coleccion de Estudios en Homenaje al Professor Camilo Barcia Trelles*, Universidade Compostelana, Santiago, 1945, pp. 82-93 (citado *EH-Barcia Trelles*)

GONÇALVES, Manuel Maia – *Código de Processo Penal – Anotado*, 17.ª edição, Almedina, Coimbra, 2009

– *Código Penal Português, Anotado e comentado*, 14.ª edição, Almedina, Coimbra, 2001

GONZAGA, Tomás António - *Tratado de Direito Natural* (1768, não publicado), in *Obras Completas*, edição crítica de M. Rodrigues Lapa, MEC, INL, Rio de Janeiro, 1957 (citado *Tratado*, 1768)

GOUVEIA, Jorge Bacelar – *Manual de Direito Constitucional*, 2 volumes, 4.ª edição revista e actualizada, Almedina, Coimbra, 2011

GRAUL, Eva – *Abstrakte Gefährdungsdelikte und Präsumtionen im Strafrecht*, Dunker & Humblot, Berlin, 1991 (citado *Abstrakte Gefährdungsdelikte*)

GRAVEN, Jean - «Les conceptions pénales et l'actualité de Montesquieu», *RDPC*, 1949-1959, nº 1, p. 161 e ss

GRECO, Luís - *Lebendinges und Totes in Feuerbachs Straftheorie*, Duncker & Humblot, Berlin, 2009

– «Dolo sem vontade», *Liber Amicorum de José de Sousa e Brito*, Almedina, Coimbra, p. 895 e ss

GRISPINI, Filippo – *Diritto Penale Italiano*, vol. II, reimpressão da 2ª edição, Giuffrè, Milano, 1952

– «La sistematica della Parte Generale del Diritto Penale», *R.d.pen.* (1934), vol. secondo, p. 1261-1280

GROTIUS, Hugo - *Le Droit de la Guerre et de la Paix*, 3 volumes (1ª edição 1625), tradução de M.P. Pradier-Foderé, Guillamaumin et C., Paris, 1867 (citado *Le Droit de la Guerre*)

GRÜNHUT, Max - «Methodische Grundlagen der heutigen Strafrechtswissenschaft» in *Festgabe für Reinhard von Frank*, Band I (1ª edição 1930), reimpressão de Scientia Verlag Aalen, Darmstadt, 1969, p. 1-32 (citado *FG-Frank*)

GUARNERI, Giuseppe - «Attualità e Fecondità del Pensiero Penalistico di G.D. Romagnosi» *in Sc. pos.*, 1962, p. 19 e ss

GÜNTHER, Hans-Ludwig - «La classificación de las causas de justificación en Derecho penal» (tradução castelhana de Luzón Peña do texto alemão, com modi-

ficações, «Klassifikation der Rechtsfertigungsgründe im Strafrecht», *FS-Spendel*, 1992, p. 189 e ss) *in* Luzón Peña/Mir Puig (coord.), *Causas de Justificación y de Atipicidad en derecho Penal*, Aranzadi, Pamplona, 1995, p. 54-66 (citado *Causas de Justificación*)
- «Rechtsfertigung und Entschuldigung in eienem teleologischen Verbrechssystem» *in* Eser/Fletcher (org.), *Rechtsfertigung und Entschuldigung*, Rechts-vergleichende Perspektiven, Band I, Max-Planck-Institut, Freiburg, 1987, p. 363-410 (citado *Rechtsfertigung I-MPI*)
- Anotação à decisão do BGH, de 20.12.1994, *JZ*, 1985/12, p. 584-587
- *Strafrechtswidrigkeit und Strafunrechtsausschluss*, Carl Heymanns Verlag, Köln, 1983 (citado *Strafrechtswidrigkeit*)
- «Die Genese eines Straftatbestands. Eine Einführung in Fragen der Strafgesetzgebungslehre» *JuS*, 1978, p. 8 a 14

HABERMAS, Jürgen - *Between Facts and Norms. Contributions to a Discourse Theory of Law and Democracy* (tradução inglesa de William Rehg, da edição alemã de 1992), Polity Press, Cambridge, 1996

HAFFKE, Bernhard - «El significado de la distinción entre norma de conducta y norma de sanción para la imputación jurídico-penal» *in* Silva Sánchez/Figueiredo Dias (coords), *Fundamentos de un Sistema Europeo del Derecho Penal*, Bosch, Barcelona, 1995, p. 129-138 (citado *LH-Roxin*)

HAFT, Fritjof – *Strafrecht, Allgemeiner Teil*, 9ª edição, C.H. Beck, München, 2004

HALL, Karl Alfred – «Entwicklung des Verbrechensbegriffes aus dem Geist des Prozesses» in Geerds/Naucke (orgs), *Beiträge zur gesamten Strafrechtswissenschaft, Festchrift für Hellmuth Mayer*, Berlin, Duncker & Humblot, Berlin, 1966, p. 35-48 (citado *FS-Hellmuth Mayer*)

- *Die Lehre vom Corpus Delicti*, Kohlhammer, Stuttgart, 1933

HAMER, David - «The Presumption of Innocence and Reverse Burdens: a Balancing Act», *Cambridge Law Journal* 66 (2007), p. 142 e ss

HANACK, Ernst-Walter - Anotação ao § 63, *Leipziger Kommentar , Strafgesetzbuch*, 11.ª edição, De Gruyter, Berlin, 1992 (citado *LK-StGB*)

HARDWIG, Werner - «Der Vollrauschtatbestand», *GA*, 1964, p. 140-151
- «Studiem zum Vollraushtatbestand» in *Festshrift für Eberhard Schmidt*, Vandenhoeck & Ruprecht in Göttingen, 1961, p. 459-487 (citado *FS-Eb.Schmidt*)
- *Die Zurechnung. Ein Zentralproblem des Strafrechts*, de Gruyter, Hamburg, 1957

HASS, Gerhard - «Zu Wesen und Funktion der objektiven Strafbarkeitsbedingung. Bemerkungen zur Entstehungsgeschichte des Begriffs», *Rechtstheorie* 3 (1972), p. 23-33
- «Abschied von der objektiven Strafbarkeitsbedingung», *ZRP* 9 (1979), p. 196-197
- *Wie entstehen Rechtsbegriff? Dargesetellt am Beispiel der objektiven Strafbarkeitsbedingung*, Wilhelm Goldmann, München, 1973 (citado *Wie entstehen Rechtsbegriff?*)
- *Die Entstehungsgeschichte der objektiven Strafbarkeitsbedingungen*, (dissertação policopiada), München, 1969

HASSEMER, Winfried – «Sistema jurídico e codificação: A vinculação do juiz à lei», tradução de Marcos Keel, revisão científica e coordenação de António Hespanha, *in* A. Kaufmann/Hassemer (orgs.), *Introdução à Filosofia do Direito e à Teoria do Direito Contemporâneas*, 2.ª edição, Lisboa, Gulbenkian, 2009, 281 e ss (citado *Introdução à Filosofia do Direito*)
- «Juristiche Methodenlehre und

Richtliche Pragmatik», *Rechtstheorie* 39 (2008), p. 1-22
- «Das Proprium der Strafrechtswissenschaft», in Engel/Schön (hrg), *Das Proprium der Rechtswissenschaft*, Mohr Siebeck, Tübingen, 2007, p. 185 e ss
- Anotação *vor* § 1 (3. Lfg. 1995), *Nomos Kommentar zum StGB*, Band I, Nomos, Baden-Baden, 1995 (citado *NK-StGB*)
- Anotação *vor* § 1, *Alternativ Kommentar zum Strafgesetzbuch*, Band I, Luchterland, Neuwid, 1990 (citado *AK-StGB*)
- *Einführung in die Grundlagen des Strafrechts*, 2.ª edição, Beck, München, 1990
- *Tatbestand und Typus*, Untersuchungen zur strafrechtlichen Hermeneutik, Carl Heymanns Verlag, 1968

HASSEMER, W./NEUMANN, U.- Anotação *vor* § 1, in Kindhäuser/Neumann//Paeffgen (org.), *Nomos Kommentar, Strafgesetzbuch*, 2.ª edição, Nomos, Baden-Baden, 2005 (citado *NK-StGB*, 2005)

HEGEL, Georg Wilhelm Friedrich – *Princípios da Filosofia do Direito*, tradução de Orlando Vitorino, 3.ª edição, Guimarães Editores, Lisboa, 1986

HEGLER, August – «Die Merkmale des Verbrechens», *ZStW* 36 (1915), p. 19 e ss, e p. 184 e ss.

HEIMSOETH, Heinz - A filosofia no século XX, tradução de Cabral de Moncada, Arménio Amado, Coimbra, 1937

HEINECCIUS, Johann Gottlieb - *Elementa juris naturae et gentium, commoda auditoribus methodo adornata* (1.ª edição Halae, 1737), Ex typographia Balleoniana, Venetiis, 1764

HENKE, Marga - «Beteiligung an einer Schlägerei (§ 227 StGB)», *Jura*, 1985, p. 585-592

HESPANHA, António – «Ideias sobre a interpretação», in *Liber Amicorum para José de Sousa e Brito*, Almedina, Coimbra, 2009, p. 29 e ss

- *A evolução da doutrina e do ensino do Direito Penal em Portugal* (separata dos Quaderni Fiorentini 36, 2007, p. 429-502), Giufrrè, Milano, 2007
- *Cultura Jurídica Europeia - Síntese de Um Milénio*, 3.ª edição, Publicações Europa-América, Mem Martins, 2003
- «Da «Iustitia» à «Disciplina». Textos, Poder e Política Penal no Antigo Regime», in *Justiça e Litigiosidade: História e Prospectivas*, Gulbenkian, Lisboa, 1993, p. 323 e ss
- *História das Instituições, Época medieval e moderna*, Almedina, Coimbra, 1982
- «Sobre a prática dogmática dos juristas oitocentistas», in *A História do Direito na História Social*, Livros Horizonte, 1978, p. 74 e ss

HIGUERA GUIMERA, Juan Felipe - *Las excusas absolutorias*, Marcial Pons, Madrid, 1993

HIPPEL, Robert von –*Lehrbuch Strafrecht*, Julis Springer, Berlin, 1932
- *Deutsches Strafrecht*, Band II: Das Verbrechen, Allgemeinen Lehre, Julis Springer, Berlin, 1930
- *Deutsches Strafrecht*, Band I, Julis Springer, Berlin, 1925

HIRSCH, Hans Joachim - Anotação *vor* § 32, *Strafgesetzbuch, Leipziger Kommentar*, 11.ª edição, Walter de Gruyter, Berlin, 1994 (citado *LK-StGB*, 1994)
- Anotação *vor* § 227, *Strafgesetzbuch, Leipziger Kommentar*, 10.ª edição, Walter de Gruyter, Berlin, 1981 (citado *LK-StGB*)

HIS, Rudolf – *Das Strafrecht des deutschen Mittelalters*, Erster Teil: Die Verbrechen und ihre Folgen im allgemeinen, Theodor Weicher, Leipzig, 1920

HINOJOSA, Eduardo - *Influencia que tuvieron en el Derecho Público de su patria y singularmente en el Derecho Penal los filósofos y teólogos españoles anteriores á nuestro siglo*, Tipografia de los huérfanos, Madrid,

1890 (citado *Los filósofos y teólogos españoles*)

HOBBES, Thomas - *Leviatã ou a matéria, forma e poder de um Estado eclesiático civil*, tradução de João Paulo Monteiro e Maria Beatriz Nizza da Silva, Imprensa Nacional-Casa da Moeda, Lisboa, 1995

HOMEM, António Pedro BARBAS - *Judex Perfectus. Função jurisdicional e estatuto judicial em Portugal 1640-1820*, Almedina, Coimbra, 2003

HORN, Eckhard - Anotação ao § 63, *Systematischer Kommentar zum Strafgesetzbuch*, 6.ª edição, Alfred Metzner, Neuwied, 1993

HOYER, Andreas - *Strafrechtsdogmatik nach Armin Kaufmann*, Duncker & Humblot, Berlin, 1997

HÜNERFELD, Peter - *Strafrechtsdogmatik in Deutschland und Portugal*, Nomos, Baden-Baden, 1981

– «Zum Stand der deutschen Verbrechenslehre aus der Sicht einer gemeinrechtlichen Tradition in Europa», *ZStW* 93 (1981), p. 979-1004

– *Die Entwicklung der Kriminalpolitik in Portugal*, Ludwig Röhrscheid Verlag, Bonn, 1971

HÖNIG, Richard - «Kausalität und objektive Zurechnungs», *in Festgabe für Reinhard von Frank*, vol. I, J.C.B. Moh, Tübingen, 1930, p. 174 e ss (citado *FG-Frank*)

HRUSCHKA, Joachim – «Justification and Excuses», *Ohio State Journal of Criminal Law* 2 (2005), 407 e ss.

– «Verhaltensregeln und Zurechnungsregeln», *Rechtstheorie* 22 (1991), p. 449-460

– *Strafrecht nach logisch-analytischer Methode*, Zweite Auflage, de Gruyter, Berlin, 1988

– «Imputation», Eser/Fletcher (org.), *Rechtsfertigung und Entschuldigung, Rechts-vergleichende Perspektiven*, Band I, Max-Planck-Institut, Freiburg, 1987, p. 121-174 (citado *Rechtsfertigung I-MPI*)

– «Kann und sollte die Strafrechtswissenschaft systematisch sein» *JZ* 1 (1985), p. 1-10

– *Strukturen der Zurechnung*, Walter de Gruyter, Berlin, 1976

ISASCA, Frederico – *Alteração substancial dos factos e sua relevância no processo penal português*, Almedina, Coimbra, 1992

– *Da participação em rixa*, AAFDL, Lisboa, 1985

JAKOBS, Günther - «Strafrecht als wissenschaftliche Disziplin», *in* Engel/Schön (hrsg), *Das Proprium der Rechtswissenschaft*, Mohr Siebeck, Tübingen, 2007, p. 103 e ss

– *Strafrecht Allgemeiner Teil, Die Grundlagen und die Zurechnungslehre*, 2.ª edição, Walter de Gruyter, Berlin, New York, 1991

JESCHECK, H.-H - «Die Entwicklung des Verbrechensbegriff in Deutschland seit Beling im Vergleich mit der österreichischen Lehre», *ZStW* 73 (1961), p. 179-209

JESCHECK, H.-H./WEIGEND, T.- *Lehrbuch des Strafrechts. Allgemeiner Teil*, 5ª ed., Ducker & Humblot, Berlin, 1996

JIMENEZ DE ASÚA, Luis – *Tratado de Derecho Penal*, Tomo VII, Editorial Losada, Buenos Aires, 1970

– *Tratado de Derecho Penal*, Tomo I, Editorial Losada, Buenos Aires, 1950

– *Princípios de derecho penal, La Ley y el delito*, 3.ª edição, Abeledo-Perrot, Buenos Aires, 1958

– «Los «practicos» con especial consideracion de los españoles» *in Revista Juridica de Cordoba*, volume I, p. 349-369

– *La teoria jurídica del delito*, Imprenta Colonial, Madrid, 1931

JOEKS, Wolfgang - Anotação ao § 17, *Münchener Kommentar zum Strafgesetzbuch*,

Band 1, C. H. Beck, München, 2003 (citado *MK-StGB*)
JORDÃO, Levy Maria – (relator) *Codigo Penal Portuguez*, Relatorio da Commissão, Tomos I e II, Imprensa Nacional, Lisboa, 1861
- *Commentario ao Codigo Penal Portuguez*, 4 tomos, typographia de José Baptista Morando, Lisboa, 1853-1854
- *Cours de Droit Pénal*, Thipographie de Lallemant & C.ª, Lisbonne, 1858
- *O fundamento do direito de punir* (dissertação inaugural apresentada à Faculdade de Direito da Universidade de Coimbra), 1853 (republicada no *BFDUC* 51, 1975, p. 289-314)
JOUSSE, Daniel – *Traité de la justice criminelle de France*, Tomo I e II, Chez Debure Pere, Paris 1771
KANT, Immanuel - *A Metafísica dos Costumes*, tradução e apresentação de José Lamego, Gulbenkian, Lisboa, 2004
- *Die Metaphysik der Sitten*, Werkausgabe Band VIII, Herausgegeben von Wilhelm Weischedel, 11.ª edição, Suhrkamp, Frankfurt, 1997
KANTOROWICZ, Hermann – *Tat und Schuld*, Orell Füssil Verlag, Zürich, Leipzig, 1933
KAUFMANN, Armin - *Lebendinges und Totes in Bindings Normentheorie*, Verlag Otto Schwarts & Co., Göttingen, 1954 (citado *Normentheorie*)
KAUFMANN, Arthur –*Filosofia do Direito*, tradução de António Ulisses Cortês, a partir da edição alemã de 1997, 3.ª edição, Gulbenkian, Lisboa, 2009
- «Unrecht und Schuld beim Delikt des Volltrunkenheit», *JZ*, 1963, p. 425--433
- *Das Schuldprinzip*, 2.ª edição, Carl Winter, Heidelberg 1976
- *Das Schuldprinzip*, Carl Winter, Heidelberg 1961

KAUFMANN, Hilde - *Strafanspruch Strafklagrecht*, Verlag Otto Schwartz, Göttingen, 1968
KELSEN, Hans - *Teoria pura do direito*, tradução de J. Baptista Machado, 6.ª edição, Arménio Amado, Coimbra, 1984
KENNY, Anthony - *Aristotle's Theory of the Will*, Duckworth, London, 1979
KINDHÄUSER, Urs – *Strafrecht, Allgemeiner Teil*, 5.ª edição, Nomos, Baden-Baden, 2011
- Anotações *vor* § 283 e § 283, *Nomos Kommentar zum Strafgesetzbuch*, 2.ª edição, Nomos, Baden-Baden, 2005 (citado *NK-StGB, 2005)*
- *Lehrbuch des Strafrechts, Besonderer Teil I*, Nomos, Baden-Baden, 2003
- «Zur Logik des Verbrechensaufbau», *in* Harald Koch (Hrsg.), *Herausforderungen an das Recht: Alte Antworten auf neuen Fragen?*, Rostock, 1997, p. 77 e ss
- *Lehrbuch des Strafrechts, Besonderer Teil I* (Straftaten gegen Persönlichkeitsrechte, Staat und Gesellschaft), Nomos, Baden--Baden, 2003
- *Gefährdung als Straftat: rechtstheoretische Untersuchungen zur Dogmatik der abstrakten und konkreten Gefährdungsdelikte*, Klostermann, Frankfurt, 1989 (citado *Gefährdung als Straftat*)
KNEALE, William/KNEALE, Martha – *O desenvolvimento da Lógica*, tradução ed Mauel Lourenço, 3.ª edição, Gulbenkian, Lisboa, 1991
KÖHLER, August– *Deutsches Strafrecht, Allgemeiner Teil*, Verlag von Veit & Comp., Leipzig, 1917
KÖHLER, Michael – *Strafrecht, Allgemeiner Teil*, Springer Verlag, Berlin, 1997
KOHLRAUSCH, Eduard - «Trunkenheit und Trunksucht im Deutschen Vorentwurf», *ZStW* 32 (1911), p. 645 e ss
KORIATH, Heinz - *Grundlagen strafrechtlicher Zurechnung*, Duncker & Humblot,

Berlin, 1994 (citado *Strafrechtlicher Zurechnung*)

Köstlin, Christian Reinhold - *Neue Revision der Grundbegriffe des Kriminalrechts*, 1ª edição de Tübingen, 1845, reimpressão anastática da Scientia Verlag Aalen, Darmstadt, 1970

Krause, Friedrich-W. - «Die objektiven Bedingugen der Strafbarkeit», *Jura*, 1980, p. 449-455

Kristeller, Paul - *Tradição Clássica e Pensamento do Renascimento*, Edições 70, Lisboa, 1995

Küper, Georg – *Strafrecht, Besonderer Teil 1*, 2.ª edição, Springer, Berlin, 2000

– *Grenzen der normativierenden Strafrechtsdogmatik*, Duncker & Humblot, Berlin, 1990

Lackner, Karl - *Strafgesetzbuch mit Erläuterungen (StGB)*, 21.ª edição, Beck, München, 1995

– «Vollraush und Schuldprinzip», *JuS*, 1968, p. 215-221

Lackner, K./Kühl, K.- *Strafgesetzbuch mit Erläuterungen (StGB)*, 27.ª edição, Beck, München, 2011

LaFave, Wayne/Scott, Austin, *Criminal Law*, second edition, West Publishing Co., St Paul, Minn, 1986

Lagodny, Otto - *Strafrecht vor den Schranken der Grundrechte*, J.C.B. Mohr, Tübingen, 1996 (citado *Strafrecht*)

– «El derecho penal substantivo como piedra de toque de la dogmática constitucional» in Hefendehl (ed.), *La Teoria de Bien Jurídico*, Marcial Pons, Madrid, Barcelona, 2007, p. 129 e ss

Laingui, André - «Il Diritto Penale della Rivoluzione Francese e dell'Impero» in Vincinguerra, S. (org.), *Diritto Penale dellottocento. I Codici Preunitari e il Codice Zanardelli*, Cedam, Milano, 1993, p. 38 e ss

– «Le premier grand traité de responsabilité pénale: le «poenis temperandis» d'André Tiraqueau (1559)», *in* Laingui, *Le «De poenis temperandis» de Tiraqueau*, Economica, Paris, 1986, p. 1-22

– *La Responsabilité Pénale dans L'Ancien Droit* (XVI-XVIII siècle), Librairie Générale de Droit et de Jurisprudence, Paris, 1970

Laingui, André/Lebigre, Arlette - *Histoire du droit pénal*, 2 volumes, Cujas, Paris, 1979

Lamego, José - *Hermenêutica e Jurisprudência - análise de uma recepção*, Fragmentos, Lisboa, 1990

Lampe, Ernst-Joachim – «Gefährliche Körperverletzung und körperliche Gefährdung», *ZtSW*, 1971, p. 177-202.

Land, Erich – *System der äusseren strafbarkeitsbedingungen. Ein Beitrag zur Lehre vom Tatbestand*, Schletter'sche Buchhandlung, Breslau, 1927 (citado *System*)

Landecho, Carlos Maria – «La teoria juridica del delito en António Goméz» in *Estudios Penales, Homenaje al P. Julian Pereda, S.J.*, Universidad de Deusto, Bilbao, 1965, p. 229-247 (citado *Estudios Penales - Pereda*)

Landecho Velasco, C. M/Molina Blázquez, C. – *Derecho Penal Español. Parte General*, 5ª edição, Tecnos, Madrid, 1995

Langhans, F. P. de Almeida – «O novo código do direito público de Portugal» in *Estudos de Direito*, Coimbra Editora, Coimbra, 1957, p. 357-391

Lang-Hinrichsen, Dietrich – «Bemerkungen zum Begrif der «Tat» im Strafrecht», *in Festschrift für Karl Engisch*, Vittorio Klostermann, Frankfurt, 1969, p. 353-379

Lange, Richard- «Die Behandlung der Volltrunkenheit in der Strafrechtsreform» *in JR*, 1957, p. 242-247

– «Der gemeingefährliche Rausch», *ZStW* 59 (1939),p. 574 e ss

Langer, Winrich – *Das Sondervrebrechen*, Eine dogmatische Untersuchung

zum Allgemeinen Teil des Strafrechts, Duncker & Humblot, Berlin, 1972
LARDIZABAL Y URIBE, Manuel – *Discurso sobre las penas contrhaído á las leyes criminales de España para facilitar su reforma* (1.ª edição de Joachin Ibarra, Madrid, 1782), reimpressão acompanhada de uma introdução de Ignacio Serrano Butrageño, Editorial Comares, Granada, 1994 (citado *Discurso*)
LARENZ, Karl – *Hegels Zurechnungslehre und der Begriff der objektiven Zurechnung* (Leipzig, 1927), reimpressão Scietia Verlag Aalen, Darmstadt, 1970 (citado *Hegels Zurechnungslehre*)
– *Metodologia da Ciência do Direito*, 2.ª edição, tradução de José Lamego, Gulbenkian, Lisboa, 1989
LARRAÑETA OLETTA, R. - «Introducción a la I-II», in Aquino, S. Tomás de - *Suma de Teología*, Partes I-II e II-II, vol. II, trad. de Ol. Calle Campo e outros, BAC, Madrid, 1989
LAURENZO COPELLO, Patricia – *El aborto no punible*, Bosch, Barcelona, 1990
LAZARUS, Willy - *Die sog. Schuld,-Strafausschliessungs- und Strafaufhebungsgründe im Strafprozess*, Schletters'sche Buchhandlung, Breslau, 1911 (citado *Strafaufhebungsgründe*)
LEBIGRE, Arlette – *Quelques aspects de la responsabilité pénale en droit romain classique*, PUF, Paris, 1967
LEE, Henry Charles – *A History of Auricular Confession and Indulgences in the Latin Church*, vol. III (Indulgences), Lea Brothers & Co., Philadelphia, 1896
LEITÃO, Helena/FERREIRA, Pacheco – Anotações à Lei n.º 1/99, de 13 de Janeiro, in Paulo Pinto de Albuquerque/José Branco (org.), *Comentário das leis penais extravagantes*, vol. I, Universidade Católica Editora, Lisboa, 2010, p. 524 e ss
LEITÃO, Luís de MENEZES – *Direito da insolvência*, 3.ª edição, Almedina, Coimbra, 2011

LEITE, André Lamas – *As «posições de garantia» na omissão impura*, Coimbra Editora, Coimbra, 2007
LEITE (LUMBRALES), João Pinto da COSTA – «O êrro em Direito Penal», *BFDUC* X (1926-1928), p. 251 e ss, e XI (1929), p. 247 e ss
LEMKE, Michael - Anotações *vor* § 3, *vor* § 77, *vor* § 78, § 78 a), *Nomos Kommentar zum Strafgesetzbuch*, 2.ª edição, Nomos, Baden-Baden, 2005 (citado *NK-StGB*, 2005)
LENCKNER, Theodor – Anotações *vor* § 13, § 32, § 34, *in* Schönke, A./Schröder, H. - *Strafgesetzbuch. Kommentar*, 26. Auflage, Beck, München, 2001
– «The Principle of Interest Balancing as a General Basis of Justification» *in* Eser/Fletcher (org.), *Rechtfertigung und Entschuldigung, Rechts-vergleichende Perspektiven*, Band I, Max-Planck-Institut, Freiburg, 1987, p. 493 e ss
LESCH, Heiko - *Der Verbrechensbegriff* (Grundlinien einer funktionalen Revision), Carl Heymanns Verlag, Köln, 1999
– *Strafprozeßrecht*, Luchterhand, Neuwied, 1999
LÉONARD, Emile – *Histoire génerale du protestantisme. I La Reformation*, PUF, Paris 1988
LIPPOLD, Rainer – *Reine Rechtslehre und Strafrechtsdoktrin*, Springer-Verlag, Wien, 1989
LISZT, Franz von – *Lehrbuch des Deutschen Strafrechts*, 25.ª edição, organizada por Eberhard Schmidt, Walter de Gruyter, Berlin und Leipzig, 1927
– *Lehrbuch des Deutschen Strafrechts*, 23.ª edição, Walter de Gruyter, Berlin und Leipzig, 1921
– *Lehrbuch des Deutschen Strafrechts*, 21.ª e 22.ª edição, Walter de Gruyter, Berlin und Leipzig, 1919
– *Lehrbuch des Deutschen Strafrechts*, 18.ª edição, J. Guttentag, Berlin, 1911

- *Lehrbuch des Deutschen Strafrechts*, 16.ª e 17.ª edição, J. Guttentag, Berlin, 1908
- «Rechtsgut und Handlungsbegriff im Bindingschen Handbuche. Eine kritischer Beitrag zur juristischen Methodenlehre», *ZStW* 6 (1886), p. 663-698
- *Lehrbuch des Deutschen Strafrechts*, 6.ª edição, J. Guttentag, Berlin, 1894
- *Lehrbuch des Deutschen Strafrechts*, 2.ª edição, J. Guttentag, Berlin, 1884
- *Das Deutsche Reichsstrafrecht*, 1ª edição, J. Guttentag, Berlin, Leipzig, 1881

LOBE, Adolf – *Die Allgemeinen strafrechtlichen Begriffe nach Carpzov*, Verlag von Veit & Comp., Leipzig, 1894

LOCKE, John - *Two Treatises of Government* (1.ª edição de Londres, 1690), reimpressão editada por Peter Laslett, Cambridge University Press, Cambridge, 1996

LOMBA, Pedro/MACEDO, Joaquim Shearman de - «O crime de abuso de confiança fiscal no novo Regime Geral das Infracções Tributárias», *ROA* 67 (2007), p. 1194 e ss

LOMBROSO, Cesare - *L'Homme Criminel* (1ª edição de 1876), tradução de Regnier e Bornet, Fèlix Alcan, Paris, 1887
- *Le Crime, Causes et Remèdies*, Schleicher Frères, Éditeurs, 1899

LORENZO, Antimo Di - «Le condizioni di punibilità nella sistematica del reato», *Ridpp*, 1955, p. 414-476

LOUREIRO, José Pinto - «José Caetano Pereira e Sousa» *in Jurisconsultos Portugueses do Século XIX*, volume I, Edição do Conselho Geral das Ordem dos Advogados, Lisboa, 1947, p. 432-438
- *O jurisconsulto Manuel de Almeida e Sousa*, separata do BFDUC n.º 18, Coimbra, 1942

LUDEN, Heinrich – *Abhandlungen aus dem gemeinen teutschen Strafrechte*, Zweiter Band, *Ueber den Thatbestand des Verbechens*, Vandenhoeck & Ruprecht, Göttingen, 1840 (citado *Thatbestand des Verbechens*)

LUHMANN, NIKLAS - *Sistema Juridico y Dogmatica Juridica*, tradução de Ignacio de Otto Pardo, CEC, Madrid, 1983

LUMBRALES, Nuno - «O crime de abuso de confiança fiscal no Regime Geral das Infracções Tributárias», *Fiscalidade* 13/14 (2003), p. 85 e ss.

LUZON PEÑA, D.-M. – «Punibilidad (Derecho Penal)» *in Enciclopedia Jurídica Básica*, IV, Civitas, Madrid, 1995, pp. 5423-5429.
- «La relación del merecimiento de pena y de la necessidad de pena con la estuctura del delito», *in* Silva Sánchez/Figueiredo Dias (coords), *Fundamentos de un Sistema Europeo del Derecho Penal*, Bosch, Barcelona, 1995, p. 115-127 (citado *LH-Roxin*)
- *Curso de Derecho Penal*, Parte General I, Editorial Universitas, Madrid, 1996

MACHADO, João Baptista – *Introdução ao Direito e ao Discurso Legitimador*, Almedina, Coimbra, 1985

MAIER-WEIGT, Bernhard – *Der materiale Rechts-und Verbrechensbegriff von der französichen Aufklärung bis zur Restauration*, Peter Lang, Frankfurt, 1987

MALAFAIA, Joaquim – «A insolvência, a falência e o crime do artigo 228.º do Código Penal», *RPCC* 11 (2001), p. 243 e ss

MALTEZ, José Adelino – *História das Instituições (Instituições Criminais Antigas)*, fascículos policopiados, AAFDL, Lisboa, 1980

MANACORDA, Stefano – «Reato nel diritto penale francese» in *Digesto delle Discipline Penalistiche*, vol. XI, UTET, Torino, 1996, p. 304 e ss

MANDEL, Ernst - *Die sogenannten äusseren Bedingungen der Strafbarkeit im geltenden Recht und nach dem Vorentwurf*, J. Schweitzer Verlag, München und Berlin, 1912

MANDUCHI, Carla - «Il ruolo dele soglie di punibilità nella strutura dell'illecito penale», *Riv. trim. dpe* 4 (2003), p. 1212 e ss.

MANTOVANI, Ferrando - *Diritto Penale, Parte Generale*, Terza Edizione, Cedam, Milano, 1992

MAPELLI CAFFARENA, Borja - *Estudios juridico-dogmatico sobre las llamadas condiciones objetivas de punibilidad*, Ministerio de Justicia, Madrid, 1990

MAPELLI CAFFARENA, B. /TERRADILLOS BASOCO, J. – *Las consequências jurídicas del delito*, 2.ª edição, Civitas, Madrid, 1993

MARINUCCI, Giorgio - «Fatto e scriminanti. Note dommatische e politico-criminali» in *Studio in Memoria di Giacomo Delitala*, Giuffrè, Milano, 1984.

– «Antigiuridicità», in *Digesto delle discipline penalistiche*, Vol. I, Utet, Torino, 1987, p. 172-207

MARINUCCI, Giorgio/DOLCINI, Emilio – *Manuale Diritto Penale, Parte Generale*, Terza edizione, Giuffrè, Milano, 2009

MARONGIU, Antonio – *Tiberio Deciani (1509-1582) Lettore di Diritto, Consulente, Criminalista* (separata da Rivista di Storia del Diritto Italiano, 1934 (XIII), p. 135-202 e p. 312-387), 1934

MARQUES, Paulo – *Crime de abuso de confiança fiscal*, Coimbra Editora, Coimbra, 2011

MARQUES, Tiago Pires - *Crime e castigo no liberalismo em Portugal*, Livros Horizonte, Lisboa, 2005

MARTINEZ PEREZ, Carlos – «Falsas condiciones objetivas de punibilidad en el Codigo Penal Español» in *Estudios Penales en Memoria del Professor Fernandez Albor*, Un. de Santiago de Compostela, 1989, p. 481-494 (citado *Estudios-Albor*)

– *Las condiciones objetivas de punibilidad*, Edersa, Madrid, 1989.

MARXEN, Klaus – *Straftatsystem und Strafprozeß*, Duncker & Humblot, Berlin, 1984

– *Der Kampf gegen das liberale Strafrecht*, Duncker & Humblot, Berlin, 1975

MARTINEZ, Pedro SOARES - *Filosofia do Direito*, Almedina, Coimbra, 1991

MARTINO, Alberto di – *La sequenza infranta. Profili della dissociazione tra reato e pena*, Giuffrè, Milano, 1998

MATTA, José CAEIRO DA – «A Norma de Direito Penal», *BFDUC*, V (1918-1920), 13-35

– *Direito Criminal Português*, 2 volumes, F. França Amado, Coimbra, 1911

– *Do Furto* (Esboço histórico e jurídico), Imprensa da Universidade, Coimbra, 1906

MATTA, Paulo SARAGOÇA DA - «Fraudes, sistema bancário e falências – notas sumárias», in Teresa Quintela (*et al.*), *Direito Penal PE*, Coimbra Editora, Coimbra, 2007, p. 663 e ss

MATTHAEI, Antonii – *De Criminibus ad Lib. XLVII et XLVIII Dig. Commentarius* (1.ª edição 1644), Sumptibus Dominici Terres, Neapoli, 1772

MAURACH, Reinhart – *Deutsches Strafrecht Allgemeiner Teil, Ein Lehrbuch*, C. F. Müller, Karlsruhe, 1954

– *Grundriß des Strafrechts, Allgemeiner Teil*, Wolfenbütteler Verlagsanstalt, Wolfenbüttlel und Hannover, 1948

MAURACH, R./SCHRÖDER, F.-C./ MAINWALD, M. - *Strafrecht BT I*, 8.ª edição, C. F. Müller, Heidelberg, 1995

MAURACH, R./GÖSSEL, K.H./ZIPF, H. - *Strafrecht AT II*, 7.ª edição, C. F. Müller, Heidelberg, 1989

MAURACH, R./ZIPF, H. - *Strafrecht AT I*, 8.ª edição, C. F. Müller, Heidelberg, 1992

MAYER, Hellmuth - «Die folgenschwere Unmässigkeit (§ 330 a StGB)», *ZStW*, 59 (1940), p. 282-335

MAYER, Max Ernst – *Der Allgemeine Teil des deutschen Strafrechts, Lehrbuch*, 2.ª edição, Carl Winter Universitätsbuchhandlung, Heidelberg, 1923

- *Der Allgemeine Teil des deutschen Strafrechts, Lehrbuch*, Carl Winter Universitätsbuchhandlung, Heidelberg, 1915
- MEIREIS, Manuel. A. Alves - *O regime das provas obtidas pelo agente provocador em processo penal*, Almedina, Coimbra, 1999
- MELLO, Francisco FREIRE DE - *Discurso sobre delictos e penas, e qual foi a sua proporção nas differentes épocas da nossa jurisprudência, principalmente nos tres seculos primeiros da Monarchia Portugueza* (1.ª ed. Londres, 1816), 2.ª edição, Typographia de Simão Thaddeo Ferreira, Lisboa, 1822
- MENDES, Paulo de Sousa - «A prova penal e as regras da experiência», *Estudos de Homenagem ao Professor Doutor Jorge de Figueiredo Dias. EH-JFD*, vol. III, Coimbra Editora, Coimbra, 2010, p. 996 e ss (citado *EH-JFD*)
- *Sobre a origem dos princípios jurídicos da causalidade e do domínio do facto*, A Lex Aquilia de Damno Iniuria Datum, separata da obra Prof. Doutor Inocêncio Galvão Telles 90 anos, Homenagem da Faculdade de Direito de Lisboa, Almedina, Coimbra, 2007, p. 1085-1109 (citado *HFDL--Galvão Telles*)
- *O torto intrinsecamente culposo como condição necessária de imputação da pena*, Coimbra Editora, Coimbra, 2007 (citado *O torto intrinsecamente culposo*)
- *-Raciocínios hipotéticos e processos causais virtuais* (dissertação de mestrado, apresentada à FDUL, não publicada), 1986
- MENESES, Gonçalo P. Telles de - «Punição, isenção criminal e direito económico», *ROA* 70 (2010), p. 462-532
- MERÊA, Paulo – «Esboço de uma história da Faculdade de Direito 1.º Período: 1836-1865», *BFDUC*, 31 (1955), p. 72 e ss
- «Escolástica e Jusnaturalismo. O problema da origem do poder civil em Suárez e em Pufendorf», *BDFUC*, XIX (1943), p. 289-306
- *Suarez, Grocio e Hobbes*, Arménio Amado, Coimbra, 1941
- *Idealismo e Direito* (texto da conferência proferida em 1910, publicada em 1913, e republicada no *BFDUC* 49 (1973), p. 283 e ss).
- *Estudos de História do Direito*, Coimbra Editora, Coimbra, 1923
- MEREU, Italo – *Storia del diritto penale nel'500*, volume I, Morano Editore, 1964
- MERLE, Roger/VITU, André - *Traité de Droit Criminel*, 5ª edição, Cujas, Paris, 1984
- MERKEL, Reinhard - Anotação ao § 218 a), *Nomos Kommentar zum Strafgesetzbuch*, 2.ª edição, Nomos, Baden-Baden, 2005
- MEYER, Hugo - *Lehrbuch des Deutschen Strafrechts*, 1ª edição, Verlag von Andreas Deichert, Erlangen, 1875
- MEZGER, Edmund – *Strafrecht, Ein Lehrbuch*, 3.ª edição, Duncker & Humblot, München und Leipzig, 1949
- *Deutsches Strafrecht, Ein Grundriss*, 2.ª edição, Junker und Dunnhaupt Verlag, Berlin, 1941
- *Deutsches Strafrecht, Ein Grundriss*, Junker und Dunnhaupt Verlag, Berlin, 1938
- «Die Straftat als Ganze», *ZStW* 57 (1938), p. 675 e ss
- *Strafrecht, Ein Lehrbuch*, 2.ª edição, Duncker & Humblot, München und Leipzig, 1933
- *Strafrecht, Ein Lehrbuch*, Duncker & Humblot, München und Leipzig, 1931
- «Die subjectiven Unrechtselemente», *GS* 89 (1923), p. 207 e ss.
- MILHEIRO, Tiago - «Da punibilidade nos crimes de abuso de confiança fiscal e de abuso de confiança contra a segurança social», *Julgar* 11 (2010), p. 59 e ss.
- MIR PUIG, Santiago - «O princípio da proporcionalidade enquanto fundamento constitucional de limites materiais ao direito penal» (tradução de Ana Rita Alfaiate), *RPCC* 19 (2009), p. 7-38

- «Norma de determinación, valoración de la norma y tipo penal», *Estudios penales en homenaje a Enrique Gimbernat*, tomo II, Edisofer, S.L., Madrid, 2008, p. 1307-1328
- *Estado, pena y delito*, B de F (Julio César Faria Editor), Montevideo, Buenos Aires, 2006
- «O sistema del Derecho penal en la Europa actual», *in* Silva Sánchez/Figueiredo Dias (coords), *Fundamentos de un Sistema Europeo del Derecho Penal*, Bosch, Barcelona, 1995, p. 25-35 (citado *LH-Roxin*)
- «Responsabilidad objetiva y caso fortuito en el Codigo Penal español« *in* AAVV, *II Jornadas Italo - Franco - Luso - Españolas de Derecho Penal*, 1981, p. 175-179.
- *Derecho Penal, Parte General*, 4.ª edição, PPU, Barcelona, 1996
- *Função de la pena y teoria del delito*, 2.ª edição, Bosch, Barcelona, 1982
- *Dogmática Creadora y Politica Criminal*, separata da Revista Jurídica de Cataluña, 1978, p. 648-663.
- MIRANDA, Jorge - *Manual de Direito Constitucional*, Tomo IV, 4.ª edição, Coimbra Editora, Coimbra, 2008
- Anotação aos artigos 130.º, 157.º, 158.º, 196.º, *in* Jorge Miranda/Rui Medeiros, *Constituição Portuguesa Anotada*, Tomo II, Coimbra Editora, Coimbra, 2006
- «Imunidades constitucionais e crimes de responsabilidade», *Direito e Justiça* XV (2001), p. 27 e ss
- «Sobre a reserva constitucional da função legislativa» *in Perspectivas Constitucionais, Nos 20 anos da Constituição de 1976*, organização de Jorge Miranda, volume II, Coimbra Editora, Coimbra, 1997, p. 883 e ss
- MISERÉ, Christof W. - *Die Grundprobleme der Delikte mit strafbegründender besonderer Folge*, Duncker & Humblot, Berlin, 1997 (citado *Grundprobleme*)

- MITTASCH, Helmut - *Die Auswirkungen des wertbeziehenden Denkens in der Strafrechtssystematik*, Walter de Gruyter, Berlin, 1939
- MOCCIA, Sergio - «Función sistemática de la política criminal. Principios normativos para un sistema penal orientado teleologicamente» *in* Silva Sánchez/ Figueiredo Dias (coords), *Fundamentos de un Sistema Europeo del Derecho Penal*, Bosch, Barcelona, 1995, pp. 73-98 (citado *LH-Roxin*)
- «Die italienische Reformbewegung des 18. Jahrunderts und das Problem des Strafrechts im Denken von Gaetano Filangieri und Mario Pagano» *in GA* (1979), p. 201 e ss
- *Carpzov e Grozio. Dalla concezione teocratica alla concezione laica del diritto penale*, Editorial Scientifica, Napoli, 1979
- MODONA, Guido Neppi – «Concezione realistica del reato e condizioni obiettive di punibilità», *Ridpp*, 1971, p. 184-235
- MOLINA, Luis de – *Iustitia et Iure, Opera Omnia*, Sumptibus Marci-Michaelis Bouquet, & Soc. Bibliop. & Typograph, Coloniae Allobrogum, 1733
- MOLINIER, Victor – *Programme du Cours de Droit Criminel*, 2.e Partie, Bonnal et Gibrac, Toulouse, 1851
- MOMMSEN, Theodor – *El Derecho Penal Romano*, tradução de Pedro Dorado Moreno, Tomo I, s/d, La Espãna Moderna, Madrid, edição fac-similada por Jiménez Gil Editor, Pamplona, 1999
- MONCADA, Luis CABRAL DE – *Subsídios para uma História da Filosofia do Direito em Portugal (1772-1911)*, segunda edição, Coimbra Editora, Coimbra, 1938 (separata do BFDUC 14 (1937-1938), p. 105-146, p. 259-342, e 15 (1938-1939), p. 25-117).
- «Conceito e função da jurisprudência segundo Verney», *BMJ* 14 (1949), p. 13 e ss

- «O «século XVIII» na legislação de Pombal» in *Estudos de História do Direito*, Vol. I, Coimbra, 1948, pp. 83 e ss.
- «O vivo e o morto em Suárez Jurista», *BMJ* 9 (1948), p. 60-80
- *Um «Iluminista» Português do Século XVIII: Luiz António Verney*, Coimbra, Arménio Amado Editor, 1941.
- *Filosofia do Direito e do Estado*, 2 volumes, 2.ª edição, Arménio Amado, Coimbra (reimpressão de Coimbra Editora, Coimbra, 2006)
- MONIZ, Helena – *Agravação pelo resultado?, Contributo para uma autonomização dogmática do crime agravado pelo resultado*, Coimbra Editora, Coimbra, 2009 (citado *Agravação pelo resultado*)
- «Aspectos do resultado no Direito Penal», *Liber Discipulorum para Jorge de Figueiredo Dias*, Coimbra Editora, Coimbra, 2003, p. 541 e ss
- MONTENBRUCK, Axel – «Zur «Beteiligung an einer Schlägerei» – zugleich ein Beitrag zur gebotenen restriktiven Auslegung der Tateinheit gem. § 52 StGB» in *JR*, 1986/4, pp. 138-144.
- MONTEIRO, Cristina Líbano - *Perigosidade de inimputáveis e «in dubio pro reo»*, Coimbra Editora, Coimbra, 1997
- MONTEIRO (de Campos Coelho da Costa Franco), Manuel António - *Tractado Practico Juridico Crivel e Criminal*, Officina de Joam Antonio da Costa, Lisboa, 1765
- MONTESQUIEU, Charles de Secondat, Baron de - *O Espírito das Leis* (1.ª edição de 1747), tradução de Cristina Murachco, Martins Fontes Editora, S. Paulo, 1993
- MOOS, Reinhard – *Der Verbrechensbegriff in Österreich im 18. und 19. Jahrhundert*, Ludwig Röhrscheid, Bonn, 1968
- MORENO-TORRES HERRERA, Maria Rosa – *El error sobre la punibilidad*, Tirant lo Blanch, Valencia, 2004
- MORMANDO, Vito - «L'evoluzione strorico-dommatica delle condizioni obiettive di punibilità» in *Ridpp*, 1996, p. 610-633.
- MORILLAS CUEVA, Lorenzo – *Metodología y Ciencia Penal*, 3.ª edição, Universidad de Granada, Granada, 1993.
- MOUSSERON, Pierre - «Les immunités familiales» in *RSC*, nº 2, 1998, p. 291-300
- MOUTINHO, José Lobo – *Da unidade à pluralidade dos crimes no Direito Penal Português*, Universidade Católica Editora, Lisboa, 2005
- MUÑOZ CONDE, Francisco – «Presente y futuro de la Dogmática jurídico-penal» *Revista Penal*, nº 5, 2000, p. 44-51
- «Politica Criminal y Dogmatica Juridico-Penal en la Republica de Weimar» in *Doxa* 15-16 (1994), p. 1025-1050
- *El desistimiento voluntario de consumar el delito*, Bosch, Barcelona, 1972
- MUÑOZ CONDE, F./GARCÍA ARÁN, M. – *Derecho Penal, Parte General*, 5.ª edição, Tirant lo Blanch, Valencia, 2002
- MUSCO, Enzo – *I nuovi reati societari*, 2.ª edição, Giuffrè, Milano, 2004
- «Consenso e legislazione penale», *Ridpp* (1993), p. 81 e ss
- MUSOTTO, Giovanni - *Le condizioni obiettive di punibibilità nella teoria generale del reato*, Libreria Roberto Tumminelli, Palermo, 1936 (citado *Condizioni obiettive*).
- NAVARRO FRIAS, Irene - «El principio de proporcionalidade n sentido estricto: princípio de proporcionalidad entre el delito y la pena o balance global de costes y benefícios», *InDret* 2 (2010), p. 1-33.
- NAUCKE, Wolfgang – *Strafrecht. Eine Einführung*, 10ª edição, Luchterhand, Neuwied, 2002
- «An Insider's Perspective on the Significance of the German Criminal Theory's General System for Analyzing Criminal Acts», *Brigham Young University Law Review* (1984), p. 305-321

- *Grundlinien einer Rechtstaatlich-Praktichen Allgemeinen Straftatlehre,* Franz Steiner Verlag, Wiesbaden, 1979 (citado *Straftatlehre*)
- «Über das regreßverbot im Strafrecht», *ZStW* 76 (1964), p. 427 e ss

NEGREIROS, Joanne Thomas de - *Introductiones ad commentaria legum criminalium, qual in libro quinto ordinationum lusitaniae continentur,* Tomus primus, Typis Regalibus Sylvianis, Ulyssipone, 1754

NEUMANN, Ulfrid – *Zurechnung und «Vorverschulden»,* Duncker & Humblot, Berlin, 1985
- Anotações aos § 17 e § 36, Kindhäuser/Neumann/Paeffgen (org.), *Nomos Kommentar, Strafgesetzbuch,* 2.ª edição, Nomos, Baden-Baden, 2005 (citado, *NK-StGB,* 2005)

NEVES, António CASTANHEIRA - «O princípio da legalidade criminal. O seu problema jurídico e o seu critério dogmático» in *Estudos em Homenagem ao Prof. Doutor Eduardo Correia,* número especial do BFDUC, vol. I, 1984, p. 307 a 469 (citado *EH-Eduardo Correia I*)
- «Fontes do Direito», *Digesta,* Volume 2.º, Coimbra Editora, Coimbra, 1995, p. 7 a 94
- *Sumários de processo criminal,* Coimbra, 1967

NEVES, João CURADO - *A problemática da culpa nos crimes passionais,* Coimbra Editora, Coimbra, 2008
- *Comportamento lícito alternativo e concurso de riscos,* AAFDL, Lisboa, 1989
- *Intenção e dolo no envenenamento,* Almedina, Coimbra, 1984

NIEDERSCHRIFTEN *über die Sitzungen der Großen Strafrechtskommission,* 5. Band, Allgemeine Fragen zum Besonderen Teil, Bonn, 1958

NOMOS KOMMENTAR *zum Stragesetzbuch,* org. por Neumann/Puppe/Schild, Nomos, Baden-Baden, 1995-2003 (citado *NK-StGB*)

NOMOS KOMMENTAR *zum Stragesetzbuch,* 2.ª edição, org. por Kindhäuser/Neumann/Paeffgen, Nomos, Baden-Baden, 2005 (citado *NK-StGB,* 2005)

NOVAIS, Jorge Reis - *As restrições aos direitos fundamentais não expressamente autorizadas pela Constituição,* 2.ª edição, Coimbra Editora, Coimbra, 2010

NUVOLONE, Pietro - «Delitto e Pena nel Pensiero di G.D. Romagnosi», *Ridpp,* 1961, p. 959 e ss.
- *Il Diritto penale del fallimento e delle altre procedure concorsuali,* Giuffrè, Milano, 1955

OCTAVIO DE TOLEDO Y UBIETO, Emilio/ HUERTA TOCILDO, Susana – *Derecho Penal, Parte General, Teoria Jurídica del Delito,* 2.ª edição, Editor Rafael Castellanos, Madrid, 1986

ONETO, Isabel - *O agente infiltrado – Contributo para a compreensão do regime jurídico das acções encobertas,* Coimbra Editora, Coimbra, 2005

OSÓRIO (da Gama e Castro de Oliveira Baptista), Luís - *Notas ao Código Penal Português,* 4 volumes, 2.ª edição, Coimbra Editora, Coimbra, 1923-1925

ORESTANO, Riccardo – *Introduzione allo studio storico del diritto romano,* Giamppichelli, Torino, 1963

ORLANDIS, Jose – *Sobre el concepto de delito en el derecho de la alta edad media,* Instituto Nacional de Estudios Juridicos, Madrid, 1945 (separata do *Anuario de Historia del Derecho Español, tomo XVI* (1945), p. 112-192)

ORTOLAN, Joséph Louis Elzear - *Eléments de droit pénal,* 4. Edition (1.ª edição de 1855), E. Plon Éditeurs, Paris 1875

OTERO, Paulo – *Direito Constitucional Português,* vol. II, Almedina, Coimbra, 2010

OTTO, Harro – *Grundkurs Strafrecht, Allgemeine Strafrechtslehre,* 7.ª edição, Walter de Gruyter, Berlin/New York, 2004

- «Strafwürdigkeit und Strafbedürftigkeit als eigenständige Delikts-kategorien? Überlegungen zum Deliktsaufbau» *in Gedächtnisschrift für Horst Schröder*, Beck, München, 1978, p. 53-71 (citado *Schröder-GedS*)
- *Grundkurs Strafrecht, Die einzelnen Delikte*, 2.ª edição, de Gruyter, Berlin, 1984
- «Konzeption und Grundsätze des Wirtschaftsstrafrechts – Dogmatischer Teil I», ZStW 96 (1984), p. 339 e ss
- «Kausaldiagnose und Erfolgsunrechtnung im Strafrecht», *Festschrift für Reinhart Maurach zum 70. Geburtstag*, C.F. Muller, Karlsruhe, 1972, p. 92 e ss (citado *FS-Maurach*)

PADOVANI, Tullio - *Diritto Penale*, Sesta Edizione, Giuffrè, Milano, 2002

PAEFFGEN, Hans-Ullrich – Anotações *vor* § 32, e aos § 18, § 231 e § 323 a), *Nomos Kommentar zum Strafgesetzbuch*, Nomos, Baden-Baden, 2005 (citado *NK-StGB*, 2005)

PAIVA, José da Cunha Navarro de - *Estudos de Direito Penal*, Tipografia de Francisco Luís Gonçalves, Lisboa, 1915

PAGLIARO, Antonio – *Principi di Diritto Penale,* Parte generale, Quarta edizione, Giuffrè, Milano, 1993

PALIERO, Carlo E. - «Consenso sociale e diritto penale», *Ridpp* (1992), p. 849 ss

PALMA, Maria Fernanda – «O dolo e o erro: novas leituras do elemento intelectual do dolo», *Homenagem de Viseu a Jorge de Figueiredo Dias*, Coimbra Editora, Coimbra, 2011
- *Da «tentativa possível» em Direito Penal*, Almedina, Coimbra, 2006
- *Direito Constitucional Penal*, Almedina, Coimbra, 2006
- *O princípio da desculpa em Direito Penal*, Almedina, Coimbra, 2005
- «Acusação e pronúncia num direito processual penal de conflito entre a presunção de inocência e a realização da justiça punitiva» *in I Congresso de Processo Penal - Memórias*, coordenação de Manuel Guedes Valente, Almedina, Coimbra, 2005, p. 113-129
- *Direito Penal, Parte Geral,* II volume, fascículos policopiados, AAFDL, Lisboa, 2001
- *Direito Penal, Parte Geral,* II volume, A teoria geral da infracção como teoria da decisão penal, fascículos policopiados, AAFDL, Lisboa, 2001
- «Desenvolvimento da pessoa e imputabilidade no Código Penal Português», *in Casos e Materiais* de Direito Penal, Coimbra Editora, Coimbra, 2000, p. 101-107
- «Do sentido histórico do ensino do Direito Penal na Universidade Portuguesa à actual questão metodológica», *RPCC* 9 (1999), p. 351-447
- «A teoria do crime como teoria da decisão penal (Reflexão sobre o método e o ensino do Direito Penal», *RPCC* 9 (1999), p. 523-603
- «Constituição e Direito Penal. As questões inevitáveis», *in* Jorge Miranda (org.), *Perspectivas Constitucionais*, volume II, Coimbra Editora, Coimbra, 1997, p. 228-237
- «Aspectos penais da falência e da insolvência: reformulação dos tipos incriminadores e reforma penal», *RFDUL*, XXXVI (1995), p. 401 e ss
- *Direito Penal, Parte Geral,* fascículos policopiados, AAFDL, Lisboa, 1994
- «A Ciência do Direito Penal na Alemanha e em Portugal. Um encontro na universalidade» *in* Associação Luso-Alemã para a Ciência e Cultura (ed.), *O Direito no contexto das relações luso-alemãs,* (ed. policopiada), Lisboa, 1991, p. 29-40
- *A justificação por legítima defesa como problema de delimitação de direitos* (dissertação de doutoramento), 2 vols, AAFDL, Lisboa, 1990 (citado *A justificação*)

- Direito Penal. Teoria do crime, fascículos policopiados, FDUL, Lisboa, 1984 (citado *Teoria do crime*)
- *Direito Penal II. Crimes contra as pessoas*, fascículos policopiados, FDUL, Lisboa, 1983 (citado *Crimes contra as pessoas*)

PAUL, Heinz-Josef - *Persönliche Strafausschliessungsgründe und innerer Tatbestand*, dissertação apresentada à Universidade de Köln, 1963 (citado *Strafausschliessungsgründe*)

PAWLOSWKI, Hans Martin - *Introduzione alla metodologia giuridica* (tradução italiana da edição alemã de 1986 por Cosimo Marmos Mazzoni e Vincenzo), Giuffrè, Milano, 1993

PEGADO, Gaspare - *Practicae Criminalis*, Ex Typ. Ludivici Secco Ferreyra, Conimbricae, 1747 (obra incluída no livro de LEYTAM, Antonio Lopes - *Liber Utilissimus Judicibus, et Advocatis ad Praxim de Judicio*, Ex Typ. Ludivici Secco Ferreyra, Conimbricae, 1747)

PEREIRA, Margarida Silva - *Direito Penal II. Os homicídios*, 2.ª edição, AAFDL, Lisboa, 2008
- «Da autonomia do facto de participação», *O Direito* 126 (1984), 575 e ss

PEREIRA, Rui Carlos - «A descriminação do consumo de droga», in *Liber Discipulorum para Jorge de Figueiredo Dias*, Coimbra Editora, Coimbra, 2003, p. 1159 e ss
- «O consumo e o tráfico de droga na lei penal portuguesa», *RMP*, n.º 65 (1996), p. 59 e ss.
- *O dolo de perigo*, Lex, Lisboa, 1995
- «Justificação do facto e erro em Direito Penal», *Jornadas de Homenagem ao Professor Doutor Cavaleiro de Ferreira*, separata da RFDUL, Lisboa, 1995, p. 25-47

PEREYRA, Benedicto - *Elucidarium Sacrae Theologiae moralis, et juris utriusque: exponens universum idioma, id est proprietatem sermonis theologici, canonici, & civilis*, Typographia Dominici Carneyro, Ulysippone, 1668.
- *Promptuarium Theologicum morale, secundum jus commune, et Lusitanum*, Typographia Academiae, Ebora, 1703.
- *Promptuarium Juridicum*, ex Typographia Academiae, Eborae, 1690

PEREYRA (de CASTRO), Gabriele - *Decisiones Supremi Eminentissimique Senatus Portugaliae*, (1.ª ed. 1603) Franciscum de Oliveyra Univers. & S. Offic. Typ., 1745

PÉREZ ALONSO, E./ESPINOSA CEBALLOS, E./RAMOS TAPIA, M. I. - *Fundamentos de Derecho Penal, Parte General*, Tirant lo Blanch, Valencia, 2010

PERINI, Andrea/DANIELA Dawan – *La bancarota fraudolenta*, Cedam, Milano, 2001

PERRON, Walter - *Rechtsfertigung und Entschuldigung im deutschen und spanischen Recht. Ein Strukturvergleich strafrechtlicher Zurechnungssystem*, Nomos, Baden-Baden, 1988
- «Justificación y exclusión de la culpabilidad a la luz del derecho comparado», *ADPCP*, 1988, p. 137 e ss.

PESSINA, Enrico – *Manuale del Diritto Penale Italiano*, 2 vols, 3.ª ed., Eugénio Marghieri, Napoli, 1906
- *Elementi di Diritto Penale*, 2 vols, Ricardo Marghieri, Napoli, 1882

PETERS, Karl – *Strafprozess: ein Lehrbuch*, 4.ª edição, C.F. Müller, Heidelberg, 1985
- «Zur Lehre von den persönlichen Strafausschliessungsgründen», *JR*, 1949, p. 496-500

PETROCELLI, Biagio –«Riesame degli elementi del reato», *Ridpp* (1963), p. 337 e ss
- «Reato e punibilità», *Ridpp*, 1960, p. 669-700

PHAEBI, Melchioris - *Decisionis Senatus Regni Lusitaniae*, Typis Emmanuele Antonii Monteiro de Campos, Lisbonae, 1760 (1ª edição de 1616).

Piçarra, Nuno – *O inquérito parlamentar e os seus modelos constitucionais. O caso português,* Coimbra: Almedina, 2004 (citado *O inquérito parlamentar*)
- *A separação de poderes como doutrina e princípio constitucional,* Coimbra Editora, Coimbra, 1989

Pinto, António Tolda – *Cheques sem provisão,* Regime jurídico anotado, Coimbra Editora, Coimbra, 1998.

Pinto, Basílio Alberto de Sousa - *Lições de Direito Criminal Portuguez,* redigidas segundo as prelecções orais (...) por A. M. Seabra d'Albuquerque, Imprensa da Universidade, Coimbra, 1861
- *Lições de Direito Criminal,* segundo as prelecções orais (...), redigidas por um Bacharel formado em Direito, Imprensa União-Typographica, Lisboa, 1857.
- *Lições de Direito Criminal,* redigidas segundo as prelecções orais (...) por Francisco d'Albuquerque e Couto e Lopo José Dias de Carvalho, Imprensa da Universidade, Coimbra, 1845.

Pinto, Frederico de Lacerda da Costa
- «Falsificação de informação financeira nas sociedades abertas», *Cadernos do Mercado de Valores Mobiliários* n.º 16 (2003), p. 99-135
- «Ilícito e punibilidade no crime de participação em rixa», *Liber Discipulorum para Jorge de Figueiredo Dias,* Coimbra Editora, Coimbra, 2003, p. 869-900
- «Sentido e limites da protecção penal do ambiente», *RPCC* 10 (2000), p. 371 e ss
- *O novo regime dos crimes e contra-ordenações no Código dos Valores Mobiliários,* Almedina, Coimbra, 2000
- «A tutela dos mercados de valores mobiliários e o ilícito de mera ordenação social» in *Direito dos Valores Mobiliários,* Vol. I, Coimbra editora, Coimbra, 1999, p. 285 e ss
- *O regime legal do erro e as normas penais em branco,* em co-autoria com Teresa Pizarro Beleza, Almedina, Coimbra, 1999 (1.ª reimpressão 2001)
- *A tutela penal do património após a revisão do Código Penal,* em conjunto com T. Beleza, AAFDL, Lisboa, 1998
- «Justificação, não punibilidade e dispensa de pena na revisão do Código Penal» in M. F. Palma e T. Beleza (orgs.), *Jornadas sobre a revisão do Código Penal,* AAFDL, Lisboa, 1998, pp. 53-85 (citado *Jornadas* 1998)
- «Homicídio privilegiado (art. 133º do Código Penal): tipo de culpa e *in dubio pro reo*» in *RPCC* 8 (1998), nº 2, p. 279-300
- *Direito Processual Penal,* fascículos policopiados, AAFDL, Lisboa, 1998
- «Desistência de um comparticipante e imputação do facto cometido», *RPCC* 7 (1997), p. 301 e ss
- *A relevância da desistência em situações de comparticipação,* Almedina, Coimbra, 1992 (citado *A relevância da desistência*)
- *Furto de uso de veículo,* AAFDL, Lisboa, 1987 (2ª reimpressão, 1999)

Pioletti, Giovanni - «Punibilità (causa de esclusione della)» *in Digesto delle Discipline Penalistiche,* X, UTET, Torino, 1995, p. 524-534

Pisapia, G. Domenico – «Fondamento e limiti delle cause di esclusione della pena», *Ridpp,* 1952, p. 3-47
- «La non punibilità special» in *Studi in Memoria di Arturo Rocco,* vol. III, Giuffrè, Milano, 1952, p. 349-401 (citado *Studi Rocco*)

Plate, Hartwig - *Ernst Beling als Strafrechtsdogmatiker,* Duncker & Humblot, Berlin, 1966

Polaino Navarrete, Miguel – «La punibilidad en la encrucijada de la Dogmática juridicopenal y la Política criminal», *Criminalidad actual y Derecho penal,* Córdoba, 1988, p. 11-46

PRAÇA, José Joquim LOPES - *História da Filosofia em Portugal*, 3.ª edição, Guimarães Editores, Lisboa, 1988

PRINS, Adolphe – *Science penal et droit positif*, Bruylant Christophe & Cie/Librairie A. Marescq, Bruxelles/Paris, 1899

– *La defense sociale et les transformations du droit pénal*, Misch et Thron, Editeurs, Bruxelles et Leipzig, 1910

PROBST, Karlheinz – «Überlegungen zu den Begriffen Strawürdikeit, Strafbedürftigkeit und Strafbedürfmis» *in ÖRiZ*, 1979, pp. 109-114.

PROSDOCIMI, Salvatore – *Profili penali del postfatto*, Giuffrè, Milano, 1982 (citado *Postfatto*)

PUFENDORF, Samuel – *Elementorum Jurisprudentiae Universalis Libri Duo* (1.ª edição 1660), tradução de William Abbott Oldfather, realizada a partir da edição de 1672, n.º 15 da colecção «Classics of International Law», Clarendon Press, Oxford, 1931, na reimpressão de William S. Hein & Co., Buffalo, New York, 1995

– *Le Droit de la Nature et des Gens* (1.ª edição, 1672), tradução de Jean Barberyrac, Henri Schelte, Amsterdam, 1706

– *On the duty of man and citizen according to natural law*, tradução da 1.ª edição *De officio hominis et civis juxta legem naturalem libri duo* de Lund, 1673, editada por James Tully, Cambridge texts in the history of political thought, Cambridge University Press, 1991

– *Les Devoirs de L'Homme et du Citoyen*, tradução de Jean Barberyac, Chez Arstee & Merkus, Amsterdam e Leipzig, 1756

PUIG PEÑA, Federico - «Condiciones Objetivas de Penalidad» *in Nueva Enciclopedia Jurídica*, vol. IV, Seix, Barcelona, 1952, p. 890-891

PULITANÒ, Domenico - «Quele scienza del Diritto Penale?», *Ridpp* (1993), p. 1209-1237

PUPPE, Ingeborg – Anotações *vor* § 13 e ao § 15, *Nomos Kommentar zum Strafgesetzbuch*, 2.ª edição, Nomos, Baden-Banden, 2005

QUINTERO OLIVARES, Gonzalo (*et al.*) – *Manual de Derecho Penal. Parte General*, Aranzadi, Pamplona, 1999

QUINTERO OLIVARES/MORALES PRATS / PRATS CANUT, *Curso de Derecho Penal, Parte General*, Cedecs, Barcelona, 1996

RADBRUCH, Gustav - «Tat und Schuld. Zu einem Buche von Hermann Kantorowicz», *SchwZStR*, 1937, p. 249-258

– «Zur Systematik der Verbrechenslehre» *in Festgabe für Reinhard von Frank*, Band I, J.C.B. Mohr, Tübingen, 1930, 158-173 (citado *FG-Frank*)

– *Der Handlungsbegriff in seiner Bedeutung für das Strafrechtssystem*, J. Guttentag, Berlin, 1904 (citado *Handlungsbegriff*)

RADTKE, Henning – Anotação *vor* § 283, *Münchener Kommentar zum Strafgesetzbuch*, Band 4, C. H. Beck, München, 2004 (citado *MK-StGB*)

RAMACCI, Fabrizio – *Corso di diritto penale*, Seconda Edizione, Giappichelli, Torino, 2001

– *Le condizioni obiettive di punibilità*, Casa Editrice Dott. Eugenio Jovene, Napoli, 1971

RELATÓRIO *do Grupo Para o Estudo da Política Fiscal* (Competitividade, eficiência e justiça do sistema fiscal), coord. geral de António Carlos dos Santos e António Ferreira Martins, Ministério das Finanças, 3 de Outubro de 2009

RENAZZI, Philippi Mariae - *Elementa Juris Crimininalis*, 5º ed., Typ. Vicentti Poggioli, Roma, 1802

RIBEIRO, João Pinto - *Lustre ao Desembargador do Paço, e as eleições, perdoens, e pertenças de sua jurisdição*, Officina de Joseph Antunes da Silva, Coimbra, 1729

RITTLER, Theodor - «Strafbarkeitsbedingungen» *in Festgabe für Frank*, Band II,

J.C.B. Mohr, Tübingen, 1930, pp. 1-26 (citado *FG-Frank*)
- «Der Grundsatz der Schulhaftung und die objektiven Bedingungen der Strafbarkeit», *ÖJZ*, 1918-1920, p. 323-367

RIZ, Roland – «La teoria generale del reato nella dottrina italiana. Considerazioni sulla tripartizione», *L'Indice Penale*, ano XV, 1981, p. 607-621

ROBERT, Jacques-Henri – «L´histoire dês éléments de l'infraction», *RSC* 2 (1977), p. 269-284

ROBINSON/GRALL, «Element Analysis in Defining Criminal Liability: The Model Penal Code and Beyond», *in Stranford Law Review* 35 (1983), p. 681 e ss

ROBLES PLANAS, Ricardo - «La identidade de la dogmática jurídico-penal», *ZIS* 2 (2010), p. 134-142

RÖDIG, Jürgen -«Zur Problematik der Verbrechensaufbaus» *in Festschrift für Richard Lange zum 70. Geburtstag*, Walter de Gruyter, Berlin/New York, 1976, p. 39-63 (citado *FS-Lange*)

RODRIGUES, Anabela Miranda – A determinação da medida da pena privativa da liberdade, Coimbra Editora, Coimbra, 1995 (citado *Medida da pena*)

RODRIGUES, Marta Felino - *As incriminações de perigo e o juízo de perigo no crime de perigo concreto*, Almedina, Coimbra, 2010

RODRIGUEZ DEVESA, J. M./ SERRANO GOMEZ, A. - *Derecho Penal español, PG*, 15.ª edição, Dykinson, Madrid, 1992

ROMAGNOSI, Giandomenico - *La Genesi de Diritto Penale*, 3ª edição (1ª ed. de Pavia, 1791), in *Opere edite ed inedite di G.D. Romagnosi sul Siritto Penale* (con annotazioni di Alessandro de Giorgi), Perelli e Mariani Editori, Milano, 1841 (citado *Genesi*)

ROMANO, Mario – ««Merecimiento de pena», «necessidad de pena» y teoria del delito» *in* Silva Sanchez/Schünemann/Figueiredo Dias, *Fundamentos de un sistema europeo del Derecho Penal. Libro-Homenage a Claus Roxin*, Bosch, Barcelona, 1995, p. 139-152 (citado *LH-Roxin*)
- «Cause di giustificazione, cause scusanti, cause di non punibilità», *Ridpp*, 1990, p. 55-71
- *Commentario sistematico del Codice Penale*, vol I, Giuffrè, Milano, 1987

RÖNNAU, Thomas/BRÖCKERS, Kurt – «Die objektive Strafbarkeitsbedingungen im Rahmen des § 227 StGB», *GA* (1995), p. 549-568.

ROSA, Manuel CORTES - «La función de la delimitación de injusto y culpabilidade en el sistema del Derecho Penal» *in* Silva Sanchez/Schünemann/ Figueiredo Dias, *Fundamentos de un sistema europeo del Derecho Penal. Libro-Homenage a Claus Roxin*, Bosch, Barcelona, 1995, p. 247-278 (citado *LH-Roxin*)

ROUSSEAU, Jeans-Jacques - *Du contrat social ou principes de droit politique* (1.ª edição, 1762), Lebigre Fréres, Libraires, Paris, 1882

ROSSI, Pelegrino – *Traité de Droit Pénal*, 2 volumes, Guillaumin et C., Paris, 1855

ROXIN, Claus – *Strafrecht. Allgemeiner Teil*, Band I, 4ª edição, Beck, München, 2006
- *Strafrecht. Allgemeiner Teil*, Band II, Beck, München, 2003
- *Strafverfahrensrecht*, 25ª edição, Beck, München, 1998
- *Täterschaft und Tatherrschaft*, 6.ª edição, W. de Gruyter, Berlin-New York, 1994
- «Bemerkungen zum Regreßverbot» *in Festschrift für Herbert Tröndle*, Gruyter, Berlin, New York, 1989, p. 177 e ss
- «Rechtfertingungs- und Entschuldigungsgründe in Abgrenzung von Strafaus--schliessungsgründens», *JuS* (1988), p. 425-433
- *Teoria del Tipo Penal. Tipos abiertos y elementos del deber jurídico*, trad. de Enrique

Bacigalupo, Ediciones de Palma, Buenos Aires, 1979
- «Culpabilidad» y «responsabilidad» como categorias sistemáticas jurídico-penales», in *Problemas básicos del derecho penal*, trad. Diego Luzón Peña, Reus, Madrid, 1976, p. 200 e ss
- «Über den Notwehrexzess» in *Festschrift für Friedrich Schaffstein*, Otto Schwartz, Göttingen, 1975, p. 105-127 (citado *FS--Schaffstein*)
- «Sobre el desistimiento en la tentativa incabada», in *Problemas basicos del derecho penal*, tradução de Luzón Peña, Reus, Madrid, 1976, p. 248 e ss
- *Kriminalpolitik und Strafrechtssystem*, de Gruyter, Berlin, 1970
- «Einige Bemerkungen zum verhältnis von Rechtsidee und Rechtsstoff in der Systematik unseres Strafrechts» *in Gedächtnisschrift für Gustav Radbruch*, Vandenhoeck & Ruprecht, Göttingen, 1968, p. 269-267 (citado *Radbruch-GedS*)

Roxin, Claus/Schünemann, Bernd – *Strafverfahrensrecht*, 26ª edição, Beck, München, 2009

Rudolph, Tobias – *Das Korrespondenzprinzip im Strafrecht*, Duncker & Humblot, Berlin, 2006

Rudolphi, Hans-Joachim – «Der Zweck staatlichen Strafrechts und die strafrechtlichen Zurechnungsformen» *in* Schünemann (org.), *Grundfragen des modernen Strafrechtssystem*, Walter de Gruyter, Berlin, 1984, p. 69-84 (citado *Grundfragen*)
- Anotações aos § 1, § 17, *vor* § 19, § 104 a), *in* Rudolphi/Horn/ Samson/Günther/Hoyer, *Systematischer Kommentar zum StGB, Allgemeiner Teil*, 6. Auflage, Alfred Metzner Verlag, Frankfurt, 1997 (citado *SK-StGB*)

Ruggiero, Giuseppe – «Punibilità» *in Enc. dir.*, vol. XXXVII, Giuffrè, Varese, 1988, p. 1118-1145

Rüping, Hinrich – *Grundriß der Strafrechtsgeschichte*, 2. Auflage, Beck, München, 1991

Sáinz Cantero, José A. – *Lecciones de Derecho penal, Parte Generale*, 3.ª edição Bosch, Barcelona, 1990
- *La Ciencia del Derecho Penal y su Evolución*, Bosch, Barcelona, 1970

Samlowski, Erich – *Die Strafrechtstheorie und die Zurechnunglehre des Samuel Pufendorf*, Buchdruckerei Hans Adler, Inh. E. Panzig & Co., Greifswald, 1920

Samson, Erich - Anotação *vor* § 283, *Systematischer Kommentar zum StGB*, Alfred Metzner Verlag, Neuwied, 1987 (citado *SK-StGB*)

Sánchez-Ostiz, Pablo - *Imputación y teoria del delito. La doctrina kantiana de la imputación y su recepción en el pensamiento jurídico-penal contemporáneo*, Editorial B de f, Buenos Aires, 2008

Sancinetti, Marcelo - *Teoria del Delito y disvalor de acción*, Hammurabi, Buenos Aires, 1991

Santiago Nino, Carlos - *Los límites de la responsabilidad penal. Una teoría liberal del delito*, Editorial Astrea, Buenos Aires, 1980
- *Consideraciones sobre la Dogmática Jurídica (con referencia particular a la dogmática penal)*, UNAM, Instituto de Investigaciones Jurídicas, Mexico, 1974
- *Introducion al análisis del Derecho*, 4.ª edição, Ariel, Barcelona, 1991

Santos, André Teixeira dos - *O crime de fraude fiscal*, Coimbra Editora, Coimbra, 2009

Santos, António Furtado dos – «O cheque: sua difusão e protecção penal», *BMJ* 54 (1956), p. 335-347

Santos, António Ribeiro dos - *Notas ao Plano do Novo Código de Direito Publico de Portugal, do D.or Paschoal José de Mello*, feitas e apresentadas na Junta da Censura e Revisão pelo D.or António Ribeiro em 1789, Imprensa da Universidade, Coimbra, 1844

Santos, Domingos M. Gomes dos – «Suárez Conselheiro do seu tempo», *BMJ* 9 (1948), p. 81-116

Santos, José Beleza dos – *Ensaio sobre a Introdução ao Direito Criminal* (republicação do texto de 1947, Introdução ao Estudo do Direito Criminal), Atlântida Editora, Coimbra, 1968

– *Lições de Direito Criminal*, segundo as prelecções do Exmº Prof. Doutor Beleza dos Santos ao Curso Complementar de Ciências Jurídicas de 1954/1955, recolhidas por J. Seabra de Magalhães e F. Correia das Neves, fascículos policopiados, Universidade de Coimbra, 1955 (citado *Lições* 1955)

– *Lições de Direito Criminal*, preleccionadas e revistas pelo Exmº Professor Doutor Beleza dos Santos ao curso do 5º ano jurídico e coligidas por Fausto Gaiato, fascículos policopiados, Dactilogrado e impresso por Mário Silva e Sousa, Coimbra (s/d), 1949 (citado *Lições* 1949)

– *Lições de Direito Penal (Causas de justificação do facto)*, apontamentos segundo as prelecções do Professor Doutor Beleza dos Santos, ao curso do V ano jurídico de 1941-1942, coligidos por Maria de Nazareth Lobato de Guimarães, 2.ª edição, Coimbra Editora, Coimbra, 1946 (citado *Lições de Direito Penal*, 1946)

– *Direito Criminal* (texto organizado por Hernani Marques, «de harmonia com as prelecções do Exmo Senhor Doutor José Beleza dos Santos, aos cursos do 4.º e 5.º ano jurídico de 1935-1936»), Coimbra Editora, Coimbra, 1936 (citado *Direito Criminal* 1936)

– «Crimes de moeda falsa» *RLJ*, 64º (1931), nº 2430 e ss, p. 99 e ss, a 68º (1935), n.º 2537, p. 33-34

– *Lições de Direito Penal*, de harmonia com as prelecções feitas pelo Prof. Doutor José Beleza dos Santos ao curso do 5.º ano Jurídico de 1930-31, recolhidas por Belmiro Pereira, Livraria Neves Editora, Coimbra, 1930 (citado *Lições* 1930)

– *Elementos de Direito Penal*, segundo as prelecções do Prof. Doutor Beleza dos Santos ao curso do V ano de 1925-1926 (conforme texto da «Advertência»), organizados por Adelino Marques e Manuel Moutinho, Livraria Neves, Coimbra, 1926 (citado *Elementos* 1926)

– *Direito Penal* («Lições feitas em harmonia com as prelecções do Exmo Sr. Dr. Beleza dos Santos, ao quarto ano Jurídico de 1919-1920», por Agostinho de Torres Fevereiro e Augusto Folque de Gouvêa), Tip. Popular de J. Bizarro, Coimbra, 1920 (citado *Direito Penal* 1920)

Santos, Mário Leite - «Melo Freire. Sistemática e autonomização do Direito Criminal Português», *Direito e Justiça* 6 (1992), p. 327-349, e 7 (1993), p. 163-190

Sauer, Wilhelm – *Allgemeine Strafrechtslehre*, 3.ª edição, Walter de Gruyter, Berlin, 1955

– «Die beiden Tatbestandsbegriffe. Zur Lehre von den äusseren Strafbarkeitsvoraussetzungen» *in Festshrift für Edmund Mezger*, Beck`s, München und Berlin, 1954, p. 117-126 (citado *FS-Mezger*).

– *-Grundlagen des Strafrechts nebst Umriss einer Rechts und Sozialphilosophie*, Walter de Gruyter, Berlin, 1921 (citado *Grundlagen*)

Sax, Walter - «Der verbrechenssystematische Standort der Indikationen zum Schwangerschaftsabbruch nach § 218 a StGB» *JZ*, 1977, p. 326-336

– ««Tatbestand» und Rechtsgutsverletzung» (I) und (II), (Überlegungen zur Neubestimmung von Gehalt und

Funktion des «gesetzlischen Tatbestandes» und des «Unrechts-tatbestandes»), *JZ*, 1976 (I) p. 9-16, p. 80-85, e (II) p. 429-439

SCHAAD, Pierluigi - *Die objektiven Strafbarkeitsbedingungen im schweizerischen Strafrecht (mit Berücksichtigung des deutschen und des österreichischen Rechts)*, P.G. Keller, Winterthur, 1964

SCHAFFSTEIN, Friedrich – *Die europäische Strafrechtswissenschaft in Zeitalter des Humanismus*, Verlag Otto Schartz, Göttingen, 1954 (citado *Die europäische Strafrechtswissenschaft*)

– «Zum rechtswissenschaftlichen Methodenstreit im 16. Jahrhundert», *Festschrift für Hans Niedermeyer*, Otto Schwartz, Göttingen, 1953, p. 195-214 (citado *FS-Niedermeyer*)

– *Die allgemeinen Lehren vom Verbrechen in ihrer Entwicklung durch die Wissenschaft des Gemeinen Strafrechts*, Springer Verlag, Berlin, 1930 (citado *Die allgemeinen Lehren*)

– «Tiberius Decianus und seine Bedeutung für die Entstehung des Allgemeinen Teils im gemeinen deutschen Strafrecht» in Karl August Eckhärdt (her.), *Deutsche Rechtswissenschaft*, 3. Band, Hanseatische Verlgsanstalt, Hamburg, 1938, p. 121-148

– «Beiträge zur Strafrechtsentwicklung von der Carolina bis Carpzov» *Der Gerichtssaal* 101 (1932), p. 14-53

SCHÄRTL, Heinz – *Die Zurechnungslehre Christian Wolffs*, dissertação não publicada, apresentada à Ludwig-Maximillians-Universität em Munique, 1970

SCHIAPPOLI, Domenico – «Dirito penale canonico», in Pessina (org.) *Enciclopedia del diritto penale italiano*, Raccolta di monografie, Volume I, Società Editrice Libreria, Milano, 1905, p. 613 a 967

SCHILD, Wolfgang – «Strafbegrif und Grundgesetz» in *Festschrift für Theodor Lenckner zum 70. Geburgstag*, Beck, München, 1998, p. 287 e ss (citado *FS-Lenckner*)

– *Alternativ Kommentar zum Strafgesetzbuch*, vor § 13, Band I, Luchterhand, Neuwid, 1990 (citado *AK-StGB*)

– *Die «Merkmale» der Straftat und ihres Begriffs*, Verlag Rolf Gremer, Ebelsbach, 1979 (citado *Straftat*)

– «Die Systematische Strafrechtslehre von Albert Friedrich Berner» *Nachwort* in Albert Friedrich Berner, *Lehrbuch des Deutschen Strafrechts*, 18.ª edição (1898), Reimpressão Scientia Verlag Aalen, Darmstadt, 1987, p. 753-900

SCHLÜTER, Felix – *Antonius Matthaeus II. aus Herborn, der Kriminalist des 17. Jahrhunderts, der Rechtslehrer Utrechts*, Schletter'sche Buchhandlung, Breslau, 1929

SCHMIDHÄUSER, Eberhard - *Strafrecht, Allgemeiner Teil, Studienbuch*, 2.ª edição, J.C.B. Mohr, Tübingen, 1984 (citado *Studienbuch*)

– *Strafrecht, Allgemeiner Teil, Lehrbuch*, J.C.B. Mohr, Tübingen, 1970 (citado *Lehrbuch*)

– «Zur systematik der Verbrechenslehre. Ein Grundthema Radbruchs aus der Sicht der neueren Strafrechtdogmatik» in *Gedächtnisschrift für Gustav Radbruch*, Vandenhoeck & Ruprecht, Göttingen, 1969, p. 268-280 (citado *GedS-Radbruch*)

– «Objektive Strafbarkeitsbedingungen», *ZstW*, 71 (1959), p. 545-564

– *Gesinnungsmerkmale im Strafrecht*, J.C.B.Mohr, Tübingen, 1958

SCHMIDT, Eberhard - *Einführung in die Geschichte der deutschen Strafrechtspflege*, 3.ª edição, Vandenhoeck & Ruprecht, Göttingen, 1965

SCHNEIDER, Hendrik - *Kann die Einübung in Normanerkennung die Strafrechtsdogmatik leiten?Eine Kritik des strafrechtlichen Funktionalismus*, Duncker & Humblot, Berlin, 2004

SCHNEIDER, Paul – *Die Rechtsquellen in Carpzovs Practica nova imperialis Saxónica rerum criminalium*, Alfred Kurtze, Breslau-Neukirch, 1940

SCHÖCH, Heinz - Anotação ao § 63, *Leipziger Kommentar, Strafgesetzbuch*, 12.ª edição, De Gruyter Recht, Berlin, 2008 (citado *LK-StGB*)

SCHOLZ, Johannes-Michael - «Legislação e Jurisprudência em Portugal. Fontes e Literatura», *Scientia Iurídica*, 25 (1976), 513 e ss

SCHÖNKE, A./SCHRÖDER, H. - *Strafgesetzbuch. Kommentar*, 26. Auflage, Beck, München, 2001
- *Strafgesetzbuch. Kommentar*, 25. Auflage, Beck, München, 1997

SCHROEDER, Friedrich-Christian – Anotação ao § 17, *Strafgesetzbuch Leipziger Kommentar*, 11.ª edição, Erster Band, De Gruyter Recht, Berlin, 2003 (citado *LK-StGB*)

SCHULTHEISZ, Emil - «Ein neues Verbechensmerkmal», *SchwZStR*, 1949, p. 338-354.

SCHULZ, Joachim – «Die Strafrechtsdogmatik nach dem Ende der vor- und ausserjuristischen Gerechtigkeit», *in* Engel/Schön (hrg), *Das Proprium der Rechtswissenschaft*, Mohr Siebeck, Tübingen, 2007, p. 136 e ss

SCHÜNEMANN, Bernd – «El próprio sistema de la teoria del delito», *InDret* 1 (2008), p. 1-20
- «Strafrechtssystematisches Manifest», *GA* (2006), p. 378 e ss
- «Strafrechtsdogmatik als Wissenschaft», *in Festschrift für Claus Roxin*, Walter de Gruyter, Berlin/New York, 2001, p. 1-32 (citado *FS-Roxin*)
- «La función de delimitación del injusto y culpabilidad» *in* Silva Sanchez/Schünemann/ Figueiredo Dias, *Fundamentos de un Sistema Europeo del Derecho Penal, Libro Homenage a Claus Roxin*, 1995, p. 205 e ss (citado *LH-Roxin*)
- «Strafrechtssystem und Kriminalpolitik» in *Festschrift für Rudolf Schmitt*, J.C.B. Mohr, Tübigen, 1992, p. 117-138 (citado *FS-R.Schmitt*)
- «Die deutschsprachige Strafrechtswissenschaft nach der Strafrechtreform im Spiegel des Leipziger Kommentars und des Wiener Kommentars», *GA*, 1985, p. 341-380 (1. Teil) e *GA*, 1986, p. 293-352 (2. Teil)
- «Einführung in das strafrechtliche Systemdenken» *in* Schünemann (et al.), *Grundfragen des modernen Strafrechtssystem*, de Gruyter, Berlin, 1984, p. 1-68 (citado *Grundfragen*)
- «Die Funktion des Schuldprinzips im Präventionsstrafrecht», Schünemann (*et al.*), *Grundfragen des modernen Strafrechtssystem*, de Gruyter, Berlin, 1984, pp. 153-195 (citado *Grundfragen*)
- «Besondere persönliche Verhältnisse und Vertreterhaftung im Strafrecht» *in SchwZStR*, 97 (1978), p. 131-159

SCHWALM, Georg - «Gibt es objektive Strafbarkeitsbedingungen?», *MDR*, 11/1959, p. 906

SCHWEIKERT, Heinrich - «Strafrechtliche Haftung für riskantes Verhalten», *ZStW* 70 (1958), p. 394-411
- *Die Wandlungen der Tatbestandslehre seit Beling*, C.F. Müller, Karlsruhe, 1957 (citado *Tatbestanslehre*)

SCHWINGE, Erich - *Teleologische begriffsbildung im strafrecht, ein beitrag zur strafrechtlichen methodenlehre*, L. Rohrscheid, Bonn, 1930

SÊCCO, António Luiz de Sousa HENRIQUES - «Da história do direito criminal portuguez desde os mais remotos tempos», *RLJ*, ano 4, 1871/1872, nº 185, p. 450 e ss.
- «Bibliographia do direito criminal portuguez», *RLJ*, ano 5, 1871, p. 146 e ss.

- «Edade», *RLJ*, ano 5, 1872/73
- «Theoria da coacção», *RLJ*, ano 8, 1876
- «Theoria do sexo», *RLJ*, ano 8, 1876
- «Theoria da cumplicidade», *RLJ*, ano 8, 1876
- «Theoria da ebriedade e affecções semelhantes», *RLJ*, ano 9, 1876

SEELMANN, Kurt - «Zur materiell-rechtlichen Problematic des V-Mannes - Die Strafbarkeit des Lockspitzel und des Verlockten», *ZStW* 95 (1983), p. 797 e ss

SEIÇA, António Medina de - Anotações aos artigos 361.º, 367.º, *Comentário Conimbricense do Código Penal*, dir. Jorge de Figueiredo Dias, Parte Especial, Tomo III, Coimbra Editora, Coimbra, 2001

SERRA, Teresa - *Homicídio qualificado. Tipo de culpa e medida da pena*, Almedina, Coimbra, 1991
- «Contra-ordenações: responsabilidade de entidades colectivas», *RPCC* 9 (1999), p. 187 e ss

SERRÃO, Joaquim Veríssimo - *O Marquês de Pombal - o Homem, o Diplomata e o Estadista*, Câmaras Municipais de Lisboa, Oeiras e Pombal, 1982

SILVA, António HENRIQUES DA – *Elementos de Sociologia Criminal e Direito Penal*, 2 volumes, Imprensa da Universidade, Coimbra, 1905
- «Questões práticas de Direito Penal Internacional», *Estudos Jurídicos* (1903), p. 76-87, 159-174, 257-272
- «Crimes, Delictos e Contravenções», *Estudos Jurídicos* (1903), p. 402-419
- *Lições de Direito Penal (1898-1899)*, texto manuscrito das aulas do curso 1898-99, recolhido por João Ferreira Gomes, Heitor de Oliveira Martins, Luiz Macedo de Castro, Lithographia Académica, Coimbra, 1899
- *Contravention et Délit, Rapport*, Typographie de l'Université, Coimbra, 1897

- *Relações da Justiça com a utilidade*, Imprensa da Universidade, Coimbra, 1885

SILVA, Germano MARQUES DA – *Direito penal tributário*, Universidade Católica Editora, Lisboa, 2009
- *Regime jurídico-penal dos cheques sem provisão*, Principia, Lisboa, 1997
- *Curso de Processo Penal*, vol. I (5.ª edição), vol. II (5.ª edição), Vol. III (3.ª edição), Verbo, Lisboa, 2008, 2011 e 2009
- *Direito Penal Português*, Parte Geral, volumes II e III, Verbo, Lisboa, 1998 e 1999

SILVA, Isabel Marques da - *Regime Geral das Infracções Tributárias*, 3.ª edição, Almedina, Coimbra, 2010

SILVA, Manuel DIAS DA - *Elementos de Sociologia Criminal e Direito Penal*, Lições ao anno lectivo de 1906-1907 na 14.ª cadeira da Faculdade de Direito na Universidade de Coimbra, Imprensa da Universidade, Coimbra, 1906

SILVA, Manuel GOMES DA - *Esboço de uma concepção personalista do Direito*, Separata da RFDUL, vol. XVII, Lisboa, 1965
- *Colheita de órgãos e tecidos em cadáveres* (Parecer da Câmara Corporativa 14/VIII) (Relator), separata, Livraria Cruz, Braga, 1970
- *Direito Penal*, 1.º volume, lições coligidas pelo aluno Jorge Lobo Fernandes Pereira, AAFDL, Lisboa, 1952-1953
- *Direito Penal*, 2.º volume, Teoria da infracção criminal, lições coligidas pelo aluno Vitor Hugo Fortes Rocha, AAFDL, Lisboa, 1952
- *Lições de Direito Penal*, ao 4º ano de Direito, do curso de 1946-47, recolhidas por António Maria Pereira e revistas pelo Professor, Lisboa, 1947
- *Lições de Direito Penal*, texto dactilografado que contém as aulas do Professor, a partir da «Teoria da Lei Penal», ao 4.º ano jurídico, do curso de 1944-45, revistas pelo próprio, Lisboa, 1945

- *O dever de prestar e o dever de indemnizar*, FDL, Lisboa, 1944
SILVA, Nuno ESPINOSA GOMES DA – *Humanismo e direito em Portugal no século XVI*, s. n., Lisboa, 1964
- *História do Direito Português, Fontes do Direito*, 2.ª edição, Gulbenkian, Lisboa, 1991
SILVA SÁNCHEZ, Jesús María – *Aproximación al Derecho Penal Contemporáneo*, Bosch, Barcelona, 1992 (citado *Aproximación*)
- «Directivas de conducta o expectativas institucionalizadas? Aspectos de la distinción actual sobre la teoria de las normas», *Modernas tendencias en la ciencia del derecho penal y en la criminologia*, Universidad Nacional de Educación a Distancia, Madrid, 2001, p. 559 a 575.
- «Observaciones sobre el conocimiento «eventual» de la antijuridicidad» in *ADPCP* (1987), p. 647 e ss
SILVA SÁNCHEZ, J. M./BALDÓ LAVILLA, F. - «La teoria del delito en la obra de Manuel de Lardizabal» *in Estudios de Derecho Penal y Criminologia*, Tomo II, Universidad Nacional de Educacion a Distancia, Faculdade de Derecho, 1989, p. 345-372
SILVEIRA, Jorge de Noronha e - «O conceito de indícios suficientes no processo penal português», *Jornadas de Direito Processual Penal e Direitos Fundamentais*, coord. científica de Maria Fernanda Palma, Almedina, Coimbra, 2004, p. 155 e ss
SILVEIRA, Manuela Valadão e - «O crime de participação no suicídio e a criminalização da propaganda do suicídio na revisão do Código penal (artigos 135º e 139º)» *in Jornadas sobre a revisão do código penal*, org. Maria Fernanda Palma e Teresa Pizarro Beleza, AAFDL, Lisboa, 1998, p. 157 e ss (citado *Jornadas* 1998)
- *Sobre o crime de incitamento ou auxílio ao suicídio*, AAFDL, Lisboa, 1991

SMITH, J.C./HOGAN, Brian - *Criminal Law*, fifth edition, Butterworths, London, 1983
SOTO, Domingos de - *De Iustitia et Iure*, Andreas à Portonarijis, Salamanca, 1556 (reproduzido na edição bilingue de Marcelino Conzález Ordónez, Madrid, 1967)
SOUSA, Joaquim José Caetano PEREIRA E - *Primeiras linhas sobre o processo criminal*, segunda edição emendada, e acrescentada, Officina de Simão Thaddeo Ferreira, Lisboa, 1800
- *Classes dos Crimes, por ordem systematica, com as penas correspondentes, segundo a legislação actual*, Regia Officina Typografica, Lisboa, 1803
SOUSA, Marnouco e - «Da reincidência», *Estudos Jurídicos* (1903), p. 14-35
- «A legítima defesa», *Estudos Jurídicos* (1903), p. 290-313
SOUSA, Susana Aires de - *Os crimes fiscais*, Coimbra Editora, Coimbra, 2006
- «*Agent provocateur* e meios enganosos de prova», *Liber Discipulorum para Jorge de Figueiredo Dias*, Coimbra Editora, Coimbra, 2003, p. 1207 e ss
S. PAIO, Francisco Coelho de Souza e - *Prelecções de Direito Pátrio e Publico e Particular*, Imprensa da Universidade, Coimbra, 1793.
SPENDEL, Günter – Anotação ao § 323 a), in Jescheck/Russ/Willms (orgs), *Strafgesetzbuch, Leipziger Kommentar*, Walter de Gruyter, Berlin, 1985 (citado *LK-StGB*)
SPIRITO, Ugo - *Storia del Diritto Penale Italiano, Da Cesare Beccaria ai nostri giorni*, 3.ª edizione, G. C. Sansoni Editore, Firenze, 1974
STORTONI, Luigi – «Premesse ad uno studio sulla «punibilità», *Ridpp* (1985), p. 397 e ss
- «Profili constituzionali della non punibilità», *Ridpp* (1984), p. 625 e ss
STRATENWERTH, Günther – *Strafrecht, Allgemeiner Teil*, Band 1, Die Straftat, 4ª edi-

ção revista e actualizada, Karl Heymanns Verlag, Köln, 2000.
- *Was leitstet die Lehre von den Strafzwecken*, Walter de Gruyter, Berlin, 1995
- «Die Stufen des Verbrechensaufbaus» *in* LÜDERSSEN/SACK, *Seminar: Abweichendes Verhalten II, Die gesellschaftliche Reaktion auf Kriminalität*, Band 1, *Strafgesetzgebung und Strafrechtsdogmatik*, Suhrkamp, 1975, p. 251-264 (citado *Seminar II*)
- «Objektive Strafbarkeitsbedingungen im Entwurf eines Strafgesetzbuchs 1959», *ZStW* 71 (1959), p. 565-578
STRATENWERTH, Günther/KUHLEN, Lothar – *Strafrecht, Allgemeiner Teil, Die Straftat*, 6. Überarbeitete Auflage, Verlag Franz Vahlen, München, 2011
STREE, Walter - «Objektive Bedingungen der Strafbarkeit» *in JuS* 1965/12, p. 465-474
- «Beteiligung an einer Schlägerei» *in JuS* 1962, p. 93-98
- Anotação ao § 231 *in* SCHÖNKE/ SCHRÖDER, *Strafgesetzbuch Kommentar (StGB)*, 26.ª edição, Beck, Müchen, 2001
- Anotações *vor* § 52, e § 77, § 227, § 258, § 260, § 283, *in* SCHÖNKE/ SCHRÖDER, *Strafgesetzbuch Kommentar (StGB)*, 25.ª edição, Beck, Müchen, 1997
- *In dubio pro reo*, J.C.B. Mohr, Tübingen, 1962
STREE, W./HEINE, G.- Anotação ao § 283 *in* SCHÖNKE/ SCHRÖDER, *Strafgesetzbuch Kommentar (StGB)*, 26.ª edição, Beck, Müchen, 2001
STRUVII, Georgii Adami - *Dissertationes Criminales XVI* (...), Impensis Christiani Kirchneri, Typis Johannis Nissi, Jenae, 1671
STÜBEL, Cristoph Carl – *Ueber den Thatbestand der Verbrechen*, Zimmermann, Wittenberg, 1805 (citado *Thatbestand der Verbrechen*)
SUÁREZ, Francisco – *De Legibus, Tractatus de Legibus ac Deo Legislatore* (1612, Coimbra), edição crítica biligue de Luciano Pereña, 8 volumes, Consejo Superior de Investigaciones Cientificas, Madrid, 1971 a 1981
- *Tratado de las leys e de Dios Legislador*, Tomo V, tradução de Jaime Torrubiano Ripoll, Hijo de Reus, Madrid, 1918
TARELLO, Giovanni - «Montesquieu Criminalista» *in* Tarello (org.), *Materiali per una Storia della Cultura Giuridica*, V, Il Molino, Bologna, 1975, p. 201 e ss
- *Storia della cultura giuridica moderna*, I. Assolutismo e codificazione del diritto, Il Mulino, Bologna, 1976
TEIXEIRA, António BRAZ - *O pensamento filosófico-jurídico português*, ICALP, Lisboa, 1983
TEIXEIRA, Carlos Adérito/GASPAR, Sofia - «Anotações à Lei n.º 15/2001, de 5 de Junho», *in* Albuquerque/Branco (orgs.), *Comentário das Leis Penais Extravagantes*, volume 2, 2011, p. 388 e ss
TELLES, Inocêncio GALVÃO - «Verney e o iluminismo italiano», *Revista da Faculdade de Direito da Universidade de Lisboa*, Vol. VII (1950), p. 196-207
THEMUNDO (da Fonseca), Emanvel - *Decisiones et Qvaestiones*, Officina Dominici Lopez Rosa, Vlysipone, 1643.
THEODORICI, Petri – *Criminale Collegium*, Typis Johannis Beithamanni, Jenae, 1618
THOMASIUS, Christian - *Fundamenta Juris Naturae et Gentium*, 4ª ed. (1ª edição de 1705), Christophori Salfeldii, Halae e Lipsae, 1718
TIEDMANN, Klaus –«Das Strafprozeßrecht», *in* Roxin/Arzt/Tiedmann, *Einführung in das Strafrecht und Strafprozessrecht*, 3.ª edição, C.F. Müller, Heidelberg, 1994 (citado *Einführung*)
- «Zum verhältnis von Allgemeinen und Besonderen Teil des Strafrechts» *in Festschrift für* Baumann, Gieseking, Bielefeld, 1992, p. 7 e ss

- Anotação *vor* § 283, *Leipziger Kommentar, Strafgesetzbuch*, 11.ª edição, De Gruyter, Berlin, 1996 (citado *LK-StGB*)
- «Objektive Strafbarkeitsbedingungen und die Reform des deutschen Konkursstafrecht» *in ZRP*, 6 (1975), p. 129-135

TIRAQUEAU, ANDRE (TIRAQUELLUS, Andreas) – *De poenis, Legum, ac Consuetudinum, Statutorum q3 temperandis, aut etiam remittendis, & id quibus quótq3 ex causis*, (sem editor e local de edição), 1559
- *De poenis temperandis*, Introduction, traduction et notes par André Laingui, preface de Jean Imbert, Economica, Paris, 1986

TISSOT, Claude Joséph - *Le droit pénal étudié, dans ses principes, dans les usages et les lois des différents peuples du monde*, 2 tomos, (1.ª edição 1859-1860) 3.ª edição, Arthur Rousseau Editeur, Paris, 1888

TOMÁS Y VALIENTE, Francisco – *El Derecho penal de la monarquia monarquía absoluta (siglos XVI, XVII y XVIII)*, Madrid, Tecnos, 1992

TORIO LOPEZ, Angel – «Racionalidad y relatividad en las teorías jurídicas del delito», *ADPCP*, Tomo XLII, 1989, p. 489-519

TRIFFTERER, Otto - *Österreichisches Strafrecht Allgemeiner Teil*, Springer-Verlag, Wien, New York, 1985.

TRUYOL Y SERRA, António - *História da Filosofia do Direito e do Estado*, 2 volumes, tradução de Henrique Barrilaro Ruas, Instituto de Novas Profissões, Lisboa, 1990

ULSENHEIMER, Klaus - *Grundfragen des Rücktritts vom Versuch in Theorie und Praxis*, Walter de Gruyter, Berlin, 1976 (citado *Grundfragen des Rücktritts*)

VABRES, H. Donnedieu de – *Précis de Droit Criminel*, Librairie Dalloz, 1946

VALASCO, Alvaro - *Consultationun*, Emmanuel de Lyra typo., Olyssipone, 1588

- *Praxis Partitionum et collationum inter haeredes*, Ex officina Didaci Gomez Loureyro, Conimbricae, 1603

VALASCO, Tomás - *Allegationes*, Ludovicum Secco Ferreira, Conimbricae, 1731

VALDÁGUA, Maria da Conceição – *A dirimente da realização de interesses legítimos nos crimes contgra a honra*, separata das Jornadas de Direito Criminal, Revisão do Código Penal, CEJ, Lisboa, 1998
- *Início da tentativa do co-autor*, Danúbio, Lisboa, 1988

VALLE, Abel Pereira do - *Annotações ao Livro Primeiro do Codigo Penal Portuguez*, Magalhães & Moniz, Porto, 1895 (citado *Annotações*, 1895)
- «Furto simples ou qualificado?», *Estudos Jurídicos* (1903), p. 185-191
- «Crimes de Moeda Falsa», *Estudos Jurídicos* (1903), p. 532-543, e p. 785-804

VANNINI, Ottorino – *Il problema giuridico del tentativo*, Giuffrè, Milano, 1943
- «Le condizione estrinseche di punibilità nella struttura del reato», *Studi Senesi* XLIII (1929), p. 32 e ss
- «Le cosidette «condizioni obiettive di punibilità»», *Riv.pen*, 1917, II, p. 210-220
- *La punibilità dell'azione come elemento constitutivo del concetto di reato*, Stab. Arti Grafiche Lazzeri, Siena, 1914

VASSALLI, Giuliano - «Cause di non punibilità», *Enciclopedia del diritto*, Giuffrè Milano, vol. VI, Giuffrè Milano, 1960, p. 609-636

VEIGA, António da Mota - «A Lei Alemã de 28 de Junho de 1933 e a analogia em Direito Penal», *Boletim dos Institutos de Criminologia* 4 (1939), p. 85-214

VELOSO, José António - «Pena criminal», *ROA*, 59, II (1999), p. 519-563
- *Erro em Direito Penal*, AAFDL, Lisboa, 1993

VENEZIANI, Paolo - *Spunti per una teoria del reato condizionato*, Cedam, Milano, 1992

VERNEY, Luis António - *Verdadeiro metodo de estudar* (...), 2 tomos, Oficina de Antonio Balle, Valensa, 1746

VICENTE REMESAL, J. de – *El comportamiento posdelicitivo*, Universidad de León, León, 1985

VILELA, Alexandra - *Considerações acerca da presunção de inocência em Direito Processual Penal*, Coimbra Editora, Coimbra, 2000

VIVES ANTÓN, Tomás S. – *Fundamentos del Sistema Penal*, Tirant Lo Blanch, 1996

VOGEL, Joachim – Anotações aos § 15 e § 17, *in Strafgesetzbuch, Leipziger Kommentar*, 12.ª edição, org. Laufütte, Rissing-van Saan, Tiedemann, De Gruyter Recht, Berlin, 2007 (citado *LK-StGB*, 2007)

– «Einflüsse des Nationalsozialismus auf das Strafrecht», *ZStW* 115 (2003), p. 638 e ss

VOLK, Klaus – *Strafprozeßrecht*, Beck, München, 1999

– *Introduzione al diritto penale tedesco, Parte generale*, Cedam, Padova, 1993

– «L'influenza del Diritto penale della Rivoluzione Francesa e dell'Impero sulle codificazioni tedesche» in Vinciguerra, S. (org.), *Diritto Penale dell'ottocento. I Codici Preunitari e il Codice Zanardelli*, Cedam, Milano, 1993, p. 54 e ss

– «Entkriminalisierung durch Strafwürdigkeitskriterien jenseits des Deliktsaufbaus», *ZStW* 97 (1985), p. 871-918

– *Prozeßvoraussetzungen im Strafrecht* (Zum Verhältnis von materiellem Recht und Prozeßrecht), Verlag Rolf Gremer, Ebelsbach, 1978 (citado *Prozeßvoraussetzungen*)

WACHENFELD, Friedrich – *Lehrbuch des Deutschen Strafrechts*, C.H. Becksche Verlagsbuchhandlung, München, 1914

WALTER, Tonio - Anotação *vor* § 13, *in Strafgesetzbuch, Leipziger Kommentar*, 12.ª edição, org. Laufütte, Rissing-van Saan, Tiedemann, De Gruyter Recht, Berlin, 2007 (citado *LK-StGB*, 2007)

WEBER, Hellmuth von – «Influencia de la literatura juridica española en el derecho penal comun aleman», *in Anuario de Historia del Derecho Español*, tomo XIII, 1953, p. 717-735

– «Der Dekalog als Grundlage der Verbrechenssystematik», *Festschrift für Wilhelm Sauer*, Walter de Gruyter, Berlim, 1949, p. 44-70 (citado *FS-Sauer*)

– *Zum Aufbau des Strafrechtsssystem*, Walter Biedermann, Jena, 1935 (citado *Strafrechtssystem*)

WEHLBERG, Hans- «Introduction», a PUFENDORF, Samuel – *Elementorum Jurisprudentiae Universalis Libri Duo*, n.º 15 da colecção «Classics of International Law», Clarendon Press, Oxford, 1931, reimpressão de William S. Hein & Co., Buffalo, New York, 1995

WELZEL, Hans –*Das deutsche Strafrecht*, 11.ª edição, Walter de Gruyter, Berlin, 1969

– «Die *deutsche strafrechtliche Dogmatik* der letzten 100 Jahre und die finale Handlungslehre», *JuS* (1966), p. 421 e ss

– *Introduccion a la Filosofia del Derecho: Derecho Natural y Justicia Material*, 2.ª edição, tradução de Felipe González Vicen a partir da edição alemã de 1951, Aguilar, Madrid, 1979 (citado *Derecho Natural y Justicia Material*)

– *Die Naturrechtslehre Samuel Pufendorfs*, Ein Beitrag zur Ideengeschichte des 17. und 18. Jahrhunderts, Water de Gruyter, Berlin, 1958 (citado *Naturrechtslehre*)

– «Naturrecht und Rechtspositivismus» *in Abhanlungen zum Strafrecht und zur Rechtsphilosophie*, Walter de Gruyter, Berlin, New York, 1975, p. 274 a 287

– *Das neue Bild des Strafrechtssystem*, 2.ª edição, Otto Schwartz, Göttingen, 1952

– *Das Deutsche Strafrecht in seinen Grundzügen*, 2.ª edição, de Gruyter, Berlin, 1949

– *Das Deutsche Strafrecht in seinen Grundzügen*, de Gruyter, Berlin, 1947

- Der Allgemeine Teil des deutschen Strafrechts in seinen Grundzügen, de Gruyter, Berlin, 1940 (citado *Strafrecht 1940*)
- «Studien zum System des Strafrechts», *ZStW* 58 (1939), p. 491-566
- *Naturalismus und Wertphilosophie im Strafrecht*, Mannheim, Berlin, Leipzig, 1935, in *Abhandlungen zum Strafrecht und zur Rechtsphilosophie*, p. 29 a 119, Walter de Gruyter, Berlin, New York, 1975 (citado *Naturalismus und Wertphilosophie*)
- «Über Wertungen im Strafrecht» in *Abhandlungen zum Strafrecht und zur Rechtsphilosophie*, Walter de Gruyter, Berlin, New York, 1975, p. 23 e ss (originariamente publicado em *GS* 103 (1933), p. 340 e ss)
- «Kausalität und Handlung», in *Abhandlungen zum Strafrecht und zur Rechtsphilosophie*, Walter de Gruyter, Berlin, New York, 1975, p. 7 e ss (originariamente publicado em *ZStW* 51 (1931), p. 703 e ss)
- Wessels, J./Beulke, W. – *Strafrecht. Allgemeiner Teil*, 41.ª edição, revista e actualizada, C.F. Müller Verlag, Heidelberg, 2011
- *Strafrecht. Allgemeiner Teil*, 30.ª edição, revista e actualizada, C.F. Müller Verlag, Heidelberg, 2000
- Wessels, J./Hettinger, M. - *Strafrecht Besonderer Teil, 1,* 25.ª edição, C.F. Müller, Heidelberg, 2001
- Wieacker, Franz - *História do Direito Privado Moderno*, 2.ª edição, tradução de António Hespanha, Gulbenkian, Lisboa, 1993
- Williams, Glanville - *Textbook of Criminal Law*, second edition, Steven & Sons, London, 1983
- Wohlers, Wolfgang - Anotação ao § 104 a), *Nomos Kommentar zum Strafgesetzbuch*, 2.ª edição, Nomos, Baden-Baden, 2005 (citado *NK-StGB*, 2005)
- Wolf, Erik – *Grotius, Pufendorf, Thomasius*, Drei Kapitel zur Gestaltgeschichte der Rechtswissenschaft, J.C.B. Mohr, Tübingen, 1927
- *Große Rechtsdenker der deutschen Geistesgeschichte*, J. C. B. Mohr, Tübigen, 1939
- Wolff, Christian - *Institutiones juris naturae e gentium* (1ª edição de 1750), Officina Rengeriana, Halae, 1754
- *Principes du Droit de La Nature et des Gens*, tradução de J.H.S. Formey, Amsterdam, Marc Michel Rey, 1758
- *Philosophia Pratica Universalis Methodo Scientifica Pertractata, Pars Prior*, Frankfurt & Lipsiae, Officina Libraria Rengeriana, 1738
- Wolter, Jürgen – «Zur Dogmatik und Rangfolge vin materiellen Ausschlußgründen, Verfahrenseinstellung, Absehen und Mildern von Strafe» *in* Wolter/Freund (org.), *Straftat, Strafzumessung und Strafprozeß im gesamten Strafrechtssystem*, Mannheimer rechtswissenschaftliche Abhandlugen Band 21, C. F. Müller, Heidelberg, 1996, p. 1-42 (citado *Strafrechtssystem*)
- «Verfassungsrechtliche Strafrechts-,Unrechts-und Strafausschlussgründe im Strafrechts-system von Claus Roxin», *GA*, 1996, p. 207-232
- «Derechos humanos y protección de bienes jurídicos en un sistema europeo de Derecho penal», *in* Silva Sanchez/ Schünemann/Figueiredo Dias, *Fundamentos de un Sistema Europeo del Derecho Penal, Libro Homenage a Claus Roxin*, 1995, p. 37 e ss (citado *LH-Roxin*)
- «Strafwürdigkeit und Strafbedürftigkeit in einen neuen Strafrechtssystem. Zur Strukturgleichheit von Vorsatz-und Faherlässigkeitsdelikt» *in* Wolter (org), *140 Jahre Goltdammer's Archiv für Strafrecht*, R. v. Decker's Verlag, Heidelberg, 1993, p. 269-318 (citado *FS-GA 140 Jahre*)

- Anotação ao § 104 a, *in Kommentar zum Strafgesetzbuch, Reihe Alternativkommentare*, Band 3, Luchterhand, Neuwied, 1986 (citado *AK-StGB*)
- «Vollrausch mit Januskopf», *NStZ* (1982), p. 54 e ss
- *Objective und personale Zurechnung von Verhalten, Gefahr und Verletzung in einem funktionalen Straftatsystems*, Duncker & Humblot, 1981 (citado *Zurechnung*)

WÜRTENBERGER, Thomas - «Benedikt Carpzov (1595-1666) Zu seinem 300. Todestag», *JuS* 9 (1966), p. 345-347

ZACZYK, Rainer - Anotação ao § 24, *Nomos Kommentar zum Srafgesetzbuch*, 2.ª edição, Nomos, Baden-Baden, 2005 (*citado NK-StGB, 2005*)

ZAFFARONI, Eugenio Raul - «La influencia del pensamiento de Cesare Beccaria sobre la política criminal en el mundo», *ADPCP*, 1989, p. 521 e ss

ZAGREBELSKY, Gustavo - *Amnistia, indulto e grazia. Profili costituzionali*. Giuffrè, Milano, 1974

ZANOTTI, Marco - «Punibilità (condizioni obiettive di)» *in Digesto delle Discipline Penalistiche*, X, Utet, Torino, 1995, p. 534-551
- «Condizioni di punibilità e responsabilità oggettiva» *in* Stile, Alfonso (*et al.*), *Responsabilità oggettive e giudizio di colpevolezza*, Jovene Editore, Napoli, 1989, p. 343-360
- «Riflessioni in margine alla concezione processuale delle condizioni di punibilità» *in Arch. pen.*, 1984, p. 82-159

ZICCONE, Guido - *Le cause «sopravvenute» di non punibilità*, Giuffrè, Milano, 1975 (citado *Causa sopravvenute*)

ZIELINSKI, Diethart - *Handlungs- und Erfolgsunwert im Unrechtsbegriff*, Duncker & Humblot, Berlin, 1973
- «Strafantrag – Strafantragsrecht» *in Gedächtnisschrift für Hilde Kaufmann*, W. de Gruyter, Berlin, 1986, p. 875 e ss

ZIMMERL, Leopold - *Strafrechtsliche Arbeitsmethode de lege ferenda*, de Gruyter, Berlin, 1931 (citado *Arbeitsmethode*).
- *Aufbau des Strafrechtssystems*, J.C.B. Mohr, Tübingen, 1930 (citado *Strafrechtssystem*)
- *Zur Lehre vom Tatbestand, übersehene und vernachlässigte Probleme*, Schletter, Breslau, 1928 (citado *Lehre vom Tatbestand*)

ZIPF, Heinz – *Die Mangelnde Strafwürdigkeit der Tat (§ 42 StGB)*, Salzburger Universitätsreden Heft 85, Univ.-Verlag Anton Pustet, Salburg, München, 1975 (citado *Strafwürdigkeit*)

ÍNDICE

Nota prévia	xix
Abreviaturas	xxiii
Introdução	xxvii
I. O tema e a sua relevância	xxvii
II. Método e sequência	xxxi

Capítulo I
A análise jurídica do crime:
as funções de controlo e mediação do «sistema invisível» 1

§ 1. Razão de ordem.	1
§ 2. A teoria do crime e o controlo das decisões judiciais	3
I. Subsunção e análise na aplicação judicial da lei penal	3
II. Estado de Direito, individualização da responsabilidade e controlo das decisões judiciais	12
III. Conceito legal e conceito sistemático de crime	24
IV. O «sistema invisível» e o controlo do processo de formação da decisão	31
§ 3. A teoria do crime e o alcance das decisões legislativas	33
I. Lei penal e sistema de análise do crime	33
II. Classificação sistemática e reconstrução doutrinária do Direito legislado	38
III. Controlo formal e informal das decisões legislativas	43
§ 4. A interpretação da lei e as estruturas de imputação da responsabilidade	48
I. Subsunção e valoração	48
II. Regras legais e regras de imputação	51
§ 5. Conclusões	56

Capítulo II
Imputação e renúncia à pena:
Elementos para uma genealogia dos critérios de não punibilidade   59

§ 6. Razão de ordem   59
§ 7. Imputação das acções e critérios de renúncia à pena no período
       do direito comum   64
       I.   O legado romano-canónico e o conceito geral de crime dos humanistas
            do século XVI   64
       II.   Culpa precedente e a renúncia à pena na neo-escolástica peninsular   88
       III.   A teoria da imputação e a utilidade da pena no jusracionalismo
             pré-iluminista   107
       IV.   Culpa, lei e pena na doutrina portuguesa no período do direito comum   144
       V.   A transição para o Iluminismo: a «Parte Geral» do Livro V
            das Ordenações de João Tomás de Negreiros   170
§ 8. Imputação e utilidade da pena nos modelos teóricos do Iluminismo   176
       I.   A ruptura político-criminal do Iluminismo e as estruturas dogmáticas
            subjacentes   176
       II.   O conceito geral de crime e as defesas processuais
             (Blackstone e Jousse)   198
       III.   Imputação da acção e finalidades das penas (Filangieri, Romagnosi
             e Lardizabal)   202
       IV.   Aritmética moral e utilidade da pena em Bentham   212
       V.   Aplicação da lei e imputação judicial em Feuerbach   215
       VI.   Facto, lei e imputação nos iluministas portugueses   224
       VII.   A centralidade da lei e o conteúdo do conceito de crime   238
§ 9. Imputação, vinculação à lei e punibilidade nos modelos oitocentistas   241
       I.   A estrutura fechada sobre a imputação do modelo bipartido italiano   241
       II.   A estrutura abrangente do modelo francês: facto, vontade e «excuses
            absolutoires»   256
       III.   Continuidade e alternativas na análise jurídica do crime na doutrina
            portuguesa   270
       IV.   A estrutura ordenada na doutrina alemã: acção, ilicitude e punibilidade   288
§ 10. Conclusões   306

Capítulo III
O modelo sistemático de análise do crime:
matrizes históricas de autonomia e diluição da categoria da punibilidade   323

§ 11. Razão de ordem   323
§ 12. A pirâmide de conceitos e a autonomia sistemática da ameaça penal   326
    I. Positivismo e análise jurídica do crime   326
    II. Crime e punibilidade em Liszt, Radbruch e Beling   330
    III. Um equívoco histórico: o alegado sistema tripartido de Liszt e Beling   345
§ 13. O normativismo neo-kantiano e a diluição sistemática dos elementos
    da punibilidade   350
    I. Valores e fins na metodologia neo-kantiana   350
    II. Normativização e simplificação: o esvaziamento da ameaça penal   352
    III. *Excurso*: rupturas e transições   365
§ 14. Categorias essenciais e elementos secundários no modelo finalista   369
    I. Objecto, método e sistema para o finalismo   369
    II. Os pressupostos da punibilidade nos sistemas de Welzel e Maurach   371
    III. O fundamento da punição e a necessidade de pena   376
§ 15. Funcionalismo, estruturas de imputação e sistema aberto   380
    I. A natureza das categorias da teoria do crime e o estatuto
    da punibilidade   380
    II. Teoria das normas, imputação e valoração   384
    III. Finalidades político-criminais, estruturas de imputação
    e funcionalismo   392
    IV. Unidade, sistema aberto e análise do todo   401
§ 16. Conclusões   407

Capítulo IV
Crime e punibilidade
na construção dogmática em Portugal   417

§ 17. Razão de ordem   417
§ 18. A ruptura com o positivismo sociológico e criminológico
    e a recepção faseada do sistema do facto punível   420
    I. A superação do positivismo por Abel de Andrade   420
    II. Transição e esboço do sistema em Beleza dos Santos   426
    III. O sistema de Cavaleiro de Ferreira   438
    IV. Justificação, desculpa e não punibilidade   442

§ 19. A corrente neo-tomista da Escola de Lisboa   444
    I.   O ensino de Marcello Caetano   444
    II. Unidade e análise do crime em Cavaleiro de Ferreira   448
    III. Ilícito pessoal, crime e responsabilidade em Gomes da Silva   453
    IV. A teoria da acção final e as influências tomistas em Oliveira Ascensão 464
    V.   A punibilidade nos modelos neo-tomistas   469
§ 20. A corrente neo-kantiana da Escola de Coimbra.   470
    I.   A evolução do sistema de análise do crime em Beleza dos Santos   470
    II. O modelo neo-kantiano de Eduardo Correia   473
    III. Reacções críticas ao normativismo neo-kantiano   476
§ 21. O conceito de ilícito pessoal e o estatuto da punibilidade   479
    I.   Enquadramento   479
    II. Tipo de ilícito e tipo de culpa no sistema de Figueiredo Dias   479
    III. Subsunção e análise no sistema de Sousa e Brito   482
    IV. As figuras da punibilidade na doutrina portuguesa contemporânea   485
§ 22. Conclusões   496

Capítulo V
Ensaio de delimitação sistemática
dos pressupostos autónomos da punibilidade   501

§ 23. Razão de ordem   501
§ 24. Conceito e função das condições objectivas de punibilidade   506
    I.   Origem e modalidades de condições objectivas de punibilidade   506
    II. Elementos do facto e condições objectivas de punibilidade   522
    III. Função das condições objectivas de punibilidade   549
§ 25. Modalidades e fundamentos das causas de não punibilidade   552
    I.   Matrizes históricas e modalidades de causas de não punibilidade   552
    II. Conteúdo e autonomia das causas de não punibilidade   568
    III. Função das causas de não punibilidade   576
§ 26. Tipos de ilícito e condições objectivas de punibilidade   578
    I.   Sequência de análise   578
    II. Cláusulas de morte, ofensas grave e suicídio   580
    III. Situações económicas e sócio-familiares supervenientes   628
    IV. O facto ilícito típico cometido em estado de embriaguez
         ou intoxicação   644
    V.   Decisões de entidades públicas e Estados estrangeiros   672
    VI. Elementos quantitativos dos tipos incriminadores   701

ÍNDICE

VII.	Cláusulas de habitualidade, modo de vida e surpresa em flagrante delito	707
VIII.	Cláusulas de vigência espacial da lei penal	711
§ 27.	Cláusulas de desistência e condutas reparadoras	714
I.	Desistência, reversão da agressão e legitimidade da pena estatal	714
II.	Comportamento reparador posterior ao facto	726
§ 28.	Ponderação de interesses, responsabilidade e processo	731
I.	Protecção de cargos, funções e relações pessoais.	731
II.	As cláusulas de não punibilidade do aborto	753
III.	Extinção da responsabilidade e obstáculos processuais	766
§ 29.	Conclusões	755

Capítulo VI
O problema da autonomização
da categoria da punibilidade na teoria do crime 797

§ 30.	Razão de ordem	797
§ 31.	A dissolução sistemática dos pressupostos autónomos da punibilidade	800
I.	A metodologia neo-kantiana e a diluição das condições da ameaça penal	800
II.	Absorção pelo sistema tripartido: a extensão da tipicidade, a concepção político-criminal do ilícito penal e a reformulação da culpabilidade	806
III.	Facto e responsabilidade: a recondução à teoria da pena	836
IV.	O círculo exterior ao facto: a integração nos pressupostos processuais	846
§ 32.	Elementos essenciais e circunstâncias acidentais do crime	856
§ 33.	Autonomia da categoria da punibilidade nos sistemas de análise do crime	863
I.	Os limites do sistema tripartido e autonomia da punibilidade	863
II.	Punibilidade, teoria das normas e interesse estadual na aplicação da pena	867
III.	Interesses extra-penais legitimadores da renúncia à punição	870
IV.	Subsidiariedade e limitações à punibilidade: da ponderação de custos e benefícios à correcção assistemática do excesso punitivo	882
V.	Reconstruir o sistema: punibilidade e legitimidade constitucional do poder punitivo	890
VI.	Critérios de política criminal, utilidade e oportunidade da pena	893

VII. Merecimento penal, necessidade de pena e autonomia
       da punibilidade   897
§ 34. Conclusões   919

Capítulo VII
Estrutura da teoria do crime
e autonomia da categoria da punibilidade   935

§ 35. Razão de ordem   935
§ 36. Estruturas, elementos e funções da dogmática penal   938
   I.   A construção dogmática e a lei penal   938
   II. Análise, contraditório e processo   946
   III. Dever, norma, valor   950
   IV. Imputação e valoração   957
   V.   Valoração e punibilidade   969
§ 37. A categoria da punibilidade no sistema de análise do crime   972
   I.   A pretensão de vigência do tipo legal   972
   II. Tipo de ilícito, tipo de culpa e tipo de punibilidade   983
   III. Tipo de punibilidade e legitimidade da ameaça penal   999
   IV. O tipo de punibilidade e o conteúdo da proporcionalidade   1010
§ 38. Autonomia dogmática da categoria da punibilidade   1018
   I.   Diferenciação e autonomia dos elementos do tipo de punibilidade 1018
   II. Pressupostos materiais e processuais: integração com diferenciação 1020
   III. Ilícito e punibilidade: norma de comportamento, capacidade
        de domínio e princípio da culpa   1034
   IV. Ilícito culposo, não punibilidade e dispensa de pena   1057
   V.   Âmbito material da categoria da punibilidade   1069
§ 39. Conclusões   1080

Capítulo VIII
Estatuto substantivo e processual do tipo de punibilidade   1091

§ 40. Razão de ordem   1091
§ 41. O efeito obstrutor do tipo de punibilidade e o exercício da acção penal 1094
   I.   Âmbito do efeito obstrutor do tipo de punibilidade   1094
   II. O problema da tentativa em crimes com condições objectivas
        de punibilidade   1096
   III. A punição dos participantes e os elementos do tipo de punibilidade 1107

IV.	O efeito obstrutor do tipo de punibilidade e as medidas de segurança	1114
V.	Dimensões processuais do efeito obstrutor do tipo de punibilidade	1123
VI.	Delimitação da litispendência, caso julgado e *ne bis in idem*	1134

§ 42. Autonomia do tipo de punibilidade relativamente ao facto ilícito: consequências dogmáticas … 1140
   I. A dogmática da imputação e as consequências do tipo de punibilidade … 1140
   II. A conexão entre o tipo de ilícito e o tipo de punibilidade … 1142
   III. Irrelevância na equiparação da omissão à acção … 1152
   IV. Imputação subjectiva e erro sobre a punibilidade … 1156
   V. Imunidade à justificação … 1192
   VI. Efeito consumptivo e negação do concurso … 1197

§ 43. Tipo de punibilidade e garantias penais … 1199
   I. Os elementos do tipo de punibilidade e o sistema de garantias … 1199
   II. Vinculação à lei e analogia nas causas de não punibilidade … 1209
   III. Âmbito de vigência da lei penal, sucessão de leis e prescrição … 1219
   IV. Regras de prova e «in dubio pro reo» no âmbito do tipo de punibilidade … 1240

§ 44. Conclusões … 1247

Teses … 1265

Resumo, *Abstract, Zusammenfassung* … 1271

Bibliografia … 1279

Índice … 1327